Estratégia de Marketing e Posicionamento Competitivo

4ª Edição

Graham **Hooley** Nigel F. **Piercy** Brigitte **Nicoulaud**

Estratégia de Marketing e Posicionamento Competitivo

4ª Edição

Tradução
Luciane Pauleti e Sonia Midori

Revisor técnico
Miguel Angelo Hemzo
Doutor e mestre em administração de empresas pela FEA-USP
Professor e pesquisador no curso de marketing da EACH USP

© 2011 by Pearson Education do Brasil
© 2004, 2008 by Pearson Education Limited
© 1993, 1998 by Prentice Hall International (UK) Ltd

Tradução autorizada do original Marketing strategic and competitive positioning 4 edition, publicada pela Pearson Education Limited, United Kingdom, sob o selo Prentice Hall.

Todos os direitos reservados. Nenhuma parte desta publicação poderá ser reproduzida ou transmitida de qualquer modo ou por qualquer outro meio, eletrônico ou mecânico, incluindo fotocópia, gravação ou qualquer outro tipo de sistema de armazenamento e transmissão de informação, sem prévia autorização, por escrito, da Pearson Education do Brasil.

Diretor editorial: Roger Trimer
Gerente editorial: Sabrina Cairo
Supervisor de produção editorial: Marcelo Françozo
Editora plena: Thelma Babaoka
Editora de texto: Silvana Afonso
Preparação: Sonia Midori e Patricia Veloso
Revisão: Carmen Teresa Simões da Costa
Capa: Thyago Santos (sob o projeto original)
Projeto gráfico e diagramação: Figurativa Editorial MM Ltda.

Todas as marcas registradas mencionadas neste livro são de propriedade de seus respectivos proprietários. O uso de qualquer marca registrada não faz do autor nem do editor detentores de direitos de sua propriedade, assim cono não estabelece nenhuma associação da obra com os proprietários da marca.

Dados Internacionais de Catalogação na Publicação (CIP)
(Câmara Brasileira do Livro, SP, Brasil)

Hooley, Graham

Estratégia de marketing e posicionamento competitivo / Graham Hooley, Nigel F. Piercy, Brigitte Nicoulaud ; tradução Luciane Pauleti e Sonia Midori. -- 4. ed. -- São Paulo : Pearson Prentice Hall, 2011.

Título original: Marketing strategy and competitive positioning. 4. ed. norte--americana.

ISBN: 978-85-7605-809-0

1. Marketing - Administração 2. Mercado-alvo I. Piercy, Nigel F. II. Nicoulaud, Brigitte. III. Título.

10-09881   CDD-658.802

Índice para catálogo sistemático:
1. Marketing : Planejamento estratégico :
Administração 658.802
2. Planejamento estratégico : Marketing :
Administração 658.802

Direitos exclusivos para a língua portuguesa cedidos à
Pearson Education do Brasil Ltda.,
uma empresa do grupo Pearson Education
Avenida Santa Marina, 1193
CEP 05036-001 - São Paulo - SP - Brasil
Fone: 11 3821-3542
vendas@pearson.com

Distribuição
Grupo A Educação
www.grupoa.com.br
Fone: 0800 703 3444

GRAHAM
Para Jackie, Tom e Kate

NIGEL
Para Nikala

BRIGITTE
Para Paule e Nick

Sumário

Prefácio XI
Agradecimentos XV

PARTE 1
ESTRATÉGIA DE MARKETING 1

Capítulo 1 — Gestão estratégica voltada para o mercado 3
Introdução 3
1.1   O conceito de marketing e a orientação de mercado 5
1.2   A visão de marketing baseada em recursos 8
1.3   *Stakeholders* organizacionais 12
1.4   Fundamentos de marketing 15
1.5   O papel do marketing na liderança da gestão estratégica 19

Capítulo 2 — Planejamento estratégico de marketing 22
Introdução 22
2.1   Definindo o propósito ou a missão da empresa 23
2.2   O processo da estratégia de marketing 25
2.3   Estabelecendo a estratégia central 26
2.4   Criação do posicionamento competitivo 34
2.5   Implementação 37

PARTE 2
ANÁLISE DO MERCADO COMPETITIVO 43

Capítulo 3 — O ambiente mutável do mercado 44
Introdução 44
3.1   Um modelo para análise macroambiental 45
3.2   O ambiente econômico e político 45
3.3   O ambiente social e cultural 47
3.4   O ambiente tecnológico 49
3.5   Mudanças nas práticas e na infraestrutura de marketing 51
3.6   Novas estratégias para mudar macroambientes 52
3.7   O Modelo das Cinco Forças na concorrência da indústria 54
3.8   O ciclo de vida do produto 57
3.9   Grupos estratégicos 58
3.10 Evolução e previsão para a indústria 60
3.11 Estabilidade ambiental 62

3.12 Análise SPACE 64
3.13 A Matriz de Vantagem Competitiva do BCG 66

Capítulo 4 — Análise do consumidor 69
Introdução 69
4.1 O que precisamos saber sobre os consumidores 69
4.2 Pesquisa de mercado 72
4.3 O processo de pesquisa de marketing 78
4.4 Organizando as informações dos clientes 80

Capítulo 5 — Análise da concorrência 84
Introdução 84
5.1 *Benchmarking* competitivo 85
5.2 Dimensões da análise da concorrência 86
5.3 Escolhendo bons concorrentes 97
5.4 Obtendo e disseminando informações sobre a concorrência 99

Capítulo 6 — Compreendendo a base de recursos organizacionais 104
Introdução 104
6.1 Recursos de marketing como base para diferenciação ... 105
6.2 Disciplinas que criam valor 106
6.3 A visão baseada em recursos da empresa 108
6.4 Criando e explorando ativos de marketing 111
6.5 Desenvolvendo capacidades de marketing 119
6.6 Capacidades dinâmicas de marketing 120
6.7 Portfólios de recursos 122
6.8 Desenvolvendo e explorando recursos 123

Capítulo 7 — Previsão da demanda futura e das exigências do mercado 127
Introdução 127
7.1 Prevendo o quê? 127
7.2 Previsões baseadas na demanda atual 128
7.3 Previsões baseadas na demanda passada 129
7.4 Previsões pela experimentação 137
7.5 Previsões pelas intenções de compra e pelas opiniões de especialistas 140

PARTE 3
IDENTIFICAÇÃO DE POSIÇÕES COMPETITIVAS ATUAIS E FUTURAS 147

Capítulo 8 — Princípios de segmentação e posicionamento 148
Introdução 148
8.1 Princípios de posicionamento competitivo 149
8.2 Princípios da segmentação do mercado 151
8.3 Premissas fundamentais da segmentação de mercado ... 152
8.4 Bases para segmentar mercados 153
8.5 Segmentação de mercados de consumo 153
8.6 Segmentação de mercados industriais 162
8.7 Identificação e descrição dos segmentos de mercado 166
8.8 Os benefícios de segmentar mercados 167
8.9 Implementando a segmentação de mercado 167

Capítulo 9 — Pesquisa de segmentação e de posicionamento ... 173

Introdução ... 173
9.1 Métodos de segmentação *a priori* ... 175
9.2 Métodos de segmentação *post-hoc* baseados em conglomerados ... 178
9.3 Enfoques qualitativos para a pesquisa de posicionamento ... 184
9.4 Enfoques quantitativos para a pesquisa de posicionamento ... 186

Capítulo 10 — Seleção dos mercados-alvo ... 196

Introdução ... 196
10.1 O processo de definição do mercado ... 197
10.2 Definindo como o mercado está segmentado ... 199
10.3 Determinando a atratividade de um segmento de mercado ... 201
10.4 Determinação das forças atuais e potenciais ... 206
10.5 Escolhendo mercados e segmentos ... 208
10.6 Estratégias alternativas de definição de alvos ... 210

PARTE 4
ESTRATÉGIAS DE POSICIONAMENTO COMPETITIVO ... 213

Capítulo 11 — Como criar vantagem competitiva sustentável ... 214

Introdução ... 214
11.1 Como utilizar os recursos organizacionais para criar vantagem competitiva sustentável ... 214
11.2 Rotas genéricas para a vantagem competitiva ... 215
11.3 Atingindo liderança em custo ... 216
11.4 Obtendo diferenciação ... 219
11.5 Como sustentar a vantagem competitiva ... 226
11.6 Estratégias competitivas ofensivas e defensivas ... 227

Capítulo 12 — Competindo com o novo composto de marketing ... 238

Introdução ... 238
12.1 A oferta de mercado ... 238
12.2 Estratégias de apreçamento ... 247
12.3 Estratégias de comunicação ... 251
12.4 Estratégias de distribuição ... 256
12.5 O composto de marketing ampliado — pessoas, processos e evidências físicas ... 257
12.6 Novos negócios e modelos de negócios ... 259

Capítulo 13 — Competindo com inovação ... 263

Introdução ... 263
13.1 Sucesso e fracasso de novos produtos ... 264
13.2 Inovação planejada ... 266
13.3 O processo de desenvolvimento de novos produtos ... 268
13.4 Acelerando o desenvolvimento de novos produtos ... 273
13.5 Organizando-se para o desenvolvimento de novos produtos ... 274

Capítulo 14 — Competindo com superioridade no serviço e no relacionamento com os clientes ... 278

Introdução ... 278
14.1 O espectro de bens e serviços ... 279
14.2 Marketing de relacionamento ... 280
14.3 Os Três SS do serviço ao cliente ... 284

14.4 Prestando serviço superior 284
14.5 Medindo e monitorando a satisfação dos clientes 287

PARTE 5
IMPLEMENTANDO A ESTRATÉGIA 293

Capítulo 15 — Gestão estratégica de clientes 295
Introdução 295
15.1 Prioridades para identificar competências estratégicas de vendas 296
15.2 O novo e emergente papel competitivo das vendas 298
15.3 A organização estratégica de vendas 300
15.4 Atividades da gestão estratégica de clientes 306
15.5 Gestão do portfólio de clientes 307
15.6 Lidando com clientes dominantes 308

Capítulo 16 — Alianças estratégicas e redes 321
Introdução 321
16.1 A era da colaboração estratégica 322
16.2 Fatores que impulsionam as estratégias de colaboração 324
16.3 Tipos de rede 326
16.4 Alianças e parcerias 329
16.5 Alianças estratégicas como força competitiva 331
16.6 Os riscos das alianças estratégicas 332
16.7 Competindo com alianças estratégicas 334

Capítulo 17 — Implementação da estratégia e endomarketing 341
Introdução 341
17.1 O desafio da implementação da estratégia em marketing 342
17.2 O desenvolvimento do endomarketing 344
17.3 O escopo do endomarketing 345
17.4 Planejando para endomarketing 352
17.5 Parceria multifuncional como endomarketing 354

Capítulo 18 — Responsabilidade social corporativa 361
Introdução 361
18.1 Estratégia de marketing e responsabilidade social corporativa 362
18.2 O escopo da responsabilidade social corporativa e da
     cidadania corporativa 365
18.3 Fatores impulsionadores das ações de responsabilidade social
     corporativa 368
18.4 Ações defensivas de responsabilidade social corporativa 370
18.5 Responsabilidade social corporativa e vantagem competitiva 373

PARTE 6
CONCLUSÕES 379

Capítulo 19 — O marketing do século XXI 380
Introdução 380
19.1 A arena competitiva em transformação 380
19.2 Fundamentos estratégicos de um mundo em transformação 385
19.3 Estratégias de posicionamento competitivo 390

Referências 403
Índice 427

Prefácio

Estratégia de marketing e posicionamento competitivo

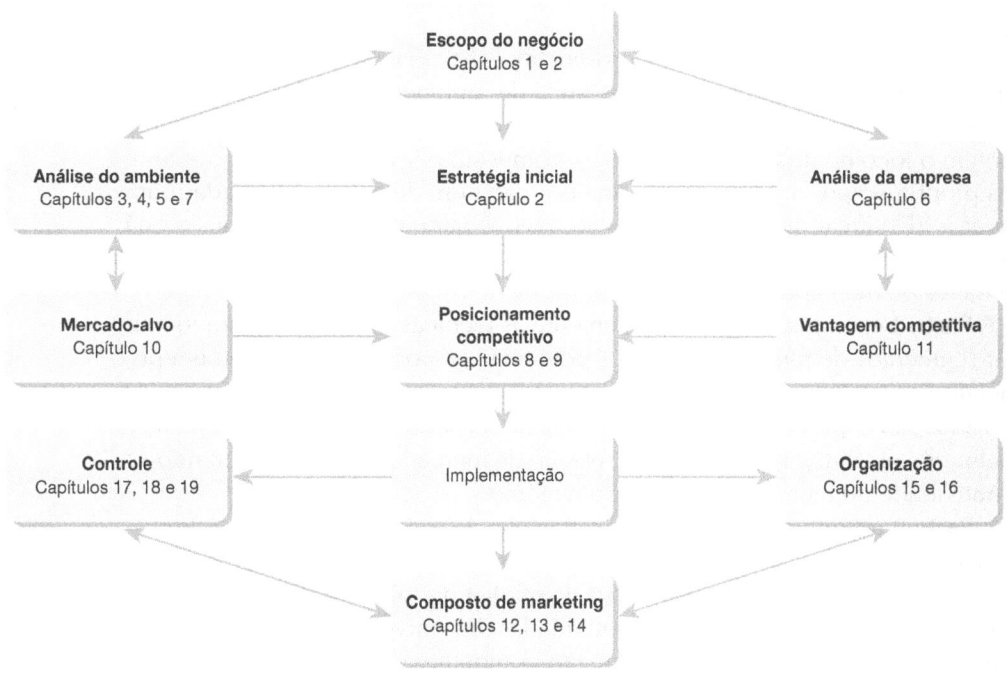

Este livro trata da criação e da manutenção de um desempenho superior no mercado. Foca nos dois assuntos centrais da formulação de uma estratégia de marketing — a identificação de mercados-alvo e a criação de uma vantagem competitiva. O livro inclui os novos desenvolvimentos no pensamento estratégico que surgiram nos últimos anos. Em particular, nossa abordagem enfatiza as diferentes funções que as organizações estão definindo para o marketing como uma força estratégica, em vez de fazer com que ele seja apenas um departamento da empresa. Isso também representa nosso objetivo de atingir um público mais amplo para incluir formadores de opinião estratégicos, assim como especialistas em marketing.

Alguns dos tópicos incluem o marketing de relacionamento e a qualidade de serviço, redes de contato e alianças, inovação, endomarketing e responsabilidade social corporativa. Foi dada maior ênfase ao desenvolvimento de capacidades dinâmicas de marketing, junto com a necessidade de reavaliar o papel do marketing na organização como um processo crítico, e não simplesmente como uma especificação funcional convencional.

A estrutura do livro

A **Parte 1** trata das mudanças fundamentais que estão ocorrendo com relação à forma como o marketing opera nas organizações e no foco cada vez maior no marketing como um processo e não como uma especialização funcional. As questões centrais para a orientação das organizações para o mercado e a necessidade de encontrar melhores maneiras de responder aos ambientes ambíguos e turbulentos levam-nos à proposta de um gerenciamento estratégico orientado ao mercado e uma abordagem para desenvolver estratégias de marketing, o que fornece a estrutura para o restante do livro. Uma discussão sobre o planejamento de marketing estratégico fornece o fundamento para dois assuntos críticos sobre as quais nos concentramos em todo o livro: a escolha de mercados-alvo e a construção de fortes posições competitivas. Também adicionamos novos materiais sobre a visão do marketing baseada em recursos e na necessidade de capacidades dinâmicas de marketing.

A **Parte 2** lida com o ambiente competitivo no qual as empresas atuam. A princípio são considerados diferentes tipos de ambiente estratégico, além dos fatores críticos de sucesso para lidar com cada um deles. A discussão então mantém o foco no 'triângulo estratégico' composto por clientes, concorrentes e pela própria empresa. Maneiras de analisar cada um deles são exploradas para ajudar a identificar as opções que estão abertas para a empresa. A ênfase está em combinar recursos, bens e capacidades corporativas para aproveitar oportunidades de mercado.

A **Parte 3** examina mais detalhadamente as técnicas disponíveis para identificar segmentos de mercado (ou alvos potenciais) e posições atuais (ou em potencial). Bases alternativas para a segmentação de mercados de consumo e de mercados são exploradas, assim como a coleta de dados e as técnicas de análise atualmente disponíveis. Aborda-se a seleção de mercados-alvo considerando-se a atratividade do mercado e a força do negócio.

A **Parte 4** retorna à formulação de estratégia. A seção se inicia com a discussão sobre como criar uma posição sustentável no mercado. Um novo capítulo sobre competir com o novo composto de marketing foi incluído nesta edição. Ele examina o mutável composto de atividades disponíveis para os profissionais de marketing ao criar seu posicionamento competitivo. São discutidas a fundo as funções do serviço ao cliente na construção de relacionamentos e da inovação para criar vantagem competitiva.

A **Parte 5** examina mais detalhadamente assuntos de implementação. A seção inclui novos capítulos sobre gerenciamento estratégico de clientes e responsabilidade social corporativa, assim como capítulos atualizados sobre alianças estratégicas, redes e endomarketing.

A **Parte 6** fornece a nossa perspectiva de concorrência para o século XXI. Os vários temas das partes anteriores deste livro são colocados juntos para identificar as maiores mudanças que estão acontecendo nos mercados, as respostas organizacionais necessárias para essas mudanças e as estratégias de posicionamento competitivo que poderiam formar as bases do futuro marketing efetivo.

NOVIDADES DESTA EDIÇÃO

Foram adicionados três novos capítulos à terceira edição. O Capítulo 12 (Competindo com o novo composto de marketing) agora explora em mais detalhes os vários elementos do composto e em particular como eles são afetados por novas oportunidades tecnológicas, especialmente a Internet. O Capítulo 15 (Gestão estratégica de clientes) examina como as estratégias podem ser implantadas com mais eficácia por meio de um alinhamento mais próximo com clientes-chave e grupos de clientes. O Capítulo 18 (Responsabilidade social corporativa) apresenta o tópico de crescente importância da responsabilidade social no desenvolvimento e na formulação da estratégia.

Além dos novos capítulos, houve uma reestruturação significativa do Capítulo 3 (O ambiente mutável do mercado) e do Capítulo 6 (Compreendendo a base de recursos organizacionais). Os demais capítulos foram atualizados com novos exemplos e com os resultados mais recentes de pesquisas. Seguindo uma inovação da terceira edição, cada capítulo possui um estudo de caso atualizado, junto com questões sugeridas ao final. Alguns estudos de casos foram retirados de edições recentes do jornal *Financial Times* e outros brasileiros elaborados pelo revisor técnico da obra com o propósito de ilustrar implicações práticas das questões levantadas em cada capítulo.

Material complementar

A Sala Virtual do livro (sv.pearson.com.br), oferece para professores e estudantes podem acessar materiais adicionais 24 horas por dia.

Para professores
- Apresentações em PowerPoint.
- Manual de soluções (em inglês).

Esse material é de uso exclusivo do professor e está protegido por senha. Para ter acesso a ele, os professores que adotam o livro devem entrar em contato com seu representante Pearson ou enviar e-mail para universitarios@pearson.com.

Para estudantes
- Estudos de casos.

Público-alvo

Este livro foi planejado para leitores do mercado acadêmico, profissional e empresarial, os quais estão ligados pela necessidade de uma compreensão atualizada sobre o significado e o escopo da estratégia de marketing e sobre uma estrutura para gerenciar os assuntos críticos para a escolha de mercado e para o posicionamento competitivo. Este material terá importância direta aos estudantes de estratégia de marketing tanto nos programas de pós-graduação (*lato sensu*, comos os MBAs, ou *stricto sensu*, que são os cursos de mestrados) quanto nos programada de graduação, como um livro didático de estratégia de marketing. Ele também será útil para aqueles que estão buscando qualificação profissional em marketing e negócios, e que precisam aumentar sua compreensão sobre o marketing como um assunto estratégico. Acreditamos que o livro também será valioso para os profissionais de marketing que desejam explorar novas maneiras de perceber o processo de marketing e seus mercados-alvo, como uma nova visão para melhor gerenciar o marketing como um caminho para obter uma vantagem sobre seus concorrentes.

Agradecimentos

Gostaríamos de agradecer o apoio de muitos amigos, colegas, estudantes e gerentes que ajudaram a modelar nossas ideias durante esses anos.

Nosso primeiro e maior obrigado deve ir ao Professor John Saunders, nosso amigo, colega e coautor das primeiras três edições deste livro. John é um acadêmico excepcional em marketing que ofereceu uma contribuição muito significativa tanto para o pensamento de marketing quanto para a prática ao longo dos anos. Muito da contribuição nas edições anteriores permanece nesta edição, e nós o agradecemos por sua generosidade ao permitir que isso continue incluído.

Também gostaríamos de agradecer a contribuição de um número incrível de acadêmicos em marketing e gerenciamento com os quais fomos afortunados por trabalhar e aprender durante os últimos anos: Professores Gary Armstrong, George Avlonitis, Amanda Beatson, Suzanne Beckmann, Jozsef Beracs, Pierre Berthon, Günther Botschen, Amanda Broderick, Rod Brodie, Peter Buckley, John Cadogan, Frank Cespedes, David Cook, David Cravens, Adamantios Diamantopoulos, Susan Douglas, Colin Egan, John Fahy, Krzysztof Fonfara, Gordon Foxall, Mark Gabbott, Brendan Gray, Gordon Greenley, Salah Hassan, J. Mac Hulbert, Nick Lee, Ian Lings, David Jobber, Hans Kasper, Costas Katsikeas, Philip Kotler, Giles Laurent, Gary Lilien, Jim Lynch, Malcolm MacDonald, Sheelagh Mattear, Hafiz Mizra, Kristian Möller, Neil Morgan, Hans Mühlbacher, Leyland Pitt, John Rudd, Bodo Schlegelmilch, David Shipley, Stan Slater, Anne Souchon, Jan-Benedict Steenkamp, Vasilis Theohorakis, Rajan Varadarajan, Michel Wedel, David Wilson, Berend Wirenga, Robin Wensley, Michael West, Veronica Wong, Oliver Yau.

Gostaríamos de prestar uma homenagem especial ao papel do nosso amigo e colega, o falecido Peter Doyle. Aprendemos muito do Peter durante esses anos todos e temos com ele uma dívida incalculável por ter nos ajudado a formar e afiar nossas ideias.

Finalmente, agradecemos a ajuda do nosso editor encarregado David Cox ao preparar o livro, contribuir com exemplos e planejar o material para o Companion Website.

Graham Hooley
Nigel F. Piercy
Brigitte Nicoulaud

Agradecimentos do editor

Agradecemos o Financial Times Limited por permitir a reimpressão do seguinte material:

Capítulo 2 — 'Apple faithful smitten to the core with iPhone', © *Financial Times*, 10 de janeiro de 2007; Capítulo 3 — 'Branson sells French Megastores', © *Financial Times*, 27 de julho de 2001; Capítulo 7 — 'Boeing predicts fleets to double', © *Financial Times*, 21 de junho de 2001; Capítulo 11 — 'Behemoth maintains growth prospects while rivals Begin to feel the chill', © *Financial Times*, 5 de julho de 2001; Capítulo 13 — 'Gillette sharpens innovation edge', © *Financial Times*, 15 de setembro de 2005, Capítulo 15 — 'Xerox runs off a new blueprint', © *Financial Times*, 23 de setembro de 2005; Capítulo 16 — '400m internet users. But how to reach them?', © *Financial Times*, 26 de maio de 2006; Capítulo 17 — 'National News: damage limitation is vital to a brand under fire', © *Financial Times*, 24 de agosto de 2005.

Agradecemos a seguinte permissão para reproduzir material de marca registrada:

Figura 1.1 de *Market Driven Management*, reimpresso com permissão de John Wiley & Sons, Inc. (Webster, F.E., 1994); Figura 3.5 de *Competitive Strategy: Techniques for Analyzing Industries and Competitors*. Copyright © 1980, 1998 pela The Free Press. Adaptado com permissão da Free Press, uma divisão do Simon & Schuster Adult Publishing Group. Todos os direitos reservados (Porter, M.E., 1988); Figura 11.4 de *Competitive Advantage: Creating and Sustaining Superior Performance*. Copyright © 1985, 1998 por Michael E. Porter. Adaptado com a permissão da Free Press, uma divisão do Simon & Schuster Adult Publishing Group. Todos os direitos reservados (Porter, M.E., 1988); Figura 12.11 de *World Advertising Trends 2006*, WARC Ltd (warc.com); Figura 14.2 de *Relationship Marketing for Competitive Advantage*, Copyright Elsevier (1995) (Payne, A., Christopher, M., Clark, M. e Peck, H., 1995); Figura 18.2 de The link between competitive advantage and corporate social responsibility, *Harvard Business Review*, Copyright © 2006 pela Harvard Business School Publishing Corporation. Todos os direitos reservados (Porter, M.E. e Kramer, M.R., 2006).

Parte 1

Estratégia de marketing

A primeira parte deste livro trata do papel do marketing no desenvolvimento estratégico e tem como objetivo principal analisar as duas questões cruciais: o posicionamento competitivo e as escolhas de mercado.

O Capítulo 1 discute os desafios modernos na abordagem convencional de marketing como apenas uma função especializada dentro de uma organização, e o movimento em direção a examinar o marketing como um processo de criação de valor e entrega aos clientes que transcenda as fronteiras tradicionais de departamento. Examinamos aspectos de nosso crescente entendimento de orientação de mercado como uma forma de fazer negócios que posiciona o cliente no centro das operações e alinha pessoas, informações e estruturas em torno do processo de criação de valor. Também reconhecemos o papel dos recursos organizacionais em criar vantagens competitivas sustentáveis. O capítulo apresenta ainda um conjunto de princípios fundamentais de marketing para guiar as ações de organizações operando em mercados competitivos e identifica o papel do marketing em conduzir e moldar a gestão estratégica.

O Capítulo 2 apresenta uma estrutura para desenvolver a estratégia de marketing que depois é usada por todo o livro. Propõe-se um processo de três estágios. No primeiro, o estabelecimento da estratégia central, que envolve a definição do escopo do negócio, a avaliação das alternativas disponíveis à empresa por meio da análise de clientes, concorrentes e recursos organizacionais e, por fim, a decisão do foco estratégico a ser adotado. No segundo, está a criação do posicionamento competitivo da empresa, que se resume na escolha de mercados-alvo (o que define *onde* a organização competirá) e no estabelecimento de uma vantagem competitiva (o que determina *como* ela competirá). No terceiro, discutem-se questões de implementação, como a obtenção do posicionamento mediante o uso do composto (ou mix) de marketing da organização e do controle dos esforços de marketing.

As ideias e as estruturas apresentadas na Parte 1 são usadas para estruturar o restante do livro, conduzindo-nos a uma discussão mais detalhada sobre a análise de mercado na Parte 2, estratégias de segmentação e análise do posicionamento na Parte 3, desenvolvimento de estratégias competitivas de posicionamento na Parte 4 e questões de implementação de estratégia na Parte 5.

Capítulo 1

Gestão estratégica voltada para o mercado

A organização bem-sucedida do futuro será focada no cliente, não no produto ou na tecnologia, com o apoio de uma competência de informações de mercado que servirá como elo entre a voz do cliente e todos os processos de entrega de valor...
Organizações bem-sucedidas de marketing terão as habilidades necessárias para gerenciar processos múltiplos de estratégia de marketing, muitos dos quais, até recentemente, não foram considerados como parte do campo de ação de marketing.

Webster (1997)

INTRODUÇÃO

À medida que o terceiro milênio se abre, há um contínuo debate sobre se o marketing, tanto como uma abordagem quanto como uma função de negócios, está na fase inicial, na maturidade ou já em declínio. Ao passo que, uma década atrás, o conceito de marketing era mal compreendido por muitos administradores experientes e visto como um novo nome para vendas e propaganda, atualmente esses mesmos profissionais poderiam apresentar uma definição acadêmica aceitável de marketing, concentrando-se na identificação e satisfação das necessidades do cliente em troca de lucro, e a maioria também afirmaria que seus negócios estão 'focados no mercado'. Segundo Greyser, o conceito de marketing 'migrou', com sucesso, de uma disciplina funcional para um conceito de como os negócios devem ser administrados (Greyser, 1997). De maneira análoga, o marketing é tido como a função essencial em outros tipos de organizações que não a empresa comercial convencional — em empreendimentos sem fins lucrativos, tais como instituições de caridade e de artes, nos partidos políticos e até em organizações do setor público, como a polícia.

Por outro lado, o paradoxo está no fato de que esta também é uma era em que muitas empresas estão abandonando os departamentos de marketing na medida em que se preparam para lidar com novos tipos de mercado e com clientes cada vez mais sofisticados, por meio de novos tipos de organizações e colaborações entre organizações.

Na verdade, como veremos no Capítulo 19, têm surgido desafios recentes para a função de marketing vindo de fontes tão diversas como consultores McKinsey (por exemplo, Brady e Davis, 1993) e teóricos de persuasão pós-moderna (por exemplo, Brown, A., 1995). Avaliaremos a credibilidade desses desafios, apesar de parecerem muito mais preocupados com os aspectos operacionais do marketing do que com os estratégicos. Discutiremos ao longo do texto que, enquanto a estrutura organizacional, métodos operacionais e 'armadilhas' formais do marketing podem e devem mudar para refletir novos desenvolvimentos e oportunidades de mercado, a filosofia e o conceito de marketing, como descritos neste capítulo, são ainda mais relevantes no ambiente de marketing enfrentado agora do que antes.

Alguns sugerem, por sua vez, que muitas empresas fizeram pouco mais que falar do marketing e de seu princípio fundamental de tornar o foco no cliente uma prioridade estratégica. Por exemplo, uma pesquisa entre as principais empresas no Reino Unido encontrou as seguintes evidências, que sugerem mais o mero discurso que o comprometimento real para com clientes:

- Cem por cento de uma amostra de administrações experientes das empresas da *Times 1000* disseram que a satisfação do cliente era sua verdadeira medida de sucesso — na verdade, a maioria mede o desempe-

nho a partir de indicadores financeiros de curto prazo, enquanto apenas 60 por cento usam algum critério baseado no cliente para avaliar o desempenho dos funcionários.
- Setenta por cento dos executivos disseram que o cliente era sua primeira ou segunda prioridade; ao mesmo tempo, menos de 24 por cento acreditavam que o tempo gerencial gasto com clientes era importante e apenas 34 por cento consideravam importante treinar os funcionários em atendimento ao cliente.
- Setenta e seis por cento disseram ter uma base de dados para definição de mercado-alvo de marketing — porém, quase ninguém atribuiu qualquer valor a desenvolver relacionamentos com esses clientes.

(Marketing Business, 1997)

Isso tudo deve ser mais um caso de não entender ou não ter conseguido implementar o conceito de marketing efetivamente em um primeiro momento do que um caso de falha ou declínio dele.

Doyle (1997) afirmou que poucas empresas tiveram sucesso em superar 'armadilhas' de marketing como propaganda, crescimento de vendas no curto prazo e inovação exuberante, para alcançar o conteúdo de uma estratégia de marketing robusta que produza desempenho de longo prazo e sólido valor para os acionistas. Doyle diferencia o seguinte:

- **Estratégia radical**: As empresas podem atingir crescimento espetacular em vendas e lucros, mas, por não construírem valor para o cliente por meio de produtos e serviços superiores, não criam valor para os acionistas no longo prazo. Tais estratégias caracterizam-se por serem baseadas na aquisição, ou no departamento de marketing (por exemplo, altos níveis de propaganda e proliferação de linhas de produtos), ou ainda em relações públicas (sensacionalismo junto à mídia para atrair clientes).
- **Estratégia racional**: Algumas empresas atingem um ótimo desempenho de curto prazo ao criar novos produtos que são significantemente superiores ou mais baratos que os dos concorrentes tradicionais. Exemplos dessas estratégias são inovações em tecnologia, métodos de marketing ou canais de distribuição (por exemplo, a Amstrad em eletrônicos e computadores pessoais (PCs), a Direct Line no telemarketing de serviços financeiros e a Sock Shop no varejo). Seu ponto fraco é que essas estratégias não oferecem vantagem competitiva defensável ou sustentável (por exemplo, o telemarketing da Direct Line para serviços financeiros obteve vantagens espetaculares no curto prazo, mas foi facilmente imitado pelos concorrentes). Elas não constroem relacionamentos de longo prazo com os clientes e, no final, falham em produzir valor de ações no longo prazo.
- **Estratégia robusta**: Essas empresas atingem desempenho estável no longo prazo ao criar um valor superior para o cliente e construir relações duradouras com ele. As características dessa estratégia são: foco no valor superior para o cliente, mas reconhecendo que nenhuma inovação própria pode oferecer vantagem no longo prazo; investimento no longo prazo em relacionamento com fornecedores, distribuidores, funcionários e clientes; processos de aprendizagem contínua, inovação e melhoria; desenvolvimento de cadeias de suprimento eficazes e tecnologia da informação para oferecer o melhor desempenho operacional. Exemplos incluem a Johnson & Johnson e a Toyota.

A implicação disso é que o verdadeiro desafio que as empresas enfrentam ao passarem pelo século XXI consiste em evoluir do mero discurso para o 'marketing' e conseguir o que for necessário para conquistar uma posição competitiva e sustentável de longo prazo no mercado, que renderá lucro e valor para o acionista. Alcançar esse desafio pode ou não envolver um departamento de marketing, mas, certamente, envolverá o desenvolvimento de uma estratégia de marketing baseada em um entendimento profundo do mercado para definir uma posição competitiva que seja defensável e apoiada por um processo contínuo de aprendizagem e melhoria no valor para o cliente. Sem dúvida envolverá a competição contra novos padrões de serviços superiores e construção de relacionamento, além da competição por meio de novos modelos de negócios, muitos dos quais baseados na Internet. Dependerá de nossa habilidade de entender e responder efetivamente às demandas de novos e diferentes tipos de clientes. Por fim, envolverá a administração eficaz da implementação de uma estratégia de marketing e tudo o que isso implica em mudanças organizacionais.

Na verdade, nosso entendimento dos fundamentos do marketing é continuamente aprimorado ao analisarmos o marketing muito mais como 'o processo de entrada no mercado' (Piercy, 2002) do que uma atividade departamental ou funcional nas empresas, e como um processo que é guiado pela criação de valor para os clientes. Webster (1997), por exemplo, propõe que o marketing seja pensado como o projeto e a gestão de todos os processos de negócio necessários para definir, desenvolver e entregar valor para os clientes. Ele sugere que uma lista de processos de marketing incluiria:

- **Processos de definição de valor**: Processos que permitem à organização entender o ambiente em que opera melhor (tais como pesquisa de mercado, estudos das necessidades e preferências do cliente, comportamento de compra, usos do produto etc.), compreender seus próprios recursos e capacidades de maneira mais clara, determinar sua posição na cadeia geral de valor e estimar o valor criado por meio da análise econômica dos sistemas de uso do cliente.

- **Processos de desenvolvimento de valor:** Processos que criam valor ao longo da cadeia de valor, tais como estratégia de aquisição, desenvolvimento de novos produtos e serviços, estruturação dos canais de distribuição, seleção dos distribuidores, parceria estratégica com prestadores de serviços (por exemplo, crédito, gestão da base de dados, assistência técnica e descarte de produtos), desenvolvimento de estratégia de apreçamento e, finalmente, o desenvolvimento da proposta de valor para os clientes.
- **Processos de entrega de valor:** Processos que permitem a entrega de valor para os clientes, incluindo a entrega de serviço, gestão do relacionamento com clientes, gestão de distribuição e logística, processos de comunicação (tais como propaganda e promoções de vendas), melhoria de produtos e serviços, suporte ao cliente e distribuição da equipe de vendas no campo.

No contexto da administração do processo de entrada no mercado — definição de valor, desenvolvimento de valor e entrega de valor —, o objetivo deste livro é proporcionar uma estrutura analítica rigorosa para o desenvolvimento de estratégias de marketing robustas aplicáveis hoje e, certamente, no futuro. A perspectiva de processo implica um esforço constante para aumentar o valor. Estamos interessados não apenas em encontrar soluções para os problemas atuais, mas também em construir abordagens que possibilitem às organizações mudar ou adaptar-se a novas oportunidades e ameaças que surgem.

O primeiro capítulo cria o cenário ao examinar o conceito de marketing e a orientação de mercado como fundações da estratégia de marketing, o papel do marketing em atender os diferentes *stakeholders* da organização e a era emergente da estratégia de marketing baseada em recursos.

1.1 O CONCEITO DE MARKETING E A ORIENTAÇÃO DE MERCADO

1.1.1 Desenvolvendo definições de marketing

Um dos primeiros pontos de codificação e de definição no desenvolvimento da disciplina de marketing preocupava-se com o conceito de marketing. Há mais de 50 anos, Felton (1959) propôs que o conceito de marketing fosse:

Um estado mental corporativo que existe na integração e coordenação de todas as funções de marketing que, por sua vez, combinam-se com todas as outras funções corporativas, com o objetivo básico de produzir lucros no longo prazo.

Kotler *et al.* (1996) sugeriram que a característica fundamental fosse:

O conceito de marketing diz que atingir objetivos organizacionais depende da determinação das necessidades e desejos de mercados-alvo e da entrega da satisfação desejada de forma mais efetiva e eficiente do que a concorrência.

De modo geral, entende-se que o conceito de marketing propõe que, em mercados cada vez mais dinâmicos e competitivos, as empresas e as organizações com maior probabilidade de sucesso são aquelas que percebem as expectativas, necessidades e desejos dos clientes e adequam-se de modo a satisfazê-los melhor que seus concorrentes. O conceito reconhece que não há motivo para os clientes comprarem a oferta de uma empresa a não ser que esta seja, de alguma forma, melhor em servir suas vontades e necessidades que as demais concorrentes.

Na verdade, o significado e o domínio do marketing são controversos. Em 1985, a *American Marketing Association* examinou mais de 25 definições de marketing antes de chegar a sua própria definição (*veja* Ferrell e Lucas, 1987).

Marketing é o processo de planejar e executar a concepção, o apreçamento, o planejamento e a distribuição de ideias, bens e serviços para criar trocas que satisfaçam os objetivos individuais e organizacionais.

Essa definição coloca o marketing como um processo que ocorre dentro de uma organização. Esse processo pode ser ou não administrado por um departamento ou função de marketing. Ele leva a um modelo de 'trocas mutuamente benéficas' como um panorama do papel do marketing, como mostra a Figura 1.1. Na realidade, 2004 assistiu ao anúncio de uma nova definição de marketing pelo AMA, baseada em um extensivo processo de pesquisa e desenvolvimento conduzido por Robert Lusch e Greg Marshall:

O marketing é uma função organizacional e um conjunto de processos para criar, comunicar e entregar valor aos clientes e para administrar as relações com clientes de maneiras que beneficiem a organização e seus stakeholders.

Pontos focais importantes nessa nova definição, que reforça a noção de trocas benéficas, são: valor, processo e relacionamento com os clientes. Essas ideias dão base a muito do que examinamos

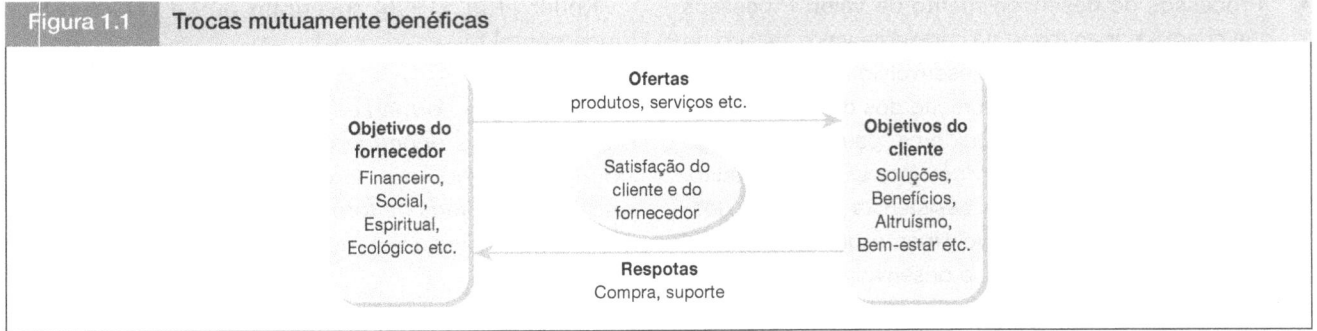

Figura 1.1 Trocas mutuamente benéficas

em desenvolvimento e implantação de estratégia de marketing neste livro.

Para lidar com um grupo de novos desafios ambientais que surgiu recentemente, Kotler sugere, de modo curioso, uma perspectiva integrada de marketing mais ampla que ele chama de 'holística' (Kotler e Keller, 2007), fundamentada em quatro componentes: marketing de relacionamento (discutido no Capítulo 16), marketing integrado (Capítulo 12), endomarketing (discutido no Capítulo 17) e marketing socialmente responsável (Capítulo 18).

No entanto, sair das definições acadêmicas de marketing para as realidades de seu significado operacional é mais difícil. Webster (1997) ressalta que, de todas as funções de administração, o marketing é a mais difícil de definir quanto a sua posição na organização, por ser ao mesmo tempo cultura, estratégia e tática. Para Webster, marketing envolve:

- **Cultura organizacional:** O marketing pode ser expresso como o 'conceito de marketing' (Drucker, 1954; McKitterick, 1957; Keith, 1960), ou seja, um conjunto de valores e crenças que impulsiona a organização por meio de um comprometimento fundamental em atender às necessidades dos clientes como o caminho para a rentabilidade sustentável.
- **Estratégia:** Como estratégia, o marketing procura desenvolver respostas eficazes para mudar o ambiente mercadológico ao definir segmentos de mercado e desenvolver e posicionar ofertas de produtos para esses mercados-alvo.
- **Tática:** O marketing como tática está voltado para as atividades rotineiras de administração de produtos, apreçamento, distribuição e comunicação de marketing, tais como propaganda, venda pessoal, publicidade e promoção de vendas.

O desafio de, simultaneamente, construir a orientação para o cliente em uma organização (cultura), desenvolver propostas de valor e posicionamento competitivo (estratégia) e desenvolver planos detalhados de ação de marketing (táticas) é intenso e complexo. Talvez não seja surpreendente que a realidade organizacional de marketing geralmente não atenda a todas essas demandas.

1.1.2 Orientação de mercado

Os estudos feitos pelo Marketing Science Institute durante a década de 1990 tentaram identificar as atividades específicas que traduzem a filosofia do marketing em realidade, isto é, para atingir a orientação de mercado. Em uma das correntes de pesquisa mais citadas do marketing moderno, Kohli e Jaworski (1990) definiram a orientação para o mercado nos seguintes termos:

Uma orientação para o mercado exige (1) um ou mais departamentos engajados em atividades voltadas ao desenvolvimento de um entendimento das necessidades atuais e futuras dos clientes e dos fatores que as alteram, (2) o compartilhamento desse conhecimento por todos os departamentos e (3) os vários departamentos engajados em atividades formuladas para atender às necessidades dos clientes. Em outras palavras, uma orientação para o mercado refere-se à geração, organização, disseminação e responsividade à inteligência de mercado que permeia toda a empresa.

Essa visão de orientação para o mercado preocupa-se, primariamente, com o desenvolvimento do que se pode chamar de entendimento do mercado através de toda a organização e impõe ao executivo o grande desafio de desenvolver maneiras de construir esse entendimento do mercado (*veja*, por exemplo, Piercy e Lane, 1996).

Em estudos paralelos, Narver e Slater (1990) definiram a orientação voltada ao mercado como:

A cultura organizacional (...) que cria os comportamentos necessários para a criação de valor superior para os compradores da maneira mais eficaz e eficiente e, portanto, um desempenho superior constante para o negócio.

A partir desse trabalho, uma série de componentes e o contexto de marketing são propostos (Figura 1.2):

Figura 1.2 — Componentes e contexto da orientação para o mercado

- **Orientação ao cliente:** entender os clientes o suficiente para, de forma contínua, criar valores superiores para eles.
- **Orientação ao concorrente:** conscientizar-se das capacidades de longo e curto prazo dos concorrentes.
- **Coordenação interfuncional:** usar todos os recursos da empresa para criar valor ao público-alvo.
- **Cultura organizacional:** vincular o comportamento de funcionários e da gerência à satisfação do cliente.
- **Foco em lucro no longo prazo:** como o objetivo prioritário dos negócios.

Embora os resultados ainda possam ser considerados controversos, aparentemente cresce o número de pesquisas que sugerem que a obtenção de uma orientação para o mercado está associada, por um lado, a um desempenho superior e, por outro lado, a fatores internos da empresa, tais como comprometimento dos funcionários e o espírito de equipe (Jaworski e Kohli, 1993; Slater e Narver, 1994).

Contudo, o que também vem sendo sugerido é que talvez haja barreiras substanciais para alcançar a orientação para o mercado (Harris, 1996, 1998; Pierce *et al.*, 2002); na realidade, pode ser que os executivos enfrentem o problema de criar e dirigir estratégias de marketing nas situações em que a empresa não é realmente orientada ao mercado. Isso pode estar no cerne do problema de implantação do marketing (Capítulo 17).

Uma tentativa interessante de 'reinventar' o conceito de marketing para uma nova era de estruturas organizacionais diferentes, relacionamentos complexos e globalização, é feita por Webster (1994). Ele apresenta "o novo conceito de marketing como um conjunto de guias de orientação para criar uma organização focada no cliente e orientada ao mercado" e desenvolve quinze ideias que tecem a "composição do novo conceito de marketing" (Tabela 1.1).

A conceitualização de Webster representa uma tentativa válida de desenvolver uma operacionalização pragmática do conceito de marketing.

Podemos resumir os sinais de uma orientação para o mercado nos termos e enfatizar os elos entre eles e nossa abordagem à estratégia de marketing e ao posicionamento competitivo:

- Alcançar o verdadeiro potencial de marketing depende, principalmente, do sucesso de transformar atividades de marketing do passado (tática) no marketing como um tópico que abrange toda a empresa e cria foco real no cliente (cultura) e posicionamento competitivo (estratégia). A evidência apoia sugestões de que o marketing tem sido, no geral, muito eficaz nas táticas, porém parcialmente eficaz em mudar a cultura e, extremamente, ineficaz na

Tabela 1.1 — A composição do novo conceito de marketing

#		#	
1	Disseminar o foco no cliente por toda a empresa.	8	Fazer com que o cliente defina fidelidade.
2	Ouvir o cliente.	9	Medir e administrar as expectativas do cliente.
3	Definir e fortalecer as competências distintas da organização.	10	Construir relacionamentos e fidelidade junto aos clientes.
4	Definir marketing como inteligência de marketing.	11	Definir o negócio como um negócio de serviços.
5	Definir os clientes com precisão.	12	Comprometer-se com a melhoria e a inovação contínuas.
6	Administrar visando à rentabilidade, e não ao volume de vendas.	13	Administrar a cultura em sintonia com a estratégia e a estrutura.
7	Fazer do valor para o cliente a estrela-guia.	14	Crescer com parcerias e alianças.
		15	Destruir a burocracia do marketing.

Fonte: Webster (1994).

área de estratégia. (Day, 1992; Varadarajan, 1992; Webster, 1997).

- Um ponto-chave é obter uma compreensão do mercado e do cliente e construir a capacidade de responder às mudanças do mercado. O verdadeiro foco no cliente e a responsividade da empresa compõem o contexto no qual a estratégia de marketing é construída e implantada. Nossa abordagem para análise da competitividade do mercado, na Parte 2, fornece muitas das ferramentas que podem ser usadas para aprimorar e compartilhar um entendimento sobre o mercado consumidor por toda a empresa.
- Outro ponto é que o processo de marketing deve ser visto como interfuncional e interdisciplinar, e não simplesmente como responsabilidade do departamento de marketing. Esse é o verdadeiro valor em adotar uma perspectiva de processo em relação ao marketing, o que tem sido, cada vez mais, adotado por grandes organizações (Hulbert et al., 2003). Veremos na Parte 4, sobre estratégias de posicionamento competitivo, que valores e serviços superiores, bem como a inovação para construir posições competitivas defensáveis, apoiam-se nos esforços coordenados de muitas funções e pessoas dentro da organização. Relações interfuncionais também são enfatizadas na Parte 5.
- Também se evidencia que um entendimento profundo da concorrência no mercado na perspectiva do cliente é crucial. Ver o produto ou serviço do ponto de vista do cliente geralmente é difícil, mas, sem essa perspectiva, uma estratégia de marketing torna-se altamente vulnerável a ações inesperadas da concorrência. Abordaremos esse assunto na Parte 3, quando discutiremos o posicionamento competitivo.
- Finalmente, conclui-se que a questão é o desempenho de longo prazo, e não simplesmente resultados no curto prazo, e essa perspectiva está implícita em tudo o que consideramos na construção e implementação de uma estratégia de marketing.

Um modelo para executivos avaliarem a orientação de mercado em suas próprias organizações é apresentado no Quadro 1.1. Porém, também cabe apontar, nesse estágio inicial, que o marketing como cultura organizacional (o conceito de marketing e a orientação de mercado) também deve ser posicionado no contexto de outros impulsionadores de valores e abordagens da organização. Uma cultura que enfatiza clientes como os principais *stakeholders* na organização não é incompatível com outra que reconheça as necessidades e preocupações de públicos, funcionários, administradores e o contexto social mais amplo no qual a organização opera.

1.2 A VISÃO DE MARKETING BASEADA EM RECURSOS

Enquanto na última década pesquisadores acadêmicos e gerentes de marketing tenham se mostrado obcecados com a compreensão do que significa 'orientado para o mercado' (como medir e como construir), uma revolução vem acontecendo no campo da gestão estratégica.

Na década de 1980, a visão dominante da estratégia foi proposta por, entre outros, Michael Porter da Harvard Business School (Porter, 1980, 1985). Sob essa visão, a chave para a estratégia estava atrelada à dinâmica de uma determinada indústria e suas características. Porter sugeria que alguns setores econômicos eram inerentemente mais atrativos do que outros e que os fatores impulsionadores da competição em um setor eram os principais determinantes da lucratividade. Sob o novo enfoque, contudo, o foco para explicar as diferenças de desempenho mudou de fora da empresa (os setores em que opera) para dentro da própria empresa.

Denominada de a visão da empresa baseada em recursos (Wernerfelt, 1984) ou o foco nas 'competências essenciais' (Prahalad e Hamel, 1990), essa nova abordagem sugeriu que o desempenho era, essencialmente, impulsionado pelo perfil de recursos da organização e que a fonte do desempenho superior baseia-se na posse e na distribuição de recursos distintivos, difíceis de imitar ou protegidos.

Visões atuais da estratégia e marketing sugerem que essas duas abordagens podem ser combinadas para o aperfeiçoamento de ambas (Hooley et al., 1998). No entanto, elas apresentam forte contraste em relação às diferentes abordagens de estratégia em geral e do marketing, em particular, ainda evidentes em muitas organizações de hoje. Três importantes abordagens alternativas evidenciam-se (Figura 1.3):

- **Marketing de pressão para colocar seus produtos:** sob essa abordagem as empresas centralizam suas atividades em produtos e serviços existentes e procuram maneiras de encorajar, ou até persuadir, clientes a comprar. Trata-se de uma interpretação míope da visão baseada em recursos — nós temos um recurso (nosso produto ou serviço) que produzimos bem e é diferente do que os competidores oferecem. A chave é fazer com que os clientes queiram aquilo em que somos bons. Day (1999) identificou essa abordagem na declaração de metas da IBM em 1983. Com base nessa declaração,

Quadro 1.1 — Avaliação de orientação para o mercado

1 Orientação ao cliente

	Concorda totalmente	Concorda	Indiferente	Discorda	Discorda totalmente	Não sabe
Informações sobre necessidades e solicitações dos clientes são coletadas regularmente.	5	4	3	2	1	0
O objetivo corporativo e nossas políticas estão diretamente direcionados à satisfação dos clientes.	5	4	3	2	1	0
Concentramos nossos esforços na criação de relações mais sólidas com clientes e grupos de consumidores-chaves.	5	4	3	2	1	0
Níveis de satisfação do consumidor são avaliados regularmente e ações são realizadas para aprimoramente quando necessários	5	4	3	2	1	0
Reconhecemos a existência em nosso mercado de grupos ou segmentos distintos, com necessidades diferentes, e adaptamos nossas ofertas de acordo com isso.	5	4	3	2	1	0

Nota total para orientação ao cliente (máximo de 25)

2 Orientação ao concorrente

	Concorda totalmente	Concorda	Indiferente	Discorda	Discorda totalmente	Não sabe
Informações sobre as atividades dos concorrentes são coletadas regularmente.	5	4	3	2	1	0
Realizamos regularmente estudos de benchmarking em relação às ofertas de nossos principais concorrentes.	5	4	3	2	1	0
Respondemos com rapidez às ações de nossos maiores concorrentes.	5	4	3	2	1	0
Colocamos grande ênfase em nos diferenciar dos concorrentes nos fatores de importância para os clientes.	5	4	3	2	1	0

Nota total para orientação ao concorrente (máximo de 20)

3 Perspectivas no longo prazo

	Concorda totalmente	Concorda	Indiferente	Discorda	Discorda totalmente	Não sabe
Priorizamos os ganhos em participação de mercado no longo prazo em detrimento dos lucros no curto prazo.	5	4	3	2	1	0
Colocamos maior ênfase em melhorar nosso desempenho no mercado do que em melhorar eficiências internas.	5	4	3	2	1	0
As decisões são direcionadas por considerações no longo prazo em vez de por conveniências no curto prazo.	5	4	3	2	1	0

Nota total para perspectivas no longo prazo (máximo de 15)

Quadro 1.1 Avaliação de orientação para o mercado

4 Coordenação interfuncional

	Concorda totalmente	Concorda	Indiferente	Discorda	Discorda totalmente	Não sabe
Informações sobre os clientes circulam livremente e são disseminadas por toda a organização.	5	4	3	2	1	0
Os diferentes departamentos da organização trabalham em equipe para atender às necessidades dos clientes.	5	4	3	2	1	0
Não se permite que tensões e rivalidades entre os departamentos atrapalhem o atendimento eficaz ao cliente.	5	4	3	2	1	0
Nossa organização é flexível para permitir que as oportunidades sejam aproveitadas de modo eficaz e não limitadas hierarquicamente.	5	4	3	2	1	0

Nota total para coordenação interfuncional (máximo de 20)

5 Cultura organizacional

	Concorda totalmente	Concorda	Indiferente	Discorda	Discorda totalmente	Não sabe
Todos os funcionários reconhecem sua função na criação de clientes finais satisfeitos.	5	4	3	2	1	0
Estruturas de recompensa estão diretamente ligadas ao desempenho do mercado externo e à satisfação do cliente.	5	4	3	2	1	0
A alta gerência em todas as áreas funcionais dá máxima importância à satisfação dos clientes.	5	4	3	2	1	0
As reuniões de alta gerência dão máxima prioridade à discussão de tópicos que afetam a satisfação do cliente.	5	4	3	2	1	0

Nota total para cultura organizacional (máximo de 20)

Resumo

Orientação ao cliente (máximo de 25)   Coordenação interfuncional (máximo de 20)
Orientação ao concorrente (máximo de 20)   Cultura organizacional (máximo de 20)
Perspectivas no longo prazo (máximo de 15)   Nota total (máximo de 100)

Interpretação

80-100 Indica alto nível de orientação para o mercado. Notas abaixo de 100, porém, ainda podem ser melhoradas.

60-80 Indica nível moderado de orientação para o mercado — identifique as áreas que demandam mais melhoria.

40-60 Mostra um longo caminho a ser trilhado para o desenvolvimento da orientação para o mercado. Identifique os problemas principais e estabeleça ações prioritárias para solucioná-los.

20-40 Indica uma grande montanha a sua frente! Comece a trabalhar nos problemas. Alguns fatores estarão mais sob seu controle que outros. Comece por eles.

Observação: se você teve resultado igual a '0' na maioria das escalas, pesquise mais sobre sua própria empresa.

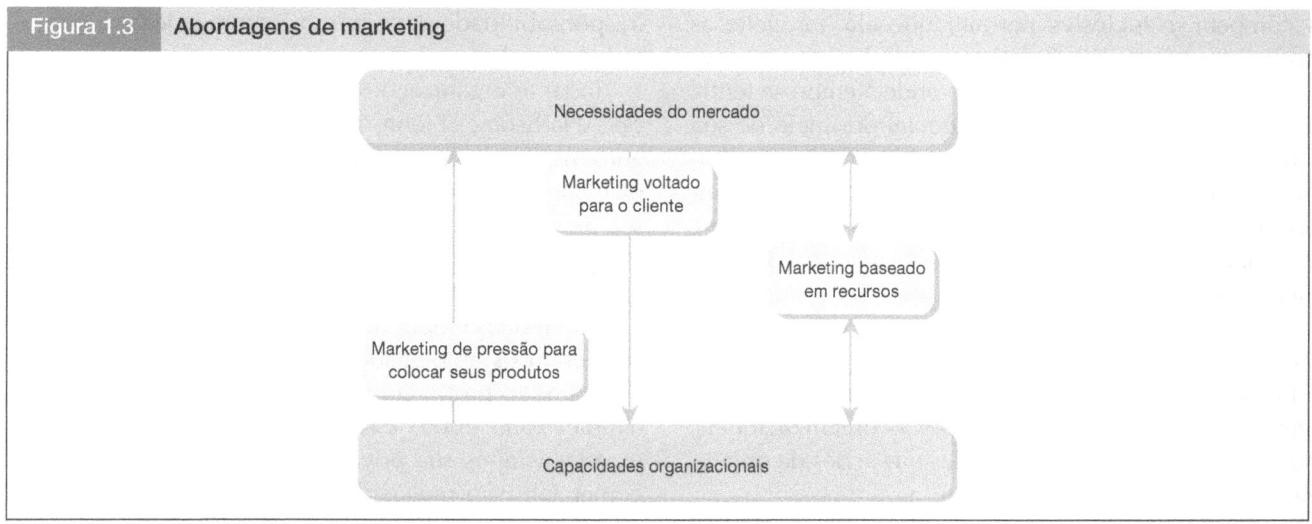

Figura 1.3 Abordagens de marketing

a empresa definiu os objetivos de impulsionar o setor, obter liderança em produto em toda a extensão da linha de produtos, ser a mais eficiente em todas as atividades desempenhadas e manter a lucratividade. O que é notável a respeito desses objetivos é que os consumidores não são mencionados nenhuma vez. Todo o foco estava no que a IBM fazia na época (1983) e como poderia fazê-lo com mais eficiência. Interessantemente, o desempenho da IBM na década de 1980 foi fraco.

- **Marketing voltado para o cliente:** O outro extremo é o marketing voltado para o cliente (Slater, 1998). Sob essa abordagem as empresas perseguem seus clientes, custe o que custar. O objetivo é descobrir o que os clientes querem e atendê-los seja no que for. Isso também pode acarretar problemas. Na década de 1980, a Procter & Gamble foi atingida por concorrentes cada vez mais agressivos e pressionada por varejistas cada vez mais poderosos. Ela reagiu dando aos clientes maior escolha, promoções intensas e negociações para estimular compras combinadas com metas agressivas para a equipe de vendas. O resultado foi a proliferação de produtos em grande escala (em certo momento havia 35 variações do amaciante de roupas Bounce!). Os clientes ficaram confusos com as promoções excessivamente complexas (ofertas, cupons, promoções etc.) e os varejistas insatisfeitos por terem de estocar uma grande variedade de opções nas prateleiras. No processo de produção, as extensões das linhas de produtos causaram caos e pesadelos de logística (Day, 1999). Ser excessivamente voltado ao cliente pode levar a um direcionamento de curto prazo que resulta em esforços triviais para desenvolver o produto e em um P&D míope (Frosch, 1996). Christensen e Bower (1996) vão além, sugerindo que "as empresas perdem sua posição de liderança no setor de atuação (...) por ouvirem demais seus clientes".

- **Marketing baseado em recursos:** Neste livro, defendemos um meio-termo entre esses dois extremos. Nessa abordagem, as empresas baseiam suas estratégias de marketing no equilíbrio entre os requisitos do mercado e suas habilidades para atendê-los. Com essa abordagem, uma visão de longo prazo dos requisitos dos clientes é adotada dentro do contexto de outras considerações do mercado (como ofertas e estratégias de competidores e as realidades da cadeia de suprimentos), em conjunto com o mapeamento dos ativos, das competências e das habilidades da organização para garantir que eles sejam alavancados ao máximo. No final da década de 1980, a IBM havia reconsiderado o enfoque em sua campanha de qualidade voltada ao mercado na seguinte forma: "se pudermos ser os melhores em satisfazer às necessidades e desejos dos clientes nos mercados em que escolhemos atuar, tudo o mais que importa virá a seguir". A nova abordagem reconheceu a centralidade do cliente, mas também a necessidade de ser seletivo a respeito de quais mercados servir, garantindo que esses eram mercados em que os recursos da IBM (seus ativos e suas capacidades) davam à empresa a chance de liderança.

O marketing baseado em recursos busca essencialmente um equilíbrio de longo prazo entre os requisitos do mercado e as habilidades da organização para competir nele. Isso não significa que os recursos da organização são tidos como fixos e estáticos. Longe disso. Os requisitos do mercado evoluem com o tempo, e o perfil de recursos da empresa precisa ser continuamente desenvolvido para permitir que ela continue a competir, e inclusive permitir que ela aproveite as novas oportunidades. O fator essencial, porém, é que as oportunidades sejam tomadas onde a empresa tenha uma vantagem existente ou potencial por meio de sua base de recursos, em vez de apenas persegui-la conforme o momento. Esses pontos serão retomados quando discutirmos a avaliação dos recursos de marketing da empresa (Capítulo 6) e os critérios para escolher os mercados nos quais operar (Capítulo 10).

Antes, contudo, devemos explorar como a orientação voltada ao mercado e os recursos de marketing influenciam o desempenho da organização. Para tal, introduzimos a ideia de *stakeholders* organizacionais, ou grupos de pessoas interessadas nas ações da organização e por elas influenciadas.

1.3 STAKEHOLDERS ORGANIZACIONAIS

Por que as empresas existem? A resposta simples para organizações comerciais pode ser a de obter retornos sobre os investimentos de seus acionistas e proprietários dessas organizações. Para organizações sem fins lucrativos, como instituições beneficentes, entidades religiosas, serviços públicos e outras, a resposta pode estar no desejo de servir comunidades específicas. Mas as organizações, visem ou não ao lucro, raramente são movidas por objetivos tão simples. Geralmente há muitos fatores, algumas vezes complementares, outras vezes concorrentes entre si, que direcionam as decisões. Por exemplo, a decisão de James Dyson de transferir a produção de seus eletrodomésticos do Reino Unido para o Extremo Oriente no início de 2002 por razões de custo (a responsabilidade para com os acionistas de operar eficientemente) resultou em uma reação negativa considerável da comunidade local devido ao impacto nos empregos e no padrão de vida da região (responsabilidade para com os empregados e a comunidade local).

Todas as organizações atendem a múltiplos *stakeholders* (Harrison e St John, 1994; Mitchell *et al.*, 1997). Alguns, no entanto, terão prioridade em relação aos outros na maneira com que as decisões são tomadas e os recursos alocados (Rowley, 1997; Ogden e Watson, 1999). Pesquisas realizadas nas economias em transição da Europa Central e da Oriental, por exemplo, descobriram que em muitas empresas estatais os principais *stakeholders* eram os empregados, e os objetivos corporativos focavam em proporcionar a continuidade do emprego (Hooley *et al.*, 2000). Essa orientação persiste em muitas ex-estatais após sua privatização e venda para o setor comercial. Para muitas das empresas comerciais entrevistadas, seus objetivos principais concentravam-se em lucratividade e retorno sobre o investimento.

No contexto das organizações comerciais pode-se identificar uma variedade de *stakeholders* primários (Figura 1.4) (Greenley e Foxall, 1996, 1997). Estes incluem acionistas e proprietários, gerentes, empregados, clientes e fornecedores. Enquanto a cultura voltada ao mercado que acabamos de apresentar busca colocar os clientes no alto do ranking das prioridades, a realidade, para a maioria das organizações, será uma mistura complexa de considerações de todos os *stakeholders* relevantes.

Doyle (2000) discute as motivações e expectativas dos vários grupos de *stakeholders* conforme segue:

- **Acionistas** podem ser de dois tipos principais. Primeiro, existem indivíduos com laços pessoais e emocionais duradouros com o negócio. Cada vez mais, porém, hoje em dia os acionistas são investidores financeiros, tanto individuais quanto institucionais, que buscam maximizar o valor de longo prazo de seus investimentos. Paradoxalmente, esse desejo por valor no longo prazo para o acionista

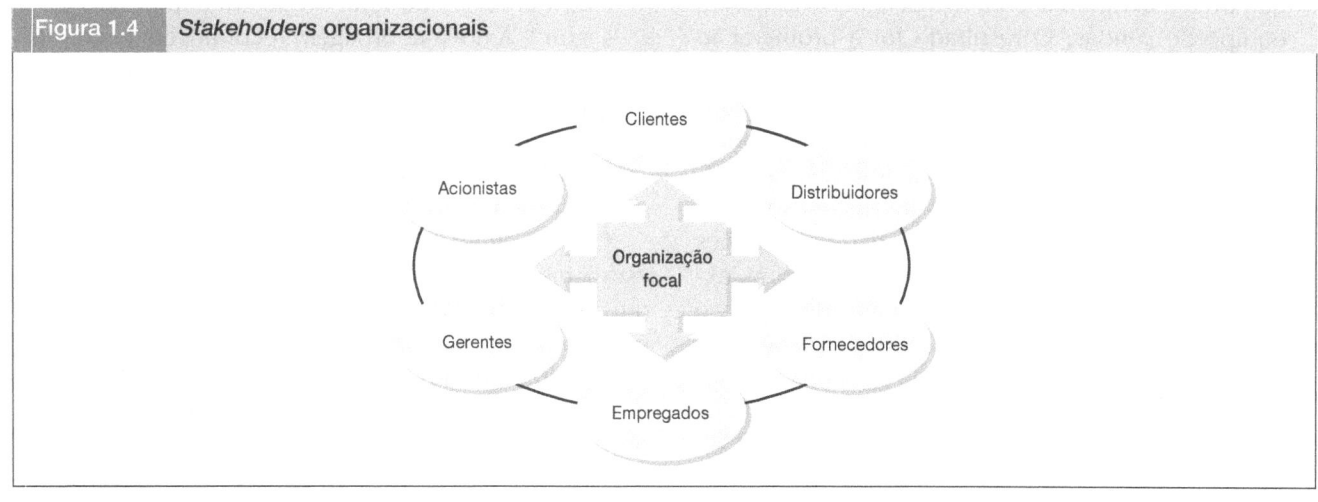

Figura 1.4 *Stakeholders* organizacionais

pode levar muitas empresas a tomar decisões de curto prazo para maximizar o preço das ações ou dos dividendos.
- **Empregados** também podem ter um compromisso de longo prazo com a empresa. De modo geral, suas prioridades refletem alguma combinação de compensação (mediante ordenados e salários), satisfação e segurança no trabalho (emprego). Esses valores podem ser incompatíveis com o da empresa para os acionistas. Poucos funcionários concordarão que a perda de seu emprego em função de 'redução no quadro' é um preço válido a pagar para aumentar o valor das ações! No entanto, algumas empresas esforçam-se bastante para entender as motivações dos empregados. A Skandia, companhia de seguros sueca, por exemplo, pesquisa regularmente as opiniões de seu pessoal buscando alinhar seus objetivos pessoais e corporativos (*Fortune*, 11 mar. 2002). A John Lewis Partnership, grupo de varejo britânico que opera 26 lojas de departamentos, um negócio on-line — John Lewis Direct — e 185 supermercados da rede Waitrose, com faturamento superior a 6 bilhões de libras, envolve seus 68 mil empregados nas tomadas de decisão em reuniões entre a diretoria e representantes eleitos dos funcionários. A rotatividade dos funcionários é baixa, e estes têm direito à participação nos lucros da empresa e a pausas sabáticas.
- **Gerentes** também se preocupam com recompensas pessoais na forma de salários e prestígio. Esses profissionais podem ter menos compromisso de longo prazo para com a empresa e podem enxergar seus papéis como temporários em relação à carreira. Muitas vezes, o 'sucesso' gerencial é medido por ganhos no curto prazo (por exemplo, em vendas ou eficiência), que podem não corresponder necessariamente a uma melhoria de desempenho corporativo no longo prazo.
- **Consumidores** são a fonte máxima do valor ao acionista. Como mostra Doyle (2000), "até os gerentes financeiros mais focados entendem que a fonte do fluxo de caixa de longo prazo são seus clientes satisfeitos" (p. 23). Existe, porém, um perigo inerente em buscar a satisfação do consumidor a qualquer custo. Consumidores podem 'adorar' a oferta de preços baixos ou qualidade superior, mas, se o custo correspondente exceder os preços que os consumidores estão dispostos a pagar, a empresa não permanecerá no mercado por muito tempo. Com respeito a isso, a perseguição cega da satisfação do consumidor pode ser incompatível com a criação de valor no longo prazo para os acionistas. Muitas das malfadadas e extravagantes ofertas aos consumidores feitas pelas empresas baseadas na Internet em anos recentes frisam o fato de que a criação de valor para o consumidor deve ser equilibrada com outros aspectos.
- **Fornecedores e distribuidores** também têm seus interesses no negócio. Os fornecedores dependem das empresas a que servem para garantir o alcance de suas próprias metas. Novamente eles podem estar buscando segurança, previsibilidade e margens satisfatórias. Quando o varejista britânico Marks & Spencer (M&S) passou por problemas financeiros, em 1999-2000, muitos dos relacionamentos de longo prazo que tinha com seus fornecedores, como o Courtaulds, foram afetados. Para cortar custos, a M&S começou a procurar fornecimento mais amplamente, e a confiança e os relacionamentos construídos durante um longo período de tempo com seus fornecedores rapidamente se desgastaram, terminando em alguns casos em medidas legais. Distribuidores também são *stakeholders* do negócio. Na indústria automobilística, as concessionárias de veículos costumam ser aliadas próximas de fabricantes específicos por meio de acordos de franquia. O sucesso ou não do fabricante em desenvolver os carros certos para o mercado terá impacto direto no distribuidor. Novamente, o distribuidor pode estar em busca de previsibilidade e continuidade, com margens satisfatórias.

Para organizações sem fins lucrativos, pode ser mais complexa a identificação de *stakeholders* e suas exigências:

- **Proprietários** da organização podem ser difíceis de identificar e seus interesses difíceis de definir. Por exemplo, quem é o 'dono' da Igreja Católica, ou do Greenpeace ou do Partido Trabalhista? Muitos podem argumentar que os donos são aqueles que apoiam essas organizações, os fiéis, os ativistas e os membros. Ou seriam os empregados (como o papa e o clero) ou os proprietários? No caso de organizações públicas como o serviço de saúde, a polícia ou o sistema de educação, os proprietários são a sociedade em geral, os contribuintes que pagam a conta ou o governo atual que estabelece as prioridades e as metas de desempenho?
- **Consumidores** podem ser definidos como aqueles que a organização busca servir. Os clientes da Igreja Católica podem ser aqueles que frequentam a missa aos domingos. No entanto, o conceito de cliente pode se estender para outras pessoas que a Igreja deseja agradar e cujo comportamento e crença busca influenciar. Quem são os consumidores do serviço público? Os pacientes? Ou aqueles que evitam o serviço ao obedecer aos avisos de prevenção? Quem são os consumidores do ensino superior? Os estudantes? Os

seus pais, que pagam a conta? Ou os profissionais que buscam suas habilidades após se formarem? Quem são os clientes do serviço policial? A sociedade em geral, que necessita da proteção contra os criminosos? Os próprios criminosos? Ou os contribuintes que financiam o serviço? Definições diferentes de consumidores podem resultar em interpretações diferentes sobre o que procuram e quais seriam suas expectativas e requerimentos. Falhar em identificar e satisfazer as necessidades dos diversos consumidores destrói a posição no mercado. Por exemplo, enquanto os médicos e os policiais acalentam a ideia de que existem para proporcionar valor ao cliente, seu posicionamento está sendo desgastado pelo crescimento de medicinas alternativas e serviços de segurança privada.

- Podemos concluir que **empregados** são relativamente fáceis de identificar. Entretanto, suas motivações podem ser mais complexas do que as do setor com fins lucrativos. O que motiva as enfermeiras a trabalhar arduamente por longas horas, por remuneração relativamente pequena? Por que as pessoas aceitam ser voluntárias para trabalhar em organizações beneficentes sem receber nenhum pagamento? Por que os ativistas arriscam a vida para evitar o despejo de petróleo ou de lixo nuclear nos mares? No setor sem fins lucrativos, os empregados podem ou não receber recompensas financeiras. Muitas vezes, no entanto, seu principal fator motivador não é financeiro, mas encontra-se muito mais na satisfação sentida ao contribuir para uma causa que valorizam ou prezam.

Embora as considerações de muitos dos *stakeholders* acima possam ser complementares, às vezes também podem ser conflitantes (Clarkson, 1995). Por exemplo, o desejo dos acionistas pela criação de valor no longo prazo pode estar na contramão com as demandas de fornecedores e de distribuidores por continuidade, segurança e margens satisfatórias. As exigências que uma empresa enfrenta por ser direcionada para o consumidor podem ter impactos significativos nos papéis e nas atividades de gerentes e de empregados, e nem todos esses impactos são bem-vindos. Essa confusão pode ser intensificada quando *stakeholders* específicos assumem mais de um papel. Por exemplo, os gerentes e empregados também podem ser acionistas em organizações que visam ao lucro. Inclusive podem, de vez em quando, também se tornar seus próprios consumidores!

Em qualquer organização haverá uma mescla de orientações voltadas aos vários *stakeholders*. No entanto, poderíamos argumentar que uma forte orientação voltada para o mercado, conforme discutido no início deste capítulo, pode ser uma força unificadora que ajuda a realizar outras metas dos *stakeholders*.

1.3.1 A contribuição do marketing para os objetivos dos stakeholders

Há cada vez mais provas de que as empresas que se dão bem no mercado também se dão bem financeiramente, aumentando o valor da empresa para os acionistas. Homburg e Pflesser (2000), por exemplo, mostraram que as empresas que adotam uma cultura voltada para o mercado têm melhor desempenho financeiro que as outras. Muitos outros estudos também mostraram ligações diretas entre a orientação voltada para o mercado, a satisfação do consumidor e o desempenho financeiro da empresa (veja um resumo recente em Lafferty e Hult (2001)).

A Figura 1.5 mostra os efeitos da cultura voltada para o mercado nas atividades e no desempenho da empresa. O grau de orientação para o mercado, conforme discutido acima, é um aspecto cultural muito enraizado em qualquer empresa (Deshpandé *et al.*, 1993). Nos casos em que a orientação para o mercado é alta, todas as funções organizacionais estão focadas para contribuir para a criação de valor superior para o consumidor. Por conseguinte, isso afeta a maneira como essas funções são gerenciadas, e as prioridades que as mesmas buscam. Por exemplo, a gestão e o treinamento de recursos

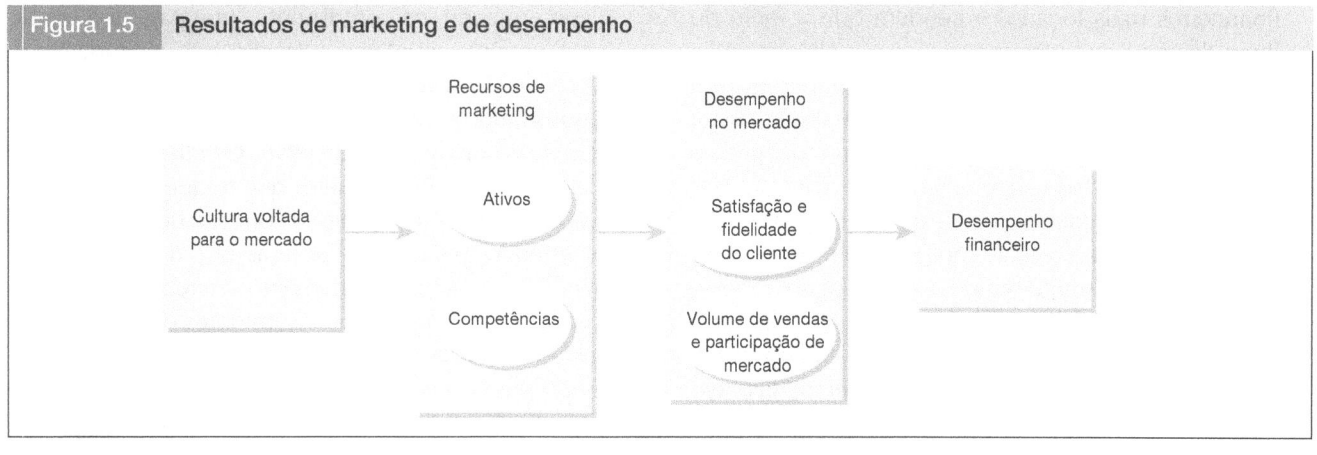

Figura 1.5 Resultados de marketing e de desempenho

humanos são, muitas vezes, direcionados à conscientização e ao atendimento ao cliente, e as estruturas de recompensas são planejadas para encorajar a geração de satisfação do cliente. Onde a orientação para o mercado é alta, a satisfação com o emprego e o compromisso com o mesmo são altos entre os empregados (veja Siguaw et al., 1994; Selnes, 1996; Piercy et al., 2002), criando assim uma equipe de trabalho motivada e focada nas necessidades dos consumidores (veja Heskett et al., 2003). Sir Stuart Hampson, presidente do conselho da John Lewis Partnership, explica assim: "É um círculo virtuoso. Parceiros felizes e satisfeitos [empregados] têm orgulho de seus empregos e proporcionam melhor atendimento, o que, por sua vez, leva a clientes contentes e a um melhor atendimento" (*The Guardian*, 18 mar. 2002).

Altos níveis de orientação para o mercado também levam a uma ênfase em desenvolver ativos de marketing como a reputação da empresa e da marca (Aaker, 1991), as capacidades de inovação no mercado (Slater e Narver, 1995; Han et al., 1998) e o desenvolvimento de habilidades de gestão do relacionamento com os clientes (CRM) (Gummesson, 1999).

Recursos de marketing bem desenvolvidos (ativos e capacidades), quando lançados no mercado, podem levar a um desempenho superior no mercado. Um quadro de funcionários satisfeitos e bem motivados (um dos principais ativos de marketing), por exemplo, pode contribuir significativamente para a criação de consumidores satisfeitos e fiéis (Bowen e Lawler, 1992; Payne, 1993; Heskett et al., 2003) e, subsequentemente, para o aumento no volume de vendas e na participação de mercado. Ativos de reputação, como marcas respeitadas e bem conhecidas, juntamente com recursos de marketing bem desenvolvidos como o CRM e habilidades de inovação no mercado, também afetam diretamente o desempenho no mercado.

A ligação entre o desempenho de mercado e o desempenho financeiro também está bem estabelecida. A satisfação e a fidelidade dos clientes leva a maiores volumes de vendas e participação no mercado (Hart et al., 1990; Anderson e Sullivan, 1993; Rust e Zahorik, 1993; Wells, 1994/5), o que por sua vez levam ao desempenho financeiro. Um caminho sugerido é através do impacto das economias e de vantagens de escala. O projeto PIMS (Profit Impact of Marketing Strategy — impacto da estratégia de marketing sobre o lucro) demonstra que empresas com maior participação de mercado têm melhor desempenho financeiro devido às economias das quais desfrutam em compras, produção, operações e marketing (Buzzell e Gale, 1987).

Um segundo caminho, explicado em detalhes por Doyle (2000), observa que o valor para o acionista é determinado por fluxos de caixa em valor presente, descontados pelo custo de capital. Nessa perspectiva, a tarefa crucial da administração está em maximizar a soma de fluxos de caixa em valor presente e assim maximizar o valor para o acionista. A contribuição do marketing estará na elaboração de estratégias que proporcionam fluxos de caixa maiores mediante, por exemplo, lançamentos bem-sucedidos de produtos novos, ou a criação de marcas fortes, as quais podem proporcionar margens e participação altas no mercado. Sob essa perspectiva, o foco do marketing está no desenvolvimento e na proteção de ativos (como marcas ou participação de mercado) que têm o potencial de proporcionar fluxos de caixa maiores no futuro. Doyle considera o papel do marketing como o de impulsionar a criação de valor mediante a escolha otimizada de mercados e segmentos-alvo nos quais operar, a criação de um diferencial, ou de uma vantagem competitiva ao atender a esses alvos, e o desenvolvimento de um composto de marketing apropriado para esses mercados.

Em suma, o marketing pode contribuir para satisfazer as necessidades de *stakeholders*, empregados e gerentes, ao proporcionar segurança, compensação e satisfação no emprego. Onde a empresa é melhor em atender seus clientes, mais capaz de ganhar pedidos da concorrência, maior é sua probabilidade de sobreviver no futuro. Também há provas de que, quando as empresas são mais voltadas para o mercado, seus funcionários ficam mais satisfeitos no emprego (Slater e Narver, 1995). Isso, por sua vez, pode levar a um círculo virtuoso de melhorias, já que funcionários felizes e motivados geram consumidores cada vez mais satisfeitos, o que leva a um melhor desempenho organizacional, a empregados mais satisfeitos etc. Similarmente, o caminho mais eficaz para realizar os desejos de lucro e de desempenho de parceiros na cadeia de suprimentos é por meio do sucesso no mercado. Um aumento no sucesso, mediante parcerias e alianças, pode servir para unir organizações, criando mais estabilidade e previsibilidade na cadeia de suprimento e distribuição. Finalmente, as preocupações de consumidores e trabalhadores com meio ambiente, justiça social, emprego justo e outras prioridades sociais levaram a uma ênfase renovada da responsabilidade social corporativa e da boa cidadania corporativa. Contudo, como veremos na Parte 5, o pensamento mudou de um comportamento altruísta voltado ao cumprimento de obrigações morais para a busca de iniciativas sociais como parte da proposta de valor e uma fonte de vantagem competitiva (veja Capítulo 18).

1.4 FUNDAMENTOS DE MARKETING

Partindo do conceito básico de marketing esboçado acima, as considerações sobre os *stakeholders* alternativos e a lógica do marketing baseado em recursos, podemos extrair um conjunto de princípios básicos e muito pragmáticos que servem para guiar o pensamento e as ações de marketing. Os princípios seguem a lógica dos processos baseados em valor descritos por Webster (1997). Cada um desses princípios parece tão óbvio que não precisariam ser mencionados. No entanto, o reconhecimento desses princípios e de suas aplicações pode revolucionar o modo como as organizações respondem a seus consumidores e interagem com eles.

Princípio 1: Foco no cliente

Um primeiro princípio de marketing que emerge de nossos comentários remete à própria orientação de mercado. Ele reconhece que os objetivos de longo prazo da empresa, sejam eles financeiros ou sociais, são mais bem atendidos ao se obter um alto grau de foco no cliente — mas não um foco cego! Desse reconhecimento, flui a necessidade de uma investigação mais detalhada dos desejos e das necessidades dos clientes, seguida de uma definição clara se e como a empresa pode atendê-los melhor.

Fica claro também que só quem pode avaliar quão bem uma empresa satisfaz seus consumidores são seus próprios clientes. A qualidade dos bens ou serviços oferecidos ao mercado será julgada pelos clientes com base em quão bem foram satisfeitas suas exigências. Um produto ou serviço de qualidade, sob a perspectiva do consumidor, é aquele que satisfaz ou que atende ao desejado, em vez daquele que proporciona um luxo desnecessário.

Como demonstra Levitt (1986), a adoção de uma abordagem voltada ao mercado apresenta algumas questões básicas. As mais importantes são:
- Em que negócio estamos?
- Em que negócio poderíamos estar?
- Em que negócio gostaríamos de estar?
- O que precisamos fazer para entrar ou nos consolidar nesse negócio?

As respostas para essas questões fundamentais podem muitas vezes mudar a visão e a perspectiva totais da empresa. No Capítulo 2 examinaremos a definição do negócio de maneira mais complexa e mostraremos como ela é fundamental no estabelecimento de uma direção estratégica para a organização.

Princípio 2: Competir somente em mercados onde se pode estabelecer uma vantagem competitiva

Selecionar o mercado de atuação é uma das principais tarefas de qualquer organização — escolher onde competir e onde investir seus recursos. Muitos fatores entram na escolha de mercado, incluindo a aparente atratividade do mercado para a empresa. No entanto, é de especial importância em mercados competitivos a pergunta: temos as habilidades e as competências necessárias para concorrer aqui? O cemitério corporativo está repleto de empresas que foram seduzidas por mercados que pareciam atraentes, mas, quando a competição apertou, descobriram que não tinham nenhuma base para competir. Muitas das organizações ponto.com de Internet que fracassaram no início da década eram empresas que viram uma oportunidade, mas que, na verdade, não tinham as habilidades e as competências necessárias para estabelecer uma vantagem sobre as outras empresas virtuais ou reais.

Princípio 3: Clientes não compram produtos

O terceiro princípio básico do marketing é que os clientes não compram produtos, mas o que o produto pode fazer por eles — o problema que aquele produto resolve. Em outras palavras, os consumidores estão menos interessados nas características técnicas de um produto ou serviço do que nos benefícios que obtêm ao comprar, usar ou consumir o produto ou serviço.

Por exemplo, um carpinteiro construindo prateleiras para livros reunirá as ferramentas para o trabalho. Uma dessas pode ser uma broca para fazer o furo onde irá parafusar os suportes das prateleiras. No entanto, essa pessoa não quer uma broca de três quartos, mas sim um buraco de três quartos de polegada. A broca é meramente uma maneira de entregar esse benefício (o furo) e servirá como a solução para a necessidade básica somente até que um método ou solução melhor sejam inventados (Kotler, 1997). Podemos ir além — o que ele realmente quer é um lugar para armazenar livros (ou, no prazo mais longo, formas alternativas de armazenar conhecimento e informações em mídia eletrônica). A competição não virá somente de outro fabricante de brocas, mas de técnicas a laser para fazer furos em paredes; designs de paredes que já incorporem pinos para prateleiras; adesivos que suportam prateleiras ou maneiras alternativas de armazenar livros. Essa é a diferença entre um setor industrial — empresas com tecnologias e produtos parecidos — e um mercado — consumidores com um problema para resolver ou uma necessidade a ser satisfeita. Nesse sentido, os fabricantes de bens de linha branca (lavadoras, secadoras, geladeiras etc.) podem se ver como uma indústria — todas produzem caixas brancas com motores elétricos —, mas os mercados que atendem são o mercado de lavadoras, o mercado de armazenamento de comida e assim por diante. Similarmente, na verdade, os jardineiros não querem uma máquina de cortar grama. O que eles querem é grama com apenas três centímetros de altura. Assim, um novo tipo de grama, compacta e que só cresça até essa medida, poderia oferecer uma concorrência substancial aos fabricantes de cortadores de grama, assim como os gramados artificiais ou o surgimento de uma nova moda envolvendo projetos de jardins sem grama como os de estilo japonês.

Isso está longe de ser uma teorização acadêmica. Uma das tendências no marketing de varejo no setor de supermercados é o gerenciamento de categoria. Os varejistas estão definindo as categorias em torno de necessidades dos consumidores, e não das marcas de fabricantes. Por exemplo, uma categoria muito comum é a 'substituição da refeição pronta' — o desafio para os fabricantes está em provar ao varejista em que seus produtos e marcas contribuem para o valor da categoria. Em uma definição bastante simples:

O fabricante faz	*batatas fritas.*
O varejista comercializa	*salgadinhos.*
O consumidor compra	*almoço!*

Examinar um mercado sob a perspectiva do consumidor pode oferecer uma visão muito diferente sobre as oportunidades de mercado e as ameaças para nossa posição competitiva.

É fundamental que os profissionais de marketing enxerguem seus produtos e serviços como 'pacotes de benefícios', ou uma combinação de atrativos que oferecem algo de valor para o consumidor.

Uma missão para o executivo de marketing é garantir que a empresa se prepare para resolver os problemas dos consumidores, em vez de exclusivamente promover suas próprias soluções (e muitas vezes transitórias).

Princípio 4: O marketing é importante demais para ser deixado nas mãos do departamento de marketing (se este ainda existir)

É uma realidade cada vez mais presente que o marketing está se tornando o trabalho de todo mundo dentro da organização. As ações de todos podem ter um impacto no consumidor final e em sua satisfação.

King (1985) apontou uma série de erros conceituais a respeito do que é marketing. Um dos mais perigosos que ele mostra é o 'marketing do departamento de marketing', em que uma organização emprega profissionais de marketing que podem ser muito bons em analisar dados de marketing e em calcular participações no mercado até três casas decimais, mas que têm pouco impacto sobre os produtos e serviços que a organização oferece a seus consumidores. O departamento de marketing é visto como o único departamento no qual 'o marketing é feito', para que os outros departamentos possam continuar com sua agenda e perseguir seus próprios objetivos.

À medida que as organizações se tornam cada vez mais horizontalizadas, reduzindo níveis de burocracia e derrubando funcionais barreiras espúrias entre os departamentos, começa a ficar mais óbvio que marketing é o trabalho de todos. É igualmente óbvio que o marketing, tão crucial não só para a prosperidade mas também para a sobrevivência da empresa, é importante demais para ser deixado somente sob a responsabilidade do departamento de marketing.

Contudo, está claro que precisamos evitar simplesmente dizer que marketing é 'trabalho de todos' e deixar por isso mesmo. Se o marketing é 'trabalho de todos', pode acabar sendo o 'trabalho de ninguém'. Greyser (1997) mostra a necessidade simultânea de ampliar a orientação para o mercado e a redução da função formal de marketing como dois lados da mesma questão:

Enquanto a função de marketing ('fazer marketing') pertence ao departamento de marketing, por outro, adquirir e ter uma mentalidade de marketing é trabalho de todos. O que acontece quando (quase) todos estão fazendo esse trabalho? À medida que as empresas se preocupam mais com marketing, ocorrem reduções substanciais nos 'departamentos de marketing' formais que fazem *marketing. Resumindo, um corolário da tendência por um melhor* raciocínio *organizacional sobre marketing é a dispersão da* atividade *de marketing, por exemplo, por meio de forças-tarefa.*

Princípio 5: Os mercados são heterogêneos

Torna-se cada vez mais claro que em sua maioria os mercados não são homogêneos, mas são compostos de diferentes consumidores individuais, submercados ou segmentos. Enquanto alguns consumidores podem, por exemplo, comprar um carro para terem transporte barato de A a B, outros podem comprar para poder fazer viagens confortáveis, ou seguras, e outros ainda podem comprar por questões de status ou para projetar sua autoimagem. Produtos e serviços que tentam satisfazer um mercado segmentado com um produto padronizado quase invariavelmente ficam 'no meio do caminho' e tornam-se vulneráveis aos concorrentes com objetivos mais claros.

Retomando o Princípio 2, é evidente que uma maneira fundamental de segmentar mercados é com base nos benefícios que os consumidores recebem ao comprar ou consumir o produto ou serviço. A segmentação por benefício (Capítulo 8) provou ser uma das formas mais úteis de segmentar mercados, pela simples razão de que ela remete a segmentação de volta às verdadeiras razões da existência dos segmentos, em primeiro lugar — requisitos diferentes de benefícios.

A heterogeneidade do mercado tem outro efeito. A concentração na base dos consumidores — facilitada por fusões, aquisições e erosão das bases de clientes por desistências — tornou-se uma realidade rotineira para os negócios em mercados B2B (empresas vendendo para outras empresas). O surgimento de clientes poderosos e dominantes confirma a importância das habilidades estratégicas de vendas e dos enfoques estratégicos de gerência de contas para dar atenção especializada aos clientes que podem se aproveitar da dependência do vendedor em relação a eles. É difícil analisar estratégias de marketing em mercados B2B sem reconhecer as profundas implicações desse fator. Dedicamos o Capítulo 15 a esse tópico.

Princípio 6: Mercados e consumidores estão em constante mudança

É verdade que salta aos olhos dizer que a única constante é a mudança. Os mercados são dinâmicos e virtualmente todos os produtos têm uma vida limitada que expira quando uma maneira nova de satisfazer aquela vontade ou necessidade é encontrada; em outras palavras, até aparecer uma melhor solução ou benefício.

O destino das réguas de cálculo, e antes disso das tabelas logarítmicas, diante da calculadora de bolso é um exemplo clássico em que o problema (a necessidade de fazer um cálculo rápido e fácil) foi mais bem resolvido por meio de uma nova tecnologia. Os benefícios oferecidos pelas calculadoras superaram em muito a régua de cálculo na velocidade e na facilidade de uso.

O reconhecimento de que os produtos não são onipotentes, que seguem um padrão de ciclo de vida, com introdução, crescimento, maturidade e declínio, tem levado as empresas a pensar e planejar mais no longo prazo, para garantir que, quando os atuais carros-chefe da empresa morrerem, existam novos produtos no portfólio da empresa para tomar seu lugar.

Também fica evidente a necessidade de melhoria constante nos produto e nos serviço. Com as mudanças nas expectativas dos consumidores que, geralmente, se tornam mais exigentes quanto aos benefícios que esperam de um dado produto ou serviço, as organizações precisam atualizar suas ofertas até mesmo para poder manter, sem falar em melhorar, sua posição.

Existem dois processos principais de melhoria. O primeiro é através da inovação, em que um passo relativamente grande é dado em um determinado momento. O advento da calculadora de bolso foi uma inovação significativa que virtualmente acabou com a indústria da régua de cálculo da noite para o dia. Outras mudanças em patamares tecnológicos, como o advento da televisão em cores e do CD, serviram para mudar todo um setor industrial em um período similarmente curto de tempo.

A segunda abordagem para a melhoria é um processo mais contínuo, no qual mudanças menores são feitas, mas de maneira consistente. Essa abordagem foi identificada por diversos escritores (por exemplo, Imai, 1986) como um dos principais fatores de sucesso das empresas japonesas nos mercados mundiais desde o início da década de 1950. Os japoneses chamam a melhoria contínua de **Kaizen**, e veem isso como uma parte integral da vida empresarial. As empresas estão cada vez mais tentando conciliar os benefícios da inovação por passos com a melhoria contínua (*Kaizen*). A Figura 1.6 ilustra esse processo.

O impacto da mudança tecnológica tem sido mais sentido, talvez, na indústria de computadores. Às vezes, é difícil lembrar que os computadores foram

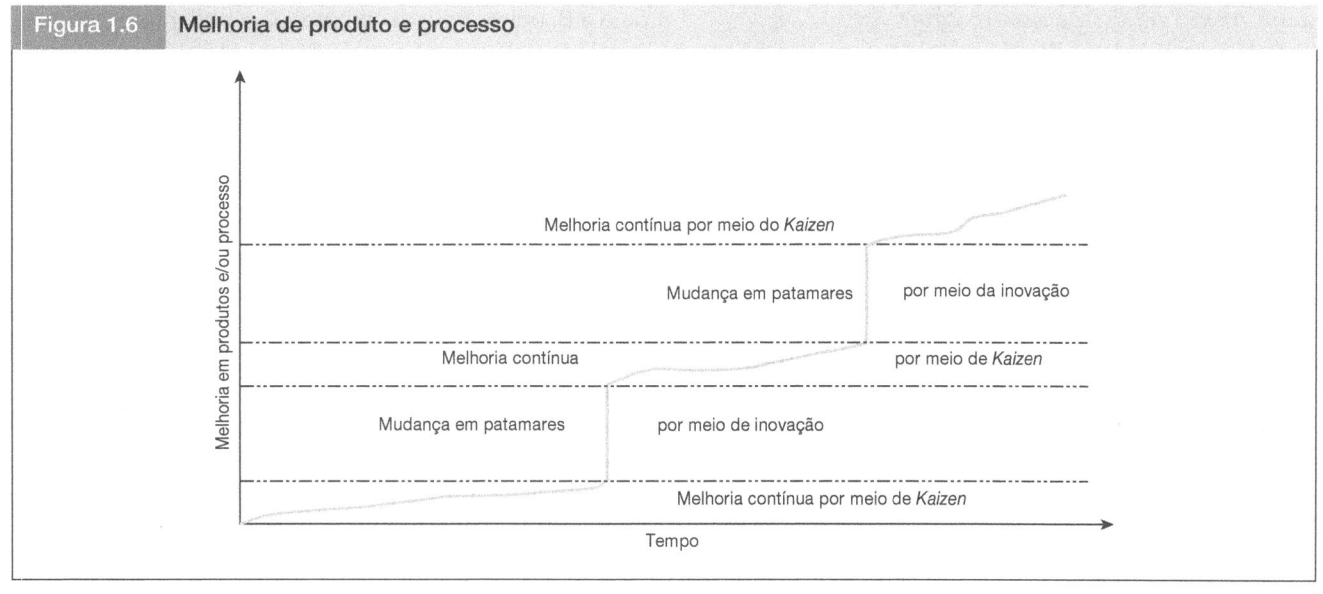

Figura 1.6 Melhoria de produto e processo

inventados *após* a Segunda Guerra Mundial, por verem agora uma parte tão intrínseca tanto da vida doméstica quanto da empresarial. Na revista *Computer World*, Toffler (1981) observou que:

Se a indústria automobilística tivesse feito o que a indústria de computadores tem feito nos últimos 30 anos, um Rolls Royce custaria US$ 2,50, rodaria aproximadamente 2.000.000 de quilômetros por litro, e seis deles caberiam na ponta de um alfinete!

Se isso era verdade há mais de 20 anos, imagine como seria essa analogia hoje!

1.5 O PAPEL DO MARKETING NA LIDERANÇA DA GESTÃO ESTRATÉGICA

Para a gestão estratégica poder lidar com o ambiente de marketing em constante mudança é necessário que ela se torne cada vez mais voltada para o mercado. Ao assumir um papel de liderança no desenvolvimento e na implementação da estratégia, o papel do marketing pode ser definido da maneira mostrada na Figura 1.7. Esse papel desdobra-se em três aspectos.

1.5.1 Identificação dos requisitos do consumidor

A primeira tarefa fundamental de marketing é identificar os requisitos dos consumidores e comunicá-los efetivamente por toda a empresa. Isso envolve conduzir ou contratar pesquisas com o consumidor para, primeiro, descobrir quem são esses consumidores e, segundo, o que fazer para satisfazê-los.

Nem sempre é tão óbvio quem são os consumidores. Em algumas circunstâncias, os compradores podem ser diferentes dos usuários ou consumidores; os especificadores e influenciadores também podem ser diferentes. Nos casos em que os serviços são custeados, por exemplo, pelo governo, os fornecedores podem ser perdoados pela visão (errada) de que o governo é seu cliente.

Os consumidores podem esperar um determinado grau de benefício na compra ou uso de um produto ou serviço. Na verdade, eles podem querer algo mais, mas acreditam que têm de se contentar com um produto inferior por limitações financeiras ou outras restrições. A organização que conseguir dar aos consumidores algo que se aproxima mais do que eles querem, do que eles mesmos esperavam, tem a oportunidade de ir além da satisfação do consumidor e criar o 'encantamento do consumidor'.

As expectativas do consumidor, seus desejos e necessidades precisam ser todos compreendidos e claramente comunicados aos responsáveis por projetar o produto ou serviço, aos responsáveis por criá-lo e produzi-lo e aos responsáveis por entregá-lo. A identificação do que os clientes exigem é discutida no Capítulo 4.

1.5.2 Decidir o posicionamento competitivo a ser adotado

Reconhecer a heterogeneidade dos mercados e o fato de que eles se caracterizam por vários segmentos, cada um com diferentes requisitos perante ofertas essencialmente similares, leva à necessidade de decidir claramente qual mercado ou quais mercados-alvo a organização procurará atender.

Essa decisão é tomada com base em dois conjuntos de fatores principais: primeiro, quão atraentes são os alvos alternativos em potencial; segundo, quão bem a companhia espera conseguir atender cada alvo em potencial em relação à sua concorrência. Em outras palavras, as forças relativas das competências que ela consegue colocar em jogo ao atender o mercado. Essas duas questões são amplamente discutidas na Parte 4.

Figura 1.7 — O papel do marketing na organização

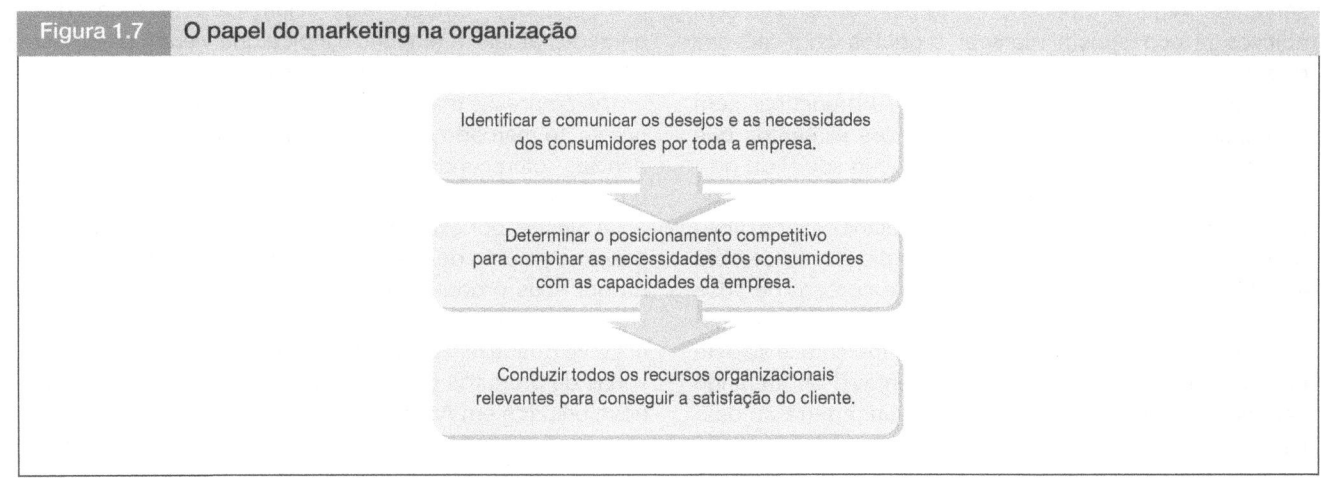

1.5.3 Implementando a estratégia de marketing

A terceira tarefa-chave de marketing é alinhar todos os recursos organizacionais relevantes para planejar e executar a satisfação do cliente. Isso envolve assegurar que todos os membros da organização estão coordenados em seus esforços para satisfazer os clientes e que nenhuma lacuna real ou em potencial exista entre o planejamento, a produção e a entrega da oferta.

Na área de marketing de serviços tem havido uma grande quantidade de trabalhos com objetivo de identificar os fatores que podem criar discrepâncias no processo do projeto até a entrega da oferta ao cliente. Parasuraman *et al.* (1985), por exemplo, estudaram cada uma das lacunas em potencial e concluíram que um dos papéis centrais do marketing é orientar o projeto a fim de que elas sejam minimizadas e, por conseguinte, ajudar a assegurar a satisfação do cliente por meio da entrega de serviços de alta qualidade (adequada aos objetivos) (ver Capítulo 14).

Os capítulos 15, 16 e 17 tratam de implantação e coordenação de forma mais completa.

RESUMO

Este capítulo buscou analisar o conceito de marketing e demonstrar sua importância em fornecer uma diretriz para a condução de negócios em ambientes cada vez mais competitivos e menos previsíveis. Denominamos essa abordagem como gestão estratégica voltada para o mercado. Vários princípios de marketing foram discutidos, juntamente com o papel de marketing na gestão estratégica. O restante da Parte 1 apresenta uma estrutura para desenvolver uma abordagem voltada para o mercado.

Ecogastronomia
Estudo de caso brasileiro

O consumo de alimentos sofreu grandes transformações na última década. Os consumidores estão cada vez mais preocupados com a composição de seus alimentos após estudos que têm divulgado os efeitos nocivos de alguns aditivos e conservantes e o aumento de algumas doenças. Passaram a buscar informações sobre o processo produtivo e seu impacto no meio ambiente antes de decidir comprar. Eles valorizam mais os alimentos saudáveis para seu corpo, querendo que sejam nutritivos e que tragam um sabor especial e satisfação na refeição. Além disso, as refeições fora de casa têm aumentado devido à participação crescente da mulher na força de trabalho. Ela não tem mais tempo de preparar refeições caseiras e passa a ser mais uma consumidora dos prestadores de serviços de alimentação.

A preocupação com aditivos fez crescer o mercado de alimentos orgânicos e artesanais, sem adição de conservantes. Alguns fornecedores de pães artesanais sem aditivos já conseguem oferecer produtos com até dez dias de validade.

O consumidor também passou a se preocupar com os impactos do processo produtivo dos alimentos que consome. Quer saber qual a preocupação social do produtor com seus funcionários, se ele incentiva políticas de remuneração igualitária, se exige a mesma responsabilidade de seus fornecedores, se não explora mão de obra infantil, se está comprometido com os empregos gerados para a comunidade local etc. O consumidor também busca saber qual é sua responsabilidade ambiental e se está consumindo recursos de forma sustentável ou afetando seu meio ambiente ao poluir o ar, exaurir a terra ou desperdiçar água.

Os consumidores querem produtos que traduzam a linguagem técnica das siglas nos rótulos e que, além de reduzir gorduras totais, carboidratos e gorduras trans, sejam funcionais e saborosos.

Os alimentos funcionais ou nutracêuticos são aqueles que colaboram para melhorar o metabolismo e prevenir problemas de saúde. Já foram identificados centenas deles, que estão chegando ao mercado.

Outra tendência é a busca por resgatar conceitos antigos de alimentação, como o de que a refeição deve ter também uma função emocional, gerando uma boa experiência pelas sensações e lembranças que desperta.

Todas essas preocupações estão diretamente associadas a uma maior consciência e preocupação com os impactos sobre a qualidade de vida, levando ao que tem sido denominado de ecogastronomia, a demanda dos consumidores por alimentos que atendam a todas essas preocupações. Embora elas sejam características das gerações atuais, a tendência indica que vieram para ficar e que se tornarão mais fortes com o tempo.

As empresas mais proativas estão buscando posicionar-se no mercado como educadoras dessas novas tendências, oferecendo produtos e informações que atendam a esses objetivos.

A Nestlé, por exemplo, é uma empresa que percebeu esse movimento do mercado. Tradicionalmente conhecida por seus produtos de alto valor calórico, como leite, iogurte, achocolatados, chocolates e leite condensado, ela teve que fazer um grande esforço para expandir suas linhas de produtos saudáveis. Com a construção de uma nova unidade em Araraquara, interior de São Paulo, passou a buscar a meta global declarada por seu presidente,

Paul Bulcke, de se transformar na maior empresa de alimentos e bebidas para o bem-estar do planeta. Os resultados mostraram que a ação foi ao encontro da demanda do mercado: enquanto as vendas totais crescem 6% ao ano, a linha de produtos voltados para o bem-estar registrou um aumento de 23%. Empresas concorrentes, como a Danone, também têm registrado crescimento.

O setor de supermercados, com suas marcas próprias, também teve que responder ao mercado. A rede Pão de Açúcar, líder do setor, lançou a linha Taeq, voltada para o bem-estar. Composta de alimentos, vestuário esportivo, produtos de beleza e artigos para a casa, a linha deverá atingir 350 itens, que passarão também a ser vendidos em lojas próprias da marca. Ela concorrerá diretamente com a linha Good Light, de Lucilia Diniz, também comercializada em outras redes, como Walmart e Carrefour.

O McDonald's, a maior rede de fast-food do mundo, foi outro que teve que mudar. No início deste século, era apontado como um dos grandes responsáveis pelo aumento da obesidade na população norte-americana. Também era criticado por todos os lados — grupos antiamericanos o acusavam de imperialismo cultural; grupos antiglobalização o acusavam de enfraquecer tradições gastronômicas locais; grupos antitransgênicos, dos possíveis riscos que poderiam causar; e grupos ecológicos, do incentivo ao desmatamento para pastagens. O valor de sua marca caiu de US$ 27 bilhões para US$ 24 bilhões entre 2000 e 2003.

Como resposta, a empresa passou inicialmente a oferecer produtos regionais, como queijo e vinho na França, macarrão na Itália e mingau no café da manhã na Inglaterra. No Brasil, oferece café expresso, pão de queijo, tortas e bolos. Incorporou em seu cardápio produtos naturais, como saladas, frutas, sucos e vegetais. Em 2008, o valor de sua marca subiu para US$ 31 bilhões.

Questões para discussão

1. Partindo de uma visão de marketing baseada em recursos, o que melhor descreve as ações da Nestlé no mercado?
2. Avalie e comente a orientação de mercado do grupo Pão de Açúcar usando o formulário de estimativa de orientação de mercado (Quadro 1.1).
3. O McDonald's deveria tornar-se mais orientado para o mercado? O que mais ele precisaria fazer para conseguir isso?

Capítulo 2

Planejamento estratégico de marketing

Estratégia é a adequação das atividades de uma organização ao ambiente em que ela opera e a seus próprios recursos.

Johnson e Scholes (1998)

INTRODUÇÃO

A essência do desenvolvimento da estratégia de marketing para uma empresa é garantir que as capacidades da empresa correspondam ao ambiente do mercado competitivo em que opera, não apenas hoje mas também no futuro próximo. Para uma organização com fins lucrativos, isso significa garantir que seus recursos e capacidades correspondam às necessidades e requisitos dos mercados em que opera. Para uma organização sem fins lucrativos, como uma instituição de caridade ou um serviço de utilidade pública, significa alcançar um ajuste entre suas habilidades de servir e os requisitos do público ou das causas que busca servir. No centro da estratégia está a necessidade de avaliar criticamente tanto o perfil de recursos da organização (muitas vezes chamado como forças e fraquezas) quanto o ambiente que ela enfrenta (suas oportunidades e ameaças).

O planejamento estratégico tenta responder a três questões básicas:

1. O que a empresa está fazendo agora?
2. O que está acontecendo no ambiente?
3. O que a empresa deveria estar fazendo?

A estratégia preocupa-se principalmente com eficácia (fazer as coisas certas) em vez de com eficiência (fazer as coisas da maneira certa). Por necessidade, a grande maioria do tempo dos executivos é voltada à gestão das operações do dia a dia. Uma auditoria de tempo, até para os executivos seniores, frequentemente revelará uma quantidade desproporcional de tempo gasto em tarefas diárias de rotina, com a tarefa mais difícil e mais exigente de planejamento visando ao futuro sendo relegada para uma convenção de fim de semana, ou de semana inteira, uma vez por ano. No entanto, nas empresas mais bem-sucedidas, pensar estrategicamente — afastar-se das preocupações atuais sobre melhorar o que faz agora e questionar o que exatamente você faz — é um processo contínuo.

Fundamental para o pensamento estratégico é o conceito de 'ajuste estratégico', conforme exemplificado na citação de Johnson e Scholes (1998) no início do capítulo e mostrado no diagrama da Figura 2.1. Para qualquer estratégia ser eficaz, ela precisa estar bem ajustada com as necessidades e requisitos dos clientes (as condições de mercado no qual é implementada) quanto aos recursos e capacidades da empresa que busca essa implementação. Não importa o quanto a estratégia é bem-feita e articulada; se ela não estiver focada em atender às necessidades do consumidor, está destinada ao fracasso. De modo análogo, se os recursos organizacionais necessários para sua implementação não estiverem disponíveis, ou não puderem ser adquiridos, o sucesso será irreal.

Assim como a adoção de uma filosofia de marketing em toda a organização, a adoção do pensamento estratégico vai além do alcance da simples gestão de marketing. Todos os executivos seniores da empresa ou organização têm a responsabilidade de desenvolver o perfil estratégico da empresa e dar a ela um foco estratégico.

Figura 2.1 — Ajuste estratégico

- **Necessidades e condições de mercado**
- *Estratégia adaptada às necessidades e requisitos do mercado*
- *Recursos organizacionais adequados ao mercado*
- **Estratégia de marketing**
- **Recursos organizacionais**
- *Recursos organizacionais necessários para a implementação da estratégia*

O planejamento estratégico e o planejamento estratégico de marketing compartilham muitas atividades, embora o planejamento estratégico seja mais amplo e cubra todas as atividades da empresa. Uma orientação voltada ao marketing precisa permear a organização como um todo, mas o plano estratégico de marketing é apenas um de vários planos funcionais que alimentam o plano estratégico geral de uma empresa. No entanto, a administração de marketing, com sua responsabilidade específica de gerenciar a interface entre a organização e seu ambiente (tanto consumidores quanto competidores), tem um papel cada vez mais importante no desenvolvimento da estratégia total.

A estratégia de marketing deve ser definida no contexto da estratégia corporativa geral. Uma vez decidida a direção da organização como um todo, com a colaboração apropriada de todos os *stakeholders* relevantes, a estratégia de marketing terá de ser alinhada para garantir que essa direção seja mantida.

2.1 DEFININDO O PROPÓSITO OU A MISSÃO DA EMPRESA

Para muitas organizações, um ponto de partida útil para a formulação de estratégia é a definição de sua missão ou propósito. Tim Smit, fundador e CEO do Projeto Eden em Cornwall, propôs-se a construir a maior marca ecológica global e mudar a maneira como as pessoas pensam a respeito de si mesmas e seu relacionamento com o planeta em que vivem. A missão foi estabelecida como: "promover a compreensão e a gestão responsável do relacionamento vital entre as plantas, as pessoas e os recursos, levando a um futuro sustentável para todos". Esse princípio orientador ajudou a assegurar 40 milhões de libras em fundos do governo oriundos da loteria britânica, junto com 43 milhões de libras em investimentos privados para a criação de um complexo de estufas em uma área de 37 acres em uma mina abandonada de argila em St Austell. E, tão importante quanto esses investimentos, ele deu às pessoas que trabalham no projeto um conjunto de objetivos valiosos a serem alcançados e com os quais se comprometer. O número de visitantes tem sido enorme (ultrapassando um milhão nos primeiros quatro meses), apesar da localização um pouco inconveniente, e a marca Eden agora iniciou sua expansão para outras partes do mundo (*The Guardian*, 18 mar. 2002).

A definição do propósito ou da missão do negócio requer que a a empresa faça as perguntas fundamentais propostas por Levitt há quase meio século (Levitt, 1960):

Em que negócio estamos?
Em que negócios queremos estar?

Há muitos anos, segundo uma lenda do marketing, um novo diretor-geral assumiu na Parker Pens. Uma de suas primeiras ações foi reunir os diretores e, diante deles, segurando a caneta Parker que era a top de linha daquela época em suas mãos, e perguntar: "Quem é nosso principal concorrente?".

A primeira resposta a surgir daquele grupo foi 'Shaeffer'. A Shaeffer produzia uma caneta muito similar à da Parker. Ela tinha boa reputação de qualidade, tinha um estilo de acabamento similar e tinha um preço similar. Porém, o novo diretor não ficou impressionado com a resposta. "Certamente concorremos até certo ponto com a Shaeffer, mas ela de modo algum é nosso principal concorrente."

Um membro mais novo do grupo de diretores então sugeriu que o principal concorrente pudesse ser a

Biro-Swan, fabricantes de uma gama de canetas esferográficas. Embora fossem vendidas a preços consideravelmente mais baixos que os das canetas Parker, ele raciocinou que eram usadas para o mesmo propósito (escrever) e portanto competiam diretamente com a Parker. Agora a definição do negócio estava mudando de 'caneta tinteiro de qualidade' para 'implementos para escrever', e sob essa definição os lápis também podiam ser considerados concorrentes, assim como as mais recentes evoluções no mercado de canetas, como as canetas com ponta de fibra e as canetas *roller ball*. "Seu raciocínio está melhorando", disse o diretor-geral, "mas ainda não chegaram lá."

Outro membro do grupo então sugeriu que talvez o principal concorrente fosse o telefone, que estava sendo usado cada vez mais nos últimos anos. Sob essa perspectiva de mercado, eles trabalhavam no ramo de 'comunicações' e competiam com outras formas de comunicação, incluindo a palavra escrita (talvez competindo aqui com a máquina de escrever e, mais recentemente, os processadores de texto) e outros meios (verbais) de comunicação. "Um pensamento mais criativo", disse o diretor, "porém, vocês ainda não identificaram o principal concorrente".

Por fim, o diretor deu sua opinião sobre quem era o principal concorrente. Para espanto do grupo, ele anunciou: "Nosso principal concorrente é o isqueiro Ronson!". Quando lhe pediram para explicar o seu raciocínio, ele definiu o mercado em que a empresa se situava como 'mercado de presentes de qualidade'. Uma análise das vendas da Parker Pens mostrou que a maioria das compras eram feitas por pessoas que as compravam como presentes. Quando consideravam o que comprar, muitas vezes uma das principais alternativas era um isqueiro de qualidade, daí a definição de mercado. (Esse exemplo é cortesia de Graham Kenwright, da Câmara de Comércio de Birmingham.)

Essa definição apresenta amplas implicações para o marketing do produto. A embalagem assume um papel mais importante, bem como o desenvolvimento e a manutenção de uma imagem de qualidade superior. Talvez o preço seja menos importante do que se podia imaginar com base em outras definições de mercado. A distribuição (através de lojas onde os consumidores em potencial compram presentes) também se torna mais importante.

Esse exemplo serve para ilustrar como uma pergunta básica como "Quem é nosso principal concorrente?" ou "Em que mercado estamos?" pode afetar toda a direção estratégica da empresa.

2.1.1 Formulação e declaração da missão

A formulação da missão por meio de uma declaração breve e concisa que pode ser comunicada a toda a organização pode ajudar a gerar um senso de propósito comum e também proporcionar orientação sobre como as decisões serão tomadas e como priorizar a alocação de recursos no futuro. Todavia, declarações mal construídas, especialmente aquelas que não oferecem nada além do 'básico que agrada a todos', podem causar mais danos que benefícios, gerando desdém entre empregados, gerentes e até consumidores.

Hooley *et al.* (1992) discutem os elementos necessários para a formulação de uma declaração eficaz da missão, como mostra a Figura 2.2. Uma declaração eficaz de missão precisa explicar o seguinte:

1. A **intenção estratégica** (Hamel e Prahalad, 1989), ou a visão de onde a organização quer estar no

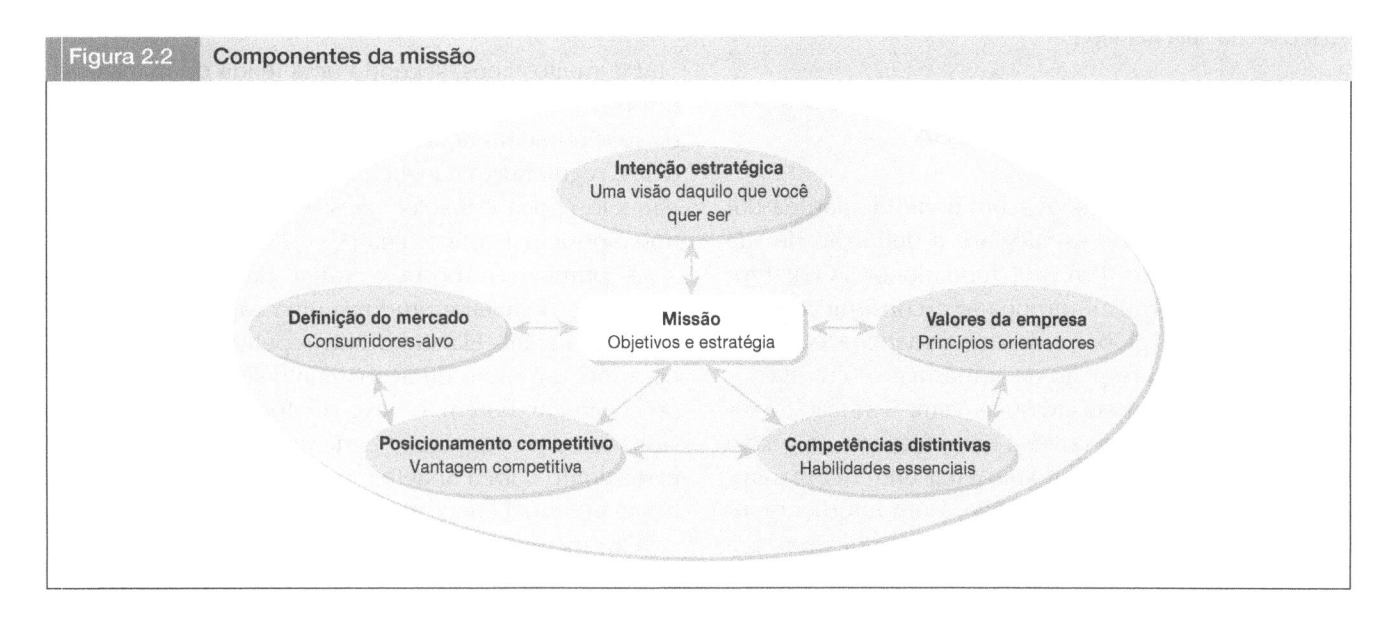

Figura 2.2 Componentes da missão

futuro próximo. Hamel e Prahalad citam exemplos da intenção estratégica para a Komatsu (fabricantes de equipamentos de escavação) como sendo de "cercar a Caterpillar" e para o programa espacial Apollo dos Estados Unidos como sendo "pôr um homem na Lua antes dos soviéticos". A visão não precisa ser tão competitiva quanto nesses exemplos. A visão de uma organização como uma universidade pode ser englobada à realização de um conjunto de metas sociais de valor. Para uma instituição de caridade, a visão pode ser a de melhorar a qualidade de vida de grupos específicos de pessoas ou animais.

2. Os **valores da organização** devem ser declarados de modo a estabelecer o tom de ética e moral que guiarão as operações. A multinacional neozelandesa Fletcher Challenge define seus valores em sua Declaração de Propósitos (Relatório da Empresa, 1991) como segue:

A Fletcher Challenge operará com integridade e um estilo de gestão voltado às pessoas, que enfatiza a transparência, a comunicação, o compromisso, a inovação e a descentralização da autoridade, da responsabilidade e velocidade de resposta.

Contudo, uma vez criadas essas declarações, está clara a importância de serem seguidas. A 'política externa ética' do Reino Unido recebeu muitas críticas à luz do apoio dado a regimes estrangeiros que alguns comentaristas consideravam moralmente questionáveis.

3. As **competências** distintivas **da organização** devem ser expressas, afirmando claramente o que diferencia a organização de outras como ela — qual é a essência distintiva da organização. Trata-se de algo difícil de ser expresso, mas necessário, uma vez que procura definir a individualidade da organização, o motivo essencial de sua existência como uma entidade autônoma e o que há de especial a seu respeito.

4. A **definição de mercado**, em termos dos principais consumidores-alvo que a organização busca atender, e as funções ou necessidades desses consumidores que serão atendidas. A companhia de seguros Sheila's Wheels claramente focou as necessidades de um mercado-alvo bem definido, conforme reflete o nome de sua marca e seu propósito: "uma companhia de seguros de automóveis feita para a mulher" (<http://www.sheilaswheels.com>). Muitos empresários de sucesso, como Richard Branson, da Virgin, construíram seus negócios em torno de uma definição clara de seu público-alvo e de suas necessidades, buscando servi-los em muitos tipos diferentes de produtos.

5. E, finalmente, a missão deve detalhar onde a organização está, ou pretende estar, **posicionada** no mercado. Esse é o resultado de unir a definição do mercado e as habilidades e competências distintivas.

As definições de negócio com escopo muito limitado são perigosas. Elas devem incluir a definição do mercado e da função a que atendem. Um fabricante de câmeras que define sua função de modo a incluir apenas o armazenamento de imagens fotoquímicas está se arriscando ao ignorar os meios digitais de armazenar e manipular imagens. A chave para a definição por meio da função é não se deixar levar pela percepção que a empresa tem da função, mas permitir que transpareça a opinião do consumidor.

Levitt (1960) fornece muitos exemplos de empresas que adotaram uma visão míope ao definir os seus negócios. As ferrovias acreditavam estar no ramo ferroviário, e não em transportes, e deixaram de perceber o surgimento de meios de transporte alternativos. A indústria petrolífera acreditava estar no negócio de produção de petróleo, e não no de produzir e comercializar energia. Ao definir um negócio, é necessário compreender o produto ou serviço total que os clientes compram e quais os benefícios que se entrega, evitando a armadilha de se concentrar demasiadamente nas características físicas oferecidas.

A segunda pergunta feita no início desta seção — em que negócio queremos estar? — muitas vezes é mais difícil de responder. Ela quer uma análise completa das opções disponíveis para a organização e uma compreensão de como o mundo em geral e os mercados da empresa em particular estão mudando.

2.2 O PROCESSO DA ESTRATÉGIA DE MARKETING

Uma vez definido o objetivo da organização, a estratégia de marketing pode ser elaborada para ajudar a realizar esse objetivo. Podemos ver o desenvolvimento da estratégia de marketing em três níveis principais: o estabelecimento de uma estratégia central, a criação do posicionamento competitivo da empresa e a implementação da estratégia (Figura 2.3).

O estabelecimento de uma estratégia eficaz de marketing começa com uma análise detalhada e criativa tanto das capacidades da empresa — suas forças e fraquezas em relação à concorrência — quanto das oportunidades e ameaças apresentadas pelo ambiente. Com base nessa análise, a estratégia central da empresa será

Figura 2.3 — O processo de estratégia de marketing

```
                    Propósito do
                       negócio
                          ↕
     Análise do    ←  Estratégia  →   Análise
      ambiente        central       da empresa
         ↕                               ↕
    Mercado-alvo  → Posicionamento ←  Vantagem
                     competitivo     competitiva
                          ↓
      Controle   ←  Implementação  →  Organização
                          ↓
                     Composto de
                      marketing
```

escolhida, identificando os objetivos de marketing e o foco amplo para realizá-los.

No próximo nível, são escolhidos e/ou identificados os alvos de mercado (tanto clientes quanto concorrentes). Ao mesmo tempo, define-se a vantagem diferencial da empresa, ou vantagem competitiva, ao atender os clientes-alvo melhor que a concorrência. Tomados em conjunto, a identificação dos alvos e da definição da vantagem diferencial resulta na criação do posicionamento competitivo da organização e de suas ofertas.

No nível de implementação, precisa ser criada uma organização de marketing capaz de colocar a estratégia em prática. O design dessa organização de marketing pode ser fundamental para o sucesso da estratégia. A implementação também abrange a criação do composto de produtos, preço, promoção e distribuição que podem transmitir o posicionamento da empresa e dos produtos e serviços para o mercado-alvo. Finalmente, é preciso desenvolver métodos de controle para assegurar que a implementação da estratégia seja bem-sucedida. O controle preocupa-se tanto com a eficiência com a qual a estratégia é colocada em operação quanto com a eficácia final daquela estratégia. Cada um dos três principais níveis da estratégia será analisado em mais detalhes a seguir.

2.3 ESTABELECENDO A ESTRATÉGIA CENTRAL

A estratégia central é uma declaração dos objetivos da empresa e das estratégias em geral que usará para obtê-los. Estabelecer a estratégia central exige uma análise detalhada dos recursos disponíveis e do mercado no qual a organização vai operar, ambas dentro do contexto de atender ao propósito ou missão global da empresa.

2.3.1 Análise dos recursos organizacionais

Qualquer organização poderia criar uma longa lista dos recursos que tem à sua disposição. No entanto, nem todos esses recursos serão igualmente úteis na elaboração de uma estratégia de marketing. Da mesma forma, se for honesta, qualquer organização poderia relacionar muitas fraquezas, mas nem todas são fatais. Ao definir a estratégia central, as organizações tentam estabelecer os recursos diferenciadores (ativos e capacidades) que servem para definir a própria organização. Isso ajuda a estabelecer quais opções estão abertas à organização e identificar onde suas forças podem ser utilizadas plenamente, ao mesmo tempo que se minimiza a vulnerabilidade causada pelas suas fraquezas. As competências essenciais ou habilidades centrais podem resultar de qualquer aspecto da operação. Elas podem ter origem na habilidade dos trabalhadores em montar o produto eficaz ou eficientemente, das competências de gestão em marketing ou planejamento financeiro e da capacidade do departamento de Pesquisa e Desenvolvimento em gerar novas ideias de produtos ou criar novos produtos com base em pesquisas com consumidor. No entanto, o que mais importa, sob a perspectiva da estratégia de marketing, é se esses pontos podem ser utilizados no mercado para fornecer um valor superior ao consumidor.

As competências distintivas da empresa podem estar em seus ativos de marketing, como imagem e presença de mercado, ou em sua rede de distribuição ou no serviço pós-vendas. A questão crucial ao identificar a competência distintiva é que ela seja algo explorado no mercado. Ter habilidades tecnológicas especiais para a fabricação de um produto tem pouco valor se não houver uma demanda por esse produto. Assim, um papel importante do gerente de marketing é o de avaliar as competências distintivas em potencial da organização à luz da possibilidade de sua exploração no mercado.

O contraponto das competências distintivas, ou forças exploráveis, são as fraquezas em relação à concorrência. Por exemplo, onde os concorrentes têm um suprimento de matérias-primas mais favorável ou protegido, ou clientes mais fiéis, a empresa precisa estar plenamente ciente de suas limitações e gerar estratégias para superá-las ou evitá-las. Fraquezas estruturais, aquelas que são inerentes às operações da empresa, provocadas por seu próprio modo de fazer negócios, podem ser difíceis ou até impossíveis de eliminar. As estratégias devem ser desenvolvidas para afastar a competição desses fatores e torná-los menos importantes para o sucesso competitivo. Outras fraquezas podem ser mais fáceis de serem evitadas, uma vez identificadas, ou mesmo alteradas para forças, quando exploradas de maneira diferente.

O PORTFÓLIO DE PRODUTOS

Um aspecto primordial da compreensão dos recursos organizacionais é realizar uma análise do portfólio das diversas ofertas disponíveis no mercado.

Ser "o primeiro ou segundo em tudo que fazemos" é a filosofia da General Electric (GE), o conglomerado norte-americano que produz de usinas elétricas a lâmpadas. Os negócios da GE são surpreendentemente diversificados. Uma de suas subsidiárias de maior sucesso é líder do mercado norte-americano de lâmpadas, um produto maduro, de alto volume e baixo preço. Há as que fabricam eletrodomésticos de todos os tipos, outra faz equipamentos médicos, incluindo scanners de corpo, e uma das áreas mais bem-sucedidas lidera os mercados de motores aéreos civis e militares. É evidente que os diferentes negócios da empresa operam em diferentes mercados, com diferentes oportunidades e ameaças, utilizando diferentes habilidades e recursos empresariais. Por conseguinte, é importante assegurar que objetivos e estratégias adequados sejam formulados para cada unidade de negócio e que esses objetivos e estratégias apoiem uns aos outros. O processo de equilíbrio das atividades em toda essa variedade de unidades de negócios envolve o planejamento do portfólio, que é o assunto deste capítulo.

Considere, por exemplo, o desafio da Virgin na gestão de um grupo de empresas abrangendo companhias aéreas e transporte ferroviário, música e cinemas, serviços financeiros, bebidas, roupas e cosméticos, além de uma variedade de pequenos negócios. Veremos que esse é um exemplo de crescimento por meio de colaboração e de gestão de portfólios, com sucessos e fracassos. A venda, por exemplo, da Virgin Megastores gerou capital para a maioria dos investimentos posteriores em novas áreas para explorar a marca Virgin.

A análise de portfólio constitui a base para a tomada de decisões importantes — para investimento e direcionamento estratégico. Esses exemplos mostram a importância das questões do portfólio e o papel central das variáveis de marketing, em oposição a critérios puramente financeiros, ao fazer as escolhas do portfólio.

Quase quatro décadas atrás, Drucker (1973) identificou sete tipos de negócio que ainda hoje fazem sentido:

1. **Ganha-pães de hoje** — produtos e serviços que estão gerando lucros saudáveis e contribuindo positivamente para o fluxo de caixa e o lucro.
2. **Ganha-pães de amanhã** — investimentos no futuro da empresa. Produtos e serviços que podem ainda não estar gerando uma forte contribuição financeira para a empresa, mas estão em crescimento ou em mercados de alguma outra forma atraentes, e espera-se que assumam o papel de ganha-pães no futuro, quando os de hoje eventualmente desaparecerem.
3. **Ganha-pães de ontem** — produtos e serviços que mantiveram a empresa no passado, mas agora não contribuem significativamente para o fluxo de caixa ou os lucros. Muitas empresas têm uma predominância de negócios desse tipo, indicando que têm sido lentas em investir em desenvolvimentos futuros.
4. **Desenvolvimento** — produtos e serviços desenvolvidos recentemente que podem ter algum futuro, mas que exigem mais investimentos para atingir esse futuro.
5. **Dorminhocos** — produtos e serviços que existem já há algum tempo, mas até agora não conseguiram estabelecer-se em seus mercados ou, na realidade, o mercado esperado não chegou a se materializar. Permite-se que eles permaneçam no portfólio, na esperança de que um dia decolem.
6. **Investimentos em ego gerencial** — produtos e serviços que têm fortes defensores entre os gerentes influentes, mas para os quais há pouca demanda comprovada no mercado. A empresa, por causa do envolvimento de gestores poderosos, continua a

colocar recursos nesses produtos, na esperança de que venham a se tornar bons.

7. **Fracassos** — produtos e serviços que fracassaram em assumir um papel significativo no portfólio da empresa e não têm possibilidade real de fazê-lo. São mantidos nos livros da empresa, em grande parte por inércia. É mais fácil fazer isso do que admitir derrota e retirar ou reduzir o investimento neles.

O ciclo de vida (ou de morte) fornece uma ligação entre os negócios identificados por Drucker (Figura 2.4). Em sua forma presente, desenvolvimentos, dorminhocos ou viagens de ego pouco contribuem para a empresa, mas se espera que um dia possam fazer isso. Os mercados em que estão podem ser altamente atraentes, entretanto, devido à falta de investimento, a empresa tem pouca capacidade para atendê-los. Se deixados como estão, sem nenhum investimento extra, os negócios seguirão o ciclo de morte e se tornarão fracassos.

Estrategicamente, uma empresa enfrenta um dilema com esses negócios. Se deixados à própria sorte, apresentam baixa probabilidade de sucesso, por isso a escolha tem que ser feita entre investir neles ou abandoná-los. Mesmo nas maiores empresas é impossível perseguir todos os mercados atraentes, então a primeira decisão do portfólio é a de investir ou desistir. Se a escolha for investir, o objetivo será desenvolver o negócio até que se fortaleça o suficiente para se tornar um dos ganha-pães de amanhã. Isso geralmente significa atingir certo grau de dominância de mercado em um setor em crescimento. Se bem gerido, o produto ficará maduro para tornar-se um dos ganha-pães de hoje e, à medida que envelhecer, de ontem. Como em todas as coisas, a dificuldade no portfólio não é a de começar negócios, mas saber quando encerrar um projeto e quando concentrar recursos onde o sucesso possa ser alcançado.

Planejamento do portfólio

Qualquer organização diversificada precisa encontrar métodos para avaliar o equilíbrio dos negócios em seu portfólio e ajudar a orientar a alocação de recursos entre eles. Uma variedade de modelos de planejamento de portfólio tem sido desenvolvida ao longo dos últimos quarenta anos para facilitar esse processo. O mais antigo e básico foi a matriz de crescimento-participação de mercado, desenvolvido pelo Boston Consulting Group. Outros mais sofisticados foram desenvolvidos por consultores da Arthur D. Little e McKinsey, bem como por empresas como a Shell e a General Electric. Todos, no entanto, compartilham uma série de objetivos primordiais (Grant, 1995):

1. Desenvolvimento de estratégias de negócios e alocação de recursos (tanto financeiros quanto de gestão). Ao avaliar a posição de uma empresa em seu segmento de atuação, bem como as perspectivas para o setor no médio e longo prazo, podem-se definir prioridades de investimento para cada negócio. Aqueles que são fortes em mercados atraentes tendem a ser autossustentáveis financeiramente. Eles exigirão, no entanto, uma gestão atenta para garantir que continuem atingindo seu potencial. Manter ou desenvolver estratégias normalmente deverá ser decidido. Negócios fracos em mercados atraentes podem exigir um maior investimento para construir sua posição no futuro. Produtos em setores em declínio podem ser menos merecedores de alocação de recursos, a menos que estratégias de recuperação possam reverter as tendências mercadológicas. Nos mercados em declínio, produtos são muitas vezes geridos para gerar fluxo de caixa de modo que os recursos sejam redistribuídos para áreas do portfólio com maior potencial.

2. Análise do equilíbrio dos portfólios. Além de sugerir estratégias para cada negócio, a análise de

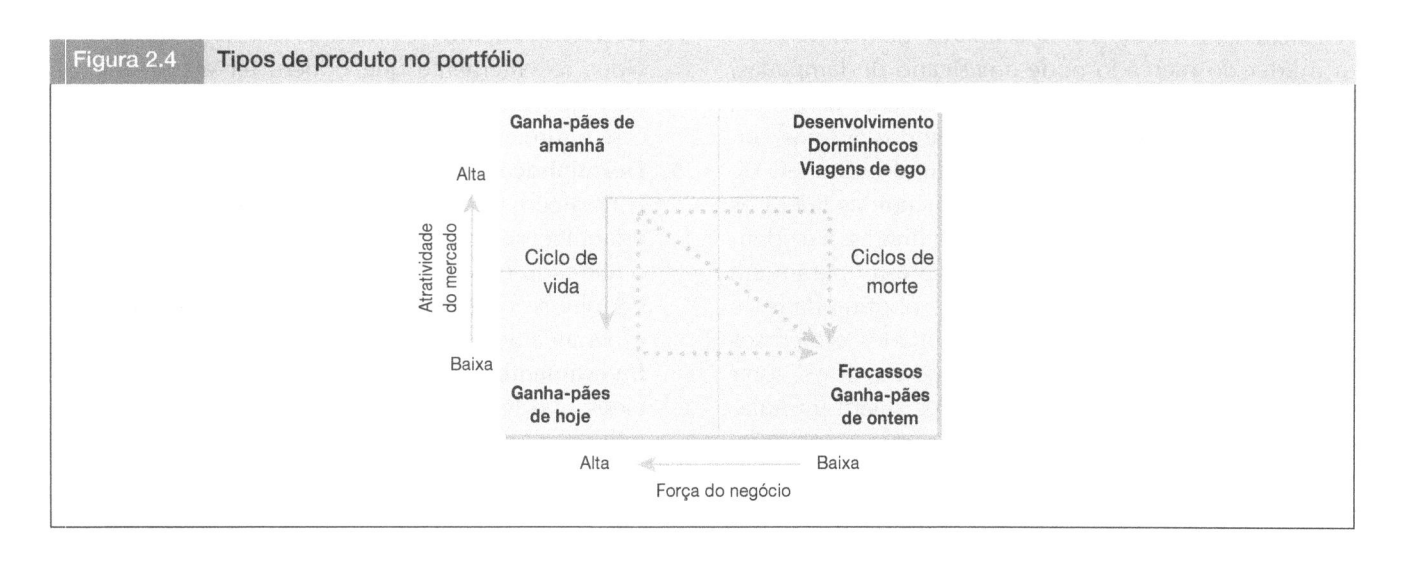

Figura 2.4 Tipos de produto no portfólio

portfólio auxilia a avaliação do equilíbrio global do portfólio em termos de fluxo de caixa, perspectivas futuras e riscos (Figura 2.5). O equilíbrio do fluxo de caixa é obtido quando os investimentos realizados em empresas com potencial são cumpridos por meio de lucros gerados por ganha-pães atuais ou passados. O grau de desequilíbrio do fluxo de caixa sugere oportunidades para expansão ou aquisição (em meados de 1990, dizia-se que a Microsoft estava sentada sobre uma montanha de dinheiro de cerca de 7 bilhões de dólares e procurava por novos e rentáveis negócios sinérgicos nos quais investir), ou a necessidade de levantar capital de investidores externos (figuras 2.6 e 2.7). Um elemento crucial do planejamento de portfólio consiste em ajudar a avaliar as perspectivas futuras da organização como um todo. Uma dependência muito pesada no portfólio de produtos de ontem pode indicar um saudável fluxo de caixa atual, mas, a menos que seja investido nos produtos de amanhã, o futuro no longo prazo pode ser posto em dúvida. Muitos investimentos futuros sem gerar um forte e sólido fluxo de caixa atual podem sugerir um portfólio sobrecarregado. Por fim, avaliar os riscos associados aos negócios individuais permite a uma empresa distribuir seu risco global, garantindo que nem todos os seus empreendimentos sejam de alto risco, mas permitindo que alguns dos mais arriscados sejam contrabalançados com atividades talvez menos rentáveis, porém mais previsíveis.

Forças e fraquezas só podem ser efetivamente determinadas por uma auditoria sistemática e abrangente dos recursos da empresa e sua utilização em relação à concorrência. O Capítulo 6 descreve com mais detalhes como fazer isso.

2.3.2 Análise dos mercados atendidos

Uma análise dos mercados nos quais a empresa opera, ou deseja operar, pode servir para colocar em foco as oportunidades e as ameaças enfrentadas pela empresa. Essas oportunidades e ameaças têm origem em duas áreas principais: os clientes (atuais e potenciais) e os concorrentes (novamente, atuais e potenciais).

A maioria dos mercados é segmentada de um modo ou de outro. Eles consistem de clientes heterogêneos ou clientes com necessidades e desejos diversos. Perguntar:

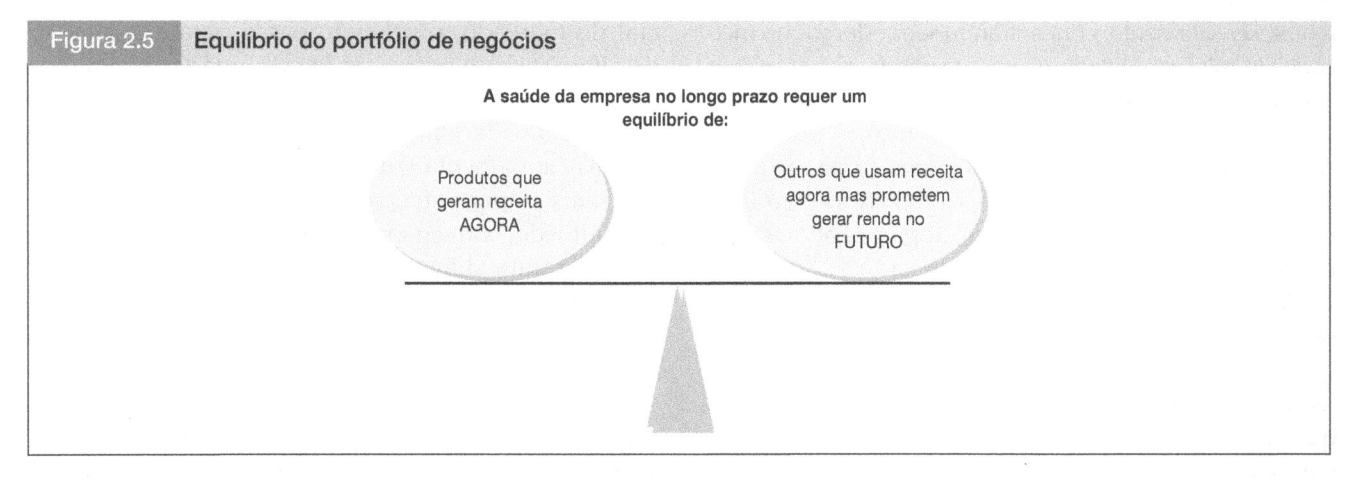

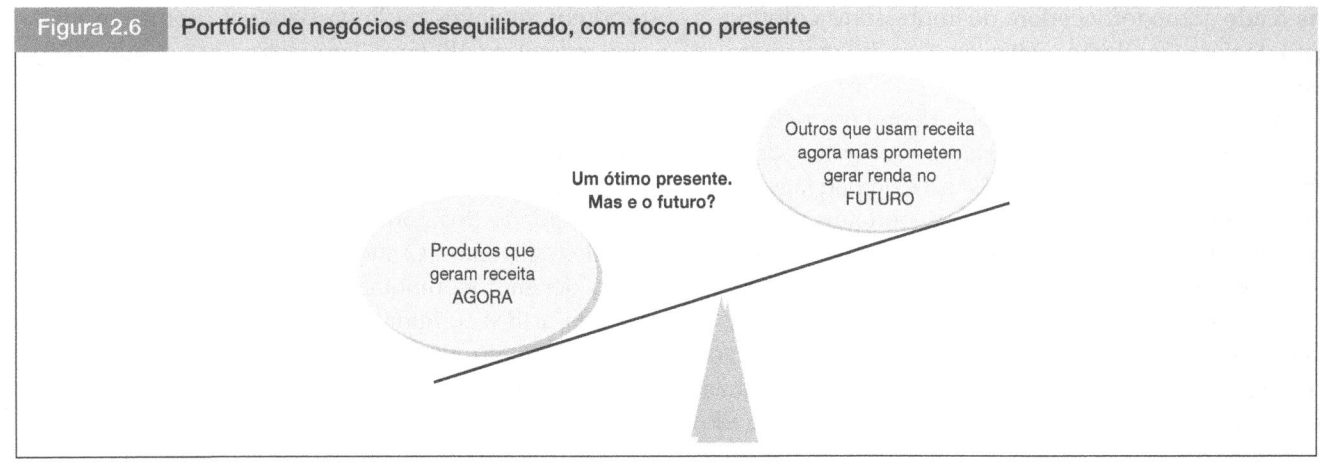

Figura 2.5 Equilíbrio do portfólio de negócios

A saúde da empresa no longo prazo requer um equilíbrio de:

- Produtos que geram receita AGORA
- Outros que usam receita agora mas prometem gerar renda no FUTURO

Figura 2.6 Portfólio de negócios desequilibrado, com foco no presente

- Produtos que geram receita AGORA — Um ótimo presente. Mas e o futuro?
- Outros que usam receita agora mas prometem gerar renda no FUTURO

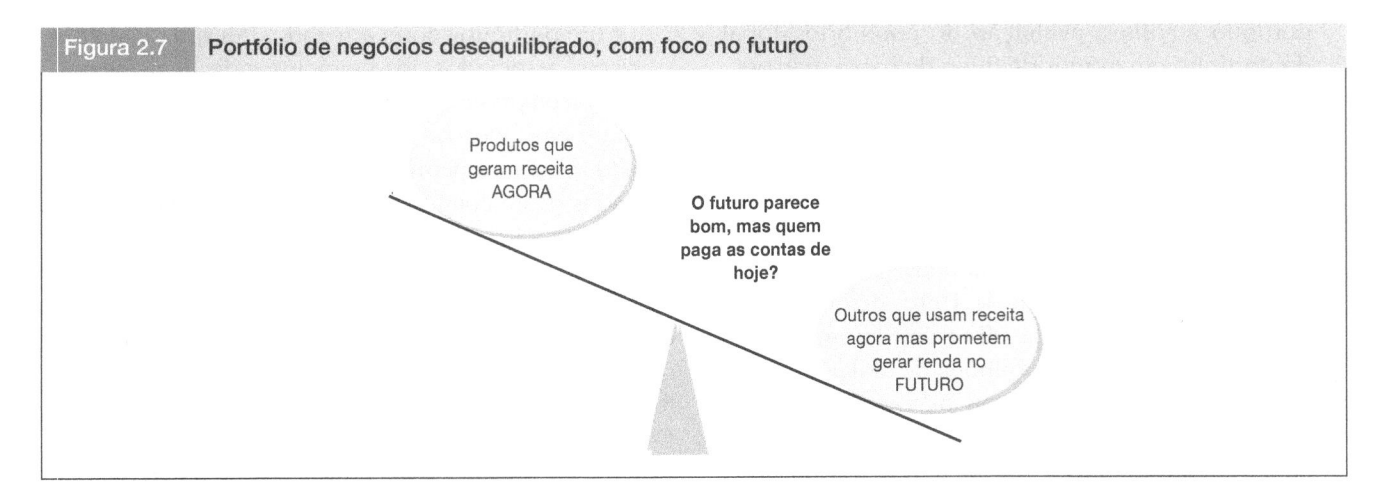

Figura 2.7 Portfólio de negócios desequilibrado, com foco no futuro

- Produtos que geram receita AGORA
- O futuro parece bom, mas quem paga as contas de hoje?
- Outros que usam receita agora mas prometem gerar renda no FUTURO

"Como é segmentado o mercado?" pode fornecer informações valiosas sobre as necessidades do cliente e contribuir para a concentração em mercados-alvo específicos.

Por exemplo, no ramo de computadores, existem várias maneiras de segmentar o mercado total. Uma segmentação simples com base em produtos é a de mainframes, minicomputadores e PCs. Há tempos a IBM domina o mercado de mainframes. Reconhecendo as dificuldades em atacar um gigante desse porte de frente, os concorrentes, sensatamente, concentraram seus esforços no mercado de minicomputadores para usuários menores com exigências diferentes e estabeleceram dominância nesse mercado. Da mesma maneira, no mercado de PCs a Apple foi muito bem-sucedida na liderança do mercado, antes do domínio das máquinas 'compatíveis com IBM' usando sucessivas gerações de microprocessadores Intel e sistemas operacionais da Microsoft.

A Canon também está no mercado de computadores, mas tomou um caminho diferente. Reconheceu que os usuários de computadores não necessitam somente de computadores, mas também de periféricos que lhes permitam tirar o máximo de vantagem do computador. A Canon estabeleceu um forte nicho de mercado como fornecedora de impressoras coloridas a jato de tinta, enquanto a Hewlett-Packard concentra-se em impressoras a laser.

Mesmo dentro dessas amplas definições do mercado baseadas em produtos, no entanto, ainda pode existir mais segmentação. A Toshiba e a Compaq (agora HP) concentraram-se em computadores portáteis, enquanto a Sony iniciou a tendência de 'computadores de entretenimento na sala de estar' (<www.sony.co.uk>).

Na década de 1990, a Sega, a Nintendo e a Sony tiveram muito sucesso no desenvolvimento do mercado de jogos eletrônicos com máquinas baratas e softwares viciantes. A Sony, que entrou depois no mercado, tornou-se líder com o PlayStation. Por algum tempo o mercado tinha previsão de declínio, à medida que os jogos e os PCs convergem devido ao aumento de potência, disponibilidade e baixo custo dos computadores com tecnologia Pentium. Entretanto, o mercado tem-se mantido notavelmente estável, e, em março de 2002, a Microsoft continua a crescer com o lançamento bem-sucedido do Xbox, e do Wii da Nintendo, em dezembro de 2006.

Após examinar a segmentação atual e em potencial do mercado, o próximo passo para a avaliação de alternativas é pesquisar oportunidades inexploradas ou pouco exploradas no mercado. Por exemplo, no mercado de alimentos ocorrem atualmente mudanças fundamentais nos hábitos alimentares. Dois dos mais importantes são o aumento na ênfase do conceito de conveniência na alimentação e a tendência a uma alimentação mais saudável. Ambas as mudanças abriram novas oportunidades para empresas que estejam dispostas a se aproveitar delas e tenham capacidade para isso.

Por exemplo, a Van den Bergh foi rápida em perceber o potencial das margarinas que não causam um acúmulo de colesterol ruim. Sua Flora Pro-Active e produtos similares da linha Benecol prometem inclusive reduzir o colesterol, enquanto outras o aumentam.

As oportunidades são criadas por mudanças fundamentais que estão ocorrendo (como, por exemplo, aumento na conscientização com a saúde e seu impacto nos hábitos alimentares) no mercado ou pela incapacidade dos concorrentes em atender às necessidades existentes. O sucesso inicial da Apple no mercado de microcomputadores deveu-se, em parte, ao fato de a IBM, originalmente, não ter querido entrar nesse mercado, enquanto o sucesso da Compaq e da Dell deveu-se à negligência da IBM em mudar seus canais de distribuição. Lacunas de mercado podem existir porque as empresas não conseguem preenchê-las (não têm as habilidades e as competências para fazê-lo) ou optam por não preenchê-las, por uma razão ou outra.

Abell (1978) discutiu a importância do momento oportuno em reconhecer e capitalizar as oportunidades. Seu conceito de janelas estratégicas concentra-se no fato de que existem poucos períodos durante os quais a adequação entre as exigências do mercado e as capacidades da empresa estão em um nível otimizado. O investimento deve ser sincronizado para coincidir com os períodos em que essas janelas estratégicas estão abertas, e, por outro lado, deve-se pensar em abandonar o segmento quando essa boa adequação desaparece. Grande parte do sucesso de empresas japonesas nos mercados mundiais durante as últimas duas décadas do século XX foi atribuída a uma capacidade de entrada no momento adequado, de tal forma que suas competências e as exigências do mercado estavam em absoluta sintonia.

Além de considerar as possibilidades que estão abertas à organização, é importante analisar as ameaças que ela enfrenta. Essas ameaças têm sua origem em duas fontes principais — um mercado passando por mudanças que a empresa não percebe ou que é incapaz de acompanhar, ou movimentos competitivos que visam a mudar o equilíbrio do poder no mercado.

Um mundo em mudança requer uma coleta constante de informações por parte da organização para garantir que ela consiga se manter em dia com as necessidades dos consumidores. Acompanhar os desenvolvimentos tecnológicos pode ser especialmente importante em muitos mercados. A calculadora eletrônica destruiu o mercado da régua de cálculo na década de 1970, e o relógio digital provocou sérios problemas (embora temporários) para os fabricantes de relógios suíços, em meados da década de 1970; agora downloads de música estão levando à extinção do CD. As mudanças também ocorrem nos gostos de consumo. A moda vai e vem (em grande parte incentivada por profissionais de marketing), mas, nos mercados em que é importante, acompanhar a moda é crucial. O Capítulo 4 examina a análise do cliente com mais detalhes.

O segundo tipo importante de ameaça que uma organização pode enfrentar é de sua concorrência. O aumento na concorrência, tanto de origem doméstica como internacional, é o nome do jogo na maioria dos mercados. À medida que os concorrentes tornam-se mais sofisticados na busca de oportunidades de mercado e na elaboração de programas de marketing para explorá-las, a própria empresa precisa melhorar suas atividades de marketing. No Reino Unido muitas indústrias fracassaram ou foram incapazes de responder adequadamente ao aumento na concorrência internacional e sofreram as consequências. Por exemplo, é revelador que no mercado altamente competitivo de computadores portáteis a primeira categoria de computadores leves pesando abaixo de 1,5 kg — exigida por usuários corporativos cansados de carregar máquinas pesadas ao redor do mundo — não veio de fabricantes de PC, mas da Sony, alavancando suas competências essenciais de fazer as coisas menores. Nas empresas com um marketing mais sofisticado, dedica-se a uma análise rigorosa dos concorrentes quase tanto tempo quanto à avaliação de clientes e à autoavaliação. Um esforço substancial é direcionado à identificação de forças e fraquezas dos concorrentes e de suas prováveis estratégias (Capítulo 5).

2.3.3 Análise SWOT

A análise que vimos das forças e fraquezas da organização (essencialmente um foco interno) pode ser unida com a análise do mercado (um foco externo) para criar uma análise SWOT (forças, fraquezas, oportunidades e ameaças — do inglês *strengths, weakenesses, opportunities and threats*) (Figura 2.8).

O objetivo da SWOT é duplo. Primeiro, ela busca identificar os fatores mais significativos, tanto internos como externos, que afetam a organização e seus mercados. Ela proporciona um rápido resumo executivo das questões-chave. Em segundo lugar, no entanto, ao examinar onde as forças e fraquezas se cruzam com as oportunidades e ameaças, ela pode ajudar na formulação da estratégia (Figura 2.9). A organização pode começar a ver onde suas forças podem ser mais bem aproveitadas, ofensiva e defensivamente, assim como onde suas fraquezas a deixam vulnerável às mudanças no mercado ou às ações de concorrente.

2.3.4 Estratégia central

Com base na análise que apresentamos, a empresa busca definir os fatores-chave de sucesso (FCS, denominados fatores críticos para o sucesso) em seus mercados específicos. Fatores-chave de sucesso no setor de atividades são aqueles cruciais para se fazer negócios (Ohmae, 1982). Os FCS são identificados mediante a análise das diferenças entre ganhadores e perdedores, ou líderes e concorrentes mais fracos do setor. Muitas vezes representam os fatores onde é possível exercer mais alavancagem, isto é, onde o máximo de efeito pode ser obtido por um dado nível de esforço.

Por exemplo, na indústria de supermercados, os FCS podem estar centrados nos relacionamentos

Figura 2.8 — Análise SWOT

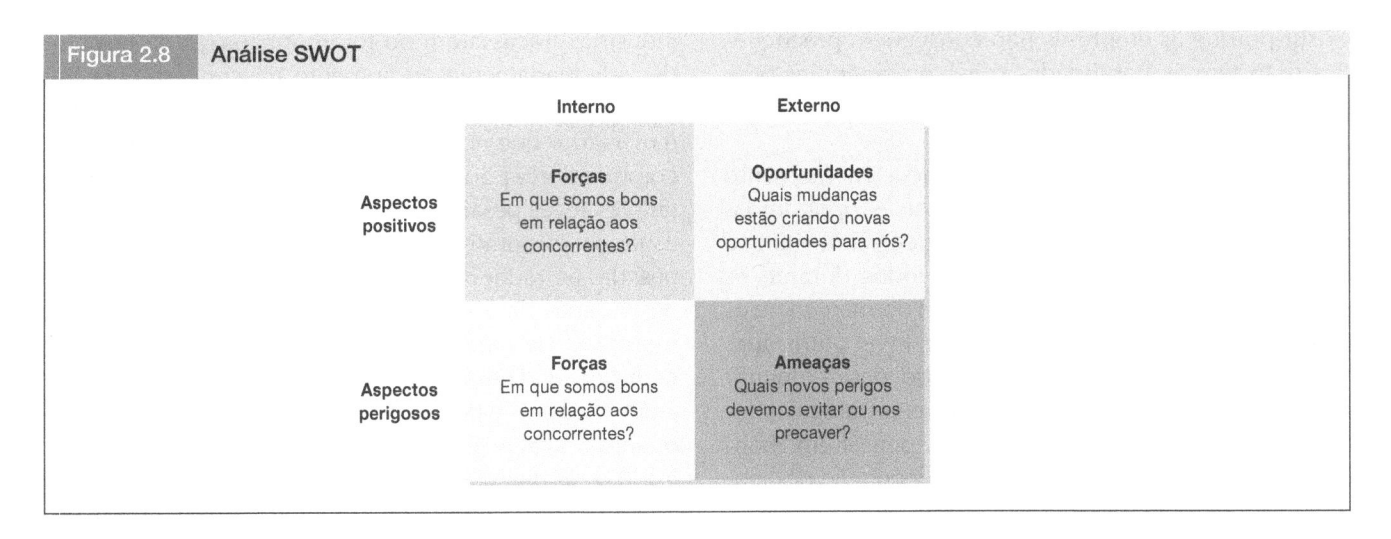

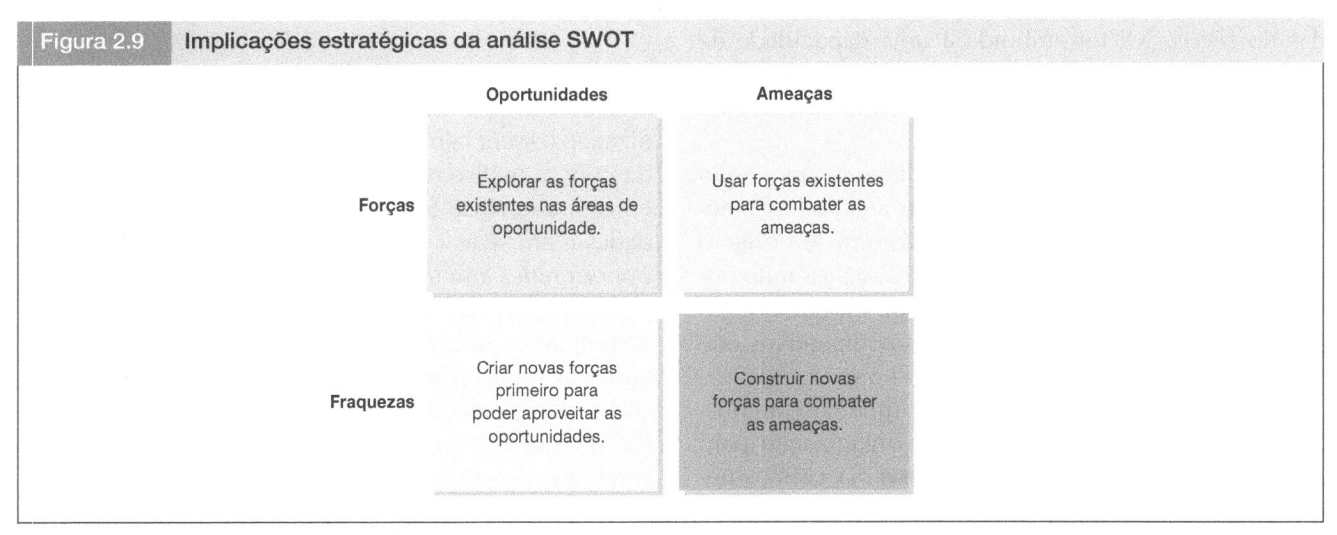

	Interno	Externo
Aspectos positivos	**Forças** Em que somos bons em relação aos concorrentes?	**Oportunidades** Quais mudanças estão criando novas oportunidades para nós?
Aspectos perigosos	**Forças** Em que somos bons em relação aos concorrentes?	**Ameaças** Quais novos perigos devemos evitar ou nos precaver?

Figura 2.9 — Implicações estratégicas da análise SWOT

	Oportunidades	Ameaças
Forças	Explorar as forças existentes nas áreas de oportunidade.	Usar forças existentes para combater as ameaças.
Fraquezas	Criar novas forças primeiro para poder aproveitar as oportunidades.	Construir novas forças para combater as ameaças.

construídos entre o fabricante e o varejista. O poder dos principais participantes (menos de meia dúzia das principais redes de varejo alimentício são agora responsáveis por cerca de 80% das vendas de alimentos no Reino Unido) é tanto que, se um novo produto alimentício não consegue distribuição nas principais lojas, uma porção substancial do mercado potencial lhe é negada. Em mercados de commodities, os FCS muitas vezes estão na eficiência do processo de produção, permitindo custos baixos onde os preços são considerados o único meio de diferenciação real do produto. Como aponta Ohmae (1982), para o negócio japonês de elevadores, os FCS centram-se em serviços — é essencial que uma quebra seja consertada imediatamente, já que os japoneses detestam ficar presos em elevadores.

Outra consideração ao se estabelecer a estratégia central para uma empresa multiproduto ou multidivisional é a forma como as diversas atividades empresariais se somam, isto é, o papel de cada atividade no portfólio geral de negócios da empresa (Capítulo 6).

Após identificar as capacidades das empresas, as oportunidades e as ameaças do mercado, os fatores-chave para o sucesso no setor em que a empresa opera e o papel do produto ou do negócio no portfólio total da empresa, a empresa estabelece seus objetivos de marketing. Os objetivos devem ser de longo e curto prazo. Os objetivos de longo prazo indicam o destino global futuro da empresa: suas metas no longo prazo. Para realizar essas metas, normalmente é necessário traduzi-las em uma série de objetivos de prazo mais curto, que levarão às metas de prazo mais longo. Os objetivos de longo prazo são, muitas vezes, estabelecidos em termos de lucro ou de domínio do mercado para uma empresa que visa aos lucros. Organizações sem fins lucrativos também estabelecem metas de longo e curto prazos. Por exemplo, a meta de longo prazo para o Greenpeace é salvar o meio ambiente mundial. Metas de prazo mais curto, em meados dos anos 2000, centraram-se desde em campanhas específicas com alta visibilidade, como fazer da Apple Inc. uma empresa mais verde, até em outras focadas em questões globais, como deter as mudanças climáticas no mundo.

Muitas vezes, as metas de curto e de longo prazos podem se confundir, e sempre há o perigo de que, ao defini-las de maneira independente, a realização das metas de curto prazo não auxilie na consecução dos objetivos de longo prazo e, às vezes, até os atrapalhe. Por exemplo, uma empresa com fins lucrativos que estabeleça metas de longo prazo de domínio de mercado muitas vezes verá metas de maximização de lucro no curto prazo batendo de frente com elas. No entanto, muitos dos gestores serão avaliados pelo desempenho anual, e não pelo longo prazo, e, assim, é mais provável que persigam os objetivos de lucro no curto prazo em detrimento da construção de uma posição mais forte no mercado (veja a discussão no Capítulo 1 sobre as motivações dos *stakeholders*).

A estratégia central da organização é uma declaração de como ela pretende atingir seus objetivos. Se, por exemplo, o objetivo de longo prazo é ser líder de mercado no mercado X, com uma participação de mercado de, no mínimo, o dobro da participação dos concorrentes mais próximos, a estratégia central pode concentrar-se no uso de uma tecnologia superior, em preços mais baixos ou melhor serviço ou qualidade. A estratégia central se aproveitará das competências essenciais da empresa e fará com que se apoiem, sempre que possível, nos FCS para atingir os objetivos corporativos da empresa.

A estratégia central a ser seguida pode variar em estágios diferentes do ciclo de vida do produto ou serviço. A Figura 2.10 mostra maneiras alternativas pelas quais uma empresa pode melhorar o desempenho de seus produtos ou serviços.

Uma escolha básica tem que ser feita entre tentar aumentar as vendas ou melhorar o nível de rentabilidade obtida a partir das vendas atuais (ou mesmo de vendas menores no mercado em declínio). Quando o objetivo é aumentar as vendas, novamente duas abordagens fundamentais podem ser tomadas: expandir o mercado total (com mais facilidade, embora não exclusivamente, realizada durante as fases iniciais de crescimento do ciclo de vida) ou aumentar a participação no mercado existente (na maioria das vezes buscada durante as fases de crescimento tardio/maturidade).

EXPANDIR O MERCADO

A expansão do mercado pode ser realizada mediante a atração de novos usuários para o produto ou serviço, a identificação de novos usos para o produto ou o desenvolvimento de novos produtos e serviços para estimular o mercado. Novos usuários podem ser encontrados por meio da expansão geográfica das operações da empresa (tanto nacional como internacionalmente).

A Asda (agora pertencente ao Walmart), por exemplo, buscou novos clientes para seus produtos de mercearia, movendo-se para o sul de sua base central em Yorkshire, enquanto a Sainsbury's atacou novos mercados na sua marcha para o norte, vindo do sudeste. Por outro lado, novos segmentos com demanda existente ou latente para o produto podem ser identificados. Reposicionar o Lucozade como uma bebida energética revelou um novo segmento para um produto antes vendido exclusivamente para pais de crianças doentes.

O crescimento espetacular das companhias aéreas 'sem luxo', como a easyJet e a Ryanair não se baseia simplesmente na conquista de participação de mercado, mas também na expansão do próprio mercado — isto é, 'mais pessoas voando com maior frequência'. A Ryanair, em particular, com suas rotas cuidadosamente

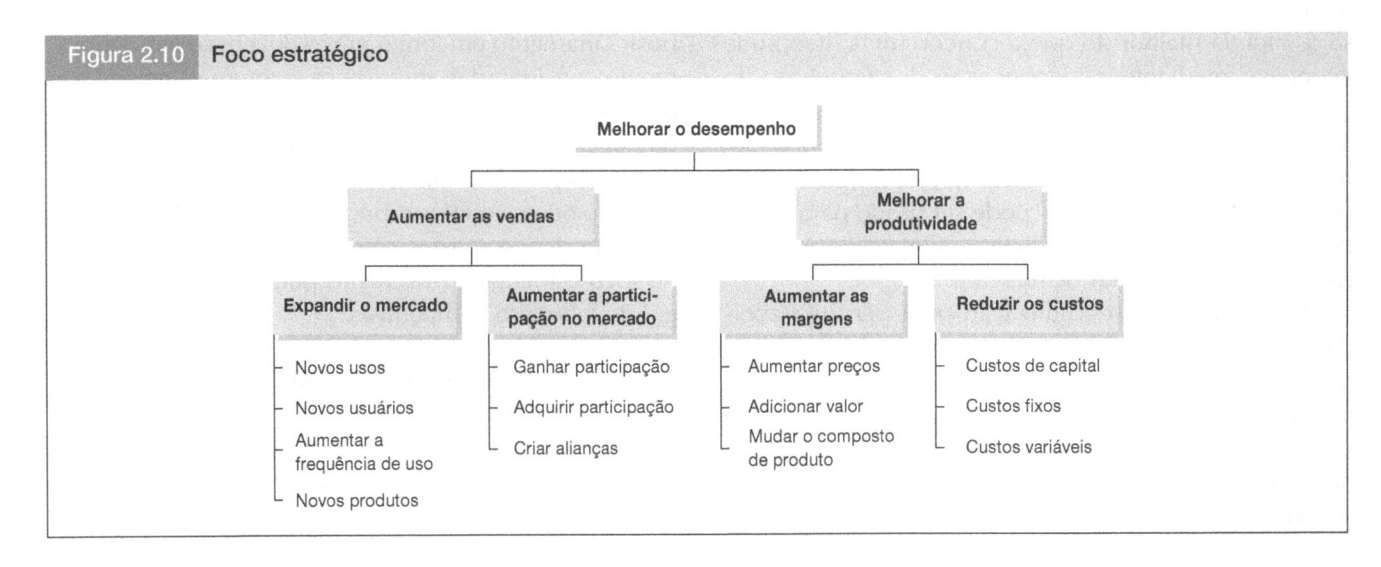

Figura 2.10 Foco estratégico

```
                          Melhorar o desempenho
                         /                      \
              Aumentar as vendas          Melhorar a produtividade
              /            \               /              \
      Expandir o    Aumentar a       Aumentar as       Reduzir os
      mercado       participação     margens           custos
                    no mercado
      
      - Novos usos  - Ganhar         - Aumentar        - Custos de
                      participação     preços            capital
      - Novos       - Adquirir       - Adicionar       - Custos fixos
        usuários      participação     valor
      - Aumentar a  - Criar          - Mudar o         - Custos
        frequência    alianças         composto          variáveis
        de uso                         de produto
      - Novos
        produtos
```

escolhidas, nas quais é a única a oferecer o serviço, chegou a quadruplicar seu tráfego aéreo.

A Land Rover, fabricante das marcas Freelander, Discovery e Range Rover, buscava aumentar a demanda por veículos 4x4 incentivando os condutores de outros tipos de carro a trocar de estilo. Ela, primeiramente, identificou os motoristas que tinham atração por aventura por meio de folhetos e mala direta. Isso foi seguido por uma campanha de telemarketing, mala direta e contatos de revendedores, oferecendo *test-drives* de maior duração e sem a presença do vendedor. Em 12 meses, a campanha adicionou 80 mil clientes em potencial de alta qualidade para seu banco de dados e gerou 10 mil *test-drives*, dos quais 28% foram convertidos em vendas. A empresa estima que o investimento de quase 1 milhão de libras tenha resultado em 100 milhões de libras em vendas adicionais (<www.royalmail.com>, nov. 2001).

Para alguns produtos pode ser possível identificar novos usos. Um exemplo é o uso do preservativo (muito abandonado como método contraceptivo nas décadas de 1960 e 1970 a favor da pílula e do DIU) como defesa contra o vírus HIV (Aids). Na categoria de produtos de limpeza, o Flash foi, originalmente, comercializado como um produto para a limpeza de pisos, mas agora também é promovido como produto multiuso para a limpeza de banheiros e pias.

Aumentar a participação de mercado

Aumentar a participação no mercado, especialmente em mercados maduros, normalmente ocorre à custa da concorrência. Entre os principais caminhos para aumentar a participação estão: ganhar os clientes de concorrentes; fundir-se com os concorrentes (ou adquiri-los); ou entrar em alianças estratégicas com concorrentes, fornecedores e/ou distribuidores. Ganhar os clientes dos concorrentes exige que a empresa os atenda melhor do que a concorrência. Isso pode acontecer mediante a identificação das fraquezas do concorrente ou mediante melhor aproveitamento das forças e competências da empresa. Cada um dos elementos do composto de marketing — produto, preço, promoção e distribuição — pode ser usado para oferecer valor agregado para o cliente, ou mais do que isso, para induzi-lo a mudar de marca.

Aumentar a taxa de utilização pode ser uma abordagem viável para a expansão do mercado de alguns produtos. Uma campanha publicitária para a cerveja Guinness (a campanha 'Guinnless' criada pela agência de publicidade Ogilvy & Mather) buscou converter usuários irregulares (em torno de uma garrafa por mês) em usuários regulares (no mínimo uma garrafa por semana).

A Colman's já tentou incentivar o uso mais frequente de mostarda, e a Hellmann's, um uso mais variado da sua maionese, além do uso como acompanhamento tradicional nas saladas de verão. Os cereais matinais são agora promovidos como lanches saudáveis para qualquer hora do dia ou até mesmo para dietas de emagrecimento (como o Special K da Kelloggs'). O portal de viagens Lastminute.com fez uma campanha "leve 5 por ano" que visava incentivar as pessoas a fazer reservas para cinco feriados por ano com eles.

A Barnardo's, uma instituição de caridade para crianças do Reino Unido, buscou em 1999 aumentar sua participação nas doações. O gasto de 1 milhão de libras em publicidade e promoção em torno do tema "Devolvendo o futuro às crianças" foi destinado a pessoas na faixa etária de 35 a 54 anos. Em um período de seis meses, até abril de 2000, sua participação nas doações aumentou 66%, enquanto a participação de outras instituições de caridade para crianças caiu. Seu alvo central (35 a 54 anos de idade, adultos das classes ABC1 com filhos) aumentou de 19% dos doadores para 34%. Um site associado à campanha atraiu mais de 2 mil visitas por semana (antes da campanha eram 700) e um comercial polêmico mostrando um bebê afetado por abuso de heroína gerou 630 mil libras adicionais em cobertura pela mídia (*Marketing Business*, jul./ago. 2001).

Aumentar a rentabilidade

Nos níveis atuais, ou até em níveis menores, a rentabilidade pode ser melhorada pelo aumento das margens. Isso é normalmente realizado mediante a elevação de preço, a redução de custos ou ambos. Na empresa que tem multiprodutos isso também é possível pela seleção na linha de produtos, eliminando-se os produtos com mau desempenho e concentrando o esforço nos produtos mais viáveis do ponto de vista financeiro. No entanto, as implicações dessa relação no posicionamento em longo prazo devem ser cuidadosamente consideradas antes de se fazerem os cortes. Por exemplo, pode ser que a manutenção de linhas aparentemente não lucrativas seja essencial para permitir que a empresa continue a operar no mercado como um todo ou nos nichos especialmente escolhidos. Essas linhas podem ser vistas como marcadores de território no jogo estratégico, essenciais para se reservar um lugar no tabuleiro competitivo.

2.4 CRIAÇÃO DO POSICIONAMENTO COMPETITIVO

O posicionamento competitivo da empresa é uma declaração de metas de mercado, isto é, onde a empresa competirá, e da vantagem diferencial, ou como a empresa irá competir. O posicionamento é desenvolvido para atingir os objetivos estabelecidos no âmbito da estratégia central. Para uma empresa cujo objetivo é ganhar participação no mercado, e sua abordagem ampla para isso consiste em ganhar clientes dos concorrentes, por exemplo, o posicionamento competitivo será uma declaração sobre exatamente como e onde isso será conquistado no mercado.

2.4.1 Mercados-alvo

Enquanto a discussão sobre a estratégia central precisou de uma análise dos clientes e dos concorrentes para identificar oportunidades e ameaças em potencial, o posicionamento competitivo escolhe os alvos mais adequados para utilizar as forças da empresa e minimizar a vulnerabilidade em decorrência das fraquezas.

Vários fatores devem ser considerados na escolha de um mercado-alvo. De modo geral, eles são divididos em duas categorias: a avaliação da atratividade do mercado e a avaliação de forças atuais ou em potencial da empresa ao atender àquele mercado (Robinson *et al.*, 1978; Porter, 1987).

A atratividade do mercado é composta por muitos fatores, frequentemente conflitantes. No entanto, se os outros fatores se mantiverem iguais, um mercado geralmente será mais atraente se os itens a seguir forem verdadeiros:

É grande.
Está crescendo.
As margens de contribuição são grandes.
A intensidade da concorrência e a rivalidade são baixas.
As barreiras de entrada são altas e as de saída baixas.
O mercado não está vulnerável a eventos incontroláveis.

Os mercados que possuem todas essas características não existem por muito tempo, se é que existem. Eles são, quase por definição, destinados a atrair altos níveis de concorrência e, assim, tornam-se menos atraentes ao longo do tempo para os outros entrantes. Para empresas de pequeno ou médio porte, os mercados pequenos e/ou estáticos, que não atraem concorrentes mais fortes, podem ser mais atraentes. Em um mercado onde se pode erguer barreiras altas à entrada (como tecnologia proprietária, altos custos de troca etc.), a empresa será mais capaz de defender sua posição contra um ataque competitivo (Capítulo 11).

Todos os mercados são vulneráveis a fatores externos incontroláveis, como condições econômicas gerais, legislação governamental ou mudanças políticas. No entanto, alguns mercados são mais vulneráveis do que outros. Isso é especialmente verdadeiro quando se escolhe entre alternativas internacionais de mercado. No contexto internacional, uma das maneiras como empresas do Reino Unido avaliam a vulnerabilidade aos eventos políticos externos é por meio do Departamento de Garantias de Crédito para Exportação do Departamento de Comércio e Indústria. O departamento opera a agência oficial de garantias de crédito para exportação do Reino Unido, ajudando a obter facilidades de financiamentos e seguros para créditos. Esse serviço oferece consultoria gratuita sobre os riscos envolvidos na entrada de um mercado específico e disponibiliza um seguro contra a inadimplência no pagamento. Recentemente, o serviço viabilizou negócios de exportação avaliados em mais de 2 bilhões de libras em bases anuais.

No mercado interno, a empresa precisa levar em conta o poder de vários grupos de pressão para determinar a vulnerabilidade do mercado. As forças e potenciais da empresa ao atender um determinado mercado precisam ser considerados em relação aos requisitos dos clientes e aos pontos fortes do concorrente. Mantidas as demais condições, a força atual da empresa no mercado naquele momento será maior quando (em relação à concorrência) os seguintes itens forem verdadeiros:

Ela tem maior participação no mercado.
Ela cresce mais rápido que o mercado.
Ela tem produtos ou serviços exclusivos e valorizados.
Ela tem produtos de qualidade superior.
Ela tem melhores margens.
Ela tem ativos de marketing exploráveis.
Ela pode obter maior eficiência em produção e marketing.
Ela tem uma liderança tecnológica protegida.

Em relação a avaliar a atratividade de mercado, é improvável que em qualquer mercado uma empresa desfrute de todas as características favoráveis acima. Em qualquer situação, a administração terá que avaliar a importância relativa de cada aspecto positivo na avaliação da força total para atender àquele mercado (a seleção do mercados-alvo é coberta com mais detalhes no Capítulo 10).

Tendo escolhido um ou mais mercados-alvo em função da atratividade de mercado e da força atual ou potencial do negócio para atender ao mercado, a empresa cria sua vantagem diferencial ou vantagem competitiva em servir o mercado.

2.4.2 Vantagem diferencial

Uma vantagem diferencial pode ser criada a partir de qualquer uma das forças da empresa ou de suas competências distintivas em relação à concorrência. Os fatores essenciais para escolher como criar essa vantagem são de que ela precisa ser embasada no valor para o cliente (por exemplo, preços mais baixos, qualidade superior e melhor serviço) e deve usar uma habilidade da empresa que os concorrentes terão dificuldade em copiar.

Porter (1980) argumentou que uma vantagem competitiva pode ser criada de duas maneiras principais (porém não exclusivas): por meio da liderança em custos ou a diferenciação (Figura 2.11).

LIDERANÇA DE CUSTO

O primeiro tipo de vantagem envolve a busca por uma posição de liderança em custos no setor de atividade. Sob essa estratégia, a empresa busca obter uma estrutura de custos significativamente inferior à dos concorrentes, mantendo no mercado produtos similares às ofertas dos concorrentes. Com uma estrutura de baixo custo, é possível obter retornos acima da média, apesar da forte concorrência.

A liderança em custos é obtida por meio de construção agressiva de economias de escala eficientes, a busca por redução de custos decorrentes de efeitos da experiência, o controle firme de custos diretos e indiretos e uma minimização de custos em P&D, serviços, equipe de vendas, propaganda etc. O caminho da liderança em custos é aquele que foi seguido pela Ryanair no mercado de linhas aéreas econômicas e pela Seiko no mercado de relógios.

Os líderes em custo, em geral, precisam de participações altas no mercado para conseguir as economias mencionadas e um acesso favorável a matérias-primas. Se, por exemplo, processos eficientes de produção ou uma tecnologia superior de produção que permita produtos mais baratos fossem identificados como forças da empresa ou competências distintivas, poderiam ser traduzidos com eficácia em vantagem competitiva mediante liderança em custos. Da mesma maneira, se a integração vertical (fusão ou aquisição de fornecedores) assegurou o fornecimento relativamente mais barato de matérias-primas, esse ativo também poderia ser convertido em vantagem competitiva.

Essa estratégia é particularmente adequada aos mercados de commodities, onde há pouca ou nenhuma diferenciação entre os produtos físicos oferecidos. No entanto, em mercados onde os produtos são altamente diferenciados, a estratégia tem a grande desvantagem de não criar uma razão pela qual o cliente deva comprar a oferta da empresa. Custos baixos poderiam ser traduzidos em preços mais baixos, mas esta seria, efetivamente, uma estratégia de diferenciação (usando o preço como a base de diferenciação).

DIFERENCIAÇÃO

A segunda abordagem para a criação de uma vantagem diferencial é a diferenciação, ou seja, criar algo que é visto como sendo exclusivo pelo mercado. Sob essa estratégia, as forças e as habilidades da empresa são usadas para diferenciar as ofertas da empresa das ofertas dos concorrentes, com base em algum critério valorizado pelo consumidor.

A diferenciação pode ser alcançada a partir de uma variedade de bases, como projeto, estilo, características do produto ou serviço, preço, imagem etc. A principal vantagem de uma estratégia de diferenciação, ao contrário de uma estratégia de liderança em custos, é que ela cria, ou enfatiza, uma razão pela qual o cliente deve comprar da empresa, e não de seus concorrentes. Enquanto a liderança em custo cria uma vantagem para a empresa essencialmente financeira, a diferenciação cria

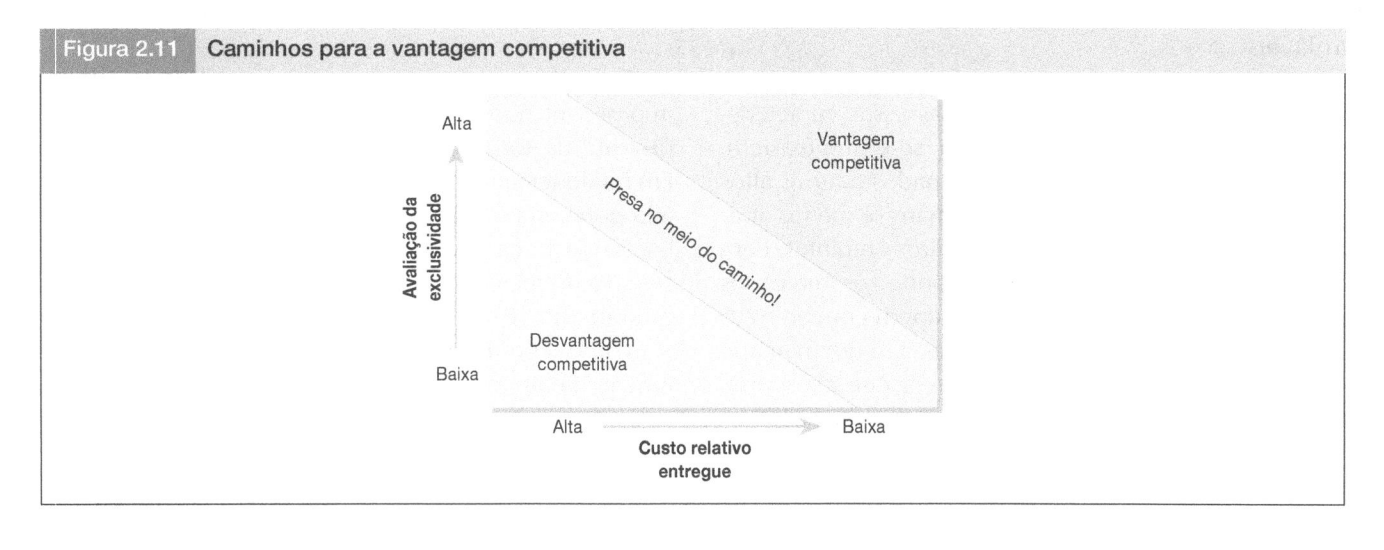

Figura 2.11 Caminhos para a vantagem competitiva

uma vantagem baseada no mercado (ver Hall, 1980; Figura 11.3). Produtos ou serviços que são diferenciados de uma forma valorizada pelo cliente podem obter preços e margens mais altos e assim evitar competir com a concorrência somente por preço. Um exemplo disso no mercado de jeans seriam os jeans de grife. No mesmo mercado, as ofertas da Levi Strauss and Co. são diferenciadas da de seus concorrentes pela marca 'Levi's'.

DIFERENCIAÇÃO E LIDERANÇA DE CUSTO

Fulmer e Goodwin (1988) monstram que as duas estratégias não são mutuamente excludentes, mas poderiam ser perseguidas de modo simultâneo. Buzzell e Gale (1987) demonstram que a diferenciação, notadamente com base em qualidade superior, muitas vezes pode resultar em custos mais baixos por unidade, em razão dos ganhos obtidos pela participação de mercado e pelas economias de escala e/ou experiência decorrentes.

Cada uma das duas abordagens básicas para a criação de uma vantagem diferencial tem riscos associados. A liderança em custo pode ser impossível de sustentar, devido à imitação do concorrente (por exemplo, usando tecnologia e processos similares), mudanças tecnológicas que podem fazer com que seja mais barato para os novos entrantes oferecerem os produtos ou serviços ou, ainda, se os concorrentes descobrirem e explorarem bases alternativas para a liderança em custos (veja a discussão sobre os determinantes de custo no Capítulo 11). A liderança em custos também é uma estratégia arriscada quando há um elevado grau de diferenciação entre as ofertas competitivas. A diferenciação cria razões para a compra, enquanto a liderança em custos não. Além disso, a liderança em custos normalmente requer gastos menores em P&D, melhoria de produtos e criação de imagem, e cada um desses aspectos pode deixar o produto vulnerável a produtos competitivamente superiores.

A diferenciação como uma estratégia também está aberta a uma série de riscos. Se a diferenciação não se basear em ativos diferenciadores de marketing é possível que ela seja imitada pelos concorrentes. Esse risco pode ser minimizado pela construção da diferenciação com base em habilidades ou ativos de marketing que somente a empresa possui e que não podem ser copiados pelos concorrentes. Além disso, a base atual para a diferenciação pode se tornar menos importante para os clientes, ou novas bases podem se tornam mais importantes. Esses últimos pontos devem ser protegidos por meio do monitoramento constante de clientes e de concorrentes. Um perigo adicional da estratégia de diferenciação é que os custos de diferenciação podem superar o valor atribuído ao produto pelo cliente.

Há o risco adicional — tanto para a abordagem de liderança em custo quanto para as de diferenciação de recursos, quando buscam agradar todo o mercado — de que as empresas que buscam um foco ou um nicho específicos no mercado (concorrentes que concentram suas atividades em um segmento selecionado) podem conseguir custos mais baixos ou uma diferenciação mais valorizada em segmentos específicos. Assim, em mercados onde há uma segmentação pronunciada, ambas as abordagens básicas acarretam riscos elevados. O Capítulo 11 explora em mais detalhes essas abordagens para a criação de uma posição defensável no mercado.

2.5 IMPLEMENTAÇÃO

Uma vez que a estratégia central e o posicionamento competitivo foram selecionados, a tarefa da administração de marketing é implementar aquelas decisões mediante o esforço de marketing. Os três elementos básicos da implementação — composto de marketing, organização e controle — são discutidos a seguir.

2.5.1 Composto de marketing

O composto de marketing de produto, preço, promoção e distribuição é o meio pelo qual a empresa transforma sua estratégia de uma declaração de intenção em esforços no mercado. Cada um dos elementos do composto deve ser desenhado para reforçar o posicionamento desejado.

Sob essa perspectiva, fica evidente que as decisões sobre os elementos do composto, como apreçamento ou campanhas publicitárias, não podem ser consideradas isoladamente da estratégia perseguida. Por exemplo, um posicionamento premium, que diferencia as ofertas da empresa das de sua concorrência em termos de alta qualidade do produto, poderia ser destruído pela cobrança de um preço muito baixo. Da mesma maneira, para esse posicionamento ser alcançado, o produto em si terá de entregar a qualidade prometida e a promoção usada para comunicar sua qualidade. Os canais de distribuição selecionados, bem como os sistemas de distribuição física usados ou criados precisam assegurar que os produtos ou serviços cheguem até os clientes-alvo.

Se os elementos do composto de marketing não forem coerentes ou se contradizerem, o posicionamento gerado será confuso para os clientes.

2.5.2 Organização

O modo como o esforço de marketing e o departamento de marketing são organizados terá um efeito sobre a forma como a estratégia pode ser realizada.

Em um nível muito básico, é essencial que a força de trabalho, bem como os recursos financeiros, esteja disponível. No entanto, dados os recursos, sua organização também pode afetar sua capacidade de implementar a estratégia de maneira eficaz. As formas tradicionais de organização encontradas em marketing são a gestão funcional e a gestão do produto (marca).

Em uma **organização funcional,** o departamento de marketing consiste de especialistas nas várias atividades de marketing que reportam a um coordenador de marketing (gerente ou diretor). Entre as funções habituais incluem a gestão de vendas, gestão de propaganda e promoção, pesquisa de marketing e desenvolvimento de novos produtos. Uma extensão da organização funcional é a organização geográfica em que, no âmbito das funções (como gestão de vendas), os gestores têm responsabilidade por mercados geográficos específicos. Os desenhos funcionais oferecem uma simplicidade de estrutura e promovem um alto nível de especialização em cada função. Muitas vezes, eles são o primeiro passo para uma empresa adotar um perfil mais alto para o marketing como um todo. Eles são mais aplicáveis quando o número e a complexidade dos produtos ou serviços que a empresa tem no mercado são limitados.

A **gestão de produto (ou de marca)**, que teve como pioneira, em 1927, a multinacional norte-americana Procter & Gamble para a marca de sabonete Camay, que atravessava dificuldades, coloca a responsabilidade por todas as atividades de marketing de um produto específico em um único gerente de produto. Em empresas diversificadas com muitos produtos diferentes, o sistema tem a grande vantagem de coordenar sob um único indivíduo todo o composto de atividades de marketing, facilitando para que todos trabalhem na mesma direção. Nas empresas maiores, os gerentes de produtos podem usar os talentos de especialistas funcionais quando necessário.

Recentes e dramáticas mudanças no ambiente de marketing fizeram com que muitas empresas repensassem o papel do gerente de produto. Os consumidores de hoje enfrentam um conjunto de marcas que não para de crescer e passaram a se mostrar mais sensíveis a descontos do que a marcas. Como resultado, as empresas estão abandonando a propaganda nacional em favor de táticas de preços e promoções específicas no ponto de venda. Os gerentes de marcas têm, tradicionalmente, focado em estratégias de longo prazo, de construção de marcas para uma audiência de massa, mas a realidade do mercado atual demanda estratégias de curto prazo, de construção de vendas, desenvolvidas para mercados locais.

Uma segunda força significativa que afeta a gestão da marca é o crescente poder dos varejistas. Varejistas maiores, mais poderosos e mais bem informados estão agora exigindo e obtendo mais promoções comerciais em troca de seu escasso espaço de prateleira. O aumento nos gastos das despesas de promoção comercial deixa pouco dinheiro para a propaganda de massa em nível nacional, a ferramenta de marketing primária do gerente de marca (Teinowitz, 1988; Dewar e Schultz, 1989).

Para lidar com essa mudança, a Campbell Soups criou os **gerentes de vendas de marca.** Estes combinam os papéis de gerente de produto e de vendas, sendo responsáveis pela gestão da marca no campo, trabalhando com os distribuidores e projetando estratégias de marcas mais localizadas. Os gerentes passam mais tempo no campo trabalhando com os vendedores, informando-se sobre o que está acontecendo nas lojas e aproximando-se mais do cliente.

Outras empresas, como Colgate-Palmolive, Procter & Gamble, Kraft e Lever Brothers, adotaram o **gerenciamento de categoria** (Spethman, 1992). Com esse sistema, os gerentes de marca respondem a um gerente de categoria, que tem total responsabilidade por uma linha inteira de produtos. Por exemplo, a Procter & Gamble tem um gerente de marca do detergente líquido para lavar louça Dawn, que responde a um gerente que é responsável pelos detergentes Dawn, Ivory, Joy e todos os outros detergentes líquidos para limpeza leve. O gerente de detergentes líquidos para limpeza leve, por sua vez, reporta-se a um gerente que é responsável por todos os detergentes e sabões da Procter & Gamble, incluindo os detergentes para lavar louça e as linhas de sabão líquido ou em pó para lavar roupas. Esse conceito oferece muitas vantagens. Primeira, os gerentes de categoria têm perspectivas mais amplas de planejamento que os gerentes de marca. Em vez de se concentrarem em marcas específicas, moldam toda oferta da categoria da sua empresa. Segunda, ele combina melhor com os processos de compra dos varejistas. Recentemente, os varejistas começaram a fazer com que seus compradores individuais fossem responsáveis por trabalhar com todos os fornecedores de uma categoria específica de produto. Um sistema de gerenciamento de categoria interage melhor com esse novo sistema de 'compra por categoria' do varejista.

Algumas empresas, incluindo a Nabisco, começaram a combinar o gerenciamento de categoria com outra ideia: **equipes de marca** ou **equipes de categoria**. Em vez de ter vários gerentes de marcas, a Nabisco tem três equipes que cobrem todos os tipos de biscoitos: uma para biscoitos sofisticados, outra para biscoitos nutritivos para adultos e outra para biscoitos infantis. Chefiada por um gerente de categoria, cada equipe de categoria inclui vários profissionais de marketing/gerentes de marca, um gerente de planejamento de vendas e um especialista em informações de marketing, os quais lidam com a estratégia da marca, a propaganda e a promoção de vendas. Cada equipe também inclui especialistas de outros departamentos da empresa: um gerente financeiro, um especialista em P&D e representantes das áreas de produção, engenharia e distribuição. Assim, os gerentes de categoria agem como uma pequena empresa com total responsabilidade pelo desempenho da categoria e com uma gama completa de profissionais para ajudá-los a planejar e implementar as estratégias de marketing.

Para empresas que vendem uma linha de produtos para muitos tipos diferentes de mercado que têm necessidades e preferências diferentes, uma **organização de gerência de mercado** pode ser mais adequada. Muitas empresas estão organizadas em torno de linhas de mercado. Uma organização de gerência de mercado assemelha-se à organização por gerência de produto. Os gerentes de mercado são responsáveis pelo desenvolvimento de planos de longo prazo e planos anuais para vendas e lucros em seus mercados. A principal vantagem desse sistema é que a empresa é organizada em torno das necessidades de segmentos específicos de clientes.

Em 1992, a Elida Gibbs, a divisão de produtos para cuidados pessoais da Unilever, descartou os papéis de gerente de marcas e de desenvolvimento de vendas. Eles tinham muitas marcas fortes, incluindo **Pears**, Fabergé Brut, Signal e Timotei, mas buscavam melhorar o serviço oferecido aos varejistas e prestar mais atenção ao desenvolvimento das marcas. Para isso, criaram dois papéis novos: gerentes de desenvolvimento de marcas e gerentes de desenvolvimento de clientes. **Os gerentes de desenvolvimento de clientes** trabalham em estreita colaboração com os clientes e também assumiram muitas das antigas responsabilidades de gerência de marca. Isso fornece uma oportunidade de coordenar melhor as vendas, as operações e as campanhas de marketing. A mudança deixa os gerentes de desenvolvimento de marcas com mais tempo para se dedicarem ao desenvolvimento estratégico de marcas e da inovação. Eles têm autoridade para reunir os recursos técnicos e gerenciais para acompanhar os projetos até sua conclusão.

A reorganização da Elida Gibbs vai além de vendas e marketing. O trabalho em equipes interdepartamentais é fundamental para a abordagem e isso se estende até o chão de fábrica. A empresa já está se beneficiando com a mudança. Os gerentes de desenvolvimento de clientes aumentaram o número de pedidos corretamente preenchidos de 72% para 90%. Além disso, os gerentes de desenvolvimento de marca desenvolveram o Aquatonic (um desodorante aerossol) em seis meses — menos da metade do tempo normal.

Maior atenção também está sendo dada às abordagens organizacionais baseadas em processos-chave de criação e entrega de valor, em vez daquelas baseadas nas estruturas e nos mecanismos tradicionais. As abordagens organizacionais tradicionais são, frequentemente, vistas como sendo muito lentas, não responsivas às demandas e pesadas demais para lidar com mercados que mudam rapidamente, novas concorrências baseadas na Internet e estratégias que dependem de alianças e parcerias. Por exemplo, a **organização de marketing de risco** é uma abordagem desse tipo (Aufreiter et al., 2000). Essa foi a abordagem que permitiu que a Starbucks levasse seu Frappucino de uma ideia de um gerente de linha a um completo lançamento nacional em menos de um ano. No primeiro ano, o Frappucino contribuiu com 11% das vendas da Starbucks no mercado norte-americano. É mais comum que a pressão ocorra no sentido de uma integração mais eficaz dos recursos da empresa em torno da criação de valor, às vezes independentemente das estruturas organizacionais tradicionais (Hulbert et al., 2003).

Qualquer que seja a estrutura ou a organização adotada pela empresa, necessita-se de indivíduos com as habilidades necessárias para realizar as diversas tarefas de marketing. Existem duas fontes de pessoal: internas à empresa ou trazidas de fora. Entrar em novos mercados contratando experiência externa pode ser um atalho para gerar os conhecimentos necessários internamente. Habilidades podem ser melhoradas e ampliadas por meio de programas de treinamento realizados dentro da empresa ou pela contratação de treinamento externo.

2.5.3 Controle

À medida que a estratégia de marketing está sendo executada, um papel importante do departamento de marketing é monitorar e controlar esse esforço.

O desempenho pode ser monitorado de duas maneiras principais: com base no desempenho no mercado e com base no desempenho financeiro. O desempenho no mercado mede aspectos como vendas, participação de mercado, atitudes de clientes e fidelidade, e as mudanças nesses fatores ao longo do tempo podem ser comparadas com os objetivos originais da estratégia perseguida. No entanto, as medidas de desempenho devem incluir fatores além daqueles utilizados para definir objetivos, com o intuito de assegurar que a persecução desses objetivos não perca de vista as implicações mais amplas.

O desempenho financeiro é medido por um monitoramento da contribuição do produto em relação aos recursos empregados para vendê-lo. Muitas vezes, pode surgir um conflito básico entre o desempenho de marketing e o desempenho financeiro. Quando o objetivo de marketing é a dominação do mercado no longo prazo, o desempenho financeiro no curto prazo pode sofrer. Quando os gerentes são recompensados (isto é, recebem promoções ou aumentos), com base em desempenho financeiro de curto prazo, é provável que os objetivos de marketing no longo prazo sejam sacrificados por conta do lucro a curto prazo. Ao comparar as estratégias desenvolvidas em vários mercados do Reino Unido por empresas japonesas e seus concorrentes britânicos, Doyle *et al.* (1986) descobriram que os japoneses estavam mais preparados para assumir uma visão mais ampla de desempenho de mercado, em comparação com a orientação para o lucro no curto prazo, seguida por muitas das empresas do Reino Unido.

Recentemente a atenção tem se concentrado no desenvolvimento de 'métricas de marketing' como uma maneira melhor de relacionar as atividades de marketing e o retorno financeiro do negócio (Ambler, 2000). Ambler relata as métricas de marketing mais importantes utilizadas pelas empresas:

- Qualidade relativa percebida.
- Fidelidade/retenção.
- Número total de clientes.
- Satisfação do cliente.
- Preço relativo (participação de mercado/volume).
- Participação de mercado (em volume ou valor).
- Qualidade percebida/estima.
- Reclamações (nível de insatisfação).
- Nível de conhecimento.
- Distribuição/disponibilidade.

Ambler argumenta que relacionar o marketing ao desempenho do negócio requer que essas métricas sejam apresentadas regularmente para a alta administração, comparadas com as previsões da empresa e com os dados dos concorrentes, sendo os critérios de comportamento do comprador esclarecidos e monitorados.

Um último elemento importante na implementação é o planejamento de contingência, isto é, responder à seguinte pergunta: "O que faremos se...?". O planejamento de contingência exige um grau de previsão da reação competitiva para os planos elaborados, caso sejam implementados, e, em seguida, a estimativa das prováveis reações dos concorrentes. Prever uma gama de prováveis futuros e fazer planos para lidar com qualquer um deles que aconteça é denominado planejamento de cenário.

RESUMO

O planejamento estratégico de marketing envolve decidir a estratégia central, criar o posicionamento competitivo da empresa e de suas ofertas e implementar essa estratégia.

Isso se aplica igualmente à empresa de um produto só e ao grande conglomerado composto de muitos negócios diferentes. Para o conglomerado, no entanto, há uma dimensão adicional de planejamento. Essa dimensão extra consiste em um planejamento de portfólio, que assegura que a carteira de negócios no âmbito da corporação como um todo seja adequada para atingir os objetivos corporativos globais.

iPhone — Estudo de caso

As massas de fãs da Apple que lotaram o centro de convenções Moscone em São Francisco para ouvir Steve Jobs em seu discurso anual da MacWorld entraram no salão com altas expectativas.

Julgando por suas reações, suas expectativas foram mais do que satisfeitas.

A apresentação do iPhone, a muito aguardada entrada da Apple no mercado de aparelhos celulares, foi recebida com muitos aplausos, expressões de surpresa, e ocasionais gritos de alegria dos fiéis da Apple.

Seis anos após a Apple transformar o mercado dos MP3 players com a introdução do iPod, a empresa tentou repetir o desempenho no mercado de celulares com o iPhone — um aparelho fino e ágil que confia numa inovadora interface touch-screen.

"Esse negócio é incrível", diz Van Baker, um analista da Gartner, que teve a chance de experimentar o iPhone durante uma apresentação da Apple. "É o maior golaço deles que eu já vi até agora."

A Apple está longe de ser a primeira empresa a tentar penetrar no assim chamado mercado de smartphones. A Microsoft, arquirrival da Apple, vem falando sobre aparelhos assim há anos, mas as tentativas do seu sistema operacional windows mobile tropeçaram — em parte porque as prestadoras de telefonia celular tinham receio da Microsoft e mantiveram-se afastadas.

Somente 6 milhões de smartphones foram vendidos nos EUA ano passado, comparados a mais de 1 bilhão vendidos em todo o mundo.

Dois milhões deles operavam com o sistema operacional Windows Mobile, com o resto do mercado dividido entre RIM — Research In Motion, fabricantes do Blackberry; Palm, fabricantes do Treo; entre outros. As ações da RIM caíram 7,9% ontem enquanto as da Palm caíram 5,7%.

Charles Golvin, analista da Forrester, avisa que, mesmo com o aparelho impressionante da Apple, o mercado de telefones que integram chamadas de voz, e-mail, internet e música permanecerá uma pequena parte do mercado de celulares em geral.

Miro Kazakoff, associado sênior da Compete, um grupo de analistas industriais, diz que sua pesquisa mostra que é "improvável que qualquer telefone, não importa o quão bom seja, fará as pessoas pagarem um preço alto e até US$ 200,00 em taxas de cancelamento de seus contratos atuais".

"Os usuários de aparelhos sem fio estão viciados em aparelhos grátis, já que as operadoras têm subsidiado aparelhos cada vez melhores através dos anos."

A Apple aposta que a interface única do iPhone — resultado de anos de pesquisa — irá reinventar toda a categoria de smartphones, como o Macintosh redefiniu os computadores e como o iPod redefiniu as expectativas dos consumidores em relação aos seus MP3 players.

"A Apple vai reinventar o telefone", foi o pronunciamento audaz do sr. Jobs na MacWorld.

Os primeiros sinais são encorajadores.

Ralph Simon, presidente emérito da MEF (Fórum de Entretenimento Móvel) das Américas, diz que o iPhone representa um "grande salto de inovação" para a indústria do entretenimento.

"Você não pode ignorar os avanços já feitos pelos competidores como Nokia e Motorola, mas a perfeita integração das vantagens do iPod com o telefone celular é um passo-chave para a evolução do celular para que este se torne um aparelho de entretenimento universal", diz o sr. Simon. Com o modelo do iPhone mais barato custando US$ 499,00, o preço continua sendo uma preocupação. "Quantas pessoas estarão dispostas a pagar esse nível de preço premium?", pergunta o sr Golvin.

Contudo, ele diz que há alguns sinais encorajadores na experiência recente da Motorola com o Razr, seu telefone premium ultrafino. "O Razr já tem vários anos de idade — eles conseguiram manter seus preços luxuosos por bastante tempo", diz o sr. Golvin.

Jobs estava atento ontem em anunciar a intenção da Apple de tornar-se um líder dos eletrônicos. No fechamento de seu discurso na MacWorld, ele anunciou que a companhia havia decidido abandonar a palavra 'computer' de seu nome agora que a marca já se espalhou muito além do Macintosh para incluir outros dispositivos.

Até os mais cínicos observadores não poderiam negar que, com o iPhone, a recém-batizada Apple começou muito bem.

Fonte: ALLISON, Kevin. "Apple faithful smitten to the core with iPhone". *Financial Times*, 10 jan. 2007.

Questões para discussão

1. O que leva a Apple a entrar no mercado de celulares?
2. Essa ação é consistente com a visão de Steve Jobs para a Apple?
3. Qual foco estratégico essa jogada sinaliza? Que alternativas estão abertas para a Apple e como ela poderia persegui-las?

Parte 2

Análise do mercado competitivo

A segunda parte deste livro examina detalhadamente a análise de mercados competitivos e isso é feito ao longo dos próximos cinco capítulos.

O Capítulo 3 começa com uma discussão sobre o ambiente competitivo do mercado, em constante mudança, que muitas empresas e organizações enfrentam no século XXI. Apresentamos modelos como a análise PEST para estudar de maneira mais ampla a mudança no macroambiente e discutimos estratégias para operar em mercados mutáveis. O capítulo, então, foca o ambiente competitivo ou industrial, começando com uma discussão sobre o Modelo das Cinco Forças da concorrência setorial e com uma introdução do ciclo de vida do produto, seguida de uma revisão de grupos estratégicos e da evolução da indústria. A estabilidade ambiental é avaliada, junto com a análise SPACE. Finalmente, a Matriz de Vantagem é analisada como um meio de avaliação das características-chave de uma indústria ao se desenvolver a estratégia.

O Capítulo 4 considera a análise do cliente. Discutem-se em primeiro lugar as necessidades de informação, seguidas por fontes de informação sobre os clientes. Examina-se a ampla gama de técnicas de pesquisa de marketing disponíveis para auxiliar na análise do cliente. A discussão volta-se para os processos pelos quais os dados dos clientes são coletados e como esses dados podem ser transformados em informações para auxiliar na tomada de decisões de marketing.

O Capítulo 5 aborda a análise do concorrente. Após uma discussão sobre benchmarking competitivo, as dimensões de análise da concorrência, juntamente com as técnicas de identificação de perfis de resposta do concorrente. O capítulo conclui com uma análise das fontes de informações sobre concorrentes.

O Capítulo 6 trata da análise interna dos recursos, dos ativos e das capacidades de uma organização que podem ser alavancados em seus mercados-alvo. Partindo de uma visão da empresa ampla e baseada nos recursos da empresa, além da identificação de suas competências essenciais, o capítulo prossegue até as questões mais detalhadas de auditoria de recursos e listagem de ativos específicos de marketing, como marcas, reputação, forças na cadeia de fornecimento e parcerias. O capítulo termina com um modelo para se construir um perfil das capacidades de marketing da empresa.

O Capítulo 7 examina métodos e técnicas para a previsão da demanda futura. Esses incluem métodos baseados na demanda atual, na análise histórica dos padrões de demanda e na experimentação. Finalmente, apresentam-se os métodos subjetivos de previsão, e as diversas abordagens são comparadas para avaliar sua relevância para a previsão de metas específicas.

Capítulo 3
O ambiente mutável do mercado

E a estrada continua sem fim, direto da porta em que ela começou. Agora, a estrada já se foi lá para a frente, e eu preciso segui-la. Perseguindo-a com os pés cansados, até que ela se junte a um caminho maior, onde muitos caminhos e tarefas se encontram. E depois? Não posso dizer.

Frodo Baggins, em A sociedade do Anel, de JRR Tolkien

INTRODUÇÃO

A consciência sobre como o ambiente do marketing está mudando é de fundamental importância no desenvolvimento e na implantação de uma estratégia robusta de marketing. Em sua forma mais simples, o ambiente de marketing pode ser dividido em **ambiente competitivo** (incluindo a empresa, seus concorrentes diretos e clientes) e o **macroambiente** (o cenário social, político e econômico mais amplo, no qual as organizações operam). A concorrência entre as empresas para atender os clientes é a essência das economias modernas voltadas para o mercado. Durante as fases iniciais do século XX, a competição se intensifica conforme as empresas buscam criar vantagem competitiva em mercados cada vez mais lotados e com clientes cada vez mais exigentes. Este capítulo fornece uma série de ferramentas para a compreensão do ambiente competitivo no qual as empresas operam e para o reconhecimento das oportunidades e ameaças que ele apresenta. Não é possível fornecer nenhuma regra simples para alcançar o sucesso competitivo, mas é possível explicar as formas existentes do ambiente da indústria, a competição dentro delas, e quando e por que determinadas estratégias são bem-sucedidas.

Deve-se ter em mente, contudo, que **indústrias** e **mercados** não são a mesma coisa — as indústrias são conjuntos de organizações com tecnologias e produtos em comum, enquanto mercados são os clientes ligados por necessidades similares. Por exemplo, firmas de eletrodomésticos da linha branca compreendem uma indústria — empresas que fazem geladeiras, máquinas de lavar e assim por diante. Por outro lado, os produtos de lavanderia constituem um mercado — os produtos e serviços que o cliente usa para limpar suas roupas. Essa distinção é importante por duas razões. Primeiro, se só pensamos sobre a indústria convencional, podemos ignorar o potencial de concorrência por nossos clientes existente em empresas com diversos produtos e tecnologias que atendam à mesma necessidade. Por exemplo, empresas de serviços financeiros convencionais foram confundidas pela entrada da Virgin no mercado com produtos simplificados e técnicas de marketing direto e pareceram incapazes de responder à entrada de diversas empresas como supermercados e companhias aéreas em serviços financeiros.

Por outro lado, há sinais de que muitas empresas estão tendo que abandonar as definições tradicionais de indústria por conta da pressão dos distribuidores e varejistas. Por exemplo, a **gestão de categorias** nos supermercados é fundamental: os varejistas se preocupam com o gerenciamento de uma categoria de produtos que atendem a uma necessidade específica, como lavanderia, substitutos de refeições ou almoço, e não com determinados produtos ou marcas. Os efeitos da gestão de categorias podem ser estranhos. O Walmart descobriu, por exemplo, uma relação entre a compra de fraldas descartáveis e de cerveja nas noites de sexta-feira. Isso porque as esposas de pais jovens pediam que eles comprassem uma boa quantidade de fraldas a caminho de casa depois do trabalho. Eles achavam que aquela era uma boa oportunidade (ou será a razão?) para estocar cerveja também. Tais produtos agora são comercializados um ao lado do outro às sextas-feiras. O ponto é que devemos rever quaisquer conclusões que tiramos sobre a indústria ao reconhecer que os mercados podem mudar a ponto de invalidar as definições convencionais da indústria.

A análise sistemática do ambiente de negócios normalmente se inicia no nível macro, destacando aspectos do ambiente geral que podem impactar nos mercados específicos em que a empresa opera. No entanto, em um nível mais específico, o da indústria, a identificação das forças motrizes da concorrência dentro das indústrias pode ser um bom ponto de partida. Em seguida, partimos para a discussão de grupos estratégicos, que fornece uma base útil para compreender as oportunidades e ameaças que pesam sobre as empresas individuais. É dentro desses grupos estratégicos que as empresas competem para crescer, sobreviver ou decair.

3.1 UM MODELO PARA ANÁLISE MACROAMBIENTAL

Aqui, lidamos com a natureza da mudança no macroambiente e analisamos seu impacto sobre as estratégias de marketing organizacional.

É duplamente importante compreender o macroambiente. Primeiro, devemos reconhecer o impacto sobre o marketing causado por uma mudança no ambiente de negócios e estar em condições de responder. Porém, em segundo lugar, devemos ainda estar alertas para o fato de que a própria natureza das mudanças enfrentadas pelas organizações também está em mudança. Por exemplo, Haeckel (1997) observou que, de todas as pressões nas empresas para revitalizar seus processos de marketing:

o principal candidato é uma mudança na natureza da mudança: de contínua (mas incremental) para descontínua [porque] quando descontínua, a mudança torna as demandas dos clientes imprevisíveis, a alavancagem estratégica muda de eficiência para flexibilidade e responsividade — e para investimentos que permitam à empresa sentir mudanças inesperadas mais cedo e coordenar uma resposta sem precedentes a elas de forma mais rápida.

Muitas mudanças importantes estão ocorrendo no ambiente em que o marketing opera, e alguns exemplos importantes são resumidos brevemente a seguir (*veja também* Drucker, 1997). No entanto, essa nunca pode ser uma lista exaustiva, pelas razões acima identificadas por Haeckel. Para os nossos propósitos, a mudança é discutida em três categorias principais. Em conjunto, muitas vezes elas são citadas como análise PEST (Figura 3.1). PEST representa os ambientes **p**olítico e **e**conômico, **s**ocial (incluindo legal e cultural) e **t**ecnológico. Discutem-se o ambiente político e o econômico em conjunto, já que a interação entre os dois muitas vezes faz com que seja difícil separar os impactos individuais. Uma mudança política pode criar um efeito econômico, e mudanças na economia podem desencadear uma ação ou mudança política.

3.2 O AMBIENTE ECONÔMICO E POLÍTICO

A redução do crescimento econômico experimentada em economias mais desenvolvidas durante a última década trouxe muitas consequências. Embora o crescimento seja, sem dúvida, cíclico, as indicações são de que as economias desenvolvidas dificilmente verão novamente as taxas de crescimento verificadas nas primeiras décadas após a Segunda Guerra Mundial.

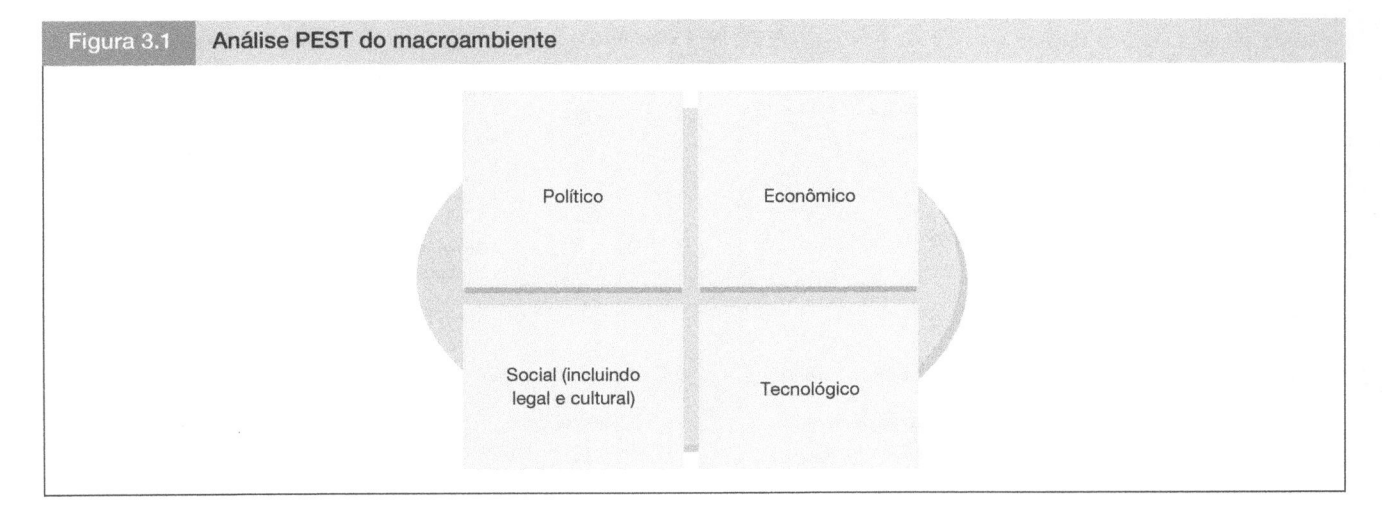

Figura 3.1 Análise PEST do macroambiente

- Político
- Econômico
- Social (incluindo legal e cultural)
- Tecnológico

Muitas organizações terão que aprender a viver com o baixo crescimento em seus mercados, que já passaram por épocas melhores. Enquanto objetivos de crescimento já dominaram o pensamento gerencial, outros critérios, tais como lucratividade, agora estão se tornando mais importantes. As opções de mercado podem ser afetadas radicalmente: Farley (1997) classifica como os mercados internacionais mais atraentes para o ano de 2003 não os Estados Unidos ou o mercado europeu, mas Índia, China, Brasil, Indonésia e Nigéria.

A Figura 3.2 mostra uma série de aspectos-chave dos quais as empresas precisam estar cientes para avaliar o ambiente político e econômico em que operam.

O Mercado Comum Europeu e seu alargamento

Janeiro de 1992 viu a realização do sonho de muitos europeus com a criação do Mercado Comum Europeu. O mercado comum de mais de 320 milhões de consumidores foi criado para permitir o livre fluxo de produtos, serviços, pessoas e capitais entre os Estados-membros. Sendo assim, buscava melhorar o desempenho econômico diminuindo os custos do comércio além das fronteiras nacionais dentro da União Europeia (UE) e incentivar as economias de escala com operações que rivalizavam com o mercado interno norte-americano. Em janeiro de 2002, uma moeda comum europeia, o euro, foi introduzida na maioria dos Estados-membros da UE, facilitando ainda mais o comércio e o intercâmbio entre as antigas fronteiras políticas.

Em outubro de 2002, um referendo na República da Irlanda abriu caminho para o alargamento da União Europeia com a adesão de dez novos Estados: os três Estados bálticos (Estônia, Letônia e Lituânia), Hungria, Polônia, República Checa, Eslováquia, Chipre, Malta e Eslovênia. Esse alargamento terá implicações significativas para muitas organizações, tanto comerciais quanto não comerciais, conforme a Europa se expandir. A população da União Europeia aumentará em cerca de 20% enquanto seu PIB crescerá apenas 5% (Fishburn e Green, 2002). Diferenças significativas nos custos da mão de obra, por exemplo, podem suscitar questões de localização para muitas empresas. Em 1992, os custos de mão de obra por hora eram de £ 1,60 na Hungria, em comparação com £ 14,00 na Alemanha.

Internacionalização e globalização

A continuidade da divisão Norte—Sul entre as nações ricas e pobres, os mais desenvolvidos e os menos desenvolvidos, é acompanhada por um crescente reconhecimento por parte dos produtores de matérias-primas em relação ao poder que eles detêm sobre as economias desenvolvidas ocidentais. Isso foi fortemente demonstrado pela formação da OPEP no início de 1970 e pelo efeito imediato sobre os preços mundiais de energia. Naquele tempo subiram os custos de energia, e outros países do Terceiro Mundo com matérias-primas valiosas perceberam o poder que seus recursos lhes davam.

A década de 1990 viu mudanças dramáticas nas relações Leste–Oeste. O desmantelamento do Muro de Berlim, a liberalização das economias da Europa Central (Polônia, Hungria, República Checa e Eslováquia) e o desmembramento da União Soviética sinalizaram muitas alterações potenciais nos padrões de comércio.

Enquanto as barreiras políticas vêm sendo reduzidas na Europa, existe alguma preocupação de que a

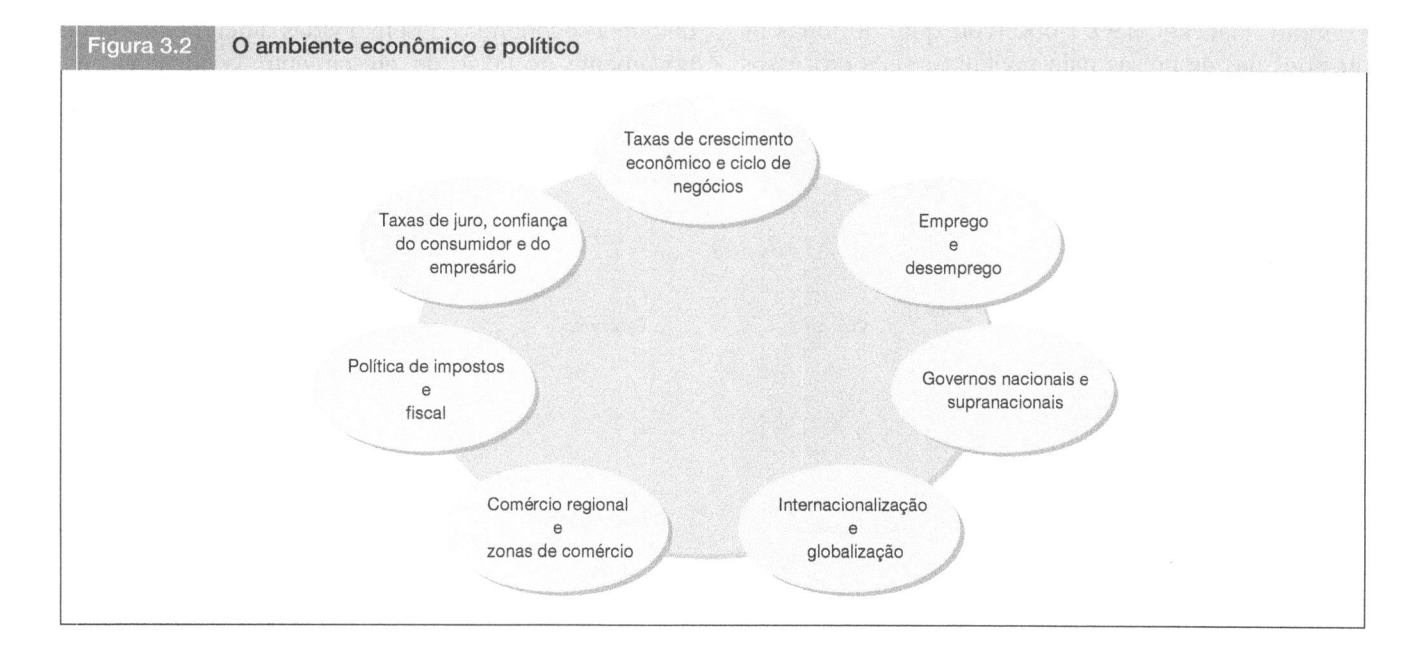

| Figura 3.2 | O ambiente econômico e político |

- Taxas de crescimento econômico e ciclo de negócios
- Emprego e desemprego
- Governos nacionais e supranacionais
- Internacionalização e globalização
- Comércio regional e zonas de comércio
- Política de impostos e fiscal
- Taxas de juro, confiança do consumidor e do empresário

emergência de blocos comerciais regionais ('zonas de livre comércio') tenha um impacto dramático sobre o futuro do livre comércio mundial. O Mercado Comum Europeu pós-1993, o estreitamento das relações econômicas na região da Ásia–Pacífica (Austrália, Cingapura, Tailândia, Coreia do Sul etc.) e a Zona de Livre Comércio Norte-Americana (Estados Unidos, Canadá e México) estão emergindo como mercados internos maciços em que o comércio internacional, que agora se torna comércio interno, ficará mais livre.

Ao mesmo tempo, o comércio entre blocos comerciais ou nações fora deles pode tornar-se mais restrito. Grandes parceiros comerciais como os Estados Unidos e o Japão estão cada vez mais entrando em acordos de comércio bilaterais (por exemplo, o acordo entre Estados Unidos e Japão sobre semicondutores). Enquanto muitos políticos defendem os objetivos do livre comércio internacional (*veja*, por exemplo, Sir Leon Brittan, 1990, do Comissariado da Concorrência da Comunidade Europeia, discursando na Conferência de Jornalistas CE–Japão), a realidade dos anos 1990 foi uma concentração de comércio dentro de blocos e uma redução do comércio entre eles. Por outro lado, o comércio exterior no mundo vem crescendo há varias décadas a uma taxa superior ao crescimento do PIB mundial (de acordo com o modelo de crescimento de longo prazo da CIA), indicando que a abertura de mercados internacionais tem sido uma forte tendência das últimas décadas.

3.3 O AMBIENTE SOCIAL E CULTURAL

Junto com o ambiente econômico em mutação, tem sido observada contínua mudança também nas atitudes e nos valores sociais (pelo menos no Ocidente desenvolvido) que poderão ter implicações importantes para a gestão de marketing (Figura 3.3). Exemplos incluem o que vem a seguir.

Mudanças demográficas

A 'bomba-relógio demográfica' ocidental passou a ter um impacto sobre diversos negócios. Em conjunto com melhores padrões de vida, a expectativa de vida aumentou. Em todo o mundo, de acordo com Kofi Annan, secretário-geral das Nações Unidas, a expectativa média de vida aumentou 10 anos nos últimos 30.

O mercado grisalho

No Ocidente desenvolvido, o grupo etário com mais de 60 anos representa atualmente cerca de 20% da população, e está previsto seu aumento para em torno de um terço até 2050. Esses consumidores 'grisalhos' são relativamente ricos. Pessoas com mais de 50 anos são proprietárias de três quartos dos ativos financeiros do mundo e controlam metade do orçamento discricionário. Talvez de forma surpreendente, no entanto, cerca de 95% da publicidade de consumo tem por alvo as pessoas menores de 50 anos. É provável que os comerciantes reconheçam cada vez mais o valor potencial desse mercado e direcionem mais ofertas e promoções a ele (Fishburn e Green, 2002).

A Barratt Developments no Reino Unido, por exemplo, tem sido particularmente rápida em capitalizar sobre essa mudança no perfil demográfico e tem se especializado no fornecimento de lares para idosos aposentados. As mudanças demográficas desse tipo variam significativamente entre países e regiões em todo o mundo e justificam um estudo sério de uma influência fundamental sobre a demanda de diferentes produtos e serviços.

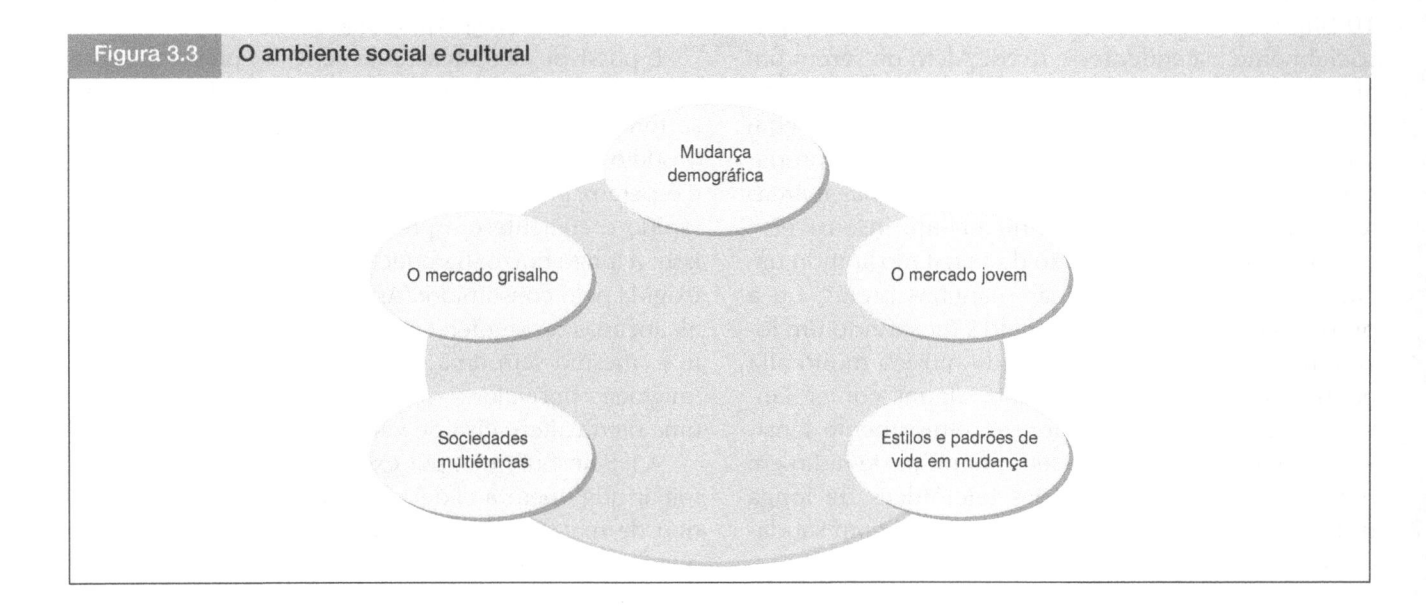

Figura 3.3 O ambiente social e cultural

- Mudança demográfica
- O mercado grisalho
- O mercado jovem
- Sociedades multiétnicas
- Estilos e padrões de vida em mudança

O MERCADO JOVEM

No outro extremo, o mercado jovem também se tornou mais rico e apresenta novas oportunidades para os comerciantes. Indústrias da moda e da música têm sido rápidas em reconhecer essa riqueza recém-descoberta. Muito do sucesso da Virgin Records (vendida para a Thorn EMI por mais de 500 milhões de libras no início de 1992) era baseada na compreensão e no fornecimento para esse mercado. Lojas de roupa também, como a Now e a Next, construíram seus primeiros sucessos com o fornecimento para o mercado adolescente.

Relacionando-se a esse mercado jovem, surgiu o enigmático consumidor da 'Geração X' — o cínico jovem de '20 e poucos anos' cansado da vida —, que é hostil a valores empresariais e a propaganda e marcas tradicionais e rejeita muitas ofertas de produtos convencionais. O retorno de compreender os valores e as preferências desse tipo de consumidor tem sido importante para empresas como a Nike, em vestuário e calçado, e a Boss, em perfumes e roupas. Esses consumidores reagem positivamente aos retratos de atletas vomitando em seus tênis no fim de uma corrida e às mensagens promocionais da Nike: "Nós não vendemos sonhos. Vendemos calçados... Não insulte a nossa inteligência. Diga-nos o que é. Diga-nos o que faz. E não toque o hino nacional enquanto isso".

SOCIEDADES MULTIÉTNICAS

Muitas sociedades ocidentais estão se tornando cada vez mais multiétnicas. No Reino Unido, por exemplo, no final dos anos 1990 as minorias étnicas eram 5,5% da população e as previsões dizem que esse número deve duplicar nos 50 anos seguintes. Trata-se de uma população que gasta cerca de 10 bilhões de libras por ano e inclui muitos grupos socialmente ascendentes e ricos. Além de serem um alvo para produtos e serviços especializados, as minorias étnicas estão cada vez mais expressando com voz ativa o que querem no marketing e na propaganda convencionais. Por exemplo, algumas marcas têm sido rotuladas como 'etnicamente insensíveis', como o anúncio de televisão da Persil mostrando um cão dálmata sacudindo suas manchas pretas, ou a propaganda de TV do McDonald's mostrando um jovem negro estereotipado ouvindo música muito alta enquanto dirige. Por outro lado, alguns comerciantes têm merecido elogios por ser 'etnicamente sensíveis': por exemplo, a BT e seus anúncios de rádio em hindi para promover ligações telefônicas de longa distância e a W.H. Smith por ter cartões com saudações étnicas (Dwek, 1997).

MUDANÇAS NOS PADRÕES E ESTILOS DE VIDA

Houve também um aumento das moradias com uma só pessoa, tanto que a BBC lançou uma série de televisão sobre 'culinária para um', com Delia Smith. A Barratt Developments complementou seu sucesso no mercado de lares para aposentados ao desenvolver '*Estudios Solos*', imóveis voltados para o jovem solteiro com poder aquisitivo.

Outra evolução foi o crescimento significativo do número de mulheres no mercado de trabalho, seja em tempo integral ou meio período. Isso levou a mudanças nos padrões alimentares no lar, com ênfase em alimentos de conveniência e mudanças no modo de cozinhar. Esse fato, por sua vez, levou a um aumento no mercado para produtos mais fáceis e rápidos de preparar, como o freezer, o processador de alimentos e o forno de micro-ondas.

Juntamente com uma maior preocupação com o meio ambiente, está uma preocupação maior com a saúde pessoal. Houve um movimento drástico no setor de mercearia, por exemplo, para produtos alimentares mais saudáveis, como pão integral e cereais. Tal movimento, inicialmente rejeitado por muitos fabricantes de alimentos como uma moda passageira entre uma minoria da população, se acelerou com a comercialização de produtos com baixas taxas de açúcar, produtos sem sal, sem aditivos, sem corantes e sem conservantes. Produtos de *fitness* em geral, dos moletons de corrida e equipamentos de exercícios até a associação a academias e clubes de lazer, têm desfrutado de mercados em forte crescimento. Em 2002, cerca de 20% das despesas das famílias no Reino Unido foram gastas em atividades e produtos de lazer.

3.3.1 Pressões sociais e culturais nas organizações

É possível identificar uma série de pressões sobre as organizações. Em primeiro lugar, os clientes estão se tornando cada vez mais exigentes em relação aos produtos e serviços que compram. Os clientes exigem, e esperam, produtos confiáveis e duráveis, com serviço rápido e eficiente e a preços razoáveis. Mais do que isso: a longo prazo, há pouca estabilidade na demanda exigida pelo consumidor. As posições competitivas são alcançadas ao se oferecer um valor superior ao cliente e, mesmo sem uma melhora constante, ocorrerá a 'migração por valor' — os compradores migrarão para uma oferta alternativa de valor (Slywotzky, 1996).

A J. Sainsbury plc, por exemplo, é uma empresa familiar que opera a cadeia de supermercados que mudou de maneira fundamental os alimentos e o vinho que consumidores britânicos compram. Durante uma geração, a Sainsbury's foi a líder no ramo de supermercados e sinônimo de qualidade, escolha e inovação em produtos alimentares e vinho. Na década de 1990, a empresa havia se tornado uma 'instituição' britânica. As lojas Tesco, por outro lado, ficavam em segundo lugar. Elas deixaram de ser um varejista para clientes de renda baixa (originalmente associado ao *slogan* de seu fundador de "faça pilhas altas e venda a preços baixos") e passaram a ser uma operadora de supermercados. Em 1995 a Sainsbury perdeu a liderança de mercado para a Tesco, o que foi acompanhado por uma queda massiva no valor das ações da Sainsbury e contínuas perdas de participação de mercado para a Tesco. A Sainsbury prosseguiu com sua estratégia dos anos 1980 ao longo dos anos 1990. A Tesco, por sua vez, desenvolveu uma estratégia de reposicionamento com base em qualidade de produto e de loja apoiada por um investimento maciço em tecnologia da informação para melhorar drasticamente a eficiência operacional e o valor aos clientes. A estratégia da Sainsbury se tornou obsoleta, mas, pior que isso, a empresa mostrou poucos sinais de que estava conseguindo desenvolver uma resposta coerente à nova situação (Piercy, 1997).

A segunda grande tendência é que os clientes estão menos dispostos a pagar um valor premium por produtos ou serviços que não oferecem valor comprovadamente superior. Embora seja inegável que as marcas bem desenvolvidas e gerenciadas podem obter preços mais altos do que os produtos sem marca em muitos mercados, as diferenças estão agora muito menores e os clientes estão cada vez mais questionando o valor a mais que recebem pela despesa extra. O cliente sofisticado está menos propenso a ser atraído por produtos baratos com qualidade baixa e, mais ainda, é pouco provável que se deixará convencer por propaganda puramente baseada em imagem. As implicações são claras — a diferenciação deve ser baseada na demonstração de uma oferta de valor superior para os clientes.

Andam crescendo os questionamentos sobre o lucro da indústria como o objetivo principal das empresas comerciais. Mais *stakeholders* estão sendo reconhecidos como donos de um direito legítimo de participar da definição dos objetivos organizacionais. *Stakeholders* incluem os proprietários da organização (geralmente acionistas), os gestores que administram o negócio (cada vez mais a gestão e a propriedade estão sendo separadas conforme mais gestores profissionais mudam de uma empresa para outra durante suas carreiras), as pessoas que trabalham para a organização, os clientes da organização, os fornecedores que dependem da organização para seu sustento e toda a sociedade na qual a organização tem um impacto. Gestores e trabalhadores têm mudado suas expectativas em relação a seu trabalho na medida em que seu padrão de vida aumenta.

Outra mudança social/cultural tem sido em relação a atitudes e preocupações com o meio ambiente. Grupos de pressão ambiental têm crescente impacto sobre as empresas, tanto que grandes multinacionais do petróleo, entre outras, gastam grandes quantias em propaganda a cada ano para demonstrar sua preocupação e cuidado com o meio ambiente. As atividades do Greenpeace começaram a ter um grande impacto na opinião pública e agora afetam a elaboração de políticas nacionais e internacionais. É de se esperar que a preocupação com o meio ambiente aumente e, portanto, que seja um fator importante para administrar o maior ativo de marketing: a reputação da empresa. A importância desse impacto sobre as empresas é enfatizada por uma ação judicial recente da BP contra o Greenpeace para restringir suas ações.

Carros como o Ford Ka, o Renault Twingo e o Mercedes Smart são exemplos de veículos compactos, com economia de combustível e com baixas emissões, projetados e produzidos para uso na cidade em antecipação à pressão ambiental e a uma legislação mais rigorosa sobre os níveis de poluição nas cidades.

Ainda mais surpreendente é o fato de o altamente criticado Reliant Robin (um carro de três rodas com corpo de fibra de vidro posicionado no início como o automóvel mais barato para os consumidores de baixa renda) ter sido salvo da falência pelo movimento verde. Em 1997, o Reliant Robin estava sendo vendido como um símbolo de status para os jovens profissionais na Áustria, em Mônaco e na Califórnia porque usa muito pouca gasolina, não enferruja e causa pouca poluição (além de ser divertido) (Self, 1997).

3.4 O AMBIENTE TECNOLÓGICO

A última parte do século XX viu o impacto das mudanças tecnológicas e do desenvolvimento em praticamente todos os setores.

Um dos pontos-chave é a redução dos prazos de comercialização das novas invenções. A fotografia, por exemplo, levou mais de 100 anos da invenção inicial à viabilidade comercial. O telefone levou 56 anos; o rádio, 35 anos; a TV, 12; e o transistor, apenas 3 anos. Visto de outra maneira, o telefone levou 40 anos para atingir 10 milhões de usuários no mundo inteiro; a televisão levou 18; o computador pessoal, 15; e a Internet, só 5. Durante o ano de 2002, o bilionésimo PC foi despachado pela indústria de computadores, e espera-se que o segundo bilhão seja despachado nos próximos seis anos.

Essa redução dos prazos de comercialização, por sua vez, levou a uma redução dos ciclos de vida dos produtos, tornando-os obsoletos muito mais rapidamente do que antes. Na indústria eletrônica japonesa, por exemplo, o tempo entre a percepção de uma necessidade ou demanda por um produto novo e a distribuição de grandes quantidades desse produto pode ser inferior a cinco meses (como as televisões em cores da Matsushita). A integração computadorizada da manufatura e do design está ajudando a reduzir o tempo de desenvolvimento de produto. Estima-se que, em automóveis, essa redução seja na ordem de 25%.

Por meio de mudanças tecnológicas, setores ou aplicações inteiras mudaram drasticamente, quase que da noite para o dia. Em 1977 e 1978, os fabricantes de pneus diagonais nos Estados Unidos perderam 50% do mercado de pneus para os radiais em apenas 18 meses (Foster, 1986b).

Tecnologias mais novas têm um impacto importante sobre aspectos específicos de marketing. O advento do microcomputador e sua ampla disponibilidade para a administração levaram a um interesse crescente em sofisticados modelos de mercado e sistemas de apoio à decisão. Uma grande quantidade de informação pode agora ser armazenada, analisada e recuperada muito mais rapidamente do que no passado.

Empresas de pesquisa de marketing inovadoras foram rápidas em aproveitar as possibilidades oferecidas pela nova tecnologia para obter informações de seus clientes mais rapidamente do que os concorrentes. Fornecedores de auditorias de varejo (Capítulo 6) podem agora apresentar a seus clientes resultados on-line das auditorias concluídas apenas 24 horas antes. Em um mercado de mutação acelerada, a capacidade de reagir rapidamente, com apoio nas informações oferecidas de forma quase instantânea, pode significar a diferença entre o sucesso e o fracasso.

Os 'data warehouses' criados pela captura de dados dos clientes são, cada vez mais, um importante recurso de marketing para as empresas e têm o potencial para estabelecer relacionamentos mais fortes e duradouros que seus concorrentes. Exemplos incluem: os dados recolhidos por varejistas como Tesco e Sainsbury mediante sistemas de cartões de fidelidade; as informações de clientes das companhias aéreas para monitorar o comportamento de compra de seus clientes mais frequentes; e os dados de clientes adquiridos com a comercialização direta de produtos como serviços financeiros.

A Internet — a rede global de comunicações eletrônicas — está emergindo rapidamente não só como um novo veículo de comunicação de marketing, mas também como uma possível nova forma de fazer compras, o que pode alterar a estrutura competitiva da indústria de maneira significativa. O consumidor já pode procurar no 'shopping virtual' e fazer compras de produtos, variando de mantimentos a seguros de carro e passagens áreas. Mesmo os pequenos negócios (se investirem nos custos modestos de criar um site) podem acessar os mercados de todo o mundo com quase nenhum gasto. Isso muda radicalmente os custos de entrada no mercado e as estruturas de concorrência dos mercados afetados.

3.4.1 Pressões tecnológicas nas organizações

A tecnologia continua a se desenvolver a um ritmo estonteante, afetando não apenas os interesses das indústrias de 'alta tecnologia', como telecomunicações e computadores pessoais, mas também outras indústrias que fazem uso das novas tecnologias. Bill Gates, em O *Mundo em 2003* (Fishburn e Green, 2002), vai tão longe a ponto de prever que os computadores por si só desaparecerão em breve. Cada vez mais eles serão integrados a outros produtos. Estima-se que as pessoas nos Estados Unidos já interajam com 150 sistemas integrados a computadores todos os dias (em produtos como telefones celulares, bombas de gasolina e sistemas de ponto de venda), utilizando 90% dos microprocessadores atualmente em uso. Da mesma forma, a Associação das Indústrias de Semicondutores (Fishburn e Green, 2002) estima que, só em 2001, a indústria de microchips tenha produzido cerca de 60 milhões de transistores para cada homem, mulher e criança na Terra. Esse número deverá aumentar para 1 bilhão até 2010.

Mudanças na forma como chips de computador são feitos podem aumentar ainda mais a capacidade dos computadores e baixar custos. A nova técnica de impacto direto a laser permite que características sejam impressas em silício derretido. O resultado deve ser o de aumentar 100 vezes o número de transistores por chip, juntamente com economias de custo significativas.

Tempo e distância estão encolhendo mais rapidamente enquanto as empresas usam a Internet para comercializar suas ofertas para mercados verdadeiramente globais. Um dos resultados é que os segmentos transnacionais estão agora surgindo para produtos e serviços, de fast-food a livros e brinquedos, de computadores a automóveis. O mundo 'sem fronteiras' de Ohmae (1990) existe no ciberespaço, pelo menos!

3.5 MUDANÇAS NAS PRÁTICAS E NA INFRAESTRUTURA DE MARKETING

Além das mudanças anteriormente referidas, existem várias mudanças importantes que ocorrem no ambiente geral de marketing e em suas práticas.

Em muitos mercados, os níveis de concorrência, tanto nacionais como internacionais, estão atingindo níveis sem precedentes. No período entre 1983 e 1994, por exemplo, o comércio do Reino Unido com o resto do mundo expandiu-se consideravelmente. Em 1983, as exportações do Reino Unido foram de 61 bilhões de libras. Em 1993 elas tinham quase duplicado para 121 bilhões de libras (*Annual Abstract of Statistics*, 1995). No entanto, no final de 1990, as exportações em vários setores estavam sob ameaça, já que o valor muito alto da libra forçava para cima os preços de exportação do Reino Unido.

3.5.1 A globalização dos mercados

Alguns autores (por exemplo, Farley, 1997) têm argumentado que muitos mercados estão se tornando cada vez mais globais por natureza e que nenhum negócio, grande ou pequeno, está isento de concorrência global. O raciocínio baseia-se no impacto da tecnologia sobre as pessoas em todo o mundo. A tecnologia tornou os produtos mais disponíveis e os potenciais consumidores mais conscientes sobre eles. Farley acredita que estamos experimentando atualmente um movimento em direção a mercados gigantescos e em escala mundial em que é possível buscar com afinco as economias de escala na produção, na comercialização e na distribuição. O resultado serão custos significativamente mais baixos, criando grandes problemas para os concorrentes que não operem em escala global. Muitas dessas vantagens de custo estão se tornando realidade na medida em que empresas que operam no Mercado Comum da União Europeia racionalizam suas instalações de produção e distribuição.

O contra-argumento à tese da globalização é o de que os mercados estão cada vez mais fragmentados, com os consumidores mais preocupados em expressar sua individualidade (King, 1985) do que em comprar produtos fabricados e comercializados em massa. Além disso, há pouca evidência de que exista ampla preferência para os produtos mais baratos à disposição. A procura por preços baixos, em relação aos benefícios do produto e outros extras, não está provada em muitos mercados. Cada mercado deve ser analisado individualmente e é preciso explorar os fatores que podem afetá-lo.

Independentemente de alguém concordar com o argumento da globalização ou não, um fator é claro: as organizações ignoram a concorrência internacional por sua conta e risco. A indústria de motocicletas no Reino Unido é um exemplo clássico de uma indústria que, um dia suprema, agora praticamente inexiste por causa de sua incapacidade de reconhecer e responder à ameaça representada pelas motos japonesas, baratas e de boa qualidade.

Ao mesmo tempo que os mercados estão cada vez mais globais, a existência de segmentos distintos de mercado é cada vez mais clara. As empresas mais bem-sucedidas são aquelas que têm reconhecido essa importância cada vez maior da segmentação e posicionado suas empresas de forma a tirar melhor proveito disso. A Van den Berghs é um bom exemplo no mercado de margarinas do Reino Unido. Ela tem identificado claramente vários principais segmentos do mercado e posicionado suas marcas individuais para atender às necessidades desses segmentos (Capítulo 10). A empresa agora controla mais de 60% do mercado de margarinas por meio de uma política de dominação de cada segmento distinto de mercado.

Fundada em 1953 por Bernard e Laura Ashley, a companhia Laura Ashley foi baseada em um conceito de design essencialmente britânico, caracterizado por saias longas e românticas com desenhos florais que foram a base do sucesso da empresa nas décadas de 1960 e 1970. Com seus designs nos estilos vitoriano e eduardiano, os papéis de parede de Laura Ashley foram adotados em locais como a Embaixada Britânica em Washington e em Highgrove, a casa do príncipe de Gales, e suas batas florais e de algodão estampado foram favorecidas pela jovem princesa Diana. De seus designs iniciais de roupas femininas, a empresa expandiu-se rapidamente para tecidos, revestimentos de parede e tintas, tudo ligado pelo conceito central do design. As fábricas foram estabelecidas no País de Gales, e em 1997 a empresa operava mais de 400 lojas de varejo em todo o mundo, incluindo mais de 150 nos Estados Unidos e cobrindo dezenas de países. Em 1997, a companhia obteve vendas de 320 milhões de libras, mas teve que enviar repetidas vezes mensagens ao mercado acionista sobre o risco de redução de lucro, o que fez com que suas ações perdessem três quartos de seu valor em 12 meses. As unidades de produção deficitárias começaram a despedir pessoal. A morte do fundador, em 1985, fora um ponto de virada, e a perda de visão da empresa naquele momento foi acompanhada por perdas na maior parte dos 12 anos seguintes. Ann Iverson (então diretora-executiva) enfrentou o problema de mudar a empresa e recuperar sua posição com o rico setor de consumidoras de moda feminina na faixa dos 35 aos 50 anos de idade.

Os analistas da *City* apontaram a força de novos concorrentes como Ralph Lauren nesse mercado básico e concluíram que "sua gestão deve decidir o que quer ser, de preferência antes que o dinheiro escape" (Daily Telegraph, 1997; Olins, 1997a).

3.5.2 O papel do marketing

O papel do marketing na empresa moderna tem sido objeto de reavaliação de longo alcance (por exemplo, Webster, 1992). É possível argumentar que a função do marketing tem um papel importante a desempenhar para manter a empresa atualizada com as mudanças em seu macroambiente e no ambiente competitivo. No entanto, a maneira como seu papel é cumprido pode refletir as principais forças de mudança, tais como: os clientes cada vez mais sofisticados; o movimento de mudança da ênfase nas operações únicas de vendas para relacionamentos de longo prazo; o papel da tecnologia da informação (TI) na mudança em como os mercados e organizações trabalham; e o desenvolvimento da organização em rede, que consiste em um grupo de empresas que colaboram para explorar suas competências essenciais e são ligadas entre si por uma combinação de alianças estratégicas, de integração vertical e de parcerias mais flexíveis (Webster, 1994). As implicações na forma como o marketing operará são profundas (Capítulo 16).

3.6 NOVAS ESTRATÉGIAS PARA MUDAR MACROAMBIENTES

Em reação ao que foi mencionado anteriormente, uma quantidade de questões críticas está surgindo na gestão e na teoria de marketing.

Primeiro, e central para o desenvolvimento de uma vantagem competitiva sustentável em circunstâncias de mudanças rápidas e muitas vezes imprevisíveis, vem a capacidade de aprender e adaptar-se rapidamente (Dickson, 1992). Um grande desafio para qualquer organização é criar a combinação de cultura e clima para maximizar a aprendizagem (Slater e Narver, 1995).

Lenta para mudar tem sido a grande varejista de rua W.H. Smith. Quase todas as ruas e estações ferroviárias do Reino Unido têm uma loja varejista W.H. Smith, que vende revistas, jornais, livros, artigos de papelaria, cassetes/CDs e vídeos. Suas primeiras bancas apareceram em 1792. A W.H. Smith tinha um valor de mercado de 1,1 bilhão de libras em 1997, com 10 milhões de clientes comprando por semana em suas lojas. No entanto, durante os anos 1980 e 1990, o mercado central da W.H. foi atacado por fortes concorrentes. Por um lado, houve um crescimento de lojas especializadas como a Dillons e, por outro, houve uma grande expansão de grupos de supermercado que vendem livros, jornais, música e vídeos. A W.H. Smith tinha adquirido suas próprias especializadas, tais como Dillons e Our Price, mas a posição comercial da principal cadeia de varejo continuou a cair. Muitas das empresas periféricas foram vendidas por Bill Cockburn, o chefe-executivo, que passou os meados da década de 1990 tentando posicionar a companhia como um 'varejista de classe mundial' antes de se demitir em 1996. Gestores dessa cadeia problemática dizem que W.H. Smith é uma cadeia de variedades que atende ao mercado itermediário, servindo os clientes que não sejam da Dillons ou da Tesco. O negócio está lutando para encontrar seu papel e foi deixado para trás pela mudança do mercado. Alguns analistas acusam a W.H. Smith de presunção. Eles sugerem que seu conceito de varejo e formato de comércio está ultrapassado, o que deixa a empresa sem estratégia plausível de crescimento em seu negócio principal (Olins, 1997b; Weyer, 1997).

Em mercados cada vez mais exigentes, lotados e competitivos, não há alternativa a não ser tornar-se orientado para o mercado. Isso não implica, porém, operações supersofisticadas de marketing e departamentos de marketing muito elaborados. O que conta é ficar perto do cliente, entender suas necessidades e pedidos e mobilizar recursos, meios e capacidades da empresa para oferecer valor superior. Aqui, a visão da empresa baseada em recursos (Hamel e Prahalad, 1994) pode adicionar novas ideias importantes para alcançar o ajuste necessário entre a empresa e o mercado (Day, 1994a).

A mudança do marketing baseado em operações para o marketing de relacionamento deve se intensificar em muitos mercados à medida que as empresas procurarem estabelecer laços mais estreitos com seus clientes (Payne, 1995). Entretanto, elas precisam perceber que, para qualquer relacionamento durar, são necessários benefícios para ambos os lados. Muitas tentativas iniciais de 'construção de relacionamento' foram simplesmente mecanismos para comprar a lealdade temporária. A construção de relacionamentos deverá tornar-se muito mais sofisticada.

As empresas também estão praticando cada vez mais o 'marketing multimodal' — seguindo estratégias de intensa construção de relacionamento com alguns clientes, estratégias menos intensas com outros e estratégias moderadas com outros ainda, dependendo do valor a longo prazo do cliente e de suas necessidades.

3.6.1 Estratégias de marketing

Apesar de tudo, sugerir que as empresas precisam desenvolver novas estratégias conforme o tempo passa talvez não baste. O problema pode não ser apenas que nós precisamos desenvolver novas estratégias, mas que temos de desenvolver abordagens totalmente novas para a estratégia em si. Por exemplo, na conferência da Academia de Ciência de Marketing de 1997, dois líderes do pensamento de marketing (Jag Sheth e David Cravens) abordaram as tendências de desenvolvimento estratégico que acreditam que têm que ser confrontadas.

Sheth desafiou o pensamento convencional de marketing com base no seguinte:

- **Posicionamento global:** Sheth pede que os estrategistas pensem sobre a globalização e o foco nas competências centrais em vez de pensar no mercado nacional e no portfólio de negócios e marcas. Ele sugere a necessidade de uma abordagem diferente para a entrega de valor para o acionista (Figura 3.4).
- **A marca-chefe**: Sheth argumenta que a força vem de uma identidade de marca que une todas as partes do negócio — essa é a força fundamental da Toyota e da Honda em comparação com as dezenas de marcas operadas pela General Motors.
- **A empresa integrada e o foco no usuário final:** É o desafio de gerenciar pessoas, processos e infraestrutura para proporcionar valor para o usuário final.
- **Processos baseados nas melhores práticas:** Os clientes, por exemplo, não comparam os serviços de uma companhia aérea apenas com os de outras companhias aéreas. As novas normas para o atendimento das companhias aéreas vêm da excelência do serviço de empresas tais como a Federal Express e os hotéis Marriott — o desafio é atender os padrões de classe mundial independentemente de onde eles venham.
- **Padronização de massa:** O imperativo é obter economias de escala, mas, ao mesmo tempo, gerar um produto ou serviço sob medida para as necessidades do cliente individual.

- **Tecnologias inovadoras:** As novas tecnologias apoiarão todos os aspectos do processo de marketing, mesmo o produto em si, de maneiras que talvez pareçam estranhas. Por exemplo, um produto novo no Japão é a 'toalete inteligente'. Evitando detalhes técnicos, basicamente a pessoa apenas se senta lá e a máquina faz o resto. No entanto, a máquina produz também um diagnóstico da produção de resíduos, bem como a medição da temperatura e da pressão arterial do usuário. Tecnologia inútil? Não em situações em que há um envelhecimento da população com potencial de problemas médicos e um número insuficiente de hospitais. Por cerca de 600 dólares, a casa oferece um diagnóstico médico de primeira linha que pode salvar muitas vidas.

Cravens reforçou a mensagem de que as visões tradicionais de estratégia podem tornar-se rapidamente obsoletas. Ele argumentou que os paradigmas de estratégia dos últimos 20 anos são cada vez mais inadequados quando entramos em uma nova era de 'estratégia baseada no mercado'. Suas previsões tomaram as seguintes formas:

- **Os mercados moldam as estratégias de negócios**: Cravens sugere que o mercado será visto como a força dominante a moldar a maneira como os negócios funcionam — esse é o fator que une a economia industrial, a gestão da qualidade total (TQM), a avaliação de investimento financeiro e a reengenharia de processos de negócios.
- **Redes de mercados de produtos interligados:** Ele observa que as fronteiras tradicionais baseadas em mercados de produtos convencionais ficarão indefinidas e vão tornar-se irrelevantes, e essa indefinição se tornará a norma. Veja, por exemplo, o movimento de supermercados como a Tesco e a Sainsbury em direção a serviços bancários e financeiros. De que outra forma

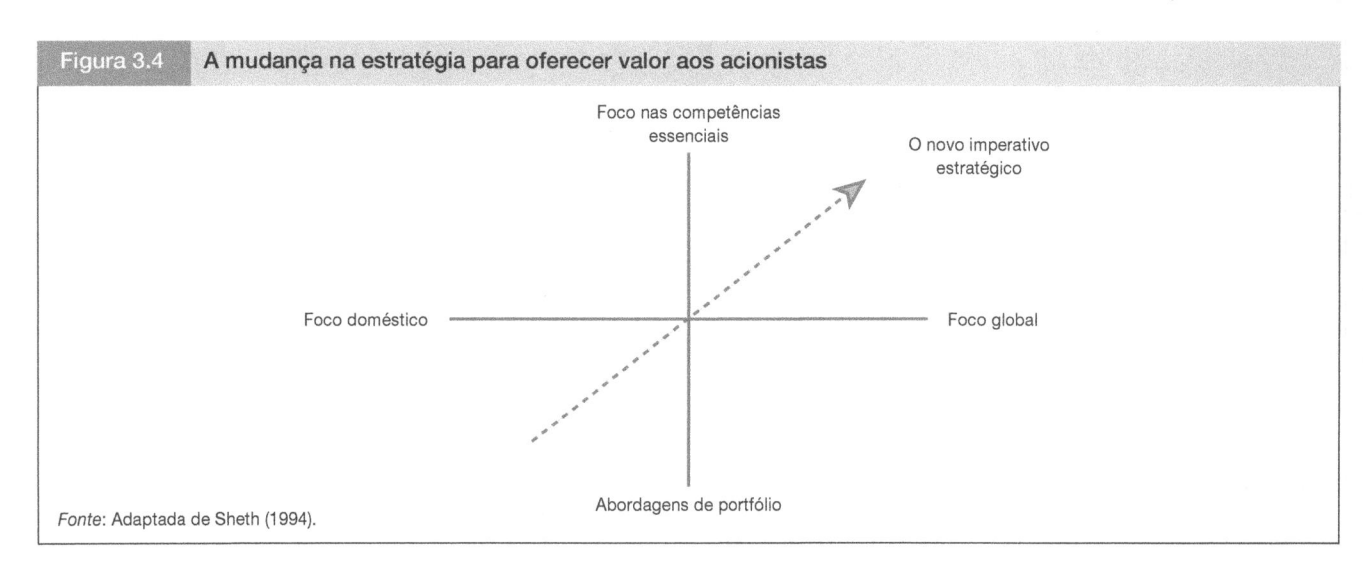

Figura 3.4 A mudança na estratégia para oferecer valor aos acionistas

Fonte: Adaptada de Sheth (1994).

podemos compreender a Virgin movendo-se de música para varejo, companhias aéreas, transporte ferroviário, serviços financeiros, cosméticos, bebidas, roupas, ainda que tudo sob uma única marca, a da Virgin?

- **A mudança de funções para processos:** Ele também sugere que a nova era da estratégia baseada no mercado é aquela em que cada vez mais focaremos o processo de ir ao mercado, e não os interesses dos departamentos tradicionais e especializados.
- **Alianças estratégicas:** Para muitas empresas, o futuro será de colaboração e parceria (que lhes permitam concentrar nas competências essenciais), e não de competição tradicional.
- *Balanced scorecard*: Manter o desempenho envolve avaliar os benefícios que oferecemos a todos os *stakeholders* na organização.

Essas previsões implicam a necessidade de criar novos tipos de estratégias, não apenas ter mais do mesmo. Também salientam a importância crucial de criar capacidades para sentir o mercado e compreender a empresa, assim as organizações entenderão o que está acontecendo e atuarão de acordo.

Tais fatores se combinam para fazer o planejamento estratégico em geral e o planejamento de marketing em particular, mais difíceis agora do que jamais foram antes. Eles também se tornam atividades mais vitais do que jamais foram. O planejamento estratégico de marketing tenta hoje gerar flexibilidade na organização para lhe permitir enfrentar esse aumento no nível de complexidade e de incerteza e para aproveitar ao máximo o ambiente em mudança. No centro desse processo de planejamento está a criação de uma forte posição competitiva e de uma estratégia de marketing robusta, o assunto do resto deste livro.

3.7 O MODELO DAS CINCO FORÇAS NA CONCORRÊNCIA DA INDÚSTRIA

Porter (1980) sugeriu que cinco forças principais formam a concorrência entre as unidades estratégicas de negócios e que uma análise sistemática de uma por uma pode ajudar os gestores a identificar as chaves para a competitividade em sua indústria específica. As cinco forças são mostradas na Figura 3.5.

O Modelo das Cinco Forças não é útil apenas para organizações comerciais. Ele também pode ser usado por organizações do setor público e sem fins lucrativos para entender melhor seus clientes, fornecedores e outras organizações com as quais elas possam estar concorrendo por apoio (financeiro ou outros). Cada uma das cinco forças é discutida a seguir.

3.7.1 Rivalidade entre as empresas existentes

Uma das principais fontes de concorrência em toda a indústria está entre os operadores existentes. É provável que essa rivalidade seja mais intensa quando uma série de condições prevaleça:

- **Quando os concorrentes na indústria são aproximadamente equilibrados em termos de tamanho e/ou participação no mercado.** O mercado de chocolate no Reino Unido é um caso no qual três rivais, Cadbury Schweppes, Nestlé e Mars, comandam aproximadamente participações iguais de mercado. A concorrência entre eles por um ponto percentual a mais do mercado é intensa, levando-os a altos níveis de investimento em propaganda, forte concorrência de preços e lançamento contínuo de novos produtos.

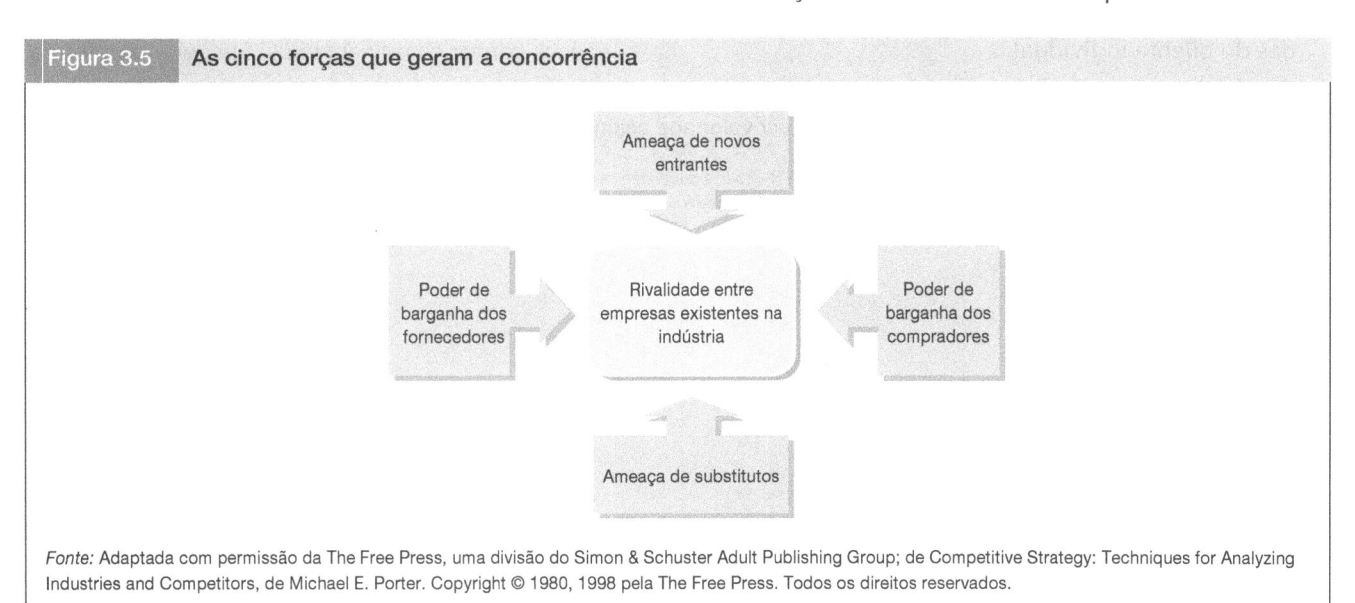

Figura 3.5 As cinco forças que geram a concorrência

Fonte: Adaptada com permissão da The Free Press, uma divisão do Simon & Schuster Adult Publishing Group; de Competitive Strategy: Techniques for Analyzing Industries and Competitors, de Michael E. Porter. Copyright © 1980, 1998 pela The Free Press. Todos os direitos reservados.

- **Durante os períodos de baixo crescimento do mercado**, especialmente durante os estágios de maturidade e declínio do ciclo de vida do produto (*veja a seguir*). Sob tais condições, o crescimento individual do negócio só é conseguido à custa dos concorrentes e, portanto, intensifica-se a rivalidade. O mercado de telefonia móvel é um caso a se observar, cujo crescimento na Europa desacelerou no início de 2000 e as empresas já existentes, como Ericsson e Nokia, encontraram-se com excesso de capacidade produtiva e aumentaram a concorrência de preços para garantir as vendas.
- **Quando as barreiras de saída são altas.** Se as empresas acham difícil sair de um mercado no qual já entraram, elas estão mais propensas a competir duramente pelo sucesso. Elevados investimentos iniciais podem criar barreiras psicológicas (ou egoístas) à saída; elevados custos de demissão (monetária ou social) podem impedir a saída; ou a presença na Internet pode ser necessária para permitir que a empresa concorra em segmentos mais lucrativos. Para muitos serviços postais do governo, o custo de permanecer no mercado é continuar a entregar correspondências a locais caros para se chegar e fora de mão.
- **Quando a diferenciação do produto é baixa.** Em mercados cujos clientes veem pouca variação entre os produtos e em que a qualidade intrínseca e o valor externo são considerados similares, a concorrência pelas vendas tende a ser mais intensa. A razão principal é que os custos de mudança para os clientes são baixos — aqueles custos (financeiros, de inconveniência etc.) para um cliente mudar de um fornecedor para outro.
- **Quando os custos fixos são relativamente elevados.** Altos custos fixos em relação aos custos variáveis exigem maior volume de vendas para cobri-los. Até que aquele volume seja atingido, a rivalidade é intensa. Em indústrias de fornecimento de energia, os custos fixos de geração de energia são substanciais em comparação com os custos variáveis de fornecimento de energia, levando a uma intensa rivalidade entre os geradores.

3.7.2 A ameaça da entrada no mercado

Além de considerar rivais existentes, as organizações devem considerar também o potencial de outros entrantes que podem surgir. A indústria da aviação, por exemplo, viu um número de competidores de baixo custo 'sem mordomias' como a EasyJet e a Ryanair entrar no mercado durante a última década. Algumas condições tornam a entrada no mercado mais provável. As barreiras para a entrada podem ser baixas quando os tópicos a seguir ocorrerem:

- **Os custos de entrada são baixos.** A Internet, por exemplo, fez com que muitas indústrias que antes requeriam capital e investimentos substanciais para a entrada no mercado sejam agora mais vulneráveis à entrada de concorrentes com menos recursos. A Amazon.com, por exemplo, entrou no varejo on-line de livros com capital modesto, mas sem a necessidade de investir em estrutura física, como os varejistas já existentes tiveram que fazer.
- **Há canais de distribuição novos ou existentes disponíveis para uso.** Johnson e Scholes (1999) apontam que a entrada no mercado de cerveja na Alemanha, no Reino Unido e na França é dificultada pelo sistema de financiamento de bares e *pubs* por grandes indústrias cervejeiras. Esse sistema 'casado' tem garantido o acesso ao mercado para as grandes indústrias, mas o restringe para novos e pequenos fabricantes de cerveja, agindo essencialmente como uma barreira à entrada no mercado.
- **Espera-se pouca retaliação competitiva.** A expectativa de retaliação por operadores existentes pode ser um dos impedimentos mais significativos para a entrada no mercado. Nos anos 1980, por exemplo, a IBM enfatizou tanto que defenderia seu mercado de computadores *mainframe* contra novos participantes que os outros entraram em diferentes setores do mercado em vez de competir de frente com a 'Big Blue'. Por outro lado, quando os operadores existentes são considerados fracos ou sem energia para defender seus mercados, a probabilidade de novas entradas é maior. O estado financeiro das grandes transportadoras aéreas no final dos anos 1980 e 1990 fez com que elas não estivessem em uma posição forte para responder a companhias entrantes de baixo custo que reduziram suas tarifas de forma significativa. Elas tinham pouca margem para retaliação, e os entrantes sabiam disso.
- **A diferenciação é baixa.** Quando a diferenciação entre a oferta dos operadores existentes é baixa, é provável que haja mais espaço para novos entrantes oferecerem algo único e valorizado no mercado.
- **Há lacunas no mercado.** Em mercados em que os operadores existentes não estão realizando adequadamente os desejos e as necessidades dos clientes, há mais oportunidades para entrantes se estabelecerem em segmentos mal-servidos ou negligenciados. Mercados altamente segmentados em especial,

aqueles em que as empresas existentes são lentas em reconhecer a diversidade das necessidades dos clientes, oferecem oportunidades tentadoras para novos competidores.

3.7.3 A ameaça dos substitutos

Os novos entrantes podem utilizar a tecnologia existente da indústria ou podem tentar revolucionar o mercado por meio de avanços. De fato, a substituição tecnológica pode vir de novos entrantes ou de empresas existentes que passam a fazer as coisas de maneira nova. A substituição pode aumentar a competitividade de uma indústria por uma série de razões:

- **Ao tornar as tecnologias existentes obsoletas.** Exemplos clássicos incluem a dizimação da indústria da régua de cálculo com o advento das calculadoras de bolso, a ultrapassagem de relógios mecânicos por tecnologias eletrônicas e o advento da televisão digital em substituição à analógica. Quando as tecnologias estão mudando rapidamente, a concorrência entre as empresas para ficar à frente também tende a ser intensa.
- **Ao melhorar o produto de maneira incremental.** Mesmo quando as indústrias não estão se revolucionando da noite para o dia devido às mudanças radicais na tecnologia, as ofertas existentes no mercado podem tornar-se rapidamente ultrapassadas. O desenvolvimento tecnológico na indústria de informática, por exemplo, avança rapidamente, com computadores pessoais tornando-se ultrapassados quase no momento em que são expedidos! O advento do e-mail como um meio de comunicação (ainda) não fez a carta obsoleta, mas tem tido um impacto significativo sobre os serviços postais. O e-mail é simplesmente uma carta postada pelos fios de telefone em vez de uma caixa de correio.

3.7.4 Poder de barganha dos fornecedores

O equilíbrio de poder entre os membros de uma indústria, seus fornecedores e seus consumidores pode afetar significativamente o nível de competitividade vivido por todos. Quando fornecedores e/ou clientes têm mais poder do que os membros da concorrência no setor, a competição por fornecedores ou clientes escassos tende a ser mais intensa. Os fornecedores costumam ter mais poder de barganha quando os tópicos a seguir ocorrem:

- **Os fornecedores estão mais concentrados do que compradores.** Sempre que há poucas organizações capazes e dispostas a fornecer, seu poder sobre os compradores tende a ser maior. Da mesma forma, quando os compradores estão mais fragmentados e compram relativamente em pouca quantidade, seu poder em relação aos fornecedores tende a ser baixo.
- **Os custos de mudança de fornecedor são altos.** Se o fornecedor oferece ao comprador um ingrediente-chave que seja difícil ou oneroso de se obter em outro lugar, seu poder de barganha tende a ser maior. Quando o fornecedor provê mercadorias que podem ser facilmente adquiridas em outros lugares, ele terá menor poder de barganha. Criadores de ovelhas de Gales, por exemplo, descobriram que seu poder de barganha individual com os supermercados e as cadeias de açougues que vendem sua carne é baixo, mas, quando eles se unem, aumentam seu poder.
- **As ofertas de fornecedores são altamente diferenciadas.** Quando os produtos dos fornecedores são distintos e diferentes — por meio de variáveis tangíveis em padrões, características ou design, ou por meio de efeitos menos tangíveis, como marca e reputação —, é provável que tenham maior poder de barganha. O poder da Intel, por exemplo, como um fornecedor de chips de computador (que são produtos cada vez mais considerados *commodities*) é reforçado pela reputação e marca da Intel entre os consumidores finais. Essa pressão aumenta o poder de barganha dos processadores Intel na hora de fornecer para fábricas e montadoras de computadores.

3.7.5 Poder de barganha dos compradores

Os compradores ou consumidores do resultado de uma indústria também exercem pressões que podem afetar o grau de concorrência dentro dela. Os compradores tendem a ser mais poderosos na cadeia de abastecimento quando o seguinte é verdadeiro:

- **Eles são mais concentrados do que os vendedores.** Quando há menos compradores do que vendedores (especialmente quando os compradores individuais respondem por grandes volumes de compras e/ou os vendedores produzem quantidades relativamente pequenas cada um), existe um maior poder de barganha para o consumidor. Na indústria dos supermercados, por exemplo, um punhado de empresas gigantes comanda uma porcentagem tão grande das vendas totais que pode praticamente ditar termos a seus fornecedores.
- **Estão disponíveis fontes alternativas de abastecimento.** Especialmente no fornecimento de produtos

ou serviços de *commodities*, pode ser relativamente fácil para os compradores comprar em outro lugar.
- **Os custos de mudança para o comprador são baixos.** Quando a inconveniência ou o custo de mudança de fornecedores é baixo, o poder do comprador aumenta, pois ele pode procurar preços em outros lugares para obter melhores ofertas.

3.7.6 Direcionadores de competitividade

Juntas, essas cinco forças oferecem um instrumento útil para avaliar os fatores mais suscetíveis de estimular a concorrência. Elas também sugerem formas pelas quais os agentes da indústria — empresas existentes, fornecedores e compradores — poderiam tentar alterar o equilíbrio do poder e melhorar sua posição competitiva. Em resumo, sempre que as seguintes características da indústria estão presentes, é de se esperar que haja maiores níveis de competição:

Existe pouca diferenciação entre as ofertas do mercado.
As taxas de crescimento da indústria são baixas.
Elevados custos fixos precisam ser recuperados.
São altos os custos para mudar de fornecedor.
São baixos os custos para mudar de comprador.
As barreiras de entrada são baixas.
As barreiras de saída são altas.

Como veremos mais adiante (Capítulo 11), uma das formas mais bem-sucedidas de combater um ambiente altamente competitivo é diferenciar sua oferta a partir das dos concorrentes de maneira a criar valor para os consumidores. Isso gera custos de mudança para o comprador e mais barreiras à entrada e ajuda a criar uma posição defensável no mercado, independentemente das taxas de crescimento da indústria ou dos custos de abastecimento.

3.8 O CICLO DE VIDA DO PRODUTO

O ciclo de vida do produto (CVP) é uma ferramenta indispensável para a visualização do ambiente competitivo da indústria (Cravens, 2006, p. 171) e da dinâmica do mercado. Suas premissas são as seguintes:

Todos os produtos têm uma vida limitada, até aparecer uma solução melhor para o problema do cliente.

Ciclos de vida dos produtos seguem padrões ou fases mais ou menos previsíveis (Figura 3.6).

As condições de mercado, as oportunidades e os desafios variam ao longo do ciclo de vida.

As estratégias têm de se adaptar ao longo do ciclo de vida.

O Capítulo 12 abordará este último ponto, enquanto cada um dos quatro estágios principais (introdução, crescimento, maturidade e declínio) serão apresentados aqui.

Estágio de introdução

O produto é lançado no mercado e as vendas geralmente são lentas no início porque os clientes e a distribuição têm de ser encontrados e convencidos. Se o produto é novo para o mundo (por exemplo, o primeiro *player* de HD-DVD), terá de enfrentar pouca ou nenhuma concorrência, e a empresa terá a vantagem de ser pioneira e será atraente para os inovadores. Se for uma adição (por exemplo, o Motorola Razr no mercado dos telefones *fashion*), será orientada para um novo segmento e definirá o 'ideal' desse segmento melhor do que soluções alternativas. A questão fundamental aqui tem a ver com a rapidez com que os concorrentes lançarão uma variante. Esse normalmente é o estágio para construir estratégias (Capítulo 11).

Estágio de crescimento

A fase de crescimento é caracterizada por um rápido aumento nas vendas à medida que o produto passa a

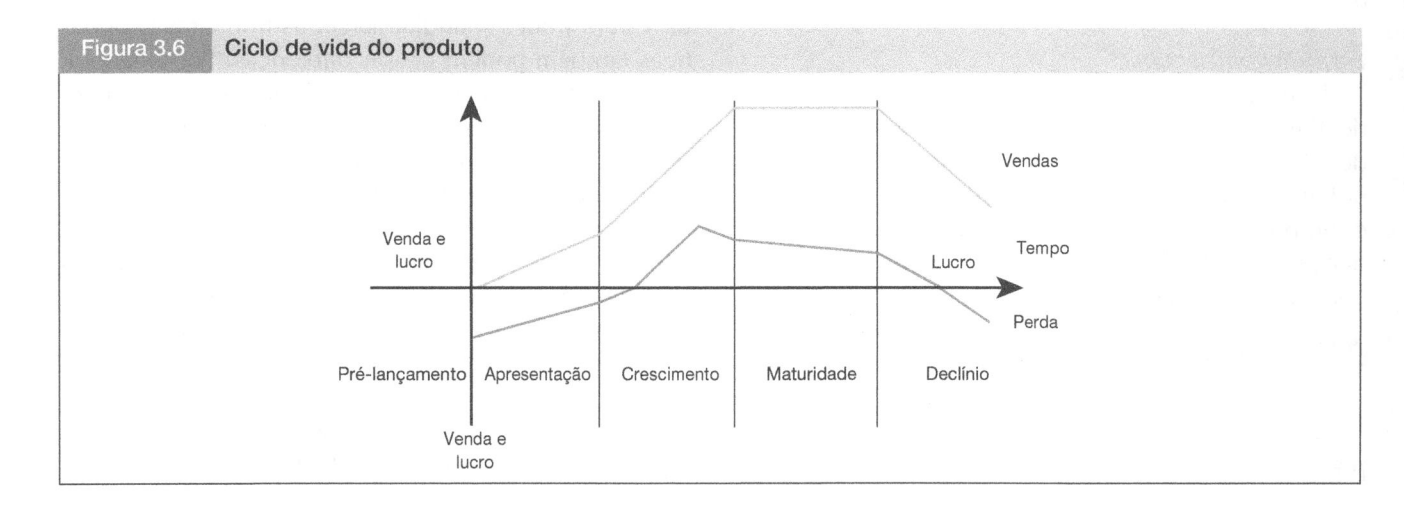

Figura 3.6 Ciclo de vida do produto

atrair diferentes tipos de clientes e as compras repetidas talvez comecem a acontecer. Criticamente, é nessa fase que os concorrentes avaliarão o mercado e o potencial de lucros do produto e decidirão sobre seus movimentos competitivos. Eles podem decidir modificar ou melhorar suas ofertas atuais ou entrar no mercado com seus próprios produtos novos (por exemplo, o Microsoft Zunes como o 'assassino do iPod'). Se não, eles podem usar outros elementos do composto de marketing para desviar a atenção para longe do produto, ou seja, uma campanha publicitária ou um preço promocional. É possível que os ataques defensivos sejam necessários para proteger a curva contra um achatamento.

ESTÁGIO DE MATURIDADE

Nessa fase, a taxa de crescimento desacelera significativamente. Esse estágio tende a durar mais do que os anteriores e é, provavelmente, o mais desafiador: faz parte da vida da maioria dos profissionais de marketing que os mercados com os quais eles têm de lidar estejam maduros! Essa é uma fase de forte concorrência, fragmentação do mercado e lucros em declínio, devido ao excesso de capacidade na indústria. Com efeito, os concorrentes tentarão descobrir nichos inexplorados e/ou entrar em guerras de preços. Isso leva a uma diminuição dos participantes do mercado, e os concorrentes mais fracos sairão, possivelmente tornando-se fornecedores para os mais fortes, ou serão comprados por eles (como estamos vendo atualmente na indústria de automóveis). Os sobreviventes serão empresas que fornecem o grosso do mercado, competindo em uma base de alto volume e baixa margem ou em nichos do mercado. Muitas empresas tentarão inverter a tendência e renovar seus CVPs (nem sempre com sucesso, como a KitKat e a Barbie experimentaram após lançar novas variantes de seus produtos que não foram bem-sucedidas) ou expandir o mercado criando um novo segmento e, daí, a demanda geral extra, como fez a Swatch.

ESTÁGIO DE DECLÍNIO

Esse estágio é marcado por um lento ou rápido declínio das vendas do produto. O declínio pode ser devido a melhores soluções (por exemplo, novas tecnologias, como o *pen drive* em substituição a disquetes e *zip disks*) que suplantem as mais fracas, a uma mudança no gosto do consumidor ou a um aumento da concorrência, seja ela nacional ou internacional.

3.9 GRUPOS ESTRATÉGICOS

Dentro das indústrias, uma base útil para a análise pode ser o grupo estratégico. Um grupo estratégico é composto por empresas de um setor que seguem estratégias semelhantes visando a clientes ou grupos de clientes semelhantes. Coca-Cola e Pepsi, por exemplo, formam um grupo estratégico no mercado de refrigerantes (Kay, 1993). A identificação de grupos estratégicos é fundamental para a análise da indústria, pois, assim como as indústrias podem subir ou cair independentemente do estado do ambiente global de negócios, os grupos estratégicos, com competências distintas de seus membros, podem desafiar as flutuações gerais de uma indústria.

De fato, entender a dinâmica de grupos estratégicos existentes pode ser produtivo para compreender a vulnerabilidade deles a ataques competitivos. Por exemplo, prosseguindo no exemplo da Coca-Cola e da Pepsi, essas empresas competem gastando com propaganda massiva na imagem e na embalagem para posicionar-se uma contra a outra. Elas respondem à propaganda e à promoção entre si com qualquer coisa, exceto uma — preço. Coca-Cola e Pepsi experimentaram guerras de preços e não gostaram. Tais guerras deixaram essas duas grandes marcas altamente vulneráveis a ataques de substitutos mais baratos — a marca própria da Sainsbury's e a Virgin Cola ganharam significativa participação de mercado no Reino Unido, impulsionadas principalmente pelos preços mais baixos.

A separação de grupos estratégicos dentro de um mercado depende das barreiras à mobilidade dentro da indústria. Por exemplo, todas as empresas do setor da construção naval do Reino Unido tendem a competir umas com as outras para defender contratos de alto valor, mas a falta de mão de obra barata e de recursos significa que elas não estão no mesmo grupo estratégico que os fornecedores ou graneleiros coreanos ou japoneses. Outra barreira pode ser o grau de integração vertical das empresas, como no caso da British Gypsum e sua fonte de matérias-primas para obtenção de gesso no Reino Unido ou no caso da Boots Pharmaceuticals com seu acesso ao mercado pela cadeia de varejo Boots. Mundialmente, as fronteiras geopolíticas também podem causar diferenças. Por exemplo, a compra fragmentada do setor militar europeu e a pequena produção tendem a posicionar os fornecedores das defesas europeias em um grupo estratégico diferente do de suas contrapartes nos Estados Unidos. Da mesma forma, as diferenças de tecnologia, padrões de confiabilidade e segurança formam barreiras entre as manufaturas aeroespaciais russa e ocidental.

Além das barreiras que os rodeiam, os grupos estratégicos compartilham também pressões competitivas. Dentro dos Estados Unidos, empresas da indústria da defesa partilham poder de barganha semelhante com o Pentágono e influenciam o sistema de *lobby* político. Isso pode ajudar a protegê-las de fornecedores não americanos, mas não lhes dá uma vantagem em seu mercado doméstico. A ameaça de substitutos ou de novos entrantes pode também fornecer um tema unificador de grupos estratégicos. Dentro da indústria de informática, fornecedores de produtos de baixo custo, tais como a Compaq, estão enfrentando uma forte concorrência de alternativas baratas, incluindo desktops, notebooks e até mesmo dispositivos palmtop. Empresas nos negócios de maior valor agregado dos computadores *mainframe* estão sob menor ameaça dos fabricantes de *mainframes* de baixo custo, mas estão sendo pressionadas cada vez mais por sofisticados PCs em rede. Finalmente, os grupos estratégicos muitas vezes compartilham competidores comuns, porque estão muitas vezes competindo para satisfazer necessidades de mercado semelhantes usando tecnologias similares.

O mapa dos grupos estratégicos dentro do mercado automobilístico dos Estados Unidos mostra sua dinâmica (Figura 3.7). A apresentação é simplificada em duas dimensões para facilitar a discussão, mas, na realidade, uma análise completa pode usar mais dimensões. Nesse caso, os grupos estratégicos apresentam suas origens geográficas e históricas claras. Os Três Grandes — GM, Ford e Chrysler — permanecem em posição dominante no fornecimento de uma ampla gama de carros com características tipicamente locais. Nisso elas retêm alguma especialização em tecnologia e estilo no fornecimento regular de sedãs de luxo, mas até recentemente tinham a defesa básica comum de promover restrições à importação.

Outro grupo é o dos Campeões do Passado, que um dia já foram os maiores importadores no mercado norte-americano. Ambos são empresas europeias cujos negócios nos Estados Unidos já viram dias melhores, no caso da Volkswagen/Audi, ou dias muito melhores, no caso do Grupo Rover. Um dia fornecedores de um leque relativamente amplo de veículos, essas duas empresas recuaram para o setor de carros de luxo, em que parecia haver pouca vantagem competitiva. Quando a Rover foi adquirida (e depois rapidamente vendida de novo) pela fabricante alemã de carros de luxo BMW, reiterou seu posicionamento na extremidade mais barata do mercado, como complemento, e não como concorrência direta com a gama BMW. O desaparecimento dos Campeões do Passado nos Estados Unidos não se deve aos Três Grandes, mas à entrada dos Samurais no mercado norte-americano. Inicialmente a qualidade e o baixo custo do grupo estratégico japonês deram-lhes uma vantagem de amplo alcance sobre os fornecedores europeus, mas agora os japoneses estão ganhando ainda mais poder, tornando-se produtores locais e, assim, superando as barreiras de caracterização regional.

Os elevados custos da mão de obra europeia fizeram com que eles operassem em um grupo estratégico de venda elevada, com alto valor acrescentado a seus carros de luxo ou especiais. Os carros de luxo passaram a ser fornecidos por fabricantes em relativamente larga escala (por exemplo, a fabricante alemã Mercedes-Benz) ou por fabricantes especializados em

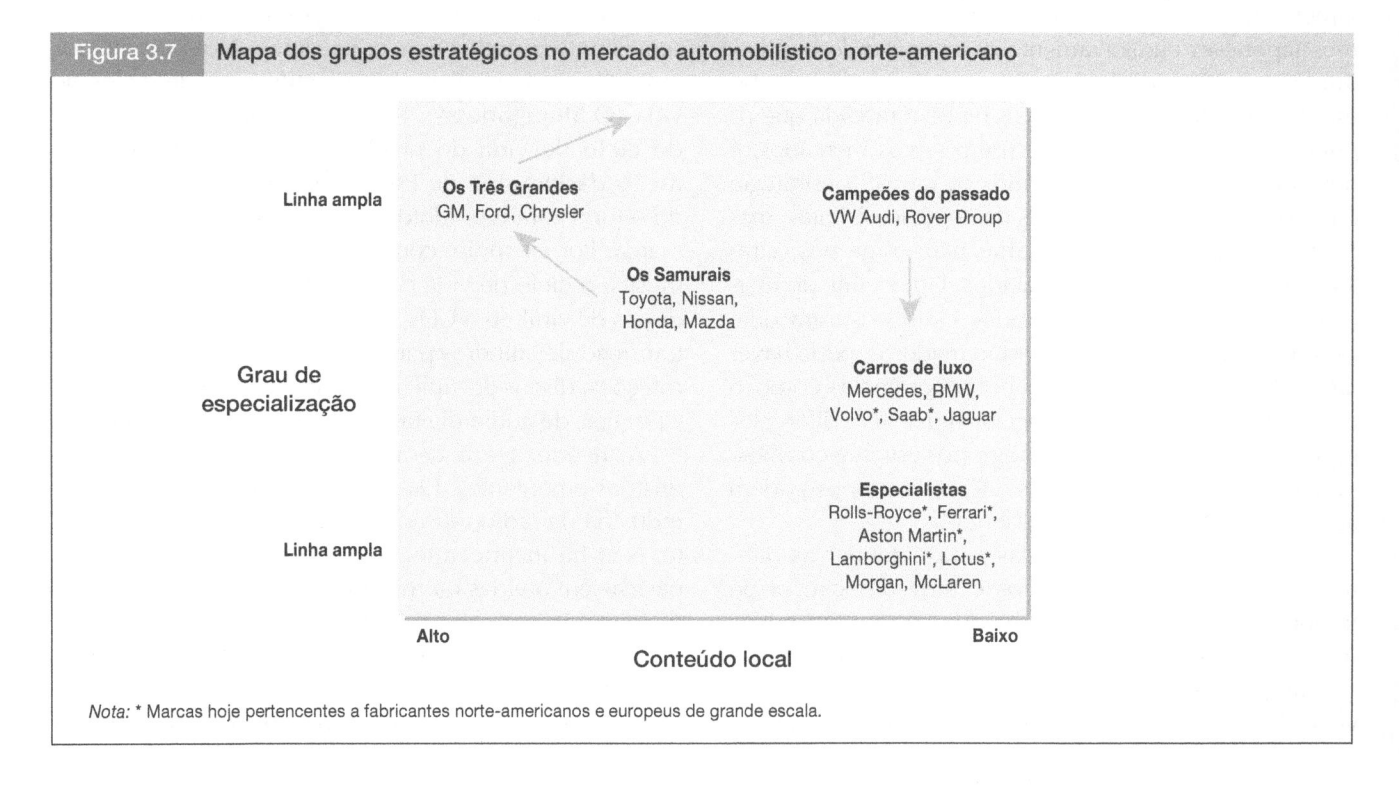

Figura 3.7 Mapa dos grupos estratégicos no mercado automobilístico norte-americano

Grau de especialização (eixo vertical, de Linha ampla a Linha ampla)
Conteúdo local (eixo horizontal, de Alto a Baixo)

- **Os Três Grandes**: GM, Ford, Chrysler
- **Campeões do passado**: VW Audi, Rover Droup
- **Os Samurais**: Toyota, Nissan, Honda, Mazda
- **Carros de luxo**: Mercedes, BMW, Volvo*, Saab*, Jaguar
- **Especialistas**: Rolls-Royce*, Ferrari*, Aston Martin*, Lamborghini*, Lotus*, Morgan, McLaren

Nota: * Marcas hoje pertencentes a fabricantes norte-americanos e europeus de grande escala.

produções muito caras e em pouco volume (por exemplo, os carros da Morgan britânica).

A força das barreiras que cercam a indústria é refletida pelas mudanças recentes que têm acontecido. Embora os Samurais nunca tenham atacado o núcleo das Três Grandes, eles continuaram a mordiscar os importadores mais fracos: primeiro os Campeões do Passado com carros de família baratos e confiáveis e, mais recentemente, os fabricantes de automóveis de luxo, com o advento da Lexus e outras ofertas de luxo. Apesar de serem enormes, as Três Grandes têm encontrado dificuldades para defender sua posição com o desenvolvimento de seus próprios carros de luxo e por isso têm procurado se defender contra os Samurais por meio da compra de fabricantes europeias, como a Jaguar, a Volvo, a Saab, a Lamborghini, a Aston Martin e a Lotus. Depois de anos com os Três Grandes e os Samurais evitando a concorrência direta, o mercado de carros de luxo tornou-se o ponto onde os dois se encontram. Embora os Samurais não tenham achado apropriada a compra de empresas europeias a fim de superar as barreiras de entrada para esses setores (com exceção da Toyota, que comprou e vendeu a Lotus), os mercados de automóveis de luxo são tão distintos que tanto a Toyota quanto a Honda lançaram linhas totalmente inéditas, com novas marcas e sistemas de distribuição para atacar o mercado (o Acura e o Lexus).

Com o mercado de carros de luxo já sendo disputado, a próxima batalha direta entre os Três Grandes e os Samurais está no mercado especializado, com os norte-americanos novamente comprando marcas europeias e os japoneses agressivamente desenvolvendo os 'destruidores de Ferrari'. Embora o uma vez distinto grupo estratégico esteja cada vez mais tênue à medida que os principais protagonistas entram em novos mercados, é notável o fato de que, em todos os casos, a estratégia envolve a criação de unidades de negócio distintas, mas com as competências necessárias para os grupos estratégicos que estão sendo disputados. Um exame do mercado automobilístico dos Estados Unidos mostra que, mesmo quando os mercados estão maduros, pode haver áreas de rápido crescimento e concorrência, como o carro de luxo e mercados especializados. E as diferentes especializações e situações dos grupos estratégicos mostram que os protagonistas dos diferentes grupos podem assim competir de maneiras distintas.

A inabilidade das empresas para entender as diferenças dos grupos estratégicos é uma das causas de frequente fracasso de empresas que entram em novos mercados por meio de aquisições. Apesar da definição ampla de negócio, os produtos que estão sendo vendidos e os clientes devem ser semelhantes entre a empresa comprada e a compradora, pois pode haver equívocos graves quando as duas estão em diferentes grupos estratégicos. Apesar de terem grande experiência no mercado nacional, muitos varejistas do Reino Unido acharam a expansão internacional muito difícil devido à concorrência que enfrentam nos novos mercados e à incapacidade de entender os grupos estratégicos em que estão entrando. Exemplos incluem a aquisição da Boots no Canadá e da Dixons nos Estados Unidos. Embora sua diversificação internacional estivesse em indústrias similares com as quais elas estavam familiarizadas no Reino Unido, as competências que lhes permitiram bater a concorrência dentro de seus grupos estratégicos em casa não se transferiam tão facilmente no âmbito internacional. Se as empresas estivessem enfrentando concorrência dentro de seu mercado europeu, é provável que tivessem sido mais bem-sucedidas. Em certo sentido, isso é o que os japoneses têm feito: suas indústrias têm ido de país para país em todo o mundo, sendo que seus principais concorrentes são seus próprios compatriotas, que eles enfrentaram em muitos mercados no passado.

3.10 EVOLUÇÃO E PREVISÃO PARA A INDÚSTRIA

Os pontos críticos a serem abordados dentro de uma indústria dependerão de sua fase de evolução. Porter (1980) discute a evolução das indústrias em três etapas principais: surgimento, transição até a maturidade e declínio (Figura 3.8). Esses estágios seguem de maneira semelhante o modo como os produtos são representados em estágios mais ou menos identificáveis de ciclos de vida (O'Shaughnessy, 1995, para uma comparação do ciclo de vida do produto e do Modelo de Evolução da Indústria de Porter). No entanto, a evolução do setor é para o produto o que o ciclo de vida é para a marca. Por exemplo, considerando que na indústria da música o ciclo de vida do produto esteja relacionado a discos de vinil ou a CDs, a evolução do setor engloba a transição de cilindros para discos de 78 rotações, de 45 rotações, discos de vinil, cartuchos de 8 faixas, cassetes, CDs, fitas de áudio digital e tecnologias posteriores.

A incerteza é a característica mais nítida nas indústrias emergentes. Os recentes desenvolvimentos na indústria da radiodifusão mostram isso mais claramente. Não há incerteza tecnológica sobre as tecnologias básicas envolvidas na realização da transmissão direta de televisão por cabo ou satélite, mas há incertezas sobre a vasta combinação de tecnologias a serem utilizadas e como elas devem ser pagas. No início dos anos 1980, a discussão era sobre o cabo e as excelentes

| Figura 3.8 | Evolução da indústria |

Fase	Problemas	Estratégias
Surgimento	Incerteza tecnológica Incerteza comercial Incerteza do consumidor Incerteza do canal	Localização de inovadores e primeiros adotantes Estabelecimento de padrão Redução de risco do custo de troca Estímulo à experimentação
Transição para a mudança	Crescimento lento, lucros em queda Capacidade excessiva, competição intensa Poder maior do consumidor Linha de produtos ampliada	Gestão do composto de marketing Retenção dos consumidores, segmentação Foco na eficiência Coordenação
Declínio	Substituição por novas tecnologias Mudança demográfica	Focar-se ou retirar-se

Fonte: Adaptada de O'Shaughnessy (1988).

oportunidades oferecidas para revitalização industrial ao cabear cidades em declínio do Reino Unido, como Liverpool. Nos Estados Unidos, surgiram muitos canais a cabo, mas com nenhum padrão particular e com vários canais que tiveram uma vida curta. Em apenas poucos anos, a vasta infraestrutura requisitada pelo cabo foi substituída pela solução igualmente capital-intensiva, mas muito mais elegante, da televisão por satélite. Ainda assim, entretanto, existem incertezas em relação ao uso de satélites de alta, baixa ou média potência e aos diferentes meios de obter lucro de clientes. No Reino Unido, a essa briga foram adicionadas a incerteza a respeito das regulamentações do governo britânico e da União Europeia e as atividades dos canais de retransmissão, que já tinham sido o oligopólio fornecedor. Não é de estranhar que, com essa incerteza, consumidores tenham mostrado relutância em adotar as novas possibilidades de audiência que surgem.

As elevadas perdas que podem ser associadas com o estágio de surgimento de uma indústria são mostradas nas perdas incorridas pelos pioneiros das tecnologias concorrentes na indústria de vídeo. Das três tecnologias concorrentes de gravação em discos e cassetes de vídeo em meados da década de 1980, apenas um, o VHS, sobreviveu. Dois dos perdedores daquela rodada (a Philips com o disco laser e com os videocassetes V2000 e a Sony com o formato BetaMax) gerenciaram com mais cuidado o surgimento da reprodução baseada em laser no final de 1980 e nos anos 1990. Os dois líderes da indústria colaboraram no desenvolvimento de um padrão para o disco compacto (CD) e licenciaram a tecnologia abertamente a fim de acelerar sua difusão e reduzir a incerteza do consumidor. Com a criação de uma única tecnologia, o disco compacto ficou menos propenso à escassez de conteúdo que fez os discos de vídeo tão pouco atraentes para os clientes. Os consumidores ainda enfrentariam um elevado custo potencial de mudança se trocassem sua coleção de álbuns de vinil já existentes para CDs, mas tal impacto foi reduzido ao se focar nos segmentos mais conscientes da alta qualidade e nos usuários mais frequentes. O CD também foi capaz de ser integrado nos já existentes sistemas de som e rapidamente se tornou uma parte padrão de sistemas de som mais econômicos.

Na transição para a maturidade, a incerteza diminui, mas a concorrência se intensifica. Normalmente, o rápido crescimento, as margens elevadas, a pouca concorrência e o tamanho aparente das indústrias na fase final de surgimento atraem muitos concorrentes. Aqueles que procuraram evitar a incerteza nas fases iniciais sentem que agora é a hora certa para entrar no mercado. Essa decisão geralmente coincide com a transição para a maturidade dentro de um mercado em que a concorrência aumenta, os lucros caem, o crescimento desacelera e a capacidade se torna excessiva conforme mais produtores entram em operação. Além disso, a essa altura, um design dominante geralmente já surgiu e, portanto, os concorrentes são obrigados a competir com base em preço ou com um produto aumentado/ampliado. Em termos tecnológicos, há uma mudança para a tecnologia de processos; em termos de marketing, há uma mudança do empreendedorismo para a gestão do composto de marketing no sentido de buscar eficiência juntamente com a identificação cuidadosa dos segmentos de mercado e do composto de marketing adequado para atendê-los.

Não surpreendentemente, as empresas que não conseguem perceber essa transição empresarial para uma gestão mais burocrática sentem mais dificuldade. Tomemos, por exemplo, a Sinclair, que ainda procurava se diferenciar no mercado em meados de 1980 com o microcomputador QL depois que o surgimento do PC da IBM tinha se estabelecido como padrão da indústria. Há também as dificuldades crescentes que a Amstrad enfrentou uma vez que suas estratégias de empreendedorismo e redução de custos e de canais foram adotadas por líderes da indústria como IBM e Olivetti.

O declínio da indústria geralmente é causado pelo aparecimento de um substituto ou por uma mudança demográfica. Duas principais estratégias são normalmente adequadas: retirar-se ou focar no atendimento eficiente de um segmento robusto. Embora as opções básicas sejam poucas, as indústrias muitas vezes acham essa uma decisão difícil por causa dos interesses envolvidos no setor em declínio. É extraordinário que, nessa última fase, pareça haver mais escolhas organizacionais sobre como implementar as estratégias básicas do que em qualquer outra etapa na evolução de uma indústria. Analisando racionalmente, pode haver a decisão de retirar-se ou 'ordenhar' uma empresa em um setor em declínio. Há a opção de alimentar cuidadosamente um mercado duradouro ou estimular um empreendedor oportunista que possa se aproveitar das necessidades em mudança. Há certamente muito dinheiro a ser ganho nos restos de indústrias em declínio, como descobriu a AEM, uma subsidiária da RTZ. Ela se especializou em engenharia aeronáutica e manutenção dos produtos que já não são o foco principal dos fabricantes líderes do setor de motor e fuselagem de avião.

A evolução da indústria mostra as mudanças violentas que ocorrem dentro dela à medida que avança de fase para fase. Não só mudam questões importantes, mas as funções da gestão e os estilos apropriados são igualmente passíveis de mudança. A evolução da indústria também demonstra que seu próprio sucesso pode levar à falência de algumas empresas que não adaptam suas abordagens e estilos às novas condições. As empresas que tenham sido altamente bem-sucedidas na fase empreendedora durante o período de surgimento podem achar difícil fazer a transição para uma forma mais burocrática de funcionamento. Da mesma forma, aquelas que aprenderam a viver com estabilidade e maturidade podem achar difícil gerir o negócio durante o declínio da indústria, quando é apropriada uma maneira de operar altamente focalizada e com custos controlados. Compreender o estágio de evolução da indústria é essencial se uma empresa deseja evitar uma gestão inadequada em um ambiente desconhecido.

3.11 ESTABILIDADE AMBIENTAL

Uma limitação do Modelo de Evolução da Indústria de Porter é o fato de a inovação tecnológica e a incerteza no mercado serem rigidamente associadas só à fase de surgimento de uma indústria. Isso pode não ser assim. Por exemplo, o comércio de produtos alimentares do Reino Unido é, certamente, maduro há muitas gerações, mas o crescimento dos supermercados e hipermercados, o término da manutenção do preço dos revendedores e a transição para fora do centro da cidade significam que o mercado tem enfrentado grande turbulência apesar de sua maturidade. A teoria de Ansoff (1984) diz que a turbulência ambiental é fundamental para a compreensão das indústrias, mas não deve ser vista apenas como referência para as fases iniciais do ciclo de vida da indústria.

Existe uma distinção entre turbulência de marketing e de inovação (Tabela 3.1). A razão para isso é evidente quando se consideram muitas indústrias, tais como a indústria automobilística, em que a competição foi mudando rapidamente, mas para a qual as tecnologias concorrentes mudaram pouco. Os determinantes da turbulência do ambiente acompanham a evolução da indústria ao relacionar incerteza com a fase do ciclo de vida do produto, tanto para turbulência de marketing como de inovação. No entanto, além da fase de surgimento, o declínio e a transição de fase para fase podem significar perigo para as companhias incautas. Além disso, em alguns mercados, os antecedentes da turbulência de marketing e de inovação são bastante diferentes.

A Figura 3.9 fornece um mecanismo para combinar duas dimensões da turbulência e mostra como dois grupos estratégicos da mesma indústria podem estar enfrentando diferentes ambientes. Dentro do comércio varejista de produtos alimentares do Reino Unido, o ambiente para os supermercados líderes, como Tesco e Sainsbury's, está **em desenvolvimento** em termos de marketing e inovação. O deslocamento para fora da cidade continua (embora haja sinais de que preocupações com o impacto ambiental das compras fora da cidade possam levar a um abrandamento dessa tendência), bem como o movimento para os estabelecimentos maiores. No entanto, o padrão é bem compreendido, assim como é a posição dos principais protagonistas da indústria. Da mesma forma, grandes mudanças com pontos de venda eletrônica e tecnologias de controle informatizado de estoque têm sido absorvidas por esse setor e são agora uma parte bem estabelecida de suas atividades. Não é de se surpreender que a interseção entre a turbulência no mercado em desenvolvimento e a turbulência de inovação também em desenvolvimento indique que o ambiente global de turbulência é adequadamente classificado como em desenvolvimento.

Tabela 3.1 Determinantes de turbulência ambiental

Associação de alta turbulência de marketing	Associação de alta turbulência inovadora
Alta % de vendas gasta em marketing	Alta % de vendas gasta em P&D
Novo entrante no mercado	Frequência de novos produtos na indústria
Competidor líder muito agressivo	CVPs curtos
Pressão ameaçadora dos clientes	Novas tecnologias surgindo
Demanda ultrapassando a capacidade da indústria	Muitas tecnologias competindo
Surgimento, declínio ou troca de estágio no CVP	Surgimento, declínio ou troca de estágio no CVP
Baixa rentabilidade	Baixa rentabilidade
Alta diferenciação de produto	Criatividade como um fator crítico de sucesso
Identificação de necessidades latentes como um fator crítico de sucesso	

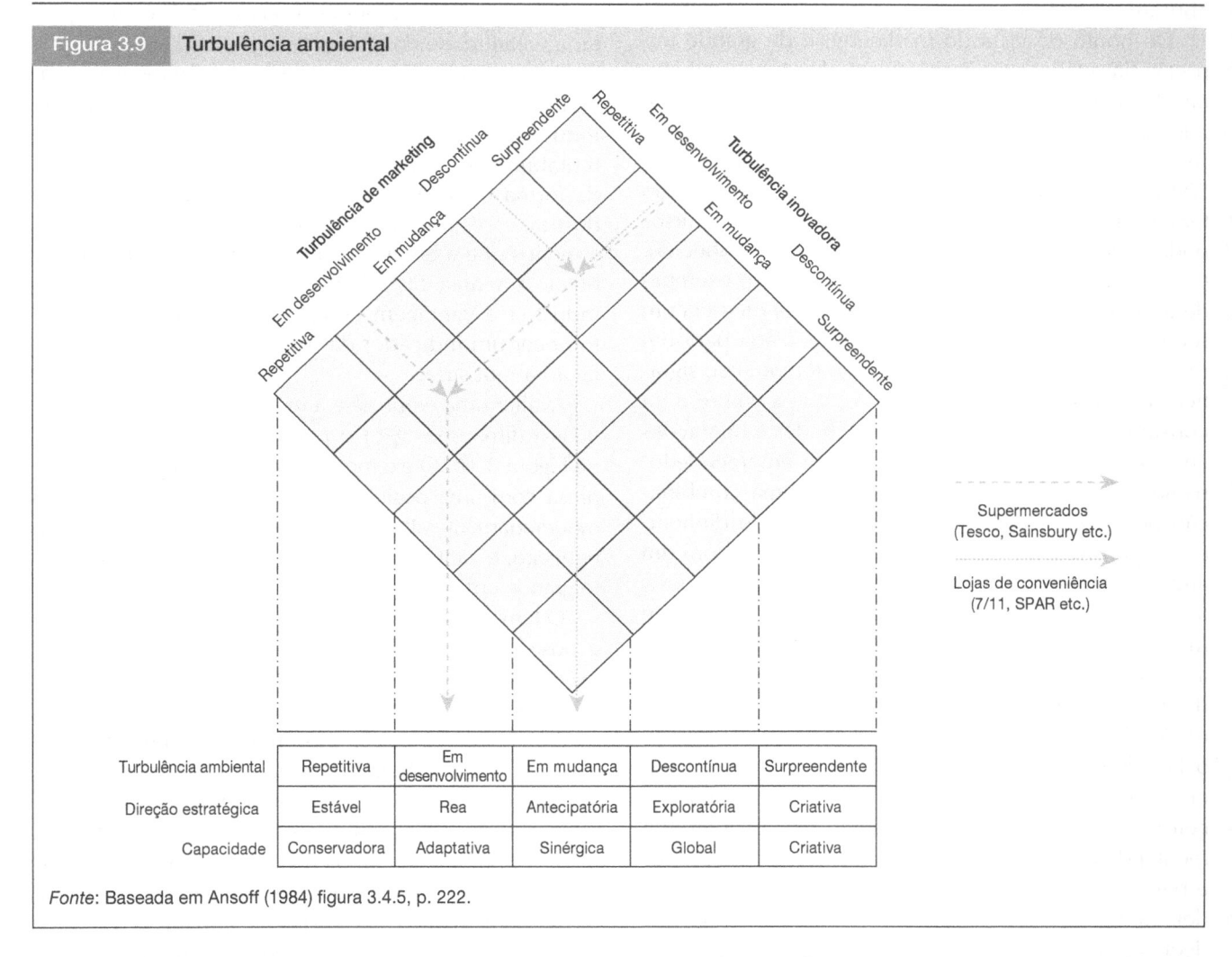

Figura 3.9 Turbulência ambiental

Turbulência ambiental	Repetitiva	Em desenvolvimento	Em mudança	Descontínua	Surpreendente
Direção estratégica	Estável	Rea	Antecipatória	Exploratória	Criativa
Capacidade	Conservadora	Adaptativa	Sinérgica	Global	Criativa

Supermercados (Tesco, Sainsbury etc.)

Lojas de conveniência (7/11, SPAR etc.)

Fonte: Baseada em Ansoff (1984) figura 3.4.5, p. 222.

A situação dos supermercados líderes contrasta com a das lojas de conveniência, que formam outro grupo estratégico dentro do mesmo setor. Apesar de sua turbulência de inovação ser semelhante à dos supermercados líderes, elas enfrentam turbulência **descontínua de marketing**. Isso se deve ao fato de elas ainda não terem enfrentado a mudança de compras de dentro da cidade para fora da cidade e ao fato de existirem na fase emergente de uma indústria na qual muitos novos concorrentes estão aparecendo. Embora estejam no mesmo setor que os supermercados líderes, as lojas de conveniência enfrentam, portanto, turbulência **ambiental de mudança**.

Ansoff traz amplas conclusões estratégicas e gerenciais a partir das diferenças entre as turbulências ambientais que as empresas enfrentam. Ele sugere que, enquanto os principais varejistas veem a necessidade de ser *reativos* em termos de orientação estratégica e têm a capacidade de se adaptar, as lojas de conveniência precisam de um maior dinamismo em seu estilo gerencial para *antecipar* mudanças no ambiente e buscar oportunidades de sinergia. Dentro desse contexto, as lojas de conveniência têm se concentrado em uma série de produtos para os quais sua localização é crítica, como bebidas alcoólicas, leite e refrigerantes, que constituem uma grande parte de suas vendas. Muitas abriram também locadoras de vídeo.

Do ponto de vista do marketing, é de grande importância avaliar corretamente a turbulência ambiental. A empresa deve tentar igualar sua capacidade de adequar ambientes ou desenvolver capacidades que se ajustem a novos ambientes. O Trustee Savings Bank (TSB) e muitos outros bancos de varejo no Reino Unido têm mostrado os perigos de acreditar que seus recursos podem permitir-lhes operar em estilo desconhecido. O TSB em particular já foi praticamente um exemplo de gestão conservadora na época em que oferecia um serviço eficiente de uma forma padronizada para um mercado muito estável por um longo tempo. Isso significava, mais que em outros bancos, que a empresa foi construída em torno de sistemas fechados e operações em que houve pouca necessidade de empreendedorismo. A privatização do TSB deu-lhe uma combinação perigosa de uma grande quantidade de dinheiro e de oportunidades mais amplas, juntamente com um ambiente bancário muito mudado. Dois quase inevitáveis desenvolvimentos ocorreram: (a) o banco tem mostrado sua incapacidade para gerir negócios em um ambiente mais dinâmico, e (b) encontrou-se incapaz de decidir o que fazer com sua montanha de dinheiro. A solução acabou por ser encontrada na fusão com o Lloyds Bank, que poderia fornecer as capacidades necessárias. Semelhantes exemplos no mercado financeiro do Reino Unido são frequentes, em que a própria mentalidade superior de fornecimento de segurança e balanços corretos no final de cada dia de negócios deixou a direção com habilidades completamente inadequadas para gerir suas agências de forma moderna e veloz. A conversão em bancos de algumas das principais sociedades hipotecárias como a Alliance & Leicester e o Halifax será observada com interesse, agora que começam a se deparar com ambientes operacionais muito diferentes.

3.12 ANÁLISE SPACE

A análise SPACE* (Rowe et al., 1989) estende a análise ambiental para além da consideração de turbulência ao olhar para a força da indústria e relacioná-la à vantagem competitiva e à solidez financeira de uma empresa. Como a Matriz de Política Direcional da Shell e outras ferramentas de planejamento de portfólio multidimensionais, é um método para resumir um grande número de questões estratégicas em algumas dimensões. Uma das dimensões é a da estabilidade ambiental (Tabela 3.2), que inclui muitas das facetas da turbulência ambiental. Entretanto, com a análise SPACE, a instabilidade ambiental é contrabalançada pela solidez financeira, ou seja, uma empresa com elevada liquidez ou acesso a outras reservas é capaz de suportar a volatilidade do ambiente.

A força da indústria é a segunda dimensão ambiental considerada. Ela se centra na atratividade da indústria em termos de potencial de crescimento, na rentabilidade e na capacidade de usar seus recursos de forma eficiente. Para uma empresa dentro da indústria, esses pontos fortes não são nenhuma virtude, a menos que a empresa tenha uma vantagem competitiva. A análise SPACE, portanto, contrapõe força da indústria e vantagem competitiva (Figura 3.10) para fornecer um indicador da posição da empresa em relação à indústria.

Avaliar uma empresa e a indústria em cada uma das quatro dimensões gera o perfil de concorrência abAB na Figura 3.10. O exemplo mostra claramente uma empresa com uma posição frágil: instabilidade ambiental moderadamente alta que não é equilibrada pela força financeira, e vantagem competitiva da empresa não muito grande em comparação à força da indústria em geral.

O tamanho relativo da dimensão oposta orienta para a postura estratégica adequada de uma empresa. Por exemplo, a partir da Figura 3.10, A + a e B + b mostram o peso global da análise SPACE tendendo para o quadrante inferior direito. Isso indica uma **postura competitiva**, o que é típico de uma companhia com uma vantagem competitiva em um setor atrativo. Entretanto, a força financeira da empresa é insuficiente para equilibrar a instabilidade ambiental que enfrenta. Empresas como essa precisam claramente de mais recursos financeiros para manter sua posição competitiva. A longo prazo, isso pode ser conseguido mediante uma maior eficiência e produtividade, mas é provável que seja necessário levantar capital ou realizar uma fusão com uma empresa com mais caixa.

* Acrônimo de *'Strategic Position and Action Evaluation'*, que significa em português 'avaliação da posição e da ação estratégica'. (N. ao R.T.)

Tabela 3.2   Análise SPACE — componentes

Dimensões da empresa	Dimensões da indústria
Forças financeiras	Estabilidade ambiental
Retorno sobre o investimento	Mudanças tecnológicas
Alavancagem	Taxas de inflação
Liquidez	Variabilidade da demanda
Capital necessário/disponível	Variação de preços dos produtos concorrentes
Fluxo de caixa	Barreiras de entrada
Barreiras de saída	Pressões competitivas
Risco	Elasticidade de preço da demanda
Vantagem competitiva	*Força industrial*
Participação de mercado	Potencial de crescimento
Qualidade do produto	Potencial de lucro
Ciclo de vida do produto	Estabilidade financeira
Ciclo de substituição do produto	Know-how tecnológico
Fidelidade do cliente	Utilização de recursos
Utilização da capacidade dos concorrentes	Intensidade de capital
Know-how tecnológico	Habilidade de entrada no mercado
Integração vertical	Produtividade

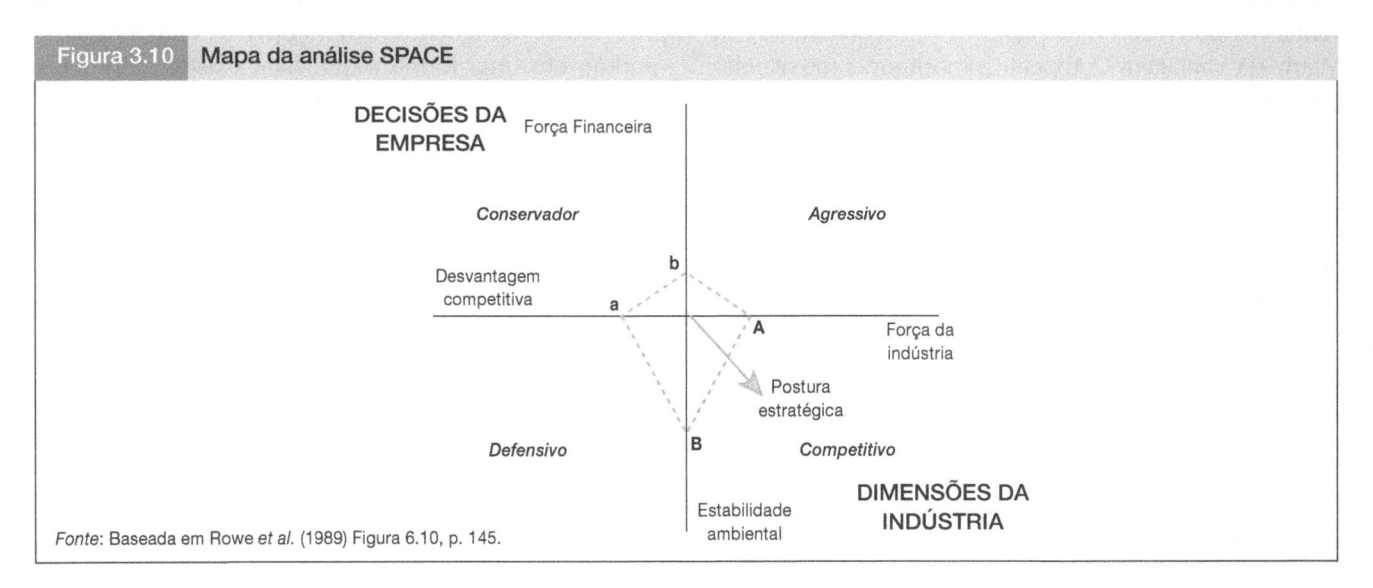

Figura 3.10   Mapa da análise SPACE

Fonte: Baseada em Rowe et al. (1989) Figura 6.10, p. 145.

As empresas que definem sua postura estratégica no **quadrante agressivo** desfrutam de vantagens significativas, mas são suscetíveis de enfrentar ameaças de uma nova concorrência. O perigo maior é o comodismo, o que as impede de ganhar mais domínio do mercado por meio do desenvolvimento de produtos com uma nítida vantagem competitiva. A força financeira excessiva dessas empresas também pode tornar atraente a busca por aquisição de candidatos em suas próprias indústrias ou em outras relacionadas.

Uma **postura conservadora** é típica de empresas em mercados maduros, em que a falta da necessidade de investimentos tem gerado superávits financeiros. A falta de investimento pode significar que essas empresas competem em desvantagem, e a falta de oportunidades dentro dos mercados existentes as torna vulneráveis a longo prazo. Elas devem, portanto, defender seus produtos existentes para assegurar um fluxo de caixa contínuo enquanto buscam novas oportunidades de mercado.

As empresas com uma **postura defensiva** são claramente vulneráveis. Tendo pouca força residual para combater a concorrência, elas precisam gerar recursos para promover a eficiência operacional e estar preparadas para a retirada de mercados competitivos a fim de concentrar seus esforços naqueles em que têm a chance de se defender. Para essas empresas, apenas parece ser uma questão de tempo até que qualquer concorrente ou fator do ambiente as atinja.

3.13 A MATRIZ DE VANTAGEM COMPETITIVA DO BCG

Uma vez que os grupos estratégicos dentro de um mercado foram identificados, torna-se claro que os grupos têm diferentes níveis de rentabilidade. Por exemplo, na indústria de ferramentas mecânicas, os tornos convencionais são quase uma *commodity* e frequentemente produzidos a baixo custo em países do Terceiro Mundo. No entanto, em outra parte da indústria — digamos, sistemas de manufatura flexível —, os lucros podem ser bastante elevados para as empresas com habilidades especiais. O reconhecimento desse padrão levou o Boston Consulting Group (1979) a desenvolver a Matriz de Vantagem Competitiva, que ajuda a classificar os ambientes competitivos que podem coexistir dentro de uma indústria. O quadro identifica duas dimensões: o número de abordagens para conseguir vantagem em um mercado e os tamanhos das vantagens potenciais. Na Figura 3.11, os quadrantes da Matriz da Vantagem Competitiva mostram como as relações entre o tamanho relativo e os retornos sobre os ativos das empresas podem ser diferentes.

O quadrante **impasse** representa mercados com poucos modos de obtenção de vantagem e aqueles nos quais a vantagem potencial é pequena. As empresas desse grupo estratégico, portanto, achariam as negociações semelhantes a um mercado de *commodities*, que podem ser produtos relativamente complexos — como no caso de computadores desktop, em que as tecnologias são bem conhecidas, os designs de produtos são convergentes apesar do avanço tecnológico constante e as fontes similares de fornecimento são utilizadas por todos. Tanto os fabricantes de grande porte quanto os de pequeno porte estão usando fornecedores no exterior, e os consumidores estão bem capacitados para comparar produto com produto. As tentativas de diferenciação no mercado, conforme tentou a IBM com seu PS_2, fracassaram. Por conseguinte, os concorrentes são obrigados a competir principalmente com base na produção e na distribuição eficientes.

O quadrante **volume** representa mercados cujas oportunidades de diferenciação permanecem pequenas, mas ainda existem algumas vantagens potenciais de tamanho. Isso ocorreu dentro de alguns dos mercados periféricos que suportam computadores desktop. Em particular, a indústria das impressoras chegou a ser dominada pela Canon, pela Hewlett-Packard e pela IBM. A razão para isso é a convergência entre as necessidades dos usuários de impressoras e a produção em massa das unidades de impressora intrinsecamente mecânicas. Ao contrário dos microcomputadores, cujo processo de fabricação é a montagem de componentes-padrão em uma forma muito fixa, existem inúmeras maneiras de resolver os problemas de impressão e de alimentação de papel, como qualquer usuário de impressoras sabe. Isso resulta em uma indústria em que grandes economias de escala podem ser alcançadas por alguns fornecedores dominantes. Quando existem mercados assim, as batalhas para atingir volume e economias de escala são gigantescas. Empresas dominantes tendem a permanecer dominantes durante

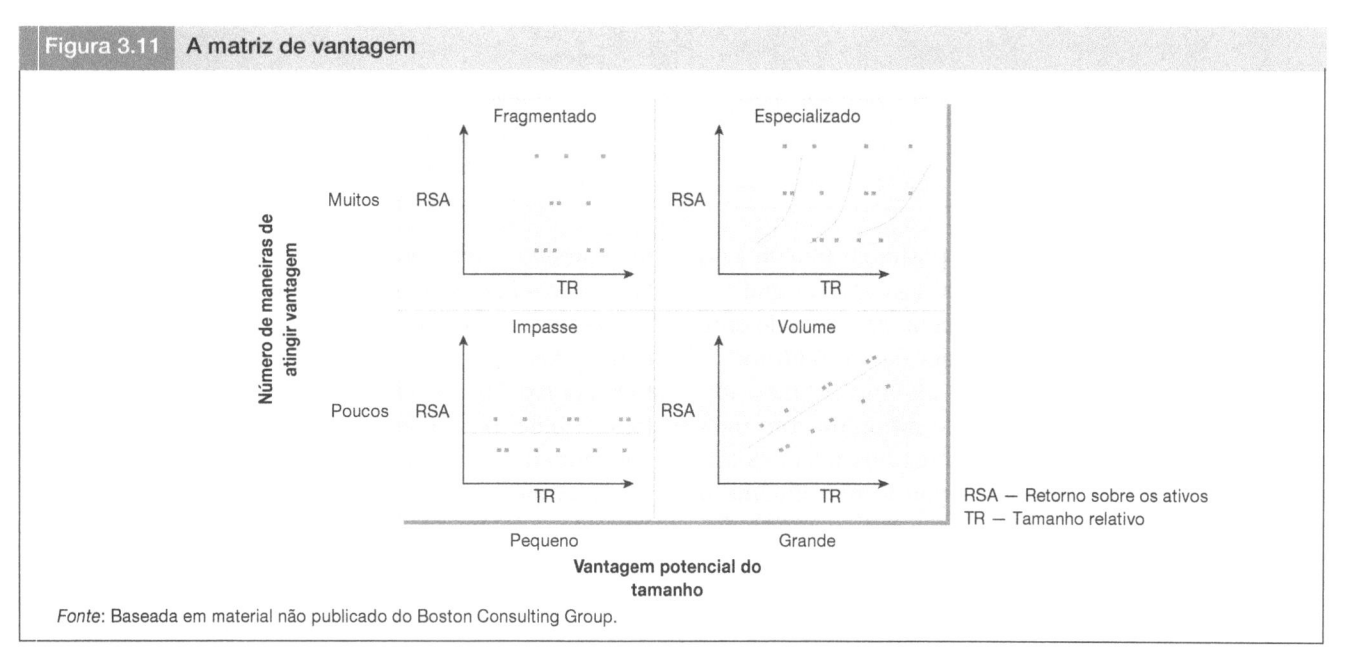

Figura 3.11 A matriz de vantagem

RSA — Retorno sobre os ativos
TR — Tamanho relativo

Fonte: Baseada em material não publicado do Boston Consulting Group.

algum tempo depois que sua vantagem de custo for alcançada, embora haja sempre a ameaça de que novas tecnologias emergentes destruam a vantagem de custo que elas lutaram para obter. Dessa forma, a Hewlett-Packard entrou para o grupo dos líderes no mercado de impressoras ao se tornar o padrão da indústria no mercado emergente das impressoras a laser.

Mercados **especializados** ocorrem quando as empresas no mesmo mercado têm diferentes retornos de escala. Isso acontece mais visivelmente entre os fornecedores de software para microcomputadores. No mercado global de software, há claros subsetores com líderes dominantes. É também evidente que os líderes do mercado, devido à sua familiaridade e confiabilidade comprovada, são capazes de cobrar um preço premium. O Microsoft Office, por exemplo, está rapidamente estabelecendo a liderança de software integrado de escritório a preços acima de seus principais concorrentes. Dentro do setor dos jogos, a Atari não é tão capaz de cobrar preços premium, apesar de sua posição dominante significar que está colhendo vantagens dentro de seus segmentos. O resultado nesses mercados especializados é, portanto, uma série de curvas de experiência que estão sendo seguidas por empresas diferentes. Dentro desses mercados especializados, as empresas mais bem-sucedidas serão aquelas que dominam um ou dois segmentos. Dentro do mercado de software para microcomputadores, isso muitas vezes significa que elas serão as empresas a criar uma nova classe genérica de produto, como a Microsoft conseguiu com seus produtos Windows — tornando o PC da IBM tão fácil de usar quanto seu rival Mac da Apple.

Mercados **fragmentados** ocorrem quando as exigências do mercado não são tão bem definidas quanto no mercado de impasse, de volume ou de casos especializados. Várias partes do mercado de periféricos de computador estão em conformidade com esse padrão. Em contraste com a demanda para impressoras, os usuários especializados de *plotters* têm uma grande variedade de exigências, e as possibilidades de cores e de alta resolução significam que há uma variedade ilimitada de produtos diferenciados. Da mesma forma, no fornecimento de software de contabilidade, especificações alternativas são numerosas e, portanto, muitos preços e produtos diferentes coexistem no mesmo mercado. Nos casos em que ocorre essa fragmentação, o sucesso depende de encontrar nichos em que as características particulares são necessárias. Cada nicho oferece poucas oportunidades para o crescimento e, portanto, uma empresa com a esperança de expansão depende de encontrar uma multiplicidade de nichos em que se espera que certos aspectos em comum permitam alcançar economias de escala.

RESUMO

Podemos agora chegar a várias conclusões gerais e identificar suas implicações para a gestão de marketing.

Em primeiro lugar, em muitas indústrias, os dias de crescimento rápido se foram para sempre. Naquelas em que altas taxas de crescimento são ainda possíveis, a concorrência tende a ser cada vez mais acirrada e de natureza internacional. Já não é suficiente que as empresas se tornem orientadas para o marketing: isso é obrigação. A chave do sucesso será a efetiva implementação do conceito de marketing por estratégias de posicionamento claramente definidas.

Em segundo lugar, a mudança cria oportunidades para empresas inovadoras e ameaças para aquelas que, como o rei Canuto,* se sentem muito seguras no controle de sua posição. É provável que haja uma redefinição de 'trabalho' e 'lazer', o que proporcionará novas oportunidades significativas às empresas prontas e capazes para dominar esses conceitos. A mudança do perfil demográfico, particularmente em termos de idade, estado civil e distribuição de renda, também apresenta muitas oportunidades para a gestão de marketing.

Em terceiro lugar, a velocidade da mudança no ambiente está acelerando, levando a uma maior complexidade e uma 'turbulência' aumentada ou descontinuidade. Os desenvolvimentos tecnológicos estão se combinando para encurtar os ciclos de vida dos produtos e acelerar os tempos de comercialização. A crescente turbulência no mercado torna isso particularmente difícil de prever. Como resultado, os horizontes de planejamento foram encurtados. Se planos de longo prazo em mercados relativamente previsíveis poderiam durar de 10 a 15 anos, muito poucas empresas hoje são capazes de planejar além dos próximos anos em qualquer dos termos mais gerais.

Em quarto lugar, estratégias bem-sucedidas se desgastam ao longo do tempo. O que é bem-sucedido em um momento, em um mercado, pode não garantir o sucesso no futuro ou mesmo em outros mercados.

Uma análise sistemática do ambiente competitivo ou industrial em que uma organização opera consiste em quatro componentes principais: (1) uma análise das cinco forças que motivam a concorrência na indústria (a rivalidade entre

---

* O rei Canuto, que reinou na Inglaterra no século XI, ficou conhecido por supostamente ter dito que era capaz de conter as ondas com suas ordens. (N. do R.T.)

as empresas existentes, a ameaça de entrada e de substituição, o poder de barganha dos compradores e fornecedores); (2) o reconhecimento dos grupos estratégicos dentro de um mercado que permita que uma empresa direcione seus esforços para concorrentes específicos em vez de concorrentes em geral; (3) o reconhecimento dos diferentes ambientes competitivos e das economias de escala que possam existir dentro dos submercados em que os grupos estratégicos operam; e (4) o grau de turbulência interna nos mercados. Com a compreensão desses tópicos, uma empresa é capaz de identificar o tipo de concorrência que talvez exista dentro de segmentos escolhidos e os tipos de estratégia que possam levar ao sucesso. A partir do estudo da turbulência, elas podem também encontrar um guia para a orientação necessária e a combinação de gestão cuidadosa e de espírito empreendedor que será necessária para gerir o empreendimento. Assim como a segmentação permite que a empresa direcione seus recursos para o cumprimento de um determinado conjunto de necessidades dos clientes, a análise da indústria ajuda a empresa a construir suas defesas em relação a um determinado grupo de concorrentes e a construir suas forças de acordo com o tipo de mercado que enfrenta.

Entretanto, observamos no início que estudar a indústria não é suficiente, pois pode nos cegar para as mudanças nas fontes e nos tipos de concorrência que enfrentaremos no futuro e para as mudanças fundamentais na estrutura dos mercados. Para nossa análise da indústria, temos de acrescentar nossa compreensão dos clientes e dos concorrentes, bem como nossa capacidade real como organização. Esses são os temas dos capítulos que se seguem.

Megastores da Virgin

Estudo de caso

O Virgin Group, de capital fechado e pertencente ao sr. Richard Branson, selou ontem um contrato de 150 milhões de euros (92 milhões de libras) para vender suas 16 *megastores* e alguns direitos internacionais da marca Virgin para a Lagardère Media, uma empresa francesa de publicação, distribuição e mídia.

Sr. Richard contou a um grupo de jornalistas na principal loja, na Champs-Elysées em Paris, que o dinheiro arrecadado seria gasto nos negócios da Virgin em todo o mundo, incluindo o negócio de telefones celulares Virgin Mobile.

"O varejo de música não anda muito popular ao redor do mundo. Acreditamos que podemos fazer mais dinheiro ao investir nos celulares e em uma ou duas outras indústrias."

Essa retirada segue-se à venda feita pela Virgin neste mês de sua participação na Virgin One, a companhia hipotecária, para o Banco Real da Escócia. O grupo também aumentou recentemente seu contrato de empréstimo com o Lloyds TSB.

A Lagardère adquiriu, adicionalmente às lojas, o direito de usar o nome da marca Virgin em lojas de países europeus de fala francesa, na Espanha e em Portugal. Há também um contrato de opção para usá-la no resto da Europa continental e o direito de usar o nome da *megastore* em aeroportos internacionais e outros meios de transporte.

O braço de distribuição da Lagardère, a Hachette Distribution Services (HDS), continuará com o plano de abrir seis lojas da Virgin na França nos próximos 18 meses e de renomear algumas de suas lojas 'Extrapole' para 'Virgin'.

O acordo de ontem, diz a empresa, será um 'trampolim' para desenvolver seus negócios de varejo e desafiar a Fnac, loja de livros, música e eletrônicos controlada pela Pinault-Printemps-Redoute (PPR).

Os executivos da PPR, porém, veem o negócio de ontem como outra retirada da Virgin em face da competição da Fnac na Europa. Eles dizem que o faturamento combinado de todas as *megastores* Virgin—Extrapole na França foi menos que um sexto do faturamento da Fnac.

A HDS terá inicialmente 37 lojas de música e livros na França, contra 58 da Fnac.

Houve confusão a respeito do valor do negócio. Os executivos da Lagardère disseram que o total, incluindo o valor atual dos prováveis *royalties* a serem pagos pelo uso do nome Virgin, era menor que 150 milhões de libras, com o pagamento imediato em dinheiro somando consideravelmente menos.

Sir Richard, porém, disse que o valor do negócio foi de 103 milhões de libras, dos quais a Virgin receberia 93 milhões libras em dinheiro porque a Lagardère assumiu um financiamento de 10 milhões de libras com sua compra da Virgin.

A Lagardère oferecerá os produtos da Virgin Mobile, embora não exclusivamente, por meio de sua rede mundial de varejo.

Fonte: MALLET, Victor. "Branson sells French Megastores". *Financial Times*, 27 jul. 2001, p. 19.

Questões para discussão

1. Quais pressões competitivas contribuíram para a saída da Virgin do mercado francês? Se as lojas francesas da Virgin não servem para a companhia, por que elas têm valor para a Lagardère Media?
2. Sr. Richard diz que está deixando de investir não por causa da competição do mercado francês, mas por causa da turbulência competitiva que ronda a música e a Internet. Avalie o grau de turbulência desses mercados.
3. A Virgin é uma companhia peculiar que tem entrado e saído de vários mercados. Que orientação a Matriz de Vantagem Competitiva oferece para entender os mercados nos quais a Virgin entrou (vodca, refrigerantes de cola, seguros), aqueles que ela abandonou (produtora musical, hipotecas, pequenas lojas de discos) e aqueles nos quais ela continua (linhas aéreas, telefones celulares)?

Capítulo 4

Análise do consumidor

... quando o futuro se torna menos visível, quando a névoa se dissipa, o horizonte de previsão no qual você pode confiar se aproxima cada vez mais de seu nariz. Nessas circunstâncias, ser receptivo aos novos rumos se torna importante. Você precisa levar em conta as oportunidades e as ameaças e melhorar a capacidade de resposta da organização.

Igor Ansoff, citado por Hill (1979)

INTRODUÇÃO

A informação é a matéria-prima do processo decisório. Decisões eficazes de marketing são baseadas em informações sólidas; as decisões em si não podem ser melhores do que as informações em que foram baseadas. A pesquisa de mercado preocupa-se em fornecer informações que podem ser usadas para reduzir o nível de incerteza do processo decisório. A incerteza nunca poderá ser completamente eliminada nas decisões de marketing, mas, com a aplicação cuidadosa de técnicas de pesquisa comprovadas e testadas, ela pode ser reduzida.

A primeira seção deste capítulo analisa as informações sobre os consumidores necessárias para tomar decisões eficazes de marketing. Segue-se uma breve discussão sobre as diferentes técnicas de pesquisa disponíveis para a coleta de dados do ambiente de marketing. Em seguida será discutida a utilização dessas técnicas em um estudo típico de pesquisa de mercado visando a segmentá-lo com criatividade e a identificar o posicionamento para produtos e serviços atuais e potenciais. O capítulo termina com uma discussão de como a informação relacionada com o marketing pode ser estabelecida dentro de uma organização e com o desenvolvimento de sistemas de apoio às decisões de marketing (SADM).

4.1 O QUE PRECISAMOS SABER SOBRE OS CONSUMIDORES

As informações sobre os consumidores podem ser agrupadas de forma ampla em informações atuais e futuras. As questões-chave que se referem aos consumidores atuais são: (1) Quais são os principais mercados-alvo? (2) O que lhes dá valor? (3) Como podemos aproximá-los? e (4) Como podem ser mais bem atendidos?

Quanto ao futuro, também precisamos saber: (1) Como mudarão os consumidores, suas necessidades e seus requisitos? (2) Quais novos consumidores devemos conquistar? e (3) Como podemos conquistá-los?

4.1.1 Informação sobre os consumidores atuais

O ponto de partida é definir quem são os consumidores atuais. A resposta nem sempre é óbvia, pois pode haver vários participantes na compra e utilização de um dado produto ou serviço. Os compradores não são, necessariamente, os mesmos que os consumidores. Uma maneira prática para abordar a definição de comprador é reconhecer os cinco papéis principais que existem em diversas situações de compra. Muitas vezes, ou até mesmo em todas as vezes, esses papéis podem ser conduzidos pelo mesmo indivíduo, mas reconhecer cada papel separadamente pode ser um passo útil para direcionar a atividade do mercado com mais precisão (Figura 4.1).

Os papéis são os seguintes:

1. **O iniciador**: Esse é o indivíduo (ou os indivíduos) que inicia a busca de uma solução para o problema do consumidor. No caso da compra de uma barra de chocolate, pode ser uma criança com fome que reconhece sua própria necessidade de se alimentar. No caso de um supermercado, o pedido para nova compra de uma linha de produtos que está acabando pode ser iniciado por um controlador de estoque, ou ainda por um sistema de suprimento automático.
2. **O influenciador**: Influenciadores são todos aqueles indivíduos que podem ter alguma influência na decisão de compra. Uma criança pode ter iniciado a busca por uma barra de chocolate, mas os pais podem ter uma forte influência na compra do produto (pois são eles que têm o poder de compra). No supermercado, os consumidores finais terão uma forte influência sobre as marcas encomendadas — as marcas que eles compram ou pedem para a loja estocar serão aquelas mais solicitadas.
3. **O decisor**: Levando em conta as opiniões dos iniciadores e dos influenciadores, algum indivíduo de fato tomará a decisão sobre qual produto ou serviço será adquirido. Isso pode partir do iniciador ou do influenciador, no caso da barra de chocolate. No supermercado, o tomador de decisão pode ser um gerente de setor, cuja tarefa consista em especificar quais marcas estocar, qual a quantidade a ser pedida e assim por diante.
4. **O comprador**: O comprador é o indivíduo que realmente compra o produto ou serviço. Ele ou ela é, de fato, a pessoa que entrega o dinheiro em troca dos benefícios. No caso da barra de chocolate, pode ser o filho, o pai ou a mãe. Na compra industrial, muitas vezes, é um comprador profissional que, após considerar as várias influências sobre a decisão, finalmente, faz o pedido na tentativa de obter a melhor relação custo-benefício possível.
5. **O usuário**: Finalmente, temos o usuário final do produto ou serviço, o indivíduo que consome a oferta. Para a barra de chocolate, será a criança. Para os produtos no supermercado, serão seus clientes.

O que importa em qualquer situação de compra é ter uma ideia clara dos vários participantes que terão um impacto na decisão de compra e de consumo. Quando os vários papéis são desempenhados por indivíduos diferentes, poderá ser necessário adotar uma abordagem diferente de marketing para cada um. Assim, no processo de compra/consumo, cada pessoa pode estar à procura de diferentes benefícios. Quando diferentes papéis são desempenhados pelos mesmos indivíduos, diferentes abordagens podem ser apropriadas, dependendo do estágio do processo da compra/consumo em que o indivíduo estiver naquele momento (Figura 4.2).

Um dos temas centrais deste livro é que a maioria dos mercados é segmentada; em outras palavras, diferentes grupos identificáveis de consumidores necessitam de diferentes benefícios ao comprar ou usar produtos ou serviços essencialmente similares. Identificar quem são os vários consumidores e quais papéis eles desempenham leva à questão do que é valor para eles. Para cada um dos membros de uma unidade de tomada de decisão (UTD), diferentes aspectos da aquisição e da utilização podem significar esse valor.

Por exemplo, na compra de uma barra de chocolate pela criança, uma série de benefícios pode surgir. A criança/iniciadora/decisora/usuária ganha uma agradável experiência sensorial e um estômago cheio. O pai/mãe/influenciador ganha o sentimento de ter guiado a criança na direção de um produto que é nutritivo e tem uma boa

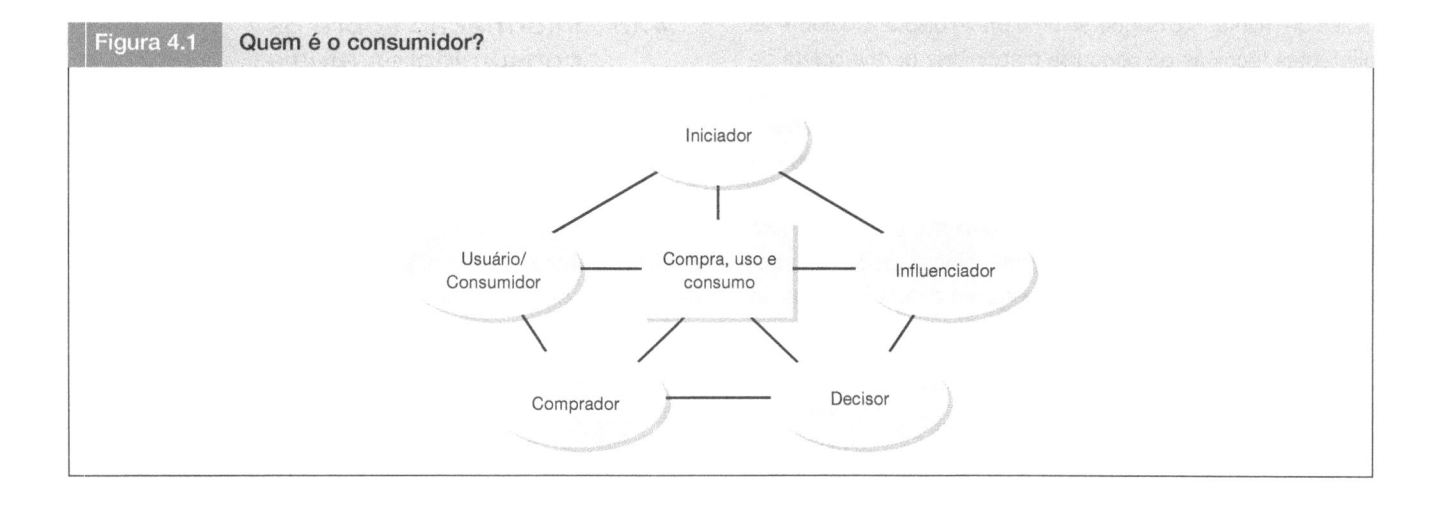

Figura 4.1 Quem é o consumidor?

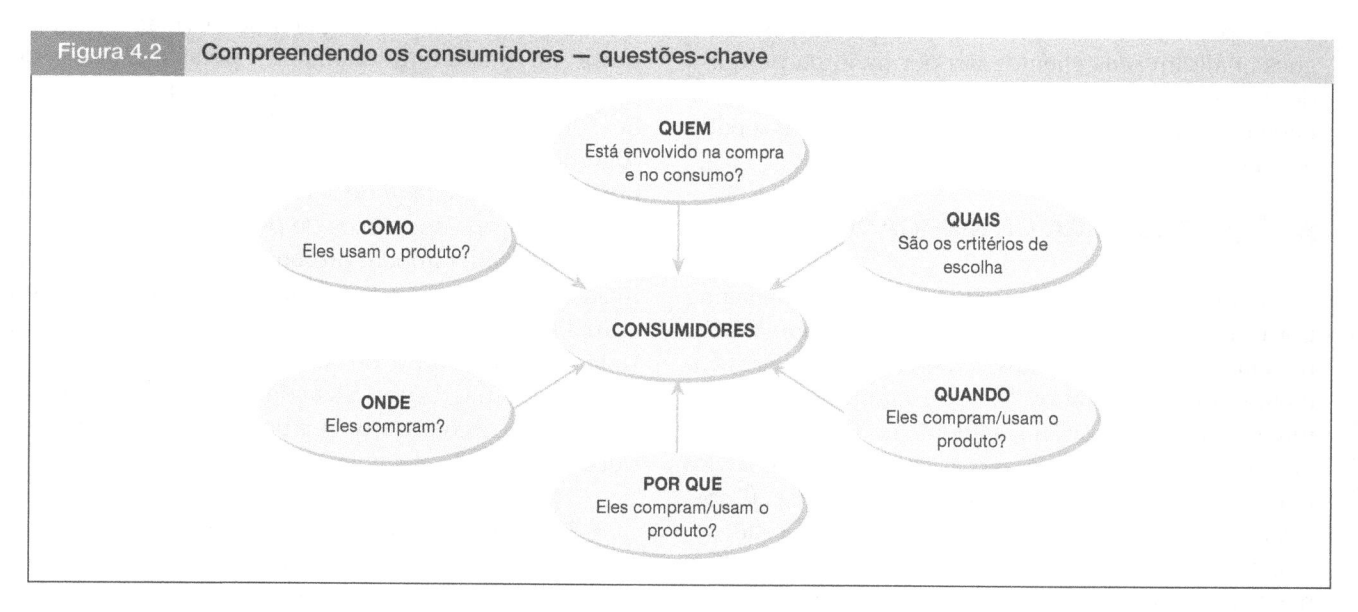

Figura 4.2 Compreendendo os consumidores — questões-chave

- **QUEM** Está envolvido na compra e no consumo?
- **COMO** Eles usam o produto?
- **QUAIS** São os critérios de escolha
- **CONSUMIDORES**
- **ONDE** Eles compram?
- **QUANDO** Eles compram/usam o produto?
- **POR QUE** Eles compram/usam o produto?

relação custo-benefício. Em uma compra empresarial, como um trator, os usuários (operadores) podem estar à procura de conforto e facilidade de operação; os decisores (gerência) podem estar à procura de uma vantagem econômica; enquanto o comprador (agente de compra) pode estar à procura de uma oferta de compra de volume para demonstrar sua eficiência. Fica evidente que é preciso avaliar a importância de cada indivíduo na decisão e compreender os benefícios que cada um obtém.

Após identificar os fatores que motivam cada participante, a atenção então se volta para como eles podem ser trazidos para mais perto da empresa. As formas de oferecer maiores benefícios (melhores experiências sensoriais, maior valor nutricional, melhor custo-benefício) podem ser examinadas. Isso envolve a ampliação da oferta de vantagens pelo produto mediante o produto 'aumentado' (Levitt, 1986).

Para as compras empresariais, uma rota importante para se aproximar mais dos clientes é desenvolver parcerias mutuamente benéficas que venham aumentar o valor para o cliente e para o fornecedor. Uma das características das empresas japonesas é a proximidade desenvolvida com seus fornecedores de modo a garantir a continuidade de fornecimento de material semiacabado no sistema '*just-in-time*' com qualidade adequada para fins de produção.

Um serviço melhor é fundamental para aprimorar o relacionamento com os clientes, fazendo com que esses não procurem outros serviços. Pesquisas nos Estados Unidos mostraram que, dos negócios perdidos, menos de 20% deles ocorrem por causa de produtos ruins, e somente 20% são devidos a um preço (relativamente) alto. A principal razão dessa perda de negócios é, predominantemente, o serviço malfeito — mais de 40% dos casos.

4.1.2 Informação sobre clientes futuros

As questões abordadas anteriormente lidam com os consumidores de hoje. Para o futuro, no entanto, é importante saber como esses consumidores mudarão. Existem dois tipos principais de mudança que são essenciais para a análise do consumidor.

A primeira é a mudança nos clientes já existentes: seus desejos, necessidades e expectativas. Conforme a competição se intensifica, também se intensifica a gama de ofertas aos clientes. Além disso, suas experiências diante de várias ofertas podem levar a um aumento de expectativas e exigências. Uma maneira importante de lidar com esse tipo de mudança é a melhoria contínua (ou a abordagem *Kaizen* dos japoneses).

No mercado de som, a melhoria contínua do produto, juntamente com algumas inovações importantes como o MP3 *players*, serviram para aumentar as expectativas dos clientes quanto à qualidade de reprodução do som e à portabilidade do equipamento. Um fabricante que ainda ofereça produtos dos anos 80, ou até mesmo dos anos 90, logo verá seus clientes irem embora, migrando para as ofertas dos concorrentes.

O segundo tipo de mudança é proveniente de novos consumidores que surgem como alvos potencialmente mais atraentes. Segmentos menos atraentes em um dado momento podem se tornar mais atraentes no futuro. As mudanças sociais, culturais e econômicas afetarão os padrões de vida, assim como afetaram a demanda por bens e serviços. Por exemplo, há, hoje, um aumento na demanda por alimentos saudáveis ou orgânicos, por equipamentos esportivos e de lazer, e por alguns serviços menos atraentes nos anos 90 ou até o início da década de 2000, porém agora em plena expansão.

As principais formas com as quais as organizações analisam seus clientes são por meio da pesquisa de marketing (para coletar dados relevantes sobre os clientes) e da modelagem do mercado (para dar sentido a esses dados) — ambos discutidos a seguir.

4.2 PESQUISA DE MERCADO

A utilização dos serviços de pesquisa de marketing por uma variedade de organizações, de empresas comerciais aos partidos políticos, aumentou significativamente nos últimos anos. O setor fatura mais de 500 milhões de libras por ano, somente no Reino Unido. E não são apenas as empresas e as grandes organizações que se beneficiam da pesquisa de marketing. É possível, por meio da concepção criativa das pesquisas, que as organizações com orçamentos menores se beneficiem das pesquisas de marketing. As organizações de investigação comercial podem realizar estudos para seus clientes a custos a partir de 2 mil libras, dependendo da pesquisa a ser efetuada.

O advento da Internet e os onipresentes e-mails abriram o caminho para novos métodos e novas abordagens de pesquisas de marketing. Esses serão discutidos no Capítulo 12.

A Figura 4.3 mostra a gama de atividades de pesquisa de marketing realizadas pelas agências de pesquisa. No Reino Unido, existem atualmente mais de 200 agências que prestam serviços de pesquisa.* Algumas empresas, como a NOP e a AGB, oferecem uma ampla variedade de serviços. Outras se especializam em tipos específicos de pesquisa (por exemplo, a A.C. Nielsen, também presente no Brasil, é especializada em auditorias de varejo). Para obter uma lista completa das empresas no Reino Unido que prestam serviços de pesquisa de marketing, e, quando apropriado, as suas especializações, veja o anuário do Market Research Society Yearbook. Cada tipo de pesquisa é discutido a seguir.

4.2.1 Os registros internos

Para a coleta de dados de marketing, um ponto de partida óbvio, mas muitas vezes subutilizado, é o uso eficaz dos próprios registros da empresa. Muitas vezes, grandes quantidades de dados que podem ser utilizados para auxiliar nas decisões de marketing (tanto estratégicas quanto táticas) são armazenadas em locais improváveis da empresa (por exemplo, no departamento de contabilidade). Dados sobre fatores como quem compra e quanto compra podem ser obtidos a partir

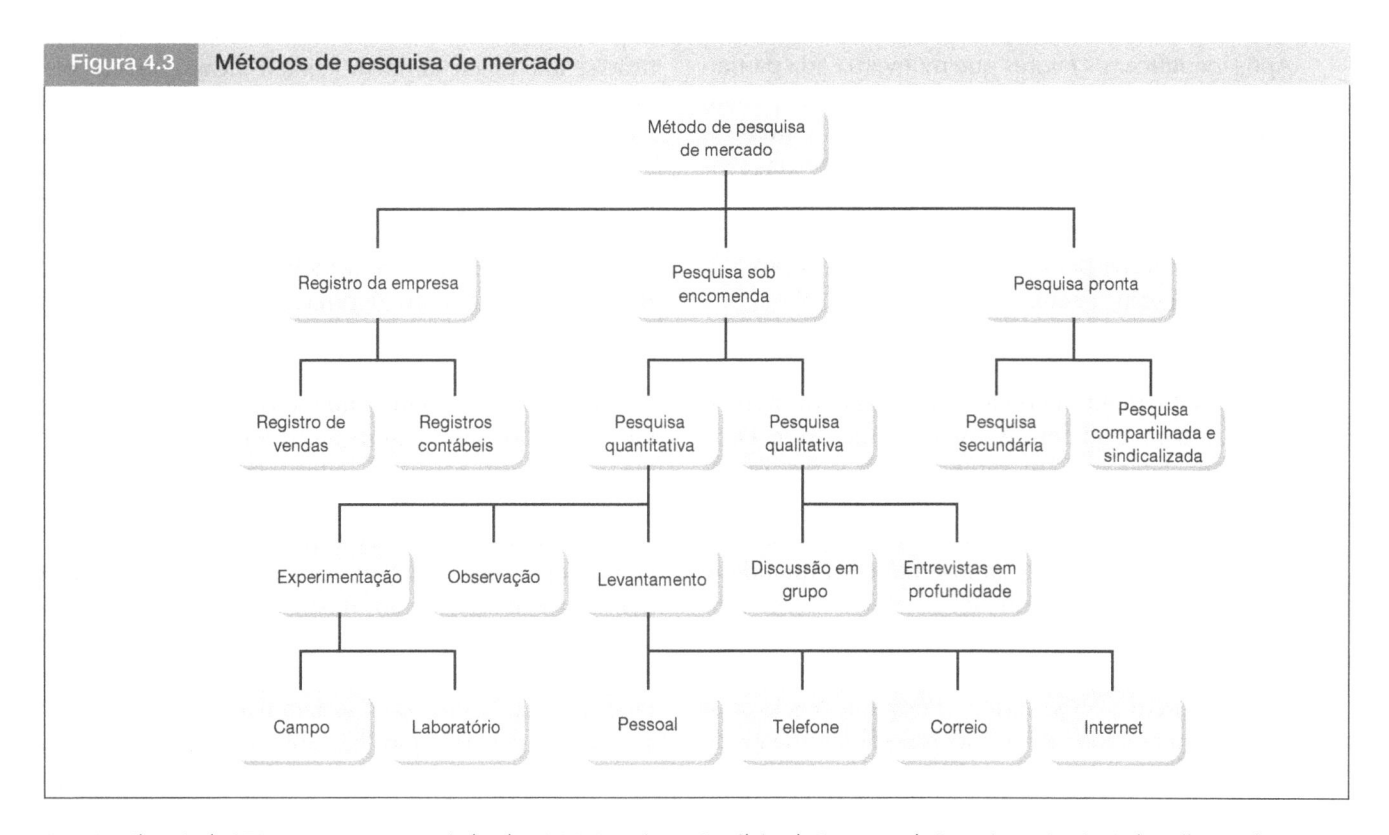

Figura 4.3 Métodos de pesquisa de mercado

---

* No Brasil, mais de 170 empresas são associadas da ABAP, Associação Brasileira de Empresas de Pesquisa, cujo *site* é <http://www.abep.org>). Aqui temos o IBOPE, a GFK, a Razões e Motivos, a IPSOS, o Vox Populi, entre outras. (N. do R.T.)

dos registros de pedido. Da mesma forma, registros de compra podem apresentar padrões de fidelidade dos clientes, identificar lacunas em suas compras e destacar os clientes mais valiosos.

O valor dos dados coletados internamente, no entanto, depende de como os dados são coletados. Infelizmente, os dados de vendas muitas vezes não são coletados ou mantidos em um formato que facilite o seu uso na tomada de decisões do marketing. Como regra geral, é desejável coletar dados rotineiros na forma mais detalhada possível, para permitir exigências imprevistas de análise de dados. Por exemplo, os registros de vendas devem ser matidos por cliente, tipo de cliente, produto, linha de produto, zona de vendas, vendedor e período de tempo específico. Dados desse tipo possibilitariam a identificação de consumidores, zonas e linhas de produtos lucrativos e não lucrativos e, ainda, identificariam as tendências do mercado.

Em marketing direto, constuma-se dizer que os melhores clientes muitas vezes são os consumidores existentes. Registros de vendas adequados devem revelar frequências de compra, clientes inativos e esporádicos, e sugerir produtos alternativos que poderiam ser de interesse desses consumidores. No setor de vendas pelo correio, as empresas de venda por catálogos mantêm os registros dos tipos de produtos que os consumidores já compraram, o que permite que outros catálogos adicionais, de natureza mais especializada, sejam enviados para os clientes potenciais mais prováveis.

O supermercado britânico Tesco está usando com sucesso seu cartão de fidelidade — o Clubcard — para construir perfis de seus clientes, permitindo "gerar um mapa de como um indivíduo pensa, trabalha e, mais importante, compra. O mapa classifica os consumidores em dez categorias: riqueza, promoções, viagens, instituições de caridade, ecologia, falta de tempo, crédito, estilo de vida, hábitos e aventura" (*The Guardian*, 20 de setembro de 2005). Ainda no Reino Unido, a ASDA não tem um cartão de fidelidade, mas consegue manter diversas informações sobre a maneira como seus clientes gastam seu dinheiro. Por exemplo, a varejista descobriu que a compra de champanhe costuma ser acompanhada de uma embalagem para presente: o resultado é que essas embalagens agora estão localizadas ao lado do champanhe nas lojas (*The Sunday Times*, 19 de dezembro de 2004).

4.2.2 Pesquisa pronta ou *off-the-peg*

A pesquisa pronta consiste no uso de serviços de pesquisa existentes, muitas vezes localizando e utilizando dados já coletados, mas mantidos fora da empresa. Diversas informações básicas (como tamanhos de mercados e índice de crescimento, macrotendências sociais e econômicas, empresas clientes e empresas concorrentes) já estão disponíveis de uma forma ou de outra. Crouch e Housden (1996) classificam três tipos principais de pesquisa pronta:

1. Pesquisa que usa a grande quantidade de dados já publicados. Ela é normalmente denominada como pesquisa secundária ou *desk research*.
2. Pesquisa que usa dados obtidos de estudos regulares de mercado por pesquisa sindicalizada. Tanto os custos da pesquisa quanto os dados coletados são compartilhados pelo grupo dos compradores da pesquisa.
3. Pesquisa na qual o método de coleta de dados é compartilhado, mas os dados não são. Os instrumentos de pesquisa pronta, como pesquisas do tipo 'ônibus', são utilizados para coletar dados específicos do cliente.

PESQUISA SECUNDÁRIA OU DESK RESEARCH

A pesquisa secundária ou *desk research* utiliza dados que já foram publicados O pesquisador é um usuário 'secundário' da pesquisa. Os dados secundários têm a vantagem de ser relativamente baratos e rápidos de obter (quando você sabe onde procurar!) e também podem ser confiáveis e precisos. Infelizmente, é comum que os dados secundários sejam desatualizados e insuficientemente específicos para responder à maioria das perguntas de marketing. Por exemplo, os dados secundários muitas vezes lhe dirão quantos clientes compram os produtos de cada concorrente, mas não dirão o porquê.

No Reino Unido, existem muitas fontes de dados secundários, mas o maior problema enfrentado pelo pesquisador inexperiente é encontrá-los. O governo publica uma grande quantidade de informações estatísticas sobre indústria, comércio, negócios e tendências sociais. A maior parte desses dados é gratuita, ou cobra-se apenas o custo de impressão. O ponto de partida para a identificação de estatísticas relevantes do governo é o folheto *Government Statistics: A brief guide to sources*. É cada vez mais fácil usar serviços de informação on-line, como o Harvest (<http://harvest.sourceforge.net>) para pesquisar fontes alternativas e, rapidamente, verificar quais dados já estão disponíveis.*

Os dados secundários variam significativamente em qualidade, tanto de país para país, quanto de fornecedor para fornecedor em um determinado país. Ao avaliar a precisão dos dados secundários, as seguintes perguntas devem ser lembradas:

---

* No Brasil, as principais fontes de dados secundários são o IBGE, o IPEA e a Fundação SEADE. (N. do R.T.)

1. Quem coletou os dados e por quê? (Há alguma probabilidade de serem tendenciosos?)
2. Como coletaram os dados? (Amostra ou censo? Métodos de amostragem? Instrumentos de pesquisa?)
3. Qual o nível de precisão visado? (A metodologia é compatível com esse nível de precisão?)
4. Para que foram usados os dados? (Eles são de utilidade limitada?)

PESQUISA PRIMÁRIA

A pesquisa primária, ou de campo, é realizada quando as fontes secundárias não conseguem fornecer os detalhes necessários das informações para resolver um problema específico ou para auxiliar suficientemente na tomada de decisão. A pesquisa primária consiste na coleta de novos dados, muitas vezes diretamente dos consumidores ou de intermediários de distribuição (como varejistas ou atacadistas).

PESQUISA SINDICALIZADA

A pesquisa sindicalizada ocorre quando um grupo de compradores de pesquisa compartilha os custos e os dados da pesquisa entre si. A maioria desses serviços de pesquisa é realizada por agências de pesquisa de marketing maiores e os resultados são vendidos para quem quiser comprá-los.

No Reino Unido, a pesquisa sindicalizada é realizada em uma ampla variedade de mercados, mas principalmente em mercados de consumo. Os serviços mais utilizados são as auditorias de varejo da A.C. Nielsen, a Television Consumer Audit (TCA) — um painel de consumidores — da AGB, o Target Group Index (TGI) da British Market Research Bureau Ltd. (BMRB) e os diversos serviços de pesquisa de mídia, incluindo a National Readership Survey, atualmente administrada pela Research Bureau Ltd. (RBL), e a pesquisa de audiência BARB, realizada e administrada pela AGB.*

Há um grande número de fontes de pesquisa sindicalizada cobrindo uma ampla variedade de mercados. Elas contam com grandes vantagens, como o método já foi testado e aprovado, as amostras normalmente são maiores do que as empresas individuais poderiam bancar por conta própria e são consideravelmente mais baratas do que conduzir a pesquisa para uma única empresa.

As desvantagens são que os dados são limitados com relação à sua capacidade de monitorar as vendas sobre o tempo, de identificar tendências nos mercados e na concorrência, e de rastrear a publicidade e outras atividades promocionais. Eles não permitem uma investigação adicional sobre as motivações para a compra, nem mesmo qualquer questão adicional relacionada especificamente a uma empresa.

PESQUISA COMPARTILHADA OU DE 'ÔNIBUS'

O último tipo de pesquisa a ser classificado como pesquisa pronta é aquele em que alguns dos custos e do trabalho de campo são compartilhados por várias empresas, mas os resultados não são. Pesquisas do tipo 'ônibus' são pesquisas regulares realizadas por um método predeterminado de amostragem. Os clientes individuais, então, 'compram um assento' no ônibus, adicionando suas próprias perguntas. Essas perguntas são feitas junto com as perguntas de outros clientes, e os resultados são tabulados de acordo com fatores como classe social, categoria ACORN,** idade etc.

Pesquisas típicas do tipo 'ônibus' no Reino Unido são a NOP Random Omnibus com 2 mil adultos entrevistados por semana, a RSGB Motoring Omnibus de mil motoristas entrevistados todos os meses, e a BMRB National Children's Survey, com 1.100 indivíduos de 7 a 17 anos de idade entrevistados mensalmente. A pesquisa 'ônibus' tem a maior vantagem de custo baixo (como os custos do trabalho de campo que são compartilhados por todas as empresas participantes) e maior flexibilidade, no sentido de que cada cliente pode fazer sua própria pergunta para uma amostra geralmente grande de entrevistados. O número de perguntas que pode ser adicionado a um 'ônibus', no entanto, é geralmente limitado entre 6 e 10, e porque o entrevistado terá que responder sobre inúmeros assuntos e sobre uma variedade de produtos na mesma entrevista, é melhor fazer as perguntas curtas e objetivas para evitar cansar o entrevistado.***

Em resumo, há uma grande variedade de pesquisas prontas entre as quais a empresa ou a organização que deseje realizar pesquisas de mercado ou sociais pode escolher. Em relação à pesquisa primária, elas têm a vantagem de estabelecer metodologias e ser relativamente rápidas e baratas para executar. As desvantagens estão nos objetivos e no número de perguntas que podem ser feitas. No entanto, antes de realizar uma dispendiosa pesquisa primária, os gerentes de marketing devem sempre examinar as possibilidades oferecidas pela pesquisa pronta.

---

* No Brasil, entre outros, temos a auditoria de varejo da A.C. Nielsen, o painel de consumidores do IBOPE e o a A.C. Nielsen, a pesquisa de audiência do IBOPE e o Índice de Potencial de Consumo da Target Marketing. (N. do R.T.)

** ACORN é o sistema de categorização utilizado no Reino Unido. No Brasil, a ABEP utiliza o CCEB — Critério de Classificação Econômica Brasil. (N. do R.T.)

*** No Brasil, essas pesquisas são feitas, entre outras, pela IPSOS e pela Market Analysis. Cada pergunta, dependendo de suas características, pode custar, em média, R$ 2 mil a R$ 4 mil.

4.2.3 Pesquisa sob encomenda

A pesquisa sob encomenda, em contraste com a pesquisa pronta, oferece flexibilidade de planejar a pesquisa para atender exatamente às necessidades da empresa cliente. Dependendo dessas necessidades, há uma variedade de técnicas disponíveis (Figura 4.3). As técnicas são classificadas, de forma genérica, como sendo qualitativas ou quantitativas.

Na pesquisa qualitativa, a ênfase é dada à aquisição da compreensão e da profundidade dos dados, os quais, muitas vezes, não podem ser quantificados. Preocupa-se mais com o significado do que com números, geralmente envolvendo pequenas amostras de entrevistados, mas investigando em profundidade suas opiniões, motivações e atitudes. Por outro lado, a pesquisa quantitativa envolve amostras maiores, instrumentos de pesquisa mais estruturados (questionários e assim por diante) e produz resultados quantificáveis. Em estudos maiores, ambas as técnicas podem ser usadas em conjunto. A pesquisa qualitativa é frequentemente utilizada nos estágios iniciais e exploratórios da pesquisa (Figura 4.4), e a pesquisa quantitativa é utilizada mais tarde para fornecer a quantificação das informações obtidas na pesquisa qualitativa.

Técnicas qualitativas

Técnicas qualitativas são, essencialmente, métodos de pesquisa não estruturados ou semiestruturados que se destinam a estimular os entrevistados a responder livremente e a expressar seus sentimentos, suas opiniões e suas verdadeiras motivações. São usadas duas técnicas principais em pesquisa qualitativa: a discussão em grupo (também denominada de grupos de foco ou entrevista em profundidade com grupos) e a entrevista em profundidade individual.

Discussões em grupo geralmente assumem a forma de uma conversa informal e descontraída entre 7 e 9 entrevistados conduzidos por um líder ou moderador, que garante que o debate cubra as áreas pertinentes para os objetivos da pesquisa. As discussões são, muitas vezes, realizadas nas empresas especializadas (no caso de estudos sobre o consumidor) ou em salas de hotel (no caso de grupos de mercados industriais). A vantagem desse arranjo em grupo é que ele encoraja a interação entre os participantes, o que pode gerar uma discussão mais ampla do que uma sessão de 'entrevista-e-resposta' um-a-um. Seu valor como técnica de pesquisa depende da qualidade do moderador do grupo (geralmente será um psicólogo treinado) e de sua habilidade para encorajar um debate amplo, mas pertinente aos temas de interesse. Os produtos podem ser apresentados ao grupo para experimentação e comentários em um ambiente informal propício à avaliação.

Discussões em grupos foram utilizadas de forma eficaz, por exemplo, no desenvolvimento da mensagem publicitária 'rebeldes, mas gostosos' para bolos com chantilly (Bradley, 1987). Uma série de discussões em grupo identificou sentimentos de culpa associados ao ato de comer bolos com chantilly e, assim, a propaganda poderia se aproveitar disso enfatizando o prazer dos bolos com chantilly e os aspectos ligeiramente rebeldes do ato de comê-los. Sentimentos e emoções desse tipo não poderiam ser obtidos com uma pesquisa quantitativa. O ambiente descontraído e informal da discussão em grupo foi essencial para a obtenção dos indícios que levaram ao desenvolvimento do conteúdo da mensagem publicitária.

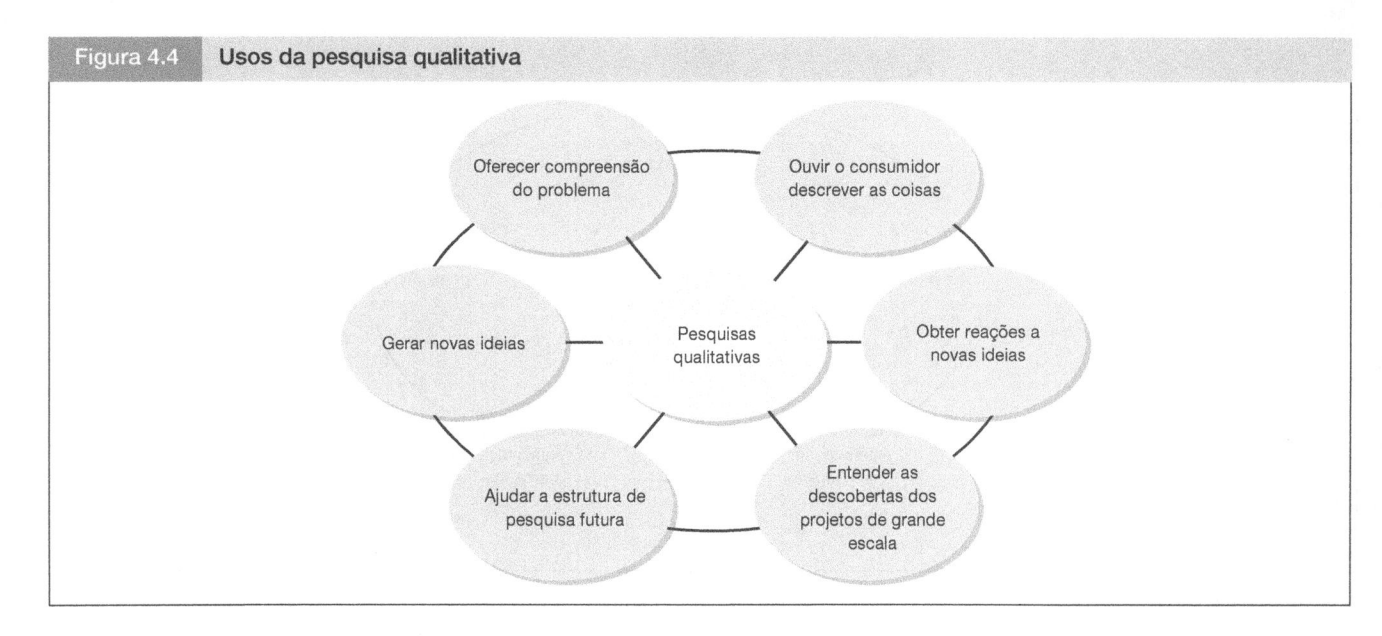

Figura 4.4 Usos da pesquisa qualitativa

- Oferecer compreensão do problema
- Ouvir o consumidor descrever as coisas
- Obter reações a novas ideias
- Entender as descobertas dos projetos de grande escala
- Ajudar a estrutura de pesquisa futura
- Gerar novas ideias

(Pesquisas qualitativas)

A entrevista em profundidade ocorre entre um entrevistador (também muitas vezes um psicólogo treinado) e um entrevistado. Ela é usada de maneira extensa para investigação mais aprofundada sobre motivações, especialmente em áreas de natureza confidencial ou em assuntos delicados, nos quais é necessário que a confiança seja construída entre o entrevistador e o entrevistado. Muitas das técnicas utilizadas em entrevistas de profundidade foram desenvolvidas a partir da psicologia clínica, incluindo o uso de técnicas projetivas, como associações de palavras e a grade de repertório Kelly.*

A pesquisa qualitativa é usada frequentemente como uma investigação prévia, antes de uma investigação mais quantitativa. Nesse contexto, ela pode auxiliar na formulação das perguntas para o desenvolvimento de um questionário futuro, indicar quais perguntas fazer e elucidar características de produto e de marca e as dimensões de imagem. A pesquisa qualitativa também é usada sozinha em estudos de motivação para desenvolvimento e pré-teste das mensagens de propaganda, para avaliação do design da embalagem, para teste de conceito e para testes de novos produtos. A principal limitação da pesquisa qualitativa é que o seu custo e a sua natureza tornam impossível empregar amostras grandes e, portanto, pode ser perigoso extrapolar seus resultados para grandes populações com base na pequena amostra utilizada.

TÉCNICAS QUANTITATIVAS

As técnicas de pesquisa quantitativa incluem levantamentos, métodos de observação e experimentação de diversas formas.

Levantamentos, por si só, são um vasto tópico. Existem três tipos principais de levantamentos, dependendo de como as entrevistas são conduzidas: entrevistas pessoais, quando o entrevistador e o entrevistado ficam frente a frente para uma sessão de perguntas e respostas; entrevistas por telefone, uma técnica de pesquisa cada vez mais empregada conduzida pelo telefone; e pesquisas pelo correio, que usam os serviços do correio para enviar questionários a serem preenchidos pelos entrevistados. A Figura 4.5 mostra os principais usos dos levantamentos.

Cada técnica tem suas vantagens e desvantagens. As entrevistas pessoais são as mais caras de conduzir, mas são as que oferecem maior flexibilidade. Elas são particularmente úteis quando os entrevistados devem reagir diante de algumas afirmações comportamentais e quando são feitas perguntas mais complexas, as quais podem exigir algum esclarecimento por parte do entrevistador.

As entrevistas por telefone são particularmente úteis quando desejam obter os dados de maneira rápida. Elas não têm os custos de enviar fisicamente os entrevistadores para o campo, podem ser controladas, e os dados coletados podem ser digitados diretamente em um computador para posterior análise. Hoje em dia, a maioria das pesquisas de opinião é realizada dessa forma, facilitando sua publicação nos jornais patrocinadores já no dia seguinte. Uma das desvantagens das entrevistas por telefone é a de que nem todos têm telefone e, portanto, a amostra obtida pode ser tendenciosa para os mais abastados da sociedade (esse problema é menos grave hoje do que há alguns anos, pois a maioria das famílias já tem telefone). Outra desvantagem é

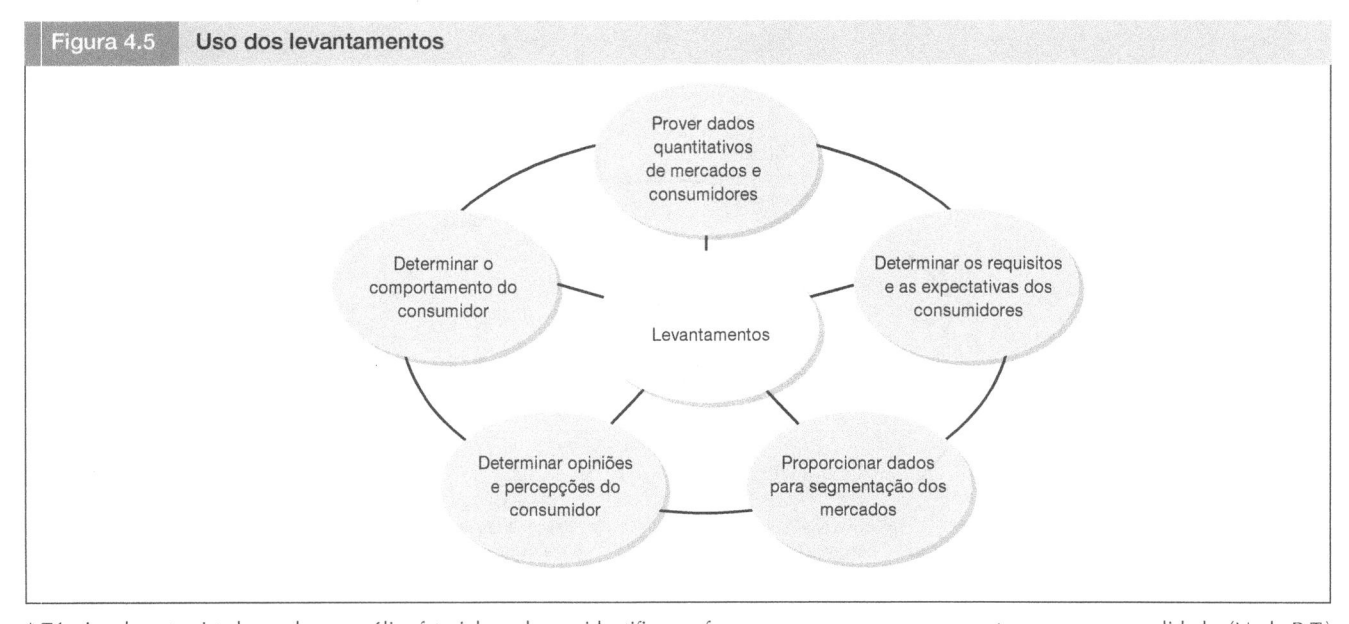

Figura 4.5 Uso dos levantamentos

- Prover dados quantitativos de mercados e consumidores
- Determinar os requisitos e as expectativas dos consumidores
- Proporcionar dados para segmentação dos mercados
- Determinar opiniões e percepções do consumidor
- Determinar o comportamento do consumidor

(Levantamentos)

* Técnica de entrevista baseada em análise fatorial que busca identificar as formas com que as pessoas constroem sua personalidade. (N. do R.T.)

que a entrevista é menos pessoal do que um encontro frente a frente, o que exige que ela seja relativamente curta. Além disso, não é possível mostrar estímulos visuais durante uma conversa telefônica.

Levantamento pelo correio é o método mais barato de todos. Ele é útil na localização de amostras geograficamente dispersas e para situações em que o questionário é longo e detalhado. As taxas de resposta, no entanto, podem ser baixas e há pouco controle sobre quem responde. A falta de contato pessoal exige um questionário redigido com muita clareza e bem pré-testado para garantir fácil compreensão.

Técnicas de observação podem ser particularmente úteis quando é improvável que os entrevistados sejam capazes de dar os tipos de informação necessários ou que estejam dispostos a isso. Crouch e Housden (1996) citam o exemplo da pesquisa em relação a quais itens um comprador pegou de uma prateleira de supermercado, considerou a hipótese de comprá-los, mas não o fez. É improvável que o questionamento direto após as compras produza dados precisos, pois o entrevistado simplesmente não se lembrará. A observação do comportamento de compra na loja pode fornecer esses dados.

A observação pode ser conduzida por pessoas, como no referido caso do comportamento nos supermercados, ou pela observação da densidade de tráfego em estradas específicas ou por meio de instrumentos destinados a monitorar e registrar o comportamento. O principal exemplo deste último é o dispositivo de gravação denominado 'PeopleMeter', usado em pesquisas de audiência de televisão aberta. Uma caixa preta é ligada aos televisores de uma amostra de telespectadores para registrar quando a televisão foi ligada e qual canal foi sintonizado. Cada pessoa que mora na casa é identificada por um código que é ativado quando ela está na sala. Os dados são transmitidos da casa para a empresa de pesquisa por meio da rede telefônica durante a noite, permitindo uma rápida análise dos dados de audiência. Nos últimos anos, PeopleMeters têm sido amplamente adotados em todo o mundo desenvolvido e em desenvolvimento como um método de monitorar a audiência.

O último tipo de pesquisa quantitativa que nos interessa aqui é a experimentação. Experimentações são realizadas em campo ou em ambiente fechado (laboratório). Experimentos de campo são realizados no mundo real, e os indivíduos participantes não devem saber que fazem parte de um experimento. O principal exemplo é o mercado-teste, em que um novo produto será comercializado em uma limitada região geográfica antes de se tomar a decisão de lançar a marca nacional ou internacionalmente. Experimentos em laboratório são conduzidos em um ambiente mais controlado, mas menos realista, dos quais entrevistados sabem que estão participando. A Figura 4.6 mostra os principais usos para experimentos em marketing.

Broadbent (1983) descreve o uso de experimentos regionais no desenvolvimento e nos testes de peças publicitários para a Cadbury Flake. A Cadbury Flake concorre no mercado de confeitaria. As vendas da marca cresceram continuamente até que todo o mercado de confeitaria a granel entrou em declínio. As vendas da Flake, no entanto, caíram duas vezes a taxa do mercado. Um estudo comportamental foi realizado e mostrou uma alta proporção de ex-clientes que achavam que o produto fazia muita sujeira e esfarelava. Como isso representava a principal razão para a compra feita pelos usuários fiéis à marca, não foi considerado mudar a fórmula do produto.

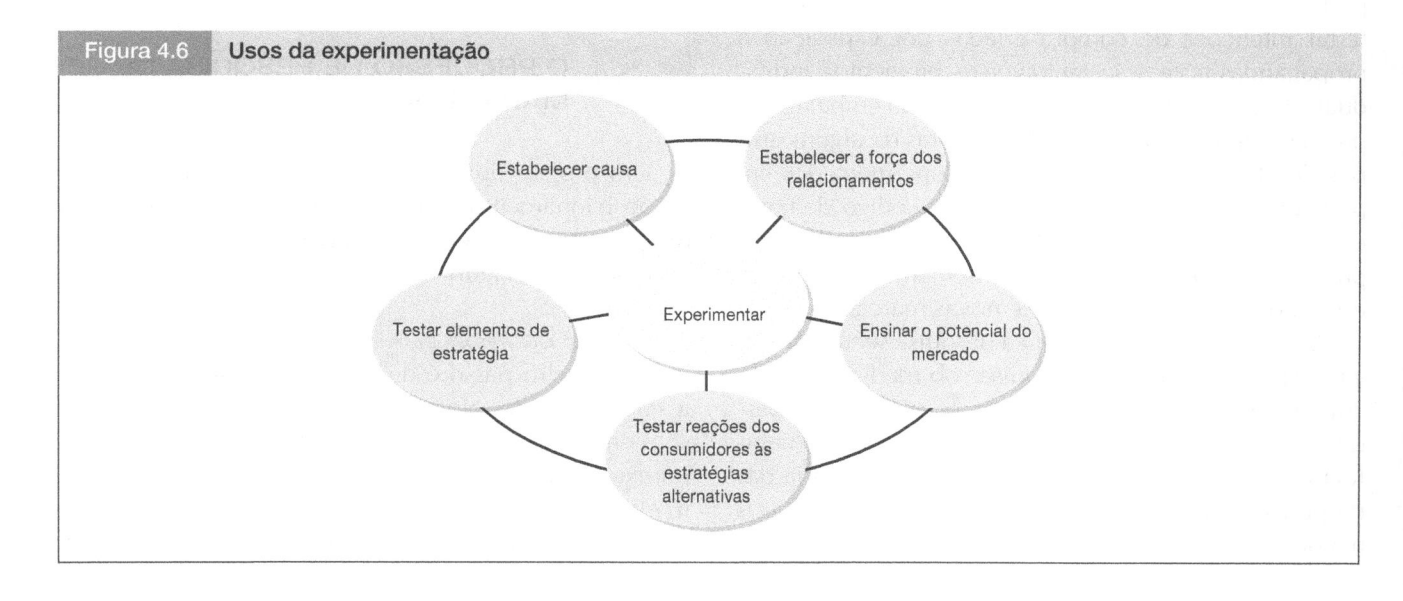

Figura 4.6 Usos da experimentação

- Estabelecer causa
- Estabelecer a força dos relacionamentos
- Ensinar o potencial do mercado
- Testar reações dos consumidores às estratégias alternativas
- Testar elementos de estratégia

(Experimentar)

Uma mensagem alternativa de propaganda foi desenvolvida enfatizando que "cada pedacinho de floco é pura diversão", fazendo do ato de comer Flake uma arte. Várias técnicas para pegar as últimas migalhas foram exibidas: inclinando a cadeira, usando um prato de papel e sugando-as por um canudo.

Os novos anúncios foram testados na televisão nas regiões de Lancashire e Yorkshire, e as vendas foram acompanhadas de perto em comparação ao resto do país. Usando fontes sindicalizadas e pesquisas encomendadas especialmente, estimou-se que nos 18 meses seguintes a venda das unidades de teste tinha aumentado 16% a mais do que o esperado. Tanto as taxas de compras iniciais quanto as de recompra mostraram aumento. A campanha conseguiu transformar o negativo (a sujeira provocada pelas migalhas) em positivo (as migalhas deliciosas de Flake) com o humor dos anúncios, e, assim, a campanha foi estendida de forma gradual a outras áreas.

Tem havido diversas inovações recentes nos mercados-teste. Testes em larga escala, como descrito anteriormente, sofrem uma série de problemas. São caros, demorados e alertam a concorrência para mudanças na estratégia de marketing ou de novos produtos prestes a ser lançados. Como resultado, tem havido um aumento em outros métodos de teste de menor escala.

Minimercados-teste, tais como o 'Modelo de Mercado-Teste' da Taylor Nelson e o 'Minivan' da RBL, oferecem a oportunidade de lançar produtos no mercado real em uma base de distribuição limitada e controlada. Eles são bons métodos para estimar taxas iniciais e de recompra, mas não para avaliar o impacto global do composto de marketing como um todo.

Testes simulados de supermercado disponibilizam produtos de mercearia em um ambiente simulado. Eles podem ser úteis para estimar taxas de experimentação, testar intenções de compra criadas por exposição a propagandas-teste e testar diversos elementos individuais do composto de marketing — como embalagens, preço e estratégia de marca. As compras de alguns grupos de clientes de uma cadeia de supermercados em particular são registradas por meio de código de barra e são relacionadas a cartões de identificação de compras. Esses grupos podem ser particularmente úteis no estudo de mercado limitado de novas marcas.

Assim como acontece com a pesquisa secundária, a variedade disponível na pesquisa sob medida é muito grande. Existe um grande número de agências de pesquisa de mercado com diferentes competências e habilidades. Embora ainda seja verdade que a maioria das despesas em pesquisa de mercado vem das empresas maiores, de bens de consumo não duráveis, é possível para as pequenas empresas aproveitar os serviços de pesquisa e as fontes disponíveis (especialmente pesquisas secundárias).

As técnicas de pesquisa de marketing também vêm sendo cada vez mais usadas para estudar problemas não comerciais. Por exemplo, a pesquisa foi muito usada para investigar o abuso de drogas pelos jovens antes de uma campanha publicitária destinada a combater o problema. A instituição de caridade Oxfam usou pesquisas de opinião para ajudá-la a compreender as motivações por trás de doações de caridade e para ajudar a identificar 'os principais segmentos de doadores'. Durante a preparação para a eleição geral de 2001 no Reino Unido, os dois maiores partidos políticos investiram pesadamente em pesquisa de mercado e de opinião para avaliar as inclinações dos eleitores potenciais. Os resultados de pesquisas de opinião (patrocinadas pela mídia e pelos partidos políticos) foram publicados quase diariamente nas três semanas prévias à eleição.

No contexto do posicionamento competitivo, pesquisas de marketing fornecem os dados brutos com os quais é possível segmentar o mercado de forma criativa e que podem ajudar a identificar posicionamentos de produtos atuais e potenciais. Por exemplo, o Customer Care Research, que reúne as técnicas citadas anteriormente, embora siga o histórico de uma compra (um estudo de caso), está ajudando os profissionais de marketing a refinar suas posições em segmentos em que ainda há 'trabalho a ser feito'. Um executivo de marketing descobriu que seus *milk-shakes* não competiam apenas com outros, mas também com *donuts*, biscoitos, bananas e, mais importante, com o tédio. Assim ele foi capaz de aprimorar seu produto para fazer o trabalho melhor (Christensen *et al.*, 2007; *também* Berstell e Nitterhouse, 2005).

4.3 O PROCESSO DE PESQUISA DE MARKETING

Um projeto típico de pesquisa de segmentação e de posicionamento combina o uso das várias técnicas descritas anteriormente para investigar um determinado mercado. A Figura 4.7 mostra as várias fases.

DEFINIÇÃO DO PROBLEMA

O primeiro passo é definir claramente o problema a ser enfrentado. Normalmente, uma série de discussões entre o pessoal de pesquisa de marketing (interno ou externo à empresa) e os tomadores de decisões de marketing é necessária para garantir que o projeto de pesquisa aborde as questões corretas.

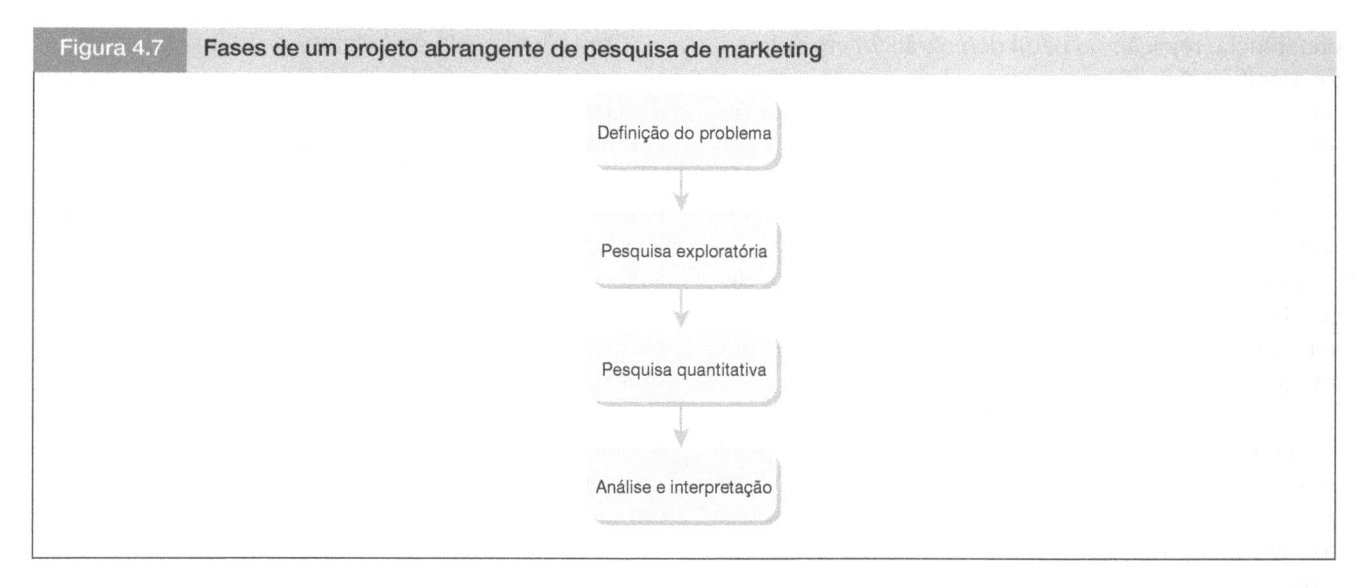

Figura 4.7 Fases de um projeto abrangente de pesquisa de marketing

Definição do problema
↓
Pesquisa exploratória
↓
Pesquisa quantitativa
↓
Análise e interpretação

PESQUISA EXPLORATÓRIA

Como parte da definição do problema e um ponto de partida no processo de pesquisa em si, uma pesquisa exploratória é utilizada para identificar lacunas de informação e especificar a necessidade de pesquisas adicionais.

Inicialmente, podem ser utilizadas fontes secundárias. Os registros da empresa podem ser empregados junto com pesquisas secundárias para quantificar o mercado e traçar seus limites preliminares.

A pesquisa qualitativa pode ser usada para explorar junto com os clientes e/ou clientes potenciais porque e como um produto específico foi utilizado. Nessa fase, discussões em grupo podem ser relevantes em muitos mercados consumidores. Em mercados industriais, embora as discussões em grupo sejam empregadas com sucesso, uma rota preferida é muitas vezes a entrevista pessoal e profunda com clientes-chave.

Em um estudo de segmentação e posicionamento, o foco dessa pesquisa qualitativa é identificar os principais motivadores de compra (ou seja, os principais benefícios que estão sendo procurados) e quaisquer desmotivadores. A pesquisa também deve procurar identificar os concorrentes relevantes e explorar suas forças e fraquezas no atendimento do mercado. Finalmente, hipóteses sobre como o mercado pode ser segmentado devem ser desenvolvidas para que possam ser mais aprofundadas durante as fases posteriores do projeto de pesquisa.

PESQUISA QUANTITATIVA

Embora a pesquisa qualitativa ajude na formulação de hipóteses sobre como o mercado está segmentado e quais são os fatores que influenciam a compra, é improvável que seja suficiente em si para fins de segmentação por causa do pequeno número da amostra, normalmente não representativo. Em geral, ela será seguida por um estudo quantitativo (um levantamento pessoal na maioria das vezes), utilizando uma amostra suficientemente grande e aleatória para permitir avaliar tamanhos de segmentos de mercado e estimar a força das opiniões.

Tal estudo quantitativo pode pedir aos entrevistados para avaliar produtos concorrentes em uma série de atributos que foram identificados como importantes durante a pesquisa qualitativa. Além disso, pode-se pedir aos entrevistados que avaliem qual a importância que cada atributo tem para eles e que expressem quais são as características de 'produto ideal'. O histórico de características dos consumidores também pode ser coletado para que segmentos de mercado ainda não descobertos sejam descritos de forma útil para ações posteriores de marketing (Capítulo 8).

A experimentação também pode ser utilizada na fase quantitativa de um estudo de segmentação e posicionamento. Amostras do produto podem ser exibidas aos consumidores existentes e potenciais para avaliar a reação a produtos novos ou melhorados. Experimentos de análise conjunta podem ser usados para estimar a reação a combinações hipotéticas de atributos de produtos.

ANÁLISE E INTERPRETAÇÃO

Após a coleta de dados, técnicas e modelos estatísticos podem ser empregados para transformar os dados gerados em informações significativas para ajudar na segmentação. A análise fatorial pode ser usada para reduzir um grande número de afirmações comportamentais a suas dimensões ou fatores subjacentes. A análise de agrupamentos pode ser usada para agrupar entrevistados com base em múltiplas características (atitudes, preferência, rejeição ou perfil demográfico) em segmentos significativos. Técnicas de mapeamento perceptual ou de escalonamento multidimensional podem ser utilizadas para representar graficamente modelos da percepção do cliente em duas, três ou mais dimensões relevantes. Essas técnicas são discutidas em mais detalhes no Capítulo 9.

Finalmente, os resultados serão apresentados e discutidos com os grandes tomadores de decisão de marketing para auxiliar em sua interpretação do mercado em que atuam.

A essência de um projeto de investigação bem-sucedido é usar a coleta de dados e as técnicas de análise relevantes tanto para o tipo de produto a ser pesquisado como para a fase do projeto de pesquisa em que estão sendo empregadas. Ao utilizar técnicas inovadoras e olhar para os mercados de uma maneira diferente, muitas vezes é possível ganhar novas visões sobre a estrutura do mercado e, consequentemente, ajudar na definição mais precisa do mercado-alvo.

A seção final deste capítulo analisa a maneira como a informação é organizada dentro da empresa.

4.4 ORGANIZANDO AS INFORMAÇÕES DOS CLIENTES

A informação é organizada dentro da empresa pelo sistema de informações de marketing (SIM). Esse sistema pode ser estruturado de maneira formal, fisicamente constituído por diversas pessoas e uma variedade de hardware e software, ou pode ser uma coleção muito informal de relatórios e estatísticas empilhados na mesa de um executivo ou até mesmo em sua cabeça!

Conceitualmente, entretanto, o sistema pode ser representado como na Figura 4.8 (desenvolvido a partir de Little, 1979). O sistema de informação tem cinco componentes básicos: uma interface de pesquisa de mercado preocupada em coletar e juntar dados brutos retirados do ambiente de marketing; os dados brutos coletados por meio da interface da pesquisa de mercado; as técnicas estatísticas para analisar, sintetizar e consolidar os dados brutos e transformá-los em informação; os modelos de mercado que utilizam tanto os dados brutos quanto as técnicas estatísticas para descrever o mercado, simulando-o ou prevendo-o; e, finalmente, uma interface gerencial que permite ao tomador de decisão acessar as informações e os modelos para ajudar em suas decisões.

DADOS BRUTOS

Conforme discutido, os dados entram no sistema a partir de uma variedade de fontes, internas e externas, primárias e secundárias. Os dados são armazenados em várias formas, como no papel, na cabeça das pessoas ou no computador. Cada vez mais dados são armazenados em mídia acessada por computadores, tais como fita magnética, discos rígidos, CDs, DVDs e pen drives. O aumento da disponibilidade de hardware e software (especialmente a partir do advento do microcomputador) tornou cada vez mais possível armazenar grandes quantidades de dados em formas que permitem acesso fácil e análise rápida.

TÉCNICAS ESTATÍSTICAS

Os processos disponíveis para sintetizar e resumir os dados brutos são chamados de estatísticas. Uma

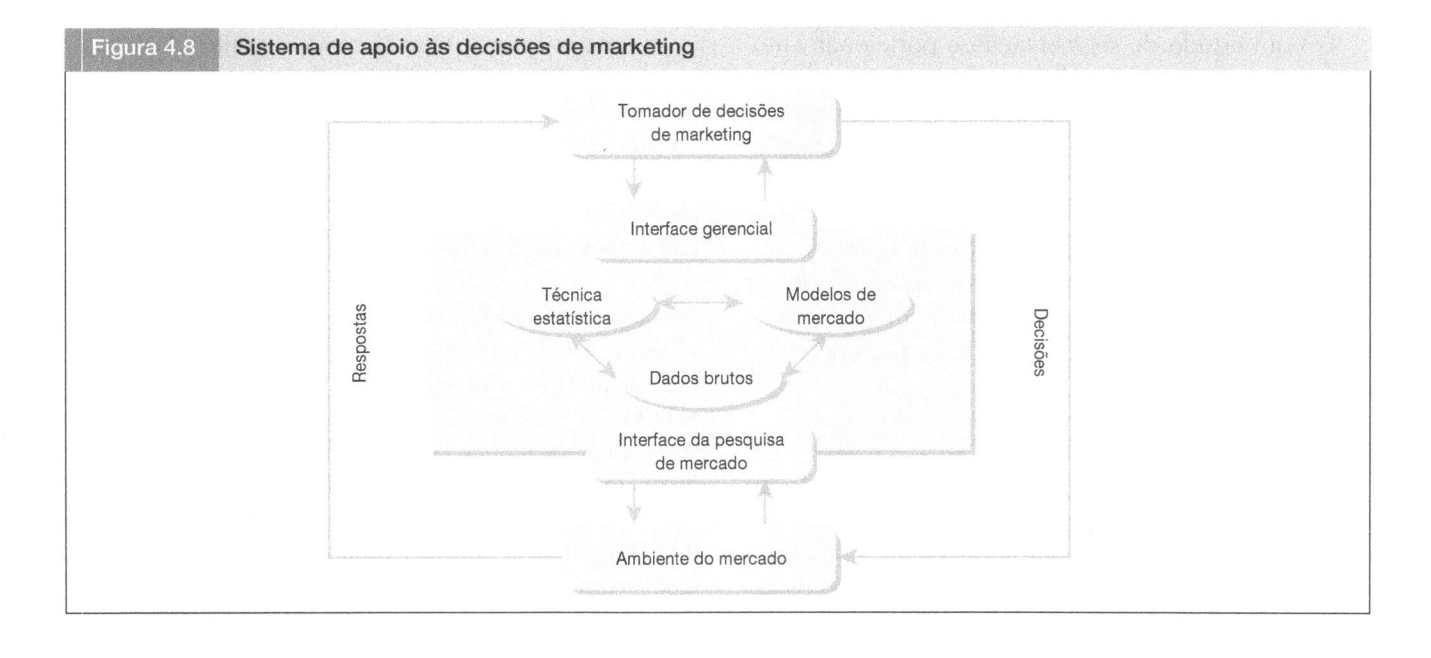

Figura 4.8 Sistema de apoio às decisões de marketing

grande variedade de estatísticas está disponível, mas muitas vezes as mais importantes são as mais simples. Elas permitem que um conjunto de dados seja resumido (como médias, desvios-padrão, intervalos etc.) para que observações pequenas e muitas vezes diversas possam ser condensadas em poucos números importantes (para uma revisão abrangente das técnicas estatísticas disponíveis para analisar dados de marketing, consulte Green *et al.*, 1993; Diamantopoulos e Schlegelmilch, 1997; Hair *et al.*, 1998).

MODELOS DE MERCADO

Um modelo é uma representação do mundo real. A maioria dos gerentes tem na própria cabeça um modelo implícito dos mercados em que operam. Por exemplo, eles podem oferecer uma expectativa em relação ao efeito da mudança de preços sobre as vendas do produto com base em suas experiências. Esse é, essencialmente, seu modelo interno da relação preço/vendas. Ao analisar os dados por meio da utilização de técnicas estatísticas, o analista pode desejar testar o modelo de mercado que ele já tenha. Alternativamente, o objetivo pode ser a construção de um novo modelo de mercado para auxiliar na compreensão gerencial das forças que afetam a demanda e o desempenho global da empresa. Existem modelos que abrangem todas as partes da atividade de marketing. Lilien *et al.* (1992) realizaram uma análise aprofundada dessas tentativas "de trazer ordem ao caos dos fatos coletados".

INTERFACE GERENCIAL

Para que o sistema de informação tenha valor para o tomador de decisões de marketing, é preciso que o acesso a esse sistema seja facilitado e incentivado. A interface entre o gestor e o SIM pode consistir em: um indivíduo (um gerente de informações de marketing); um relatório ou conjunto de relatórios produzidos em uma base regular ou intermitente; ou, cada vez mais, um terminal de computador ou um microcomputador. Com o software necessário para facilitar o uso do SIM, o acesso direto e aplicado para o tomador de decisões pode encorajar uma maior utilização do sistema e da experimentação com os vários modelos desenvolvidos.

SISTEMAS DE APOIO A DECISÕES DE MARKETING

Na década de 1990, houve uma mudança na ênfase da comercialização de sistemas de informação (SIM) para sistemas de apoio à decisão de marketing (SADM). A distinção pode parecer apenas uma questão de semântica, mas é, de fato, fundamental. Enquanto um SIM enfatiza o fornecimento de informações, principalmente sob a forma de fatos e números, um SADM muda a ênfase para auxiliar a tomada de decisões por meio da disponibilização de mecanismos de perguntas e respostas. Em outras palavras, o SADM permite a análise, e não apenas o acesso às informações.

Os sistemas de apoio à decisão podem ter vários tipos de resultados, que foram agrupados em dois tipos: orientados aos dados e orientados ao modelo.

1. **Sistemas de apoio à decisão orientados aos dados** concentram-se na busca de dados e de análises simples usando técnicas estatísticas. Isso pode incluir, por exemplo, a consulta direta de itens como níveis de estoque. Sistemas desse tipo são na verdade sistemas de informação, e não sistemas de apoio à decisão, conforme definido.

2. **Sistemas de decisão orientados ao modelo**, por outro lado, concentram-se na simulação e na representação de aspectos do mundo real. Modelos contábeis, por exemplo, calculam as consequências das ações planejadas sobre o desempenho financeiro da empresa. Modelos representacionais estimam as consequências da ação de um tipo ou de outro. Um modelo de propaganda pode estimar os efeitos de uma campanha publicitária em particular. Modelos de otimização fornecem diretrizes para a ação, gerando as soluções ideais de acordo com uma série de restrições. Por exemplo, dado um orçamento de propaganda, um público-alvo e uma frequência média de impactos necessária, um modelo de otimização poderia ser usado para selecionar a combinação mais eficaz de meios de comunicação e inserções.

No entanto, a implementação do SADM no marketing foi mais lenta do que o previsto, mas com o advento dos computadores e dos programas 'amigos do usuário', a utilização de sistemas de apoio à decisão em marketing está agora se desenvolvendo rapidamente. Várias características dos SADM que os diferenciam de seus predecessores (os sistemas de informação da década de 1970) merecem destaque.

1. Os SADM apoiam decisões! Eles não são apenas sistemas de acesso aos dados, mas também são projetados para ajudar ativamente os gestores a tomar melhores decisões. Além disso, eles apoiam a tomada de decisões gerenciais em vez de substituí-la.

2. Os SADM são essencialmente interativos. Eles permitem ao gerente fazer perguntas, receber informações e experimentar diferentes decisões para estimar os resultados prováveis. Como tal, são mais eficazes quando um gestor tem a oportunidade de utilizá-los diretamente.

3. Os SADM devem ser flexíveis e fáceis de usar. Facilidade de uso é uma das características essenciais

para o uso generalizado e amplo de uma inovação como é o SADM em muitas organizações. A flexibilidade é desejável para que o sistema responda a uma variedade de necessidades de informações e de apoio à tomada de decisão.

SISTEMAS ESPECIALISTAS PARA APOIO À DECISÃO DE MARKETING

Os desenvolvimentos mais recentes em hardware e software oferecem oportunidades estimulantes para a gestão de marketing. A evolução dos sistemas especialistas e da inteligência artificial (que permite não só a modelagem de fenômenos de marketing, mas também a dos processos de tomada de decisão de 'especialistas' na área) promete revolucionar todo o campo de apoio à decisão.

Neste momento, é difícil prever o rumo que esses desenvolvimentos tomarão (Hooley e Hussey, 1999). O que é certo, porém, é que as decisões de marketing se tornarão cada vez mais baseadas em dados (já existe uma explosão de dados em marketing) e haverá uma necessidade cada vez maior de organizar esses dados de maneira significativa para que possam ser utilizados de forma rápida e eficaz. Em particular, o aumento da potência de processamento e de modelagem computadorizada permitirá que as decisões sejam testadas em ambientes simulados antes da aplicação no mundo real.

RESUMO

Entender os clientes é fundamental para o desenvolvimento de uma estratégia de posicionamento coerente. Este capítulo analisou, primeiramente, os tipos de informações sobre os clientes que podem ser úteis para determinar a posição competitiva e, por outro lado, os métodos de pesquisa de marketing disponíveis para recolher essa informação. Em seguida, foi discutido o processo normalmente realizado para identificar potenciais segmentos de mercado e suas necessidades. Finalmente, examinamos a evolução na organização e apresentação de dados.

Técnicas alternativas de análise competitiva de mercado em empresas brasileiras — Estudo de caso brasileiro

O uso de técnicas de análise de mercado já é tradicional nas grandes empresas voltadas para marketing. São comuns e ainda muito usadas a pesquisa qualitativa de discussão em grupo e a pesquisa quantitativa de levantamento por questionário. A discussão em grupo obtém perspectivas sobre as motivações de consumo de um pequeno grupo por meio da interação social entre eles, que, de modo geral, se mostra muito rica. Os levantamentos mediante questionários e amostras representativas permitem a quantificação dessas perspectivas, apontando sua relevância no processo de decisão de compra.

Essas duas opções de técnicas ainda são de grande importância para as empresas, mas geralmente são uma representação estática de um determinado fenômeno em um determinado momento. Assim, nem sempre permitem que se conheçam os fatores subjacentes que lhe deram origem, sua evolução histórica e como eles interagem ao longo do tempo para levar a um determinado comportamento atual, além de também não ser possível projetar suas tendências para o futuro.

A crescente concorrência tem levado à maior necessidade de informações para apoiar as decisões de estratégia de marketing. Hoje podemos encontrar em uso uma variedade muito maior de técnicas, tanto em empresas globais, como também nas que competem no mercado brasileiro.

A análise da prática atual nos permite destacar diversos casos brasileiros de uso de técnicas alternativas, entre elas as de observação, de pesquisa etnográfica e de geomarketing, que têm sido utilizadas com frequência cada vez maior.

As técnicas de observação levantam dados de forma sistemática por meio do acompanhamento no local ou em laboratório das ações do consumidor.

A Procter & Gamble no Brasil, por exemplo, utiliza diversas técnicas de observação, como a de visitar consumidores em suas casas e acompanhar suas compras nos supermercados, além de conversar com clientes em bares e até com crianças em bufês de festas. Um fabricante de calçados filma o movimento em sua loja, analisando a movimentação e o tempo gasto nas diversas atividades do consumidor no ponto de venda. O uso de software específico de análise de imagem facilita a identificação de tendências. A fabricante de fraldas Kimberly-Clark utiliza sistemas de rastreamento a laser que acompanham o movimento do olho enquanto o cliente observa uma embalagem, identificando os pontos que atraem mais atenção.

Já em 1990, a Unilever foi pioneira em recriar uma casa de classe C onde observava o comportamento de consumo de seus produtos. Segundo a AMBEV, 14 mil de seus funcionários foram a campo em 2005 para estudar o comportamento de seus consumidores no ambiente de consumo.

A pesquisa etnográfica, metodologia trazida da Antropologia, estuda consumidores por meio de imersão em seu dia a dia, analisando seus valores, crenças e significados associados ao consumo.

Em 2003, a Procter & Gamble criou um programa em que seus funcionários passavam uma semana em residências de renda entre R$ 400 e R$ 1.200. O programa resultou em diversas informações sobre esses consumidores, como a maior receptividade que eles possuem a vendas porta a porta. Também foi descoberto que o sabão em pó era usado em ambientes úmidos, onde as tradicionais embalagens de papel se desgastavam rapidamente, o que levou à adoção de nova embalagem, plástica e mais resistente.

Pelo seu envolvimento com o pesquisado, essa técnica permite descobrir aspectos de consumo que dificilmente seriam identificados pelas técnicas mais tradicionais. Outras empresas descobriram, por exemplo, que o consumo de sorvete no Brasil é menor que na Europa, apesar de ser um país mais quente. Isso porque lá ele é consumido em diversas situações, enquanto aqui ele é visto mais como uma opção de sobremesa, restringindo seu consumo às refeições. Consumidoras de xampu viam dificuldade de espalhar o líquido no cabelo, já que tinham as mãos ocupadas com a embalagem e a tampa, o que levou ao desenvolvimento da embalagem com tampa *flip-top*. A isca mata-baratas é um produto que se baseia na ideia de que o inseto é envenenado pela isca, mas volta ao ninho, onde contamina os outros antes de morrer. Descobriu-se que ela não funcionava como esperado, porque o consumidor brasileiro não tinha paciência para deixar a barata envenenada ir embora e morrer no ninho e a matava com o chinelo assim que a via.

O crescimento das mídias sociais gerou uma adaptação a esse novo meio virtual, com a pesquisa etnográfica on-line, ou netnografia, que estuda os membros de sites como Orkut, Facebook, Twitter e YouTube.

Geomarketing ou georreferenciamento é a técnica de análise que expõe as informações de um banco de dados em uma interface gráfica que representa uma região geográfica de interesse, permitindo a análise visual da distribuição das informações nessa região. Lançando as variáveis de interesse sobre a superfície geográfica, é possível identificar a localização e a distribuição de perfis específicos de consumidores com base em variáveis demográficas, socioeconômicas, étnicas, religiosas, comportamentais, culturais, atitudinais etc. Ao localizar segmentos de interesse, é mais fácil encontrar ações para atingi-los de forma mais eficiente por meio de um composto de marketing específico — produto, preço, promoção e ponto de vendas adaptados às especificidades locais.

A Nestlé e a Coca-Cola usam o geomarketing para direcionar suas equipes de vendas aos pontos de maior potencial e para analisar sua distribuição. O Grupo Pão de Açúcar o utiliza para identificar os melhores pontos de localização de suas diferentes bandeiras, o perfil do público local e seu potencial. Para os supermercados da bandeira Pão de Açúcar, esse sistema identifica onde encontrar clientes que buscam qualidade e atendimento diferenciado. Para as bandeiras Compre Bem e Sendas, procura-se a mulher batalhadora, de orçamento restrito, que gerencia o lar. Para o Hipermercado Extra, o geomarketing visa aos clientes que buscam variedade a preços competitivos e, para a bandeira Assai, foca atacadistas e varejistas (o conhecido segmento do atacarejo).

O Shopping Higienópolis, em seu lançamento, utilizou o LuxuryMap, uma ferramenta de geomarketing de luxo, para gerar uma mala direta para clientes em potencial nas vizinhanças, acelerando o conhecimento da marca e a intenção de compra no empreendimento.

Questões para discussão

1. Como o uso das técnicas alternativas facilita a inovação e a competitividade das empresas?
2. Quais as diferenças entre as pesquisas observacionais e as etnográficas e como cada uma pode ser usada de melhor forma pelas empresas?
3. Em quais situações o uso do geomarketing é mais adequado?

Capítulo 5
Análise da concorrência

Um cavalo nunca corre tão rápido como quando tem outros cavalos para alcançar e ultrapassar.

Ovídio, *A arte do amor* (8 d. C.)

INTRODUÇÃO

Sun Tzu (para uma tradução clara e lúcida, *veja* Clavell, de 1981), o grande general chinês que viveu no século IV a.C., resumiu a importância da análise da concorrência:

Se você conhece o inimigo como conhece a si mesmo, não é preciso temer o resultado de cem batalhas. Se você conhece a si mesmo, mas não o inimigo, para cada vitória que conseguir, você sofrerá uma derrota. Se você não conhece nem o inimigo nem a si mesmo, você sucumbirá em todas as batalhas.

O que valia para a guerra no quarto século a.C. é igualmente válido para os negócios de hoje em dia. No entanto, a maior complexidade enfrentada pela empresa moderna é que o seu principal concorrente, cliente e colaborador podem ser a mesma empresa! Por exemplo, Kodak e Fuji são rivais ferozes no setor de filmes fotográficos, embora, em 1996, elas tenham trabalhado em conjunto para trazer ao mercado um sistema fotográfico avançado, ao mesmo tempo que travavam uma batalha nos tribunais japoneses sobre as questões de proteção de mercados. Da mesma forma, o programa ECR — Resposta Eficiente ao Consumidor (para mais detalhes consulte o site <http://www.ecrbrasil.com.br>) — envolve grupos de fabricantes concorrentes que trabalham junto com os varejistas para agilizar as cadeias de suprimentos — uma aliança de concorrentes, clientes e colaboradores. Na indústria da construção, muitos projetos que demandam grande capital exigem, agora, que empresas acostumadas a competir ferozmente umas contra as outras colaborem para benefício mútuo. A complexidade e a ambiguidade enfrentadas pelos executivos em muitos mercados modernos destacam ainda mais a exigência de se identificar e compreender os concorrentes.

Sem um conhecimento das forças e das prováveis ações dos concorrentes, é impossível formular o componente central da estratégia de marketing — encontrar um grupo de clientes junto aos quais se tem uma vantagem competitiva diante da concorrência. Da mesma forma, como a vantagem competitiva é um conceito relativo, uma empresa que não compreende bem os seus concorrentes não consegue compreender a si mesma.

Vários estudos demonstram uma correlação positiva entre um claro entendimento das estratégias e ações do concorrente e o desempenho das empresas (por exemplo, Osborne *et al.*, 2001; Kapelianis *et al.*, 2005).

As principais empresas do Japão mantêm a obsessão de Sun Tzu pela análise do concorrente. Embora empresas ocidentais e orientais bem-sucedidas sejam parecidas em muitos aspectos (Doyle *et al.*, 1986), o comprometimento das empresas japonesas em recolher informações tem sido identificado como uma de suas principais características diferenciais (Kotler *et al.*, 1985). Como um exemplo, Lehmann e Winer (1991) relatam que a unidade de inteligência da Mitsubishi nos Estados Unidos ocupava dois andares inteiros em um edifício de escritórios em Nova York. Na verdade, já no início dos anos 80, a *Business Week* descrevia como as empresas japonesas haviam estabelecido postos de observação em todo o coração da indústria norte-americana de computadores, o Vale do Silício, na Califórnia, monitorando o desenvolvimento da tecnologia dos Estados Unidos ao contratar especialistas norte-americanos em software.

Este capítulo traz uma estrutura para as atividades essenciais de coleta, divulgação e ação no que diz respeito à inteligência do concorrente. Ele abrange quatro áreas:

1. O *benchmarking* em relação a rivais;
2. As dimensões da análise da concorrência;
3. A escolha de 'bons' concorrentes;
4. A origem, as fontes e a divulgação de informações sobre a concorrência.

5.1 BENCHMARKING COMPETITIVO

O *benchmarking* competitivo é o processo de comparar suas estratégias e operações de sua empresa com as das empresas consideradas melhores da classe, tanto dentro como fora de seu próprio setor (Swain, 1993). O objetivo é identificar as melhores práticas que podem ser adotadas ou adaptadas para alavancar seu próprio desempenho. O *benchmarking* geralmente envolve quatro etapas principais.

5.1.1 Identificar com quem fazer benchmarking

Os líderes de um setor são as empresas óbvias com as quais comparar suas próprias atividades. Será fundamental para essa análise identificar as chaves de seu sucesso no mercado. O que elas fazem de forma diferente das outras? O que faz a diferença em suas operações? Por que elas são vencedoras?

Nas organizações sem fins lucrativos, como hospitais e universidades, também há *benchmarking*. Aqui, o foco do *benchmarking* será naquelas operações mais bem-sucedidas em função de quaisquer critérios considerados importantes. Para os hospitais, os líderes podem ser definidos como aqueles com os índices de mortalidade mais baixos durante cirurgias, ou aqueles com o maior número de pacientes com tratamento concluído. Para as universidades, os líderes podem ser identificados como aqueles com a melhor reputação em pesquisas, ou como aqueles mais capazes de atrair estudantes para seus cursos.

No entanto, o *benchmarking* também pode ser feito em relação aos atuantes menores no mercado geral. Os novos entrantes ou empresas menores e mais focadas podem ter pontos fortes com os quais a empresa pode aprender. Essas forças podem estar em um aspecto particular de suas operações, e não nas operações como um todo. Por exemplo, uma empresa pode ser líder no atendimento ao cliente, enquanto outra pode ser a melhor no setor de controle de custos. Nas universidades, pode ser apropriado realizar o *benchmarking* em relação aos melhores prestadores de educação a distância ou com os melhores pesquisadores de uma área em particular.

Organizações também fazem *benchmarking* de atividades específicas (como fornecimento e compras) em relação a outras organizações fora de seu setor imediato, com o qual podem aprender algumas lições. Quando a Xerox quis melhorar seu processamento de pedidos e armazenagem, ela fez *benchmarking* com a L.L. Bean, empresa de vendas por correspondência, que se acreditava ser muito mais avançada do que os principais concorrentes da Xerox (Swain, 1993).

5.1.2 Identificar quais aspectos do negócio de benchmarking

Todos os aspectos do negócio em toda a cadeia de valor (veja a seguir) são candidatos para o *benchmarking*. Recursos escassos e restrições de tempo geralmente ditam a escolha de alguns processos-chave para a análise comparativa detalhada. Esses processos, inicialmente, concentram-se nos fatores-chave para o sucesso no setor. O foco inicial também estará em processos que representem custos significativos, que terão um impacto significativo sobre a satisfação do cliente, e que ofereçam mais espaço para melhorias. Posteriormente, essas análises poderão ser ainda mais ampliadas na tentativa de criar novas vantagens competitivas em novas áreas de operação.

5.1.3 Coletar dados relevantes para permitir a comparação de processos e operações

Os dados sobre as operações da própria empresa podem estar facilmente disponíveis, mas quando se faz *benchmarking* com os concorrentes, o segredo comercial pode dificultar o acesso aos dados pertinentes. Swain (1993) sugere três principais fontes de informações do concorrente para o *benchmarking*: fontes públicas, compartilhamento de dados e entrevistas.

- **Fontes públicas** incluem relatórios da companhia, relatórios técnicos (comerciais), estudos do setor e pesquisas financiadas pelo governo ou por associações setoriais. Por exemplo, para bens de consumo, relatórios da revista *Which?* fornecem dados úteis que comparam o desempenho de produto a partir da perspectiva do consumidor.
- O **compartilhamento de dados** pode ocorrer em eventos do setor, como conferências, por meio de contatos diretos, formais ou informais. Na maioria

dos setores, empregados e gerentes das empresas concorrentes se encontram de tempos em tempos para trocar informações entre si, de forma consciente ou subconsciente.
- **Entrevistas diretas** com clientes, distribuidores, especialistas do setor, ex-funcionários de concorrentes, reguladores, funcionários governamentais etc. também podem ser úteis na coleta de dados sobre as operações de concorrentes para fins de *benchmarking*. Muitas vezes, os clientes da concorrência são ricas fontes de informações sobre os processos dos concorrentes. Por exemplo, questionar os clientes sobre os níveis de serviços que eles receberam, ou a maneira como as reclamações foram atendidas, pode ajudar a identificar os processos utilizados nos bastidores para oferecer aquele serviço.

5.1.4 Comparação com seus próprios processos

A fase final do processo de *benchmarking* é comparar e contrastar os processos das empresas identificadas como as melhores em determinadas áreas com os processos da própria empresa, para identificar as ações que precisarão ser adotadas, e para estabelecer os processos para mensuração e monitoramento das melhorias.

Uma vez feitas as comparações e identificadas as áreas que necessitam de atenção direta, várias opções se apresentarão. Primeiro, a empresa pode concluir que suas próprias operações estão próximas às melhores práticas e, portanto, continuarão com elas, esforçando-se para melhorar sempre que possível. Segundo, a empresa pode concluir que seus processos estão inadequados e precisam ser corrigidos. Isso pode envolver a criação de novos processos que se espelham nas melhores práticas identificadas. Alternativamente, a empresa pode incluir processos de melhores práticas de outros setores que lhe permitirão ultrapassar a concorrência e ganhar vantagem competitiva a partir da inovação de processos.

Sempre que novos processos são propostos ou que processos existentes são reforçados, é preciso definir metas mensuráveis que permitam à empresa avaliar seu progresso na busca pelas melhores práticas. Esses objetivos devem ser específicos (por exemplo, atender 95% das chamadas telefônicas no terceiro toque) e atingíveis dentro de um período específico de tempo.

Além do valor como *benchmarking* na análise dos concorrentes, ter um quadro mais claro sobre as estratégias, as forças e as fraquezas da concorrência também ajuda as empresas a desenvolver estratégias competitivas mais eficazes. Vamos, agora, discutir os principais processos de análise do concorrente com o objetivo de formulação de estratégia.

5.2 DIMENSÕES DA ANÁLISE DA CONCORRÊNCIA

No médio prazo, o foco da análise devem ser os concorrentes da empresa pertencentes ao mesmo grupo estratégico que ela. A longo prazo, porém, há um perigo em uma análise tão restrita. A indústria como um todo deve ser vasculhada em busca de concorrentes indiretos que possam ter os recursos ou a necessidade de superar as barreiras de entrada para o grupo estratégico da empresa encarregada da análise. Embora as barreiras à entrada possam ser elevadas, o grupo estratégico desta empresa pode atrair novos participantes caso apresente lucros elevados ou grande potencial de crescimento.

Durante muito tempo, os fabricantes europeus de automóveis de luxo sofreram com certa 'miopia' ao se concentrar umas nas outras em vez de em fabricantes japoneses em massa existentes no mercado norte-americano. Os japoneses tinham construído continuamente uma reputação em termos de qualidade e de tecnologia que ainda estão explorando, juntamente com seus enormes recursos, para competir contra os europeus no próprio mercado europeu.

O setor de serviços financeiros do Reino Unido é exemplo de que os concorrentes convencionais têm perdido muitos negócios para a entrada de participantes com novo estilo, que contam com duas armas poderosas: grandes fontes de diferenciação competitiva e vantagens de custo significativas. Essas armas incluem operações de marketing direto, como a Direct Line, baseada no telemarketing; a exploração da força da marca e a simplificação do produto em outra forma de marketing direto, como o caso da Virgin Direct; a entrada no setor bancário por grandes supermercados como Sainsbury e Tesco, explorando sua base de clientes e locais de varejo existentes; e a entrada gradativa de diversas empresas como a British Gas, a British Airways e companhias petrolíferas que selecionam determinados produtos financeiros. Provavelmente a turbulência continuará. Em 1996, Bill Gates, presidente da Microsoft, teria dito: "Dê-me uma participação nos negócios financeiros e os bancos estão mortos!". Ainda não está claro, mas é possível que a verdadeira questão competitiva para os bancos e outros participantes convencionais seja saber se ainda haverá um setor de serviços financeiros separado e distinto no futuro.

Temos, então, que uma segunda fonte de ameaça podem ser os potenciais entrantes ou substitutos na indústria. Parte do fracasso da EMI no mercado de tomografia computadorizada foi a falta de atenção em relação a novos entrantes que se sentiriam atraídos com seu sucesso extremamente rentável no novo mercado. Em vez de construir defesas ou coligações contra o ataque quase inevitável, a empresa optou por continuar a explorar o mercado como se fosse o único fornecedor. Talvez a maior falha tenha sido a queda na qualidade do produto e a incapacidade de desenvolver uma rede de apoio para seu produto (Kay, 1993).

A longo prazo, os substitutos são a principal ameaça à indústria. Eles não só trazem novos processos e produtos com vantagens que podem comprometer totalmente as capacidades dos operadores atuais (como a tomografia fez com certos tipos de máquina de raios X), mas também podem trazer consigo concorrentes novos e famintos que estão dispostos a questionar as práticas da indústria convencional. Quando a IBM entrou no mercado de PCs, ela foi muito bem-sucedida em relação aos concorrentes-alvo (Apple e Hewlett-Packard), mas teve grande dificuldade em lidar com a nova concorrência (Compaq, Toshiba e Dell) que seu PC padronizado atraiu. Um exemplo mais recente são os downloads que estão revolucionando a indústria da música e apressando a morte do CD pré-gravado, cenário no qual a Apple (originalmente uma empresa de computadores) se tornou o atuante central.

A análise dos concorrentes, portanto, envolve a avaliação de uma série de círculos concêntricos de adversários: no centro estão os concorrentes diretos dentro do grupo estratégico; depois vêm as empresas do setor que são levadas a superar as barreiras à entrada no grupo estratégico; e mais afastados estão os entrantes e substitutos em potencial (Figura 5.1).

Lehmann e Winer (1991) sugerem quatro estágios principais na análise da concorrência (Figura 5.2):

1. **Avaliar os objetivos atuais e futuros da concorrência:** Entender o que o concorrente está se propondo a atingir pode dar pistas quanto ao rumo a ser seguido e quanto à agressividade com que ele prosseguirá nessa direção.
2. **Avaliar as estratégias atuais da concorrência:** Compreendendo as estratégias usadas pelos concorrentes na busca de suas metas e objetivos, a empresa pode identificar oportunidades e ameaças decorrentes de ações da concorrência.
3. **Avaliar os recursos da concorrência:** O ativo e o perfil da capacidade dos concorrentes demonstram

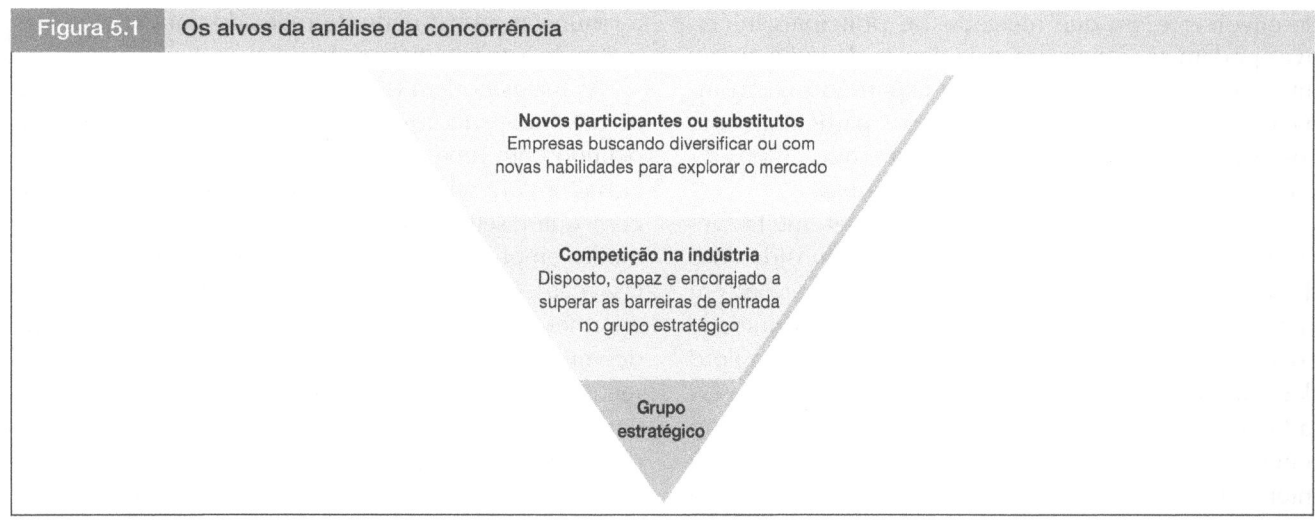

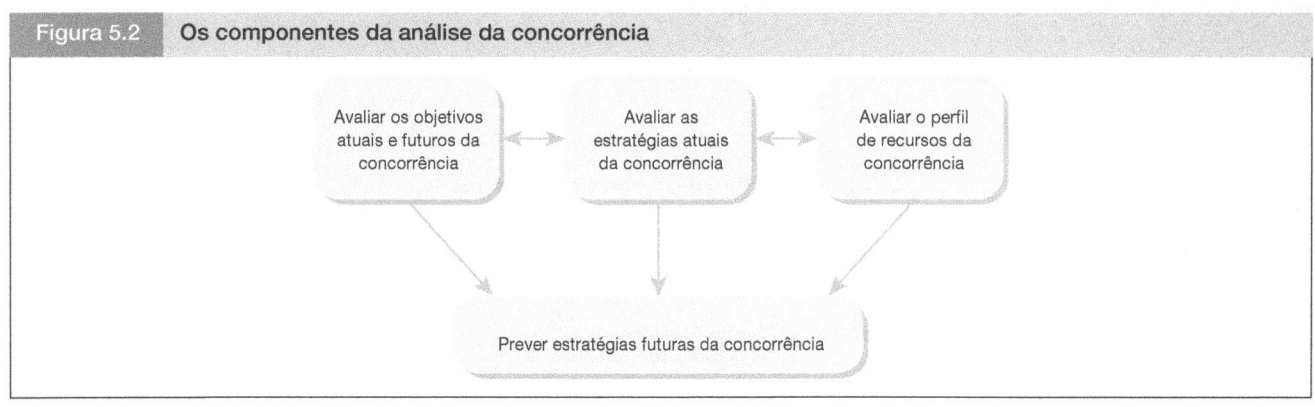

Figura 5.1 Os alvos da análise da concorrência

- **Novos participantes ou substitutos**
  Empresas buscando diversificar ou com novas habilidades para explorar o mercado
- **Competição na indústria**
  Disposto, capaz e encorajado a superar as barreiras de entrada no grupo estratégico
- **Grupo estratégico**

Figura 5.2 Os componentes da análise da concorrência

Avaliar os objetivos atuais e futuros da concorrência ↔ Avaliar as estratégias atuais da concorrência ↔ Avaliar o perfil de recursos da concorrência

→ Prever estratégias futuras da concorrência

o que eles são capazes de fazer atualmente. Esses recursos podem não estar sendo totalmente aplicados no momento, mas podem dar novas pistas sobre como o concorrente agirá no futuro ou como ele reagirá às ameaças.

4. **Prever estratégias futuras da concorrência:** Por meio da combinação das análises anteriores, a empresa pode começar a responder talvez a questão mais fundamental na análise da concorrência: o que a empresa provavelmente fará no futuro?

A seguir, cada um desses itens será discutido em detalhes. Serão sugeridas especificamente fontes potenciais de informação, junto com as maneiras como as análises podem ser realizadas. O objetivo da análise não é apenas descrever o concorrente, mas ser capaz de avaliar suas intenções futuras ou, mais importante, avaliar o que o concorrente pode fazer em resposta às ações da empresa avaliadora.

5.2.1 Avaliando os objetivos atuais e futuros da concorrência

Compreender as metas ou os objetivos dos concorrentes pode dar orientações para o desenvolvimento da estratégia em três níveis (Figura 5.3). Metas podem indicar os pontos que a empresa tem a intenção de desenvolver e em que mercados as principais iniciativas podem ser esperadas, seja dentro da indústria ou internacionalmente. As áreas de expansão podem indicar mercados que virão a se tornar particularmente competitivos, mas que podem, ao mesmo tempo, representar empresas não tão comprometidas.

Se a intenção é a coexistência rentável, muitas vezes é melhor competir em áreas que são consideradas de interesse secundário para as grandes empresas em vez de competir diretamente. Essa foi a oportunidade criada quando tanto a General Motors quanto a Ford declararam que o mercado de carros pequenos nos Estados Unidos e na Europa eram intrinsecamente não rentáveis e, portanto, de pouco interesse para eles. O interessante é que ambos estão agora perseguindo esse mercado de maneira ativa, agora que seu potencial se revelou por completo. Pressões no ambiente competitivo por conta da poluição automobilística e do congestionamento nas ruas estão levando os governos a implantar medidas para incentivar pequenos carros com motores mais eficientes. A resposta inicial da Ford na Europa foi o lançamento do Ka, um carro pequeno de baixo consumo de combustível, bom para trechos menores e como o segundo carro da família. Isso mostra que os objetivos mudam conforme as circunstâncias no ambiente competitivo mudam, e que mudanças na direção estratégica dos concorrentes precisam ser constantemente monitoradas.

As metas também podem dar uma indicação sobre o nível da atividade concorrente e da rivalidade. Quando empresas como a Procter & Gamble ou General Electric declaram que estão interessadas apenas em ser o número 1 ou um forte número 2 nos mercados em que operam, é de se esperar que elas competirão muito intensamente em todos os mercados em que entrarem.

Finalmente, as metas de uma empresa podem indicar o tipo de escolhas que ela provavelmente tomará quando enfrentar uma adversidade. A obsessão de muitas filiais norte-americanas no exterior pela necessidade de relatar um aumento gradual e constante de lucros significa que elas estão, muitas vezes, dispostas a renunciar a uma parte do mercado para atingir suas metas de lucro a curto prazo.

As metas podem ter implicações em todo portfólio de atividades de uma empresa. Quando se está competindo com uma empresa diversificada, metas ambiciosas em um setor podem indicar que o compromisso com outro setor está diminuindo. Da mesma forma, muitas empresas grandes e diversificadas podem, muitas vezes, não ser capazes de tirar proveito de suas enormes vantagens financeiras em virtude de sua falta de vontade para fazer mudanças estratégicas em seus recursos. Também pode ocorrer que empresas voltadas para finanças possam não estar dispostas a assumir os riscos de novos empreendimentos, preferindo pegar os restos daqueles que não foram bem-sucedidos ao assumir o risco no início.

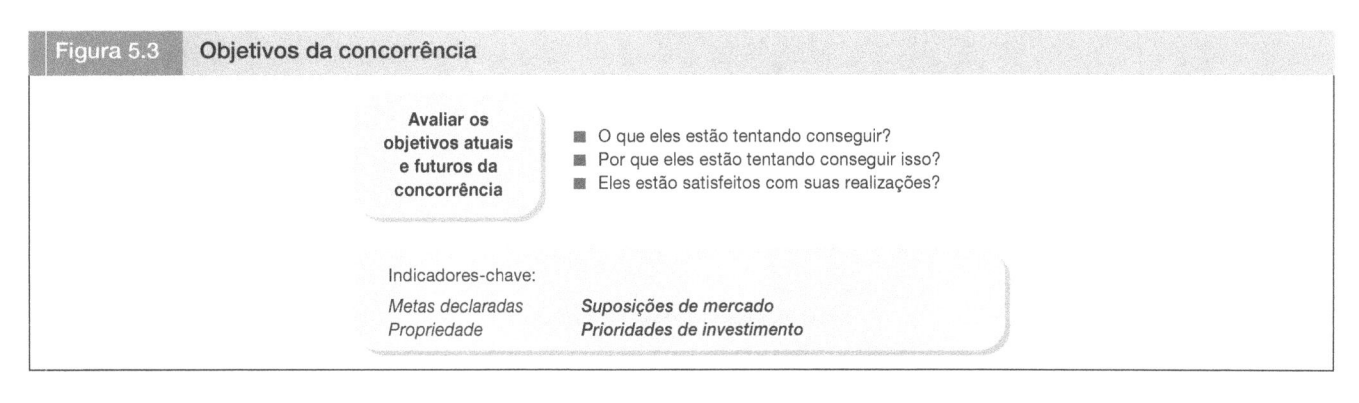

Figura 5.3	Objetivos da concorrência

Avaliar os objetivos atuais e futuros da concorrência
- O que eles estão tentando conseguir?
- Por que eles estão tentando conseguir isso?
- Eles estão satisfeitos com suas realizações?

Indicadores-chave:

Metas declaradas	*Suposições de mercado*
Propriedade	*Prioridades de investimento*

Metas e objetivos dos concorrentes podem ser inferidos a partir da observação das estratégias que eles estão buscando, juntamente com declarações que fazem em relatórios da empresa, comunicados para a mídia etc. Por exemplo, as decisões de construir novas fábricas são um sinal claro da meta de crescer. O recrutamento de pessoal com habilidades especiais (identificado pela observação dos anúncios de emprego) pode indicar novas direções em que o concorrente pode ir.

Estruturas de recompensa para os funcionários também podem indicar os objetivos. Quando o pessoal de vendas, por exemplo, é recompensado em uma porcentagem de comissão de vendas, a prática sugere que o volume de vendas (em vez de rentabilidade) é um objetivo-chave (Lehmann e Winer, 1991).

Outro indicador de metas para o futuro pode ser a estrutura de propriedade do concorrente. Concorrentes que pertençam aos funcionários e/ou aos gestores podem priorizar a continuidade dos empregos em comparação à empresa constituída de acionistas convencionais. Da mesma forma, concorrentes administrados pelo setor público podem estabelecer prioridades mais elevadas para metas sociais em relação a rentabilidade. Concorrentes que sejam parte de um conglomerado diversificado podem ser administrados tendo em vista a geração de caixa a curto prazo em detrimento a objetivos de longo prazo em relação ao posicionamento de mercado.

Pressupostos fundamentais

Os pressupostos que uma empresa tem sobre si mesma e sobre o mercado afetam as metas e os objetivos que ela define e podem ser uma fonte de oportunidades ou de ameaças. Os exemplos de pressupostos errados feitos por empresas e suas terríveis consequências são muitos. Na década de 60, a Cunard presumiu que, como o custo da viagem transatlântica era muito elevado, as pessoas prefeririam uma viagem prazerosa em vez de gastar uma grande quantia de dinheiro para cruzar o Atlântico em poucas horas dentro de um avião. O resultado dessa lógica equivocada da Cunard e de outras operadoras de navios de passageiros foi um grande aumento naquela época da tonelagem dos navios em construção, que iria trazer problemas no futuro, em seus últimos anos de vida útil. Da mesma forma, a suposição da Dunlop de que ela se destacava na tecnologia de borracha de pneus fez com que ela negligenciasse o desenvolvimento pela Michelin de pneus radiais. O resultado foi um declínio catastrófico em sua própria participação de mercado, acompanhado por uma diminuição no tamanho do mercado total, que ocorreu devido ao prolongamento da vida útil dos novos produtos da Michelin. Tendo assumido sua primazia em um mercado já estabelecido, a posição da Dunlop se tornou impraticável por sua incapacidade de desenvolver novos produtos que a tornassem competitiva nesse novo mercado.

A Dunlop e a Cunard não foram atípicas em sua incapacidade de ver mudanças nas condições de mercado. Como Foster (1986) diz, há uma tendência de as empresas existentes classificarem novas tecnologias como de pouca importância ou talvez como parte de uma moda passageira de algum segmento do mercado. Assim foi o caso da indústria relojoeira suíça quando se deparou com a concorrência de alternativas digitais japonesas.* Assim, a avaliação dos pressupostos dos concorrentes e da própria empresa pode ser de grande importância estratégica. Dito isso, há uma lacuna evidente entre a necessidade e a capacidade de as empresas questionarem suas próprias suposições.

As análises de como as principais empresas geralmente reagem às ameaças tecnológicas mostram que raramente elas são capazes de mudar sua orientação histórica. O'Shaughnessy (1995) explica como as empresas existentes muitas vezes ignoram os problemas em vez de tomar medidas corretivas. Ele sugere que há uma tendência de as empresas forçarem as evidências para se encaixar em explicações preconcebidas; de tornarem-se surdas a qualquer evidência em contradição a suas crenças; de preverem a mais temida ação competitiva como uma defesa, caso haja alguma análise posterior a tal ação; de preverem que a ação competitiva será aquela em que a estratégia favorita do gerente funcionará como uma contraestratégia, para que assim se obtenha apoio a essa estratégia.

5.2.2 Avaliando as atividades e as estratégias atuais da concorrência

Avaliar a atual estratégia envolve a pergunta básica: "O que exatamente o concorrente está fazendo neste momento?" (Figura 5.4). Isso requer que se faça uma lista o mais completa possível do que cada concorrente está tentando fazer e como eles estão tentando chegar lá. É uma atividade essencialmente complexa para a qual os componentes da estratégia de marketing delineada no Capítulo 2 podem dar alguma base.

Três grupos principais de questões precisam ser abordados no que diz respeito à compreensão das estratégias atuais do concorrente. Em primeiro lugar está a

---

* Os suíços desenvolveram os primeiros relógios digitais a quartzo, mas acharam que sua qualidade não era compatível com a reputação da indústria suíça, e permitiram que indústrias japonesas utilizassem as patentes, através de licenciamento. Em poucos anos a nova tecnologia dominou o mercado de massa, gerando crise profunda, falências e desemprego nas empresas suíças). (N. do R.T.)

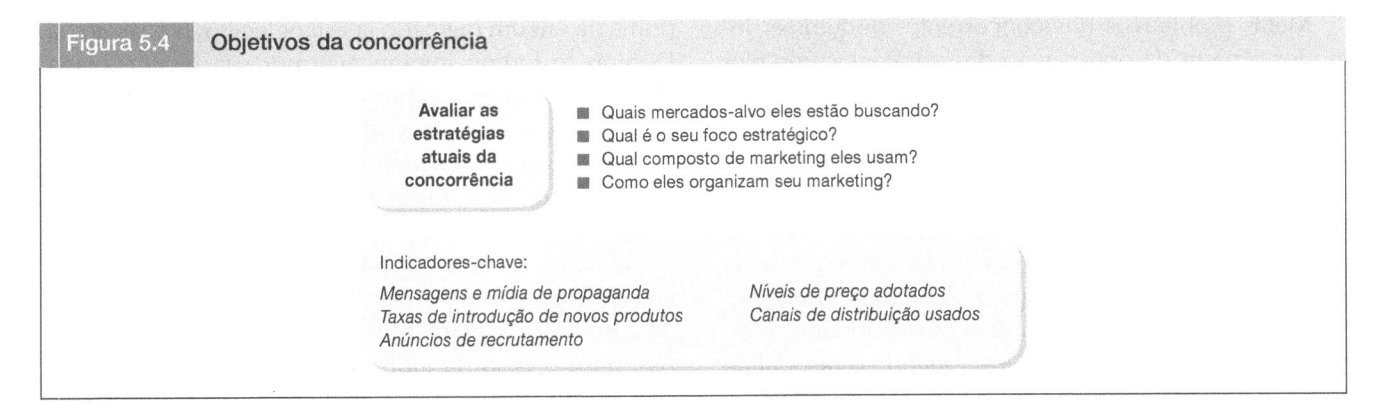

> **Figura 5.4   Objetivos da concorrência**
>
> **Avaliar as estratégias atuais da concorrência**
> - Quais mercados-alvo eles estão buscando?
> - Qual é o seu foco estratégico?
> - Qual composto de marketing eles usam?
> - Como eles organizam seu marketing?
>
> Indicadores-chave:
> Mensagens e mídia de propaganda
> Taxas de introdução de novos produtos
> Anúncios de recrutamento
> Níveis de preço adotados
> Canais de distribuição usados

identificação do mercado ou dos mercados escolhidos para atuação: a seleção de mercados-alvo. Em segundo lugar, fica a identificação da forma que eles escolheram para operar nesses mercados: o foco estratégico que estão adotando com relação ao tipo de vantagem competitiva que estão tentando transmitir. Em terceiro vem o composto de marketing de apoio que está sendo adotado para permitir que se atinja o posicionamento desejado. Além desses três elementos fundamentais da estratégia, também pode ser útil avaliar a organização do esforço de marketing — as estruturas adotadas — para facilitar a implementação da estratégia.

Mercados-alvo da concorrência

Os mercados mais amplos e os segmentos específicos de mercado em que os concorrentes optam por competir podem, muitas vezes, ser inferidos a partir da análise dos produtos e serviços que eles estão oferecendo, juntamente com as maneiras como estão atribuindo preços, realizando promoções e fazendo a distribuição. Em geral, esses elementos do composto de marketing são aspectos altamente visíveis das atividades de uma empresa e estão disponíveis para os concorrentes analisarem.

Os recursos embutidos em produtos e o tipo e a extensão do serviço prestado serão bons indicadores dos tipos de cliente que o concorrente pretende servir. Na indústria automobilística, por exemplo, os produtos fabricados pela Jaguar, uma subsidiária da Ford*, indica claramente os tipos de clientes que estão sendo buscados. A Skoda, agora de propriedade da Volkswagen, por outro lado, oferece carros muito diferentes do mercado, sugerindo um mercado-alvo completamente diferente. Os preços praticados também muitas vezes são um indicador do mercado-alvo que se pretende atingir. No varejo de supermercado, por exemplo, a Aldi e a Netto têm desenvolvido uma estratégia de linha mínima e preços baixos na tentativa de atrair compradores que procuram preços baixos de mercearia a granel, em vez de competir diretamente com os líderes da indústria em qualidade e serviço, como a Tesco e a Sainsbury.

Anúncios e outros materiais promocionais também podem dar pistas sobre os mercados-alvo pretendidos. O texto dos anúncios indica os valores que o anunciante está tentando transmitir e embutir no produto/serviço oferecido. Novamente no ramo de automóveis, a tradicional Volvo tem claramente focado na segurança, apelando para famílias de classe média conscientes sobre esse valor. A publicidade da BMW se concentra na qualidade técnica e nos prazeres da condução, o que sugere um mercado-alvo mais jovem. Os meios de comunicação em que os anúncios aparecem ou a programação aprovada também darão indicações sobre o mercado-alvo visado. Da mesma forma, os canais de distribuição que o concorrente escolhe usar para ligar fisicamente os clientes com ofertas podem dar pistas sobre o mercado almejado.

Foco estratégico da concorrência

A maioria das empresas bem-sucedidas tenta construir suas estratégias com base em sua vantagem diferencial sobre os outros no mercado. Essa é uma consideração importante em dois sentidos. Claramente é necessário basear a vantagem diferencial nos objetivos dos clientes e é importante evitar basear a estratégia competitiva na tentativa de construir forças sobre os pontos em que a empresa sempre será fraca em relação aos concorrentes. Por exemplo, no comércio de joias é possível competir no design ou na distribuição, mas absolutamente impossível tentar competir com a De Beers na garantia de fornecimento próprio de diamantes brutos.

Existem duas rotas principais para criar uma vantagem competitiva. A primeira é por meio de baixos custos em relação aos concorrentes. A segunda é por meio da prestação de serviços e do fornecimento de pro-

---

* A Jaguar foi vendida ao grupo indiano Tata em 2008. (N. do R.T.)

dutos valorizados e exclusivos pelos quais os clientes estarão dispostos a pagar.

Sinais de que os concorrentes estão adotando um enfoque de baixo custo incluem sua atenção para despesas administrativas no balanço, o vigor com que perseguem insumos de baixo custo e o controle financeiro rígido que exercem sobre todas as funções e atividades. É difícil para qualquer empresa seguir com sucesso a rota para a liderança de custos, já que isso requer atenção a todos os impulsionadores de custos. Como mencionado anteriormente, no mercado de mercearia do Reino Unido, a Aldi e a Netto adotaram essa abordagem rigorosa, restringindo as linhas de produtos e prestando um serviço 'sem luxo'.

Oferecer algo diferente, mas de valor para os clientes, é um caminho para a criação de vantagem competitiva que todos no mercado podem adotar. O aspecto criativo dessa estratégia é identificar as características diferenciadoras em que a empresa tem ou pode construir uma vantagem defensável. Sinais de diferenciação serão tão variados como os meios de diferenciação. Maior ênfase no serviço ao cliente, atributos adicionais para o produto, acordos especiais para volume ou compra continuada e programas de fidelização são formas de diferenciação. Todas elas são altamente visíveis para os concorrentes e mostram o motivo por que um determinado fornecedor escolheu competir.

Composto de marketing que dá apoio à concorrência

Como discutido antes, a análise do composto de marketing adotado pelos concorrentes pode dar pistas úteis quanto aos mercados-alvo a que são destinados e quanto às vantagens competitivas que a concorrência está buscando construir com essas metas. A análise do composto de marketing também pode revelar áreas em que o concorrente é vulnerável a ataques.

A análise detalhada dos produtos e serviços da concorrência, especialmente pelo ponto de vista dos clientes, pode ser usada para destacar pontos fracos do concorrente. Foi depois de examinar como os aspiradores de pó geralmente perdiam a capacidade de sucção à medida que os sacos de armazenamento enchiam que James Dyson desenvolveu o aspirador sem saco.

A análise da estratégia de preços dos concorrentes poderá identificar lacunas no mercado. Por exemplo, uma empresa que comercializava vodca nos Estados Unidos observou que o líder oferecia seus produtos em um número de pontos com preços relativamente altos, mas tinha deixado outros vagos. Isso permitiu à empresa posicionar suas próprias ofertas em setores diferentes do mercado.

Tanto a mensagem quanto os meios de comunicação a serem utilizados pelos concorrentes requerem análise detalhada. Alguns concorrentes podem ser melhor que os outros em explorar novos meios de comunicação, como a televisão via satélite ou a cabo. Outros podem ser muito competentes nas relações públicas. Novamente, a análise mostrará se os concorrentes são fortes e em que pontos eles são vulneráveis.

Finalmente, compreender a distribuição de forças e fraquezas dos concorrentes também pode identificar oportunidades. A Dell, por exemplo, decidiu comercializar seus PCs diretamente para as empresas em vez de distribuir através de lojas de varejo nas quais seus concorrentes já eram fortes.

Organização de marketing da concorrência

Considerar a organização de marketing é importante por conta da forma como ela pode ditar a estratégia. Durante muito tempo, a estrutura de gerenciamento da marca Procter & Gamble era tida como um ideal de marketing. Foi provavelmente o caso quando o mercado norte-americano era dominante e as lições aprendidas lá foram transferidas de maneira relativamente fácil para as partes menos desenvolvidas do mundo. No entanto, com o relativo declínio econômico dos Estados Unidos em comparação com o resto do mundo, a estrutura mais flexível da Unilever permitiu que eles transferissem ideias pelas fronteiras mais facilmente e fossem mais flexíveis às novas necessidades locais. Na verdade, a própria Procter & Gamble já se afastou de sua estrutura de gerenciamento de produto.

Compreender a estrutura organizacional dos concorrentes pode dar pistas sobre a rapidez e de que maneira a concorrência provavelmente responderá às mudanças ambientais ou às ações competitivas. Concorrentes onde a responsabilidade pelos produtos é claramente identificada costumam responder com mais rapidez do que empresas onde a responsabilidade é vaga ou confusa. Empresas organizadas em torno dos mercados, e não dos produtos, provavelmente detectarão mudanças no mercado mais cedo e estarão em uma posição de liderar a mudança, em vez de simplesmente reagir a ela.

A posição de marketing dentro da estrutura organizacional também pode fornecer pistas sobre a estratégia atual e futura. Em muitas empresas, o marketing tradicional é considerado apenas uma parte da área de vendas, responsável somente pela propaganda e por outras atividades promocionais. Nesses casos, a voz de marketing não pode ser facilmente ouvida no momento da tomada de decisão estratégica. Em outras empresas, o marketing também pode ser visto como uma filosofia de orientação que assegurará um conjunto de ações muito mais responsivas ao mercado. Pistas sobre a posição de marketing podem estar no histórico do presidente da empresa, na visibilidade que os executivos seniores de marketing têm dentro da empresa e, certamente, no histórico de suas carreiras. A nomeação de um novo diretor de marketing no museu de cera Madame Tussaud, vindo de uma empresa de produtos de consumo não duráveis, sinalizou uma abordagem de marketing muito mais agressiva e responsiva aos clientes.

Uma ferramenta útil para analisar as atividades atuais dos concorrentes é a cadeia de valor.

Análise de cadeia de valor

Porter (1985) identifica cinco atividades primárias que agregam valor à produção final de uma empresa (Figura 5.5).

1. A **logística interna** envolve o gerenciamento do fluxo de produtos e insumos na empresa. O foco recente na produção *just-in-time* mostrou como isso pode ser importante para o funcionamento eficiente de uma empresa e como o gerenciamento dos fornecedores e de sua qualidade pode aumentar a qualidade dos produtos finais.
2. As **operações** têm sido consideradas como a atividade central das empresas. Elas compreendem os processos pelos quais os itens de entrada são modificados, embalados e testados para adequação à venda. Tradicionalmente, essa tem sido vista como a área em que se agrega valor aos produtos da empresa. Nessa fase, o valor pode ser agregado para além do capital e da força de trabalho por meio da manutenção de alta qualidade, flexibilidade e design.
3. A **logística externa** transporta o produto do ponto de fabricação para o comprador. Assim, inclui o armazenamento, a distribuição etc. Nessa fase o valor pode ser agregado por meio da entrega rápida e oportuna, das taxas baixas de danos e da formulação de mecanismos de entrega que se encaixem nas operações do usuário. Dentro da indústria de fertilizantes, por exemplo, a ICI tem agregado valor aos seus produtos ao oferecer misturas que atendem às necessidades específicas dos agricultores em determinadas épocas do ano, além da modularização da entrega que se encaixa nos sistemas dos próprios agricultores. Indo mais adiante, as entregas podem ser feitas no campo em vez de nas fazendas ou ainda mais longe, a ponto de a dispersão do fertilizante ser realizada pelo fornecedor.
4. As **atividades de marketing e vendas** informam os compradores sobre os produtos e serviços e lhes dão uma razão para comprar. Isso pode envolver o feedback, que permite que a empresa ajuste sua operação de logística externa de acordo com as necessidades dos clientes ou para ajudar os clientes a compreender o valor econômico dos produtos que estão disponíveis. Tomando o exemplo da ICI novamente, parte de sua atividade de marketing envolve mostrar como alguns de seus produtos podem ser utilizados para equilibrar a carga de trabalho em uma fazenda ao longo do ano e, portanto, fazer uso de toda a força de trabalho de forma mais eficiente.

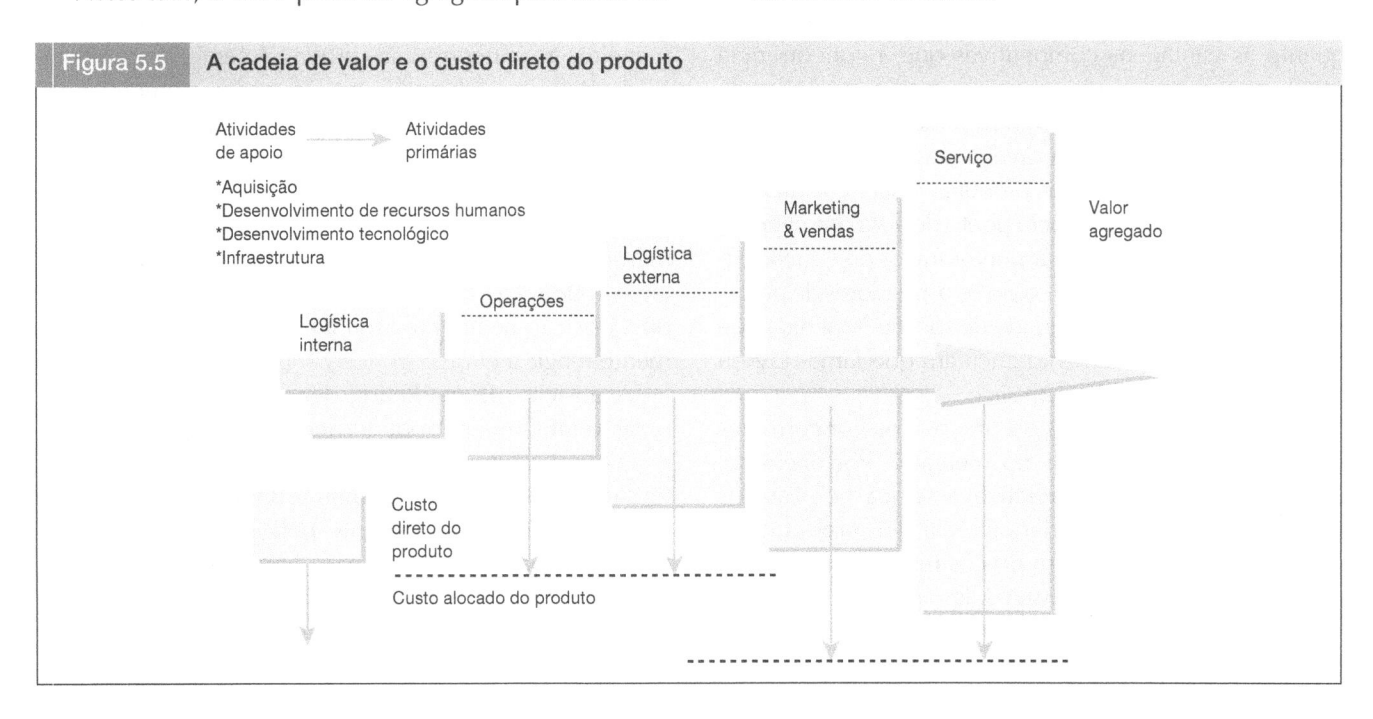

Figura 5.5 A cadeia de valor e o custo direto do produto

Atividades de apoio → Atividades primárias

*Aquisição
*Desenvolvimento de recursos humanos
*Desenvolvimento tecnológico
*Infraestrutura

Logística interna
Operações
Logística externa
Marketing & vendas
Serviço
Valor agregado

Custo direto do produto
Custo alocado do produto

5. O **serviço** inclui todas as atividades necessárias para manter o produto ou o serviço funcionando de forma eficaz para o comprador após a venda e a entrega. Isso pode envolver treinamento, políticas de devolução de mercadorias, canais de comunicação para consultas e outras facilidades. Uma vez que a satisfação do cliente é fundamental para alcançar vendas repetidas e a propaganda boca a boca de clientes satisfeitos, o serviço pós-venda se torna claramente uma parte importante do valor agregado.

Para auxiliar as atividades primárias da cadeia de valor, Porter (1985) também identificou as atividades de apoio. Trata-se de aquisição, desenvolvimento de recursos humanos, desenvolvimento tecnológico e infraestrutura. Naturalmente, elas apoiam todas as etapas das atividades primárias da cadeia de valor.

Existem várias maneiras pelas quais a análise da cadeia de valor pode fornecer uma ideia em relação aos concorrentes.

- Ela pode revelar as vantagens de custo que os concorrentes talvez tenham por causa da eficiência na fabricação e na logística interna ou externa. Também pode revelar por que uma empresa que faz produtos similares, mas que tenha melhor marketing, vendas e serviços, pode obter um maior valor agregado em suas operações.
- Muitas empresas orientadas de maneira convencional percebem as operações como sua principal fonte de valor agregado e, portanto, deixam oportunidades para os concorrentes que tenham uma visão mais ampla do que pode agregar valor aos olhos do cliente.
- Quando o valor agregado é custeado de maneira eficaz, ele pode ajudar a encontrar formas de agregar valor econômico para o cliente. Costuma haver muitas maneiras de alcançar esse objetivo, tal como gerenciamento eficiente de fornecedores únicos e logística interna *just-in-time*; qualidade total a ser incorporada nas operações, reduzindo as exigências de serviço e talvez aumentando o apelo do marketing e da atividade de vendas ao oferecer garantias estendidas; atividades de marketing e de vendas bem direcionadas que garantam que o máximo valor agregado seja percebido pelos clientes, enquanto se realizam menos esforços de marketing e de vendas em comparação a uma alternativa de vendas de forma genérica.

Os pressupostos de uma empresa sobre a forma como seus custos são distribuídos entre os produtos e os elementos da cadeia de valor podem fornecer claras orientações competitivas. Por exemplo, muitas empresas adicionam a maioria de suas despesas administrativas nas operações de manufatura, onde normalmente é possível medir os insumos mais facilmente. Isso ocorre apesar de os produtos terem grandes diferenças nas despesas com logísticas interna e externa, no marketing, nas vendas e nos serviços. O resultado pode ser que o preço final dos produtos no mercado tenha pouca relação com os insumos em geral e com a cadeia de valor.

Da mesma forma, quando as despesas administrativas são alocadas igualmente entre os produtos, a definição direta do preço do produto pode mostrar que alguns produtos estão sendo obrigados a arcar com um peso excessivo das despesas administrativas, permitindo assim que um concorrente entre no mercado para competir eficientemente em preço. Quando uma empresa está competindo em vários mercados diferentes, é muito provável que os custos alocados dos produtos estejam completamente fora de sintonia em alguns dos mercados em que ela está concorrendo. Isso pode funcionar como uma restrição geral em sua intenção de dar apoio a esses produtos ou mostrar pouco comprometimento com eles. A IBM encontrou esse problema no marketing de seu PC, em que as margens eram incapazes de arcar com as despesas administrativas que foram alocadas com base em seus negócios de *mainframes* e mini-PCs. Isso se tornou particularmente verdadeiro no risco que a IBM correu no mercado de computadores domésticos com o 'Peanut'* que foi lançado com uma relação custo-benefício totalmente inadequada.

5.2.3 Avaliar os perfis de recursos da concorrência

A discussão anterior destacou o que o concorrente pretende alcançar e o que ele está fazendo agora. É claro que os graus de liberdade que estão abertos ao concorrente também são fundamentais. O que ele poderia fazer no futuro?

Avaliar os recursos de um concorrente envolve olhar para suas forças e fraquezas. Considerando que os objetivos, as suposições e a estratégia atual de um concorrente podem influenciar a probabilidade, o tempo, a natureza e a intensidade das reações dele, seus recursos, ativos e capacidades determinarão sua habilidade de iniciar e sustentar movimentos em resposta às mudanças ambientais ou competitivas (Figura 5.6).

Os perfis de recursos dos concorrentes (Seção 5.1, *Benchmarking*) podem ser construídos da mesma forma que uma empresa realiza uma análise de seus próprios ativos e capacidades. Um bom ponto de partida é montar o perfil dos concorrentes em comparação aos fatores-chave para seu sucesso em uma indústria em particular.

---

* O outro nome do IBM PC jr, lançado em 1983. (N. do R.T.)

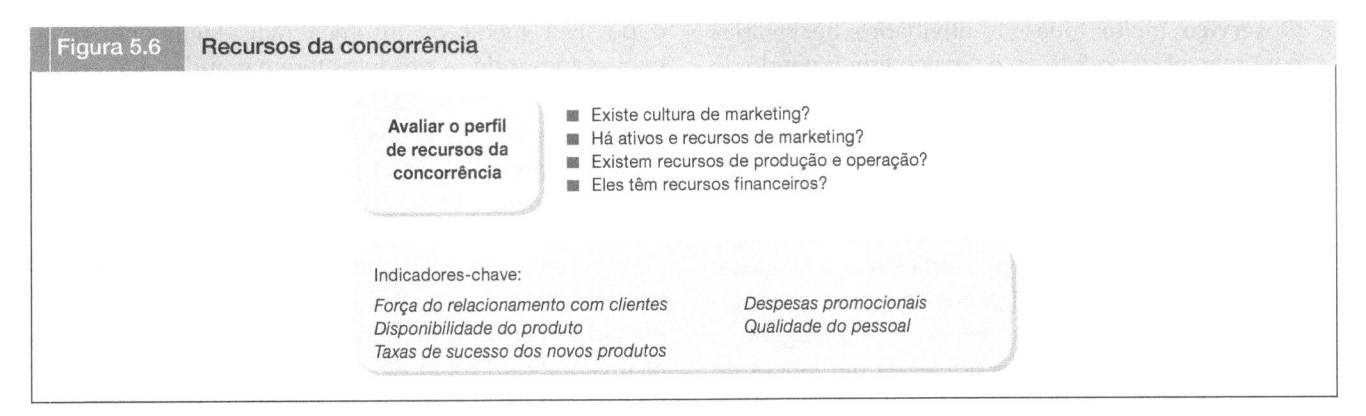

> **Figura 5.6 — Recursos da concorrência**
>
> **Avaliar o perfil de recursos da concorrência**
> - Existe cultura de marketing?
> - Há ativos e recursos de marketing?
> - Existem recursos de produção e operação?
> - Eles têm recursos financeiros?
>
> Indicadores-chave:
> Força do relacionamento com clientes
> Disponibilidade do produto
> Taxas de sucesso dos novos produtos
> Despesas promocionais
> Qualidade do pessoal

Entre esses fatores poderão estar as áreas operacionais (como pesquisa e engenharia, ou solidez financeira) ou as competências genéricas (como a capacidade de a companhia crescer, de dar uma resposta rápida, de se adaptar às mudanças ou o poder de permanência ou de inovação).

Lehmann e Winer (1991) sugerem concentrar a análise em cinco habilidades principais dos concorrentes.

1. **Habilidade para conceber e projetar:** Avaliar a habilidade que um concorrente tem para inovar ajudará a empresa a prever a probabilidade de novos produtos serem lançados no mercado ou de novas tecnologias serem empregadas para ultrapassar produtos existentes. As indicações desse tipo de habilidade vêm da avaliação dos recursos técnicos (tais como patentes e direitos autorais), dos recursos humanos (calibre da equipe criativa e técnica empregada) e do financiamento (tanto o total de fundos disponíveis quanto a percentagem dedicada a pesquisa e desenvolvimento, em relação à média da indústria).

2. **Habilidade para produzir:** Na indústria de manufaturas, essa habilidade inclui a capacidade de produção e sua utilização, enquanto nas indústrias de serviços a capacidade de oferecer o serviço é crítica. Empresas com capacidade ociosa maior claramente têm mais oportunidades para responder ao aumento da demanda. Da mesma forma, as empresas de serviços que sejam capazes de administrar seus recursos de forma flexível (por exemplo, contratando pessoal temporário, mas suficientemente qualificado e motivado) podem desfrutar de uma maior flexibilidade do que aquelas com uma equipe fixa e com habilidades mais específicas. A capacidade de produzir é sinalizada pelos recursos físicos (como instalações e equipamentos) juntamente com os recursos humanos (incluindo as competências e a flexibilidade do pessoal empregado).

3. **Habilidade de marketing:** Apesar de fortes capacidades de inovação e de produção, um concorrente pode ser relativamente fraco no marketing de seus produtos ou serviços aos clientes. É possível avaliar melhor a capacidade de marketing por meio da análise dos elementos do composto de marketing. Central para essa análise, porém, será a avaliação das habilidades das pessoas envolvidas nas vendas, no marketing, na propaganda, na distribuição e assim por diante. Igualmente importante será a verba disponível e dedicada às atividades de marketing. O concorrente entende bem o mercado? A resposta a essa pergunta pode estar na abrangência e no tipo de pesquisa de marketing em andamento.

4. **Habilidade para financiar:** Recursos financeiros agem como uma restrição em qualquer organização. Na Hungria, por exemplo, uma limitação importante na atividade de marketing para as empresas nativas durante o período de transição da década de 1990 foi o capital limitado disponível para investimento. Muitas empresas húngaras bem-sucedidas superaram esse problema ao partirem para *joint ventures* com empresas ocidentais que procuravam entrar no mercado. As empresas húngaras disponibilizavam o conhecimento do mercado local e contatos, enquanto os parceiros ocidentais forneciam o capital e a experiência administrativa. A análise de balanços publicados pode revelar as características de liquidez e de fluxo de caixa dos concorrentes. Novamente, porém, esses dados quantitativos devem ser complementados com a avaliação das qualidades e competências dos recursos humanos disponíveis.

5. **Habilidade para gerenciar:** As características dos principais administradores podem enviar mensagens claras sobre suas intenções estratégicas. Os indicadores incluem a carreira anterior e as ações dos executivos poderosos, os sistemas de recompensa, o grau de autonomia dado a cada um dos administradores, o recrutamento e a política de promoções da empresa.

A Figura 5.7 mostra um resumo utilizado para uma empresa avaliar a capacidade relativa de si mesma em comparação a três concorrentes: A, B e C.

Figura 5.7 Recursos da concorrência

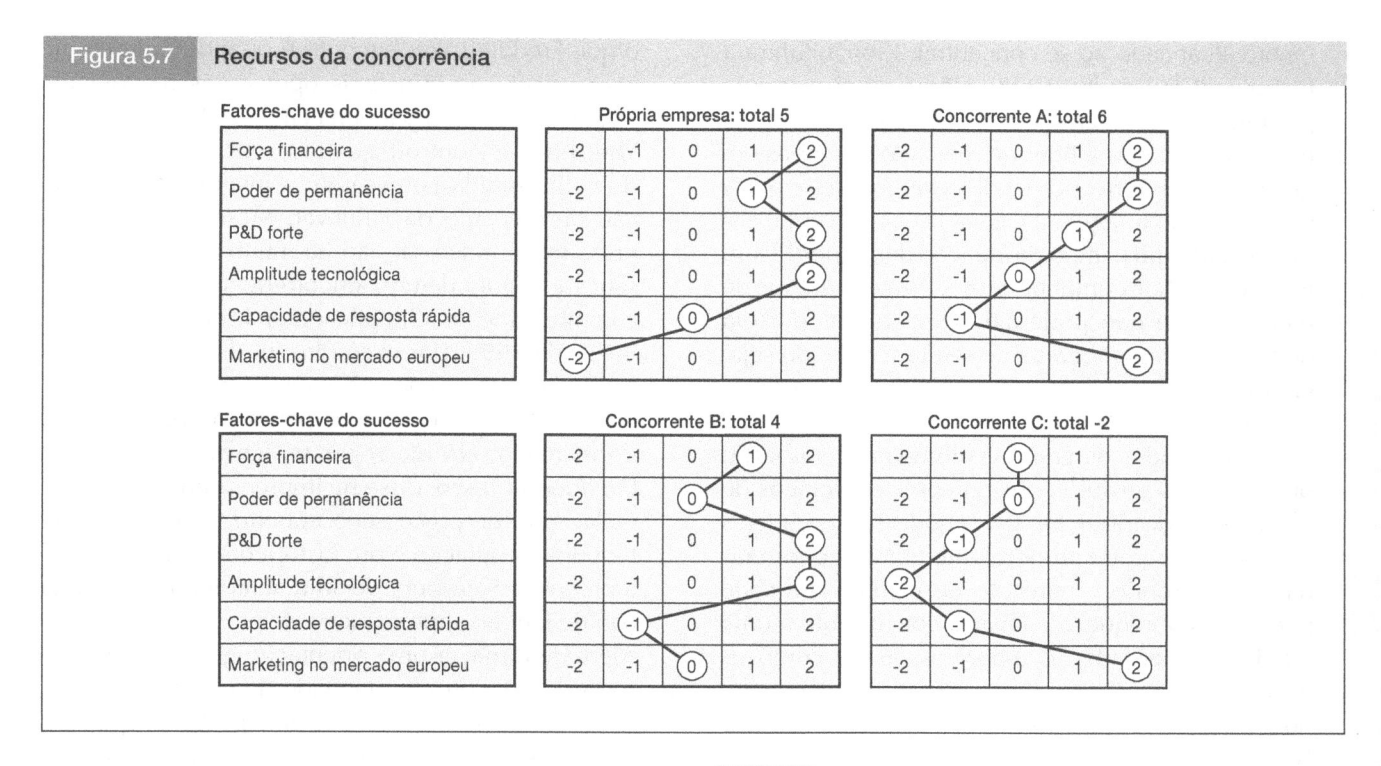

Fatores-chave do sucesso	Própria empresa: total 5	Concorrente A: total 6
Força financeira	-2 / -1 / 0 / 1 / **2**	-2 / -1 / 0 / 1 / **2**
Poder de permanência	-2 / -1 / 0 / **1** / 2	-2 / -1 / 0 / 1 / **2**
P&D forte	-2 / -1 / 0 / 1 / **2**	-2 / -1 / 0 / **1** / 2
Amplitude tecnológica	-2 / -1 / 0 / 1 / **2**	-2 / -1 / **0** / 1 / 2
Capacidade de resposta rápida	-2 / -1 / **0** / 1 / 2	-2 / **-1** / 0 / 1 / 2
Marketing no mercado europeu	**-2** / -1 / 0 / 1 / 2	-2 / -1 / 0 / 1 / **2**

Fatores-chave do sucesso	Concorrente B: total 4	Concorrente C: total -2
Força financeira	-2 / -1 / 0 / **1** / 2	-2 / -1 / **0** / 1 / 2
Poder de permanência	-2 / -1 / **0** / 1 / 2	-2 / -1 / **0** / 1 / 2
P&D forte	-2 / -1 / 0 / 1 / **2**	-2 / **-1** / 0 / 1 / 2
Amplitude tecnológica	-2 / -1 / 0 / 1 / **2**	**-2** / -1 / 0 / 1 / 2
Capacidade de resposta rápida	-2 / **-1** / 0 / 1 / 2	-2 / **-1** / 0 / 1 / 2
Marketing no mercado europeu	-2 / -1 / **0** / 1 / 2	-2 / -1 / 0 / 1 / **2**

Além disso, seis dimensões foram consideradas fundamentais, e a empresa avaliou a si mesma e também as três concorrentes em cada fator-chave utilizando uma escala que varia de -2 (muito fraco) até 2 (muito bom). O resultado são perfis que sugerem que as empresas são muito semelhantes em suas capacidades e na média global, o que identifica claramente a empresa em pé de igualdade com os concorrentes A e B. No entanto, a pontuação total não deve encobrir as diferenças dos principais protagonistas do mercado, uma vez que suas forças relativas mostram claramente que eles se movem em direções diferentes diante de oportunidades semelhantes. Por exemplo, a empresa A poderia se basear na sua força em marketing de tecnologia aplicada no mercado europeu, enquanto a empresa B pode ser levada a depender da diferenciação alcançada por meio da abrangência tecnológica e da força em P&D para manter sua posição no mercado. No entanto, se a tecnologia ou o mercado mudar em uma direção que requeira grandes gastos, a empresa B pode ser mais fraca em comparação com A ou com a empresa que está realizando a avaliação. Uma inspeção na capacidade competitiva também sugere que, embora a empresa C pareça no todo fraca, poderia ser uma boa aquisição pela empresa que a está avaliando. Apesar de fraca nas áreas financeira e tecnológica, ela tem uma forte presença no mercado europeu e, portanto, pode ser capaz de fornecer à empresa do estudo um rápido acesso ao mercado europeu.

5.2.4 Prever as estratégias futuras da concorrência

O objetivo final da análise da concorrência é determinar o perfil de resposta dos concorrentes — ou seja, obter um guia de como um concorrente pode se comportar diante de diversas mudanças ambientais e competitivas. Isso abrange questões como as seguintes:

- **O concorrente está satisfeito com sua posição atual?** Aquele que está satisfeito pode permitir que os concorrentes indiretos explorem novos mercados sem serem perturbados. Por outro lado, um que esteja tentando melhorar sua posição atual pode ser rápido em buscar mudanças do mercado ou estar obcecado por melhorar seu próprio desempenho de lucros a curto prazo. Conhecer os objetivos futuros da empresa terá um papel importante na resposta a essa questão.

- **Quais movimentos ou mudanças de estratégia o concorrente provavelmente fará?** A história pode fornecer alguma orientação quanto à forma como as empresas se comportam. Objetivos, hipóteses e capacidades também dão algumas orientações sobre a forma como a empresa pode responder de maneira eficaz às mudanças do mercado. Depois de analisar esses itens, uma empresa é capaz de julgar qual de suas próprias alternativas de estratégia pode provocar a reação mais favorável por parte dos concorrentes.

- **Em que ponto o concorrente é mais vulnerável?** No comércio, como na guerra, o sucesso é mais facilmente alcançado ao se concentrar a força contra a fraqueza (Clausewitz, 1908). Não é preciso grande perspicácia para perceber que seria tolice de uma empresa enfrentar a líder de mercado nas áreas em que ela é mais forte, porém diversas grandes empresas (incluindo a Xerox, a GE e a ICL) resolveram enfrentar a IBM no campo de atuação dela e perderam. É muito melhor competir com a IBM em nichos de mercado que não poderiam ser cobertos por ela de forma eficaz por conta de seu tamanho, ou seja, em mercados que mudam rapidamente, cuja burocracia não lhe permitiria mover-se com agilidade, ou em mercados de grande volume/margem baixa, onde ela não possui conhecimentos específicos de sistemas de distribuição. O comodismo dos líderes nos mercados pode proporcionar grandes oportunidades. O próprio sentimento de invulnerabilidade pode ser sua fraqueza e levar o concorrente a uma queda. Na verdade, as empresas, assim como os exércitos, não podem se defender por todos os lados, em todas as posições, em todos os momentos. Nenhuma empresa é a 'toda-poderosa' em todos os momentos e em todos os lugares. Richard Branson, da Virgin, tem-se revelado particularmente hábil na identificação de oportunidades em mercados cujos concorrentes tinham vulnerabilidades-chave: atacou os fornecedores de serviços financeiros com uma estratégia de marketing direto com a força da marca, um valor alto e a simplicidade do produto e atacou as poderosas Coca-Cola e Pepsi com a Virgin Cola a preços baixos, sabendo que essas empresas nunca se envolverão em uma guerra de preços.

- **O que provocará a maior e mais efetiva retaliação pelo concorrente?** Ainda que os líderes de mercado possam aceitar uma atividade periférica devido às margens baixas percebidas, às leis de *antitrust* ou à escala envolvida, é possível que outras ações provoquem uma retaliação intensa. É o que a Rolls-Royce aprendeu a esperar sempre que se aproximava do mercado norte-americano de motores aeronáuticos, o que Freddie Laker encontrou quando questionou abertamente as principais operadoras na rota do Atlântico e o que a pequena empresa Dale-Pack, de Yorkshire, encontrou quando seus hambúrgueres de carne moída começaram a invadir a participação de mercado da Unilever. Mesmo para a empresa mais poderosa, não há muito sentido em desencadear a ira de um concorrente forte quando há caminhos menos complicados para o sucesso. No início de 1997, por exemplo, foi dito que a Sainsbury estava considerando cortes de preços para recuperar algumas de suas perdas de participação de mercado. No dia seguinte, Ian MacLaurin, então líder da Tesco, disse na imprensa financeira que cada corte de preço seria coberto. Como a Tesco tem uma reputação e um histórico de sensibilidade a preços, a Sainsbury decidiu acreditar na declaração de Ian. Nenhuma guerra de preços aconteceu.

Além de fornecer uma orientação geral, o perfil de resposta do concorrente depende de obter-se uma visualização de como um concorrente poderá responder tendo em conta vários estímulos (Figura 5.8). Porter (1980) sugere que se faça um estudo da forma como um concorrente pode responder a possíveis movimentos estratégicos de uma empresa e a possíveis mudanças ambientais. O primeiro aspecto envolve a avaliação da vulnerabilidade de um concorrente diante do evento, o grau em que o evento provocará retaliação por parte do concorrente e, finalmente, a eficácia da retaliação do concorrente.

O objetivo é forçar a empresa a olhar além de seus próprios movimentos e em direção aos movimentos de seus concorrentes e, como um grande jogador de xadrez, pensar vários movimentos adiante. Trata-se de um pensamento sólido sobre seus movimentos de uma perspectiva ampla e estratégica, em vez da maneira incremental como as estratégias costumam emergir. Ao realizar uma série de mudanças aparentemente pequenas e incrementais no preço e na divulgação, uma empresa pode estar fazendo um movimento significativo

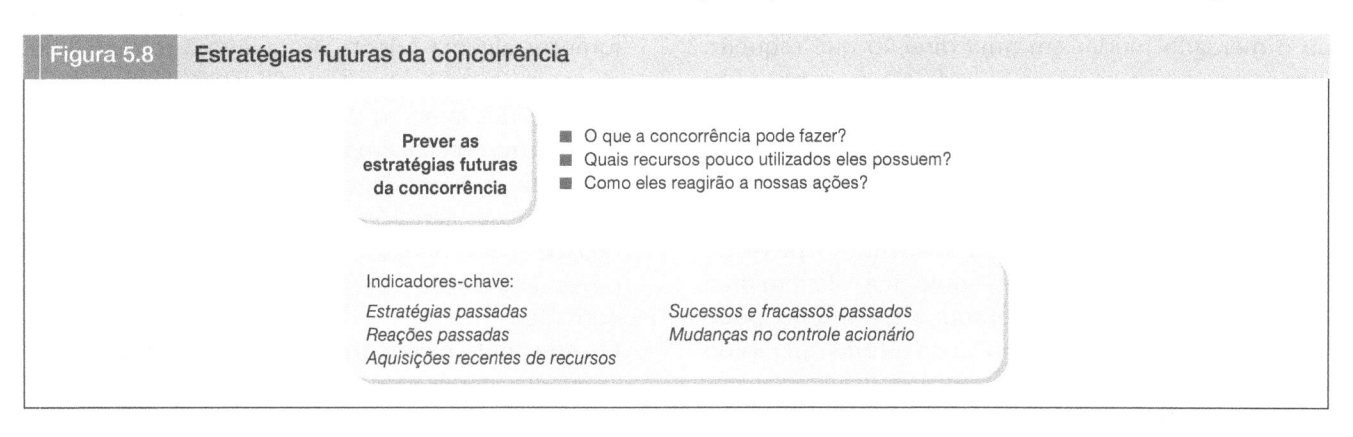

Figura 5.8	Estratégias futuras da concorrência

Prever as estratégias futuras da concorrência
- O que a concorrência pode fazer?
- Quais recursos pouco utilizados eles possuem?
- Como eles reagirão a nossas ações?

Indicadores-chave:
Estratégias passadas   *Sucessos e fracassos passados*
Reações passadas   *Mudanças no controle acionário*
Aquisições recentes de recursos

no mercado e causar a ira de grandes participantes. É evidente que é melhor para a empresa A considerar com cuidado os movimentos alternativos em vez de fazer uma série de movimentos, mesmo que cada um tenha sentido local, mas sem levar em conta os movimentos de reação de B e as consequências a longo prazo da ação incremental.

5.3 ESCOLHENDO BONS CONCORRENTES

Quando uma empresa decide entrar em um mercado, ela também escolhe seus concorrentes. Na seleção de novas oportunidades, então, é importante perceber que nem todos os concorrentes são atraentes da mesma forma. Assim como os mercados podem ser atraentes e os pontos fortes de uma empresa podem se encaixar nesses mercados, os concorrentes também podem ser atraentes ou não. Porter (1985) enumera as características que fazem um bom competidor. Na Figura 5.9, essas características estão organizadas para mostrar como determinadas características dos concorrentes podem torná-los atraentes.

A empresa competitivamente madura entende o mercado em que está operando e reforça, mais do que desestabiliza, o ambiente do grupo estratégico. O bom concorrente pode ajudar a promover a estabilidade da indústria ao compreender as regras do mercado e manter hipóteses realistas sobre a indústria e sua posição relativa. Dessa forma, é improvável que ele embarque em estratégias que não sejam rentáveis e que resultem em competição de soma zero, como iniciar guerras de preços ou práticas não rentáveis. Entre os bancos de compensação do Reino Unido no final de 1980, tanto o Midland quanto o Lloyds introduziram juros nas contas correntes. Isso lhes deu uma vantagem competitiva a curto prazo, mas, uma vez que os líderes do mercado os imitaram, o resultado foi que todos perderam dinheiro nessa parte importante de seus negócios. Depois de presos nesse cenário, era difícil para qualquer um dos bancos sair dessa posição em que causavam sua própria derrota.

Um bom concorrente pode apoiar a estrutura da indústria se investir no desenvolvimento de seu próprio produto e reforçar a diferenciação por qualidade e o desenvolvimento de mercado em vez de investir em estratégias de confrontação como as de corte de preços ou promocionais. Dessa forma, barreiras à entrada no setor são reforçadas, porque o mercado torna-se relativamente fragmentado e o impacto de uma empresa ou novo entrante é diminuído. A indústria farmacêutica global tende a usar essa estrutura, em que a legislação e a diferenciação entre os medicamentos permitem que um grande número de pequenas e médias empresas sobreviva em muitas partes do mundo.

Outra vantagem de uma empresa competitivamente madura é que ela pode gerar uma pressão constante por operações mais eficazes daqueles com quem ela está concorrendo. Ela pode gerar padrões e respeitabilidade da mesma forma como a IBM fez no mercado de PCs e garantir que o mercado não se torne demasiado confortável para os já presentes. Como muitas indústrias estatais têm mostrado, o perigo é que, uma vez que se acaba com a proteção ou que se permite a concorrência, elas encontram-se muito fracas, sobrecarregadas ou rígidas demais para mudar. A pressão aumenta quando o principal concorrente tem um profundo conhecimento dos custos da indústria e, portanto, estabelece padrões para serviços com boa eficiência de custos.

Finalmente, a existência de uma empresa grande e confiável dentro do grupo estratégico pode funcionar como um elemento de intimidação para outros candidatos. Um bom concorrente, portanto, pode fornecer a

Figura 5.9 Bons concorrentes

	Equilíbrio	Forças	Fraquezas
Maturidade competitiva	■ Compreensão das regras ■ Suposições realistas ■ Apoio à estrutura industrial	■ Confiabilidade/ viabilidade ■ Conhecimento dos custos da indústria	■ Fraquezas claras ■ Conceito estratégico limitado
Objetivos compatíveis	■ Risco estratégico moderado ■ Aceitação da rentabilidade atual ■ Desejo de gerar capital	■ Metas comparáveis de retorno sobre o investimento (ROI)	■ Planejamento a curto prazo ■ Aversão a riscos

pressão para manter concorrentes enxutos e uma proteção sob a qual o setor possa se desenvolver de forma constante.

Um bom concorrente é uma empresa que tem uma compreensão clara de suas próprias fraquezas e, portanto, deixa oportunidades para os outros no mercado. No mercado bancário do Reino Unido após o 'Big Bang',* houve uma nítida falta de bons concorrentes: quando o mercado foi desregulamentado, os bancos de compensação adquiriram diversas atividades e ofereceram salários excessivos em áreas que não dominavam. Os resultados foram um excesso de capacidade, o colapso nos lucros e um enfraquecimento do setor bancário do Reino Unido em geral. Um concorrente sábio teria sido mais consciente de seus pontos fortes e fracos e evitado ações que não só enfraqueceriam sua rentabilidade, mas que também prejudicariam o mercado em geral. Nesse sentido, uma empresa com um conceito estratégico limitado ou com uma ideia clara do negócio em que atua é um concorrente melhor que um com ideias mais amplas ou mais vagas sobre suas intenções.

Um bom concorrente terá metas compatíveis que o deixam confortável no mercado em que atua, menos propenso a fazer enormes mudanças estratégicas e tolerante à intrusão moderada. Quando sua participação estratégica é moderada, um bom concorrente não pode ver o domínio do mercado ou a manutenção de sua própria posição no mercado como um objetivo principal. Se pressionado, ele pode estar disposto a retirar-se do mercado ou, quando encontrar melhores oportunidades, pode optar por crescer em outros lugares.

Moderação no lucro desejado também é uma característica vantajosa de um concorrente. Se ele for impulsionado pela necessidade de aumentar o retorno que obtém, a capacidade da indústria pode ser perturbada por grandes investimentos em novos produtos, por atividades promocionais ou pela redução de preços. Uma empresa que aceita sua rentabilidade atual será uma que busque estabilidade em vez de novas oportunidades.

O desejo de um concorrente de manter seu fluxo de caixa pode ter um grande impacto na tentativa de promover a estabilidade de uma indústria. A maioria dos empreendimentos que envolvem desestabilizar uma indústria depende de investimentos em pesquisa e desenvolvimento, em marketing e/ou na construção de uma nova fábrica que corte custos. Será menos provável, portanto, que uma empresa com condições restritas de capital embarque em empreendimentos caros.

As metas compatíveis de um bom competidor também podem fornecer uma pressão constante e benéfica sobre outras empresas dentro daquela indústria. Se um competidor tem uma meta de retorno sobre investimento comparáveis aos de seus *stakeholders*, enfrentará as pressões competitivas semelhantes ao resto da indústria. Em contraste, uma concorrente estatal, que não enfrenta as exigências de rentabilidade, ou que seja financiada por mercados com diferentes expectativas, pode não ser saudável. Dentro da União Europeia, a British Steel Corporation encarou por um longo tempo um mercado regulamentado contra concorrentes europeus que foram fortemente subsidiados por seus respectivos governos. Em vez de competir com eles, no entanto, optou por se concentrar em aços especiais, mercado em que os concorrentes estavam frequentemente no setor privado e, portanto, diante de expectativas semelhantes. Em um contexto global, diversas empresas têm descoberto ser muito difícil competir com os japoneses, que têm um menor custo do dinheiro em seu mercado de ações, que também é menos volátil e sensível às mudanças de curto prazo do que suas contrapartes ocidentais.

Uma característica de muitas empresas ocidentais que as fizeram boas concorrentes para os japoneses foi sua visão a curto prazo. Isso significa que, quando confrontadas com a adversidade, as companhias ocidentais que os japoneses enfrentam muitas vezes cortam seus investimentos para manter a rentabilidade a curto prazo ou tomam um caminho mais rápido para o sucesso corporativo em vez de investir no crescimento interno. No mercado de leite em pó do Reino Unido, a Cadbury descobriu que a Carnation era um concorrente particularmente atrativo, pois seus proprietários norte-americanos estavam buscando um rápido retorno sobre o investimento, enquanto a Cadbury, que tinha um compromisso de longo prazo para com o mercado, estava disposta a investir para ganhar participação no mercado. A aversão ao risco também pode levar um competidor a ser mais atraente. Quando existe um medo de cometer erros, é provável que haja seguidores dentro de uma indústria, o que dá às empresas mais ágeis a chance de ganhar uma vantagem quando a tecnologia ou o mercado mudar.

É claro que encontrar um mercado no qual os concorrentes sejam bons em todas as frentes é improvável, assim como é impossível encontrar um mercado que seja atraente e coerente por completo com as forças de uma empresa. Entretanto, ao analisar os concorrentes e procurar mercados que tendem a ser bons em vez de rebeldes, uma empresa tem mais chance de enfrentar um ambiente mais estável, em que as oportunidades estejam prontas para serem aproveitadas.

---

* O *Big Bang* foi uma mudança na regulamentação do mercado imobiliário de Londres ocorrida em 27 de outubro de 1986.

A diversidade de concorrência faz com que seja difícil estabelecer classes genéricas de empresas que tendam a ser boas concorrentes. Alguns grupos podem ser identificados como prováveis concorrentes bons ou ruins, mas, em todos esses casos, é possível que haja muitas exceções à regra. Porter (1985) identifica grupos menores de firmas diversificadas como um grupo provável de bons concorrentes. Elas podem não ser vistas como essenciais para a estratégia corporativa a longo prazo e muitas vezes enfrentam duras metas de lucratividade. De maneira geral, isso é particularmente verdadeiro para multinacionais norte-americanas, que têm mostrado uma notável vontade de voltar para casa quando confrontadas com a adversidade. A elas também são impostas duras metas de rentabilidade com pouco apoio ou entendimento do mercado estrangeiro. Parte disso deriva da crença de que o que é bom o suficiente para o mercado interno é bom o suficiente para as subsidiárias no exterior e que todas as grandes lições podem ser aprendidas em casa (Wright *et al.*, 1990).

Outro grupo de concorrentes potencialmente bons podem ser sociedades estabelecidas há muito tempo e com interesse arraigado na indústria. Isso pode ocorrer porque as empresas são fortes e estabelecem padrões elevados, mas são cuidadosas (como no caso da Sainsbury no Reino Unido) ou moderadas em suas expectativas (como muitas empresas têxteis no Reino Unido).

Entre os grupos com os quais é mais difícil competir e, portanto, não são 'bons concorrentes' para a empresa no setor, poderiam estar os novos entrantes de outras indústrias que saem dos padrões de concorrência estabelecidos nos mercados. Também podem ser os novos entrantes no mercado que fizeram grandes investimentos e, portanto, colocaram em jogo o ego e o dinheiro para fazer do empreendimento um sucesso. Por não entender (ou escolher não entender) o mercado, eles podem desestabilizar a concorrência e estar dispostos a renunciar a lucros por um longo tempo. A Amazon.com não era uma boa concorrente para a Barnes & Noble quando entrou no mercado livreiro. Às vezes essas empresas podem ser muito grandes, como a Unilever no mercado dos Estados Unidos, que tem a terceira posição em termos de produtos para o lar e um desespero de crescer para se tornar mais viável, ou empresas de automóveis japoneses na Europa e nos Estados Unidos, que vêm construindo uma capacidade industrial que requer a conquista de uma grande participação de mercado em ambos os continentes. Para as empresas no mercado, essa é uma concorrência ruim.

Naturalmente, a questão aqui não é ser bom ou ruim do ponto de vista ético. Essas empresas são apenas concorrentes ruins contra os quais competir, apesar de os novos padrões que eles trazem para a indústria e para os serviços que prestam ao consumidor poderem fazer um grande bem para os consumidores e para as economias envolvidas. Além disso, eles *são* bons concorrentes, apenas não é bom estar competindo contra eles. Marc Andreessen, fundador do Netscape (o primeiro navegador de Internet comercial), uma vez disse: "Todos deveriam, uma vez na vida, estar em um negócio que concorra com a Microsoft, apenas pela experiência". Ele acrescentou, porém, que uma vez já foi o suficiente (*The Economist*, 9 de março de 2002).

5.4 OBTENDO E DISSEMINANDO INFORMAÇÕES SOBRE A CONCORRÊNCIA

A inabilidade dos comandantes para obter e usar a inteligência militar é uma das principais razões para casos de incompetência militar (Dixon, 1976). O mesmo vale para a inteligência competitiva. Além disso, dada a natureza competitiva da guerra e do comércio, não é de se estranhar que os métodos de coleta de informações sobre um inimigo ou sobre a concorrência sejam semelhantes tanto em métodos quanto em ética. E, em ambos os casos, a legalidade dos métodos não tem sido uma barreira para sua utilização. A seção final deste capítulo reúne os meios alternativos de coleta de informações sobre a concorrência (Figura 5.10). Ao fazer isso, o capítulo segue uma moralidade decrescente, para fins de ilustração, mas procura não fazer julgamentos sobre a ética de muitas abordagens mencionadas.

No nível mais básico, uma empresa pode coletar **informações estatísticas publicadas** sobre seus concorrentes e mercados. Muitas empresas terão essa informação em seus registros de estudos de mercado ou em fontes publicadas por empresas públicas. Um problema com muitas dessas fontes é sua desagregação e incoerência frequentes entre as estatísticas de vários órgãos governamentais e aquelas calculadas por uma série de empresas de pesquisa de mercado. Parte disso se deve a problemas de amostragem, particularmente em algumas estatísticas do governo, como a Business Monitors no Reino Unido, cujos entrevistados são pouco controlados. Embora factual e quantitativa, esse tipo de informação é limitado por sua base histórica. Cada vez mais, o uso da Internet pode fornecer muita informação histórica. Mecanismos de busca como Yahoo e Hotbot* permitem que os pesquisadores rapidamente investiguem fontes muito amplas para obter informações atualizadas sobre concorrentes e mercados.

---

* Atualmente o mecanismo de busca mais popular do mundo é o Google (<http://www.google.com.br>).

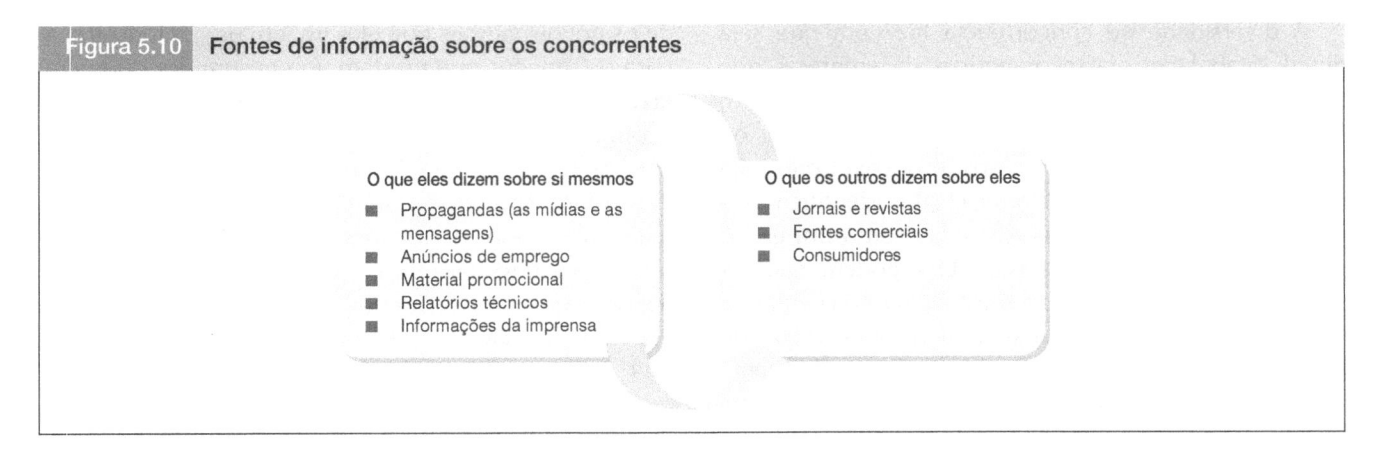

Figura 5.10 — Fontes de informação sobre os concorrentes

O que eles dizem sobre si mesmos
- Propagandas (as mídias e as mensagens)
- Anúncios de emprego
- Material promocional
- Relatórios técnicos
- Informações da imprensa

O que os outros dizem sobre eles
- Jornais e revistas
- Fontes comerciais
- Consumidores

O próprio **material de comunicação** de uma empresa concorrente, tais como folhetos, revistas e sites, também pode ser uma fonte de informações úteis. Folhetos de vendas mostram a gama de produtos oferecidos e normalmente incluem listas de preços, enquanto sites muitas vezes dão mais detalhes sobre as estratégias e filosofias das empresas. Normalmente projetado com clientes ou funcionários em mente, essas publicações necessitam de um exame minucioso e crítico, mas podem ser uma mina de informações úteis.

A própria **propaganda** da empresa — em outras palavras, suas atividades de relações públicas — pode encorpar a informação estatística acessória. A necessidade de se comunicar com acionistas e intermediários nos mercados implica que iniciativas de marketing ou tecnológicas frequentes são amplamente difundidas. Um perigo aqui, é claro, é a credibilidade pela participação das relações públicas dos concorrentes. O jornalismo investigativo pode conduzir a divulgações mais abertas, mas também aqui a imprensa costuma depender da boa vontade da empresa em fornecer informações. Não obstante, tais fontes podem dar uma boa ideia em relação aos altos executivos de uma empresa. Considerando isso, tais informações podem ser semelhantes às que os grandes generais tentam obter uns dos outros.

Uma fonte cada vez mais frequente de informações sobre uma empresa é o **vazamento** por parte dos funcionários que acabam nas mãos da imprensa, intencionalmente ou não. Como tais informações precisam ser itens dignos de notícias, elas ficam geralmente limitadas no contexto, mas, mais uma vez, podem dar volume às informações acessórias. Empresas que buscam informações de forma mais agressiva podem dar alguns passos para favorecer o fornecimento de informações, por exemplo, interrogando funcionários de concorrentes em feiras ou conferências ou até visitando as fábricas e sendo um membro altamente curioso dentro do grupo. Embora os vazamentos possam envolver um funcionário indiscreto do concorrente, eles não envolvem a empresa em ações antiéticas de pesquisa. Muitas das práticas que se seguem, entretanto, podem ser consideradas como menos dignas por parte de alguns.

Uma empresa pode recolher informações com os **intermediários** ou agindo como um intermediário. Tanto os consumidores quanto os compradores podem ter um contato regular com as empresas concorrentes e muitas vezes ser uma valiosa fonte de informações, especialmente com os vendedores ou compradores de uma empresa de pesquisa com quem têm contato regular. Também é possível se passar como um comprador potencial, especialmente por telefone, para obter alguma informação factual, como o preço, ou para obter material de leitura sobre desempenho.

Muitas indústrias têm políticas de não contratar funcionários de grandes empresas ou, como nos Estados Unidos, têm uma regulamentação sobre a natureza do trabalho de um indivíduo depois que ele se mudou de uma empresa para outra. No entanto, a empresa seria ingênua se não entrevistasse cuidadosamente **ex-funcionários dos concorrentes** caso eles ingressem na empresa. Se houver um líder forte no mercado, é muito frequente que os funcionários dessa empresa sejam regularmente recrutados por empresas menores. Por um longo tempo no Reino Unido, a Procter & Gamble e a Unilever, por exemplo, têm sido uma 'escola' para o pessoal de marketing de muitas outras indústrias. Quando eles se mudam, carregam consigo uma grande quantidade de informações úteis sobre produtos, métodos e estratégias de seus ex-empregadores. Vários desses grandes empregadores estão muito conscientes disso e com frequência pedem que as pessoas que estão deixando a empresa limpem suas mesas e saiam em poucos minutos após saber de sua intenção de mudança. Mesmo que os funcionários dos concorrentes não sejam contratados depois do processo de entrevista, muitas vezes podem fornecer informações úteis, em especial porque a pessoa a ser ouvida pode estar ansiosa para impressionar o possível empregador.

O monitoramento é amplamente utilizado na contraespionagem, mas é menos comum como meio de coleta de informações de negócios concorrentes. Alguns dos métodos utilizados podem ser completamente inócuos, como o monitoramento de anúncios de emprego de concorrentes ou o estudo de fotografias aéreas.* Outros são práticas de negócios muito delicadas, tais como engenharia reversa, ou seja, desmontar os produtos dos concorrentes para análise. Menos aceitável, e certamente menos higiênica, é a possibilidade de comprar o lixo de um concorrente para buscar memorandos ou componentes úteis. Escutas eletrônicas são uma forma controversa de vigilância que está se tornando mais comum agora, pois o equipamento é barato, confiável e suficientemente pequeno para ser escondido. Não foram só os organizadores da campanha presidencial de Richard Nixon que foram pegos, mas também os funcionários da varejista Dixons durante sua aquisição da Currys.

Os **truques sujos** sempre foram um perigo nos testes de mercado, mas, com a disponibilidade dos testes de minimercados (Saunders et al., 1987), uma nova dimensão emergiu. Sua velocidade significa que, enquanto uma empresa passa alguns meses testando seus produtos no mercado, um concorrente pode comprar suprimentos, colocá-los em um teste de minimercado, encontrar seu apelo de mercado e talvez experimentar alternativas estratégicas de defesa antes que o produto em teste seja lançado na íntegra. A Van den Bergh, subsidiária da Unilever, supostamente teria feito exatamente isso quando a Kraft lançou sua margarina Carousel. Usando testes de minimercado, ela teria conseguido descobrir que, embora o produto da Kraft tivesse uma alta taxa de experimentação, poucas pessoas o adotaram a longo prazo e, portanto, ele não representava nenhum grande perigo para os produtos principais da Unilever.

Uma última maneira de coletar informações é a utilização de **agentes duplos**, sejam eles colocados propositadamente em uma empresa concorrente ou recrutados para a folha de pagamento enquanto ainda trabalham para a concorrente. Pode-se facilmente imaginar como essas pessoas poderiam ser inestimáveis a longo prazo. Sabemos que tais indivíduos são comuns dentro da espionagem militar, apesar de alguns poucos exemplos que vêm à tona nos círculos empresariais. No entanto, imagina-se que poucas empresas líderes estariam dispostas a admitir que foram invadidas, mesmo se um agente duplo fosse encontrado dentro delas.

Divulgando inteligência sobre os concorrentes

A inteligência em si é uma *commodity* essencialmente sem valor. Torna-se importante somente quando se pesquisam as pessoas certas dentro da organização e quando ela é posteriormente usada para a ação. A disseminação bem-sucedida exige duas coisas. Em primeiro lugar, o destino deve ser claramente identificado. Basicamente, a questão é: quem precisa saber disso? Em segundo lugar, os dados devem ser apresentados de uma forma que o destinatário possa compreender e assimilar. Muitos relatórios de inteligência competitiva, tais como relatórios de pesquisa de mercado, são muito detalhados e complexos para que executivos ocupados consigam extrair um significado e utilizar as informações relevantes.

Bernhardt (1993) sugere o uso de uma abordagem hierárquica para a disseminação. Para a alta administração (incluindo altos executivos e grupos de formulação da estratégia), a informação de inteligência deve ser limitada ao que é de alto valor estratégico. Não vale a pena sobrecarregar os altos executivos com as minúcias das operações diárias. Na verdade, muitos detalhes operacionais podem mascarar os problemas realmente importantes que precisam ser tratados.

As informações para os altos executivos devem incluir resumos executivos de inteligência, geralmente com uma ou duas páginas identificando e resumindo questões específicas e mostrando onde é possível obter informações mais detalhadas. Os altos gerentes podem também requerer (mensal ou trimestralmente, dependendo da taxa de mudança na indústria e no mercado) resumos executivos de inteligência que abordem de maneira sistemática temas recorrentes, de modo que as tendências possam ser identificadas e as prioridades, definidas.

Gerentes intermediários e juniores de um nível mais operacional podem exigir informações mais detalhadas para permitir a formulação de decisões táticas. Aqui, será necessário fazer um perfil mais detalhado dos produtos e dos serviços concorrentes, junto com uma análise detalhada das estratégias de composto de marketing da concorrência. Cada vez mais, os gerentes intermediários (aqueles que sobreviveram aos cortes dos anos 90!) estão se familiarizando com a manipulação de bancos de dados, permitindo que eles pesquisem diretamente os dados de inteligência em vez de esperarem que especialistas em informações extraiam e apresentem dados relevantes (Fletcher, 1996).

---

* Hoje muito facilitado pelo Google Maps. (N. do R.T.)

RESUMO

Ao longo dos últimos anos, a estratégia competitiva tem emergido como um dos principais fundamentos da estratégia de negócio. Assim como entender os mercados é fundamental para o sucesso da empresa, também é essencial ter um completo entendimento dos concorrentes, de suas forças, fraquezas e possíveis respostas. Este capítulo sugere que o foco da análise da concorrência deve estar em grupos estratégicos, mas as empresas não devem negligenciar indústrias que tenham a capacidade de superar as barreiras à entrada ou que sejam potenciais candidatos para a indústria. Ele fornece alguns quadros de análise dos concorrentes e sugere a importância de analisar suas respostas prováveis. O capítulo também sugere que, quando forem entrar nos mercados e instituir estratégias, as empresas devem procurar 'bons' concorrentes que possam estabilizar os mercados, oferecer oportunidades e aplicar uma pressão decrescente sobre o desempenho. Finalmente, são apresentados os meios de coleta e divulgação de informações sobre o concorrente. Enfim, o objetivo é aprender com os concorrentes — seus sucessos e seus erros —, bem como competir de forma mais eficaz (Figura 5.11).

Apesar de serem tão importantes quanto as informações de mercado, dados sobre os concorrentes raramente são reunidos de maneira sistemática ou compreensível. Há também tantas fontes a serem avaliadas que são poucas as chances de fazê-lo em uma base específica para isso. Existem, portanto, boas razões para incorporar um sistema de informação sobre a concorrência dentro de qualquer sistema de informação de marketing já existente e ter pessoas responsáveis por sua manutenção. Na estratégia competitiva, assim como na guerra, é impossível exagerar a importância da coleta de informação sobre os adversários que uma empresa enfrenta. Como Sun Tzu diz: "Um exército sem espiões é como um homem sem ouvidos e olhos" e, por isso, "é o cúmulo da desumanidade permanecer na ignorância da condição do adversário, simplesmente porque alguém não quer desembolsar algumas centenas de moedas de prata em honras e recompensas".

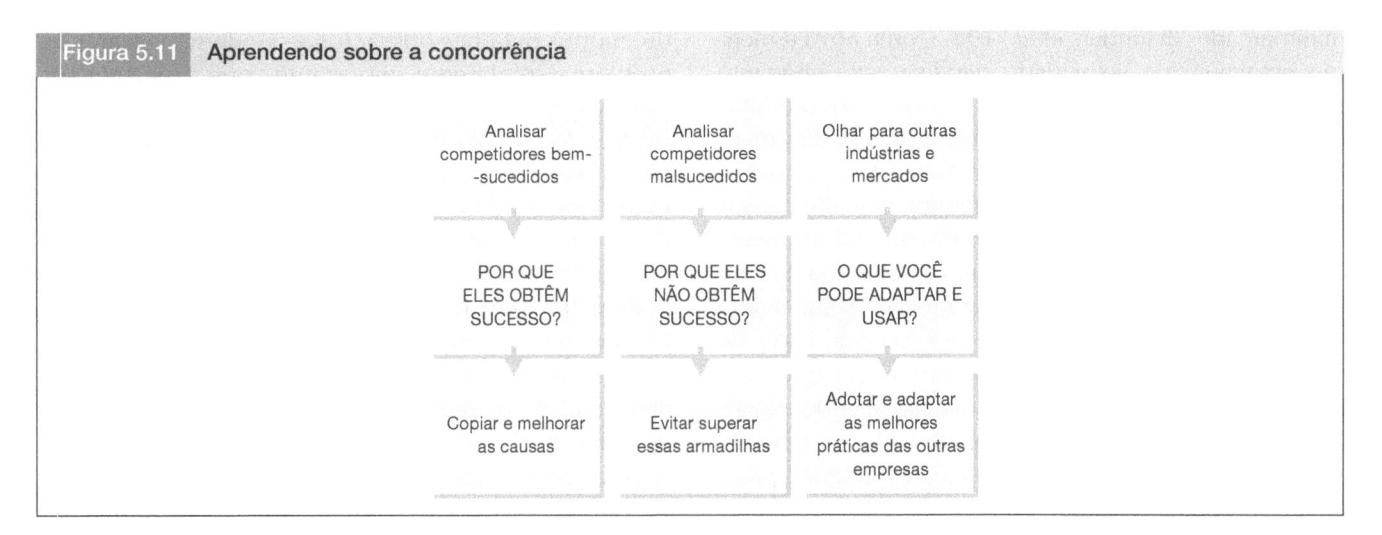

Figura 5.11 Aprendendo sobre a concorrência

Analisar competidores bem-sucedidos	Analisar competidores malsucedidos	Olhar para outras indústrias e mercados
POR QUE ELES OBTÊM SUCESSO?	POR QUE ELES NÃO OBTÊM SUCESSO?	O QUE VOCÊ PODE ADAPTAR E USAR?
Copiar e melhorar as causas	Evitar superar essas armadilhas	Adotar e adaptar as melhores práticas das outras empresas

Novos concorrentes e suas estratégias no mercado brasileiro

Estudo de caso brasileiro

O Brasil, até os anos 1990, foi um mercado fechado, no qual as empresas estabelecidas defendiam seu território às vezes até com ajuda de políticas governamentais, como a Lei da Informática, que proibia a entrada de concorrentes estrangeiros no mercado. E o tamanho do mercado nacional permitia que as empresas se acomodassem nele sem entrar em disputa pelos mercados externos. No governo Collor, foram tomadas medidas de abertura que alguns dizem terem sido as maiores desde que D. João VI abriu os portos às nações amigas, em 28 de janeiro de 1808. Casos de empresas que perdiam posições para concorrentes eram raros antes dessa abertura, embora ocorressem. Há o exemplo do Flit, da Esso, que dominava o mercado de inseticidas e perdeu sua posição para os aerossóis da Rhodia, à base de querosene, que, por sua vez, depois teria sua posição ameaçada pelos aerossóis à base de água da SBP. Entretanto, essas situações eram poucas e ocorriam de forma esparsa.

Nos Estados Unidos e na Europa, o mercado já era muito competitivo, permitindo o surgimento de novos grandes competidores como Microsoft, Apple, Dell e Google, Toyota e Honda, entre outros.

A quebra do monopólio no setor de telecomunicações viu empresas surgirem e mudarem. Empresas estrangeiras mais acostumadas a mercados competitivos voltaram-se para o Brasil, atraídas pelo seu crescimento, e empresas nacionais perceberam oportunidades no exterior caso se mostrassem competitivas. Muitas e rápidas mudanças passaram a ocorrer. A Teletrin chegou a líder nacional no setor de pagers e mudou para o setor de telefonia celular em menos de cinco anos, quando aquele primeiro mercado perdeu sua força. O crescimento das classes populares gerou novo mercado, que levou ao rápido crescimento das marcas populares, conhecidas como "marcas talibãs". As empresas tiveram que desenvolver e valorizar capacidades de atendimento, vendas, conhecimento do mercado e dos concorrentes, diferenciação, inovação, serviços e logísticas, entre outras, para garantir sua sobrevivência e crescimento.

Um caso interessante é o do setor de transporte aéreo de passageiros, que, com a desregulamentação, viu desaparecer duas grandes e tradicionais empresas, Varig e Vasp, e surgirem diversos novos competidores. Quem ocupou o lugar dessas empresas tradicionais foram as que perceberam a necessidade de otimizar rotas e reduzir custos por meio de vendas diretamente pela Internet e de menores custos operacionais — menor corpo de empregados, menos serviços de bordo, menos pessoal de solo e aeronaves mais novas, com menor consumo e manutenção.

A TAM, fundada pelo lendário comandante Rolim Amaro, tornou-se a principal empresa do setor, definindo sua estratégia como a dos 3 Cs: **Capacidade de Oferta** (manter a capacidade de atender à demanda, tanto pela estratégia de substituição dos Fokkers antigos da frota por aeronaves mais modernas e eficientes quanto pelo crescimento internacional mediante alianças com grupos de empresas estrangeiras e abertura de pontos de atendimento em outros países), **Custos** (reduzir custos desnecessários que não representem valor para seu público, por meio da reavaliação de processos, redução dos níveis hierárquicos e de cargos gerenciais e de diretoria, maior venda de bilhetes pela Internet e incorporação da rede de representantes independentes) e **Capital** (manter-se capitalizada para poder investir em seu crescimento, por meio de lançamentos na bolsa de valores, bônus lançados no exterior e linhas de crédito de bancos, como o BNDES e o Banco Mundial).

A TAM diversificou suas atividades com a criação da operadora TAM Turismo, de modo que hoje parte de sua receita provém de viagens de ônibus e barcos. A empresa pensa também em participar da gestão de aeroportos, não pela aquisição, mas pela governança, e aguarda a definição do governo em relação a seu modelo de expansão de aeroportos para investir no setor.

A GOL entrou no mercado em 2001, na época dominado pelas tradicionais Varig e Vasp, juntando-se à outra recém-chegada, a TAM. Ela trazia o modelo "*low cost, low fare*" (custo baixo, tarifas baixas) de congêneres estrangeiras bem-sucedidas, como Southwest, JetBlue e Ryanair.

Em 2007, a GOL adquiriu a Varig, obtendo uma marca tradicional e reconhecida internacionalmente, pessoal treinado, estrutura já desenvolvida e *slots* nos principais aeroportos brasileiros. Isso facilitou seu crescimento no mercado nacional e sua penetração no mercado internacional, embora tenha o desafio de posicionar adequadamente as duas marcas e seus diferenciais.

A partir daí ficou claro que seu próximo objetivo era bater a rival TAM na disputa pelo primeiro lugar no setor. Reestruturou seu corpo gerencial, mudando diretores e membros do conselho, reorganizou processos, aumentou o crédito parcelado sem mexer no preço por meio de parcelas que chegam a R$ 15,00, abriu lojas em bairros populares, fortaleceu seu cartão de crédito próprio, o Voe Fácil, e aumentou sua participação de mercado, aproximando-se da TAM. Entre março e dezembro de 2009, reduziu a diferença de participação de mercado entre elas de 10% para 1%.

A GOL então utilizou a *cross media*, oferecendo como brinde a seus passageiros os produtos de seus parceiros, e fez parcerias para oferecer descontos em produtos e serviços de terceiros, como hotéis, aluguel de veículos, ingressos para eventos ou descontos em sites de *e-commerce*. A empresa espera manter seu crescimento, direcionando maiores esforços para o segmento de passageiros executivos, em que ela tem uma participação menor que a de seus concorrentes.

Além das novas grandes empresas do setor, surgiram também outras empresas menores, como Blue, Pantanal, NHT, OceanAir e WebJet. Elas atuam em nichos do mercado, como ponte aérea ou linhas regionais, e esperam sua oportunidade de disputar a liderança do mercado no futuro.

Questões para discussão

1. Como a estratégia de atuação da GOL leva em conta as ações da TAM?
2. Como a TAM poderá responder às ações da GOL, que busca roubar sua liderança de mercado?
3. A estratégia de *low cost, low fare* da GOL pode ser uma vantagem competitiva ou um problema em sua busca pela liderança?
4. Estruturas de custos mais baixos aumentam ou diminuem as barreiras à entrada no setor?

Capítulo 6

Compreendendo a base de recursos organizacionais

Os ativos mais importantes que uma empresa tem são suas marcas. Elas devem aparecer no topo da lista de ativos no balanço.

Diretor de marketing de uma empresa
internacional de marketing de alimentos

INTRODUÇÃO

A atratividade das oportunidades abertas para a empresa depende dos recursos disponíveis para explorá-las. Recursos organizacionais incluem ativos tangíveis e intangíveis, capacidades e competências. Essa é a base a partir da qual as organizações constroem sua posição competitiva, e qualquer estratégia de marketing deve ser firmada nesses recursos. Estratégias que não são construídas sobre a força dos recursos provavelmente não serão sustentáveis a longo prazo, e os recursos subutilizados representam desperdício potencial. Para ter sucesso em um mercado em particular, a empresa precisará de recursos específicos, ou seja, os fatores-chave para o sucesso nesse mercado. Se não os tiver ou não puder adquiri-los, a estratégia pode falhar na fase de execução.

Este capítulo está estruturado em torno dos seguintes temas, que estabelecem uma base referencial para avaliar os recursos organizacionais:
- O papel dos recursos de marketing na criação de diferenciação.
- As ideias obtidas a partir da Visão Baseada em Recursos (VBR) da empresa e, em particular, a recente ênfase nas capacidades dinâmicas.
- Criando e explorando recursos de marketing.
- Implementando as capacidades dinâmicas de marketing.
- Desenvolvendo e explorando o portfólio de recursos.

Isso é mostrado esquematicamente na Figura 6.1, partindo das questões mais gerais e chegando progressivamente às mais específicas.

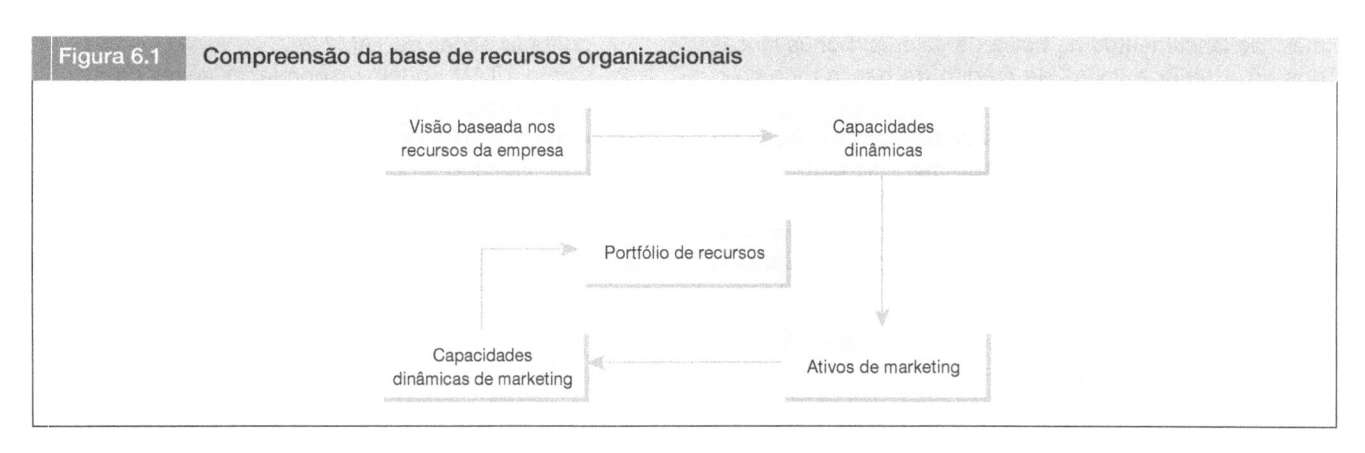

Figura 6.1 Compreensão da base de recursos organizacionais

6.1 RECURSOS DE MARKETING COMO BASE PARA DIFERENCIAÇÃO

Embora qualquer organização possa produzir uma longa lista de recursos que tem à sua disposição, o importante é identificar os recursos que podem ajudar a criar uma vantagem competitiva e, idealmente, uma vantagem que pode ser sustentada no futuro previsível (Vantagem Competitiva Sustentável ou VCS). As teorias desenvolvidas no campo da gestão estratégica podem ser úteis. Teóricos da área têm mostrado que uma vantagem competitiva sustentável pode ser alcançada quando os recursos distintos que são empregados resistem à imitação do concorrente ou à duplicação (Mahoney e Pandian, 1992). Os recursos que provavelmente criarão uma vantagem sustentável têm um número de características-chave. Primeiro, eles permitem fornecer um valor aos clientes superior ao da concorrência (Barney, 1991, 1997; Slater, 1997). Segundo, são resistentes à duplicação pelos concorrentes (Dierickx e Cool, 1989; Hall, 1992, 1993; Reed e DeFillippi, 1990). Em terceiro lugar, a organização pode se apropriar de seu valor (Kay, 1993; Collis e Montgomery, 1995).

Recursos tais como reputação da marca, relacionamento com clientes, redes eficazes de distribuição e posição competitiva ocupada no mercado são recursos com potencial para gerar vantagens significativas. Eles foram denominados recursos de marketing, já que se referem diretamente a atividades de marketing e são alavancados de forma direta no mercado. Seu papel na geração de valor para os clientes é claro, mas será que é fácil protegê-los contra a imitação do concorrente (e, por consequência, contra a erosão da vantagem)? Alguns recursos, como capital, plantas e equipamentos, são inerentemente mais fáceis para os concorrentes copiarem do que a reputação da empresa, a reputação da marca e a posição competitiva criada e reforçada ao longo do tempo. Muitos recursos de marketing, como veremos, são intangíveis por natureza e, portanto, mais difíceis para os concorrentes compreenderem e reproduzirem.

As formas como os recursos podem ser protegidos contra duplicação foram denominadas mecanismos de isolamento (Reed e DeFillippi, 1990) porque servem para isolar a organização de seus concorrentes, criando uma barreira competitiva. Os mecanismos de isolamento operam em três níveis principais.

- Em primeiro lugar, para um concorrente imitar uma estratégia de marketing bem-sucedida, ele deve ser capaz de identificar os recursos que têm sido dedicados à criação e à implementação dessa estratégia. A posição competitiva gerada, por exemplo, inclui uma complexa interação de recursos, dificultando sua identificação pelos concorrentes. Lippman e Rumelt (1982) referem-se a esse problema para os concorrentes como 'ambiguidade causal', que pode ser criada pelo conhecimento tácito (os recursos acumulados com base em habilidades resultantes da aprendizagem pela prática e da experiência administrativa), pela complexidade (um grande número de recursos relacionados) e pela especificidade (a dedicação de alguns recursos para atividades específicas). Por exemplo, uma empresa que tem o recurso de um relacionamento estreito com clientes-chave pode ser mais difícil para um concorrente copiar do que outro que ofereça produtos com redução de preços. O funcionamento da primeira exigirá habilidades superiores de ligação com o cliente, tais como a gestão de relacionamento (habilidades tácitas), juntamente com as habilidades técnicas para atender às necessidades do cliente. A última pode ser baseada em um sistema eficaz de controle de custos, o que pode ser instalado com relativa facilidade por um concorrente.

- Em segundo lugar, se um concorrente vencer a barreira de identificação dos recursos, ainda seria preciso adquirir os recursos necessários para a imitação da estratégia. Alguns recursos, como a cultura corporativa ou a orientação de mercado, podem levar algum tempo para se desenvolver (são referidos como 'subordinados ao caminho', porque exigem que a empresa vá por um caminho especial para desenvolvê-los), enquanto para outros sua aquisição pode não ser rentável ou mesmo ser protegidos de alguma forma (por exemplo, por meio de patentes ou direitos autorais). Se os recursos têm custos de transação associados a sua aquisição, provavelmente há uma barreira contínua para a duplicação. Mesmo quando a aquisição é teoricamente possível, alguns recursos podem ser menos eficazes na empresa concorrente (por exemplo, os gerentes podem ser menos eficazes em um ambiente de trabalho do que em outro).

- Em terceiro lugar, a maioria dos recursos desvaloriza com o tempo a medida que os concorrentes passam a encontrar formas de imitar estratégias bem-sucedidas. Isso é especialmente verdadeiro em mercados que mudam com rapidez (por exemplo, aqueles em que a tecnologia está mudando em ritmo acelerado). Novamente, alguns recursos podem depreciar com menos rapidez do que outros. A reputação, por exemplo, tem potencial para um período de geração de vantagem maior do que, digamos, plantas e instalações que desvalorizam facilmente.

Usamos a palavra 'potencial', pois devemos sempre lembrar que a reputação leva tempo para ser construída, mas pode ser destruída da noite para o dia caso seja mal gerenciada. A varejista do Reino Unido Marks & Spencer, que foi por muitos anos modelo do varejo britânico, sofreu um prejuízo a sua imagem em 2000 e 2001, quando as batalhas da diretoria chegaram às manchetes de jornais e os lucros em queda afetaram o preço de suas ações. Levou algum tempo (início de 2007) para que ela recuperasse sua posição, sob a liderança do diretor executivo Stuart Rose.

Na análise dos recursos, portanto, a questão importante a sempre ter em mente é: será que esse recurso contribui para a criação de uma vantagem competitiva sustentável para a organização? Quando ele contribui ou pode ser aproveitado para isso, o recurso precisa ser reconhecido como fonte potencial de uma estratégia de marketing eficaz e deve ser protegido tanto do reconhecimento externo quando da miopia interna.

A seguir, passamos a discutir os tipos de recursos que as organizações podem ter a seu dispor e como eles podem ser identificados. Como no uso corrente, empregamos os termos 'recursos', 'ativos', 'competências' e 'capacidades' de forma intercambiável. Conceitualmente, entretanto, o termo 'recursos' pode ser considerado o termo genérico, enquanto 'ativos' e 'capacidades' são diferentes tipos de recursos.

6.2 DISCIPLINAS QUE CRIAM VALOR

Day (1997) observa que cada empresa adquire muitas capacidades que lhe permitem mover seus produtos ao longo da cadeia de valor. Apenas algumas delas têm de ser superior à concorrência. São as capacidades distintivas que sustentam uma oferta de valor para os clientes e difícil de ser imitada pelos concorrentes. Na verdade, é claro que diferentes maneiras de oferecer um valor superior ao cliente requerem recursos muito distintos. Por exemplo, Treacy e Wiersema (1995) apontam três diferentes 'disciplinas de valor', cada uma das quais satisfazendo com excelência as necessidades distintas de um tipo de cliente e exigindo diferentes capacidades de recursos (Figura 6.2):

- **Excelência operacional**, fornecendo produtos ao mercado intermediário com o melhor preço e com o menor número de inconvenientes. Exemplos incluem varejistas do mercado sem requintes, tais como Aldi em mercearia e Matalan em roupas, e redes de *fast food,* como McDonald's, Burger King e KFC. Essa estratégia exige uma organização que atinja a excelência nos processos centrais de atendimento de pedidos, de gerenciamento da cadeia de suprimentos, de logística, entrega de serviços e de processamento de transações.
- **Liderança de produto**, oferecendo produtos que ultrapassam os limites do desempenho do produto e do serviço. A Intel é líder de produto em processadores para computador, assim como a Nike em calçados esportivos. Um bom exemplo é o negócio de impressoras da Hewlett-Packard, que alcançou posição dominante no mercado por meio de avanços tecnológicos importantes, variações rápidas do produto, contínua redução dos preços e uma vontade de atacar os concorrentes. Os processos centrais que sustentam a estratégia de mercado incluem sensibilidade de mercado (em relação às necessidades latentes dos consumidores), abertura a novas ideias, rápido desenvolvimento e lançamento de produtos, integração tecnológica e produção flexível. A administração e a estrutura provavelmente serão descentralizadas, orientadas para equipes e flexíveis.
- **Intimidade com o cliente**, entregando o que clientes específicos querem por meio de relacionamentos cultivados. Os requisitos centrais são a flexibilidade, uma mentalidade voltada para a ideia de que

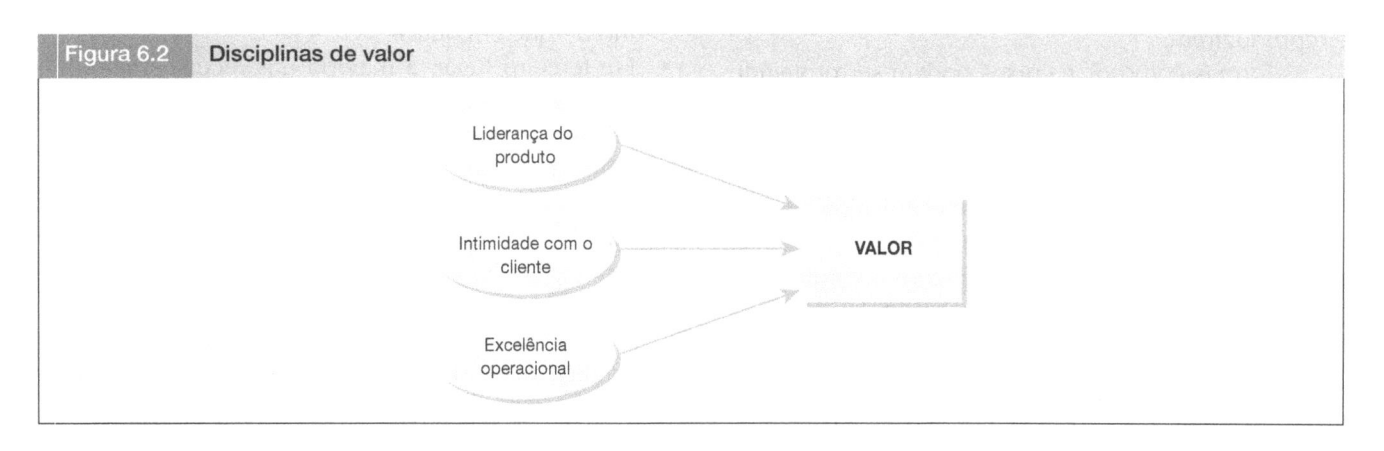

Figura 6.2 Disciplinas de valor

'fazemos do seu jeito', o domínio da 'personalização em massa' para atender às necessidades específicas de microssegmentos do mercado e a capacidade de manter relacionamentos a longo prazo com o cliente.

Hamel (1996) observa que, em um processo efetivo de elaboração da estratégia, "não é possível ver o fim lá do começo". Temos de ser flexíveis o suficiente para mudar nossas ideias sobre as capacidades das empresas conforme as opções de estratégia de marketing emergirem da nossa análise (e vice-versa) e, se necessário, repensar o caráter atrativo das opções estratégicas.

Na tentativa de definir os recursos-chave, no entanto, Porter (1996) aponta para os perigos da 'armadilha da convergência competitiva'. Porter diz que o perigo inerente à pressão sobre as empresas para melhorar a eficiência operacional não é simplesmente que se substitua a eficiência operacional pela estratégia, mas que as empresas concorrentes se tornem cada vez mais semelhantes: "Quanto mais *benchmarking* as empresas fazem, mais elas se parecem... A melhoria contínua já está gravada nos cérebros dos administradores. Mas, sem querer, suas ferramentas empurram as empresas no caminho da imitação e da homogeneidade". Quando tentamos avaliar as capacidades das empresas, devemos pesquisar por fontes de diferenciação competitiva e de vantagem em atividades e áreas que são importantes para os clientes, e não simplesmente por fontes de eficiência operacional.

Devemos também estar conscientes de que é fundamental a forma como agrupamos, classificamos ou rotulamos os recursos de uma organização. Estratégia não consiste em uma simples melhoria operacional e nem no foco somente em algumas competências essenciais (sobretudo se forem as mesmas coisas que os nossos concorrentes afirmam serem suas próprias competências). A vantagem sustentável real vem da maneira como os vários recursos se encaixam, criando uma base exclusiva de recursos para uma estratégia competitiva única. Porter ilustra isso com o exemplo do negócio de aluguel de automóveis. Empresas como a Hertz, a Avis e a National são as marcas líderes, mas a rentabilidade geralmente é baixa. Elas estão presas em uma competição de eficiência operacional, oferecendo os mesmos tipos de veículos no mesmo tipo de aeroportos com o mesmo tipo de tecnologia. A Enterprise, por outro lado, alcança um desempenho superior nesse mesmo setor com lojas menores que não estão nos aeroportos, com pouca publicidade e com carros mais antigos. A Enterprise faz tudo de forma diferente: emprega pessoal mais experiente e tem uma equipe de vendas *business-to-business* (B2B). Ela se especializou em carros para substituição temporária daqueles veículos que estão fora de serviço, virando as costas para o mercado de viagens de negócios nos principais aeroportos. A questão é que, a seu jeito, cada uma das capacidades da Enterprise é normal, mas juntas elas formam um poderoso caminho rumo a uma posição competitiva diferenciada e a um desempenho superior (Porter, citado em Jackson, 1997).

Na revisão de recursos, os gerentes precisam pesquisar uma vantagem no modo como as coisas se encaixam, não apenas nos recursos individuais disponíveis. Na verdade, a questão fundamental talvez seja como os recursos podem ser administrados com sucesso em alianças de empresas.

Uma consideração importante é qual ponto de vista em relação aos recursos será seguido — muito nessa área é subjetivo e passível de julgamento. Na verdade, Hamel (1996) sugere que "o gargalo está no topo da garrafa". Os altos executivos tendem a defender uma visão ortodoxa, porque é o que eles conhecem e no que basearam suas carreiras: "Onde você pode encontrar pessoas com o mínimo de diversidade de experiências, o maior investimento no passado e a maior reverência ao dogma estratégico? No topo" (Hamel, 1996).

Novas perspectivas sobre os recursos da organização podem surgir de lugares surpreendentes. Hamel descreve como, em uma empresa, a ideia de uma oportunidade de vários milhões de dólares veio de uma secretária de vinte e poucos anos; como, em outra, algumas das melhores ideias sobre as competências fundamentais da organização vieram de um operador de empilhadeira; e ainda como, em uma empresa de contabilidade, os sócios aprenderam sobre realidade virtual com um funcionário júnior de 25 anos.

No mínimo, quando estivermos tentando avaliar os recursos, devemos incluir as opiniões daqueles que administram o negócio e dos que estão de fora, que podem ter perspectivas valiosas. Por exemplo, a famosa campanha da Avis denominada 'We Try Harder' (Nós nos Esforçamos Mais') veio da agência de publicidade contratada por Robert Townsend para buscar uma vantagem competitiva que lhe permitisse dar uma reviravolta na empresa, que passava por problemas na época. A agência viu que não havia nenhuma vantagem competitiva além do fato de que os empregados da Avis pareciam 'se esforçar mais', provavelmente porque tinham que fazer isso. Esse foi o coração da estratégia de recuperação bem-sucedida da Avis — e convém notar que ela foi rejeitada desde o início por executivos que tinham uma visão mais convencional do negócio de aluguel de carros.

6.3 A VISÃO BASEADA EM RECURSOS DA EMPRESA

Cada vez mais a literatura propõe uma visão baseada em recursos da empresa. De fato, tem sido argumentado (Hooley *et al.*, 1998) que dois temas principais passaram a dominar o pensamento sobre a estratégia de marketing na década de 90: orientação para o mercado e visão baseada em recursos (VBR). Embora a teoria da orientação para o mercado enfatize o desempenho superior de empresas com alta qualidade e com ampla geração e compartilhamento de inteligência de mercado (o que leva a respostas para as necessidades do mercado), a VBR sugere que a estratégia de alto desempenho depende principalmente de existência de recursos historicamente desenvolvidos (*por exemplo*, Wernerfelt, 1995; Grant, 2005).

Há, no entanto, um potencial conflito entre essas duas abordagens no sentido de que uma defende as vantagens de olhar para fora para descobrir como se adaptar às condições do mercado, enquanto a outra é voltada para dentro, enfatizando as características de rentabilidade dos recursos (Amit e Shoemaker, 1993) e o desenvolvimento de capacidades e recursos corporativos (Mahoney, 1995). Resumindo, do ponto de vista do marketing, se a estratégia se torna muito profundamente enraizada nas capacidades existentes da empresa, corre-se o risco de ignorar as exigências de ambientes de mercado turbulentos e em constante mudança. No entanto, a partir de uma perspectiva baseada em recursos, estratégias de marketing que não são baseadas nas competências distintivas de uma empresa tendem a ser ineficientes e insustentáveis.

No entanto, argumentamos que o posicionamento competitivo fornece uma maneira de conciliar esse potencial conflito. Defendemos que o posicionamento competitivo fornece uma definição de como a empresa competirá por mercados-alvo e identificará a vantagem competitiva que será perseguida para atender a esses mercados. A atratividade dos mercados dependerá, em parte, dos recursos disponíveis para a empresa para construir uma forte posição competitiva. Da mesma forma, a perspectiva de posicionamento reconhece que, para os recursos da empresa serem aproveitados em benefício da economia, precisam ser aplicados ao mercado. No entanto, também reconhece que, se essa aplicação deve ser sustentável em face da concorrência, a vantagem competitiva deve ser construída sobre os recursos distintivos da empresa (Hamel e Prahalad, 1994; Webster, 1994). Na verdade, a orientação para o mercado em si pode ser considerada um recurso fundamental das empresas, acumulado e aprendido ao longo de um período de tempo substancial.

Essa relação interativa das pressões sobre a orientação para o mercado e a VBR com o posicionamento competitivo é exibida na Figura 6.3. Nessa visão simplificada, a questão é responder aos mercados aplicando os recursos organizacionais às oportunidades e às necessidades dos clientes que foram identificadas. O resultado é o posicionamento competitivo. No entanto, vale considerar as teorias de VBR da empresa como uma fonte adicional importante para avaliar as capacidades das empresas como base para o posicionamento competitivo.

6.3.1 Fundamentos teóricos

A VBR está presente em boa parte da literatura moderna sobre estratégia (por exemplo, Mahoney, 1995; Wernerfelt, 1995; e Grant, 2005 para bons resumos da teoria). O dogma central da VBR é que, para a estratégia ser sustentável, ela deve ser incorporada nos recursos e nas capacidades da empresa.

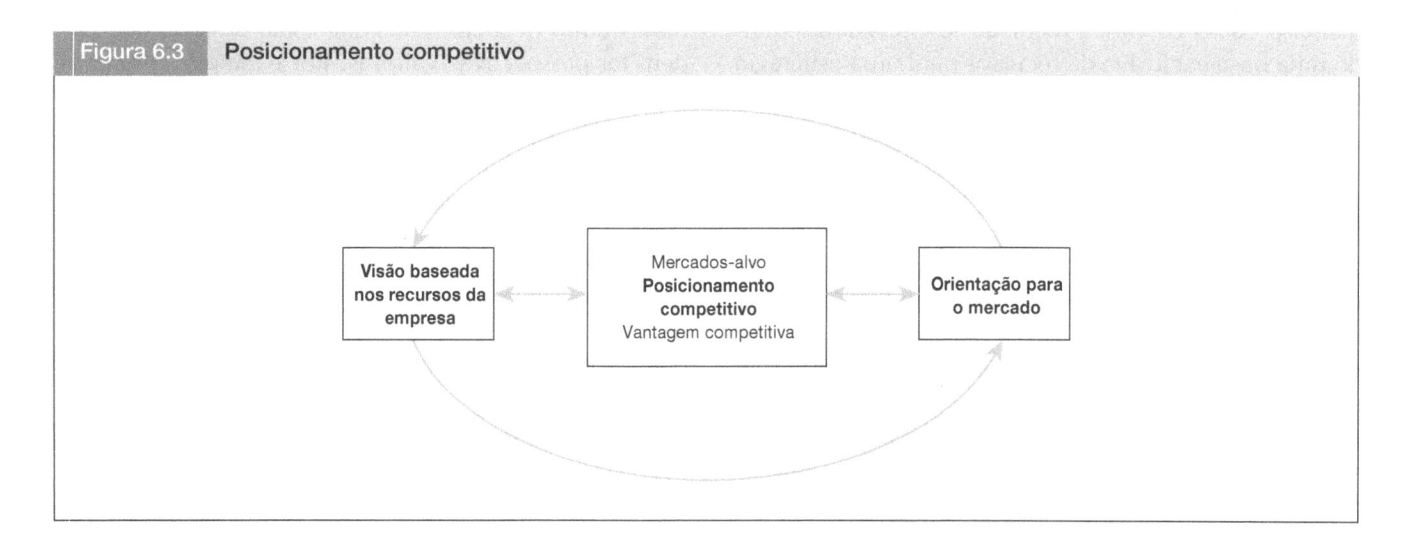

Figura 6.3 Posicionamento competitivo

Visão baseada nos recursos da empresa ↔ Mercados-alvo / Posicionamento competitivo / Vantagem competitiva ↔ Orientação para o mercado

Com efeito, a eventual incompatibilidade com os princípios de orientação para o mercado é ilustrada pela visão de Grant (1995) de que:

Em geral, quanto maior a taxa de mudança no ambiente externo da empresa, mais ela deve procurar basear sua estratégia a longo prazo em seus recursos e capacidades internos em vez de baseá-la em um foco de mercado externo.

Grant usa o exemplo dos fabricantes de máquinas de escrever diante da revolução do PC da década de 80. Ele sugere que havia apenas duas estratégias disponíveis: persistir no mercado tradicional e tentar adquirir a tecnologia para processamento de texto ou buscar outros mercados em que as competências e capacidades existentes pudessem ser exploradas. O movimento da Olivetti saindo da máquina de escrever e indo para o PC é um exemplo da primeira estratégia. O movimento de outras empresas para o mercado de impressoras de forma a explorar os recursos existentes é um exemplo da segunda estratégia. No entanto, supor que essas são as únicas estratégias ou que são excludentes é um pouco limitado.

Não obstante essa limitação de perspectiva, a VBR oferece uma série de informações úteis sobre a natureza dos recursos corporativos. Há um número de pontos de vista diferentes sobre como definir e classificar os recursos:

- Qualquer coisa que possa ser pensada como uma força ou fraqueza de uma empresa (Wernerfelt, 1984);
- Estoques de fatores disponíveis que são de propriedade ou controlados pela empresa (Amit e Shoemaker, 1993);
- Um conjunto de ativos, capacidades, processos organizacionais, atributos da empresa, informação e conhecimento (Barney, 1991).

No entanto, um quadro particularmente útil para fins de comercialização foi proposto por Day (1994) para distinguir os *ativos* e as *capacidades* de uma empresa. Nas palavras de Day, os ativos da organização são as posses que uma empresa acumulou, tais como as resultantes de investimentos em escala, de plantas, de localização e patrimônio de marca, enquanto a capacidade reflete a sinergia entre esses ativos e faz com que eles sejam aplicados em favor da empresa. Nesses termos, capacidades são conjuntos complexos de habilidade e aprendizagem coletiva, o que garante uma coordenação superior das atividades funcionais por meio de processos organizacionais.

Em essência, a VBR enfatiza o papel dos ativos e das capacidades para criar vantagem competitiva. A teoria reconhece que os recursos são heterogêneos entre as empresas e que existem barreiras à aquisição ou à imitação que podem fornecer às empresas maneiras de defender a vantagem criada a curto e médio prazo. A teoria sugere que a vantagem competitiva sustentável se encontra na posse de recursos que exibem características determinadas: valorizado, raro, inimitável e não substituível (VRIN).

Barreiras à imitação, referidas na literatura como os mecanismos de isolamento, incluem ambiguidade causal (dificuldade em identificar como uma vantagem foi criada), complexidade (decorrente da interação de múltiplos recursos), conhecimento tácito (habilidades e conhecimentos incorporados resultantes de aprendizado e experiência), a dependência do caminho (a necessidade de passar por fases que dependem essencialmente do tempo para criar a vantagem), a economia (o custo de imitação) e barreiras legais (como direitos de propriedade e patentes) (Lippman e Rumelt, 1982; Dierickx e Cool, 1989; Reed e deFillippi, 1990; Hooley *et al.*, 2005).

A maior crítica do VBR, no entanto, foi que ela negligencia a influência do dinamismo do mercado (Priem e Butler, 2001; Wang e Ahmed, 2007). Quanto mais rápido os mercados mudam, maior é a necessidade para que as empresas renovem seus recursos e desenvolvam novas capacidades.

6.3.2 Capacidades dinâmicas

Em resposta a essas preocupações, pesquisas recentes sobre a VBR têm se centrado nas capacidades dinâmicas (Teece, Pisano e Shuen, 1997; Bowman e Ambrosini, 2003). Elas foram definidas como "a capacidade de uma organização de criar, ampliar ou modificar propositadamente sua base de recursos" (Helfat *et al.*, 2007). Essa visão reconhece que, à medida que o mercado muda, que se torna mais globalmente integrado, que novas formas de concorrência surgem e que novas tecnologias são empregadas, as empresas não podem ficar somente com suas capacidades existentes (Winter, 2003; Wang e Ahmed, 2007). As empresas precisam procurar recriar-se por meio da extensão e da modificação de suas operações.

É notório que o novo foco sobre as capacidades dinâmicas reconhece a necessidade de as empresas entenderem a dinâmica do mercado de forma mais explícita do que a perspectiva original da VBR. Do ponto de vista do marketing, as capacidades dinâmicas ajudam as empresas a identificar oportunidades de mercado e, posteriormente, a entrar em novos negócios por meio da criação de novos produtos e de melhores serviços (Teece *et al.*, 1997; Helfat *et al.*, 2007).

Teece *et al.* (1997) sugerem que as capacidades dinâmicas têm um papel de coordenação/integração e um papel de aprendizagem. O papel de coordenação e integração permite às empresas integrar atividades externas. Tais atividades estão relacionadas com a capacidade de organizações orientadas ao mercado que, entre outros, precisam aprimorar a compreensão das necessidades e exigências do cliente, a criação de vínculos com o cliente e os processos de desenvolvimento de novos produtos (Day, 1994). A capacidade de criação de vínculos com o cliente permite que a empresa ganhe uma 'posição privilegiada' (Penrose, 1959) ao estabelecer um relacionamento com os clientes que pode permitir atividades conjuntas de resolução de problemas e uma assimilação rápida de novas competências anteriormente inexploradas (Zander e Zander, 2005). Rotinas de desenvolvimento de produtos são conhecidas por exigir a integração de diversas competências e *know-how* dentro e fora da empresa. Isso também sugere que, além de suas habilidades de criação de vínculos com os clientes, as empresas devem ser capazes de melhorar seu processo de criação de conhecimento, sendo capazes de desenvolver redes e alianças estratégicas ao longo de toda a cadeia de valor (Eisenhardt e Martin, 2000).

A aprendizagem permite que novas oportunidades sejam identificadas e pode estimular a experimentação e a inovação (Bowman e Ambrosini, 2003). Mais especificamente, a aprendizagem é um elemento central das capacidades dinâmicas, uma vez que é uma "atividade coletiva por meio da qual a organização gera e modifica sistematicamente suas rotinas operacionais em busca de mais eficácia" (Zollo e Winter, 2002).

Alguns pesquisadores (por exemplo, Ahuja e Katila, 2004) têm sugerido que as capacidades dinâmicas são exclusivas e altamente dependentes do contexto específico entre empresa e mercado. Outros, porém (como Eisenhardt e Martin, 2000), buscam características comuns entre as empresas. Os conceitos mais recentes das capacidades dinâmicas concentram-se no 'ajuste', tanto o ajuste técnico quanto o evolutivo. Helfat *et al.* (2007) definem o ajuste técnico como a eficiência com a qual uma capacidade desenvolve sua função pretendida (a qualidade) quando padronizada (dividida) pelo seu alto custo. Já o ajuste evolutivo é como uma capacidade dinâmica permite que uma organização se sustente pela criação, ampliação ou modificação de sua base de recursos. Nesse sentido, o ajuste evolutivo inclui não apenas adaptações técnicas, mas também a compreensão da concorrência e das condições de mercado.

O ajuste evolutivo é fundamental para o pensamento de marketing, garantindo não só que as ofertas de mercado sejam tecnicamente adequadas à finalidade, mas também que coincidam com os requisitos do mercado em função da mudança do cliente e do concorrente.

Wang e Ahmed (2007) sugerem que os recursos podem ser considerados em quatro níveis. Para nossos propósitos, eles se fundem com três níveis e tipos de recursos. A Figura 6.4 mostra esses níveis em um contexto de marketing.

- No nível básico estão ativos de marketing, os recursos que a organização construiu ou adquiriu ao lon-

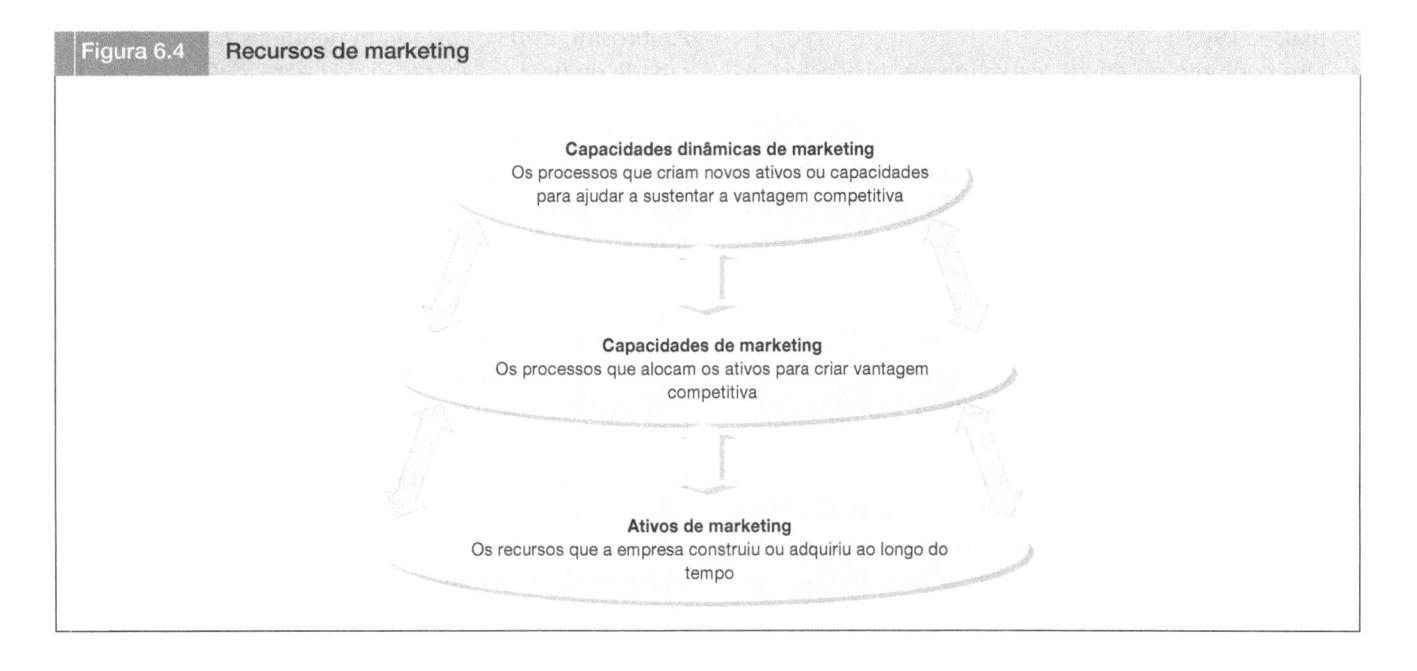

| Figura 6.4 | Recursos de marketing |

Capacidades dinâmicas de marketing
Os processos que criam novos ativos ou capacidades para ajudar a sustentar a vantagem competitiva

Capacidades de marketing
Os processos que alocam os ativos para criar vantagem competitiva

Ativos de marketing
Os recursos que a empresa construiu ou adquiriu ao longo do tempo

go do tempo. Quando eles apresentam as características VRIN (ou seja, criam valor para os clientes, são raros ou únicos para a empresa, são inimitáveis ou difíceis/caros de serem imitados ou adquiridos por outras empresas e não são substituíveis ou facilmente substituídos), podem formar a base de uma vantagem competitiva. A maioria dos ativos, no entanto, se desvaloriza ao longo do tempo se não for constantemente renovada e revigorada.
- Capacidades, os recursos do segundo nível da empresa, são os processos utilizados para aplicar recursos de forma eficaz no mercado. Wang e Ahmed (2007) diferenciam as capacidades que são utilizadas para realizar tarefas rotineiras, e as capacidades centrais, que são estrategicamente importantes para a criação de vantagem competitiva em um determinado momento. As capacidades centrais normalmente requerem o agrupamento de outras capacidades. Por exemplo, a Zara, na indústria da moda, tem capacidades centrais para a resposta aos clientes que, por sua vez, exigem recursos, tais como sistemas de informação avançados, processos de produção *just-in-time* e processos de controle de estoque. As capacidades centrais, portanto, integram os meios e as capacidades para permitir que a empresa se mova em sua direção estratégica escolhida. Tem sido sugerido, entretanto, que as capacidades centrais podem tornar-se um enrijecimento central, quando os mercados mudam, e elas podem prender as empresas a processos que viviam a se tornar cada vez menos relevantes (Leonard-Barton, 1992; Tallman, 2003).
- Capacidades dinâmicas são o nível mais elevado de recursos da empresa. São as capacidades que criam novos ativos e/ou novas capacidades em resposta às mudanças no mercado ou mesmo que conduzem, levam a essas mudanças.

Agora discutiremos os recursos de marketing em mais detalhes. Primeiro, consideraremos os ativos de marketing e, em seguida, passaremos a discutir as capacidades de marketing. Finalmente, nós nos concentraremos nas capacidades dinâmicas de marketing.

6.4 CRIANDO E EXPLORANDO ATIVOS DE MARKETING

O termo 'ativos de marketing' foi usado pela primeira vez em uma série de artigos na revista *Marketing* por Hugh Davidson em 1983. Ativos de marketing são, essencialmente, recursos — normalmente intangíveis — que podem ser utilizados com vantagem no mercado. Davidson (1983) deu o seguinte exemplo:

- No início da década de 80, a marca de flocos de milho Kellogg's, que ainda tinha pouco mais de 20 anos, estava em um longo declínio. A empresa tinha capacidade demais, mas não produzia flocos de milho para marcas próprias de lojas de varejo. A Kellogg's resolveu esse problema lançando o Crunchy Nut Corn Flakes, que usou o nome da Kellogg's e a fábrica dos flocos de milho. Foi fixado um preço alto, mas o produto ganhou de 2% a 3% da participação no mercado, em sua maior parte adicionais à participação de outras marcas da Kellogg's, com margens muito atraentes. O novo produto explorou a força do nome da marca já existente e a tecnologia e as instalações da fabricação dos flocos, mas o fez de uma forma que atraiu novos clientes com margens elevadas.

Uma grande variedade de propriedades da empresa pode ser convertida em ativos de marketing. Conforme mostrado na Figura 6.5, eles podem ser agrupados de uma forma útil em:
- ativos baseados nos clientes e na reputação;
- ativos da cadeia de suprimentos;
- ativos internos ou de suporte ao marketing;
- ativos com base em alianças.

6.4.1 Ativos de marketing baseados nos clientes

Ativos de marketing baseados nos clientes são aqueles ativos da empresa, tangíveis ou intangíveis, valorizados pelo cliente ou por clientes potenciais. Muitas vezes existem na mente do cliente e são essencialmente de natureza intangível. Podem, no entanto, ser uma das questões mais fundamentais na construção de uma posição competitiva no mercado.

NOME E REPUTAÇÃO DA EMPRESA

Um dos ativos baseado no cliente mais importantes que uma empresa pode possuir é sua reputação ou imagem. Empresas como a Mercedes, a BMW e a Rolls-Royce têm uma imagem clara de que fornecem um determinado conjunto de benefícios para o cliente (confiabilidade, durabilidade, prestígio, qualidade global) nos mercados em que operam.

O nome da empresa confere valor a todos os produtos da empresa quando ele pode claramente ser identificado. De fato, em muitos casos em que a identidade da empresa é um forte trunfo, ele foi convertido em um nome de marca para uso em uma ampla variedade de produtos (por exemplo, Virgin, Kodak e Sainsbury não são apenas nomes de uma empresa, mas também nomes de marcas fortes para o cliente).

A imagem e a reputação também podem, no entanto, ser um ativo negativo ou um risco. Isso pode

Figura 6.5 Ativos de marketing

Ativos baseados em clientes
Relacionamentos com os clientes
Nome e reputação da empresa
Marcas, país de origem
Domínio de mercado
Produtos e serviços superiores

Ativos baseados em apoio interno
Vantagens de custo
Sistemas de informação
Habilidades técnicas
Competência especializada na produção
Direitos autorais e patentes
Franquias e licenças
Parcerias

Ativos baseados na cadeia de suprimentos
Controle da distribuição
Bolsões de valor
Singularidade da distribuição
Rede de distribuição e relacionamentos
Garantia de fornecimento
Rede de fornecedores e relacionamentos

Ativos baseados em alianças
Acesso aos mercados
Acesso a habilidades administrativas
Tecnologia compartilhada
Exclusividade

Ativos de marketing

ir muito além daquilo que os clientes pensam sobre a qualidade do produto. Um estudo da Ogilvy & Mather, em 1996, contrastou a opinião dos consumidores que classificaram algumas empresas como 'malandros eficientes' em comparação às classificadas como 'certinhas', no outro extremo da escala. A extremidade superior da escala ética foi ocupada por empresas como Marks & Spencer, Boots, Virgin Atlantic, Cadbury e The Body Shop. A outra extremidade da escala foi ocupada pela Camelot (operadora da loteria do Reino Unido), pelo jornal *The Sun*, pela prestadora de serviços Yorkshire Water, pelas casas de apostas William Hill e Ladbrokes (bookmakers) e pela Sky TV (Bell, 1996). A gravidade dessa questão é enfatizada pela evidência de que os consumidores estão cada vez mais relutantes em lidar com as empresas que consideram antiéticas (Bernoth, 1996) (*veja* o Capítulo 18 para uma reflexão mais detalhada sobre essa questão).

Também importante é a forma como as empresas lidam com a má publicidade. A reputação da Firestone, fabricante de pneus, foi danificada por disputas públicas com a Ford sobre a causa de 170 mortes no trânsito e de centenas de acidentes nos Estados Unidos envolvendo o Ford Explorer, equipado com pneus Firestone. A Ford finalmente fez o *recall* de 13 milhões de pneus a um custo de US$ 3 bilhões (*Marketing Business*, jul./ago. de 2001).

Os carros Skoda eram muito conhecidos na Grã-Bretanha em meados dos anos 90 como alvos de piadas de mau gosto, refletindo uma crença generalizada mas equivocada de que os carros eram de má qualidade. Em 1995, o Skoda estava se preparando para lançar um novo modelo no Reino Unido e testou a opinião dos consumidores sobre o veículo com testes cegos e com a identificação da marca. O veículo foi classificado como mais bem concebido e mais bem valorizado por aqueles que não sabiam sua marca. Com o nome Skoda revelado, as percepções do design eram menos favoráveis e o valor estimado era substancialmente inferior. A propaganda posterior brincou com essa imagem, mostrando os clientes satisfeitos com o carro, mas constrangidos com a compra de um Skoda. Ao mostrar que o Skoda também tinha a força de um VW por trás dele (revelado em propagandas como uma sombra do VW por trás do Skoda) após a aquisição, os valores positivos da marca foram sendo progressivamente construídos.

Isso nos leva dos nomes e da reputação das empresas às suas marcas.

MARCAS

A identificação e a exploração das marcas permanecem fundamentais para várias perspectivas do marketing. Por exemplo, a agência Interbrand reporta anualmente as dez marcas mais valiosas do mundo. Os resultados são apresentados na Tabela 6.1 (e são atualizados regularmente pela empresa em seu site, <http://www.interbrand.com>).

Não surpreendentemente, marcas americanas dominam a lista, com 73% do valor total das marcas no ranking. O segundo país com maior número é o Japão, com 6%, seguido pela Alemanha (também com 6%) e Reino Unido (4%) (Ambler, 2001). Essas listas são, naturalmente, limitadas, e os vencedores são selecionados mais pela natureza dos critérios escolhidos do que pelo valor real da marca em questão.

Mais importante ainda: para as empresas em que a identidade corporativa é um risco ou um ativo que não

Tabela 6.1   As dez maiores marcas

Classificação*	1990	1996	2001	2006 (valor em US$ bilhões)
1	Coca-Cola	McDonald's	Coca-Cola	Coca-Cola (67)
2	Kellogg	Coca-Cola	Microsoft	Microsoft (57)
3	McDonald's	Disney	IBM	IBM (56)
4	Kodak	Kodak	General Electric	General Electric (49)
5	Marlboro	Sony	Nokia	Intel (32)
6	IBM	Gillette	Intel	Nokia 30)
7	American Express	Mercedes-Benz	Disney	Toyota (28)
8	Sony	Levis	Ford	Disney (28)
9	Mercedes Benz	Microsoft	McDonald's	McDonald's (28)
10	Nescafé	Marlboro	AT&T	Mercedes (22)

Nota: *Classificação baseada em: (1) peso — domínio de mercado, (2) tamanho — extensão para outros mercados, (3) abrangência — aprovação de acordo com a idade, religião e outros critérios e (4) profundidade — comprometimento do cliente.
Fonte: Interbrand (1996, 2001, 2006).

existe, dá-se mais ênfase na construção ou na aquisição de marcas individuais como ativos. Beechams, por exemplo, tem como política adquirir marcas de prestígio comercial. A marca Bovril foi adquirida para facilitar o lançamento da companhia no mercado de caldos em cubo (sendo que a Bovril era uma marca estabelecida no mercado). Empresas com pouca identidade corporativa baseada no cliente, tais como Rank Hovis MacDougal (RHM), desenvolveram suas marcas em vários grandes ativos: a marca Bisto, famosa como líder de mercado de molhos no Reino Unido, por exemplo, tem sido usada com bons resultados pela RHM em seu movimento em direção ao mercado de sopas e molhos.

A indústria automobilística britânica talvez seja um dos melhores exemplos de ativos baseados em nomes de marcas. Ao longo dos anos, o grupo Rover e seus antecessores tiveram ativos valiosos em marcas como Rover, Wolsey, MG, Austin Healey e Jaguar. Durante o curto período de apropriação por parte da BMW, que ficou conhecido na imprensa alemã como o 'Paciente Inglês' (por conta do filme de sucesso de mesmo nome), a BMW tentou incorporar os valores da marca BMW em produtos e operações da Rover como foco unificador de toda a empresa e de sua cadeia de suprimentos. Quando a BMW vendeu a MG-Rover por £ 10 para um consórcio liderado pelo ex-executivo-chefe John Tower, ficou claro que eles tinham falhado na transferência dos valores da marca e, sem isso, viam pouco futuro para a empresa. Ela finalmente entrou em colapso em abril de 2005 e os ativos físicos foram adquiridos pela fabricante de automóveis chinesa Nanjing Automobile Group (a marca Rover foi adquirida pelo grupo indiano Tata).

A construção da marca pode ocorrer no nível individual também. Por exemplo, os desportistas começaram a registrar seus nomes e apelidos, já que são utilizados em *merchandising* e publicidade. Futebolistas como David Beckham, Alan Shearer, Paul Gascoigne e Ryan Giggs registraram seus nomes e os apelidos de 'Gazza', 'Giggsy' e 'Giggs 11'. Eric Cantona, ex-jogador do Manchester United, patenteou seu nome e o *slogan* 'Ooh Aah Cantona' que os fãs gritavam. O piloto Damon Hill registrou a imagem de seus olhos olhando para fora do capacete (posteriormente utilizada em propagandas pela Andersen Consulting) e Dickie Bird, ex-árbitro internacional de críquete, lançou sua própria caneca personalizada. Cada um deles pode receber cerca de 10% de direitos autorais sobre as vendas do produto quando seus nomes, apelidos e *slogans* são usados. Em 1996, só no Reino Unido, o negócio de kits de futebol rendeu cerca de 100 milhões de libras e o de chuteiras, mais £ 110 milhões. Muitos desses produtos são agora comercializados com os nomes dos jogadores escritos neles (*The Guardian*, 30 de agosto de 1997). Evolução semelhante pode ser vista com os principais astros do basquete e do futebol nos Estados Unidos.

As marcas podem ser ativos de marketing especialmente poderosos por uma série de razões.

- **Marcas são difíceis de construir** — Por exemplo, no *ranking* das 50 maiores marcas de alimentos do Reino Unido, muito poucas são novas: quatro foram lançadas em 1800, 16 foram lançadas entre 1900 e 1950, 21 foram lançadas entre 1950 e 1975 e nove foram lançadas desde 1975. Uma vez estabelecidas, o bom-senso econômico sugere que as marcas devem ser plenamente exploradas.

- **Marcas agregam valor para os clientes** — O exemplo clássico é que, em testes cegos, 51% dos consumidores preferem a Pepsi à Coca-Cola, mas, em testes identificados, 65% preferem Coca-Cola à Pepsi: preferências por refrigerantes são baseadas em imagem de marca, não em gosto (de Chernatony e MacDonald, 1992).

- **Marcas criam posições competitivas defensáveis** — Os feijões cozidos Heinz são um clichê e uma marca antiga. Em 1996, algumas marcas próprias de supermercados reduziram o preço de feijões cozidos para até três pence (cerca de R$ 0,10). A força dessa marca é tanta que não só os clientes Heinz permaneceram fiéis pagando o preço original de até nove vezes mais, mas a Heinz ainda foi capaz de aumentar seus preços naquele momento. Em toda essa guerra de preços, a Heinz sofreu uma diminuição de apenas 4% no seu faturamento.
- **Marcas reforçam a retenção de clientes** — Uma pesquisa patrocinada pela US Coalition for Brand Equity mostra que a lealdade de marca faz com que os clientes fiquem menos sensíveis às promoções dos concorrentes e mais propensos a experimentar novos produtos e serviços dessa marca. Um estudo de 400 marcas realizado ao longo de mais de oito anos pela Information Resources descobriu que, para marcas de sucesso, 30% do aumento das vendas atribuíveis a uma nova propaganda vieram de novos clientes, mas 70% vieram do aumento da lealdade dos clientes existentes (Kanner, 1996).
- **Marcas podem transformar os mercados** — O setor de serviços financeiros britânico tem sido há muito tempo associado com baixo reconhecimento de marca e com fraca construção de marca: nomes como Provident, Perpetual e Scottish implicam economia, mas pouco mais do que isso. A Virgin Direct e o Sainsbury Bank conquistaram participação de mercado em serviços financeiros de forma rápida e barata ao estender suas fortes marcas para esse setor.
- **Marcas têm desempenho financeiro** — Um estudo da Interbrand e do Citibank em 1997 concluiu que o desempenho de empresas que baseiam seus negócios em marcas tinham superado o desempenho do mercado acionário nos últimos 15 anos. O mesmo estudo, entretanto, observou a tendência arriscada de alguns proprietários de marcas de terem reduzido o investimento em marcas em meados da década de 1990, com impactos negativos sobre seu desempenho (Smith, 1997).
- **Marcas podem atravessar as fronteiras nacionais** — As marcas globais estão cada vez mais comuns e muitas empresas estão tentando padronizar sua marca nos mercados internacionais, já que seus clientes também se tornaram globais. A Vodafone, empresa de comunicação móvel, por exemplo, recentemente 'migrou' marcas regionais para a marca global Vodafone. A filial grega, anteriormente Panafon, então Panafon-Vodafone, tornou-se apenas Vodafone em janeiro de 2002. A Vodafone D2, marca alemã, seguiu esses passos em março, e a Europolitan Vodafone da Suécia, em abril. A empresa adotou uma estratégia de marca dupla para facilitar a migração, com o nome da Vodafone apresentado juntamente com o original por um período limitado para construir o reconhecimento do cliente (*Marketing Business*, março de 2002).

Empresa e marca não são as únicas influências sobre as percepções dos clientes em relação a ofertas. A origem do produto também pode ter um impacto significativo.

País de origem

Para as empresas que operam em mercados internacionais, a identidade do país de origem pode contribuir tanto como um ativo quanto como um passivo. As empresas japonesas, por exemplo, coletivamente desfrutam de uma boa reputação pela qualidade e pelo valor. Da mesma forma, '*made in Hong Kong*' ou '*made in Taiwan*' ainda dão a impressão, com ou sem razão, de algo malfeito e de materiais baratos. Produtos feitos na Inglaterra, como os da Barbour, os da The Body Shop e os sapatos da The Church, estão vivendo um ressurgimento nos Estados Unidos devido à imagem favorável da Grã-Bretanha nesse mercado. Outros exemplos de efeitos do país de origem incluem os seguintes:

- O vinho francês tem uma forte reputação internacional, permitindo a adoção de preços mais altos. O uso de palavras em francês (como *château* e *appellation contrôlée*) nos rótulos reforça a origem. Na verdade, o vinho de regiões específicas do interior do país também pode pedir um preço mais alto antes mesmo de ser provado. É interessante notar que os vinhos da Austrália dependem mais da promoção sobre a variedade da uva (por exemplo, *pinot noir*, *chardonnay*), enquanto os vinhos franceses promovem a região de origem. Curiosamente, no entanto, a França é vista como um país particularmente esnobe por parte dos consumidores norte-americanos (d'Astous e Boujabel, 2007), mas isso pode até mesmo aumentar a reputação dos vinhos franceses.
- A Nova Zelândia se promoveu com êxito como um destino turístico por conta das sequências do sucesso *Senhor dos Anéis* que foram filmadas lá. A ênfase agora passou a ser a comercialização de alimentos e vinhos do país. A marca de vodca de luxo, 42

Below, é comercializada com base na reputação de pureza da Nova Zelândia (*The Economist*, 11 de novembro de 2006).
- Ozretic-Dosen, Skare e Krupka (2007) examinaram os efeitos do país de origem nas avaliações de consumidores de chocolate na Croácia. Descobriram que essa característica é um forte motivador de compras e é usado pelos consumidores como uma referência em sua avaliação da qualidade do produto.
- Cada vez mais, os consumidores nos mercados desenvolvidos estão preocupados com a 'pegada de carbono' de suas compras e começam a boicotar os itens que viajaram longas distâncias em detrimento do meio ambiente. Curiosamente, isso pode entrar em conflito com o desejo de fazer compras eticamente corretas ao apoiar a marca Fairtrade, que garante aos produtores uma parte equitativa dos rendimentos de seus produtos. O sistema de certificação da Fairtrade FLO Internacional abrange uma gama crescente de produtos, incluindo bananas, mel, laranja, cacau, algodão, frutas e legumes frescos ou secos, sucos, nozes e sementes oleaginosas, quinoa, arroz, especiarias, açúcar, chá e vinho. Em 2005, a Fairtrade certificou vendas de cerca de € 1,1 bilhão em todo o mundo, um aumento de 37% ao ano (*BBC News Service*, 28 de junho de 2006). As vendas ainda devem crescer significativamente nos próximos anos: de acordo com o Just-Food Global Market Review de 2005, espera-se que as vendas da Fairtrade cheguem a US$ 9 bilhões em 2012 e a US$ 20-25 bilhões em 2020.

O valor da imagem do país de origem, da empresa ou da marca não deve ser subestimado. A imagem, muitas vezes, leva um longo tempo para ser construída, mas pode ser destruída muito rapidamente por erros ou acidentes. Por exemplo, o vinho francês sofreu significativamente no mercado norte-americano quando a França não apoiou a invasão liderada pelos Estados Unidos ao Iraque em 2003. Por outro lado, muitas vezes é mais difícil para os concorrentes, embora não impossível, destruir os ativos baseados na imagem de uma empresa que, por exemplo, copiar ou imitar a tecnologia de seus produtos.

Domínio de mercado

Adicionalmente à imagem, o domínio ou o domínio aparente do mercado pode constituir um benefício. A presença ou o domínio no mercado é usado como um dos critérios de avaliação de marca realizada pela Interbrand. Os líderes do mercado tipicamente gozam de boa cobertura do mercado, de ampla distribuição e de boas posições nas prateleiras. Além disso, muitas vezes os consumidores acreditam que os líderes do mercado são melhores do que o resto de alguma forma (por que outro motivo essa marca seria a líder do mercado, senão porque é a melhor?). Simplesmente estar lá, bastante visível, pode se constituir em um ativo para o produto. Está surgindo, porém, um contra-argumento. Há evidências de um desejo crescente nos consumidores mais ricos de demonstrar sua independência e sofisticação ao não comprar as mesmas mercadorias e serviços que os outros. Em algumas áreas, isso poderia levar a uma situação em que ser popular e amplamente usado desencoraja os consumidores que desejem sentir-se diferentes da massa.

No Japão, por exemplo, houve um crescimento nas vendas de produtos sem marca, em uma tentativa de consumidores notáveis se destacarem da massa que usa vestidos Jean Paul Gaultier, cachecóis Hermes, relógios Cartier e bolsas Chanel. O *The Economist* (14 de março de 1992) reportou o sucesso das roupas da loja Seibu de Tóquio, que vende apenas produtos *Mujirushi ryohin* ('sem marca, boa qualidade'). Suas etiquetas dizem apenas quais materiais foram usados e o país de fabricação. As roupas têm design simples, cores leves, alta qualidade e preço razoável. O grupo-mãe da Seibu também desenvolveu a ideia sem marca para comida enlatada e itens para o lar em seus supermercados Seiyu.

Produtos e serviços superiores

Ainda vale a pena dizer que pode ser um ativo de marketing da empresa ter produtos e serviços superiores no mercado — produtos que são ou que se acredita que são melhores que os da concorrência de alguma forma (mais baratos, de melhor qualidade, mais bonitos e atualizados). Produtos ou serviços únicos, até que sejam imitados, podem fornecer benefícios enquanto os consumidores os quiserem e estiverem dispostos a pagar por eles.

6.4.2 Ativos baseados na cadeia de suprimentos

Ativos baseados na cadeia de suprimentos têm relação com a maneira com a qual o produto ou o serviço é levado até o consumidor. Eles incluem a rede de distribuição, seu controle e sua singularidade e os bolsões de valor.

Rede de distribuição

A distribuição física em si pode ser um ativo importante. A Hertz, por exemplo, no negócio de aluguel de carros, deve muito de seu sucesso a uma ampla rede de centros de retirada e de entrega, especialmente nos Estados Unidos. Essa ampla rede garante a disponibilidade do serviço requisitado no lugar certo, aumentando a conveniência de uso para o consumidor. Similarmente, no Reino Unido, o correio descobriu em seu sistema de distribuição um ativo importante para oferecer novos serviços postais aos consumidores em potencial quando a desregulamentação permitiu maior competição de empresas postais privadas. As parcerias na cadeia de suprimento criadas pela Federal Express são o que permite à empresa garantir sua entrega no dia seguinte.

CONTROLE DA DISTRIBUIÇÃO

Investimentos para dominar algum ou todos os canais de um produto podem ser um poderoso ativo. A Mars lançou a Mars Ice-Cream Bar como um doce de criança transformado em um prazer para os adultos — estratégia desde então imitada por incontáveis concorrentes. Depois de cinco anos, o produto não tinha apresentado lucro (Mitchell, 1995). A concorrente Walls, da Unilever, é 'dona' do canal de distribuição que interessa: pequenas lojas de conveniência. De fato, a Walls possui freezers e geladeiras em muitas dessas lojas e não os compartilha com concorrentes. O ativo crítico de marketing aqui é o controle do canal de distribuição.

BOLSÕES DE VALOR

Relacionamentos seletivos, porém íntimos, entre uma empresa e seus canais de distribuição podem levar aos bolsões de valor. Quando uma empresa é incapaz, seja por tamanho ou por limitações de recursos, de servir um mercado amplo, concentrar esforços pode levar ao desenvolvimento de um bolsão de valor, seja essa concentração em termos geográficos (por regiões específicas do mercado, como os supermercados Wm Morrisons, que eram particularmente fortes em Yorkshire, mas se espalharam nacionalmente por meio da aquisição da cadeia de mercados Safeway) ou em termos de pontos de revenda específicos.

Empresas que adotam a última abordagem de construir uma presença forte com distribuidores seletos, ou mesmo entre usuários finais em mercados industriais, muitas vezes alcançam esse bolsão de valor mediante o marketing de contas-chave. Elas dão a um executivo específico, normalmente bem experiente, a responsabilidade total para desenvolver cada conta-chave. Bolsões de valor são tipicamente construídos com base em fortes relacionamentos com esses seletos distribuidores e por isso requerem um relacionamento proativo na estratégia de marketing para garantir esse desenvolvimento (Capítulo 16).

SINGULARIDADE DA DISTRIBUIÇÃO

Mais ativos baseados em distribuição podem ser construídos por meio da singularidade, atingindo o público-alvo de uma maneira nova ou inovadora. Por exemplo, a Ringtons vende chá e café de porta em porta no norte da Inglaterra, e a companhia de cosméticos Avon construiu um forte negócio nas vendas de porta em porta por meio da campanha 'Avon Chama'.

De forma similar, os computadores Dell têm alcançado uma posição excepcionalmente forte no mercado de computadores pessoais utilizando uma abordagem de distribuição direta, que permite que a maioria dos computadores vendidos seja montada com as especificações do cliente, ao mesmo tempo dando à Dell um giro de estoque muito mais rápido que seus concorrentes. A Dell tem crescido 50% ao ano em um mercado que cresce 20% ao ano e, em meados da década de 1990, foi o quinto maior fabricante de computadores do mundo (*Economist*, 5 de outubro de 1996). Em 2006, empregava cerca de 64 mil pessoas no mundo e foi a 25ª maior empresa nos Estados Unidos. Problemas de qualidade do produto, no entanto, afetaram a rentabilidade da Dell entre 2006 e 2007.

LEAD-TIME* DE ENTREGA E GARANTIA DE FORNECIMENTO

O lead-time de entrega é função de pelo menos três fatores principais — localização física, pedidos feitos por sistemas de produção e política de entrega da empresa. Em um número crescente de situações, a capacidade de responder rapidamente sem comprometer a qualidade está se tornando cada vez mais importante. A criação deliberada de uma capacidade de resposta rápida pode constituir um ativo de marketing significativo (Stalk, 1988).

De maneira similar, especialmente em mercados voláteis, em que a oferta do fornecedor faz parte do caminho fundamental a ser traçado pela empresa cliente, a capacidade de garantir o abastecimento pode ser um trunfo importante. Tal como acontece com o prazo de entrega, essa capacidade será uma equação de vários fatores, mas talvez seja essencial o desejo por parte do fornecedor de cumprir as metas acordadas.

O sucesso competitivo de lojas de vestuário da moda, tais como Primark, Zara e Hennes & Mauritz (H&M), é em grande parte baseado em forças da cadeia de suprimentos. Essas empresas podem identificar as tendências da passarela da moda e tê-las nas lojas a preços atrativos no varejo dentro de poucas semanas

---

* Lead-time é o tempo de processamento de um pedido, desde o momento em que é recebido na empresa até o momento em que o pedido é entregue ao cliente. (N. do R.T.)

por meio de fornecedores de baixo custo. Ao mesmo tempo que estão em diferentes posições competitivas, essas empresas estão ligadas por suas cadeias de suprimentos eficientes e pela capacidade de gerenciar a velocidade de giro do estoque em vez de se concentrar em seus níveis de estoque. Elas são incrivelmente rápidas, e seus clientes não esperam menos.

REDE DE FORNECEDORES

Na outra ponta da cadeia de suprimentos, ligações bem desenvolvidas ou exclusivas com os principais fornecedores podem ser importantes ativos de marketing. Elas podem ajudar a assegurar a continuidade do fornecimento de matérias-primas ou de produtos semiacabados de acordo com as normas exigidas e com os preços negociados. Por exemplo, a Nissan, fabricante japonesa de automóveis, opera uma cadeia de suprimentos informatizada que a liga a seus fornecedores e distribuidores. A empresa afirma que aumentou em 80% o número de clientes que recebe da concessionária o carro com as exatas especificações desejadas dentro de 48 horas a partir da decisão. Essa precisão em atender exatamente o que o cliente deseja é uma potencial vantagem competitiva que não resulta em nenhum aumento de estoque na cadeia de suprimentos (Tighe, 1997).

6.4.3 Ativos baseados em apoio interno ao marketing

Um recurso torna-se um ativo quando é usado ativamente para melhorar o desempenho da organização no mercado. Considere os seguintes exemplos.

VANTAGENS DE CUSTO

Os efeitos de uma vantagem de custo trazida pelo emprego de tecnologia atualizada, conseguindo uma melhor utilização da capacidade do que os concorrentes, economias de escala ou curvas de experiência, podem ser traduzidos em preços mais baixos para os produtos e serviços no mercado. Nos casos em que o mercado é sensível ao preço, por exemplo, com itens de *commodities*, preços mais baixos podem ser um ativo importante. Em outros mercados, em que o preço é menos importante, as vantagens de custo podem não ser traduzidas em ativos de marketing, mas são usadas para fornecer melhores margens.

SISTEMAS DE INFORMAÇÃO E INTELIGÊNCIA DE MERCADO

Os sistemas de informação e a pesquisa de marketing sistemática podem ser um ativo valioso porque mantém a empresa informada sobre seus clientes e concorrentes. A informação é um ativo importante, que muitas empresas guardam com zelo, mas, até que seja utilizada para tomar as melhores decisões, não se converte em um ativo de marketing.

É importante destacar o uso de *data warehouses** de informações dos clientes — coletadas em programas de fidelidade ou como parte do processo de compra para desenvolver ofertas muito específicas para os clientes com base em seus interesses e características principais. É por isso que a Virgin Atlantic sabe quais jornais e quais bancos são os preferidos de seus passageiros mais frequentes.

Além de entender o cliente melhor que a concorrência, empresas que tenham *data warehouses* podem criar estratégias de marketing que exploram esse recurso como uma capacidade de diferenciação. Por exemplo, a investida da Nestlé no mercado de massas no Reino Unido envolveu grandes atividades de construção de marca em torno da filial Buitoni, acarretando um grande banco de dados de consumidores interessados na cozinha italiana tradicional e o lançamento da Casa Buitoni Club. Para superar os problemas de um mercado em que os consumidores não estavam bem informados sobre as massas e sentiam-se confusos com a variedade de ofertas, e também para solucionar a questão de a empresa estar longe do consumidor devido aos revendedores intermediários, a Nestlé utilizou comunicação de resposta direta para estabelecer a base de dados de clientes e fez da Casa Buitoni Club um canal de comunicação com seu segmento de mercado escolhido, permitindo o marketing um-a-um.

BASE DE CLIENTES EXISTENTES

Um ativo importante para muitas empresas é sua base de clientes existentes. Particularmente, quando uma empresa está lidando com compras repetidas, tanto de consumo quanto industrial, a existência de um núcleo de clientes satisfeitos pode oferecer oportunidades significativas para um maior desenvolvimento.

Isso foi especialmente notado no desenvolvimento recente da indústria de marketing direto (que representa cerca de metade de todas as despesas de marketing nos Estados Unidos), em que se reconhece que os melhores clientes em potencial para um negócio são muitas vezes seus clientes existentes. Quando os clientes estão satisfeitos com as ofertas anteriores da empresa, estão mais propensos a reagir positivamente às novas ofertas. Quando um relacionamento com o cliente já tiver sido estabelecido, isso pode ser tanto aproveitado

---

* Sistema de armazenamento de bancos de dados, de forma consolidada. (N. do R. T.)

para o desenvolvimento do mercado quanto empregado como uma barreira à entrada de concorrentes.

O inverso, naturalmente, também é verdade. Sempre que um cliente ficar insatisfeito com um produto ou serviço, ele pode não só negar novas ofertas, mas também fazer boca a boca negativo, ao relatar suas experiências para outros clientes potenciais. Há um velho ditado no marketing que diz: "Cada cliente satisfeito contará a outros três; cada cliente insatisfeito contará a 33!".

A questão da retenção e da fidelização do cliente tornou-se importantíssima, e discutiremos isso em mais detalhes no Capítulo 15.

HABILIDADES TECNOLÓGICAS

O tipo e o nível de tecnologia empregada pela organização pode ser um ativo a mais. A superioridade tecnológica pode ajudar na redução de custos ou na melhoria da qualidade do produto. Por exemplo, a elevada taxa de crescimento de uma empresa como a Amersham International (especializada em produtos de alta tecnologia médica para o diagnóstico de câncer) é amplamente baseada em sua capacidade de ficar à frente de seus concorrentes em termos de desenvolvimento de novos produtos, mas também na capacidade de distribuição de substâncias altamente tóxicas de modo seguro em todo o mundo — muitos dos produtos são radioativos e extremamente perigosos. Na indústria automotiva, os fabricantes alemães BMW, Audi e Mercedes-Benz estão bem posicionados no espectro de alta qualidade em função de sua qualidade superior, excelência em engenharia técnica e controle de qualidade. A estratégia foi consubstanciada no *slogan* da Audi 'Vorsprung durch Technik' (liderança pela tecnologia), que também destacou a herança da engenharia alemã nos carros (o 'efeito do país de origem').

COMPETÊNCIA ESPECIALIZADA NA PRODUÇÃO

O *know-how* da produção pode ser usado com bons resultados como um ativo de marketing. A Mars, por exemplo, é realmente boa na produção de alta qualidade do doce de nozes *nougat* (um grande esforço tem sido exercido no controle de qualidade da Mars, estabelecendo seus processos de produção como uma competência central). Essa vantagem foi transformada em um ativo de marketing em uma série de produtos líderes, tais como Mars Bar, Milky Way, Topic e Snickers, todos baseados no *nougat*.

DIREITOS AUTORAIS E PATENTES

Os direitos autorais são uma proteção legal para a propriedade musical, literária ou artística que impede que outras pessoas usem o trabalho sem pagamento de um valor estabelecido como *royalties*. Patentes concedem às pessoas o direito exclusivo de fazer, usar e vender suas invenções por um período limitado. Os direitos autorais são particularmente importantes na indústria cinematográfica para proteger a cópia ilegal de filmes ('pirataria'), e as patentes são importantes para a exploração de invenções de novos produtos. A proteção por direitos autorais e patentes, além de oferecer ao titular a oportunidade de apresentar e comercializar os itens protegidos, permite ao titular licenciar ou vender os direitos a outros. Constituem, portanto, ativos de marketing potenciais para a empresa.

FRANQUIAS E LICENÇAS

A negociação de franquias ou licenças para produzir e/ou comercializar os inventos ou as propriedades protegidas de outros também pode ser valiosa. Os varejistas franqueados para usar o nome 'Mitre 10' na revenda de hardware na Nova Zelândia, por exemplo, beneficiam-se da forte imagem nacional do licenciador e das extensas campanhas publicitárias nacionais.

Similarmente, em muitos países, cartões de crédito e produtos American Express são comercializados sob a licença da American Express Company dos Estados Unidos. O acordo de licença é um importante ativo para o licenciado.

PARCERIAS

Como veremos em detalhes no Capítulo 16, cada vez mais empresas estão indo ao mercado com estratégias colaborativas ou com base em alianças. Não se deve negligenciar a importância das parcerias existentes como ativos de marketing, nem a capacidade de gestão para administrar a estratégia de marketing em organizações em rede baseadas em alianças.

CULTURA CORPORATIVA

Um dos recursos mais difíceis de serem imitados pelos concorrentes e particularmente distintivo para uma empresa é sua cultura. A formação da cultura e da capacidade de aprender são questões complexas. No entanto, para muitas empresas de sucesso, a cultura representa um dos recursos mais exclusivos. Por exemplo, a Hewlett-Packard (HP) tem uma cultura que incentiva o trabalho em equipe e o trabalho interfuncional e interdivisional. Isso permitiu à HP utilizar suas tecnologias centrais em muitos produtos diversos — impressoras, *plotters*, computadores, instrumentos eletrônicos — para torná-los compatíveis. Os competidores podem imitar a tecnologia da HP de forma relativamente fácil, mas é muito mais complicado imitar a cultura e a organização em que se alicerça a eficácia de marketing da HP

(Barney, 1997). A empresa passou por um escândalo de espionagem, pela perda de um executivo-chefe, por uma fusão problemática com a Compaq e por uma reestruturação drástica. Apesar de tudo isso, a HP estabeleceu como objetivo, em 2007, ao explorar suas forças essenciais, ser a primeira empresa de TI a superar os US$ 100 bilhões em vendas para cimentar sua liderança recentemente obtida sobre a IBM como a maior companhia do mundo em TI em termos de lucro.*

6.4.4 Ativos de marketing baseados em alianças

Todos os ativos discutidos anteriormente podem ser mantidos internamente na própria empresa ou adquiridos por meio de alianças estratégicas e parcerias. Embora existam riscos estratégicos envolvidos, as alianças podem ser vistas como uma forma de aumentar o conjunto de ativos e capacidades de uma empresa sem incorrer em gastos e perdas de tempo para desenvolvê-las internamente. A importância das alianças estratégicas e de outras formas de parceria será discutida em detalhes no Capítulo 16, mas, para os propósitos do presente capítulo, devemos observar a importância desses ativos de marketing baseados em aliança no que diz respeito a:

- **Acesso de mercado** — Por exemplo, alianças com distribuidores locais são frequentemente o único caminho aberto ao exportador para entrar em mercados estrangeiros protegidos.
- **Habilidades de gestão** — As parcerias podem trazer acesso a habilidades não dominadas internamente pela empresa, tanto na gestão de tecnologia quanto na de marketing.
- **Tecnologia compartilhada** — As alianças são frequentemente a base para o compartilhamento e para a combinação de tecnologias de modo a criar ofertas de mercado com valor superior para o consumidor que nenhum dos parceiros poderia alcançar sozinho.
- **Exclusividade** — As parcerias podem criar condições de monopólio: por exemplo, a estreita relação entre McDonald's e Coca-Cola nega o acesso de outros produtores de refrigerantes a esses estabelecimentos.

6.5 DESENVOLVENDO CAPACIDADES DE MARKETING

Todos os ativos de marketing do mundo são de pouco valor se não forem ativamente explorados no mercado. Os processos e as práticas que implementam os ativos de marketing são chamados de capacidades de marketing.

Capacidades de marketing são efetivamente as capacidades de implementação — a habilidade de aplicar as atividades do composto de marketing, como promoções, vendas pessoais, relações públicas, acordos de preços, ofertas especiais para os clientes, redesenho de embalagens e assim por diante. Embora o composto de marketing seja discutido em mais detalhe no Capítulo 12, a seguir descreveremos brevemente as principais capacidades operacionais de marketing (Figura 6.6).

6.5.1 Capacidade de gerenciamento de produtos e serviços

Gerenciar os produtos existentes, incluindo a habilidade de influenciar outras pessoas na organização, cujas atividades geram impacto na satisfação do

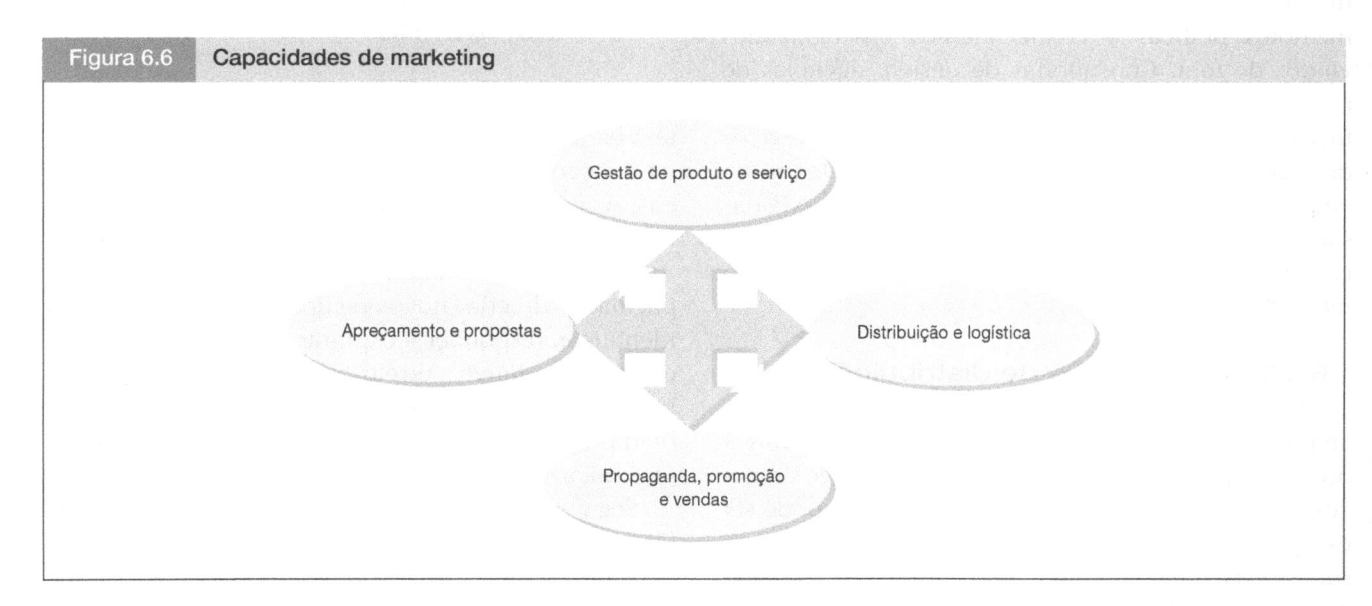

Figura 6.6 Capacidades de marketing

- Gestão de produto e serviço
- Apreçamento e propostas
- Distribuição e logística
- Propaganda, promoção e vendas

---

* ALLISON, Kevin; WATERS, Richard. "Hewlett-Packard Comes Back Fighting". *Financial Times*, 30 abr. 2007, p. 27.

cliente, é fundamental para o marketing eficaz. Isso envolve mobilizar todos os recursos (o que pode ultrapassar as divisões tradicionais da organização) para entregar valor para o cliente. Muitas empresas, seguindo os primeiros exemplos da Procter & Gamble e da Unilever, projetaram sua estrutura organizacional em torno dos produtos e serviços que oferecem (gerentes de marca, de produto e de categoria) para assegurar que atividades diversas tais como design de produtos, embalagens, apreçamento, promoções e redes de distribuição utilizadas sejam combinadas de forma eficaz. Por exemplo, os automóveis Mercedes são claramente posicionados como veículos de luxo e muitas vezes vendidos no mercado de frotas ou corporativo. Nesse caso, é importante que todos os aspectos do marketing sejam elaborados em conjunto, como preço relativamente elevado para denotar a qualidade e a exclusividade, atributos que reforcem a ideia de luxo e distribuição por meio de revendedores de reputação, localizados em centros comerciais, para reforçar o posicionamento do veículo.

6.5.2 Capacidade de propaganda, promoção e venda

A comunicação eficaz com os clientes, atuais e potenciais, assume uma variedade de formas, incluindo propaganda, relações públicas, marketing direto, patrocínio e venda (Capítulo 12). Gerenciar o processo de comunicação e as campanhas, decidir sobre a combinação de abordagens a serem usadas e avaliar a eficácia das comunicações são capacidades de marketing importantes.

Cada vez mais, as empresas estão terceirizando muitas das atividades que lhes permitem adquirir melhores práticas e conhecimentos especializados vindos de fora. Consultorias de design, agências de relações públicas, especialistas em embalagens e outros estão emergindo como prestadores de serviços de marketing especializados nessas áreas. Dentro da empresa em si, no entanto, as competências exigidas são cada vez mais as de seleção, gestão e coordenação desses fornecedores especializados que vêm do mercado.

6.5.3 Capacidade de distribuição

A capacidade de distribuição é a capacidade de empregar os canais existentes e/ou de desenvolver novos métodos de distribuição para atender às necessidades do cliente. A logística de entrega pode ser essencial para a distribuição. Um fator importante no sucesso da Amazon como varejista on-line tem sido a capacidade de precisão e a entrega consistente de produtos comprados on-line para os clientes por meio de agentes de entrega de terceiros, tais como Royal Mail e Fedex. A administração eficaz da distribuição inclui a competência para a gestão eficiente dos canais de distribuição tradicionais, mas também o desenvolvimento e a gestão de redes de franquias e de novos canais eletrônicos. Trata-se de capacidade ampla que se baseia em diversas competências organizacionais, tais como logística, planejamento da linha de produção e gestão de frotas.

6.5.4 Capacidade de apreçamento e ofertas

A definição dos preços é notoriamente difícil. Estabeleça preços demasiado elevados e as vendas tendem a ser baixas; estabeleça preços muito baixos e os retornos para a empresa podem não fornecer uma margem suficiente para permitir-lhe sobreviver ou investir no futuro. A definição dos preços envolve muitas considerações, incluindo os custos de produção dos produtos físicos ou da entrega de serviços, os preços praticados pelos concorrentes, a elasticidade da demanda e a posição no mercado que se quer atingir. Gerenciar mudanças de preços também é uma capacidade que requer a avaliação do momento certo e uma comunicação eficaz. Decisões sobre propostas, amplamente utilizadas, por exemplo, na indústria da construção, envolvem certo grau de estimativa em relação a quem mais fará propostas e qual preço essa concorrência adotará. A habilidade de definir preços requer competências não só em marketing, mas também em finanças e em gestão de operações.

6.6 CAPACIDADES DINÂMICAS DE MARKETING

Conforme mencionado, a ênfase que a literatura tem dado à estratégia baseada em recursos está agora na criação e na exploração das capacidades dinâmicas. As capacidades dinâmicas, em geral, são a habilidade de criar novos recursos em mercados mutáveis. As capacidades dinâmicas de marketing são as capacidades de criar novos recursos de marketing para identificar, responder e explorar a mudança. Garantir o ajuste evolutivo correto entre as necessidades do mercado em um ambiente competitivo dinâmico e as ofertas de mercado é a essência do marketing estratégico eficaz.

Seguindo a tipologia sugerida por Wang e Ahmed (2007), agrupamos as capacidades dinâmicas em três tipos principais: capacidade de absorção, capacidade de adaptação e capacidade de inovação (Figura 6.7).

Figura 6.7 — Capacidades de marketing

CAPACIDADE DE ABSORÇÃO
Capacidade de percepção do mercado
Capacidade de aprendizagem

CAPACIDADE DE ADAPTAÇÃO
Capacidade de escolha do alvo e de posicionamento
Gestão de relacionamento com o consumidor

CAPACIDADE DE INOVAÇÃO
Capacidade de desenvolvimento de novos produtos e serviços

6.6.1 Capacidades de absorção do mercado

As capacidades de absorção são os processos que permitem às empresas reconhecer o valor das novas informações do mercado e assimilá-las. Esses processos focam na aquisição e assimilação do conhecimento.

CAPACIDADE DE PERCEPÇÃO DO MERCADO

A capacidade de compreender o que está acontecendo no ambiente externo com relação a mudanças em demanda, consumidores, concorrentes e macroambiente é essencial para a elaboração de uma estratégia eficaz em um mercado em mutação.

Capacidades específicas incluem a possibilidade de realizar (ou encomendar) pesquisas de mercado e análises da concorrência e a habilidade de garantir a disseminação da informação resultante em toda a empresa como uma base para a tomada de decisão.

A percepção de mercado não se limita, no entanto, à realização de pesquisa de mercado formal. Um caso famoso é o de Akio Morita, fundador da Sony, por perceber que havia um mercado potencial para o *walkman* quando a pesquisa de mercado lhe disse o contrário. Sentir o mercado implica estar próximo ao cliente, experimentando os produtos e serviços da mesma forma que o cliente experimenta. As empresas que operam em mercados B2B podem ter clientes em particular com os quais estão bastante próximas, com quem elas discutirão oportunidades de desenvolvimento de novos produtos.

Em abril de 2002, a BT Cellnet, operadora britânica de telefonia móvel, estava perdendo terreno para concorrentes. Após a cisão da BT, a marca foi relançada como O_2. O mercado de telefonia móvel tinha amadurecido e a concorrência foi se intensificando. Um concorrente significativo, One2One, foi relançado como T-Mobile (operadora de porte na Europa e nos Estados Unidos com uma base de usuários de mais de 60 milhões de clientes). Outros concorrentes importantes incluíam a Vodafone e a Orange. A pesquisa realizada pela Millward Brown (empresa de pesquisa de mercado) mostrou que faltava à BT Cellnet uma identidade clara no mercado. A solução, baseada em extensa pesquisa de mercado, foi afastar-se do posicionamento usual adotado pelos concorrentes (essencialmente baseado em inovação tecnológica e melhoria de produtos com características raramente usadas) para enfatizar a 'capacitação', permitindo que o produto fizesse aquilo que o cliente queria que ele fizesse. Ao longo dos dois anos a partir do relançamento, a O_2 aumentou a notabilidade de cerca de 20% para mais de 60% e, em fevereiro de 2004, a empresa-mãe (mmO_2) foi avaliada em 9,5 bilhões de libras e descrita no *The Financial Times* como 'uma reviravolta milagrosa' (Maunder et al., 2005).

CAPACIDADE DE APRENDIZAGEM

Os processos de aprendizagem permitem às empresas manter as vantagens competitivas sobre os rivais a longo prazo (Dickson, 1996). Na verdade, o aprendizado contínuo é essencial para a sobrevivência em ambientes dinâmicos e competitivos (Popper e Lipshitz, 1998), já que torna a empresa receptiva à aquisição e à assimilação de conhecimentos externos (Zahra e George, 2002). A aprendizagem permite que novas oportunidades sejam identificadas e que se realizem a repetição e a experimentação, possibilitando às empresas integrar as informações do ambiente externo. Mais especificamente, a aprendizagem é um elemento central das capacidades dinâmicas, uma vez que é uma "atividade coletiva pela qual a organização sistemática gera e modifica suas rotinas operacionais em busca de maior eficácia"

(Zollo e Winter, 2002). Pesquisas anteriores têm sugerido que há uma variedade de mecanismos que podem ser utilizados para acessar o conhecimento externo (Almeida *et al.*, 2003). Essas atividades estão relacionadas às capacidades das organizações orientadas ao mercado, que, entre outras coisas, precisam ser excelentes em capacidades 'de fora para dentro', tal como a conexão com o cliente (Day, 1994).

6.6.2 Capacidades de adaptação ao mercado

As capacidades adaptativas centralizam-se na capacidade da empresa de identificar e aproveitar oportunidades de mercado emergentes. Adaptação implica fazer as coisas de forma diferente em resposta a estímulos externos.

CAPACIDADE DE ESCOLHA DO MERCADO-ALVO E DE POSICIONAMENTO

As capacidades de escolha do mercado-alvo e de posicionamento incluem a habilidade de identificar oportunidades alternativas e, em seguida, selecionar alvos de mercado adequados, em que os recursos e as capacidades da empresa estejam alinhados para o melhor resultado. Entretanto, o posicionamento não é apenas uma decisão de marketing. Para alinhar os recursos e as capacidades de acordo com a mudança do mercado, as competências de todos os aspectos do negócio (incluindo operações, financiamento e P&D) e do marketing devem ser levadas em consideração.

Assim como os mercados mudam, o posicionamento adotado também pode precisar de uma mudança.

GESTÃO DE RELACIONAMENTO COM O CLIENTE

A gestão de relacionamento com o cliente é a capacidade de adquirir, manter, expandir e (quando necessário) excluir clientes. As competências na gestão estratégica de contas estão se tornando cada vez mais importantes nos mercados B2B, juntamente com o aumento do foco, em muitos mercados, na construção de relacionamentos por meio do atendimento ao cliente. O marketing direto também tem um papel a desempenhar nesse contexto. Devido à importância crescente da gestão de relacionamento com o cliente, dedicamos o Capítulo 15 para debater essa questão em profundidade.

6.6.3 Capacidades de inovação de marketing

CAPACIDADE DE DESENVOLVIMENTO DE NOVOS PRODUTOS E SERVIÇOS

A capacidade de inovar e desenvolver a próxima geração de bens e serviços é a força vital de qualquer organização. O desenvolvimento de produtos novos e eficazes requer tanto uma habilidade de fora para dentro (percepção do cliente) quanto habilidades apropriadas de P&D. Esse desenvolvimento se baseia em insumos multidisciplinares de marketing, de P&D, de finanças, de operações e de outras disciplinas funcionais.

6.7 PORTFÓLIOS DE RECURSOS

Sob a visão baseada em recursos da empresa (VBR), as organizações são consideradas coleções de recursos, ativos e capacidades. Elas podem ser vistas, então, como um portfólio disponível para ser implementado (Hamel e Prahalad, 1994). Ao desenvolver uma estratégia, as questões-chave são: como podemos explorar as nossas capacidades de forma mais completa? Quais novos recursos precisamos construir para nos permitir competir no futuro?

A interdependência entre as capacidades e seu potencial de combinação pode ser a essência de seu valor. A Yamaha, por exemplo, desenvolveu o DC11 Digital Piano (Disklavier) combinando suas competências na manufatura de pianos acústicos de qualidade com suas habilidades de tecnologia digital, desenvolvidas a partir de sucessos em teclados eletrônicos.

Hamel e Prahalad (1994) sugerem que, no futuro, as empresas se definirão mais como portfólios de competências do que como portfólios de produtos ou unidades estratégicas de negócios. Na verdade, as raízes das ofertas de mercado bem-sucedidas estão essencialmente na criação e na aquisição de competências, e a chave para a estratégia futura é desenvolver, ampliar e aprofundar tais competências de forma que elas estejam disponíveis para serem configuradas e aplicadas de maneiras novas e inovadoras.

A Figura 6.8 mostra uma maneira de resumir o portfólio de recursos que a organização tem a sua disposição. Foram escolhidas duas dimensões para refletir a forma como os recursos contribuem para criar valor para os clientes (vertical) e em que aspectos esses recursos são superiores ou inferiores aos dos concorrentes (horizontal). Quatro tipos de recursos podem ser identificados.

- **Joias da coroa.** Esses são os recursos que proporcionam à organização uma vantagem sobre seus concorrentes por serem úteis na criação de valor para o consumidor. Como representam a fonte de diferenciação, esses recursos precisam ser vigiados e protegidos para manter a vantagem competitiva. Ao mesmo tempo, no entanto, os gerentes precisam questionar constantemente se esses recursos

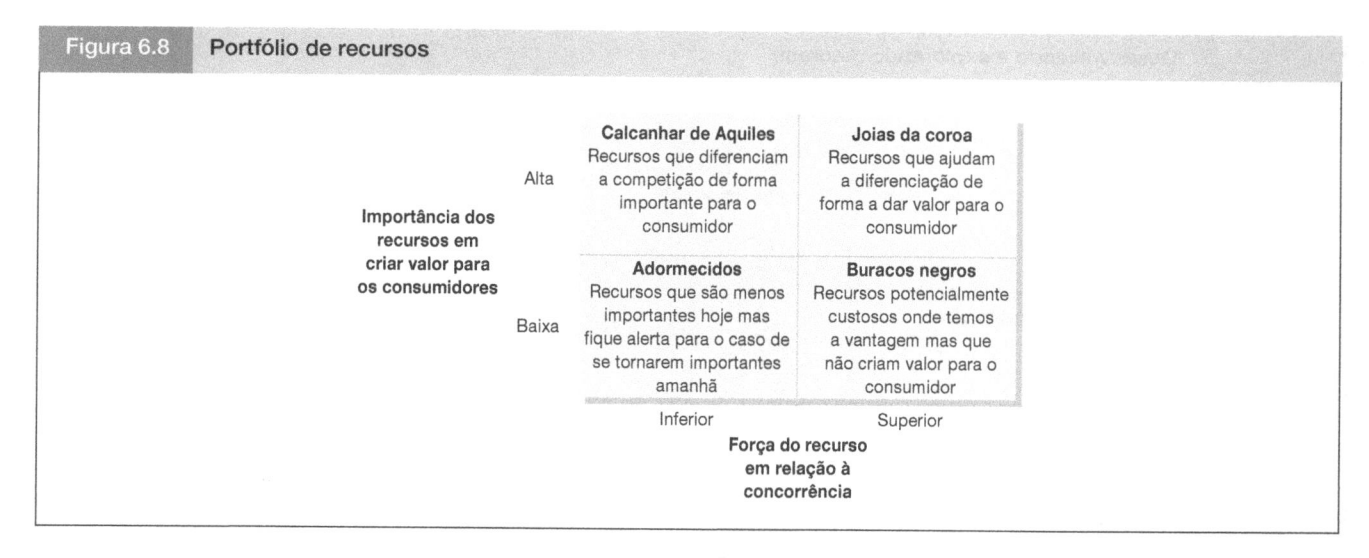

Figura 6.8 Portfólio de recursos

	Calcanhar de Aquiles	Joias da coroa
Alta	Recursos que diferenciam a competição de forma importante para o consumidor	Recursos que ajudam a diferenciação de forma a dar valor para o consumidor
Baixa — Adormecidos	Recursos que são menos importantes hoje mas fique alerta para o caso de se tornarem importantes amanhã	**Buracos negros** — Recursos potencialmente custosos onde temos a vantagem mas que não criam valor para o consumidor

Importância dos recursos em criar valor para os consumidores

Inferior / Superior — Força do recurso em relação à concorrência

sozinhos podem garantir o êxito contínuo. O perigo está em se acomodar nas glórias do passado enquanto o mundo e os requisitos do consumidor avançam.

- **Buracos negros.** Os buracos negros são os recursos que dão uma vantagem à organização, mas que não contribuem para a criação de valor para o cliente. Podem ser os recursos que forneceram valor para o cliente no passado, mas já não são importantes. O mundo e os clientes podem mudar, tornando-os menos importantes, na melhor das hipóteses, e obsoletos, na pior das hipóteses. Os gerentes precisam estudar bastante os buracos negros de recursos e avaliar os custos de manutenção. É possível que um corte ou uma diminuição desses recursos libere esforços e até mesmo dinheiro que poderiam ser aplicados de forma mais eficaz em outros lugares.
- **Calcanhar de aquiles.** Quando os concorrentes são fortes, mas a organização é fraca e, ao mesmo tempo, os recursos são importantes na criação de valor ao cliente, a clara implicação é que os recursos precisam ser reforçados. Trata-se de deficiências de recursos que podem ser fatais se não forem corrigidas.
- **Adormecidos.** Finalmente, os recursos que não constituem uma vantagem competitiva, nem são importantes na criação de valor para o cliente poderiam ser chamados de adormecidos. São de pouca importância hoje, mas os gerentes precisam estar atentos para ver se eles não se tornarão mais importantes no futuro.

O modelo do portfólio de recursos oferece uma síntese útil de recursos da organização que podem ser usados para identificar áreas de atenção e de desenvolvimento.

6.8 DESENVOLVENDO E EXPLORANDO RECURSOS

Embora a ênfase até agora tenha sido na identificação dos recursos existentes, as organizações também precisam garantir que estão desenvolvendo e consolidando os recursos que serão necessários no futuro. Isso envolve certo grau de previsão de como os mercados e os consumidores mudarão ao longo do tempo. A Figura 6.9 mostra quatro estratégias para o desenvolvimento.

As duas dimensões mostradas na Figura 6.9 representam escolhas para a organização no que diz respeito ao desenvolvimento e à exploração tanto dos mercados em que opera quanto dos meios que emprega.

No quadrante inferior esquerdo, o foco está em utilizar os recursos existentes nos mercados existentes da forma mais eficaz possível. A estratégia de 'preencher as lacunas' envolve a busca por melhores maneiras de servir os clientes existentes utilizando forças existentes da organização. Isso pode ser visto como uma estratégia defensiva usada para proteger a posição existente contra a invasão da concorrência. Por exemplo, os principais bancos de varejo têm tentado manter sua base de clientes por meio da oferta de serviços adicionais (tais como horários de funcionamento aumentados, atendimento mais veloz nos caixas, caixas eletrônicos mais amplamente disponíveis) utilizando sua base de recursos existentes de forma mais eficaz.

No quadrante superior esquerdo, a organização mantém seu foco em mercados e clientes existentes, mas reconhece que os recursos necessários para atendê-los no futuro terão de mudar. Isso exige que a "próxima geração" de recursos seja construída e robustecida. Muitas empresas tradicionais de 'cimento e tijolo' descobriram que, para continuar a servir seus clientes existentes, precisavam desenvolver serviços on-line baseados na Internet (Capítulo 15). Isso muitas vezes exige que seja desenvolvido

Figura 6.9 — Desenvolvendo e explorando recursos

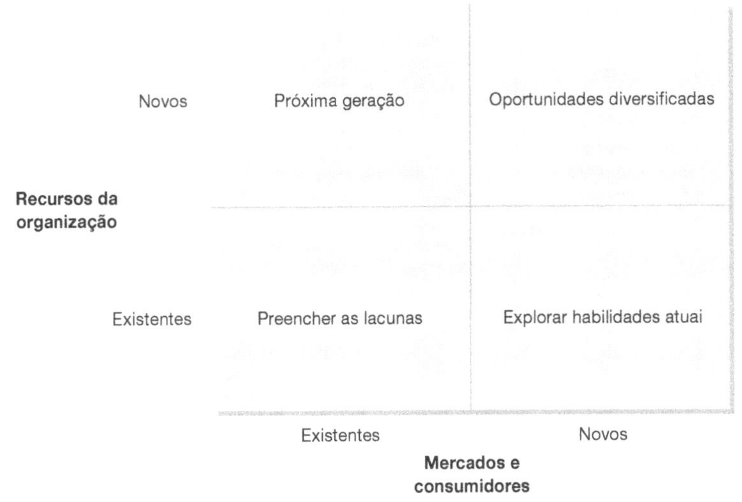

	Mercados e consumidores — Existentes	Mercados e consumidores — Novos
Recursos da organização — Novos	Próxima geração	Oportunidades diversificadas
Recursos da organização — Existentes	Preencher as lacunas	Explorar habilidades atuai

Fonte: Adaptada de Homel e Prahalad, 1994.

um novo conjunto de capacidades, e não apenas aquelas ligadas à tecnologia da Internet. Esses novos recursos não necessariamente permitem à empresa atingir novos clientes e mercados, mas são necessários para que seja possível continuar a servir sua base de clientes existentes. Com essa estratégia, a organização fica com os mercados que conhece e com os clientes com os quais já construiu relacionamentos, mas reconhece que deve adaptar-se para continuar a servi-los de forma eficaz. A Tesco, varejista de produtos alimentícios no Reino Unido, está agora entre os maiores varejistas on-line do mundo, pois explorou a oportunidade de servir os clientes existentes de forma mais eficaz pela Internet.

No quadrante inferior direito, a organização busca novos mercados e clientes que lhe permitam 'explorar habilidades atuais' mais efetivamente. Essa busca por novos clientes ou novos mercados é, contudo, guiada pelos recursos existentes da organização. A aquisição da varejista britânica Asda pela empresa americana Walmart é um exemplo. Isso permitiu ao Walmart continuar a explorar suas capacidades de negociação e compra nos novos mercados do Reino Unido.

Finalmente, no canto superior direito, a organização procura servir os clientes com novos recursos por meio de 'oportunidades diversificadas'. Essa opção leva a organização simultaneamente para longe de seus mercados e para longe de seus recursos existentes — uma estratégia mais arriscada e que não deve ser buscada levianamente. As empresas que escolhem essa rota muitas vezes o fazem por meio de aquisição ou fusão.

RESUMO

Começamos este capítulo com um resumo da visão baseada em recursos (VBR) da empresa e do recente desenvolvimento das ideias em torno das capacidades dinâmicas. Nosso foco no posicionamento competitivo (ou seja, a escolha de mercados-alvo e a exploração da vantagem competitiva) fornece um mecanismo para conciliar o foco interno da VBR com o foco externo exigido em mercados dinâmicos, isso mediante o desenvolvimento das capacidades dinâmicas de marketing.

A realidade prática enfrentada na construção de estratégias de marketing robustas é que cada empresa tem suas próprias forças e fraquezas em relação à concorrência e suas próprias capacidades distintivas. Embora o imperativo primordial seja o foco no cliente, um fator-chave para competir com sucesso no mercado cada vez mais competitivo é conseguir um ajuste evolutivo entre as capacidades e o ambiente.

É fundamental que cada organização compreenda sua base de recursos, que são as habilidades e os processos em que a empresa se destaca e que podem produzir a próxima geração de produtos ou serviços. Em seguida, a organização deve estar ciente dos ativos de marketing exploráveis. O enfoque de marketing baseado em recursos incentiva as organizações a analisar sistematicamente seus ativos atuais e potenciais no mercado e a selecionar aqueles que tenham uma singularidade defensável. Os ativos constituídos no mercado com os clientes estão menos propensos a ataques da concorrência do que preços baixos ou tecnologias facilmente imitadas.

Recursos e competências para alavancar a exploração de oportunidades de mercado

Estudo de caso brasileiro

O setor de hospitalidade — que engloba setores de lazer e turismo, como hotelaria, restaurantes, viagens e outros — tem crescido ao longo das últimas décadas, beneficiado pela crescente facilidade, redução de custos e popularização dos transportes aéreos de passageiros; mudanças culturais que valorizam a cultura e o lazer; e mudanças econômicas que têm aumentado o poder aquisitivo do público consumidor.

O Brasil, tradicional destino por suas riquezas naturais e culturais, recebeu um forte estímulo com a conquista da organização das Olimpíadas de 2016 e a Copa do Mundo de Futebol em 2014. O setor verá nesta década um grande crescimento em toda sua infraestrutura para poder atender à demanda esperada, que também deverá atrair maior concorrência. Torna-se ainda mais importante, nesse ambiente competitivo, que as empresas conheçam suas bases de recursos para desenvolver estratégias que alavanquem suas melhores habilidades e competências.

O Grupo Fasano tem se mostrado um caso de sucesso nesse cenário, atuando de forma exemplar no setor de hotéis e gastronomia de luxo. O grupo atualmente é composto por uma parceria entre a família Fasano e a JHSF, empresa do setor imobiliário.

A história centenária do grupo começa quando Vittorio Fasano chega da Itália para cuidar dos negócios da família, que importava café brasileiro. A vocação para o empreendedorismo na família já está presente, e ele inaugura a Brasserie Paulista em 1902. O estabelecimento, localizado na Praça Antônio Prado, no tradicional e pujante centro comercial de São Paulo, torna-se ponto de encontro da elite paulistana e se destaca pela gastronomia e pelo atendimento de padrão europeu. Entretanto, com a morte de Vittorio, o dinheiro e o restaurante da família se perdem.

Em 1937, Ruggero, filho caçula de Vittorio que estava estudando na Itália, volta e levanta crédito para reabrir a casa do pai, agora na Rua Vieira de Carvalho, também no centro de São Paulo. Entre as décadas de 40 e 60, ele foi proprietário de sete restaurantes e de uma confeitaria. A Confeitaria Fasano, na Rua Barão de Itapetininga, centro de São Paulo, torna-se ponto de encontro para o tradicional chá da tarde da elite paulistana. Entre os restaurantes, um deles é aberto no mesmo endereço do antigo Fasano, na Praça Antônio Prado. Na região da Paulista, é aberto o Jardim de Inverno Fasano, no então recém-inaugurado Conjunto Nacional. O Jardim de Inverno torna-se ponto de gastronomia e entretenimento, recebendo desde festas de formatura até shows de atrações internacionais, como Nat King Cole. É frequentado por celebridades como David Niven, Marlene Dietrich e o Príncipe de Gales. No entanto, com a decadência imobiliária do centro, Ruggero perde quase tudo e fecha suas casas.

Fabrizio, filho de Ruggero, forma-se em administração de empresas nos Estados Unidos e atua por muitos anos no setor de bebidas. Faz fortuna com o uísque Old Eight, mas praticamente entra em falência com o lançamento do Brazilian Blend.

Já Rogerio, filho de Fabrizio, mora durante vários anos na Inglaterra, onde pretendia fazer carreira em cinema. Porém, resolve atender ao convite do pai para voltar e abrir um novo restaurante. Inicialmente, eles abrem no Shopping Eldorado um restaurante francês, que tem vida curta.

A seguir, pai e filho abrem um novo Fasano, um pequeno restaurante na Rua Amauri, com o objetivo de resgatar a tradição gastronômica italiana da família, oferecendo uma culinária inspirada na região da Lombardia. Em 1990, mudam para a Rua Haddock Lobo, nos Jardins, em um palacete no estilo clássico. O local logo se torna um sucesso e é eleito diversas vezes como o melhor restaurante italiano de alta gastronomia pela revista *Veja São Paulo*.

Em 1991, abrem o Gero Caffe no Shopping Iguatemi, onde posteriormente também passam a fornecer seus serviços de gastronomia para o café do Emporio Armani. Em 1995, é aberto o Gero, uma versão mais informal do restaurante, também nos Jardins, voltado para a culinária tradicional italiana.

Em 1998, inauguram o restaurante Parigi, na Rua Amauri, em sociedade com João Paulo Diniz, herdeiro do grupo Pão de Açúcar. Posteriormente os Fasano assumem a parte do sócio em seus restaurantes Dressing e Ecco e na Forneria San Paolo.

No fim do século, surge a proposta de parceria da JHSF para a construção de um hotel. O empreendimento de R$ 40 milhões durou quatro anos e foi inaugurado em 2003. Ocupa um edifício com 22 andares, 54 apartamentos e nove suítes, tudo com decoração caracterizada por cadeiras francesas, tijolos ingleses e mármore italiano. O local faz parte do *Small Leading Hotels of the World* e foi considerado um dos 50 melhores hotéis do mundo pela Condé Nast Traveller Hot List, editora especializada do setor.

O restaurante se transfere para o prédio do hotel, onde também é aberto o Bar Baretto, eleito pela revista *Wall Paper* um dos 20 lugares mais agradáveis do mundo. No *lobby* está abrigado o Restaurante Fasano Al Mare, voltado para a gastronomia mediterrânea, em particular peixes e frutos do mar. Já o Restaurante Nonno Ruggero é aberto no primeiro andar, funcionando para o café da manhã, almoço e jantar.

Durante esse período, a Enoteca Fasano é criada e dirigida pelo pai Fabrizio, que explora sua experiência no setor de bebidas. Seguem-se filiais em Campos do Jordão, Ribeirão Preto e Rio de Janeiro, além de revendas em outros Estados.

São feitos outros investimentos na cidade do Rio de Janeiro, abrindo-se a filial do Hotel Fasano, que também abriga os restaurantes Gero e Fasano Al Mare e o Bar Baretto-Londra.

Todo esse crescimento recente ocorre com o apoio da parceira, a incorporadora JHSF, que em 2007 adquiriu 50,1% de participação acionária no Hotel Fasano e tem discutido diversas outras parcerias. O grupo JHSF atua no mercado de incorporação imobiliária, edifícios residenciais e comerciais, comercialização e administração de propriedades, desenvolvimento de shoppings e hotelaria de luxo. Em seu comando desde 2003, está o empresário José Auriemo Neto. O faturamento do grupo é de cerca de R$ 200 milhões, e seus ativos estão acima de R$ 1 bilhão.

Essa parceria é interessante, porque vai ao encontro de uma tendência no setor imobiliário, que é a de convergência com o setor de hotelaria. Nesse modelo, uma mesma localização reúne serviços de shopping, restaurante, hotel, residências e escritórios.

Com base nesse modelo, o grupo desenvolveu o empreendimento Parque Cidade Jardim, às margens do Rio Pinheiros, que conta com o Shopping Center Cidade Jardim, torres comerciais e residenciais e um hotel. O shopping comporta 200 lojas, incluindo as principais grifes do setor de luxo, e possui uma filial do restaurante Nonno Ruggero. As nove torres comerciais oferecem apartamentos de 236 m² a 1.700 m², e outras três torres comerciais e um hotel, possivelmente Fasano, deverão ocupar uma área total de 80.000 m².

No setor de shoppings, o grupo também possuía o Shopping Center Metrô Santa Cruz, integrado à estação do metrô e composto de 122 lojas, com faturamento de R$ 20 milhões. O local foi vendido em 2009 à BR Malls para gerar caixa para novos empreendimentos no interior de São Paulo e no Norte e Nordeste. O grupo também possui outro shopping, em construção, integrado ao metrô na estação Tucuruvi.

Em Porto Feliz, a 80 km da capital paulista, o grupo está construindo o projeto Fazenda Boa Vista, que abarca o Hotel Fazenda Fasano, com 28 suítes, a Villa Fasano, com 45 casas de 280 m² a 420 m², cem residências de 600 m² a 1.000 m² em terrenos de 3.000 m² a 5.000 m² e as estâncias, com terrenos de até 40.000 m², além de dois campos de golfe.

Existem ainda planos de hotéis e *resorts* Fasano no Brasil e no exterior. Em Punta del Este, no Uruguai, foi anunciado o projeto Las Piedras Villas & Hotel Fasano — Punta del Este. O empreendimento, localizado a dez minutos de La Barra, leva a assinatura do arquiteto Isay Weinfeld — o mesmo do Hotel Fasano São Paulo. O Las Piedras terá, em um terreno de cerca de 4,5 milhões de m², 500 casas e vilas, *spa*, centro equestre, campos de polo, bangalôs e o primeiro Hotel Fasano fora do Brasil, entre outras facilidades.

A história dos Fasano é de uma família que, ao longo de um século, teve seus sucessos e fracassos, mas sempre soube colocar em uso suas competências e habilidades para criar novos negócios no setor de hotelaria e gastronomia. Mesmo após as quedas, soube encontrar parceiros financeiros que acreditaram e investiram em seus negócios, entendendo que os recursos da família poderiam de novo trazer sucesso, como sua situação atual comprova.

Questões para discussão

1. Quais são os recursos-chave que têm feito do grupo Fasano um sucesso centenário?
2. O grupo está atuando em um setor que demonstra crescimento e aumento da concorrência em um mercado em rápida mudança. Seus recursos permitem manter vantagens competitivas sustentáveis?
3. Que novos recursos podem ser necessários desenvolver para manter seu sucesso no futuro?

Capítulo 7

Previsão da demanda futura e das exigências do mercado

O que é pequeno, escuro e está batendo à porta? O futuro.

Provérbio grego

INTRODUÇÃO

O economista Ralph Harris definiu previsão como sendo "uma pretensão de saber o que teria acontecido se o que acontece não tivesse acontecido". As pessoas são céticas sobre previsões, mas essa é a base da estratégia de marketing e do posicionamento competitivo. Como parte do sistema de informações de marketing no Capítulo 4, a previsão abastece muitos dos estágios de formulação de estratégias de marketing. Não há muito sentido em desenvolver estratégias que se ajustem ao passado, então a previsão precisa ampliar para o futuro a análise do ambiente e da indústria, abordada no Capítulo 3. A análise de portfólio (Capítulo 2) inicia-se com informações históricas, mas acaba por projetar o portfólio para o futuro, para ajudar a decidir o que fazer. A partir dessa fase, os planos dependem de previsões. Mercados-alvo são selecionados de acordo com o que os mercados estão previstos para ser (Capítulo 10), e programas de desenvolvimento de novos produtos (Capítulo 13) baseiam-se nas previsões sobre o mercado e a tecnologia.

Empresas que não controlaram a previsão estão propensas a construir posições que defendem contra os concorrentes de ontem, ou para atrair os clientes também de ontem. No entanto, a previsão é muitas vezes negligenciada ou feita ingenuamente. Por quê? A complexidade percebida e a enorme variedade de métodos de previsão são duas das razões. Essas barreiras surgiram à medida que as pessoas tentavam desenvolver formas cada vez mais sofisticadas de fazer o impossível: olhar para o futuro.

Felizmente, as previsões não precisam ser complicadas para ser boas, embora seja preciso conhecer os métodos para serem úteis. Este capítulo apresenta as alternativas para se fazer previsão sobre vendas, mercados, tecnologia e sociedade, e dá exemplos de seu uso, sugerindo o que usar e quando usar.

7.1 PREVENDO O QUÊ?

A mensuração da demanda do mercado exige uma clara compreensão do mercado em questão. Um **mercado** é o conjunto de todos os compradores reais e potenciais de um produto ou serviço. Um mercado é o conjunto de compradores; e uma **indústria** é o conjunto de vendedores. O tamanho de um mercado depende do número de compradores que poderia existir para uma oferta em particular. Os potenciais compradores de qualquer bem possuem três características: interesse, renda e acesso.

As empresas geralmente utilizam um processo de três fases para chegar a uma previsão de vendas. Primeiro, elas fazem uma **previsão sobre o ambiente**, seguida por uma **previsão sobre a demanda da indústria**, seguida de uma **previsão sobre as vendas da empresa**. A previsão ambiental necessita da projeção de inflação, desemprego, taxas de juros, gastos e poupança dos consumidores, investimento empresarial, despesas do governo, exportações líquidas e outros eventos ambientais importantes para a empresa. O resultado é uma previsão do Produto Interno Bruto (PIB) utilizado, juntamente com outros indicadores, para prever as vendas da indústria. Em seguida, a empresa prepara sua previsão de vendas presumindo uma determinada participação nas vendas da indústria.

As empresas utilizam várias técnicas de previsão de vendas. Todas são construídas em uma das quatro bases de informação: o que existe, o que aconteceu, o que acontece quando ou o que as pessoas acham que acontecerá. Existem vários métodos de previsão a serem usados com cada base de informação (Saunders et al., 1987). A Figura 7.1 mostra os mais importantes.

7.2 PREVISÕES BASEADAS NA DEMANDA ATUAL

As empresas têm desenvolvido vários métodos práticos para estimar a demanda total do mercado (Barnett, 1988). Nós ilustramos três.

7.2.1 Método de construção incremental do mercado

O método de **construção incremental do mercado** identifica todos os compradores em potencial em cada mercado e estima suas compras potenciais.

Suponha que a EMI pretende estimar o total de vendas anuais de gravações de discos compactos. Uma maneira comum de estimar a demanda total do mercado é a seguinte:

$$Q = n \times q \times p$$

onde:
Q = demanda total do mercado;
n = número de compradores no mercado;
q = quantidade comprada por um comprador médio por ano; e
p = preço de uma unidade média.

Se existem 10 milhões de compradores de CDs por ano e o comprador médio compra seis CDs por ano ao preço médio de £ 15 cada, então a demanda total do mercado de CDs é 10.000.000 × 6 × £ 15,00 = £ 900.000.000,00.

O método de construção incremental do mercado enfrenta o problema de todos os métodos de medição de demanda: trata do presente, não do futuro. Para descobrir o que o mercado será, os analistas precisam estimar o número de futuros compradores, a quantidade comprada e os preços. Esse desmembramento tem suas vantagens. Os três componentes são mais fáceis de prever do que a venda sozinha. Por exemplo, a distribuição atual da população torna mais fácil prever o aumento da procura por assistência médica à medida que a população envelhece.

7.2.2 Índices em cadeia

O método dos **índices em cadeia** multiplica um número-base por uma cadeia de porcentagens de ajuste. Por exemplo, na Grã-Bretanha o serviço militar não é obrigatório, de modo que o Exército britânico precisa atrair 20 mil recrutas por ano. Há aqui um problema, uma vez que o Exército já tem poucos soldados e a população de 16 a 19 anos de idade está em declínio. A questão feita pelo marketing é se essa é uma meta razoável em relação ao potencial de mercado. O Exército estima o potencial de mercado utilizando o seguinte método:

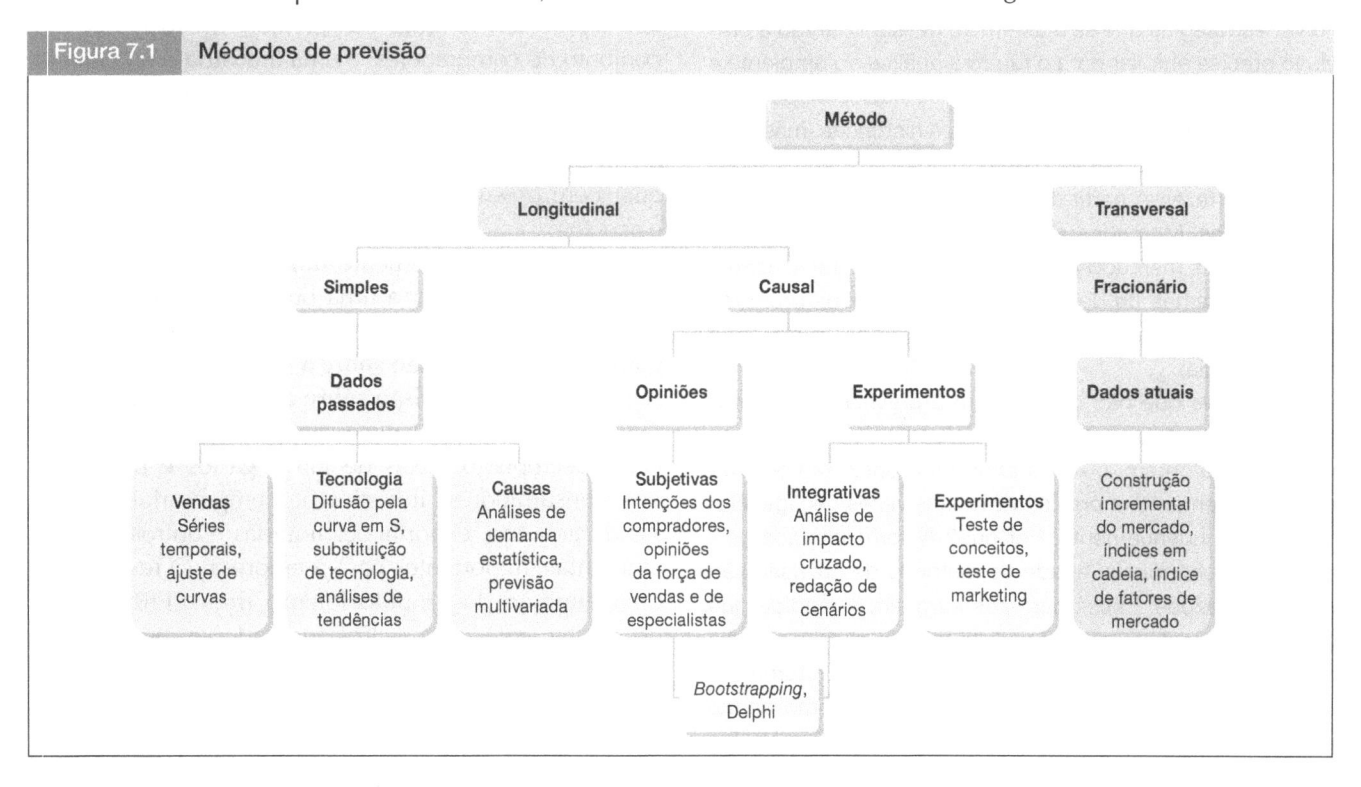

Figura 7.1 Médodos de previsão

Número total de homens na faixa etária: 1,2 milhão

Porcentagem militarmente qualificada (sem deficiências físicas, emocionais ou mentais): 50%

Porcentagem da população qualificada que tem potencial interesse no serviço militar: 5%

Porcentagem da população qualificada e interessada no serviço militar que considera o Exército como o serviço preferencial: 60%

Essa cadeia de números mostra um potencial de mercado de 1.200.000 × 0,5 × 0,05 × 0,6 = 18.000 recrutas, menos do que o necessário. Como esse número é inferior ao número de recrutas procurados, o Exército precisa fazer um melhor trabalho de marketing. O Exército respondeu com a realização de uma pesquisa motivacional, que mostrou que a publicidade existente não atraía a faixa etária-alvo apesar de uma carreira militar lhes dar o que queriam. A nova campanha, portanto, destina-se a aumentar a atratividade de uma carreira militar.

7.2.3 Método de índice de fatores de mercado

O método de **índice de fatores de mercado** estima o potencial de mercado para bens de consumo. Na Escócia, um fabricante de camisas pretende avaliar seu desempenho de vendas em relação ao potencial de mercado. Ele estima o potencial total para camisas no Reino Unido em £ 400 milhões por ano. As vendas atuais da empresa no país são de £ 4.800.000 — ou seja, 1,2% do mercado total potencial. Suas vendas na Escócia são de £ 1.200.000, e o fabricante quer saber se sua participação no mercado escocês é superior ou inferior a sua participação no mercado nacional do Reino Unido. Para descobrir isso, a empresa deve inicialmente calcular o potencial de mercado na Escócia.

Uma maneira de calcular isso é multiplicar a população pela renda per capita da área e pela porcentagem média da renda gasta em camisas. Depois, compara-se o produto com o de todo o país. Utilizando esse cálculo, o fabricante de camisa encontra que a Escócia tem 8% da demanda potencial total do Reino Unido em relação a camisas. Como o potencial total nacional é de £ 400 milhões por ano, o potencial total na Escócia é de 0,08 × £ 400 milhões = £ 32 milhões. Assim, as vendas da empresa de £ 1.200.000 representam £ 1.200.000/ £ 32.000.000 = 3,75% do potencial de mercado. Comparando isso com 1,2% de participação no mercado nacional, a empresa parece estar muito melhor na Escócia do que em outras partes do Reino Unido.

7.3 PREVISÕES BASEADAS NA DEMANDA PASSADA

Análises de séries temporais usam o padrão de vendas ou de outros fatores do passado para estimar o futuro. Embora sejam basicamente simples, muitas vezes apresentam resultados melhores do que métodos mais complicados. Sua objetividade é uma das razões para seu sucesso. Análises de séries temporais são tão mecânicas que há pouco espaço para que a intervenção administrativa distorça os resultados.

7.3.1 Análise de séries temporais

Muitas empresas baseiam suas previsões em vendas passadas, método que nosso sarcástico Ralph Harris "vividamente comparou com pilotar um navio com base em seu rastro". Elas presumem que a análise estatística pode revelar as causas de vendas passadas. Em seguida, os analistas podem usar as relações causais para prever vendas futuras.

A **análise de séries temporais** consiste em dividir as vendas em quatro componentes — tendência, ciclos, sazonalidade e eventos irregulares (Figura 7.2) — e depois recombinar esses componentes para produzir a previsão de vendas.

1. A **tendência** é o padrão subjacente de crescimento/queda nas vendas a longo prazo resultante de mudanças básicas da população, da formação de capital e da tecnologia. Pode ser encontrada ao ajustar as vendas passadas em uma linha reta ou curva.

2. O **ciclo** captura o movimento oscilatório das vendas resultantes de alterações na atividade econômica e na competitividade geral a médio prazo. O componente cíclico pode ser útil para a previsão de médio prazo. Oscilações cíclicas, no entanto, são difíceis de prever, porque não ocorrem em uma base regular.

3. A **sazonalidade** refere-se a um padrão consistente de movimentos de vendas ao longo do ano. O termo 'sazonal' descreve todo padrão de vendas repetido por hora, por semana, por mês ou por trimestre. O componente sazonal pode estar relacionado a fatores climáticos, a feriados e a datas comerciais. Ele fornece uma norma para previsão de vendas de curto prazo.

4. **Eventos irregulares** incluem modismos, greves, terremotos, rebeliões, incêndios e outros distúrbios. Esses componentes, por definição, são imprevisíveis e devem ser eliminados dos dados passados para que se possa ver o comportamento mais normal das vendas. Um varejista do Reino Unido concluiu que o melhor previsor de vendas diárias era a quantidade de neve que caía. Um resultado verdadeiro, mas nada útil!

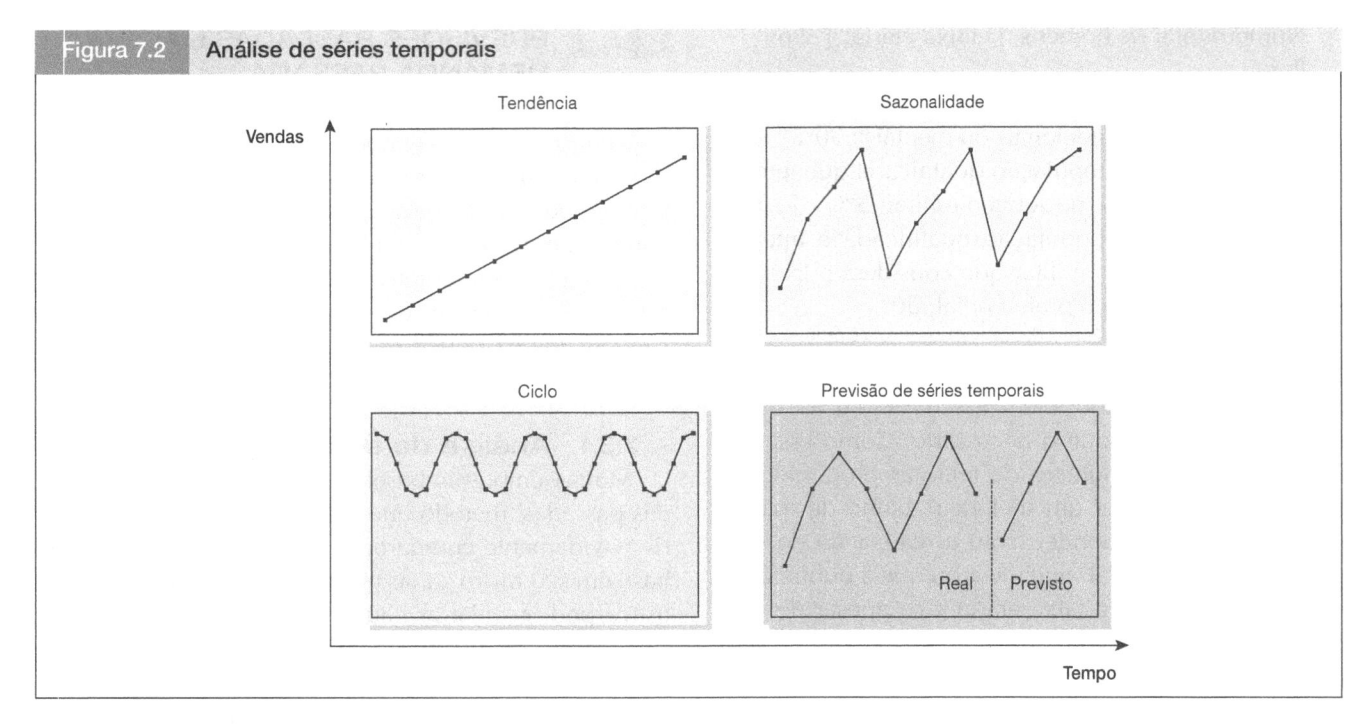

Figura 7.2 — Análise de séries temporais

Tendência, Sazonalidade, Ciclo, Previsão de séries temporais (Real / Previsto)

Nesse método, o volume de vendas, V_t, no período t é calculado a partir da multiplicação de: vendas passadas, V_{t-1}; tendências, T_t; ciclos, C_t; e sazonalidades, S_t.

$$V_t = V_{t-1} \times T_t \times C_t \times S_t$$

Tendo vendido 12 mil apólices de seguro de vida neste ano (V_{t-1} = 12.000), uma companhia de seguros quer prever as vendas de dezembro do próximo ano. A tendência a longo prazo mostra uma taxa de 5% de crescimento das vendas por ano (T_t = 1,05). Isso sugere que as vendas do próximo ano sejam de £ 12.000 × 1,05 = £ 12.600. No entanto, uma recessão é esperada no ano que vem, o que provavelmente fará com que o total de vendas atinja apenas 90% das vendas esperadas (C_t = 0,90). Portanto, é mais provável que as vendas no próximo ano sejam de £ 12.000 × 1,05 × 0,90 = £ 11.340. Se as vendas fossem as mesmas todos os meses, as vendas mensais seriam de £ 11.340/12 = £ 945. No entanto, dezembro é um mês acima da média para a venda de apólices de seguros, com um índice sazonal, S_{12}, situando-se em 1,30. Por isso, as vendas de dezembro podem ser de £ 945 × 1,30 = £ 1.228.

A questão central na análise de séries temporais é estimar os componentes sazonais, cíclicos e de tendência. Uma abordagem simples é utilizar a média deles ao longo de vários anos, embora isso não dê nenhum peso extra para os acontecimentos recentes, além de ser sempre um problema definir quantos períodos devem ser usados para fazer a média. Ponderar exponencialmente as médias móveis resolve esse problema ao incluir todas as estatísticas anteriores, mas dar peso maior aos últimos. Isso evita o problema de truncamento, mas as taxas exponenciais decrescentes que dão peso aos dados mais antigos passam a ser um problema. Muitos métodos foram desenvolvidos para ajustar automaticamente o peso, mas todos têm a mesma limitação das análises de séries temporais: presumem que os padrões do passado continuarão no futuro.

7.3.2 Análise de tendências

AJUSTE DE CURVAS

A análise de tendências é o método de previsão estratégica mais usado e mais mal-usado de todos. É usado porque é rápido e fácil. É mal-usado quando é usado levianamente para dar resultados simplistas, mas estatisticamente confiáveis. A abordagem utiliza uma equação com os dados históricos de séries temporais e em seguida projeta essa curva no futuro para gerar uma previsão. A Figura 7.3 é um caso típico, cujo objetivo é usar o histórico de vendas de 2000 a 2004, S_y, para gerar uma previsão para 2005 e 2006.

A forma básica de análise de tendências ajusta uma linha reta à série temporal e, em seguida, utiliza o resultado para chegar aos níveis de vendas futuras. Isso pressupõe que as vendas de DVD *players* aumentem a mesma quantidade a cada ano, uma tendência explicada pela equação de primeiro grau:

$$F_Y = a + b \times T$$

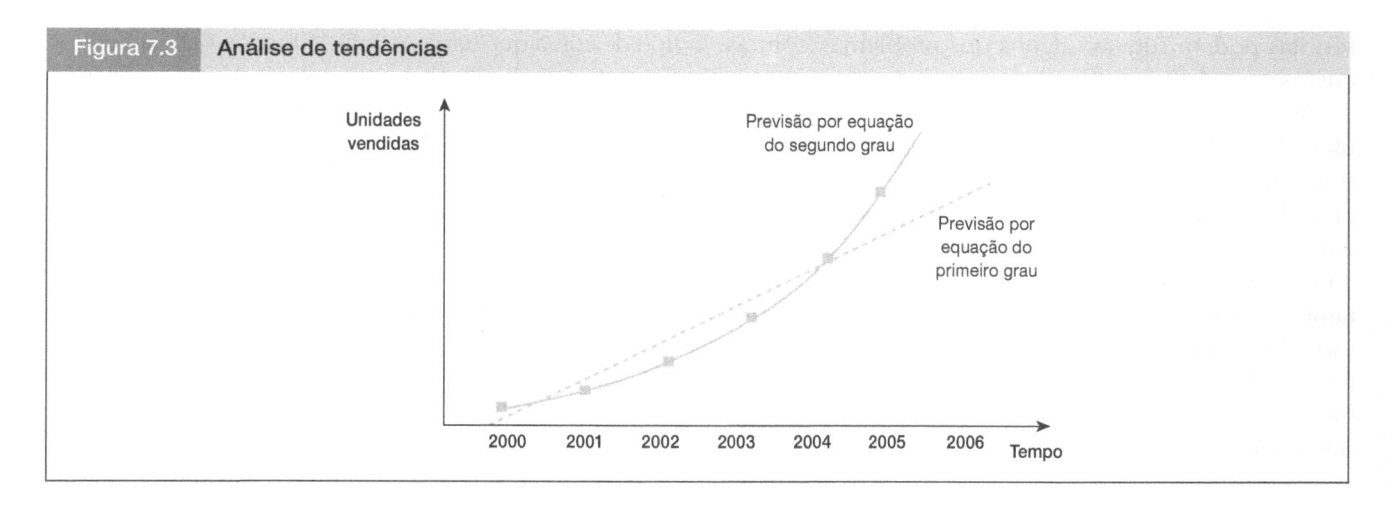

Figura 7.3 Análise de tendências

onde:
F_Y é a previsão de vendas de DVD *players* no ano Y, onde $T = Y - 2000$, e a e b são coeficientes desconhecidos a serem estimados.

A questão básica da análise de tendências e de muitas outras ferramentas de previsão estatística é a estimativa dos coeficientes desconhecidos. A análise de regressão é a forma mais comum de fazer isso. Ela calcula os valores dos coeficientes que minimizam a soma dos quadrados das diferenças entre as vendas reais e as previstas, minimizando:

$$\sum_{y=2000}^{2005} u_y^2,$$

onde u_Y é o termo residual, $F_Y - S_Y$.
Essa abordagem resulta na equação:

$F_Y = 0,14 + 1,65 \times T + u_Y$

$R^2 = 0,987$

O valor de R^2 indica um ajuste razoavelmente bom desde que seu valor possa variar entre 1, o que significa um ajuste perfeito aos dados, e 0, que significa nenhum ajuste.

Esse resultado estatisticamente excelente revela os perigos da análise de tendências. O resultado é simplista: apenas um tolo esperaria que as vendas de DVD aumentassem linearmente com o tempo, para sempre! A análise visual também mostra que a tendência de vendas não é uma reta, mas sim uma curva para cima. A análise de tendências pode superar esse problema com uma equação mais complexa. Uma equação de segundo grau permite que a análise de regressão gere uma equação com um melhor ajuste e forma:

$F_Y = 0,44 + 1,05 \times T + 0,15 \times T^2 + u_Y$

$R^2 = 0,999$

substituindo $T = 5$, para 2005 e $T = 6$, para 2006. Os resultados também dão limites inferiores e superiores da estimativa (95%) — números que são um útil subproduto da análise de regressão.

As equações de primeiro e de segundo graus são duas das várias equações que podem ser utilizadas para ajustar as tendências. As outras previsões podem ser:

Equação de segundo grau logarítmica: $RF_Y = EXP(-0,67249 + 1,1727 \times T + 0,13112 \times T^2)$, $R^2 = 0,999$

Exponencial: $F_Y = 0,66348 \times EXP(0,64821 \times T)$, $R^2 = 0,945$

Hipérbole modificada: $F_Y = 1/(1,5006 - 0,4181 \times T)$, $R^2 = 0,730$

Os ajustes são bons, mas o que eles preveem? As equações de segundo grau e exponenciais preveem as vendas cada vez mais rápidas, mas a forma exponencial tem uma taxa tão rápida que produz uma previsão de mais de 30 milhões de unidades em 2006 — mais de uma por família no Reino Unido. Infelizmente, as duas curvas com o melhor ajuste dão as previsões mais contrastantes. Enquanto a equação de segundo grau sugere um aumento exponencial razoável, a quadrática logarítmica prevê um declínio de vendas depois de 2004.

Os resultados mostram o perigo de fazer inadequadamente o ajuste de forma e de curva da análise de tendências. O ajuste de curvas usando a análise de regressão só deve ser realizado após a escolha da forma e da equação desejadas. Em caso de dúvida, use uma linha reta para ajustar a série. Ela pode estar nitidamente errada, mas pelo menos suas limitações são conhecidas. Por outro lado, a escolha criteriosa das séries a serem analisadas e a utilização da análise de tendências restritas podem superar alguns dos problemas com as curvas irregulares.

Apesar de suas limitações, existem várias aplicações úteis da análise de tendências. A previsão de vendas é o uso mais comum, mas a taxa de adoção de novos produtos, a substituição de uma tecnologia por outra e a previsão de tecnologia são outras áreas em que a análise de tendências é eficaz. A análise de tendências também herda diversas vantagens da análise de regressão. Ela é relativamente fácil e rápida de usar e, como é baseada em uma técnica muito conhecida, fornece medidas estatísticas da confiabilidade e da validade dos resultados.

A CURVA EM S

Séries temporais em forma de S, ou curvas que chegam a um ponto de saturação em seu limite superior, são particularmente adequadas para a análise de séries temporais. Na previsão de tecnologias e de vendas, muitas vezes há um limite que o desempenho tecnológico ou de vendas nunca poderá ultrapassar. Tomemos, por exemplo, o motor de carro. Há um limite teórico para a eficiência térmica que o motor de combustão interna pode conseguir, por isso espera-se que o retorno com investimentos em P&D caiam à medida que esse limite teórico se aproxime. Da mesma forma, para as vendas de DVD, obviamente há um limite superior para as vendas que podem ser feitas. Ao levar em conta essas restrições racionais ou práticas, a qualidade e a confiabilidade da análise de tendências podem aumentar significativamente.

Ao prever o potencial de um novo grupo de produtos, como o DVD, é mais fácil e confiável prever a penetração no mercado do que as vendas. Isso ocorre porque a penetração no mercado segue sempre um determinado tipo de curva que tem um limite superior. Para aparelhos domésticos, o limite absoluto superior deve ser de 100% das famílias, embora haja alguns bens, como máquinas de lavar louça, que parecem ter chegado ao ponto de saturação em um nível muito mais baixo.

A Figura 7.4 contém os valores de penetração de mercado e uma previsão para vendas de DVDs. A previsão é produzida a partir de uma curva de Gompertz, que é em forma de S e atinge um ponto de saturação. A expressão tem a seguinte fórmula:

$$F_T = a_0 \times a_1^{a_2^T}$$

onde a_0, a_1 e a_2 são os parâmetros a serem estimados e T é o tempo. Após a solução, a_0 é o nível de saturação, nível que as vendas nunca ultrapassarão, e $a_0 \times a_1$ é a previsão quando $T = 0$. Infelizmente, a equação de Gompertz tem de ser resolvida por meio de técnicas de estimativa não lineares em vez de técnicas de regressão. Trata-se de procedimentos iterativos que utilizam regras para orientar a busca pelos coeficientes, que, de outra forma, seriam estimados usando a análise de regressão. Existe uma grande variedade de procedimentos, mas não são todos robustos.

A equação de Gompertz para a série de penetração no mercado em relação ao DVD é:

$$DVDF_Y = 59{,}2 \times 0{,}0420^{0{,}647^T}$$

onde T = ano 2000.

Isso sugere um nível de saturação da penetração no mercado de 59,2%, com as vendas em declínio depois de 2004. Como alternativa à utilização de estimativa não linear para estimar uma curva S, a equação de Gompertz, ou um **modelo logístico** similar, pode ser

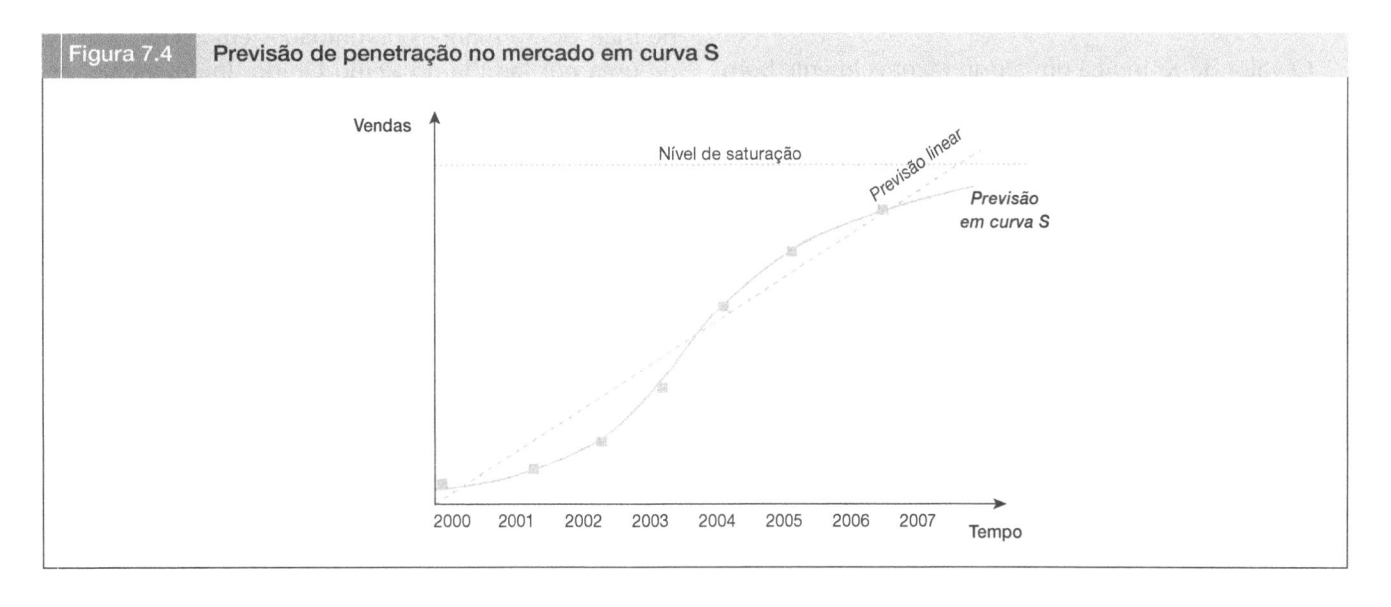

Figura 7.4 Previsão de penetração no mercado em curva S

resolvida pela análise de regressão se puder se presumir o nível de saturação (a_0).

Essas transformações permitem estimar equações em forma de S confiáveis, mas, se for escolhido um nível de saturação inadequado, os resultados fornecerão um ajuste fraco aos dados. Quando isso ocorre, devem-se testar níveis de saturação alternativos até que um resultado mais satisfatório seja obtido. Se o procedimento de busca for conduzido de forma sistemática, o processo pode se tornar um de estimativa não linear. Os seguintes casos de difusão de inovações e substituição de tecnologias são outros exemplos de quando a análise restrita de tendências pode ser utilizada com proveito.

A similaridade entre a curva em forma de S que explica a adoção de um produto e uma representação dos primeiros estágios do ciclo de vida dos produtos é enganosa. A curva S registra os primeiros usos de um produto e leva a um nível de saturação em que todos os usuários tenham adotado o produto. Em contraste, o ciclo de vida do produto acompanha as vendas que incluem tanto as compras repetidas quanto o primeiro uso do produto. Essas curvas muitas vezes estão defasadas. Por exemplo, na Europa, quase todo mundo já viajou de ônibus, então a curva S da adoção desse meio de transporte se nivelou e não mais subirá nem cairá. Por outro lado, o ciclo de vida do ônibus está diminuindo à medida que mais pessoas pegam seus carros. Um caso oposto ocorre em relação ao consumo de vinho nos Estados Unidos. Novamente, a curva S para adoção se nivelou quando a maioria das pessoas que estão dispostas e podem provar vinho já o provou. No entanto, a curva do ciclo de vida do produto para o vinho no Reino Unido continua a aumentar à medida que as pessoas consomem mais vinho.

O modelo de 'adição do mercado' discutido anteriormente (Seção 7.2.1) liga as curvas de adoção e as de ciclo de vida do produto. Nele, a curva S segue de perto 'o número de compradores no mercado', enquanto o ciclo de vida do produto representa 'a demanda total do mercado'.

DIFUSÃO DE INOVAÇÕES

Algumas ideias sobre o mecanismo de difusão de inovações nos levaram a modelos de análise de tendências com alguns fatores comportamentais. Bass (1969) produziu um novo modelo de crescimento do produto para bens de consumo duráveis que se baseia no comportamento inovador e imitativo dos consumidores. Para DVDs, ele sugere que I_T, o aumento na penetração de mercado no momento T, será:

$$I_T = r(M - P_T) + p(M - P_T)P_T/M$$

onde:

$r(M - P_T)$ é o *efeito de inovação*, proporcional ao potencial inexplorado;

$p(M - P_T)P_T/M$ é o *efeito de imitação*, proporcional ao potencial já explorado;

M é o potencial final alcançado como uma fração do potencial máximo;

P_T é a penetração de mercado alcançada no momento T.

Assim se chega à suposição realista de que alguns indivíduos tomam sua decisão de adoção do produto de forma independente (*inovadores*), enquanto outros (*imitadores*) são influenciados pelo número de pessoas que já adotaram a ideia. A forma da curva cumulativa de penetração no mercado depende da importância relativa da **taxa de inovação** (r) e da **taxa de imitação** (p). Se a *taxa de inovação* é maior do que a *taxa de imitação*, as vendas terão início rapidamente e, então, lentamente se aproximarão da saturação. No entanto, se a *taxa de imitação* predomina, ocorrerá uma curva S. Uma vez que dados suficientes tenham sido coletados, r e p podem ser calculados por meio da análise de regressão.

As equações de difusão são uma variação útil na análise de tendências convencional. Diferentemente de outros métodos de séries temporais, elas são baseadas em ideias sobre o comportamento do consumidor. Os processos reais de difusão são obviamente muito mais complexos do que a simples dicotomia sugerida por inovadores e imitadores, mas as equações resultantes são robustas e podem produzir previsões confiáveis.

Houve tentativas de produzir modelos mais sofisticados de difusão, acrescentando dimensões extras, mas eles tiveram sucesso limitado. A maioria adiciona o efeito de uma ou duas variáveis do marketing (normalmente propaganda e promoção), mas não existe uma teoria unificada de como incorporar variáveis de marketing ou externas. As poucas comparações feitas tendem a mostrar que essa sofisticação a mais oferece pouca melhora em relação aos modelos simples. Uma grande limitação dos modelos mais sofisticados é sua necessidade de serem estimados no início da vida de um produto, quando poucos dados estão disponíveis.

SUBSTITUIÇÃO DE TECNOLOGIA

A substituição de tecnologia é um caso especial de difusão da inovação que ocorre quando uma nova tecnologia substitui a antiga. Por exemplo, a substituição das viagens marítimas e ferroviárias pelas viagens aéreas, ou a substituição de discos de vinil por discos compactos. A substituição pode ser prevista da mesma forma que os processos tradicionais de difusão, usando o elegante método desenvolvido por Fisher e Pry (1978).

O método de Fisher-Pry representa uma série que mostra uma nova ideia substituindo uma mais antiga, neste caso, o consumo *per capita* de margarina e manteiga:

$$f_T/(f_T - 1) = e^{d+bT}$$

onde:

f_T é a fração de pessoas que adotaram a nova tecnologia (margarina) no momento T; e d e b precisam ser estimados.

A análise de regressão fornece o resultado:

$$f_T/(f_T - 1) = e^{-0,261+0,284T}, R^2 = 0,928$$

Apesar de uma equação poder ser resolvida por meio de regressão, a beleza do processo de substituição é sua regularidade, o que permite uma transformação inteligente para mostrar o processo na forma de uma linha reta que pode ser projetada sem que se recorra a estatísticas. Esse resultado mostra a proporção do consumo de margarina aumentando de 81% em 1995 para 91% até 2005.

O método de Fisher-Pry é uma maneira simples de olhar para um processo muito complexo. Ao longo das décadas nas quais a substituição ocorre, as razões econômicas, comerciais e de saúde para essa substituição devem ter sofrido muitas mudanças. Uma tentativa de mudar o modelo de causalidade teria que encontrar alguma maneira de representar todos os mecanismos envolvidos. Como os outros métodos de análise de tendências, a abordagem de Fisher-Pry observa o efeito agregado de todas as influências e presume que, juntas, eles produzirão no futuro o mesmo padrão de substituição que no passado. No entanto, às vezes uma das principais influências sofre uma grande mudança e afeta a taxa de substituição.

ANÁLISE DE TENDÊNCIAS TECNOLÓGICAS

A análise de tendências tecnológicas procura prever mudanças no desempenho tecnológico e não em vendas. Ela surgiu da constatação de que, na maior parte do tempo, o progresso tecnológico cresce a um ritmo constante. A Figura 7.5 mostra como isso é verdade para a velocidade de processamento dos computadores, que evoluiu substancialmente nos últimos 40 anos.

A análise de tendências da evolução tecnológica parece estar em contradição com a visão popular do progresso científico inesperado, mas descobertas inesperadas são muito mais raras do que geralmente se supõe. O exemplo mais citado é o da penicilina, que é a exceção, e não a regra. A maior parte da inovação nas primeiras décadas deste novo milênio será baseada em conhecimentos científicos e tecnológicos já existentes no final do século XX. O padrão de progresso tecnológico tende a ser uniforme, porque é geralmente obtido após projetistas selecionarem e integrarem um grande número de inovações de diversas áreas tecnológicas para produzir o melhor desempenho possível.

Muitas vezes, o impacto de uma inovação radicalmente nova é minimizado pelo progresso constante

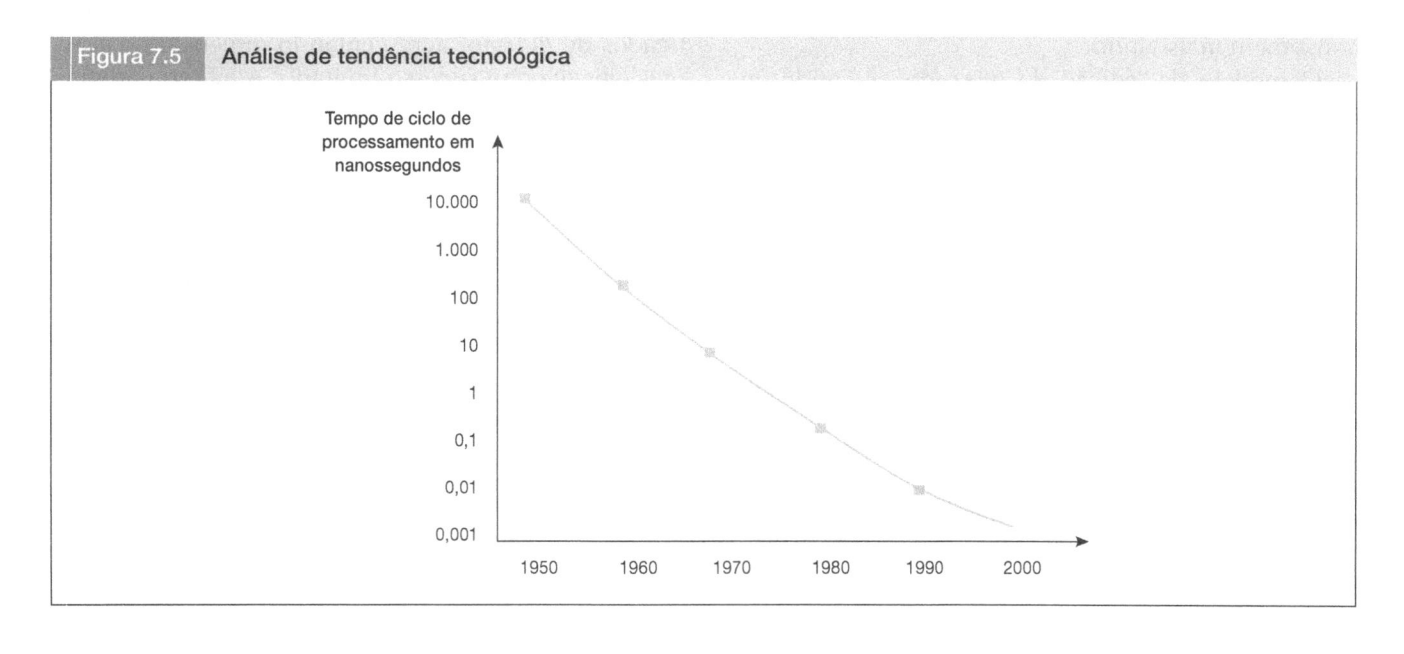

Figura 7.5 Análise de tendência tecnológica

dos desenvolvimentos evolutivos em áreas afins, o que fica claro na mudança da velocidade de processamento computacional. Um determinado período pode abranger grandes inovações descontínuas (das válvulas de tubos de vácuo em 1950 até os transistores em 1960, dos chips de silício em 1970 até o arseneto de gálio em 1980), mas o progresso é regular. O transistor se constitui um bom exemplo do impacto relativo das descobertas, já que é frequentemente considerado como responsável pela redução do tamanho dos equipamentos eletrônicos. Porém, sem o desenvolvimento paralelo de tecnologias auxiliares, estima-se que os equipamentos eletrônicos baseados em transistores seria apenas pouco menor (cerca de 10%) do que uma versão com válvulas com tubo de vácuo.

Assim, a análise de tendências tecnológicas é baseada na mesma suposição que a abordagem de Fisher-Pry em relação à substituição tecnológica. Ambas são o resultado de processos muito complexos, mas seu efeito cumulativo tende a ser regular, e as tendências do passado podem ser uma boa indicação do futuro imediato.

O reconhecimento da evolução em forma de S feita pelo progresso tecnológico é uma característica importante da análise de tendências tecnológicas. Inicialmente, o progresso tecnológico é lento, talvez porque poucas pessoas estejam envolvidas, porque o conhecimento científico de base ainda deva ser adquirido e porque os obstáculos de engenharia ainda precisem ser ultrapassados. A sabedoria convencional e a burocracia podem impedir o desenvolvimento por um longo tempo. A tecnologia de aviões de combate avançou rapidamente na Primeira Guerra Mundial, mas depois ficou quase estagnada por 20 anos quando os orçamentos militares foram cortados e os funcionários governamentais nos altos escalões resistiram às máquinas voadoras. Os avanços começam a acelerar exponencialmente uma vez que a importância de uma tecnologia se faz presente e o esforço e o capital tecnológico são expandidos. A ameaça da Segunda Guerra Mundial estimulou o rápido aumento de investimento no desempenho de aviões de combate, que continuou depois da guerra e da introdução de tecnologias radicalmente novas de motores a jato.

Finalmente, os avanços tecnológicos podem deixar de acelerar e parar de crescer por completo. Há duas razões pelas quais o progresso tecnológico rápido termina. Em primeiro lugar, pode haver um limite absoluto para a tecnologia. Por exemplo, a velocidade máxima operacional de helicópteros já se saturou em pouco mais que 350 km/h. Acima dessa velocidade, ou a velocidade do rotor de movimento dianteiro se torna supersônica (perdendo sustentação), ou o rotor de movimento traseiro para (perdendo altura também). Usando uma tecnologia radicalmente nova, a barreira pode ser superada, mas não de forma satisfatória ou econômica para os principais usos dos helicópteros, mesmo com os altos orçamentos de P&D para fins militares.

Às vezes a barreira é puramente econômica. Por exemplo, a 'barreira do som' não retardou o desenvolvimento de aeronaves de combate, então por que as aeronaves civis não devem ser supersônicas? O Concorde e o Tu-144 (talvez) tenham mostrado que não há barreiras tecnológicas, mas todas as aeronaves economicamente bem-sucedidas são subsônicas. Tecnologias práticas param de avançar quando retornos decrescentes aumentam rapidamente. Neste momento, o reduzido valor econômico do transporte aéreo supersônico para o cliente, em conjunto com seus elevados custos econômicos e sociais, faz da velocidade do som uma barreira econômica. Mesmo aviões de combate parecem ter atingido uma barreira não tecnológica para seu desenvolvimento. Aviões de combate mais rápidos poderiam ser construídos, mas a um custo muito alto para outros critérios de desempenho. E velocidade, assim como tamanho, não é tudo! Hoje em dia, é muito melhor ser invisível do que rápido, como acontece com as aeronaves B-2 e F-117.

A curva em S das tendências tecnológicas é mais propensa à incerteza do que a das tendências de vendas. O lento crescimento inicial pode não existir se o potencial de uma nova ideia for captado rapidamente. Tanto a tecnologia dos helicópteros quanto a do laser são desenvolvidas rapidamente desde o começo, porque seu significado era óbvio e porque não representavam um desafio para o poder estabelecido. O nivelamento do desenvolvimento geralmente se deve a uma combinação de fatores tecnológicos e econômicos. Muitas vezes a linha de tendência continua ao longo de diversas grandes inovações tecnológicas, mas novas tecnologias às vezes podem causar mudanças rápidas, como está ocorrendo agora no setor das telecomunicações, em que os satélites e a desregulamentação destruíram a relação entre a distância de chamadas telefônicas e seu custo, sem mencionar o preço.

O ritmo regular do desenvolvimento tecnológico torna a análise de tendências tecnológicas uma ferramenta útil para o planejamento. Ela pode ajudar a estabelecer metas realistas para o desempenho de empreendimentos e a evitar grandes despesas em tecnologia quando os prováveis retornos estiverem diminuindo. No entanto, é uma ferramenta que pode ser perigosa se usada de forma impensada.

Muitas vezes, não ficam óbvias quais tendências de desempenho são fundamentais. Fabricantes norte-americanos de motores aeronáuticos e o governo do

Reino Unido inicialmente rejeitaram motores a jato para o transporte aéreo porque alguns especialistas estavam preocupados com o consumo de combustível como um critério específico de comparação de motores aeronáuticos. Em relação aos motores a pistão, motores a jato ainda têm um consumo de combustível alto, mas são superiores em termos de custo unitário de milhas por passageiro. Para superar essa miopia, é necessário identificar pelo menos meia dúzia de atributos ou provavelmente duas vezes isso. Esses critérios devem ser utilizados, comparados e analisados periodicamente.

Linhas de tendências tecnológicas muitas vezes são ajustadas manualmente em vez de usar a análise de regressão. A análise de regressão é limitada porque as transformações são muitas vezes incapazes de acompanhar a rápida saturação que às vezes ocorre. Ela fornece um bom ajuste estatístico para os dados, mas produz um formato que ultrapassa as barreiras naturais ou econômicas. A segunda desvantagem da regressão é a necessidade de uso de técnicas de análise de envelopamento (ou envoltória) de dados em vez de traçar uma linha que se ajuste melhor a eles. Geralmente os extremos de desempenho é que são controlados, e não a média. No entanto, a evolução das técnicas de análise de envelopamento de dados está superando esse problema (Bultez e Parsons, 1998).

A direção e os limites das tendências devem ser explorados com cuidado. É fácil negligenciar os limites para a melhoria de desempenho quando a competição chamou a atenção para um critério específico durante muito tempo. Possíveis razões técnicas, econômicas, sociais, políticas e ecológicas para as barreiras devem ser consideradas. Muitas vezes, como foi o caso do Concorde, o limite real não é devido a um fator, mas a uma combinação de fatores.

7.3.3 Indicadores de tendências

Muitas empresas tentam prever suas vendas ao encontrar um ou mais **indicadores de tendências**, ou seja, outras séries temporais que mudam na mesma direção, mas antes das vendas da empresa. Por exemplo, uma empresa fornecedora de encanamentos pode descobrir que suas vendas acontecem cerca de quatro meses após o início da construção de casas. Um índice que mostre o início de novas construções passa, então, a ser um útil indicador de tendências. Outros indicadores de tendências, como taxas de natalidade e de expectativa de vida, mostram enormes mudanças no mercado para o novo milênio. Muitos países desenvolvidos, incluindo França, Alemanha e Japão, terão grandes problemas de financiamento da aposentadoria de sua população cada vez mais idosa. Outros países com regimes de pensões privadas, incluindo os Países Baixos, os Estados Unidos e o Reino Unido, terão uma população que envelhecerá cada vez mais rica. Apesar da grande diferença na preparação dos países para essa mudança demográfica fácil de prever, todos desfrutarão de um rápido crescimento de mercado ao longo das próximas décadas: o mercado funerário.

Pode ser perigoso presumir que os indicadores que serviram no passado continuarão a fazê-lo no futuro ou se transferir de um mercado para outro. Por exemplo, a Disney coloca grande ênfase em um modelo de círculos concêntricos em torno de seus parques temáticos, no qual o tempo de viagem e o número da população indicam a demanda. Parte do fracasso inicial do Euro-Disney (hoje Disneyland Paris) foi porque a empresa se prendeu a esse modelo, ignorando o fato de que os europeus têm formas de passar as férias e um comportamento de viagem diferentes dos norte-americanos.

7.3.4 Análise estatística multivariada

A análise de séries temporais trata das vendas passadas e futuras com relação ao tempo, não como uma função de quaisquer fatores reais de demanda. No entanto, muitos fatores reais afetam as vendas de qualquer produto.

ANÁLISE ESTATÍSTICA DA DEMANDA

A análise estatística da demanda utiliza métodos estatísticos para descobrir os fatores reais mais importantes que afetam as vendas e sua influência relativa. Os fatores mais comumente analisados são: preços, renda, população e promoção. Essa análise consiste em expressar as vendas (Q_T) como uma variável dependente e tentar explicá-las em função de uma série de variáveis independentes da demanda $X_1, X_2, ..., X_n$. Ou seja:

$$Q_T = f(X_1, X_2, ..., X_n)$$

Utilizando a análise de regressão múltipla, várias equações podem ser adaptadas aos dados para encontrar os melhores fatores de previsão e a melhor equação.

Por exemplo, o Conselho de Eletricidade do Sul da Escócia desenvolveu uma equação que previa a quantidade anual das vendas de máquinas de lavar (Q_T) (Moutinho, 1991):

$$Q_T = 210.739 \times 703 P_T + 69 H_T + 20 Y_T$$

onde:

P_T é o preço médio com instalação;

H_T é o número de novas casas unifamiliares atendidas pelos serviços públicos;

Y_T é a renda *per capita*.

Assim, em um ano em que o preço médio da máquina de lavar instalada seja de £ 387, em que haja 5 mil novas casas atendidas pelos serviços públicos e em que a renda média *per capita* seja de £ 4.800, a partir da equação seria possível prever que as vendas reais das máquinas de lavar seriam de 379.678 unidades:

$$Q_T = 210.739 - 703(387) + 69(5.000) + 20(4.800)$$

A equação revelou-se 95% precisa. Se ela fizesse previsões tão boas para outras regiões, serviria como uma ferramenta de previsão muito útil. A administração de marketing poderia prever a renda *per capita*, o número de novas casas e os preços e usar a equação para fazer previsões. A análise estatística da demanda pode ser muito complexa, e o profissional de marketing deve tomar cuidado em sua concepção, realização e interpretação. No entanto, a constante melhoria da informática tornou a análise estatística da demanda uma abordagem cada vez mais popular para a previsão.

Previsão de vendas multivariada

As informações coletadas pelos sistemas de informação das empresas de marketing muitas vezes requerem uma análise mais aprofundada, e às vezes os gerentes podem precisar de mais ajuda para aplicá-las a problemas e decisões de marketing. Essa ajuda pode incluir a análise estatística avançada para aprender mais sobre os relacionamentos dentro de um conjunto de dados e sua confiabilidade estatística. Essa análise permite aos gerentes ir além das médias e dos desvios-padrão nos dados. Em uma análise de bens de consumo não duráveis nos Países Baixos, a análise de regressão gerou um modelo que previa a participação de mercado de uma marca (B_t) com base na atividade prevista de marketing (Alsem *et al.*, 1989):

$$B_t = -7{,}86 - 1{,}45 P_T + 0{,}084_{T-1} + 1{,}23 D_T$$

onde:

P_T é o preço relativo da marca;

A_{T-1} é a participação em propaganda no período anterior;

D_T é a distribuição efetiva nas lojas.

Esse modelo, e outros como ele, pode ajudar a responder questões de marketing, tais como as seguintes:

- Quais são as principais variáveis que afetam as minhas vendas e qual a importância de cada uma?
- Se eu subir meu preço em 10% e aumentar minha despesa de marketing em 20%, o que aconteceria com as vendas?
- Quanto devo gastar em propaganda?
- O que vai prever melhor quais consumidores provavelmente comprarão minha marca ou a do concorrente?
- Quais são as melhores variáveis para segmentar meu mercado e quantos segmentos existem?

A análise das informações também pode envolver um conjunto de modelos matemáticos que ajudará os profissionais de marketing a tomar melhores decisões. Cada modelo representa algum sistema, processo ou resultado real. Esses modelos podem ajudar a responder as perguntas '*E se?*' e '*Qual é melhor?*'. Durante os últimos 20 anos, os estudiosos de marketing desenvolveram vários modelos para ajudar os administradores a tomar melhores decisões sobre o composto de marketing, a criar territórios de vendas e planos de visitas de venda, a selecionar locais para lojas de varejo, a desenvolver o melhor composto de comunicação possível e a prever vendas de novos produtos.

7.4 PREVISÕES PELA EXPERIMENTAÇÃO

Quando os compradores não planejam suas compras ou quando os especialistas não estão disponíveis ou não são de confiança, a empresa pode realizar um estudo de mercado-teste direto. Isso é especialmente útil para prever as vendas de novos produtos ou as vendas de produtos já estabelecidos em um novo canal de distribuição ou território. Os métodos de previsão para novos produtos vão de testes de conceito rápidos e baratos, que testam os produtos antes mesmo de eles existirem, até testes bastante caros que testam todo o composto de marketing em uma região geográfica.

7.4.1 Testes de conceito

Testes de conceito servem para testar conceitos de novos produtos com um grupo de consumidores-alvo. Os conceitos podem ser apresentados aos consumidores simbólica ou fisicamente. Aqui, em palavras, está o *Conceito 1*:

Um carro de quatro lugares eficiente, gostoso de dirigir, supercompacto e movido a eletricidade. Ideal para ir às compras e visitar amigos. Sua manutenção sai pela metade do que é gasto com carros similares movidos a gasolina. Alcança até 90 km por hora e tem autonomia de 170 km por recarga. O preço é de 6 mil libras.

Nesse caso, uma descrição com palavras ou imagens pode ser suficiente. No entanto, uma apresentação mais concreta e física do conceito aumentará a confiabilidade do teste de conceito. Hoje os profissionais de marketing estão encontrando maneiras inovadoras de tornar os conceitos de produtos mais reais para as pessoas que farão o teste.

Depois de serem expostos ao conceito, os consumidores podem ser perguntados sobre a probabilidade de comprar o produto. As respostas ajudarão a empresa a decidir qual conceito tem o apelo mais forte. Por exemplo, a última pergunta trata da intenção do consumidor de comprar. Suponha que 10% dos consumidores disseram que 'definitivamente' comprariam e outros 5% disseram que 'provavelmente' comprariam. A empresa poderia projetar esses números, a partir de uma amostra representativa, para o tamanho da população desse grupo-alvo para estimar o volume de vendas. O teste de conceito oferece uma estimativa do potencial de vendas, mas os administradores devem ver isso com cuidado. Precisam reconhecer que a estimativa é apenas um indicador amplo e em grande parte incerto, porque os consumidores nem sempre realizam suas intenções. Motoristas, por exemplo, podem gostar da ideia do carro elétrico, que é amigo do ambiente, mas podem não querer pagar por um. No entanto, é importante realizar esses testes com os conceitos do produto a fim de avaliar as respostas dos clientes, bem como identificar aspectos do conceito que sejam particularmente atraentes ou não para os potenciais compradores. Esse feedback pode sugerir maneiras de refinar o conceito, aumentando, assim, seu apelo aos clientes.

7.4.2 Mercado de pré-teste

As empresas também podem testar novos produtos em um ambiente de compras simulado. A companhia ou a empresa de pesquisa exibe, para uma amostra de consumidores, anúncios e promoções de uma variedade de produtos, incluindo o novo produto que está sendo testado. Ela dá aos consumidores uma pequena quantia em dinheiro e os convida a ir a uma loja real ou experimental, onde podem ficar com o dinheiro ou utilizá-lo para comprar itens. Os pesquisadores anotam quantos consumidores compram os novos produtos e quantos compram marcas concorrentes. Essa simulação mede a eficácia experimental da propaganda da empresa em relação à da concorrência. Os pesquisadores então perguntam aos consumidores as razões por que compraram ou não. Algumas semanas mais tarde, entrevistam o consumidor por telefone para determinar as atitudes, o uso, a satisfação e a intenção de recompra do produto. Usando modelos de computador sofisticados, os pesquisadores então projetam as vendas nacionais a partir dos resultados do mercado simulado de teste.

Os mercados simulados superam algumas das desvantagens dos testes de mercados-padrão e de mercados controlados. Geralmente custam muito menos (£ 25 mil – £ 50 mil), podem ser executados em oito semanas e mantêm o produto novo fora da vista dos concorrentes. No entanto, devido às pequenas amostras e aos ambientes comerciais simulados, muitos profissionais de marketing não acham que os mercados simulados de teste são tão precisos ou confiáveis quanto testes maiores, no mundo real. Ainda assim, esses testes são amplamente utilizados, muitas vezes como 'pré-testes' de mercado. Como são rápidos e de baixo custo, um ou mais testes simulados podem ser executados para avaliar rapidamente um novo produto ou seu programa de marketing. Se os resultados pré-teste forem fortemente positivos, o produto pode ser lançado sem mais ensaios. Se os resultados forem muito fracos, o produto pode ser descartado ou substancialmente reformulado e testado mais uma vez. Se os resultados são promissores, mas não definitivos, o produto e o programa de marketing podem ser testados novamente em testes de mercado padrão ou controlados.

7.4.3 Mercados de miniteste

Várias empresas de pesquisa mantêm painéis controlados de lojas que concordaram em testar novos produtos por uma taxa. A empresa com o novo produto especifica o número de lojas e as localizações geográficas que quer. A empresa de pesquisa leva o produto para as lojas participantes e controla a localização das prateleiras e a quantidade de espaço nelas, os displays e as promoções de pontos de venda, além de definir os preços de acordo com os planos especificados. Os resultados das vendas são controlados para determinar o impacto desses fatores sobre a demanda.

Sistemas de teste de mercado controlados são particularmente bem desenvolvidos nos Estados Unidos. Sistemas como o ScanTrack da Nielsen e o BehaviorScan da Information Resources Inc. (IRI) monitoram o comportamento individual do aparelho de televisão até o balcão da loja. A IRI, por exemplo, mantém grupos de clientes em cidades cuidadosamente selecionadas. Ela usa microcomputadores para medir a audiência da TV em cada lar do painel de consumidores e pode enviar anúncios especiais para esses aparelhos de TV. Esses consumidores compram em lojas cooperadoras e mostram os cartões de identificação quando fazem suas compras. Informações detalhadas passam pelo *scanner* eletrônico nas compras de cada consumidor e são armazenadas em um computador central, onde são combinadas com informações demográficas e de audiência e relacionadas diariamente. Assim, o BehaviorScan pode oferecer relatórios semanais de cada loja onde os produtos novos estão tendo suas vendas testadas. Além disso, como os *scanners* das compras registram dados específicos de consumidores individuais, o sistema também pode fornecer informações sobre as compras repetidas e as maneiras que diferentes tipos de consumidores estão reagindo ao novo produto, à propaganda e a vários outros elementos do programa de marketing.

Mercados-teste controlados levam menos tempo do que os mercados-teste padrão (de seis meses a um ano) e geralmente custam menos. No entanto, algumas empresas estão preocupadas com o fato de que o número limitado de cidades menores e que os consumidores utilizados nos painéis de pesquisa possam não representar os mercados ou consumidores-alvo de seus produtos. Além disso, como nos mercados-teste padrão, os mercados-teste controlados permitem aos concorrentes dar uma olhada no novo produto da empresa.

7.4.4 Mercado-teste pleno

O mercado-teste pleno testa o produto novo em situações semelhantes às que ele enfrentaria em um lançamento em grande escala. A empresa encontra um pequeno número de cidades de teste representativas, onde a equipe de vendas da empresa tenta convencer os varejistas a oferecer o produto, a dar-lhe um bom espaço nas prateleiras e a apoiar sua promoção. A empresa organiza uma campanha completa de propaganda e promoção nesses mercados e usa auditorias de loja, pesquisas de consumidor e de distribuidor e outras medidas para avaliar o desempenho do produto. Em seguida, utiliza os resultados para tentar prever as vendas e os lucros nacionais, descobrir problemas em potencial e ajustar o programa de marketing.

Mercados-teste plenos têm algumas desvantagens. Primeiro, levam muito tempo para ser concluídos — algumas vezes, de um até três anos. Se o teste se mostra desnecessário, a empresa terá perdido muitos meses de vendas e lucros. Segundo, mercados-teste plenos extensivos podem ser muito caros. Finalmente, esses testes permitem que os mercados concorrentes deem uma olhada no novo produto da empresa bem antes de ele ser lançado nacionalmente. Muitos concorrentes analisarão o produto e acompanharão os resultados do teste. Se o teste for muito longo, os concorrentes terão tempo de desenvolver estratégias defensivas e podem até superar o produto da empresa no mercado. Por exemplo, antes de seu lançamento no Reino Unido, o Coffee-Mate da Carnation, um creme para adicionar ao café, foi testado comercialmente durante um período de seis anos. Isso deu à empresa rival Cadbury um claro aviso e a possibilidade de desenvolver e lançar seu próprio produto — o Coffee Complement — para competir de frente com o Coffee-Mate.

Há outros perigos. Em 1997, a Sainsbury's estava realizando testes com preços diferentes em lojas diferentes para avaliar a resposta do cliente. Quando a técnica foi descoberta, virou manchete nos jornais e a empresa foi acusada de injustiça por praticar essa diferenciação de preços, mesmo em mercados-teste. Mercados-teste que põem em perigo a integridade da marca provavelmente não serão realizados por muitas empresas.

Além disso, os concorrentes muitas vezes tentam distorcer os resultados dos testes de mercado, reduzindo seus preços em cidades de teste, aumentando sua promoção ou até mesmo comprando o produto que está sendo testado. Apesar desses inconvenientes, o teste de mercado pleno ainda é o método mais amplamente utilizado para mercados-teste significativos, embora muitas empresas estejam mudando para testes controlados e simulados, que são mais rápidos e mais baratos.

O mercado-teste pleno verifica todo o programa de marketing para o produto — a estratégia de posicionamento, a distribuição, a propaganda, o preço, a marca, a embalagem e os níveis de orçamento. A empresa o utiliza para saber como os consumidores e revendedores reagem ao manuseio, ao uso e à recompra do produto. Os resultados podem ser usados para fazer melhores previsões de vendas e de lucro. Assim, um bom mercado-teste pode fornecer uma grande riqueza de informações sobre o sucesso potencial do produto e seu programa de marketing.

Um mercado-teste pleno pode sair bastante caro e leva tempo, o que talvez possibilite vantagens aos concorrentes. Quando os custos de desenvolvimento e de lançamento do produto são baixos ou quando a administração já está confiante de que o novo produto terá sucesso, a empresa pode realizar poucos testes ou até mesmo nenhum. Pequenas modificações de produtos atuais ou cópias de produtos bem-sucedidos de concorrentes podem não precisar de mercados-teste plenos. Porém, quando o lançamento de novos produtos requer um grande investimento ou quando a administração não tem certeza sobre o produto ou o programa de marketing, a empresa deve fazer bastante mercados-testes. Na verdade, alguns produtos e programas de marketing são testados, retirados e testados novamente muitas vezes durante um período de vários anos antes que sejam finalmente lançados. Os custos dos testes são elevados, mas muitas vezes pequenos se comparados com os custos de cometer um erro grave.

O fato de uma empresa realizar ou não mercados-teste (e quantos deles ela faz) depende, por um lado, do custo e do risco de lançar o produto e, por outro, dos custos dos testes e das pressões de tempo. Métodos de teste de marketing podem variar de acordo com o tipo de produto e a situação do mercado, e cada método tem suas vantagens e desvantagens.

7.4.5 Testes de marketing para bens industriais

- Profissionais de marketing de bens industriais usam métodos diferentes para testar seus novos produtos, incluindo testes de uso do produto, feiras de demonstração, salas de exposição para distribuidores/revendedores e testes de mercado padrão e controlados. Esses vários métodos são explicados a seguir: **Testes de uso do produto**: Aqui o profissional de marketing de bens industriais escolhe um pequeno grupo de potenciais clientes que concordem em usar o novo produto por um tempo limitado. Os técnicos do fabricante veem como esses clientes usam o produto. A partir desse teste, o fabricante descobre as necessidades de treinamento e de serviços ao cliente. Após o teste, o comerciante pergunta ao cliente sobre sua intenção de compra e outras reações.
- **Feiras comerciais**: Essas feiras atraem um grande número de compradores para ver novos produtos em poucos dias. O fabricante considera como os compradores reagem a diversas características e condições do produto para que possa avaliar o interesse do comprador e as intenções de compra.
- *Show-rooms* **para distribuidores/vendedores**: Aqui, o novo produto industrial pode ficar próximo a outros produtos da empresa e, eventualmente, a produtos dos concorrentes. Esse método fornece informações de preferência e de preço no ambiente normal de venda do produto.
- **Mercado-teste padrão ou controlados**: São utilizados para medir o potencial de novos produtos industriais. O profissional de marketing produz uma quantidade limitada do produto e a entrega ao departamento de vendas para comercializá-la em um número limitado de áreas geográficas. A empresa fornece ao produto toda a propaganda, a promoção de vendas e o suporte de marketing. Esses mercados-teste permitem à empresa testar o produto e seu programa de marketing em situações de mercado reais.

7.5 PREVISÕES PELAS INTENÇÕES DE COMPRA E PELAS OPINIÕES DE ESPECIALISTAS

7.5.1 Intenções dos compradores

Uma maneira de prever o que os compradores farão é perguntar-lhes diretamente, ou seja, o pesquisador deve fazer levantamentos junto aos compradores. As pesquisas são especialmente valiosas se os compradores têm intenções claramente formadas, se cumprirão suas intenções e puderem descrevê-las para os entrevistadores.

Várias organizações de pesquisa realizam pesquisas periódicas sobre as intenções de compra dos consumidores. Também perguntam sobre o presente e o futuro das finanças pessoais dos consumidores e suas expectativas sobre a economia. Empresas de bens de consumo duráveis se inscrevem nesses índices para ajudá-las a antecipar mudanças significativas nas intenções de compra dos consumidores, de modo que possam ajustar seus planos de produção e de marketing de acordo com o resultado. Para **compras industriais**, várias agências realizam pesquisas de intenção sobre instalações, equipamentos e compras de materiais. Essas medidas precisam de ajuste quando realizadas entre nações e culturas diferentes. A superestimativa da intenção de compra é maior no Sul da Europa do que no Norte do continente e nos Estados Unidos. Na Ásia, os japoneses tendem a exagerar menos que os chineses (Lin, 1990).

7.5.2 Opiniões da força de vendas

Quando a entrevista com o consumidor é impraticável, a empresa pode basear suas previsões de vendas em informações fornecidas pela força de vendas. A empresa geralmente pede a seus vendedores que estimem as vendas por produto para cada território. Em seguida, essas estimativas individuais são somadas para chegar a uma previsão geral de vendas.

Poucas empresas utilizam as estimativas da força de vendas sem alguns ajustes. Os vendedores são basicamente observadores. Podem ser naturalmente pessimistas ou otimistas ou podem ir de um extremo a outro em função de recentes sucessos ou reveses nas vendas. Além disso, geralmente não estão conscientes dos grandes acontecimentos econômicos e nem sempre sabem como os planos de marketing da empresa afetarão as vendas futuras em seus territórios. Eles podem subestimar a demanda para que a companhia defina uma cota de vendas mais baixa. Podem não ter tempo para preparar as estimativas cuidadosamente ou não considerá-las úteis.

Aceitando esses vieses, é possível obter uma série de benefícios com a participação da força de vendas na previsão, isso porque os vendedores podem ter uma melhor visão do desenvolvimento de tendências do que qualquer outro grupo. Depois de participar do processo de previsão, eles talvez sintam mais confiança em suas cotas e tenham mais incentivo para alcançá-las. Além disso, tais previsões vindas 'da base' fornecem estimativas detalhadas por produto, por território, por cliente e por vendedor.

7.5.3 Opiniões de concessionários

Empresas automobilísticas pesquisam periodicamente seus concessionários para formular suas previsões de demanda a curto prazo. Embora as estimativas dos concessionários tenham os mesmos pontos fortes e fracos que as estimativas da força de vendas, a previsão pode ter sua acurácia aumentada por meio de exercícios de representação de papéis, envolvendo tanto os vendedores quanto os revendedores (Armstrong e Hutcherson, 1989).

7.5.4 Opiniões de especialistas

As empresas também podem obter previsões ao recorrer a especialistas: distribuidores, fornecedores, consultores de marketing e associações comerciais. Os especialistas podem fornecer boas percepções, mas podem se equivocar também. Em 1943, o presidente da IBM, Thomas J. Watson, previu "um mercado mundial para cinco computadores". Logo depois disso, outro especialista, o chefe da Twentieth Century Fox, Darryl F. Zanuck, previu que "a televisão não será capaz de segurar nenhum mercado que conquiste após os primeiros seis meses. As pessoas logo se cansarão de olhar para uma caixa de madeira todas as noites". Sempre que possível, a empresa deverá comparar as opiniões de especialistas com outras estimativas.

7.5.5 O método Delphi

Ocasionalmente, as empresas convidarão um grupo especial de peritos para elaborar uma previsão. Eles podem trocar opiniões e chegar a uma estimativa do grupo (método de discussão em grupo) ou podem fornecer suas estimativas individualmente, com o analista da empresa combinando-as em uma única estimativa (agrupamento das estimativas individuais). Eles podem também fornecer estimativas e suposições individuais que são revisadas por um analista da empresa e depois revistas e seguidas por outras rodadas de estimativas usando o método Delphi (Cassino, 1984).

Essa coleta sistemática de opiniões subjetivas aumenta consideravelmente a confiabilidade da previsão subjetiva (Armstrong, 1985). Esse processo não é tão caro em termos de custos dos especialistas quanto parece à primeira vista. O Delphi foi concebido para coletar as estimativas de pessoas que estão geograficamente dispersas, para que os especialistas não precisem nem ser chamados para uma reunião. Além disso, poucos especialistas são necessários, normalmente de 5 a 20, e pessoas com modestos conhecimentos trabalham tão bem quanto verdadeiros especialistas (Hogarth, 1978). Ironicamente, uma verdadeira especialização parece ser um problema para o Delphi, uma vez que geralmente é aconselhável associar algumas pessoas que não estejam envolvidas com os produtos analisados a fim de evitar vieses (Tyebjee, 1987).

7.5.6 *Bootstrapping*

O *bootstrapping* se esforça para transformar julgamentos em medidas objetivas. Uma maneira de fazer isso é obter protocolos de peritos: descrições do processo que o especialista utiliza para fazer previsões. Esse processo é então convertido em um conjunto de regras usado para fazer previsões. Outra abordagem é criar uma série de situações e pedir a um especialista para fazer as previsões para cada uma. Tais previsões subjetivas são, então, comparadas em relação aos dados iniciais usados pelos peritos para fazer suas previsões. Esse método fornece estimativas do quanto os especialistas relacionam cada variável ao volume de vendas. Os modelos de *bootstrapping* oferecem um procedimento de baixo custo para fazer previsões adicionais. Normalmente oferecem uma pequena, mas útil, melhoria na precisão das previsões subjetivas.

7.5.7 Redação de cenários

Segundo Cornelius Kuikon, chefe de análise estratégica e planejamento da Shell, a razão pela qual muitas empresas estão desencantadas com o planejamento é que elas se comprometeram demais com previsões futuras específicas. Para superar o problema, a Shell e muitas outras empresas, incluindo a GE, agora utilizam o planejamento de cenário para gerar uma série de possíveis futuros nos quais os planos estratégicos podem ser testados.

O subconjunto das previsões individuais a serem combinadas em um cenário pode ser escolhido de várias maneiras. A análise de impacto cruzado pode ser usada para gerar um único cenário 'mais provável', embora essa abordagem seja limitada por sua dependência das previsões que compõem a matriz. Uma vez que o cenário mais provável foi escolhido, outros cenários de contorno podem ser gerados pela análise de variações em relação ao principal. Alternativamente, vários 'cenários temáticos individuais' podem ser escolhidos de forma automática ou por grupos. Os militares foram um dos primeiros usuários do planejamento de cenário, usando um processo em que os acontecimentos e as tendências são combinados de forma aleatória para a produção de visões alternativas. Uma abordagem administrativa mais popular reúne um grupo de peritos criativos para discutir uma série de tendências, temas e hipóteses pré-preparados. Cada cenário é, então, desenvolvido em torno de um tema e apresenta um título que foca a atenção em suas características principais. Por exemplo, 'a sociedade violenta', em que o crime e a desobediência civil crescem de forma exponencial, ou 'os limites do crescimento', em que a economia mundial e a população entram em colapso quando os limites materiais são atingidos.

Quantos cenários devem ser produzidos? A resposta é: poucos. Um único cenário mais provável ainda pode conter muitos dos problemas do planejamento míope. É também óbvio que o processo de planejamento estratégico seria ridículo se houvesse dezenas de cenários nos quais cada estratégia teria de ser testada. Assim, o número escolhido deve estar relacionado ao desejo de segurança e à necessidade de simplicidade.

7.5.8 Análise de impacto cruzado

A análise de impacto cruzado é usada para examinar o potencial de interação entre as previsões. Alguns eventos podem interagir para reduzir o impacto de outro, enquanto outros ainda podem interagir para facilitar o desenvolvimento acelerado ou um desastre. Por exemplo, a previsão de Malthus (1777 – 1834) de que o mundo iria morrer de fome devido ao crescimento exponencial da população diante de recursos terrestres fixos foi errada, porque o crescimento da população foi mais do que compensado pela produtividade agrícola. Dois desenvolvimentos que tiveram um efeito de amplificação mútua foram o cristal líquido e a tecnologia do chip de silício. Se um não tivesse o outro, nenhum teria revolucionado o relógio ou o computador da forma como ocorreu.

Em sua forma simples, a análise de impacto cruzado implica cruzar os eventos possíveis em uma matriz que permita a interação entre cada par de eventos a serem analisados (Figura 7.6). A matriz é então examinada, perguntando: se o evento 1 é verdade, qual seria o impacto sobre os eventos 2, 3, 4 etc.? Normalmente, três formas de impacto são consideradas.

1. **Impacto**: O evento 1 ampliará ou diminuirá o impacto dos eventos 2, 3,...?
2. **Tempo**: Ele acelerará ou retardará a ocorrência dos outros eventos?
3. **Probabilidade**: Ele garantirá, exigirá ou impedirá a ocorrência dos outros eventos?

Às vezes se diz que a avaliação deve ser conduzida por um analista, mas o processo provavelmente será beneficiado com o trabalho em equipe. Em um primeiro momento, os especialistas podem ser perguntados sobre o nível provável de impacto cruzado para cada célula e, em seguida, questionados sobre mais informações quando as interações são elevadas. A análise de impacto cruzado já pode parar nessa fase, tendo obrigado os participantes a considerar a complexa dinâmica dos acontecimentos. Mesmo nesse nível, a técnica tem potencial para melhorar a consistência interna das previsões e para esclarecer suposições.

O impacto cruzado se presta ao desenvolvimento de análises mais sofisticadas. Interações tendem a ocorrer mais do que só entre um evento e outro, tornando toda a matriz interativa: por exemplo, o evento 1 afeta os eventos 2, 5 e 6; o evento 2 afeta o 5, o 7 e o 9; e o evento 5 afeta o 1, o 2 etc. Para avaliar tais padrões, simulações interativas no computador têm sido usadas para produzir prováveis distribuições de relação entre os eventos.

Figura 7.6 Análise do impacto cruzado

		Se esses eventos ocorrerem...				
	Evento	1	2	3	4	5
	1	—	?	?	?	?
Qual o impacto sobre esses eventos?	2	?	—	?	?	?
	3	?	?	—	?	?
	4	?	?	?	—	?
	5	?	?	?	?	—

RESUMO

Apesar de nossa análise dos métodos de previsão não estar nem perto de ser compreendida por completo, claramente não faltam métodos para isso. As questões gerenciais são: Quais funcionam? Quais usar? Quando? Um princípio importante é entender as limitações dos métodos utilizados e usá-los apenas na situação para a qual eles se destinam. A Tabela 7.1 sugere o que usar e quando. Nela as categorias não são rígidas, e é provável que qualquer método se encaixe em um quadro adjacente. Por exemplo, a opinião de especialistas poderia ser utilizada para a **previsão de demanda a médio prazo** bem como para a **previsão tecnológica**. Entretanto, ir além dos quadros adjacentes é perigoso. A análise de séries temporais, por vezes, pode prever com precisão as vendas três anos à frente, mas presume erroneamente que o passado se repetirá para sempre.

Estudos comparativos entre a eficácia dos métodos ajudam de duas maneiras: mostram quais métodos funcionam melhor e que os métodos matemáticos complicados nem sempre superam os simples. Para previsões a curto prazo, a **análise de séries temporais** foi deixada tecnicamente mais sofisticada por estatísticos. Felizmente para os administradores, mas não para os estatísticos, estudos comparativos mostram que a **aproximação exponencial simples** geralmente supera outros métodos (Gardner, 1985) e que métodos extremamente complexos, como o de **Box-Jenkins**, não oferecem nenhuma melhoria na precisão (Makridakis et al., 1993). Por razões óbvias, essas opções demasiadamente complicadas não foram discutidas aqui.

Para previsão a médio prazo, **métodos subjetivos**, que dependem exclusivamente do julgamento das pessoas, e extrapolações simples, como o **ajuste de curvas**, funcionam igualmente bem (Lawrence et al., 1985). No entanto, esse resultado depende das circunstâncias. Métodos subjetivos podem ser melhorados por meio do **método Delphi** com *bootstrapping* (Armstrong e Hutcherson, 1989). **Métodos de julgamento** também superam a **análise de tendências** quando há grandes mudanças recentes nas vendas e há algum conhecimento sobre o que influencia as vendas a serem previstas. Essa fraqueza da análise de tendências ocorre por causa de sua simplicidade — análises de tendências não têm uma forma de absorver informações externas ou de responder rapidamente a mudanças. Em contraste, **análises de tendências** superam **métodos de julgamento** quando há uma abundância de dados históricos de vendas ou quando o aumento regular das vendas é grande (Sanders e Ritzman, 1992).

Tabela 7.1   Métodos de previsão, papéis e alcance

Previsão	Período de tempo		
	Curto Até 1 ano	Médio De 1 a 3 anos	Longo Mais de 3 anos
Vendas da empresa	Opiniões da força de vendas Análises de séries temporais	Intenções dos compradores Índices em cadeia Testes de conceito Fatores de mercado Análises multivariadas Testes de marketing	
Demanda	Análises de séries temporais	Ajuste de curvas Opiniões de especialistas Construção de mercados Análises estatísticas da demanda	Difusão de inovações Indicadores de tendências
Tecnologia		Difusão de inovações Opiniões de especialistas Curva em S	*Bootstrapping* Delphi Substituição Análise de tendências
Futuro			Análise de impacto cruzado Redação de cenários

Métodos econométricos, incluindo a **análise multivariada da demanda** e a **previsão multivariada de vendas**, são úteis para explorar o impacto das influências que são conhecidas e modeladas. Nesses casos, a influência tem que ser grande e direta, senão as margens de erro sobrecarregam as variações. Métodos econométricos superam **análises de tendências** e **julgamentos de especialistas** quando as mudanças são grandes. Mais uma vez, as análises de tendências sofrem com a incapacidade de aprender rapidamente, e os 'especialistas' acham difícil imaginar mudanças drásticas.

Os resultados comparativos obtidos para a **previsão de novos produtos** são particularmente convenientes. Prever vendas de novos produtos é difícil — uma estimativa antiga sugere um erro médio de 65% (Tull, 1967). Felizmente o erro não aumenta com a precocidade das previsões. Relativamente baratos, mas irrealistas, **pré-testes de mercado** preveem tão bem quanto **testes de mercado padrão**. **Testes de conceito** também dão resultados tão bons como o de mercado se o produto que está sendo testado for uma mudança incremental, o que muda o papel da previsão de novos produtos. Em vez de verificar quais serão as vendas com o produto já em mãos, os gerentes de vendas podem testar como elas seriam mesmo antes de o produto existir! Se um conceito não funciona, é fácil e rápido tentar outra possibilidade. Desenvolvimentos da **análise conjunta** tornaram relativamente fácil testar e refinar conceitos de vários produtos simultaneamente. A partir desses experimentos conjuntos, é possível também prever a probabilidade de vendas de alguns conceitos ainda não testados (Cattin e Wittink, 1992).

Parte da resposta para a difícil questão de qual método de previsão será usado é não escolher apenas um. A combinação de previsões resolve alguns dos problemas com os métodos individuais, em especial a combinação de previsões com base em diferentes abordagens, tais como métodos econométricos e subjetivos (Blattberg e Hoch, 1992). Não se preocupe com o peso utilizado na combinação deles: um peso igual é tão preciso quanto qualquer outro esquema (Clemen, 1989).

Algumas orientações simples podem ser sugeridas na escolha dos métodos de previsão:

- Use métodos simples que você entenda em vez de métodos complexos que poucas pessoas entenderão.
- Os métodos simples são muitas vezes tão bons quanto os complicados.
- Não escolha um método de previsão com base em sua exatidão no passado, mas em sua adequação ao trabalho atual.
- Use métodos diferentes e combine-os.
- Caro não significa necessariamente bom.
- Antes de tomar decisões com base em previsões, esteja ciente da maneira como elas foram produzidas e das limitações e dos riscos envolvidos.

Ao fazer previsões, é útil lembrar que, para os mercados existentes, em que não há grandes mudanças, é difícil ser melhor que um modelo simples que supõe que o amanhã será como hoje (Brodie e De Kluyver, 1987). Devemos também lembrar que é improvável que o passado possua informações que prevejam grandes mudanças, por isso precisamos fazer a varredura do ambiente para encontrá-las. Finalmente, se o ambiente é incerto, a chave para o sucesso do negócio não é a previsão, e sim a flexibilidade!

Boeing* — Estudo de caso

A Boeing, maior fabricante mundial de aviões, prevê crescimento anual de 4,7% em viagens aéreas durante os próximos 20 anos e um mercado de US$ 4,7 trilhões em novos aparelhos e serviços de aviação.

O investimento somente em novas aeronaves é estimado em US$ 1,7 trilhão dentro de 20 anos.

Como resultado do crescimento contínuo e elevado, a frota mundial de aviões a jato mais que dobrará até 2020, passando de 14.500 para 33.000 aeronaves e criando enormes exigências sobre as capacidades já saturadas dos aeroportos.

A Previsão do Mercado Atual de 2001 da Boeing, divulgada em Paris ontem, prevê que 18.400 novas aeronaves serão necessárias para atender ao crescimento das viagens aéreas, com mais 5.100 somente para substituir as aeronaves existentes. Cerca de 9.500 das aeronaves que voam hoje ainda estarão no ar em 20 anos.

As taxas de crescimento na Ásia-Pacífica, em torno de 6,4% ao ano, significam que a região disputará com a América do Norte em volumes de tráfego aéreo em 2020, já que está previsto que o tráfego nos mercados mais maduros do Canadá e dos Estados Unidos cresça ape-

---

* Segundo Andrew Edgecliffe-Johnson, que escreve de Nova York, os analistas disseram ontem que as companhias aéreas dos Estados Unidos experimentaram sua pior queda de receita em maio, e junho poderia ser o segundo pior mês já registrado. Samuel Buttrick, da UBS Warburg, disse que as receitas caíram 10% em maio — a queda mais acentuada desde que os registros começaram, em 1976.

nas 3,1%. A América Latina é o mercado que mais cresce: em média, 7,7% ao ano.

A previsão do mercado global reforça a crença da Boeing de que haverá uma fragmentação crescente das viagens aéreas, com passageiros preferindo voos mais frequentes e sem paradas, e tempos de viagem mais curtos, em vez de rotas entre aeroportos principais que já tenham o tráfego congestionado.

Fonte: EDGECLIFFE-JOHNSON, Andrew. "Boeing predicts fleets to double". *Financial Times*, 21 jun. 2001, p. 32.

Questões para discussão

1. Qual é a provável base das previsões a longo prazo da Boeing no mercado da aviação?
2. Como explicar as notícias contraditórias da Paris Air Show, segundo a qual a Boeing previu que dobrará sua frota, e as do relatório da UBS Warburg, que diz que as companhias aéreas dos Estados Unidos tiveram seu segundo pior mês já registrado?
3. Dezoito meses depois de fazer sua previsão confiante, a Boeing fechou instalações em sua cidade natal, Seattle, e interrompeu seu projeto para o Sonic Cruiser, um avião de 250 lugares de longo alcance para concorrer com o superjumbo A380 da Airbus, de 555 lugares. Será que essa sucessão de eventos indica grandes problemas com a previsão do mercado que está dando base às tomadas de decisões estratégicas?

Parte 3

Identificação de posições competitivas atuais e futuras

A terceira parte deste livro aborda mais detalhadamente os problemas e as técnicas por trás das pesquisas de segmentação e de posicionamento.

O Capítulo 8 discute os princípios de posicionamento competitivo e de segmentação de mercado e seu impacto sobre a escolha dos mercados-alvo. O capítulo passa a discutir em detalhes a lógica da segmentação como uma abordagem para identificação de mercados-alvo e a comparar as bases alternativas para a segmentação dos mercados de consumo e de negócios. O capítulo termina considerando os benefícios de identificar e descrever os segmentos de mercado e mencionando a importância de integrar as estratégias de mercado baseadas em segmentos com as características e as competências empresariais, bem como com fatores externos.

O Capítulo 9 examina em detalhes as técnicas de pesquisa em segmentação e posicionamento. Duas abordagens fundamentalmente diferentes são discutidas. De acordo com a primeira, denominada 'a priori', as bases de segmentação são decididas com antecedência e seguem tipicamente os padrões de uso de produto/marca ou as características demográficas do cliente. A segunda abordagem, post hoc ou baseada em agrupamentos (clusters), procura por segmentos com base em um conjunto de critérios, mas sem ideias preconcebidas sobre qual estrutura surgirá no mercado. Depois, o capítulo traz uma discussão sobre os métodos para coletar dados de segmentação (voltando aos métodos de pesquisa de mercado discutidos no Capítulo 4), sobre as maneiras de analisar esses dados para identificar e descrever segmentos de mercado e sobre a questão de validar empiricamente a estrutura de segmentação descoberta. O capítulo, então, discute os enfoques qualitativos e quantitativos para a pesquisa de posicionamento. Nele, é examinado o uso de discussões em grupo e de entrevistas em profundidade para identificar imagens e posicionamentos. O capítulo termina com uma discussão das abordagens quantitativas para criar mapas de percepção.

O Capítulo 10 discute a escolha do mercado-alvo após a análise das opções mencionadas anteriormente. Duas dimensões essenciais são sugeridas para fazer a seleção de mercados-alvo. Em primeiro lugar está a atratividade relativa de cada segmento potencial. Isso dependerá de muitos fatores, incluindo tamanho, crescimento de clientes potenciais, margens atingíveis, intensidade competitiva e assim por diante. A segunda dimensão-chave é a força da organização em atender a esse mercado-alvo potencial. Isso é determinado pelos recursos da organização, por seus ativos de mercado potenciais e reais e pelas capacidades e competências que ela pode reunir e aplicar em relação aos concorrentes.

Capítulo 8

Princípios de segmentação e posicionamento

Concorrentes focados dominam seus segmentos-alvo — ao bater concorrentes que oferecem cobertura mais ampla e sem tanto foco e que têm que fazer concessões para atender a esse segmento e ao se saírem melhor que rivais com o mesmo foco... Estratégias focadas também ganham significado a partir das diferenças entre os segmentos atendidos e o resto do mercado.

Day (1994)

INTRODUÇÃO

Nossa abordagem para análise de marketing até agora tem se baseado na identificação e na exploração de diferenças fundamentais — as capacidades de marketing e as vantagens competitivas, por exemplo. Nossa atenção agora se concentra em duas áreas particularmente importantes de diferenciação: as diferenças entre ofertas alternativas no mercado do ponto de vista dos clientes, ou seja, o **posicionamento competitivo** de fornecedores, produtos, serviços e marcas; e as diferenças entre os clientes — em termos de características, comportamentos e necessidades — que são importantes para que os tomadores de decisão em marketing desenvolvam estratégias fortes de marketing, ou seja, a **segmentação do mercado**.

A distinção entre o posicionamento competitivo e a segmentação de mercado é ilustrada na Figura 8.1, que sugere que as principais questões sejam as seguintes:

- **Posicionamento competitivo:** Relacionado à forma como os clientes percebem ofertas alternativas no mercado em comparação umas com as outras. Por exemplo, como automóveis de médio valor da Audi, da BMW e da Mercedes se comparam em termos de valor, qualidade e 'significado' ou imagem?
- **Segmentação de mercado:** Descrita como a forma como os profissionais de marketing podem dividir o mercado em grupos de clientes semelhantes quando existem diferenças importantes entre esses grupos. Por exemplo, quais são as características dos compradores de carros saloon de preço médio que têm relação com suas preferências e comportamentos de compra?
- **Necessidades do cliente:** Ainda que o posicionamento e a segmentação sejam conceitos diferentes, essencialmente são ligados pelas necessidades dos clientes, no sentido de que a forma mais robusta de segmentação se concentra nos benefícios mais importantes para diferentes tipos de clientes, enquanto as posições competitivas mais fortes a serem tomadas são aquelas em que os clientes reconhecem que um fornecedor ou produto é sua escolha porque melhor atende a suas necessidades.

Nesse sentido, o posicionamento e a segmentação são partes distintas do processo de estratégia e nos fornecem algumas ferramentas extremamente poderosas, mas que estão essencialmente ligadas à questão central de se concentrar em satisfazer as necessidades do cliente de maneira superior aos concorrentes.

Em termos operacionais, o posicionamento e a segmentação podem ser ligados como na Figura 8.2. Isso sugere que a sequência de planejamento pode ser do seguinte tipo:

- **Segmentação de mercado:** Identificando as bases mais produtivas para a divisão de um mercado, identificando clientes em diferentes segmentos e desenvolvendo descrições do segmento.

Figura 8.1 — Posicionamento competitivo e segmentação de mercado

Ofertas do mercado ← *Posicionamento competitivo* — Como os consumidores percebem alternativas — **Necessidades do consumidor** — Como os profissionais de marketing identificam grupos de consumidores — *Segmentação de mercado* → **Mercado**

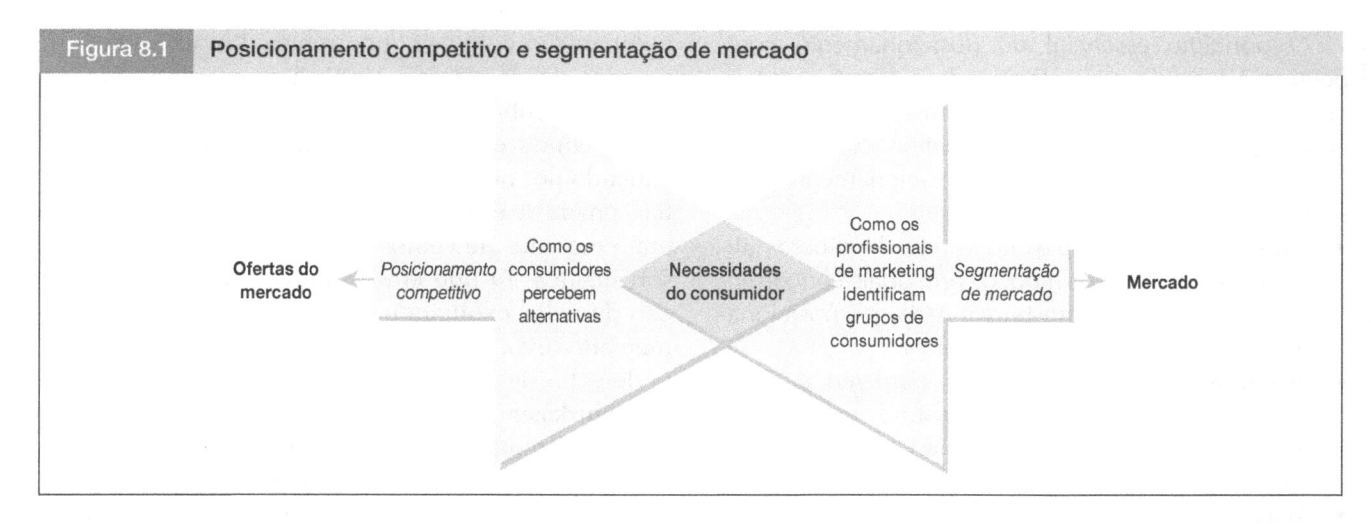

Figura 8.2 — Fases na segmentação e posicionamento

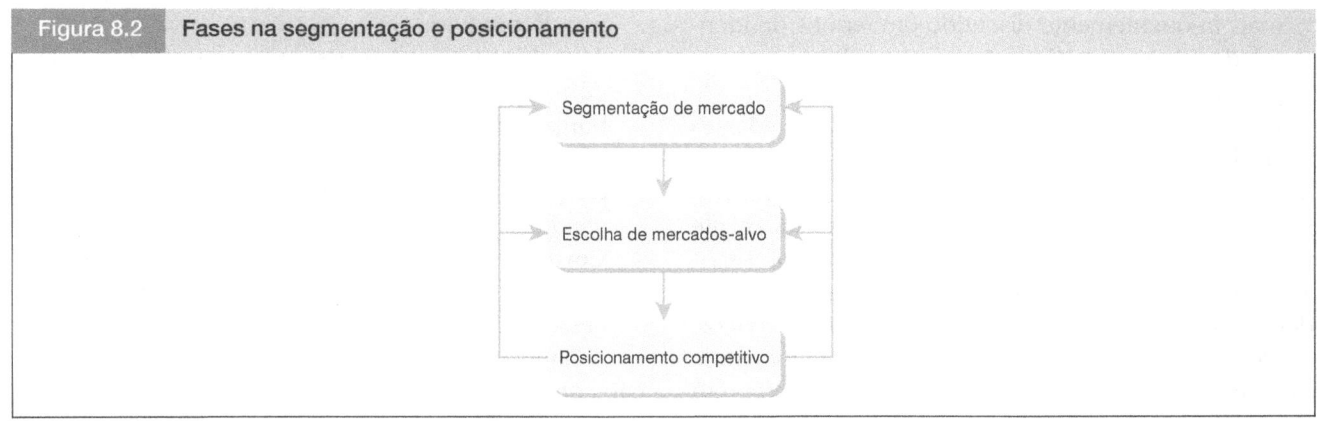

Segmentação de mercado → Escolha de mercados-alvo → Posicionamento competitivo

---

- **Escolha de mercados-alvo**: Avaliando a atratividade de diferentes segmentos de mercado, partes de segmentos (nichos) ou grupos de segmentos e escolhendo qual deve ser alvo das ações de marketing.
- **Posicionamento competitivo**: Identificando o posicionamento dos concorrentes (no mercado e em segmentos de mercado-alvo ou nichos) para desenvolver nossa própria estratégia de posicionamento.
- **Interação**: Entendendo o posicionamento dos concorrentes e as estratégias de posicionamento possíveis, o que deve influenciar nossa avaliação sobre a atratividade de diferentes segmentos de mercado e a escolha de mercados-alvo, além de mudar a maneira como se segmenta o mercado, levando a rever as escolhas dos alvos e das abordagens de posicionamento.

Ainda que sejam conceitos distintos de estratégia, há semelhanças importantes entre o posicionamento e a segmentação: os dois iniciam com a questão da percepção — como os consumidores comparam e compreendem as ofertas de mercado e como os profissionais de marketing entendem os benefícios que diferentes compradores procuram em produtos e serviços. Entretanto, ambos também estão sujeitos à análise baseada em pesquisa quantitativa.

Nós enfocamos esses assuntos da seguinte maneira. O papel deste capítulo é distinguir o posicionamento e a segmentação e esclarecer os conceitos e princípios fundamentais. A partir dessa base, passamos para uma avaliação, no Capítulo 9, dos aspectos técnicos do desenvolvimento de modelos de segmentação e posicionamento. As implicações para o desenvolvimento de estratégias de marketing são encontradas no Capítulo 11 (sobre a criação de vantagem competitiva sustentável nos mercados-alvo) e no Capítulo 19 (sobre a integração do posicionamento e da segmentação para construir estratégias fortes de marketing para o futuro).

8.1 PRINCÍPIOS DE POSICIONAMENTO COMPETITIVO

O posicionamento competitivo como um tema no desenvolvimento da estratégia de marketing tem sido definido da seguinte forma:

O posicionamento é o ato de projetar a oferta e a imagem da empresa de modo que elas ocupem uma posição competitiva distinta e significativa nas mentes dos clientes-alvo. (Kotler, 1997)

O princípio essencial do posicionamento competitivo é que ele está relacionado à forma como os clientes em diferentes partes do mercado percebem empresas, produtos/serviços ou marcas concorrentes. É importante ter em mente que o posicionamento pode se aplicar a qualquer um desses níveis:

- **Empresas:** Por exemplo, no varejo de gêneros alimentícios do Reino Unido, os principais concorrentes incluem Tesco, Sainsbury e Asda, e o posicionamento baseia-se nessas identidades.
- **Produtos e serviços:** O posicionamento também se aplica ao produto, como mostra o exemplo do aspirador Dyson em comparação com produtos da Hoover e da Electrolux na mesma faixa de preço.
- **Marcas:** O posicionamento competitivo é, talvez, mais frequentemente discutido em termos de identidades de marca: Coca-Cola *versus* Pepsi e assim por diante.

De fato, alguns casos mostram a importância desses níveis de acordo com a forma como eles se relacionam uns com os outros. A Virgin, por exemplo, é uma empresa que representa determinados valores na mente dos clientes, que se transferem aos produtos de serviços financeiros simplificados da empresa e fornecem a identidade da marca para diversos produtos e serviços.

De certa forma, o posicionamento competitivo pode ser visto como o resultado das tentativas da empresa em criar uma diferenciação competitiva eficaz para seus produtos e serviços. No entanto, Kotler (1997) sugere que nem todas as diferenças competitivas criarão uma forte posição competitiva. As tentativas para criar diferenciação devem satisfazer os seguintes critérios:

- **Importância:** A diferença deve criar um benefício altamente valorizado para um número significativo de clientes.
- **Singularidade e antecipação:** A diferença não pode ser imitada ou mais bem desempenhada por outros;
- **Superioridade:** A diferença deve fornecer uma maneira superior para os clientes obterem o benefício em questão.
- **Comunicabilidade:** A diferença precisa ser capaz de ser comunicada aos clientes e compreendida por eles.
- **Acessibilidade financeira:** Os clientes-alvo precisam poder pagar a diferença.
- **Rentabilidade:** A diferença permitirá cobrar um preço adequado para torná-la rentável para a empresa.

Uma maneira de descrever o resultado da busca por diferenças que importem para os clientes-alvo, e como executá-las de uma maneira distinta, é o conceito de proposição de valor — a promessa feita aos clientes que resume a posição que queremos ter em comparação com os concorrentes. Por exemplo, em meados da década de 1990, a montadora coreana Daewoo ganhou 1% do mercado de automóveis no Reino Unido em tempo tão rápido como jamais alcançado por nenhum fabricante de automóveis. Não havia nada de distintivo nos carros que eles vendiam — eram modelos de velhos General Motors produzidos sob licença. O que era distintivo era uma proposição de valor explícita e clara para seu segmento de mercado-alvo. Os quatro pilares da singular proposta de valor dessa empresa eram:

1. **Abordagem direta:** Tratamento dos clientes de forma diferente por lidar com eles de maneira direta, em vez de por meio de distribuidores tradicionais, e manutenção do contato ao longo da compra e do uso do produto.
2. **Abordagem sem pressão:** Comunicação clara com os clientes e sem a pressão de vendas ou de barganhas.
3. **Paz de espírito:** Todos os clientes pagam o mesmo preço, e muitas características tradicionalmente vendidas como extras estão incluídas no negócio.
4. **Cortesia**: Demonstração de respeito pelas necessidades e preferências dos clientes em todo o processo.

A Daewoo rapidamente estabeleceu uma forte posição competitiva em um segmento específico do mercado de automóveis com base nessa proposição.

Uma posição competitiva pode ser construída em todas as dimensões do produto ou serviço que produzem benefícios para o cliente no mercado, mas uma ênfase importante em relação ao posicionamento é que o que realmente importa é a percepção do cliente.

Na verdade, o termo 'posicionamento' tornou-se conhecido devido a Ries e Trout (1982) ao descrever o seguinte processo criativo:

O posicionamento começa com um produto. Uma mercadoria, um serviço, uma empresa ou mesmo uma pessoa... Mas o posicionamento não é o que você faz para um produto. O posicionamento é o que você faz na mente do cliente em potencial. Ou seja, você posiciona o produto na mente do cliente em potencial.

A abordagem de Ries e Trout para a 'batalha por sua mente' é altamente voltada para a comunicação de marketing e a imagem da marca. Por outro lado, conforme já vimos, o posicionamento competitivo é de certa forma mais amplo em reconhecer o impacto de cada aspecto da oferta de mercado que é percebido pelos clientes como importante para criar o valor distintivo. Uma forma de resumir o pensamento básico é se concentrar em benefícios para o cliente e se posicionar na mente dele:

Você não compra carvão, você compra o calor; você não compra os bilhetes de circo, compra emoções; você não compra um jornal, compra notícias; você não compra óculos, compra a visão; você não vende produtos, cria posicionamentos.

A importância de um posicionamento competitivo claro e forte é reforçada pelo alerta de Kotler (1997) para os principais erros de posicionamento (Figura 8.3), que podem minar a estratégia de marketing da empresa:

- **Subposicionamento:** Os clientes têm apenas ideias vagas sobre uma empresa ou seus produtos e não percebem nada de especial nele. O produto não tem sucesso nem importância.
- **Superposicionamento**: Os clientes têm uma compreensão muito limitada da empresa, do produto ou da marca. A Mont Blanc vende canetas que custam milhares de libras esterlinas, mas é importante para a empresa que o consumidor esteja ciente de que uma caneta Mont Blanc também pode ser comprada por menos de £ 100.
- **Posicionamento confuso:** Mudanças frequentes e mensagens contraditórias podem confundir os clientes sobre o posicionamento de uma empresa. A indecisão da varejista Sainsbury sobre ter ou não um cartão de fidelidade para rivalizar com o lançamento do cartão da Tesco e sobre seu nível de preços em comparação com os outros contribuiu para sua perda da liderança do mercado na década de 1990.
- **Posicionamento duvidoso:** As alegações da empresa, do produto ou da marca podem simplesmente não ser aceitas ou não ser verdadeiras. O objetivo da British Home Stores de se posicionar como a loja de varejo que é "a primeira escolha para vestir a mulher moderna e sua família" falhou em um mercado que continua a ser dominado pela Marks & Spencer, apesar dos problemas recentes desta última.

Em essência, o posicionamento relaciona-se com a compreensão de como os clientes comparam ofertas alternativas no mercado e com a construção de estratégias que descrevem para o cliente a forma como a oferta da empresa difere em aspectos importantes no que diz respeito ao oferecido pelos concorrentes existentes ou potenciais. Juntamente com a segmentação de mercado, o posicionamento competitivo é fundamental para o desenvolvimento de estratégias eficazes de marketing (Capítulo 11).

Essas características do posicionamento competitivo podem ser comparadas com os princípios de segmentação de mercado.

8.2 PRINCÍPIOS DA SEGMENTAÇÃO DO MERCADO

Duas características importantes dos mercados modernos são até que ponto eles podem ser segmentados (devido à crescente diferença entre os clientes e suas exigências de serem tratados como indivíduos) e a existência de tecnologias muito superiores de comunicação, distribuição e produção que permitem a busca de estratégias de segmentação. Em alguns casos, isso leva à 'microssegmentação' ou ao 'marketing um-a-um', em que cada cliente é tratado como um segmento diferente.

Quando há diferenças na necessidade ou no desejo dos clientes ou em suas atitudes e predisposições para as ofertas no mercado (sejam essas diferenças entre grupos ou entre indivíduos), então há oportunidades para segmentar o mercado, ou seja, para subdividir o mercado maior em grupos menores (segmentos) que se transformam em mercados-alvo.

A história da segmentação do mercado pode ser levada até Smith (1956), que distingue as estratégias de diferenciação do produto (aplicação de técnicas

Figura 8.3 Riscos e erros de posicionamento

		Singularidade desejada	
		Estreita	**Ampla**
Credibilidade	Mais possível	Superposicionamento Exclusivo ou limitado demais	Subposicionamento Nada de especial
	Menos possível	Posicionamento duvidoso Afirmações improváveis	Posicionamento confuso Incerteza sobre a posição

promocionais para influenciar a demanda em favor do produto) e a segmentação do mercado (ajuste das ofertas de mercado de várias maneiras para satisfazer as exigências de clientes diferentes da melhor forma). Baker (1992) reconhece isso como a primeira declaração coerente de uma visão de marketing diferenciada em relação à estrutura do mercado, o que representa um compromisso entre a visão do economista sobre os mercados como entidades únicas e o foco do cientista comportamental nas diferenças do comprador individual. Vista por esse prisma, a segmentação é uma extensão lógica do conceito de marketing e da orientação para o mercado (Capítulo 1).

8.3 PREMISSAS FUNDAMENTAIS DA SEGMENTAÇÃO DE MERCADO

Primeiro consideraremos as premissas fundamentais para a segmentação do mercado de forma a obter uma visão geral das questões de segmentação.

8.3.1 Requisitos fundamentais para a segmentação do mercado

É possível descrever três proposições fundamentais que sustentam a segmentação do mercado como um componente da estratégia de marketing.

1. Para uma segmentação ser útil, os clientes devem **diferir entre si** em algum aspecto importante que pode ser usado para dividir o mercado geral. Se eles não fossem diferentes de alguma maneira significativa, se fossem totalmente homogêneos, então não haveria necessidade ou base sobre a qual segmentar o mercado. No entanto, na realidade, todos os clientes diferem em alguns aspectos. A chave para descobrir se uma diferença específica é útil para fins de segmentação encontra-se no quanto essas diferenças estão relacionadas a padrões distintos de comportamento (por exemplo, diferentes níveis de demanda para o produto/serviço ou diferentes requisitos de uso/benefícios) ou à sensibilidade às diferentes combinações do composto de marketing (por exemplo, diferentes ofertas de produtos/serviços, meios de comunicação, mensagens, preços ou canais de distribuição). Ou seja, a questão é saber se as diferenças são importantes para a forma como desenvolvemos uma estratégia de marketing.

2. O uso operacional da segmentação geralmente requer que segmentos-alvo possam ser **identificados por características mensuráveis** que permitam estimar seu valor potencial como mercado-alvo e identificar o segmento. A habilidade do estrategista de marketing em avaliar a atratividade do segmento e as forças atuais ou potenciais da empresa para atender a um segmento específico é crucial para a utilização de um esquema de segmentação que vise a tomar melhores decisões de marketing. Dependendo do nível de análise da segmentação, isso pode exigir uma análise interna da empresa ou uma avaliação do mercado externo. A avaliação externa dos segmentos de mercado e a seleção de mercados-alvo são discutidas no Capítulo 10.

3. A aplicação efetiva da estratégia de segmentação exige também que os segmentos selecionados sejam **isolados** do restante do mercado, fazendo com que sejam acionados com uma oferta de mercado distinta. Quando os segmentos não são distintos, não formam um alvo claro para os esforços de marketing da empresa.

Para que qualquer esquema de segmentação seja útil, ele deve possuir essas três características.

8.3.2 Questões importantes na segmentação do mercado

A título de síntese, nosso entendimento geral das questões a serem abordadas no estudo e na aplicação de segmentação de mercado recai nas seguintes quatro áreas sugeridas por Piercy e Morgan (1993):

1. A metodologia de segmentação de mercado.
2. Os critérios para testar segmentos como mercados-alvo robustos.
3. A decisão estratégica sobre a segmentação propriamente dita.
4. A implementação da estratégia de segmentação na empresa.

METODOLOGIA DE SEGMENTAÇÃO DE MERCADO

As ferramentas metodológicas disponíveis para uso no desenvolvimento de esquemas de segmentação levam duas questões em consideração. Primeiro, há a questão da escolha das variáveis ou características do cliente pelas quais segmentar o mercado — as 'bases' da segmentação. Em segundo lugar, há a questão relacionada aos procedimentos ou técnicas a serem aplicados para identificar e avaliar os segmentos do mercado. As bases de segmentação são consideradas na próxima seção deste capítulo, e as técnicas de análise de segmentação de mercado são discutidas no Capítulo 9.

TESTANDO A ROBUSTEZ DOS SEGMENTOS

Se os segmentos podem ser identificados usando as bases e as técnicas escolhidas, então fica a questão de como eles devem ser avaliados como alvos potenciais. Em um estudo clássico de Frank *et al.* (1972), eles sugerem que, para fornecer uma meta de mercado razoável, um segmento deve ser: mensurável, acessível, substancial e único em sua resposta a estímulos de marketing. Esses critérios continuam a ser a base para a maioria das abordagens (por exemplo, *veja* Kotler, 1997). Na verdade, avaliar os segmentos de mercado pode ser mais complexo do que parece.

DECISÃO DE SEGMENTAÇÃO ESTRATÉGICA

Se o mercado pode passar por uma análise e uma modelagem de segmentos e se é possível identificar segmentos atrativos, então a decisão a tomar é se isso deve ser usado como base para o desenvolvimento de estratégias e programas de marketing e se o mercado inteiro ou somente parte dele deve ser visto como alvo. Essas questões de estratégia são discutidas no Capítulo 10.

IMPLEMENTAÇÃO DAS ESTRATÉGIAS DE SEGMENTAÇÃO

Finalmente, há a questão da capacidade da organização para colocar uma abordagem de segmentação em vigor e, na verdade, até que ponto as características das empresas devem orientar a abordagem de segmentação. Essas questões são consideradas no final deste capítulo.

8.4 BASES PARA SEGMENTAR MERCADOS

Algumas das principais questões da segmentação de mercado centralizam-se nas bases em que a segmentação deve ser construída e no número de segmentos identificáveis como alvos em um mercado específico. A seleção da base para a segmentação é fundamental para se obter uma imagem clara da natureza do mercado — a utilização de diferentes bases pode levar a resultados muito diferentes. Na verdade, o processo de segmentação e a seleção criativa de diferentes bases de segmentação podem, muitas vezes, ajudar a ganhar novas perspectivas sobre as estruturas antigas do mercado, que, por sua vez, podem oferecer novas oportunidades — não se trata apenas de uma parte mecânica da análise estatística.

Além de escolher as respectivas bases de segmentação, é preciso fazer uma descrição mais detalhada dos segmentos envolvendo suas características comuns para tornar esses segmentos mais acessíveis para a estratégia de marketing. Segmentos formados, por exemplo, com base na preferência de marca podem ainda ser descritos em termos de características demográficas e comportamentais dos clientes com o objetivo de selecionar mídias relevantes para fins promocionais e de construir uma imagem mais completa do segmento escolhido.

Na próxima seção, examinaremos as principais bases utilizadas nos mercados de consumo, e na seção seguinte voltamo-nos para os mercados industriais.

8.5 SEGMENTAÇÃO DE MERCADOS DE CONSUMO

As variáveis utilizadas para segmentar os mercados de consumo podem ser agrupadas de forma geral em três classes principais:
1. Características básicas do cliente.
2. Atitudes do cliente.
3. Comportamento do cliente.

Os dois primeiros conjuntos de variáveis englobam a predisposição do indivíduo para a ação, ao passo que o conjunto final trata de seu comportamento real no mercado.

8.5.1 Características básicas dos clientes para segmentar mercados

Muitas vezes referidas como informações classificatórias, as características básicas não mudam de uma situação de compra para a outra. São específicas do cliente, mas não estritamente relacionadas com seu comportamento no mercado de interesse. As características básicas podem ser classificadas em duas dimensões principais (Figura 8.4).

A primeira dimensão é a origem das variáveis. Elas podem ser oriundas de outras áreas e, portanto, não são específicas do marketing, mas acredita-se que estejam relacionadas à atividade de marketing. Fatores específicos que não são de marketing incluem as características demográficas e socioeconômicas obtidas nas áreas de sociologia e demografia. Por outro lado, elas podem ter sido estudadas especificamente por pesquisadores e acadêmicos de marketing para solucionar problemas de marketing. Normalmente, têm sido elaboradas a partir da insatisfação com as classificações tradicionais (sociológicas). A insatisfação com a classe social como uma medida de previsão do comportamento de marketing, por exemplo, levou ao desenvolvimento da segmentação por estilo de vida e da segmentação geodemográfica, como o ACORN* (classificação de bairros residenciais) e sistemas de classificação relacionados.

A segunda dimensão para essas características é a maneira como são medidas. Fatores como idade ou sexo podem ser medidos objetivamente, enquanto personalidade e estilo de vida (coletivamente

---

* Para maiores detalhes, veja o site em inglês <http://en.wikipedia.org/wiki/ACORN_(demographics)>. (N. do R.T.)

Figura 8.4 Características básicas do cliente

	Medidas objetivas		Medidas subjetivas
Não específicas do marketing	**Demográficas** Sexo, idade, localização geográfica, subcultura etc. **Socioeconômicas** Ocupação, renda, educação	Psicográficas	Descrição de personalidade
Específicas do marketing	Ciclo de vida da família ACORN Hábitos de mídia		Estilo de vida

denominados 'psicografia') são inferidos a partir das respostas, muitas vezes subjetivas, para uma série de questões diversas.

As variáveis mais comuns utilizadas são as que seguem.

CARACTERÍSTICAS DEMOGRÁFICAS

Variáveis como idade e sexo dos compradores e consumidores têm sido um dos métodos mais populares para segmentar os mercados.

- **Sexo:** Uma abordagem básica para a segmentação do mercado de consumo doméstico e para a compra de alimentos é identificar 'donas de casa' como um segmento de mercado específico. Para fins de marketing, o termo 'donas de casa' pode incluir tanto mulheres quanto homens que têm a responsabilidade primária de realizar as compras de mantimentos e os afazeres domésticos. Essa segmentação do potencial total de mercado de, digamos, todos os adultos resultará na identificação de um alvo menor (cerca de metade do tamanho). Muitos esquemas de segmentação usam o sexo como um primeiro passo no processo de segmentação, mas em seguida aperfeiçoam suas metas dentro da categoria de sexo escolhida, por exemplo, por classe social. Em alguns mercados, a variável mais relevante é a preferência sexual, por exemplo, o 'mercado *gay*' para determinados produtos e serviços.
- **Idade:** A idade tem sido utilizada como uma variável de segmentação básica em muitos mercados. O mercado de férias é um exemplo clássico, com as empresas de turismo adaptando seus produtos para faixas etárias específicas, tais como 'abaixo dos 30' ou 'terceira idade'. Nesses esquemas de segmentação, acredita-se que existam diferenças significativas no comportamento e nos requisitos de produto/serviço entre os segmentos demográficos identificados.

A Cadbury Schweppes, por exemplo, desenvolveu novos produtos destinados a jovens consumidores em bares. Um desses produtos, o Viking, é uma barra de cereal baseada em chocolate que é comercializada na Austrália como 'a barra que é animal'.

As principais razões para a popularidade da idade e do gênero como variáveis de segmentação têm sido a facilidade de medição dessas características (que podem ser medidas objetivamente) e sua utilidade para fins de seleção de mídia. Estudos de pesquisas de mídia disponíveis com facilidade apresentam dados sobre hábitos como os de leitura discriminados por essas características. Combinar as mídias selecionadas com os segmentos descritos nesses termos é, portanto, bastante simples.

A idade também pode ser combinada com outras características, tais como classe social. Por exemplo, a Taylor Nelson AGB analisou o mercado de bebidas alcoólicas de acordo com grupos de idade e de classe social e os relacionou ao consumo de bebidas (Grant, 1996):

(A) *Jovens de baixa renda* — preferem bebidas com sabor de fruta e cerveja em lata premium.
(B) *Jovens de alta renda* — preferem cerveja lager premium em garrafa e sidra.
(C) *Mais velhos de baixa renda* — preferem cerveja stout e destilados como rum, conhaque e uísque.
(D) *Mais velhos de alta renda* — preferem cerveja lager premium e gin.

- **Localização geográfica:** A segmentação geográfica pode ser uma variável útil, principalmente para operações de marketing de pequenas ou médias empresas que não podem atacar um mercado muito amplo e disperso. Muitas empresas, por exemplo, escolhem comercializar seus produtos apenas em seu país de origem, implicitamente excluindo os mercados mundiais de suas metas. Dentro dos países, pode também ser possível selecionar os mercados regionais em que a oferta da empresa e as exigências do mercado estão mais estreitamente alinhadas. Os *haggis*,* por exemplo, vendem melhor na Escócia, ao passo que as vendas de enguias são mais bem-sucedidas no leste de Londres.

- **Subcultura:** Cada indivíduo é um membro de uma variedade de subculturas. Tais subculturas são grupos dentro da sociedade em geral que têm atitudes ou comportamentos peculiares. Para uma subcultura ser importante para fins de segmentação, a adesão à subcultura deve ser relativamente duradoura e não passageira e a adesão à subcultura deve ser de importância central para afetar as atitudes e/ou o comportamento geral do indivíduo.

As principais subculturas utilizadas para fins de segmentação são geralmente baseadas na origem étnica, religiosa ou geográfica. Além disso, as subculturas existentes dentro de cada grupo etário específico podem ser tratadas como segmentos de mercado distintos. Por exemplo, a segmentação em 'microcomunidades' tornou-se importante no marketing de relacionamento: um banco canadense concentrou-se, com grande sucesso, em uma comunidade muito unida, mas bastante rica de filipinos no Canadá (Svendsen, 1997).

A principal desvantagem de todas as características demográficas descritas como base para a segmentação de mercados é que não se pode garantir que elas produzam segmentos que sejam internamente homogêneos, embora externamente heterogêneos, de forma que seja relevante o suficiente para o profissional de marketing. Dentro de uma mesma classe demográfica, pode haver indivíduos que apresentem padrões de comportamento muito diferentes e que sejam motivados por desejos e necessidades muito distintos. Da mesma maneira, pode ser importante explorar as semelhanças no comportamento e as motivações de indivíduos de diferentes segmentos demográficos. Como consequência, a literatura acadêmica de pesquisa de mercado encontrou um baixo nível de correspondência geral entre a demografia e o comportamento. Apesar desses inconvenientes, sua relativa facilidade de medição torna as características demográficas populares entre os profissionais de marketing.

Características socioeconômicas

Fatores como renda, profissão, idade de finalização dos estudos e classe social têm se tornado populares entre os pesquisadores por razões semelhantes à demografia: eles são fáceis de medir e podem ser usados para fins de seleção de mídia. Mais importante ainda, a crença fundamental na segmentação dos mercados por classe social é a de que as diferentes classes devem ter diferentes níveis de riqueza e adotar estilos de vida diferentes. Esses estilos de vida são, por sua vez, relevantes para atividades relacionadas ao marketing, tais como a tendência para comprar certos bens e serviços. Variáveis socioeconômicas são mais bem utilizadas dentro de grupos de classe social.

Pesquisadores de marketing usam vários sistemas de estratificação social de classes.** O esquema usado no Reino Unido pela Sociedade de Pesquisa de Marketing (Market Research Society) é apresentado na Tabela 8.1.

Para fins de marketing, no Reino Unido as duas classes superiores e as duas inferiores são combinadas para gerar um padrão de classificação de quatro grupos por classe social: AB, C1, C2, DE. Nos Estados Unidos, diversos esquemas alternativos de classe social têm sido utilizados para fins de segmentação (Frank *et al.*, 1972). O mais amplamente adotado, porém, é o proposto por Warner (Tabela 8.2).

A classe social tem sido usada como um substituto para a identificação do estilo de vida que os indivíduos podem ter. A proposição básica é que os consumidores mais acima na escala social tendem a gastar uma proporção maior de sua renda disponível em necessidades futuras (tais como seguros e investimentos), enquanto os níveis mais baixos da escala gastam proporcionalmente mais em satisfações imediatas. Assim, a classe socioeconômica pode ser particularmente útil na identificação de segmentos de mercado como imóveis, investimentos, cervejas e jornais.

A indústria de serviços financeiros faz uso extensivo de grupos socioeconômicos para o marketing por meio do desenvolvimento de produtos como aposentadorias e seguros de vida destinados a determinados grupos sociais, por exemplo. Uma empresa está lançando uma previdência profissional para pagar uma aposentadoria mais elevada para as pessoas em empregos estressantes ou insalubres. Os seguros e as condições para planos de saúde são parcialmente determinados por agrupamentos de classe social (Gardner, 1997).

Entretanto, como acontece com as características demográficas discutidas anteriormente, é bem possível que

---

* O *haggis* é um prato típico da cozinha escocesa cujos principais ingredientes são partes do carneiro, como estômago, coração, fígado e pulmões.

** No Brasil, o sistema de classificação social mais usado é o Critério Brasil, da ABEP, que pode ser encontrado no site <http://www.abep.org/>. (N. do R. T.)

Tabela 8.1 **Esquema de classificação socioeconômica do Reino Unido**

Grupos de ocupação

INTELECTUAL
- A Aproximadamente 3% da população total. Esses são profissionais, gerentes muito experientes em negócios, no comércio ou servidores públicos de alto nível. Pessoas já aposentadas que pertenciam à classe A e seus viúvos.
- B Aproximadamente 20% da população total. Executivos do nível médio em grandes organizações, com qualificações apropriadas. Funcionários de alto nível no governo local ou no funcionalismo público. Executivos-chefes ou proprietários de pequenos estabelecimentos comerciais, educacionais ou de serviços. Pessoas já aposentadas que pertenciam à classe B e seus viúvos.
- C1 Aproximadamente 28% da população total. Gerentes juniores, proprietários de pequenos estabelecimentos e todos os outros em funções intelectuais. Empregos neste grupo têm responsabilidades e requisitos educacionais muito variados. Pessoas já aposentadas que pertenciam à classe C1 e seus viúvos.

BRAÇAL
- C2 Aproximadamente 21% da população total. Todos os trabalhadores braçais qualificados e os trabalhadores braçais com responsabilidade sobre outros. Pessoas aposentadas que pertenciam à classe C2 e que estejam recebendo pensões trabalhistas. Viúvos que estejam recebendo pensão pelo falecimento do cônjuge.
- D Aproximadamente 18% da população total. Todos os trabalhadores braçais semiqualificados e não qualificados, aprendizes e estagiários de trabalhadores qualificados. Pessoas já aposentadas que pertenciam à classe D e que estejam recebendo pensões trabalhistas. Viúvos que estejam recebendo pensão pelo falecimento do cônjuge.
- E Aproximadamente 10% da população total. Todos aqueles totalmente dependentes do Estado a longo prazo por doença, desemprego, idade ou outras razões. Aqueles desempregados por um período período maior que seis meses (se não, classificação conforme ocupações anteriores). Trabalhadores casuais e aqueles sem uma renda fixa. Apenas lares sem alguém recebendo renda fixa serão classificados nesse grupo.

Fonte: Market Research Society.

Tabela 8.2 **O índice Warner das características de status**

Nome da classe	Descrição	Características de consumo
Alta	Classe social de elite que herdou essa posição	Compras caras, irrelevantes, mas não feitas para impressionar; conservadorismo
Alta-baixa	Novos-ricos; profissionais e empresários de muito sucesso; posição conquistada pela riqueza	Consumo conspícuo para demonstrar riqueza, carros de luxo, propriedade grandes etc.
Média-alta	Empresários e profissionais de sucesso	Compras direcionadas para projetar uma imagem de sucesso
Média-baixa	Executivos ou proprietários de pequena empresa	Preocupação com aprovação social; decisões de compras conservadoras; compras direcionadas para a casa e para a família
Baixa-alta	Operários, técnicos, trabalhadores qualificados	Satisfação das necessidades familiares
Baixa	Trabalho não qualificado, pouca educação formal	Atração por itens baratos, chamativos e de baixa qualidades; alta exposição à TV

os membros da mesma classe social tenham padrões de compra completamente diferentes. Considere, por um momento, seus colegas — pessoas com quem trabalha ou que conhece socialmente. É provável que eles estejam na mesma classe social que você. É provável que eles também sejam atraídos por tipos diferentes de produtos e sejam motivados por fatores completamente diferentes, fazendo, portanto, escolhas por marcas diferentes.

Foi manifestada uma preocupação entre os profissionais e estudiosos de marketing sobre o fato de que a classe social é cada vez menos útil como uma variável de segmentação. A insatisfação com a classe social em particular e com outras características não especificamente de marketing, tais como variáveis de segmentação, levou ao desenvolvimento de variáveis específicas de marketing, como o ciclo de vida do cliente, questões geodemográficas (como o sistema de classificação ACORN, por exemplo) e pesquisas sobre estilos de vida.

Ciclo de vida da família

As fases do ciclo de vida da família (essencialmente uma variável demográfica composta de fatores como idade, estado civil e tamanho da família) têm sido particularmente úteis na identificação dos tipos de pessoas com maior probabilidade de serem atraídas por um tipo de produto (principalmente bens duráveis) e de quando elas podem ser atraídas. Os fabricantes de produtos para bebês, por exemplo, criam listas de endereços das famílias com recém-nascidos a partir de brindes dados às mães nas maternidades. Essas listas são datadas e usadas para o envio de mensagens publicitárias de produtos para o bebê e para a criança ao longo de seu crescimento.

O estágio do ciclo de vida da família foi desenvolvido como uma ferramenta de segmentação de mercado por Wells e Gubar (1966) e desde então tem sido atualizado e modificado por Murphy e Staples (1979) de forma a levar em conta a evolução da estrutura familiar. Os estágios básicos do ciclo de vida familiar são apresentados na Tabela 8.3.

Em alguns casos, a segmentação por ciclo de vida pode ajudar diretamente com a concepção do produto, como é o caso de pacotes de férias. Além de usar a idade como uma variável de segmentação, as empresas direcionam-se para diferentes fases do ciclo de vida como alvos muito específicos para férias — desde viagens do Club Med para jovens solteiros até vilas em hotéis-fazenda da Center Parcs para férias em família, além de passeios de ônibus para cidadãos da terceira idade.

No Reino Unido, a empresa de pesquisa de mercado Research Services Ltd vem desenvolvendo um esquema de segmentação baseado em uma combinação entre o ciclo de vida da família, sua profissão e sua renda. O programa, denominado SAGACITY, define quatro principais fases do ciclo de vida da família (dependente, pré-família, família e pós-família), dois níveis de rendimento (superior e inferior) e dois grupos profissionais (executivos e operários — ABC1 e C2DE). Com base nessas três variáveis, são identificados 12 grupos diferentes de SAGACITY com diferentes aspirações e padrões de comportamento (Crouch e Housden, 1996).

Alguns analistas têm apontado que a geração nascida no pós-Segunda Guerra causará um impacto significativo no marketing para o mercado dos que têm acima de 50 anos (Paul Fifield em *Marketing Business*, janeiro de 2002). Trinta anos atrás, essa geração mudou a forma como os profissionais de marketing tratavam o mercado de jovens ao exigir produtos e serviços mais individualizados e adaptados. Como agora já criaram suas famílias e pagaram suas hipotecas, estão se aproximando do estágio do 'ninho vazio' no ciclo de vida, mas provavelmente terão expectativas muito diferentes das gerações anteriores de consumidores de 50 anos. Geralmente em forma, bem-educados e mais ricos, representam oportunidades de mercado muito significativas para o futuro.

O ACORN E SISTEMAS CLASSIFICATÓRIOS RELACIONADOS

Como um desafio direto ao sistema de classificação socioeconômico, o sistema de classificação geodemográfica ACORN foi desenvolvido pelo CACI Market Analysis Group. O sistema é baseado em dados do

Tabela 8.3 **Estágios do ciclo de vida da família**

Estágio	Circunstâncias financeiras e características de compra
Solteiro Jovem, solteiro, não residindo na casa dos pais	Poucos compromissos financeiros, orientação à recreação; férias, lazer fora de casa
Recém-casado Casais jovens, sem filhos	Melhor situação financeira, duas rendas; compra de casa, alguns bens duráveis
Ninho cheio 1 Filho mais novo abaixo de 6 anos	Pico de compra de imóveis; crescentes pressões financeiras, talvez uma só fonte de renda; compra de 'necessidades' do lar
Ninho cheio 2 Filho mais novo acima de 6 anos	Posição financeira melhor; alguns com renda adicional de cônjuges
Ninho cheio 3 Casais mais velhos com filhos dependentes	Posição financeira mais estacionada; atualização dos produtos do lar e dos móveis
Ninho vazio 1 Casais mais velhos, sem filhos em casa	Pico de casas próprias; renovado interesse em viagens e lazer; compra de artigos de luxo
Ninho vazio 2 Casais mais velhos, sem filhos em casa, aposentado	Corte de renda drástico; compra de serviços médicos
Sobrevivente solitário Ainda na força de trabalho	Boa renda, mas provável venda da casa
Sobrevivente solitário Aposentado	Necessidades especiais de cuidados médicos, segurança e afeição

censo populacional e classifica os bairros residenciais em 36 tipos dentro de 12 grandes grupos (Tabela 8.4). Os agrupamentos foram obtidos a partir de uma coleta de respostas para o Censo, realizado por lei a cada dez anos. Os agrupamentos mostram bairros com características semelhantes.

Um dos primeiros usos do ACORN foi pelas autoridades locais para isolar áreas de pobreza do centro da cidade (a ideia veio de uma socióloga que estava trabalhando para autoridades locais). No entanto, a ideia logo foi vista como algo relevante para o marketing, principalmente porque o banco de dados permitiu que códigos postais fossem atribuídos a cada tipo de ACORN. Daí seu uso especialmente no marketing direto.

Outras fontes de dados geodemográficos são fornecidas por empresas como a Information Marketing Consultancy, a Equifax Europe e a Data Consultancy (Cramp, 1996).

CARACTERÍSTICAS DE PERSONALIDADE

As características de personalidade são mais difíceis de medir do que fatores demográficos ou socioeconômicos. São geralmente inferidas a partir de grandes conjuntos de perguntas, que muitas vezes envolvem técnicas detalhadas de análise multivariada.

Vários inventários de personalidade têm sido utilizados por pesquisadores de segmentação. Os mais notáveis são Gordon Personal Profile (Sparks e Tucker, 1971), Edwards Personal Preference Schedule (Alpert, 1972), Cattell 16-Personality Factor Inventory (por exemplo, Oxx, 1972) e Jackson Personality Inventory (Kinnear et al., 1974). Todos foram desenvolvidos por psicólogos, para razões muito distintas dos estudos de segmentação de mercado. Compreensivelmente, atingem apenas níveis variados de sucesso quando aplicados a problemas de segmentação.

Talvez o principal valor das variáveis de personalidade esteja em criar uma atmosfera de base para os anúncios e, em alguns casos, para o design da embalagem e para a formação da marca. Até hoje, no entanto, pesquisas realizadas principalmente nos Estados Unidos identificaram poucas relações claras entre a personalidade e o comportamento. Na maioria dos casos, as variáveis de personalidade são mais úteis para descrever os segmentos, uma vez que foram definidos sobre outra base. Tal como acontece com as características discutidas anteriormente, o comportamento e as razões para tal comportamento podem ser diversos mesmo dentro de segmentos com personalidades homogêneas.

CARACTERÍSTICAS DE ESTILO DE VIDA

Na tentativa de fazer com que as variáveis de personalidade estudadas no campo da psicologia fossem mais relevantes para as decisões de marketing, agências de publicidade nos Estados Unidos e no Reino Unido realizaram as primeiras pesquisas de estilo de vida na década de 1970. Essa pesquisa tenta isolar segmentos de mercado com base no estilo de vida adotado por seus membros. Houve uma época em que essas abordagens foram vistas como alternativas para as categorias de classe social já discutidas.

Essa segmentação preocupa-se com três elementos principais: atividades (como atividades de lazer, esportes, *hobbies*, entretenimento, atividades domésticas, de trabalho ou profissionais, comportamento de compras, afazeres e reparos domésticos, viagens e atividades diversas, férias, educação, trabalho voluntário); interação com os outros (como autopercepção, personalidade e 'eu' ideal, percepção de papéis como mãe, esposa, marido, pai, filho, filha etc., interação social, comunicação com outras pessoas, liderança de opinião); e opiniões (sobre temas como política,

Tabela 8.4 **Classificação de bairros residenciais**

Grupo ACORN	Descrição
A	Áreas agrícolas
B	Moradias familiares modernas, rendas mais altas
C	Moradias mais antigas de status intermediário
D	Moradias geminadas mais antigas de baixa qualidade
E	Conjuntos residenciais com melhor situação financeira
F	Conjuntos residenciais com situação financeira intermediária
G	Conjuntos residenciais com situação financeira precária
H	Áreas multirraciais
I	Áreas não familiares de alto status
J	Moradias suburbanas ricas
K	Áreas de aposentados com melhor situação financeira

sociedade e moral, questões econômicas, de negócios, tecnológicas e ambientais).*

Um estudo típico desenvolveria uma série de afirmações (em alguns casos, mais de 200 foram usadas), e os entrevistados seriam convidados a concordar ou discordar delas em uma escala de cinco ou sete pontos. Usando a análise fatorial e a análise de agrupamentos, os grupos entrevistados são identificados com atividades, interesses e opiniões similares. Exemplos incluem os seguintes:

- Entre os estudos mais antigos de estilo de vida, Segnit e Broadbent (1973) encontraram seis segmentos masculinos e sete segmentos femininos de estilos de vida com base nas respostas a 230 afirmativas. Eles têm sido usados por editores de jornais (como o *Financial Times* e o *Radio Times*) e fabricantes (a Beechams usou a técnica com sucesso para segmentar o mercado de xampu em meados da década de 1970) para segmentar seus mercados.
- A propaganda do Martini foi direcionada com base em qual estilo de vida os indivíduos gostariam de ter. Ela apela para os segmentos de 'estilo de vida aspiracional'.
- A Ford Motor Company identificou quatro segmentos básicos de estilo de vida para seus carros: Tradicionalistas (que escolhem madeira, couro e cromados); Liberais (interessados em características ambientais e de segurança); Sobreviventes (que buscam o risco financeiro mínimo, indo para opções mais baratas); e Aventureiros (que realmente gostam de carros e querem modelos que se adaptem a sua própria autoimagem) (*The Economist*, 30 set. 1995).
- A estratégia de marketing das lojas de departamentos House of Fraser se baseou na atração de três tipos de compradoras: a 'Seguidora da moda', a 'Profissional de carreira' e a 'Mulher elegante — De qualidade clássica'. A empresa deliberadamente decidiu não tentar atingir a 'Jovem mamãe' e outros segmentos. Em meados da década de 1990, houve alguma preocupação de que os produtos e o *merchandising* da Fraser não atraíam os segmentos-alvo (verificou-se que elas tendiam a fazer compras na House of Fraser apenas por causa dos espaços concedidos a marcas como OASIS, Alexon e Morgan) (Rankine, 1996).
- A B&Q, loja de produtos do tipo 'faça você mesmo' no Reino Unido, tem como alvo os consumidores que gostam de estilo ao oferecer a marca 'it', com um portfólio de móveis de quarto e de escritório. O segmento, criado pela designer de interiores Tara Bernerd, é modular, permitindo aos clientes escolher as opções de acordo com seu gosto e com as dimensões de sua casa (*Marketing*, 24 jan. 2002).

As vantagens mais significativas da pesquisa do estilo de vida estão, mais uma vez, na capacidade de orientar o conteúdo criativo da propaganda. No entanto, por causa do grande volume de tarefas envolvido na coleta de dados, é improvável que a investigação de estilos de vida suplante a demografia como uma grande variável de segmentação.

Resumo das características básicas dos clientes

As características básicas discutidas aqui analisam o indivíduo isolado do mercado de interesse específico. Enquanto alguns mercados podem ser capazes de discriminar entre prováveis usuários e não usuários de uma classe de produtos, raramente podem explicar o comportamento da escolha de marca. Membros dos mesmos segmentos baseados nas características básicas podem se comportar de forma diferente no mercado por uma variedade de razões. Da mesma forma, membros de diferentes segmentos podem estar procurando essencialmente as mesmas coisas de marcas concorrentes, e poderia ser útil agrupá-los. Tradicionalmente úteis para fins de seleção de mídia e de design no ambiente da publicidade, essas características são muitas vezes de natureza demasiado generalizada para ter um valor específico para os profissionais de marketing. São essencialmente de natureza descritiva, delineando quem é o consumidor, mas não descobrindo o motivo básico de ele se comportar daquela maneira.

8.5.2 Características atitudinais dos clientes para segmentar mercados

As características atitudinais são uma tentativa de estabelecer uma relação causal entre as características e as atitudes do cliente no mercado. Tanto os comportamentos em relação à classe de produto investigada quanto às atitudes em relação às marcas no mercado foram utilizados como bases proveitosas para a segmentação do mercado.

Segmentação por benefícios

Abordagens clássicas (por exemplo, Haley, 1968, 1984) examinam os benefícios que os clientes estão buscando no consumo do produto. A segmentação com base nos benefícios buscados foi aplicada a uma ampla variedade de mercados como bancos e bens de consumo duráveis e não duráveis. O mercado de

---

* Conhecido como modelo AIO, devido às iniciais de Atividades, Interações/Interesses e Opiniões. (N. do R.T.)

empréstimos e rendimentos, por exemplo, pode inicialmente ser segmentado em função dos benefícios que estão sendo procurados pelos clientes. Os típicos benefícios procurados incluem altas taxas de juros (para o grande investidor), resgate facilitado (para o investidor ocasional) e segurança (para o investidor precavido).

A Nokia, maior fabricante de telefones celulares, reconheceu que os telefones agora são vistos por muitos clientes como acessórios de moda. O Nokia 5510, por exemplo, foi destinado aos jovens antenados à moda que usam seus aparelhos para mensagens de texto e música. Enquanto o mercado na década de 1990 foi dominado por quem comprava seu primeiro celular, as compras de substituição na Europa Ocidental foram responsáveis por 60% das vendas em 2001 e estavam previstas para aumentar para perto de 99% até 2006. O telefone A400 da Samsung tinha uma versão 'feminina' com uma tampa *flip* vermelha. O chamado 'Ladyphone' contava com características especiais, tais como uma calculadora de biorritmo, uma função que calcula a relação altura/peso e outra que estima as calorias queimadas para atividades cotidianas como fazer compras, limpar e cozinhar. A Nokia lançou ainda uma subsidiária chamada Vertu, que comercializa aparelhos revestidos de platina e com telas de cristal de safira para os muito ricos (vendidas por US$ 21 mil) (*Economist*, 26 jan. 2002).

Com a segmentação por benefícios, as bases de segmentação voltam a ser as razões pelas quais os clientes são atraídos por ofertas diferentes de produtos. Como tal, talvez seja o meio mais correto de identificar segmentos com base em variáveis que sejam diretamente relevantes para as decisões de marketing. A evolução das técnicas, como a análise conjunta, torna essas variáveis particularmente adequadas para identificar segmentos de benefícios (Hooley, 1982).

PERCEPÇÕES E PREFERÊNCIAS

A segunda abordagem para o estudo das atitudes é pelo estudo de percepções e preferências. Muito do trabalho na área de escalonamento multidimensional (Green *et al.*, 1989) está relacionado com a identificação de segmentos de entrevistados que veem os produtos em oferta de forma similar (segmentação perceptual do espaço) e que exigem do mercado características ou benefícios semelhantes (segmentação por preferência). Essa abordagem de segmentação de mercado é discutida no Capítulo 9, em que veremos a pesquisa de segmentação.

RESUMO DAS BASES ATITUDINAIS PARA A SEGMENTAÇÃO

A segmentação com base em atitudes, tanto para a classe de produtos quanto para as diversas marcas em oferta, pode criar uma base mais útil para o desenvolvimento da estratégia de marketing do que apenas as características básicas. Ela se aproxima das razões para o comportamento e as utiliza como base para a segmentação do mercado. A principal desvantagem dessas técnicas é que elas exigem muitas vezes dispendiosas pesquisas primárias e técnicas sofisticadas de análise de dados.

8.5.3 Características comportamentais dos clientes para segmentar mercados

O método mais direto de segmentar mercados é com base no comportamento dos consumidores nesses mercados. A segmentação comportamental inclui compras, consumo, comunicação e resposta aos elementos do composto de marketing.

COMPORTAMENTO DE COMPRA

O estudo do comportamento de compra tem se centrado em questões como o momento da compra (no início ou no final do ciclo de vida geral do produto) e os padrões de compra (a identificação de clientes fiéis à marca).

- **Inovadores:** Devido à importância dos novos produtos quando eles são lançados, os inovadores (aqueles que compram um produto quando ele ainda é novo) têm recebido muita atenção dos profissionais de marketing. É evidente que, durante o lançamento de novos produtos, selecionar os inovadores como o segmento-alvo inicial poderia melhorar significativamente as chances de o produto ou serviço ser bem-aceito no mercado. O comportamento inovador, no entanto, não se aplicará necessariamente a muitos tipos de produtos diferentes. Tentativas de encontrar perfis genéricos de inovadores têm obtido menos sucesso do que a procura separada pelos inovadores em um campo específico. Generalizações parecem mais relevantes quando os campos de estudo são de interesses similares.
- **Fiéis à marca:** Com definições diversas, a fidelidade à marca também tem sido usada como base para a segmentação. Enquanto os inovadores têm relação com a compra inicial, os padrões de lealdade têm relação com a compra repetida. Assim, tais padrões são mais aplicáveis a mercadorias com compras repetidas do que a bens de consumo duráveis, embora também tenham sido utilizados em mercados de

bens duráveis (veja o exemplo a seguir). Tal como acontece com o comportamento inovador, a pesquisa tem sido incapaz de identificar os consumidores que apresentam um comportamento leal em uma grande variedade de produtos. A fidelidade, como acontece com a inovação, é específica para um tipo específico de produtos.

A Volkswagen, fabricante alemã de automóveis, usou a lealdade como um dos principais métodos de segmentação de mercados de seus clientes. Dividiu seus clientes nas seguintes categorias: Primeira compra; Compra de substituição — (a) Substituição fiel ao modelo, (b) Substituição fiel à empresa e (c) Substituição com troca de marca. Esses segmentos foram utilizados para analisar o desempenho e as tendências do mercado e para fazer previsões.

No contexto do e-marketing, empresas como a Site Intelligence desenvolveram métodos para segmentar os visitantes e os compradores de sites usando combinações de comportamento (visitas) e características demográficas.

COMPORTAMENTO DE CONSUMO

Os compradores de produtos e serviços não são necessariamente os consumidores ou usuários desses produtos ou serviços. A análise dos padrões de uso e dos volumes consumidos (como na abordagem de heavy users, os usuários de maior frequência de uso) pode identificar onde focar a atividade de marketing. No entanto, é perigoso focar apenas nos usuários de maior frequência. Eles, por exemplo, já utilizam o produto em grande quantidade e, portanto, podem não oferecer possibilidades de expansão de mercado. Do mesmo modo, eles serão clientes atuais da empresa ou clientes dos concorrentes.

Cook e Mindak (1984) têm mostrado que o conceito de heavy user é mais útil em alguns mercados do que em outros. No mercado de sabão, eles notam que os heavy users são responsáveis por 75% das compras. No entanto, os heavy users são quase a metade da população e constituem um grupo muito diverso. Em contraste, o uísque bourbon é consumido por somente cerca de 20% dos adultos, e os heavy users representam 95% do consumo, tornando esse um mercado-alvo muito mais restrito.

Neste último caso, os padrões de lealdade à marca podem estar definidos, e a concorrência pode ser feroz. Aconselha-se às empresas pesquisar melhor os que não são usuários do produto ou os que usam pouco para descobrir por que eles não consomem tanto daquele produto. No estágio de crescimento do ciclo de vida do produto, o segmento dos heavy users pode muito bem ser atraente, mas, quando o mercado atinge a maturidade, pode fazer mais sentido tentar alargar o mercado, absorvendo a potencial demanda extra em mercados que não são adequadamente atendidos pelos produtos existentes.

O uso da marca e do produto tem uma grande vantagem sobre muitas outras variáveis de segmentação geradas em situações específicas, já que o uso pode ser obtido, no caso de muitos produtos de consumo, a partir de fontes secundárias. Os heavy users de cerveja, por exemplo, podem ser identificados pelo Índice de Mercado-Alvo (Target Group Index — TGI; veja Capítulo 4) e podem ter seus hábitos demográficos e de mídia identificados. Essa é a razão principal por que o consumo é uma das bases mais populares para segmentar mercados consumidores no Reino Unido.

COMPORTAMENTO DE COMUNICAÇÃO

Outra variável comportamental usada em estudos de segmentação de consumidores tem sido o grau de comunicação com os outros sobre o produto de interesse.

Formadores de opinião podem ser particularmente influentes nos estágios iniciais do ciclo de vida do produto. As gravadoras, por exemplo, reconhecem a influência que os disc jockeys (DJs) têm sobre os compradores de álbuns e tentam influenciá-los com discos grátis e outros incentivos para que toquem suas músicas. Em muitas áreas, no entanto, identificar os líderes de opinião não é tão fácil. Tal como acontece com os inovadores, os líderes de opinião tendem a liderar a opinião pública apenas em suas áreas de interesse próprio. Outro problema para satisfazer os líderes de opinião é que eles tendem a ter opiniões bastante fortes e muitas vezes podem formar um grupo muito heterogêneo (os DJs de música 'pop' são um bom exemplo).

Além de comportamentos que fornecem informações (como o caso dos líderes de opinião), os mercados podem ser segmentados com base no comportamento em relação à busca de informações. Pessoas que buscam informações podem formar um segmento particularmente atraente para as empresas que baseiam sua estratégia em material promocional com um conteúdo pesado de informação.

RESPOSTA AOS ELEMENTOS DO COMPOSTO DE MARKETING

O uso da elasticidade de resposta às mudanças nas variáveis do composto de marketing como base para a segmentação é particularmente interessante, pois pode levar a conclusões mais aplicáveis, indicando em que pontos o capital de marketing pode ser mais bem alocado. É de grande interesse, por exemplo, identificar o consumidor propenso a compras ou o segmento de boa resposta à publicidade. Há, no entanto, problemas metodológicos de pesquisa para identificar fatores tais como a resposta às mudanças no preço.*

CARACTERÍSTICAS DA BUSCA POR RELACIONAMENTOS

Uma característica relacionada com a segmentação que está atraindo atenção por conta da transição rumo ao marketing de relacionamento (Capítulo 4) são os requisitos dos clientes no que diz respeito aos relacionamentos (Piercy, 1997). Um modelo inicial sugere que essa característica de buscar um relacionamento difere no tipo de relacionamento que o cliente quer com seus fornecedores (por exemplo, longo prazo contra curto prazo e por transação) e na intimidade que os clientes querem nesse relacionamento (por exemplo, próximos ou distantes). Isso sugere o potencial para segmentar mercados em grupos como os seguintes e para ligá-los a outras variáveis:

- **Buscadores de relacionamento**, que querem uma estreita relação de longo prazo com o fornecedor ou revendedor.
- **Exploradores de relacionamento**, que querem apenas uma relação de curto prazo com o fornecedor, mas estão felizes com uma relação estreita, sendo que explorarão todas as vantagens oferecidas.
- **Compradores leais,** aqueles que querem um relacionamento de longo prazo, mas a distância.
- **Clientes de transação a distância**, que não querem relações estreitas com os fornecedores e pesquisam no mercado o melhor negócio, pois não veem valor em um relacionamento de longo prazo.

Um exemplo de um estudo integrado das características do consumidor em escala global é o trabalho feito pela agência Roper Starch dos Estados Unidos (Shermach, 1995). O comércio internacional tem muito interesse em saber se os segmentos de consumo ultrapassam as fronteiras nacionais e podem ser mais úteis do que as tradicionais abordagens geográficas para o planejamento de marketing. O estudo identificou os seguintes segmentos a partir de 40 mil entrevistados em 40 países:

- **Negociadores**: Bem-educados, com idade média no início dos 30 anos, com nível médio de riqueza e de emprego (29% da amostra).
- **Caçadores de preço**: Uma elevada proporção de aposentados, pessoas com menor nível de educação e nível médio de riqueza, mais mulheres do que homens (23% da amostra).
- **Fiéis à marca**: Maioria do sexo masculino, com idade por volta dos 35 anos, escolaridade e empregos razoáveis, sendo o grupo menos rico (23% da amostra).
- **Inovadores de luxo**: Compradores com melhor educação e mais ricos, maioria de homens no campo de profissionais liberais e executivos; procuram novas marcas de prestígio (21% da amostra).

A proporção de consumidores nesses grupos variou de formas interessantes entre as áreas geográficas: negociadores predominam nos Estados Unidos, na Ásia, na América Latina e no Oriente Médio; os caçadores de preço existem principalmente em mercados competitivos desenvolvidos, como Europa e Japão. Embora produza apenas estereótipos, o estudo sugere que o comportamento do consumidor e as características de compra podem ser previsores mais fortes de comportamento de compra do que as definições de mercado tradicionais usadas no marketing de exportação e internacional.

RESUMO DAS BASES COMPORTAMENTAIS PARA A SEGMENTAÇÃO

Muitas variáveis têm sido testadas como bases para a segmentação dos consumidores, indo desde o comportamento até atitudes e características básicas. As características mais frequentemente utilizadas são o uso do produto e da marca e dados demográficos/socioeconômicos, principalmente por causa da facilidade de obtenção desse tipo de dados a partir de fontes secundárias. Porém, para um esquema de segmentação ser útil, a administração de marketing deve procurar não só descrever as diferenças no comportamento dos consumidores, mas também explicá-las. Nesse contexto, a segmentação por atitudes pode oferecer melhores perspectivas.

8.6 SEGMENTAÇÃO DE MERCADOS INDUSTRIAIS

Tal como acontece com os mercados de consumo, uma grande variedade de fatores tem sido sugerida para a segmentação dos mercados industriais, mas de fato as variáveis de segmentação empresarial podem ser consideradas sob títulos idênticos àqueles usados nos mercados consumidores:

- Características básicas da empresa.
- Características atitudinais.
- Características comportamentais.

Deve-se notar, contudo, que a segmentação do mercado é substancialmente menos desenvolvida no marketing industrial do que no de consumo, o que pode afetar a aceitabilidade das empresas em relação às diferentes abordagens e a disponibilidade de informações para uso e apoio de uma abordagem em

---

* Os experimentos podem ser úteis nessas situações — *veja* Capítulo 4. (N. do R.T.)

particular. Também deve ser notado que no marketing entre empresas é muito mais comum encontrar um relacionamento um-para-um entre o fornecedor e o cliente. Nessa situação, a abordagem de segmentação pode ser mais bem aplicada dentro da organização do cliente. A estrutura de segmentação a seguir adota o modelo desenvolvido em Shapiro e Bonoma (1990).

8.6.1 Características básicas da empresa

As características demográficas das empresas podem ser um bom ponto de partida para a segmentação das empresas. Na verdade, caracterizam as abordagens mais comumente usadas por empresas de marketing industrial. Fatores que podem ser considerados aqui incluem dados demográficos (tais como o tipo de setor, o tamanho e a localização do cliente) e também variáveis operacionais, como a tecnologia e as capacidades do cliente, as diferentes políticas de compra e os fatores situacionais, incluindo a aplicação do produto.

TIPO DE SETOR

Fatores como a Classificação-Padrão de Setores (Standard Industry Classification, SIC) fornecem uma primeira etapa de análise, tanto para identificar setores-alvo quanto para subdividi-los em grupos de empresas com diferentes necessidades e diferentes abordagens para a compra.* Essa pode ser a base do marketing vertical para setores fabricantes. Tanto varejistas quanto hospitais, por exemplo, compram computadores, mas têm diferentes aplicações e diferentes estratégias de compra.

PORTE DA EMPRESA

O porte da empresa também pode ser altamente significativo se, por exemplo, as pequenas empresas têm necessidades ou preferências de compra que são muito diferentes em relação às grandes empresas. As medidas típicas seriam variáveis como número de empregados e volume de vendas. O porte também pode ser muito significativo porque afeta questões como requisitos de volume, tamanho médio dos pedidos, cobertura de custos de distribuição e venda e poder de barganha dos clientes, que podem alterar a atratividade de diferentes segmentos como alvos. O tamanho da empresa pode ser analisado juntamente com outros dados demográficos. Por exemplo, empresas que vendam ingredientes para a fabricação de tintas no Reino Unido poderiam inicialmente segmentar o mercado pela classificação-padrão para identificar os fabricantes de tintas e, em seguida, pela dimensão da empresa, conforme indicado pelo número de empregados (no Reino Unido, há apenas sete empresas que empregam mais de 750 funcionários; juntas, representam mais de 60% do mercado de tintas).

LOCALIZAÇÃO DO CLIENTE

A localização geográfica dos clientes pode ser uma poderosa forma de segmentar o mercado para um bem industrial por várias razões. Internamente, o local terá um impacto sobre os custos de vendas e de distribuição, e a intensidade competitiva pode variar se houver fortes concorrentes locais em algumas regiões. A demanda do produto pode variar também. A demanda por produtos químicos para o amaciamento da água usada na refrigeração de equipamentos em fábricas variará de acordo com as condições de dureza da água local.** Internacionalmente, as preferências de produtos também podem ser diferentes por localização. No Reino Unido, os aparelhos de diagnóstico médico são vendidos para o Serviço Nacional de Saúde; nos Estados Unidos, são vendidos para laboratórios ou consultórios médicos privados; e, no mundo em desenvolvimento, para laboratórios hospitalares — sendo que cada um desses níveis tem requisitos muito diferentes em relação ao preço e ao produto.

TECNOLOGIA DA EMPRESA

A fase de desenvolvimento tecnológico do cliente terá um impacto direto sobre a tecnologia de fabricação e do produto e, consequentemente, sobre sua demanda por diferentes tipos de produto. Fábricas tradicionais que operam tecnologias e métodos de montagem mistos exigem insumos diferentes de produtos e de submontagem (por exemplo, equipamentos de teste, ferramentas, componentes) em comparação com uma unidade de produção automatizada. Empresas de alta tecnologia podem exigir métodos de distribuição muito diferentes. A Tesco exige que os fornecedores tenham a capacidade de cooperar no controle eletrônico do estoque e da distribuição para evitar a perda de mercadorias. Cada vez mais, as empresas de alta tecnologia exigem que seus fornecedores estejam integrados a seus sistemas de computador em todas as fases do processo de compra.

CAPACIDADES DOS CLIENTES

Os clientes empresariais podem diferir significativamente em suas forças e fraquezas internas e, portanto,

---

* No Brasil, códigos e atividades econômicas como os do IBGE podem ser encontrados, por exemplo, no site da CONCLA, Comissão Nacional de Classificação <http://www.cnae.ibge.gov.br/>. (N. do R.T.)

** Chamamos de água dura aquela que contém teores altos de minerais, como cálcio ou magnésio, e que pode causar depósitos em máquinas, prejudicando sua operação. (N. do R.T.)

em sua demanda para diferentes tipos de produtos e serviços. Por exemplo, é provável que na indústria química os clientes se diferenciem em suas competências técnicas — alguns dependerão de seus fornecedores mais do que outros em relação à assistência na formulação e ao suporte técnico. Por muitos anos no negócio de tecnologia, a Digital Equipment especializou-se na venda de microcomputadores para os clientes que foram capazes de desenvolver software e sistemas próprios e que não precisavam da oferta de serviço completo da IBM e similares, focando em um segmento com base na força técnica dos clientes em informática.

ORGANIZAÇÃO DE COMPRAS

A forma como os clientes organizam suas compras também pode identificar diferenças importantes entre eles. Por exemplo, a compra centralizada pode exigir que os fornecedores tenham a capacidade de administrar contas nacionais ou internacionais, enquanto a compra descentralizada pode exigir forças de vendas operando de forma mais ampla. Dependendo das próprias forças e fraquezas de um fornecedor, o tipo de organização de compras pode ser uma via importante para a segmentação do mercado. A IBM, por exemplo, sempre manteve uma forte posição em empresas com um departamento centralizado de Tecnologia da Informação, enquanto outros fornecedores se concentraram em empresas cujo TI é menos centralizado.

ESTRUTURAS DE PODER

Saber quais unidades organizacionais têm maior influência também pode ser eficaz na segmentação de mercado para identificar alvos que tenham pontos fortes correspondentes com o de um fornecedor. A Digital Equipment tem a tradição de se direcionar a clientes de engenharia, já que seus pontos fortes em aplicativos para engenharia lhe proporcionam uma vantagem competitiva.

POLÍTICAS DE COMPRAS

A abordagem de compra de diferentes clientes pode também ser uma fonte de direcionamento de informações. Os clientes podem dividir-se, por exemplo, em: aqueles que querem fazer leasing ou arrendamento *versus* aqueles que querem comprar; aqueles com as políticas de ação afirmativa *versus* aqueles dominados por questões de preço; aqueles que querem fontes únicas de abastecimento *versus* aqueles que querem dois fornecedores para os insumos mais importantes; organizações do setor público e similares, em que a licitação é obrigatória, *versus* aqueles que preferem negociar preço; aqueles que buscam ativamente reduções de sua base de fornecedores *versus* os outros que não fazem isso. Na verdade, o modelo proposto anteriormente sobre as necessidades de relacionamento do cliente como base para a segmentação pode ser ainda mais útil para o mercado industrial, em que a procura de parceria entre fornecedores e clientes caracteriza muitas abordagens de compra das grandes empresas.

APLICAÇÃO DO PRODUTO

A aplicação do produto pode ter uma grande influência sobre o critério e o processo de compra e, portanto, sobre as opções de fornecedores. Os requisitos em uma refinaria de petróleo para um pequeno motor utilizado em serviço intermitente para uma aplicação pequena serão diferentes das exigências para um pequeno motor em uso contínuo de um processo crítico.

8.6.2 Características atitudinais

É possível também segmentar os mercados industriais com base nos benefícios que estão sendo procurados pelos compradores. Como vimos, a segmentação dos benefícios do mercado de consumo ocorre em termos das razões pelas quais os clientes compram, com particular incidência sobre as diferenças pelas quais os clientes compram. Seu ponto forte é que essa segmentação tem base nas necessidades do cliente. No mercado industrial, a mesma lógica se aplica aos critérios de compra dos diferentes clientes e às diferentes aplicações do produto.

Isso se reflete, por exemplo, na urgência de atendimento dos pedidos. A urgência da necessidade de um cliente de manter uma unidade em operação ou de resolver um problema para seus próprios clientes pode alterar tanto o processo de compra quanto os critérios utilizados. Substituições urgentes podem ser compradas com base na disponibilidade, não no preço. Uma fábrica de produtos químicos que necessita substituir conexões de tubos que se romperam pagará um preço maior pela engenharia de aplicação, a capacidade de produção flexível, a velocidade de entrega e a competência da instalação do fornecedor, enquanto uma fábrica que esteja comprando as mesmas conexões para deixá-las em estoque se comporta de forma bastante diferente.

Um banco corporativo com dificuldades para encontrar uma forma de segmentar o mercado do Reino Unido para serviços financeiros corporativos acabou concluindo que a abordagem mais perspicaz era examinar as estratégias de seus clientes como um prognóstico da necessidade por serviços financeiros e das prioridades de compra.

Uma complicação adicional nos mercados industriais, no entanto, é a unidade de tomada de decisão

(Capítulo 4). Para muitas compras industriais, as decisões são tomadas ou influenciadas por um grupo de indivíduos em vez de por um único comprador. Diferentes membros da unidade tomadora de decisão, muitas vezes, têm percepções diferentes do que são os benefícios, tanto para sua organização quanto para si mesmos.

Na compra de guindastes, por exemplo, o benefício importante para um usuário pode ser leveza e facilidade de uso, enquanto o gerente de compras pode estar procurando por um produto mais barato para melhorar seu orçamento de compras. Arquitetos que estejam descrevendo as instalações para uma nova fábrica poderão perceber mais benefícios em guindastes esteticamente mais bonitos, e o pessoal de manutenção pode ver na facilidade de manutenção um dos principais benefícios.

Porém, a segmentação por benefícios está no centro do pensamento convencional sobre a venda nos mercados industriais. Aqui, a ênfase é vender benefícios em vez de vender as características do produto ou serviço. Durante a comunicação com os diferentes membros da unidade de tomada de decisão, cada um pode destacar os diferentes benefícios para si.

8.6.3 Características comportamentais

Questões comportamentais relevantes para a segmentação dos mercados industriais podem incluir características pessoais dos compradores, status e volume do produto/marca.

Características pessoais dos compradores

Embora limitados pela política da empresa e suas necessidades, bens industriais são comprados por pessoas, do mesmo jeito que bens de consumo. Mercados de bens industriais podem ser segmentados de acordo com aspectos como os seguintes:
- **Similaridade entre comprador e vendedor**: A compatibilidade da tecnologia, da cultura corporativa ou até mesmo do porte da empresa pode ser uma maneira útil de distinguir os clientes.
- **Motivação do comprador**: Os agentes de compra podem diferir na forma como comparam preços e procuram vários fornecedores alternativos, além de também poderem usar uma segunda fonte para produtos e serviços importantes em vez de confiar em contatos informais e permanecer fiéis aos atuais contatos pessoais.
- **Percepções de risco do comprador**: O estilo pessoal do indivíduo, a intolerância ou ambiguidade, a autoconfiança e o status dentro da empresa podem também constituir uma diferença importante.

Por exemplo, durante muitos anos na indústria de computadores, a IBM concentrou-se em compradores de grandes empresas, fornecendo treinamento e apoio ao desenvolvimento da carreira, para a construção da 'loja fechada da IBM', da qual outros fornecedores foram assim excluídos.

Status e volume de marca/produto

Os usuários de um determinado produto, marca ou fornecedor podem ter coisas em comum que os tornem um alvo. Por exemplo, o cliente pode diferir na taxa e na extensão da adoção de novos equipamentos de segurança nas fábricas. Empresas leais a um concorrente específico podem ser um alvo — por exemplo, para atacar fraquezas do concorrente naquele produto ou serviço. Os clientes atuais podem ser diferentes de um segmento de clientes potenciais ou de clientes perdidos.

Usuários de alto volume do produto podem ser diferentes dos usuários médios e baixos na forma como eles compram. Ainda mais do que nos mercados de consumo, a regra do 80/20 (80% das vendas tipicamente representadas por apenas 20% dos clientes) pode dominar um mercado industrial. Identificar os principais compradores de produtos e serviços adquiridos por meio do volume pode ser particularmente útil. Também de interesse pode ser o uso final do produto ou serviço. Quando, por exemplo, o consumidor final puder ser identificado, trabalhar de trás para a frente em relação à cadeia de vendas do produto pode sugerir uma estratégia de segmentação sensata.

O mercado de tintas, por exemplo, pode ser segmentado em vários níveis. O primeiro nível pode ser dividido em 'tintas decorativas', usadas principalmente em edifícios, e 'tintas industriais', utilizadas em produtos manufaturados. Tintas industriais em geral representavam 24% do volume do mercado britânico; as para a indústria automobilística, 14%; as de decoração profissional, 42%; e as tintas decorativas para clientes do tipo faça você mesmo, 22%. A demanda por tintas veiculares se relaciona com as vendas de automóveis (demanda derivada) e está intimamente ligada à demanda desse mercado. No setor de tintas industriais em geral, existem vários segmentos especializados, tais como revestimentos marinhos. Aqui o uso do produto final determina o tipo de pintura e suas propriedades e é o método básico para a segmentação.

8.6.4 Resumo das bases para segmentar mercados industriais

As bases de segmentação disponíveis para o marketing industrial seguem o comportamento de compra industrial, assim como os que estão no mercado de consumo acompanham o comportamento de compra dos consumidores. No entanto, devido à presença de clientes individuais particularmente grandes em muitos mercados empresariais, a segmentação baseada no uso é muitas vezes utilizada. Para empresas menores, a segmentação geográfica pode ser atraente, limitando seus mercados àqueles que são mais facilmente atendidos. Finalmente, entretanto, tanto no mercado industrial quanto no de consumo, a razão básica para a segmentação é que existem grupos de compradores com diferentes necessidades ou desejos (benefícios pretendidos), e é a segmentação com base nessas necessidades e desejos que oferece a abordagem mais acertada para aplicar o conceito de marketing.

8.7 IDENTIFICAÇÃO E DESCRIÇÃO DOS SEGMENTOS DE MERCADO

Ficará claro a partir do exposto anteriormente que a primeira tarefa que o administrador enfrenta é a de decidir em quais bases segmentar o mercado. Se as características básicas ou do uso do produto forem selecionadas em muitos mercados, a segmentação pode ser realizada a partir de fontes secundárias (por exemplo, o TGI ou índices de audiência nos mercados consumidores ou a SIC ou o Kompass nos mercados industriais). Se a segmentação é baseada nas atitudes, no entanto, muitas vezes não haverá dados disponíveis o suficiente em fontes secundárias. Nesses casos, a investigação preliminar será necessária.

Um estudo de segmentação primária típico pode incluir a pesquisa qualitativa inicial para identificar grandes benefícios para os usuários e compradores do produto ou serviço em questão. A pesquisa qualitativa seria seguida por uma quantitativa para estimar o tamanho dos segmentos potenciais e para descrevê-los ainda mais em termos de outras características básicas. Essa abordagem metodológica é descrita na obra pioneira de Haley (1968).

8.7.1 Segmentação de primeira ordem e de segunda ordem

Há um equívoco frequente entre os administradores de marketing sobre o que constitui um segmento de mercado.

No marketing de consumo, em particular, muitos gerentes descreverão a segmentação de seu mercado e de seus mercados-alvo selecionados em termos de características básicas do cliente. Assim, por exemplo, um comerciante de vinhos de qualidade pode descrever a segmentação do mercado em termos de classe social, sendo que seu principal alvo são as classes ABC1. A partir de nossa discussão anterior, porém, podemos ver que essa forma de segmentar o mercado é adequada somente se todos os membros do grupo ABC1 compram vinho de qualidade pelas mesmas razões e da mesma forma. Quando a utilização/benefício da compra do vinho difere substancialmente dentro de uma determinada classe social, existe a possibilidade de segmentar o mercado de uma forma mais específica. Na realidade, a maneira mais específica de segmentar os mercados é pela abordagem orientada para o mercado de agrupar os clientes que estão procurando os mesmos benefícios na utilização do produto ou serviço. Todas as outras bases de segmentação dos mercados são na realidade uma aproximação dessa base. O comerciante de vinhos presume que todos os ABC1s procuram benefícios semelhantes nos vinhos que compram. Nesse caso, a segmentação por uso/benefício pode ser referida como a **segmentação de primeira ordem**. Qualquer tentativa de um segmento de mercado deve começar procurando por segmentos de uso/benefício diferente.

Dentro de segmentos identificados por uso/benefício, no entanto, poderia haver um grande número de clientes com características básicas, hábitos de mídia e níveis de consumo muito diferentes, por exemplo. Especialmente quando há muita concentração de ofertas tentando servir o mesmo uso/benefício daquele segmento, subsegmentos dentro do segmento podem fazer sentido. Subsegmentos, por exemplo, que compartilham hábitos comuns de mídia podem formar metas mais específicas para a oferta da empresa. Essa segmentação dentro do segmento de uso/benefício pode ser chamada de **segmentação de segunda ordem**. A segmentação de segunda ordem é usada para melhorar a capacidade da empresa de adaptar o composto do marketing dentro de um segmento de primeira ordem.

No exemplo do vinho, o gerente de marketing pode ter identificado uma segmentação de primeira ordem em termos de usos a que o vinho se propõe (por exemplo, como um acompanhamento de refeição, como uma bebida de família, como uma bebida social, como ingrediente na culinária). O nível de qualidade do vinho pode sugerir o uso, no segmento de primeira ordem, como acompanhamento de refeição. Em seguida, outras pesquisas revelariam, dentro desse segmento, quais são os requisitos adicionais de benefício (por exemplo, faixas de preços que clientes individuais estão dispostos a considerar, características preferidas no vinho etc.).

Tendo refinado o alvo ao corresponder a oferta da empresa com as exigências do grupo específico de clientes, o profissional de marketing ainda pode encontrar uma grande variedade de clientes em potencial para seus vinhos. Dentro do segmento de primeira ordem identificado, podem ser identificados subsegmentos baseados em características demográficas (por exemplo, classe social AB, com idades entre 35 e 55 anos, comprador do sexo masculino), permitindo um melhor refinamento da estratégia de marketing.

8.8 OS BENEFÍCIOS DE SEGMENTAR MERCADOS

Há uma série de importantes benefícios que podem ser derivados de uma segmentação de mercado, resumidos nos seguintes termos:

- A segmentação é uma abordagem particularmente útil para o marketing de pequenas empresas. Ela permite ajustar os mercados-alvo com as competências da empresa (Capítulo 6) e torna mais provável que a pequena empresa possa criar um nicho defensável no mercado.
- Ela ajuda a identificar lacunas no mercado, ou seja, áreas não atendidas ou mal segmentadas, que podem servir como alvos para o desenvolvimento de novos produtos ou para a extensão de produtos ou serviços existentes.
- Em mercados maduros ou em declínio, talvez seja possível identificar segmentos específicos ainda em crescimento. Concentrar-se em segmentos em crescimento quando o mercado global está em declínio é uma importante estratégia nos estágios avançados do ciclo de vida do produto.
- A segmentação permite ao profissional de marketing ajustar melhor o produto ou serviço com as necessidades do mercado-alvo. Dessa forma, pode-se construir uma posição competitiva mais forte (Jackson, 2007 para a importância de as empresas determinarem sua posição estratégica no mercado). Isso é particularmente importante na era da Internet, em que as empresas competem em uma comunidade grande e heterogênea (Barnes et al., 2007).
- Os perigos de não segmentar o mercado quando os concorrentes o fazem também devem ser enfatizados. As vantagens competitivas referidas anteriormente podem ser perdidas para os concorrentes se a empresa deixar de aproveitá-las. Pode acabar em maus lençóis a companhia que pratica uma estratégia de marketing de massa em um mercado claramente segmentado, em que os concorrentes operam com uma estratégia focalizada.

8.9 IMPLEMENTANDO A SEGMENTAÇÃO DE MERCADO

Também é importante notar que há indícios de que as empresas frequentemente têm dificuldades para implementar estratégias baseadas na segmentação e não conseguem atingir os potenciais benefícios descritos anteriormente (por exemplo, Piercy e Morgan, 1993; Dibb e Simkin, 1994) — essa é a diferença entre a segmentação como um modelo normativo e como uma realidade empresarial (Danneels, 1996).

8.9.1 O escopo e o propósito da segmentação de mercado

Há um crescente reconhecimento de que abordagens convencionais podem não dar atenção suficiente à identificação do escopo da segmentação do mercado (Plank, 1985). De fato, um documento pioneiro da Wind (1978) propôs que, na seleção de abordagens de segmentação, é necessário distinguir entre a segmentação que tem como meta obter uma compreensão geral do mercado e ser utilizada para estudos de posicionamento e a segmentação relacionada a decisões do programa de marketing sobre novos lançamentos de produtos, apreçamento, propaganda e distribuição. Essas aplicações são todas válidas e úteis na análise de segmentação, mas são fundamentalmente diferentes.

8.9.2 Níveis de segmentação estratégicos, gerenciais e operacionais

Uma abordagem para tornar mais claro o escopo da segmentação do mercado é distinguir os diferentes níveis de segmentação, na forma mostrada na Figura 8.5 (Piercy e Morgan, 1993).

Essa abordagem é semelhante à distinção de segmentação de primeira e de segunda ordem feita anteriormente, mas vai mais longe ao relacionar os níveis de segmentação com as questões organizacionais, bem como com os problemas dos clientes. A natureza dos diferentes níveis de segmentação pode ser descrita da seguinte forma:

- A **segmentação estratégica** está relacionada a questões de gerenciamento da intenção estratégica e da missão empresarial, com base no uso do produto/serviço e nos benefícios para o cliente.

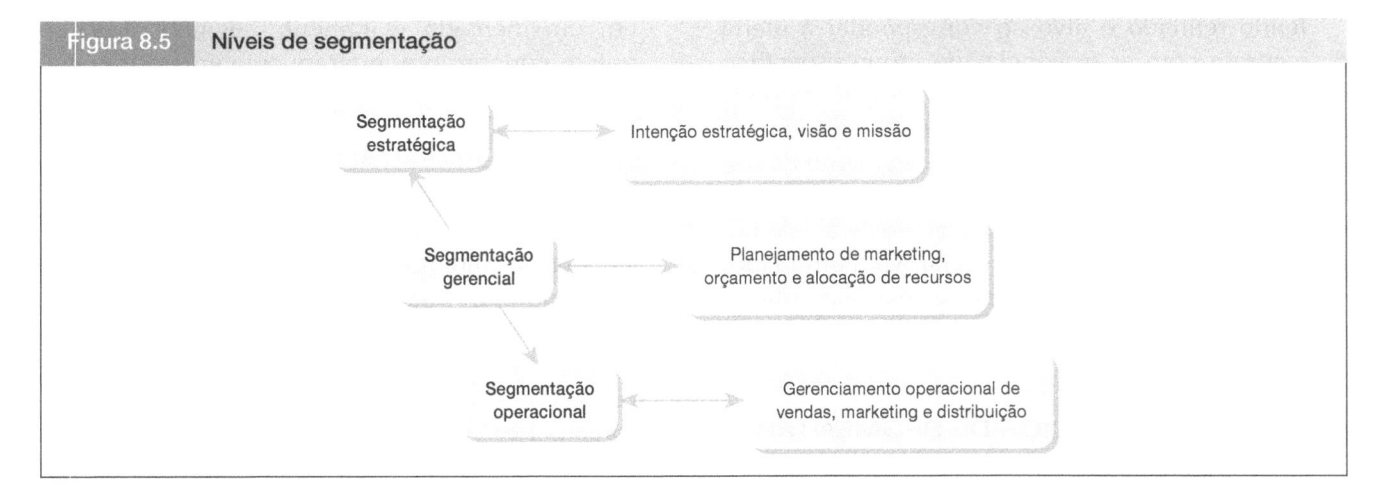

Figura 8.5 Níveis de segmentação

- Segmentação estratégica ↔ Intenção estratégica, visão e missão
- Segmentação gerencial ↔ Planejamento de marketing, orçamento e alocação de recursos
- Segmentação operacional ↔ Gerenciamento operacional de vendas, marketing e distribuição

- A **segmentação gerencial** está relacionada principalmente com o planejamento e com a alocação de recursos, tais como os orçamentos e pessoal direcionados aos alvos do mercado.
- A **segmentação operacional** enfoca a questão de direcionar a comunicação de marketing e os esforços de vendas para os canais de distribuição para que atinjam e influenciem os mercados-alvo (e suas subdivisões).

Essas diferenças são importantes para visualizar como a segmentação pode contribuir para a construção da estratégia de marketing e do posicionamento competitivo, mas também para compreender as origens dos problemas de implementação de estratégias baseadas em segmentação. Por exemplo, quando o gerente responsável pelo marketing de escapamentos de carro para reposição agrupa seus clientes em função de seus receios, de seu desconhecimento e de sua dependência do transporte em vez de agrupá-los de acordo com suas exigências por diferentes especificações e engenharia do produto, o gerente de marketing está se preocupando em criar um novo entendimento do mercado (segmentação estratégica), e não um modelo para a aplicação detalhada dos recursos de marketing (segmentação operacional).

Quando o diretor de um banco corporativo olha para seu mercado em termos das necessidades dos clientes por serviços financeiros estratégicos com base nas estratégias corporativas de seus próprios clientes (Carey, 1989), o objetivo é criar uma estrutura para a estratégia, não um mecanismo para alocar a propaganda e a equipe de vendas.

Por outro lado, quando publicitários e gerentes de vendas descrevem os compradores em termos de grupos socioeconômicos, de localização geográfica ou de setor, estão preocupados com o direcionamento eficaz da publicidade, da promoção de vendas e dos recursos de vendas e de distribuição, e não em descrever segmentos de mercado baseados em benefícios para o cliente. Estudos de segmentação de mercado que descrevem os grupos de consumidores em termos de comportamento frente à mídia — por exemplo, 'rejeitam as mídias tradicionais', 'levemente influenciados pela mídia', 'com 30 e poucos anos' e assim por diante (Laing, 1991) — estão preocupados com a eficácia operacional, não com o posicionamento estratégico.

Confundir esses papéis muito diferentes de segmentação pode ser o motivo de a segmentação muitas vezes ser vista como um fracasso nas organizações:

Esforços malsucedidos de segmentação tendem a cair em uma de duas categorias: a dominada pelo profissional de marketing, com poucos dados para apoiar suas recomendações; ou a puramente estatística, que identifica muitas diferenças de consumo que não são pertinentes para os objetivos da empresa.

(Young, 1996)

A consequência é que esclarecer o papel e a finalidade de uma abordagem de segmentação pode ser importante para evitar expectativas irreais. No entanto, é evidente que as estratégias baseadas em segmentação algumas vezes falham na fase da implementação.

8.9.3 Origens de problemas de implementação

O reconhecimento dos problemas de implementação nas estratégias baseadas na segmentação pode ser identificado historicamente: Wind (1978) observou que pouco se sabia sobre como traduzir pesquisa de segmentos em estratégias de marketing; Young *et al.* (1978) acusaram profissionais de marketing de estarem preocupados com a técnica de segmentação em vez de com sua aplicabilidade; Hooley (1980) afirmou que as falhas de segmentação eram culpa do uso de técnicas analíticas pelo interesse nas próprias técnicas e também culpa da má comunicação entre gerentes e pesquisadores de marketing. Shapiro e Bonoma (1990) escreveram: "Muito tem sido dito sobre a estratégia de segmentação, mas pouco sobre sua implementação, administração e controle", o que ainda parece uma conclusão válida.

Piercy e Morgan (1993) tentaram catalogar as origens dos erros de implementação das estratégias baseadas em segmentação, e essas questões fornecem uma maneira adicional de avaliar a adequação de um modelo de segmentação gerado pela pesquisa de mercado. Questões a serem avaliadas incluem as seguintes:

- **Estrutura da organização**: As empresas tendem a organizar-se em departamentos funcionais e subunidades de um tipo ou de outro, dependendo de sua atribuição de tarefas e do modo como lidam com o ambiente externo. Uma abordagem de benefícios ao cliente para estabelecer mercados-alvo pode ultrapassar essas divisões internas — pode não se encaixar com a competência dos departamentos ou das organizações regionais de vendas e de marketing. Segmentos-alvo que ficam entre diferentes departamentos e regiões podem ser desprezados e não pertencer a ninguém; assim, as estratégias criadas em torno delas falhará. É preciso calcular cuidadosamente a forma como os segmentos-alvo poderão coincidir com a estrutura interna da organização.
- **Política interna**: Young (1996) argumenta que a segmentação estratégica é essencialmente uma atividade interfuncional, exigindo conhecimento e envolvimento de muitos especialistas em diversas funções. Se as funções não podem colaborar ou trabalhar juntas porque as pessoas estão lutando por poder e para reter seus conhecimentos e competências, a estratégia de segmentação provavelmente falhará. Se a estratégia baseada em segmentação depende da colaboração e da cooperação interna, é preciso ter certeza que isso pode ser alcançado; senão, a estratégia falhará.
- **Cultura corporativa**: Em algumas circunstâncias, a segmentação por benefícios ao cliente é inaceitável para as pessoas dentro de uma organização porque não é a forma como elas entendem o mundo. Organizações dominadas por fortes grupos profissionais frequentemente têm dificuldades para entender a segmentação por benefícios ao cliente — exemplos são empresas tradicionais de serviços financeiros e de serviços tais como direito e contabilidade. O problema será superar as preferências dos gerentes de banco por uma 'gestão financeira prudente', para desenvolver o foco no cliente.
- **Informação e comunicação**: Novos esquemas de segmentação podem não se encaixar com os sistemas de informação e de comunicação existentes. Isso talvez dificulte a avaliação do valor dos segmentos-alvo ou a atribuição de responsabilidades e o monitoramento do desempenho ao fazer negócios com eles.
- **O processo de decisão**: Se os esquemas de segmentação identificam novos mercados-alvo que não são reconhecidos nos planos (eles não fazem parte do mercado atualmente atendido, estão espalhados por todos os segmentos-alvo existentes aos quais já se atribuiu uma responsabilidade ou são classificados dentro de um segmento existente), então podem ser ignorados no processo de planejamento e no momento em que os planos são implementados. Da mesma forma, os segmentos-alvo que não são reconhecidos pelos processos de alocação de recursos existentes poderão enfrentar dificuldades na obtenção de um orçamento de marketing. Deve-se examinar com cuidado a forma como uma abordagem para a nova segmentação pode ser integrada com o planejamento, com o orçamento e com os sistemas de avaliação.
- **Capacidades das empresas**: É muito fácil para pesquisadores e analistas de marketing estabelecerem mercados-alvo atraentes, mas uma empresa pode ter pouca base para realizar uma vantagem competitiva, simplesmente porque não tem as capacidades para lidar com esse tipo de cliente (veja Capítulo 6).
- **Sistemas operacionais**: A segmentação estratégica pode falhar porque subestima os problemas operacionais enfrentados para transformar a estratégia de segmentação em realidade efetiva: Os vendedores conseguem lidar com esse cliente-alvo? Temos acesso aos canais de distribuição de que precisamos? Temos conhecimento para desenvolver e aplicar propaganda e promoção baseadas nesse segmento? Temos uma pesquisa de mercado organizada em torno do segmento-alvo para que possamos identificá-lo, medir as oportunidades e avaliar o progresso? Temos os meios técnicos de estabelecer preços diferentes para diferentes tipos de clientes se necessário? Devemos olhar com muito cuidado as capacidades operacionais que temos em vendas, publicidade, promoção e distribuição e questionar sua

capacidade de adaptação a uma nova estratégia baseada em segmentação.

Muitas dessas questões ficam encobertas e escondidas dentro da organização, mas ignorá-las é colocar a estratégia em risco. Uma proposta é que, além da avaliação convencional do mercado-alvo, cada alvo em potencial seja testado quanto à compatibilidade interna, tal como sugerido na Figura 8.6.

Essa análise pode sugerir que alguns mercados-alvo não são atrativos porque têm um ajuste ruim com estruturas e processos da empresa, ou mesmo que a empresa não é capaz de implementar uma estratégia baseada em segmentação no momento. Também será possível identificar áreas que precisem ser alteradas para que se atinja o segmento-alvo de forma eficaz.

Figura 8.6 Atratividade do segmento de mercado e força dos recursos organizacionais

	Força dos recursos da organização	
Atratividade do segmento de mercado	**Alta**	**Baixa**
Alta	**Melhores perspectivas** Segmentos atrativos que se encaixam bem nos recursos da organização	**Construir forças antes** Mercados atrativos, mas com ajuste ruim aos recursos organizacionais
Baixa	**Perspectivas ruins** Segmentos não atrativos que se ajustam bem aos recursos da organização	**Piores perspectivas** Segmentos não atrativos com ajuste ruim aos recursos da organização

RESUMO

Em mercados cada vez mais fragmentados, os profissionais de marketing tanto do mercado consumidor quanto do industrial estão se voltando cada vez mais para os métodos de segmentação de mercado com o objetivo de identificar os melhores alvos. Ao abordar a segmentação do mercado, as empresas devem enfrentar a metodologia por vezes bastante sofisticada da segmentação, testar os mercados-alvo definidos e tomar a decisão de segmentação estratégica sobre como usar um modelo de segmentação no desenvolvimento de sua estratégia de mercado.

Isso sugere que uma das decisões mais importantes enfrentadas é a seguinte: "Segmentar com base em quê?". Vimos que há um grande potencial para muitas bases de segmentação dos mercados de consumo e industriais e para o marketing de produtos e serviços (e sem fins lucrativos).

Provavelmente a melhor abordagem de segmentação para permitir a aplicação total do conceito de marketing é a segmentação por uso/benefícios, inicialmente sugerida por Haley (1968). Embora ela exija uma investigação preliminar considerável, compreender os benefícios que os clientes obtêm na compra e/ou no consumo de produtos e serviços é fundamental para projetar uma estratégia de marketing integrada.

É possível obter benefícios substanciais ao basear a estratégia de marketing em uma rigorosa segmentação de mercado. No entanto, as questões organizacionais que influenciam a implementação de estratégias baseadas em segmentação também devem ser avaliadas para testar a compatibilidade interna em relação aos segmentos-alvo e aos custos de mudanças organizacionais que podem estar envolvidas nas estratégias de marketing baseadas em segmentação.

O próximo capítulo, a respeito da pesquisa de segmentação, concentra-se na metodologia para o desenvolvimento de bases de segmentação.

Disputa em um mercado fragmentado: como atingir o público infantil e adolescente

Estudo de caso brasileiro

A fragmentação dos mercados é uma realidade das últimas décadas que levou ao surgimento de diversas empresas que aprenderam a explorar os diferentes novos segmentos. Uma tendência cultural nesse período foram a crescente autonomia das crianças, que passam a ter mais voz na vida da família, e o maior poder aquisitivo, decorrente de mesadas dos pais, presentes em dinheiro de outros parentes, como tios e avós, além de uma renda extra com trabalhos caseiros. No Brasil, crianças até 14 anos, segundo o IBGE, representam cerca de 30% da população brasileira e consomem anualmente cerca de R$ 50 bilhões.

Foi de olho nesse segmento que a Viacom Networks lançou em 1998 no Brasil o canal fechado segmentado Nickelodeon. O grupo, que já havia lançado a MTV no Brasil em 1990, esperava repetir a experiência e o sucesso. Os primeiros anos foram de resultados instáveis, com quedas na receita publicitária até 2001, quando a então presidente da MTV Networks Latin America, a cubana Antoninette Zel, decidiu intensificar o investimento no Brasil.

A estratégia foi a de buscar novos nichos dentro do segmento e de aumentar a oferta de produtos e serviços, em particular por meio de licenciamentos. Zel percebeu que somente o canal a cabo não era suficiente para gerar os resultados desejados, já que seu acesso ainda era restrito para a população brasileira. As altas mensalidades e taxas cobradas por pontos extras foram um dos principais fatores a conter o crescimento desse tipo de mídia, que pouco cresceu na última década, passando de 10% dos domicílios em 2002 para cerca de 14% em 2010.

Já nos primeiros meses de 2002, observou-se um crescimento no faturamento devido às novas fontes de receita, como o licenciamento, por exemplo, de brinquedos do Jimmy Neutron, lençóis dos bebês Rugrats e material escolar dos Anjos, entre muitos outros. A venda de blocos de séries para TVs abertas também gera receita adicional, assim como sua revista, *Nickelodeon Magazine*, lançada em 2003.

Porém, o principal astro da Nickelodeon é um personagem lançado em 1999, criado pelo biólogo marinho e cartunista Stephen Hillenburg. Bob Esponja Calça Quadrada, uma esponja do mar dentuça que usa gravata e calça quadrada, foi o principal sucesso dessa nova fase e o grande condutor do crescimento do canal, alimentado pelos licenciamentos. Repetindo sempre seu bordão "Não se preocupe, eu vou ficar bem" e o constante apelo para o *nonsense* — como a chuva no fundo do mar —, o personagem atraiu crianças e adultos e tornou-se líder nas faixas etárias a partir de 2 anos.

Estima-se que o faturamento anual com o licenciamento no Brasil seja em torno de US$ 3,5 bilhões e que Bob Esponja e seus colegas personagens do canal conquistem cerca de US$ 200 milhões a cada ano. Bob possui desde os produtos mais comuns, como bonecos, cadernos, agasalhos e videogames, até outros mais criativos, como cadeiras, tesouras, talheres para crianças lançados pela Tramontina e o panetone em lata do Pão de Açúcar — que teve 0% de devolução, enquanto a média desse mercado é de 8%. O mesmo sucesso foi repetido com o ovo de páscoa quadrado.

Já o filme do personagem faturou mais de US$ 120 milhões nas bilheterias de todo o mundo, tendo sido assistido no Brasil por mais de 1,2 milhão de pessoas. Todo esse sucesso no Brasil fez com que a subsidiária brasileira represente cerca de 25% do faturamento na América Latina.

Mas o sucesso não veio sem problemas. A empresa hoje é muito dependente do faturamento com o personagem, que chega a 40% da sua receita. O personagem atrai mais o público masculino, deixando o segmento exposto à ação dos concorrentes, que não perderam tempo e estão reagindo. O poderoso e tradicional canal Disney contra-atacou em seu ponto fraco, lançando as franquias *Hannah Montana* e *High School Musical*, com grande penetração no público feminino. A Televisa também se mostrou uma forte concorrente com a série *Rebeldes*.

Em 2007, a Disney lançou um ataque mais direto, voltado ao público infantil masculino, com a animação *Phineas e Ferb*, exibida nos canais Disney Channel e Disney Channel XD e, por algum tempo, também na TV aberta. Seguiram-se nos Estados Unidos parcerias com as grandes redes de varejo para o lançamento dos mais diversos produtos licenciados, de bonecos a queijos e macarrão.

A Nickelodeon estendeu sua estratégia a outros subsegmentos do segmento infantil, lançando em 2007 nos Estados Unidos e logo a seguir no Brasil a série *iCarly*. Trata-se da história da garota Carly Shay, que mora em um apartamento tríplex com seu irmão. A série *Isa TKM* foi lançada no Brasil em 2009 e conta a história de Isabella Pasquali, garota de 14 anos que começa a descobrir a vida adolescente. As duas séries buscam atingir o público feminino entre 8 e 17 anos, reduzindo a dependência de Bob Esponja, e ampliar o apelo do canal a novas faixas etárias. As personagens são modernas, conectadas e abrem oportunidade para o licenciamento de novas categorias de produtos, como iPods, filmadoras e tocadores de MP3, e para a penetração em canais diferenciados como as *megastores*, onde esse novo público está presente.

Hoje a Nickelodeon tem conteúdo e produtos para toda a família, desde o público pré-escolar, passando por crianças e pré-adolescentes e atingindo até o público juvenil, com apelo também para os adultos. O portfólio de personagens licenciados inclui os Backyardigans; Dora, A Aventureira; Ni Hao, Kai-Lan; Bob Esponja; Os Pinguins de Madagascar; iCarly; e Isa TKM. Para 2011, estão previstos cinco lançamentos.

Na faixa pré-escolar, de 2 a 5 anos, entrará o desenho de animação *Team Umizoomi*, que ensina os primeiros conceitos de matemática de forma interativa, pedindo para as crianças repetirem palavras ou responderem perguntas.

Na faixa de 6 a 11 anos, será lançado *Fanboy e Chum Chum*, uma combinação de animação tradicional com imagens geradas por computador que mostra as aventuras de dois grandes amigos apaixonados por histórias em quadrinhos, heróis e ficção científica.

Na faixa de crianças entre 7 e 12 anos, permanecem as séries *live action* como *iCarly* e as novelas musicais *Isa TKM* e *Isa TK+* (desmembramento da primeira). Porém, também nesse segmento estreará outra novela musical, *Sonha comigo*, sobre os sonhos de um grupo de adolescentes. A série conta a história da cantora Clara, que é adorada por seus amigos, e de Luca, que sonha em ser músico. Outra a estrear em breve é *Brilhante Victória*, sobre uma jovem talentosa que passa a estudar em uma escola de artistas onde poderá desenvolver todo seu potencial para brilhar no mundo do *show business*.

No segmento adolescente, de 12 a 17 anos, estreou recentemente a série *Big Time Rush*, desmembramento do filme do mesmo nome, que conta a aventura de quatro adolescentes que procuram fama musical em Hollywood.

Questões para discussão

1. O mercado infantil/adolescente é muito fragmentado. De que outras formas ele poderia ser dividido?
2. Quais os benefícios para a Nickelodeon e a Disney em trabalhar com ofertas segmentadas?
3. Considerando as características desse segmento, quais outros produtos licenciados poderiam ser desenvolvidos?

Capítulo 9

Pesquisa de segmentação e de posicionamento

Os pesquisadores anseiam por encontrar uma fórmula mágica que segmentará o mercado de modo lucrativo para qualquer caso e sob todas as circunstâncias. Como o alquimista medieval à procura da pedra filosofal, essa busca está fadada a terminar em vão.

Baumwoll (1974)

INTRODUÇÃO

Enquanto o capítulo anterior tratou dos conceitos e princípios que sustentam as principais questões estratégicas do posicionamento competitivo e da segmentação de mercado, este abordará a pesquisa e as técnicas de modelagem aplicáveis à avaliação dessas questões do ponto de vista operacional.

A primeira seção do capítulo foca a pesquisa de segmentação e, em particular, o questionamento crucial de seguir ou não uma abordagem baseada em segmentos e, em caso afirmativo, se ela se baseará *a priori* em algum plano predefinido de segmentação ou se será desenvolvida *post hoc*, com base em pesquisa criativa e empírica. A segunda parte do capítulo volta-se para a pesquisa de posicionamento, que com frequência pode ser conduzida em paralelo à de segmentação, com a aplicação de técnicas qualitativas, como discussões de grupo e entrevistas em profundidade, em conjunto com métodos de modelagem quantitativa, como mapas perceptuais por meio de escalonamento multidimensional.

O processo de identificar mercados-alvo potenciais pode ser um dos aspectos mais criativos do marketing. Não existe um único 'jeito certo' de segmentar nenhum mercado. Cada empresa pode adotar uma abordagem diferente no mesmo mercado. Todas podem ser intrinsecamente válidas, mas cada qual deve levar a uma conceitualização diferente do mercado e, por conseguinte, a uma abordagem de marketing e uma estratégia diferentes. O aspecto criativo da pesquisa de segmentação está em identificar um novo modo de conceituar o mercado, um que propicie vantagem competitiva em relação às escolhas da concorrência.

De modo geral, são adotadas duas amplas abordagens à pesquisa de segmentação. A primeira é a abordagem *a priori*, que implica o uso de um plano de segmentação 'pronto para uso', tais como as classificações socioeconômicas ou geodemográficas. As principais características desse enfoque são que o plano de segmentação é conhecido antecipadamente e que o número de segmentos é predeterminado pelo método escolhido. Por sua própria natureza, a **segmentação *a priori*** utiliza métodos que são de domínio público e, portanto, também estão disponíveis aos concorrentes.

A segunda abordagem é a segmentação **post-hoc** ou **baseada em conglomerados** (*clusters*). Nela, não se conhece previamente o plano final de segmentação nem o número adequado de segmentos. Os critérios são definidos previamente, mas costumam ser multidimensionais (por exemplo, dados de uso e atitudinais). A seguir, os dados são coletados com base nesses critérios (por meio da aplicação de pesquisa de mercado qualitativa e/ ou quantitativa) e analisados para identificar os padrões ou a estrutura subjacentes. O método de segmentação surge da análise de dados, refletindo os padrões identificados na resposta. A análise de dados é em parte ciência (pelo uso de técnicas estatísticas) e em parte arte (pelo julgamento de quais critérios incluir e como interpretar o resultado). Desse modo, é bem provável que o plano de segmentação resultante seja único para uma determinada análise. Isso possibilita examinar o mercado de novo e identificar novas oportunidades não necessariamente percebidas pela concorrência. Também, é claro, requer que qualquer plano de segmentação criado seja rigorosamente testado para assegurar que não seja o resultado apenas do conjunto de dados ou da técnica analítica empregados.

Após discutir as abordagens de segmentação, o capítulo trata dos métodos alternativos de pesquisa e de apresentação do posicionamento de mercado. Duas grandes abordagens são analisadas. Primeira, o uso de métodos **qualitativos** de pesquisa para revelar marca, produto e imagem corporativa. Esses enfoques são particularmente populares no desenvolvimento de campanhas publicitárias. Segunda, são exploradas as abordagens **quantitativas** para modelagem de posições, desde a simples descrição de perfil por meio de escalas de diferencial semântico ou similares, passando pela modelagem mais complexa disponível e indo até as técnicas de escalonamento multidimensional e de mapas perceptuais.

SEGMENTAR OU NÃO SEGMENTAR? EIS A QUESTÃO

Embora constitua uma parte central da maioria dos programas de marketing, há circunstâncias em que a segmentação pode não ser apropriada. Por exemplo, pode ser que as necessidades e desejos dos consumidores em um mercado particular sejam essencialmente homogêneos e, portanto, que ofertas semelhantes atraiam o mercado como um todo. Ou então pode ser que os custos associados à busca de segmentos individualizados de mercado com programas de marketing customizados ultrapassem seu valor econômico a longo prazo.

Uma empresa que adote uma abordagem segmentada deve escolher entre um segmento de mercado único ao qual visar e, portanto, ter um composto de marketing que seja inadequado a outros consumidores, ou desenvolver uma série de compostos de marketing que sejam apropriados aos segmentos de clientes com necessidades diferentes. No varejo britânico, ambas as abordagens foram claramente usadas pela Next, que expandiu suas cadeias de lojas para atender às necessidades crescentes de jovens profissionais, e pelo Burton Group, que utilizou as lojas Top Shop, Evans, Harvey Nichols etc., com posicionamentos diferentes, para atrair uma variedade de segmentos.

Ambas as abordagens possuem limitações, dependendo dos objetivos de longo prazo das empresas. As empresas de foco único têm limitações de potencial porque o próprio segmento de mercado é limitado. Se os objetivos corporativos forem de expansão e crescimento, eles podem ser restringidos pelo tamanho do mercado-alvo. Isso, é claro, não representaria um grande problema para um negócio de pequeno ou médio porte que seguisse o dito *pense pequeno — permaneça pequeno*. Uma empresa que adote o enfoque de múltiplos segmentos pode enfrentar deseconomias ao administrar, suprir e promover de modo diferente cada segmento escolhido. Em alguns casos, uma alternativa econômica consiste em usar um composto indiferenciado destinado a atrair o máximo possível de segmentos. A empresa não ajusta sua oferta a um segmento qualquer, mas nutre a expectativa de ser atraente para um número suficiente de consumidores de todos os segmentos, com um único composto. Ela pode, portanto, beneficiar-se das economias de escala em uma operação única, mas pode ser prejudicada pela 'mesmice do composto', deixando de satisfazer plenamente aos consumidores em cada segmento, ou por concorrentes mais bem posicionados.

A conveniência de segmentar ou não segmentar depende das economias de escala, do custo de desenvolvimento de compostos de marketing variados e da homogeneidade das necessidades de diferentes mercados — questões que serão aprofundadas no Capítulo 10. Tamanha é a semelhança na demanda por petróleo, por exemplo, que os produtos fornecidos pelos concorrentes convergem, na medida em que buscam desenvolver um composto com um amplo apelo de mercado. Certamente existem, sim, segmentos, mas não de magnitude ou diferença tal que justifique apelos diferenciados. As indústrias aeroespacial e automobilística atuam em mercados que são diversos, mas nos quais os custos de desenvolvimento e de manufatura são tais que é inviável desenvolver produtos que atendam exatamente todas as necessidades de mercado. As empresas de sucesso, portanto, focam uma gama relativamente pequena de produtos com variações que satisfazem às preferências de cada consumidor.

No entanto, até nos mercados que, em sua essência, não demandem segmentação costuma haver oportunidades de pequena escala para que as empresas prosperem adotando uma estratégia de foco. Dentre os exemplos, podemos citar a Aston Martin (atualmente pertencente à Ford) e a Morgan Cars no mercado de automóveis esportivos. Portanto, mesmo nos mercados em que os principais concorrentes possam estar utilizando uma estratégia de massa, a segmentação abre oportunidades para alguns participantes menores. Em particular para empresas com pequena participação de mercado, a recomendação é: segmentar, segmentar, segmentar!

Enquanto o capítulo anterior se concentrou no conceito de segmentação e em suas possíveis bases, este segue o processo de identificar segmentos de mercado exploráveis. Primeiro, discutiremos as abordagens *a priori* de segmentação. A seguir, apresentaremos as abordagens *post-hoc*, baseadas em *clusters*. Neste último caso, adotamos um modelo desenvolvido por Maier e Saunders (1990), que aborda a pesquisa de segmentação desde a iniciação até o rastreamento final. A ampla gama de abordagens e técnicas de segmentação será discutida dentro dessa estrutura.

9.1 MÉTODOS DE SEGMENTAÇÃO A PRIORI

9.1.1 Segmentação de variável única

Os métodos *a priori*, ou prontos para uso, constituem o modo mais fácil de segmentar mercados. Em sua forma original, envolvem examinar características demográficas ou socioeconômicas e identificar quais delas formam divisões significativas e úteis no mercado. Geralmente a busca por critérios adequados é guiada por alguma expectativa de como o mercado pode ser dividido.

A principal vantagem desse método é ele poder ser executado a partir de fontes secundárias e ser diretamente relacionado à mídia e às mensagens publicitárias. No Reino Unido, estudos sobre o mercado de consumo, tais como o Target Group Index (TGI), capacitam os gerentes a identificar usuários frequentes de um grupo de produtos e vinculam isso de modo direto ao uso que fazem da mídia. Crimp (1990) cita um exemplo do TGI segundo o qual a proporção de consumidores de vinho é mais alta entre os leitores do *Daily Express* e mais baixa entre os do *News of the World* em relação à média nacional. Esses consumidores também se revelam espectadores pouco assíduos de televisão. Um gerente de marketing responsável pela venda de vinhos pode segmentar o mercado de consumo de vinho e usar os dados do TGI para ajudar a selecionar a mídia adequada para seu público.

Há casos evidentes em que uma segmentação *a priori* comprovou ser uma ferramenta poderosa. Por exemplo, a bem-sucedida Lego cuidadosamente desenvolveu brinquedos de montar adequados ao desenvolvimento de crianças desde a infância até a meia adolescência, segmentando o mercado por faixa etária. O Duplo, seu produto para a fase pré-escolar, começa com chocalhos e brinquedos de manipulação que não envolvem diretamente a montagem, mas possuem mecanismos de fixação que permitem à criança progredir para o Duplo propriamente dito (peças grandes e coloridas que podem ser montadas em todo tipo de brinquedo). O Duplo sobrepõe-se ao Lego, um sistema de peças de construção sobre o qual se ergueu o império Lego. Quase idênticas às peças do Duplo em todos os aspectos, as unidades Lego têm a metade do tamanho e, portanto, são mais adequadas à maior capacidade de manipulação da criança e permitem mais detalhes na construção. Também são inteligentemente projetadas para se encaixar nas unidades do Duplo, dessa forma permitindo fácil progressão de um para outro. À medida que as crianças crescem, podem evoluir para o Legotechnic e outras variações especializadas, que novamente se baseiam em habilidades de manipulação, montagem e design presentes nos conjuntos anteriores.

A faixa etária também é usada como poderosa variável de segmentação no mercado de pacotes de viagens. O Club Med e o Club 18–30 destinam-se ao mercado de solteiros ou jovens casais, ao passo que a Saga Holidays visa aos adultos acima dos 50 anos.

Apesar da facilidade de uso e do apelo intuitivo, as tentativas de validar as bases demográficas e socioeconômicas no que concerne às preferências de produtos conquistaram pouco êxito. Uma das tentativas primeiramente relatadas sobre a validação dessa abordagem foi feita por Evans (1959), que buscou utilizar as variáveis demográficas para distinguir entre os proprietários de veículos Ford e Chevrolet nos Estados Unidos. Ele concluiu que:

as variáveis demográficas não constituem um indicador suficientemente eficaz para ser de uso prático... indicam mais a semelhança entre os proprietários de veículos Ford e Chevrolet do que qualquer meio para fazer a distinção entre eles. A análise de vários outros fatores objetivos também leva à mesma conclusão.

Em outros mercados, as conclusões foram similares. Algumas relações foram identificadas, entretanto não mais do que se poderia esperar que ocorresse por acaso, se os dados fossem randômicos. Infelizmente estudos seguidos só lançam dúvidas sobre a utilidade direta das características demográficas como um instrumento de previsão no que se refere à compra de produtos.

Esses achados não contestam a certeza de que alguns produtos, com público-alvo claramente definido, dependem em larga medida das características demográficas. Por exemplo, fraldas são compradas por famílias com bebês; fraldas geriátricas, por pessoas idosas; e absorventes higiênicos, por mulheres. Entretanto, as evidências parecem indicar que as características demográficas são, por si só, incapazes de distinguir entre as sutis diferenças mercadológicas, que não são explicadas pelas diferenças fisiológicas entre os seres humanos. Talvez mais limitante ainda tenha sido a descoberta de que essas características são ineficientes para diferenciar produtos individuais dentro de amplas categorias identificadas (por exemplo, marca de fralda ou lenços íntimos).

Nos mercados empresariais, talvez a variável de segmentação mais utilizada seja o código de Classificação Industrial Padrão (Standard Industrial Classification, SIC), que pode ser bastante específico. Hindle e Thomas (1994) citam o SIC nos Estados Unidos para fabricantes de alicates, cujo código completo é '342311', composto como segue:
- '34' indica a classificação para produtos manufaturados de metal.
- '2' classifica o grupo industrial como cutelaria, ferramentais manuais e ferragens.
- '3' indica o setor específico de ferramentais manuais e de corte.
- '1' indica a classe de produto de ferramentas para serviços manuais de mecânica.
- '1' indica o produto — alicates.

Ao selecionar o código de classificação industrial, um profissional de marketing é capaz de identificar outros negócios que podem ser muito receptivos a suas ofertas. Também nesse caso, contudo, para empresas que vendem produtos ou prestam serviços que podem pertencer a diversas classificações industriais (tais como material de escritório, ferramentas mecânicas ou serviços de consultoria), o código de classificação pode ser de pouco valor prático como base para segmentação. Embora deem a impressão de serem detalhados (com classificações de seis dígitos), os códigos não oferecem muitas indicações de por que certos produtos são comprados ou o que atrai cada consumidor.

9.1.2 Métodos *a priori* com variáveis múltiplas

Recentemente os tradicionais meios demográficos e socioeconômicos de segmentação pronta para uso foram complementados por métodos mais sofisticados promovidos, ao menos no mercado de consumo, por agências de propaganda e pesquisa de mercado. Eles abrangem os métodos subjetivos e as medidas objetivas específicas de mercado discutidos no Capítulo 8. A distinção entre essas abordagens e aquelas discutidas há pouco é que critérios múltiplos são analisados simultaneamente e que segmentos são criados com base nesses indicadores múltiplos. Uma série de instrumentos de classificação de consumidores tem sido sugerida, como ACORN, MOSAIC e VALS. Essas ferramentas foram criadas por meio da análise de grandes bases de dados (nos casos mencionados, dados de dois censos oficiais) utilizando-se técnicas de análise de conglomerado. Ainda são consideradas *a priori* porque, uma vez formadas, são disponibilizadas para pronto uso de quaisquer usuários das referidas agências.

Pioneiro dentre as técnicas *a priori* de múltiplas variáveis foi o uso extensivo de levantamentos de personalidade nas décadas de 1960 e 1970. Nessa época, os pesquisadores buscavam identificar as tipologias de personalidade que poderiam ser relacionadas com as decisões de compra e os padrões de consumo, assim como ocorria com os fatores socioeconômicos. O marketing tomou emprestadas da psicologia as técnicas de avaliação da personalidade. Testes psicográficos, como o Edwards Personality Preference Schedule e o Catell 16 PF Inventory, foram aplicados em um contexto de marketing. Infelizmente esses testes revelaram ter somente um pouco mais de capacidade distintiva do que os menos sofisticados métodos demográficos e socioeconômicos.

Em comparação com os métodos demográficos e socioeconômicos prontos para uso, as avaliações de personalidade apresentam uma pequena vantagem, embora fraca. Eles parecem capazes de, até certo ponto, fazer a diferenciação entre alguns produtos de grande envolvimento; entretanto, mesmo nesses casos, deixam sem explicação grande parte da variância. Assim como ocorre com os métodos demográficos e socioeconômicos, aparentemente esses levantamentos apresentam maior poder de discriminação nos mercados em que sua medição tem um papel explícito, como o fumo, que reflete uma dependência de drogas, e os desodorantes, que sugerem ansiedade. Entretanto, na maioria dos casos, a sutileza da avaliação de personalidade a torna menos útil como um instrumento pronto para uso, porque as diferenças de personalidade são menos acentuadas e evidentes do que as fisiológicas, que o método demográfico pode medir. Introversão e dependência são traços de personalidade bem definidos, mas não chegam nem perto de gênero e faixa etária no que se refere à facilidade de medição e ao vínculo com o comportamento.

Enquanto os traços de personalidade eram explorados como potenciais bases de segmentação, os profissionais de marketing também experimentavam a combinação das características demográficas para criar a noção de ciclo de vida de consumidor. Nesse modelo, os atributos de idade, estado civil e tamanho da família eram combinados entre si para identificar um estágio do ciclo de vida. Essa abordagem tem sido usada em planos de marketing para férias, seguros, moradia, produtos para bebê e bens de consumo duráveis. Um lançamento mais recente é o método de classificação SAGACITY, desenvolvido pela agência de pesquisa de mercado Research Services Ltd. Esse método combina o ciclo de vida do cliente (dependente, pré-família, família e pós-família) com a renda (em boa condição de vida, em má situação) e com a ocupação (executivo, operário). Crouch e Housden (1996) listaram 12 segmentos resultantes do SAGACITY e mostraram os tipos de produto que mais provavelmente serão comprados pelos diversos segmentos.

O lançamento da base de dados geodemográfica ACORN pela empresa CACI representou um dos maiores avanços nas técnicas de segmentação e definição de mercado-alvo. Sua fonte foram os segmentos derivados das informações de censos que forneciam uma classificação de bairros com base nos tipos de moradia. Embora a medição seja rudimentar, a grande força desse serviço baseia-se na pesquisa realizada pela própria CACI para vincular os grupos de bairros aos dados demográficos e comportamentais do consumidor, além da habilidade de selecionar os domicílios-alvo. O sistema, portanto, proporciona uma associação direta entre uma segmentação pronta para uso e os indivíduos, diferentemente de métodos anteriores que forneciam somente meios indiretos de contato com segmentos demográficos ou de personalidade identificados.

Como no caso das demais técnicas a priori, a limitação do método da CACI é a variabilidade dentro dos bairros e a diversidade em seu comportamento de compra para muitas categorias de produto. English (1989) apresenta um exemplo em que cinco setores do censo — grupos de bairros com 150 domicílios cada — são classificados de acordo com técnicas geodemográficas. Dos cinco, dois foram identificados como grandes potenciais para malas diretas. Entretanto, ao se investigarem as características individuais, constatou-se que os cinco grupos continham 31, 14, 10, 10 e 7 alvos potenciais, respectivamente: os setores haviam sido classificados de acordo com o número correto de alvos potenciais, mas a classificação de bairros por si só parecia ser um método deficiente para definir mercados-alvo. Com apenas 31 clientes altamente potenciais localizados no setor mais favorecido, 119 de 150 domicílios teriam sido desprezados, erradamente, como alvos em potencial. Para sermos justos, assim como no caso de outros meios discutidos de segmentação pronta para uso, a geodemografia é eficaz quando relacionada com produtos diretamente vinculados às características dos bairros; por exemplo, a demanda por janelas antirruído, equipamentos de jardinagem etc. Inclusive no caso apresentado, visar aos melhores setores do censo aumenta a probabilidade de atingir um consumidor-alvo de menos de 10% para mais de 20%, mas os erros continuam sendo mais comuns do que os acertos. Lançamentos mais recentes incluem o MOSAIC da CCN, o PIN e o SuperProfiles da Pinpoint, todos eles baseados em dados censitários, embora utilizem diferentes itens e técnicas de *conglomerado* (Crimp e Wright, 1995).

A segmentação por estilo de vida dá a oportunidade de sobrepor dados geodemográficos e características de estilo de vida. Essa forma descritiva permaneceu por algum tempo e foi associada ao sucesso inicial da cadeia de lojas Habitat, pertencente à Storehouse, e ao sucesso do Partido Conservador nas eleições gerais britânicas de 1986. Em alguns casos, as características de estilo foram utilizadas em conjunto com as demográficas e formaram a segunda parte da segmentação em duas fases. A Third Age Research fez isso após primeiramente identificar os adultos acima de 65 anos como mercado-alvo e classificá-los nos seguintes segmentos de estilo de vida: apáticos, satisfeitos, exploradores, temerosos, organizados, 'coitadinhos', sociáveis e *status quo*. Para os que convivem com idosos, fica claro que esses rótulos são mais eficazes para dar um rosto aos clientes na faixa etária acima dos 65 do que somente saber sua idade.

O Stanford Research Institute nos Estados Unidos* desenvolveu um método de segmentação por estilo de vida chamado Values and Lifestyles (VALS), que possui sete categorias: **integrados** [*belongers*] (patrióticos e tradicionalistas estáveis, satisfeitos com a vida); **realizadores** [*achievers*] (prósperos, autoconfiantes, materialistas de meia-idade); **emuladores** [*emulators*] (adultos jovens e ambiciosos tentando fazer parte do sistema); **eu-sou-mais-eu** [*I-am-me*] (impulsivos, experimentadores e um pouco narcisistas); **socialmente conscientes** [*socially conscious*] (pessoas maduras, bem-sucedidas e orientadas por uma missão, gostam de lutar por uma causa); **sobreviventes** [*survivors*] (os mais velhos e pobres, com pouco otimismo em relação ao futuro); **tolerantes** [*sustainers*] (ressentidos com sua condição de vida, tentam sobreviver com recursos escassos). Uma estrutura semelhante foi desenvolvida para uso no marketing pan-europeu: **idealistas bem-sucedidos, materialistas abastados, integrados satisfeitos, sobreviventes descontentes** e **lutadores otimistas** (Hindle e Thomas, 1994).

Outros desdobramentos associaram os segmentos por estilo de vida às bases de dados de clientes. No Reino Unido, há vários desses casos (Coad, 1989).

- **The Lifestyle Selector:** Base de dados do Reino Unido iniciada em 1985 pela American National Demographics & Lifestyle Company. Coleta dados a partir de questionários embalados junto com bens de consumo duráveis ou a partir de varejistas e contém mais de 4,5 milhões de questionários autopreenchidos.

---

* Em 2009 o SRI mudou para SBI — Strategic Business Insights —, e mais detalhes sobre a pesquisa podem ser encontrados em <http://www.strategicbusinessinsights.com>. (N. do R.T.)

- **Behaviour Bank:** Serviço fornecido no Reino Unido pela American Computerized Marketing Technologies. Coleta dados de questionários distribuídos diretamente aos consumidores por meio de revistas e jornais e contém mais de 3,5 milhões de questionários respondidos.
- **Omnidata:** Resultado de uma *joint-venture* entre o serviço postal da Holanda e a Reader's Digest holandesa. A empresa envia questionários a todos os assinantes do serviço telefônico holandês e tenta induzi-los a responder argumentando que, com isso, receberão menos correspondência indesejada. O índice de retorno foi de 23%, e a Omnidata possui 730 mil domicílios cadastrados, de um total de 5 milhões na Holanda.
- **Postaid:** Organização sueca administrada pela PAR, uma subsidiária do serviço postal da Suécia. Iniciou atividades no começo da década de 1980 e, à semelhança do sistema holandês, baseou-se na tese de que as pessoas devem ter a oportunidade de determinar o tipo de correspondência que desejam receber. Como resultado disso, possui um cadastro de 1 milhão dos 3,7 milhões de domicílios no país.

A maior parte da pesquisa realizada até agora se concentrou nas tipologias generalizadas de estilo de vida e em seu uso comparativo na diferenciação de atitudes e comportamentos de consumidores (Wilmott, 1989). Os resultados não são conclusivos, mas um estudo (O'Brien e Ford, 1988) sugere que tais tipologias generalizadas são menos eficientes do que variáveis tradicionais (como classe social ou idade) como atributos de diferenciação. Embora, de modo geral, o mérito relativo de variáveis demográficas e de estilo de vida tenda a variar de uma situação para outra, nas comparações realizadas o estilo de vida sai-se pior. Portanto, deve-se concluir que, assim como no caso dos menos sofisticados segmentos demográficos, os segmentos de estilo de vida não são a solução mágica para o marketing. Embora, quando aplicados a bases de dados, eles ofereçam um meio eficaz de passar de mercados-alvo para consumidores individuais, seu limitado alcance restringe seu valor. Por outro lado, os segmentos de estilo de vida, quando válidos, realmente oferecem um retrato mais descritivo dos clientes do que os dados demográficos e, dessa forma, podem contribuir com sugestões para o planejamento estratégico de campanhas publicitárias. Assim como ocorre com variáveis demográficas únicas, é esperar demais que uma só classificação funcione além dos mercados para os quais ela seja particularmente bem adequada.

Retomemos o exemplo da Lego, que tanto êxito teve em usar a faixa etária como um atributo de diferenciação entre setores do mercado para brinquedos de montar. A empresa descobriu que é necessário desenvolver uma ampla gama de produtos que atendam às diferentes necessidades infantis à medida que a individualidade da criança vá se manifestando: Lego Basic para a faixa etária de 3 a 12 anos, especializado no uso de componentes originais da Lego na forma como foram inicialmente concebidos; Fabuland, destinado a meninas de 4 a 8 anos, que gira em torno de uma fantasia com animais como personagens; Legoland para os de 5 a 12 anos, que apresenta subtemas de espaço, vida medieval, piratas e vida urbana moderna; e Legotechnic para os de 7 a 16 anos, com foco em mecanismos de engenharia. Embora a empresa adotasse os dados demográficos como a primeira base de segmentação, seguir adiante dependia da identificação de características dos consumidores que fossem específicas do produto em questão.

Todos os métodos abordados até aqui são de domínio público e, como tal, por mais que ofereçam um plano confiável de segmentação de mercado, raramente darão a um profissional de marketing uma visão original. A essência de uma estrutura de segmentação útil à competitividade é seu caráter atualizado, novo, original e a capacidade de fornecer percepções sobre o mercado que os concorrentes não possuam. Obter essa originalidade requer uma pesquisa primária, em que os conceitos preexistentes sobre a estrutura mercadológica são colocados de lado e os padrões são buscados a partir dos dados originais.

9.2 MÉTODOS DE SEGMENTAÇÃO *POST-HOC* BASEADOS EM CONGLOMERADOS

Diferentemente dos métodos de segmentação de mercado discutidos anteriormente, o enfoque *post-hoc* não parte de uma concepção preexistente de estrutura de mercado. A análise visa a revelar segmentos que existam naturalmente, em vez de forçar a classificação dos consumidores em categorias predefinidas.

O restante deste capítulo abordará como as empresas devem tratar esse método mais criativo de segmentação, seguindo um modelo desenvolvido por Maier e Saunders (1990) (Figura 9.1). O processo inicia-se com o surgimento da vontade de segmentar o mercado de modo criativo e vai até o monitoramento da utilidade em se continuar com a segmentação.

9.2.1 Estabelecer parâmetros

Uma pesquisa original e criativa de segmentação requer tanto conhecimento de mercado quanto

Figura 9.1 — Um modelo para pesquisa de segmentação

Estabelecer parâmetros
Definir o trabalho a ser feito

↓

Coletar dados
Obter dados para análise

↓

Analisar dados
Usar técnicas analíticas para segmentar o mercado

↓

Validar os segmentos
Avaliar a confiabilidade dos resultados e seu valor gerencial

↓

Implementar
Selecionar os mercados-alvo, desenvolver a estratégia e fazer acontecer

↓

Monitorar
Continuar a acompanhar as mudanças no mercado

Fonte: Baseado em Maier e Saunders (1990).

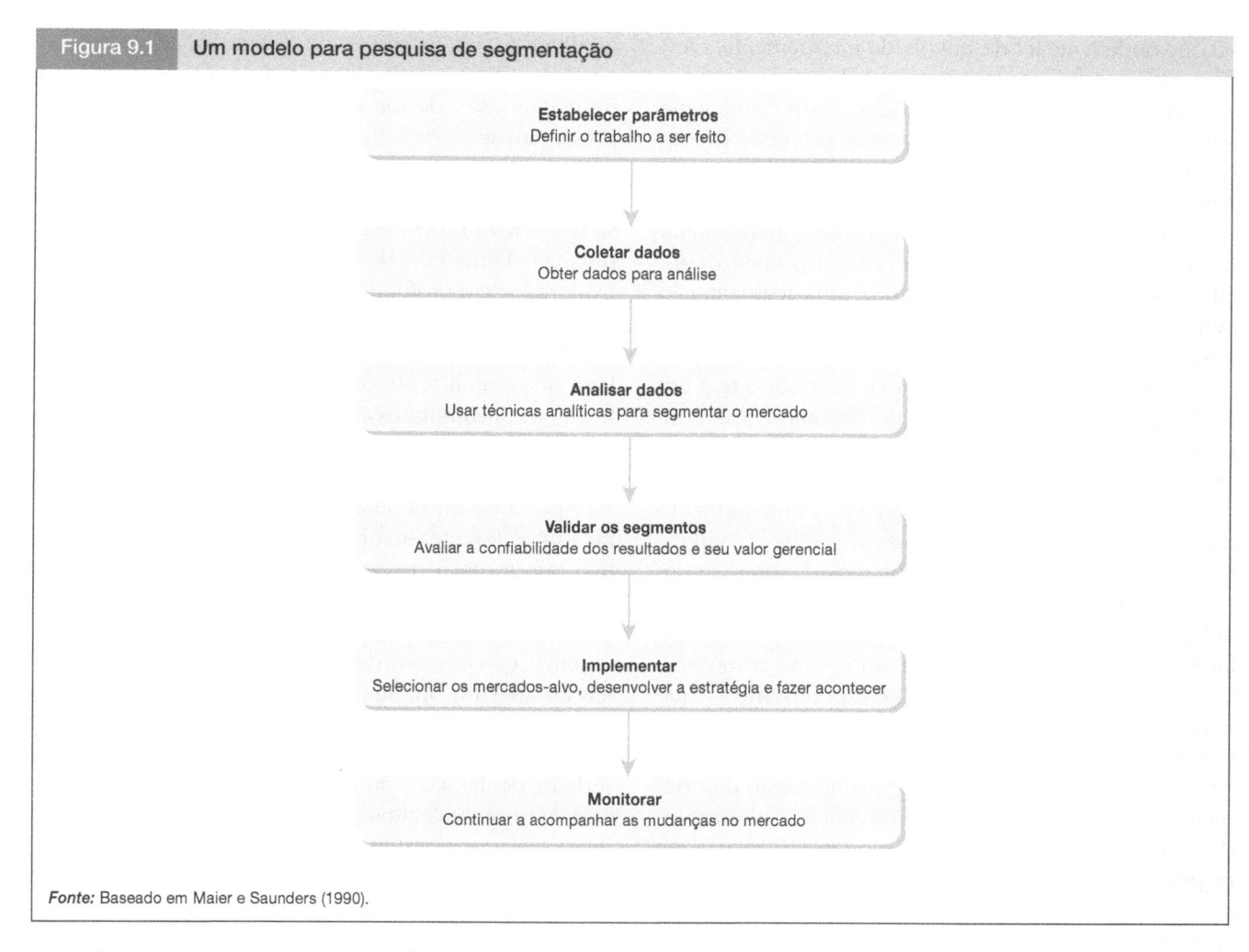

experiência técnica. Em geral, isso demanda o diálogo entre o gerente responsável pelo estudo de segmentação e a agência ou o profissional que conduzirá a pesquisa necessária. O valor do resultado final da segmentação dependerá do esforço dos envolvidos em reduzir a distância entre os requisitos técnicos dos métodos de segmentação e o conhecimento prático de gestão de marketing e vendas. É comum que esse papel de intermediação seja delegado ao pesquisador (que costuma ser um especialista em modelagem de banco de dados ou um cientista de marketing). Entretanto, visto que o gerente de marketing dependerá dos resultados e será responsável por sua implementação, esse profissional tem claro interesse pessoal em garantir que haja compreensão mútua. Se, por um lado, o especialista enfrentará rejeição caso a lacuna técnica não seja preenchida, por outro, o gerente de marketing poderá enfrentar o fracasso no mercado caso essa relação seja malsucedida. Ao contratar uma agência, o gerente de marketing certamente necessitará saber como avaliá-la de modo a assegurar que seus métodos são adequados e suas premissas são válidas.

A entrada do pesquisador de mercado ou do especialista em modelagem no processo de segmentação assemelha-se ao início de uma venda. Se boas relações iniciais não forem estabelecidas, a chance de progresso futuro será pequena. O pesquisador deve estabelecer credibilidade demonstrando relevante experiência e deve adequar-se à cultura do cliente. Como em um processo de venda, a coleta prévia de informações sobre o setor, a empresa e o pessoal é benéfica. Assimilar a terminologia específica da empresa também tem particular utilidade.

Essa preparação acelera a compreensão mútua necessária ao sucesso da implementação do modelo.

As atribuições do vendedor e do pesquisador de mercado devem ser diferentes porque, embora um vendedor geralmente tenha um conjunto limitado de produtos para vender, o pesquisador deve, teoricamente, ser capaz de escolher com imparcialidade a partir de um amplo portfólio de técnicas adequadas. Infelizmente essa perspectiva é uma idealização, uma vez que muitas agências de pesquisa de mercado têm sua preferência por técnicas com as quais estão familiarizadas ou que podem até ter desenvolvido internamente. Desse modo, ao contratar uma pesquisa de segmentação, o gerente de marketing deve ter conhecimento suficiente para não aceitar um leque limitado de soluções. Cuidado com o pesquisador que use um enfoque do gênero 'tenho uma técnica, vamos lá'!

As principais lições a serem seguidas para iniciar um projeto de segmentação são que o primeiro contato é de crucial importância e que uma segmentação bem-sucedida depende de o gerente de marketing e o pesquisador de mercado levarem em consideração as necessidades um do outro — não é necessário que um conheça perfeitamente o negócio do outro, mas com certeza é imprescindível a habilidade de fazer as perguntas certas.

Nesse estágio inicial, é essencial o entendimento do foco do projeto, do mercado a ser pesquisado e da forma de aplicação dos resultados. Empresas com múltiplos produtos podem optar por começar com uma aplicação e passar para outras se o teste der certo. Pode também haver estruturas de mercado — tais como a divisão entre mercados industriais e de consumo — que impliquem uma abordagem em duas fases: na primeira o mercado é subdividido em grupos de fácil definição e na segunda ocorre a análise de segmentação propriamente dita. Em sua análise de segmentação do mercado de clínica médica, Maier e Saunders (1990) usaram tal processo, primeiro subdividindo a classe médica em clínicos gerais e profissionais de hospitais, uma distinção necessária tendo em vista as diferentes atribuições de ambos os grupos. A segunda fase focou a determinação dos segmentos de uso do produto dentro dos mercados de clínicos gerais.

O consenso sobre o foco reduz a possibilidade de equívocos iniciais que levam à insatisfação com os resultados finais e maximiza as chances de resultados válidos.

9.2.2 Coletar dados

Os dados necessários aos estudos de segmentação podem ser decompostos em duas partes: uma usada em conjunto com a análise de conglomerado para formar os segmentos e outra usada para ajudar a descrever os segmentos formados. A análise de conglomerado permite que qualquer base seja utilizada, mas a experiência mostra que os critérios mais eficazes são os associados a atitudes e comportamentos relativos à categoria do produto em questão. Incluem-se aí a frequência de uso, os benefícios desejados, o comportamento de compra e o uso de mídia, dentre outros.

No entanto, antes que esses dados possam ser coletados, é necessário especificar melhor as perguntas a serem feitas. O mais comum é que técnicas qualitativas, como grupos de discussão, sejam usadas para identificar as atitudes relevantes ou os benefícios desejados antes de sua incorporação em pesquisas representativas.

Para uma segmentação eficaz de benefícios em particular, é vital a realização de uma exaustiva pesquisa qualitativa prévia, de modo a garantir que todos os possíveis benefícios de um produto ou serviço sejam explorados em profundidade. Os benefícios que a empresa acredita que o produto oferece podem não ser os mesmos que os consumidores acham que obterão. Para que a análise subsequente seja válida, a perspectiva dos consumidores é imprescindível, assim como o uso da linguagem do próprio consumidor em pesquisas posteriores.

Após a pesquisa qualitativa, um estudo de segmentação geralmente envolve um levantamento quantitativo que forneça dados representativos da população ou do mercado em análise. O método de coleta de dados depende da situação de uso. Nos casos em que o objetivo consiste em definir mercados-alvo com base em atitudes ou opiniões, a coleta costuma recorrer a entrevistas pessoais, utilizando-se escalas semânticas que medem a intensidade da concordância com uma série de declarações atitudinais. A seguir, os resultados fornecem um substituto para os dados com escala de intervalos, que constitui a base usual da análise de conglomerado.

Por outro lado, quando a segmentação em análise se destina ao uso em conjunto com uma base de dados alimentada por mala direta, as fontes de dados são bem mais limitadas. Por exemplo, as classificações de estilo de vida mencionadas anteriormente utilizam listas de verificação simples, de modo que os consumidores possam ser classificados de acordo com seus interesses. O estudo de segmentação de cadastro conduzido por Maier e Saunders (1990) teve como base os relatórios de uso de produto redigidos pelos clínicos gerais. Constitui uma clara limitação dos métodos de base de dados o fato de que a coleta de dados seja restringida pela qualidade dos dados que podem ser obtidos de um certificado de garantia ou de questionário autopreenchido. É inevitável uma tendência à correlação inversa entre a abrangência das bases de dados de segmentação e a qualidade dos dados sobre os quais elas são formadas.

Nos casos em que as pesquisas são conduzidas para coletar dados com a finalidade de segmentação, esses dados geralmente se compõem de dois tipos principais. O foco primário recai sobre aqueles que serão usados para segmentar o mercado: benefícios visados, padrões de uso, atitudes e assim por diante. Porém, além disso, o levantamento também coletará informações sobre fatores demográficos e socioeconômicos tradicionais. Tais fatores podem então ser relacionados novamente aos segmentos já formados (eles não são utilizados para formá-los), de modo a propiciar um quadro mais completo dos segmentos a serem retratados. Por exemplo, um estudo de segmentação por benefícios pode constatar que um segmento significativo de compradores de carros está em busca de veículos econômicos e ecologicamente corretos. Para que um programa de marketing possa ser desenvolvido para esse público, entretanto, é necessário um quadro mais completo de seu poder de compra, hábitos de mídia e outros fatores. De modo geral, a faixa etária e a classe social são usadas como variáveis intermediárias; nos casos em que esses fatores diferenciam segmentos, eles podem ser usados para selecionar a mídia adequada.

9.2.3 Analisar os dados

Depois que os dados que dão sustentação aos segmentos foram coletados, eles devem ser analisados para identificar grupos ou conglomerados que se formem naturalmente. De modo genérico, as técnicas usadas nessa identificação são conhecidas como **análise de conglomerado** (Saunders, 1999).

Deve-se observar que a análise de conglomerado não é uma técnica analítica única, mas uma categoria de técnicas que, embora compartilhem o objetivo de identificar classificações com homogeneidade interna, mas heterogeneidade entre si, utilizam diferentes métodos para chegar a isso. Essa diversidade de enfoque é tanto uma oportunidade quanto um problema do ponto de vista do profissional. Significa que a abordagem pode ser ajustada às necessidades específicas da análise, entretanto requer um grau de experiência técnica para selecionar e implementar o método mais apropriado. Não surpreende que se tenha constatado que a análise de conglomerado é relativamente pouco usada e compreendida entre os profissionais de marketing, porém bem mais utilizada pelas agências de pesquisa de mercado. Em um recente conjunto de pesquisas, Hussey e Hooley (1995) descobriram que, dentre os principais países europeus, somente um em sete (15%) relatava o uso regular de análise de conglomerado em sua análise de mercado, ao passo que a frequência de uso aumentou de três em cinco (60%) dentre institutos especializados em pesquisa de mercado. As técnicas são particularmente mais usadas entre pesquisadores da Holanda (73%), da França (68%) e da Alemanha (67%) e menos usadas na Espanha (47%) e no Reino Unido (52%).

A abordagem mais comum à análise de conglomerado é denominada de conglomeração hierárquica. Segundo ela, todos os entrevistados são inicialmente tratados de forma separada. A seguir, cada um é reunido a outros entrevistados que deram respostas idênticas ou muito semelhantes às questões que norteiam o processo de conglomeração. Na etapa seguinte, os grupos de entrevistados são combinados quando há pequenas diferenças. A análise prossegue de modo interativo até que todos os entrevistados sejam agrupados em um grande conglomerado. A partir daí, o analista trabalha de trás para a frente, usando o bom-senso, além da estatística disponível, para determinar em que ponto na análise grupos que eram inaceitavelmente diferentes foram combinados.

No entanto, mesmo no âmbito da conglomeração hierárquica, existe uma multiplicidade de meios para avaliar os entrevistados quanto à similaridade e para tratar os grupos de entrevistados. Pode-se agrupá-los, por exemplo, com base na comparação de médias grupais, unindo os vizinhos mais próximos de dois grupos ou os mais afastados em cada grupo. A Tabela 9.1 resume as principais alternativas.

Estudos comparativos mostram de modo consistente dois métodos que são particularmente adequados às aplicações de marketing: o de Ward (1963), que é uma das abordagens de variância mínima relacionadas na Tabela 9.1, e o de K-médias de particionamento interativo. Na realidade, um analista não precisa escolher ou um ou outro, pois ambos podem ser aplicados de forma combinada, caso em que o método de Ward é utilizado para formar a quantidade inicial de conglomerados, digamos, sete, e o de K-média para refinar essa solução de sete conglomerados deslocando as observações. Se desejado, após identificar a melhor solução de sete conglomerados, o método de Ward pode ser rearranjado de modo a encontrar uma solução de seis conglomerados que é novamente otimizada pelo de K-média e assim por diante. Pode parecer tratar-se de uma abordagem computacional complicada, mas felizmente há pacotes de software prontos que facilitam o uso desse processo. O principal deles é a versão para PC (a 17 à época da redação deste livro) do popular SPSS. Dessa forma, de um só golpe, ao perceber que o método de Ward em conjunto com o de K-médias é o melhor enfoque para formar segmentos baseados em conglomerados, o analista dispensa a necessidade de uma seleção dentre as inúmeras alternativas de conglomerado e pode optar entre os programas de conglomeração disponíveis.

Embora existam muitas recomendações disponíveis sobre quais técnicas aplicar, a determinação do número

Tabela 9.1 Métodos de conglomeração

Nome preferencial	Método	Também conhecido como
Métodos hierárquicos		
Agrupamento simples	Uma observação é agrupada a outra, caso tenha o nível mais baixo de similaridade com, no mínimo, um membro desse cluster.	Método de minimização, análise de associação, análise do conglomerado vizinho mais próximo, método de conexão
Agrupamento completo	Uma observação é unida a um conglomerado caso tenha certo nível de similaridade com todos os membros desse conglomerado.	Método de maximização, análise tipológica hierárquica, análise do conglomerado vizinho mais afastado, método de diâmetro
Agrupamento médio	Quatro medidas semelhantes que diferem na forma de mensurar a localização do centro do conglomerado a partir de onde seu grau de associação ao conglomerado é medida.	Análise de associação média simples, média ponderada, método do centroide, método da mediana
Variância mínima	Métodos que buscam formar conglomerados que possuam variância mínima dentro do conglomerado quando uma nova observação é inserida.	Método da variância mínima, método de Ward, método da soma dos erros ao quadrado, H-Group
Particionamento interativo		
K-médias	Começa com observações particionadas em um número predeterminado de grupos e, a seguir, realoca a observação ao conglomerado cujo centroide esteja mais próximo.	Métodos não hierárquicos
Métodos de *hill climbing**	Os casos não são realocados a um conglomerado com o centroide mais próximo, mas movidos entre conglomerados dependentes com base em um critério estatístico.	

* Termo utilizado em inglês na prática brasileira. (N. do R.T.)

Fonte: Baseado em Punj e Stewart (1983).

mais adequado de segmentos a selecionar após a análise se baseia amplamente no senso crítico. A estatística resultante servirá como um guia para determinar o ponto em que a fusão de grupos ocorrerá dentro da combinação de dois agrupamentos bastante diferentes. A homogeneidade interna do grupo será afetada. Trata-se do ponto de partida e, sob algumas circunstâncias, quando a segmentação é muito bem definida, será a melhor escolha.

A Figura 9.2 mostra um exemplo em que há três segmentos claramente definidos com base nas dimensões estudadas. Nesse caso, o exame da representação das posições de cada objeto (em estudos de segmentação, os objetos são quase sempre entrevistados individualmente) revela três conglomerados de objetos que pontuam de modo semelhante, mas não idêntico, em cada uma das duas dimensões.

No entanto, na maioria das situações, haverá várias dimensões em que a conglomeração pode ser conduzida e diversas alternativas de solução, possivelmente variando de três a dez grupos. Após filtrá-los por meio do estudo das estatísticas, o analista necessitará avaliar as implicações de marketing de cada solução, basicamente respondendo à pergunta: "Se tratarmos esses dois grupos separadamente em vez de em conjunto, que diferença isso fará para meu marketing em relação a eles?". Se a resposta for 'pouca diferença', de modo geral os grupos devem ser fundidos. Esse é o elemento criativo da segmentação em que o senso crítico se torna fundamental!

Finalmente, também se deve notar que as bases de dados de estilo de vida e geodemográficas dependem de alguma das formas da análise de conglomerado para agrupar consumidores que sejam semelhantes. Os resultados obtidos pelas ferramentas ACORN e MOSAIC, por exemplo, baseiam-se no julgamento de quantos conglomerados são necessários para representar a população de modo adequado, assim como ocorre com os métodos personalizados.

Assim que os segmentos tenham sido identificados e descritos de acordo com outros critérios, há necessidade de validá-los.

9.2.4 Validar os segmentos

Um dos pontos positivos, e também problemáticos, da análise de conglomerado é sua capacidade de gerar grupos aparentemente significativos a partir de dados sem sentido. Isso, somado à confusão de algoritmos, tem frequentemente feito com que a abordagem seja tratada

Figura 9.2 Conglomeração de objetos em um espaço bidimensional

Conglomerado 1

Conglomerado 2

Conglomerado 3

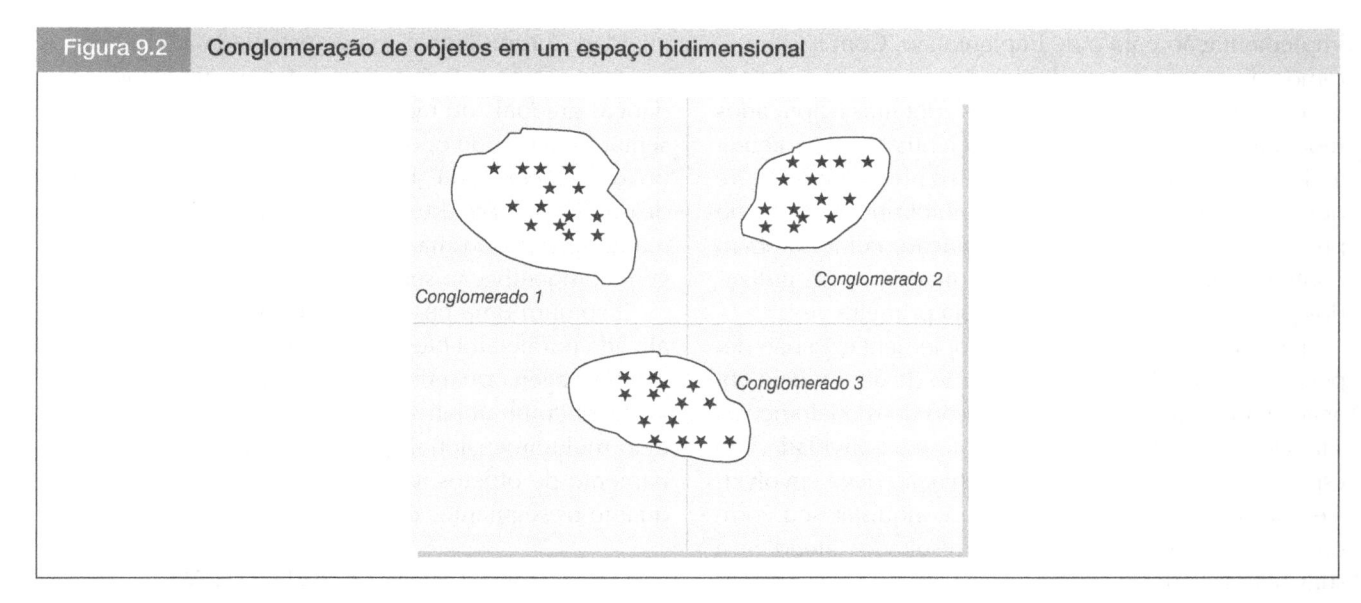

com ceticismo. Essas incertezas tornam a validação uma parte importante da pesquisa de segmentação.

Um dos métodos preferidos de validação já foi mencionado. Nos casos em que o comportamento ou a atitude diante de uma categoria de produtos foram utilizados para formar conglomerados, a proporção em que esses conglomerados se diferenciam com base em variáveis demográficas ou psicográficas é um indicador de sua validade. Se for constatado que o conglomerado descreve pessoas com diferentes crenças, atitudes e comportamentos, deve-se esperar que elas também tenham diferentes perfis demográficos e psicográficos. Da mesma forma, do ponto de vista operacional, se os segmentos de mercado forem demográfica ou psicograficamente idênticos, será muito difícil implementar qualquer programa baseado neles.

Nos casos em que se utilizam dados de amostragem para sugerir segmentos e em que há uma esperança de extrapolar esses resultados para a população como um todo, surge a necessidade de testar a confiabilidade da solução perguntando: "Os resultados permanecem válidos para a população como um todo?". O meio mais comum de testar isso é a validação cruzada, que envolve a divisão randômica dos dados coletados em duas partes, usando-se uma delas para formar o conjunto de *clusters* e a outra para validar os resultados. Uma abordagem simples consiste em conduzir a mesma análise de *cluster* em ambas as amostragens e compará-las para verificar a similaridade dos conglomerados no que se referente a tamanho e características.

Visto que a comparação de duas soluções de análise de conglomerado tende a ser um tanto subjetiva, vários autores recomendam o uso de análise discriminante para a validação cruzada. Essa abordagem novamente envolve tomar duas amostras e executar uma análise de conglomerado separada para cada uma. Uma delas é usada para construir o modelo discriminante, no qual os casos das outras amostras são substituídos. A seguir, mede-se a confiabilidade por meio da comparação entre a alocação por análise discriminante e a alocação por análise de conglomerado. Alguns softwares de análise integrada de dados, tal como o SPSS PC, permitem que essas análises combinadas sejam conduzidas com rapidez e eficiência.

É necessário complementar a validação estatística mencionada com a validação operacional, que verifica se os segmentos possuem valor gerencial. Em um primeiro nível, isso implica que os segmentos devem ter validade nominal e oferecer possíveis oportunidades de marketing. Caso seja necessário endosso adicional, pode-se realizar uma experiência para testar se os segmentos respondem ou não de modo diverso. Por exemplo, Maier e Saunders (1990) usaram uma campanha de mala direta para uma amostra de clínicos gerais com o intuito de demonstrar que seus segmentos capturavam grandes diferenças nas respostas dos médicos a determinada atividade declarada.

9.2.5 Implementar a segmentação

Recomenda-se que a implementação não seja considerada uma etapa da pesquisa de segmentação, mas sim como o objetivo de todo o processo. Trata-se de uma das questões centrais da modelagem de mercados. Um modelo eficaz (validado) representa de modo adequado os fenômenos modelados. Sua implementação altera a tomada de decisão, mas sua implementação bem executada melhora a qualidade das decisões. Em muitos casos, vale a pena transcender o conceito de implementação para o de implantação. Com isso, queremos dizer que os resultados do projeto não devem ser usados somente uma vez, mas adotados e aplicados repetidas vezes, uma vez que o cientista de marketing tenha concluído a tarefa inicial. Isso novamente sugere que a implementação não só se inicia no começo do processo da pesquisa de segmentação, como também continua muito depois de os resultados serem utilizados pelo gerente de marketing pela primeira vez.

Em suma, o sucesso de uma implementação não depende somente da correta conversão de um modelo em ação. Todo o processo de construção do modelo necessita ser executado tendo em mente essa atividade. Em especial, o pesquisador da segmentação deve envolver-se com o potencial usuário para conquistar seu comprometimento e garantir que os resultados atendam a suas necessidades e expectativas. Um exercício de segmentação não implementado é genuinamente acadêmico em seu sentido mais irônico.

A seleção dos segmentos e o desenvolvimento da estratégia constituem duas fases cruciais subsequentes à atividade técnica da pesquisa de segmentação. São tarefas fundamentais à estratégia de marketing e das quais depende o êxito na implementação. O Capítulo 10 enfoca esses aspectos e os vincula às questões mais abrangentes do posicionamento estratégico.

9.2.6 Monitorar

Um projeto de segmentação fornece a fotografia de um mercado meses antes da implementação dos resultados. Atrasos inevitáveis no cronograma implicam que, desde o início, os resultados são desatualizados e, à medida que o tempo passa e as preferências dos consumidores mudam, tornam-se inevitavelmente cada vez menos adequados à realidade. A miopia da modelagem (Lilien e Kotler, 1983) ocorre quando uma implementação bem-sucedida leva à convicção de que as 'leis' específicas de um mercado foram identificadas de tal modo que dispensa qualquer análise adicional. Na verdade, é o contrário: o sucesso implica a continuidade da modelagem. Tanto os consumidores quanto a concorrência mudam, e a própria implementação eficaz pode alterar o mercado e o comportamento dos concorrentes.

O monitoramento dos planos de segmentação quanto a sua estabilidade ou mudança ao longo do tempo é essencial em mercados que mudam com rapidez. À medida que são implementadas, as estratégias de segmentação e posicionamento inevitavelmente alteram o padrão do mercado e as percepções do consumidor, bem como seus desejos e necessidades. Ao monitorar o impacto de diversas campanhas baseadas na segmentação, é possível refinar e detalhar o tipo de atividade promocional mais apropriada a elas. Se os segmentos não se mostrarem estáveis, revelando mudanças graduais ou radicais, isso por si só pode representar uma grande oportunidade. Pode indicar que um novo segmento está surgindo ou que as necessidades de um segmento existente estão se ajustando, dessa forma permitindo a uma empresa ativa conquistar vantagem competitiva ao ser a primeira a reagir.

É comum uma pesquisa de posicionamento ser realizada paralelamente à de segmentação. Na verdade, as abordagens quantitativas discutidas a seguir costumam ter como objetivo o desenvolvimento de um modelo multidimensional que represente tanto o posicionamento de objetos (geralmente marcas ou empresas) quanto os segmentos de consumidores.

9.3 ENFOQUES QUALITATIVOS PARA A PESQUISA DE POSICIONAMENTO

Há muito tempo a imagem de marcas, produtos, empresas e até de países desperta o interesse de pesquisadores de mercado. As abordagens qualitativas para isso consistem de técnicas semiestruturadas, que visam a uma compreensão aprofundada da visão que os entrevistados têm do mundo (ou, mais especificamente, dos mercados) que os cerca. Incluem-se aí os grupos de discussão e as entrevistas em profundidade (Capítulo 4).

Calder (1994) relata uma pesquisa qualitativa sobre a imagem de um hospital privado nos Estados Unidos. Essa rede hospitalar estava inaugurando uma unidade com 100 leitos em uma cidade com outros dois hospitais de maior porte. O problema era como posicionar o novo hospital considerando-se seu tamanho relativamente pequeno e a falta de uma reputação consolidada. A condução de uma série de sessões de grupos de discussão revelou que os entrevistados tinham conhecimento do pequeno porte do hospital, mas não consideravam esse aspecto necessariamente negativo. Na verdade, isso gerava expectativas de um serviço mais cordial e personalizado. Dentre os comentários nas discussões, citamos:

O atendimento é muito cordial, e cuidam muito bem de você lá. Os outros são um pouco grandes demais para esse tipo de atenção.

Pelo que ouvi dizer, possui um serviço mais personalizado nas refeições e em outros aspectos. Oferecem até vinho [nas refeições]. É mais como um hospital feito sob medida para você.

Soube que eles têm um cardápio excelente. Vinho! Eles têm tempo de cuidar de você.

Os pesquisadores concluíram que o novo hospital poderia ser posicionado de uma forma bem diferente dos existentes na cidade e se valer da imagem de cordialidade e atenção nas campanhas subsequentes de marketing.

Por meio do uso de técnicas de projeção em pesquisas qualitativas, pode-se revelar uma imagem que sirva para demonstrar como o produto de marca de uma empresa está posicionado na mente do entrevistado. Algumas das técnicas mais populares incluem:

- **A marca ou a empresa como um animal ou uma pessoa:** Neste método, pede-se aos entrevistados que associem uma pessoa ou um animal que incorpore sua visão do produto ou da empresa em estudo. Calder (1994) cita o uso dessa técnica para revelar a imagem do Exército dos Estados Unidos dentre os recrutas em potencial. Foi perguntado: "Se você pensasse no Exército como um animal, qual ele seria?". As respostas foram, por ordem de menção: tigre, leão, touro, lobo e urso. Não se mencionaram: mula, cavalo, cachorro, esquilo, elefante ou vaca! Os pesquisadores concluíram que o Exército era simbolizado (posicionado) como forte, duro, agressivo, poderoso e dominante. Esse posicionamento exerce certo efeito negativo sobre os recrutas que temiam fracassar no período de treinamento. É interessante notar que a propaganda mais recente para o recrutamento no Reino Unido visou a reforçar o espírito de 'família' e de 'equipe' do serviço militar — em uma tentativa de reposicionamento.
- **Simulação de papéis:** Neste caso, pede-se ao entrevistado que assuma o papel ou o comportamento de outra pessoa ou do objeto em estudo. Tull e Hawkins (1993) citam o exemplo de uma pesquisa para uma marca premium de uísque canadense comercializada pela Schenley, chamada O.F.C. Durante uma discussão em grupo, um dos membros foi solicitado a personificar uma garrafa de O.F.C. e explicar seus sentimentos. O participante explicou que não achava que alguém pudesse gostar dele porque não tinha um nome de verdade e, portanto, nenhuma identidade. Mais análises e discussões resultaram na sugestão do nome 'Old French Canadian' (aproveitando as letras do nome original e remetendo à origem da bebida na área franco-canadense de Quebec, bem como à imagem positiva do 'Canadian Club', uma marca tradicional de uísque no Canadá). A marca foi relançada com o novo nome, uma personalidade mais forte e um posicionamento mais claro no mercado.
- **O marciano amigo:** Nesta abordagem, o entrevistador ou moderador do grupo assume o papel de um alienígena que acabou de chegar do espaço e pede aos membros do grupo que lhe expliquem sobre um produto em particular e seu uso. Ao agir como um ser extraterrestre, o moderador pode fazer perguntas básicas para as quais, em circunstâncias normais, os entrevistados presumiriam que ele saberia as respostas. Em uma discussão de grupo para a British Home Sewing and Needlecrafts Association, a associação britânica de costura e tricô, o pesquisador (um homem em um mercado predominantemente feminino) pôde, por meio da aplicação dessa técnica, descobrir que o tricô estava 'posicionado' como um *hobby* de trabalho manual que podia ser executado como uma atividade paralela a outras sedentárias, como ver televisão. Por outro lado, costurar estava 'posicionado' como uma atividade de economia, empreendida primordialmente para poupar dinheiro, sobretudo com roupas infantis, e exigia total atenção, eliminando qualquer outra atividade paralela.

Uma série de estímulos pode ser usada para instigar os entrevistados e ajudá-los a articular imagens que têm de objetos. Dentre eles:

- **Técnicas de associação:** Neste caso, pede-se aos entrevistados que façam associações a um determinado estímulo. Eles podem, por exemplo, ser questionados sobre palavras, valores ou estilos de vida que associem a um carro BMW. As palavras obtidas podem, a seguir, ser mais exploradas por meio de discussões e outras técnicas.
- **Quadros conceituais:** Trata-se de painéis com imagens da marca ou de sua logomarca que são mostrados aos respondentes para avaliar suas reações.
- *Animatics*: O *animatic* é uma mistura de computação gráfica, ilustração, animação vetorial e composição, contendo as principais cenas de um comercial, com 'balões' de diálogos. Os entrevistados são questionados sobre suas reações e auxiliados na descrição dos sentimentos que têm pelos itens anunciados.
- **Quadrinhos e histórias para completar:** São quadrinhos de determinadas situações, tal como a compra de uma marca específica, em que os 'balões' de diálogo são deixados em branco para serem preenchidos pelos entrevistados. Tull e Hawkins (1993) relatam o uso de histórias para completar na pesquisa sobre a mudança de hábitos no consumo de bebida alcoólica para a Seagram. O cenário inacabado utilizado foi o seguinte:

Sarah não via Jane havia muito tempo. Ela parecia mais sofisticada e autoconfiante do que antes. No bar, pediu...

Na maioria das vezes, as consumidoras do sexo feminino completavam o cenário com Jane pedindo um copo de vinho, o que refletia, na interpretação dos pesquisadores, seu conhecimento mais apurado de bebidas e uma sofisticação geral. Com base nisso e em uma pesquisa qualitativa adicional, a empresa desenvolveu uma bebida à base de vinho com um toque cítrico para deixá-la mais revigorante — a 'Taylor California Cellar's Chablis with a Twist'.

- **Mapeamento visual de produto:** Trata-se de uma forma qualitativa dos métodos de mapeamento perceptual discutidos adiante, sob técnicas quantitativas. Neste caso, os entrevistados recebem uma folha de papel grande — do tamanho de um *flip-chart* — com duas dimensões, cada qual desenhada em ângulo reto em relação à outra. A seguir recebem uma série de objetos (como marcas ou empresas) em pequenos cartões ou, no caso de produtos em pequenas embalagens, como xampus, podem receber um dado número de unidades reais. Eles devem então posicionar os cartões ou as embalagens no quadro, colocando as marcas semelhantes próximas umas das outras, mas afastadas das marcas diferentes. As dimensões que podem ser usadas para explicar essas diferenças são discutidas e escritas nos mapas. Alternativamente, a identidade das dimensões pode ter sido extraída de partes anteriores da entrevista (tais como 'preço', 'qualidade' etc.), e os entrevistados são solicitados a 'posicionar' os objetos diretamente sobre as dimensões.

Métodos qualitativos para revelar as imagens e as posições de objetos nas mentes dos entrevistados têm sido particularmente populares entre as agências de propaganda que valorizam os dados aprofundados e ricos que podem ser obtidos. As imagens e as posições articuladas estão na linguagem dos próprios entrevistados e, por isso, oferecem novas perspectivas para a comunicação direta com eles, como consumidores.

Persiste, porém, a preocupação clássica da pesquisa qualitativa. Isto é, em relação às compras e experiências de consumo rotineiras da população, qual a representatividade das respostas de um número relativamente pequeno de entrevistados em cenários geralmente muito artificiais, executando tarefas estranhas e pouco familiares? Na maioria dos casos, a pesquisa de posicionamento requer transcender o qualitativo para desenvolver modelos de imagens e posições baseados em amostras mais representativas em um estudo quantitativo.

9.4 ENFOQUES QUANTITATIVOS PARA A PESQUISA DE POSICIONAMENTO

Enquanto, de modo geral, os enfoques qualitativos à pesquisa de imagem enfocam o objeto central (marca, produto, empresa etc.) de forma isolada, outras mais quantitativas costumam levar em consideração o posicionamento em relação ao dos principais concorrentes e aos desejos e às necessidades dos segmentos de público-alvo.

Como ponto de partida, portanto, é necessário definir o conjunto competitivo a ser analisado com a marca, o produto ou a empresa. Embora os estudos de posicionamento possam focar a empresa ou o produto, a maioria deles tem como foco a marca.

Por exemplo, uma empresa que analise o mercado de cortadores de grama pode estar interessada em saber como os consumidores percebem as marcas dos concorrentes (por exemplo, Flymo, Qualcast e Black & Decker) e os produtos que eles vendem. Ao comprar tal produto, um cliente deverá ter uma ideia razoável do tamanho e do custo provável do item que deseja comprar e, portanto, dar mais atenção aos produtos nessa faixa de preço. Dentre os concorrentes, é possível que o consumidor observe várias dimensões de importância, como custo-benefício, confiabilidade, segurança, conveniência etc., e é com os relacionamentos entre os concorrentes diretos que o posicionamento está envolvido. Se os concorrentes diretos não forem corretamente identificados, o pesquisador poderá incluir na pesquisa os fabricantes de cortadores de grama com assento, como Lawnflight, Laser ou Toro. Isso não só aumentará o trabalho dos entrevistados, mas também poderá mudar percepções, já que, em comparação com os modelos com assento, todos os cortadores de grama convencionais podem se igualar nos aspectos de preço, consumo de tempo e tamanho compacto.

O mercado de cortadores de grama é relativamente simples em comparação com alguns outros. Analise o problema enfrentado por uma empresa prestes a lançar uma cerveja do tipo *lager** de baixo teor alcoólico. Os concorrentes podem ser outros fabricantes desse segmento ou devem abranger outros tipos de cerveja de baixo teor alcoólico também? Ou talvez o estudo deva ser estendido para outras bebidas com baixo teor alcoólico, como *shandy* (bebida que mistura cerveja e limonada), sidra ou vinho. No Reino Unido, o rápido crescimento no consumo de refrigerantes, que foi

---

* Tipo de cerveja leve que é armazenada por seis semanas a seis meses antes de ser entregue ao consumo. (N. da T.)

associado à preocupação com a saúde e com o consumo seguro de álcool, pode sugerir que eles também são considerados como uma alternativa à cerveja de baixo teor alcoólico. Mas devem as versões dietéticas e descafeinadas também ser contempladas? Talvez essa seja apenas uma questão de sabor, e seja mais apropriado comparar bebidas de baixo teor alcoólico e suas variações com teor normal de álcool. A orientação para a produção torna-se um risco quando se tenta reduzir o número de opções do produto. Uma cervejaria pode muito bem considerar as cervejas do tipo *lager* de baixo teor alcoólico ou as *lager* normais como concorrentes diretos, mas determinados grupos de consumidores podem facilmente associar as bebidas com baixo teor alcoólico a refrigerantes ou outras bebidas. É claramente necessário adotar uma visão orientada ao consumidor em relação aos concorrentes diretos.

Um meio de definir quem são os concorrentes diretos consiste em analisar os dados de painéis de consumidores para verificar o histórico de consumo. Ao rastrear suas compras passadas, é possível identificar as opções de produto disponíveis quando ocorre uma troca. O risco desse método está em dissociar as compras da situação de uso e do usuário. Por exemplo, um padrão de compra que indique a aquisição de cervejas do tipo *lager* de baixo teor alcoólico, limonada, cerveja e refrigerante poderia representar produtos a serem consumidos por pessoas diferentes em horários diferentes, em vez de uma troca entre opções. Outra abordagem consiste em determinar quais marcas os consumidores levam em consideração. Para bens duráveis, pode-se perguntar aos compradores em quais outras marcas pensaram no processo de compra. Para produtos de baixo envolvimento, pode ser inadequado questionar um comprador sobre uma decisão de compra em particular, por conseguinte, em vez disso, eles podem ser indagados sobre quais marcas considerariam adquirir caso sua favorita não estivesse disponível.

Day *et al.* (1979) propuseram um processo mais exaustivo como um meio econômico de mapear mercados de produtos. Denominado de Análise de Item por Uso, o procedimento inicia-se perguntando para aproximadamente 20 entrevistados o contexto de uso de um produto, digamos a cerveja *lager* de baixo teor alcoólico. Para cada contexto de uso assim identificado (como aperitivo na hora do almoço, acompanhando o jantar ou consumido em um bar), os entrevistados são solicitados a identificar todas as bebidas adequadas. Para cada uma, devem identificar um contexto de uso apropriado. Novamente o processo é retomado até que uma apurada lista de bebidas e contextos seja criada. Um segundo grupo de entrevistados é solicitado a julgar a adequação de cada bebida à respectiva situação de uso, com as bebidas sendo agrupadas com base em sua semelhança de situação de uso. Por exemplo, se tanto a cerveja de baixo teor alcoólico quanto o refrigerante forem considerados adequados como um aperitivo na hora do almoço, porém inadequados para uma refeição à noite, eles serão considerados concorrentes diretos.

Em vez de usar consumidores, pode ser tentador utilizar um painel de especialistas ou varejistas para orientar a seleção dos produtos que sejam concorrentes diretos entre si. Poderia ser mais rápido, mas é possível que leve a uma definição técnica das preferências. Pode haver uma grande diferença entre a percepção dos especialistas e a dos consumidores. Visto que o foco do posicionamento consiste em avaliar a imagem que os clientes têm dos produtos ofertados e suas preferências por eles, é difícil justificar a substituição dos consumidores quando se trata de definir produtos concorrentes.

9.4.1 Métodos de decrição de perfil por atributos

Uma das maneiras mais simples de coletar dados de posicionamento é pelo uso de escalas de atitudes ou atributos. Sob esse enfoque, as dimensões que os entrevistados adotam para diferenciar e optar dentre alternativas de produtos são incluídas em um levantamento (em geral aplicado por meio de entrevista pessoal, embora também seja possível coletar esses dados por correspondência ou telefone) e apresentadas como escalas semânticas para que os entrevistados deem sua visão a respeito.

A Figura 9.3 ilustra uma pesquisa sobre imagem e posicionamento de lojas. Nesse exemplo, os entrevistados foram solicitados a classificar duas lojas concorrentes em relação a seis atributos identificados como importantes em uma pesquisa qualitativa anterior: qualidade, preço, atendimento, variedade de produtos, modernidade e facilidade de estacionamento. Os resultados mostrados correspondem a apenas um entrevistado. Também é revelado o perfil ideal de loja para esse entrevistado — o que ele ou ela mais apreciaria no que se refere às características listadas. Para a maioria dos propósitos, seria extraída a média* das respostas da amostragem, e essas médias usadas para demonstrar as diferenças de posicionamento e requisitos. Nos casos em que os requisitos sejam diferentes na amostra, eles podem ser primeiramente agrupados (com análise de *conglomerado* — como já vimos) para identificar as alternativas de requisitos por segmento.

---

*Note que, se houver uma ampla variação nas avaliações de cada entrevistado, pode ser necessário primeiro agrupá-los por segmentos preceptuais, isto é, aqueles que compartilham uma visão comum do mercado, antes de analisar as alternativas de requisitos por segmento.

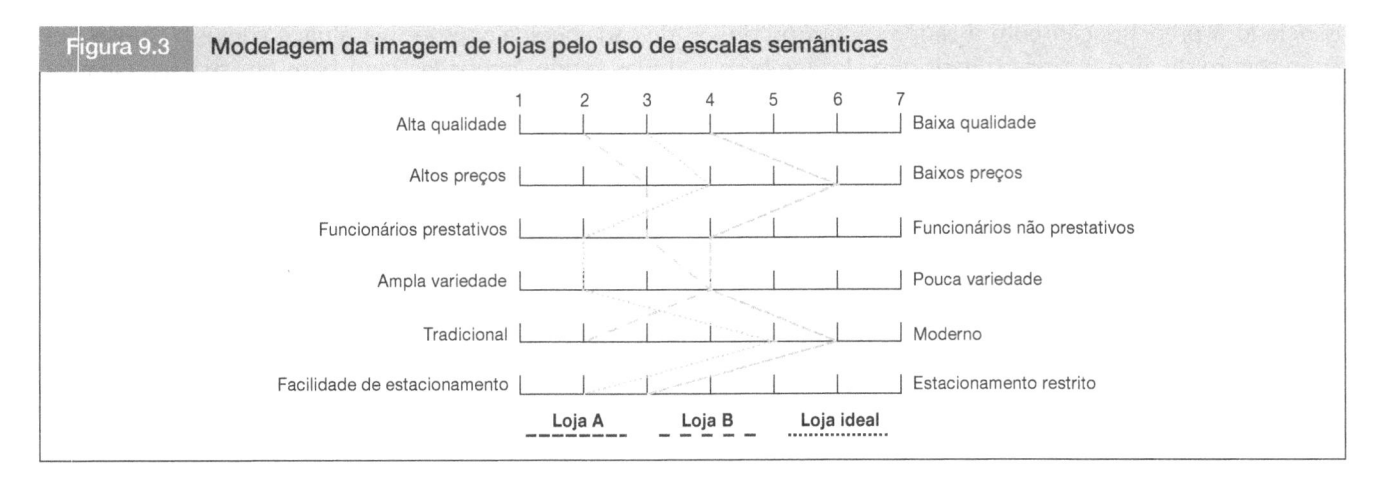

Figura 9.3 Modelagem da imagem de lojas pelo uso de escalas semânticas

	1	2	3	4	5	6	7	
Alta qualidade								Baixa qualidade
Altos preços								Baixos preços
Funcionários prestativos								Funcionários não prestativos
Ampla variedade								Pouca variedade
Tradicional								Moderno
Facilidade de estacionamento								Estacionamento restrito

Loja A ——— Loja B – – – Loja ideal ·······

Esse método examina separadamente cada dimensão, reunindo-as em um diagrama para permitir a visualização de uma imagem mais completa. No entanto, algumas dimensões podem ser mais importantes para determinados segmentos de mercado do que outras. Por exemplo, no caso do posicionamento das lojas, é bem possível que para um segmento os fatores de preço prevaleçam sobre os de conveniência, variedade e outros. Portanto, é fundamental examinar a importância relativa das dimensões, seja lhes atribuindo pesos diferentes para refletir seu grau de importância, seja as avaliando simultaneamente de modo que as mais importantes recebam destaque.

9.4.2 Análise de posicionamento multidimensional

Cada vez mais, pesquisadores e gerentes buscam criar modelos multidimensionais dos mercados em que atuam. Em sua essência, esses modelos procuram analisar uma série de dimensões de modo simultâneo, em vez de separado, em uma tentativa de refletir de forma mais precisa a maneira como os consumidores percebem o mercado.

Para explicar esse método, acompanharemos um caso que envolve o posicionamento de atrações de lazer localizadas na região de East Midlands, na Inglaterra. Para efeito de simplicidade, analisaremos somente as principais atrações e segmentos. As entrevistas revelaram seis centros que, embora muito diferentes no tipo de lazer oferecido, foram considerados grandes atrações. São eles:

- **The American Adventure Theme Park:** É uma instalação inteiramente moderna, com ênfase no Velho Oeste, mas que também inclui outros temas norte-americanos, como o militar e o espacial.
- **Alton Towers:** Adquirido pelo grupo que administra o Museu Madame Tussaud, trata-se de um grande parque temático construído em torno de uma casa de campo abandonada. Herdou várias atrações da natureza, como a própria casa, os jardins e os lagos, mas as principais são as montanhas-russas.
- **Belton House:** É uma das casas de campo de propriedade da National Trust; como a maioria delas, possui jardins esplêndidos e acomodações ricamente mobiliadas, abertas à visitação. Diferentemente de outras propriedades dessa entidade conservacionista, a casa também possui um amplo playground de aventuras em um bosque próximo, um negócio iniciado pelos antigos proprietários.
- **Chatsworth House:** É uma das maiores mansões do Reino Unido, onde ainda mora a família proprietária. Seu extenso terreno e a própria casa tornaram-se atrações populares para visitação.
- **Warwick Castle:** Trata-se de um dos mais bem cuidados e visitados castelos medievais no Reino Unido. Também neste caso é habitada desde a era medieval, e os atuais proprietários construíram uma casa de campo dentro de suas instalações. Agora de propriedade do grupo Madame Tussaud, as atrações do castelo foram ampliadas para além da casa e seus jardins, passando a incluir personagens de época em cera dentro das acomodações mobiliadas, armaduras de cavaleiros medievais, câmaras de tortura etc.
- **Woburn Abbey and Safari Park:** Como Chatsworth, ainda é a residência da família proprietária. Entretanto, neste caso, foram desenvolvidas duas atrações distintas, a casa e o parque de safári, o qual também inclui um parque de diversões.

Embora bastante diferentes no que se refere a atrações, proprietários e história, as entrevistas indicaram claramente que os locais eram concorrentes diretos e representavam opções dentre as quais escolher ao decidir sobre um passeio.

O processo de pesquisa de posicionamento (Figura 9.4) mostra a definição de dimensões competitivas, do

Figura 9.4 — O processo de pesquisa de posicionamento

```
Determinar a concorrência
    ↓
├── Determinar dimensões competitivas
├── Determinar posicionamento dos concorrentes
└── Determinar posicionamento dos consumidores
    ↓
Decidir qual posicionamento adotar
    ↓
Monitorar posicionamento
```

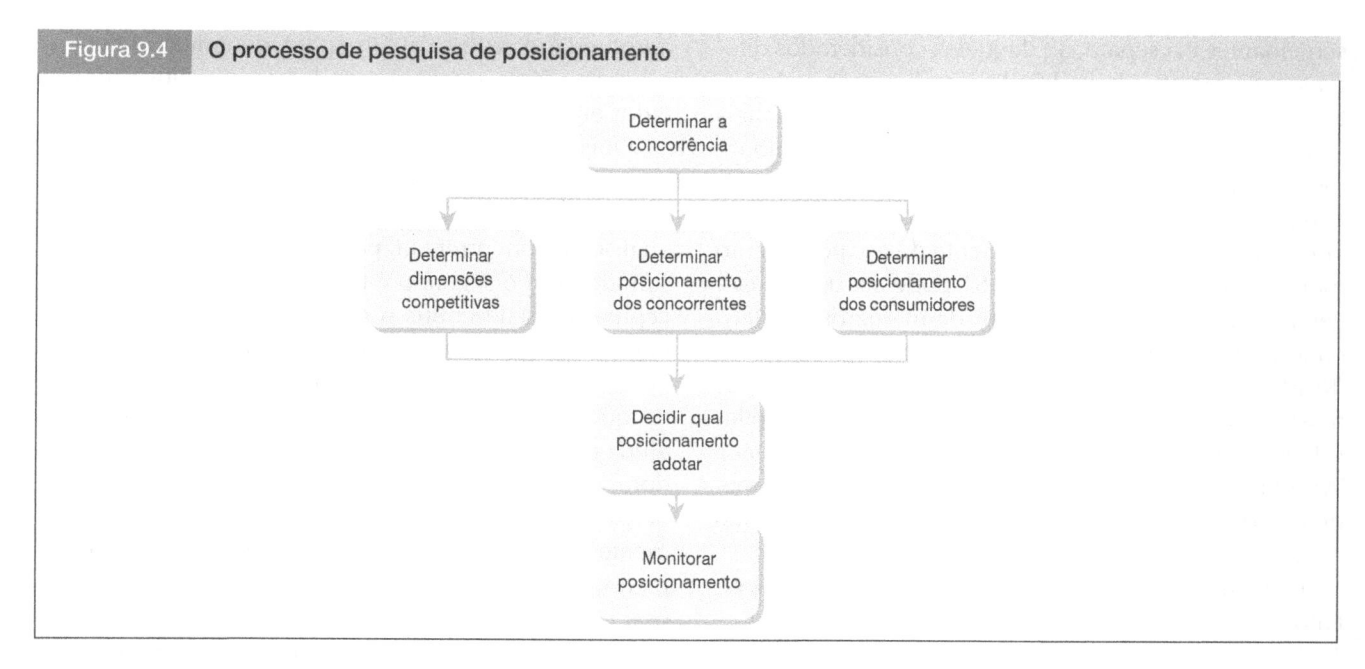

posicionamento dos concorrentes e do posicionamento dos consumidores como fases paralelas. Isso ocorre porque há certas técnicas que podem ser aplicadas para extrair essas variáveis de modo simultâneo. Neste caso, as fases são apresentadas de forma sequencial. Detalharemos outras abordagens disponíveis mais adiante.

Identificando posicionamento de produtos

Uma característica peculiar de muitas das técnicas aplicadas à pesquisa de posicionamento é que o posicionamento dos concorrentes pode ser determinado antes que se compreenda como o consumidor faz a diferenciação entre eles. Esse método foi utilizado para representar o mercado de atrações de lazer em East Midlands e denomina-se escalonamento multidimensional com base em similaridades. Nele, os entrevistados recebem um jogo de cartas embaralhadas com todas as combinações de pares possíveis entre os seis centros de lazer, perfazendo um total de 15 pares, desde o American Adventure associado ao Alton Towers até o Warwick Castle associado ao Woburn Safari Park. A seguir os entrevistados foram instruídos a classificar os pares de acordo com a similaridade: o mais similar ficaria no topo e o menos, embaixo. Como esse processo pode ser complexo, em alguns casos é recomendável que primeiramente se formem três pilhas de cartas, representando os pares muito similares, os muitos diferentes e os intermediários. A seguir os entrevistados têm que classificar os pares dentro de cada grupo.

A Figura 9.5 apresenta a classificação desse processo e revela que esse entrevistado em particular (um entre muitos) considerou Belton House e Woburn Safari Park os mais similares. O próximo par de similaridade foi o de Belton House com Chatsworth House e assim por diante, até chegar ao par menos similar formado por American Adventure e Chatsworth House. Um indício de que o entrevistado está utilizando diferentes critérios para julgar cada par é demonstrado pela avaliação de que Belton se assemelha a Woburn e a Chatsworth, mas Woburn e Chatsworth não são considerados semelhantes. Tantas são as permutas e combinações de pares para cada entrevistado escolher que é quase inevitável que as matrizes de similaridade sejam todas diferentes.

O objetivo de agora em diante é desenvolver um gráfico dos estímulos (centros de lazer) que mostre a reunião daqueles que os entrevistados consideraram

Figura 9.5 — Matriz de similaridade por centro de lazer

	(A)	(T)	(B)	(C)	(W)	(S)
American Adventure (A)	-					
Alton Towers (T)	3	-				
Belton House (B)	4	11	-			
Chatsworth House (C)	15	13	2	-		
Warwick Castle (W)	5	12	7	8	-	
Woburn Safari Park (S)	6	10	1	14	9	-

semelhantes e a separação daqueles considerados diferentes. É uma atividade difícil de realizar manualmente, mas os computadores estão aptos a descobrir tais soluções, e os pesquisadores no campo do escalonamento multidimensional têm produzido muitos pacotes computacionais para esse propósito (para um resumo, *veja* Green et al., 1989). Um pacote de escalonamento multidimensional chamado KYST pode ser usado para gerar mapas perceptuais a partir da matriz de similaridade fornecida e de muitos outros formatos de dados (Kruskal et al., 1973). O mapa resultante (Figura 9.6) mostra parte do detalhamento de uma matriz de similaridade (Figura 9.5). Chatsworth House, Alton Towers e Woburn Safari Park estão distanciados, enquanto American Adventure, Alton Towers e Belton House estão mais próximos.

Dois motivos explicam por que o ajuste não é perfeito.

1. O mapa perceptual apresentado na Figura 9.6 está em duas dimensões, ao passo que a percepção dos consumidores sobre o mercado é bem mais complexa do que isso.
2. O mapa perceptual agrega uma série de visões dos consumidores, ao passo que a matriz de similaridade na Figura 9.5 representa a visão de apenas um deles.

O KYST pode gerar um mapa perceptual para um único consumidor, entretanto é mais comum que se produza um mapa que agregue todos os consumidores ou uma visão de segmento.

DESCOBRINDO AS DIMENSÕES DA PERCEPÇÃO

Embora o mapa mostre uma representação das similaridades entre os objetos (atrações de lazer), por si só revela pouco sobre o motivo por que eles são tidos como similares ou diferentes. É necessário aprofundarmos nossa análise para identificar as dimensões ou critérios que estão sendo usados pelos entrevistados em sua avaliação das similaridades.

Dois métodos de determinação das dimensões ou critérios não são recomendados. O primeiro é usar a avaliação de especialistas que, da mesma forma que na análise da concorrência, pode diferir daquela dos consumidores; e o segundo é tentar examinar o mapa perceptual para descobrir o que as dimensões representam. Esses mapas costumam ser ambíguos e há o risco de que os pesquisadores imponham sua própria visão do que está ocorrendo. Uma técnica melhor, embora ainda imperfeita, é perguntar diretamente aos consumidores como eles diferenciam o mercado. O problema nesse caso é que eles podem dar uma resposta relativamente simplista, que talvez não represente todas as dimensões que possam, às vezes de modo inconsciente, usar para diferenciar entre os produtos ofertados.

Mais útil é um método baseado em pesquisa no qual os entrevistados são solicitados primeiramente a escolher dois ou mais produtos similares e justificar sua escolha. Em seguida, devem selecionar alguns produtos que considerem bastante diferentes e também dar sua justificativa. Essa foi a abordagem utilizada para determinar as dimensões do espaço perceptual para os centros de lazer. Os entrevistados foram inicialmente indagados por que escolheram o primeiro par (Woburn Safari Park e Belton House) como o mais parecido e depois o que tornava Belton House e Chatsworth House semelhantes e assim por diante, até terem dificuldade em mencionar quais pares se assemelhavam. Em seguida, a direção oposta foi tomada, e os entrevistados passaram a ter de explicar por que consideravam os pares diferentes; em primeiro lugar, o par mais diferente de Chatsworth House e American Adventure, então Chatsworth House

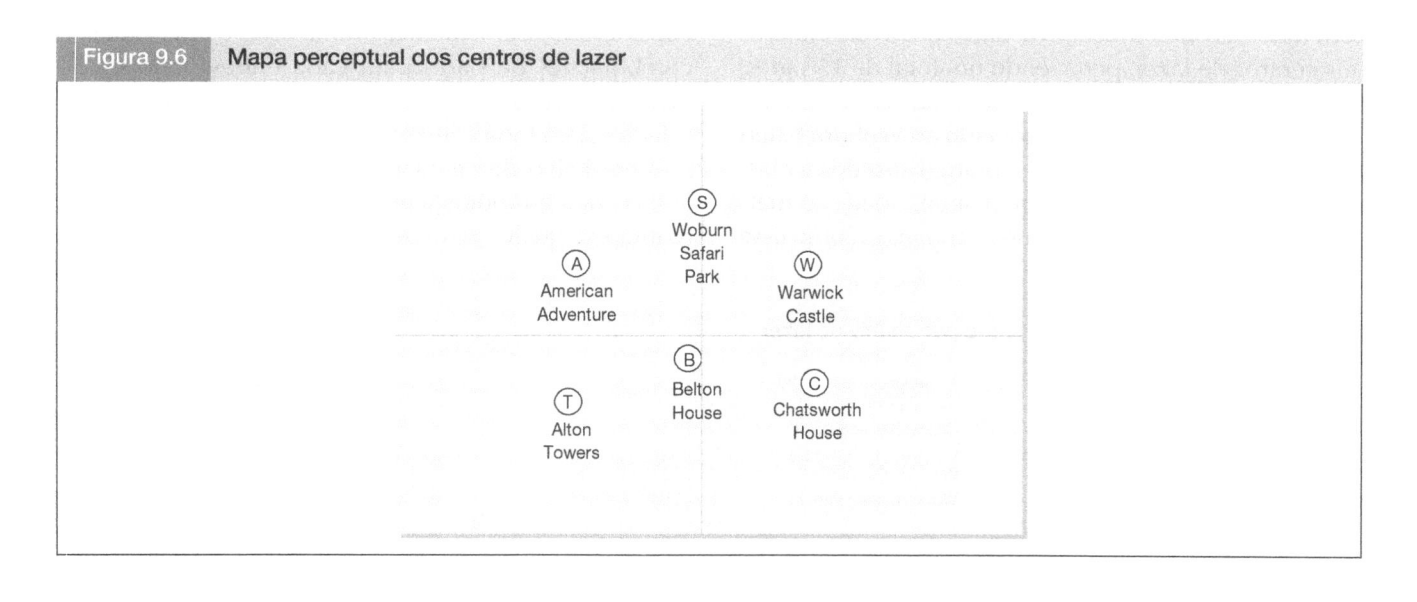

Figura 9.6 Mapa perceptual dos centros de lazer

e Woburn Safari Park etc. O resultado foi uma longa lista de atributos, que foi reduzida a dez após alguns similares serem combinados e os de menor frequência de uso serem eliminados. Os que restaram foram:
- brinquedos grandes;
- educativo;
- diversão e jogos;
- sofisticado;
- barulhento;
- para adolescentes;
- tema forte;
- para toda a família;
- sintético/artificial;
- boa comida.

O método das grades de Kelly (*Kelly Grids*) é uma técnica popular de pesquisa de mercado que também poderia ter sido utilizada para identificar as dimensões subjacentes ao mapa perceptual. A abordagem mais comum é a de quatro etapas.

1. Os entrevistados são apresentados a três estímulos (em nosso caso, atrações de lazer) e devem mencionar um fator de semelhança entre dois deles que, no entanto, seja diferente do terceiro.
2. Os critérios pelos quais dois deles foram considerados semelhantes (digamos, 'barulhentos') são denominados 'o polo emergente' e a dessemelhança associada (digamos, 'silenciosos') é 'o polo implícito'.
3. Os estímulos remanescentes (as outras atrações de lazer) são igualmente distribuídos entre os dois polos.
4. Outros três estímulos são selecionados e o processo é repetido até que o entrevistado não consiga mais pensar em nenhum motivo que assemelhe ou diferencie o trio.

Para descobrir como as dimensões se encaixam no mapa perceptual na Figura 9.6, os entrevistados são solicitados a classificar cada atração de lazer com base nos atributos identificados. Mais uma vez o resultado é uma série de matrizes difíceis de analisar manualmente e, também aqui, os computadores vêm em nosso auxílio. Neste caso, um programa chamado PREFMAP (Chang e Carroll, 1972) foi utilizado. Ele toma o mapa perceptual dos posicionamentos dos produtos na Figura 9.6 e encaixa nele as dimensões de modo que melhor descrevam as percepções dos entrevistados. Para identificar o significado desses vetores, cada um pode ser retraçado a partir do centro do mapa perceptual (Figura 9.7).

A classificação de cada centro de lazer (estímulos) quanto à dimensão (vetor) é medida por sua posição relativa quando o vetor é traçado a partir do centro. Por exemplo, os entrevistados consideram Chatsworth House o mais 'sofisticado' (na dimensão leste-oeste), seguido por Warwick Castle, Woburn Safari Park, Belton House, American Adventure e Alton Towers. Em quase total oposição a 'sofisticado' está o vetor 'barulhento e bagunçado', no qual Alton Towers e American Adventure pontuaram mais alto. Projetando a direção do vetor que representa um 'tema forte', observa-se que o centro de lazer com a mais alta pontuação é o Woburn Safari Park, seguido por American Adventure e Warwick Castle com uma classificação quase igual e, finalmente, Belton House, Alton Towers e Chatsworth House. Novamente é provável que as pontuações individuais ou agregadas

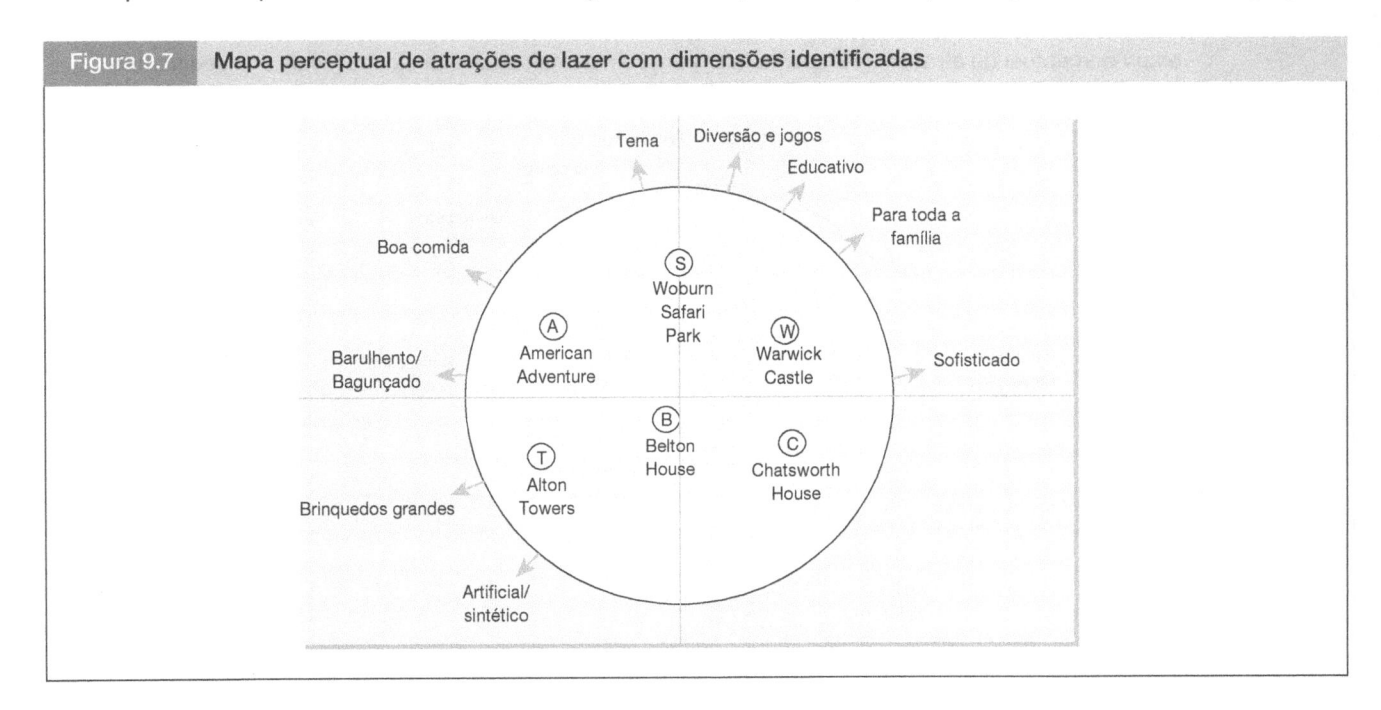

| Figura 9.7 | Mapa perceptual de atrações de lazer com dimensões identificadas |

não estejam perfeitamente representadas pelo mapa que foi gerado. Isso é inevitável, considerando-se que a figura agora tenta representar ainda mais informações nas mesmas duas dimensões. A magnitude desse problema pode ser reduzida ao se recorrer ao uso de uma figura com três ou mais dimensões, mas de modo geral a situação se torna menos compreensível à medida que o mapa transcende nossa experiência normal. Pode ser também que os segmentos do mercado possuam visões explicitamente diferentes e, portanto, seja mais apropriado produzir mapas que representem essas diferentes percepções em vez de reunir os segmentos do mercado, como se fez até aqui.

IDENTIFICANDO A POSIÇÃO DO SEGMENTO DE MERCADO

Um processo de duas etapas foi usado para acrescentar a posição dos consumidores ao mapa perceptual dos centros de lazer. Primeiro, os entrevistados foram solicitados a classificá-los por ordem de preferência. A seguir a análise de conglomerado foi aplicada para formar segmentos com preferências semelhantes (conforme vimos anteriormente). Isso indicou a existência de três conglomerados principais. A análise de suas características demográficas revelou que casais maduros ou jovens sofisticados consideraram Chatsworth House e Belton House os mais atraentes; as famílias jovens preferiram American Adventure e Woburn Safari Park, enquanto os jovens radicais se sentiam mais atraídos por Alton Towers e American Adventure.

Novamente o software PREFMAP foi utilizado para posicionar esses segmentos em relação ao posicionamento dos produtos. Entretanto, neste caso, os segmentos deviam ser expressos como pontos ideais no corpo do mapa em vez de como vetores no modo como as dimensões foram examinadas. A Figura 9.8 apresenta o mapa final, que mostra claramente a estratégia do American Adventure, o último dos centros de lazer a entrar no mercado. Dirigido ao nicho familiar, possui brinquedos grandes, boa comida e muitas oportunidades de diversão e jogos, particularmente para crianças. Menos bem-sucedido parece o Belton House, já que o National Trust se viu administrando uma propriedade rural, com o que está bem familiarizado, e um playground de aventuras, com o que não está familiarizado. Embora a casa e os jardins possam oferecer a sofisticação e a tranquilidade desejadas por casais maduros, a existência do parque de aventuras torna o lugar agitado demais para eles. Da mesma forma, o direcionamento de tantos recursos para que a casa e os jardins sejam mantidos nos padrões do National Trust oferece ambientes que não devem atrair os jovens radicais (o que a entidade provavelmente acha bom) ou as famílias jovens.

O mapa também mostra os riscos do posicionamento de produtos sem levar em conta os segmentos de mercado. As posições das atrações de lazer sugerem que pode haver uma oportunidade para o desenvolvimento de uma que se destaque no oferecimento de uma experiência educativa para pré-adolescentes ou para toda a família. Essa posição pode estar vaga, entretanto está perigosamente distante das necessidades dos três principais segmentos identificados neste caso. Talvez os pais até gostassem de um parque assim, mas os filhos se divertiriam mais em uma atração menos pretensiosa e artificial, que oferecesse diversão e jogos.

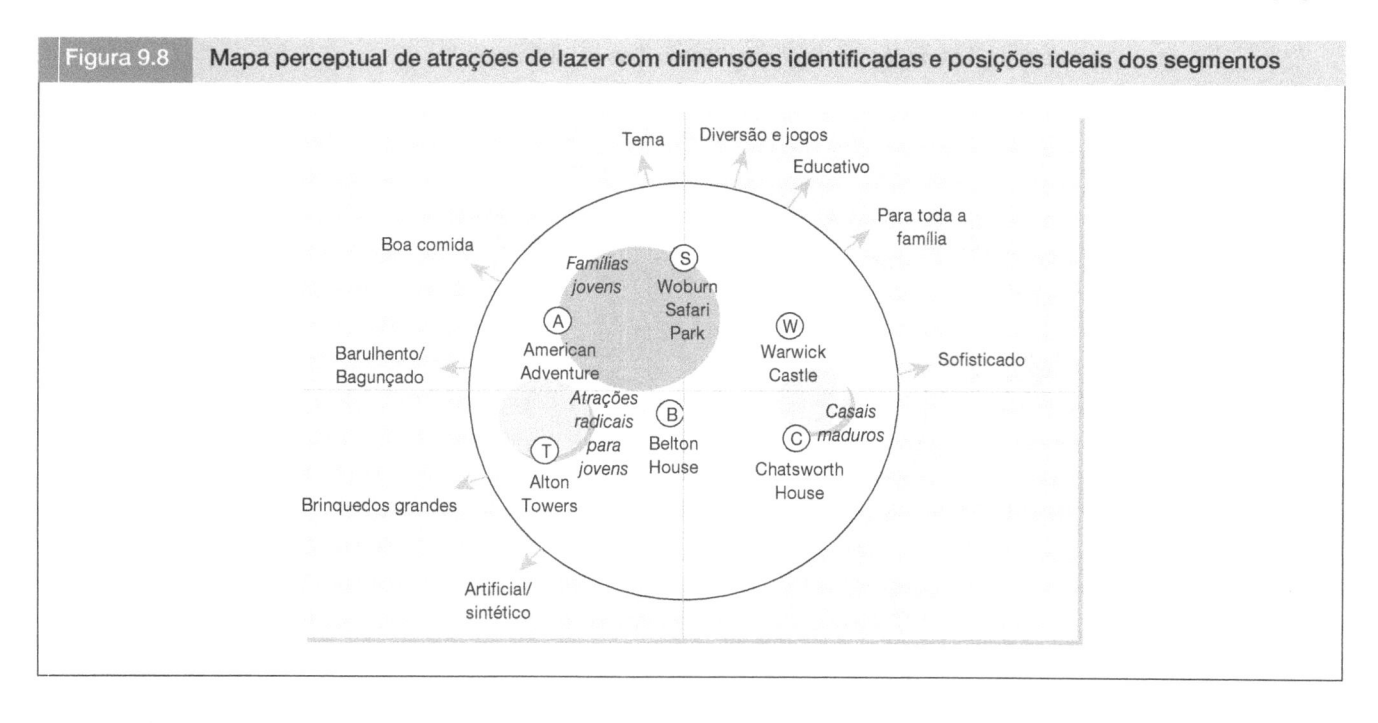

Figura 9.8 Mapa perceptual de atrações de lazer com dimensões identificadas e posições ideais dos segmentos

9.4.3 Algoritmos alternativos

Os pesquisadores podem escolher entre o grande número de alternativas de abordagens disponíveis (*veja* Green *et al.*, 1989) para desenvolver mapas de posicionamento. Por exemplo, o PREFMAP permite que a etapa em que os segmentos foram formados seja omitida e, desse modo, produz um mapa que representa o ponto ideal de cada indivíduo. Em vez do retratado na Figura 9.8, que apresenta os pontos ideais de cada segmento, o mapa mostraria as posições dos produtos, as dimensões do mercado e a posição de cada indivíduo em relação ao produto. A partir daí é possível examinar o posicionamento individual dos entrevistados para identificar um grupo que valha a pena ser visado. Outro programa, o MDPREF (Chang e Carroll, 1969), pode ser usado para combinar a identificação do mapa perceptual de posições de produtos com as dimensões subjacentes. Isso exigiria que os entrevistados classificassem os centros de lazer ao longo de cada dimensão, tal como 'para toda a família' ou 'sofisticado', para depois agregar os resultados e chegar a um mapa semelhante ao da Figura 9.7.

Outra abordagem é a de mapas perceptuais (*veja* Carroll *et al.*, 1986, 1987), um método multivariado para analisar tabelas com dados de categorias e simultaneamente identificar relações entre as variáveis (tanto linhas quanto colunas). Pode, portanto, operar com dados comuns coletados, como os de uso e atitudinais, para gerar mapas perceptuais que mostram de forma simultânea as posições dos objetos (marcas ou segmentos ideais) e atributos (dimensões). Originalmente desenvolvido na França como um enfoque alternativo ao escalonamento multidimensional, o mapa perceptual está atualmente disponível em software MDS como os mencionados por Smith (1990).

Qualquer pessoa que comece a usar essa diversidade de métodos descobrirá que o mapa resultante depende da abordagem escolhida. Isso ocorre devido às diferenças das técnicas de coleta de dados, bem como por causa das premissas e dos métodos usados para otimizar os resultados. Nesse sentido, o uso de escalonamento multidimensional para produzir mapas perceptuais assemelha-se à análise de conglomerado, em que os resultados dependem do algoritmo de conglomeração utilizado. No entanto, assim como no caso da análise de conglomerado, isso não deve ser considerado um defeito, só se trata da conscientização de que há inúmeras maneiras de analisar um mercado. A vida seria mais conveniente se houvesse apenas um mapa que representasse um mercado, entretanto qualquer tentativa de comprimir a riqueza de um mercado em uma perspectiva tão simples provavelmente resultará em oportunidades perdidas ou jamais vistas.

Há apenas alguns anos o acesso aos pacotes de software era difícil, e os próprios programas eram mal documentados e complicados de usar. Agora a situação mudou completamente. Além de haver outros pacotes de análise de dados razoavelmente amigáveis aos usuários, hoje esses programas estão disponíveis para PC (Smith, 1990) e incorporados à rotina dos maiores institutos de pesquisa de mercado.

RESUMO

Um volume considerável de pesquisa tem demonstrado que o profissional inexperiente de pesquisa de segmentação e posicionamento pode facilmente se confundir e se decepcionar. Os tradicionais métodos de segmentação *a priori*, prontos para uso, provaram ser um guia deficiente para segmentar mercados, a não ser aqueles que tenham uma ligação direta e imediata com os mercados visados, por exemplo, produtos com base em gênero, idade ou raça. Embora sejam mais caros e forneçam uma visão muito mais gráfica do mercado, os métodos psicográficos predefinidos mais modernos parecem oferecer pouca vantagem. Como no caso das bases demográficas para segmentação, eles realmente funcionam sob certas circunstâncias, mas somente quando a categoria ou a forma do produto e os critérios de segmentação têm uma correlação muito próxima. Dentro de uma categoria ou forma de produto, porém, eles raramente fazem a distinção entre marcas.

A necessidade de identificar bases de segmentação que estejam intimamente associadas ao mercado do produto em questão implica que a implementação bem-sucedida geralmente requer que uma empresa desenvolva bases específicas de produtos. Aqui há uma barreira em potencial por conta da complexidade percebida em relação à abordagem e por conta da confusão que os pesquisadores criaram com seus próprios equívocos. Embora antes fosse um grande bloqueio à implementação, precedentes suficientes sobre o uso de análise de conglomerado em marketing foram acumulados para permitir que parte da confusão seja eliminada. Estudos comparativos resultam firmemente favoráveis ao método de Ward (1963) em combinação com o particionamento interativo. Poucos programas de computador disponíveis são capazes de fazer isso, portanto selecionar algoritmos de conglomeração e o pacote usado para processá-la se torna uma rotina.

Há, com razão, muito ceticismo sobre os resultados da análise de conglomerado. Isso se justifica em virtude da confusão dos algoritmos usados, da tendência de a análise de conglomerado gerar resultados mesmo que os dados não sejam significativos e da falta de validação desses resultados. Uma vez que se conheçam esses riscos, é vital que a validação — tanto estatística quanto operacional — tenha um papel central na pesquisa de segmentação. Em particular, testes devem ser feitos para verificar se os segmentos formados podem ser replicados utilizando-se outros dados, se são gerencialmente significativos e se respondem de modo diferente a elementos do composto de marketing.

Assim como ocorre com a pesquisa de segmentação, há uma ampla variedade de métodos e técnicas disponíveis para a pesquisa de posicionamento. Eles se caracterizam por requerer a coleta de dados primários relacionados à imagem da marca e às necessidades dos consumidores. As técnicas de escalonamento multidimensional podem ser usadas para resumir a massa de dados coletados de uma forma visualmente atrativa e de fácil comunicação. São talvez mais bem definidos como modelos visuais da mente dos clientes. Como tal, devem ser tratados com cautela, visto que qualquer modelo é uma simplificação da realidade, e aplicados com o devido cuidado. Jamais podem substituir as percepções do gerente, que são cruciais à tomada de decisão no marketing criativo. Na melhor das hipóteses, são auxiliares a esse processo.

Os pesquisadores de segmentação e de posicionamento realmente não conseguiram identificar um critério único que sirva para todos os mercados, apesar das reivindicações daqueles que promovem a segmentação por estilo de vida. No entanto, apesar de não identificarem um critério único, os pesquisadores encontraram métodos consistentemente confiáveis para usar os dados sobre o mercado de um produto com o objetivo de segmentar os consumidores em grupos com significado gerencial, além de representar suas visões e opiniões de maneiras visualmente comunicáveis. Embora Baumwoll (1974) estivesse certo ao prever que nenhuma pedra filosofal seria encontrada, os pesquisadores talvez tenham descoberto como fazer as pedras filosofais!

Revistas segmentadas de luxo: como atingir um segmento de alto crescimento — Estudo de caso brasileiro

Com o crescimento da renda, com a diminuição das classes D e E e com a redução do analfabetismo, o número de brasileiros que leem revistas tem crescido no país ao longo da última década. O setor fatura anualmente cerca de R$ 400 milhões e vende cerca de 400 milhões de exemplares. A auditoria do setor é feita pelo IVC — Instituto de Verificação de Circulação, que acompanha cerca de 4 mil títulos. A revista de maior circulação é a Veja, com mais de 1 milhão de exemplares por edição. São lançados a cada ano cerca de 250 novos títulos. Semanalmente, circula pelo país quase 1 milhão de exemplares de revistas populares com conteúdo voltado para o universo feminino e para a programação televisiva, sobretudo novelas e celebridades. Muitos outros segmentos são atendidos por diversos títulos, como os segmentos infantil, adolescente, executivo e homossexual, além daqueles sobre moda, esporte, atualidades etc.

As revistas também são importantes canais de comunicação para as empresas. Segundo a ANER (Associação Nacional dos Editores de Revistas), de um total superior a R$ 20 bilhões anuais de investimentos publicitários, cerca de 60% são direcionados para a televisão, enquanto que as revistas recebem cerca de 2 bilhões. A diferença é que as revistas permitem uma comunicação mais focada, maior seletividade na comunicação, vida longa em relação a outras mídias — as pessoas guardam e compartilham com família e amigos —, alta qualidade de reprodução gráfica, possibilidade de apresentar informações mais detalhadas, complexas e elaboradas, alto potencial de envolvimento com o leitor e, de modo geral, são percebidas como autoridades para transmissão de informações sobre o tema.

Muito do sucesso de uma revista se deve à forma como ela consegue criar um relacionamento entre seu editor e equipe e seus leitores. As revistas são segmentadas porque cada leitor busca a revista que apresenta uma identidade com a qual ele se identifica. Ao contrário de jornais diários e sites na internet, voltados para a informação rápida, o que o leitor de revista busca não é ser o primeiro a saber, mas sim conhecer os detalhes do que ele descobriu nos jornais, nas rádios e com os amigos, é ter uma visão sob outro ponto de vista, a opinião de alguém que se admira, de uma autoridade no assunto que sabe ensinar e divertir, que traz a análise, com profundidade e experiência.

A revista leva a outros lugares, apresenta outras pessoas e, principalmente, aborda os temas que fazem parte dos interesses do leitor. Ele se sente parte de um grupo, formado pelo editor, pela equipe da revista e pelos outros leitores, todos com ideias e interesses comuns que exercem forte influência em seu comportamento. Como em todo relacionamento, aqui são importantes a confiança e a credibilidade de que a revista atenderá essas expectativas com competência e honestidade. Os encontros não precisam ser diários; em geral as revistas têm periodicidade semanal, quinzenal ou mensal. Cada revista desenvolve sua identidade, que reflete a de seu público, possibilitando conhecer o leitor de acordo com a linha editorial da revista. O editor sente como que se conhecesse cada leitor; o leitor, como se conhecesse o editor e sua equipe, que incorpora a identidade da revista. Para a revista, o importante é manter esse relacionamento.

Discussões como a do crescimento da mídia digital, por exemplo, deixam de ser relevantes, já que mais o importante é o conteúdo, e não o modo como ele é entregue. É como afirma Hercílio de Lourenzi, presidente da Editora Escala: "As novas mídias não vão acabar com as tradicionais. O segredo é levar ao leitor exatamente o que ele procura, acompanhando as mudanças de comportamento".

Um segmento que vem crescendo na última década, com o lançamento de diversos títulos, é o voltado para o luxo. Segundo estudo da MCF Consultoria & Conhecimento e da GfK Brasil, esse setor faturou US$ 6,23 bilhões em 2009 — crescimento de 12% em relação ao ano anterior — e deve ampliar seu faturamento em 22%, atingindo US$ 7,59 bilhões. Estima-se que cerca de 1 milhão de brasileiros pertença a esse segmento. O mercado brasileiro representa 70% do mercado de luxo na América Latina e corresponde a 3% do PIB do país. O investimento anual no setor tem sido em torno de US$ 1 bilhão nos últimos anos. O ticket médio, segundo a pesquisa MCF/GfK, é de cerca de R$ 3 mil.

A revista é uma mídia particularmente interessante para se comunicar com esse segmento, já que, segundo os Estudos Marplan, essa mídia tem mais de 90% de penetração na classe A. O crescimento do setor influenciou o crescimento das revistas voltadas a esse mercado, fazendo com que hoje existam muitos títulos. Entre eles, um dos mais conhecidos é a *Wish Report* (<http://www.wishreport.com.br>), lançada em dezembro de 2004. Com editor oriundo da revista *Carta Capital* e *Playboy*, tem tiragem de 40 mil exemplares e circula via um mailing VIP e nas bancas. A revista trata de produtos e serviços em geral no mercado do luxo, de automóveis, joias, moda, viagens, sociedade e moda. Define sua identidade como voltada para o estilo de vida cosmopolita e contemporâneo.

A revista *Vogue*, publicada pela editora americana Condé Nast, é considerada uma das revistas de moda mais importantes do mundo. Está presente em 18 países, incluindo o Brasil, onde é publicada pela editora Carta Capital (http://www.voguebrasil.com.br). A revista está segmentada em outros títulos: *Vogue Casa, Vogue RG, Vogue Homem, Vogue Passarelas, Vogue Noiva, Vogue Kids* e *Vogue Joias*. É distribuída por meio de assinaturas e de bancas selecionadas.

A editora Siquini (http://www.siquini.com.br) está presente no setor de luxo de forma altamente segmentada, com as revistas *Iate Life, Golf Life, Polo Life, Dome Life, Spa Life* e *Gourmet*, com tiragens em torno de 10 mil exemplares distribuídos em bancas selecionadas.

A *Robb Report* (http://www.robbreport.com.br) é voltada para o segmento masculino de alta renda. Foi criada nos Estados Unidos há três décadas, com reportagens sobre carros, relógios e bens imobiliários — casas, apartamentos, iates, aviões, helicópteros etc. Sua versão brasileira foi lançada no início de 2010 pelo Grupo Viver Brasil com tiragem de 30 mil exemplares.

A *L'Officiel* é uma revista francesa de moda criada em 1921. Tem uma edição brasileira (http://lofficielbrasil.uol.com.br) desde outubro de 2007, publicada pela Duetto Editorial (http://www.duettoeditorial.com.br).

A revista *Public First Class* (http://www.publicfirstclass.com.br) foi lançada pela editora Public Midia em novembro de 2005 com uma tiragem de 20 mil exemplares. É voltada para o segmento da classe A e apresenta reportagens setorizadas sobre negócios, personalidades, gastronomia, turismo e novidades pelo mundo. É distribuída a CEOs e formadores de opinião em condomínios residenciais e comerciais de luxo e a empresas das regiões de Santos, São Paulo, Ilhabela e Campos do Jordão.

Outras revistas mais específicas também são alternativas de mídia para o segmento de luxo. As empresas automobilísticas do setor de luxo têm suas publicações, como a Audi, a Porsche e a Mitsubishi (com sua revista *MIT*). A loja multimarcas Daslu também tem as suas, assim como a rede de perfumes e cosméticos Opaque. Algumas revistas de variedades têm edições periódicas voltadas para o setor, como a *Veja AAA* e a *IstoÉ Platinum*.

Para atingir os segmentos de maior poder aquisitivo, essas são algumas das principais mídias disponíveis para empresas e agências de propaganda, que devem compor a estratégia de comunicação integrada de marketing de uma empresa.

Questões para discussão

1. Por que a maior parte da verba publicitária ainda vai para as mídias de massa, em particular a televisão?
2. O segmento de luxo também é fragmentado em segmentos menores. Como você usaria os diferentes veículos descritos para a comunicação de setores diferentes dentro do mercado de luxo?
3. Quais os riscos que uma empresa pode correr ao não usar mídias segmentadas como as descritas anteriormente?

Capítulo 10

Seleção dos mercados-alvo

Atacar uma área fortificada é lançar mão do último recurso.

Sun Tzu (c. 500 a.C.)

INTRODUÇÃO

Uma das decisões mais importantes enfrentadas por uma empresa é escolher o mercado, ou mercados, que atenderá. Infelizmente, são muitas as que entram em um mercado sem pensar bem se ele lhes é adequado. Entram só porque parecem superficialmente atrativos a seus produtos ou serviços. Como veremos neste capítulo, pode-se defender fortemente a seleção de mercados e setores com perspectivas atraentes e também aqueles onde se possa tomar uma forte posição. A Figura 10.1 sugere que, ao compararmos em termos gerais a atratividade dos mercados e a força do posicionamento competitivo a adotar, há diversas armadilhas a ser evitadas:

- **Negócios periféricos:** Áreas em que podemos ocupar uma posição forte e segura, mas onde o mercado simplesmente não entrega os benefícios de que a empresa necessita. É fácil para os entusiastas especializados em um produto ou serviço impelir-nos para essas áreas, mas elas nunca produzirão a margem de lucro e o crescimento de que necessitamos, além de absorver recursos e tempo gerencial.
- **Negócio ilusório:** Áreas em que o mercado parece atrativo, por ser grande, dinâmico, expansível etc. Entretanto, são aquelas áreas em que só se poderá tomar uma posição fraca — provavelmente por se tratar de mercados que se caracterizam por ser ferozmente defendidos por concorrentes estabelecidos. É fácil os

Figura 10.1 Atratividade do mercado e posicionamento competitivo

		Atratividade do mercado	
		Alta	Baixa
Posicionamento competitivo	Forte	Negócio central	Negócio periférico
	Fraco	Negócio ilusório	Negócio 'beco sem saída'

Fonte: Adaptado de Piercy (1997).

gestores serem seduzidos a entrarem nesses mercados devido ao potencial que apresentam, sem se darem conta de que jamais poderão atingir esse potencial.
- **Negócio 'beco sem saída':** mercados que não são atrativos e nos quais só se pode adotar uma posição de 'perdedores'. Poucos gestores tentarão deliberadamente entrar nesses mercados. Esses negócios também podem descrever mercados dos quais se deve sair — podem ter sido atrativos no passado, mas entraram em declínio, ou a posição competitiva da empresa pode ter sido minada por novos concorrentes ou tecnologias.
- **Negócio central:** Mercado que oferece os benefícios desejados, em que se pode buscar uma forte posição. Claramente representa prioridade máxima de investimento de tempo e recursos. A principal questão aqui é até que ponto compreendemos o que torna um mercado atrativo para uma determinada empresa e o que torna forte um mercado competitivo (Piercy, 1997).

Embora essas armadilhas estratégicas sejam facilmente descritas, a importância da questão é salientada pelo fato de que as escolhas de mercado não passam disso — escolher pode significar dar as costas a alguns mercados, consumidores e modelos de negócios para focar áreas em que se possa atingir desempenho e resultados superiores. Fazer essas escolhas pode ser uma tarefa difícil. Michael Porter apontou o cerne do problema da seguinte forma:

Em suma, gestores não gostam de fazer escolhas. Há enormes pressões organizacionais que impelem para imitar e fazer o que o concorrente faz. Com o tempo, isso mina de modo lento, porém decisivo, o caráter único do posicionamento competitivo.

(Porter, *apud* em Jackson, 1997)

Porter argumenta que o principal desafio é fazer escolhas estratégicas e tomar decisões claras. Senão, a empresa corre o risco de destruir sua própria estratégia:

Elas começam com uma posição clara e com o tempo são sugadas para uma convergência competitiva em que elas e suas concorrentes estão fazendo a mesma coisa. Esse tipo de competição torna-se um impasse.

(Porter, *apud* em Jackson, 1997)

No entanto, a importância das escolhas de mercados e segmentos deve ser colocada no contexto da potencial complexidade dos mercados e da consequente incerteza que cerca as escolhas ideais a fazer. Na realidade, como veremos, definir mercados e segmentos não é um mero exercício de análise estatística, é também um processo subjetivo e altamente criativo (Aaker, 1995). Analisar as perspectivas alternativas de mercados e segmentos é uma forma de enriquecer nossa compreensão sobre os consumidores e estabelecer a diferenciação competitiva no modo como exploramos o mercado.

O objetivo deste capítulo pode ser descrito da seguinte maneira. O Capítulo 8 tratou dos diversos modos de segmentar um mercado. Bases alternativas de segmentação foram examinadas, e os benefícios de adotar um método de segmentação foram discutidos. O Capítulo 9, por sua vez, analisou as técnicas de pesquisa disponíveis para auxiliar na segmentação de mercados. Neste capítulo discutiremos mais detalhadamente a definição de mercado e de seleção de mercados-alvo. Em particular, analisaremos o processo de identificar segmentos de mercado em que as competências de uma empresa possam ser usadas para seu melhor proveito, em conjunto com a seleção da estratégia de marketing adequada.

Ao decidir sobre os mercados e segmentos a serem visados, é preciso fazer quatro perguntas básicas:
1. Como definimos o mercado — qual seu escopo e composição?
2. Como o mercado está segmentado entre diferentes grupos de consumidores?
3. Qual é a atratividade dos diferentes segmentos de mercado?
4. Qual é a força do posicionamento estratégico que podemos adotar — onde estão nossas forças atuais ou potenciais?

10.1 O PROCESSO DE DEFINIÇÃO DO MERCADO

A definição dos mercados atendidos por uma empresa, ou aqueles que ela está avaliando como possíveis alvos, é parcialmente uma questão de mensuração e comparações competitivas convencionais. Também é, em parte, um processo criativo referente às necessidades dos consumidores. Stanley Marcus, da Neimann Marcus, é frequentemente citado por esta colocação: "Consumidores são estatísticas. Clientes são pessoas".

Deve-se ter em mente uma série de questões ao abordar a definição de mercado:
- **Mercados mudam:** O desenvolvimento da estratégia de marketing ocorre no contexto de um constante processo de mudanças. Sob essa perspectiva, não é sensato pressupor que a definição que uma empresa faz dos mercados deva permanecer estática.
- **Mercados e setores da indústria:** Já nos referimos ao fato de que mercados não são a mesma coisa que setores ou produtos. Os setores constituem grupos de empresas que compartilham tecnologia e fabri-

cam produtos semelhantes. Os mercados representam grupos de consumidores com necessidades e problemas semelhantes a solucionar. Definir mercados em torno de setores e produtos expõe uma empresa e seu posicionamento competitivo à ofensiva de uma concorrência de fora do setor convencional. Desenvolver estratégias de marketing robustas e posicionamentos competitivos fortes requer não só a compreensão do setor existente (Capítulo 3), mas também do mercado sob o ponto de vista do consumidor (Capítulo 4).

- **Definições diferentes para finalidades diferentes:** Day (1992) defende que podemos necessitar de diferentes definições de marketing para diferentes tipos de decisão de marketing. Decisões táticas, tais como orçamento e alocação da força de vendas, costumam requerer definições de marketing restritas e fáceis de entender (mercado consumidor, produtos semelhantes, canais existentes), ao passo que decisões estratégicas requerem definições de marketing mais amplas (como novas oportunidades de mercado, mudanças em tecnologia e produtos substitutos e tipos potencialmente novos de concorrência).

10.1.1 Diferentes meios de definir mercados

Day (1992) sugere que os mercados podem ser definidos de duas maneiras: com base nos clientes ou com base em concorrentes.

- **Mercados definidos com base no cliente:** Esse método transcende os produtos que são 'substitutos em espécie', isto é, a mesma tecnologia que a nossa, e foca os 'substitutos em uso', isto é, todos os produtos e serviços capazes de atender às mesmas necessidades e problemas do consumidor.

- **Mercados definidos com base na concorrência:** Esse método foca todos os concorrentes capazes de atender às necessidades de um grupo de consumidores e reflete a semelhança tecnológica, os custos relativos de produção e os canais de distribuição.

De modo geral, a definição baseada na concorrência será importante para alocar recursos de marketing e gerenciar programas de marketing — respostas a cortes de preço, cobertura da força de vendas e assim por diante. Por outro lado, as abordagens definidas pelo consumidor são provavelmente mais reveladoras para a compreensão da dinâmica do mercado, da atratividade das diferentes opções de mercados e do desenvolvimento de um forte posicionamento competitivo.

Uma abordagem prática para avaliar as características dos mercados é a matriz de produto–cliente.

10.1.2 Matriz de produto–cliente

A Figura 10.2 sugere que a estrutura de base de um mercado pode ser entendida como um simples agrupamento de clientes e de produtos/serviços. O desafio consiste em examinar um mercado utilizando essa matriz para identificar não mais de cinco ou seis grupos de produtos/serviços e cinco ou seis grupos de consumidores que formam o mercado. Se isso for impossível, provavelmente não se tratará de um mercado único, mas de vários deles, e o exercício deve ser subdividido.

A importante perspectiva a ser desenvolvida por meio dessa abordagem é aquela que reconhece:

- **Produtos/serviços** — em termos do que eles fazem para os clientes, não no que se refere a como eles são desenvolvidos nem por quem.

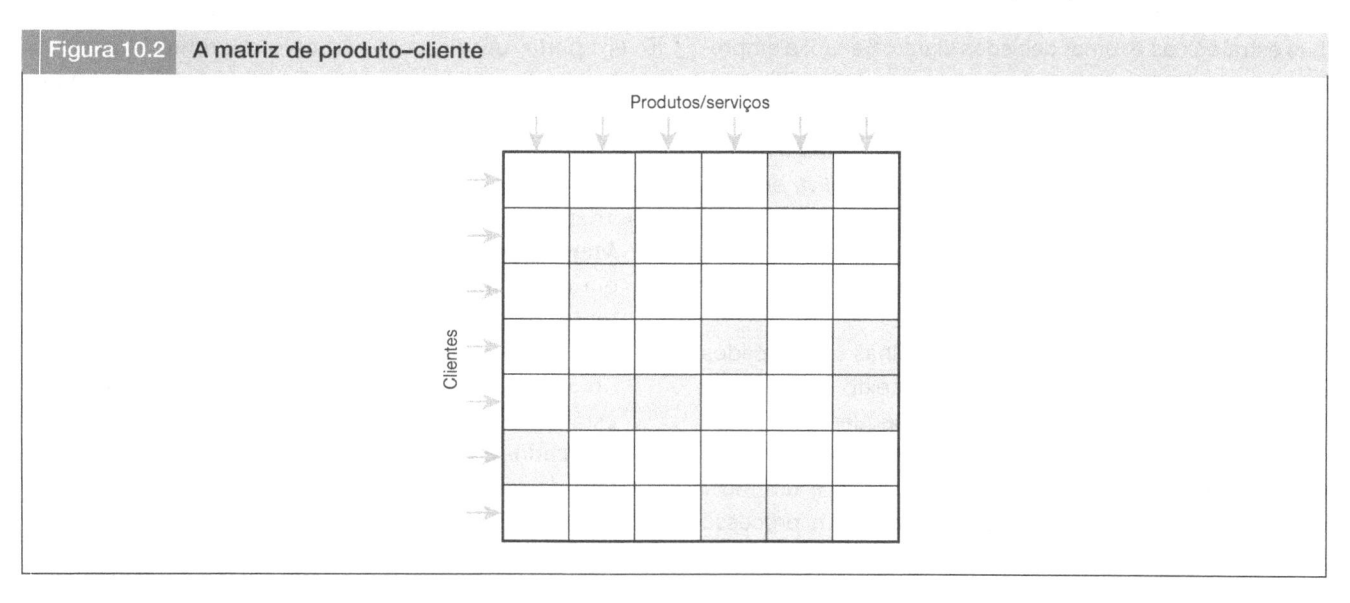

Figura 10.2 A matriz de produto–cliente

- **Clientes** — no tocante às diferenças significativas entre grupos quanto a necessidades, preferências, prioridades ou comportamentos de compra.

Por exemplo, o amplo leque de serviços financeiros oferecidos a pessoas físicas pelos bancos e seus concorrentes pode ser reduzido a seis categorias de produtos quando se levam em consideração os benefícios proporcionados aos clientes. Em vez de centenas de produtos, esse mercado consiste de apenas seis grupos de produtos e serviços que oferecem: acesso a dinheiro; segurança em poupança; crédito para comprar agora e pagar depois; meios eletrônicos de pagamento; retorno de ativos como a poupança; e uma gama de serviços especializados. O mesmo processo de redução pode ser aplicado a produtos/serviços em si. Por exemplo, não descreva o mercado como de 'computadores', mas em função do que as diversas combinações de hardware, software e serviços realmente entregam aos consumidores de um mercado em particular, tais como sistemas de contabilidade, comunicações internas, informações gerenciais e assim por diante.

Essa abordagem permite iniciar a definição de mercados de modo a ir além do mercado principal de produtos semelhantes para encontrar o mercado ampliado:

para abranger todas as possibilidades competitivas que satisfaçam as necessidades dos clientes, incluindo produtos substitutos e concorrentes em potencial. [Pois] essa última perspectiva é especialmente necessária para ajudar a compreender por que alguns mercados são atrativos e outros não.

(Day, 1990)

Essa análise pode ser usada para uma variedade de propósitos, mas uma das vantagens desse tipo de abordagem inicial é que ela começa identificando a forma como um mercado se divide em vários segmentos distintos.

10.2 DEFININDO COMO O MERCADO ESTÁ SEGMENTADO

Como discutimos no Capítulo 8, há muitas formas de segmentar mercados. De modo geral, um ponto de partida útil é questionar como a gerência enxerga o mercado com base em sua experiência nele. A definição gerencial dos segmentos de mercado costuma basear-se nos produtos/serviços ofertados ou nos mercados atendidos.

10.2.1 Produtos ou serviços ofertados

Descrever segmentos com base em produtos ou serviços ofertados pode levar a uma segmentação de mercado de ampla base. John Deere, por exemplo, concorrente da enorme Caterpillar no mercado norte-americano de escavadeiras, inicialmente segmentou o mercado em máquinas 'grandes' e 'pequenas'. Com base em seus ativos de marketing (definidos em função de melhor suporte técnico por meio de redes locais de revendedores e menor preço), Deere decidiu concentrar esforços no mercado de escavadeiras de pequeno porte, dessa forma evitando uma concorrência direta com a Caterpillar, que era mais forte no segmento de máquinas de grande porte (em que os requisitos de mercado se centravam na disponibilidade de peças de reposição).

Muitos institutos de pesquisa de mercado atuantes no setor de serviços definem seus segmentos de mercado em relação aos serviços que oferecem: por exemplo, o mercado de auditorias de varejo, o mercado de pesquisas por telefone, o mercado de grupos de discussão para pesquisa qualitativa e o mercado de entrevistas profissionais (setoriais).

O fator de sustentação dessa abordagem baseada em produto ou serviço para identificação de mercados é a crença de que os segmentos definidos dessa maneira exibirão as diferenças de comportamento essenciais a um plano eficaz de segmentação. A estratégia adotada por Deere fez sentido, por exemplo, somente porque os requisitos dos compradores e usuários de escavadeiras grandes e pequenas diferiam entre si. Nos casos em que os requisitos de clientes são essencialmente iguais, embora sejam satisfeitos por produtos ou serviços diferentes, esse enfoque de segmentação pode levar a uma visão míope do mercado.

10.2.2 Mercado ou mercados atendidos

Atualmente, muitas empresas adotam um método baseado em seus consumidores ou em seus mercados atendidos para segmentar os mercados de atuação. Os segmentos são definidos em relação aos próprios consumidores em vez de aos produtos que eles compram. Nos mercados de consumo, a gerência pode mencionar segmentos demográficos e socioeconômicos, enquanto as definições de mercados industriais podem basear-se na SIC (Standard Industrial Classification) ou no volume de pedidos. Uma abordagem particularmente útil em muitos mercados consiste em segmentar com base nos benefícios que o cliente está buscando ao consumir o produto ou serviço e/ou nos usos aos quais servem determinado produto ou serviço.

A Van den Berghs (uma subsidiária da Unilever) teve particular êxito em segmentar o mercado de 'gorduras amarelas' com base nos benefícios buscados pelos consumidores (Broadbent, 1983). Esse mercado, composto por manteiga, margarina e pastas de baixo teor de gordura, tinha um valor de venda no varejo de aproximadamente £ 600 milhões em 1979. Era um mercado estático, sem nenhum crescimento global. Dentro do mercado, contudo, algumas mudanças importantes aconteciam. Observava-se uma tendência de mercado de substituição da manteiga pela margarina, principalmente devido ao diferencial crescente de preço (manteiga e margarina tinham preços praticamente equivalentes em meados da década de 1970, mas desde então o preço da manteiga aumentou mais rapidamente, ampliando a diferença). Associado a isso, era cada vez maior a sensibilidade a preços, refletindo a recessão em que a economia britânica entrou no final da década de 1970 e início da de 1980. A Van den Berghs foi ágil em identificar uma oportunidade de mercado ao segmentá-lo. Havia no mínimo cinco segmentos de benefícios identificados:

- O **Segmento 1** consistia de consumidores que preferiam um 'gosto de manteiga de verdade' e que não estavam dispostos a abrir mão disso por qualquer preço que fosse. Esse segmento escolhia a manteiga, e as marcas mais vendidas eram Anchor, Lurpak e Country Life.
- O **Segmento 2** eram consumidores que desejam o sabor, a sensação e a textura da manteiga, mas se preocupavam com o preço. De modo geral, não estavam dispostos a abrir mão do sabor e dos demais atributos das manteigas, nem estavam convencidos de que as margarinas poderiam satisfazê-los. Esses consumidores geralmente escolhiam a manteiga mais barata disponível, como a da marca do próprio supermercado.
- O **Segmento 3** reunia ex-usuários de manteiga que estavam dispostos a aceitar as margarinas como um produto substituto e até achavam que elas ofereciam benefícios adicionais aos da manteiga, tais como a delicada consistência e a facilidade de espalhar. O que também atraía nesse segmento eram as embalagens 'tamanho família'. Esses consumidores eram mais sensíveis a preço do que os do Segmento 2. A marca líder era a margarina Stork.
- O **Segmento 4** constituía-se de um segmento crescente de uma minoria preocupada com dieta e controle de peso. Eram consumidores particularmente atentos a calorias e teor de gordura. A Outline era a marca líder. Mais recentemente a St. Ivel Gold vinha conseguindo atrair esse segmento.
- O **Segmento 5** eram consumidores preocupados com a saúde em geral e com os efeitos do colesterol, em particular. De especial atratividade a esse segmento eram as pastas com baixo teor de colesterol e alto teor de gordura poli-insaturada. O líder de mercado era a Flora.

Em 1980, a Van den Berghs detinha cerca de 60% do mercado total como resultado do reconhecimento da segmentação que acabamos de descrever e do posicionamento de suas marcas de modo a atrair segmentos específicos. O Segmento 1 não foi deliberadamente visado. Krona, uma margarina com sabor muito semelhante ao da manteiga (comprovado por testes cegos), foi lançada a um preço premium e altas margens para atrair consumidores do Segmento 2 que começavam a trocar a manteiga. O Segmento 3 foi atendido pela marca líder da empresa, a Stork, enquanto os Segmentos 4 e 5, pelas marcas Outline e Flora, respectivamente. Nas décadas de 1980 e 1990, a concorrência fez com que o Segmento 2 se intensificasse. Após o sucesso inicial da Krona, a Dairy Crest lançou a Clover em 1983 como uma pasta à base de leite. Em 1991, a Van den Berghs lançou com o incrível nome de 'I Can't Believe It's Not Butter' ('não acredito que não seja manteiga') uma marca que tinha sabor de manteiga, mas teor de gordura bem mais baixo. Em apenas nove meses de lançamento, a ICBINB (sigla a partir das iniciais do nome, pela qual ficou conhecida no mercado) detinha 2,3% do mercado de margarina de baixo teor de gordura. Em 1995, foi seguida por uma nova marca da St. Ivel, posicionada em oposição direta, a 'Utterly Butter' ('totalmente manteiga'). Mais recentemente o surgimento de pastas 'demolidoras de colesterol', como a Benecol, apresentou um novo desafio ao domínio de mercado da Van den Berghs. O lançamento da Flora Pro-Activ nesse nicho de mercado garantiu contínua liderança global. Desde o lançamento em 2000, a marca fortaleceu-se cada vez mais, superando seu concorrente mais próximo por 3 a 1. Em 2004, a linha Pro-Activ foi ampliada para incluir uma pasta com azeite de oliva, uma bebida láctea e iogurtes light.

Fundamental ao sucesso da Van den Berghs e de outros competidores criativos em marketing foi a resistência em aceitar a segmentação de mercado adotada pelos outros. Em muitos mercados de produtos de consumo em rápida mudança, e no mercado de alimentos em particular, tem-se observado uma tendência de segmentar excessivamente com base nas características históricas dos consumidores ou no volume de uso. Ao olhar para além desses fatores e enxergar as motivações e razões por trás do ato de compra, as empresas podem com frequência criar uma vantagem em relação a seus concorrentes.

Uma vez identificados os segmentos, as alternativas devem ser avaliadas com base na atratividade do mercado e na força da empresa (ou potencial de força) em determinado segmento. Essa avaliação é feita pelo cruzamento de uma série de fatores.

10.3 DETERMINANDO A ATRATIVIDADE DE UM SEGMENTO DE MERCADO

É evidente que diversos fatores podem ser levados em consideração quando se avalia a atratividade de um mercado ou de um segmento específico. No Capítulo 2, discutimos abordagens multifatoriais à avaliação no contexto da análise da carteira de produtos ofertados, enquanto aqui elas são discutidas como ferramentas estratégicas para decidir, em primeiro lugar, em quais mercados ingressar. Têm surgido muitas listas de tais fatores, mas um meio de agrupá-los é o seguinte:
- Fatores de mercado.
- Fatores econômicos e tecnológicos.
- Fatores competitivos.
- Fatores ambientais.

No entanto, deve-se observar desde o início que uma lista geral desse tipo representa apenas um ponto de partida — os fatores significativos que tornam um mercado atrativo ou não a uma empresa devem refletir as características específicas dessa empresa e as prioridades de sua gestão. Por exemplo, uma organização pode enxergar um segmento de mercado em crescimento como altamente atraente, enquanto outra no mesmo setor pode buscar taxas mais lentas de crescimento para evitar sobrecarregar sua capacidade financeira, dentre outras. De modo análogo, uma empresa que possua vantagens de custo sobre a concorrência pode considerar um segmento sensível a preço altamente atraente, ao contrário de seus concorrentes. Na realidade, existe um grupo de fatores que impactam as avaliações sobre a atratividade de um mercado e que são totalmente subjetivos.

10.3.1 Fatores de mercado

Dentre as características de mercado que afetam a avaliação da atratividade de um mercado estão as que descreveremos a seguir (Figura 10.3).

TAMANHO DO SEGMENTO

É evidente que um dos fatores que mais atraem em um alvo potencial é seu tamanho. Mercados de alto volume oferecem maior potencial de expansão das vendas (uma meta estratégica fundamental de muitas empresas). Eles também possuem potencial para que se atinjam economias de escala em produção e marketing e, por conseguinte, uma rota para operações mais eficientes.

TAXA DE CRESCIMENTO DO SEGMENTO

Além de buscar escala operacional, muitas empresas estão ativamente perseguindo metas de crescimento. É comum crer que o crescimento das vendas de uma empresa seja mais facilmente atingido nos mercados em expansão.

O mercado de refrigerantes, que faz parte do de bebidas gasosas, está em declínio em muitos mercados ocidentais, tornando-o menos atraente do que já foi. Nos Estados Unidos, por exemplo, a participação dos refrigerantes no mercado declinou de 72% em 1990 para 60% em 2000. Enquanto isso, as vendas de água mineral, sucos e bebidas isotônicas dobraram. Isso está preocupando a Coca-Cola, que obtém 65% de seu volume de vendas com os refrigerantes e responde por um terço das vendas mundiais desses produtos (*Financial Times*, 19 set. 2001).

ESTÁGIO DE EVOLUÇÃO DO SETOR

Já analisamos (no Capítulo 3) as características dos mercados em diversos estágios de evolução. Dependendo dos objetivos corporativos (geração de caixa ou crescimento), diferentes estágios podem ser mais atraentes. Para uma primeira segmentação, os mercados nos estágios iniciais de evolução costumam ser mais sedutores na medida em que oferecem maior potencial futuro e menor probabilidade de estarem abarrotados de

Figura 10.3 — Fatores que afetam a atratividade de um segmento de mercado

Fatores de mercado	**Fatores econômicos e tecnológicos**
Tamanho, taxa de crescimento, estágio no ciclo de vida, previsibilidade, elasticidade de preço, poder de barganha dos compradores, ciclicidade da demanda	Barreiras à entrada e à saída, poder de barganha dos fornecedores, utilização de tecnologia, investimentos necessários, margens de lucro
Fatores competitivos	**Fatores do ambiente de negócios**
Intensidade, qualidade, ameaça de substituição, grau de diferenciação	Flutuações econômicas, fatores políticos e legais, regulamentação, fatores sociais e ambiente físico

concorrentes (Intensidade competitiva a seguir). O mais comum, no entanto, é que o crescimento exija investimentos de marketing (promoção, distribuição etc.) para impulsioná-lo, fazendo com que os retornos a curto prazo possam ser modestos. Nos casos em que se busca maior contribuição imediata de caixa e lucro, um mercado maduro pode representar uma proposta mais interessante por exigir um nível mais baixo de investimento.

Previsibilidade

Anteriormente salientamos a previsibilidade dos mercados como um fator influenciador de sua atratividade para os profissionais de marketing. É evidente que, quanto mais previsível for o mercado, menos propenso ele estará à descontinuidade e à turbulência e mais fácil será prever com precisão o valor potencial do segmento. Mais certa, também, será a viabilidade do alvo a longo prazo.

Elasticidade-preço e sensibilidade a preço

A menos que uma empresa detenha significativa vantagem de custo sobre seus principais concorrentes, os mercados menos sensíveis a preço e de baixa elasticidade-preço da demanda são mais atraentes do que aqueles com maior sensibilidade. Nos mercados mais sensíveis a preço, há maior chance de guerras de preço (sobretudo no estágio maduro na evolução do setor) e de crise dos fornecedores menos eficientes.

Poder de barganha dos clientes

Os mercados em que os compradores (clientes finais ou intermediários na cadeia de distribuição) possuem maior poder de negociação são menos atrativos do que aqueles em que o fornecedor pode dominar o mercado e impor suas regras.

No mercado de gêneros alimentícios no Reino Unido, o poder de compra das grandes cadeias de supermercados é considerável. Juntas, as cinco maiores suprem cerca de 70% das necessidades de alimentos do país. Os fabricantes de alimentos concorrem agressivamente por espaço de prateleira para disponibilizar seus produtos aos consumidores finais. Na realidade, algumas cadeias de supermercados passaram a cobrar dos fabricantes pelo espaço de prateleira que ocupam.

Da mesma forma, no mercado de uniformes militares, uma concentração de poder de compra (pelos governos) dita aos novos concorrentes as bases em que competirão.

Sazonalidade ou ciclicidade da demanda

O grau de flutuação de uma demanda por estação do ano ou ciclo também afeta a atratividade de um segmento em potencial. Para uma empresa que já atende a um mercado altamente sazonal, uma nova oportunidade em um mercado não sazonal pode ser particularmente interessante, permitindo-lhe utilizar sua capacidade o ano todo.

O grupo Thomson considerou o mercado de pacotes de viagem bastante atraente, sobretudo com vistas ao fluxo de caixa. A empresa necessitava comprar grande volume de papel para impressão nos meses de inverno e descobriu que isso causava sério impacto em seus recursos financeiros. Os pacotes de férias, em geral reservados e pagos durante o inverno, ofereciam uma boa oportunidade de levantar fundos tão necessários em um período crítico. A Thomson Holidays, originalmente fundada como gerador de fluxo de caixa, acabou tornando-se uma operadora de turismo de grande sucesso.

10.3.2 Fatores econômicos e tecnológicos

As questões que refletem os aspectos econômicos mais abrangentes do mercado e a utilização de tecnologia incluem as seguintes.

Barreiras à entrada

Mercados em que há substanciais barreiras à entrada (por exemplo, tecnologia protegida ou altos custos de troca para os clientes) são atraentes para concorrentes estabelecidos, porém pouco atrativos para aspirantes. Embora poucos mercados possuam barreiras absolutas à entrada a longo prazo, para muitas empresas os custos de superá-las podem tornar o negócio proibitivamente oneroso e antieconômico.

Barreiras à saída

Por outro lado, os mercados com altas barreiras à saída, em que as empresas podem ficar presas a posições indefensáveis ou antieconômicas, são intrinsecamente nada atraentes. Algumas novas oportunidades de mercados-alvo, por exemplo, podem apresentar significativos entraves de investimento (barreiras à entrada) que, uma vez assumidos, forçam a empresa a continuar a usar as instalações criadas. Em outros mercados, clientes poderosos podem demandar toda uma linha de produtos/serviços para manter seus negócios em setores mais lucrativos. Ao entrar em mercados novos de alto risco, uma importante análise deve ser a estratégia de saída na eventualidade de a posição tornar-se indefensável.

Poder de barganha dos fornecedores

Também devem ser considerados o suprimento de matéria-prima e outros fatores de insumo que permitem a criação de produtos e serviços adequados. Os mercados em que os fornecedores detêm ou quase detêm o poder de monopólio são menos atrativos do que aqueles atendidos por muitos fornecedores concorrentes (Porter, 1980).

Nível de utilização de tecnologia

O uso e o nível de tecnologia afetam a atratividade de mercados-alvo de modo diferente para cada concorrente. Os tecnologicamente mais avançados serão atraídos a mercados que utilizam sua experiência de forma mais plena e em que isso poderá ser utilizado como uma barreira à entrada de outras empresas. Para os tecnologicamente menos avançados, com habilidades e forças em outras áreas (como recursos humanos), os mercados com uso restrito de tecnologia podem ser mais convenientes.

Investimentos necessários

O porte do investimento exigido, seja ele financeiro ou de outra natureza, também afetará a atratividade de um mercado e pode determinar que muitos mercados-alvo sejam praticamente inacessíveis a algumas empresas. Os requisitos de investimento podem formar uma barreira à entrada que proteja as empresas estabelecidas ao mesmo tempo em que impeça a entrada de novos concorrentes.

Margens disponíveis

Por fim, as margens de lucro variarão de um mercado para outro, em parte como resultado da sensibilidade ao preço e em parte devido ao grau de competitividade. No varejo de alimentos, as margens são reconhecidamente baixas (em torno de 2% a 4%) enquanto em outros mercados podem chegar a 50% ou mais.

10.3.3 Fatores competitivos

O terceiro conjunto de fatores que servem à avaliação da atratividade de mercados-alvo potenciais relaciona-se à concorrência a ser enfrentada nesses mercados.

Intensidade competitiva

O número de concorrentes sérios no mercado é importante. Os mercados podem ser dominados por um participante (monopólio), dois (duopólio), alguns (oligopólio) ou nenhum ('concorrência perfeita'). A entrada naqueles dominados por um ou alguns concorrentes importantes requer certa forma de vantagem competitiva sobre eles que possa ser usada para conquistar uma posição segura. Sob certas circunstâncias, pode ser que os participantes existentes no mercado tenham fracassado em reagir a mudanças em seus mercados, dessa forma abrindo oportunidades para concorrentes mais inovadores.

Sob condições de concorrência perfeita ou quase perfeita, a competitividade em preço é particularmente predominante. Diversos pequenos participantes do mercado oferecem produtos semelhantes, de modo que raramente se obtém alguma diferenciação (o quadrante de impasse no Capítulo 3), a não ser com base em preço, e nunca em desempenho ou qualidade. Competir nesse cenário requer uma vantagem de custo (gerada por um nível superior de tecnologia, suprimento ou escala de operações) ou a habilidade de criar uma singularidade valorizada no mercado. Nos segmentos em que há poucos ou frágeis concorrentes, pode haver melhores oportunidades a explorar.

No início da década de 1980, a Barratt Developments causou grande impacto no mercado de construção civil. Sua segmentação de mercado identificou a necessidade de moradia personalizada a cada fase do ciclo de vida dos consumidores. O primeiro empreendimento foi o Studio Solos, voltado a jovens solteiros. No primeiro ano, foram vendidas mais de 2 mil unidades (2% da venda total de novas moradias). Nos Estados Unidos, a mesma estratégia foi adotada para liderar a expansão internacional da empresa (70% das vendas norte-americanas da Barratt foram geradas pelas unidades para solteiros). Ao mesmo tempo, no Reino Unido, a empresa desenvolvia com sucesso casas de repouso para aposentados, apartamentos de um ou dois quartos em blocos com instalações comunitárias e enfermarias. Tanto no projeto de casas de repouso quanto no de moradias para solteiros, a Barratt foi uma das pioneiras em perseguir agressivamente os mercados que havia identificado. Na realidade, a empresa foi a primeira a perceber que o mercado de moradias estava segmentado além da tradicional segmentação baseada em casas com terraço, geminadas ou semigeminadas.

Qualidade da concorrência

O Capítulo 5 discutiu o que constituem 'bons' concorrentes — aqueles que conseguem estabilizar seus mercados, não possuem metas excessivamente ambiciosas e estão comprometidos com o mercado. Bons concorrentes também se caracterizam pelo desejo de atender melhor ao mercado e, por isso, manterão suas empresas competitivamente alertas para que elas não sejam deixadas para trás por mudanças de cenário. Os mercados dominados por concorrentes menos previsíveis e mais voláteis são intrinsecamente mais difíceis de operar e controlar e, por conseguinte, menos atrativos como alvos potenciais.

AMEAÇA DE SUBSTITUIÇÃO

Em todos os mercados, existe a ameaça de que novas soluções para os mesmos problemas dos consumidores sejam encontradas e tornem obsoletas as ofertas de uma empresa. Um exemplo muito citado é o da calculadora de bolso em relação à régua de cálculo, embora existam outros casos menos drásticos. Com a crescente taxa de mudança tecnológica vivenciada nas décadas de 1990 e 2000, é provável que mais produtos sejam substituídos a um ritmo acelerado.

Nessas situações, duas estratégias fazem sentido. A primeira, para os menos inovadores em tecnologia, é buscar mercados-alvo em que a substituição seja menos provável (mas cuidado com a ilusão de que a substituição jamais ocorrerá!). A segunda é identificar os alvos em que sua própria empresa pode atender ao próximo nível de substituição. Com essa estratégia, as empresas buscam ativamente mercados-alvo que utilizem um nível inferior de tecnologia e que, portanto, estejam vulneráveis ao ataque de um produto substituto. O sucesso da Hewlett-Packard com as impressoras a laser seguidas pelas impressoras a jato de tinta no mercado de periféricos de computador (em ataque às matriciais) ilustra um exemplo clássico.

GRAU DE DIFERENCIAÇÃO

Os mercados em que há pouca diferenciação entre os produtos ofertados apresentam significativas oportunidades para empresas capazes de obter essa diferenciação. Quando ela não é possível, geralmente ocorrerá um impasse, e a concorrência acabará em conflitos de preço que, na maioria dos casos, devem ser evitados.

10.3.4 O ambiente geral de negócios

Por fim, há a questão dos fatores mais gerais que cercam o mercado ou o segmento em análise.

EXPOSIÇÃO A FLUTUAÇÕES ECONÔMICAS

Alguns mercados são mais vulneráveis do que outros a flutuações econômicas. Os de *commodity* em particular costumam estar sujeitos a mudanças econômicas mais abrangentes, implicando menor controle direto do mercado pelos participantes. Por exemplo, o setor de exportação de lã da Nova Zelândia foi seriamente afetado em meados da década de 1990 por uma decisão australiana, em face do declínio na demanda mundial e do aumento dos estoques domésticos, de baixar 20% o preço mínimo da lã. A Austrália é um participante tão dominante no mercado mundial dessas *commodities* que os exportadores neozelandeses foram forçados a seguir essa decisão.

EXPOSIÇÃO A FATORES POLÍTICOS E LEGAIS

Assim como no caso da exposição às incertezas econômicas, os mercados vulneráveis a fatores políticos e legais são geralmente menos atraentes do que aqueles que não o são. A exceção, é claro, ocorre quando esses fatores podem ser usados de forma positiva como meio de entrar em mercados contra concorrentes estabelecidos, porém menos atentos (por exemplo, quando a proteção é eliminada dos monopólios anteriormente estatais).

GRAU DE REGULAMENTAÇÃO

O grau de regulamentação dos mercados em análise afetará o grau de liberdade de ação de uma empresa sobre suas operações. O mais comum é que um mercado menos regulamentado ofereça mais oportunidades para o inovador do que outro que seja rigidamente controlado.

No entanto, há uma exceção. Os mercados regulamentados podem dar mais proteção a um novo concorrente que entra no mercado. A proteção pode ser contra a concorrência internacional (como a proteção às montadoras de automóveis europeias contra as importações de carros japoneses por sistema de cotas), que efetivamente cria uma barreira (ou um teto) à entrada. O sinal de alerta deve soar, contudo, para o fato de que a experiência mundial em geral demonstra que a proteção cultiva ineficiências e, quando ela é retirada (uma tendência no comércio mundial de hoje), os setores lançados à dura realidade da concorrência internacional enfrentam grandes dificuldades de adaptação.

ACEITABILIDADE SOCIAL E IMPACTO SOBRE O AMBIENTE FÍSICO

Com a preocupação ambiental e o advento da política 'verde', as empresas estão cada vez mais analisando as implicações sociais mais abrangentes dos mercados-alvo que escolhem perseguir. Sobretudo quando a empresa é amplamente diversificada, o impacto do ingresso em um mercado sobre suas outras atividades deve ser avaliado.

Ante a crescente preocupação com a natureza, sua fauna e flora, algumas empresas cosméticas estão buscando ingredientes de origem não animal como base para seus produtos, e os fabricantes de aerossol cada vez mais utilizam propelentes não nocivos à camada de ozônio em substituição aos CFCs, gases que contribuem para o efeito estufa. A Body Shop, fabricante e varejista de cosméticos e artigos de higiene pessoal, construiu uma posição altamente bem-sucedida no mercado por meio de um explícito compromisso com o uso de matéria-prima não animal, assim como a Innocents comercializa valores 'naturais' com bebidas à base de frutas (e nada além de frutas).

Resumo

A qualidade de um mercado depende de uma série de fatores. Se as demais condições forem iguais, os segmentos de grande porte e em expansão oferecem as melhores perspectivas futuras. Entretanto, as demais condições raramente são iguais, e o porte e o crescimento não constituem os únicos critérios a levar em conta. De suma importância é a capacidade de construir uma posição valiosa e defensável para a empresa no segmento proposto. Isso também requer uma clara identificação de seus pontos fortes em relação a esse segmento.

10.3.5 Tornando os critérios claros e explícitos

Já defendemos que os fatores que tornam um mercado ou segmento atraente a uma determinada empresa provavelmente são exclusivos dessa empresa, em vez de simplesmente refletir uma lista geral do tipo que apresentamos. Também alegamos que é provável que a direção de um critério de decisão também varie — mercados de alto crescimento atraem algumas empresas e repelem outras do mesmo setor.

Alguns dos critérios reais de avaliação da atratividade de um mercado/segmento também podem ser altamente subjetivos e qualitativos. Por exemplo, uma cervejaria que está avaliando mercados alternativos para seus subprodutos identificou os critérios de atratividade de mercado como:

- **Tamanho do mercado:** Um valor de mercado mínimo foi definido para tornar o negócio interessante.
- **Taxa de crescimento moderada:** Preferia-se um crescimento em ritmo moderado (a empresa não queria investir muito para manter um mercado de subprodutos).
- **Baixa intensidade competitiva:** Desejava-se evitar concorrência direta com as demais empresas.
- **Estabilidade:** Um fluxo de renda estável era desejado.
- **Discrição:** A empresa não queria investir em nenhuma área que atraísse críticas da mídia ou uma ação regulatória governamental.

O que vemos é uma combinação do qualitativo com o quantitativo, do objetivo com o subjetivo. Não obstante, há questões de fundamental importância ao grupo administrador. É muito vantajoso explicitar ao máximo os critérios reais, muito embora alguns reflitam mais a cultura corporativa e as preferências administrativas do que uma análise econômica de mercado.

Na verdade, um caso recente foi a adoção pelo Virgin Group de formas de explicitar os critérios que tornam mercados futuros interessantes para eles. O principal executivo de desenvolvimento corporativo, Brad Rosser, declarou que a empresa investirá em um mercado somente se ele atender a, no mínimo, quatro dos seguintes critérios (Piercy, 1997):

1. Os produtos devem ser inovadores.
2. Devem desafiar a autoridade estabelecida.
3. Devem agregar valor ao dinheiro dos clientes.
4. Os produtos devem ser de alta qualidade.
5. O mercado deve estar em expansão.

Isso descreve a missão original da Virgin de oferecer 'primeira classe a preço de classe executiva' e de aplicar a marca a novas oportunidades de mercado.

10.3.6 O impacto da mudança

Também se deve lembrar que nada é estático — as coisas mudam e às vezes mudam rapidamente de várias maneiras:

- **As empresas mudam:** À medida que as empresas evoluem, suas visões sobre a atratividade do mercado podem desenvolver-se. No exemplo da Virgin, esses critérios podem descrever a visão da empresa de como ela está progredindo; não descrevem como ela investiu nos mercados no passado.
- **Os mercados mudam:** A atratividade de um mercado pode mudar de modo radical. A Matthew Clark, um grupo no ramo de bebidas no Reino Unido, declarou no final de 1996 uma queda de 40% nas vendas do Diamond White e da K Ciders, resultando em declínio nos lucros. O motivo foi uma troca dos consumidores mais jovens para refrigerantes com teor alcoólico como a Hooch, limonada com teor alcoólico da Bass. Subestimados por especialistas do setor, os refrigerantes com base alcoólica atingiram vendas de 100 milhões de litros um ano após seu lançamento. Todavia, após dez anos, o mercado de sidra passaria por um *boom*, com um aumento de 23% nas vendas somente em 2006 (uma tendência prevista para durar até o final da década de 2000). Batizado de 'Efeito Magners'* (a marca cresceu 225% em 2006), esse crescimento é atribuído a uma "grande mudança atitudinal dos consumidores" (National Association of Cider Makers — Associação Britânica dos Fabricantes de Sidra).
- **Os concorrentes mudam:** O mercado britânico de aspiradores de pó era dominado pela Hoover e pela Electrolux desde a década de 1950, com uma tecnologia muito convencional. James Dyson ofereceu seu novo produto, 'o primeiro aspirador de

---

*Marca irlandesa de sidra mundialmente conhecida. (N. da T.)

pó sem saco', às empresas estabelecidas, mas foi motivo de chacota. Após muita dificuldade, ele lançou seu próprio produto — com uma tecnologia desconhecida e um preço elevado. Faturou £ 3 milhões no primeiro ano e triplicava as vendas anualmente. A participação da Hoover no mercado de aspiradores de pó verticais caiu pela metade e, no mercado de altas margens de aspiradores vendidos a mais de £ 180, Dyson abocanhava 58% do mercado *versus* 14% da Hoover em 1995. A atratividade dos mercados e dos segmentos que fazem parte deles pode mudar drasticamente.

- **O mercado se reinventa:** A atratividade do mercado pode também mudar radicalmente por ação daqueles que 'reinventam o negócio' ao estabelecerem novos modelos de negócios. À época da redação deste livro, a Eagle Star atacava o mercado de seguros para automóveis oferecendo as apólices mais baratas do Reino Unido pela Internet. A Daewoo tomou 1% do mercado automobilístico britânico (e uma participação de mercado muito maior em seu segmento) em tempo recorde ao estabelecer um novo canal de distribuição direta e uma proposição de marca de alto valor agregado com a compra de carros 'sem aborrecimento'. A Amazon.com fez incursões significativas no comércio de livros ao oferecê-los pela Internet, meio pelo qual serviços adicionais (como pesquisa on-line, críticas de livros etc.) podiam ser oferecidos com rapidez e baixo custo. Por sua vez, o iTunes da Apple detinha 80% do mercado de música digital no Reino Unido em 2006.
- **As fronteiras de mercado mudam:** A questão da definição de mercado que analisamos anteriormente não pode ser separada da questão da atratividade do mercado, que sempre importa em um mercado específico. Como já vimos, uma das características comuns a muitos mercados é que as fronteiras e as definições tradicionais estão em permanente mudança. Evitar as armadilhas de investimento descritas no início deste capítulo envolve uma conscientização constante de como as fronteiras estão mudando em decorrência de novas tecnologias e novos tipos de demanda do consumidor.

10.4 DETERMINAÇÃO DAS FORÇAS ATUAIS E POTENCIAIS

A importância da teoria baseada em recursos da empresa e a viabilidade da avaliação das forças (e fraquezas) de uma empresa foram abordadas no Capítulo 6. A questão a tratar agora é como esses recursos, habilidades e competências podem ser aplicados em um mercado ou segmento específico (Figura 10.4). Um enfoque para essa avaliação divide a questão da seguinte maneira:

- O posicionamento de mercado atual da empresa.
- O posicionamento econômico e tecnológico da empresa.
- O perfil de habilidades da empresa.

10.4.1 Posicionamento de mercado atual

Uma avaliação dos pontos fortes em determinado mercado ou segmento pode ser iniciada considerando-se os aspectos a seguir.

PARTICIPAÇÃO RELATIVA DE MERCADO

Nos mercados que a empresa já enfoca, a participação de mercado serve a duas funções principais. Primeiro, atua como um barômetro de como a organização está atendendo ao alvo: uma participação mais alta indicará melhor desempenho no atendimento das necessidades dos clientes. Segundo, a participação de mercado pode, por si só, conferir uma

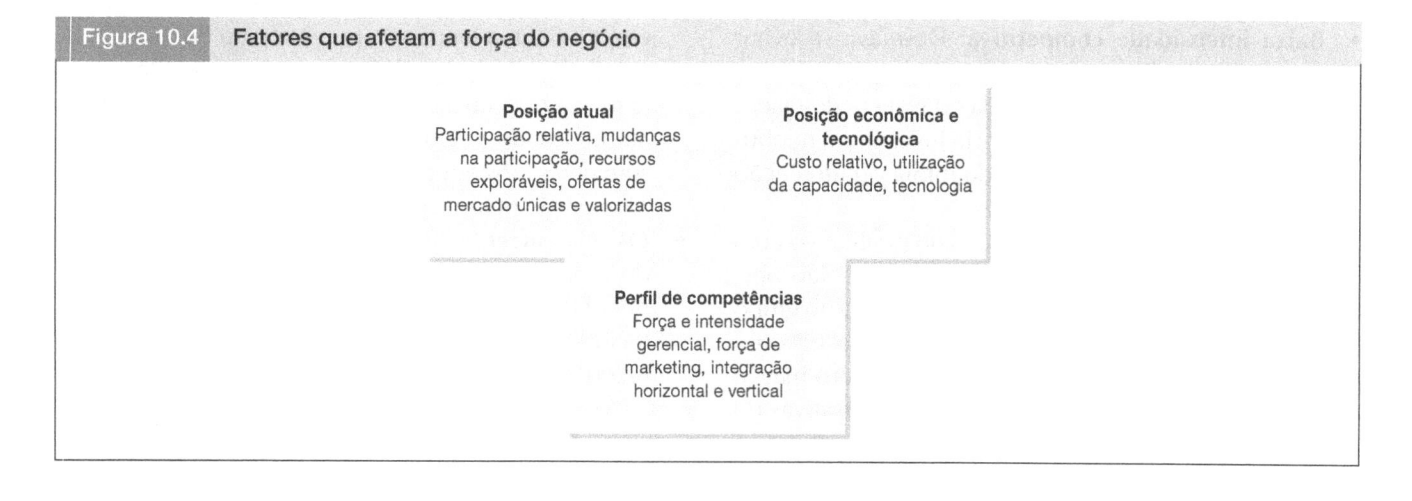

Figura 10.4 Fatores que afetam a força do negócio

Posição atual
Participação relativa, mudanças na participação, recursos exploráveis, ofertas de mercado únicas e valorizadas

Posição econômica e tecnológica
Custo relativo, utilização da capacidade, tecnologia

Perfil de competências
Força e intensidade gerencial, força de marketing, integração horizontal e vertical

vantagem para aumentar a penetração de mercado: por exemplo, as marcas com alta participação costumam apresentar altos níveis de percepção dos consumidores e ampla distribuição. A participação de mercado constitui um ativo de marketing primordial que pode ser usado para desenvolver ainda mais o posicionamento corporativo.

Taxa de mudança na participação de mercado

A participação de mercado absoluta pode, por si só, conferir força a uma empresa, assim como a participação com rápido crescimento. Essa expansão demonstra uma capacidade de atender ao mercado melhor do que os concorrentes que perdem participação. Uma empresa com baixa mas crescente participação de mercado pode mostrar aos distribuidores a necessidade de maior espaço de prateleira e disponibilidade.

Recursos de marketing exploráveis (ativos e competências)

Um tema central deste livro é a identificação e a exploração dos recursos de marketing de uma empresa. Nos mercados-alvo em que os ativos e as competências organizacionais apresentam potencial para maior exploração (por exemplo, uma imagem favorável, nome de marca, rede de distribuição, relacionamento com clientes etc.), a empresa tem uma força latente a partir da qual se desenvolver. A identificação de ativos e habilidades de marketing foi discutida em profundidade no Capítulo 6. O que interessa aqui é como esses fatores afetam a força da empresa no atendimento a determinados segmentos de mercado. O que pode, por exemplo, representar uma força em um segmento-alvo pode ser uma fraqueza em outro.

Produtos e serviços únicos e valorizados

Nos mercados-alvo em que uma empresa tem produtos e serviços superiores, que são diferenciados de um modo que os consumidores valorizam, há potencial para criar um posicionamento competitivo forte. De maneira análoga, uma vantagem competitiva baseada no preço baixo em relação à concorrência provavelmente é atrativa para segmentos sensíveis a preço, mas pode efetivamente afastar outros mais motivados por qualidade.

10.4.2 Posicionamento econômico e tecnológico

A avaliação também deve focar as características e os recursos econômicos e tecnológicos relativos de uma empresa.

Posicionamento relativo de custo

A estrutura de custo de uma empresa em relação a seus concorrentes foi listada como ativo de marketing potencial no Capítulo 6. Baixos custos relativos de produção e marketing — decorrentes de liderança tecnológica, exploração de vínculos ou experiências e efeitos de escala — proporcionam uma vantagem financeira à empresa em um mercado particular.

Ocupação da capacidade

Para a maioria das empresas, o nível de ocupação da capacidade constitui um fator crucial em sua estrutura de custo. Na realidade, o estudo PIMS demonstrou que a utilização da capacidade é mais importante nas empresas de pequeno e médio porte (Buzzell e Gale, 1987). Poucas empresas podem esperar atingir 100% de ocupação (é inevitável que haja ociosidade em processos industriais e períodos de folga na prestação de serviços) e, na verdade, operar a 'plena' capacidade pode sobrecarregar tanto os sistemas quanto as estruturas. O que é claramente importante em qualquer operação é identificar o melhor nível de ocupação e procurar atingi-lo.

Posicionamento tecnológico

Deter uma vantagem explorável em tecnologia novamente cria uma força maior para a empresa atender a um mercado, seja tecnologia de ponta ou não. Em alguns mercados, uma solução tecnológica mais simples pode ser mais adequada do que aplicações de última geração. Também neste caso a chave da questão é combinar a tecnologia aos problemas ou às necessidades dos consumidores.

10.4.3 Perfil de competências

O terceiro conjunto de fatores que afetam a força competitiva concentra-se nos recursos que podem ser trazidos para aplicação no mercado.

Força e intensidade gerencial

Um ativo importante de qualquer empresa, e por isso uma força latente, são seus recursos humanos e, em particular, a força e a intensidade de seus gestores. As habilidades e competências da equipe gerencial que atua em uma organização constituem as forças táticas com as quais ela pode explorar oportunidades no mercado. Nas empresas de serviços (como consultorias, clínicas médicas etc.), a força do prestador geralmente remete às habilidades individuais dos gerentes que lidam de maneira direta com os clientes.

FORÇA DE MARKETING

A força de marketing origina-se da experiência e da sinergia com outras áreas do produto. As empresas que atuam primariamente nos mercados de consumo costumam crer que possuem habilidades de marketing superiores às daquelas que atuam nos mercados industriais e que se movem mais lentamente. Elas veem esses mercados como áreas em que podem muito bem usar as habilidades de rápida movimentação dos bens de consumo que aprenderam em outro lugar. A experiência de transferir habilidades de um negócio a outro, porém, não tem sido universalmente bem-sucedida.

INTEGRAÇÃO HORIZONTAL E VERTICAL

O grau de controle do suprimento de matéria-prima (integração horizontal ou reversa) e dos canais de distribuição (integração vertical) também pode afetar a força atual ou potencial de uma empresa no atendimento a um alvo específico. Quando a integração for alta, sobretudo nos mercados em que o poder de fornecedores e compradores for alto (como já vimos), a empresa poderá estar em uma posição muito mais forte do que seus concorrentes.

RESUMO

O ponto importante a considerar durante a avaliação da força de uma empresa ou negócio é que essa força se relaciona com os concorrentes que também atendem ao segmento e com os requisitos dos consumidores nesse segmento.

10.5 ESCOLHENDO MERCADOS E SEGMENTOS

Os métodos convencionais recomendam o uso de matrizes de portfólio como meio para resumir as alternativas de oportunidades de investimento disponíveis para uma empresa com vários produtos e também para fazer escolhas explícitas dentre mercados e segmentos. Embora essas matrizes tenham sido utilizadas para avaliar o equilíbrio do portfólio de negócios que a empresa administra (Capítulo 3), as mesmas técnicas podem ser adaptadas para ajudar a selecionar mercados-alvo.

Técnicas clássicas de portfólio incluem a Matriz de Política Direcional desenvolvida pela divisão química no Reino Unido da Royal Dutch Shell (Robinson *et al.*, 1978) ou a Matriz McKinsey/GE Business (Wind e Mahajan, 1981). Elas são geralmente consideradas métodos de modelagem de portfólios existentes; efetivamente, em muitos casos, são mais adequadas para decidir quais mercados visar em primeiro lugar. Um modelo adaptado é apresentado na Figura 10.5; trata-se da versão operacional do modelo conceitual que vimos na Figura 10.1 no início de nossa avaliação sobre mercados-alvo.

Usando essa abordagem, identificam-se os fatores considerados relevantes em um determinado mercado (geralmente a partir da relação de fatores que já apresentamos) e se atribui um peso a cada um, dependendo de sua importância percebida. A escolha subjetiva e o peso dos fatores a serem usados na análise asseguram que o modelo seja personalizado de acordo com as necessidades específicas da empresa. O processo de selecionar e atribuir peso aos fatores, por si só, prova ser uma experiência válida para familiarizar os gestores com as realidades dos mercados de atuação da empresa. Quando apropriado, os fatores podem ser mais objetivamente avaliados por meio de pesquisa de marketing ou de análise econômica.

Uma vez determinados e ponderados os fatores, cada segmento potencial de mercado é avaliado de acordo com uma escala que varia de 'excelente = 5' a 'ruim = 1', e uma classificação resumida sobre as duas principais dimensões de 'atratividade de mercado' e 'força da empresa para atender a esse segmento' é computada por meio dos pesos. Em seguida, podem ser conduzidas análises de sensibilidade para medir o impacto de diferentes premissas sobre o peso a atribuir a cada fator e para medir as avaliações dos alvos em cada escala.

Figura 10.5 Seleção de mercado-alvo

		Atratividade do segmento de mercado		
		Não atrativo	Mediano	Atrativo
Forças atuais e potenciais da empresa para atender ao segmento	Fracas	Evitar fortemente	Evitar	Possibilidades
	Médias	Evitar	Possibilidades	Alvos secundários
	Fortes	Possibilidades	Alvos secundários	Alvos primários

O modelo resultante, tal como o mostrado na Figura 10.6 para uma empresa hipotética, permite que as alternativas sejam avaliadas e discutidas de modo objetivo.

Idealmente as empresas buscam mercados-alvo no canto inferior direito da Figura 10.6. Essas oportunidades raramente existem, e o dilema é entrar nos segmentos em que a empresa é ou pode tornar-se forte, mas que são menos atrativos (por exemplo, oportunidade-alvo 1), ou então atacar mercados mais interessantes, porém nos quais ela tem somente uma força média (alvo 2).

Para desenvolver posições defensáveis no mercado, a primeira opção (permanecer em áreas de força atual ou potencial) geralmente faz mais sentido. Na realidade, muitos argumentariam (Ohmae, 1982) que é mais recomendável que as empresas se consolidem em mercados aparentemente menos atrativos, em que possuem considerável força a explorar, em vez de partir em uma busca ilusória de mercados aparentemente atrativos, em que elas não passam de competidores medianos ou fracos.

Quando a força de negócio é fraca, deve-se evitar o investimento em mercados médios ou pouco atrativos (alvo 7), exceto em segmentos de mercado muito atraentes, em que algumas forças possam ser desenvolvidas ou compradas por meio de fusão/aquisição (por exemplo, alvo 3). De modo análogo, deve-se evitar o investimento em segmentos pouco atrativos, a menos que forças corporativas específicas possam levar a uma exploração lucrativa do mercado (alvo 4). Os segmentos de mercado de média atratividade, em que a empresa possui força mediana, devem receber investimento seletivo (alvos 5 e 6).

Outro fator a considerar na seleção de mercados-alvo para o negócio global é como esses alvos se somam — isto é, o portfólio geral de negócios ou mercados que a empresa administra (Capítulo 3). É comum as empresas procurarem desenvolver um portfólio equilibrado de atividades — equilibrado no que se refere a uso e geração de caixa, risco e retorno e foco tanto no futuro quanto no presente.

Um bom exemplo de aplicação desse método por uma empresa para selecionar novos mercados-alvo em escala mundial é o da Fletcher Challenge Ltd. Com ativos em 1990 avaliados em mais de £ 6 bilhões, giro de £ 4,11 bilhões e lucros antes dos impostos de £ 345 milhões, era a maior e mais bem-sucedida empresa na Nova Zelândia. A Fletcher Challenge examina oportunidades de aquisição ou investimento futuro com base em dois conjuntos de fatores — atratividade do setor e força potencial do negócio para atender a esse mercado. A **atratividade de mercado** do setor ou do alvo é determinada pelos seguintes fatores principais: a Fletcher Challenge busca mercados com crescimento estável de demanda (é mais fácil sair de mercados em expansão caso surjam dificuldades); que tenham baixa concentração de clientes (não são dominados por um punhado de grandes clientes); em que há substanciais barreiras à entrada (em escala de operações, nível de tecnologia empregada e controle dos setores de insumos e suporte); em que haja poucos participantes e 'bons' concorrentes (até dois ou três grandes competidores a longo prazo); em que os preços sejam estáveis (ausência de guerras de preço ou flutuações violentas); e em que a curva de custo (experiência) seja íngreme no ponto em que a escala de operações da Fletcher Challenge apresente custos mais baixos. A **força da empresa** para atender aos alvos é examinada nas seguintes áreas principais: a Fletcher Challenge busca mercados em que seja ou acredite que possa vir a ser o líder; procura utilizar plenamente sua capacitação tecnológica; e persegue mercados em que possa atingir liderança em custo, em que possa administrar acordos intergrupais (concorrentes) e em que possa manter o controle (principalmente de preços). As aquisições e estratégias de expansão da Fletcher Challenge a partir de meados da década de 1980 têm seguido esses critérios de modo consistente.

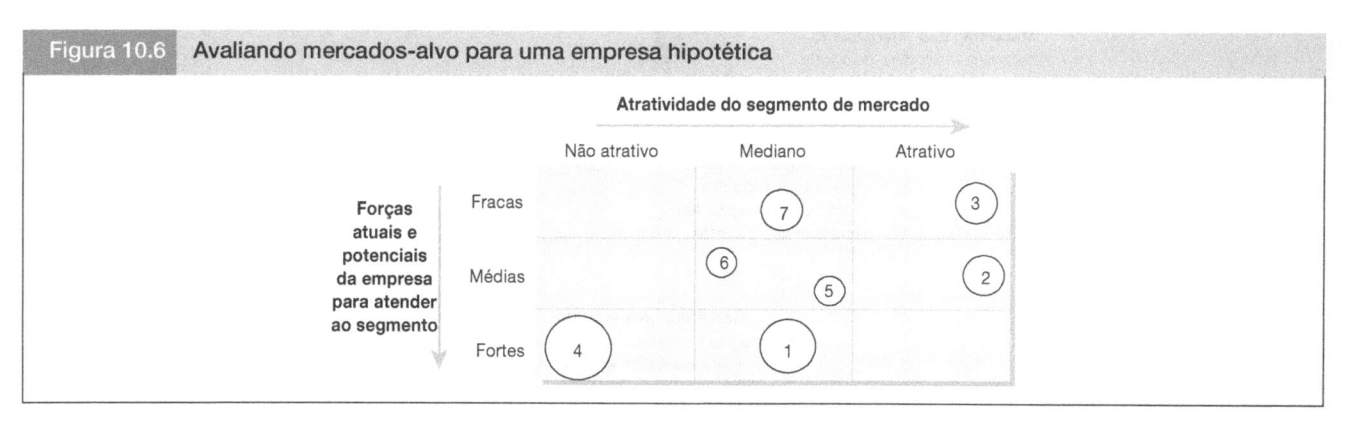

Figura 10.6 Avaliando mercados-alvo para uma empresa hipotética

Forças atuais e potenciais da empresa para atender ao segmento	Atratividade do segmento de mercado		
	Não atrativo	Mediano	Atrativo
Fracas		7	3
Médias		6 / 5	2
Fortes	4	1	

10.6 ESTRATÉGIAS ALTERNATIVAS DE DEFINIÇÃO DE ALVOS

O método clássico de estratégias de segmentação ou definição de alvos é proposto por Kotler, mais recentemente em Kotler (1997). Esse modelo sugere que há três abordagens que uma empresa pode adotar em relação a um mercado após identificar e avaliar os diversos segmentos que compõem o todo (Figura 10.7). Ela pode buscar:

Marketing não diferenciado, essencialmente fabricando um único produto destinado a atrair todos os segmentos.

Marketing diferenciado, oferecendo um produto diferente para cada segmento diferente.

Marketing concentrado, focando a atenção em um ou em poucos segmentos.

10.6.1 Marketing não diferenciado

Essa abordagem implica tratar o mercado como um todo, em vez de segmentado, e suprir um produto ou serviço padrão que satisfaça todos os consumidores. É o método utilizado na estratégia de liderança em custo de Porter (1980), que predominou na era do marketing de massa antes do surgimento (ou reconhecimento!) de segmentos de mercados claramente identificáveis. Mais recentemente, porém, à medida que a existência de segmentos de mercado se tornou mais amplamente aceita, a sensatez dessa abordagem a todos os mercados, exceto naqueles em que as preferências são fortemente concentradas, foi colocada em dúvida.

10.6.2 Marketing diferenciado

O marketing diferenciado é adotado por empresas que buscam oferecer um produto ou serviço distinto para cada segmento selecionado de mercado. Desse modo, um fabricante de xampu oferecerá diversos tipos do produto de acordo com as características dos cabelos do consumidor. O maior risco dessa modalidade é que ela pode acarretar altos custos, tanto na fabricação quanto no marketing de uma ampla linha de produtos.

Dependendo dos recursos organizacionais, contudo, o marketing diferenciado pode ajudar a alcançar o domínio do mercado global (essa é a estratégia perseguida pela Van den Berghs no mercado de 'gorduras amarelas', como já vimos).

10.6.3 Marketing concentrado

Para a organização com recursos limitados, atacar todos ou a maioria dos segmentos potenciais de um mercado pode não ser uma proposição viável. Nesse caso, o marketing concentrado ou focado pode fazer mais sentido. Sob essa estratégia, a empresa foca atenção em um ou poucos segmentos e deixa o mercado maior para seus concorrentes. Dessa maneira, constrói uma forte posição em alguns mercados selecionados em vez de tentar concorrer em todas as categorias (com produtos diferenciados ou não).

O sucesso dessa abordagem depende de um conhecimento claro e aprofundado dos clientes atendidos. O maior risco dessa estratégia, contudo, é que, ao longo do tempo, o segmento focado pode tornar-se menos atrativo e limitante para a organização.

A marca de refrigerante Lucozade surgiu no mercado na década de 1920. Foi originalmente desenvolvida por um químico de Newcastle como uma bebida energética para o filho que se recuperava de icterícia. A marca foi comprada pela Beechams em 1938 e comercializada em uma exuberante embalagem amarela com o *slogan* "Lucozade Ajuda em sua Cura". Nas décadas de 1950 e 1960, foi a marca mais vendida da Beechams. De 1974 a 1978, as vendas caíram 30%, e a empresa decidiu reposicionar a marca.

Figura 10.7 Estratégias alternativas de marketing

Marketing não diferenciado
Oferta de um produto para todo o mercado

Marketing diferenciado
Oferta de produtos distintos para segmentos de mercado distintos

Marketing concentrado
Foco em um mercado ou em poucos segmentos de mercado

O primeiro reposicionamento foi como um 'estimulante' caseiro para donas de casa no final da década de 1970. Inicialmente as vendas aumentaram 11%, mas o crescimento não se manteve e, no final de 1979, as vendas se estabilizaram. Em 1980, um novo frasco de 250 ml foi lançado com o novo *slogan* "Lucozade Repõe a Energia Perdida". Entretanto, em 1982, uma pesquisa de uso e atitudes revelou que a reputação da marca não havia mudado de maneira significativa — ainda era primordialmente usada para curar doenças.

Pensou-se então em um reposicionamento mais radical. No mercado de refrigerantes, o Lucozade competia diretamente com marcas bem estabelecidas, como Coca-Cola e Pepsi. Ele também sofria de uma imagem ruim entre os consumidores mais jovens — havia sido dado a eles por suas mães quando ficavam doentes! Um novo posicionamento foi desenvolvido em torno do tema "Lucozade não é só delicioso e refrescante, mas repõe rapidamente suas energias". O potencial do mercado esportivo tornou-se evidente e, em julho de 1982, a propaganda passou a contar com a figura de Daley Thompson, atleta olímpico de decatlo. No início, porém, o público-alvo simpatizava com Daley, mas não o associava à marca.

A fase seguinte de reposicionamento foi com o comercial de TV que usava Daley e a música *heavy metal* do Iron Maiden para 'retratar' em vez de 'explicar' a mensagem. Os anúncios transmitiram de forma visual a mensagem de reposição de energia com a qual os usuários jovens imediatamente se identificaram. No primeiro ano da nova campanha, o volume de vendas aumentou 40%. Uma pesquisa qualitativa mostrou que a mensagem estava chegando aos usuários atuais e, crucialmente, ao mercado-alvo mais jovem.

Desde então, o Lucozade teve contínuo sucesso, e novos sabores foram lançados. Em 1988, houve o lançamento da bebida isotônica Lucozade Sport e, em 1995, o da bebida para adolescentes NRG. A mesma estratégia de posicionamento foi adotada com êxito na Irlanda, na Ásia e na Austrália. De 1985 a 1995, as vendas mundiais passaram de £ 12 milhões para £ 125 milhões (Salmon, 1997). Em 2002, a marca foi promovida pela associação com a personagem Lara Croft do filme *Tomb Rider*.

A estratégia mais eficaz a adotar em relação à seleção do mercado-alvo variará de um mercado para outro. Certas características tanto do mercado quanto da empresa, contudo, servirão para sugerir o tipo de estratégia mais adequada a uma dada situação.

A declaração clássica sobre como abordar a escolha da estratégia de segmentação foi dada por Frank *et al.* (1972). Eles propuseram que essa seleção fosse baseada em:

- Tamanho do segmento, para determinar seus valores e perspectivas.
- Custos incrementais incorridos na diferenciação entre os segmentos, que podem ser pequenos ou altos o suficiente para minar toda uma estratégia de segmentação.
- Extensão e durabilidade das diferenças entre os segmentos. Se eles forem apenas marginalmente diferenciados, pode não valer a pena tomá-los como alvos separados e, se as diferenças forem transitórias, a viabilidade de uma estratégia de segmentação pode ser questionável.
- Estabilidade e mútua compatibilidade dos segmentos-alvo.
- 'Encaixe' entre as características do segmento e as forças da empresa (Capítulo 8).
- Nível e tipo de concorrência nos segmentos-alvo.

RESUMO

Selecionar qual ou quais segmentos de mercado em potencial devem ser atendidos é crucial para o desenvolvimento de uma estratégia de marketing robusta e abrangente. Até que os alvos sejam claramente identificados e suas necessidades e motivações plenamente exploradas, não é possível desenvolver um forte posicionamento competitivo.

Concorrência no mercado de móveis para clientes de alto poder aquisitivo

Estudo de caso brasileiro

A rede de lojas de móveis Artefacto (http://www.artefacto.com.br) é uma das mais conhecidas e reconhecidas do setor pelos seus produtos de design contemporâneo e inovador. Seu dono, Albino Bacchi, já tinha sido contínuo, dono de supermercado e vendedor de carros usados quando, nos anos 1960, entrou como sócio em uma marcenaria para fazer peças de mobiliário em estilo colonial em um galpão de 1.000 m², onde ficou por dez anos. Nos anos 1970, percebeu que a tendência de mercado estava mudando e que aumentava a procura por móveis de fibras naturais. Vendeu a marcenaria e, em 1976, fundou a Artefacto, na Rua Teodoro Sampaio, no Bairro de Pinheiros, local tradicional de muitas outras lojas de móveis. Logo abriu sua primeira filial, no Rio de Janeiro, e vem crescendo desde então, sempre oferecendo uma linha variada e contemporânea para o segmento de famílias com renda acima de R$ 20 mil mensais.

Em São Paulo, tem lojas na Rua Haddock Lobo (na região dos Jardins) e no Shopping D&D. Em outros Estados, está presente em Brasília, Rio de Janeiro, Curitiba, Goiânia, Recife, Maceió, Belém e Manaus.

Em 2002, iniciou seu projeto de internacionalização, com três lojas nos Estados Unidos. A maior delas é a de Coral Gables, em Miami (FL), que conta com um espaço de 1.600 m² no Shopping Village of Merrick Park, empreendimento do grupo The Rouse Company que contou com investimentos de US$ 110 milhões. É uma das lojas âncoras do estabelecimento, onde circulam 10 milhões de visitantes por ano, sendo metade americana e a outra metade canadense e europeia. Suas outras duas lojas, também na Flórida, estão nas cidades de Fort Lauderdale e Aventura, cada uma com cerca de 1.200 m².

Em 2003, a Artefacto passou a atuar na região do Caribe, abrindo sua loja na cidade de Santo Domingo, na República Dominicana. Em 2004, abriu uma loja na Cidade do México, com 1.100 m², e sua primeira na Europa, com 1.200 m², em Portugal, no elegante Bairro da Boa Vista na cidade do Porto, aproveitando a boa imagem da cultura e dos produtos brasileiros naquele país.

Cada loja internacional representou investimentos de cerca de US$ 1,5 milhão. Nessas lojas, o posicionamento valoriza a origem brasileira. Todas as lojas da Artefacto no exterior são decoradas com obras de artistas brasileiros e com tapetes de couro feitos no Brasil. Aos clientes, é servido refrigerante a base de guaraná. Todos os funcionários estrangeiros passam por treinamento no Brasil, onde o software também é desenvolvido, e a matéria prima é nacional em grande parte, utilizada em conjunto com tecidos e outros materiais importados do Oriente.

Em 2006, o projeto de expansão internacional teve que considerar o fortalecimento do Real, adiando a entrada em outros mercados, como Marrocos, Dubai, Madri e Joanesburgo, que estavam sendo analisados, além de mais lojas nos Estados Unidos, no México e na Europa. Com o Real tornando-se moeda forte, o mercado brasileiro se tornava mais atrativo.

O mercado nacional voltou a receber o foco e o investimento, e foram desenvolvidas duas novas marcas para seus novos segmentos. A Artefacto Beach & Country, com lojas na Avenida Brasil em São Paulo e no Casa Shopping no Rio de Janeiro, apresenta uma linha de produtos para casas de praia e de campo de alto padrão. A outra marca é a Artefacto Basic, com duas lojas em São Paulo, na Rua Henrique Schaumann (no Bairro de Pinheiros) e no Shopping D&D, atendendo pessoas que buscam produtos para mobiliar e decorar apartamentos com até 150 m².

Para dar apoio às vendas, a Artefacto tem uma fábrica de 40.000 m² em Iperó, no interior de São Paulo, onde mais de mil funcionários lançam mais de 300 novos modelos de móveis por ano. Trabalhando com recursos naturais, a fábrica se preocupa em utilizar somente material proveniente de processo de reflorestamento aprovado pelo IBAMA (Instituto Brasileiro do Meio Ambiente).

Um dos segredos do crescimento da empresa é seu relacionamento próximo com decoradores, designers de interiores e arquitetos. A empresa percebeu que, nesse segmento de maior poder aquisitivo, a decoração do imóvel geralmente é entregue a um desses profissionais em função de sua reputação e conhecimento técnico. Esse profissional discute com o cliente, compreende seus estilos e interesses e desenvolve o projeto, sendo o principal decisor da marca dos móveis que vão ser adquiridos. Eles são responsáveis por cerca de 60% do faturamento e, por isso, recebem atenção especial.

Além do atendimento personalizado, a empresa desenvolve eventos específicos para eles, entre os quais o mais conhecido é a Mostra Artefacto. Nessa mostra, os principais profissionais do setor são convidados anualmente a projetar ambientes selecionados pela empresa utilizando exclusivamente móveis da marca. O evento, que se iniciou nos anos 1990, tem ampla divulgação, trazendo vantagens para ambas as partes: exposição dos trabalhos para clientes potenciais, divulgação na mídia especializada do setor e fidelização dos profissionais.

Quando abriu sua loja em Portugal, a Artefacto iniciou as Mostras Internacionais Artefacto, reunindo os profissionais do país em eventos com seus produtos dentro de ambientes com arte, música e gastronomia brasileiras.

Hoje Albino Bacchi acompanha o trabalho dos executivos contratados no processo de profissionalização de sua equipe gerencial.

Questões para discussão

1. Como a Artefacto tem se mantido competitiva ao longo de várias décadas? Qual sua vantagem competitiva?
2. Quais outras características do segmento de mercado que consome os produtos da Artefacto você poderia apontar?
3. Que estratégia a Artefacto está buscando com as novas marcas Beach & Country e Basic? Ela é sustentável?

Parte 4

Estratégias de posicionamento competitivo

A Parte 4 analisa as principais formas de as empresas criarem vantagem competitiva.

O Capítulo 11 discute formas de criar vantagem competitiva sustentável depois que o mercado-alvo for definido. Rotas que levem à liderança em custo e à diferenciação são examinadas, bem como estratégias alternativas e complementares. Também se examinam os riscos de ficar entre essas duas estratégias, sem executar bem nenhuma delas. O capítulo segue abordando como as posições competitivas podem ser comunicadas de modo eficaz aos consumidores, além de examinar as características da vantagem competitiva sustentável por meio do posicionamento. Termina avaliando estratégias para construir e manter posições, para colher resultados, para atuar em nichos e para reduzir investimentos.

O Capítulo 12, adicionado a esta quarta edição, analisa o novo composto de marketing, incluindo desenvolvimentos recentes em *e-business* e *e-marketing* e seu potencial de impacto sobre as estratégias de marketing. Após a euforia inicial de crescimento das 'ponto.com' e sua não menos espetacular quebra, o capítulo adota uma visão mais moderada das oportunidades e ameaças que as tecnologias mais recentes e baseadas na Internet têm a oferecer às organizações e analisa como elas se integram aos elementos mais tradicionais do composto de marketing.

O Capítulo 13 avalia o papel da inovação e do desenvolvimento de novos produtos/serviços na criação do posicionamento competitivo. Identificam-se os fatores críticos de sucesso para o desenvolvimento de um novo produto, assim como as razões mais comuns para o fracasso. Esse processo é discutido e acompanhado por sugestões para acelerar e intensificar a probabilidade de sucesso. O capítulo termina analisando as questões organizacionais referentes ao desenvolvimento de novos produtos e à inovação.

O Capítulo 14 analisa o papel do marketing de serviço e de relacionamento na construção de posicionamentos competitivos mais fortes. O espectro de bens e serviços é introduzido para demonstrar a crescente importância do elemento do serviço no composto de implementação de marketing, inclusive para profissionais de marketing de produtos. O marketing de relacionamento é discutido no contexto da construção e manutenção de relacionamentos de longo prazo com os principais clientes e grupos de clientes. As técnicas de monitoramento e mensuração da satisfação do cliente são apresentadas com especial ênfase no uso da análise de lacunas para rastrear os problemas de satisfação dos clientes até suas causas.

Capítulo 11

Como criar vantagem competitiva sustentável

A Estratégia Competitiva é a busca por um posicionamento competitivo favorável em um setor. Ela visa a estabelecer uma posição lucrativa e sustentável contra as forças que determinam o nível de concorrência em um setor.

Porter (1985)

INTRODUÇÃO

No Capítulo 10, discutimos a escolha dos mercados-alvo adequados às forças e competências de uma empresa. Neste capítulo, enfocaremos os métodos de criação de vantagem competitiva no mercado escolhido. Embora poucas vantagens possam durar para sempre, algumas delas estão mais protegidas do que outras. Uma das principais tarefas do estrategista consiste em identificar as bases que proporcionam o potencial máximo de posicionamento defensável.

11.1 COMO UTILIZAR OS RECURSOS ORGANIZACIONAIS PARA CRIAR VANTAGEM COMPETITIVA SUSTENTÁVEL

No Capítulo 6, avaliamos os recursos organizacionais, que foram classificados em três tipos principais: cultura organizacional, ativos de marketing e capacidades de marketing. Qualquer organização será capaz de apresentar uma longa lista de seus recursos, mas alguns deles serão mais úteis do que outros à criação de vantagem competitiva. Felizmente, a pesquisa sobre a visão baseada em recursos de uma empresa sugere que há três características fundamentais de recursos que, quando coincidem, ajudam a criar uma vantagem competitiva sustentável (VCS). São elas: o recurso que contribui para criar valor para os clientes; o recurso que é raro ou exclusivo da organização; e o recurso que é difícil de ser copiado pelos concorrentes (Figura 11.1) (Collis e Montgomery, 1997).

11.1.1 Contribuição para criar valor para os clientes

A consideração primordial sobre o valor de qualquer recurso para uma organização está na resposta à pergunta: "Esse recurso contribui para criar valor para os clientes?". A criação de valor pode ser direta, como quando se dá por meio dos benefícios proporcionados por tecnologia avançada, melhor atendimento, diferenciação significativa da marca e pronta disponibilidade. Os recursos que fomentam esses benefícios (tecnologia aplicada, pessoal capacitado e motivado, reputação da marca e abrangência de distribuição) criam valor para os clientes assim que são empregados. Todavia, outros recursos podem exercer impacto indireto sobre o valor para os clientes. Por exemplo, sistemas eficazes de controle de custo não são valiosos para os consumidores por si só; eles somente agregarão valor aos clientes quando se traduzirem em preços mais baixos ou na capacidade da organização de oferecer benefícios adicionais resultantes da economia financeira obtida.

A importância de um recurso para criação de valor aos clientes deve ser analisada em relação aos recursos da concorrência (Capítulo 5). Por exemplo, uma marca forte em roupas esportivas como a Nike pode comunicar

Figura 11.1 Recursos que criam vantagens

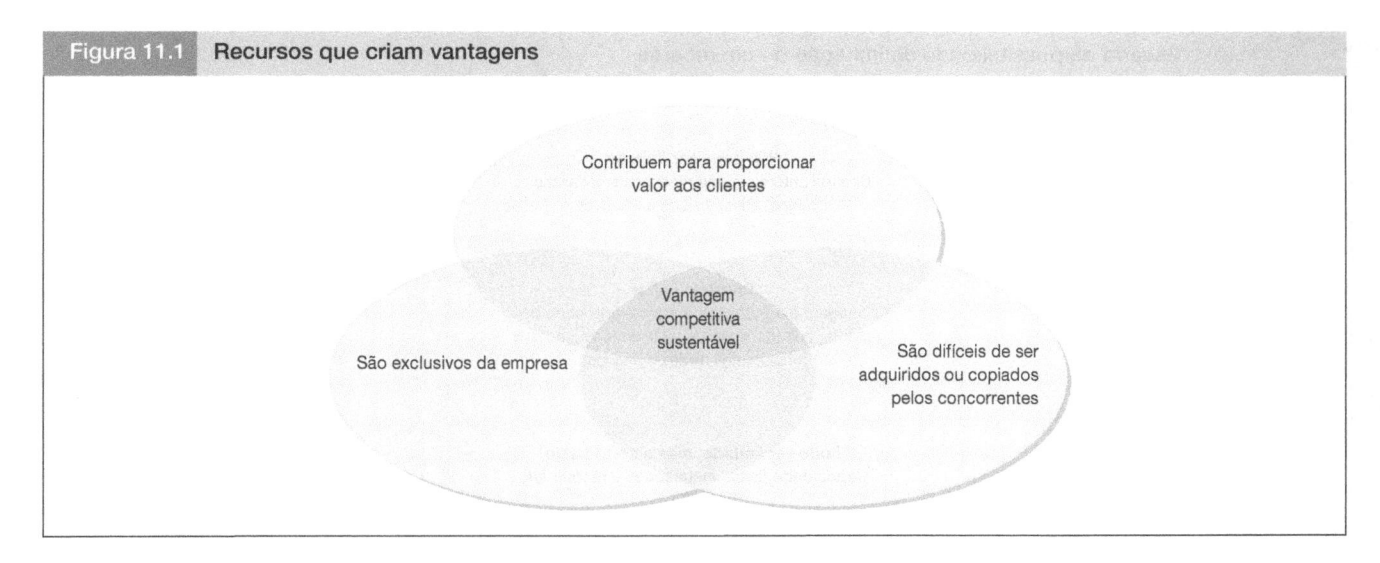

- Contribuem para proporcionar valor aos clientes
- São exclusivos da empresa
- Vantagem competitiva sustentável
- São difíceis de ser adquiridos ou copiados pelos concorrentes

mais valor do que alguma menos conhecida. Em outras palavras, para que um recurso promova uma vantagem competitiva sustentável, ele deve servir para diferenciar as ofertas de uma empresa das de seus concorrentes.

11.1.2 Exclusividade ou escassez

Nos casos em que os recursos realmente contribuem para o valor ao cliente, sua condição de exclusividade para a organização também deve ser avaliada. Alguns recursos, por exemplo, os pontos de distribuição utilizados, podem oferecer pouca diferenciação em relação aos disponíveis para os concorrentes. No ramo de produtos alimentícios, por exemplo, a distribuição por meio de grandes redes de supermercados é essencial para empresas como a Unilever e a Procter & Gamble, mas esse canal de distribuição não é exclusivo de nenhuma delas, e portanto não cria vantagem competitiva sustentável para nenhuma dessas empresas. Os recursos de competência que são exclusivos de uma organização foram denominados como **competências distintivas** em oposição a **competências essenciais** por alguns analistas (como Collis e Montgomery, 1997). Para que uma vantagem seja sustentável, a condição de raridade dos recursos usados para criá-la deve ser sustentável ao longo do tempo.'

11.1.3 Impossibilidade de imitação

Até os recursos que são específicos de uma organização correm o risco, a longo prazo, de ser copiados ou substituídos pela concorrência (Figura 11.2). Além disso, os concorrentes podem descobrir meios de adquirir ou se apropriar de recursos críticos. Nas empresas de serviços, por exemplo, funcionários experientes podem ser 'roubados' de um concorrente com propostas de maior salário, melhores condições de trabalho e assim por diante. No setor publicitário, o risco de perder clientes quando um profissional em posição-chave vai para agências concorrentes é há muito tempo reconhecido, e códigos de conduta consensuais foram estabelecidos, incluindo as chamadas 'algemas douradas', mecanismos financeiros que oferecem benefícios para reter os funcionários, visando minimizar o dano causado por recursos perdidos.

No Capítulo 6, foram discutidos meios de impedir os recursos de serem copiados pela concorrência ou mecanismos de isolamento. Incluem-se aí aumentar a ambiguidade causal (dificultar a identificação pelo concorrente dos recursos por trás da criação de valor), desenvolver dissuasão econômica (tornar a aquisição de um recurso antieconômica), instituir proteção legal (por meio de patentes e direitos autorais) e criar dependência de processos (necessidade de dedicar tempo e esforço para o estabelecimento e/ou para a apropriação de recursos). A longo prazo, contudo, poucos recursos podem ser efetivamente protegidos de todas as tentativas de imitação pelos concorrentes.

11.2 ROTAS GENÉRICAS PARA A VANTAGEM COMPETITIVA

Como observamos no Capítulo 2, Porter (1980) identificou duas rotas principais para a criação de vantagem competitiva. Ele as denominou liderança em custo e diferenciação. Ao examinar como cada uma pode ser obtida, Porter (1980) adota uma abordagem sistêmica, equiparando as operações de uma empresa a uma 'cadeia de valor', desde o insumo de matéria-prima e outros recursos até a entrega final ao cliente e o atendimento pós-venda. A cadeia de valor foi discutida no contexto da análise da concorrência no Capítulo 5 e apresentada na Figura 5.5.

Todas as atividades na cadeia de valor, tanto as atividades primárias quanto as funções de apoio, podem

Figura 11.2 Escada da possibilidade de imitação de um recurso

Não pode ser imitado
Direitos autorais e patentes legais, localização única, ativos físicos exclusivos

Difícil de imitar
Imagem e reputação da marca, fidelidade do cliente, cultura organizacional e motivação dos funcionários, redes e alianças

Relativamente difícil de imitar

Pode ser imitado, mas a certo custo
Capacidade física, instalações e maquinário

Relativamente fácil de imitar

É fácil de imitar
Força de trabalho não qualificada, produtos e serviços sem diferenciação e disponibilidade de caixa

Fonte: Adaptado de Collis e Montgomery (1997).

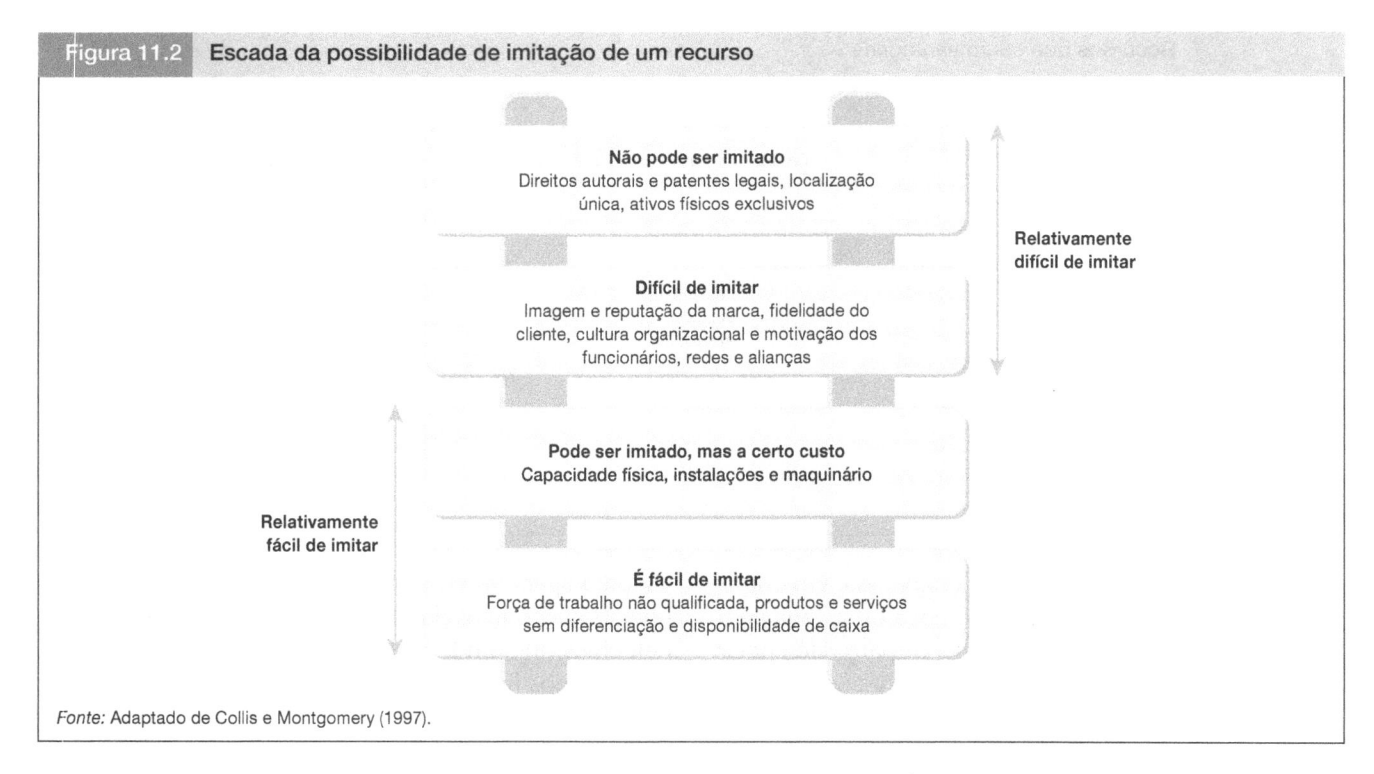

ser usadas para agregar valor ao produto ou serviço final. Esse valor agregado, contudo, costuma adotar a forma de um custo mais baixo ou um caráter único que seja valorizado. Essas opções são mostradas na Figura 11.3.

11.3 ATINGINDO LIDERANÇA EM CUSTO

Porter (1985) identificou vários fatores importantes que afetam os custos organizacionais, aos quais denominou 'direcionadores de custo'. A Figura 11.4 apresenta esses fatores, e cada um é resumidamente analisado a seguir.

11.3.1 Economias de escala

As economias de escala são, provavelmente, o direcionador de custo mais eficaz em muitos setores. São resultado de fazer as coisas com mais eficiência ou de modo diferenciado e com volume. Além disso, o próprio volume pode ajudar a criar alavancagem de compra para assegurar que a matéria-prima seja mais barata e/ou melhor (menos desperdício) e que esteja garantida em tempos de disponibilidade limitada.

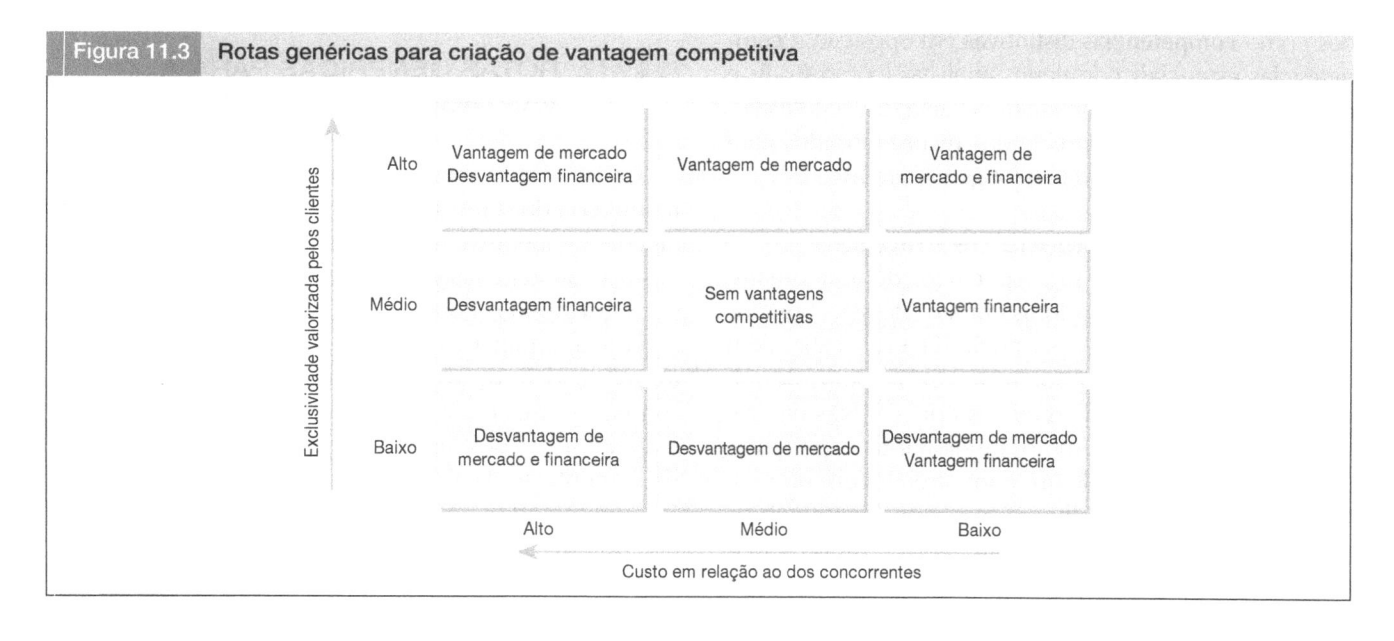

Figura 11.3 Rotas genéricas para criação de vantagem competitiva

Exclusividade valorizada pelos clientes	Custo em relação ao dos concorrentes: Alto	Médio	Baixo
Alto	Vantagem de mercado / Desvantagem financeira	Vantagem de mercado	Vantagem de mercado e financeira
Médio	Desvantagem financeira	Sem vantagens competitivas	Vantagem financeira
Baixo	Desvantagem de mercado e financeira	Desvantagem de mercado	Desvantagem de mercado / Vantagem financeira

| Figura 11.4 | Direcionadores de custo |

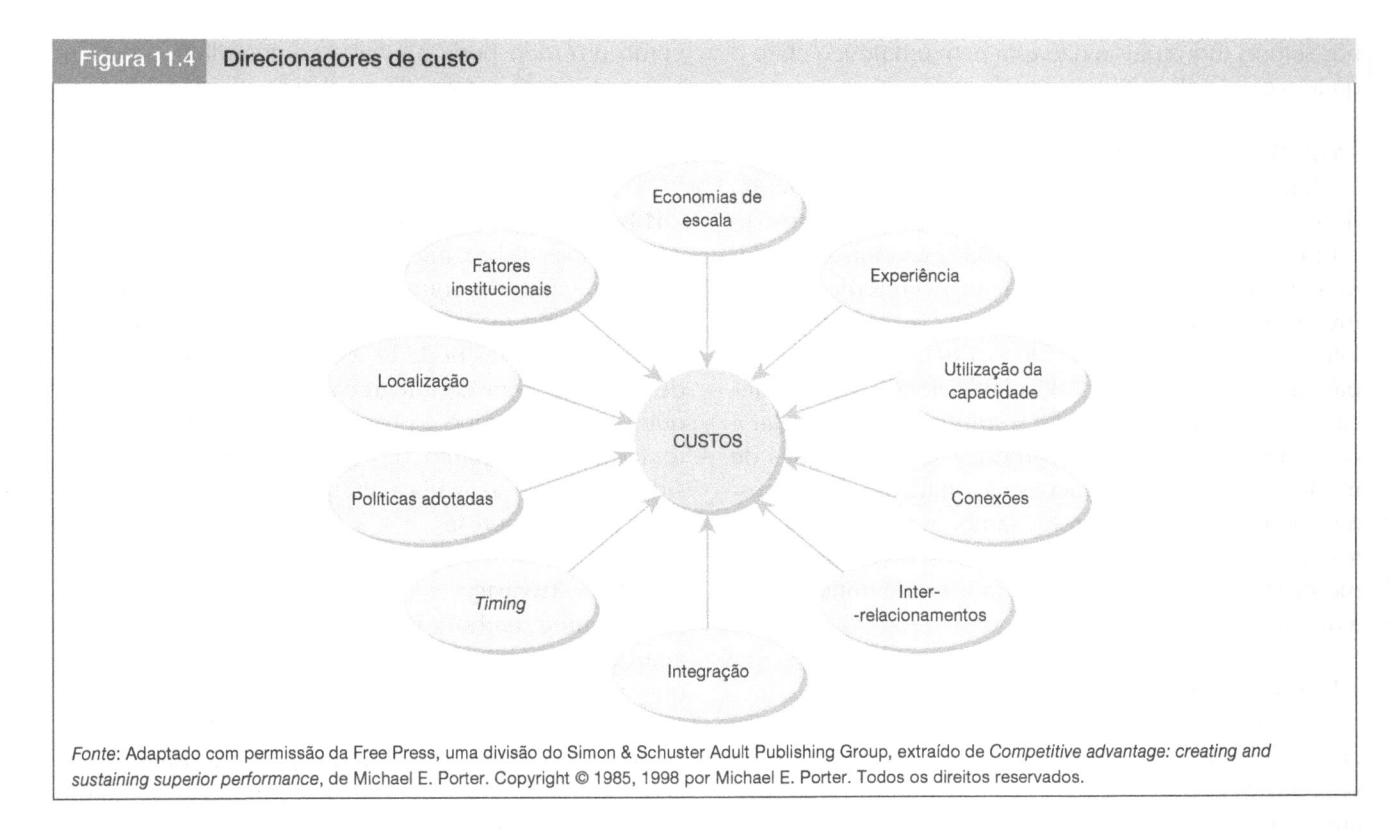

Diagrama com "CUSTOS" no centro e os seguintes direcionadores ao redor: Economias de escala, Experiência, Utilização da capacidade, Conexões, Inter-relacionamentos, Integração, Timing, Políticas adotadas, Localização, Fatores institucionais.

Fonte: Adaptado com permissão da Free Press, uma divisão do Simon & Schuster Adult Publishing Group, extraído de *Competitive advantage: creating and sustaining superior performance*, de Michael E. Porter. Copyright © 1985, 1998 por Michael E. Porter. Todos os direitos reservados.

No entanto, há limites para as economias de escala. O tamanho pode trazer consigo mais complexidade que, por sua vez, pode acarretar deseconomias. Para a maioria das operações, há um tamanho ideal, acima ou abaixo do qual ineficiências podem ocorrer.

Os efeitos das economias de escala costumam ser mais acentuados no setor manufatureiro do que no de serviços. Se, por um lado, as operações industriais, como as linhas de montagem, podem beneficiar-se da escala, por outro, as vantagens para as empresas de serviço, como as agências de propaganda, são menos evidentes. Elas podem continuar a se traduzir pelo maior poder de compra (por exemplo, para agência de propaganda que adquire tempo na mídia) e no menor custo/empregado das ações de treinamento.

11.3.2 Efeitos de experiência e aprendizagem

Reduções de custo adicionais podem ser obtidas em decorrência dos efeitos de aprendizagem e experiência. A aprendizagem refere-se a aumentos de eficiência que são possíveis em um dado nível de escala, no qual um funcionário executou muitas vezes as tarefas necessárias.

O Boston Consulting Group estendeu a conhecida curva de aprendizagem da produção para além da manufatura e analisou o aumento de eficiência possível em todos os aspectos do negócio (por exemplo, marketing, propaganda e vendas) por meio da experiência.

O BCG estimou de modo empírico que, em muitos setores, os custos eram reduzidos em cerca de 15% a 20% a cada vez que a produção acumulada (uma medida da experiência) dobrava. Essa constatação sugere que as empresas com maior participação de mercado, por definição, obtêm vantagem de custo por experiência, supondo que todas elas operem sob a mesma curva de experiência.

A experiência pode ser trazida para a empresa pela contratação de profissionais experientes e ser intensificada com treinamento. Por outro lado, os concorrentes podem roubar experiência atraindo pessoal qualificado.

A curva de experiência como um meio de explicitar os custos tem sido cada vez mais examinada. Segundo Gluck (1986), quando o mundo mudou de uma mentalidade de alto crescimento ('o grande é belo') para uma de baixo crescimento ('o grande é um fracasso'), a adoção da curva de experiência caiu em descrédito. Ele conclui que, no ambiente de negócios da atualidade, as vantagens competitivas que dependem das economias de escala nos processos industriais ou nos canais de distribuição não são mais, via de regra, sustentáveis. Além disso, uma alteração no nível ou no tipo de tecnologia aplicada pode resultar em um novo concorrente inexperiente que reduza custos a um patamar abaixo daquele de uma empresa estabelecida com mais experiência, essencialmente se deslocando para uma curva de experiência mais baixa. Em suma, o conceito originou-se nos setores industriais e não está nem um pouco claro o quanto ele é aplicável ao setor de serviços.

11.3.3 Utilização da capacidade

Tem-se demonstrado que a utilização da capacidade exerce forte impacto sobre os custos unitários. O estudo PIMS (Buzzell e Gale, 1987) revelou uma clara associação entre essa utilização e o retorno sobre o investimento. De modo significativo, a relação é mais intensa para as empresas de pequeno porte do que para as maiores. Grandes descontinuidades ou mudanças de uso podem aumentar (e muito) os custos, daí a necessidade de planejar a produção e os estoques de modo a minimizar flutuações sazonais. Por esse mesmo motivo, muitas empresas também evitam segmentos de mercado em que a demanda oscile desenfreadamente (*Veja* Capítulo 10 sobre fatores que influenciam a atratividade de mercado).

11.3.4 Conexões

Outro conjunto de direcionadores de custo são as conexões. Trata-se das demais atividades da empresa voltadas à produção e ao marketing do produto e que afetam os custos. Procedimentos de controle de qualidade e inspeção, por exemplo, podem exercer um impacto significativo sobre os custos de assistência técnica ou aqueles resultantes da devolução de produtos com defeito. Na realidade, em muitos mercados tem-se demonstrado que a qualidade superior, em vez de acarretar aumento dos custos de produção, pode efetivamente reduzi-los (Peters, 1987).

Conexões externas com fornecedores de insumos ou distribuidores dos produtos finais da empresa também resultam em custos mais baixos. A adoção do sistema *just-in-time* (JIT) nos processos de produção e entrega pode impactar expressivamente nos custos de manutenção de estoque e nas atividades em andamento. Além da equação de custo, porém, o estabelecimento de conexões de trabalho mais próximas apresenta implicações de marketing bem mais amplas. Para que o JIT funcione com eficácia, é necessária uma íntima relação de trabalho entre comprador e fornecedor. De modo geral, isso significa um intercâmbio de informações, uma integração entre previsão e programação e a construção de um relacionamento de longo prazo. Isso, por sua vez, contribui para criar altos custos de troca (os custos de buscar outros fornecedores) e, por conseguinte, altas barreiras à entrada de novos concorrentes.

11.3.5 Inter-relacionamentos

O inter-relacionamento com outras UENs (Unidades Estratégicas de Negócios) no portfólio corporativo como um todo pode ajudar a compartilhar experiências e obter economias de escala em atividades funcionais (como pesquisa de marketing, P&D, controle de qualidade, pedidos de compra e aquisições).

11.3.6 Grau de integração

Decisões sobre integração, como a terceirização das entregas e de outros serviços, também afetam os custos. Da mesma forma, a decisão de fabricar ou comprar componentes pode ter consideráveis implicações de custo. O grau de integração vertical ou horizontal que já existe ou que é possível em um dado mercado foi tratado no Capítulo 10 como um dos fatores a considerar quando se avalia a atratividade de um mercado-alvo para a empresa.

11.3.7 Timing

O *timing*, embora nem sempre controlável, pode acarretar vantagens de custo. Geralmente a empresa que adota a estratégia de *first mover* na entrada em um setor pode obter vantagens de custo ao assegurar melhor localização, matérias-primas baratas ou de boa qualidade e/ou liderança tecnológica (Capítulo 13). As que adotam a estratégia de *second movers* podem, com frequência, beneficiar-se da exploração de tecnologias mais avançadas do que as aplicadas pelo pioneiro.

Todavia, assim como ocorre com outros fatores já discutidos, o valor do *timing* transcende seu impacto sobre os custos. Abell (1978) argumentou que um elemento crucial de qualquer estratégia de marketing é a conjuntura e que, em determinados momentos, 'janelas estratégicas' se abrem (isto é, há oportunidades no mercado que podem ser exploradas) enquanto, em outros, elas se fecham. As estratégias mais bem-sucedidas são as estratégias oportunas. Um exemplo disso foi o impacto dos carros alemães e japoneses, mais econômicos e 'honestos', no mercado norte-americano após a crise do petróleo e o subsequente aumento de preço, enquanto os Estados Unidos mantinham a fabricação de "caixas de som sobre rodas movidas a gasolina" (Mingo, 1994).

11.3.8 Políticas adotadas

A escolha das políticas a serem adotadas, uma área primordial de diferenciação (discutida a seguir), tem implicações de custo. Decisões sobre a linha de produtos, o produto em si, níveis de qualidade, serviço, funcionalidades, facilidade de crédito, dentre outras, afetam os custos. Tais decisões também afetam o caráter da exclusividade do produto (seja ela real ou percebida pelos consumidores) e, portanto, poderão criar um genuíno dilema se o propósito da estratégia genérica não for claro. As regras gerais são reduzir o custo de fatores que não afetarão de modo significativo a exclusividade valorizada, evitar adornos que não sirvam para uma diferenciação significativa e investir em tecnologia para automatização de processos e design de produto, ambos a baixo custo (uma quantidade menor de peças pode tornar a montagem mais fácil e barata).

11.3.9 Localização e fatores institucionais

Os últimos direcionadores de custo identificados por Porter (1985) são a localização (localização geográfica visando à vantagem de custos mais baixos com distribuição, montagem, matérias-primas ou energia) e os fatores institucionais, tais como regulamentações governamentais (caminhões maiores podem reduzir os custos de distribuição, mas em detrimento de outros custos ambientais e sociais). A suscetibilidade de um governo a ações de *lobby* e grupos de pressão ditará a capacidade da empresa de utilizar os direcionadores de custo institucionais.

11.3.10 Resumo dos direcionadores de custo

Há muitas maneiras de uma empresa reduzir custos. Ao tentar se tornar líder em custo de um setor, uma empresa deve estar ciente, em primeiro lugar, de que só pode haver um líder em custo e, segundo, de que há meios potenciais de essa posição ser atacada (isto é, pelo uso de outros direcionadores de custo). As vantagens de custo podem estar entre as mais difíceis de sustentar e defender em face de uma concorrência forte e determinada.

Dito isso, porém, deve ser um objetivo constante da gerência reduzir custos que não agreguem valor significativo à satisfação do consumidor final.

11.4 OBTENDO DIFERENCIAÇÃO

A maioria dos fatores listados anteriormente como direcionadores de custos também poderá ser usada como 'direcionadores de exclusividade' se a empresa estiver buscando diferenciar-se da concorrência. Entretanto, a preocupação mais imediata aqui se refere às escolhas disponíveis para a formulação da política organizacional. Isso está resumido na Figura 11.5.

11.4.1 Diferenciação por produto

A diferenciação por produto visa a aumentar o valor do produto ou serviço oferecido ao cliente. Levitt (1986) sugeriu que produtos e serviços podem ser analisados em, no mínimo, quatro níveis. São eles: produto central, produto esperado, produto expandido e produto potencial. A Figura 11.6 mostra um diagrama dos níveis em que uma diferenciação é possível.

No centro do modelo está o produto central ou genérico. Trata-se de um produto ou serviço oferecido, como gasolina, aço, atividades bancárias, financiamento da casa própria, informações etc. Entretanto, além do produto genérico, há o que os consumidores esperam a mais, o produto esperado. Ao abastecer o carro com gasolina, por exemplo, os motoristas esperam ter fácil acesso ao posto, a possibilidade de pagar com cartão de crédito, a disponibilidade de serviços como limpeza de para-brisa, calibragem dos pneus, verificação da água do radiador e assim por diante. Como a maioria dos postos de gasolina atende a essas expectativas, elas não servem como fator de diferenciação entre um fornecedor e outro.

No próximo nível, Levitt identifica o produto aumentado. Trata-se de todas as características e serviços que superam o que o consumidor espera e que denotam valor agregado e, portanto, servem para diferenciar entre ofertas concorrentes. O posto de gasolina

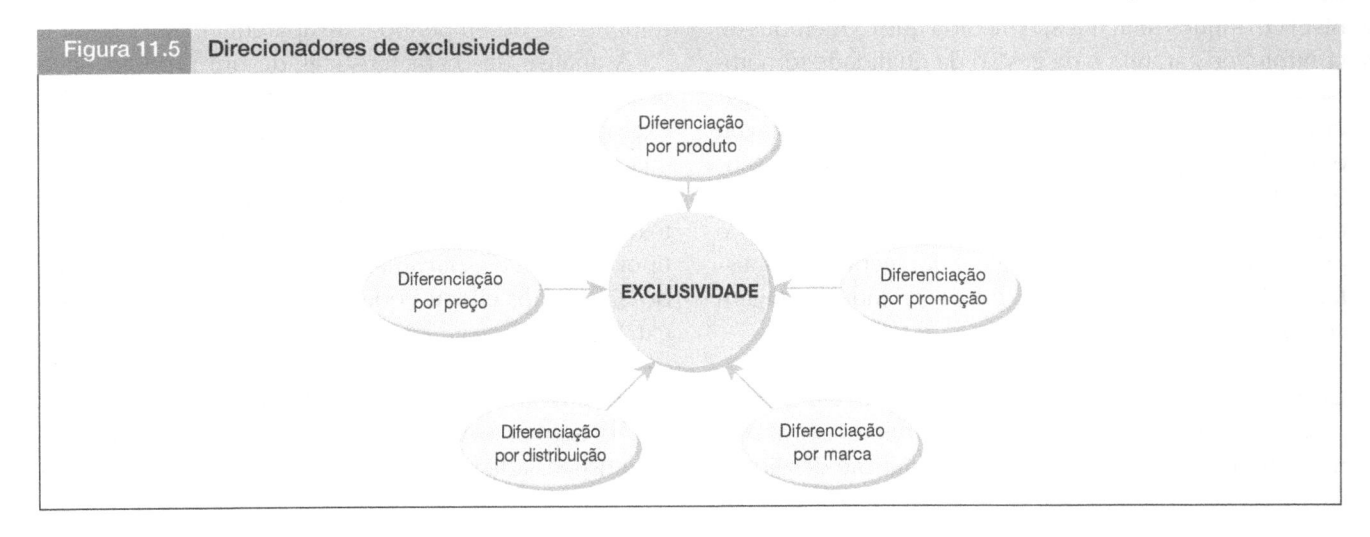

Figura 11.5 Direcionadores de exclusividade

- Diferenciação por produto
- Diferenciação por preço
- Diferenciação por promoção
- Diferenciação por distribuição
- Diferenciação por marca

→ EXCLUSIVIDADE

Figura 11.6 — Níveis de oferta de produto/serviço

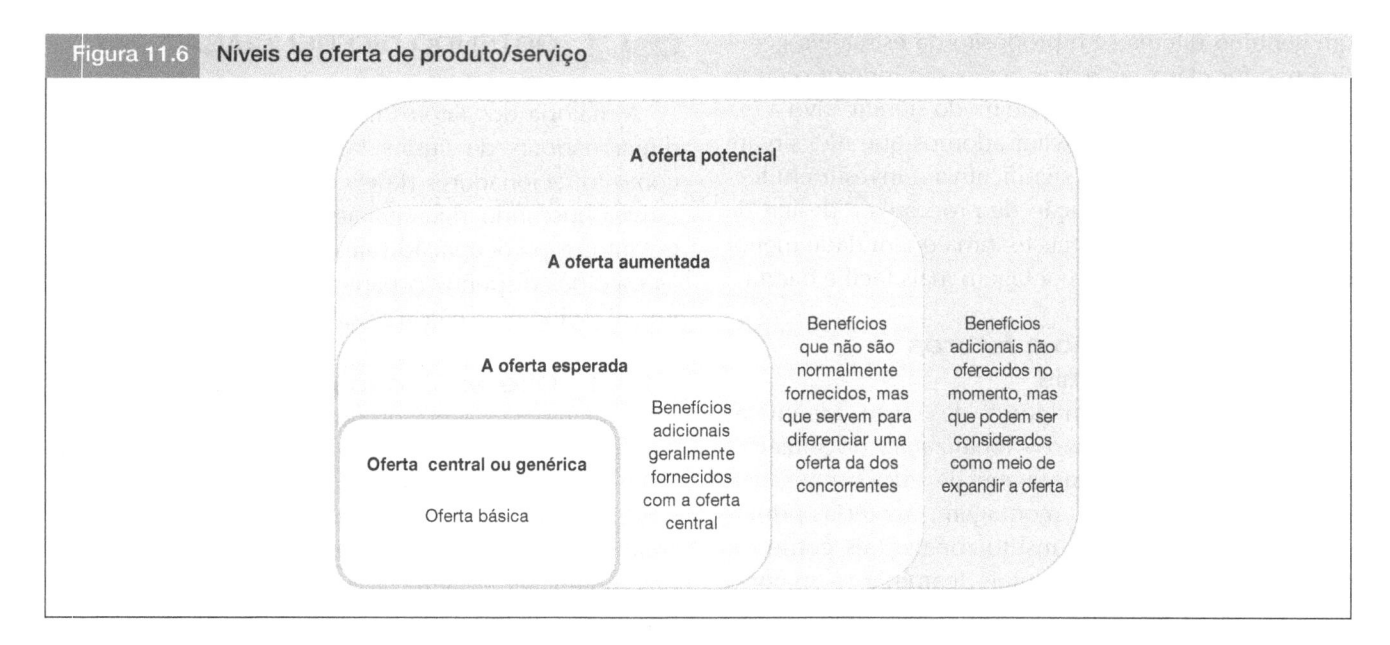

- A oferta potencial
- A oferta aumentada
- A oferta esperada
- Oferta central ou genérica
- Oferta básica
- Benefícios adicionais geralmente fornecidos com a oferta central
- Benefícios que não são normalmente fornecidos, mas que servem para diferenciar uma oferta da dos concorrentes
- Benefícios adicionais não oferecidos no momento, mas que podem ser considerados como meio de expandir a oferta

em que, no cenário de autosserviço predominante na década de 2000, um atendente abastece o carro enquanto outro limpa o para-brisa está indo além das expectativas. Ao longo do tempo, porém, essas formas de distinção podem passar a ser copiadas, rotineiras e, em última instância, assimiladas como nada mais do que se poderia esperar.

Por fim, Levitt descreve o produto potencial com todas as características e benefícios adicionais que podem ser oferecidos. No posto de gasolina, pode ser uma lavagem gratuita a cada abastecimento, brindes não relacionados com a gasolina e serviço de estacionamento. Embora o modelo mostre o produto potencial limitado, na realidade a limitação está somente na imaginação e na engenhosidade do fornecedor.

Peters (1987) acredita que, embora no passado os fornecedores tenham se concentrado em tentativas de diferenciar suas ofertas com base no produto genérico ou esperado, está ocorrendo uma convergência nesse nível em muitos mercados. À medida que os métodos de controle, de garantia e de gestão da qualidade tornam-se cada vez mais assimilados e praticados, entregar uma oferta em perfeitas condições de uso, confiável, durável e adequada (um produto 'de qualidade' no sentido clássico da palavra) não mais bastará. No futuro, ele prevê uma ênfase maior no produto expandido e potencial como meio de agregar valor, gerando a satisfação do cliente e, por conseguinte, criando vantagem competitiva.

DIFERENCIANDO O PRODUTO CENTRAL E O ESPERADO

A diferenciação por produto ou serviço central oferece um meio distinto de satisfazer o mesmo desejo ou necessidade básica (Figura 11.7). Geralmente resulta de uma mudança radical em tecnologia, da aplicação da inovação. As calculadoras, por exemplo, oferecem um método de solucionar a necessidade básica de calcular que é diferente das réguas que vieram substituir. De modo análogo, o freezer oferece um meio de armazenar alimento diferente das antigas geladeiras, despensas e adegas. Da mesma forma, uma nova espécie de grama que só cresce até três centímetros pode aposentar o cortador de grama.

AUMENTANDO O PRODUTO

A diferenciação por produto expandido pode ser obtida oferecendo-se aos clientes mais do que as funcionalidades existentes (por exemplo, uma garantia vitalícia em vez de um ano ou dois para fitas de áudio, como faz a Scotch) ou novas funcionalidades que sejam valorizadas. Há dois tipos principais de característica de produto capazes de criar benefícios aos consumidores: de desempenho e de aparência.

A análise das características de um produto deve associá-las aos benefícios oferecidos aos clientes. Por exemplo, o lançamento da máquina de escrever elétrica com esferas de escrita não mudou o benefício central (a capacidade de criar uma página datilografada de texto ou números). Entretanto, proporcionou diferentes tipos de fonte e espaçamento, dessa maneira estendendo o valor aos clientes que desejavam esses benefícios extras. A impressora a jato de tinta ampliou ainda mais esses benefícios, oferecendo fontes, tamanho e outros efeitos em bases praticamente ilimitadas.

Ao estimar o valor para os consumidores das características adicionais de um produto e dos benefícios

Figura 11.7 — Diferenciação por produto/serviço

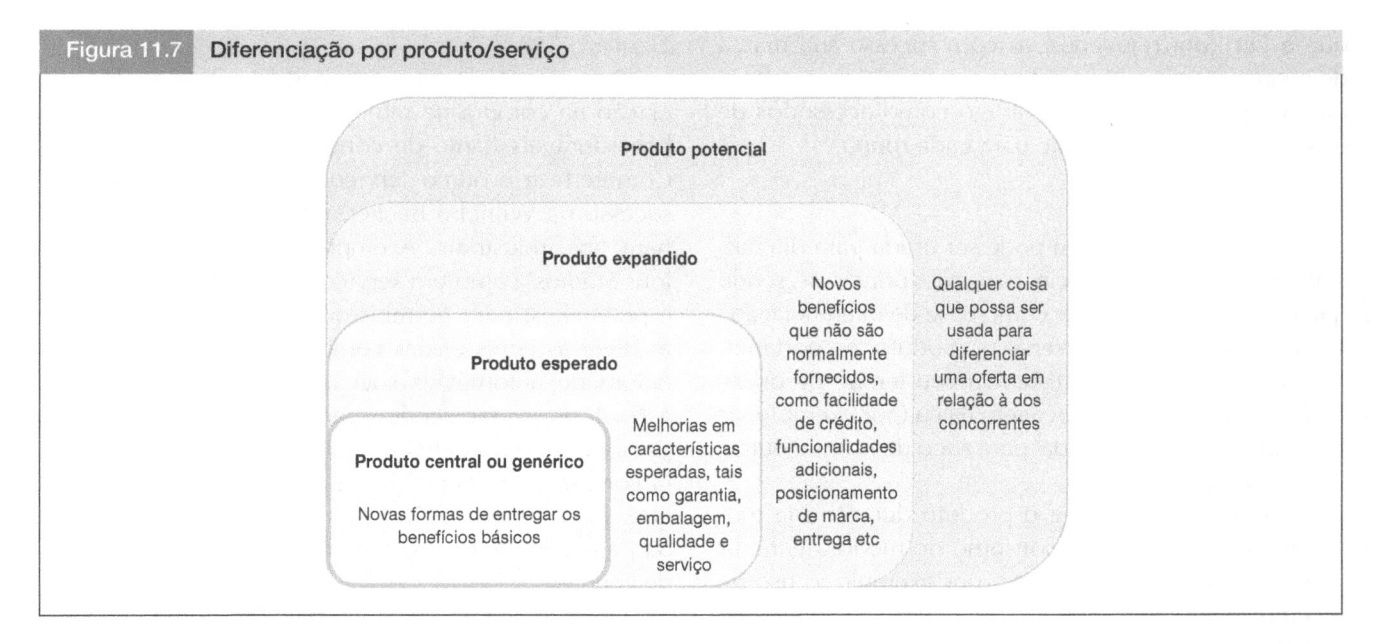

- **Produto potencial**
  - **Produto expandido**
    - **Produto esperado**
      - **Produto central ou genérico**
        - Novas formas de entregar os benefícios básicos
      - Melhorias em características esperadas, tais como garantia, embalagem, qualidade e serviço
    - Novos benefícios que não são normalmente fornecidos, como facilidade de crédito, funcionalidades adicionais, posicionamento de marca, entrega etc
  - Qualquer coisa que possa ser usada para diferenciar uma oferta em relação à dos concorrentes

resultantes, a análise conjunta (Green e Wind, 1975) pode ser bastante útil. Essa técnica foi aplicada com sucesso, por exemplo, às decisões sobre as especificações de produto de empresas atuantes no mercado de música e aos serviços oferecidos às contas de altos juros pelas cooperativas de crédito e poupança.

No mercado de cortadores de grama, a Flymo lançou um modelo com lâmina rotativa que se diferenciava da tradicional lâmina cilíndrica. Em alguns mercados, sobretudo naqueles em que os gramados eram irregulares ou íngremes, a facilidade de uso fez do novo cortador um produto atrativo e diferenciado. Em outros mercados, contudo, o líder Qualcast foi capaz de retaliar demonstrando a vantagem do modelo convencional, que tinha um reservatório para armazenar a grama cortada. No sistema da Flymo, a grama cortada ficava no solo. Estudos mais recentes levaram ao lançamento de cortadores rotativos com reservatórios.

QUALIDADE

Um fator primordial na diferenciação de um produto ou serviço em relação ao da concorrência é a qualidade, que se refere à adequação aos propósitos de um produto ou serviço. No caso dos bens manufaturados, isso pode incluir durabilidade, aparência ou nível do produto, enquanto em serviços geralmente se refere aos elementos tangíveis, à confiabilidade e rapidez de resposta do fornecedor, à garantia oferecida pelo valor do serviço e à empatia ou atenção recebida (Parasuraman et al., 1988). A qualidade pode refletir fortemente tanto as matérias-primas utilizadas quanto o nível de controle de qualidade exercido durante a manufatura e a entrega.

De suma importância é a percepção de qualidade por parte do consumidor, que pode não ser a mesma do fabricante. Cardozo (1979) dá um exemplo em que elas não coincidem:

O departamento de pesquisa de mercado de um fabricante de artigos de papel para uso doméstico solicitou a avaliação dos clientes para um novo lenço de papel. A reação foi favorável, mas o produto não era considerado macio o suficiente. O departamento de P&D tratou de amaciar o produto, afrouxando as fibras e reduzindo sua densidade. Em testes de uso posteriores, o produto desmanchava-se e não atendia à finalidade proposta. Mais testes revelaram que, para 'amaciar' o papel, era na verdade necessário um aumento na força e na densidade das fibras.

O projeto PIMS tem demonstrado que a qualidade é um dos principais determinantes do sucesso comercial. Realmente, Buzzell e Gale (1987) concluíram que a qualidade percebida relativa (a avaliação dos clientes sobre a qualidade da oferta de um fornecedor comparada à de seus concorrentes) era o fator mais importante que afetava o desempenho a longo prazo de um negócio. Demonstrou-se que a qualidade exercia um impacto maior sobre o ROI (retorno sobre o investimento) e era mais eficaz na conquista de mercado do que preços baixos.

Intimamente associadas às percepções de qualidade estão as de estilo, sobretudo para produtos com alto apelo emocional (como os cosméticos). Nos mercados ligados à moda, como o de roupa, o design pode ser um meio poderoso de diferenciação. Jain (1990) observa que a Du Pont rejuvenesceu com sucesso sua marca de meias femininas ao oferecer opções de cores, dessa forma reposicionando esse artigo como acessórios de moda — uma cor diferente para cada roupa.

EMBALAGEM

A embalagem também pode ser usada para diferenciar um produto. Ela tem cinco funções principais, sendo que cada uma pode servir como base de diferenciação.
1. A embalagem **armazena** o produto e, portanto, pode ser usada para estender seu tempo de prateleira ou facilitar a estocagem física (por exemplo, as embalagens 'longa vida' para suco de frutas e outras bebidas).
2. A embalagem **protege** o produto durante sua movimentação antes do consumo de modo a garantir uma qualidade consistente (por exemplo, o uso de embalagens com película especial para manter as batatas fritas crocantes).
3. A embalagem **facilita o uso** do produto (por exemplo, frascos com aplicadores de produtos de limpeza para pisos, caixas de vinho e dosadores de detergente líquido para uso doméstico).
4. A embalagem ajuda a **criar uma imagem** para o produto por meio de impacto visual, qualidade do design, ilustração de usos etc.
5. A embalagem ajuda a **promover** o produto por meio de cores e formatos atrativos, incomuns. Um exemplo disso é a venda de vinho em jarras em vez de garrafas (Paul Masson California Wines) e de meias-calças femininas em embalagens no formato de um ovo (L'eggs).

MARCA

Um meio particularmente eficaz de diferenciação em relação ao produto tangível consiste em criar uma marca singular com imagem e reputação positivas. Como vimos no Capítulo 6, a reputação da marca ou da empresa pode ser um ativo de marketing poderoso.

O nome ou o ícone de uma marca é uma indicação de origem ou uma garantia do que se pode esperar de um produto — a nítida declaração de valorização do dinheiro do consumidor. O feijão enlatado da Heinz, por exemplo, pode cobrar um preço premium pela garantia de qualidade que o consumidor recebe ao escolher essa marca. Da mesma forma, varejistas como Tesco e Sainsbury são capazes de diferenciar seus produtos de marca própria das demais marcas em função de sua reputação de qualidade, que se estende por toda a linha de produtos. A marca constitui uma vantagem competitiva altamente defensável. Uma vez registrada, os concorrentes não podem usar a mesma marca (nome ou símbolo).

SERVIÇO

O serviço pode ser um importante fator de diferenciação na compra de muitos produtos, sobretudo dos bens duráveis (tanto de consumo quanto industriais). Com certeza o ótimo serviço foi determinante para o sucesso da Wilhelm Becker, fabricante sueca de tinta para fins industriais. A empresa desenvolveu o 'Colour Studios' como um serviço a seus clientes, efetivos e potenciais, para permitir que eles experimentassem as diversas cores e suas combinações. A Volvo, montadora de automóveis sueca atualmente pertencente à Ford, usou esse serviço para pesquisar novas cores para seus tratores agrícolas e descobriu que o vermelho (a cor usada até então) não era uma boa escolha porque, para muitos fazendeiros, chocava com as cores da paisagem. A mudança de cor resultou em aumento de vendas.

Também no ramo de tintas para uso doméstico tem-se tentado agregar serviço, nesse caso proporcionado pelos próprios consumidores. Um líder de mercado lançou pequenas latas de tinta para que os clientes pudessem, a baixo custo, testar diferentes cores em casa antes de escolher a definitiva. Nesse caso, contudo, diferentemente do Colour Studios da Becker, a imitação pelos concorrentes era relativamente fácil e a vantagem rapidamente se dissipou.

O serviço não precisa ser algo acrescentado ao produto. Sob certas circunstâncias, uma redução pode agregar valor. O recente crescimento da fabricação caseira de cervejas e vinhos ilustra o caso em que um produto menos completo (extrato de malte, lúpulo, suco de uva, fermento etc.) é comercializado, mas o consumidor fica satisfeito por ele próprio executar a atividade de produção. Dessa forma, o consumidor provê o serviço e torna-se parte do processo produtivo.

Oferecer um serviço superior como meio de criar um vínculo mais forte entre fornecedor e cliente pode ter consequências de longo alcance. Em particular, torna menos provável que o cliente busque fontes alternativas de suprimento e, assim, atua como uma barreira à entrada de novos concorrentes.

Para assegurar e aprimorar o serviço ao cliente, Peters (1987) recomenda que toda empresa realize periodicamente pesquisas de satisfação para medir se está atendendo às expectativas dos clientes e para procurar meios de melhorar seu atendimento.

Outros elementos do produto expandido que podem ser usados para diferenciá-lo incluem instalação, disponibilidade de crédito, entrega (rápida e dentro do prazo, conforme prometido) e garantia. Tudo isso pode aumentar a diferenciação de um produto em relação ao da concorrência.

Decidindo sobre as bases de diferenciação do produto

Cada um dos elementos de um produto pode ser utilizado como meio de diferenciá-lo das ofertas concorrentes. Ao decidir quais dos possíveis elementos usar nessa diferenciação, três aspectos são fundamentais.

Primeiro, o que o cliente espera além do produto central, genérico? No mercado automobilístico, por exemplo, clientes em todos os segmentos de mercado esperam um nível mínimo de confiabilidade nos carros que compram. Na aquisição de bens de consumo da linha branca (geladeiras, freezers, lavadoras de roupa etc.), são desejáveis períodos mínimos de garantia. Na escolha da pasta de dente, níveis mínimos de proteção contra cárie e doenças da gengiva são exigidos. Essas expectativas, que transcendem a oferta do produto central, assemelham-se aos 'fatores de higiene' da Teoria da Motivação, de Hertzberg. Elas devem ser oferecidas para que o produto ou serviço seja considerado por potenciais compradores. Sua presença não aumenta a probabilidade de os consumidores escolherem produtos com esses fatores, mas sua ausência certamente obstrui a compra.

O segundo aspecto a considerar é que os consumidores valorizam o que supera suas expectativas. Ao identificar potenciais 'motivadores', o profissional de marketing busca oferecer mais do que seus concorrentes para atrair compradores. O que se acrescenta ao produto, além do que normalmente se espera, com frequência constitui a forma mais eficaz de diferenciar as ofertas de uma empresa. De crucial importância, contudo, é o custo de oferecer esse algo a mais. Isso deve custar menos do que o benefício (valor) extra aos clientes e, portanto, refletir-se na predisposição deles em pagar um preço premium. Sempre que possível, deve-se atribuir um valor econômico à diferenciação de modo a permitir que o preço leve em plena consideração o valor para o cliente (Forbis e Mehta, 1981).

O terceiro ponto na escolha da forma de diferenciar um produto em relação à concorrência é a facilidade com que essa diferenciação pode ser copiada. Alterações nas taxas de juros de uma cooperativa de crédito e poupança, por exemplo, podem ser facilmente copiadas em questão de dias ou até horas. Entretanto, uma vantagem baseada na localização das agências da cooperativa nas principais ruas da cidade leva mais tempo e custa mais para ser copiada.

Idealmente, deve-se buscar a diferenciação quando existe alguma barreira (ao menos temporária) que impeça a imitação pelos concorrentes. Os diferenciadores mais eficazes são aqueles que usam uma habilidade, uma competência ou um ativo de marketing essencial da empresa que os concorrentes não possuam e que sejam difíceis de desenvolver. No negócio de locação de veículos, por exemplo, a extensa rede de pontos de retirada e devolução oferecida pela Hertz, líder de mercado, permite prestar um serviço mais conveniente que o da concorrência para um cliente que fará somente o trajeto de ida. Tentar rivalizar com essa rede é oneroso, se não impossível, para os seguidores de menor porte no mercado.

Peters (1987) argumentou que muitas empresas enfatizam excessivamente o produto central em seu pensamento e estratégia de marketing. Ele sugere que, à medida que se torna cada vez mais difícil diferenciar-se com base no produto central, é preciso dar mais ênfase a como 'agregar valor' por meio de um produto expandido (ou potencial). Essa mudança de ênfase é mostrada na Figura 11.8, que contrasta um foco em produto (ênfase no produto central) com um foco em valor agregado (extensão dos produtos expandidos e potenciais de um modo que seja valorizado e interessante para o cliente).

Um foco que se afaste do produto central e se aproxime dos 'círculos externos' é particularmente útil nos mercados de *commodity*, nos quais a estratégia competitiva sempre foi baseada em preço. A diferenciação por meio do serviço agregado oferece uma oportunidade

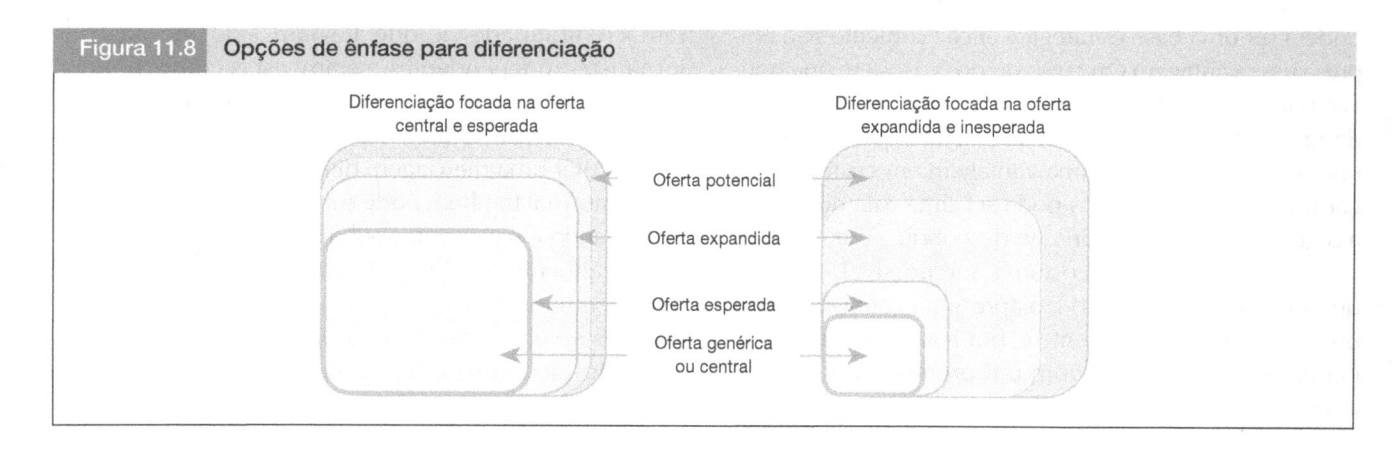

Figura 11.8 Opções de ênfase para diferenciação

Diferenciação focada na oferta central e esperada

Diferenciação focada na oferta expandida e inesperada

- Oferta potencial
- Oferta expandida
- Oferta esperada
- Oferta genérica ou central

de escapar de uma dependência excessiva de preço para garantir a sobrevivência do negócio.

Em suma, há muitas maneiras de diferenciar produtos e serviços frente aos da concorrência. Ao decidir sobre o tipo de diferenciação a adotar, deve-se ter em mente diversos fatores: o valor agregado ao consumidor pela diferenciação, o custo da diferenciação em relação ao valor agregado, a probabilidade e a velocidade de imitação por um concorrente e até que ponto a diferenciação explora os ativos de marketing da empresa.

11.4.2 Diferenciação por distribuição

A diferenciação por distribuição advém do uso de diferentes pontos de venda, de ter uma rede ou cobertura diferente do mercado.

Os recentes avanços no marketing direto não estão relacionados apenas com a criação de diferentes formas de promoção de produtos; também oferecem novos pontos de venda para muitos produtos. Comprar por telefone a partir de catálogos exibidos pela televisão ainda não decolou de uma forma estrondosa, mas certamente há oportunidades para profissionais de marketing inovadores.

O advento da Internet acarretou mudanças significativas nas estratégias de distribuição de muitas empresas. Particularmente para aquelas que oferecem produtos digitais, como informações ou música, a distribuição direta aos consumidores por meio eletrônico passou a ser possível (Capítulo 12). Novamente, as vantagens de ser o *first mover* permitem uma diferenciação de curto prazo, pois a imitação dos concorrentes tem sido rápida. Proteger uma vantagem no *e-marketing*, seja de distribuição ou de comunicação, está se revelando especialmente difícil, e empresas inovadoras, como a Amazon.com, têm constantemente que encontrar novos meios de agregar valor a seus clientes para permanecerem diferenciadas.

11.4.3 Diferenciação por preço

Um preço mais baixo como forma de diferenciação poderá ser uma base estratégica eficaz somente se a empresa tiver vantagem em custo ou nos casos em que houver barreiras contra empresas concorrentes detentoras de uma estrutura de custo mais baixa e que pratiquem um preço inferior. Sem uma vantagem em custo, começar uma guerra de preços pode ser uma rota desastrosa a seguir, como a Laker Airways descobriu a duras penas.

O preço premium costuma ser possível somente quando o produto ou serviço apresenta vantagens reais ou percebidas para o cliente e, por isso, é com frequência usado em conjunto com um produto diferenciado e para reforçá-lo.

De modo geral, quanto maior for o grau de diferenciação de um produto ou serviço, maior margem haverá para preços premium. Quando há pouco espaço para qualquer outra forma de diferenciação, a competição por preço torna-se mais intensa e as vantagens em custo assumem mais importância.

11.4.4 Diferenciação por promoção

A diferenciação por promoção envolve o uso de diferentes canais promocionais (como um composto mais amplo de comunicações que empregue propaganda, relações públicas, mala direta, venda pessoal etc.), promoções de intensidade diferente (isto é, promoções particularmente agressivas para lançamento ou relançamento de produtos) ou conteúdo diferente (com mensagem publicitária claramente diferenciada).

Atualmente muitas empresas fazem mau uso do potencial da atividade de relações públicas, que consiste essencialmente em criar relacionamento com a mídia e usá-lo para angariar exposição positiva. Tanto *press releases* quanto entrevistas com altos executivos sobre importantes questões podem ajudar a promover a empresa de um modo mais convincente do que as mídias de propaganda.

Uma pequena indústria de componentes eletrônicos, sediada no Reino Unido, explorou de forma brilhante uma visita de cientistas japoneses a sua fábrica. Ela obteve ampla cobertura do evento, apresentando o acontecimento como uma tentativa dos japoneses de aprender com uma empresa de pequeno porte, porém inovadora. A cobertura foi significativa nas publicações especializadas em negócios e até na mídia nacional. Como resultado, houve um expressivo aumento nas consultas à empresa e crescimento das vendas domésticas de seus produtos. O trabalho de relações públicas teve duas principais vantagens sobre a propaganda na mídia. Primeiro, custou pouco em relação à exposição obtida (a empresa jamais teria condições de comprar essa exposição a taxas normais de mídia). Segundo, as reportagens na imprensa atraíram credibilidade porque haviam sido escritas por jornalistas independentes e eram vistas como 'notícia' em vez de propaganda (*Fonte: The Marketing Mix*, programa da Yorkshire TV).

Veicular uma mensagem diferente pela mídia publicitária normal também pode surtir um efeito diferenciado. Quando a maioria dos publicitários está perseguindo essencialmente o mesmo mercado com a mesma mensagem, uma guinada inovadora é bem-vinda. A maioria das cervejas é promovida pela exibição de grupos animados de homens divertindo-se em um bar. A Heineken conseguiu diferenciar sua cerveja usando uma série de anúncios bem-humorados e o slogan "A Heineken refresca partes que outras cervejas não conseguem alcançar". Outra campanha igualmente inovadora para a marca Bitter, da Boddington, que enfatizava o preço realista da cerveja e seu colarinho cremoso e espumante serviu para destacá-la da multidão.

Quando a Krona foi lançada pela Van den Berghs no mercado de margarinas (Capítulo 10), foi dirigida a um público cada vez mais sensível ao preço da manteiga, mas que, ainda assim, não abria mão de seu sabor — e a empresa teve um sério problema de comunicação. Ela foi impedida por lei de anunciar que o produto tinha sabor de manteiga (Clark, 1986) e o slogan "Para quatro entre cinco pessoas, não há diferença entre a Stork e a manteiga" já havia sido usado (com relativo sucesso) por outra marca da empresa. A solução foi usar um anúncio de caráter semidocumental que apresentava um respeitado repórter (René Cutforth) noticiando um rumor que circulara a respeito de um produto de formulação idêntica na Austrália (a Fairy). O rumor dizia que o produto era na verdade manteiga neozelandesa que estava sendo desovada no mercado australiano disfarçada de margarina para contornar as cotas de comércio. O slogan escolhido foi "A margarina que provocou um debate no Parlamento australiano", e o estilo do anúncio, embora jamais alegasse semelhança de sabor com a manteiga, claramente transmitiu a impressão de que as pessoas realmente não conseguiam fazer a distinção.

Mais recentemente a Van den Berghs promoveu a margarina Flora como um produto comprado por mulheres que cuidavam da saúde de seus homens, enquanto sua marca originalmente chamada 'I Can't Believe It's Not Butter' retomou o velho apelo ao sabor da Stork.

11.4.5 Diferenciação por marca

O posicionamento de marca coloca o consumidor no centro da construção de uma fortaleza no mercado. Esse posicionamento se desloca da noção clássica de desenvolvimento de uma 'proposta única de venda' (USP, do inglês *unique selling proposition*') para o estabelecimento de uma 'proposta única emocional'.

Produtos concorrentes podem parecer iguais para os pais que estejam comprando um par de tênis Nike, mas não o são para seus filhos. Eles querem tênis Nike e pressionam os pais a pagar a mais por eles. O sucesso da Nike na diferenciação por marca começou com sua linha Air Jordan, que se valia da USP de células de ar nos calcanhares e de sua proposta única emocional de associação com atletas de ponta. Essa combinação foi tão poderosa que até em um país com baixa incidência de crimes, como o Japão, as pessoas pagavam caro por seus Air Jordan, mas não iam correr com eles por medo de serem assaltadas. A Adidas e a Reebok promovem seus produtos usando atletas e ar nos calcanhares, mas a Nike venceu a batalha por causa da opinião dos adolescentes e do bolso de seus pais.

A Nike é um caso exemplar de conquista de força no mercado usando a escada de conscientização de Ries e Trout (1986). Embora existam inúmeros produtos no mercado, raramente os consumidores conseguem citar pelo nome mais do que uns poucos. Esse era o problema enfrentado pela Audi ao perceber que as pessoas mencionavam Mercedes, BMW e Volkswagen como carros alemães, com todas as conotações de qualidade e confiabilidade implícitas, mas geralmente omitiam a Audi (atualmente pertencente à VW). Disso resultou a campanha 'Vorsprung Durch Technik', que focava a origem alemã do produto, e sua excelência técnica, por meio de competições de rali e seu modelo Quatro.

Ries e Trout observaram que a segunda empresa nos mercados geralmente detém metade do negócio da pioneira, enquanto a terceira, a metade do negócio da segunda e assim por diante. Isso se repete na lucratividade e no retorno sobre o investimento, sendo que, a longo prazo, a lucratividade segue o ranking de participação de mercado das empresas. As empresas líderes também podem obter expressivas economias em propaganda e promoção (Saunders, 1990). Parte da razão disso é a tendência das pessoas de se lembrarem do número um. Quando perguntadas sobre o primeiro a sobrevoar com sucesso o Atlântico, a maioria delas responde corretamente que foi Charles Lindbergh, mas quantos sabem quem foi o segundo? A mesma coisa acontece com o primeiro e o segundo homem a pisar na Lua ou a escalar o Monte Everest.

A importância de ser o número um é boa para líderes de mercado como a Nike em calçados esportivos, a Mercedes em carros de luxo, a Coca-Cola em refrigerantes e a Nestlé em café, mas deixa as marcas secundárias com um problema a resolver. O posicionamento aponta um caminho para essas marcas estabelecerem um lugar importante nas mentes dos consumidores, apesar da incessante batalha por suas atenções aos produtos concorrentes. Isso envolve consistência de mensagem e associação de uma marca com ideias que já se instalaram com força na mente do consumidor.

11.4.6 Resumo dos direcionadores de diferenciação

Quando o caminho para a vantagem competitiva é a diferenciação, é preciso identificar suas principais variáveis, aquelas que oferecem o máximo de alavancagem para a diferenciação usando plenamente as habilidades da empresa. Sempre que possível, a diferenciação deve ser perseguida em múltiplas frentes para que seja intensificada. Além disso, os sinais de valor devem ser empregados para aumentar a diferenciação percebida (por exemplo, desenvolvendo reputação, imagem, presença, aparência e preço do produto). Barreiras à imitação devem ser erguidas por meio de patentes, da manutenção dos executivos em posições-chave e da criação de custos de troca para reter clientes.

11.5 COMO SUSTENTAR A VANTAGEM COMPETITIVA

Ficará claro a partir do que foi exposto que há uma variedade de maneiras para as empresas buscarem criar uma vantagem competitiva para si. Algumas delas serão mais fáceis de ser copiadas pelos concorrentes. As formas mais válidas para criar posições defensáveis estão na exploração dos fatores descritos a seguir.

11.5.1 Produtos únicos e valorizados

Fundamental à criação de um posicionamento superior e defensável no mercado é ter produtos e serviços únicos e valorizados, desenvolvidos pelo uso de recursos organizacionais escassos e valiosos para oferecer aos consumidores.

A Dow Jones mantém altas margens a partir de produtos únicos. O *The Wall Street Journal* é um produto que os consumidores desejam e pelo qual estão dispostos a pagar. Identificar as principais variáveis de diferenciação — aquelas com o maior potencial de alavancagem — é essencial para oferecer produtos e serviços únicos e valorizados.

O caráter único pode advir do emprego de tecnologia superior e proprietária, do uso de matéria-prima de qualidade ou da distinção entre os elementos tangíveis e expandidos do produto.

No entanto, produtos únicos não permanecem assim para sempre. Mais cedo ou mais tarde, produtos de sucesso serão copiados, o que implica que a empresa que deseje reter sua posição de exclusividade deve estar pronta, e na verdade até ansiosa, para inovar continuamente e buscar novas maneiras de se diferenciar (Capítulo 13). Isso pode significar uma predisposição a canibalizar seus próprios produtos antes que a concorrência os ataque.

11.5.2 Definição clara e precisa dos mercados-alvo

Capacitar uma empresa a manter seus produtos ou serviços únicos e valorizados por seus clientes requer monitoramento constante e um canal aberto para o diálogo. Isso, por sua vez, exige uma clara compreensão de quem esses clientes são e como acessá-los. Quanto mais explícito o foco das atividades corporativas em um ou alguns poucos mercados-alvo, mais provável que sejam bem atendidos. Nos mercados cada vez mais segmentados e fragmentados da década de 2000, as empresas que deixarem de focar suas atividades estarão menos preparadas para reagir às mudanças e ameaças em constante mudança.

11.5.3 Conexões de qualidade com clientes

Estreitar os vínculos com os clientes por meio de um serviço aprimorado pode contribuir para o estabelecimento de uma posição mais defensável no mercado (Capítulo 14). Como sugerimos anteriormente, uma importante vantagem dos sistemas just-in-time de manufatura é que eles demandam conexões mais próximas entre fornecedor e comprador. Quanto maior a integração entre eles, mais difícil será a entrada de novos concorrentes.

Criar custos de troca, aqueles associados à substituição de um fornecedor por outro, constitui mais um meio de intensificar as relações com os clientes. Loomis, escrevendo para a *Fortune* (30 abr. 1984), destacou o sucesso da Nalco ao usar sua experiência técnica em produtos químicos para oferecer consultoria e resolução de problemas a seus clientes. Esse estreitamento de relações com os clientes minimiza a probabilidade de eles saírem em busca de outras fontes de abastecimento.

11.5.4 Credibilidade estabelecida da empresa e da marca

A reputação de uma marca ou empresa está entre os ativos corporativos mais defensáveis, contanto que sejam bem administrados e protegidos.

A Worthington Steel dos Estados Unidos possui uma reputação invejável por causa de sua mão de obra altamente qualificada. Sua reputação também é alta em atendimento ao cliente. Combinados, esses fatores dificultam a evasão de clientes.

(Peters, 1987)

O atual ritmo de mudanças tecnológicas e mercadológicas é tão acelerado, e os produtos tão transitórios, que os consumidores encontram segurança e continuidade no menos tangível dos ativos de uma empresa: a reputação de suas marcas e seu nome. Marca, estilos e produtos mudam a cada ano, mas pessoas no mundo todo desejam Nike, Sony, Mercedes, Levi's e Rolex. Elas 'compram o fabricante', não o produto (Sorrell, 1989).

11.6 ESTRATÉGIAS COMPETITIVAS OFENSIVAS E DEFENSIVAS

Uma estratégia competitiva bem-sucedida corresponde à combinação de movimentos de ataque e defesa visando a uma posição mais fortalecida no mercado escolhido. Diversos autores, com destaque para Kotler e Singh (1981), James (1984) e Ries e Trout (1986), recorreram à analogia entre as guerras militares e as batalhas competitivas nos negócios. Seu principal argumento é que as lições para a condução de uma estratégia comercial podem ser aprendidas com o estudo das guerras e dos princípios desenvolvidos por estrategistas militares. Na realidade, atualmente é comum as estantes dos estrategistas corporativos ao redor do mundo ostentarem as obras de Sun Tzu (Trai, 1991; Khoo, 1992) e von Clausewitz (1908).

De modo análogo, muito se pode aprender com os métodos usados em competições esportivas, passatempos e jogos de equipe, em que tanto as mentes quanto (ou em vez de) os músculos são importantes para o sucesso. Esportistas vencedores, como o ex-capitão do time britânico de críquete Mike Brearley e o capitão da equipe de rúgbi Will Carling, desenvolveram uma segunda carreira bem-sucedida ministrando palestras sobre estratégia e motivação em seminários de desenvolvimento corporativo.

Há cinco estratégias competitivas básicas perseguidas pelas organizações. São elas: de construção (ou crescimento), de manutenção (ou defensiva), de nicho (ou foco), de colheita (ou coleta) e de retirada (ou desinvestimento). Essa estruturação é baseada em Kotler (1997) e James (1984).

11.6.1 Estratégias de construção

Uma estratégia de construção busca melhorar o desempenho organizacional por meio da expansão de atividades. Essa expansão pode advir da ampliação do mercado para as ofertas da empresa ou da conquista de participação de mercado dos concorrentes.

Esse tipo de estratégia é mais adequado para mercados em crescimento. De modo geral, considera-se que é mais fácil expandir-se nesse ambiente, visto que isso não precisa ocorrer à custa da concorrência e que não necessariamente provoca forte retaliação por parte dos concorrentes. Na fase de crescimento dos mercados, as empresas devem buscar crescer pelo menos tão rapidamente quanto o próprio mercado em que atuam.

As estratégias de construção também podem servir para mercados que não estejam em expansão, mas nos quais se identifiquem deficiências de concorrentes a serem exploradas ou nos quais existam ativos de marketing que possam ser aplicados de modo útil.

Elas costumam ser onerosas, sobretudo quando envolvem confronto direto com um grande concorrente. Antes de adotá-las, os custos potenciais devem ser pesados em relação aos ganhos esperados.

EXPANSÃO DE MERCADO

As estratégias de construção são alcançadas por meio da expansão do mercado ou da conquista de vendas e clientes de outras empresas. A expansão de mercado, por sua vez, resulta de três rotas principais: **novos usuários** (atraídos à medida que os produtos evoluem em seus ciclos de vida, passando de inovadores a retardatários por meio do efeito trickle-down*), **novos usos** (adotados por usuários existentes ou novos) e/ou **maior frequência de uso** (estimulando usuários existentes a utilizar mais o produto).

Produtos que atingiram a fase madura do ciclo de vida têm a crucial tarefa de encontrar novos mercados. Isso pode envolver a expansão geográfica das atividades de uma empresa em âmbito doméstico e/ou internacional. Aquelas que buscam crescimento, mas acreditam que o mercado em que se estabeleceram é incapaz de provê-lo, movem-se para novos mercados.

CONQUISTA DE PARTICIPAÇÃO DE MERCADO MEDIANTE CONFRONTO COM CONCORRENTE

Quando um objetivo de construção é perseguido em um mercado que não pode, por um motivo ou outro, ser ampliado, o sucesso deve, por definição, ocorrer à custa dos concorrentes. É inevitável que isso leve a algum grau de confronto entre os protagonistas da batalha por clientes. Kotler e Singh (1981) identificaram cinco estratégias de confronto (Figura 11.9).

ATAQUE FRONTAL

Caracteriza-se por um ataque a toda força no território do oponente. É geralmente combatido com uma

---

* Os demais segmentos passam a adotar ao longo do tempo os hábitos de consumo dos inovadores, enquanto que esses passam a adotar outras opções de consumo.

Figura 11.9 Estratégias para o desafiante do mercado

- Ataque frontal
- Ataque pelos flancos
- Ataque de cerco
- Estratégia de desvio
- Tática de guerrilha

defesa de fortificação ou de posição (veja a seguir). O resultado do confronto dependerá de força e resistência (Figura 11.10).

O requisito de uma vantagem de 3 para 1 entre fatores semelhantes para garantir o sucesso de um ataque frontal comercial foi sugerido (Kotler e Singh, 1981), depois calibrado (Cook, 1983) e questionado (Chattopadhyay et al., 1985). No entanto, todos concordam que derrotar um concorrente bem estabelecido, que tenha construído um sólido posicionamento de mercado, exige substancial superioridade em, no mínimo, uma área central do programa de marketing. Para que um ataque frontal seja bem-sucedido, necessita-se de suficiência de recursos, de uma forte vantagem sobre os concorrentes atacados e de que as perdas sejam tão previsíveis quanto suportáveis.

Ataque pelos flancos

Em oposição ao frontal, o ataque pelos flancos concentra as forças do agressor contra as fraquezas do competidor (Figura 11.11).

Um ataque pelos flancos pode ser atacando regiões geográficas onde o defensor está sub-representado ou atacando segmentos mal atendidos pelo concorrente. O princípio consiste em direcionar o ataque às fraquezas dos competidores, não suas forças.

O ataque pelos flancos segmentado envolve atender a diferentes segmentos que não foram adequadamente atendidos pelas empresas existentes. Um fator crucial para o sucesso de tal estratégia deve ser seu *timing*. A entrada dos japoneses no mercado norte-americano de carros compactos foi programada para tirar proveito da recessão econômica e das preocupações com o suprimento de energia. Essa estratégia requer a identificação das fraquezas de um concorrente e da incapacidade ou relutância em atender a determinados segmentos de mercado. Por outro lado, a identificação de lacunas no mercado geralmente exige um olhar renovado sobre o ambiente e uma abordagem mais criativa para sua segmentação.

Ataque de cerco

O ataque de cerco ou ocupação consiste em cercar o inimigo, obstruindo seu acesso às rotas de suprimento para forçar a rendição (Figura 11.12).

Há dois métodos de ataque de cerco. O primeiro tenta isolar o concorrente do suprimento de matérias-primas das quais ele depende e/ou dos consumidores que busca atender. A segunda abordagem visa a oferecer um produto ou serviço completo, melhor do que o da concorrência.

Estratégia de desvio

Essa estratégia caracteriza-se por mudar o campo de batalha para evitar as forças do concorrente (Figura 11.13).

É com frequência alcançada com saltos em tecnologia.

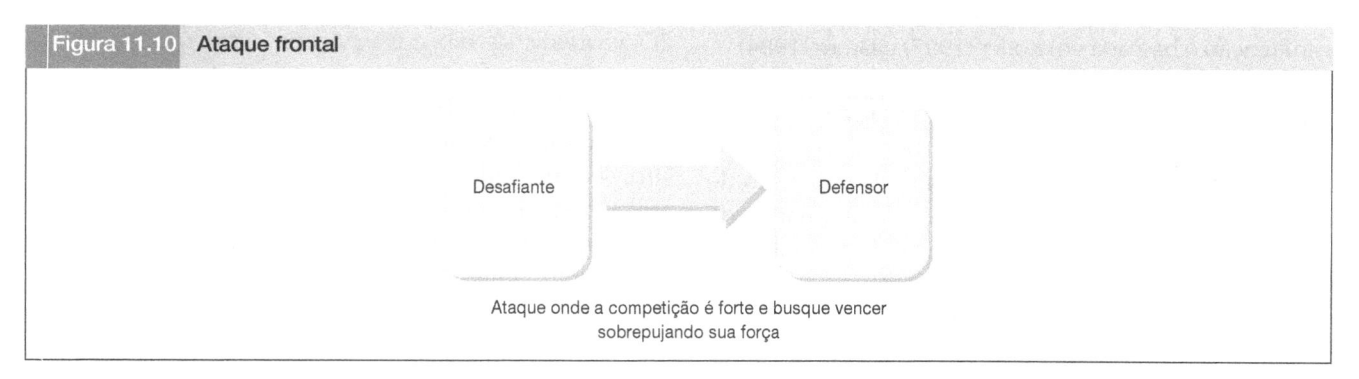

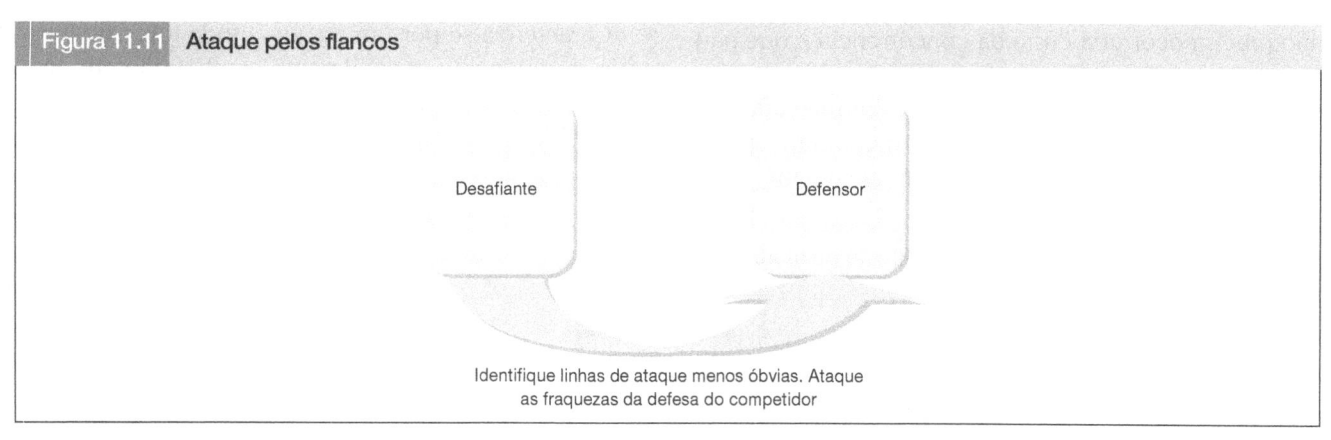

Figura 11.10	Ataque frontal

Desafiante → Defensor

Ataque onde a competição é forte e busque vencer sobrepujando sua força

Figura 11.11	Ataque pelos flancos

Desafiante   Defensor

Identifique linhas de ataque menos óbvias. Ataque as fraquezas da defesa do competidor

Figura 11.12 Ataque de cerco

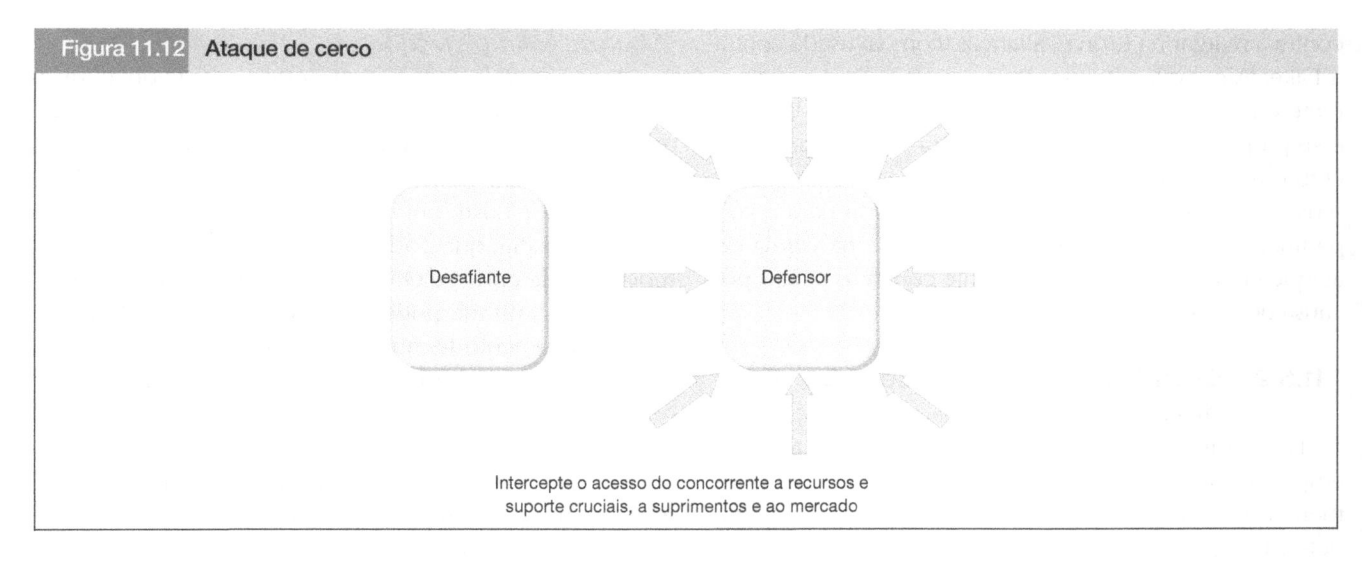

Intercepte o acesso do concorrente a recursos e suporte cruciais, a suprimentos e ao mercado

TÁTICAS DE GUERRILHA

Quando os ataques convencionais fracassam ou não são viáveis, táticas de guerrilha costumam ser usadas. Durante a Segunda Guerra Mundial, a Resistência Francesa fazia ataques localizados às forças de ocupação alemãs para enfraquecê-las, preparando o terreno para o desembarque e o contra-ataque das Forças Aliadas. No jogo de xadrez, um jogador em uma situação aparentemente sem saída pode de modo inesperado sacrificar uma peça, se com isso conseguir conter a sequência de ataque do oponente (Figura 11.14). No boxe, sabe-se de um lutador nas cordas que mordeu a orelha de seu adversário para interromper o ataque!

No ambiente de negócios, as táticas poucos convencionais ou de guerrilha são primordialmente usadas como atividades de "perturbação", para enfraquecer a concorrência. São frequentemente empregadas por um atacante mais fraco contra um defensor mais forte. Cortes de preço seletivos, sobretudo durante a fase de testes ou lançamento de um novo produto da concorrência, propaganda visando confundir o posicionamento do concorrente (como a Butter Information Council Ltd tentou em sua campanha

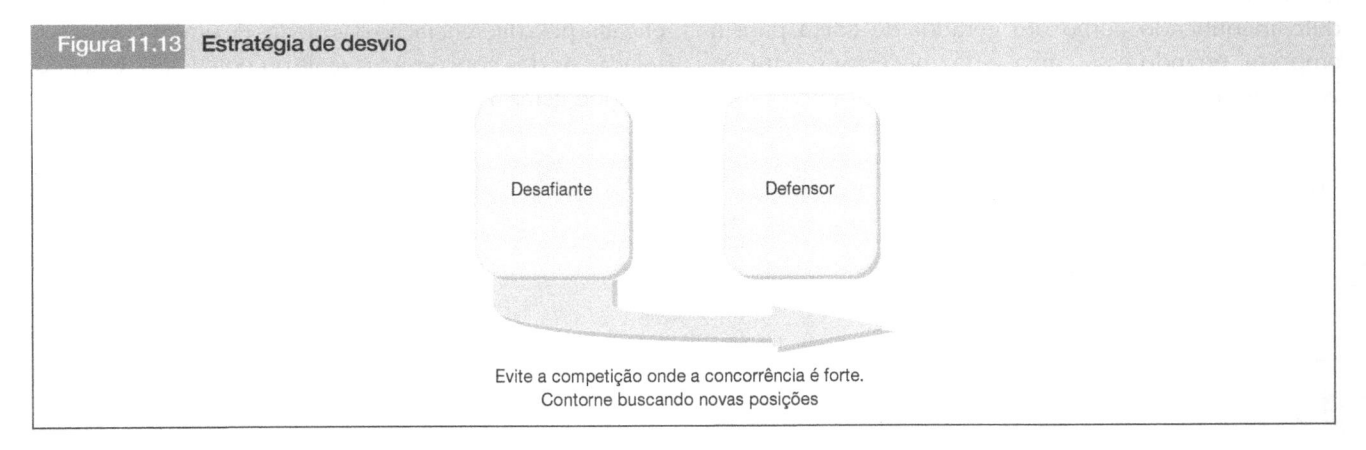

Figura 11.13 Estratégia de desvio

Evite a competição onde a concorrência é forte.
Contorne buscando novas posições

Figura 11.14 Táticas de guerrilha

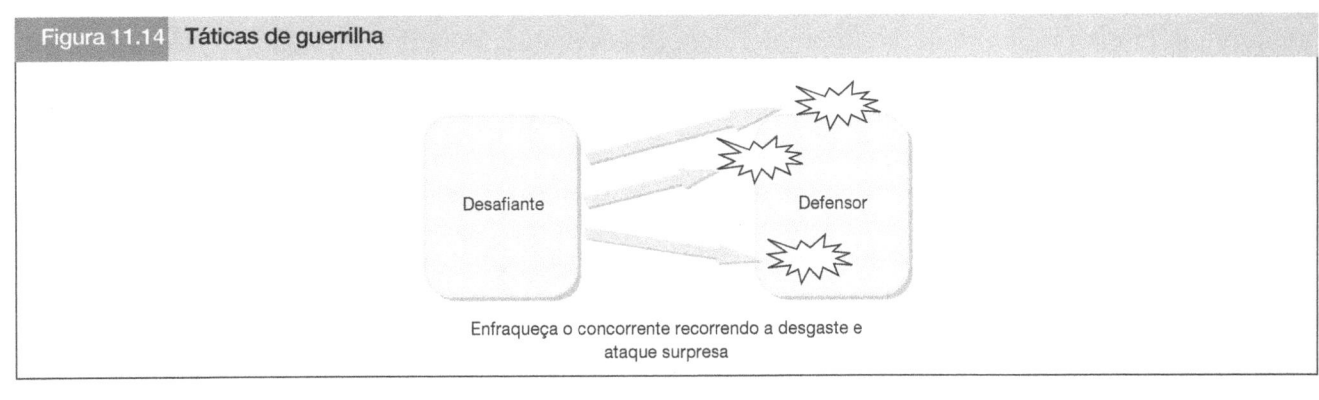

Enfraqueça o concorrente recorrendo a desgaste e ataque surpresa

contra a margarina Krona), alianças (como a usada contra a Laker Airways), contratação de executivos do concorrente e manobras legais são táticas que servem, todas, a esse propósito. As táticas de guerrilha são aplicadas por empresas de todos os portes na tentativa de enfraquecer seus concorrentes, geralmente antes de partir para o golpe final. Sua eficácia reside na dificuldade da vítima do ataque em defender-se devidamente contra as táticas por causa de seu caráter imprevisível.

11.6.2 Estratégias de manutenção ou defensivas

Em contraste com as estratégias de construção, as empresas que já têm forte posicionamento em seus mercados podem buscar estratégias essencialmente defensivas para manter o terreno conquistado.

No caso dos líderes de mercado, sobretudo aqueles que atuam em mercados maduros ou em declínio, o principal objetivo pode não ser o de construir, mas o de proteger a posição conquistada contra possíveis ataques. Também pode ser que, mesmo nos mercados em expansão, potenciais recompensas consideradas possíveis resultantes de uma estratégia de construção sejam superadas pelos custos esperados devidos, por exemplo, à força e natureza da concorrência (Treacy e Wiersema, 1995).

Uma estratégia de manutenção pode ser especialmente apropriada para um negócio ou grupo de produto identificado como um gerador de caixa para a empresa, quando esse caixa se faz necessário para investimento em outros negócios.

MANUTENÇÃO DE MERCADO

A quantidade e o tipo de esforço exigido para a manutenção de uma posição variará, dependendo do grau e da natureza da concorrência enfrentada. Quando um negócio domina seu mercado, ele pode obter vantagens de custo por economias de escala ou efeitos de experiência, que podem servir como base de defesa por meio de corte seletivo de preço. Como alternativa, barreiras à entrada podem ser erguidas pelo domínio do conhecimento tecnológico e, sempre que possível, pela retenção dos principais talentos executivos.

ESTRATÉGIAS DEFENSIVAS

Embora em alguns mercados a agressividade competitiva possa ser baixa, facilitando a implementação de uma estratégia de manutenção, na maioria deles, sobretudo nos casos em que os ganhos potenciais para um atacante sejam altos, mais estratégias defensivas construtivas devem ser explicitamente perseguidas. Kotler e Singh (1981) sugerem seis estratégias básicas de manutenção (Figura 11.15).

Estratégias de fortificação e defesa de posição

A fortificação em um mercado envolve a construção de barreiras em torno de uma empresa e suas ofertas para bloquear a concorrência (Figura 11.16).

Nos negócios, uma posição é defendida erguendo-se barreiras à imitação e/ou entrada. Isso se atinge com mais eficácia pela diferenciação das ofertas de uma empresa em relação às dos concorrentes reais ou potenciais. Quando se pode gerar a diferenciação em bases inimitáveis (por

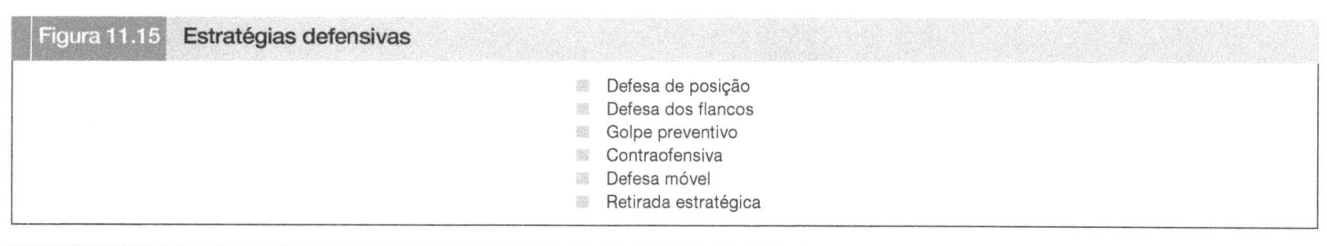

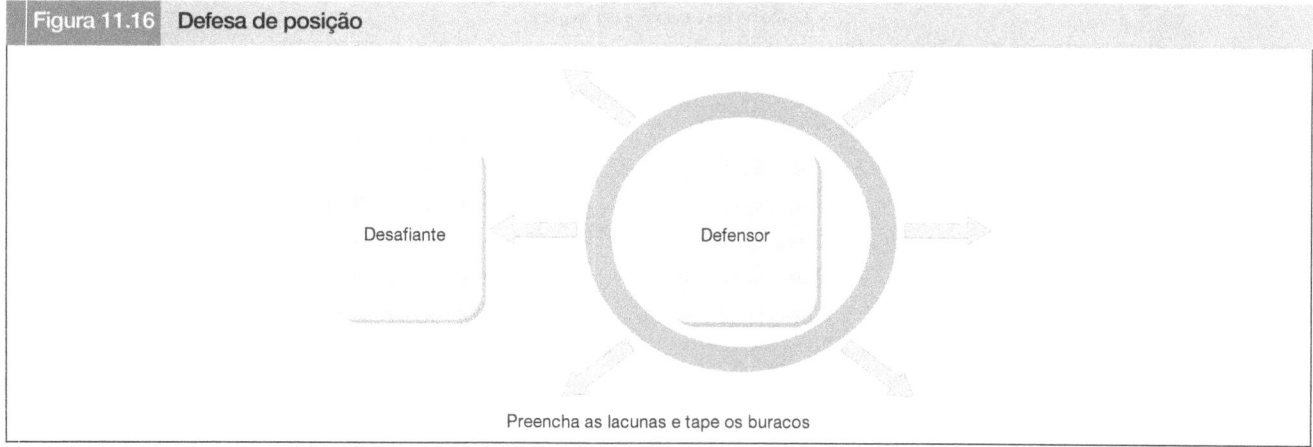

Figura 11.15	Estratégias defensivas
	Defesa de posição
	Defesa dos flancos
	Golpe preventivo
	Contraofensiva
	Defesa móvel
	Retirada estratégica

Figura 11.16	Defesa de posição

Desafiante → Defensor

Preencha as lacunas e tape os buracos

exemplo, usando as habilidades, as competências e os ativos de marketing distintivos da empresa) e que sejam valiosas para os consumidores, os agressores encontrarão mais dificuldade em sobrepujar a posição defendida.

Para líderes de mercado estabelecidos, o nome e a reputação de uma marca são frequentemente usados como o principal meio de manter uma posição. Além disso, a manutenção de uma qualidade superior, uma melhor entrega e nível de serviço, melhores (mais atrativas ou agressivas) promoções e preços mais baixos com base em vantagem de custo podem servir para fortalecer a posição mantida contra um ataque frontal.

Uma defesa de fortificação também pode envolver o preenchimento de lacunas como prevenção para combater ataques da concorrência.

Defesa dos flancos

Esse tipo de defesa é uma réplica adequada a um ataque pelos flancos. Sob a estratégia de ataque (como já vimos), o agressor procura concentrar forças contra os pontos fracos do defensor, em geral usando o elemento surpresa para obter a supremacia (Figura 11.17).

Uma defesa dos flancos requer que uma empresa fortaleça suas deficiências, sem produzir qualquer outro alvo mais fraco ou vulnerável. Ela requer a previsão da estratégia do concorrente e suas prováveis posições de ataque. No marketing de alimentos, por exemplo, várias indústrias de produtos de marca, diante da crescente ameaça das marcas próprias do varejista ou genéricas, fecharam contratos para fornecerem eles mesmos produtos de marca própria em vez de permitirem a entrada de novos concorrentes em seus mercados.

As maiores preocupações ao se adotar uma estratégia de flanco são, primeiro, se as novas posições adotadas por motivos defensivos debilitam de modo significativo as posições principais, centrais. No caso das marcas próprias dos varejistas, por exemplo, cooperar ativamente pode aumentar a tendência à marca própria e acarretar a eventual morte da marca. Por consequência, muitas indústrias de marca que são líderes de mercado não fornecerão marca própria e contarão com a força de suas marcas para vencer a competição (efetivamente uma defesa de posição ou fortificação).

A segunda preocupação é se a nova posição é realmente sustentável. Quando ela não for baseada em forças ou ativos de marketing de uma empresa, poderá ser menos defensável do que posições anteriormente ocupadas.

Golpe preventivo

Um golpe preventivo envolve atacar o agressor em potencial antes que ele prepare seu ataque (Figura 11.18).

Esse tipo de defesa pode envolver um ataque real à concorrência (como no caso de uma interferência na atividade de marketing de teste de um concorrente)

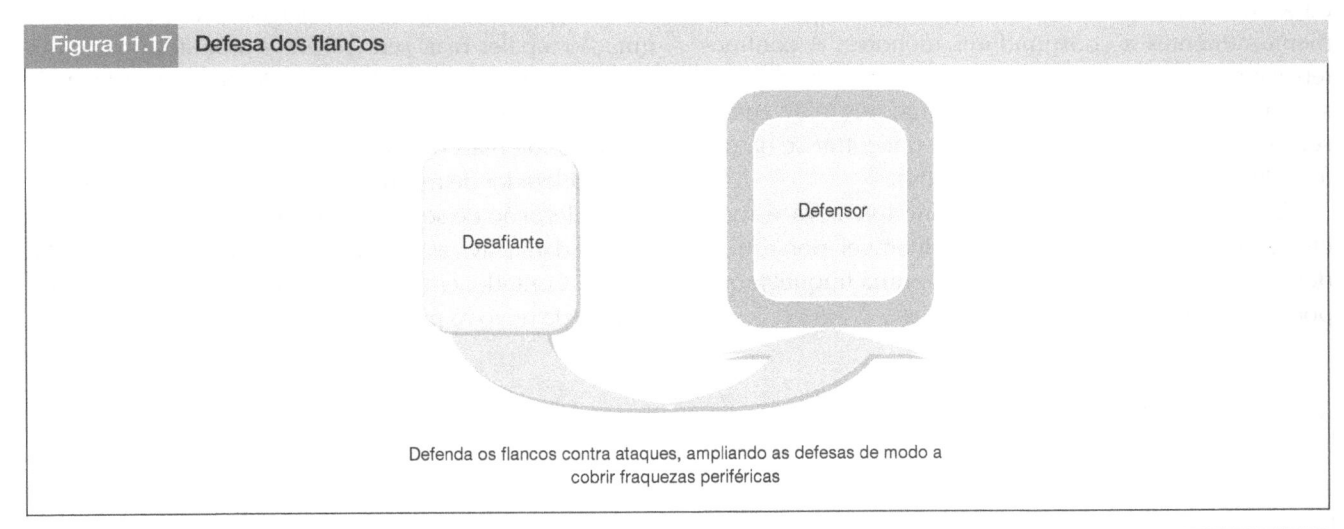

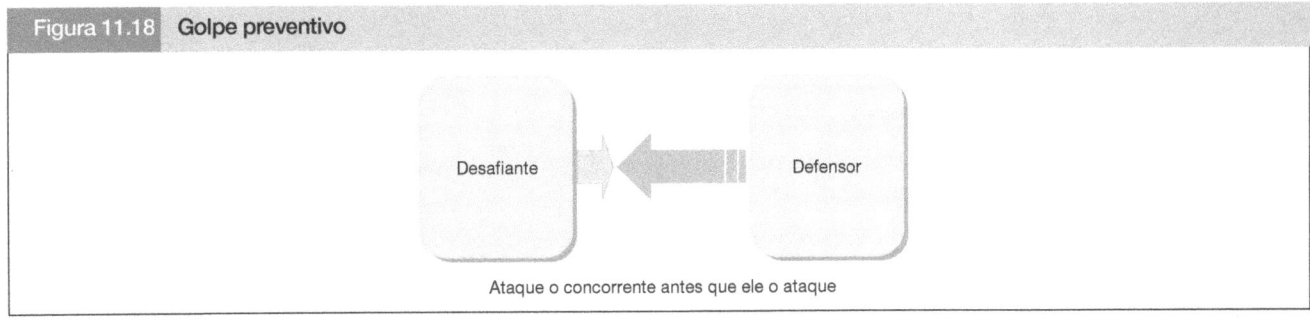

Figura 11.17 Defesa dos flancos

Defenda os flancos contra ataques, ampliando as defesas de modo a cobrir fraquezas periféricas

Figura 11.18 Golpe preventivo

Ataque o concorrente antes que ele o ataque

ou um mero sinal da intenção de lutar em uma determinada linha de frente e de comprometer os recursos necessários para se defender contra agressões.

Sun Tzu (Khoo, 1992) sintetizou a filosofia por trás do golpe preventivo como: "A suprema arte da guerra é subjugar o inimigo sem lutar". Infelizmente nem sempre é possível dissuadir uma agressão. A segunda melhor opção é reagir rapidamente com uma contraofensiva, antes que o ataque ganhe impulso.

Contraofensiva

Embora a dissuasão a um ataque em potencial antes que ele ocorra possa ser a defesa ideal, um rápido contra-ataque para 'cortar o mal pela raiz' pode ser igualmente eficaz. A essência de uma contraofensiva é identificar os pontos vulneráveis do agressor e atacar ferozmente.

Quando a Xerox tentou ingressar no mercado de computadores *mainframe* confrontando diretamente o líder de mercado, a IBM lançou uma clássica contraofensiva no negócio principal da oponente (as copiadoras). As copiadoras de médio porte eram os principais geradores de caixa das operações da Xerox e estavam, realmente, gerando os fundos que permitiriam à empresa atacar no mercado de computadores *mainframe*. A reação da IBM foi uma limitada gama de copiadoras de baixo preço que concorriam com as de nível médio da Xerox, com opções de *leasing* que eram particularmente atraentes a consumidores menores. A contraofensiva surtiu efeito e fez com que a Xerox abandonasse o ataque no mercado de computadores (ela vendeu seus interesses à Honeywell) para concentrar-se na defesa de suas copiadoras (James, 1984).

A defesa por meio de uma contraofensiva é mais eficaz quando o agressor está vulnerável por esticar demais seus recursos. O resultado é uma fraqueza que pode ser explorada para fins de defesa.

Defesa móvel

A defesa móvel foi muito usada como estratégia militar nas décadas de 1980 e 1990. Ela implica criar uma 'capacidade de resposta flexível' que permita ao defensor mudar o território a ser defendido em resposta a ameaças e oportunidades ambientais ou competitivas (Figura 11.19).

Esse tipo de defesa é alcançado por meio da disposição de atualizar e aprimorar continuamente as ofertas da empresa ao mercado. Muito do sucesso do Persil no mercado britânico de sabão em pó deveu-se a sua busca constante em manter o produto alinhado com as mudanças nas exigências do consumidor. A marca, líder de mercado por quase meio século, passou por várias reformulações, acompanhando as mudanças e a evolução nos hábitos de lavar roupa. As reformulações para máquinas de lavar roupa com tampa superior, com abastecimento frontal, automáticas e, mais recentemente, lavagens com água mais fria asseguraram que a marca mantivesse uma boa situação em comparação com suas concorrentes.

É interessante, contudo, observar que o Persil foi longe demais por duas vezes em anos recentes: primeiro, quando foi modificado para uma fórmula 'biológica'. A maioria dos demais sabões em pó também tomou esse rumo para melhorar o poder de limpeza do produto. Entretanto, para uma significativa parcela da população, um produto biológico tinha uma desvantagem (ele podia causar irritação a peles mais sensíveis). Os protestos dos consumidores resultaram no relançamento do 'Persil Original'. Alguns anos depois, a empresa colocou no mercado uma versão ainda mais desastrosa do produto, o Persil Power com acelerador de magnésio. Inicialmente a Unilever negou a alegação de seu concorrente Procter & Gamble de que ele danificava as roupas em diversas condições de lavagem. Contudo, em questão de meses o 'Persil Original' voltava de novo às prateleiras.

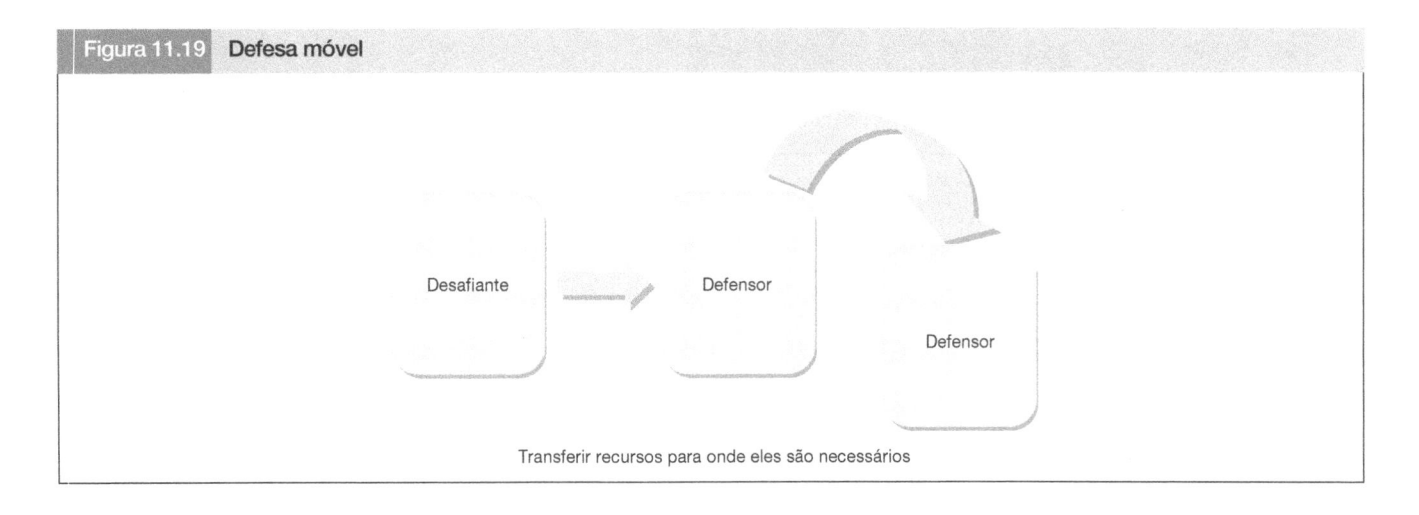

Figura 11.19 Defesa móvel

Transferir recursos para onde eles são necessários

A defesa móvel é uma arma estratégia essencial nos mercados em que a tecnologia e/ou os desejos e necessidades dos consumidores mudam rapidamente. Deixar de acompanhar essas mudanças pode resultar em abrir a empresa ao ataque pelos flancos ou por desvio.

Retirada estratégica

Uma defesa por retirada estratégica implica abandonar territórios insustentáveis para reduzir uma excessiva ampliação e permitir a concentração no negócio central a ser defendido contra um ataque (Figura 11.20).

Na década de 1980, em resposta tanto a pressões competitivas quanto a um cenário econômico adverso, a Tunnel Cement racionalizou operações. Sua capacidade reduziu-se à metade e a força de trabalho foi substancialmente cortada. As operações passaram então a ser concentradas em duas atividades centrais em que a empresa se especializara e que constituíam competências defensáveis: produtos químicos e tratamento de resíduos.

A retirada estratégica costuma ser necessária nos casos em que uma empresa se diversificou demais a partir de habilidades centrais e competências distintivas que lhe proporcionavam vantagem competitiva.

11.6.3 Estratégias de nicho de mercado

As estratégias de nicho de mercado, com foco em um limitado segmento do mercado total, fazem particular sentido para empresas de pequeno e médio porte que atuam em mercados dominados por operadores maiores. Elas são especialmente apropriadas quando há nichos distintos e lucrativos, porém mal atendidos, no mercado como um todo e quando uma empresa possui ou pode criar uma nova vantagem diferencial para preencher essa lacuna.

Os dois principais aspectos da estratégia de nicho são, em primeiro lugar, escolher os nichos, segmentos ou mercados em que se concentrar e, segundo, focar o esforço exclusivamente no atendimento a esses alvos (Figura 11.21).

ESCOLHENDO O CAMPO DE BATALHA

Uma característica importante das empresas atuantes em nichos é a habilidade de segmentar o mercado de modo criativo para identificar novos e potenciais nichos ainda não explorados pelos principais concorrentes. O campo de batalha, ou nicho de concentração, deve ser escolhido com base tanto na atratividade do mercado (ou nicho) quanto da força existente ou latente da empresa para atendê-lo.

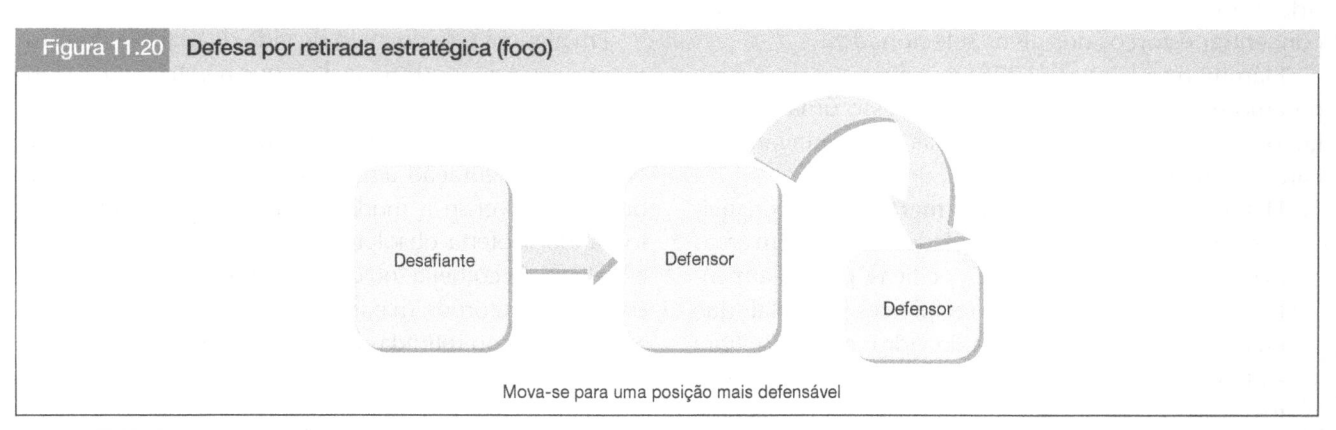

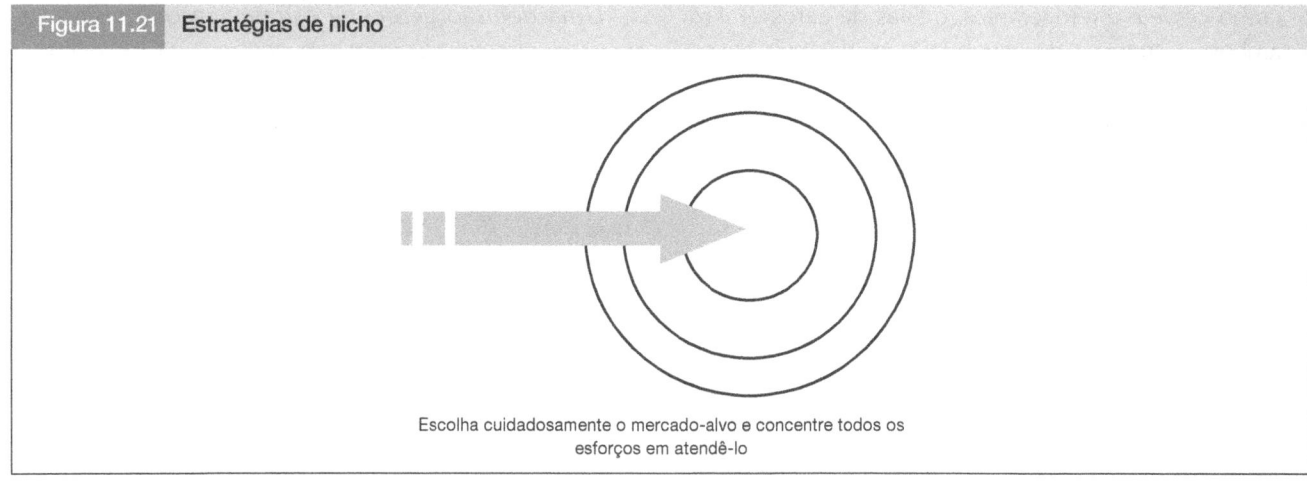

Figura 11.20 Defesa por retirada estratégica (foco)

Desafiante → Defensor

Defensor

Mova-se para uma posição mais defensável

Figura 11.21 Estratégias de nicho

Escolha cuidadosamente o mercado-alvo e concentre todos os esforços em atendê-lo

Para a empresa atuante em um nicho, o segundo aspecto costuma ser mais importante do que o primeiro. Por exemplo, as grandes montadoras de automóveis focaram suas atenções nos segmentos de grande escala do mercado automobilístico para tentar manter baixos custos por meio de volume de produção de peças e componentes padronizados e de economias de escala na linha de montagem.

Isso deixou muitos segmentos menores e personalizados do mercado abertos para empresas de nicho, contra as quais os grandes fabricantes não estavam preparados para competir. Em relação ao mercado automobilístico global, esses segmentos (como no caso de carros esportivos) seriam classificados como relativamente pouco atrativos, mas para um pequeno operador, como a Morgan Cars, com crescimento e metas de retorno modestos, eles oferecem um nicho ideal em que suas habilidades podem ser plenamente exploradas. O talão de pedidos da Morgan está cheio e o nível de segurança no emprego é alto, assim como o grau de satisfação no trabalho por fabricar um carro artesanal de alta qualidade.

Concentração dos esforços

A essência da estratégia de nicho é focar as atividades nos alvos selecionados e não permitir que a empresa busque cegamente qualquer cliente em potencial. Adotar uma estratégia de nicho requer disciplina para concentrar esforços nos alvos selecionados.

Hammermesh *et al.* (1978) examinaram uma série de empresas que adotaram com sucesso uma estratégia de nicho e concluíram que elas apresentavam três características principais:

1. **Habilidade para segmentar o mercado** com criatividade, concentrando suas atividades somente em áreas nas quais possuíam forças específicas, particularmente valorizadas. No setor de recipientes de metal (que enfrenta a concorrência dos de vidro, alumínio, fibra e plástico), a Crown Cork and Seal focou dois segmentos: latas de metal para produtos difíceis de segurar, como cerveja e refrigerantes, e latas de aerossol. Em ambos, a empresa desenvolveu consideráveis ativos de marketing com o uso especializado de tecnologia e atendimento superior ao cliente.
2. **Uso eficiente dos recursos de P&D.** Quando esses recursos são forçosamente mais limitados do que entre os maiores concorrentes, eles devem ser utilizados onde puderem ser mais eficazes. Isso geralmente implica concentrar-se não no trabalho pioneiro, mas em aprimoramentos de tecnologias já existentes que devem oferecer benefícios mais imediatos aos consumidores.
3. **Pensamento pequeno.** Adotar uma abordagem do gênero 'o pequeno é belo' para um negócio aumenta a ênfase em uma operação mais eficiente em detrimento da busca do crescimento a qualquer custo. A concentração de esforços nos mercados em que a empresa escolhe competir leva à especialização e a uma posição mais forte, defensável.

Mais de um quarto de século depois, essas três diretrizes para estratégias de nicho permanecem tão relevantes quanto sempre.

11.6.4 Estratégias de colheita

As estratégias de construção, fortificação e nicho são todas aplicáveis aos produtos e serviços de uma empresa que oferecem algum potencial futuro de crescimento ou geração de receita.

Em alguma fase do ciclo de vida da maioria dos produtos e serviços, pode ficar claro que não há futuro a longo prazo para eles. Isso pode ocorrer devido a grandes mudanças na demanda dos consumidores, que a oferta em sua configuração atual não consegue acompanhar, ou pode dever-se a mudanças tecnológicas que estão tornando a oferta obsoleta. Sob essas circunstâncias, a estratégia de colheita (ou de 'ordenha') pode ser adotada para obter retornos máximos do produto antes de seu eventual fim ou retirada do mercado (Figura 11.22).

Kotler (1997) define a colheita como:

Uma decisão gerencial estratégica que visa a reduzir o investimento em um negócio na expectativa

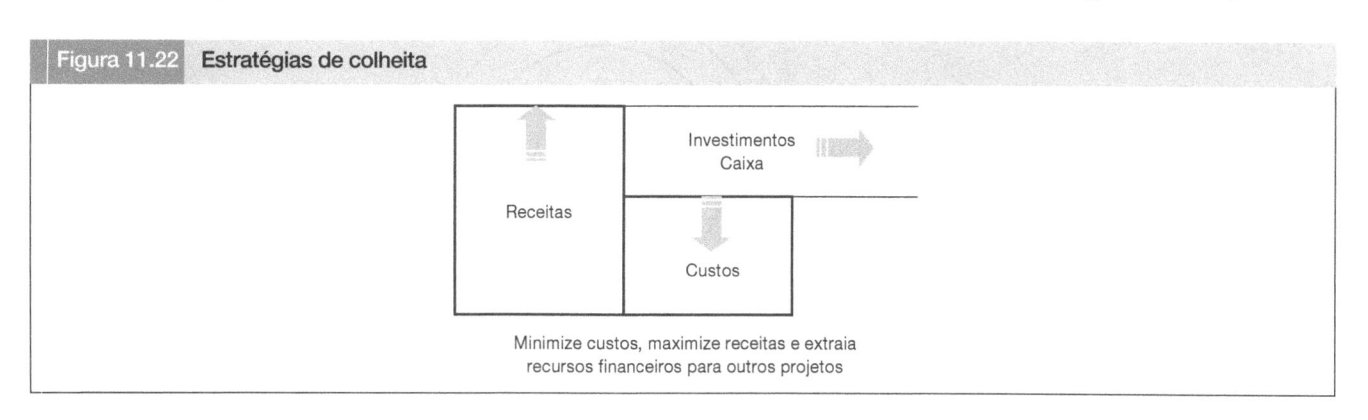

Figura 11.22 Estratégias de colheita

Receitas → Investimentos Caixa → Custos

Minimize custos, maximize receitas e extraia recursos financeiros para outros projetos

de cortar custos e/ou melhorar o fluxo de caixa. A empresa prevê o declínio em volume de vendas e/ou participação de mercado, mas espera que a receita perdida seja mais do que compensada pela redução nos custos. A gerência observa as vendas caírem até um nível mínimo de demanda. O negócio será abandonado se não houver como lucrar nesse nível mínimo de demanda ou se os recursos organizacionais puderem gerar maior renda com a transferência para outros projetos.

Os negócios ou produtos candidatos à colheita devem ser aqueles que estejam gerando prejuízo financeiro, apesar dos recursos gerenciais e financeiros investidos neles, ou aqueles que estão prestes a tornar-se obsoletos devido à inovação da empresa ou de seus concorrentes.

Implementar uma estratégia de colheita pede a redução da atividade de marketing a um nível mínimo para cortar gastos com publicidade, suporte a vendas e P&D adicional. É comum haver uma reorganização da linha de produtos para reduzir a produção e outros custos diretos. Além disso, os preços podem ser um pouco aumentados para melhorar as margens por antecipação a uma queda em volume.

11.6.5 Desinvestimento/retirada

Quando uma empresa decide que uma política de colheita não é possível, como no caso em que, apesar de todo esforço, o negócio ou produto continua a perder dinheiro, a atenção deve voltar-se ao desinvestimento no negócio ou à retirada do produto do portfólio da empresa (Figura 11.23).

O desinvestimento — ou a decisão de deixar um mercado ou negócio em particular — nunca é facilmente aceito por uma empresa. É crucial, ao avaliar a desativação de um negócio ou produto em particular, questionar seu papel no portfólio geral da empresa.

Uma empresa atuante tanto nos mercados de consumo quanto nos industriais examinou seu portfólio de negócios e constatou que suas operações industriais estavam, na melhor das hipóteses, atingindo o ponto de equilíbrio, dependendo da forma de alocação dos custos. Entretanto, uma análise mais profunda demonstrou que a operação industrial era um estímulo crucial para desenvolvimentos tecnológicos que também eram explorados nos mercados de consumo atendidos. As significativas demandas técnicas imediatas dos clientes industriais da empresa atuavam como incentivo para o departamento de P&D aprimorar as tecnologias básicas aplicadas. Estas haviam alimentado o lado de consumo do negócio e resultado na força atual da empresa nesses mercados. Sem as operações industriais, duvidava-se que ela tivesse tanto sucesso nos mercados de consumo. É evidente, neste caso, que as operações industriais tinham um papel não econômico a desempenhar e que o desinvestimento sob uma justificativa meramente econômica poderia ter sido desastroso.

Uma vez tomada a decisão de desinvestimento, após a devida avaliação de todas as implicações aos demais negócios da empresa, a implementação envolve a retirada do mercado da forma mais rápida e menos custosa possível.

11.6.6 Aliando habilidades gerenciais a tarefas estratégicas

As opções estratégicas que acabamos de apresentar exigem habilidades gerenciais bastante distintas para sua execução. Supõe-se que um gerente capacitado a fortalecer o posicionamento de um novo produto deva ter competências diferentes das de outro profissional habilitado a obter resultado de um produto maduro. Wissema et al. (1980) sugeriram os seguintes perfis de gerente para cada estratégia.

PIONEIROS E CONQUISTADORES PARA AS ESTRATÉGIAS DE CONSTRUÇÃO

O pioneiro é particularmente adequado a um novo produto genuinamente inovador que esteja tentando

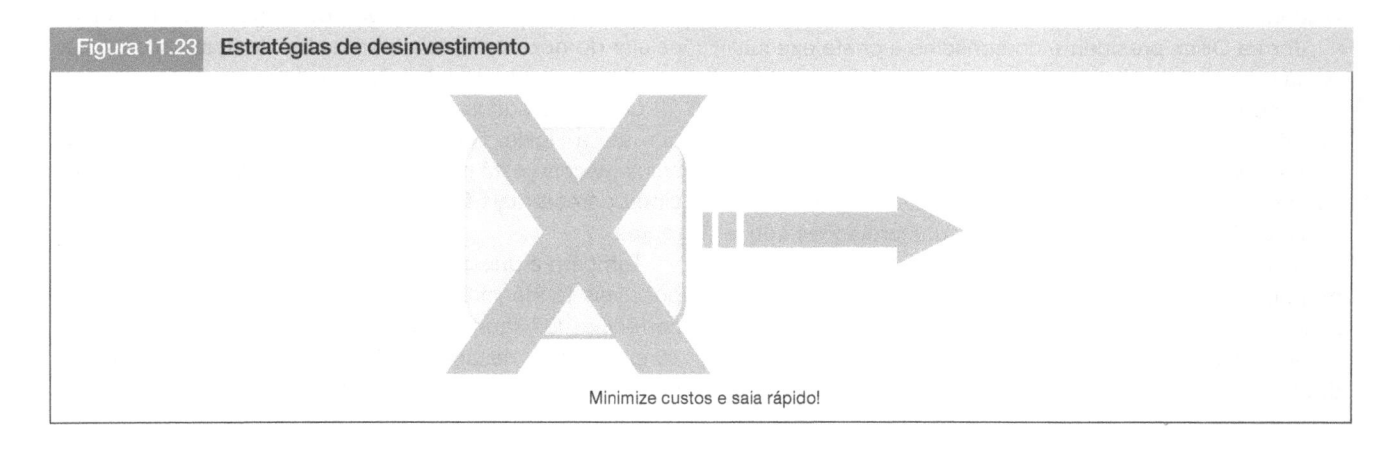

Figura 11.23 Estratégias de desinvestimento

Minimize custos e saia rápido!

revolucionar seus mercados de atuação. Trata-se de alguém que pensa de modo divergente e é flexível, criativo e provavelmente hiperativo. Muitos empreendedores, como Jeff Bezos da Amazon.com e James Dyson do aspirador de pó revolucionário, pertenceriam a essa categoria.

Por outro lado, um conquistador se ajustaria melhor ao desenvolvimento de um mercado estabelecido. Suas principais características são uma abordagem criativa, porém estruturada, uma habilidade sistemática de formar equipes e a capacidade de elaborar uma estratégia coerente e racional em um cenário de concorrência potencialmente acirrada.

ADMINISTRADORES PARA MANUTENÇÃO DE POSIÇÃO

O administrador é estável, bom em tarefas rotineiras e provavelmente um conformista introvertido. Esses traços são particularmente bem adequados à tarefa de fortificar/manter uma posição. O administrador mantém o pulso firme no leme da empresa.

CRIADORES COM FOCO PARA NICHOS

Esse gerente assemelha-se de muitas maneiras ao conquistador, mas requer, sobretudo inicialmente, um talento mais criativo para identificar a área de foco. Uma vez definida essa área, porém, uma abordagem altamente focada é necessária, ignorando-se qualquer outra fonte de distração.

ECONOMIZADORES PARA DESINVESTIMENTO

Um negociador diplomático (receptor ou o homem da machadinha!) é requisitado para livrar a empresa de negócios não lucrativos, geralmente preparado para enfrentar oposição interna.

RESUMO

Embora dois métodos de posicionamento competitivo tenham sido discutidos, deve ficar claro que a prioridade em marketing consiste em decidir o foco das operações: para o setor inteiro ou específico em segmentos-alvo de mercado. A criação de uma vantagem competitiva na área de foco selecionada pode ser alcançada por liderança em custo ou diferenciação. Para desenvolver uma posição forte e sustentável no mercado, a primeira preocupação deve ser a de diferenciar as ofertas de uma empresa daquelas da concorrência com base em alguma medida no valor atribuído pelos consumidores. A segunda questão deve ser a de atingir isso com o menor custo possível de entrega.

Diversas estratégias podem ser adotadas, uma vez estabelecidos os objetivos gerais de um negócio. Elas podem ser resumidas em cinco tipos principais: de construção, de manutenção, de colheita, de nicho e de desinvestimento. Para implementar cada uma delas, são necessárias habilidades gerenciais distintas. Uma importante atribuição da alta gerência é assegurar que os profissionais alocados para cada tarefa tenham as competências e características necessárias.

Nokia — Estudo de caso

A Nokia é uma empresa que demonstrou um senso de oportunidade extraordinário na última década, mas o otimismo que expressou em dezembro passado sobre as perspectivas da indústria de telefonia celular parece ter sido uma de suas apostas menos bem-sucedidas.

Jorma Ollila, presidente do conselho e chefe executivo da empresa, fez uma apresentação otimista para analistas ao declarar que, "no mundo da telefonia móvel, o melhor ainda está por vir".

Ele pode estar certo a longo prazo, mas, pelo menos a curto prazo, a previsão passou longe da verdade.

A Nokia viu-se forçada a cortar suas projeções sobre o crescimento mundial de aparelhos de telefone e seu próprio crescimento de vendas pelo menos três vezes neste ano.

A última vez foi no mês passado, quando o grupo reduziu suas previsões de lucros e vendas e sugeriu que a desaceleração corrente do setor continuaria no segundo semestre.

Com isso, o preço de suas ações caiu 20% em um único dia. Segundo analistas do setor, a credibilidade da empresa foi afetada porque ela costumava ser bem mais otimista sobre as perspectivas do negócio de telefonia celular do que os demais fabricantes de aparelhos ou as principais operadoras de telecomunicações.

O alerta preocupante sobre a queda nos lucros revela que até a Nokia, líder entre os fabricantes de telefones celulares, não está imune à crise a sua volta, mesmo que ainda pareça mais forte do que muitos de seus concorrentes.

Também é questionável sua capacidade de prever as possíveis tendências de mercado melhor do que a concorrência. Os fabricantes de telefones celulares foram atingidos pela desaceleração econômica que se iniciou nos Estados Unidos e se espalhou para outras partes do mundo, incluindo a Europa. Entretanto, também sofrem as consequências de claros sinais de saturação de mercado, com as vendas decorrentes da troca de aparelhos não se desenvolvendo tão bem quanto se esperava inicialmente.

Isso significa que o cenário de mercado mudou radicalmente. Se em dezembro passado a Nokia previa vendas mundiais de 550 milhões de aparelhos celulares para 2001, agora prevê vendas apenas modestamente mais altas do que os 405 milhões do ano passado. Para alguns analistas, na realidade os números serão ainda inferiores.

Seja como for, é bem provável que a receita dos fabricantes de telefones celulares seja inferior à do ano passado devido a uma queda no preço médio de venda dos aparelhos.

Trata-se de uma mudança brusca em um setor que praticamente deixara de se considerar cíclico. Em 1999, o setor cresceu 67% e, no ano passado, 42%. Segundo Per Lindberg, analista da Dresdner Kleinwort Wasserstein em Londres, "em 2001, a indústria de telefones celulares terá crescimento estagnado pela primeira vez em seus 20 anos de história".

Aparentemente a Nokia é o único fabricante de telefones em qualquer parte do mundo a ter lucro. Suas margens de cerca de 20% continuam sendo notavelmente saudáveis — como resultado das extraordinárias economias de escala da empresa decorrentes de sua posição de liderança e excelência logística.

Ela também se vale dos problemas enfrentados por seus concorrentes, tais como a sueca Ericsson e a norte-americana Motorola, para aumentar suas participações de mercado. A Nokia já detém cerca de 35% do mercado global de aparelhos celulares — quase o triplo da Motorola, sua principal concorrente — e busca chegar a algo em torno dos 40%.

No entanto, até onde ela pode chegar? Analistas sugerem que algumas operadoras já se sentem dependentes demais da Nokia, embora pouco possam fazer a respeito, uma vez que os aparelhos da Nokia são o que seus usuários finais — os consumidores — desejam.

Mas e esses usuários finais? Petri Korpineva, analista da finlandesa Evli Securities, afirma: "Se a Nokia continuar a se aproximar de uma participação de mercado de 50%, pode bem acontecer de seus consumidores quererem diferenciar-se não escolhendo a marca Nokia".

A empresa já parece dar-se conta de sua excessiva dependência do negócio de aparelhos de telefone, que respondem por aproximadamente 70% de suas vendas. Ela está fazendo um esforço significativo para aumentar as vendas de infraestrutura para telefonia móvel em um desafio implícito à Ericsson, líder mundial nesse mercado.

A Nokia estabeleceu uma meta agressiva de conquistar 35% de participação de mercado em W-CDMA, a terceira geração do padrão de telefonia móvel.

O grupo também busca o desenvolvimento de outras fontes de receita. Uma das que pode vir a prosperar é o Club Nokia, um clube virtual que permite aos proprietários de telefones Nokia baixarem jogos, toques e outros itens para seus aparelhos a partir da Internet.

Atualmente esse serviço é gratuito, mas a Nokia espera torná-lo uma fonte de receita, sobretudo quando a tecnologia 3G decolar. Essa iniciativa leva a empresa mais para o negócio de software, e os analistas advertem sobre os conflitos que isso pode causar com as operadoras de telefonia, que já se preocupam com a entrada da Nokia em seu território.

Muitos analistas creem que a Nokia terá dificuldade em manter suas margens a longo prazo, argumentando que os telefones celulares se tornarão uma *commodity*, assim como os computadores pessoais e outros produtos de alta tecnologia. A Nokia insiste que isso não ocorrerá, em parte porque as complexidades envolvidas em tornar os aparelhos cada vez mais sofisticados representam uma enorme barreira à entrada de novos concorrentes. No entanto, nem mesmo a Nokia refutaria a visão de que seu destino pode depender do desenvolvimento da Internet móvel.

Ainda é uma incógnita se a tecnologia 3G, cujo lançamento já foi postergado, vai decolar, visto que persistem as preocupações quanto à demanda de consumo e a questões técnicas como interoperabilidade. Segundo a Nokia, a inovação 3G chegará no final do próximo ano, com serviços intermediários de GRPS iniciando a transição para 3G já no final deste ano.

Se essa previsão estiver correta, a atual queda em crescimento de mercado pode realmente ser tão temporária quanto a Nokia espera.

Fonte: WATERS, Richard. "400 m Internet users. But how to reach them?". *The Financial Times*, 26 maio 2006.

Questões para discussão

1. O que fez com que a Nokia crescesse para assumir sua forte posição de mercado?
2. Quais são as vantagens e os riscos da participação de mercado da Nokia em relação a seus concorrentes?
3. Sugira estratégias para a Nokia que se baseiem em suas forças exclusivas. Sugira estratégias para os concorrentes da Nokia que ela teria dificuldade em superar.

Capítulo 12

Competindo com o novo composto de marketing

[Um executivo] é aquele que mistura ingredientes, que às vezes segue uma receita como ela é, outras vezes adapta a receita aos ingredientes mais à mão e algumas vezes experimenta ou inventa ingredientes que ninguém mais tentou.

(Culliton, J., 1948)

Ao elaborar um programa de marketing para atender às necessidades de sua empresa, o gerente de marketing deve pesar as forças comportamentais para depois combinar os elementos de marketing em seu composto com um olhar alerta nos recursos com os quais deve trabalhar.

(Borden, 1964)

INTRODUÇÃO

No início da década de 1960, um dos principais escritores norte-americanos sobre marketing, Neil Borden (1964), cunhou o termo 'composto de marketing' para denominar as principais atividades de uma empresa, que na época se pensava que contribuíam para o processo de marketing de seus produtos e serviços. Elas foram classificadas como os famosos '4 Ps' do marketing: produto, preço, promoção e praça (ponto de distribuição).

O pensamento corrente, estimulado pelo desenvolvimento do marketing de relacionamento (Capítulo 14), ampliou os 4 Ps de modo a incluir pessoas, processos e provas físicas. Além disso, na esteira do crescimento do setor de serviço em muitas economias desenvolvidas, uma nova 'lógica dominante' está surgindo no marketing (Vargo e Lusch, 2004; Lusch, Vargo e Malter, 2006), que tem como aspecto central a prestação de serviços, em vez da troca de bens. Com isso, incentivou-se o repensar dos tradicionais elementos do composto de marketing e sua relevância para o marketing no século XXI.

De importância significativa é a utilização crescente da Internet para fins de marketing. O advento desse instrumento fundamental de marketing tem impactado a gama de atividades do composto de marketing. Inicialmente vista sobretudo como uma ferramenta de marketing para alcançar clientes em potencial, é evidente que o impacto da Internet tem sido bem mais disseminado, afetando o comportamento de compra dos consumidores, a forma como eles coletam e usam as informações e também suas expectativas sobre o tipo e nível de serviço que devem receber. Não menos importante é o fato de a Internet ter resultado em novas formas de produto. O canal de venda de músicas i-Tunes, por exemplo, atualmente vende mais trilhas para download eletrônico do que seus grandes concorrentes em lojas físicas vendem CDs. Novos produtos 'baseados em bits', de download rápido e barato, estão afetando muitos mercados.

Neste capítulo, resumimos os principais ingredientes do novo composto de marketing e examinamos as mudanças ocasionadas pela tecnologia da Internet.

12.1 A OFERTA DE MERCADO

A maioria das ofertas de mercado é uma combinação de produtos físicos e tangíveis com serviços intangíveis (Capítulo 14). Para simplificar, aqui nos referimos ao 'produto' como o conjunto de elementos físicos, emocionais, tangíveis e intangíveis que compõem a oferta destinada ao mercado geral.

É importante sempre ter em mente que o produto é aquilo que ele faz pelos consumidores. As pessoas não compram produtos, mas aquilo que o produto pode fazer por elas.

12.1.1 Conceitos-chave de produtos/serviços

Uma boa definição de produto é a de soluções aos problemas dos consumidores ou meios de satisfazer suas necessidades. O guru do marketing norte-americano Philip Kotler (1997) corroborou isso ao afirmar que os consumidores não querem uma broca de um quarto de polegada — eles compram o buraco que a broca faz. Em outras palavras, os consumidores compram os benefícios que um produto lhes oferece, e não o produto em si.

Isso acarreta duas implicações importantes para o marketing. Primeiro, decorre daí que as percepções dos consumidores em relação a um produto — o que eles acham — podem ser tão importantes quanto a realidade objetiva (ou até mais). Se os consumidores acreditam que um produto lhes propicia um determinado benefício (por exemplo, a beleza prometida pelos cosméticos), muito provavelmente isso será o que os motivará à compra. Em segundo lugar, a maioria, senão a totalidade, dos produtos deve ter duração limitada; eles só existirão como soluções aos problemas dos consumidores até outra melhor surgir. Há evidências de que os ciclos de vida de produtos estão encurtando, com novas ofertas chegando ao mercado mais rapidamente do que no passado e os produtos existentes tornando-se obsoletos em ritmo mais acelerado. Esse fenômeno afeta o desenvolvimento de novos produtos (Capítulo 13).

12.1.2 Critérios de escolha de produtos/serviços

As razões que levam os consumidores a escolherem um produto em vez de outro podem ser simples ('é mais barato') ou bem mais complexas ('parece bom para mim'). Ao tentar entender os critérios de escolha, recomenda-se distinguir dois aspectos principais, o racional e explícito *versus* o emocional e implícito (Figura 12.1).

Quando questionados sobre suas decisões de compra em pesquisas de mercado, a maioria dos consumidores racionaliza suas escolhas. Articulam razões objetivas para suas ações, aquelas que consideram logicamente justificáveis. Incluem-se aí os benefícios práticos do produto, crenças sobre o custo-benefício, a disponibilidade do produto e, algumas vezes, o hábito. Trata-se de motivos que os consumidores podem alegar sem afetar a autoestima, demonstrando que estão no controle da situação de compra.

Entretanto, para muitos produtos, as razões emocionais podem desempenhar um papel importante ou até primordial. A compra de produtos de marca, por exemplo, pode ser inspirada na confiança por trás de uma marca bem conhecida e respeitada. O produto físico pode não ser melhor, uma comparação 'racional' pode não revelar nenhuma diferença, mas os consumidores pagarão mais pela segurança que a marca oferece. De modo análogo, produtos podem ser escolhidos porque se acredita que sejam adequados ao estilo de vida do consumidor ou que revelem algo sobre o comprador (por que mais alguém pagaria caro por um relógio, como um Rolex, quando uma opção barata pode oferecer com precisão o benefício racional, explícito de informar as horas?).

As pesquisas quantitativas convencionais revelam as motivações racionais e explícitas dos consumidores, enquanto pesquisas mais aprofundadas, qualitativas e geralmente baseadas em técnicas projetivas são necessárias para revelar as motivações emocionais e implícitas. Sabe-se que pesquisadores norte-americanos que buscavam entender por que muitas pessoas não viajavam de avião entre as grandes cidades, preferindo ir de carro, descobriram que as respostas dadas a

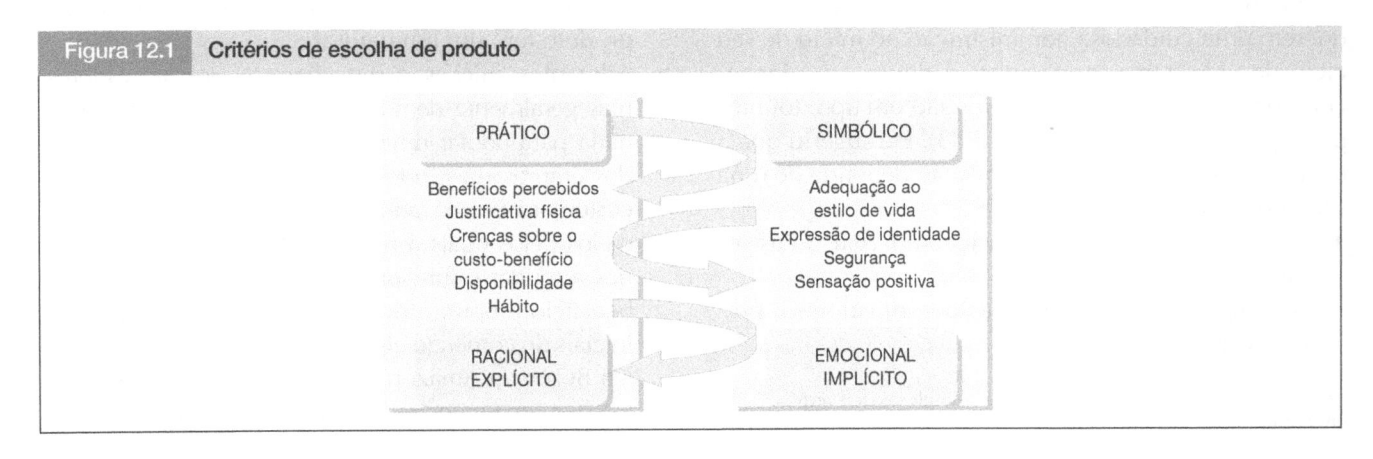

Figura 12.1 Critérios de escolha de produto

PRÁTICO

Benefícios percebidos
Justificativa física
Crenças sobre o custo-benefício
Disponibilidade
Hábito

RACIONAL
EXPLÍCITO

SIMBÓLICO

Adequação ao estilo de vida
Expressão de identidade
Segurança
Sensação positiva

EMOCIONAL
IMPLÍCITO

perguntas diretas eram racionais (custo da passagem aérea, maior conveniência da viagem de automóvel). Entretanto, quando técnicas projetivas foram aplicadas (perguntando aos entrevistados por que os outros não voavam com mais frequência), o medo de avião e as preocupações com a segurança vieram à tona.

A maioria das compras resulta de uma combinação entre o racional e o emocional. O equilíbrio entre ambos, porém, variará de modo significativo entre as marcas, e os profissionais de marketing têm a importante tarefa de compreender onde está o equilíbrio de sua própria oferta de mercado.

12.1.3 Diferenciação de produtos/ serviços

O ponto central de um marketing bem-sucedido é a diferenciação do produto — garantindo que a oferta total para o mercado seja distinta das ofertas da concorrência de um modo que seja valorizado pelo público-alvo. Isso foi discutido em detalhes no Capítulo 11.

Com a convergência da tecnologia industrial e a aplicação disseminada dos métodos de gestão da qualidade total (TQM, sigla para *total quality management*), é cada vez mais difícil para as empresas diferenciar seus produtos centrais. Na maioria dos mercados, hoje em dia a diferenciação foca o produto expandido (Capítulo 11) e em particular a personalização de acordo com as exigências de cada consumidor. No mercado automobilístico, por exemplo, a utilização de blocos modulares de estruturas, motores, painéis e opções de interior proporciona atualmente a oportunidade de novos compradores criarem carros quase exclusivos, atendendo de perto a suas demandas ou preferências. Na realidade, o objetivo do setor com o 3DayCar Programme* é encontrar meios de customizar o veículo conforme as preferências exatas do cliente e entregá-lo em três ou quatro dias após sua especificação e pedido.

12.1.4 Difusão da inovação

Novos produtos (aqueles novos para o mercado) requerem uma cuidadosa administração no início de seu ciclo de vida. Uma teoria sobre a difusão das inovações (das quais os produtos novos são um tipo) foi proposta por Rogers (1962) (Capítulo 3). Ele sugeriu que a taxa de difusão de qualquer inovação depende de uma série de fatores, dentre os quais:
- A relativa vantagem da inovação em relação às soluções já existentes.
- A compatibilidade da inovação com valores e normas vigentes.
- A falta de complexidade na utilização da inovação.
- A divisibilidade da inovação, facilitando uma experimentação de baixo risco.
- A comunicabilidade das vantagens da inovação (Capítulo 13 e Figura 13.3).

Ao analisar esses fatores com respeito à adoção da Internet e das ferramentas de comércio eletrônico, por exemplo, pode-se observar que algumas dessas técnicas provavelmente se disseminarão mais rapidamente do que outras.

Recentemente, Parasuraman e Colby (2001) introduziram o conceito de 'prontidão à tecnologia' como uma medida da predisposição dos consumidores em adotar novas tecnologias — com base em seus temores, esperanças, desejos e frustrações em relação à tecnologia. Eles identificaram cinco tipos de consumidor tecnológico:

1. **Exploradores** — altamente otimistas e inovadores.
2. **Pioneiros** — inovadores, porém cautelosos.
3. **Céticos** — necessitam que lhes sejam comprovados os benefícios.
4. **Paranoicos** — inseguros em relação aos avanços tecnológicos.
5. **Retardatários** — resistentes à tecnologia.

Rogers identificou cinco grupos de adoção, a saber: inovadores, adotantes iniciais, maioria inicial, maioria tardia e retardatários. Eles foram aprofundados por Moore (1991, 2004, 2006) ao tratar da adoção de produtos e serviços de alta tecnologia. Acrescentamos um sexto e último grupo, os acomodados (Figura 12.2).

- **Inovadores** são os primeiros a adotar uma nova tecnologia ou produto. De modo geral, são entusiastas da tecnologia, que adotam porque é nova e eles desejam estar atualizados e serem vistos como tal. Normalmente é o valor como novidade que leva à adoção. Muitas inovações fracassam por terem apelo tecnológico em vez de atenderem às reais necessidades dos consumidores e, quando seu valor como novidade se desgasta e tecnologias mais novas passam a ser adotadas pelos inovadores, o produto tem um fim natural.
- **Adotantes iniciais** assemelham-se aos inovadores, mas geralmente demonstram uma razão mais visionária para adotar uma nova tecnologia. Nos mercados empresariais, por exemplo, os adotantes iniciais costumam ver na adoção vantagens significativas e meios pelos quais a nova tecnologia pode capacitá-los a mudar o funcionamento de um mercado para benefício próprio e dos consumidores. Os adotantes iniciais do comércio eletrônico, por exemplo, incluem Jeff Bezos da Amazon.com, que viu na utilização da Internet uma maneira inteiramente nova de vender li-

---

* Projeto desenvolvido pelas universidades inglesas de Cardiff e Bath, em conjunto com a indústria automobilística inglesa. (N. do R.T.)

Figura 12.2 A difusão da inovação

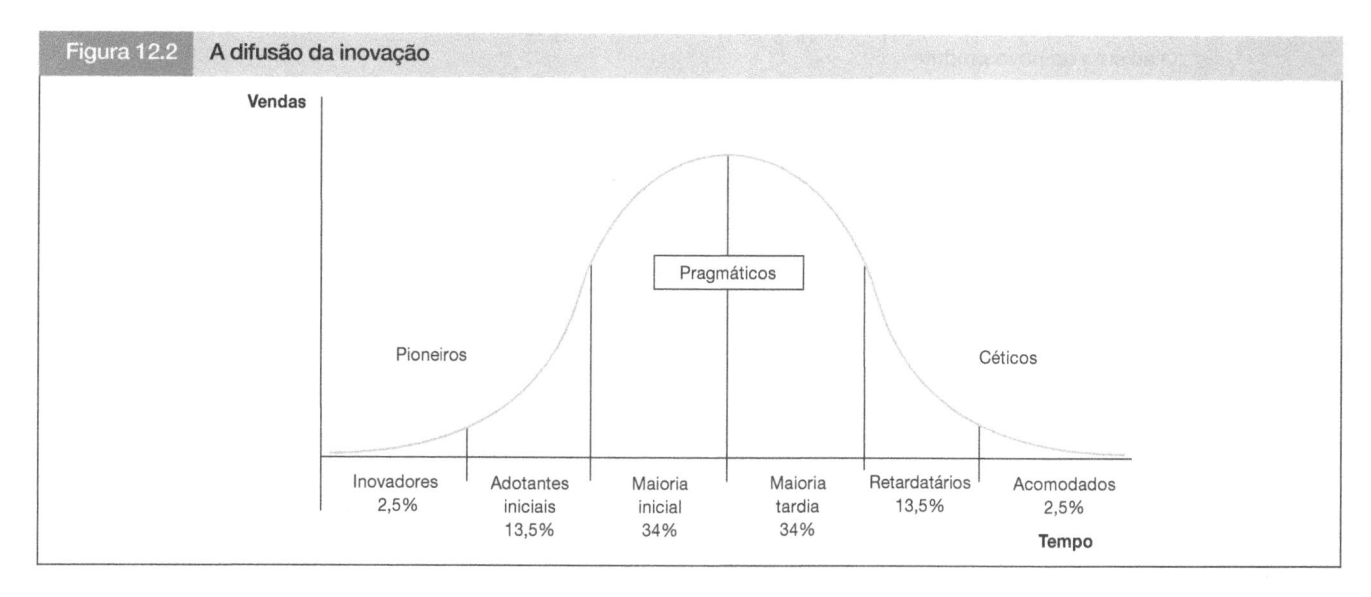

Eixo vertical: Vendas. Eixo horizontal: Tempo. Curva em forma de sino dividida em: Inovadores 2,5%; Adotantes iniciais 13,5%; Maioria inicial 34%; Maioria tardia 34%; Retardatários 13,5%; Acomodados 2,5%. Agrupamentos: Pioneiros, Pragmáticos, Céticos.

vros e outros produtos de valor agregado aos clientes. Uma visão como essa pode levar a um sucesso extraordinário, bem como a um fracasso retumbante.

- A **maioria inicial** abrange um grupo mais pragmático do que os adotantes iniciais. Caracterizam-se por serem menos propensos a ver formas de revolucionar seus mercados e mais propensos a enxergar possibilidades incrementais para a melhoria. Eles podem, por exemplo, tomar um determinado aspecto da cadeia de suprimentos, como compras, e usar as tecnologias da Internet para aprimorar a eficiência dessa atividade. De modo geral, a maioria inicial é movida pela eficiência, enquanto os adotantes iniciais veem oportunidades de melhorar a eficácia.
- A **maioria tardia** abrange adotantes considerados 'conservadores' (Moore, 1991), que grande parte das vezes entram em um mercado ou adotam uma tecnologia seguindo outros, por receio de ficar para trás. Mais relutantes à adoção do que a maioria inicial, e mais necessitados de suporte e direcionamento na utilização da nova tecnologia, esses adotantes costumam ficar mais confusos sobre como a tecnologia pode beneficiá-los e esperar até ela ser testada antes de adotá-la. No entanto, sabem que precisam adotá-la ou serão superados pela concorrência.
- **Retardatários** foram descritos como 'céticos' que realmente não enxergam o potencial da nova tecnologia e resistem ao máximo à adoção, mas podem acabar sendo forçados a isso porque todos ao redor, incluindo seus fornecedores, distribuidores e clientes, já o fizeram.
- Por fim, **acomodados** constituem os últimos a aderir a novas tecnologias, geralmente indo às últimas consequências para evitar a adoção. Em alguns casos, mudam a forma de atuação para se isolarem das inovações que se instalaram a seu redor e podem até se vangloriar da não adoção. Alguns contadores ainda preferem papel e caneta em lugar da planilha eletrônica! Algumas empresas jamais adotarão as tecnologias de comércio eletrônico e podem efetivamente estabelecer nichos viáveis, atendendo consumidores que pensam da mesma forma.

Moore (1991) argumentou que, na adoção de novos produtos de alta tecnologia, havia um abismo entre os adotantes iniciais e a maioria inicial. Ele se referia a isso como o abismo do novo produto, no qual muitos caem (Figura 12.3). Trata-se essencialmente da transição de uma tecnologia voltada a entusiastas e visionários para outra destinada aos pragmáticos. Enquanto o entusiasmo dos inovadores e adotantes iniciais em geral basta para levar uma inovação adiante, seu sucesso em última instância depende da habilidade de convencer os pragmáticos quanto à produtividade e às melhorias de processo resultantes.

12.1.5 Gerenciando o produto ao longo de seu ciclo de vida

O conceito de ciclo de vida do produto foi apresentado no Capítulo 3 (Figura 12.4). Considerando-se que as condições de mercado mudam ao longo do ciclo de vida, é importante que as estratégias de produtos e serviços acompanhem essas mudanças. Também se evidencia que diferentes grupos de adotantes (como descrevemos anteriormente) provavelmente formarão mercados-alvo centrais em diferentes fases do ciclo de vida do produto.

PRÉ-LANÇAMENTO

Na fase de pré-lançamento, antes que o produto seja disponibilizado no mercado, a principal ênfase da

Figura 12.3 O abismo do novo produto

Fonte: Baseado em Moore (1991), p. 17.

Figura 12.4 O ciclo de vida do produto

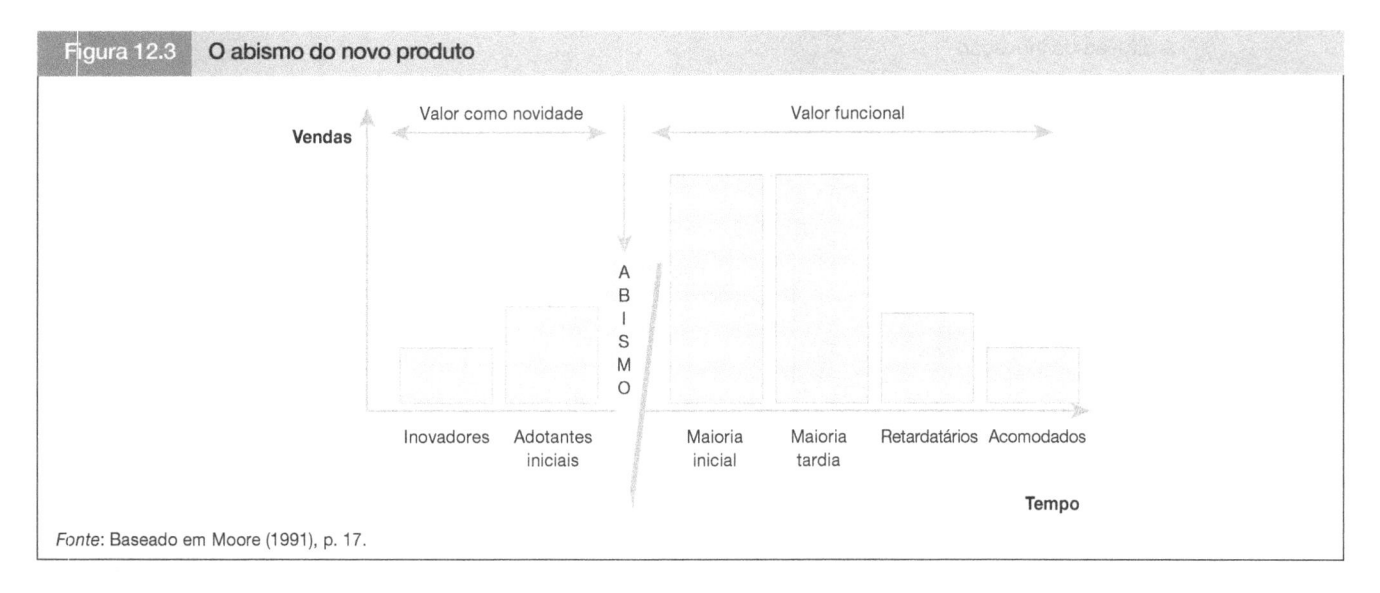

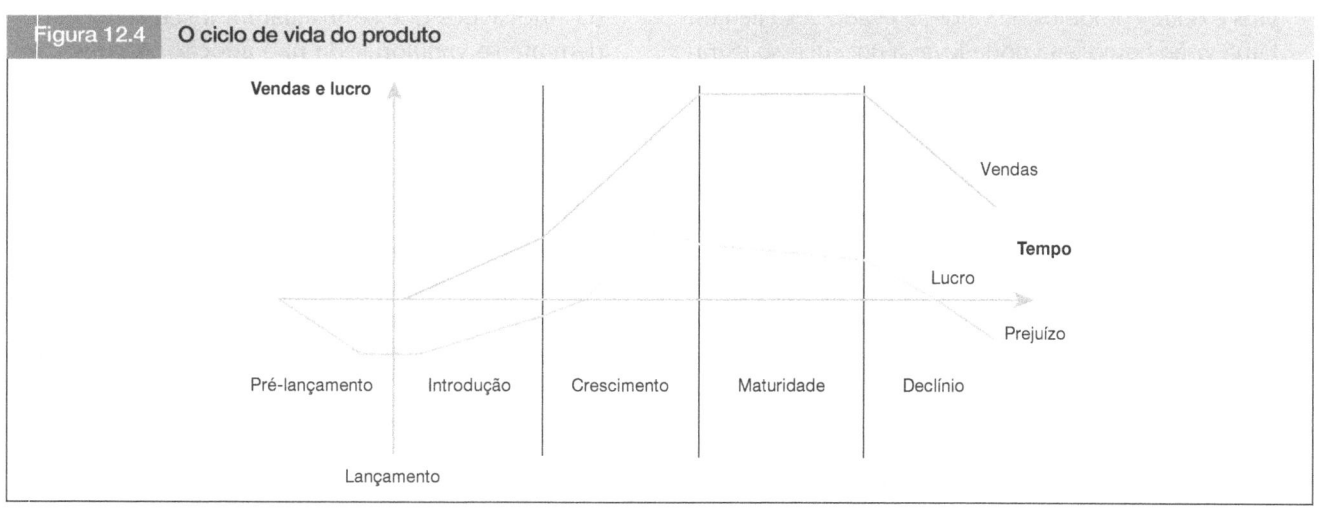

organização recairá sobre pesquisa e desenvolvimento, além do preparo da capacidade de produção para o lançamento. Altos níveis de gasto podem ser incorridos antes de quaisquer retornos advirem das receitas de vendas. Também é importante nessa fase que a pesquisa de mercado identifique os prováveis adotantes iniciais do produto (Capítulo 13) e desenvolva mensagens de vendas que demonstrem os benefícios da nova oferta em relação às soluções disponíveis para os problemas dos consumidores.

A pesquisa de mercado para produtos completamente novos pode ser bastante imprecisa. A pesquisa de mercado formal da Sony para o conceito do walkman revelou que havia pouca demanda potencial para um tocador de música móvel, mas o presidente da empresa, Akio Morita, seguiu adiante e criou um novo mercado atualmente dominado pelo iPod da Apple. A lição é que os consumidores podem não saber o que querem ou o que poderia lhes ser útil antes de ver do que se trata.

Lançamento

A fase de lançamento do ciclo de vida é a maior oportunidade para a organização alardear os benefícios do novo produto. De modo geral, isso se dará pela explanação aos consumidores sobre os novos benefícios em relação aos dos produtos que estão sendo utilizados para satisfazer suas necessidades.

Nessa fase, por definição, existe um produto no mercado, e a verdadeira tarefa é convencer potenciais consumidores (os inovadores identificados pela pesquisa de pré-lançamento) sobre o valor da nova oferta. O período de lançamento proporciona oportunidades valiosas de criar comunicação com o público-alvo enquanto o produto é uma novidade e atrai atenção da mídia. A atividade de relações públicas (RP) pode ser especialmente eficaz nessa fase, assim como a participação em feiras e convenções.

Os gastos podem ser muito altos durante o lançamento, e os retornos sob a forma de vendas ainda não foram efetivados. Deve ser necessário alocar orçamentos significativos para dar ao lançamento as melhores chances de sucesso. Exemplos clássicos incluem o lançamento de filmes ou modelos de automóveis, em que altos investimentos em propaganda, antes e no decorrer do lançamento, estimulam o interesse e geram demanda. O lançamento do iPhone da Apple em janeiro de 2007 recebeu ampla cobertura da mídia.

Introdução

A fase de introdução que se segue ao lançamento representa o momento em que o novo produto é digerido. Muitos novos produtos não passam desse estágio. Nele as vendas começam a decolar, mas os gastos de marketing permanecem elevados visando à consolidação do novo produto como uma alternativa superior a ofertas existentes.

É nessa fase que os concorrentes podem passar a ter mais interesse no novo produto, tentando medir se será um sucesso (e, portanto, apresentando oportunidades de cópia ou melhoria) ou um fracasso oneroso. À medida que o sucesso do novo produto parece mais certo, concorrentes começam a surgir no mercado pioneiro sob a forma de produtos ou melhorias do gênero 'eu também'. No ramo de música digital portátil, o pioneiro iPod foi logo seguido no mercado por produtos rivais da iRiver, Sony e Phillips, dentre outros.

Crescimento

A fase de crescimento no ciclo de vida do produto é geralmente considerada a mais interessante. A maioria dos gerentes de marca e marketing prefere atuar nos mercados em crescimento. Nesse estágio o produto torna-se rapidamente aceito no mercado, as vendas aumentam em ritmo acelerado e os retornos começam a superar os gastos. Outros fatos também acontecem nessa fase e afetam significativamente as estratégias de marketing. Primeiro, o sucesso e o crescimento podem atrair concorrentes ao mercado, sobretudo aqueles que adotaram uma atitude de 'ver para crer' durante o lançamento e a introdução. Após o mercado ter sido testado, os riscos são reduzidos e os potenciais retornos aparecem.

A entrada de novos concorrentes acarreta maior diferenciação do produto dentre as demais ofertas e, tradicionalmente, maior segmentação do mercado. A maioria inicial, o novo macroalvo, pode apresentar um perfil diversificado em relação à especificidade de seus desejos e necessidades, proporcionando maiores oportunidades para o desenvolvimento de microalvos. Os gastos continuam a ser altos para pesquisar oportunidades de mercado e de melhorias de produto, a segunda geração e assim por diante. No segmento de tocadores de MP3, por exemplo, no Natal de 2006 havia várias versões disponíveis do iPod (desde o Shuffle até o Nano e o Video). Para a Apple um problema começou a surgir quando os inovadores, primordialmente os compradores mais jovens e mais sintonizados com a moda, viram a geração de seus pais adquirindo os iPod Videos maiores, de 60GB. Em resposta, a Apple lançou versões coloridas do iPod Nano, com funcionalidades e revestimentos adicionais, para reter o público-alvo mais jovem.

É nessa fase que os retornos atingem seu pico e que o excedente de caixa pode ser direcionado ao desenvolvimento e lançamento de uma nova geração de produtos (*veja* seção sobre portfólio de produtos, no Capítulo 2).

Maturidade

Atinge-se a fase madura quando o crescimento desacelera e a maior parte do mercado (a maioria tardia) já fez sua adesão. Esse estágio caracteriza-se por uma competição particularmente feroz, uma vez que aqueles que entraram no mercado na fase de crescimento lutam por uma fatia do mercado em vez da expansão do mercado para melhorar seu desempenho. As guerras de preço são comuns, as margens de lucros são apertadas e os gastos em marketing e P&D passam a ser examinados com mais rigor. Os telefones celulares no Reino Unido ilustram bem esse ponto; seus preços despencaram em decorrência de um excesso de oferta que deixou os fabricantes com estoques encalhados.

Declínio

A fase de declínio e eventual fim vê as margens de lucro serem ainda mais apertadas à medida que a próxima geração de produtos chega ao mercado. A Figura 12.5 mostra as vendas de câmeras nos Estados Unidos. As câmeras tradicionais, com filme, atingiram o pico por volta do ano 2000, mas desde então entraram em acentuado declínio devido ao crescimento das versões digitais. De modo surpreendente, a queda no mercado de câmeras com filme foi ainda mais drástica em países como a China. Essa mudança foi estimulada por avanços tecnológicos (Figura 12.6), e a queda vertiginosa no custo da maior definição das fotos digitais (medida pelo número de pixels) permitiu que a qualidade delas rapidamente superasse a dos filmes.

Figura 12.5 — Vendas de câmeras amadoras nos Estados Unidos

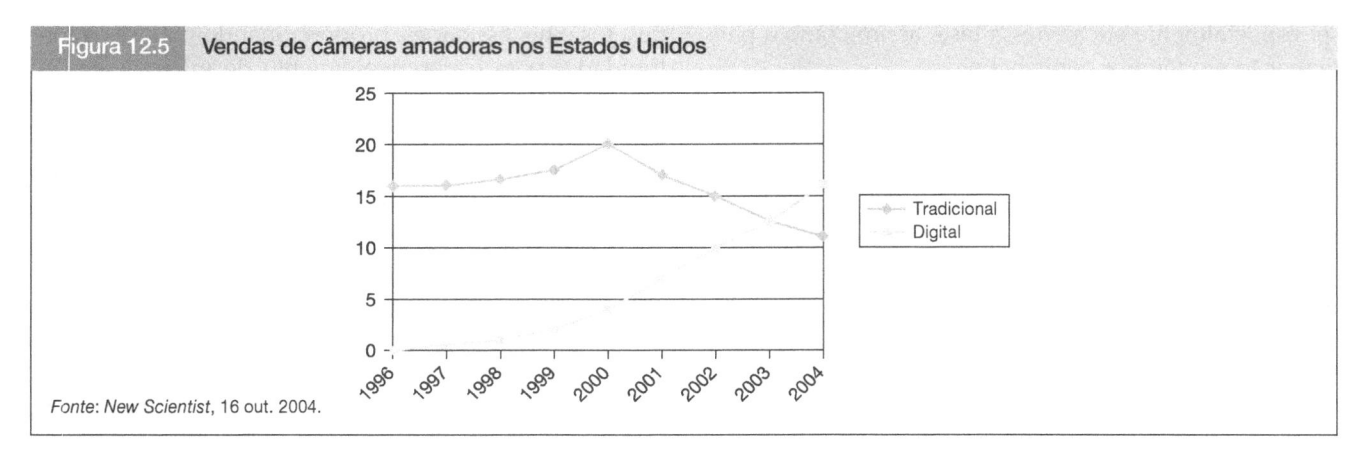

Fonte: *New Scientist*, 16 out. 2004.

Figura 12.6 — Mercado de câmeras amadoras nos Estados Unidos

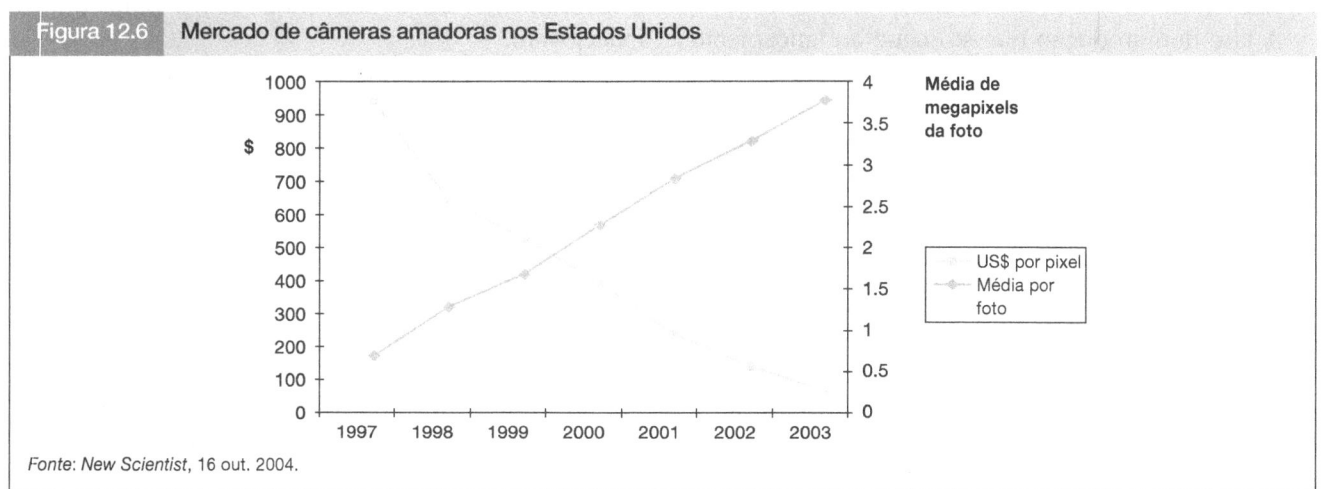

Fonte: *New Scientist*, 16 out. 2004.

PONTOS DE MUDANÇA

As fases do ciclo de vida do produto são sabidamente difíceis de prever, e as transições entre elas são especialmente difíceis de identificar (Figura 12.7). Primeiro, há a transição da fase introdutória para a de crescimento, em que o risco inicial está sendo superado à medida que o mercado decola. Segundo, há a transição do crescimento para a maturidade. Aqui o risco evidente é se deparar com excesso de capacidade ou altos níveis de estoque de produtos difíceis de desovar (como ocorreu com o excedente de oferta de telefones celulares quando o mercado se tornou maduro no início da década de 2000). Essa é outra razão pela qual a fase madura é tão competitiva — com frequência as empresas têm excesso de capacidade e estoque disponível que precisam movimentar. Por fim, a transição da

Figura 12.7 — O ciclo de vida do produto

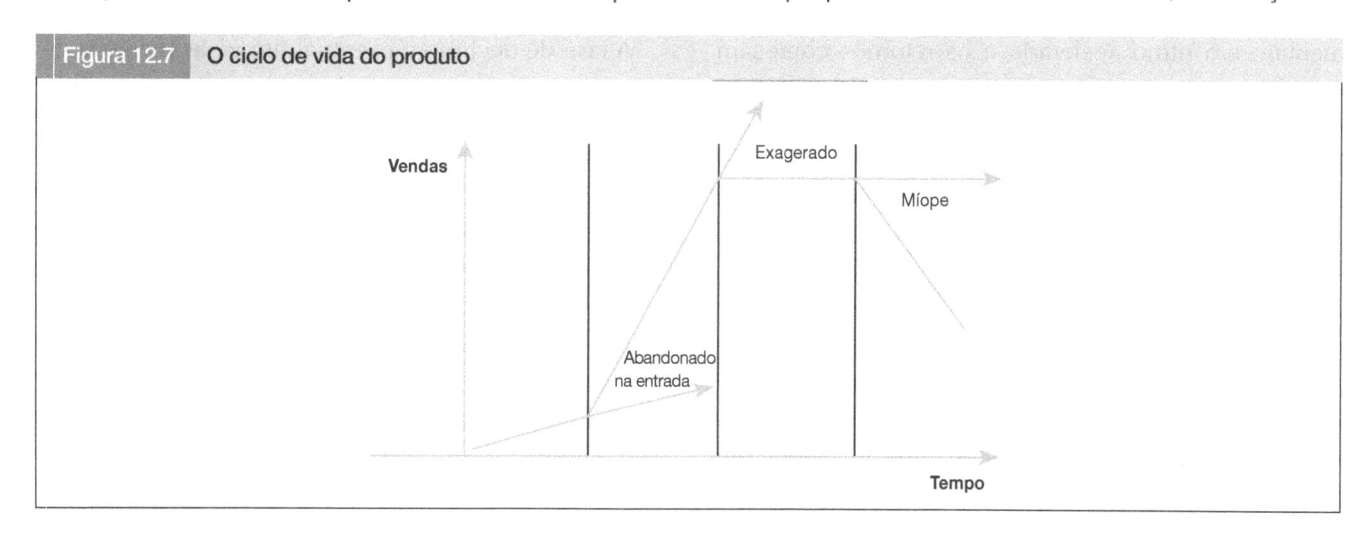

maturidade estável para o declínio pode deixar algumas empresas presas à antiga tecnologia e incapazes de adotar a nova.

O conceito de ciclo de vida do produto também foi criticado por estimular uma visão afunilada nos profissionais de marketing (Moon, 2005). Moon sugeriu que os gerentes que se tornam escravos do ciclo de vida do produto enxergam somente um avanço inexorável ao longo da curva e, por olharem sob a mesma perspectiva, todos adotam posicionamentos semelhantes para produtos e serviços em cada fase. Para combater essa convergência de estratégias, Moon sugere três alternativas de estratégias de posicionamento visando à libertação do ciclo de vida: posicionamento reverso, posicionamento por ruptura e posicionamento furtivo.

- **Posicionamento reverso** envolve desmembrar o produto ampliado até chegar a seu benefício central para depois buscar novas formas de diferenciação. Essa estratégia pressupõe que, na tentativa de ampliar seus produtos centrais, as empresas podem ter acrescentado tantas características adicionais que elas se tornam a regra, e não a exceção que diferencia. O exemplo da pasta de dente ilustra o produto central que foi ampliado com branqueador, flúor, preventivo à formação de placas, refrescante para o hálito etc., até o ponto em que tudo isso se encontra atualmente nas marcas líderes e não mais servem como atributos de diferenciação. A Ikea adotou essa abordagem em suas bem-sucedidas lojas de móveis de fácil montagem. Em vez de adotar a estratégia de outros varejistas do ramo, com enormes linhas de produtos, estoques variados, operações com alta pressão de vendas e aparentemente permanentes 'liquidações' e 'ofertas promocionais', a Ikea oferece lojas com playground para crianças, restaurantes escandinavos, equipe de vendas sem grande pressão, pouco atendimento ou serviços nas lojas, retirada no local (em lugar de entrega semanas ou meses após o pedido) e instalação pelo próprio cliente.
- **Posicionamento por ruptura** constitui o caso em que um produto é deliberadamente movido de uma categoria para outra. A categoria ocupada por um produto é determinada pela percepção dos consumidores em relação a ele — os produtos concorrentes aos quais ele é associado, as mensagens divulgadas para promovê-lo, o preço cobrado, os canais pelos quais é distribuído — em suma, todo o composto de marketing empregado. Na troca de categoria, os produtos podem ganhar um novo sopro de vida para além do ciclo de vida existente. A Swatch é um exemplo de posicionamento por ruptura. Antes de seu lançamento em 1983, os relógios suíços eram vendidos como joias, e a maioria dos consumidores raramente comprava mais de um modelo. A Swatch mudou essa mentalidade ao definir seus relógios como acessórios de moda divertidos, efêmeros, de preço acessível e vistosos. A compra por impulso foi estimulada, e era comum os clientes comprarem vários relógios para combinar com diferentes trajes.
- **Posicionamento furtivo** envolve a troca de categoria de um produto de modo discreto, em vez de explícito como praticado na modalidade por ruptura. Essa tática pode ser apropriada nos casos em que há preconceito por um produto ou empresa que precisa ser superado. Moon salienta que isso não é a mesma coisa que iludir e que o tiro pode sair pela culatra se os consumidores acharem que estão sendo enganados ou trapaceados. A Sony tem obtido muito sucesso no mercado de consoles para videogames com seu produto PlayStation, mas sua penetração de mercado tem sido limitada por uma base restrita de consumidores — principalmente do sexo masculino, no final da adolescência e entrando na faixa dos 20 anos. A empresa deseja ampliar sua plataforma para entretenimento em casa e comunicações, contudo constatou que o formato do PlayStation não atraía além do foco de consumo restrito. Em resposta, em julho de 2003, lançou um produto PlayStation na Europa chamado Eye Toy: Play. Ele incluía uma câmera de vídeo (Eye Toy) e um software de jogo (Play) que se acoplava ao console PlayStation 2, mas permitia que o usuário fizesse parte do jogo, aparecendo na televisão e interagindo com objetos na tela ao mover o corpo, em vez de ao usar controles manuais. O produto vendeu 2,5 milhões de unidades nos primeiros sete meses, envolvendo crucialmente um mercado-alvo muito amplo, que abrangia pais e até avós (Moon, 2005).

12.1.6 O impacto da Internet na comercialização de produtos

Com o advento do marketing pela Internet, dois tipos de produto ficaram evidentes: os 'com base em átomos' e os 'com base em bits'.

Os produtos com base em átomos são ofertas físicas que possuem presença e forma distintas para o consumidor. Embora sejam promovidos pela Internet, necessitam ser fisicamente enviados ao consumidor, estão sujeitos a devoluções quando não atendem às especificações e podem ser revendidos por quem os compra. Exemplos característicos são livros e vídeos (Amazon.com), roupas e utensílios. Para o consumidor, o produto, no final das contas, é o mesmo que aquele comprado em uma loja física, mas a experiência de compra pode ser intensificada por meio de serviços adicionais, conveniência e preço baixo disponíveis pela Internet. Para os varejistas, a logística da entrega representa desafios significativos.

Por outro lado, os produtos com base em bits não têm presença física e podem ser representados como dados digitais sob a forma eletrônica. Caracterizam-se por não ser retornáveis, mas não requerem remessa e podem ser transferidos on-line. Incluem música, notícias, serviços de informação, filmes e programas de TV. Esses produtos adequam-se idealmente ao marketing pela Internet, visto que toda a cadeia de suprimento, desde a aquisição até a entrega, passando por vendas e marketing, pode ser realizada eletronicamente. Essa sinergia fundamentou a lógica para a fusão global em 2000 da AOL (um dos maiores provedores de serviços de Internet) com a Time Warner (um conglomerado de entretenimento e notícias) como base para a provisão on-line de produtos avançados de informação e entretenimento (embora a integração das duas culturas de negócios tenha se revelado problemática).

Tanto para os produtos com base em átomos quanto para os com base em bits que são vendidos pela Internet, o poder do consumidor é significativamente maior do que nas compras de fornecedores físicos. Em suma, a informação disponível para o comprador é muito maior, permitindo uma busca mais ampla de ofertas concorrentes, recomendações on-line e comparações de preços. O consumidor on-line pode decidir, a um clique do mouse, comprar ou descartar as ofertas de uma empresa, ao passo que em uma situação face a face um vendedor pode contar mais com as técnicas de venda pessoal e com a persuasão. Para que as ofertas sejam escolhidas de modo consistente entre tantas concorrentes, elas necessitam proporcionar maior valor aos consumidores por meio de preços mais baixos, maior conveniência, características valorizadas adicionais, velocidade e o que mais for. Portanto, o fator impulsionador do marketing com base na Web consiste em, cada vez mais, voltar-se para o produto ampliado na busca pela diferenciação (Capítulo 14).

A Internet também facilitou o marketing integrado entre produtos com base em bits e em átomos. Em dezembro de 2001, a New Line Cinema lançou o épico *O Senhor dos anéis: a sociedade do anel* baseado nos *best-sellers* de J. R. R. Tolkien. Mais de 100 milhões de cópias dos livros foram vendidas em 45 idiomas antes do lançamento do filme. Para aumentar o interesse pelo filme, a New Line criou um site em maio de 1999 (<http://www.lordoftherings.com>), onde, em abril de 2000, foi disponibilizado um trailer que teve mais de 1,7 milhão de downloads. O site era atualizado de três a quatro vezes por semana, como parte de um cronograma editorial de quatro anos que abarcava os três filmes da trilogia (o segundo foi lançado em dezembro de 2002 e o terceiro, em dezembro de 2003). O objetivo consistia em criar uma comunidade on-line como um ponto central para os 400 sites de fãs dedicados ao LOTR.

O merchandising associado ao filme é extenso, com brinquedos e itens colecionáveis modelados pela WETA, empresa sediada na Nova Zelândia responsável pela elaboração das criaturas e dos efeitos especiais do filme. Também houve parcerias de marketing com restaurantes (Burger King), fabricantes de produtos de consumo (JVC, General Mills), livrarias (Barnes and Noble, Amazon — a venda dos livros cresceu até 500% desde o lançamento do filme) e até o correio neozelandês (em dezembro de 2001, uma coleção de selos do país foi emitida com imagens do Senhor dos anéis — *veja* <http://www.newzeal.com/Stamps/NZ/LOTR/Rings.htm>). Além disso, a AOL Time Warner lançou a Versão 7 de seu provedor de Internet, com um torneio Senhor dos anéis que gerou 800 mil acessos nas primeiras duas semanas.

ATENDIMENTO E SUPORTE AO CLIENTE

A Internet tem o potencial de proporcionar muitas oportunidades de personalização do serviço oferecido de acordo com as necessidades e exigências de cada consumidor. Atribui-se a Jeff Bezos, CEO e fundador da Amazon.com, a declaração de que, se a Amazon tem 4,5 milhões de clientes, deveria ter 4,5 milhões de lojas, cada uma customizada para a pessoa que a visita (Janal, 2000). Quando os consumidores fazem as primeiras compras na Amazon, são solicitadas a prestar informações, como dados de faturamento e endereço de entrega, que serão armazenadas e usadas em transações futuras. Ao acessar o site, o cliente é recepcionado por uma saudação 'personalizada' e recomendações de livros baseadas em compras anteriores. Além disso, novos pedidos de livros podem ser realizados com um só clique. O sistema é automatizado para efeito de eficiência, mas, do ponto de vista do cliente, personalizado de acordo com suas necessidades e exigências individuais.

A interatividade da Internet torna possível estabelecer relacionamentos de mão dupla com os consumidores, de modo que se pode receber feedback sobre desempenho de produtos ou problemas operacionais, bem como fornecer recomendações para a solução de problemas. As empresas que oferecem produtos com base em bits, como software, geralmente usam a Internet como meio de prover atualizações e correções. Por exemplo, a Norton Antivirus disponibiliza mensalmente novos arquivos para a atualização de seu programa de verificação de vírus por meio de suas páginas Web. São arquivos passíveis de download que os assinantes podem acessar para atualizar seu software Norton.

Algumas empresas oferecem serviços de valor agregado, promovendo salas de bate-papo (chat) e comunidades on-line por meio de seus sites. Por exemplo, a Reebok formou uma comunidade virtual em que consumidores em potencial podem 'conversar' com personalidades famosas do esporte, além de postar regularmente artigos e notícias do interesse de seu público-alvo. Todas essas atividades destinam-se a ajudar a construir a marca e a apresentar suas credenciais ao mercado-alvo (Janal, 2000).

Deise *et al.* (2000) identificaram cinco tipos de sites que permitem ou estimulam clientes a interagir com a empresa. Os de conteúdo oferecem informações básicas sobre a empresa, seus produtos e serviços. Os de FAQ (sigla para *frequently asked questions*) respondem às perguntas mais frequentes e podem auxiliar aqueles com dúvidas comuns. Os sites com base em conhecimento possuem bancos de dados que podem ser pesquisados pelos clientes; requerem um grau maior de envolvimentos do cliente, mas podem ser mais convenientes do que dar um telefonema. Há também os de registro de problemas, que permitem postar dúvidas ou problemas e que depois dão feedback personalizado ou a solução do problema em questão. Por fim, os sites interativos facilitam a interação entre a empresa e seus clientes; geralmente fazem parte de uma extranet pela qual os clientes têm acesso a informações proprietárias.

No entanto, novamente se deve observar que o poder está nas mãos do consumidor. Os clientes on-line, assim como no mundo físico, só são atraídos por serviços que lhes proporcionem algum valor. A chave para o sucesso em serviços eletrônicos continuará sendo a identificação daquilo que os consumidores valorizam e o que pode ser oferecido exclusivamente pela Internet. Devido à facilidade de imitação pelos concorrentes, contudo, os benefícios do serviço devem ser constantemente aprimorados.

Um assunto correlato que pode complicar a situação é a preocupação mais ampla com questões como a privacidade do consumidor, que pode afastar alguns de relacionamentos on-line com as empresas, bem como o enorme potencial para clientes insatisfeitos rapidamente espalharem seu descontentamento pela Internet. Por exemplo, os sites e comunidades em mídias sociais do gênero 'odeioaempresaX' podem ser apenas o início destas manifestações.

12.2 ESTRATÉGIAS DE APREÇAMENTO

Fixar preços pode ser uma das decisões mais difíceis em marketing. Se o preço for muito alto, os consumidores podem não comprar; se for muito baixo, a empresa pode não atingir os níveis de lucratividade necessários a sua sobrevivência no mercado. Na década de 1960, a British Leyland teve grande sucesso com o Mini, um carro pequeno voltado a um mercado crescente de consumidores cada vez mais abastados. Parte de seu sucesso de mercado deveu-se aos preços relativamente baixos cobrados. Infelizmente, porém, as margens alcançadas eram mínimas e a empresa não gerou lucro suficiente para investir em P&D para elaborar a próxima geração de automóveis, inclusive para outros segmentos de mercado. Ela ficou financeiramente abalada em 1975 pelas vendas em queda (acarretada pela forte concorrência principalmente do Japão), pela primeira crise de petróleo da OPEP e pelos altos índices de inflação no Reino Unido.

12.2.1 Considerações de apreçamento

Uma série de fatores necessita ser levada em consideração ao se estipularem níveis de preço (Figura 12.8).

- **Custos de produção.** O método de apreçamento mais simples, e o mais usado, consiste em estipular o preço considerando-se o custo acrescido de um valor adicional ou *mark-up* (por exemplo, o custo mais 20%). Desde que uma quantidade suficiente do produto seja vendida a esse preço, essa estratégia garante um dado nível de lucratividade. Também assegura que os produtos não sejam vendidos abaixo do custo — uma estratégia que não se sustenta a longo prazo sem subsídio. Na prática, os custos devem ser considerados como um piso abaixo do qual os preços não devem cair.

- **Valor econômico para o cliente.** O valor do produto para o cliente no decorrer da vida provê o teto acima do qual os preços seriam inaceitáveis para compra. Doyle e Stern (2006) explicam como o Valor Econômico para o Cliente (VEC) pode ser calculado com um exemplo de marketing B2B (conforme a seguir).

- **Níveis de preço da concorrência.** Outro ponto importante a considerar são os preços praticados pela concorrência. Quando dois ou mais produtos têm características semelhantes, o preço pode ser o determinante final da escolha. As empresas podem decidir fixar um preço mais alto que o dos concorrentes (como sinal de qualidade superior), semelhante (e competir em outros aspectos) ou

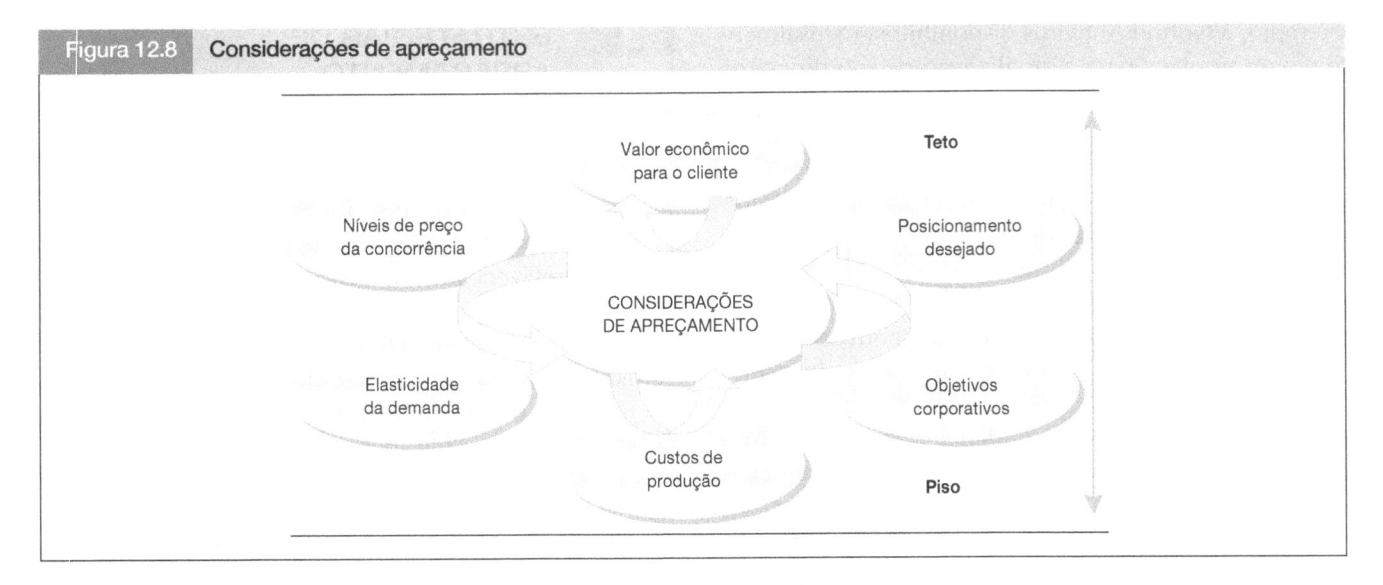

Figura 12.8 Considerações de apreçamento

- Valor econômico para o cliente
- Teto
- Níveis de preço da concorrência
- Posicionamento desejado
- CONSIDERAÇÕES DE APREÇAMENTO
- Elasticidade da demanda
- Objetivos corporativos
- Custos de produção
- Piso

mais baixo (e competir primordialmente em preço). No mercado britânico de gasolina, há muito pouca diferenciação de preço entre concorrentes. Isso se deve em parte ao alto nível de taxação (IVA, sigla para *Imposto sobre Valor Adicionado*, e outros impostos) sobre o combustível, de 72% em 2000, deixando pouca margem para diferenças de preço.

- **Posicionamento competitivo desejado.** O preço cobrado pode ser um sinal poderoso para o mercado quanto à qualidade e à confiabilidade do produto. Um preço baixo demais pode sugerir má qualidade em vez de uma boa relação custo-benefício. No mercado de áudio, a Bose deliberadamente praticou preços mais altos do que os da concorrência para sinalizar uma qualidade superior. Outras marcas, como a LG, precificam abaixo da concorrência para atrair o consumidor mais sensível a preço. Entre esses dois extremos, marcas como Sony, JVC e Samsung competem com preços semelhantes, mas oferecem diferentes especificações, estilos e outros benefícios.
- **Objetivos corporativos.** Quais são os objetivos? Expandir o mercado rapidamente (que pode requerer um preço relativamente baixo), obter resultados (que pode elevar os preços) ou maximizar o lucro (que pode indicar apreçamento ao custo marginal)?
- **Elasticidade-preço da demanda.** Uma consideração adicional em relação à fixação de preço é o grau em que a demanda variará em diferentes níveis de preço. Alguns produtos, tais como os de luxo, são altamente elásticos em preço — mudanças nesse aspecto podem afetar em grande medida a quantidade demandada. Outros, como os de necessidade básica, são relativamente inelásticos em preço, o que exerce pouco efeito sobre a demanda.

12.2.2 Elasticidade-preço da demanda

A elasticidade-preço da demanda é o efeito das mudanças de preço sobre a demanda pelo produto. A maioria das curvas de demanda apresenta declive do topo à esquerda para a base à direita (Figura 12.9). Em outras palavras, quanto menor o preço, maior a quantidade de produto comprada e, por outro lado, à medida que o preço aumenta, a demanda diminui. A elasticidade-preço é definida como:

Elasticidade-preço = (% de mudança na demanda) ÷ (% de mudança no preço)

Quando a elasticidade-preço é maior que 1, temos uma 'demanda elástica' (uma mudança em preço gera uma mudança maior na quantidade demandada); quando a elasticidade-preço é menor que 1, temos uma 'demanda inelástica' (uma mudança em preço gera uma mudança menor na quantidade demandada).

O grau em que a quantidade demandada é afetada por diferenças de preço varia de um mercado para outro. Quando há um declive acentuado da curva de demanda ('a' na Figura 12.9), uma mudança em preço exerce relativamente pouco efeito sobre a quantidade demandada: a demanda é 'inelástica'. Um aumento de preço de P1 para P2 resulta em uma redução na quantidade demandada de Q1 para Q2. Ao multiplicar o preço pela quantidade, podemos ver que a receita muda de P1 × Q1 para P2 × Q2. A perda de quantidade demandada é compensada por preços mais altos, e a receita aumenta. Os mercados que apresentam demanda inelástica costumam ser um monopólio ou um quase monopólio em que os custos de troca são elevados ou em que os consumidores possuem pouca ou nenhuma escolha sobre quanto de um produto eles usam.

Figura 12.9 Elasticidade-preço da demanda

Demanda inelástica (gráfico à esquerda com curva 'a'): preço aumenta de P1 para P2, quantidade reduz pouco de Q1 para Q2.

Demanda elástica (gráfico à direita com curva 'b'): preço aumenta de P1 para P2, quantidade reduz significativamente de Q1 para Q2.

$$\text{Elasticidade-preço} = \frac{\%\text{ de mudança na demanda}}{\%\text{ de mudança no preço}}$$

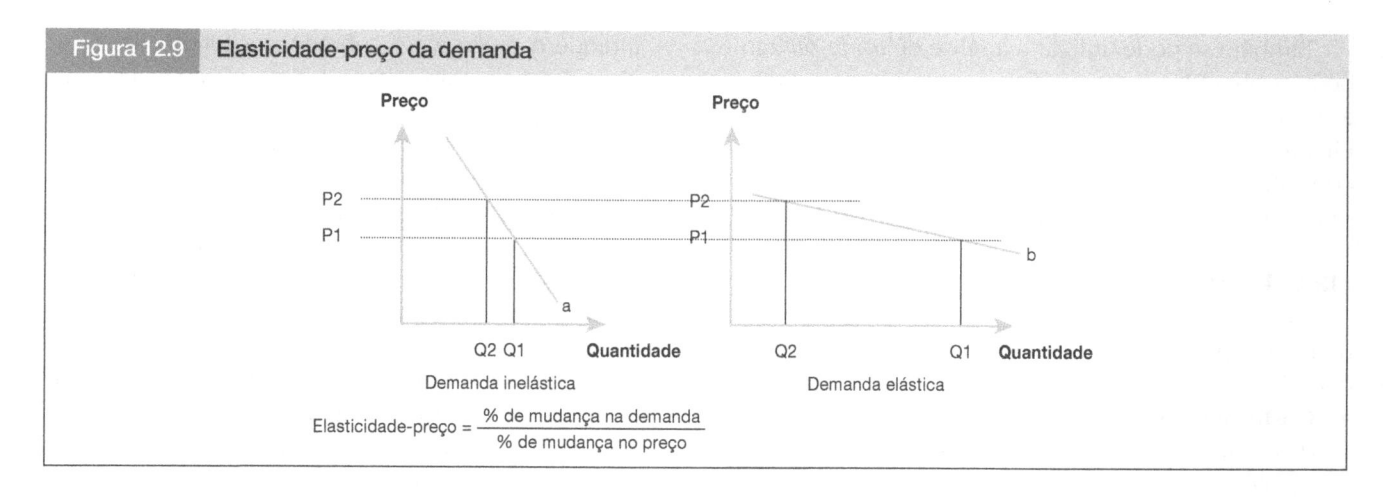

Uma curva de demanda rasa ('b' na Figura 12.9) ocorre quando uma mudança relativamente pequena em preço estimula outra mais significativa em demanda: a demanda é 'elástica'. Um aumento de preço de P1 para P2 resulta em uma redução bem mais significativa de demanda de Q1 para Q2. De modo análogo, reduções de preço devem exercer um efeito mais expressivo no estímulo da demanda. Os mercados em que a demanda é mais elástica em preço geralmente se caracterizam por maiores níveis de competitividade, maior poder de escolha do consumidor e facilidade para os clientes trocarem de fornecedor.

12.2.3 Avaliando valor para o cliente

O valor econômico para o cliente (Forbis e Mehta, 1981) e as proposições de valor do cliente (Anderson *et al.*, 2006) são conceitos centrais ao apreçamento de produtos industriais, tais como fábricas e equipamentos. Essa abordagem implica a tentativa de identificar o valor do tempo de vida para o comprador, levando em conta todos os custos (como preço de aquisição, custos operacionais, manutenção etc.) e todos os benefícios.

Doyle e Stern (2006) mostram o exemplo de uma máquina-ferramenta líder de mercado e vendida a € 30 mil. Além do preço de aquisição, o cliente incorrerá em € 20 mil de custos de iniciação (incluindo instalação, treinamento de operadores etc.) e custos operacionais pós-compra ao longo da vida útil da máquina de € 50 mil. No total, o custo total ao longo de seu tempo de vida é de € 100 mil, do qual o custo inicial de aquisição representa menos de um terço. Um novo concorrente que chegue ao mercado poderia ficar tentado a cobrar menos pelo produto, entretanto o efeito desse preço mais baixo no decorrer do tempo será consideravelmente inferior. Por exemplo, uma redução no preço inicial de 20%, equivalentes a € 6 mil, representa com efeito uma redução de somente 6% no custo pelo tempo de vida.

Uma abordagem mais produtiva poderia ser a estimativa do valor total da produção para o cliente ao longo da vida útil da máquina. Isso pode ser feito estimando-se o número de produtos da máquina-ferramenta ao longo de sua vida útil em conjunto com uma avaliação dos prováveis defeitos. Se a nova máquina é uma melhoria da existente com eficiência, digamos, 20% maior, pode-se esperar economizar 20% dos custos totais ou produzir 20% a mais (ambos equivalentes a um valor agregado de € 20 mil para o cliente). Por conseguinte, há margem para efetivamente aumentar o preço inicial de aquisição para, digamos, € 40 mil enquanto ainda se proporciona uma economia geral de € 10 mil ao cliente. Nesse caso, um preço mais alto poderia também ser necessário para sinalizar um produto de qualidade superior, capaz de proporcionar a economia pleiteada de 20%. Um preço mais baixo poderia levantar dúvidas sobre sua capacidade de viabilizar a economia.

Nos mercados em que o valor do tempo de vida não seja tão fácil de demonstrar (como nos mercados de consumo para utensílios domésticos), o valor percebido do produto pode ser usado como uma alternativa ao VEC. Por meio de técnicas como os leilões Vickrey, pode-se estimar o valor para o cliente. Em leilões normais, o item vai para o maior lance. Pode haver momentos, porém, em que os lances ficam abaixo do valor percebido do item como tentativa de obter uma barganha (isso ocorre com frequência no eBay). Os leilões Vickrey constituem uma técnica de obtenção do valor real dos lances. Trata-se de lances selados para compra, em que se fazem ofertas por escrito, sem conhecimento de quem mais está concorrendo pelo mesmo item. Embora o lance mais alto seja o vencedor, paga-se o lance do segundo preço, não daquele ofertado. Isso cria um forte incentivo para que sejam feitos lances do valor real em vez de jogar para obter uma barganha, um preço inferior.

Também se pode utilizar a análise de *trade-off* (também conhecida como análise conjunta) para estimar a 'utilidade' de diferentes níveis de preço e como os clientes tomam decisões de escolha entre configurações alternativas de benefícios (especificações) a diferentes preços (Green, Carroll e Goldberg, 1981).

12.2.4 Métodos de apreçamento

Diversos métodos de apreçamento alternativos são utilizados pelas empresas, em alguns casos de forma combinada.

- **Custo mais margem.** É o método mais simples de determinação de preço e requer pouco conhecimento sobre os consumidores e suas necessidades. Os preços são estipulados ao custo mais um *mark-up* percentual e, portanto, refletem diretamente os custos de criação e entrega do produto. A desvantagem dessa abordagem, evidentemente, é não se levar em conta o valor do produto para o consumidor. Se este for maior do que o custo mais margem adicional, o produto será atrativo; entretanto, se for menor, as vendas poderão ser afetadas.
- **Preço corrente.** Em alguns mercados, como o de combustíveis, os preços costumam ser estipulados com base no 'preço corrente' — o que os demais praticam — e há pouca competição de preço entre os fornecedores. A competição ocorre em outros fatores, tais como disponibilidade, localização e conveniência.
- **Valor percebido.** Determinar o preço de produtos com base no valor percebido pelos consumidores requer métodos de pesquisa sofisticados para identificar esse valor. Quando os consumidores são diretamente questionados sobre valor (por exemplo, "Quanto você pagaria por..."), poucos atribuem um preço alto! As técnicas de projeção e outras abordagens, como a análise de *trade-off* ou conjunta (como já vimos), podem ser mais úteis. Sob esses métodos, os consumidores são colocados em situações de compra simuladas e seus comportamentos observados para medir o valor que percebem na oferta de mercado.
- **Propostas seladas.** Em muitas situações de compra corporativa, sobretudo em projetos de capital, alguns fornecedores em potencial podem ser convidados a participar de uma concorrência. Geralmente ao menos duas fases são empregadas. Primeiro, a da especificação, em que os fornecedores necessitam demonstrar sua capacidade de suprir dentro das especificações e do prazo. Essa etapa reduzirá o número de potenciais fornecedores a um volume gerenciável. Segundo, a apresentação de uma proposta selada que indique o preço a ser cobrado por fornecedor selecionado. A decisão sobre o lance em situações competitivas pode ser altamente complexa. As empresas costumam levar em conta não somente seus próprios custos, mas também suas previsões dos lances dos concorrentes (com base em seus custos e nas expectativas dos concorrentes). A teoria dos jogos pode ser útil nesse contexto. Ela se refere a um conjunto de técnicas e enfoques que estuda situações nas quais os jogadores escolhem diferentes ações visando a maximizar seus retornos. Trata-se de uma abordagem de modelagem formal a situações nas quais as decisões não são tomadas de modo isolado e nas quais as decisões de uma das partes podem ser influenciadas pelas das outras partes. Daí a necessidade de modelar e prever as intenções de terceiros. A utilização crescente de leilões pela Internet em que os fornecedores devem dar lances de preço on-line para a especificação de produto de um comprador é o método mais recente para esse tipo de situação.

12.2.5 Preços promocionais

- ***Loss leaders*** **(também conhecidos como produtos-chamariz ou boi-de-piranha).** Muito usados por varejistas e outros fornecedores como meio de atrair clientes para a loja ou o site, são produtos vendidos abaixo do custo para fins promocionais. Uma vez que os consumidores são atraídos por esses produtos, o varejista tenta vender-lhes outros em que obtém lucro. Os fabricantes também usam essa tática nos casos em que o custo do tempo de vida útil de um produto é consideravelmente maior do que o preço inicial de aquisição. As impressoras de fotos para uso doméstico, por exemplo, são vendidas a preços muito baixos com margem mínima porque fabricantes e varejistas podem lucrar com a venda de cartuchos de tinta, papel fotográfico e outros itens de consumo.
- **Ocasiões especiais.** Vendas sazonais, promoções especiais de preço e ofertas 'imperdíveis' são instrumentos empregados para conquistar clientes. São vendas geradas como meio de girar estoque antigo e abrir espaço para produtos da nova estação. Algumas empresas atualmente parecem estar permanentemente em liquidação, sugerindo que realmente oferecem produtos a preços mais baixos do que o 'preço da etiqueta', mas, como não querem que o produto seja percebido como de baixa qualidade, justificam isso com descontos.
- **Descontos.** Ofertas de desconto em dinheiro e cupons de desconto são populares entre as ações de marketing de bens de consumo de giro rápido.

Os cupons devem ser os mais eficientes em custo, uma vez que nem todos são contabilizados, somente aqueles atrelados a outra compra. Abatimentos em dinheiro podem ser mais onerosos, uma vez que é mais provável que sejam procurados.
- **Financiamento a juros baixos.** Na compra de bens considerados significativos, como mobília e automóveis, alguns fornecedores oferecem juros baixos ou 'zero' em negociações de *leasing*. Com efeito, isso proporciona um desconto no preço quando calculado a valor presente líquido e pode ser eficaz para induzir consumidores a se moverem para faixas de preço mais elevadas.
- **Apreçamento psicológico.** O apreçamento abaixo das barreiras psicológicas (por exemplo, € 2,99 em vez de € 3 ou € 9.995 em vez de € 10.000) é uma prática comum. Parte-se do princípio (raramente testado) de que os consumidores têm um limite de preço psicológico e agrupam os preços em faixas amplas para fins de comparação. Um carro que custa € 19.995 é considerado em uma faixa de preço abaixo de outro vendido a € 20.000.

12.2.6 Efeitos da Internet nas decisões de apreçamento

Atualmente a Internet facilita muito aos consumidores comparar preços. Não só os preços podem ser comparados entre fabricantes (por exemplo, o preço de uma BMW comparada com o preço de um modelo equivalente da Mercedes), mas também entre os diversos fornecedores do mesmo produto ou modelo. Nesse caso, não é preciso confinar-se à vizinhança geográfica imediata — as comparações podem ser feitas por todo o país e até globalmente. O advento de uma moeda única em algumas regiões da UE facilitou ainda mais as pesquisas de preços na zona do euro.

Kerrigan *et al.* (2001) relatam que, nos mercados B2B, os consumidores experimentam economias em torno de 10% para *commodities* e até 25% para itens sob encomenda. Isso decorre do maior leque de escolhas oferecido aos consumidores, associado à maior competição de preço entre fornecedores. A P&G, por exemplo, está reduzindo seus custos de suprimento ao conduzir 'leilões reversos' com fornecedores e estima economia anual da ordem de 20% de compras de cerca de US$ 700 milhões.

Além disso, o advento da comunicação entre os consumidores ou as salas de bate-papo entre eles contribuem para disseminar informações sobre preços competitivos, bem como recomendações ou alertas sobre produtos e serviços. Por meio dessa comunicação, os leilões reversos passaram a ocorrer onde os compradores postam o que estão procurando e convidam fornecedores a apresentar ofertas para supri-los.

De modo geral, é provável que a Internet torne os consumidores mais (em vez de menos) sensíveis a preço no futuro, à medida que tenham acesso a maior volume de informações, facilmente encontradas e não controladas pelos vendedores.

12.3 ESTRATÉGIAS DE COMUNICAÇÃO

Para muitos, propaganda é sinônimo de marketing. Na prática, a propaganda é apenas uma das formas (ainda que importante) pela qual as empresas se comunicam com seus clientes e consumidores em potencial. A gama de ferramentas de comunicação disponíveis aumenta à medida que novas tecnologias apresentam novas oportunidades. À época em que preparamos este livro, um novo instrumento de comunicação — o *podcasting* — começava a se popularizar. Muito em breve ele passará a ser padrão no pacote de comunicação, e outras formas de abordagem serão desenvolvidas.

12.3.1 O processo de comunicação

A comunicação é uma via de mão dupla entre remetente e destinatário (Figura 12.10).

Toda comunicação de marketing ocorre sob condições 'ruidosas'. Outros comunicadores, tanto os

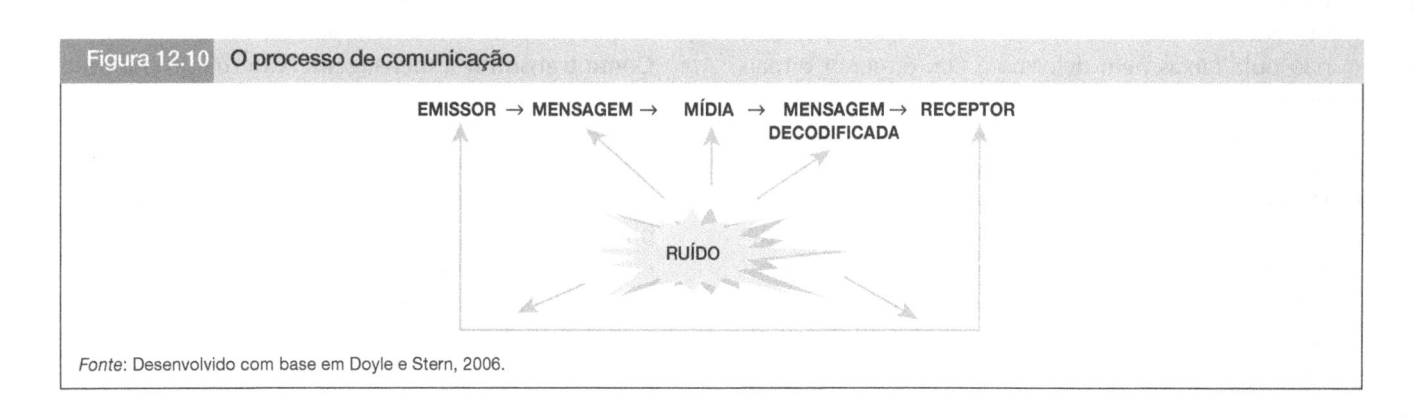

Figura 12.10 O processo de comunicação

EMISSOR → MENSAGEM → MÍDIA → MENSAGEM DECODIFICADA → RECEPTOR

RUÍDO

Fonte: Desenvolvido com base em Doyle e Stern, 2006.

concorrentes diretos quanto outros com diferentes ofertas de produto a comunicar, também bombardeiam o mesmo público com mensagens de venda. Estima-se, por exemplo, que os consumidores norte-americanos recebam cerca de 3 mil mensagens publicitárias por dia (*The Economist*, 26 jun. 2004). É, portanto, importante assegurar que a mensagem seja clara, bem como eficazmente comunicada. Um ponto de partida é ser claro quanto aos objetivos da comunicação, que são mais bem observados utilizando-se um modelo simples de comunicação de marketing.

12.3.2 Um modelo básico de comunicação

Existem vários modelos que revelam como a comunicação funciona. A maioria, contudo, remete a um modelo básico denominado AIDA: Atenção → Interesse → Desejo → Ação.

- **Atenção.** Em um nível muito básico, as comunicações de marketing propõem-se a criar ou aumentar a atenção para obter consciência do produto no mercado selecionado. Se os consumidores não estiverem cientes da existência da oferta, é bem pouco provável que a comprem! Aumentar o nível de atenção é particularmente importante nas fases de lançamento e introdução no ciclo de vida do produto. Nas etapas iniciais do mercado do tocador de música MP3, por exemplo, a função da comunicação consistia em explicar ao mercado o que era esse aparelho e o que ele fazia.
- **Interesse.** Uma vez gerada a atenção, o objetivo da comunicação passa a ser o de criar interesse pelo produto. Os consumidores são bombardeados por muitas mensagens a cada hora do dia e podem ter a atenção voltada para diversos produtos e serviços. No entanto, relativamente poucos interessarão a eles. O ponto fundamental da criação de interesse está em demonstrar como o produto é relevante aos desejos e às necessidades do consumidor. No caso do tocador de MP3, foram ressaltadas as vantagens de ouvir música onde quer que se esteja em comparação com um walkman ou um tocador de CD (por exemplo, não pula faixas nem deforma a fita, é menor e mais prático, as baterias duram mais e não há necessidade de carregar estojos de cassetes ou discos, uma vez que as músicas já estão carregadas no aparelho etc.).
- **Desejo.** Uma vez estimulado o interesse, a comunicação busca criar o desejo por um produto em detrimento de outros no mercado. Em vez de demonstrar os benefícios do grupo genérico do produto, a ênfase recai sobre a criação do desejo por uma determinada marca ou oferta. Grande parte da promoção da Apple para o iPod concentra-se na criação de uma imagem sofisticada para o aparelho como o único tocador de MP3 digno de se ter. Esse apelo teve tanto sucesso que o iPod mudou seu mercado-alvo original de 15 a 30 anos para um público mais maduro. Isso corre o risco de enfraquecer sua posição no mercado original (como já mencionamos).
- **Ação.** Atenção, interesse e desejo serão de pouca valia para um fornecedor a menos que resultem em compras ou outras formas de suporte. A comunicação voltada para levar o consumidor ao próximo estágio, gerando ação, inclui ofertas, promoções e negociações que estimulem a compra, bem como a utilização de técnicas de venda pessoal.

12.3.3 Decisões de comunicação

Uma série de decisões deve ser tomada em relação à comunicação.

- **Qual mensagem transmitir.** Antes de mais nada, a mensagem a ser transmitida deve ser claramente compreendida e aceita por aqueles responsáveis por enviá-la. Mensagens confusas criam sinais confusos na mente dos consumidores. As comunicações mais eficazes apresentam uma mensagem única, porém clara. Isso é conhecido como USP (*unique selling proposition*) do produto. A comunicação centrada na transmissão dos principais benefícios do produto, de um modo novo e atrativo (conforme a seguir), contribui não só para aumentar a atenção, mas também para criar um poderoso posicionamento do produto na mente do consumidor.
- **Quais ferramentas de comunicação usar.** Existem várias ferramentas de comunicação disponíveis. Dentre elas, propaganda, relações públicas, promoções, vendas pessoais (Capítulo 15), marketing direto e patrocínio. Cada qual tem vantagens e desvantagens (conforme a seguir). Algumas servem melhor para criar atenção (como a propaganda), enquanto outras focam sobretudo a geração de ações desejadas (vendas pessoais). As diversas ferramentas são usadas de forma combinada nas diferentes etapas do processo de comunicação.
- **Como transmitir a mensagem.** Não só é importante para o comunicador saber qual mensagem transmitir, mas também como traduzi-la em palavras e símbolos eficazes que o destinatário conseguirá entender e decodificar. Representações sutis ou complicadas demais podem resultar em uma mensagem confusa a ser recebida ou até na mensagem errada. Anúncios contra o uso de drogas veiculados no Reino Unido foram criticados por efetivamente fazer o consumo de drogas parecer glamoroso em vez de

transmitir a mensagem de que esse vício pode causar sérios danos à saúde.
- **Qual mídia usar.** A mídia disponível para comunicações de marketing varia de um país para outro, assim como sua eficácia. Meios relevantes incluem imprensa, televisão, cinema, *outdoor*, Internet, rádio, correio, ponto de venda, transmissões de fax, mensagens por celular.
- **Quanto gastar em comunicação.** Elaborar orçamentos de comunicação é reconhecidamente difícil. Há alguns anos, um executivo afirmou: "Metade de meu orçamento publicitário é um desperdício — o problema é que eu não sei qual metade!". A modelagem da eficácia da propaganda por empresas de ponta como a Millward Brown pode avaliar os níveis de atenção criados por campanhas promocionais (Maunder, Harris, Bamford, Cook e Cox (2005)) por meio de pesquisa com o público-alvo em bases regulares e modelagem de como ele se relaciona com a atividade publicitária.

12.3.4 Ferramentas de comunicação

- **Propaganda.** A propaganda é particularmente eficaz na criação de consciência. Pode ter alto impacto visual, amplo alcance e fácil repetição para reforçar mensagens. Suas desvantagens são a impessoalidade, a falta de flexibilidade, a impossibilidade de interação com o consumidor (não se podem esclarecer dúvidas nem superar obstáculos) e uma limitada capacidade de fechamento de vendas por si só. A Figura 12.11 mostra a proporção do gasto em publicidade de cada uma das principais mídias no Reino Unido em 2006.
- **Relações públicas.** Ações de RP podem ser mais convincentes do que a propaganda por utilizar terceiros, o repórter e a mídia usada para transmitir a mensagem — a mensagem final ao consumidor não vem diretamente do marketing da empresa. Como tal, pode exercer maior impacto do que a publicidade por uma fração do custo, além de possibilitar também que se atinjam públicos que seriam difíceis ou impossíveis de alcançar de outra forma. A principal desvantagem, porém, é a perda de controle. Uma vez divulgado um *press release*, não há garantia de que será aceito ou divulgado pela mídia, e é bem possível que a mensagem seja distorcida de modo a não ser veiculada como se pretendia. Também pode atingir o público errado.
- **Promoções de vendas.** Incluem descontos, pacotes de bônus, três pelo preço de dois, amostras grátis, cupons, cartões de fidelidade, prêmios, descontos por volume, concursos, subsídios e quaisquer outras 'ofertas' criativas com que as empresas possam sonhar. As vantagens são que elas podem exercer efeito direto sobre o comportamento de compra, e em geral esses efeitos podem ser diretamente monitorados e avaliados. As desvantagens são que os efeitos podem ser de curta duração e, portanto, um meio oneroso de gerar vendas. O uso excessivo de promoções também pode fragilizar a imagem de uma marca ("Não deve ser muito bom se está sempre em promoção!").
- **Vendas pessoais.** Uma das ferramentas mais eficazes de venda é a pessoal (Capítulo 14). Flexível, pode ser ajustada a cada situação, usada para construir relacionamentos com os clientes e empregada para compreender, abordar e superar barreiras e objeções à compra. No entanto, pode custar caro, é altamente dependente das habilidades dos vendedores e, em alguns mercados, pode incorrer em resistência do consumidor.
- **Marketing direto.** O melhor do marketing direto é oferecer um serviço altamente personalizado e bem segmentado para os consumidores que compõem o público-alvo da oferta. Dessa forma, há menos desperdício do orçamento promocional. Por outro lado, o pior aspecto é que o marketing direto pode ser indiscriminado, gerar altos níveis de ceticismo

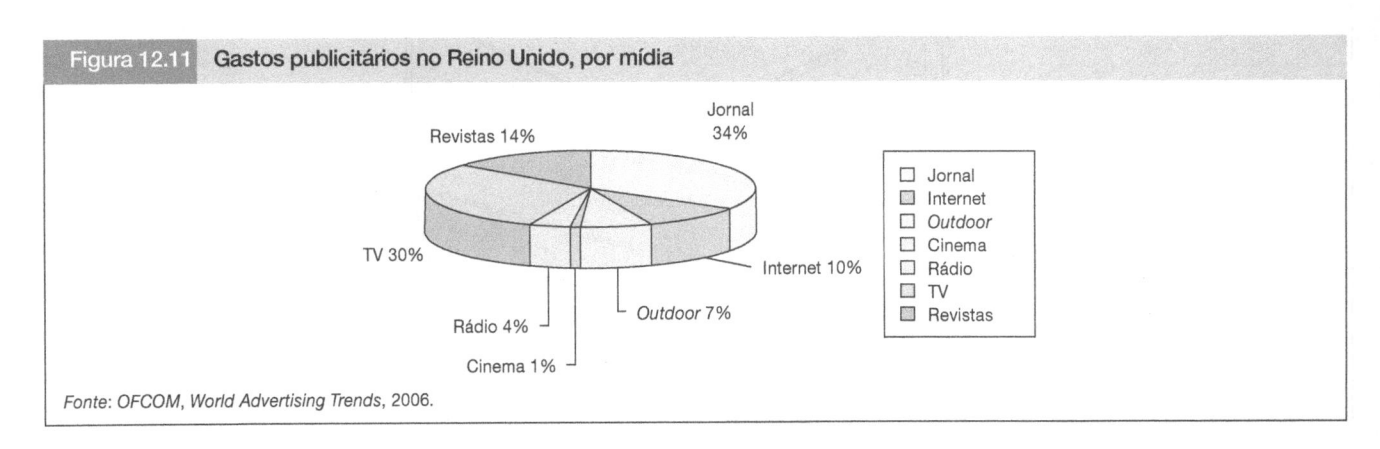

Figura 12.11 Gastos publicitários no Reino Unido, por mídia

- Jornal 34%
- Revistas 14%
- TV 30%
- Rádio 4%
- Cinema 1%
- Outdoor 7%
- Internet 10%

Fonte: OFCOM, World Advertising Trends, 2006.

entre os consumidores e resultar em sobrecarga de mensagens e materiais. Assim como ocorre com todas as ferramentas de comunicação, a segmentação eficaz é a chave para garantir que as mensagens sejam dirigidas de modo adequado ao mercado-alvo.

- **Patrocínio.** Patrocinar eventos esportivos, sociais, culturais e de outros tipos ou patrocinar times, causas e instalações pode ser um modo eficaz de segmentar grupos de clientes em potencial de acordo com seus interesses e princípios. Isso pode contribuir para construção de credibilidade e melhoria da reputação. Entretanto, provavelmente é a ferramenta de comunicação mais difícil de mensurar em relação ao impacto. Pode ser onerosa e ineficaz quando o objetivo é gerar atenção. O patrocínio dos Jogos Olímpicos de Sydney foi muito pouco lembrado dentre o público-alvo. Também pode estar sujeito a 'emboscada', com produtos concorrentes colocando suas marcas de forma não autorizada em eventos patrocinados por outras empresas.

Eficácia das ferramentas de comunicação

A Figura 12.12 mostra a eficácia de cada uma das quatro etapas do modelo de comunicação exposto. Em geral, propaganda, RP e patrocínio obtêm melhor resultado em aumentar os níveis de atenção e interesse do que gerar desejo e ação. Vendas pessoais, marketing direto e promoções são mais eficazes em induzir a ação. Uma campanha bem-sucedida determinará primeiro quais são os objetivos para depois selecionar o composto adequado de ferramentas para atingi-los.

12.3.5 A utilização da Internet para comunicações de marketing

Em 2001, estimou-se que a publicidade na Internet totalizou US$ 9,6 bilhões. Em 2006 esse valor subiu para US$ 27 bilhões, representando aproximadamente 5% do gasto publicitário mundial, mas se esperava que aumentasse em torno de 20% nos quatro anos seguintes (*The Economist*, 25 nov. 2006). Em 2010, a expectativa é que chegue a US$ 60 bilhões.

No Reino Unido, mais de £ 2 milhões foram gastos em propaganda pela Internet em 2006 (um crescimento de 41% em relação a 2005), representando 11,4% de todo o gasto publicitário. Pela primeira vez a propaganda virtual superou a imprensa (10,9% de todo o gasto). Os principais setores anunciantes foram recrutamento de pessoal (25%), finanças e atividades bancárias (14%), tecnologia (13%) e automóveis (13%) (*The Observer*, 1 abr. 2007, citando dados da PriceWaterhouseCoopers).

Como já vimos, uma importante característica da Internet é o deslocamento do poder dos fabricantes e varejistas para os consumidores. Enquanto, em meados do século XX, o poder se concentrava nas mãos de fabricantes e fornecedores (visto que a demanda superava a oferta em muitos setores), o principal destaque do último quarto do século foi a transferência do poder para os varejistas. Eram eles que controlavam a conexão entre fabricantes e consumidores, gerenciando criteriosamente os fluxos de informação entre eles. Os consumidores que desejassem informar-se sobre produtos concorrentes poderiam fazê-lo, mas esse processo costumava consumir tempo e ser complicado, resultando em escolhas feitas com base em dados limitados e imperfeitos. Uma das principais características do mercado de Internet no século XXI é a 'superinfovia', que torna a pesquisa de informações mais facilmente acessível aos consumidores. Na realidade, agora é o cliente que inicia a busca por informações, enquanto no passado o fabricante ou o varejista iniciava e controlava esse processo.

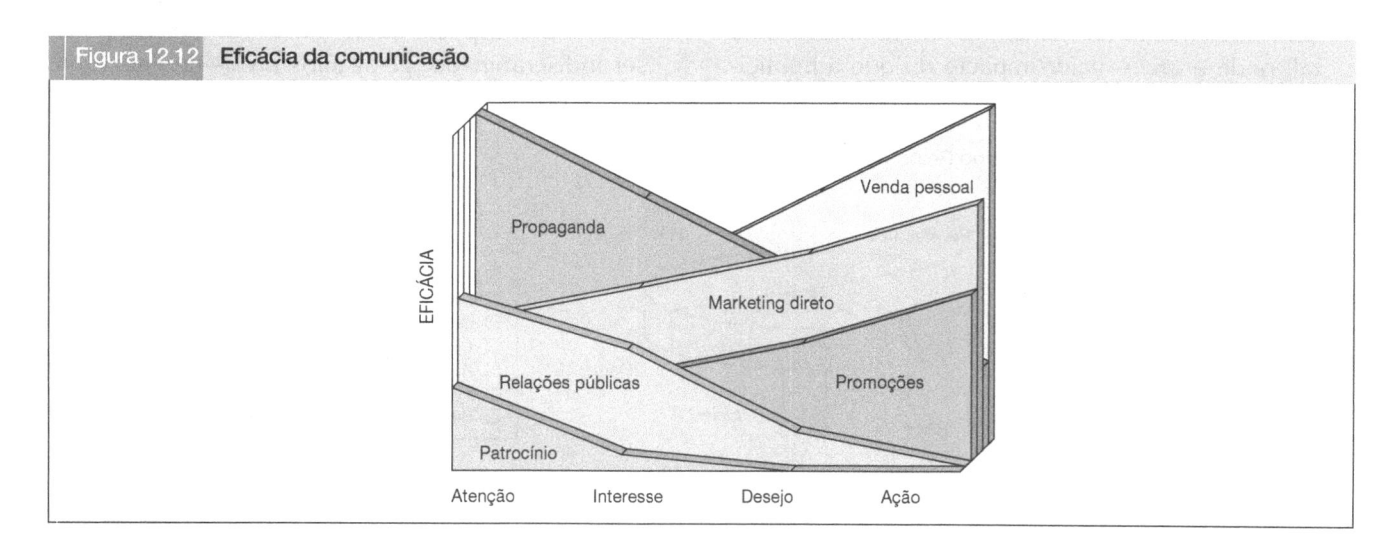

Figura 12.12 Eficácia da comunicação

Por exemplo, poderosos varejistas como Tesco e Walmart participam de intercâmbios globais on-line com base na Web. Eles se abastecem de produtos dos fornecedores mais baratos em qualquer parte do mundo. Também podem pressionar seus fornecedores a trocar de fontes de matéria-prima e componentes por alternativas mais econômicas (embora não sejam obrigados a adotar tal sugestão, os fornecedores veem-se ajustando seus preços para baixo como se o fizessem). Isso representa uma significativa mudança no processo de comunicação de marketing e o deslocamento de poder do vendedor para o comprador. A probabilidade da iniciativa pela busca por informações passa a ser maior por consumidores do que pelo pessoal de marketing, apesar das grandes somas investidas em propaganda on-line.

Os consumidores estão se tornando buscadores de informações em vez de agentes passivos por causa do extensivo uso de mecanismos de busca, como Google e Yahoo. Associadas a isso há mudanças nos hábitos de visualização da mídia acarretadas pela explosão na disponibilidade de canais via cabo e satélite, bem como a convergência de mídias à medida que os limites entre as tecnologias de telecomunicação, televisão e Internet tornam-se indistintos.

Um dos potenciais benefícios da comunicação pela Internet é a possibilidade de atrelar de maneira mais precisa as vendas às promoções. Isso se reflete em uma série de métodos de comunicação que surgem para tirar proveito das características específicas da Internet. Dentre elas destacam-se os banners publicitários e o marketing viral.

BANNERS PUBLICITÁRIOS E PAY-PER-CLICK

A publicidade em banners nas páginas Web disponibiliza opções de clique que levam os navegadores aos sites das empresas anunciantes. Esses banners representam a principal forma de propaganda na Internet. Os anunciantes concorrem por palavras-chave que acreditam que os clientes em potencial usarão em suas buscas (por Google, Yahoo e outros mecanismos pela Internet). Os mecanismos de busca exibem anúncios próximos aos resultados da pesquisa virtual. Embora esses anúncios sejam considerados irritantes por alguns, tiveram sua eficácia comprovada quando vinculados ao conteúdo da página pesquisada. Por exemplo, Yahoo e Lycos destacam links para sites comerciais que ofereçam bens e serviços relacionados com os itens pesquisados. Grande parte do sucesso da Amazon foi atribuída a seu banner publicitário no site da AOL, que direcionava potenciais compradores a livros sobre os tópicos de interesse. A eficácia dos anúncios nesses banners de modo geral, porém, é questionável. Timmers (1999) relata que os *click-throughs* (visitantes que clicam nos banners publicitários para serem transferidos ao site correspondente) podem ser tão baixos quanto 0,5% (1 clique em 200 exibições). À medida que os usuários da Internet se tornam mais sofisticados e experientes, é provável que a taxa de *click-through* caia em vez de subir. Para ser eficaz, um anúncio em banner deve causar impacto imediato em uma tela geralmente abarrotada, além de transmitir em poucas palavras razões que induzam ao clique.

Em rápido crescimento e com previsão de corresponder a mais da metade da propaganda pela Internet em 2010, está o anúncio *pay-per-click*. O anunciante só paga quando um consumidor clica no anúncio e é levado para o site da empresa. Como somente os interessados devem clicar, a qualidade dos contatos gerados é muito alta e pode, por isso, custar entre US$ 0,10 e US$ 30 (a média em 2006 era de US$ 0,50) dependendo da palavra-chave (*The Economist*, 25 nov. 2006).

MARKETING VIRAL

O marketing viral envolve criar uma mensagem de marketing com a intenção de que cada destinatário a encaminhe para amigos. Isso tem uma relevante vantagem sobre as mensagens por *spam* porque o amigo terá algum grau de credibilidade que pode fazer com que a mensagem seja visualizada com mais simpatia. Embora não seja exclusivo do ambiente Web, as tecnologias baseadas na Internet facilitaram sobremaneira o uso desse tipo de marketing.

Citamos o exemplo da indústria de tintas Dulux, que pretendia vender mais tinta para as mulheres britânicas. Em vez de bombardeá-las indiscriminadamente com mensagens eletrônicas para que 'comprassem mais tinta', a empresa criou um site e enviou um e-mail para 10 mil mulheres convidando-as a jogar um jogo. Na ocasião, 13 mil aceitaram jogar. A empresa estima que um terço das que entraram na competição recebeu o convite encaminhado por uma amiga (*The Guardian*, fev. 2002).

A Forrester Research (<http://www.forrester.com>) estima que uma lista de e-mails de alta qualidade deve gerar uma taxa de resposta (compra) de cerca de 6%. Uma lista criada por garimpagem gerará 1%. O marketing viral, por sua vez, tem atingido taxas de resposta entre 25% e 50% (Forrester Research, citado em *The Guardian*, fev. 2002).

A Nestlé usa marketing viral para seus produtos Nescafé, incluindo o Blend 37. Em uma campanha, 20 mil consumidores de Nescafé foram convidados por e-mail a clicar em www.b37.challenge.com para participar do sorteio de ingressos para o Silver Historic Festival em agosto de 2001. Os 36 primeiros receberam passe VIP para uma corrida no circuito de Silverstone (*Precision Marketing*, 29 jun. 2001).

PROMOÇÃO PRÉ-LANÇAMENTO

A Internet pode ser um veículo ideal para anúncios do tipo *teaser* antes do lançamento de um produto (como no caso do filme *O Senhor dos anéis* já mencionado). Antes de lançar uma nova versão do creme dental Crest Whitener no mercado norte-americano, a P&G preparou um lançamento pré-varejo em seu site que atraiu 1,2 milhão de visitantes e efetivamente vendeu 140 mil unidades (correspondendo a mais de US$ 6 milhões). A empresa estimou que a iniciativa gerou cerca de 500 mil compradores antes do início da propaganda de lançamento e da distribuição no varejo (*Marketing Business*, jul./ago. 2001).

MEDIÇÃO DO ALCANCE DA PROPAGANDA

Para padronizar a mensuração do alcance e da eficácia da propaganda, o setor publicitário no Reino Unido formou o Joint Industry Committee for Web Standards (JICWEB). O comitê padronizou as definições de 'usuário', 'impressões de página', 'visitas' e 'seções'. O JICWEB está analisando as questões de circulação, mas até agora se tem dado pouca atenção à definição de perfil do público, por meio de painéis e pesquisas, assim como existe para outras mídias, como a televisão (BARB) e a imprensa (JICNAR). Um recém--formado comitê setorial para pesquisa de publicidade na Internet (JICNET) está encaminhando propostas para uma medição de público baseada em pesquisa que o setor publicitário britânico possa usar com confiança (*Marketing Business*, jul./ago. 2001).

12.4 ESTRATÉGIAS DE DISTRIBUIÇÃO

A estratégia de distribuição enfoca a forma como produtos e serviços serão fisicamente entregues ao cliente. A rede de distribuição utilizada ou criada dependerá de uma série de fatores, por exemplo, se os clientes finais são pessoas físicas ou empresas.

12.4.1 Canais de distribuição

A principal escolha a ser feita pela maioria dos profissionais de marketing é a de vender por meio de intermediários ou diretamente aos consumidores. Os intermediários, como atacadistas e varejistas, podem trazer uma série de vantagens. A mais significativa delas é a de terem relacionamento direto com os consumidores, o que pode ser muito útil.

Por exemplo, no setor supermercadista do Reino Unido, varejistas como Tesco, Sainsbury, Asda, Morrisons e Waitrose possuem clientes fiéis que compram regularmente com eles. Os produtos vendidos em lojas ganham credibilidade aos olhos do consumidor em função de onde são vendidos. A desvantagem, contudo, é que o varejista possui muitos produtos concorrentes em suas prateleiras e pouco incentivo para promover uma marca em detrimento de outra. Os fornecedores tentam combater isso por meio de uma estratégia de pressão (*push*) ou de atração (*pull*). A primeira é aquela em que o lojista recebe incentivos para estocar o produto (como no caso de descontos por volume ou ofertas promocionais adicionais que podem incentivar mais compradores a visitar a loja). Por outro lado, uma estratégia de atração ocorre quando um fornecedor estimula os consumidores a ir à loja demandar o produto. Dessa forma, o produto é 'atraído' pelo canal de distribuição em vez de ser 'empurrado' para ele.

Nos mercados corporativos, intermediários também podem ser usados (geralmente atacadistas), entretanto é mais comum encontrar vendas diretas por meio de equipe própria. As vantagens dessa modalidade foram discutidas anteriormente. A desvantagem evidente é o custo incorrido, embora isso seja normalmente compensado pela cobrança de preços mais altos. Além disso, muitas empresas podem contratar uma força de vendas terceirizada para ajudar em atividades especiais, como o lançamento de um produto ou em períodos de pico de demanda.

12.4.2 Efeitos da Internet sobre as estratégias de distribuição

A Internet facilitou muito a distribuição de produtos com base em bits, como informações, música e vídeo. Na realidade, atualmente, na indústria fonográfica, muitos sugerem que produtos físicos como o CD estão entrando em obsolescência devido à atratividade do download de músicas pela Internet. Em 2005, houve mais vendas de álbuns no Reino Unido sob a forma de downloads do iTunes do que pelas lojas físicas. O desafio para esse setor consiste em encontrar meios de gerar renda com esses downloads tendo em vista a concorrência de sites piratas que oferecem música de graça.

No caso de produtos com base em átomos, a chave para o sucesso tem sido a eficiência e a eficácia dos sistemas e da logística de distribuição. Cada livro vendido on-line pela Amazon deve ser entregue ao cliente, e os consumidores cada vez mais habituados com o rápido acesso pela Internet também esperam rapidez na entrega física quando realizam suas compras. O tradicional período de 'entrega em 28 dias' não é mais aceitável para muitos clientes. Falhas de distribuição destruíram muitas das empresas 'ponto.com' — a eToys descobriu, por exemplo, que o 'negócio virtual' é uma ilusão quando se trata de operar armazéns cheios de brinquedos. A capacidade de cumprir suas promessas de distribuição está se revelando uma competência essencial da Amazon.com que impulsiona muitas de suas alianças, como a com a Toys 'R' Us.

Cada vez mais, a questão de distribuição torna-se de multicanais — inúmeras formas pelas quais os mesmos produtos e serviços chegam ao cliente. Por exemplo, um dos pontos fortes da oferta de produtos pela Internet da Tesco.com era reconhecer que a compra virtual não substitui a visita às lojas; é um complemento. Gerenciar sistemas multicanais complexos será um grande desafio para muitas empresas. A tensão crucial ficará entre o que as empresas querem das estratégias multicanais e como os consumidores reagirão a isso.

Por exemplo, o líder do mercado de PCs, a Dell, visa a realizar a maior parte das vendas pela Web devido às enormes economias que isso gera. Entretanto, a empresa também conta com equipes de vendas internas e externas para promover novos produtos a clientes corporativos e abocanhar negócios da concorrência. Sua visão é a de que, se alguém quer comprar só alguns PCs, deve ir à Web ou procurar outro fornecedor. Se alguém quer comprar para toda a empresa, deve fazer isso pela força de vendas diretas. Se o cliente é uma empresa do porte da Boeing, com base instalada potencial de 100 mil PCs, o fundador Michael Dell vai visitá-los pessoalmente. Para fazer essa estrutura multicanal funcionar, a Dell paga comissões de vendas pela Internet e até oferece bônus adicional para vendedores que conseguem levar os compradores de pequeno porte para esse ambiente.

Por mais lógicos que sejam os modelos multicanais, eles podem ser reinterpretados pelos consumidores de muitas formas. Uma grande empresa de serviços financeiros no Reino Unido estruturou seu sistema de canais com três opções principais: a Internet, a rede de filiais e os serviços bancários por correio/telefone. Eles classificavam seus clientes como de Internet ou de filial. Por outro lado, os clientes tendiam a redefinir o modelo em seus próprios termos: por que não ir até uma filial, abrir uma conta corrente e receber um extrato, depois fazer todas as transações por correio ou telefone e então administrar a conta pela Internet? A estratégia multicanal da empresa estava mal embasada (e também todos os planos de vendas cruzadas e promocionais para cada canal), mas ela está aprendendo a lidar com o fato de que é dessa maneira que seus clientes querem usar os diversos canais.

12.5 O COMPOSTO DE MARKETING AMPLIADO — PESSOAS, PROCESSOS E EVIDÊNCIAS FÍSICAS

12.5.1 Pessoas

Embora importantes em muitos negócios, a qualidade, o treinamento e o entusiasmo das pessoas que trabalham em uma empresa são absolutamente cruciais às prestadoras de serviços. É bem mais provável que uma equipe feliz, talentosa e motivada atenda bem os clientes e estabeleça um relacionamento contínuo que pode ser mutuamente benéfico. Uma série de fatores é relevante ao elaborar a estratégia de gestão de pessoas.

- **Desenvolvimento e descrição de cargo.** O ponto de partida é ter uma clara ideia de funções e tarefas esperadas da equipe. Isso inclui a identificação do nível de competência técnica exigido, bem como as habilidades interpessoais de lidar com pessoas de maneira a deixá-las satisfeitas (ou, ainda melhor, encantadas). Nas empresas de serviço, contudo, os cargos raramente seguem especificações exatas. É preciso flexibilidade para adaptar a função a condições e a requisitos de clientes que estão em constante mudança.

- **Seleção.** A contratação da equipe é largamente direcionada pela especificação do cargo. Se um 'segurança' estiver sendo contratado para uma casa noturna, a especificação do cargo deve incluir habilidade física para autodefesa e proteção a outras pessoas. Ao contratar um contador, porém, outras qualificações técnicas serão mais importantes.

- **Treinamento.** Por mais talentosa que seja uma equipe, o treinamento contínuo é essencial para assegurar que as habilidades sejam mantidas e intensificadas à luz de circunstâncias mutantes. Uma boa parte do treinamento pode ocorrer no dia a dia, mas também é importante proporcionar um tempo fora da empresa para reflexão e aprimoramento de aptidões específicas.

- **Avaliação.** Não menos importante é avaliar periodicamente a equipe e dar-lhe feedback sobre seu desempenho. Desde que isso seja feito de maneira construtiva, a maioria dos funcionários é receptiva a esse tipo de feedback e sugestões sobre como pode melhorar. Também faz parte do processo de avaliação rever a descrição de cargo e atualizá-la à luz da experiência.

Como os funcionários têm contato direto com os clientes, pode ser problemático quando eles deixam a empresa. Em alguns casos, se passarem a trabalhar para um concorrente, poderão levar os clientes com eles (por exemplo, executivos de contas que são 'roubados' de uma agência de publicidade por outra). A estratégia de gestão de pessoas necessita assegurar que a empresa não fique excessivamente vulnerável a trocas de pessoal, seja por meio de rotatividade da equipe em contato com clientes, seja por meio de abordagens baseadas em equipes de atendimento a clientes particularmente valiosos. Pode haver casos em que um generoso pacote de benefícios seja apropriado para impedir que determinado funcionário deixe a empresa e carregue os principais clientes com ele.

12.5.2 Processos

Os sistemas e processos envolvidos na entrega de produtos ou serviços não somente impactarão a habilidade da equipe de atender eficazmente os clientes, mas também afetarão a maneira como eles julgam o nível de atendimento recebido. A equipe precisa receber as ferramentas adequadas para executar seu trabalho. Isso inclui ferramentas de controle interno, como software de gestão de relacionamento com clientes (CRM, sigla para *customer relationship management*), bem como técnicas mais básicas de processamento de pedido e entrega.

O CRM cobre todos os métodos e tecnologias usados por empresas para gerenciar suas relações com clientes reais e potenciais. As informações disponíveis sobre esses clientes são analisadas e utilizadas para criar um relacionamento mais forte e, espera-se, mutuamente benéfico. A Amazon.com usa processos automatizados de CRM para gerar um marketing personalizado (como sugestões de livros e CDs) com base nas informações sobre os clientes armazenadas no sistema, como compras recentes. Utilizando essa vantagem tecnológica, a Amazon está se tornando uma plataforma geral de comércio para diversos produtos e serviços que vão além de livros e CDs.

Um sistema eficaz de CRM contribui para conquistar clientes, construir relacionamentos mais próximos com eles, proporcionar melhores serviços e, por conseguinte, reter clientes valiosos. Ao rastrear os contatos com os clientes por meio do CRM, uma empresa é capaz de garantir que níveis apropriados de contato sejam mantidos e de monitorar a eficácia de interações específicas.

No setor público, cada vez mais as universidades usam pacotes de CRM para rastrear contatos com alunos desde a consulta inicial, passando pela decisão de estudar ali, por seu desempenho e progresso no curso, até a graduação, o progresso na carreira e a condição de ex-aluno. Dessa maneira, oportunidades adicionais podem ser perseguidas para melhorar a experiência geral do aluno por todo seu ciclo de vida e, se tudo der certo, maximizar o retorno para a universidade por meio de negócios recorrentes e doações de alunos também!

De modo geral, as aplicações de CRM rastreiam os interesses e as demandas dos consumidores, bem como seus hábitos de compra. Essa informação pode ser utilizada para segmentá-los de modo seletivo. Além disso, os produtos que um cliente comprou podem ser monitorados por todo seu ciclo de vida, permitindo que esse cliente receba informações do produto ou de eventuais substitutos quando ele começar a ser descontinuado. Os fabricantes de produtos infantis possuem atualmente programas sofisticados de CRM que os alerta sobre as fases de desenvolvimento do bebê; por exemplo, quando é o momento de mudar de um tipo de fralda para outro ou de trocar o alimento de recém-nascidos para o de bebês maiores. Em alguns casos, esses programas até acionam o envio automático de cartões de aniversário.

12.5.3 Evidências físicas

Como discutimos no Capítulo 14, um aspecto fundamental da avaliação da entrega de serviços é o tangível, ou a evidência física que acompanha a oferta.* No marketing de produtos físicos, com base em átomos, a aparência em si e a embalagem, associadas ao ambiente em que são comercializados, podem impactar a atratividade geral para os consumidores. Por exemplo, o projeto sofisticado de uma loja de varejo presta atenção detalhada aos aromas e sons que fazem parte da experiência de compra, bem como ao ruído e à sensação causados pelo andar, ao espaço adequado para evitar 'esbarrões' (quando um comprador esbarra em outro e perturba as avaliações de compra de ambos) e ao efeito da iluminação sobre o humor e o ambiente. No setor de serviços, a aparência e a conduta da equipe podem ser igualmente importantes.

Os clientes captam muitos sinais da qualidade do produto ou serviço que estão comprando a partir da evidência física que os cerca. Ao lecionar para alunos de MBA ou executivos em programas de desenvolvimento gerencial, a maioria dos professores se veste de modo mais 'profissional' do que quando lecionam para alunos de graduação. As formalidades do código de vestimenta são usadas para estabelecer afinidade com

---

* Para manter o conjunto de Ps do composto de marketing, como no original em inglês, também tem sido usados os termos Paisagem de serviços, derivado de *Servicescape*, e Palpáveis, como as evidências físicas tangíveis. (N. do R.T.)

o público e variam de acordo com ele. A embalagem dos produtos também pode variar para sinalizar sua qualidade. Por exemplo, o Sunday Times Wine Club distribui para seus membros seus vinhos finos em caixas de madeira, enquanto outros vinhos mais triviais são despachados em caixas de papelão.

12.6 NOVOS NEGÓCIOS E MODELOS DE NEGÓCIOS

Na esteira da incerteza e das inquestionáveis oportunidades geradas pela Internet, dois tipos distintos de empresa estão surgindo: os pioneiros da Internet e os pragmáticos da Internet.

12.6.1 Pioneiros da Internet

Os pioneiros da Internet estabeleceram tipos radicalmente novos de negócios para explorar os benefícios da nova tecnologia e fazer negócios de maneiras muito diferentes. Straub e Klein (2001) referem-se a eles como empresas de nível 'Ômega' e observam que as mais bem-sucedidas aproveitaram o poder da nova tecnologia para reunir informações sobre as preferências dos clientes e personalizar produtos e serviços especificamente de acordo com as necessidades de cada um. Essas empresas, contudo, são relativamente raras, mas incluem as de perfil semelhante ao da Amazon.com no varejo de bens de consumo, ao do eBay em leilões on-line e ao da Monster.com no mercado de empregos.

O eBay é um bom exemplo de pioneiro da Internet. No final da década de 1990, tornou-se o local preferido na Web para comercializar itens de coleção, em grande parte construindo sua reputação mais pelo boca a boca do que por anúncios publicitários e criando um círculo virtuoso pelo qual mais compradores atraíram mais vendedores, que por sua vez atraíram mais compradores. Em 2001, o eBay tinha 38 milhões de usuários no mundo todo. No terceiro trimestre de 2001, eles listaram 109 milhões de itens e gastaram US$ 2,4 bilhões entre si. A empresa obteve US$ 194 milhões de receita de vendas, 71% acima do mesmo período em 2000 (*Fortune*, 21 jan. 2002).

Outro exemplo de pioneiro da Internet é a Egg, o primeiro banco pela Internet do Reino Unido, que foi lançado com um posicionamento tão inovador quanto personalizado de acordo com as necessidades dos clientes. (O slogan da marca era "A Egg é seu parceiro inovador, que estará sempre a seu lado oferecendo soluções financeiras simples e inteligentes".) Uma semana após o lançamento, havia recebido 1,75 milhão de visitas em seu site. Ao final de 2001, conquistara 9% do mercado de cartões de crédito do país, e a consciência da marca aumentara para extraordinários 88%. Nessa época, contava com 1,58 milhão de clientes, no mesmo nível de muitos bancos com instalações físicas. Isso tudo foi alcançado pela utilização de tecnologias inovadoras, que efetivamente reduziram as barreiras de entrada em um mercado antes bem resguardado (*Marketing Business*, set. 2001).

12.6.2 Pragmáticos da Internet

O segundo tipo de empresa que está surgindo são os denominados 'pragmáticos da Internet' (Fahy e Hooley, 2002). Essas empresas abraçaram as oportunidades da Internet para aprimorar os modelos de negócios que já praticavam. A Dell, por exemplo, usa pedido on-line para melhorar suas operações de marketing direto, a Fedex usa a tecnologia para permitir o rastreamento personalizado das encomendas em trânsito (3,1 milhões de encomendas por dia com 99% de entrega dentro do prazo) e a Cisco economiza US$ 700 milhões anualmente ao oferecer suporte pela Web. Esses pragmáticos usaram a Internet para aprimorar os serviços que já ofereciam a seus clientes e também para reduzir custos, mas não abandonaram por completo os modelos de negócios vigentes. Em vez disso, adaptaram-nos para o novo ambiente.

O lançamento nacional do serviço pela Internet da Tesco em 2000 seguiu-se a cinco anos de preparo e projetos-piloto, e essa preparação levou a empresa a liderar o ranking de qualidade na Internet publicado pela Gomez, empresa sediada em Chicago, e a ser considerada por muitas empresas norte-americanas do ramo como um líder mundial. Certamente, a Tesco.com tornou-se um dos maiores negócios no comércio eletrônico supermercadista e tem planos de expansão pelo país. A formulação da proposição de valor e do modelo de negócio da Tesco Direct baseou-se em um estudo conciso sobre o que os clientes almejavam nas compras de supermercado pela Internet. Contrariando as expectativas de que os compradores on-line abandonariam as lojas convencionais, descobriu-se que eles gostavam de ir às lojas para escolher pessoalmente produtos frescos e ver quais novos produtos estavam disponíveis, além de confiar que suas lojas locais oferecessem produtos de qualidade a preço justo. A maioria dos clientes não considerava a compra on-line substituta da compra tradicional, mas um complemento. Por esse motivo, eles usam a mesma loja que visitam presencialmente, escolhem a mesma seleção de produtos regionais e compram aos mesmos preços. A proposição era 'compro on-line da minha loja'. O modelo da Tesco integra o negócio on-line com o físico — as vendas virtuais fazem parte das vendas da filial e reabastecem-se na loja. A proposição de valor é conveniente e poupa tempo, além de oferecer maior personalização — o software lembra a compra anterior e gera 'lembretes', além de alertar àqueles suscetíveis a alergias alimentares. Os custos iniciais relativamente baixos (£ 35 milhões) e uma ágil cobertura nacional refletem o uso das lojas convencionais como 'minidepósitos' em que os coletores podem atender até seis pedidos virtuais por vez usando um carrinho especial. A empresa estima que o pedido de compra médio pela Internet seja de 2% a 3% mais lucrativo do que a média de compras na loja, porque os compradores virtuais tendem a selecionar itens com margens mais altas.

A diferença entre pioneiros e pragmáticos pode ser claramente observada pela fase de difusão em que adotaram as tecnologias mais avançadas. Parece que estamos agora firmes na fase majoritária de difusão da Internet como uma tecnologia de capacitação (possivelmente até no final dessa fase), em que a maioria dos adotantes é pragmática e usa a nova tecnologia para aprimorar os modelos de negócios vigentes em vez de tentar revolucioná-los.

Muitos dos pragmáticos representam a mal-falada 'velha economia'. São empresas que, em alguns casos, foram lentas em aderir à revolução da tecnologia da informação, além daquelas que são seletivas na utilização da Internet. Por exemplo, empresas como IBM e Cisco Systems transferiram a maior parte de seus serviços de suporte para o ambiente on-line e os clientes passaram a se servir dos menus de opções disponíveis em seus sites. Essas empresas estimam economias de custo da ordem de US$ 500 milhões a US$ 700 milhões por ano com essa mudança. Alguns tipos de serviço ao cliente on-line atualmente disponíveis incluem páginas Web customizadas, informações segmentadas, interação com o provedor do serviço de suporte, interação entre clientes, produtos customizados e recompensas e incentivos (Walsh e Godfrey, 2000).

De modo análogo, no contexto dos sistemas de negócios, os pragmáticos usam a Internet para aprimorar o que já estão fazendo (Porter, 2001). Por exemplo, a Compaq Computer Corporation cada vez mais distribui software on-line em vez de por CD e disquete. Foram pioneiros no sistema de distribuição 'experimente primeiro e pague depois', em que os consumidores usam o software por um período de teste e a licença é estendida caso optem por comprá-lo. As taxas de conversão em vendas aumentaram de modo expressivo com esse sistema. Muitas das atividades organizacionais básicas passaram a ser terceirizadas eletronicamente. Empresas de telefonia celular, como a Vodafone, oferecem serviços de gestão de frotas para clientes corporativos, enquanto planos de saúde empresariais podem ser administrados à distância por empresas como a Bupa. Serviços de treinamento executivo também podem ser administrados remotamente por provedores de *e-learning* como a Smartforce, e até a atividade de P&D aprimora-se com o vasto armazenamento de informações atualmente disponível por meio eletrônico. Em suma, os pragmáticos da Internet são aqueles que adotaram a Internet para aprimorar produtos e processos já existentes, que costumam ser chamados de operações de 'tijolo e cimento',* implicando que a empresa vê a Internet como um canal adicional que complementa as atividades em curso. A Dell Computer Corporation descobriu que seu modelo de produção por encomenda adequava-se muito bem à Internet e consequentemente mais de 50% de seu negócio passou a ser conduzido por esse meio. A Allied Irish Banks avaliou a opção de instalar um banco exclusivamente com base na Internet para competir com negócios similares como o First-e, mas abandonou a ideia optando por melhorar os serviços on-line para seus clientes.

Embora os pioneiros da Internet tenham dominado as manchetes, é provável que sejam os pragmáticos a eventualmente dominar a utilização da Internet como um canal de negócios.

* Uma metonímia para empresas físicas. (N. do R.T.)

RESUMO

O 'novo' composto de marketing está em constante mudança. Novos ingredientes são adicionados o tempo todo pelo pessoal criativo de marketing. Todavia, o desenvolvimento mais significativo da última década foi o advento da Internet, que impactou drasticamente todos os aspectos do composto de marketing, desde o produto e o preço até as promoções e os pontos de distribuição. Uma série de conclusões (e possíveis alertas) surge.

1. Não pense que a Internet curará todos seus males de marketing. As empresas deficientes em marketing no mundo físico não têm chance de subitamente ter sucesso no mundo virtual. Para aquelas mais criativas e conhecedoras da Internet, contudo, as novas tecnologias podem proporcionar meios de passar à frente dos concorrentes convencionais e agregar valor aos clientes de maneiras inovadoras.
2. Lembre-se de que os produtos com base em átomos ainda requerem sistemas de distribuição eficazes para ser fisicamente entregues aos clientes. Na verdade, os sistemas de logística e distribuição de varejistas on-line po-

dem necessitar ser mais eficazes do que os das empresas físicas, uma vez que a expectativa de rapidez é maior para os negócios com base na Internet.
3. Tenha cuidado ao pressupor que os produtos com base em átomos de hoje serão os produtos com base em átomos de amanhã. Cada vez mais, os produtos físicos (como CDs de música, vídeos, jornais e revistas) estão se transformando em produtos com base em bits. Graças à Internet, o mercado de monitores de televisão e de computadores está se fundindo, com os computadores de mão e os telefones móveis acessando transmissões de rádio e TV.
4. Continue a basear sua vantagem competitiva nos recursos de marketing que possui e que podem ser protegidos da imitação pelos concorrentes. Desenvolva ativamente os novos recursos, habilidades e competências necessárias para tirar proveito das novas tecnologias.

Cafés especiais no país do café

Estudo de caso brasileiro

Diz a lenda que, no século III, um pastor árabe percebeu que suas cabras ficavam agitadas quando comiam as frutas de certa árvore e que também ele sentia uma nova energia ao comer esses frutos. Torrados, moídos e diluídos na água, deram origem à tradicional bebida que se espalhou pelo mundo, o café. Comerciantes levaram o produto ao Sri Lanka e a Java, onde surgiram grandes plantações que passaram a abastecer a Europa. No Renascimento, as casas dos mais ricos possuíam uma sala especial para seu consumo, e surgiram nas cidades alguns locais que ofereciam o produto a seus clientes, tornando-se pontos de encontro para descontração, revigoração, música, alimentação e jogos.

O Brasil introduziu a cultura da planta no Estado do Pará em 1727 e a seguir no Maranhão. Por volta de 1760, chegou ao Rio de Janeiro e ao Vale do Paraíba.

Na época da Independência, com a crise do açúcar, do algodão e a decadência da mineração, os fazendeiros buscaram uma nova fonte de riqueza econômica. A farta mão de obra escrava e as crises nos grandes países produtores de café da época provocaram sua expansão para regiões de clima e terra favoráveis: sul de Minas Gerais, interior de São Paulo, norte do Paraná e Mato Grosso. Chamado de Ouro Verde, a partir de 1830 o café torna-se o principal item da pauta de exportações do Brasil, e o país vira o maior produtor do mundo. Esse período de prosperidade ficou conhecido como o Ciclo do Café, que vai até 1930. Durante essa época de crescimento, foram feitas grandes fortunas, construíram-se as ferrovias para o transporte da produção, portos foram ampliados para exportar o produto e, com abolição da escravatura, uma forte corrente migratória de europeus veio para o país trabalhar nas plantações. A região cafeeira tornou-se a principal força política e econômica do país, elegendo os presidentes durante o período da Velha República.

A quebra da Bolsa americana em 1929 levou a uma queda no valor da saca à metade do ano anterior, agravada pela superprodução. Com a crise, a importância do café como *commodity* foi diminuindo até que, com a industrialização no período pós-guerra, os manufaturados se tornaram o principal item de exportação por volta de 1970. Ainda assim, até hoje o Brasil é o maior exportador de café do mundo e o segundo maior consumidor, atrás apenas dos Estados Unidos.

Em todo esse período, no entanto, apesar de o café fazer parte do dia a dia do brasileiro, de modo geral o produto consumido não é o da variedade de melhor qualidade. A produção brasileira é baseada em duas variedades do cafeeiro. A que possui melhor aroma e sabor é a *arábica*, em sua maioria destinada à exportação. Para o consumo local, foi reservada a variedade *robusta* ou *conillon*, de aroma e sabor menos complexos e com mais cafeína. Para esconder seu amargor e impurezas, como adstringência e acidez, os produtores torram mais os grãos, resultando em bebidas fortes e escuras.

No início dos anos 80, um grupo de importadores de café da Califórnia se reuniu em São Francisco para criar a Associação de Cafés Especiais da América, que congrega todos os participantes da cadeia de produção para estabelecer padrões de qualidade de cafés superiores. O objetivo era atender a um mercado que começava a crescer, o dos consumidores que sabiam distinguir os produtos de melhor qualidade e que estavam dispostos a pagar por eles.

No Brasil, o conceito de café especial nos anos 80 era o do café aromatizado, com essências, coberturas ou caldas. Foi só posteriormente, com o crescimento do consumo do café expresso, que o consumidor brasileiro começou a procurar café de melhor qualidade, e foi somente no fim da década de 90 que o mercado começou a conhecer e a procurar a variedade até então exportada, incentivando o surgimento do mercado de cafés especiais.

Hoje o mercado está se diversificando, com novos tipos também apresentando demanda, como o Rain Forest, que provêm de locais com preservação da mata nativa, e os orgânicos, com processos sem uso de produtos químicos.

Entre as mais de cem marcas de café especial que já surgiram atraídas por esse novo mercado, encontramos a de Marco Antonio Suplicy, primo de segundo grau do senador Eduardo Suplicy, proprietário do Suplicy Cafés Especiais, situado na região dos Jardins, em São Paulo.

A relação da família Suplicy com cafés data de 1879, quando ela abriu um escritório de corretagem de grãos de café que acompanhou não só o declínio do histórico do setor, mas também as novas tendências do mercado.

Depois de atuar por 20 anos no mercado financeiro, Marco Suplicy decidiu seguir a tradição e aproveitar a experiência que já estava na família, entrando no negócio e se especializando no assunto.

Ele observou o crescimento tanto nos Estados Unidos quanto na Europa das cafeterias e cafés voltados para o público de maior poder aquisitivo que busca cafés de qualidade. No mercado norte-americano, o consumo do café expresso durante a década de 90 foi de praticamente 0% a 20%, com a rede Starbucks liderando esse crescimento.

Depois de fazer cursos e estágios no exterior, Marco Suplicy inaugurou sua rede em 2003, inspirada nas *coffee houses* londrinas. Hoje a rede tem seis lojas na capital paulista (Rua Lorena, Rua Renato Paes de Barros, Shopping Iguatemi, Shopping Market Place, Shopping Pátio Paulista e Shopping Cidade Jardim) e tem seu café vendido em mais de cem pontos.

Apesar da experiência centenária da família com o comércio do grão, a estratégia de negócio e de marketing tem que ser distinta e adequada ao seu público-alvo específico, muito distinto do comprador das *commodities* em sacos.

Produto: O café utilizado vem de produtores ligados à ABSCA — Associação Brasileira de Cafés Especiais, que conta com 45 associados. Os grãos vêm de seis fazendas, uma delas do Grupo Suplicy. Entre elas, quatro são do sul de Minas, uma do Cerrado e uma da região da Mogiana Paulista, oferecendo seis opções diferentes de café. Além de tomar o café no local, também é possível comprá-lo em grãos ou moído em embalagens especiais que impedem a oxidação, que pode levar a uma perda de até 50% do aroma em 15 minutos.

Preço: O preço precisa ser estabelecido de modo a sinalizar a qualidade em relação aos concorrentes no mercado. O preço dos cafés especiais começa a partir de cerca de três vezes a média dos cafés comuns. O quilo do café Suplicy custa cerca de três vezes o preço dos cafés especiais mais baratos.

Promoção: A construção de uma marca forte é fundamental para um café especial. O Suplicy tem feito diversas ações promocionais.

A agência de propaganda F/Nazca desenvolveu uma campanha com três anúncios que, por meio da interação de fotografias e ilustrações, mostram pessoas distantes das situações em que se encontram, como se estivessem em outro lugar. São apresentados os benefícios do café com um clima *vintage*. A veiculação envolve revistas, jornais, *spots* de rádio e cartazes.

O Café Suplicy participou e ficou em primeiro lugar na "prova às cegas" da revista *Prazeres da Mesa*, o que acrescentou credibilidade à marca.

A empresa estabeleceu parceria com AdeS, marca líder no mercado de bebidas à base de soja, oferecendo bebidas quentes e frias e ações promocionais. A marca do parceiro será usada em bandejas e copos descartáveis. A cada mês haverá um brinde promocional, e o primeiro é uma caneca especial.

Em toda última quinta-feira do mês, é realizado o Thursday Night Throwdown em uma das unidades da rede de cafés para a comunidade de baristas e simpatizantes interessados em Latte Art, a arte de fazer desenhos com leite em xícaras de café.

Ponto: Todos os pontos foram selecionados a partir da análise do movimento do público e potencial da região, com inspiração na história de que a Starbucks costuma contratar uma pessoa para ficar o dia todo em pontos potenciais com um aparelho contador na mão, quantificando o movimento. De modo geral, os pontos estão localizados em torno da região dos Jardins e em shoppings de perfil de maior poder aquisitivo.

Processos: Os equipamentos são selecionados entre aqueles de grande produtividade e que garantem a alta qualidade dos produtos. Os funcionários recebem treinamento específico e são certificados em cursos de formação de baristas.

Paisagem de serviço: O ambiente é influenciado pelas *coffee houses* inglesas, deixando no passado o perfil tradicional das pequenas lojas com balcão e banqueta onde se tomava um café rapidamente. O ambiente é amplo e confortável, com decoração contemporânea, jornais e revistas à disposição, café servido por baristas e diversas opções de cafés especiais para consumo tranquilamente no local ou para levar para casa.

Pessoas: O investimento em pessoal começa no processo de seleção, que busca profissionais que tenham prazer em trabalhar com pessoas e desenvolver relacionamentos, além de prazer em fazer café. Todos os funcionários e baristas do Grupo Suplicy foram treinados por especialistas do mercado, entre os quais a consultora de cafés norte-americana Sherri Johns, que trabalhou durante cinco anos na rede Starbucks Coffee e acompanhou a abertura de mais de 80 lojas da marca pelo mundo.

Questões para discussão

1. Suplicy fez com sucesso a transição do mercado de *commodities*, no qual sua família atuava, para um mercado de valor agregado. Quais são as razões desse sucesso?
2. Como o Grupo Suplicy pode usar as teorias do ciclo de vida do produto e da difusão de inovações para crescer?
3. As vendas pessoais são fundamentais para a estratégia de comunicação da empresa. Que outras ferramentas e mídias poderiam ser usadas, levando em conta que o composto de comunicação deve estar integrado com os outros elementos do composto de marketing?

Capítulo 13

Competindo com inovação

A chave para o sucesso duradouro nos negócios é o que sempre foi: investir, liderar, criar valor onde nada existia antes.

Robert Hayes e William Abernathy (1980)

INTRODUÇÃO

A inovação pode surgir de muitas frentes: uma inovação na experiência de atendimento ao cliente e na ambientação da loja para reinventar um negócio, como foi feito pela Jordan's Furniture, que tem duas lojas com sala de cinema IMAX e restaurante; uma estratégia de extensão de marca, como a feita pela Virgin; ou um novo método de acesso a produtos convencionais, como no caso do First Direct em serviços financeiros. Entretanto, a natureza da inovação na estratégia de marketing é mais bem compreendida examinando-se o processo de desenvolvimento de um novo produto. Neste caso, as lições podem ser aplicadas de modo mais geral para entender a inovação nos serviços e nos elementos de marca dentro da estratégia de marketing.

Há muitos fatores capazes de incitar uma organização à inovação (Figura 13.1). Dentre eles, pressões internas para explorar plenamente tecnologias já existentes ou novas em combinação com o desejo de utilizar os recursos organizacionais, seus ativos e competências da maneira mais eficaz possível. Pressões externas incluem intensa concorrência, consumidores cada vez mais exigentes e o impulso tecnológico de ciclos de vida mais curtos (Capítulo 3).

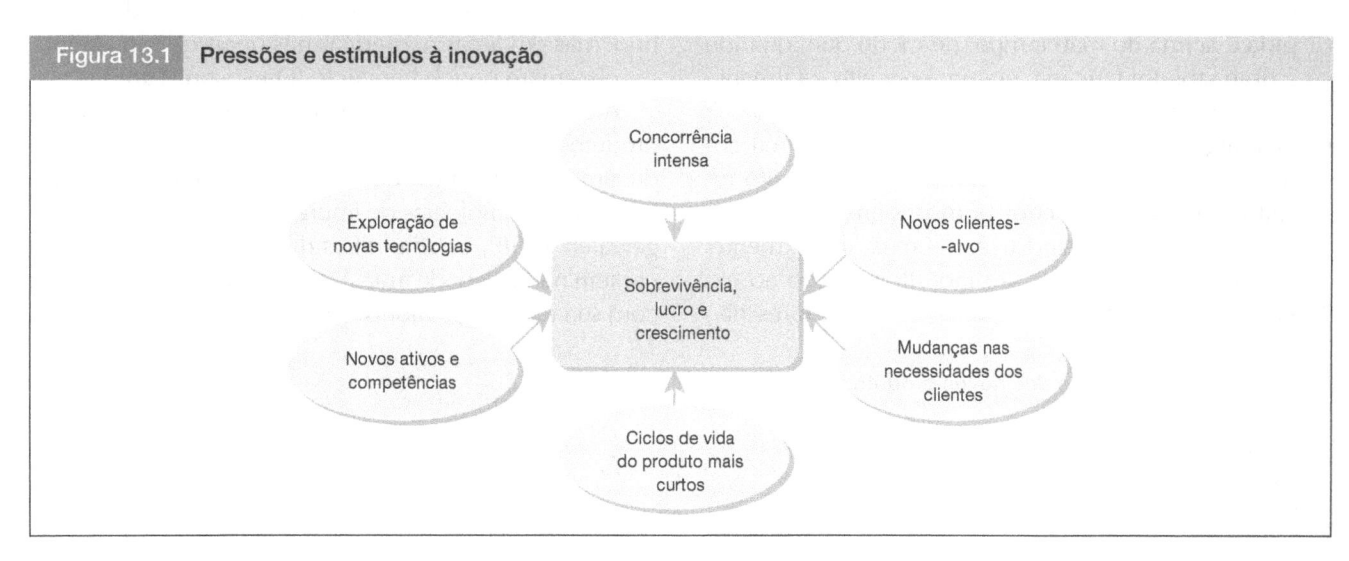

Figura 13.1 Pressões e estímulos à inovação

- Concorrência intensa
- Exploração de novas tecnologias
- Novos clientes-alvo
- Novos ativos e competências
- Mudanças nas necessidades dos clientes
- Ciclos de vida do produto mais curtos

→ Sobrevivência, lucro e crescimento

É fundamental que os gerentes de novos produtos analisem as razões que podem levar ao fracasso e evitem essas armadilhas. Ao compreender os direcionadores para o sucesso de um novo produto, os gerentes podem verificar se sua empresa possui os requisitos necessários à efetiva inovação de produto. Se não for esse o caso, eles devem desenvolver meios de adquirir esses requisitos e, desse modo, minimizar a probabilidade de fracasso no mercado.

Este capítulo começa examinando o sucesso e o fracasso de um novo produto e a seguir usa esse conhecimento para ajudar a entender o processo de desenvolvimento de novos produtos e como organizar-se para a inovação.

13.1 SUCESSO E FRACASSO DE NOVOS PRODUTOS

Estudos que comparam os sucessos e fracassos de novos produtos são consistentes em suas observações sobre os principais fatores que os tornam bem-sucedidos no mercado. Compreender esses fatores ajuda a desvendar o sucesso da inovação de produto.

A Figura 13.2 mostra os tipos de novo produto geralmente lançados pelas empresas.

- **Dinossauros** são produtos que perderam seu nicho porque o mercado mudou e a demanda por eles já passou. Quando o tempo de desenvolvimento de produto é longo, há o risco de que até aqueles bem fundamentados em pesquisa demorem demais para chegar ao mercado. Quando são lançados, o mercado evoluiu, as necessidades dos consumidores mudaram e/ou os concorrentes conseguiram atendê-las melhor. O avião Bristol Brabazon foi projetado no fim da década de 1940 para transportar poucos passageiros com grande conforto, mas era pesado, lento e só podia voar em baixa altitude. Durante sua gestação, o desenvolvimento de motores turboélices e a jato proporcionavam uma viagem mais rápida e acima do mau tempo, de modo que, quando a Brabazon foi lançada, era um conceito totalmente ultrapassado.
- **Flamingos** são produtos bonitos, mas de difícil comercialização. O processo de desenvolvimento resultou em produtos com bom design e uma multiplicidade de características — mas, infelizmente, os custos de produção são tão altos devido ao excesso de especificações que os consumidores não podem comprá-los. A menos que exista um número suficiente de clientes potenciais interessados em comprá-lo e com poder aquisitivo para isso, o flamingo corre o risco de seguir a ave dodô em sua extinção precoce. O N-Gage da Nokia não foi um sucesso comercial: era um telefone celular inteligente, com jogos, tocador de MP3 e um computador de mão. Entretanto, custava mais que o dobro de um Game Boy Advance SP quando foi lançado e oferecia uma seleção modesta de jogos.
- Os produtos do tipo **avestruz** são cegos em relação ao futuro. Podem atender às necessidades do mercado atual, mas não levam em conta mudanças futuras e não estão bem posicionados para se adaptar à evolução das demandas dos consumidores e das pressões competitivas. Um exemplo é o drive PocketZip da Iomega, que salvava arquivos em um disco e foi lançado exatamente quando cartões de memória flash autônomos surgiram no mercado.
- As **pérolas** representam a busca constante pelo desenvolvimento eficaz de novos produtos. Uma pérola sempre será valiosa e, mesmo quando sua popularidade diminui, pode ser transformada em joias ou trocada por outros recursos necessários. É uma fonte de futuro lucrativo por um período previsível. O iPod tem-se revelado uma dessas pérolas para a Apple.

13.1.1 Novos produtos de sucesso

Novos produtos de sucesso oferecem melhor desempenho do que os já existentes; geralmente são bem-sucedidos, apesar de custarem mais do que os concorrentes (Doyle e Bridgewater, 1998). A maioria dos produtos fracassados oferece paridade de preço ou valor inferior. Os produtos de sucesso apresentam vantagens que interessam aos consumidores (Figura 13.3). Os fracassados também têm vantagens de desempenho, mas em áreas periféricas nas quais os consumidores enxergam pouco benefício (Davidson, 1987).

Além da vantagem de preço e desempenho, novos produtos de sucesso costumam oferecer benefícios radicalmente diferentes das ofertas existentes. Exemplos incluem as tecnologias de impressão Linx (Doyle e Bridgewater, 1998), os *smoothies* da Innocent (batidas que contêm nada além de frutas) e o modelo Prius da Toyota, com sua tecnologia híbrida. Novos produtos necessitam

Figura 13.2	Zoológico dos novos produtos
DINOSSAURO	– Adequado para um museu
AVESTRUZ	– Cego para o futuro
FLAMINGO	– Belo, mas difícil de vender
PÉROLA	– Fonte de um futuro lucrativo

Figura 13.3 — Características de inovações que aceleram a difusão

- Vantagem sobre soluções anteriores
- Compatibilidade com processos existentes
- Baixa complexidade que permite fácil compreensão
- Divisibilidade para facilitar a experimentação
- Comunicabilidade

ter uma vantagem significativa sobre os já existentes. Isso pode implicar contrariar as tendências setoriais: enquanto concorrentes incluíam mais e mais funcionalidades em seus telefones, a Motorola decidiu fazer o contrário e focar a forma, desenvolvendo o menor e mais fino aparelho do mercado. Nos três primeiros meses de comercialização, o Razr superou as projeções da Motorola para toda sua vida útil (Anthony et al., 2006).

Muito embora empresas como a Spring Ram Corporation em acessórios de cozinha e banheiro, a Honda em motocicletas e a Amstrad em PCs tenham obtido êxito apesar de uma entrada tardia no mercado, quase sempre é melhor ser o primeiro.

Apesar do risco inevitável de ser um pioneiro, de modo geral a primazia no mercado é melhor por diversos motivos. O valor de uma inovação atinge o pico nas fases iniciais, e isso proporciona máximo impacto de comunicação e uma oportunidade de ampla experimentação pelos consumidores. O inovador conquista clientes primeiro; isso significa que os concorrentes seguidores devem melhorar seu posicionamento de mercado e fabricar produtos melhores e/ou mais baratos para induzir os consumidores à troca. Isso não será tão fácil assim de atingir se o pioneiro tiver assegurado uma forte fidelidade do cliente e uma reputação de inovação no mercado.

13.1.2 Sucesso de produtos industriais

Estudos sobre novos produtos comercializados no mercado B2B fazem as seguintes distinções entre sucessos e fracassos (Cooper e Kleinschmidt, 1993):
- Caráter único (qualidade inovadora) ou superioridade do produto.
- Gerência com conhecimento de mercado e experiência em marketing.
- Existência de sinergias técnica e produtiva e competência.

A primeira dimensão — caráter único/superior de produtos industriais — é muito próxima daquela para bens de consumo. Nesse aspecto, produtos industriais e de consumo são semelhantes. É provável que essa semelhança se estenda a outros pontos também. Os inovadores industriais bem-sucedidos estudam bem seus consumidores e mercados, realizando pesquisa para conhecer melhor as demandas/necessidades dos consumidores. São sensíveis a preço, bem como aos caprichos do comportamento de compra. Antes do lançamento do modelo Discovery da Land Rover, por exemplo, uma ampla e complexa pesquisa de mercado foi conduzida para revelar as exigências dos clientes e as deficiências das marcas concorrentes.

Os inovadores de sucesso adquirem o máximo possível de informações úteis para que possam prever o tamanho do mercado e determinar a demanda potencial para seu novo produto. Testam o mercado antes de lançá-lo e contam com um suporte de vendas forte e geralmente bem segmentado, que reconhece a necessidade de comunicações incisivas para estimular a demanda primária e alavancar novos mercados. Os esforços de marketing vigorosos e focados da Glaxo foram fatores decisivos para o estrondoso sucesso de mercado de seu medicamento para tratamento de úlcera, o Zantac, ao passo que o fracasso da Wellcome em maximizar a venda de novas drogas foi atribuído à pouca habilidade de marketing da empresa.

É evidente que o sucesso das inovações industriais não resulta somente de uma tecnologia avançada. O mau uso de recursos técnicos e tecnológicos pode ter um efeito prejudicial sobre o desempenho de novos produtos. Os inovadores industriais eficazes asseguram-se de que há sinergia entre as competências de engenharia e produção da empresa e o projeto do novo produto. Também executam uma gama de atividades técnicas, e o fazem com competência — avaliação técnica preliminar, desenvolvimento de produto, teste-piloto com consumidores, inicialização da produção, instalações bem engrenadas para o lançamento. Sua equipe técnica conhece bem a tecnologia do produto e está familiarizada com seu design.

13.1.3 Tipos de fracasso de novos produtos

Como os novos produtos fracassam? Responder a essa pergunta ajuda a avaliar quais ações a empresa deve tomar para evitar diversos tipos de fracasso de produto. Há seis deles (Cooper e Kleinschmidt, 1990): a 'melhor ratoeira' que ninguém quis, o 'eu também' que se defronta com um muro competitivo, o 'troco' competitivo, a ignorância sobre o ambiente, o 'abacaxi' técnico e o preço extorsivo (Figura 13.4).

> **Figura 13.4 Causas do fracasso de novos produtos**
>
> - A 'melhor ratoeira' que ninguém quis
> - O 'eu também' que se defronta com um muro competitivo
> - O 'troco' competitivo
> - A ignorância sobre o ambiente ou mercado
> - O 'abacaxi' técnológico
> - O preço extorsivo

1. **A 'melhor ratoeira' que ninguém quis** é o tipo clássico de inovação conduzida pela tecnologia para a qual existe pouca ou insuficiente demanda de mercado. Os consumidores não percebem que têm real necessidade pela tecnologia oferecida e, portanto, não estão interessados em adquirir a inovação. Sem dúvida, o carro elétrico C5 da Sinclair recai nessa categoria — uma inovação sem um mercado explícito.
2. **O 'eu também' que se defronta com um muro competitivo** é o resultado de produtos seguidores que não conseguem se equiparar com o líder de mercado ou com os pontos fortes de concorrentes já estabelecidos (por exemplo, o ataque da Lidl no ramo de supermercados contra Asda, Sainsbury e Tesco).
3. **Concorrentes** podem surpreender e lançar um produto melhor que conquiste a preferência dos consumidores. O 'troco competitivo' não é fácil de prever, mas pode ser observado no caso do Nescafé Gold Blend descafeinado, que ofuscou o inovador Café Hag. As inovações podem alcançar grande vantagem a curto prazo, mas, se os concorrentes podem copiá-las com facilidade e simplicidade (além de possuir outras vantagens), é pouco provável que elas conquistem um valor duradouro. Por exemplo, a Direct Line causou forte impacto no mercado de serviços financeiros ao oferecer produtos simples e acesso telefônico fácil aos clientes. Foi uma grande história de sucesso no início da década de 1990, mas, em 1997, a empresa estava perto de ter prejuízo. O marketing direto por telefone é facilmente copiado por empresas estabelecidas e foi exatamente isso que aconteceu.
4. **Ignorância sobre o ambiente ou mercado** ocorre quando a empresa inovadora falha em analisar as necessidades de mercados e consumidores ou em monitorar e sondar o ambiente externo em busca de sinais de mudança. Condições socioeconômicas, tecnológicas, políticas e/ou legislativas, além de outras mudanças, são descartadas, ignoradas ou mal compreendidas, resultando em vendas fracas após o lançamento. No caso do Concorde, a resistência da sociedade ao ruído que a aeronave provoca foi erroneamente subestimada — essa resistência foi uma forte barreira à rápida adoção do supersônico pelas demais companhias aéreas.
5. O produto que é um **'abacaxi' tecnológico** não funciona bem ou os usuários se irritam com os problemas técnicos (como o computador para uso corporativo PC2000 da Amstrad ou o primeiro Rover SD1 e depois o Rover Stirling no mercado norte-americano).
6. **O preço extorsivo** ocorre quando a empresa inovadora estipula um preço alto demais para um novo produto, cujo valor não é percebido pelos clientes em potencial como melhor ou maior do que o de seus concorrentes. Geralmente, se a concorrência oferece um produto de menor custo, a empresa inovadora tem que baixar o seu valor para obter o retorno sobre investimento exigido pela inovação. Apesar de repetidos relançamentos, o MiniDisc da Sony parece recair nessa categoria, assim como discos de vídeo.

13.2 INOVAÇÃO PLANEJADA

Se a inovação é tão incerta, será que ela pode ser administrada? A adoção de processos formais de desenvolvimento de novos produtos atinge maior êxito do que uma abordagem *ad hoc* para a inovação de produto. Existe, porém, uma diferença entre invenção e inovação. A primeira refere-se à descoberta de um novo dispositivo ou processo. Cabe afirmar que os gestores não podem especificar um prazo para a descoberta de novas ideias ou prever quando uma determinada invenção ocorrerá ou, ainda, quando uma descoberta científica surgirá. A invenção não pode ser planejada. Geralmente está sujeita ao acaso ou à persistência e engenhosidade de um cientista/inventor. No caso da inovação, é diferente. Quando uma nova descoberta científica ou técnica é feita ou uma nova ideia de produto é concebida, as chances de sucesso comercial recaem predominantemente sobre a astúcia da gerência da empresa no planejamento e na elaboração da estratégia do novo produto, bem como na competência com que novos desenvolvimentos e atividades de lançamento são empreendidos. Da descoberta/concepção da ideia até o mercado, gerentes e suas equipes detêm controle e influência diretos sobre o destino da descoberta/ideia.

As empresas podem reduzir o risco da inovação de produtos e aumentar a probabilidade de sucesso ao adotar uma orientação de planejamento e um processo aprimorado de desenvolvimento de novos produtos (Wong *et al.*, 1992). Não houve nada de acidental ou *ad hoc* nos resultados obtidos pela Glaxo para o Zantac no mercado de medicamentos para tratamento de úlcera ou nos resultados do McDonald's no ramo de fast-food — o êxito dessas empresas resultou de uma cuidadosa preparação das estratégias de desenvolvimento de produtos e de entrada no mercado.

13.2.1 O processo de planejamento de novos produtos

As empresas inovadoras de maior sucesso desenvolvem um processo voltado a novos produtos, como mostra a Figura 13.5, que está associado ao processo de planejamento geral e de longo prazo da empresa.

Em primeiro lugar, as empresas devem definir suas missões corporativas perguntando: "Em que negócio estamos?", "Em que negócios queremos estar?". Ao analisar o potencial de crescimento das vendas e da participação de mercado e a lucratividade do leque de produtos existentes na empresa, além de sua capacidade para atingir as metas de crescimento, a gerência pode começar a identificar lacunas entre o crescimento possível de atingir e o desejado. Pode-se determinar o papel dos novos produtos e a forma como a carteira de negócios da empresa pode ser ajustada para alcançar o crescimento planejado.

As empresas também devem decidir sobre os tipos de novo produto a serem desenvolvidos. É comum classificá-los de acordo com o grau de novidade para a empresa e seus clientes (Figura 13.6).

Surgem seis categorias de novos produtos, cada qual afastando mais e mais a empresa de suas atividades correntes e, portanto, implicando maior risco.

1. **Reduções de custo**, que proporcionam desempenho semelhante a um custo mais baixo, como a Mercedes obteve com seus novos sedans da linha C.
2. **Reposicionamentos**, que são produtos existentes direcionados a novos segmentos de consumidores ou novos mercados. Por exemplo, o refrigerante Lucozade, tradicionalmente dirigido aos 'enfermos', atualmente visa ao segmento de usuários jovens e esportistas.
3. **Melhorias** ou revisões em produtos existentes, que aumentam o desempenho ou o valor percebido e substituem os produtos disponíveis. Por exemplo, o Intel Pentium IV é uma atualização do Pentium III. As montadoras de automóveis japonesas tendem a atualizar modelos existentes, fornecendo 'novos produtos' com desempenho melhorado e/ou mais funcionalidades em vez de desenvolver modelos radicalmente novos a partir do zero.
4. **Complementos** a linhas de produtos estabelecidos, como a linha Razr de telefones celulares, que é um complemento 'de estilo' aos produtos mais padronizados da Motorola.
5. **Novas linhas de produto**, que permitem a uma empresa entrar em um mercado estabelecido pela primeira vez, como os planos de poupança da Virgin.
6. **Produtos inéditos**, que criam um mercado inteiramente novo, como o Walkman da Sony, o iPod da Apple e as escavadeiras da JCB.

Dependendo das vendas, da participação de mercado, das metas financeiras estabelecidas pela empresa e da força da atual linha de produtos, a administração de uma empresa deve selecionar o tipo apropriado de

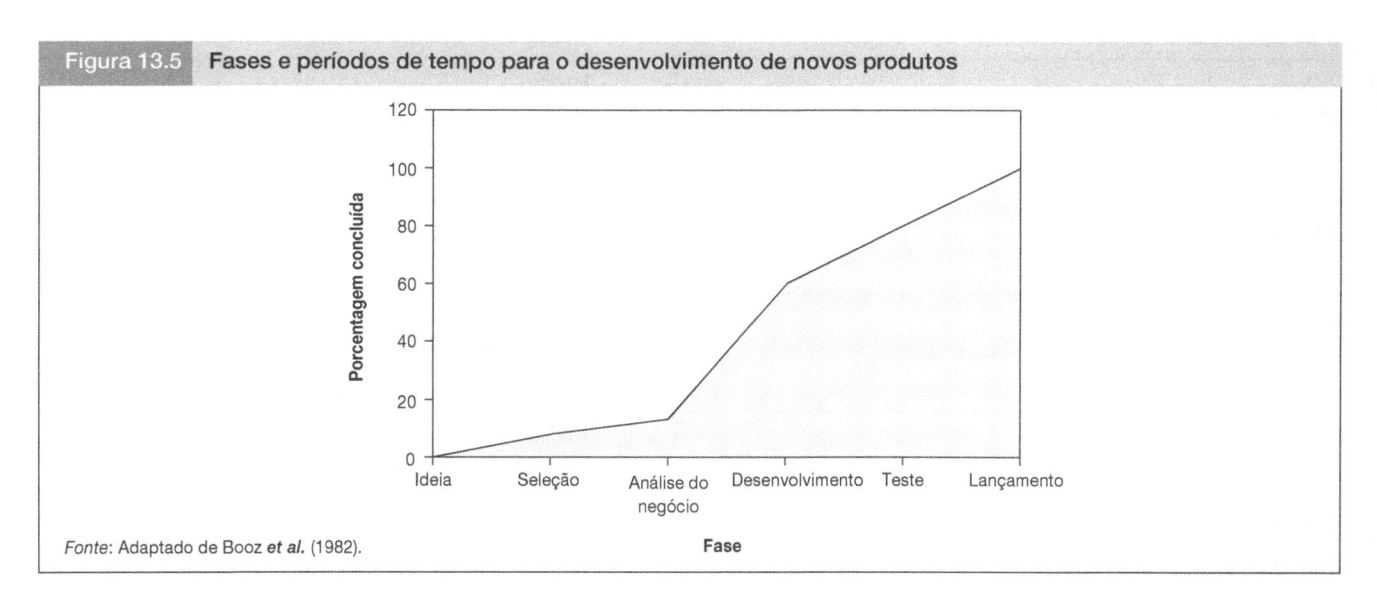

Figura 13.5 Fases e períodos de tempo para o desenvolvimento de novos produtos

Fonte: Adaptado de Booz *et al.* (1982).

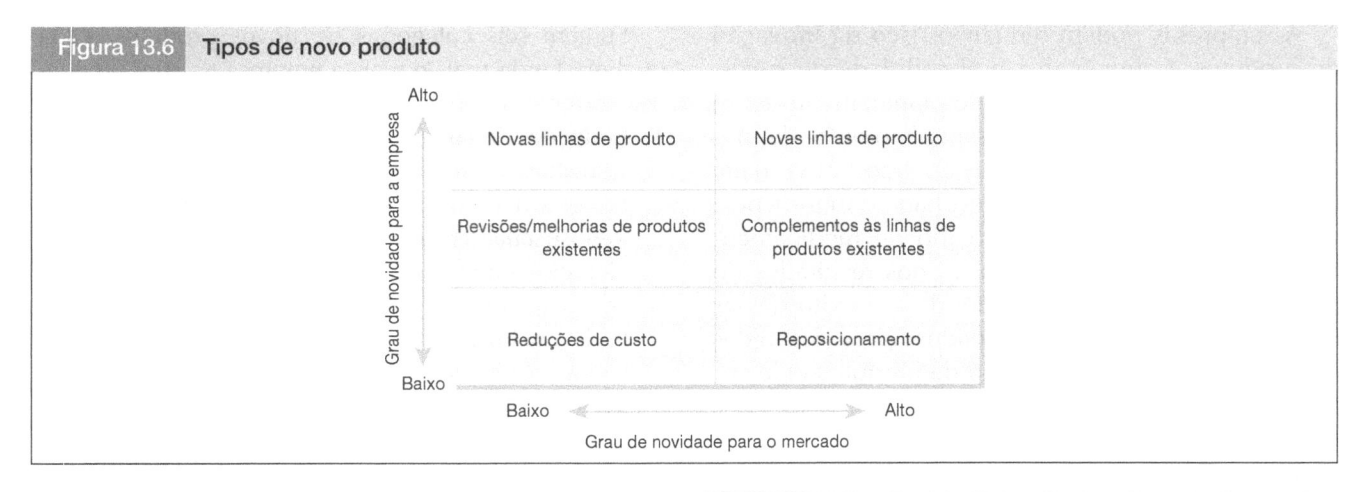

Figura 13.6 Tipos de novo produto

	Baixo ← Grau de novidade para o mercado → Alto
Alto ↑ Grau de novidade para a empresa ↓ **Baixo**	Novas linhas de produto / Novas linhas de produto
	Revisões/melhorias de produtos existentes / Complementos às linhas de produtos existentes
	Reduções de custo / Reposicionamento

novo produto, ou uma combinação deles, a desenvolver. De modo geral, deve-se investir em diversos tipos de novo desenvolvimento para manter uma carteira saudável e equilibrada de produtos. As competências funcionais e os recursos disponíveis têm que ser levados em consideração quando uma empresa decide sobre a direção estratégica a tomar. A Tabela 13.1 indica os diversos papéis estratégicos dos novos produtos e os tipos de novos produtos que devem atender a cada um destes papéis.

A magnitude do risco associado à inovação altera o tipo de novo produto a ser desenvolvido. O planejamento pode ajudar; deixar de fazer isso aumenta os riscos, ao mesmo tempo que diminui as chances de sucesso.

13.3 O PROCESSO DE DESENVOLVIMENTO DE NOVOS PRODUTOS

A Figura 13.7 apresenta os principais estágios do processo de desenvolvimento de novos produtos que demonstram a taxa de mortalidade de novas ideias. São apresentadas duas taxas de decadência: a primeira revela o desempenho médio; a segunda compara os resultados das empresas de melhor desempenho.

13.3.1 Geração de ideias

Para ter novos produtos, uma empresa deve encontrar ideias novas, fazer coisas novas e de forma diferente. Essa é a essência da inovação de produtos. Novas

Tabela 13.1 O papel estratégico dos tipos de novo produto

Papel estratégico	Tipo de novo produto
Manter liderança tecnológica	Inédito
	Nova linha de produto
Penetrar mercados futuros/novos	Inédito
Fazer ataque preventivo contra a concorrência ou um segmento de mercado	Inédito
	Nova linha de produto
	Reposicionamento
Manter participação de mercado	Nova linha de produto
	Reposicionamento
	Complemento à linha de produtos existente
Defender participação de mercado/prevenir declínio	Reposicionamento
	Redução de custos
	Revisão/melhoria de linhas de produto existentes
Explorar tecnologia de um modo novo/diferente	Inédito
	Nova linha de produto
Capitalizar forças da distribuição	Complemento à linha de produtos existente

Fonte: Baseado em Wong (1993).

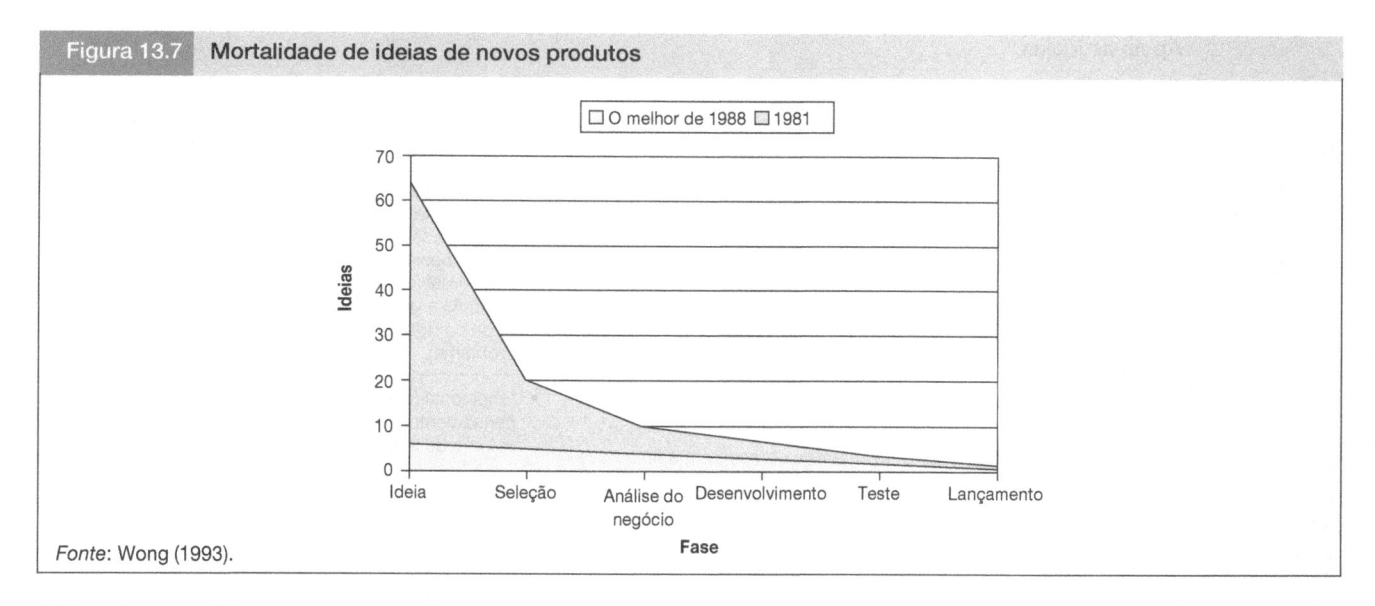

Figura 13.7 Mortalidade de ideias de novos produtos

☐ O melhor de 1988 ☐ 1981

Eixo Y: Ideias (0 a 70)
Eixo X: Fase — Ideia, Seleção, Análise do negócio, Desenvolvimento, Teste, Lançamento

Fonte: Wong (1993).

ideias desencadeiam o processo de inovação e novos desenvolvimentos; é onde todos os novos produtos começam. Tanto a criatividade das pessoas quanto os métodos de geração de ideias podem ser utilizados para obter novas ideias.

CRIATIVIDADE E IMAGINAÇÃO PRODUTIVA

As ideias realmente inovadoras são fruto de inspiração e do uso de técnicas adequadas. Devido à alta taxa de mortalidade das novas ideias, recomenda-se gerar e analisar um grande número delas. O uso de métodos apropriados para gerar novas ideias de produto pode melhorar a produtividade da criação interna. Uma empresa também pode facilitar esse processo proporcionando um ambiente propício à criatividade. Como alavancar o potencial criativo das pessoas e quais técnicas contribuem para o processo de geração de ideias criativas?

DEFINIÇÃO DE CRIATIVIDADE

Criatividade é a combinação de partes anteriormente não correlacionadas em um todo útil, de modo que se possa obter mais do todo resultante do que aquilo que nele se investiu (Miller, 1996). Essa definição de criatividade sugere que uma condição deve ser satisfeita para que ideias realmente novas surjam, que é a de que diversas ideias (inclusive incompatíveis) devem coexistir por tempo suficiente na mente das pessoas para se combinar e resultar em um 'todo útil'.

O processo criativo não é facilmente obtido, e muitos gestores afirmam que ele não pode ser supervisionado, assim como a busca pela qualidade e outras operações funcionais. Não é possível prever quando uma pessoa criativa gerará uma nova ideia. É quase como se a gerência deixasse os lampejos de pensamento criativo por conta da natureza e do acaso. Todavia, ao contrário do senso comum, a criatividade pode ser administrada. Em vez de identificar indivíduos criativos dentro da empresa e incentivá-los a usar seu potencial, o gerente deve se perguntar se existem barreiras ao pensamento criativo e, se existirem, como elas poderiam ser superadas.

APOIO À GERAÇÃO DE IDEIAS

Algumas das várias técnicas que podem favorecer o pensamento criativo são apresentadas na Tabela 13.2. Evite usar sempre a mesma. Recomenda-se aplicar uma variedade de enfoques quando possível, e é sempre necessário deixar uma margem para ação. Experimente, adapte e encaixe as abordagens ao problema em questão. Existem várias outras abordagens: caixa de sugestões, análise de produtos concorrentes ou aspectos negativos de engenharia, pedido de patentes, avaliação das necessidades dos consumidores e estudos de levantamento de problemas. Há quase tantas técnicas quanto pessoas criativas (Townsend e Favier, 1991).

13.3.2 Seleção

Se analisarmos dez ideias de novos produtos, é bem provável que duas se pagarão, sete fracassarão e somente uma será um grande sucesso. A seleção de ideias de novos produtos não se refere a descartar as ruins, mas escolher a vencedora. Selecionar um 'campeão' em potencial não é tarefa fácil. O que os gerentes devem levar em conta quando avaliam novas ideias? Quais são os critérios fundamentais de seleção? Como escolher a melhor em meio a um conjunto de ideias aparentemente viáveis?

SELEÇÃO SISTEMÁTICA

Ao destinar recursos para o desenvolvimento de uma nova ideia de produto, a gerência deve avaliar seu potencial comercial e viabilidade técnica (incluindo a

Tabela 13.2 **Apoio às ideias**

Apoio ao raciocínio	Processo	Bloqueios a enfrentar
Questione o problema (pergunte, pergunte, pergunte muito sobre o problema em questão)	Incentive uma atitude de questionamento; faça perguntas sobre o problema para familiarizar-se com ele em vez de tentar esconder seu desconhecimento.	• Perceptual (contorna o problema de pontos de vista limitados, esclarece o problema). • Emocional (lida com o receio de 'fazer papel de bobo', evitando a ignorância — o indivíduo é forçado a fazer perguntas em vez de esconder seu desconhecimento). • Intelectual (o questionamento sobre o problema estimula a geração de informações/ideias que mais tarde contribuem para a concepção da solução ao problema).
Faça uma lista (force o indivíduo a fazer uma lista de ideias para facilitar a geração de muitas delas)	Encorage os envolvidos na solução de um problema ou na geração de ideias a listar qualquer coisa que lhes venha à mente. Quando seus pensamentos começarem a fluir, esse exercício simples, porém disciplinado, de listar ideias pode facilitar a 'fluidez' do pensamento (por exemplo, ajudar alguém a ter muitas ideias).	• Emocional (combate a inflexibilidade de pensamento e desencadeia a criação de um grande volume de ideias).
Faça uma lista dos atributos	Desmembre um produto em seus vários componentes. Para cada componente, liste todos os atributos físicos ou funções e depois examine possíveis alternativas para preencher cada um deles isoladamente.	• Perceptual (auxilia o indivíduo a examinar o problema sob diversos ângulos, a enxergá-lo mais claramente).
Faça uma lista de verificação para ativar a imaginação	Use uma lista de verificação explícita para identificar novas oportunidades de produto. As perguntas funcionam como estímulos: • O produto pode ser usado de outra forma? • O que mais se parece com ele e o que/a quem poderíamos copiar? • O produto pode ser alterado no tocante a significado, função, forma, padrão de uso? • O que pode ser adicionado ao produto? Para deixá-lo maior, mais forte, mais comprido, mais espesso etc.? • O que pode ser eliminado dele? Como torná-lo menor, mais leve etc.? • O que pode ser substituído? Outros materiais, processos, matéria-prima etc.? • Podemos rearranjar seus componentes? • Ele pode ser combinado com outras coisas?	• Perceptual (incentiva o solucionador do problema a ampliar sua forma de pensar sobre o problema, de analisá-lo, a partir de uma variedade de perspectivas). • Emocional (ativa a imaginação).

produção). Se houver vários projetos concorrendo por verba e tempo gerencial, deve haver uma seleção para identificar o mais viável e atrativo.

A seleção de ideias constitui, portanto, um importante componente do processo de inovação de produto. Como tal, consome tempo gerencial. Costuma ser tentador para a equipe gerencial dedicar o mínimo de tempo e esforço a essa tarefa, e até pular essa fase, na pressa de começar a desenvolver a ideia e rapidamente colocar os novos produtos no mercado. Um projeto apresentado por um executivo da empresa pode também escapar das etapas de seleção e avaliação por conta da credibilidade presumida da fonte — um erro de confiança que pode custar caro! As ideias também podem não ser sistematicamente avaliadas porque a gerência considera a seleção um exercício supérfluo dada a falta de dados concretos, nas fases iniciais, sobre o que ainda é aparentemente vago e mal formado.

Quaisquer que sejam as barreiras, vale a pena dedicar atenção à seleção. Há boas razões para isso. A seleção ajuda a evitar prejuízos potencialmente pesados ao reduzir a possibilidade de aceitação das ideias ruins e elevar as chances de desenvolvimento das boas. Favorece a alocação mais eficiente de recursos ao dirigir a atenção da empresa aos 'melhores' projetos e estimular a busca daqueles que alavanquem suas forças centrais. Além disso, a experiência de seleção é cumulativa: ela aprimora a precisão da equipe gerencial em selecionar ideias, dessa forma aumentando as perspectivas de sucesso.

Seleção inicial

A seleção pode ser conduzida em variados níveis de detalhe. A seleção preliminar pode ser tratada como um filtro grosso, que permite uma rápida separação entre ideias que se prestam a um exame mais aprofundado. A Tabela 13.3 mostra as principais perguntas a fazer nessa fase. Deve-se ter em mente que a seleção inicial serve apenas como uma triagem primária. Em alguns casos, uma ideia de novo produto pode esbarrar em uma barreira legal, técnica ou mercadológica que pode não ser particularmente intransponível. Por isso é importante a equipe gerencial usar a ferramenta com cautela, levando em conta desdobramentos internos, bem como de mercado e tecnologia, que podem ser explorados para evitar um descarte prematuro de novas oportunidades de produto.

Sistema formal de seleção

Ideias potencialmente viáveis devem ser avaliadas com mais rigor para fins de seleção. É importante a gerência considerar que a plena seleção requer o levantamento de informações específicas e o investimento de recursos para obtenção desses dados. Uma seleção formal significa que as ideias de novos produtos são avaliadas sob critérios lógicos e no contexto de uma estrutura sistemática. Baseia-se menos em impressões do que a fase inicial e busca aumentar a objetividade da seleção de ideias.

Quando dados reais não podem ser obtidos, a equipe gerencial responsável pela seleção deve exercer julgamentos subjetivos, qualitativos. É importante registrar todas as principais premissas e estimativas quantitativas para que possam ser usadas como padrões de controle para referência futura.

Os recursos de seleção não representam uma solução mágica para quem tem um histórico pobre em inovações. As análises baseiam-se na capacidade da equipe gerencial de combinar julgamentos subjetivos de alta qualidade com bons dados objetivos. As ferramentas não isentam os gerentes que as utilizam de exercitar a criatividade, nem essas técnicas substituem a visão gerencial.

As análises consomem tempo e recursos. As muitas incertezas da fase inicial de seleção de ideias fazem com que uma avaliação detalhada e complexa perca o sentido. Isso estimula a rejeição da seleção. Mas, sem dúvida, é um equívoco não fazer nenhuma tentativa para avaliar os fatores determinantes do sucesso ou fracasso de um projeto ou para mensurar o risco e a incerteza de comprometer recursos em grandes programas de inovação de produto.

O resultado da seleção e da avaliação será bom na medida em que os dados de entrada forem bons. Isso significa que, para colher benefícios do uso de sistemas de seleção, a equipe gerencial deve dedicar tempo e recursos para criar um sistema de informações preparado para sustentar a seleção e a avaliação de ideias até a decisão final. A formação de tal sistema leva tempo, mas, se corretamente implementado, rende um efeito duradouro e positivo.

A seleção baseada nas opiniões e nos julgamentos dos funcionários da empresa pode ser altamente parcial. As avaliações podem ser distorcidas por causa da pressão indevida aplicada sobre os indivíduos, da escassez ou imprecisão das informações, das pressões psicológicas, das influências pessoais etc. A viabilidade mercadológica de uma ideia deve ser sempre testada com base em critérios considerados relevantes ao cliente ou cliente em potencial.

13.3.3 Análise do negócio

A análise do negócio considera a atratividade de mercado de uma ideia proposta para um novo produto, bem como as competências da empresa e se ela

Tabela 13.3 Seleção inicial de ideias de novos produtos

1. A ideia é compatível com os objetivos da empresa?	Sim – prosseguir Não – descartar
2. A ideia é aceitável do ponto de vista legal?	Sim – prosseguir Não – descartar
3. A ideia pode ser tecnicamente desenvolvida dentro do prazo desejado e das restrições orçamentárias?	Sim – prosseguir Não – descartar
4. Existe demanda para o produto proposto?	Sim – prosseguir Não – descartar
5. A ideia se encaixa nos objetivos e recursos de marketing atualmente disponíveis e desejáveis?	Sim – prosseguir Não – descartar
6. Os compromissos e riscos envolvidos são aceitáveis?	Sim – prossiga, realizando mais investigações e novos desenvolvimentos Não – descartar

possui as habilidades necessárias para atender às necessidades do mercado de modo a obter uma vantagem competitiva diferenciada.

As vendas, os custos e as projeções de lucro de um novo produto revelam se ele atenderá aos objetivos corporativos. Para estimar vendas, a empresa analisa o histórico de produtos semelhantes e pesquisas de mercado. As estimativas de vendas mínimas e máximas fornecem o grau de risco. Partindo da previsão de vendas (Capítulo 7), calculam-se custos e lucros esperados do produto, incluindo gastos de marketing, P&D, manufatura, contabilidade e finanças.

A gerência deve decidir quais critérios são cruciais e qual nível de precisão de dados é necessário para a tomada de decisão. Isso serve para evitar o desperdício de recursos em refinar informações pertinentes a fatores aos quais a viabilidade do projeto é relativamente insensível. Embora os critérios desejados possam variar de acordo com a natureza do setor e com as circunstâncias de cada empresa, alguns critérios devem ser relevantes para a maioria das empresas. Uma vez decididos os indicadores de atratividade de mercado e o posicionamento de negócios, o processo torna-se similar à seleção de segmentos discutida no Capítulo 10. Se o mercado for atrativo e a empresa possuir uma posição relativamente forte em relação à concorrência, o produto poderá evoluir para a fase de desenvolvimento.

13.3.4 Desenvolvimento de produto

Nessa fase, o departamento de P&D ou engenharia converte o conceito em produto físico. Até esse ponto, o processo de desenvolvimento de produto incorreu em custos relativamente baixos; o produto existiu somente como uma descrição textual, uma imagem ou talvez uma maquete rudimentar. Por outro lado, o desenvolvimento de produto requer um grande salto de investimento para mostrar se o conceito do produto pode ser transformado em um produto em funcionamento.

O departamento de P&D desenvolverá versões físicas do conceito do produto: um protótipo que atenderá às expectativas dos consumidores e gerará entusiasmo entre eles, além de poder ser montado com rapidez e custos controlados. Dependendo da categoria de produto, desenvolver um modelo-piloto satisfatório pode levar dias, semanas, meses ou até anos. Pode levar muito tempo antes que o protótipo do avião militar A400M da Airbus, com 550 lugares, levante voo, ao passo que a Schweppes desenvolveu uma versão experimental de seu refrigerante OASIS em uma semana (Doyle e Bridgewater, 1998).

Os protótipos devem ter as características funcionais necessárias e transmitir os atributos psicológicos pretendidos. Quando a Mercedes lançou o modelo urbano de pequeno porte Smart, era essencial que o carro impactasse os consumidores por ser bem projetado e seguro. Os gestores devem aprender o que faz os consumidores decidirem que um carro é bem projetado. Alguns deles batem a porta para ouvir seu 'som'. Se as portas do Smart não soassem como as de outros modelos da Mercedes, eles poderiam achar que o carro não era bem projetado.

Uma vez prontos, os protótipos devem ser testados. Testes funcionais são conduzidos sob condições de laboratório e de campo para assegurar que o desempenho do produto é seguro e eficaz. Um carro novo, por exemplo, deve ter partida rápida, ser confortável e fazer uma curva sem capotar. Realizam-se testes com consumidores para que eles experimentem o carro e classifiquem seus atributos.

Ao projetar produtos, a empresa necessita ir além de simplesmente criar aqueles que atendam às necessidades e aos desejos dos consumidores. É comum as empresas projetarem novos produtos sem dar a devida atenção a como eles serão fabricados — seu principal objetivo é criar produtos que satisfaçam os consumidores. Os projetos são então passados à manufatura, etapa em que os engenheiros devem tentar encontrar a melhor maneira de fabricá-los.

Cada vez mais as empresas utilizam o DFMA (sigla para *Design For Manufacturing and Assembly* ou Projeto para Manufatura e Montagem) para projetar produtos que sejam satisfatórios *e* simples de fabricar. Isso geralmente resulta em custos mais baixos, ao mesmo tempo que se obtêm produtos de maior qualidade e mais confiáveis. Por exemplo, usando a análise DFMA, a Texas Instruments redesenhou um mecanismo infravermelho de mira que fornece ao Pentágono. O produto redesenhado cortou 75% de peças, 78% de etapas de montagem e 85% de tempo de montagem. O novo design fez mais do que reduzir o tempo e os custos de produção; também funcionou melhor do que a versão anterior, mais complexa. Desse modo, o DFMA pode ser uma arma poderosa para ajudar as empresas a lançar produtos no mercado com maior rapidez, além de oferecer qualidade superior a preços inferiores.

13.3.5 Teste de mercado

Neste ponto do processo de inovação de produto, já existe um produto físico ou especificações completas de um novo serviço. O produto passou por um teste de utilização que indicou que ele funciona e atende às necessidades originalmente expressas no conceito. A próxima fase é o teste de mercado ou venda experimental. Trata-se de uma gama de técnicas, desde a venda simulada com consumidores cuidadosamente selecionados até o piloto completo em uma ou mais regiões de um país (o Capítulo 7 apresenta outras abordagens existentes).

Até essa fase do processo geral de desenvolvimento de novos produtos, não se conduziu nenhum teste sob condições reais de mercado. É arriscado confiar plenamente em qualquer avaliação de consumidor até que ela seja realizada sob condições normais. Só assim o teste de mercado desempenhará sua função de contribuir para que a empresa avalie se seu plano de marketing para o novo produto funcionará e confirmará se o produto, com todas as especificações atendidas, realmente motiva os consumidores a comprá-lo e a continuar a comprá-lo caso a repetição da compra for um fator relevante. O teste de mercado pode ser considerado uma espécie de 'ensaio geral' que permite à gerência coletar informações para prever as vendas do novo produto e testar a eficácia do plano de marketing (por exemplo, apreçamento, propaganda e promoção, distribuição). Verifica se todas as principais operações estão engrenadas entre si e adequadamente preparadas para o lançamento, além de prover um diagnóstico que ajude os gerentes a revisar/refinar o plano de marketing. Testes de mercado completos podem testar a resposta da concorrência e medir se seus esforços afetarão a avaliação dos consumidores. Trata-se de uma faca de dois gumes, pois esses testes podem ser deliberadamente arruinados pelos concorrentes e dar-lhes um indício antecipado das atividades pretendidas.

13.3.6 Comercialização

Em geral, a comercialização é o cemitério da inovação de produto, não porque os novos produtos morrem aí, mas porque a real inovação costuma tropeçar nesse ponto do processo. Com isso queremos dizer que as coisas dão errado, e o conceito do produto que parecia tão viável no início é maculado e enfrenta considerável pressão resultante do comprometimento de recursos de tempo e custos, dentre outros. Gerentes que mal podem esperar para colocar o produto no mercado falham em alocar tempo e recursos suficientes para desenvolver uma campanha de lançamento bem-sucedida. Para surpresa geral, após tudo que se fez na fase de desenvolvimento, os produtos fracassam porque foram lançados com suporte de marketing insuficiente. A maioria dos novos produtos fracassa, não devido a deficiências inerentes, mas porque a estratégia e as campanhas de lançamento no mercado foram mal concebidas e executadas.

Os gerentes responsáveis pelo lançamento devem trabalhar em proximidade com a equipe de vendas e outras equipes operacionais visando à boa coordenação do cronograma de todas essas atividades. Todo esforço deve ser empreendido para garantir que atividades cruciais (como treinamento da força de vendas e materiais de venda e promoção) sejam executadas com competência para garantir o sucesso do lançamento. Em conjunto com a equipe operacional, o gerente de marketing deve também elaborar um plano de lançamento, composto por um programa que detalhe a sequência das atividades a serem executadas, por um cronograma que coloque o programa em sequência cronológica e pelos orçamentos correspondentes.

Os programas de lançamento facilmente se transformam em uma tarefa complicada e de difícil manejo. Faz pouco sentido elaborar centenas de páginas com gráficos de controle do projeto ou com seus principais módulos porque muito provavelmente não serão reais, proporcionando quase nenhuma base para um efetivo controle do projeto. Exceto no caso de desenvolvimentos tecnológicos mais complexos, como de automóveis, aviões e arsenal de defesa, geralmente sistemas computacionais complexos não são necessários para controle de projeto. No caso de empresas de pequeno e médio porte, *checklists* simples devem ser suficientes. Vale lembrar que há também o 'controle visual', que conta com os gerentes constantemente em ação, visitando cada área da empresa (se possível, diariamente), coletando suas próprias informações e tornando-se um *expert* em fazer avaliações sensatas e manter sob controle as atividades de lançamento.

13.4 ACELERANDO O DESENVOLVIMENTO DE NOVOS PRODUTOS

Os gerentes devem considerar o valor de serem rápidos na inovação. Pode-se esperar que uma empresa que leve menos tempo para desenvolver e comercializar um novo produto seja mais competitiva do que outra mais lenta. Ela seria capaz de lançar mais produtos em um dado período de tempo, dessa forma construindo uma forte imagem de liderança em inovação. As empresas rápidas também são capazes de reagir com agilidade a mudanças nas demandas dos consumidores e, com isso, alavancar vendas e conquistar a fidelidade dos clientes. Além disso, ao aumentar a frequência de introdução de novos produtos no mercado, a empresa pode conter a concorrência e, por conseguinte, criar e manter uma posição de liderança de mercado.

O custo de desenvolvimento de novos produtos pode ser reduzido adotando-se uma inovação de caráter incremental, em contraposição ao radical, com substancial minimização dos riscos envolvidos. Entretanto, as empresas devem certificar-se de que possuem as competências necessárias para acelerar o desenvolvimento de novos produtos. Além disso, a gerência deve assegurar que a empresa sustente um programa de inovação equilibrado, de tal modo que oportunidades não sejam perdidas devido à falha em financiar programas de inovação mais radicais (e de longo prazo) tendo em vista a obsessão pela velocidade.

Acelerar o processo de desenvolvimento de novos produtos requer ação em todas as etapas do processo. No início, é preciso evitar atrasos na aprovação do orçamento para desenvolver o conceito do produto e, no final do processo, deve-se prestar atenção nos 'enroscos'. Sobrepor as fases de design e desenvolvimento de produto e processo traz duas vantagens. Implica que os processos ocorrem em paralelo e força a formação de equipes multifuncionais de projeto (design, engenharia, produção, vendas, marketing etc.). Grandes avanços tecnológicos não são necessários para gerar grandes ganhos comerciais, portanto é recomendável adotar um enfoque incremental à melhoria e ao desenvolvimento de produtos, dando vários pequenos passos em vez de tentar saltos gigantescos à frente. A inovação de produto geralmente conflita com sistemas e controles destinados à 'boa gestão' de um negócio. Para superar isso, as empresas de sucesso adaptam os procedimentos operacionais e organizacionais de modo a proporcionar a flexibilidade e a liberdade de ação indispensáveis para a inovação de produto.

13.5 ORGANIZANDO-SE PARA O DESENVOLVIMENTO DE NOVOS PRODUTOS

"Paredes mentais... impedem aquele que tem um problema a resolver de perceber qual é o problema ou de conceber sua solução" (Adams, 1987). A natureza e a intensidade desses bloqueios variam de um indivíduo para outro, mas as organizações que inovam sabem reconhecê-los e evitá-los (Figura 13.8).

13.5.1 Bloqueios

- **Bloqueios perceptuais** impedem uma pessoa de perceber com clareza o problema em si ou a informação necessária para solucioná-lo (por exemplo, dificuldade de isolar o problema, definição limitada do problema, pontos de vista restritos).
- **Bloqueios culturais** são adquiridos em decorrência da exposição de um determinado conjunto de valores ou padrões culturais (por exemplo, a tradição é preferida à mudança, intolerância à subjetividade; a fantasia/reflexão/diversão é uma perda de tempo; o humor não cabe em situações de resolução de problemas).
- **Bloqueios ambientais** são impostos por nosso ambiente social e físico imediato e estão, portanto, associados às barreiras culturais (por exemplo, um chefe autoritário, falta de confiança/cooperação entre colegas, distrações, falta de apoio da organização, falta de suporte financeiro para a implementação das ideias).
- **Bloqueios emocionais** interferem na liberdade com que exploramos nossas ideias e nos impedem de comunicá-las eficazmente aos outros (por exemplo, medo de falhar ou parecer um idiota, intolerância à ambiguidade, preferência por criticar ideias em vez

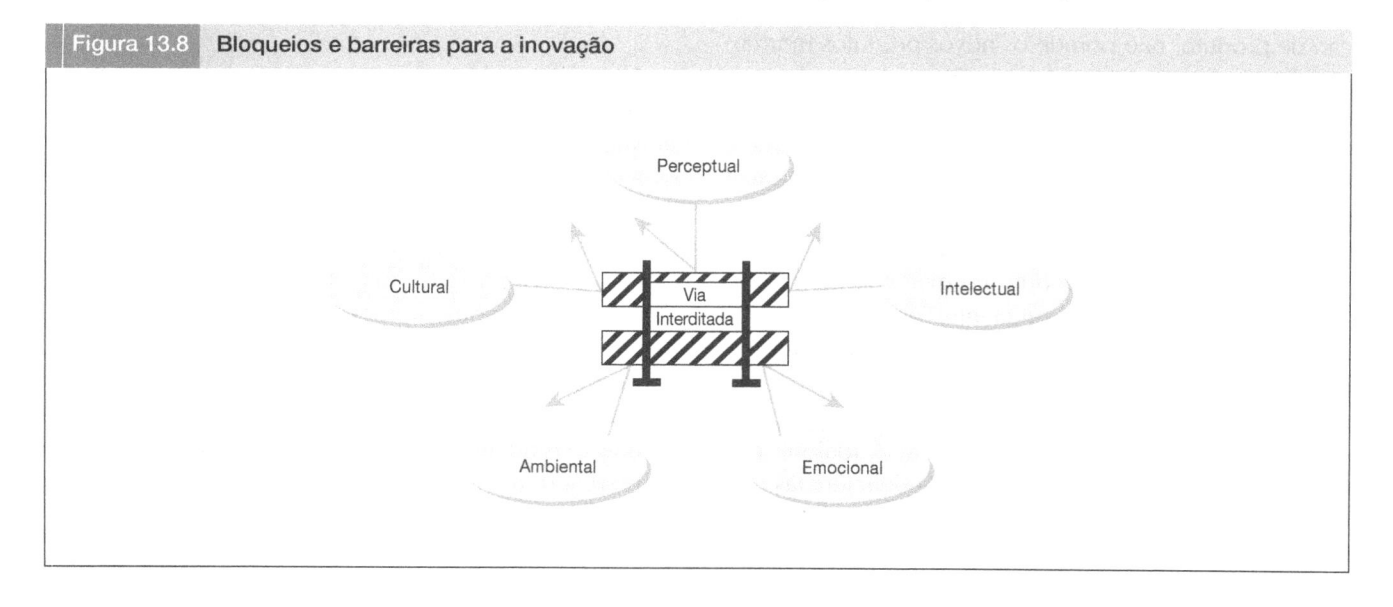

Figura 13.8 Bloqueios e barreiras para a inovação

de criá-las, incapacidade de deixar as ideias 'dormirem' um pouco para que amadureçam).
- **Bloqueios intelectuais e de expressão** surgem porque a capacidade intelectual é limitada e as habilidades orais/de escrita necessárias à comunicação das ideias (não só aos outros, mas também a si mesmo) são deficientes, por exemplo: falta de informações, informações incorretas, vocabulário pobre, falha em aplicar táticas mentais apropriadas de resolução de problemas.

13.5.2 Necessidades organizacionais para a inovação

São as pessoas, não os planos ou os comitês, que geram ideias e realizam a inovação. São seus esforços que realmente determinam o sucesso ou o fracasso dos negócios. Se os gerentes possuem visões grandiosas sobre seu negócio, a maneira mais certa de fazê-las vingar é ter sua equipe a seu lado para incentivá-la, entusiasmá-la e motivá-la; acima de tudo, para recompensá-la por suas realizações.

Três condições são necessárias para que uma empresa inove com sucesso:
1. **Proximidade com os clientes:** Os gerentes devem conhecer seus clientes e compreender bem suas necessidades e requisitos (Johnson, 2006).
2. **Comunicação interdepartamental:** Na maioria das empresas (exceto o 'bloco do eu sozinho', que, aliás, não é um estereótipo das empresas mais comuns de pequeno e médio porte), a inovação tem a ver com o fluxo de informações entre as principais funções.
3. **Equipe multifuncional:** As inovações de produto bem-sucedidas são quase sempre o resultado de funcionários da empresa que trabalham em equipe em vez de isoladamente.

Esses critérios são enganosamente simples. Na prática, são difíceis de atingir. Empresas de grande porte e burocráticas enfrentam esse problema na maioria dos casos. As pequenas que ainda mantêm uma unidade coesa podem achar os critérios 2 e 3 fáceis de aplicar, mas, quando envolvidas por tecnocratas excessivamente orientados a produtos, geralmente se afastam do número 1. O gerente de uma pequena empresa deve, contudo, observar a síndrome do 'rápido esquecimento': à medida que o negócio cresce e a organização se expande, fica cada vez mais difícil preservar os três principais requisitos para a inovação, e com frequência a gerência acaba perdendo de vista os fatores que foram decisivos ao sucesso de seu negócio. O espírito empreendedor, embora altamente desejável, é, por si só, insuficiente para uma inovação bem-sucedida, sobretudo a inovação contínua. Para se manter como inovadores de sucesso, os gerentes de negócios devem rever continuamente a capacidade da empresa de atender às três condições descritas para obter a eficácia da inovação.

13.5.3 Alternativas organizacionais

Embora mudanças marginais de produto possam ser administradas nas organizações convencionais, as inovações radicais requerem organizações igualmente radicais. Sugerimos seis abordagens amplas que diferem quanto ao nível de isolamento das atividades corporativas rotineiras. Todas ajudam pequenos grupos a escapar de departamentos e atitudes enrijecidos.

1. **A abordagem funcional** conta com profissionais de diferentes áreas do negócio (como finanças e marketing). As tarefas são realizadas por diversos departamentos, e as pessoas reúnem-se para tomar as decisões necessárias. Geralmente um comitê de novos produtos ou de planejamento de produtos examina o andamento do projeto. Seus membros não dedicam tempo integral ao projeto, devendo conciliá-lo com suas atribuições normais.
2. **Uma força-tarefa** consiste de vários indivíduos que ou são escolhidos pelo chefe ou se apresentam como voluntários para participar da equipe. Os membros da força-tarefa reúnem-se com mais regularidade para trabalhar no projeto, que tratam com urgência ligeiramente maior do que na abordagem anterior. A força-tarefa deve ter um equilíbrio de talentos de engenharia, produção e marketing. O principal compromisso da equipe ainda é mais com sua função do que com o projeto.
3. **Uma equipe de projeto funcional com estrutura matricial** é adequada quando as demandas do projeto são altas. Os membros da equipe comprometem-se tanto com o projeto quanto com suas atribuições funcionais normais. Entretanto, esse tipo de pensamento intermediário geralmente resulta em indecisão e atraso porque os membros envolvidos ainda necessitam desempenhar suas atividades regulares, ao passo que o projeto requer maior 'impulso'. Também pode haver um conflito entre as metas que a equipe de projeto necessita atingir e os principais interesses de sua função principal.
4. **Equipes de exploração de oportunidades** estão em grande parte associadas a empresas muito pequenas que têm poucos funcionários e nenhum departamento isolado. O grupo de risco é formado por uma combinação de pessoas com diferentes habilidades funcionais, não apenas especialistas. Nas empresas de maior porte, essa opção é usada para

liberar as pessoas de pressões funcionais rotineiras, de modo que possam concentrar todo o esforço no projeto. O grupo tem total autonomia e poder para seguir em frente, além de incentivos financeiros para assumir riscos.
5. ***Spin-outs* ou empresas derivadas** são completamente dissociadas da empresa. As de maior porte usam essa opção para sustentar projetos de inovação muito arriscados, que não se encaixam em seu negócio central. Deve-se buscar capital externo, e o empreendimento é vendido por uma participação acionária na nova empresa. Para as empresas pequenas, as *spin-outs* não são um caminho lógico para cultivar a inovação, mas elas podem analisar outro tipo de empreendimento — a *joint-venture*.
6. **Empresas de exploração de oportunidade de dentro para fora** servem para empresas de todos os portes. As menores, que têm as vantagens de tecnologia avançada, flexibilidade, vigor e/ou espírito empreendedor, podem unir-se às maiores, que possuem o capital, a rede de distribuição e a força de marketing necessários para conquistar penetração de mercado. A empresa de grande porte ganha por conseguir acesso a tecnologias promissoras que seriam arriscadas e incompatíveis demais em relação a seu negócio principal (as alianças entre empresas farmacêuticas e de biotecnologia são um exemplo). Quanto mais radical o projeto de um novo produto (o que implica risco maior), maior a necessidade de foco do projeto e sua proteção contra influências e restrições departamentais e operacionais. As opções funcionais e de força-tarefa adequam-se, portanto, a inovações de baixo risco e incrementais (por exemplo, atualizações, reposicionamentos, novos tamanhos etc., envolvendo linhas de produto já existentes).

Uma matriz funcional de equipe de projeto é mais adequada a projetos moderadamente arriscados, que envolvem a expansão de uma série de linhas de produto. Equipes de exploração de oportunidades, *spin-outs* e empresas de exploração de oportunidade de dentro para fora destinam-se a projetos radicais, de alto risco, em que se espera que as restrições e a oposição internas sejam muito altas (como no caso do projeto de PC da IBM e do carro Saturn da GM).

As estruturas radicais propostas contribuem para que as grandes empresas capturem os benefícios das pequenas. Ironicamente, a ideia de que 'pequeno é bom' origina-se das observações de que os negócios de maior porte e inovadores atuam em cenários desburocratizados e mais restritos. Eles tentam obter as vantagens de ser pequenos (Quinn, 1985). Entretanto, é claro, tamanho não é um fator determinante de sucesso em inovação. Muitos produtos lançados por pequenas empresas fracassam porque jamais deveriam ter surgido — seja porque foram muito mal concebidos, porque falharam em atender às necessidades de mercado ou porque não possuíam as habilidades de marketing necessárias para alavancar novos mercados.

RESUMO

A inovação de produtos não é uma atividade isolada. Uma inovação bem-sucedida e lucrativa pode manter uma empresa por algum tempo, mas a sobrevivência a longo prazo depende de novos produtos para equilibrar sua carteira futura (Capítulo 2), para substituir produtos em declínio e para atender a novas necessidades de consumo. A Glaxo não pode prosperar somente por conta do Zantac, seu medicamento campeão de vendas.

Muitas empresas são apanhadas de surpresa porque sua administração deixou de usar os lucros provenientes das inovações no presente para desenvolver mais inovações para mercados futuros. Os ganha-pães de hoje acabarão esgotando-se à medida que as forças competitivas se intensificarem ao longo do ciclo de vida do produto. Novos produtos — os ganha-pães de amanhã — são necessários para manter a posição da empresa no mercado. Uma vitória não é suficiente; para a longevidade corporativa, são necessárias múltiplas vitórias!

Quanto mais uma empresa inova, maior sua experiência acumulada; quanto maior a experiência acumulada, melhor a habilidade de inovar; quanto melhor a empresa se sai nessa atividade desafiadora, maiores suas chances de sobrevivência competitiva. Forma-se um círculo virtuoso de inovação.

Cada vez mais, exige-se um enfoque multidisciplinar e com base em equipes para a inovação de produto. O trabalho em equipe é importante e tem sido um dos mais significativos fatores organizacionais por trás da capacidade das empresas japonesas de acelerar o desenvolvimento de novos produtos na busca por uma vantagem competitiva duradoura, como se observou nos mercados de produtos eletrônicos, computadores e veículos motorizados.

Muitos são os fatores que afetam o desempenho dos novos produtos. A negligência de um único fator pode acarretar o fracasso. A administração das empresas deve verificar se estão perseguindo uma estratégia equilibrada e realista de desenvolvimento de novos produtos, se as necessidades de consumidores/mercados estão claramente identificadas e bem compreendidas e se as habilidades técnicas e tecnológicas necessárias estão combinadas com uma orientação de mercado que leve ao sucesso.

Gillette

Estudo de caso

Na quarta-feira, a Gillette quis provar que os homens que fazem barba estão preparados para um aparelho de barbear de cinco lâminas e dispostos a pagar um preço mais alto por isso ao lançar dois aparelhos que funcionam a pilha do tipo AAA e têm microchips e um aparador de cavanhaque.

O lançamento dos aparelhos de barbear Fusion e Fusion Power, anunciados pela Gillette como seus produtos mais ambiciosos, é o sinal mais surpreendente do ano de que as empresas de bens de consumo apostam na inovação para impulsionar o crescimento de suas margens.

Isso ocorre em um momento de concorrência de rivais com marca própria, de aumento nos custos de *commodities* e de uma batalha por espaço de prateleira disputada com os grandes varejistas.

O aparelho de barbear da Gillette supera a versão de quatro lâminas da marca Schick da concorrente Wilkinson Sword, desconcertando os céticos que acreditavam que o setor chegara ao limite do número de lâminas que podiam ser acomodadas em um aparelho de barbear padrão. Sem se deixar abater, a Schick planeja oferecer uma versão a pilha de seu aparelho de quatro lâminas neste ano.

Peter Hoffman, presidente da unidade de lâminas e barbeadores da Gillette, afirmou que os dois modelos Fusion, uma versão manual e outra a pilha, exigiriam um preço 30% mais alto se comparado com os aparelhos de três lâminas Mach3 da Gillette.

"Uma pesquisa confirma que, nessa faixa de preço, um significativo número de consumidores fará a troca para nossas mais novas marcas de ponta", ele declarou. Um pacote com quatro aparelhos Fusion seria vendido por US$ 12 a US$ 13.

Segundo Hoffman, a Gillette gastou menos no desenvolvimento dessas novas lâminas do que nos produtos da linha Mach3, lançados em 1998.

No entanto, a empresa esperava que as vendas dos novos aparelhos atingissem US$ 1 bilhão em três anos, superando os US$ 500 milhões gerados pela linha Mach3, por si só maior do que os negócios de barbeadores combinados dos concorrentes da Gillette.

O lançamento dos barbeadores Fusion ocorre enquanto a Gillette se prepara para integrar-se à Procter & Gamble, que concordou em adquirir sua concorrente de Boston por US$ 57 bilhões em janeiro.

Será um teste de lógica para a fusão, que ocorreu em parte para utilizar a distribuição global da P&G com o objetivo de impulsionar as vendas dos produtos de preço premium da Gillette.

"Vamos tirar máximo proveito da capacidade da P&G de executar ações mundiais", afirmou Jim Kilts, chefe executivo da Gillette.

Gary Stibel, chefe executivo do The New England Consulting Group, disse: "Isso vai provar que a P&G adquiriu a Gillette por uma bagatela, apesar do que pagaram".

Um microchip no modelo Fusion Power regula a voltagem, oferecendo energia estável ao longo da vida útil da lâmina. A Gillette reivindica que o aparelho incorpora uma eletrônica avançada para o barbear com água. Os produtos serão lançados na América do Norte no primeiro trimestre do próximo ano, antes de serem introduzidos no exterior.

Fonte: GRANT, Jeremy. "Gillette sharpens innovation edge". *The Financial Times*, 14 set. 2005.

Questões para discussão

1. Que tipo de inovação traz o Fusion da Gillete e qual sua probabilidade de ser um sucesso de mercado?
2. As expectativas de vendas da Gillette são justificadas tendo em vista o que está ocorrendo no mercado? E por que você acha que os novos produtos, via de regra, têm de superar a resistência tanto dentro da empresa que os desenvolveu quanto no mercado?
3. Quais são as alternativas organizacionais que a Gillette poderia usar para gerenciar a inovação? Qual é a melhor alternativa para um produto como o Fusion?

Capítulo 14

Competindo com superioridade no serviço e no relacionamento com os clientes

Obrigado por sua ligação... (As Quatro Estações)... Todos os nossos operadores estão ocupados no momento... (O Danúbio Azul)... Sua ligação é muito importante para nós... (New World Symphony de Dvořák)... Por favor, aguarde para ser transferido a um atendente... (Concerto para Flauta de Vivaldi)... Valorizamos sua chamada, por favor aguarde... (The Entertainer de Scott Joplin)... Sua chamada é a próxima da lista e será atendida em breve... (John Williams interpreta Cavatina)... Por favor, aguarde para ser transferido... (Pássaros Feridos)... Agradecemos sua compreensão... (Carruagens de Fogo)... Atenderemos sua chamada em instantes... (O Voo das Valquírias)...

INTRODUÇÃO

Uma das principais tendências no pensamento e na prática de marketing nos últimos anos foi a mudança de foco da realização de transações únicas para o estabelecimento de relações de longo prazo com os clientes (exemplos em Gummesson, 1987; Webster, 1992; Grönroos, 1994; Morgan e Hunt, 1994; Payne; Zielke e Pohl, 1996; Vargo e Lusch, 2004). Enquanto o marketing transacional concentra-se em uma única venda, o marketing de relacionamento busca uma interação com o cliente que resultará em negócios com frequência e oportunidades recorrentes para promover mais desenvolvimento empresarial.

Muitos mercados de países desenvolvidos são atualmente maduros ou, na melhor das hipóteses, crescem lentamente, o que faz com que haja menos consumidores por quem competir. A concorrência é intensa, e os custos de atrair novos clientes são altos. Estima-se que esses custos possam ser cinco vezes maiores que os de atender adequadamente os clientes já existentes de modo a garantir sua fidelidade. Como a Sociedade Britânica de Apoio às Artes, Manufaturas e Comércio (RSA, 1994) afirma: "A batalha estratégica fundamental é pelo consumidor; somente as empresas que têm como meta conquistar e reter clientes serão bem-sucedidas".

A retenção de clientes está se tornando um dos principais indicadores de lucratividade. Reichheld e Sasser (1990) demonstraram o valor, para as empresas que operam em uma variedade de mercados, de combater em meros 5% a deserção (perda) de clientes. Para uma cadeia de serviços automobilísticos, um corte de 5% no abandono de clientes resultou em um aumento de 30% nos lucros; para uma lavanderia industrial, um aumento de 47% nos lucros; para uma corretora de seguros, um aumento de 51%; e para uma filial bancária, extraordinários 84%. Os clientes de longa data tendem, em média, a gastar mais por transação, oferecem mais oportunidades de venda cruzada (venda de outros produtos e serviços) e recomendam a empresa a amigos e colegas. No setor bancário, os relacionamentos com clientes de dez anos ou mais responderam por 29% da base de contas, mas por 71% dos lucros. Em outro exemplo, a marca premium de cosméticos Lancôme criou um cartão de fidelidade exclusivo chamado 'Rendez-vous' e constatou que seus membros atualmente gastam 13,5% a mais do que antes de serem associados.

Uma pesquisa com 500 profissionais de marketing realizada para a *Marketing Business* (Wells, 1994/5) revelou que o mais importante impulsionador de sucesso é a fidelidade do cliente. Quarenta e nove por cento dos entrevistados classificaram esse fator como o mais significativo da prosperidade em seus negócios, comparados com somente 13% do segundo colocado, o desenvolvimento de novos produtos.

Todavia, cabe distinguir entre retenção de clientes e fidelidade de clientes, além da relação desses processos com a satisfação dos clientes. Na prática, há o risco de que esses conceitos se confundam. A retenção de clientes refere-se essencialmente a uma medida de comportamento de repetição de compra, e diversos motivos levam os consumidores a voltar, mesmo que não tenham tido um alto nível de satisfação — pode ser que não tenham escolha ou que sejam displicentes. Por outro lado, a fidelidade de clientes tem mais a ver com a forma como os clientes se sentem em relação a uma empresa: confiam nela? Querem ativamente fazer negócios com ela? Eles a recomendarão aos outros? Nesse sentido, a fidelidade dos clientes está mais intimamente relacionada com a satisfação dos clientes.

Confundir retenção com fidelidade pode ser perigoso. A primeira pode ser obtida por meio de um 'suborno' — descontos para compras repetidas, por exemplo. Conquistar a fidelidade dos clientes deve ser bem mais difícil e requer maior investimento a longo prazo. A diferença prática é enorme. Os elementos dos 'programas de fidelidade' das redes de lojas House of Fraser e Sainsbury estão mais para retenção do que para fidelidade e satisfação, e é provável que seus efeitos durem somente até que apareça disponível uma melhor oferta. Por outro lado, a John Lewis Partnership atinge alto índice de fidelidade do cliente por meio da geração de satisfação acima e além de tais 'cartões de fidelidade'. Isso está expresso em sua declaração estratégica: "A Partnership deve recrutar e reter a lealdade dos clientes por meio de sua contínua confiança em nossa reputação de valor, escolha, serviço e honestidade e em nossas práticas de boa cidadania" (<http://www.johnlewispartnership.com>). As companhias aéreas descobriram que, se todos os concorrentes oferecerem a mesma coisa, os programas de 'fidelidade' como o de milhagens tornam-se um custo para se manter no negócio em vez de um fator de diferenciação. Muitos passageiros frequentes possuem cartões de fidelidade tanto da rede Star Alliance quanto da One World.

Estabelecer a retenção de clientes para obter os grandes benefícios financeiros que ela traz, sem falar na fidelidade a longo prazo, requer que as empresas invistam em estratégias focadas nessas metas, não somente no volume de vendas. Sugere-se que a retenção não basta como um conceito absoluto e que essas estratégias devem também tratar de corrigir a diminuição de gastos dos clientes muito antes de eles desertarem. Um estudo recente de dois anos com domicílios norte-americanos sobre seu comportamento de compra em 16 segmentos revela que "melhorar o gerenciamento da migração como um todo, focando não só as deserções, mas também as pequenas mudanças nos gastos dos clientes, pode ter até dez vezes mais valor do que somente evitar as deserções" (Coyles e Gokey, 2005).

Isso pode envolver a construção de marca (do tipo praticado pela Virgin) ou programas específicos (como os cartões de 'fidelidade' das redes de varejo ou a inovação de produtos), mas cada vez mais envolve a ênfase na excelência de serviços que agregam valor à oferta básica de um produto.

Este capítulo explora o conceito de 'serviço' e examina métodos de concorrência por meio da prestação de um nível de serviço superior.

14.1 O ESPECTRO DE BENS E SERVIÇOS

A maioria das ofertas no mercado resulta de alguma combinação de elementos tangíveis e intangíveis, como indica o diagrama da Figura 14.1.

Os elementos tangíveis são aqueles que podem ser vistos, tocados, cheirados, ouvidos ou saboreados. Constituem os aspectos físicos da oferta, como o produto em si e o ambiente em que é comprado ou consumido. Os elementos intangíveis são geralmente mais fugazes. Abrangem o nível de serviço oferecido como suporte ao tangível e a imagem ou as crenças acerca do produto.

No extremo esquerdo do espectro, a oferta aos consumidores é sobretudo física e, portanto, tangível. Exemplos disso são os produtos de consumo não duráveis, como alimentos e pilhas, e os bens duráveis, como aparelhos de som e televisores. Entretanto, sob a perspectiva dos consumidores, os benefícios derivados da compra e do consumo podem muito bem ser menos tangíveis — os alimentos aplacam a fome, as pilhas acendem as lanternas, os aparelhos de som proporcionam entretenimento e os televisores são o 'ópio do povo'! O fator de distinção é que esses benefícios são principalmente entregues pelas características físicas do produto. É claro que há também elementos bem menos tangíveis nessas aquisições. Produtos físicos são vendidos em lojas onde vendedores dão informações e fazem demonstrações. Cada marca, por meio de propaganda e outras ações promocionais, terá estabelecido imagens e reputações nas mentes dos consumidores que podem intensificar seu valor.

Na ponta direita do espectro, a relativa importância de intangíveis e tangíveis inverte-se. Em educação, por exemplo, a essência da 'oferta' é intangível, refere-se ao serviço prestado ao aluno/consumidor e sua forma de interação com professores, colegas e materiais do curso. Há alguns elementos tangíveis, físicos envolvidos,

Figura 14.1 — Critérios de escolha de produto

Produto relativamente puro — Híbrido — Serviço relativamente puro

PARTE TANGÍVEL / PARTE INTANGÍVEL

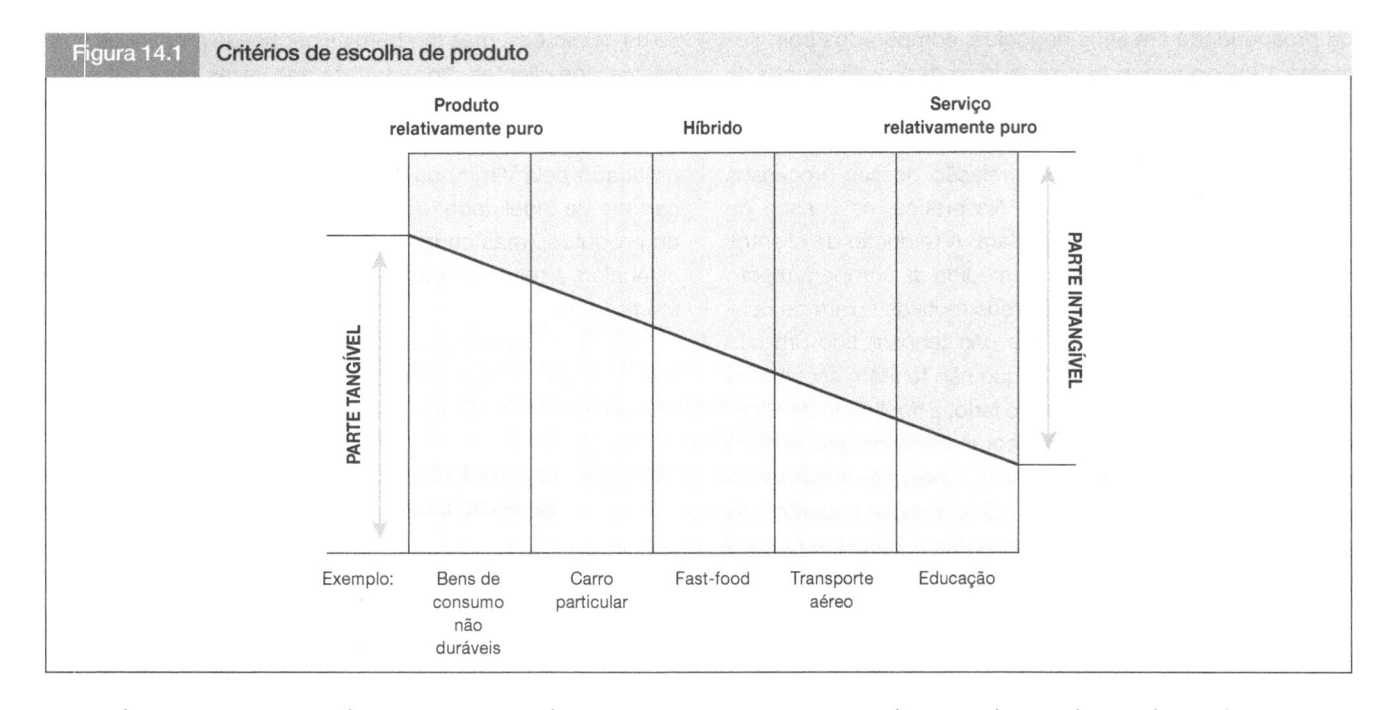

Exemplo: Bens de consumo não duráveis | Carro particular | Fast-food | Transporte aéreo | Educação

como livros, recursos audiovisuais e o ambiente. No entanto, a essência da educação é o processo intangível que ocorre no desenvolvimento de habilidades, de conhecimento ou da compreensão do aluno. Em última instância, o sucesso do processo educacional é determinado pela maneira como o aluno reage ao serviço oferecido e como interage com ele.

Entre esses dois extremos encontram-se ofertas que combinam elementos tangíveis e intangíveis em proporções mais equilibradas. Por exemplo, nas lojas de fast-food, o alimento em si (tangível) combina-se com o ambiente do restaurante e a velocidade do serviço (intangível).

À medida que mais empresas passaram a adotar as técnicas de controle e de garantia da qualidade na manufatura de seus produtos físicos, o escopo da diferenciação entre um fornecedor e outro com base nos elementos tangíveis diminuiu. A gestão da qualidade total (TQM, sigla para *total quality management*) tem sido cada vez mais aplicada ao elemento físico dos produtos, reduzindo a variabilidade, estreitando o nível de tolerância e assegurando menos defeitos (até se aproximando da desejada meta zero). É crescente o número de empresas que atuam na ponta esquerda do espectro e buscam aumentar a diferenciação pelo foco nos elementos intangíveis da oferta. Incluem-se aí a gestão da marca da oferta e a entrega de serviços para valorizar o produto físico. Na ponta direita do espectro, empresas e outros prestadores de serviços estão reconhecendo que o tipo e a qualidade do serviço oferecido é seu principal meio de diferenciação. A linha divisória entre os elementos tangíveis e intangíveis torna-se indistinta e apresenta inclinação descendente, de modo que a intangibilidade ganha cada vez mais relevância por todo o espectro.

14.2 MARKETING DE RELACIONAMENTO

Para aumentar as chances de reter clientes, cada vez mais as organizações se voltam para as técnicas de marketing de relacionamento. O foco está em estabelecer vínculos entre a organização e seus clientes visando à melhoria do feedback e, em última instância, às perspectivas de fidelidade do cliente.

A Figura 14.2 mostra a 'escada do marketing de relacionamento' desenvolvida por Payne *et al.* (1995). Trata-se de uma representação gráfica da série de etapas identificáveis na construção de relacionamentos. Na base da escada está o consumidor potencial, ou público-alvo. A ênfase inicial será tornar o cliente potencial em um cliente efetivo. Para isso, o esforço de marketing concentra-se na captação. Todavia, assim que o comprador efetiva a transação, a ênfase desloca-se para a criação de uma relação duradoura, contínua. Enquanto, em essência, o comprador pode não ter nome e fazer negócio com a empresa uma única vez ou apenas ocasionalmente, um cliente é mais individualizado e faz negócios recorrentes. No entanto, os clientes podem ser vagos ou indiferentes em relação ao fornecedor. O marketing de relacionamento busca convertê-los em apoiadores, aqueles que nutrem sentimentos positivos pelo fornecedor, e até em advogados, aqueles que podem recomendar

Figura 14.2 — A escada do marketing de relacionamento

- Parceiro
- Advogado
- Apoiador
- Cliente
- Comprador
- Cliente em potencial

Ênfase em desenvolver e intensificar relacionamentos (retenção de clientes)

Ênfase em conquistar novos clientes (captação de clientes)

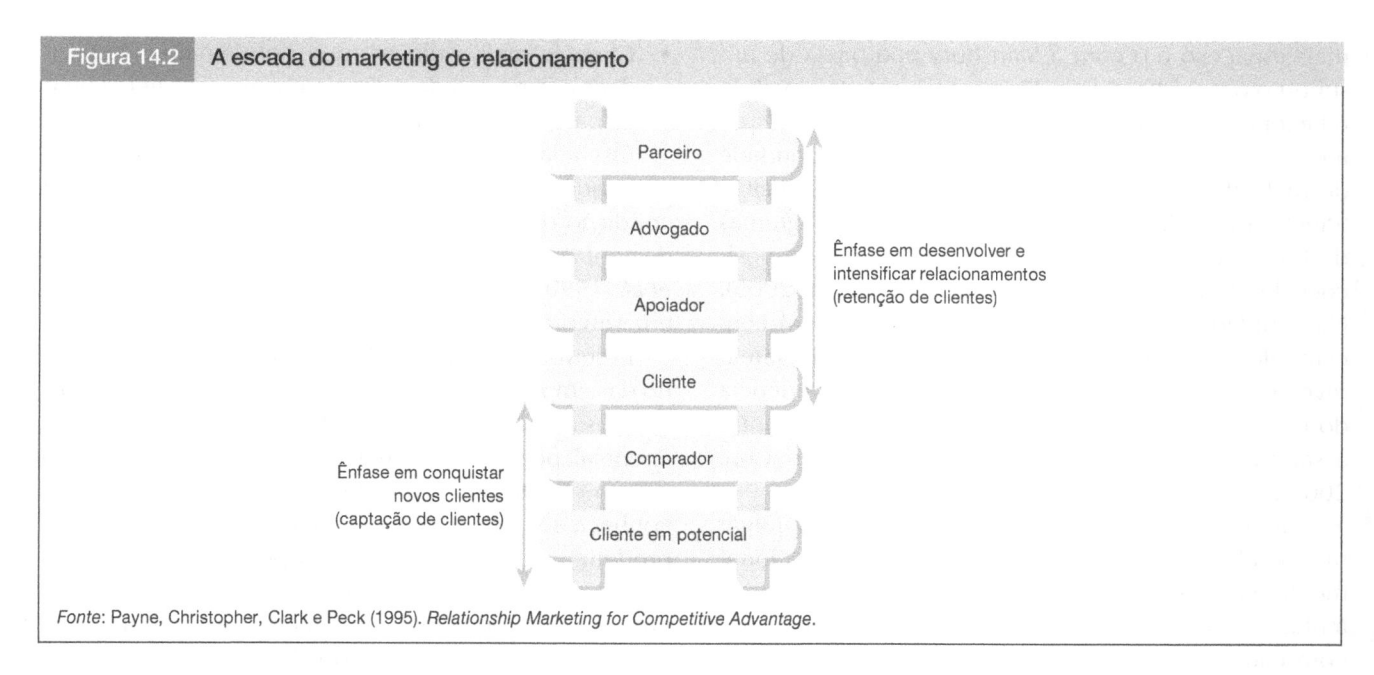

Fonte: Payne, Christopher, Clark e Peck (1995). *Relationship Marketing for Competitive Advantage*.

ativamente o fornecedor a outras pessoas. No topo da escada está o parceiro. Nesse nível, fornecedor e cliente trabalham em conjunto, visando ao benefício mútuo. O foco do marketing de relacionamento é fazer com que os clientes subam a escada, descobrindo meios de intensificar o valor que ambas as partes obtêm do relacionamento.

É importante ressaltar, contudo, que nem todos os compradores estão no mesmo nível de esforço necessário para movê-los escada acima. Um ponto crucial de uma estratégia de marketing de relacionamento é a segmentação de clientes que gerem valor suficiente (efetivo ou potencial) para justificar o investimento em criar um relacionamento com eles. A IBM, por exemplo, identificou seus mil maiores clientes e concentra esforços em conhecer suas necessidades presentes e futuras. A empresa associou seus processos de gestão de relacionamento com clientes a seu sistema de gestão de oportunidades e classificou esses clientes de acordo com o valor de sua vida útil (LTV, sigla para *lifetime value*). Quando um cliente com alta classificação lança um grande projeto com oportunidade de apresentação de proposta para a IBM, toda a organização se mobiliza para dar-lhe alta prioridade (Eisenstat *et al.*, 2001).

Para que o marketing de relacionamento seja eficaz, é necessário que haja razões consistentes de ambas as partes envolvidas (Figura 14.3). Em alguns mercados, como o de viagens ferroviárias, os clientes podem não enxergar vantagem em tornar-se um 'parceiro' e preferir guardar certo distanciamento do fornecedor. Um entrevistado que foi solicitado a preencher um questionário de satisfação em um trem comentou: "Eu gostaria de voltar a ser somente um passageiro em vez de um cliente!".

Comentários desse tipo sugerem certa artificialidade nos programas de relacionamento de algumas empresas. Sob o ponto de vista do cliente, o relacionamento com a British Airways não oferece um assento

Figura 14.3 — Alicerces do marketing de relacionamento

- Razões consistentes em ambas as pontas do relacionamento
- Motivação e comprometimento dos funcionários
- Confiança e respeito mútuos

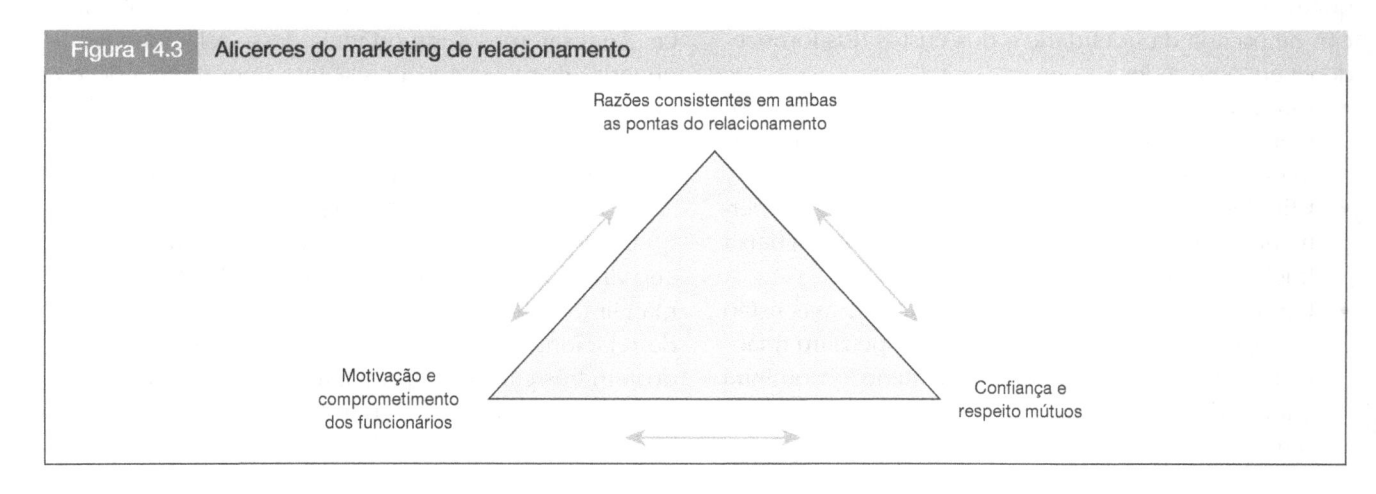

mais espaçoso e o com a Sainsbury não passa de um suborno para voltar à loja. O único aspecto tangível do relacionamento dos clientes com essas empresas parece ser o de se tornarem alvo de grande quantidade de mala direta inútil oferecendo serviços financeiros (Piercy, 1997). Esse pode ser o resultado de programas de fidelidade mal concebidos, baseados em proposições de valor inadequadas (Capizzi e Ferguson, 2005). Na realidade, uma pesquisa publicada pela IBM com cerca de mil clientes das dez maiores redes de varejo revelou que os fatores relacionados com a experiência do cliente como um todo eram muito mais relevantes à satisfação dos clientes do que preço e valor (Chu, 2002).

Em outros mercados, as empresas podem julgar mal o valor que os clientes atribuem a um relacionamento. Por exemplo, no setor de serviços financeiros, tentativas de criar relacionamentos mais próximos com cada cliente podem ter sido ingênuas em pressupor que eles automaticamente perceberiam valor em ter um 'gerente pessoal'. Um fator fundamental para o estabelecimento de um relacionamento consiste em determinar o que cada parte ganha ou poderia ganhar com isso. A maioria das organizações ainda parte exclusivamente de seu próprio ponto de vista, reconhecendo o valor que a retenção ou a fidelidade de clientes tem para elas, sem refletir sobre as vantagens para o cliente.

Por outro lado, algumas empresas estão percebendo que o tipo de relacionamento desejado pelos clientes com seus fornecedores pode ser um meio eficaz de segmentar mercados com base em suas necessidades fundamentais. Isso pode levar à concentração de recursos para estabelecer relacionamentos com esses grupos de clientes quando isso for mutuamente vantajoso e ao corte significativo de gastos e da má vontade gerada por abordagens sem foco. Nos mercados corporativos, por exemplo, Narayandas (2005) sugere quatro tipos de cliente, dependendo de sua localização na escada da fidelidade e dos custos dos fornecedores em atendê-los.

- **Compradores de *commodity*** estão interessados somente no preço mais baixo, e é improvável que valha a pena educá-los para a ascensão pela escada.
- **Clientes com baixo desempenho** não devem permanecer nessa posição, visto que apresentam baixa fidelidade e que custa caro atendê-los.
- **Parceiros** custam caro para administrar, mas estão no topo da escada e geralmente compensam financeiramente. Gerenciá-los requer atenção contínua para evitar que se tornem clientes com baixo desempenho.
- **Clientes mais valiosos** (que normalmente respondem por menos de 10% da receita) são fiéis como os parceiros, porém custa menos atendê-los.

Essencial para relacionamentos que sejam mais avançados, como a parceria, ou que atribuam uma condição de cliente mais valioso é o estabelecimento de confiança e respeito mútuos entre as partes (Crosby *et al.*, 1990). Isso envolve estar preparado para compartilhar informações por vezes comercialmente sigilosas.

Pesquisas nos Estados Unidos sugerem que o desafio das empresas nos mercados corporativos não é mais simplesmente vender, mas se tornar o 'fornecedor preferencial' por meio de um relacionamento colaborativo com o cliente, em que este espera que o fornecedor conheça seu negócio suficientemente bem para criar produtos e serviços que ele não poderia ter projetado e para comprovar que o fornecedor agregou valor ao preço. Os fornecedores excelentes são aqueles que agregam valor aos negócios do cliente por estarem próximos o bastante para mensurar as necessidades dele, desenvolver serviços adicionais que melhorem seu desempenho e comprovar esses resultados. Isso está muito diferente de um simples negócio com base em transações (H. R. Challey Group, 1996).

O terceiro alicerce do marketing de relacionamento advém do grau de envolvimento e comprometimento dos funcionários no processo de construção e manutenção de relacionamentos. Embora as empresas elaborem estratégias de marketing de relacionamento dentro da diretoria, o sucesso dessas estratégias depende, em última instância, do pessoal responsável por colocá-las em prática. Os funcionários, desde a equipe de vendas na linha de frente até os gerentes de contas e os manobristas do estacionamento, necessitam entender seu papel no desenvolvimento de relacionamentos e estar comprometidos e motivados para isso. Em muitas situações, a partir da perspectiva do cliente, o funcionário que os atende no ponto de venda ou na entrega do serviço é a empresa e sua marca. Analisaremos a importância desse relacionamento quando examinarmos a crescente importância do endomarketing no Capítulo 17.

14.2.1 Construindo relacionamentos com os clientes

Uma série de métodos foi sugerida para estabelecer vínculos mais próximos com os clientes e, dessa maneira, levá-los para cima na escada do marketing de relacionamento. Esses métodos podem ser agrupados em três categorias principais: desenvolvendo mais benefícios à fidelidade, criando vínculos estruturais e obtendo clientes encantados.

Desenvolvendo mais benefícios à fidelidade

Uma abordagem básica para a construção de relacionamento dá-se por meio do refinamento dos benefícios à fidelidade dos clientes, que podem ser financeiros ou sociais.

Os benefícios financeiros proporcionam ao cliente uma razão financeira para manter um relacionamento de longo prazo com o fornecedor. Incluem-se descontos por volume, compras recorrentes ou outras recompensas à fidelidade. Os exemplos mais comuns são os cartões de fidelidade das lojas, em que os compradores acumulam créditos para gratuidades, ou de companhias aéreas, com o acúmulo de milhas.

Os benefícios sociais podem abranger a formação de grupos sociais como os Vigilantes do Peso, patrocinados pela Heinz e usados para promover sua marca de alimentos de baixas calorias. Dentre outros, podemos citar eventos de relacionamento patrocinados por uma empresa e nos quais seus clientes podem conhecer-se visando a desenvolver interesses comerciais mútuos. A British Airways opera um 'Premier Club' para altos executivos e outros tomadores de decisão influentes. O clube está limitado a mil membros, com adesão somente por convite, e oferece tratamento exclusivo em aeroportos e durante os voos. Seus membros também recebem tratamento preferencial na reserva de assentos e um serviço pelo qual seu vinho favorito pode ser servido a bordo.

A Land Rover também pretendia conquistar fidelidade e promover vendas no mercado de veículos 4×4. Ela queria envolver mais seus clientes com a marca. Pesquisas de mercado revelaram que eles gostariam de dirigir de maneira *off-road*, mais 'radical', mas poucos tinham essa chance. Entretanto, depois de terem essa experiência, muito provavelmente se tornariam defensores da marca. Um programa de fidelidade foi criado sob o tema de 'aventura', e malas diretas foram enviadas periodicamente aos proprietários de Land Rover com oportunidades para participar de eventos *off-road* no Reino Unido e em outras localidade no exterior. Inicialmente esse programa foi realizado em 44 países e produzido em cinco idiomas, com enorme sucesso e todos os eventos sendo vendidos logo após a divulgação. As vendas totais de 1999 cresceram cerca de 2% em relação aos níveis de 1998 (RoyalMail.com, nov. 2001). O programa continua a ser um sucesso e passou a ter outros formatos.

Criando vínculos estruturais

Ao oferecer benefícios mais valorizados, as empresas podem criar vínculos estruturais com seus clientes, o que dificulta ou encarece a deserção por parte deles (Storbacka *et al.*, 1994). Por exemplo, os fornecedores de equipamento médico profissional suprem os cirurgiões com os aparelhos necessários para realizar cirurgias de joelho e quadril com implantes fabricados pelos próprios fornecedores. O equipamento funciona precariamente com implantes da concorrência, o que, portanto, representa um grande incentivo para que os médicos permaneçam fiéis. O patrocínio de participação em congressos médicos para atualização profissional também fortalece seu relacionamento com o fornecedor e gera um espírito de benevolência corporativa.

Em alguns setores, os vínculos estruturais baseiam-se em contratos e compromissos jurídicos, sobretudo no que se refere ao uso de patentes. Vínculos também são criados pelo compartilhamento de conhecimento e experiência aos quais o cliente não teria acesso de outra forma.

Quando os vínculos estruturais são fortes, até clientes insatisfeitos podem permanecer fiéis devido aos altos custos de troca envolvidos (Gronhaug e Gilly, 1991). Clark e Payne (1995) discutem 'pacotes estratégicos', pelos quais as empresas criam barreiras à deserção de clientes oferecendo grupos de produtos inter-relacionados. Por exemplo, os bancos oferecem diversos tipos de conta combinados com financiamento de casa própria e outras facilidades de crédito. Apesar da insatisfação com um ou mais desses serviços, os custos para um cliente mudar para um concorrente podem ser significativos se o conjunto de serviços for levado em conta. A crescente importância dos relacionamentos colaborativos com clientes e da formação de redes de organizações colaborativas é discutida em detalhes no Capítulo 16, sobre alianças e redes estratégicas.

Obtendo clientes encantados

Talvez o fator fundamental como base para estabelecer uma relação duradoura com os clientes e fazê-los ascender pela escada para tornarem-se apoiadores, advogados e até parceiros seja assegurar que os clientes obtenham do relacionamento mais do que originalmente buscavam.

Pesquisas revelam que apenas satisfazer os clientes raramente basta para dar-lhes um motivo para permanecerem fiéis e tornarem-se advogados em vez de simples clientes (Jones e Sasser, 1995; Reichheld, 1993). Dependendo do nível de competitividade no mercado que possa impactar diretamente o nível de escolha dos clientes e do grau de envolvimento deles com o produto ou serviço, as taxas de retenção de clientes entre os 'satisfeitos' podem variar drasticamente. Por exemplo, a British Airways constatou que sua taxa de retenção é exatamente a mesma entre clientes satisfeitos e insatisfeitos. Como já vimos, retenção não é a mesma coisa que fidelidade e satisfação. Reichheld (1993) relata que 65% a 85% dos clientes que deixam de comprar de um fornecedor afirmam que estavam satisfeitos com ele. Dentre os insatisfeitos (com liberdade de escolha), as taxas de retenção raramente ultrapassam 20% e, dentre os muito insatisfeitos, os 'terroristas' ou 'envenenadores de poço' podem representar uma séria ameaça aos negócios, visto que contam aos outros suas mal-sucedidas experiências.

Para melhorar as chances de retenção de clientes, é necessário superar as expectativas e entregar valor ainda maior a eles. Dentre os muito satisfeitos ou encantados, as taxas de retenção são significativamente mais altas, e é mais provável que eles se tornem 'apóstolos' ou advogados que espalham para os outros suas boas experiências.

Produzir clientes encantados exige que uma alta prioridade seja atribuída ao atendimento ao cliente, tanto nas estratégias elaboradas pelas organizações quanto em suas ações no mercado.

14.3 OS TRÊS SS DO SERVIÇO AO CLIENTE

Há três ingredientes indispensáveis ao sucesso na prestação de serviços. Eles foram denominados de 'Três Ss do serviço': *strategy* (estratégia), *systems* (sistemas) e *staff* (equipe).

Em primeiro lugar, é necessário ter uma clara estratégia de serviços que seja comunicada a toda empresa, de modo que todos saibam qual sua função no atendimento a consumidores e clientes. A estratégia necessita demonstrar o comprometimento da empresa com o serviço e seu papel na estratégia corporativa global. Cada vez mais as empresas usam indicadores da satisfação dos clientes em conjunto com critérios financeiros e outros de medição do desempenho geral, sinalizando a prioridade mais alta que passaram a atribuir à geração de satisfação do cliente. Na realidade, algumas dessas empresas atualmente promovem e recompensam a equipe com base nos índices de satisfação obtidos.

Não só as empresas necessitam estar comprometidas com um nível superior de serviço em suas estratégias, mas também devem adotar sistemas que permitam a suas equipes entregar o devido serviço aos clientes (Payne, 1993). Isso pode demandar sistemas computacionais para compartilhar informações de modo rápido e fácil por toda a empresa ou outras preocupações mais corriqueiras, porém não menos importantes, como práticas de formação e atendimento de filas. A marca registrada dos bons provedores de serviços na década de 1990 foi sua habilidade de adotar e usar (em vez de serem inundados por) novas tecnologias para melhorar o atendimento ao cliente.

O terceiro ponto, e talvez o mais importante de todos, é que a equipe deve reconhecer a importância do serviço ao cliente e estar comprometida em prestá-lo. Isso implica recrutar, treinar e delegar poderes aos funcionários para que prestem níveis de serviço que encantarão os clientes e depois recompensar a equipe adequadamente por isso. Bowen e Lawler (1992) sugerem diversos fatores referentes à delegação de autonomia aos funcionários para atingir a excelência de serviços. Fundamental é o fornecimento de informações, tanto sobre os requisitos dos clientes quanto sobre o desempenho da organização na prestação desse nível de atendimento. Também importante é o poder de tomar decisões que afetarão o nível de serviço proporcionado.

14.4 PRESTANDO SERVIÇO SUPERIOR

Atualmente há um grande número de pesquisas publicadas nos Estados Unidos (como Berry e Parasuraman, 1991) e na Europa (como Gummesson, 1987; Grönroos, 1994; Payne *et al.*, 1995) que analisam a natureza do 'serviço' e o que constitui o serviço excelente ou superior aos olhos do consumidor.

Grande parte da literatura sobre medição da satisfação do cliente (como Berry e Parasuraman, 1991) conclui que os consumidores medem suas experiências em relação a um parâmetro de serviço que esperam receber. A qualidade de um serviço, e consequentemente o nível de satisfação do cliente, está diretamente associada à diferença (ou 'lacuna') entre expectativas e experiências (Figura 14.4).

14.4.1 Expectativas

Berry e Parasuraman (1991) discutem duas maneiras de usar as expectativas como padrões de comparação. A primeira corresponde às expectativas do que os clientes acreditam que ocorrerá em uma situação de prestação de serviço; são conhecidas como expectativas preditivas. A segunda refere-se àquilo que eles querem no tocante ao serviço, seus desejos. Trata-se de dois níveis de serviço, o adequado e o desejado, entre os quais Berry e Parasuraman (1991) sugerem que há uma 'zona de tolerância'. Um nível de desempenho acima da zona de tolerância surpreenderá de modo positivo o cliente e fortalecerá sua fidelidade, ao passo que o desempenho abaixo dessa zona gerará insatisfação e frustração, podendo em último caso afetar a fidelidade do cliente (Figura 14.5). A pesquisa deles revelou que ambos os tipos de expectativa são dinâmicos

Figura 14.4 — Avaliando a satisfação do cliente

Promessas, Experiências passadas, Boca a boca → Expectativas dos clientes

Confiabilidade, Garantia, Tangíveis, Empatia, Receptividade → Experiências dos clientes

Lacuna de satisfação (entre expectativas e experiências dos clientes)

Fonte: Adaptado de Parasuraman, Zeithame e Berry (1985).

Figura 14.5 — Desempenho, satisfação e fidelidade do cliente

Desempenho:
- Desejado
- Adequado

Zona de afeição: Encantado
Zona de tolerância: Muito satisfeito, Satisfeito
Zona de deserção: Insatisfeito, Muito insatisfeito

Fidelidade crescente

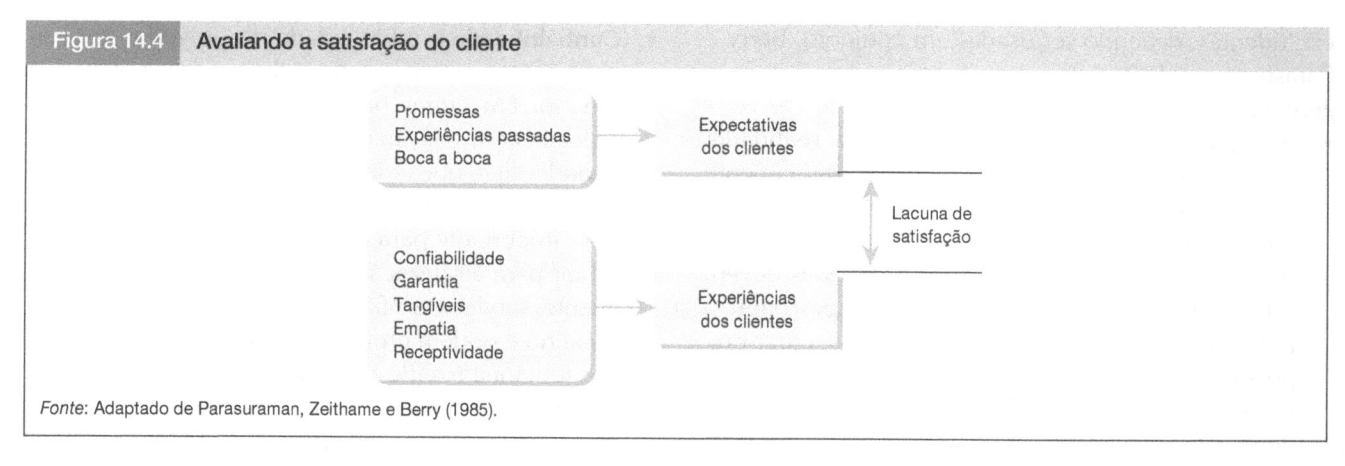

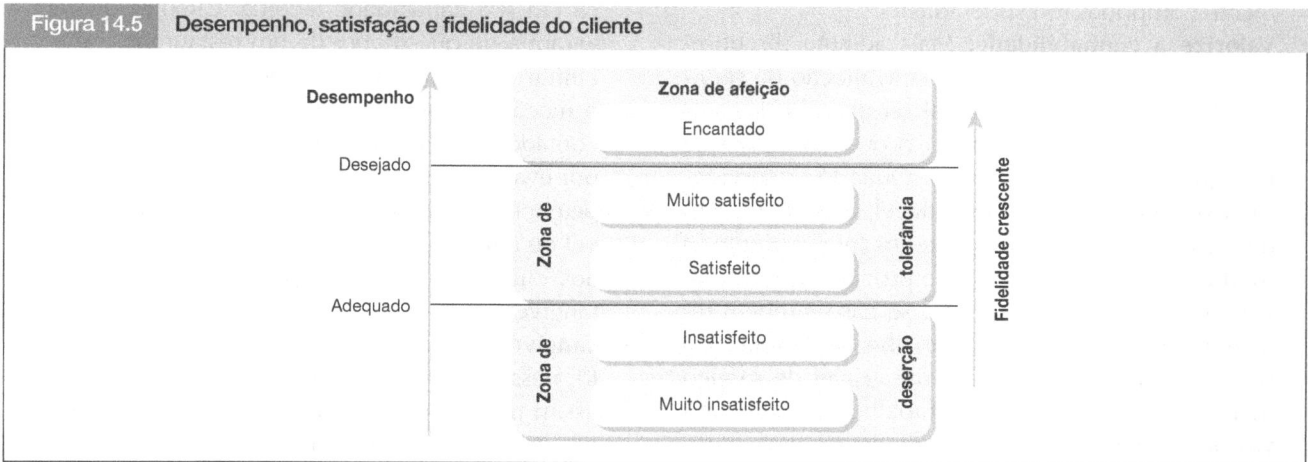

— no decorrer do tempo, eles costumam crescer. Houve algum indício, porém, de que os níveis desejados mudam mais lentamente do que os adequados.

Sabe-se que inúmeros fatores influenciam as expectativas, desde as necessidades pessoais dos clientes até os serviços de alternativas consideradas e as promessas específicas feitas por provedores de serviços em sua proposta para conquistar o negócio. Comunicações boca a boca com influenciadores e experiências passadas de clientes também afetam as expectativas do nível de serviço.

Experiências anteriores com o provedor de serviço ou com provedores semelhantes costumam ser o ponto de partida na criação de expectativas. Quando alguém entra em um restaurante, é comum que julgue essa experiência com base em outros restaurantes em que esteve e fazer comparações verbais como: "É mais tranquilo que...", "A comida foi melhor que...". Além das experiências passadas, as expectativas também são frequentemente afetadas pela opinião de amigos, parentes ou colegas que relataram suas próprias vivências. Dependendo da reputação do emissor de uma opinião, ela pode exercer uma influência significativa sobre o que se espera e até frustrar a experimentação de um determinado serviço.

Um terceiro fator determinante para as expectativas são as promessas que a própria empresa faz antes da experimentação dos clientes. Essas promessas, sob a forma de mensagens publicitárias, discursos de venda e imagem criada por estratégias de preços e assim por diante, estabelecem padrões aos quais se espera que a empresa corresponda. Isso pode ser difícil. Prometer pouco pode deixar de atrair consumidores (que podem ser seduzidos por promessas mais atraentes da concorrência); prometer mais do que é possível entregar pode gerar sua insatisfação. As empresas mais inteligentes administram as expectativas de seus clientes em cada etapa da prestação de serviço, de modo que eles esperem aquilo que a empresa realmente pode oferecer (Coye, 2004).

GERENCIANDO E SUPERANDO AS EXPECTATIVAS DOS CLIENTES

A Figura 14.5 mostra que, para produzir clientes encantados, as organizações devem superar suas expectativas. Existem duas maneiras de fazer isso: oferecer um serviço excelente ou administrar essas expectativas para baixo de modo que elas possam ser superadas. Essas abordagens não são, é claro, mutuamente excludentes, devendo ser usadas em conjunto. Berry e Parasuraman (1991) oferecem diversas sugestões para gerenciar as expectativas dos clientes.

- **Assegure que as promessas reflitam a realidade:** Promessas explícitas e implícitas estão diretamente sob o controle da organização; entretanto, na ansiedade de fechar o negócio, muitas delas prometem o que jamais poderão entregar. As promessas devem ser verificadas antecipadamente com o pessoal responsável por sua concretização para assegurar que possam ser cumpridas, e atenção deve ser dedicada aos métodos que podem ser empregados para demonstrar aos clientes que as promessas são realmente cumpridas (ou superadas).
- **Valorize a confiabilidade:** Mais adiante discutiremos os principais elementos da avaliação de serviços. Um aspecto fundamental da maioria dos serviços é a confiabilidade: fazer o que você diz que fará quando diz que fará algo. Quando os serviços são executados de modo confiável, eles até podem deixar de atender a outros critérios (por exemplo, o modo de desempenho), pois é provável que a avaliação geral seja aceitável. Nesse caso também reduzem a necessidade de retrabalho ou de refazer o serviço, um indicador altamente visível de serviço mal executado. Havendo retrabalho, as expectativas dos clientes podem ser aumentadas e as chances de uma conclusão bem-sucedida podem ser reduzidas.
- **Comunique-se com os clientes:** Manter contato com os clientes para entender suas expectativas e explicar os limites das possibilidades de atendimento pode ser um meio eficaz de administrar suas expectativas. A comunicação pode promover a compreensão, demonstrar a preocupação com o cliente e ajudar a ampliar a zona de tolerância. Telefonar para avisar um cliente de que se atrasará para uma reunião é um exemplo simples de comunicação usada para minimizar a frustração do cliente (embora não seja uma garantia de eliminá-la por completo!).

14.4.2 Avaliações

Os clientes avaliam o desempenho de um provedor de serviço com base nas expectativas. Novamente, há uma série de fatores que os clientes costumam levar em conta quando avaliam o atendimento recebido. A classificação há mais tempo aceita é o modelo de cinco dimensões proposto por Parasuraman et al. (1988) e fácil de lembrar pelo acrônimo RATER: **R**eliability (confiabilidade), **A**ssurance (garantia), **T**angibles (tangíveis), **E**mpathy (empatia) e **R**esponsiveness (responsividade).

- **Confiabilidade** é a habilidade do provedor de executar o serviço prometido de modo confiável e preciso. Em outras palavras, é a conformidade às especificações — fazer o que você disse que faria quando disse que faria algo. Em muitas situações de serviço, a confiabilidade tem-se revelado o aspecto mais importante para muitos clientes. Além de contribuir para a satisfação ou para o encantamento do cliente, serviços confiáveis reduzem os custos do retrabalho e podem promover o moral e o entusiasmo dos funcionários (Berry e Parasuraman, 1991).
- **Garantia** é fruto do conhecimento e da cortesia dos funcionários e sua facilidade de transmitir confiança em sua capacidade técnica. Clientes querem a garantia de que o chef de um restaurante sabe cozinhar sem colocar suas vidas em risco, de que o mecânico sabe consertar seus carros e de que o contador não permitirá que os clientes sejam presos por evasão de impostos. A garantia advém da competência profissional. Não basta, porém, ter alto nível de competência: deve-se também demonstrá-lo aos clientes, geralmente por intermédio de sinais tangíveis.
- **Tangíveis** são as características físicas: equipamento, pessoal, relatórios, materiais de comunicação e assim por diante. Um auditor contábil, por exemplo, tem plena consciência da impressão que sua aparência física causa em seus clientes. A escolha de automóveis corporativos para sócios e executivos requer cuidado e atenção. Um carro caro ou luxuoso demais pode sinalizar aos clientes que estão pagando muito alto pelos serviços que contratam, ao passo que outro simples demais pode sinalizar que a empresa não está indo muito bem. Os tangíveis podem ser usados dessa forma, como indicadores de competência profissional.
- **Empatia** é o oferecimento de zelo, de atenção individualizada aos clientes. É a qualidade que os bons médicos demonstram ao serem capazes de convencer os pacientes de que realmente se importam com seu bem-estar, além de meramente tratar de uma doença. A empatia implica tratar os clientes individualmente e preocupar-se com seus interesses de longo prazo.
- **Responsividade** é a habilidade da organização de reagir positiva e rapidamente às necessidades e exigências do cliente. Algumas empresas, como a Richardson Sheffield Ltd, que fabrica facas de cozinha da marca Laser, construíram seu posicionamento sendo mais responsivas às demandas de seus clientes do que a concorrência. A empresa compromete-se a responder a consultas por corres-

pondência no prazo de um dia, a consultas por fax em questão de minutos e a consultas por telefone de imediato. Também podem providenciar amostras de produtos no dia útil seguinte, mesmo para novas especificações. Em alguns mercados, uma resposta instantânea ou quase imediata é crucial. Por exemplo, no Japão, um dos principais fatores de sucesso no segmento de elevadores é a rapidez com que os defeitos são consertados, visto que os japoneses detestam ficar presos em elevador quebrado! Agilidade de resposta geralmente requer flexibilidade, pois as solicitações de clientes costumam ser tão incomuns quanto inesperadas. A organização altamente receptiva necessitará fazer previsões sempre que possível, mas também embutir em seus sistemas e operações a capacidade de reagir ao imprevisível.

Essas cinco dimensões principais da qualidade de serviço foram identificadas em diversas situações, de bancos a restaurantes, de construção a profissionais autônomos (Parasuraman *et al.*, 1988). A importância relativa de cada uma pode variar, e a forma como cada uma se manifesta em qualquer situação será diferente, mas invariavelmente esses fatores mostraram-se relevantes aos clientes em sua avaliação dos serviços que recebem.

14.5 MEDINDO E MONITORANDO A SATISFAÇÃO DOS CLIENTES

Pode-se começar a medir a satisfação dos clientes pelos sistemas de reclamações e sugestões para identificar aqueles altamente insatisfeitos, que se dão ao trabalho de reclamar. O problema, evidentemente, é que pode ser tarde demais para reverter a situação, embora se tenha efetivamente comprovado que uma rápida atenção às queixas de clientes contribui para estreitar as relações — o que Berry e Parasuraman (1991) denominam 'fazer o serviço muito bem da segunda vez' (Hart *et al.*, 1990).

No entanto, para cada cliente insatisfeito que reclama, estima-se que existam 12 outros igualmente insatisfeitos, mas que não se incomodam em reclamar. Eles simplesmente levam seus negócios para outro lugar e podem até contar a outras pessoas suas experiências malsucedidas (os 'envenenadores de poço'). Há, portanto, a necessidade de uma avaliação mais sistemática da satisfação do cliente em vez de se esperar, sentado, que os problemas surjam.

Uma abordagem mais sistemática consiste na aplicação de pesquisas periódicas de satisfação dos clientes, como atualmente é feito por vários provedores de serviço, indo de empresas ferroviárias a grandes escritórios de auditoria internacional. O mais comum é adotar um método de quatro etapas (Figura 14.6).

1. Identificar os fatores de importância para os clientes. Esses fatores não são necessariamente os mesmos que os gerentes consideram importantes. Técnicas de pesquisa qualitativa, como discussões em grupo e entrevistas em profundidade, podem ser úteis aqui. Entrevistas em profundidade com os clientes de um grande escritório de auditoria revelaram que, para a construção de um relacionamento de longo prazo, era fundamental que os sócios demonstrassem que realmente se importavam com o desenvolvimento dos negócios dos clientes (demonstrando empatia).
2. Avaliar a importância relativa dos fatores identificados e medir as expectativas dos clientes em relação

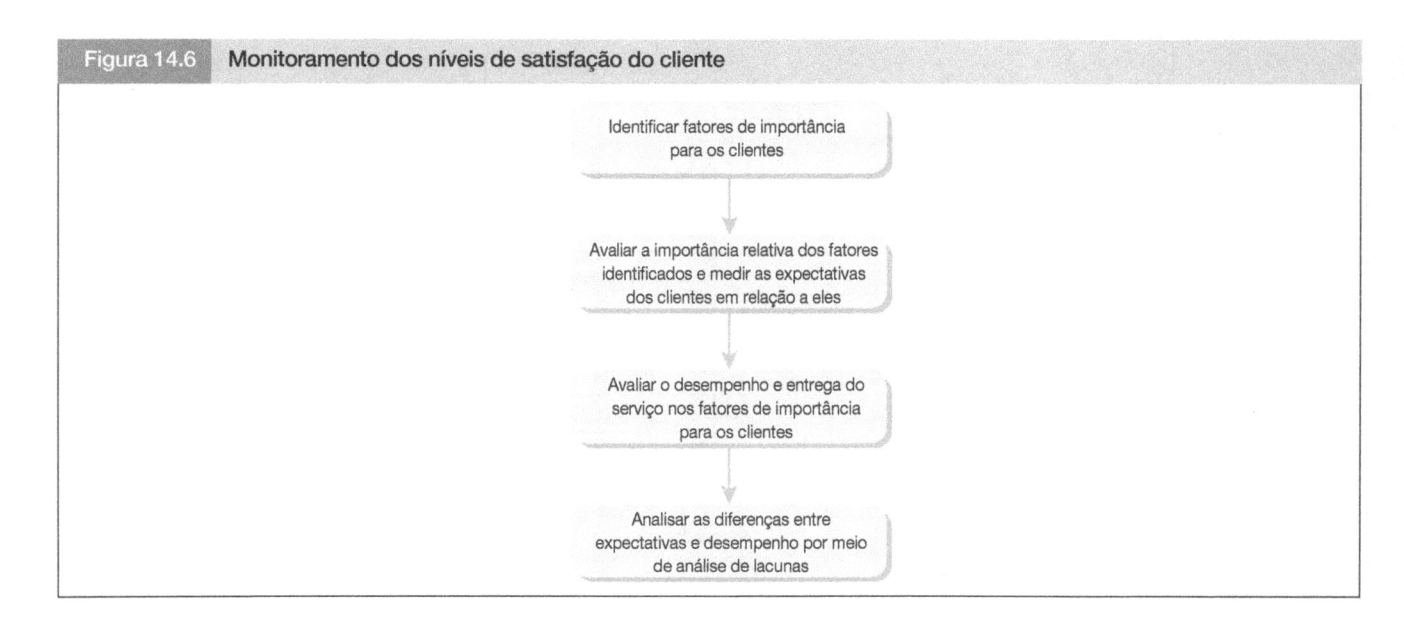

Figura 14.6 Monitoramento dos níveis de satisfação do cliente

Identificar fatores de importância para os clientes
↓
Avaliar a importância relativa dos fatores identificados e medir as expectativas dos clientes em relação a eles
↓
Avaliar o desempenho e entrega do serviço nos fatores de importância para os clientes
↓
Analisar as diferenças entre expectativas e desempenho por meio de análise de lacunas

a eles. Enquanto alguns podem esperar que seus problemas sejam solucionados de imediato, outros podem ter expectativas mais brandas. Enquanto para alguns a confiabilidade pode ser indispensável, para outros o custo pode ser mais crucial.

3. Avaliar o desempenho e entrega do serviço nos fatores de importância para os clientes. Nesse caso, pode ser recomendável avaliar o desempenho diretamente em relação às expectativas (Parasuraman *et al.*, 1994). O desempenho atendeu, frustrou ou superou as expectativas? Nessa etapa pode-se elaborar um resumo dos fatores sob análise em uma matriz de desempenho—importância (Figura 14.7), em que os fatores são lançados no tocante a sua importância aos clientes e ao desempenho da empresa em relação a eles.

A Figura 14.8 mostra o exemplo comum de uma empresa de auditoria contábil (dados mascarados). As avaliações foram feitas por um cliente, que é diretor financeiro de uma grande empresa nacional. Os fatores foram identificados por entrevistas em profundidade e as avaliações de desempenho feitas em relação a 'o que se espera de um grande escritório de auditoria'. A matriz pode ser usada para focar atenção nos aspectos do serviço de particular importância ('essencial') ao cliente, mas em que o desempenho é considerado abaixo da média.

No exemplo, cinco elementos de serviço foram identificados como 'essenciais' a esse cliente. Em três deles, o desempenho superou as expectativas, enquanto em outros dois, ficou abaixo. A competência técnica ('garantia' de capacidade técnica para realizar auditorias), o uso eficiente do tempo do cliente ('confiabilidade' em tomar o tempo originalmente especificado) e a discussão de custos com antecedência (e mantê-los de modo 'confiável'), tudo isso serve para diferenciar essa empresa na avaliação de seu cliente. Os pontos em que deixam a desejar, contudo, são a demonstração de

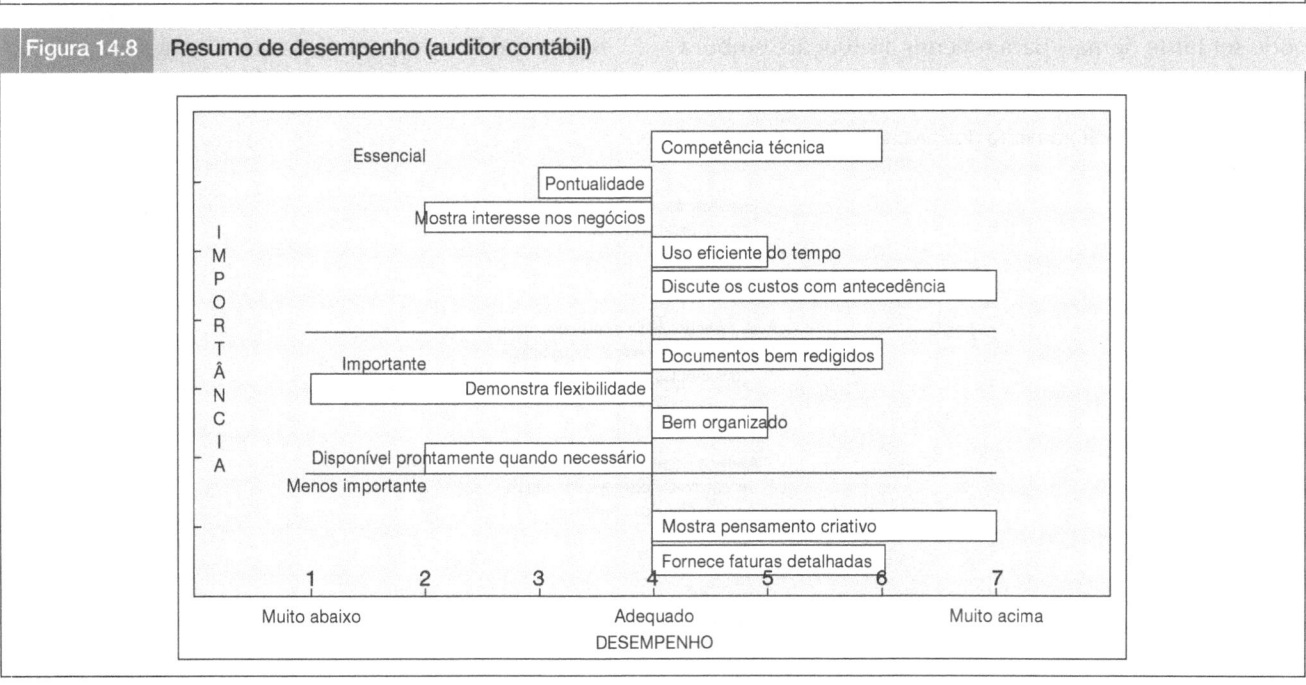

| Figura 14.7 | Matriz de desempenho—importância |

| Figura 14.8 | Resumo de desempenho (auditor contábil) |

interesse pelos negócios dos clientes (uma falta de 'empatia') e algum problema na pontualidade da equipe ou dos relatórios (entrega 'não confiável'). Claramente esses fatores necessitam ser tratados como prioridade.

No próximo nível de importância, a empresa falha em demonstrar flexibilidade ('receptividade' às demandas do cliente, sobretudo quando elas mudam) e em estar prontamente disponível para ajudar quando necessário (novamente, uma falta de 'receptividade' ao cliente). Por outro lado, são bem organizados e apresentam um bom padrão de redação de documentos ('tangíveis'). Novamente, surgem áreas para tomada de ação.

Por fim, o gráfico também revela que a empresa distingue-se em áreas menos importantes para o cliente. Pontuam alto em pensamento criativo e em faturas detalhadas, mas pode ser que o atendimento a esses aspectos menos importantes do serviço esteja desviando atenção de fatores mais importantes. Essas áreas, portanto, podem ser candidatas à racionalização. Entretanto, fica o alerta de que há casos em que os fatores não são relevantes aos clientes até que comecem a dar errado. Por exemplo, caso não sejam fornecidas faturas detalhadas, talvez elas passem a se tornar 'essenciais'!

4. Analisar as diferenças entre expectativas e desempenho por meio de análise de lacunas. No caso de fatores importantes em que haja um hiato significativo, deve-se identificar as razões por trás disso e tomar uma ação corretiva adequada.

14.5.1 Análise de lacunas

A Figura 14.9 mostra como uma lacuna de satisfação pode ter surgido. Ao trabalhar sistematicamente pela estrutura, as causas da insatisfação podem ser identificadas e tratadas.

Um ponto de partida é determinar se o fornecedor realmente compreendeu as expectativas e necessidades de seu cliente. A lacuna de inteligência de mercado refere-se à diferença entre as expectativas dos clientes e a compreensão ou percepção do fornecedor quanto a essas expectativas. Isso pode ser ocasionado por uma pesquisa inadequada sobre o que o cliente deseja e necessita ou por arrogância da parte do fornecedor em supor que conhece seu cliente. Também pode resultar de má comunicação interna, de tal modo que os requisitos dos clientes não são passados dos pesquisadores de mercado aos responsáveis por projetar o serviço a ser oferecido.

Ainda que as expectativas dos clientes sejam bem compreendidas, pode ser que não sejam adequadamente supridas na especificação do serviço. A lacuna de projeto refere-se à diferença entre o que o fornecedor acredita que os clientes esperam e a especificação do serviço. Isso pode ser com frequência provocado por limitações de recursos, em que o provedor do serviço se esforça demais para atender às expectativas do cliente. Em vez de aumentar os recursos ou admitir que o serviço esperado não pode ser fornecido, ele tenta chegar o mais próximo possível das expectativas dos clientes.

Mesmo nos casos em que a especificação do serviço está intimamente alinhada às expectativas dos clientes, existe a possibilidade de que o serviço fornecido seja deficiente. A lacuna de produção refere-se à diferença entre a especificação do serviço e o serviço

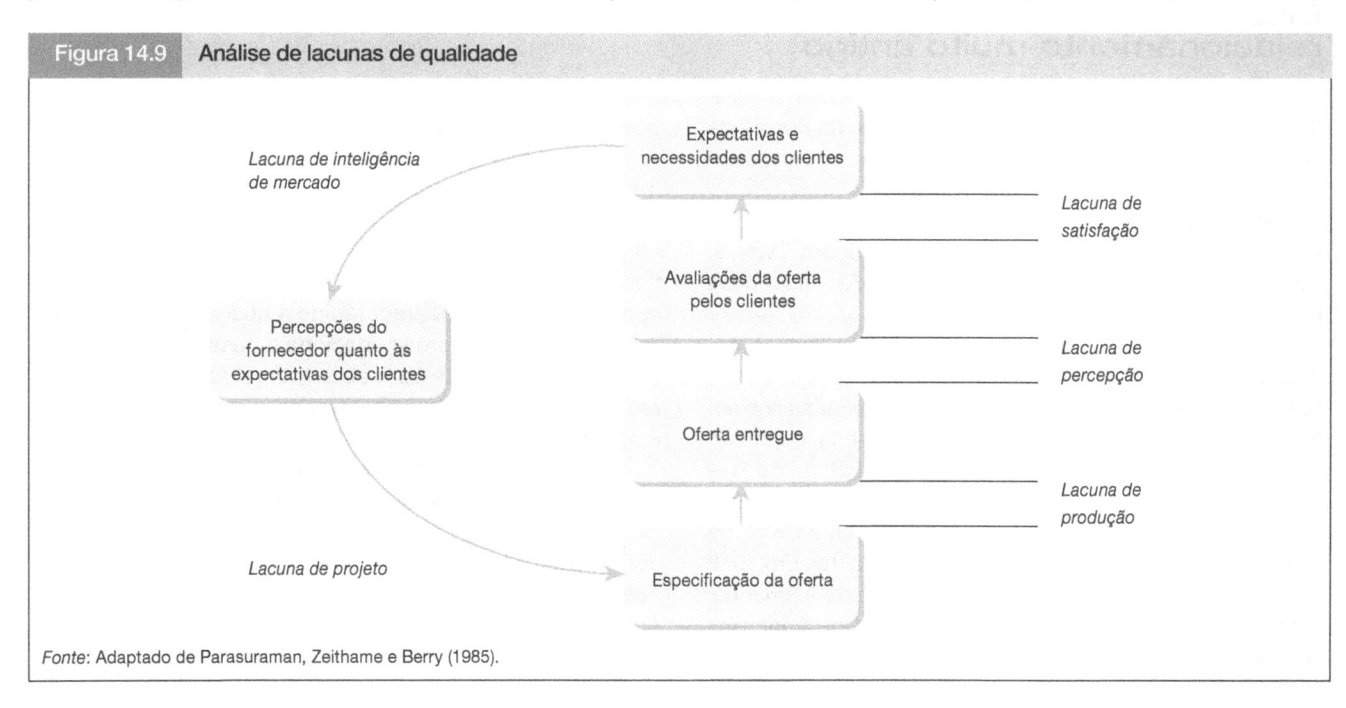

Figura 14.9 Análise de lacunas de qualidade

Fonte: Adaptado de Parasuraman, Zeithame e Berry (1985).

efetivamente entregue ao cliente. São inúmeras as razões que podem acarretar essa lacuna. Primeiro, o projeto do serviço pode ser tão complexo que inviabiliza uma execução precisa. As promessas do serviço podem ser irrealistas dados os recursos nele investidos. Por exemplo, os tempos de resposta planejados para consultas por telefone podem não corresponder ao número de atendentes disponíveis ou ao número de linhas telefônicas disponíveis. Segundo, a equipe pode não ter a necessária habilidade ou sistemas de suporte para fornecer o serviço de acordo com as especificações. Falta de treinamento funcional, provisão deficiente de tecnologia ou até comunicação interna inadequada podem resultar em funcionários frustrados, incapazes de prestar o serviço conforme prometido ao cliente. Terceiro, um grande entrave à provisão dos serviços é a própria heterogeneidade deles. A qualidade do serviço pode variar de um funcionário a outro e de tempos em tempos em relação ao mesmo funcionário. Os sistemas de controle de qualidade são mais difíceis de implementar em serviços do que em manufatura; no entanto, podem não ser menos importantes.

O hiato final que pode levar a uma lacuna de satisfação é a lacuna de percepção. Nesse caso, pode ser que o serviço tenha sido fornecido de acordo com as especificações e que elas estivessem em sintonia com as expectativas do cliente, mas esse cliente, por um motivo ou outro, não tem essa percepção. Isso pode decorrer do uso insuficiente de indícios tangíveis, da falta de reforço de entrega, do modo de entrega deficiente ou da interferência de influências externas. Sob muitos aspectos, uma lacuna de percepção é mais fácil de corrigir. Requer que o provedor demonstre ao cliente que o serviço foi realmente prestado de acordo com as expectativas originais.

RESUMO

Este capítulo examinou o recente reconhecimento por muitas empresas de que o posicionamento bem-sucedido refere-se cada vez mais a criar relacionamentos duradouros com clientes selecionados em vez de contar com transações mais esporádicas. O marketing de relacionamento busca relacionamentos de longo prazo com clientes-alvo, levando-os para o topo da escada do marketing de relacionamento, de compradores a clientes e apoiadores a advogados e, em última instância, quando for o caso, a parceiros. Um fator de suma importância na construção de relacionamentos de longo prazo é o fornecimento de serviço superior, que supere as expectativas originais dos clientes.

O monitoramento da satisfação dos clientes é sugerido como meio de avaliar a qualidade do serviço oferecido. Quando surgir uma lacuna entre as expectativas e as avaliações dos clientes quanto ao serviço prestado, pode-se aplicar uma análise de lacunas para identificar e eliminar as causas.

Brasileiros e automóveis: um relacionamento muito antigo

Estudo de caso brasileiro

A paixão do brasileiro por automóveis é bem antiga. Já na década de 20, dirigíamos os modelos da Ford e da GM, que importavam as peças e montavam os carros em São Paulo.

Segundo historiadores, o primeiro carro desembarcou no Porto de Santos em 1893. Era um Peugeot Type 3, trazido pela família Santos Dumont, uma das mais ricas do Brasil na época.

Entretanto, a indústria automobilística brasileira começou a desenvolver-se no governo Juscelino Kubitschek, com a implantação do plano de metas, que priorizava o setor de transportes. Surgiu o pioneiro Romi-Isetta, chamado de *carro-bolha* e fabricado pelas Indústrias ÐRomi de Tornos, mas que durou pouco. Em 1957 foi fabricado o primeiro modelo em larga escala no Brasil, a perua DKW, da VEMAG, sob licença da Auto Union da Alemanha. Em 1959 a Volkswagen abriu sua primeira fábrica fora da Alemanha, lançando o Fusca e a Kombi. Seguiram-se os franceses Simca Chambord, o Renault Dauphine e muitos outros.

Foi no Governo Collor, após quatro décadas de restrições à importação, que os brasileiros voltaram a ter acesso aos modelos importados do mercado internacional, ao mesmo tempo que foi criado o incentivo ao carro popular, de mil cilindradas. Os primeiros consumidores ainda não conheciam bem as opções importadas, e o Lada soviético teve seu período de sucesso de vendas. Porém, os consumidores aprenderam rápido a buscar as opções de qualidade, e as empresas nacionais passaram a ter que concorrer fortemente com as estrangeiras pelo mercado em crescimento, que hoje ultrapassa a marca de 3 milhões de unidades anuais.

O segmento de automóveis de luxo, definido pela revista *Auto Press* como o de veículos com preço acima de R$ 150 mil, tem se mostrado particularmente atrativo, com muitas ofertas no mercado dos importadores autorizados. Ferrari, Porsche, Lamborghini, Maserati, Jaguar, Aston Martin, Land Rover, BMW, Mercedes-Benz, Audi, Alfa Romeo, Volvo, SsangYong são algumas das principaíses marcas hoje disponíveis. Muitas dessas empresas são membros da ABEIVA — Associação das Empresas Importadoras de Veículos Automotores. Há também modelos importados por montadoras instaladas no Brasil, como o Edge da Ford, e os modelos Passat, Eos e Touareg da Volkswagen, além da Honda e da Toyota.

Para competir nesse mercado, a Audi chegou ao Brasil em 1994 por meio de um acordo de importação com a Senna Import, do piloto Ayrton Senna. Em 1999, abriu uma fábrica em São Paulo para produzir o modelo A3, que chegou a vender 12 mil unidades por ano. Em 2005, a Audi AG assumiu 100% da operação brasileira, criando a Audi Brasil Distribuidora de Veículos e fechando a fábrica para passar a trabalhar somente com importação.

A Audi é uma das empresas mais tradicionais do setor automobilístico. Fundada em 1899 por August Horch, inicialmente fabricou veículos sob a marca Horch. Após um desentendimento com os sócios, que ficaram com os direitos da marca, o fundador iniciou uma nova fábrica, que chamou de Audi, latim para ouvir, o mesmo significado de *horch* em alemão. Em 1932, a Audi uniu-se a outras três empresas, formando a Auto Union, cujo símbolo são quatro anéis representando os quatro associados: a Wanderer, fundada em 1885, a Horch, fundada em 1899, a própria Audi, fundada em 1909, e a DKW, fundada em 1907. Foi a própria Auto Union que licenciou o DKW, primeiro carro fabricado em escala no Brasil. A empresa foi adquirida pela Volkswagen em 1962.

O mercado brasileiro de veículos de luxo representa 0,6% do mercado brasileiro total. Considerando-se que esse total tem sido de mais de 3 milhões de unidades vendidas anualmente, o setor estima o tamanho do mercado anual de veículos de luxo em 15 mil unidades. A Audi ocupa o terceiro lugar, com 17% de participação no mercado, atrás da BMW e da Mercedes.

Em outros países latinos, como Argentina e México, o setor de automóveis de luxo é de 1,2% do total. Espera-se que esse mercado brasileiro cresça não só pelo aumento do mercado total, mas também por conta de uma maior penetração do segmento entre os consumidores.

Graças a suas ações de marketing, o volume de vendas da Audi tem subido constantemente. Em 2008, foram 1.427 unidades emplacadas, correspondendo a uma média mensal de 120 unidades. Em 2009, foram emplacadas 2.027 unidades, aumentando a média mensal para 170 unidades. Os primeiros meses de 2010 apresentaram emplacamentos mensais superiores a 200 unidades, e a empresa espera um crescimento de 25% em relação ao ano anterior, que já teve um crescimento de 42% em relação a 2008. Ela espera chegar a 5 mil emplacamentos em 2015. São valores ainda longe dos números mundiais, estimados em 950 mil unidades ao ano. Na China, são vendidas 160 mil unidades por ano, mas o mercado no país atrai pelo vigor de seu crescimento, principalmente considerando que mercados tradicionais como o europeu, o americano e o japonês devem diminuir em 10%.

Desde sua criação, a Audi brasileira divide sua verba de marketing em dois tipos de ações direcionadas — veiculações na mídia impressa especializada e relacionamento com seus clientes por meio de eventos e festas voltadas para o perfil de seu público-alvo. Nos últimos anos, estreitou o relacionamento com seus clientes pelo uso das mídias sociais. As mídias de massa não são adequadas por causa da necessidade de passar o grande volume de informações sobre os diferenciais do produto — tecnologia de ponta, menos poluição, menor consumo, design, acabamento artesanal, além da experiência de dirigir.

A base de sua estratégia de marketing tem sido a de lançar uma grande variedade de modelos em pequenas quantidades para os diversos segmentos do mercado, buscando atender aos múltiplos interesses dos consumidores por meio de modelos que variam entre o A1, mais simples, e o R8, com motor V10. A empresa encurtou o período entre o lançamento mundial e a disponibilidade no mercado brasileiro e passou a lançar novos modelos em média a cada dois meses. Em 2010, já são 30 modelos disponíveis, que devem chegar a 40 em 2015. Assim, o consumidor tem sempre a oportunidade de obter o que existe de mais moderno no setor.

Outra base de sua estratégia de marketing foi ampliar suas ações de relacionamento e manter contato mais frequente e menos formal com clientes e possíveis clientes e, nessas oportunidades, ouvi-los o máximo possível. Esses contatos podem ser virtuais ou presenciais.

A presença virtual da marca foi centralizada em um novo site, a Audiesfera, que reúne um portal de notícias, se integra com redes sociais como Twitter e Facebook, conta com vídeos no YouTube, animações em 3D, visualização em 360 graus, vídeos e informações de todos os modelos e suas características, apresenta um seletor de preços que relaciona preços e modelos e oferece um glossário das informações. A revista *Audi Magazine*, que já existia em versão impressa, passou a ter versão eletrônica que pode ser acessada no site. Além disso, todo o site pode ser personalizado para cada usuário cadastrado. Para gerenciar o relacionamento entre a marca e seus clientes, a Audi criou um personagem interativo chamado Guto Klein. O nome Guto vem de August Horch, o fundador. Guto é incorporado pelo jornalista Valmir Júnior, que recebe e seleciona todas as informações, publica o conteúdo no site e interage nas redes sociais, além de agir como intermediário com a central de relacionamento da empresa. A reformulação do site incluiu uma área para venda de seminovos das concessionárias, que podem ser consultados em um cadastro.

As experiências presenciais da marca ocorrem de diversas maneiras, sempre buscando combinar relacionamentos via redes sociais e Internet com test drives, propiciando a experiência de dirigir um de seus modelos. Esses eventos se iniciam com convites a clientes e possíveis clientes e ações de divulgação preparatórias para o dia, como comunicação visual em locais selecionados e modelos da marca percorrendo as principais ruas e avenidas. Em 2009, foi colocado em São Paulo um robô talhando um bloco de gesso. Em 2010, estão sendo desenvolvidos os terminais, que são vitrines diferenciadas para a apresentação dos veículos.

Em 2009, no lançamento do modelo A6, a empresa levou clientes e possíveis clientes de helicóptero até o Rodoanel, antes de sua inauguração, mas já asfaltado, para andar no novo modelo. Dos 30 convidados, 10 fecharam negócio.

Nos eventos, os convidados são recebidos em um *lounge*, onde podem, enquanto esperam o test drive, construir um Audi virtual no computador pelo Car Configurator, com todas as opções e opcionais disponíveis.

Alguns eventos são realizados com frequência. O Audi Business Trip é um evento que leva clientes a outros países para conhecer lançamentos antes que cheguem ao Brasil. Recentemente a Audi levou empresários nacionais e internacionais para um evento na Turquia que lançou a nova versão do A8. A iniciativa foi feita em conjunto com o Lide — Grupo de Líderes Empresariais, fundado em 2003 por João Dória Jr.

O Audi Gift Day é um evento especial para mulheres, que recebem dois convites para poder levar uma acompanhante. Elas participam de concursos e recebem brindes e massagens.

Para os que já são proprietários, o Audi Driving Experience é uma viagem a outras cidades que reúne donos de um mesmo modelo. Um exemplo foi o passeio de São Paulo a Guarujá com o piloto Maurizio Sala acompanhando proprietários do R8. Trata-se de um grupo seleto, pois foram vendidas cerca de 20 unidades após uma fila de espera de seis meses para se pagar um preço acima de R$ 550 mil.

O Audi Sportscar Experience oferece aulas de direção com pilotos profissionais em pistas de corrida, com toda a estrutura de apoio mecânico e de segurança.

Questões para discussão

1. Como o relacionamento pode ser um diferencial na indústria de automóveis de luxo?
2. Que outras ações a Audi pode desenvolver para encantar seus clientes?
3. O que a Audi deve fazer para manter um relacionamento próximo com seus clientes se o mercado continuar crescendo com as taxas esperadas?

Parte 5

Implementando a estratégia

A Parte 5 analisa diversas questões contemporâneas e relevantes que surgem na prática de marketing em relação aos desafios da implementação ou execução das estratégias de marketing. Trataremos aqui de duas áreas que foram superficialmente cobertas nas edições anteriores do livro: a gestão estratégica dos relacionamentos com clientes por meio de vendas e métodos de gerenciamento de contas (Capítulo 15) e a questão atual da responsabilidade social corporativa e sua ligação com o posicionamento e a vantagem competitiva (Capítulo 18). A justificativa para o foco nesses pontos adicionais é a de que são tópicos de substancial e crescente relevância para a modelagem e a implementação da estratégia de marketing.

Nas seções anteriores do livro, apresentamos uma cobertura extensiva dos fundamentos analíticos e teóricos da estratégia de marketing: planejamento da estratégia orientada ao mercado; análise do mercado competitivo e das competências organizacionais; e segmentação de mercado e posicionamento competitivo. Entretanto, a partir de agora o foco muda do *conteúdo* da estratégia para o seu *contexto* — as realidades organizacionais e ambientais em que a estratégia deve ser executada. Não obstante, a dicotomia convencional entre estratégia e implementação é em grande parte improdutiva. Ambas as questões representam partes interdependentes do mesmo processo de desenvolvimento estratégico e desempenho mercadológico. Também é intrigante que, em cada área de contexto estratégico que examinamos, haja desafios e obstáculos para os executivos enfrentarem e, não menos importante, novas oportunidades para competirem mais eficazmente e desenvolverem novos tipos de vantagem competitiva.

O Capítulo 15 refere-se à gestão estratégica de clientes. O foco recai sobre o papel estratégico da estrutura de vendas e o desenvolvimento de abordagens à gestão de contas estratégicas para lidar com o relacionamento com clientes corporativos de grande porte, poderosos e dominantes. Examinamos o papel das competências estratégicas de vendas na gestão das relações com clientes corporativos e a evolução da estrutura estratégica de vendas para intensificar e aplicar esses novos tipos de competência. A gestão estratégica de clientes refere-se tanto à gestão do investimento de recursos em diversas partes da carteira de clientes quanto, de forma relacionada, à gestão de relacionamentos com clientes estratégicos. Aqueles muito grandes (ou, mais estritamente, muito importantes) constituem o domínio da gestão de contas estratégicas — passar do enfoque no marketing transacional e de relacionamento com as grandes contas para a parceria com um pequeno número de contas importantes. Essa estratégia apresenta ganhos potenciais ao travar relacionamentos com os clientes mais dominantes da carteira, mas também envolve substanciais riscos de dependência e oportunismo da parte dos clientes, que devem ser cuidadosamente ponderados. Não obstante, as abordagens de gestão de contas estratégicas são altamente contemporâneas, e um equilíbrio deve ser estabelecido antes da tomada de decisões e do comprometimento.

Nossa preocupação com grandes dependências externas persiste no Capítulo 16, que examina o papel das alianças e redes na estratégia de marketing como formas organizacionais desenvolvidas para levar as estratégias de muitas organizações ao mercado. Para muitas delas, as mudanças e as complexidades ambientais foram o prenúncio de uma era de colaboração estratégica. Examinamos os elementos impulsionadores das estratégias colaborativas e os tipos de rede, aliança e parceria resultantes. Nossa ênfase recai sobre o surgimento, em muitos setores, de alianças como meios de competição. Entretanto, há que se atentar para a análise lógica e as prioridades da colaboração e do investimento de esforços na administração e na avaliação de alianças, que apresentam desafios bastante diferentes às estruturas organizacionais convencionais.

O Capítulo 17 dedica atenção explícita à implementação da estratégia e ao endomarketing, e nosso foco volta-se mais para as principais dependências internas do que para as externas. Examinamos as fontes de constantes desafios à implementação ou à execução em marketing, bem como o endomarketing como um conjunto de ferramentas ou um gabarito para estruturar e administrar o processo de implementação. O desenvolvimento e o escopo do endomarketing têm sido associados a aumento da qualidade de serviço, melhoria das comunicações internas, gestão das inovações e mercados internos, mas nosso foco concentra-se no endomarketing como um paralelo ao marketing externo, que se centraliza nas mudanças organizacionais e comportamentais exigidas para implementar uma estratégia com eficácia. Um propósito particularmente vital do endomarketing consiste em obter colaboração interfuncional e uma impecável entrega de valor ao cliente.

O Capítulo 18 foca a área, em acelerado crescimento, da responsabilidade social corporativa e seu impacto sobre como as organizações devem adaptar-se às novas demandas da sociedade, além de como elas estão criando novas áreas a considerar no desenvolvimento de diferentes tipos de força competitiva. Esse capítulo refere-se a uma importante correlação entre dependências externas e internas. Em um nível, a atenção às questões de responsabilidade social corporativa é imposta por pressões dos clientes, tanto no mercado de consumo quanto no corporativo. Entretanto, um exame mais completo do escopo da cidadania corporativa sugere que os elementos impulsionadores da responsabilidade social transcendem a obrigação moral e relacionam-se com a capacidade das empresas de competir com eficácia. Analisamos as iniciativas de responsabilidade social defensiva em reação a pressões da concorrência e dos clientes. Todavia, o que resulta é uma visão da responsabilidade social corporativa como uma rota para a vantagem competitiva. Essa visão enfatiza uma perspectiva estratégica sobre as responsabilidades sociais, em que uma dimensão social se torna parte da proposição de valor da empresa a seus clientes. A meta torna-se não o altruísmo por si só, mas a combinação entre benefícios comerciais e sociais. É provável que esse desafio seja de extrema relevância para as reflexões sobre administração no atual cenário econômico.

Capítulo 15

Gestão estratégica de clientes

Novas forças irrefreáveis estão modelando o mundo das vendas. Em toda parte, as funções de vendas estão no limiar de mudanças radicais e profundas, comparáveis àquelas que começaram a transformar os processos de manufatura há 20 anos... O próprio significado de vendas está mudando. E seu propósito está sendo rapidamente redefinido.

Rackham e DeVincentis (1999)

O ambiente competitivo atual demanda uma abordagem radicalmente diferente. Em particular, a capacidade das empresas de explorar o real potencial de sua estrutura de vendas requer que seus executivos adotem uma nova mentalidade sobre o papel dessa atividade dentro da empresa, sobre a forma como a força de vendas é gerenciada e sobre o que a equipe de vendas deve produzir. A função de vendas deve servir como uma fonte dinâmica de criação de valor e inovação dentro da empresa.

The Sales Educators (2006)

INTRODUÇÃO

Este capítulo é novo nesta edição. É interessante observar que os livros sobre estratégia de marketing dedicam relativamente pouca atenção a tópicos referentes à força de vendas ou às estruturas de gestão estratégica de contas. A visão mais comum é a de que os executivos de marketing e os responsáveis pelo planejamento de negócios tomam decisões estratégicas e criam valor por meio da inovação de produtos e marcas, ao passo que a gerência de vendas e contas se ocupa somente com a implementação dos planos elaborados pelos tomadores de decisões estratégicas. Entretanto, essa visão simplista do mundo não resiste a um exame minucioso dos gerentes responsáveis por desenvolver e implementar estratégias nas condições altamente complexas e competitivas que caracterizam a maioria das situações de negócios corporativos. É significativo o fato de que um número crescente de empresas esteja nomeando diretores de gestão estratégia de clientes ou gerentes de contas estratégicas.

Cada vez mais, a capacidade das organizações de atingir a superioridade no modo como gerenciam suas relações com clientes para gerar valor e sustentar relações lucrativas é reconhecida como essencial — embora tenha sido amplamente ignorada na literatura sobre estratégias de marketing (Piercy, 2006). Este capítulo busca explicar por que a área de vendas e as atividades correlatas de gestão de contas devem formar um importante elemento na análise do desenvolvimento de estratégia de marketing — e elas certamente definem competências relevantes de implementação (Capítulo 17). Muitas falhas na execução de estratégias de marketing podem ser explicadas pelo alinhamento deficiente entre estratégia e capacidade de vendas. Essa capacidade configura um recurso crucial de diferenciação entre fornecedores aos olhos de compradores profissionais.

Em primeiro lugar, examinaremos os fatores que devem incentivar os executivos a reexaminar a força de vendas como uma competência estratégica, bem como as demandas de mercado que reforçam essas iniciativas. A seguir, examinaremos a noção de estrutura estratégica de vendas — as novas formas de organizar os recursos de linha de frente que impactam as relações com clientes e aumentam o valor para o cliente.

Isso nos leva à questão da 'gestão estratégica de clientes'. Nossa análise lógica fundamenta-se no fato de que, da mesma forma que as empresas passaram a reconhecer os aspectos estratégicos da gestão operacional (por exemplo, a adoção da qualidade total e as iniciativas de reengenharia) e da gestão da cadeia de suprimentos (em vez de noções mais simples de transporte e armazenagem), atualmente se dá prioridade crescente a uma perspectiva estratégica sobre a gestão das relações com clientes.

Há dois aspectos a considerar sobre a gestão estratégica de clientes. O primeiro refere-se à gestão estratégica da carteira de clientes em si — fazer escolhas de investimento dentre diversos tipos de cliente, visando não só a atingir as metas da estratégia de marketing, mas também a remodelar essa estratégia. O segundo aspecto relaciona-se com a gestão de clientes estratégicos — construir relacionamentos com os clientes dominantes na carteira da empresa, alguns dos quais podem ser classificados como contas estratégicas e tratados de maneira diferenciada em relação aos demais. Trata-se de importantes decisões estratégicas que impactam diretamente a lucratividade e o perfil de risco dos negócios.

15.1 PRIORIDADES PARA IDENTIFICAR COMPETÊNCIAS ESTRATÉGICAS DE VENDAS

Para começar, analisaremos os fatores que estimulam os executivos de muitas grandes empresas a reexaminar o papel das competências da força de vendas no contexto do desenvolvimento e da implementação da estratégia de marketing. Trata-se de um importante ponto de partida para compreender o papel latente das abordagens de gestão estratégica de clientes na potencialização do desenvolvimento e da implementação de estratégias.

Sob o ponto de vista tradicional, marketing e vendas devem ser considerados entidades distintas da empresa porque, de acordo com Levitt, "as vendas focam as necessidades do vendedor, enquanto o marketing, as do comprador" (Levitt, 1960). A subordinação convencional de marketing (estratégia) a vendas (tática) resultou de afirmações como a de Drucker de que "o objetivo do marketing é tornar supérfluas as vendas" (Drucker, 1973). Entretanto, deve-se notar que Levitt escreveu há mais de 50 anos e Drucker há mais de 30, ressaltando o risco de que suas visões possam estar um tanto desatualizadas. Vale a pena considerar as seguintes questões ao buscar uma visão sobre a significância estratégica das competências de vendas em uma dada situação de negócios.

15.1.1 Relacionamento com clientes

Em muitas empresas, constata-se que o desenvolvimento de canais abrange o estabelecimento de canais diretos, como aqueles baseados em sites. No marketing de consumo, em 2007, 10% de todo o gasto no varejo foi realizado na Internet (Rigby, 2007), e esse número é bem mais elevado para muitas transações comerciais entre empresas. Ao mesmo tempo, verifica-se uma tendência crescente para a terceirização de operações rotineiras de vendas (Anderson e Trinkle, 2005) — enquanto nos Estados Unidos a Procter & Gamble possui uma equipe de 200 funcionários totalmente dedicados ao Walmart (cliente que representa 20% dos negócios da P&G), é relativamente fácil para a empresa terceirizar as visitas de vendas periódicas às lojas. De modo análogo, os gastos corporativos globais em tecnologia de gestão do relacionamento com clientes (CRM, sigla em inglês para *customer relationship management*) somam bilhões de dólares por ano, enquanto os gastos individualizados por empresa podem atingir dezenas de milhões de dólares. O CRM visa explicitamente a automatizar muitas das funções tradicionalmente associadas à força de vendas.

Todavia, isso levanta a questão vital sobre se os relacionamentos com os clientes corporativos mais importantes de uma empresa podem realmente ser administrados em todos os aspectos por meio de um site, de uma força de vendas terceirizada ou de um *call center*. Consideremos, por exemplo, que a Home Depot nos Estados Unidos solicitou a diversos fornecedores, como a Black & Decker, recuar em suas estratégias mais radicais de Internet sob pena de perder o negócio com a Home Depot (Friedman, 2002). Responder essa questão é importante para compreender o papel estratégico das vendas para uma empresa, em vez de analisar somente as atividades rotineiras envolvidas em tomar e processar pedidos. Por exemplo, a Dell Computers é uma empresa baseada na Internet — a maioria de suas vendas e prestação de serviços é realizada por meio eletrônico. No entanto, a Dell mantém tanto executivos de conta em campo quanto vendedores internos nas filiais por entender que a tecnologia existe para liberar a equipe de vendas para vender e desenvolver relacionamentos com clientes, não para processar pedidos (tarefa que a tecnologia geralmente executa melhor e com menor custo).

Há um risco significativo para os negócios e sua competitividade ao subestimarem o papel da força de vendas em defender e sustentar um posicionamento competitivo. Consideremos o caso de um fabricante de lubrificantes industriais de US$ 210 milhões sediado em Atlanta. Imaginando que, em um cenário dominado pela Internet, sua força de vendas de 400 funcionários se tornaria cada vez mais irrelevante, a empresa investiu US$ 16 milhões em seu site, portais na Internet, *call centers* e um sistema integrado de CRM. Quando o novo modelo de vendas foi ativado, a previsão de 35% de aumento nas vendas converteu-se em 18% de declínio, com queda nas margens (em grande parte devido ao custo da nova infraestrutura de Internet). Além disso, quase um terço da equipe de vendas pediu demissão em cerca de um ano (incluindo 17 dos 20 de nível sênior), porque havia uma sensação geral de que não fazia sentido ficar para competir com o novo site após anos de dedicação ao desenvolvimento de relações pessoais com os clientes. Aliás, nenhum deles havia sido consultado no desenvolvimento do novo modelo de vendas — a empresa não se deu ao trabalho de perguntar-lhes como preferiam fazer negócios. Os clientes, quando perguntados, identificaram como a única real vantagem competitiva dessa empresa a experiência dos vendedores e sua capacidade de solucionar problemas técnicos. O novo modelo de vendas passou a utilizar a experiência dos vendedores nas fases de especificação e projeto e nas negociações de preços e prazos de pagamento e a usar a Web para recompras rotineiras e monitoramento de pedidos; com isso, a situação competitiva está se recuperando (Friedman, 2002).

Compreender e potencializar as formas como os recursos de vendas agregam valor e resguardam as relações com clientes assume relevância estratégica em mercados orientados para a comoditização (conforme a seguir). Na medida em que uma estratégia de marketing depende de relacionamentos fortes e sustentados com clientes, existe uma confiança implícita nas competências de vendas. Na medida em que uma equipe de vendas constrói e sustenta fortes relacionamentos com clientes ao criar valor para eles, isso proporciona um recurso estratégico para a empresa que deve impactar suas escolhas estratégicas.

15.1.2 Sofisticação e complexidade dos clientes

Níveis crescentes de sofisticação e agressividade dos compradores nos mercados corporativos aumentaram a importância estratégica de administrar com eficácia as relações comprador-vendedor (Jones *et al.*, 2005). O desafio do vendedor é implementar uma estratégia de marketing eficaz no mundo radicalmente transformado de compradores sofisticados (Shapiro *et al.*, 1998). Essa mudança é salientada pela transformação no papel tradicional desempenhado pelas funções de compras nas organizações dos clientes. Cada vez mais, as compras tornam-se uma atividade estratégica associada aos planos estratégicos do cliente, com um alto nível de responsabilidade por lucratividade, controle de custos e maior valor aos acionistas (Janda e Sheshandri, 2001).

Quando gerentes de compras profissionais usam métricas de suprimento complexas para selecionar os fornecedores 'certos' e para ditar os termos de como serão abastecidos, mais do que nunca a lucratividade do fornecedor é determinada no ponto de venda, onde a área de vendas encontra o cliente (De Boer *et al.*, 2001; Talluri e Narasimhan, 2004). Espelhando isso, a atividade de vendas tornou-se mais complexa e os riscos, muito mais elevados.

Cada vez mais os vendedores nos mercados corporativos enfrentam decisões complexas sobre seus investimentos de marketing e vendas nos relacionamentos com clientes. Historicamente e de modo geral, o lucro de uma venda alinhava-se com o tamanho da conta, porque os preços tendiam a se basear em custos, os custos das vendas eram relativamente baixos e o tamanho das contas não variava muito. Entretanto, a consolidação por meio de fusões e aquisições e a não reposição de pessoal mudaram essa situação em muitos mercados. Nos industriais, as situações de venda caracterizam-se crescentemente por menos estruturas de compras, mas maiores e mais complexas. Nos mercados de consumo, tem-se verificado um deslocamento maciço de poder para os varejistas (Shapiro *et al.*, 1998). Não surpreende que clientes de grande porte detenham o poder e demandem vendas e gerentes de conta personalizados, desafiando a lucratividade dos fornecedores. Outros clientes também demandam tratamento especial, mas de um jeito diferente. Contas pequenas e médias requerem abordagens ainda mais diferenciadas, sobretudo devido ao custo de atendimento. O desafio estratégico consiste em combinar os esforços e enfoques de vendas com as diversas partes de uma complexa carteira de clientes e em equilibrar receitas e lucros com os riscos do negócio. Essas escolhas impactam substancialmente o desempenho corporativo.

Tais tendências de mercado elevaram a importância do uso eficaz das competências de vendas para uma condição estratégica. Em particular, ao longo do capítulo, desenvolveremos os tópicos de carteira de clientes e o impacto dos clientes dominantes.

15.1.3 Comoditização

Um dos impactos das revoluções ocorridas na gestão operacional e da cadeia de suprimentos foi a redução da diferenciação de produtos e serviços em vários setores. Produtos concorrentes costumam ser fabricados em plataformas modulares quase idênticas, enquanto as cadeias de suprimento são projetadas para velocidade máxima e custo mínimo. Os sistemas de *benchmarking* incentivam os fornecedores a obter desempenho semelhante em relação às mesmas métricas. Não surpreende que o resultado seja o aumento na semelhança entre produtos em vez de sua diferenciação.

Em paralelo, cada vez mais as organizações dos clientes buscam estratégias agressivas de comoditização com seus fornecedores — se todas as ofertas concorrentes são essencialmente semelhantes, só se pode atingir diferenciação por preço, porque é assim que as *commodities* são vendidas. Trata-se de uma situação favorável ao comprador, mas em geral não para o vendedor. O arsenal moderno do principal executivo de compras inclui: RFPs (sigla em inglês para *request for proposal*, ou uma convocação para que fornecedores participem de uma concorrência para um produto ou serviço específico); leilões pela Internet; consultores de compras; e consórcios de compra. Esses mecanismos buscam reduzir o processo de compra a uma comparação de preços e especificações. O desafio dos vendedores consiste em constantemente expandir o escopo e o valor de suas ofertas e o impacto delas sobre o desempenho dos negócios do cliente. Diferenciar-se frente a clientes estratégicos requer novos tipos de relação comprador-vendedor que contribuam para que os clientes implementem suas próprias estratégias. Isso reforça a necessidade de a área de vendas adotar um papel mais estratégico e menos tático no desenvolvimento e na implementação da estratégia de negócios e de marketing.

Pode ser que a interface vendas-cliente seja o ponto em que realmente se atinja a diferenciação competitiva. Na realidade, uma pesquisa da consultoria norte-americana H.R. Chally sugere que a eficácia de um vendedor responde por até 40% da escolha de fornecedor por um cliente corporativo, visto que a tecnologia tornou os produtos cada vez mais substituíveis (Stephens, 2003).

15.1.4 Gastos corporativos

Vale relembrar também que os gastos corporativos com operações de vendas superam os de atividades mais visíveis como publicidade e promoção de vendas. Os números são estimados, mas os níveis de gastos no Reino Unido no ano 2000 em vendas pessoais por empresas britânicas são estimados em £ 20 bilhões, em comparação com £ 13 bilhões em propaganda e £ 14 bilhões em promoção de vendas (Doyle, 2002). Na realidade, também fica claro que as atividades de vendas estão frequentemente entre as mais onerosas no orçamento de marketing. Dados de pesquisas norte-americanas indicam que, em 2005, o salário médio do pessoal de vendas se aproximava de US$ 130 mil, enquanto o daqueles de melhor desempenho chegava a quase US$ 160 mil. Os entrevistados esperavam que os salários de vendas continuassem a subir (Galea, 2006). Pesquisas nos Estados Unidos também revelam que, enquanto em alguns setores as empresas gastam menos de 1% das vendas em pessoal (por exemplo, bancos e hotéis), a empresa média gasta 10% da receita de vendas com a força de vendas, e algumas chegam a gastar até 22% (por exemplo, gráficas e editoras) (Dartnell, 1999). Na verdade, não é incomum que os custos da equipe de vendas atinjam elevados 50% das vendas (Zoltners *et al.*, 2004).

Além disso, a atividade de vendas emprega mais pessoas e, em muitas empresas, representa uma função bem mais ampla do que a de marketing. É interessante que as estimativas, tanto no Reino Unido quanto nos Estados Unidos, indicam que a taxa de emprego em vendas deve subir até 2010. A previsão da 'morte do vendedor' em decorrência da expansão do marketing pela Internet e outros canais diretos parece ter sido um tanto exagerada.

Os níveis de gastos e o crescimento no tocante ao emprego sugerem que os gerentes devem continuar a questionar a plena utilização desses recursos para agregar valor à empresa. Na realidade, evidências nos Estados Unidos indicam que grande parcela da alta gerência está insatisfeita com a produtividade de suas estruturas de vendas, e muitos deles consideram os custos da força de vendas mal alinhados com as metas estratégicas (Deloitte Touche, 2005). Esses indícios sustentam a visão de que a organização das vendas se tornará uma questão de prioridade substancialmente mais alta para os tomadores de decisões estratégicas. Entretanto, não obstante o custo da força de vendas, o papel em transformação da área de vendas não é só impulsionado pelo custo, mas reflete o poder das competências da equipe de vendas para mudar o posicionamento competitivo de uma empresa para melhor ou para pior.

15.2 O NOVO E EMERGENTE PAPEL COMPETITIVO DAS VENDAS

Esta seção baseia-se em Piercy (2006). Escrevendo para a *Harvard Business Review*, Thomas Stewart resume o novo e emergente papel da estrutura de vendas nos seguintes termos:

O processo de vendas está mudando rapidamente e de tal modo que as equipes de vendas se tornaram recursos estratégicos. Quando as empresas se esforçam para concentrar o foco no cliente, os vendedores vão para a linha de frente e os engenheiros recuam. À medida que as empresas se lançam no mercado com pacotes cada vez mais complexos de produtos e serviços, seus representantes deixam de ser meros tomadores de pedidos (aliás, a maioria dos pedidos é feita on-line mesmo) para se tornar gestores de relacionamentos.

(Stewart, 2006b)

Compreender a evolução da área de vendas e a competência estratégica que ela representa, bem como as forças que modelam essa competência, tornou-se uma questão importante para os tomadores de decisão estratégica.

15.2.1 A evolução da área de vendas para uma importância estratégica

Não resta dúvida de que o papel da estrutura de vendas passou por grandes mudanças em muitas empresas recentemente, e é provável que esse processo de mudança continue e se intensifique. Entretanto, não se deve subestimar o quanto essas mudanças são cada vez mais radicais e representam formas de contestação aos modelos e às teorias tradicionais de negócios (Shapiro *et al.*, 1998).

Por exemplo, ao identificar prioridades de vendas em 2001, Thomas Leigh e Greg Marshall escreveram que "a função de vendas está passando por uma metamorfose incomparável, impulsionada pela superabundância de condições de mudança" (Leigh e Marshall, 2001). Eles sugeriram que essa metamorfose testemunhava a atividade de vendas mudando seu papel de venda de produtos e serviços para um papel de ênfase na "crescente produtividade do cliente" por meio do aumento de receitas ou da vantagem em custo. Eles defendem a transformação da tradicional atividade de vendas para uma atividade ou processo que permeie toda a organização, orientado pelas pressões de mercado: "Os clientes indicam que a organização do vendedor deve abraçar uma cultura voltada ao cliente que dê genuíno suporte à força de vendas". É interessante observar que eles também ressaltam o paralelo entre a transformação da área de vendas e outros desenvolvimentos de marketing por toda a empresa, tais como: orientação para o mercado (Jaworski *et al.*, 1993), cultura organizacional orientada para o mercado (Homburg e Plesser, 2000) e marketing como um processo interfuncional em vez de um departamento funcional (Workman *et al.*, 1998).

Uma análise aprofundada indica que "a função de vendas está em meio a um renascimento — um legítimo ressurgimento e revitalização. Empresas progressistas tornam-se mais estratégicas em suas abordagens à função de vendas... Empresas iluminadas veem seus clientes como ativos e confiam à equipe de vendas a administração desses ativos" (Ingram *et al.*, 2002). Os autores pregam uma ação conjunta entre gerentes de vendas, educadores, treinadores, consultores e organizações profissionais para melhorar a conceitualização e a prática da administração de vendas. Certamente, parece haver cada vez mais consenso de que as perspectivas tradicionais fracassarão e de que "a modelagem da função de vendas se tornou uma importante questão estratégica", que exige clareza sobre o novo papel de vendas, as novas estruturas e as novas metodologias gerenciais (Shapiro *et al.*, 1998).

Muitos sugerem que a revolução já chegou, mesmo que os executivos (e educadores) de marketing ainda não tenham notado isso. Segundo um comentarista britânico, "as funções de vendas estão no limiar de uma transformação comparável àquela que remodelou os processos de manufatura há 20 anos" (Mazur, 2000). A evolução da área de vendas já se evidencia nos estudos de estruturas de marketing e há crescentes evidências da expansão de sua influência sobre decisões estratégicas. Por exemplo, pesquisas revelam que o departamento de vendas exerce mais influência do que o de marketing em muitas das chamadas decisões de 'marketing' (Krohmer *et al.*, 2002) e que "os principais coordenadores de marketing cada vez mais pertencem à área de vendas e não de marketing" (Homburg *et al.*, 2000), as passo que as vendas desempenham um papel cada vez maior na formulação e na execução das estratégias de marketing (Cross *et al.*, 2001). Na realidade, até o sucesso de iniciativas de marketing como a orientação para o mercado pode depender em larga medida da estrutura de vendas — por exemplo, um estudo mostra que o impacto da orientação de mercado sobre o desempenho é plenamente mediado pela adoção de vendas orientadas ao cliente pela equipe de vendas (Langerak, 2001). De modo análogo, a área de vendas pode ter influência decisiva em remodelar a direção da inovação de produto por meio da inteligência que coleta e interpreta (Lambert *et al.*, 1990), bem como em avaliar e acessar os principais segmentos do mercado-alvo (Maier e Saunders, 1990).

Esses argumentos sugerem uma necessidade urgente em muitas empresas de analisar a transformação das tradicionais estruturas de vendas e seu papel mais estratégico.

15.2.2 Forças que modelam a nova estrutura de vendas

Já há algum tempo a área de vendas tem sido submetida a poderosas forças de empresas e clientes que estão remodelando suas funções e operações (Jones et al., 2005). A Figura 15.1 resume as forças que atuam para remodelar a função de vendas nas organizações. Como já vimos, a implementação de novos tipos de estratégia de marketing requer o realinhamento dos processos de vendas com a estratégia. Ao mesmo tempo, a adoção de múltiplos canais e o crescimento dos canais diretos com base na Internet estão substituindo diversas atividades tradicionais de vendas.

Talvez o mais notável no marketing entre empresas seja a extraordinária escalada das demandas por melhores serviços e valor agregado por parte dos consumidores. Por exemplo, o *World Class Sales Excellent Research Report* (2006) da consultoria H. R. Challey relata as visões de compradores corporativos e suas expectativas para a relação com o vendedor de um fornecedor:

1. **Comprometa-se pessoalmente com nossos resultados** — Espera-se que o contato de vendas do fornecedor se comprometa com o cliente e que se possa contar com ele para o alcance de metas.
2. **Compreenda nosso negócio** — Para ser capaz de agregar valor, o fornecedor deve compreender as competências, estratégias, desafios e cultura organizacional do cliente.
3. **Esteja a nosso lado** — O vendedor deve ser o defensor do cliente em sua própria organização e atuar de acordo com as políticas e os procedimentos para focar as necessidades dos clientes.
4. **Recomende as aplicações corretas** — Espera-se que o vendedor pense além das características e funções técnicas durante a implementação do produto ou serviço no ambiente do cliente, indo além da transação em si até o estado final do cliente.
5. **Seja de fácil acesso** — Os clientes esperam que o pessoal de vendas esteja constantemente conectado e ao seu alcance.
6. **Solucione nossos problemas** — Os clientes não compram mais produtos ou serviços; compram soluções para seus problemas de negócios e esperam que os vendedores façam o diagnóstico, prescrevam soluções e resolvam suas questões, não se limitando a vender-lhes algo.
7. **Seja criativo ao atender a nossas necessidades** — Os compradores esperam que os vendedores sejam inovadores, que lhes tragam novas ideias para solucionar problemas, portanto a criatividade é uma importante fonte de valor agregado.

Essas qualidades caracterizam como as equipes de vendas de classe mundial se distinguem aos olhos de seus clientes. Elas descrevem o ambiente que cerca um cliente e que difere de forma radical das abordagens transacionais do passado, trazendo desafios gerenciais substancialmente distintos na gestão do relacionamento com clientes corporativos. Entretanto, ao mesmo tempo, as restrições comerciais nas estruturas de vendas sugerem que, na maioria das empresas, há uma considerável pressão por redução de custos e aumento da produtividade na força de vendas.

Embora as maneiras como as tradicionais áreas de vendas podem transformar-se para combater essas forças contrastantes de remodelagem variem consideravelmente entre os diversos setores industriais e comerciais, uma forma de integrar os resultados em linhas gerais é em um modelo de organização estratégica de vendas.

15.3 A ORGANIZAÇÃO ESTRATÉGICA DE VENDAS

A importância dos relacionamentos estratégicos com clientes demanda uma resposta estratégica de vendas e

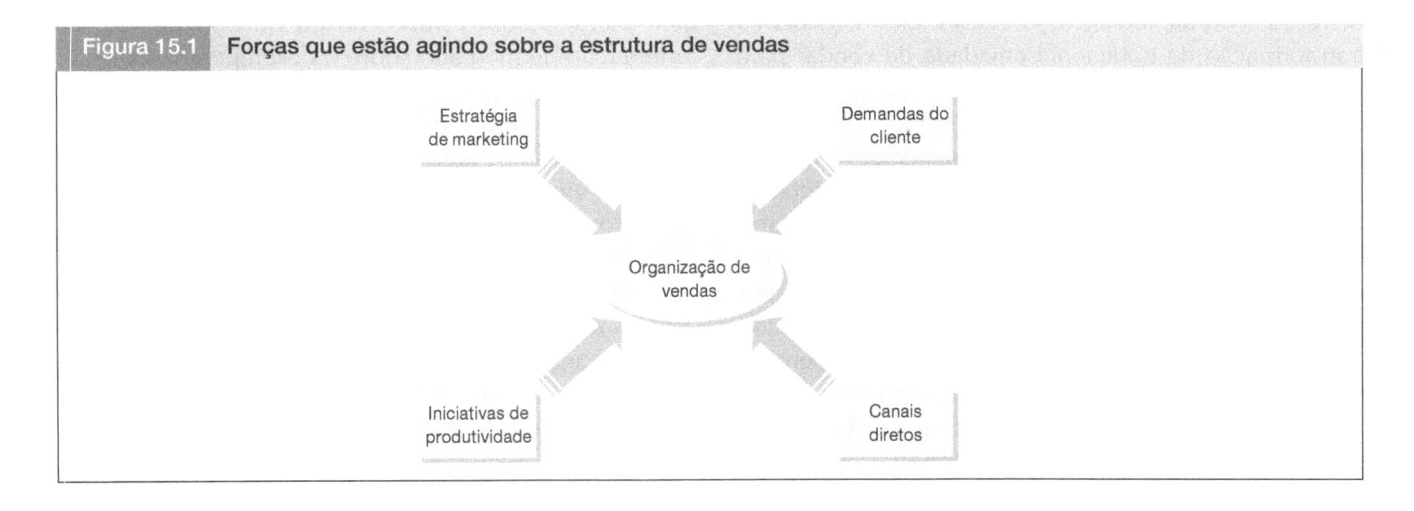

Figura 15.1 Forças que estão agindo sobre a estrutura de vendas

Estratégia de marketing → Organização de vendas ← Demandas do cliente
Iniciativas de produtividade → Organização de vendas ← Canais diretos

gerência de contas. A área estratégica de vendas constitui uma tentativa de capturar a gama de mudanças capazes de transformar a tradicional estrutura de vendas em uma força estratégica, impactando a capacidade de implementação da estratégia de marketing, mas também proporcionando liderança na modelagem dessa estratégia.

A maior parte da atenção dedicada às áreas de vendas e gerência de contas no passado referiu-se em larga medida a questões táticas e operacionais e falhou em adotar uma perspectiva estratégica à gestão de relacionamentos com clientes. É interessante observar que comentários semelhantes teriam sido aplicáveis às estratégias de operações e de cadeia de suprimentos antes das revoluções na mentalidade e na prática vivenciadas por essas disciplinas na década de 1990 e no início da de 2000. Sugerimos que o campo das vendas e da gerência de contas esteja no limiar de uma revolução semelhante e correlacionada, caracterizada por uma mudança de abordagem, de tática para estratégica. Resta pouca dúvida de que, como Shapiro e seus colegas de Harvard afirmaram, mais uma vez "vendas são um assunto de diretoria" (1998) e que essa área estratégica consta da pauta da alta gerência de muitas organizações.

Contudo, os novos processos e estruturas necessários para potencializar e sustentar a entrega de valor aos clientes por meio da área de vendas provavelmente exigirão uma cuidadosa avaliação que se estende a domínios muito além daqueles convencionalmente associados às atividades de vendas (Ogbuchi e Sharma, 1999). Para sustentar essa análise e oferecer um guia para ação gerencial, propomos a estrutura mostrada na Figura 15.2 e identificamos diversas ferramentas para aplicação prática.

A estrutura que propomos sugere os seguintes pontos fundamentais para o foco gerencial:

- **Envolvimento** — Colocar a organização de vendas no centro do debate sobre a estratégia de negócio e marketing e alinhar as operações de vendas com a direção estratégica.
- **Inteligência** — Aprofundar o conhecimento sobre os clientes como um recurso estratégico crucial tanto para a formulação de estratégias quanto para o desenvolvimento de estratégias de valor agregado com os principais clientes.
- **Integração** — Estabelecer relações multifuncionais necessárias à condução de processos que definam, desenvolvam e entreguem proposições de valor superior aos clientes e administrar as interfaces entre funções e unidades de negócios que impactem o serviço e o valor sob a perspectiva dos clientes.
- **Endomarketing** — Usar os recursos de vendas para 'vender' o cliente além das fronteiras funcionais e divisionais dentro da empresa e além das fronteiras organizacionais com empresas parceiras para obter uma entrega de valor impecável.
- **Infraestrutura** — Desenvolver a estrutura e os processos necessários à administração das organizações de vendas e gerência de contas que sejam compatíveis com os requisitos das relações com clientes e construir vantagem competitiva.

15.3.1 Envolvimento na tomada de decisões estratégicas

À medida que as demandas por relacionamentos de vendas de alto nível continuem a evoluir e aumentar, um novo papel torna-se crucial nas organizações de

Figura 15.2 A organização estratégica de vendas

A organização estratégica de vendas

- **ENVOLVIMENTO** — Na tomada de decisão estratégica e definição da direção estratégica
- **INTELIGÊNCIA** — Percepção e interpretação de mercado para agregar valor
- **INTEGRAÇÃO** — Trabalhando além das fronteiras funcionais
- **ENDOMARKETING** — Vendendo o cliente para a empresa
- **INFRAESTRUTURA** — Realinhando as estruturas e os processos da força de vendas em torno da estratégia

vendas — a gestão estratégica do relacionamento com clientes. Se, por um lado, as condições econômicas e a busca por vantagem competitiva exigem reduções de custos para aumentar margens, por outro, as receitas e os lucros das vendas decorrem não só da conquista de novos clientes e canais de vendas, mas também do estreitamento das relações com os clientes e os canais já existentes. Entretanto, sob o ponto de vista convencional, as áreas de vendas administram os clientes visando a receitas de curto prazo, o que em mercados altamente competitivos costuma resultar em queda nas margens e comoditização (Lombardi, 2005). A base de uma resposta estratégica a mudanças mercadológicas radicais é o desafio de reposicionar vendas como parte essencial da competitividade de um negócio, na qual a área de vendas está intimamente integrada à estratégia de marketing (Stephens, 2003).

O envolvimento da organização de vendas na estratégia revela dois aspectos. A primeira questão estratégica de vendas refere-se ao desenvolvimento de uma perspectiva de estrutura de vendas que não foca simplesmente a gestão tática dos processos transacionais de vendas, mas examina as relações formadas com diferentes tipos de cliente como base do desenvolvimento de negócios de longo prazo (Olson *et al.*, 2001). Isso implica uma nova avaliação das atividades e processos requeridos para potencializar e sustentar a entrega de valor a clientes por meio da área de vendas. Também é cada vez mais o caso de grandes clientes demandarem uma proposição de valor altamente específica construída em torno do 'valor único' para eles. Não obstante, diferentes clientes têm diferentes requisitos de valor, por exemplo: compradores de valor intrínseco requerem vendas transacionais; compradores de valor extrínseco requerem vendas consultivas; e compradores de valor estratégico requerem vendas corporativas (Rackham e Vincentis, 1999).

A segunda questão estratégica de vendas refere-se ao papel das vendas e da gerência de contas na interpretação do ambiente que cerca o cliente como base para decisões estratégicas. À medida que os custos de lidar com os principais clientes continuam a aumentar, as empresas enfrentam a importante escolha de investir, ou não, recursos no desenvolvimento de um relacionamento com eles. No caso de grandes clientes em particular, os riscos de investimento ou desinvestimento são altos, e é provável que as competências de coleta de dados de inteligência e percepção de mercado das áreas de vendas e contas desempenhem um papel crescente na influência de decisões estratégicas sobre alocação de recursos na carteira de clientes. A mudança de mentalidade exigida é sair da gestão tática das transações de vendas e ir para o foco nos relacionamentos formados de diferentes maneiras com diferentes tipos de cliente como base para o desenvolvimento de negócios de longo prazo (Olson *et al.*, 2001). Analisaremos a seguir a carteira de clientes como uma ferramenta para trazer à tona essas questões.

15.3.2 Inteligência para adicionar valor

Uma demanda clara e recorrente dos compradores corporativos é que o pessoal de vendas deve demonstrar profundo conhecimento sobre o negócio do cliente, de tal modo que possa identificar necessidades e oportunidades antes do próprio comprador (H. R. Challey, 2006). A aplicação de conhecimentos e experiências superiores constitui uma característica que define uma área de vendas de classe mundial aos olhos do comprador. A lógica é direta: se o vendedor não consegue adicionar valor ao relacionamento, identificando novas oportunidades para o cliente conquistar vantagem competitiva no mercado usuário final, ele não passa de um fornecedor de *commodity* e deve ser tratado como tal (o produto é comprado com base em preço e especificação técnica).

Isso representa uma mudança desafiadora no foco em relação ao modo como as áreas de vendas interagem com os principais clientes. Enquanto as tradicionais atividades de vendas focam primordialmente a necessidade de converter produtos e serviços em fluxo de caixa, o marketing convencional transfere o foco da necessidade do vendedor para a necessidade do comprador e para o desenvolvimento do relacionamento com clientes. Entretanto, em muitas situações atualmente enfrentadas pelos fornecedores, os clientes estratégicos demandam que o vendedor revele não meramente uma compreensão superior da organização do cliente, mas um conhecimento detalhado e introspectivo dos mercados-alvo do cliente. A Figura 15.3 resume isso e apresenta uma estrutura para avaliar onde a força de vendas de uma empresa está concentrando esforços e como isso se relaciona com as demandas dos clientes.

Até no setor de bens de consumo, os varejistas ainda relatam que seus fornecedores atuam inadequadamente em áreas fundamentais que poderiam ajudar a diferenciá-los junto ao consumidor, tal como o desenvolvimento de conhecimento sobre ele. Os grandes varejistas enfatizam que as relações comerciais não mais se baseiam nos papéis de comprador–vendedor e caracterizam o melhor fornecedor de sua categoria como aquele que possui uma sólida compreensão da posição, da estratégia e da ambição do varejista no mercado — eles demandam de seus fornecedores uma percepção sobre o cliente (IBM, 2005).

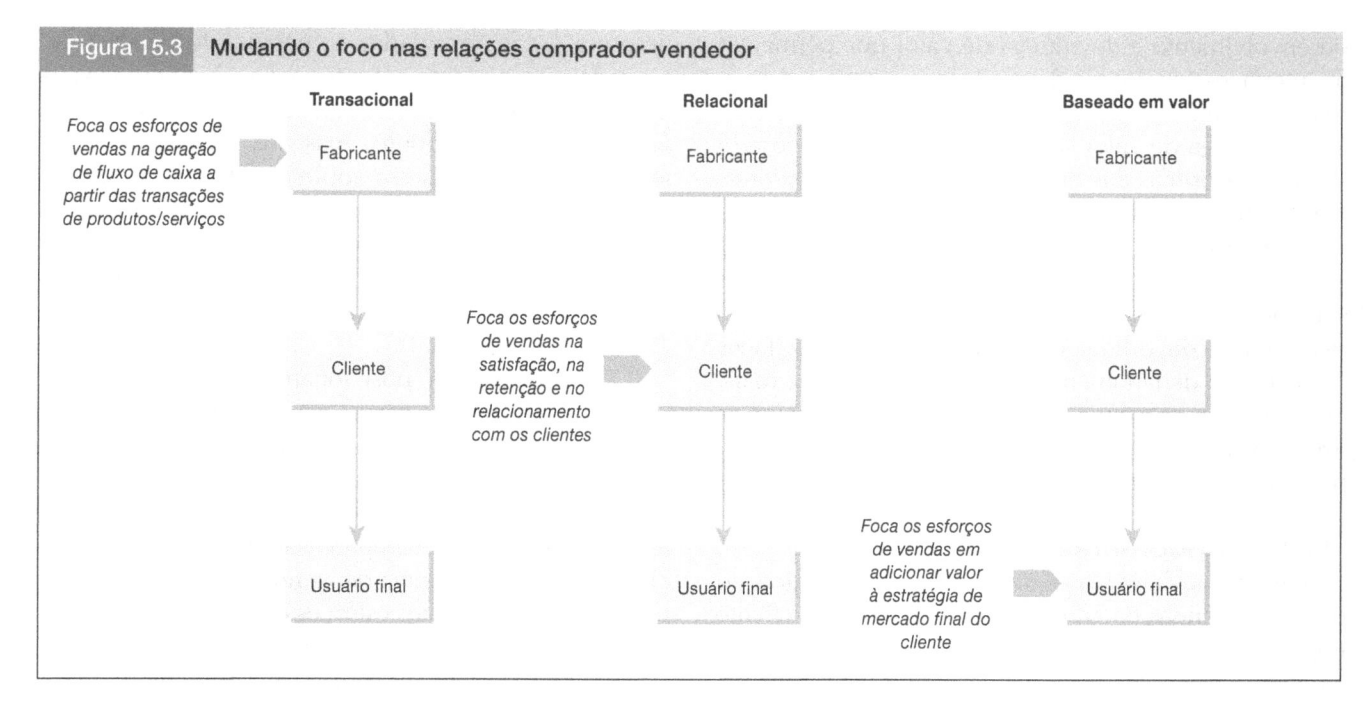

Figura 15.3 — Mudando o foco nas relações comprador–vendedor

Transacional
Foca os esforços de vendas na geração de fluxo de caixa a partir das transações de produtos/serviços
Fabricante → Cliente → Usuário final

Relacional
Foca os esforços de vendas na satisfação, na retenção e no relacionamento com os clientes
Fabricante → Cliente → Usuário final

Baseado em valor
Foca os esforços de vendas em adicionar valor à estratégia de mercado final do cliente
Fabricante → Cliente → Usuário final

Modelos de negócios bem-sucedidos, como os de empresas tão diversas quanto a Dell Inc. em computadores, a Johnson Controls em controles automotivos e a Kraft em supermercados, exibem esse tipo de perspectiva do mercado usuário final nas relações de vendas estratégicas. Os grandes clientes avaliam seus fornecedores com base no sucesso deles em potencializar a posição competitiva do cliente e esperam cada vez mais provas desse feito.

O desafio aos fornecedores, lançado por uma parcela crescente de seus maiores clientes, consiste em compreender o negócio do cliente e seus mercados-alvo e alavancar esse conhecimento para criar vantagem competitiva para ele. A alternativa é combater uma crescente comoditização e margens declinantes. Enfrentar esse desafio com grandes contas e contas estratégicas constitui um elemento central das escolhas de vendas estratégicas. O desafio correspondente para a área de vendas reformulada é desenvolver, aplicar e sustentar novas habilidades e competências na percepção do mercado.

15.3.3 Integração além das fronteiras funcionais

Mercados turbulentos e exigentes criam novos desafios para os gestores das empresas fornecedoras. Cada vez mais, clientes poderosos demandam a solução de problemas e o pensamento criativo para seus negócios, exigindo acesso à operação total do fornecedor e seu comprometimento. Um executivo europeu descreve isso como "a convergência entre gestão estratégica, gestão de mudanças e gestão de processos, todas elas elementos cruciais de transformação da função de vendas para atender às demandas dos clientes atuais" (Seidenschwartz, 2005). Certamente, em alguns casos, os programas de criação de valor em torno dos principais clientes foram impregnados por problemas de 'obstáculos organizacionais' — as funções organizacionais do vendedor não estão alinhadas em torno de processos de criação e entrega de valor ao cliente (Koerner, 2005). De modo análogo, os varejistas enfatizam a estrutura e a cultura organizacional do fornecedor como os principais obstáculos à melhoria da eficácia da gestão de clientes (IBM, 2005).

Cada vez mais o sucesso no novo mercado demanda a integração de todo o conjunto de competências de uma empresa em um sistema impecável que entregue valor superior ao cliente — também conhecido como 'marketing integrado total' (Hulbert et al., 2003). Essa lógica baseia-se na observação de que as empresas com desempenho superior compartilham uma característica simples: concentram esforços em torno do que mais importa a seus clientes e fazem uma oferta totalmente integrada de valor superior do ponto de vista do cliente. A atenção da gerência deve focar as contribuições efetivas e potenciais de unidades e departamentos funcionais, bem como as contribuições de fornecedores terceirizados em alianças e redes, a entrega de valor superior aos clientes e como melhorar a integração entre essas atividades.

Um dos papéis de desenvolvimento da área de vendas será o de administrar os processos de definição, de desenvolvimento e de entrega de valor que permeiem as interfaces funcionais de modo a construir um foco real no cliente. Muitas das barreiras ao desenvolvimento e à entrega de valor superior aos clientes decorrem das características das organizações dos fornecedores. Um desafio da gestão estratégica de clientes é que ela exige abordagens efetivas à integração interfuncional em torno de processos de valor. Em vez de gerenciar somente a interface com o cliente, a força de vendas reformulada deve lidar com uma gama de interfaces com áreas e departamentos internos e, cada vez mais, organizações parceiras para entregar valor de forma irrepreensível aos clientes. Discutiremos a questão da parceria interfuncional no Capítulo 17.

15.3.4 Endomarketing do cliente

Parece inevitável que um enfoque estratégico ao papel das vendas na administração do valor do cliente imponha o problema de posicionar e ao mesmo tempo 'vender' a estratégia de valor do cliente dentro da organização.

Por exemplo, consideremos a questão da qualidade de serviço, que provou ser uma arma competitiva estratégica decisiva em muitos setores. Normalmente a qualidade de serviços é avaliada no mercado do cliente no tocante à percepção sobre uma entrega de produto ou serviço que confirme ou não as expectativas do cliente de modo a criar satisfação ou insatisfação (Berry e Parasuraman, 1991). No entanto, essas mesmas dimensões de atitudes e crenças espelham-se no mercado interno da empresa — os funcionários e os gerentes.

No mercado interno, as expectativas referem-se às previsões do pessoal interno da empresa sobre as preferências e o comportamento dos clientes externos, enquanto a percepção da entrega está associada às diferenças entre critérios internos e externos do que 'importa' — as prioridades do pessoal de 'retaguarda' ou de fábrica podem conflitar com as do cliente externo. A confirmação/desconfirmação relaciona-se não ao consumo do produto, mas aos julgamentos dos funcionários da empresa sobre os clientes externos. Quando estes 'decepcionam' os funcionários com reações adversas ou reclamações, isso pode facilmente exercer efeito negativo sobre o comportamento futuro dos funcionários no trato com os clientes (Piercy, 1995; Bell *et al.*, 2004).

O risco de minar o posicionamento competitivo em relação a um grande cliente como resultado de tais fatores de mercado interno é sério demais para ser ignorado. Um dos papéis da área de vendas reorganizada pode ser o de 'vender' o cliente a funcionários e gerentes como base para a compreensão das prioridades dos clientes e da importância de atendê-las, uma atividade paralela às vendas e aos esforços de marketing convencionais, como sugerido na Figura 15.4.

Discutiremos sobre endomarketing no Capítulo 17.

15.3.5 Infraestrutura para a nova organização de vendas

É improvável que o papel de transformar a área de vendas seja implementado com eficácia por meio das tradicionais estruturas e processos da força de vendas. Shapiro e seus colegas sugerem que "a maioria das forças de vendas estabelecidas tem problemas sérios. Elas foram desenhadas para uma época bem mais simples, mais agradável... A antiga força de vendas deve ser redesenhada para atender às novas necessidades" (1998). Novas definições da atividade de vendas exigirão substanciais alterações na forma de administrar a estrutura de vendas. Mercados turbulentos exigem atenção constante ao alinhamento entre os processos de vendas e as metas da estratégia mercadológica e

Figura 15.4 O desafio do endomarketing para as vendas

PROCESSOS EXTERNOS DE MARKETING

Vendendo a empresa ao cliente

Organização vendedora — Organização compradora

Vendendo o cliente à empresa

PROCESSOS INTERNOS DE MARKETING

comercial (Strelsin e Mlot, 1992). Certamente pesquisas sugerem que o deslocamento das relações transacionais com clientes (vender com base em preço e vantagens do produto) para as relações de valor agregado se revela extremamente desafiador para muitas organizações que perseguem essa estratégia (*American Salesman*, nov. 2002).

É provável que a mudança na infraestrutura de sustentação da área estratégica de vendas envolva a estrutura organizacional, os sistemas de medição de desempenho, os sistemas de criação de competência e os sistemas motivacionais — todos impulsionados pela definição da nova tarefa e pela atribuição da operação de vendas (Shapiro *et al.*, 1998).

A Figura 15.5 sugere algumas áreas que requerem atenção especial e nas quais novas pesquisas sobre a eficácia da área de vendas indicam alguns enfoques produtivos a explorar. A lógica é que o resultado geral no qual a atenção deve se focar é a eficácia da estrutura de vendas em implementar a estratégia comercial e em atingir as metas organizacionais. Por tradição, a atenção gerencial volta-se para o desempenho final como o principal indicador de eficácia (isto é, atingir o volume de vendas e as metas de receita). Entretanto, se a estratégia requer o estreitamento das relações com os clientes e a implementação de uma estratégia baseada em valor, o desempenho do comportamento da equipe de vendas pode ser um ponto de foco mais produtivo (isto é, não meramente o que os vendedores vendem, mas os comportamentos que eles adotam para atingir suas metas e construir relacionamentos com clientes).

Se o desempenho do comportamento do vendedor é a chave para atingir os resultados e a eficácia geral exigida à medida que a estratégia de marketing se move em direção a um foco de relacionamento, isso tem diversas implicações importantes quanto às competências e aos comportamentos a serem desenvolvidos na equipe de vendas e que devem ser considerados para avaliar seu desempenho. Isso, por sua vez, apresenta sérias implicações para o perfil de pessoal a recrutar para as funções de vendas e gerência de contas, bem como para a forma como serão gerenciados (Baldauf, Cravens e Piercy, 2001; Baldauf, Piercy e Cravens, 2001). Especial controvérsia é reservada para a migração do controle baseado em resultados (principalmente sob a forma de incentivos financeiros, como comissões de vendas e bônus) para o controle baseado em comportamentos (intervenção gerencial direta sobre a atuação da equipe de vendas e maior adoção de pacotes de salários fixos) (Piercy, Low e Cravens, 2004a, 2004b).

O processo de 'reinventar' a força de vendas para que ela enfrente os desafios de novos mercados e novas estratégias deve exigir atenção para diversas questões cruciais:

- Focar as relações de longo prazo com clientes, mas também a avaliação do valor do cliente e a priorização dos potenciais consumidores mais atrativos.
- Criar estruturas de vendas que sejam ágeis e adaptáveis às necessidades de diferentes grupos de clientes.
- Conquistar maior domínio e comprometimento da equipe de vendas com a remoção de barreiras funcionais dentro da organização e a alavancagem do trabalho em equipe.
- Mudar o enfoque da gestão de vendas de 'comando e controle' para 'orientação e facilitação'.
- Aplicar novas tecnologias de modo apropriado.
- Formular a avaliação da equipe de vendas de modo a incorporar toda a gama de atividades e resultados relevantes aos novos tipos de função de vendas e gerência de contas (Cravens, 1995).

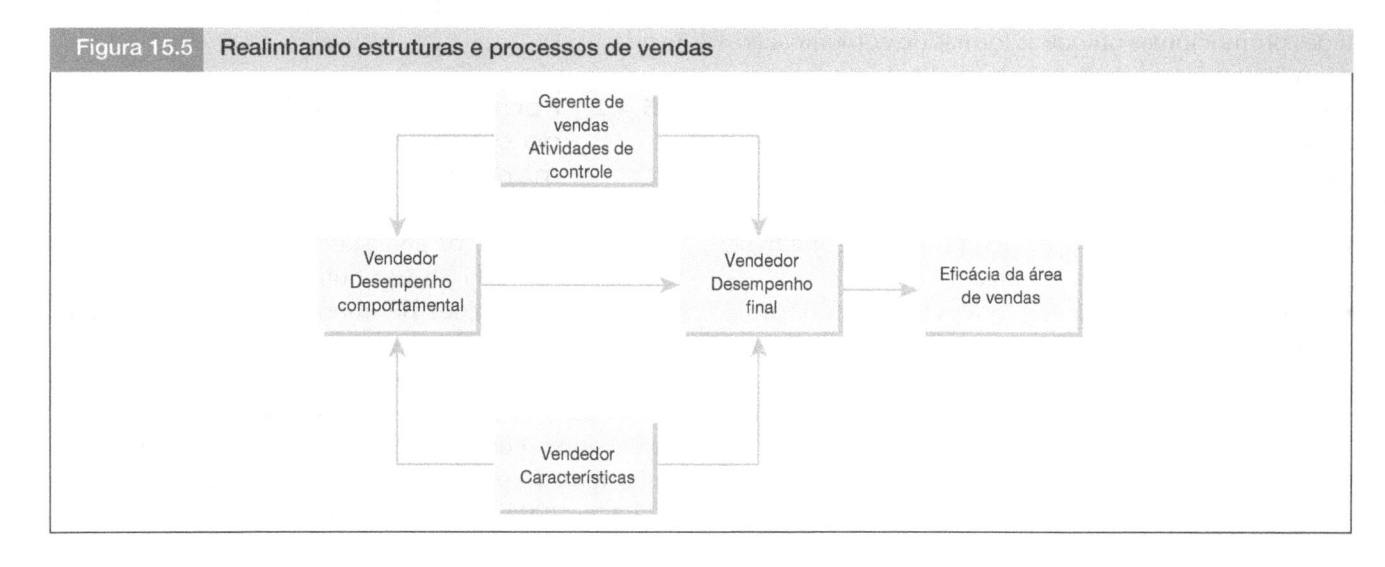

Figura 15.5 Realinhando estruturas e processos de vendas

Embora não faça parte do escopo desta análise, um estudo dos fatores precedentes e das consequências da estratégia de controle da gestão de vendas revela diversas questões comumente negligenciadas na alavancagem da mudança e do desempenho superior da equipe de vendas no que se refere ao alinhamento dos esforços de vendas com a direção estratégica (Baldauf *et al.*, 2005). Deve, no entanto, ser evidente que novas estratégias de negócios e de marketing e um papel em evolução da estrutura de vendas na condução da gestão estratégica de cliente inevitavelmente exigirão considerável reanálise da gestão da área de vendas.

15.4 ATIVIDADES DA GESTÃO ESTRATÉGICA DE CLIENTES

A transformação da tradicional estrutura de vendas em uma força estratégica com atuação central na análise que fundamenta as escolhas estratégicas dos executivos de marketing pode ser obtida pela adoção de pelo menos algumas características da área estratégica de vendas. Entretanto, a meta maior que perseguimos é uma perspectiva de gestão estratégica de clientes, que pode ser atingida por meio do desenvolvimento estratégico dos processos e das estruturas de vendas. Os principais aspectos distintivos de uma abordagem de gestão estratégica de clientes (SCM, sigla em inglês para *strategic customer management*) são resumidos a seguir e desenvolvidos nas próximas seções.

15.4.1 Alinhamento dos processos de vendas com a estratégia

Em um nível, a exigência da SCM refere-se à questão da implementação da estratégia de marketing. Para muitos clientes corporativos, o vendedor que os atende é a empresa fornecedora e exerce mais impacto sobre suas percepções em relação a esse fornecedor do que ações promocionais ou outras formas de comunicação. Há muito tempo a interface entre o cliente e o fornecedor administrada pela força de vendas foi reconhecida como uma fonte primordial de falhas de implementação. Analisaremos as questões de implementação no Capítulo 17, mas problemas específicos relacionados à interface das estratégias de vendas e marketing mais comumente encontrados abrangem:

- Estratégias de marketing que visam a construir fortes posições competitivas por meio de relacionamentos superiores com clientes conflitam com estruturas de vendas em que os vendedores são recompensados com comissões baseadas em volume de transações comerciais — sistemas tradicionais de avaliação e remuneração geralmente valorizam mais as atividades de vendas que se opõem a metas estratégicas de orientação ao cliente e de construção de relacionamentos e favoreçam o volume a curto prazo.
- As estratégias são formuladas em torno de mercados verticais e foco no cliente, mas as equipes de vendas têm dificuldade em implementar essas abordagens porque estão organizadas por áreas geográficas ou divisões de produtos.
- Os gerentes de vendas não 'compram' as estratégias de marketing e agarram-se aos comportamentos tradicionais de liderança e gestão de desempenho no controle de operações de vendas.
- Tradicionais conflitos de interesse entre executivos de marketing e vendas (eles costumam ser remunerados por metas distintas e avaliados por indicadores distintos) acabam resultando em falta de cooperação e coordenação.
- As estratégias de marketing são desenvolvidas à parte das percepções sobre os clientes e concorrentes fornecidas pela equipe de vendas e pelos gerentes de contas e sem qualquer compreensão das competências de vendas da empresa em comparação com as da concorrência.
- A equipe e os executivos de vendas sofrem com a ambiguidade e o conflito de funções ao tentarem implementar estratégias mal adequadas aos sistemas e às estruturas da área de vendas, passando por baixa motivação, baixa satisfação no emprego e talvez níveis mais altos de estresse e esgotamento emocional (Baldauf *et al.*, 2005).

A falta de alinhamento entre a realidade existente dos processos e das estruturas de vendas e o objetivo da estratégia de marketing pode dificultar uma implementação eficaz. Não obstante, deve-se reconhecer que não é tarefa fácil mudar questões como sistemas de avaliação e de remuneração, estratégias de liderança e controle e estruturas organizacionais da força de vendas.

15.4.2 Fornecendo a perspectiva do cliente na estratégia de marketing

Contudo, compreender a interface vendas/clientes é importante para os analistas de estratégia e para os tomadores de decisão por outro motivo também. Na maioria das situações de transações comerciais entre empresas, a força de vendas representa uma significativa competência de sensoreamento ou fonte de inteligência de mercado. Pesquisas sugerem, contudo, que esse recurso costuma ser mal empregado e aplicado pelos tomadores de decisão de marketing (Fitzhugh e Piercy, 2006). Uma alta prioridade começa a ser atribuída ao melhor gerenciamento dos processos de sensoreamento do mercado que envolvam as equipes de vendas e gerência de contas como principais fontes de inteligência de negócios.

15.4.3 Gerenciando o portfólio de cliente

Nossos comentários anteriores sobre a mudança dos requisitos do relacionamento com clientes e das demandas por melhoria de serviços sugerem que grupos distintos de clientes devem ser avaliados de modo diferente no tocante a seu potencial de atratividade e ao custo do fornecedor em atendê-los. As escolhas referentes aos clientes nos quais investir esforços de vendas de diversos tipos e os casos em que não se deve fazê-lo modelarão o futuro de um negócio e merecem a atenção da alta gerência. Analisaremos a carteira de clientes na próxima seção deste capítulo.

15.4.4 Desenvolvendo um posicionamento efetivo com clientes dominantes

Atualmente, uma das questões mais problemáticas para o desenvolvimento de uma estratégia eficaz em transações comerciais entre empresas é o impacto de clientes poderosos e das demandas que eles podem impor a seus fornecedores — seja o fabricante de bens de consumo que esteja negociando com redes de varejo como Tesco e Walmart, seja o fabricante de componentes que esteja negociando com montadoras de automóveis. Em resposta a isso, verifica-se o aumento das abordagens de gestão de contas estratégicas (ou contas-chave) visando à 'parceria' com os clientes mais importantes. Entretanto, fica claro que alguns deles não oferecem boas perspectivas de parceria — embora de grande porte, são clientes transacionais, não colaborativos. A última seção deste capítulo retoma o tópico dos clientes dominantes.

15.5 GERENCIANDO O PORTFÓLIO DE CLIENTES

Assim como ocorre com produtos e marcas, a importância de clientes como ativos e centros de investimento também demanda uma análise de portfólio. A Figura 15.6 mostra uma abordagem de mapeamento do número de contas de clientes mantidas por uma empresa ou unidade de negócio por nível e potencial de vendas e por seus requisitos de serviço e relacionamento da parte do fornecedor. Essa classificação pode ser inicialmente feita pela simples quantidade de contas, mas pode a seguir ser aprofundada com o exame da lucratividade e da estabilidade do negócio em diferentes categorias de contas. Identificar as categorias é o importante primeiro passo.

O *canal direto* é a rota de mercado mais comum para contas menores com baixo requisito de relacionamento/serviço, como a Internet e o telemarketing. É importante observar que a estratégia de desenvolvimento de clientes também pode envolver a movimentação de algumas contas para o canal direto por estarem consumindo mais recursos de serviço/

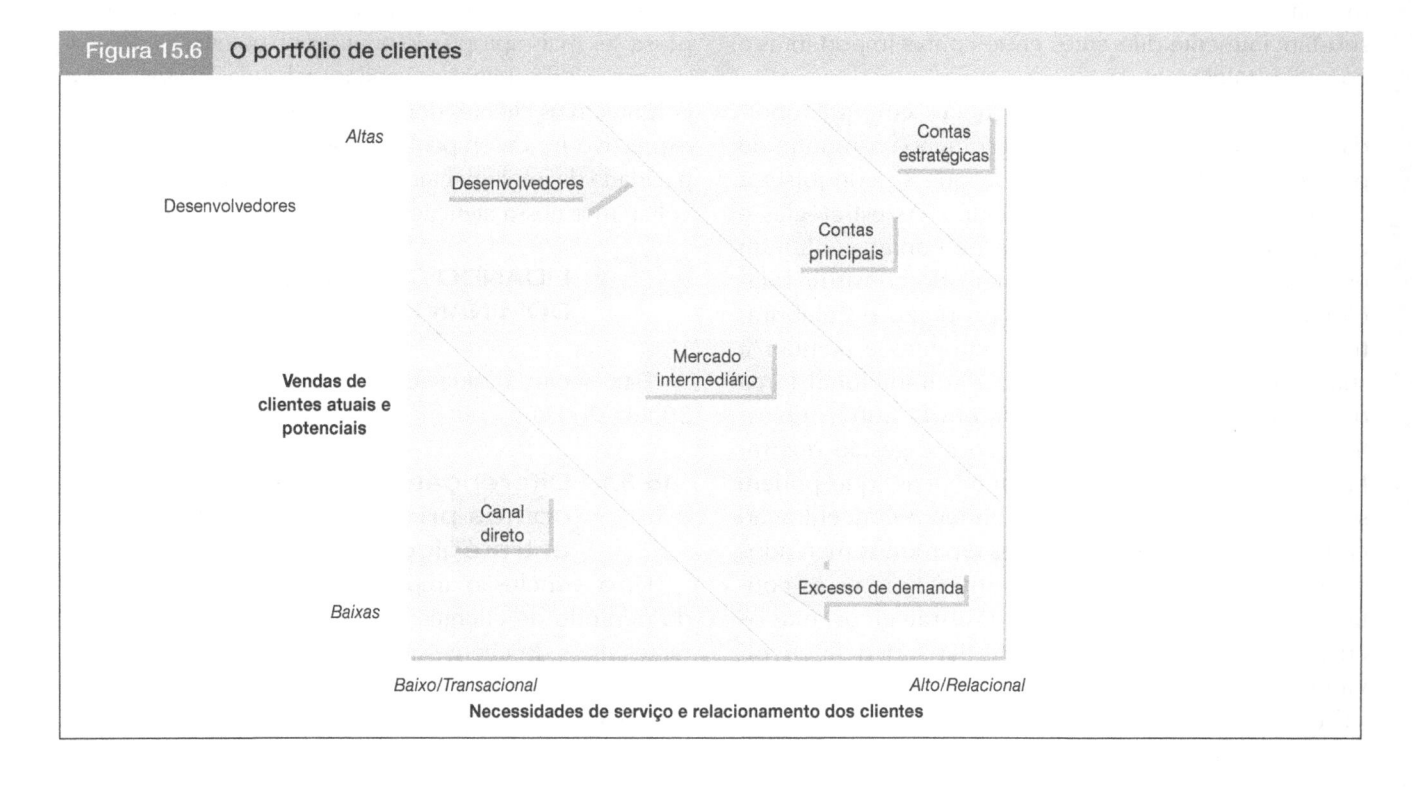

Figura 15.6 O portfólio de clientes

relacionamento do que merecem, mas também o movimento para fora do canal direto em função da alteração nas perspectivas e nos custos de atendimento da conta. Essas considerações ilustram a importância relativa de transferir alguns recursos da força de vendas de um foco transacional de curto prazo para questões de desenvolvimento de negócios de longo prazo em linha com a estratégia comercial.

O *mercado intermediário* compõe-se de clientes com perspectivas distintas, mas de modo geral com requisitos moderados de relacionamento/serviço. Trata-se da relação comprador–vendedor mais convencional. Aqueles com potencial promissor podem ser movidos para a área das contas maiores no decorrer do tempo, enquanto outros com requisitos de relacionamento/serviço que excedem seu potencial podem ser migrados para o canal direto.

Contas principais são geralmente grandes com base no ponto de vista do fornecedor e possuem altos requisitos de relacionamento/serviço, mas se encaixam em um relacionamento comprador–vendedor convencional. Embora essas contas sejam importantes para o fornecedor, é bem possível que o fornecedor tenha menor importância para o cliente (se responder por uma parcela relativamente pequena dos gastos do cliente ou puder ser substituído com razoável facilidade). Contudo, o tamanho e as perspectivas de uma conta importante identificam a necessidade de desenvolver abordagens adequadas de força de vendas para agregar valor a esse cliente. No entanto, é provável (e recomendado) que as estratégias de força de vendas sejam substancialmente diferentes entre contas importantes e contas estratégicas.

Contas estratégicas são aquelas em que abordagens colaborativas e de resolução conjunta de problemas são apropriadas para que se conquiste a condição de fornecedor estratégico. As estratégias e estruturas de gestão estratégica de contas evoluíram em muitos países como um meio de construir relacionamentos próximos, de longo prazo e colaborativos com os clientes mais importantes e atender a suas necessidades de formas que a tradicional força de vendas não fazia (Homburg *et al.*, 2002). Questões relevantes cercam a seleção e a gestão dos relacionamentos com contas estratégicas, que podem ser os clientes mais caros de atender. A concentração cada vez maior de compradores em muitos mercados exige relacionamentos colaborativos com essas contas como se fossem fornecedores estratégicos, mas os custos de parceria e a crescente dependência envolvidos salientam a necessidade de escolhas cuidadosas e da avaliação de desempenho.

A distinção entre contas principais (clientes convencionais) e contas estratégicas (colaboradores ou parceiros) enfatiza diversas escolhas estratégicas. O planejamento pode incluir a movimentação de contas entre essas categorias — estreitar relacionamento com uma grande conta para criar um novo relacionamento de conta estratégica ou afastar-se de um relacionamento próximo que seja ineficaz e transferir uma conta estratégica para a condição de conta importante.

Esse processo de mapeamento do portfólio de clientes é um instrumento de seleção que visa a identificar o relacionamento mais adequado a oferecer para uma conta específica e as escolhas a serem feitas na alocação de recursos escassos de força de vendas e gestão de contas, dentre outros, além de avaliar os riscos envolvidos na dependência excessiva de um número pequeno de contas de alto valor.

Por trás do aspecto estratégico das vendas está a questão do desenvolvimento da competência da área de vendas para agregar valor de diversas maneiras a várias categorias de clientes. É improvável que uma estrutura de vendas tradicional, focada em transações, seja capaz de entregar o valor agregado demandado por alguns clientes. Entretanto, a aplicação de recursos onerosos para desenvolver estratégias de vendas de valor agregado para determinados clientes implica escolhas e investimentos na criação de novos tipos de recurso e de competência da equipe de vendas, que devem ser confrontados em um nível estratégico na organização.

De modo geral, as contas principais e as estratégicas representam os maiores clientes do fornecedor (embora possa ser mais apropriado analisar os potenciais de vendas em vez de apenas as vendas realizadas). Essas contas constituem os clientes dominantes cujo impacto pode ser expressivo no desempenho do fornecedor e em sua capacidade de implementar estratégias de marketing. Agora voltaremos nossa atenção a esse cliente dominante.

15.6 LIDANDO COM CLIENTES DOMINANTES

Esta seção baseia-se em Piercy e Lane, 2006a, 2006b, 2007.

15.6.1 Diferenças entre clientes, contas principais e parceiros estratégicos

Uma conclusão importante resultante da análise do portfólio de clientes é o reconhecimento dos diferentes tipos de cliente no portfólio da empresa e suas diferentes demandas de valor e relacionamento. Questões específicas surgem sobre os clientes de maior porte e influência — provavelmente os 20% dos clientes que respondem por 80% (ou mais) do negócio do fornecedor.

É fundamental que os tomadores de decisões estratégicas compreendam a base da diferença entre os tipos de relacionamento com os clientes que compõem a carteira e particularmente a ideia de uma modificação de relacionamentos transacionais tradicionais para vínculos mais estreitos entre o vendedor e os compradores mais dominantes. A Figura 15.7 resume algumas das relações mais comuns entre compradores e vendedores corporativos e as diferenças cruciais entre elas.

O *relacionamento convencional comprador–vendedor* é o mais familiar — representa o mercado intermediário. Os vínculos ocorrem entre vendedores e compradores, e o relacionamento pode ser puramente transacional (dependendo em grande parte da importância da aquisição para o cliente e da forma como o cliente prefere fazer negócio) ou pode envolver um relacionamento de nível mais alto ou próximo construído entre comprador e vendedor. Esse é o tipo de relacionamento que a maioria das equipes de vendas tradicionais está mais apta a gerenciar.

Entretanto, a existência de clientes maiores e mais dominantes requer abordagens diferenciadas. O caso da orientação para contas principais é aquele em que o tamanho e o impacto de um cliente demandam que esforços de vendas e gerenciamento sejam redirecionados de modo a concentrar o foco em um cliente específico.

Isso pode envolver a nomeação de um gerente de conta ou um gerente nacional de contas e a elaboração de um planejamento voltado às necessidades específicas desse cliente. Não obstante, o relacionamento mantém em larga medida o formato convencional de comprador–vendedor.

A situação de *comprometimento de recursos para contas principais* intensifica a dedicação de esforços para uma conta principal. Um número significativo de equipes pode passar a atender a uma única conta e as ofertas podem ser substancialmente diferentes para esse cliente. No entanto, o comprometimento de recursos mantém-se essencialmente unilateral. A equipe de 200 funcionários da Procter & Gamble para a conta do Walmart é o investimento da P&G nesse cliente. Da mesma forma, embora a Dell Computers tenha uma equipe dedicada a seu principal cliente, a Boeing, isso não significa que a Boeing tome decisões sobre os negócios da Dell. No final das contas, esses relacionamentos continuam sendo transações comprador–vendedor. O investimento é essencialmente unilateral — da parte do vendedor.

A grande diferença está na *parceria para conta estratégica*. Esse tipo de relacionamento baseia-se na colaboração e na decisão conjunta entre comprador e vendedor. Trata-se de uma relação bilateral — tanto o comprador quanto o vendedor investem tempo e recursos no relacionamento, que tem muito em comum com as alianças discutidas no Capítulo 16. O impacto

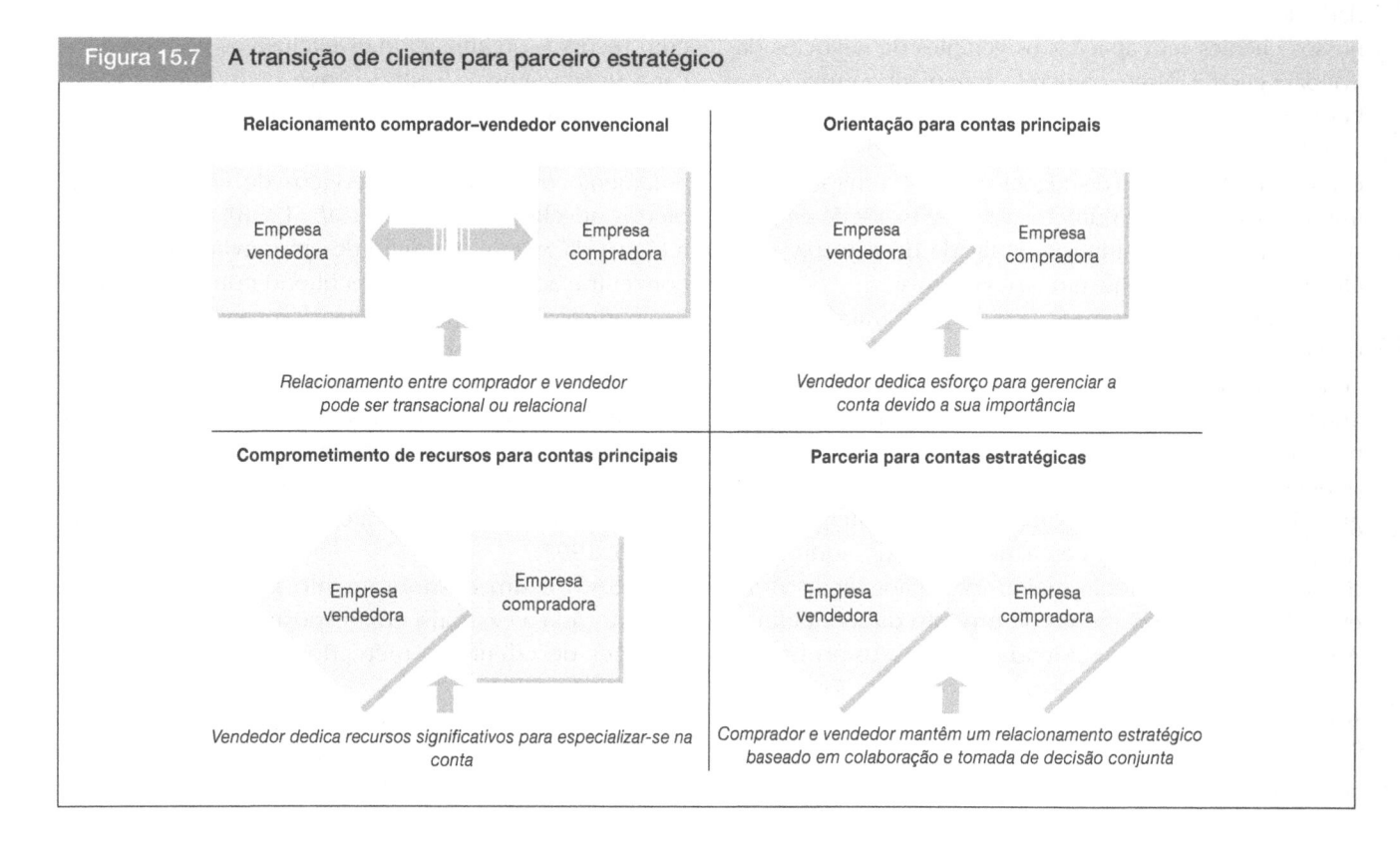

Figura 15.7	A transição de cliente para parceiro estratégico
Relacionamento comprador–vendedor convencional Empresa vendedora ⇌ Empresa compradora *Relacionamento entre comprador e vendedor pode ser transacional ou relacional*	**Orientação para contas principais** Empresa vendedora — Empresa compradora *Vendedor dedica esforço para gerenciar a conta devido a sua importância*
Comprometimento de recursos para contas principais Empresa vendedora — Empresa compradora *Vendedor dedica recursos significativos para especializar-se na conta*	**Parceria para contas estratégicas** Empresa vendedora — Empresa compradora *Comprador e vendedor mantêm um relacionamento estratégico baseado em colaboração e tomada de decisão conjunta*

dos relacionamentos e da gestão de contas estratégicas merece atenção mais detalhada.

15.6.2 Gestão de contas estratégicas

Quase não tem precedentes o aumento da atenção gerencial dada à gestão de contas estratégicas (SAM, sigla em inglês para *strategic account management*)* como meio de desenvolver e nutrir relacionamentos com os clientes mais importantes de uma empresa. Embora atualmente se dê relativa pouca atenção a isso na literatura sobre estratégia, uma pesquisa pelo Google revela centenas de páginas Web que detalham livros gerenciais sobre SAM, incontáveis consultores ávidos por oferecer recomendações, inúmeros cursos de treinamento para executivos e um número crescente de programas de SAM em escolas de administração nas universidades ao redor do mundo. O conceito subjacente é a mudança das relações antagonistas comprador–vendedor para relações colaborativas ou baseadas em parceria com os clientes mais importantes da empresa.

Muitas das grandes empresas multinacionais transformaram a SAM em um importante elemento da administração das relações com seus maiores clientes. Por exemplo, a IMI plc é um importante grupo de engenharia no Reino Unido cuja declaração de estratégia identifica a SAM como um tópico primordial no alcance de sua meta de "liderar em nichos de mercados globais". A empresa está investindo maciçamente em "aprimorar nossa habilidade de criar e gerenciar relacionamentos próximos com nossos clientes [e] capacitar os gerentes de negócios da IMI para gerar e desenvolver relacionamentos próximos e bem-sucedidos com os principais clientes [...] colocando a gestão de contas importantes como um dos elementos centrais da abordagem de negócios da IMI" (<http://www.imi.plc.uk>). Para um número cada vez maior de empresas, a SAM é uma estratégia arraigada de parceria com clientes, frequentemente em bases globais.

Ao mesmo tempo, muitos dentre os grandes compradores têm adotado estratégias radicais de fornecedor estratégico. Em 2005, a Ford Motor Company anunciou que estava consolidando a base de suprimentos para seus US$ 90 bilhões em compras de componentes de 2 mil fornecedores para mil fornecedores globais. Além disso, os primeiros sete 'principais fornecedores' constituem cerca de 50% das aquisições de peças da Ford e terão maior acesso aos recursos de engenharia e planejamento de produto da montadora. A Ford trabalhará em proximidade com seus principais fornecedores, dando-lhes acesso a planos de negócios de novos veículos e comprometendo-se a fazer negócios com eles (Mackintosh e Simon, 2005).

Por um lado, pode-se ressaltar a atratividade da SAM como uma estratégia de colaboração e parceria com os maiores clientes. Entretanto, há diversas suposições e proposições que sustentam a defesa da SAM, mas que parecem ter sido amplamente ignoradas por seus adotantes e defensores. Equilibrar essas questões constitui um desafio importante para tomadores de decisões estratégicas de marketing.

15.6.3 Argumentos a favor da gestão de contas estratégicas

Um estudo recente sugere que a gestão de contas estratégicas/chaves é uma das mudanças mais fundamentais ocorridas na estrutura de marketing (Homburg *et al.*, 2000) e, no entanto, aquela em que ainda falta um sólido fundamento de pesquisas que orientem as decisões estratégias da alta gerência (Homburg *et al.*, 2000). Na realidade, embora tenha existido uma extensa corrente de pesquisas nas áreas de vendas nacionais e de contas principais a partir da década de 1960, ela foi amplamente descritiva e conceitual e não abordou o impacto de longo prazo da SAM sobre o desempenho comprador–vendedor (Workman *et al.*, 2003).

A análise racional da SAM é que as demandas de grandes clientes levaram os fornecedores a responder com recursos organizacionais exclusivos visando a focar a atenção nessas 'contas-chave' ou 'estratégicas' e a incorporar atividades especiais de agregação de valor (como o desenvolvimento conjunto de produtos, planejamento de negócios e serviços de consultoria) às ofertas ao cliente (Dorsch *et al.*, 1998). Fundamental à lógica da SAM é o indício de um inevitável efeito de concentração pelo qual um pequeno número de clientes participa de uma parcela desproporcionalmente grande das vendas e dos lucros de um vendedor (a chamada 'regra 80/20'). Quase como uma consequência natural, é comum os fornecedores dedicarem a maior parte de seus recursos à carteira central de compradores que representam os maiores interesses e são identificados como 'contas estratégicas' ou 'contas-chave' (Pardo, 1997).

A SAM é um desdobramento estratégico que se alastra cada vez mais em resposta a uma série de pressões de clientes e mercados que podem ser resumidas como:

- Níveis crescentes de concorrência na maioria dos mercados e o subsequente aumento dos custos de venda para os fornecedores.

---

*Para fins de discussão, consideramos os termos 'gestão de contas estratégicas' e 'gestão de contas-chave' como intercambiáveis, e nosso comentário geralmente se aplica àquilo que alguns designam 'gestão de contas nacionais' e 'gestão de contas globais'.

- Concentração cada vez maior de clientes, resultante da atividade de fusões e aquisições, bem como desgaste competitivo em muitos mercados.
- Maior ênfase em compras estratégicas centralizadas como um dos principais fatores de contribuição para o aprimoramento da estrutura de custo do comprador e a construção de sucesso competitivo em seus mercados-alvo.
- Estratégias ativas de redução da base de fornecedores por grandes compradores visando à redução dos custos de aquisição.
- Maior exploração, da parte dos grandes clientes, de sua posição de importância estratégica com seus fornecedores para obter preços mais baixos e condições comerciais ampliadas (Capon, 2001).

No entanto, é importante observar que a SAM não é tida simplesmente como uma resposta organizacional com foco no atendimento às demandas crescentes de clientes dominantes, mas também como uma evolução rumo a uma forma de 'parceria' com esses clientes, caracterizada por tomada de decisões e resolução de problemas em conjunto, processos integrados de negócios e um trabalho colaborativo que cruza a fronteira comprador–vendedor e que é descrito como um processo de 'desenvolvimento relacional' (Millman e Wilson, 1989). Contudo, embora tenhamos discutido sobre os pontos fortes dos relacionamentos eficazes com contas estratégicas, os tomadores de decisão devem também reconhecer a crescente evidência de que a ineficácia desses relacionamentos pode produzir um leque de vulnerabilidades estratégicas para os vendedores.

15.6.4 Vulnerabilidades em relacionamentos com contas estratégicas

Há uma série de potenciais deficiências na lógica por trás da SAM que pode torná-la pouco atrativa para vendedores em algumas situações e que devem estar explícitas na hora de fazer escolhas sobre a gestão de clientes estratégicos.

INVESTINDO EM FRAQUEZAS ESTRATÉGICAS

Há uma tese de que a SAM implica que o vendedor invista em fraquezas estratégicas, no sentido de que pode não ser interessante institucionalizar a dependência em relação a grandes clientes como meio de fazer negócios. O enfoque da SAM recai sobre a noção de que a regra 80/20 produz uma situação para o vendedor que é atrativa, ou ao menos inevitável. Por outro lado, pode-se argumentar que qualquer empresa que tenha chegado a uma situação em que exista uma posição 80/20 — isto é, 80% ou mais dos lucros e/ou da receita são gerados por 20% ou menos da base de clientes — já testemunhou o fracasso de seu modelo de negócios. Isso ocorre devido a um grau tão alto de dependência sobre um pequeno número de clientes que a liberdade estratégica de manobra da empresa foi minada, e grande parte do controle do negócio do fornecedor foi efetivamente abdicado em favor de seus maiores clientes. O eventual resultado para as empresas fornecedoras nessa situação provavelmente será a queda nos preços, a comoditização de seus produtos e lucros progressivamente menores enquanto os grandes clientes exercem seu poder de mercado.

É evidente que muitos profissionais descartarão essa linha de argumentação por a considerarem sem sentido. Eles alegam que, em setores como o de supermercados, não há escolha senão negociar com os maiores varejistas que dominam o mercado de consumo (porque não há outra rota de mercado) e que há pouca escolha além de aceitar as condições impostas por eles. De modo análogo, os fornecedores de componentes automotivos apontam para o número restrito de montadoras de automóveis no mundo, enquanto os fabricantes de componentes de computador argumentam que, para fazer negócio com a Dell, é preciso sujeitar-se aos termos da Dell, por mais duros que sejam. Essas respostas ao menos esclarecem que, em muitas situações de 'conta estratégica', a verdadeira questão se refere menos à parceria e mais a uma das partes ditando as regras para a outra, o que não representa o conceito de 'colaboração' normalmente defendido para justificar os investimentos dos fornecedores em SAM.

Se admitirmos que, em última instância, os clientes poderosos explorarão esse poder em seu próprio benefício, o negócio desses clientes carregará um risco desproporcionalmente mais alto do que o dos menos poderosos e menos dominantes e, portanto, será menos atrativo. Se for inevitável que os maiores clientes demandem mais concessões e paguem menos, é provável que eles também gerem substancialmente menos lucros do que os outros. Há pouca constatação empírica consistente, mas existem indícios de que, para muitos vendedores, as contas estratégicas constituem a parte menos lucrativa de seu negócio.

A IMPORTÂNCIA DE COMPREENDER O EQUILÍBRIO DE PODER

Não obstante a importância das relações estratégicas entre compradores e vendedores, parece haver forte evidência de que a parte na cadeia de suprimento que desfrute de maior poder usará isso em seu favor. Por exemplo, apesar da elevação nos custos de matéria-prima em 2005, o poder de determinação de preços dos fabricantes continuou a deteriorar-se. Eles absorviam a maior parte dos aumentos de custo e não conseguiam repassá-los inteiramente à cadeia de suprimento, simplesmente porque poderosos compradores não permitiam isso (Cave, 2005). É mais ilustrativo ainda que, no mercado de componentes automotivos, apesar da elevação do preço do aço e do petróleo enfrentada pelos fabricantes, em 2005 a Volkswagen solicitou a seus fornecedores 10% de desconto extensivo aos dois anos seguintes. Na Chrysler, o CEO demandou aos fornecedores um corte de 5% imediato e de 10% nos três anos seguintes (Mackintosh, 2005).

Por esses motivos, em setores como o de componentes automotivos, os fornecedores buscam ativamente diversificar suas bases de clientes e mudar o portfólio de produto para reduzir a dependência de um pequeno número de contas poderosas (Simon, 2005). A questão passa a ser a de manter-se próximo dos principais clientes, mas recorrer a outros grupos de clientes como o caminho para uma menor dependência de poucos e potencializados lucros (Simon, 2005). Na realidade, essa mudança de dependência pode ser uma das prioridades estratégicas a impactar a sobrevivência.

O VERDADEIRO RELACIONAMENTO COMPRADOR-VENDEDOR

O ponto crucial é a interdependência entre comprador e vendedor ou, talvez mais apropriadamente, o grau de dependência, já que ela raramente é simétrica. A questão é: quem depende de quem na relação comprador–vendedor? A incapacidade de compreender o simples aspecto da direção da dependência provavelmente cegará o vendedor ao ponto de chegar a uma vulnerabilidade crítica de SAM, enquanto, ao mesmo tempo, azeda o relacionamento com a conta em questão — compradores profissionais acham difícil trabalhar com fornecedores que não compreendem bem a natureza do relacionamento que eles realmente mantêm entre si. Os vendedores com uma visão exacerbada de sua importância estratégica para um comprador alimentam expectativas irrealistas sobre o cliente, e sua frustração só tende a aumentar porque o cliente não se comporta como esperado, o que, no final das contas, leva ao conflito entre comprador e vendedor.

A Figura 15.8 ilustra a perspectiva de um comprador sobre os tipos de fornecedor — o comprador profissional faz distinções com base no risco (possibilidade de substituição) e no impacto (custos reduzidos ou vantagem competitiva melhorada) dentro do mercado do usuário final. Sob o ponto de vista do comprador, os fornecedores que causam impacto significativo ao negócio dele, mas podem ser facilmente substituídos, são os principais alvos de pressão por preço e condições, enquanto aqueles de baixo impacto e também facilmente substituíveis provavelmente serão tratados como *commodities*, e a meta será tornar as transações rotineiras para reduzir os custos da cadeia de suprimento. No caso dos fornecedores que não são fáceis de substituir, mas exercem pouco impacto, o objetivo é reduzir a exposição do cliente ao risco (por exemplo, negociar garantia de abastecimento). Somente quando um fornecedor é difícil de ser substituído por um concorrente e impacta fortemente o negócio do cliente é que este deverá adotar um relacionamento de fornecedor estratégico. A qualquer momento, para a maioria dos compradores, é provável que muito poucos fornecedores tenham importância estratégica. É fundamental compreender a relação definida pelo cliente antes de pressupor que o comprador deva ser tratado como uma conta estratégica.

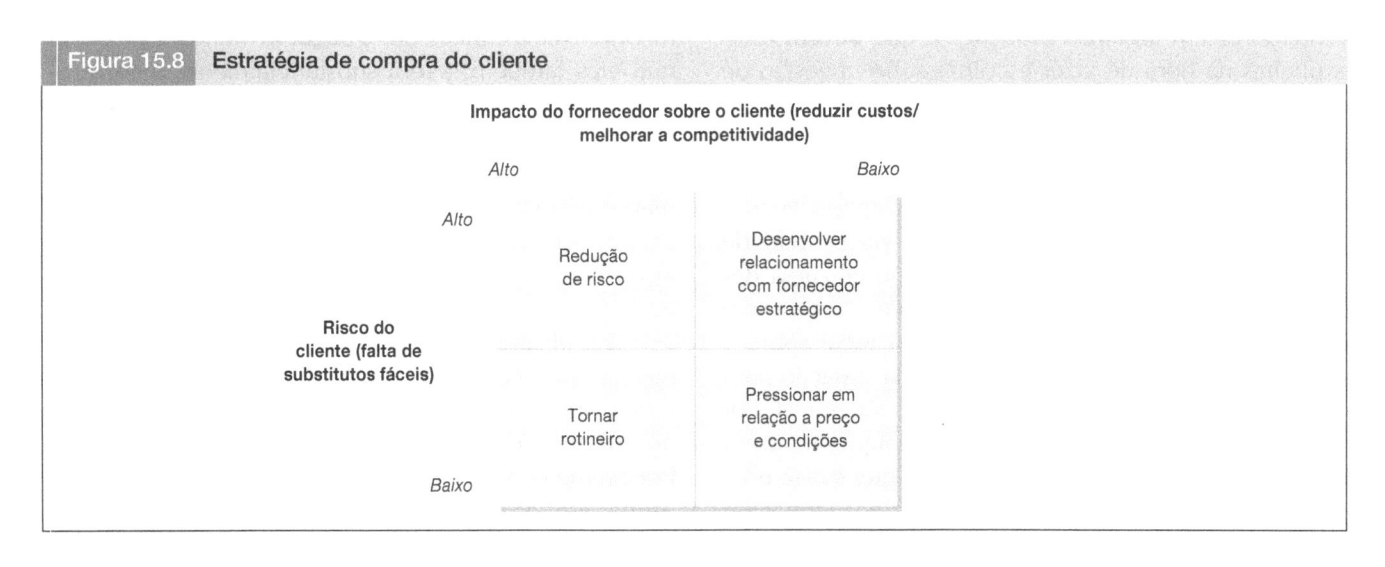

Figura 15.8 Estratégia de compra do cliente

	Impacto do fornecedor sobre o cliente (reduzir custos/melhorar a competitividade)	
	Alto	**Baixo**
Risco do cliente (falta de substitutos fáceis) — Alto	Redução de risco	Desenvolver relacionamento com fornecedor estratégico
Risco do cliente (falta de substitutos fáceis) — Baixo	Tornar rotineiro	Pressionar em relação a preço e condições

OS RISCOS DA DEPENDÊNCIA

Um ponto correlato é que a SAM expõe o vendedor a outro tipo de risco, que deriva dos próprios mercados finais da conta estratégica. Quanto mais estreita a relação entre conta estratégica e fornecedor estratégico, maior o risco para o fornecedor. Em suma, se o desempenho da conta principal cair ou se o negócio falir, seus fornecedores estratégicos sofrerão prejuízos que podem ser substanciais e sobre os quais eles têm pouco controle.

Consideremos o dilema enfrentado pelo fabricante de pneus Dunlop e por muitos outros fornecedores de menor porte em decorrência do colapso da MG Rover em 2005 — acredita-se que aproximadamente 15% a 20% do negócio da Dunlop no Reino Unido tenha se perdido com a falência da Rover. Além disso, o valor do investimento da Dunlop em um relacionamento colaborativo de longo prazo baseado no desenvolvimento de um novo produto para a Rover foi perdido. O impacto foi igualmente sério para cerca de 1.500 pequenos fabricantes de autopeças que abasteciam a Rover, tanto em negócios perdidos quanto em dívidas irrecuperáveis (Quinn, 2005). O foco em uma conta estratégica cria um risco compartilhado para os fornecedores que pode ser incontrolável, impagável e excessivamente alto.

O PARADOXO DA ATRATIVIDADE DO CLIENTE E DA INTENSIDADE COMPETITIVA

Defensores da estratégia de SAM argumentam que esse modelo deve ser aplicado somente aos clientes mais 'atrativos' a um determinado fornecedor (Capon, 2001). À parte a questão de como uma empresa define seus critérios de atratividade, o paradoxo é que os clientes que são mais atrativos para um fornecedor provavelmente também desfrutarão esse status junto aos concorrentes. Embora haja situações de 'encaixe', que tornam um cliente interessante para um fornecedor e nada interessante para outros, essa será provavelmente a exceção e não a regra. Da mesma forma, os clientes mais atrativos para uma estratégia de SAM também podem ser aqueles cuja intensidade competitiva é maior e consequentemente cuja capacidade de substituir um fornecedor por outro também é maior. O mais provável parece ser que a intensidade competitiva negará o status de fornecedor estratégico a qualquer vendedor e colocará todos na categoria de fornecedor de *commodity* rotineiro. Os clientes mais atrativos tornam-se os menos interessantes por meio dos processos de convergência competitiva dos fornecedores em relação aos mesmos clientes como contas estratégicas (Saunders *et al.*, 2000).

ARGUMENTOS A FAVOR DO INVESTIMENTO EM CONTAS ESTRATÉGICAS

Tudo isso levanta uma questão crucial — se as contas estratégicas são menos lucrativas para um fornecedor e impõem níveis mais elevados de risco ao negócio dele, como é possível justificar uma dependência crescente de tais contas e investir em sistemas de SAM para reforçar ainda mais a dependência da empresa por um negócio de baixo lucro e alto risco? Pode não haver outra escolha, certamente a curto prazo, a não ser atender às demandas por tratamento especial dos clientes dominantes, mas considerar esse elemento do negócio como a prioridade máxima de investimento a longo prazo pode ser questionável. Na realidade, o curso mais racional pode ser o de encontrar meios de segregar esses clientes e desviar recursos para desenvolver as partes mais lucrativas do portfólio de clientes.

A estratégia de SAM também traz consigo o substancial custo de oportunidade de que o foco da gerência nas principais contas reduz a atenção dada a outros clientes que na verdade oferecem margens mais altas e riscos menores. Na realidade, há o risco significativo de que, tendo investido em SAM com um cliente, mesmo que a conta se torne progressivamente menos lucrativa devido a excesso de demandas, a inércia e a relutância em admitir o erro pode facilmente fazer com que o fornecedor se agarre ao relacionamento com as grandes contas, independentemente das margens em declínio.

Há um forte argumento (urgente para algumas empresas) de que as prioridades de investimento devem ser reavaliadas em muitos relacionamentos com clientes, enfatizando-se mais a lucratividade a longo prazo e a exposição equilibrada ao risco e menos as características a curto prazo dos mercados existentes. A lógica é que, se o modelo de negócios fracassou, então a questão é procurar e desenvolver um novo modelo de negócios em vez de insistir no antigo até a falência. O objetivo é investir na força e na melhoria dos ganhos futuros, e não nas posições de fraqueza e na manutenção do *status quo* apenas para usufruir de ganhos progressivamente reduzidos.

COMPREENDENDO OS REQUISITOS DO RELACIONAMENTO COM O CLIENTE

O gerente de compras de uma empresa líder no setor de engenharia observa: "Fico satisfeito quando um fornecedor me diz que sou uma conta prioritária — crio a maior confusão para eles. Entretanto, na maioria das vezes, tudo que realmente faço é pedir concessões em preço e condições. Quase sinto remorso; é tão fácil, mas é meu trabalho" (Piercy e Lane, 2006a). Por trás da fragilidade da estratégia de SAM em potencialmente administrar mal as dependências interorganizacionais cruciais está a observação de que frequentemente os fornecedores tendem a ter visões exageradas sobre o relacionamento que os grandes clientes querem manter com eles.

É provável que a SAM só possa ser uma estratégia eficaz do ponto de vista do fornecedor quando há uma correspondência muito próxima entre o que o vendedor e o comprador esperam do relacionamento entre si. Consideremos o cenário na Figura 15.9. A frustração resulta da tentativa do fornecedor de estreitar o relacionamento com clientes que desejam, fundamentalmente, transações eficientes — sob a perspectiva do comprador, o fornecedor não é importante o bastante para justificar o status de fornecedor estratégico, ou essa pode ser simplesmente a maneira como a empresa faz negócio com seus fornecedores. Por outro lado, o conflito surge quando um cliente busca um relacionamento próximo com um fornecedor preparado apenas para oferecer um comprometimento limitado — esse cliente não justifica um investimento maior em relacionamento da parte do fornecedor. Somente quando há um alinhamento contínuo entre os requisitos de relacionamento de compradores e vendedores é que existe chance para uma SAM eficaz. O problema enfrentado pelos fornecedores parece ser o de reconhecer que, na prática, um alinhamento pode ser tão raro quanto transitório.

Distinção entre clientes grandes (principais) e contas estratégicas

A tendência entre os vendedores é equiparar os grandes clientes às contas estratégicas. Já comentamos sobre a importância de distinguir as contas principais das estratégicas no portfólio de clientes. O risco de não fazer essa distinção é triplo: primeiro, confundir uma conta grande com um real potencial de conta estratégica, acarretando investimentos improdutivos de relacionamento; segundo, desviar a atenção do desenvolvimento de grandes contas novas e lucrativas oriundas do tradicional mercado intermediário; e, terceiro, negligenciar as melhorias de produtividade decorrentes de transferir clientes exigentes demais do tradicional mercado intermediário para o canal direto. Identificar os maiores clientes de forma equivocada como contas estratégicas pode prejudicar a gestão de toda a carteira de contas atendida pelo vendedor, com possíveis efeitos ainda mais negativos sobre o desempenho e a lucratividade geral.

Além disso, alguns grandes clientes podem ser relativamente desinteressantes por proporcionarem pouco lucro ou crescimento futuro. O fato de que esses clientes são no presente grandes compradores não altera essa realidade. Com base nisso, simplesmente ser um grande cliente não justifica, da parte do fornecedor, investimentos de relacionamento como a SAM. Não faz sentido construir relacionamentos mais fortes com clientes pouco atrativos, sobretudo se isso reduz as oportunidades de investir mais produtivamente em outra parte. Como já vimos, de muitas maneiras o cliente de grande porte e baixa rentabilidade deve estimular a redução de fundos de modo a minimizar investimentos adicionais ao nível mínimo para deter o negócio e o desvio de recursos a aplicações mais rentáveis em outra parte do negócio.

Compreendendo a realidade da lealdade do cliente

Grande parte da atratividade da SAM está na promessa de que os relacionamentos colaborativos com

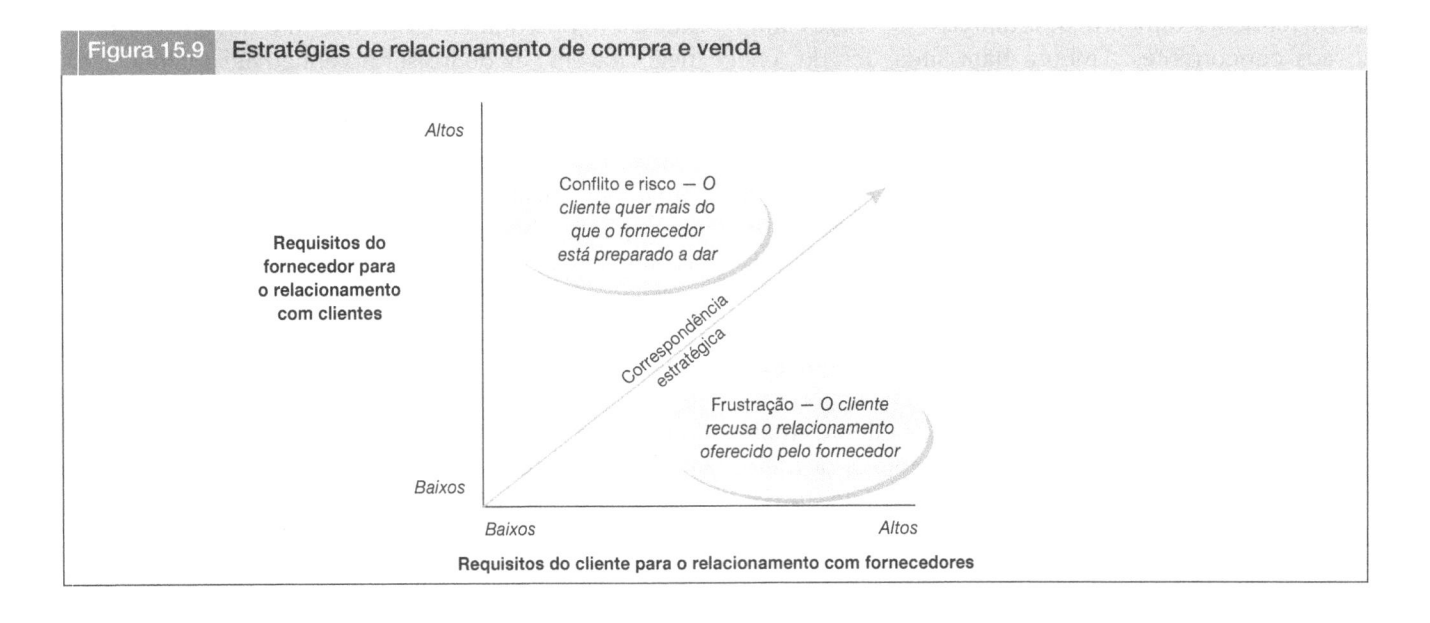

Figura 15.9 Estratégias de relacionamento de compra e venda

Requisitos do fornecedor para o relacionamento com clientes (Altos / Baixos)

Conflito e risco — O cliente quer mais do que o fornecedor está preparado a dar

Correspondência estratégica

Frustração — O cliente recusa o relacionamento oferecido pelo fornecedor

Requisitos do cliente para o relacionamento com fornecedores (Baixos / Altos)

os principais clientes intensificarão a retenção desse negócio — isto é, as contas estratégicas darão reciprocidade sob a forma de fidelidade a seus fornecedores estratégicos de longo prazo. Entretanto, essa promessa pode não ser cumprida.

Os fornecedores de tecidos e roupas que acreditavam que seu relacionamento de longa data com a Marks & Spencer estava garantido acabaram descobrindo que, quando seu cliente se viu pressionado, as compras foram transferidas para fontes no exterior. Há também a atual situação nos Estados Unidos para os fabricantes de vestuário para quem o Walmart é uma 'conta-chave — essa rede é atualmente o oitavo maior comprador de produtos chineses a preços incrivelmente baixos, o que importa mais do que relacionamentos de longa duração com fornecedores locais. Por outro lado, vejamos a situação da Dell Inc. — uma empresa reconhecida por sua estratégia de contas estratégicas que atua quase como um departamento de TI terceirizado para seus maiores clientes. A Dell não estende a mesma filosofia a seus fornecedores — uma empresa mantém-se como fornecedor da Dell somente enquanto detiver uma tecnologia melhor do que a de seus concorrentes.

Pesquisas recentes revelam que as trocas relacionais entre fornecedores e clientes frequentemente beneficiam os clientes em melhorias de desempenho, mas geralmente os clientes beneficiados não recompensam os fornecedores com uma parcela maior de seus gastos ou compromissos contratuais de longo prazo (Fink *et al.*, 2007). A vantagem mútua e a construção de relações duradouras implícitas nas abordagens de gestão de contas estratégicas podem ter sido exageradas.

Se a SAM é considerada um modelo de colaboração que guarda muitas semelhanças com as alianças estratégicas (ambas envolvem acordo de parceria e tomada de decisão conjunta, sem transferência de propriedade), talvez seja válido analisar a evidência de que a maioria das alianças estratégicas fracassa e, na visão de muitos executivos, não produz os benefícios prometidos. O sucesso das alianças parece depender das condições de mutualidade e simetria entre os parceiros, condições essas que não parecem existir em muitas situações de SAM.

SUBESTIMANDO A TAXA DE MUDANÇA

Mesmo que um cliente esteja predisposto e ansioso para oferecer a um vendedor o status de fornecedor estratégico e seja tratado como uma conta estratégica, com todo o investimento adicional que isso deve requerer, alguns fornecedores creem que os relacionamentos estratégicos com essas contas serão estáveis e duradouros.

A verdade mais provável é a de que, quando a própria estratégia de um fornecedor muda, a importância de um fornecedor em particular também muda — possivelmente de modo drástico e rápido. À medida que o negócio de gravação de músicas se transforma em um negócio baseado em downloads pela Internet em vez de produtos físicos, os fornecedores estratégicos se tornam aqueles com experiência na nova tecnologia, não os que oferecem CDs e assistência técnica para a antiga tecnologia. Na realidade, a troca de fornecedor pode ser cada vez mais um elemento explícito da estratégia de negócios de uma empresa. Em 2005, a Apple anunciou a parceria com a Intel para o fornecimento de componentes adequados às novas gerações de produtos Apple, efetivamente acarretando o término inesperado dos relacionamentos de longo prazo com fornecedores como a IBM e a Freescale (antes Motorola) (Morrison e Waters, 2005; Witzel, 2005). O objetivo da Apple é aproveitar o impulso criado por seu tocador de música digital iPod e atingir os preços mais baixos demandados no mercado de consumo de massa. Também nesse mercado, a Dixons, varejista de eletroeletrônicos, parou de vender gravadores de vídeo em favor dos tocadores de DVD no final de 2004 e câmeras convencionais em favor das digitais em 2005. A estratégia da Dixon segue tendências no mercado de consumo em detrimento dos relacionamentos com fornecedores estabelecidos (Rigby e Wiggins, 2003). A troca de fornecedores pode ser uma consequência inevitável da mudança estratégica.

A realidade é que, para muitos fornecedores, o status estratégico se torna temporário e transitório à medida que os clientes desenvolvem suas próprias estratégias mercadológicas e adotam novas tecnologias. Isso leva o fornecedor a investir maciçamente no relacionamento de contas estratégicas, apenas para perceber que a relação desaparece enquanto o cliente segue adiante. Raramente os clientes oferecem alguma forma de compensação a um fornecedor para cobrir os custos de desmantelar um sistema redundante de SAM.

Ainda mais traumático é o súbito colapso de um relacionamento entre uma conta-chave e um fornecedor estratégico. Mudanças nos negócios dos clientes podem terminar relações que levaram anos para ser formadas: a conta-chave é adquirida e a empresa adquirente impõe seus próprios acordos de fornecimento; há uma mudança na estratégia de suprimento a partir do topo da estrutura do cliente, como a mudança de uma fonte única de abastecimento para múltiplas delas; o cliente aprende tecnologia e processo com seu fornecedor estratégico, capacitando-se a assumir a produção internamente; ou a equipe do cliente é trocada e seus substitutos não têm um relacionamento próximo com o fornecedor e talvez nem desejem isso. O colapso de um relacionamento de conta estratégica exercerá um grande impacto negativo sobre o volume de vendas, que pode não ter sido previsto. O fim de um relacionamento de SAM pode impor custos adicionais e substanciais — ajustando a capacidade operacional para permitir a redução de volume em curto prazo, o desmantelamento de sistemas integrados, a reconstrução de processos anteriormente compartilhados com a conta-chave e a realocação ou remoção de pessoal anteriormente dedicado à conta-chave, além de colocar em prática novos arranjos para reter qualquer negócio residual que possa haver na conta.

O fracasso de um relacionamento de conta estratégica pode vir a ser de conhecimento público e criar vulnerabilidade adicional. Se as ações de uma empresa sofrem desvalorização devido ao colapso de um negócio com uma conta estratégica, o fornecedor fica vulnerável a um predador: talvez até o cliente em questão, que tem a oportunidade de internalizar o suprimento adquirindo o fornecedor; possivelmente um concorrente; ou ainda um observador atento de fora do setor. O ponto é que o custo de um relacionamento fracassado com uma conta-chave pode não ser simplesmente a perda do cliente; pode significar também a perda da empresa.

Analisemos as experiências da Marconi em sua relação estratégica com a British Telecom. A Marconi foi o que restou da antiga GEC e, na década de 1990, concentrou investimentos maciços no setor de telecomunicações. Por várias décadas, foi um dos maiores fornecedores de equipamentos de rede da British Telecom. Em 2004, a BT representava um quarto das vendas totais da Marconi — tanto quanto os outros nove maiores clientes juntos. Apesar de ser descrita como um 'extraordinário parceiro' pelo principal executivo da BT Wholesale, em 2005 a Marconi ficou fora do projeto '21st Century Network' de £ 10 bilhões da BT. A decisão da BT baseou-se em preço, não em tecnologia ou relacionamento, visto que a Marconi não conseguiu chegar ao preço de concorrentes internacionais de oito países, da França até a China. Sob pressão da BT, a Marconi chegou a baixar os preços a um nível que teria representado substanciais prejuízos a suas operações britânicas, mas não o suficiente para satisfazer a BT. Com a perda de um quarto de sua base de vendas, com a queda de suas ações a 60% de seu valor e com a perspectiva de demissões em massa de pessoal, a experiência da Marconi ressalta os riscos do excesso de confiança em um cliente e o erro fatal de crer que a BT seria um parceiro fiel. A perda do negócio da BT enfraqueceu sobremaneira a capacidade da Marconi de competir globalmente em novas áreas como as redes de protocolo da Internet. Meses após a decisão da BT, era evidente que os investidores esperavam que a Marconi vendesse o negócio ou fizesse uma fusão para sobreviver. O parceiro chinês de *joint-venture* da Marconi, a Huawei, ganhou duas partes do contrato da BT e, ironicamente, a tecnologia da Marconi pode estar disponível à BT por esse canal de baixo preço. Em 2006, o principal negócio da Marconi foi vendido para a Ericsson, deixando-lhe somente um negócio menor de serviços de manutenção de sistemas herdados (Ashton, 2005; Brummer, 2005; Durman e Box, 2005; Grande, 2005).

Desafiando o regulador

A estratégia de SAM assemelha-se a uma fusão madura entre empresas compradoras e vendedoras — no fato de compradores e vendedores tomarem decisões conjuntas de investimento, no intercâmbio de informações proprietárias, na exclusão de terceiros e assim por diante. A estratégia de SAM abre precedente para uma violação antitruste. Cada vez mais os órgãos reguladores da concorrência adotam a visão de que colaborações estreitas entre compradores e vendedores são potencialmente anticompetitivas.

Acreditando que SAM é facilmente implementável

Ultimamente tem surgido um reconhecimento inadequado das barreiras à implementação e das questões organizacionais enfrentadas em uma estratégia de SAM. Pressupor que se trata de uma estratégia de fácil execução subestima o grau de radicalismo desse novo modelo de negócios. Mesmo que uma estratégia de SAM seja apropriada para um fornecedor gerenciar relacionamentos estratégicos com certos clientes cruciais ao negócio, resta saber se ele tem as competências e os recursos necessários para tornar a estratégia real de formas que sejam valorizadas pelo cliente.

15.6.5 Analisando os argumentos sobre a gestão de contas estratégicas

Tentamos contrastar a defesa aparentemente convincente dos modelos de gestão de contas estratégicas (SAM), que desenvolvem relacionamentos colaborativos e integrativos com clientes importantes ou dominantes, com as graves falhas nas premissas que fundamentam esses modelos e as armadilhas potencialmente danosas aos imprudentes. Em muitas situações, parece que a adoção dos modelos de SAM se baseia na lógica suspeita de que o melhor uso dos recursos de uma empresa consiste em investir maciçamente na parte do negócio (os maiores clientes mais dominantes) que gera as menores margens e os maiores riscos.

Os defensores do modelo de SAM alegam que esse cenário reflete não seus pontos fracos, mas a escolha equivocada das contas principais pelas empresas. Há certo mérito nessa resposta. Entretanto, visto que a realidade aparente é a de que as empresas escolhem como contas estratégicas os clientes a quem vendem mais ou que elas atendem às demandas de grandes clientes por tratamento especial, sugerir que as deficiências inerentes ao modelo podem ser superadas pela melhor seleção de contas estratégicas parece um tanto irrealista.

Um argumento lógico é que a busca deve ser por estratégias alternativas que evitem a armadilha da alta dependência de um pequeno número de contas dominantes. Alguns provavelmente sugerirão que essa busca está fadada ao insucesso — os clientes mais poderosos controlam os mercados e é improvável que abram mão desse controle de bom grado. Entretanto, por outro lado, consideremos a potencial ruptura do *status quo* em um mercado pelo lançamento de um novo modelo de negócios. Por exemplo, usuários de computadores domésticos e corporativos expressaram inúmeras queixas ao longo dos anos sobre a funcionalidade dos produtos da Microsoft e lutaram em vão contra a maciça participação de mercado da Microsoft em áreas como sistemas operacionais e software de servidor. Em 2005, testemunhamos o impacto do software Linux, disponibilizado gratuitamente ou a preço baixo e desenvolvido por meio de uma rede compartilhada, em um modelo de negócios que parece dissociado de questões como a lucratividade. Cada vez mais a Microsoft assemelha-se a uma empresa em crise de meia-idade que não tem uma resposta efetiva ao Linux. Entretanto, ainda mais interessante é o fato de que grande parte da revolução do Linux foi impulsionada e facilitada pela IBM, pela Sun Microsystems e pela Dell, que estão reduzindo drasticamente sua dependência de seus antigos adversários na Microsoft. Administrar de modo ativo a dependência entre compradores e vendedores pode ser um meio de escapar da armadilha.

É ilustrativo que o ano de 2006 tenha testemunhado a fusão da Procter & Gamble com a Gillette para criar o maior grupo de marcas de consumo do mundo. O portfólio combinado de marcas proporciona maior poder de barganha na negociação com as grandes redes de varejo (Quinn, 2005). Entretanto, a fusão também representa uma mudança fundamental para o modelo de negócios da P&G. O objetivo é atender não só o 1 bilhão de consumidores mais abastados dos países desenvolvidos, mas também os 6 bilhões de consumidores no mundo, com um novo foco na população de baixa renda em mercados como China e Índia. Ao desenvolver esses mercados emergentes, a P&G deliberadamente não está firmando parcerias com varejistas globais como Walmart e Carrefour. Em vez disso, na China, a P&G dá à Gillette acesso a um enorme sistema de distribuição formado por um exército de empreendedores chineses — que a P&G chama de sistema '*down the trade*', que termina em um quiosque de uma pessoa em um vilarejo vendendo xampu e pasta de dentes. Com isso, espera-se que o crescimento estável nos mercados asiáticos reduza a dependência combinada da empresa de mercados maduros dominados por varejistas poderosos (Grant, 2005).

Novos modelos de negócios que serão eficazes em escapar da armadilha de clientes dominantes provavelmente compartilharão algumas das seguintes características:

- Redução de dependências críticas e riscos pelo desenvolvimento de rotas de mercado alternativas — considere o exemplo dos fabricantes do setor automotivo que desenvolveram estratégias de canal direto para retomar o controle da cadeia de valor e reduzir sua dependência dos distribuidores independentes.
- Desenvolvimento de ofertas alternativas de produtos para reconstruir a força da marca em oposição ao poder dos maiores clientes.
- Ênfase na necessidade de altos retornos para justificar a adoção de negócios de alto risco, e não o contrário.
- Redução das vulnerabilidades estratégicas criadas por níveis excessivos de dependência de um pequeno número de clientes ou distribuidores.
- Esclarecimento da diferença entre contas principais e contas estratégicas e desenvolvimento de formas adequadas e lucrativas de administrar esses diferentes tipos de relacionamento.
- Rejeição ativa a negócios de certas fontes devido à pouca atratividade do cliente no tocante a lucratividade e risco, mesmo que o negócio oferecido seja de grande porte.
- Administração das contas do cliente como uma carteira (Figura 15.3), utilizando os critérios de atratividade e de perspectiva de desempenho, não apenas o porte.

Há situações em que a SAM constitui uma estratégia eficaz para administrar relacionamentos com grandes compradores e desenvolver a colaboração e a parceria em vez de transações antagônicas. Todavia, o que requer cuidadosa avaliação gerencial é saber em que condições isso se aplica e se essas são realmente as condições enfrentadas. É possível obter uma perspectiva ao avaliar o portfólio de clientes e sua composição de mudança e ao analisar não somente a quantidade de negócios oferecidos pelas maiores contas, mas também a qualidade desses negócios. Os indicadores de qualidade abrangem a lucratividade do negócio, além do risco envolvido, do impacto da maior dependência de um pequeno número de clientes e das oportunidades renunciadas. Um exame equilibrado desse tipo fornece a base para uma decisão mais bem informada, mas também pode desencadear a busca por alternativas estratégicas capazes de evitar a desvantagem da dependência de poderosas contas estratégicas. Essa avaliação ponderada e a busca por novos modelos de negócios parecem urgentemente necessárias em muitas organizações.

RESUMO

Cada vez mais as competências de vendas estratégicas constituem um recurso vital para agregar valor a relacionamentos eficazes com clientes e para sustentá-los. A gestão de clientes estratégicos é um termo amplo que descreve as relações de vendas e a gerência de contas que vinculam compradores a vendedores em mercados corporativos. Em particular, foca as escolhas das empresas sobre como alocar recursos de venda e marketing a diversos tipos de cliente e as abordagens adotadas para implementar relacionamentos eficazes com clientes poderosos e dominantes. A crescente atenção dedicada a essas questões reflete não só as pressões internas da empresa para reformar e remodelar a tradicional estrutura de vendas de modo que ela possa entregar valor, mas também a relação com os clientes sobre a qual a implementação da estratégia de marketing repousa. Entretanto, com a área estratégica de vendas, a atenção sai da força de vendas como o caminho da implementação da estratégia e vai para uma equipe que participa da modelagem da estratégia de acordo com as realidades do mercado. A análise do portfólio de clientes proporciona a base para distinguir entre clientes em um canal direto e no tradicional mercado intermediário, mas, sobretudo, entre contas principais e estratégicas. A gestão de contas estratégicas representa um novo modelo de negócios baseado em colaboração e tomada de decisões conjuntas entre comprador e vendedor. Ela provê um mecanismo para gerenciar algumas relações com clientes dominantes. No entanto, apesar de uma convincente argumentação a favor da gestão de contas estratégicas, há que se equilibrar as vulnerabilidades e os riscos associados a esse modelo. Os gestores devem pesar esses elementos com o devido cuidado ao decidir se implementam um modelo de gestão de contas estratégicas. A análise das escolhas de marketing está intimamente relacionada com as competências de vendas estratégicas da empresa no mercado corporativo.

Xerox — Estudo de caso

Em quatro anos desde que foi nomeada chefe executiva da Xerox, Anne Mulcahy cortou custos, fechou unidades de negócios, acertou o balanço, instituiu uma auditoria, terceirizou operações, rejuvenesceu linhas de produto e repensou a estratégia. Agora vem a parte mais difícil.

"Eles não podem afrouxar o corte de custos, mas o que realmente precisam fazer agora é aumentar o faturamento", afirma Jack Kelly, analista do Goldman Sachs em Nova York.

O fato de o crescimento da empresa fazer parte da agenda é um indicador das realizações de Mulcahy até aqui. Em 2001 e 2002, tendo como pano de fundo o acúmulo de dívidas, a queda em vendas e uma investigação por parte da Comissão de Valores Mobiliários dos Estados Unidos (a Securities and Exchange Commission), a questão em pauta era se a Xerox sobreviveria.

Também é um indicador da forma direta e prática de Mulcahy o fato de que a questão do crescimento seja tratada com firmeza: "Temos que mostrar que somos capazes de gerar receita tanto quanto administrar o resultado financeiro", ela afirma. "Este é um momento de definições para a empresa."

O consenso entre os analistas de Wall Street é que a estratégia mapeada por Mulcahy e sua equipe pode, em princípio, concretizar todo o crescimento exigido. Seu enfoque envolve três frentes: acelerar a migração de cópias em preto e branco para em cores; atacar os setores de *design* gráfico e impressão com uma nova geração de impressoras digitais avançadas; e convencer os grandes clientes corporativos a comprar não só copiadoras e impressoras, mas também software e serviços.

A pergunta sem resposta é se a Xerox conseguirá dar a volta por cima. Sob muitos aspectos, a crise de 2001 e 2002 foi a culminação de uma comédia de erros. Os investidores ainda se lamentam ao se lembrar da desastrada reorganização da força de vendas que precipitou a saída do então CEO Rick Thoman. Isso sem falar do ineficiente sistema de faturamento e cobrança que, no final de 2001, piorou uma já precária situação financeira.

A boa notícia é que Mulcahy conhece essa história turbulenta muito bem. Ela começou a trabalhar na Xerox em 1975 como representante de vendas e foi promovida aos escalões gerenciais. Seu marido é um funcionário aposentado da Xerox e seu irmão mais velho faz parte da equipe da alta gerência.

Ela também conhece — e se propôs a mudar — a cultura corporativa burocrática que fazia com que os problemas se avolumassem até que se tornasse tarde demais para qualquer ação que não fosse drástica.

O próprio estilo pessoal direto de Mulcahy é uma força para a mudança. A promoção dela ao cargo mais alto era um sinal de que a Xerox teria que abandonar seu prolongado conservadorismo se quisesse sobreviver. A nova CEO logo encontrou a arma que explicitaria o caminho a ser seguido: o método de melhoria de processo conhecido como Seis Sigma, primeiramente adotado pela Motorola e popularizado pela General Electric (conforme descrito a seguir).

Ela explica: "Busquei o Seis Sigma porque queria incutir a melhoria de produtividade na empresa de modo a evitar que os problemas se acumulassem com o tempo. Quando realmente se consegue que as coisas fluam em uma empresa, isso reduz drasticamente a probabilidade de detectar problemas que exijam uma reestruturação radical".

Até o momento, isso parece estar funcionando. Em parte graças a melhorias de produtividade geradas pelo Seis Sigma, a Xerox tem-se mostrado capaz de reconquistar participação de mercado enquanto mantém investimentos em pesquisa e a ascensão dos lucros. A empresa também não escorregou em nenhuma grave casca de banana operacional.

No entanto, Mulcahy e sua equipe sabem que estão entrando em uma fase crucial — e potencialmente perigosa. A estratégia de crescimento demanda mudanças organizacionais do tipo em que a Xerox tropeçou no passado. É importante observar que a estratégia de serviços fará novas exigências a uma força de vendas que, até então, se concentrou principalmente na venda de hardware.

A Xerox está longe de ser a primeira grande empresa a fazer a transição de 'produtos' para 'soluções'. A General Electric e a International Business Machines (IBM), seus vizinhos mais próximos ao norte de Nova York, empreenderam viagens semelhantes na década de 1990. Mais da metade da receita da IBM resulta de serviços relacionados a TI.

Entretanto, o fato de que isso já foi feito não torna as coisas mais fáceis. A tarefa imediata de fazer as coisas acontecerem na Xerox recai sobre Jim Firestone, anteriormente responsável pela estratégia e agora chefe dos negócios na América do Norte.

"Precisamos integrar os serviços à discussão com nossos clientes desde o primeiro contato", afirma ele.

À primeira vista, a questão gerencial parece trivial. A pequena equipe de vendas de serviços da Xerox, composta por 200 a 300 funcionários, deve ser integrada ao forte exército de 2.500 gerentes de contas e especialistas de produtos. Fundamentais a esse processo são os 'gerentes de contas estratégicas', que cuidam dos relacionamentos com os 300 maiores clientes corporativos da Xerox. Eles devem ser treinados na arte e na ciência de vender serviços: tudo, desde a análise do fluxo de documentos pelas organizações até terceirização de imagens, arquivamento e recuperação de documentos. Trata-se de uma proposição bastante diferente daquela de venda de copiadoras e impressoras.

Entretanto, embora o número de pessoas seja pequeno em relação à força de trabalho total (a Xerox emprega 58 mil em escala mundial), sobre seus ombros estão muitos dos relacionamentos com os clientes mais importantes da empresa. Gerentes de contas ineficientes — ou alienados — podem causar mais do que um estremecimento em receita e lucros trimestrais.

"Quando fizemos isso no passado, foi de um jeito que causou muito transtorno ao cliente. Desta vez, não prevemos que muitos gerentes de contas mudarão de função. A ênfase está na manutenção de relacionamentos estáveis", declara Firestone, cujo estilo é tão comedido quanto o de Mulcahy é direto.

Avaliar corretamente o ritmo da mudança é crucial. Mover-se rápido demais pode colocar os relacionamentos em risco; seguir com demasiada lentidão pode permitir a entrada da concorrência. A Hewlett-Packard (HP) está contando que sua divisão de impressão e imagem impulsione o crescimento da empresa e já anuncia uma grande divisão de serviços. A Ikon Office Systems, que distribui equipamentos Canon, Ricoh e HP, é outro grande concorrente — e, por acaso, outro seguidor do Seis Sigma.

"A arena de soluções de serviços está se tornando mais abarrotada", observa Kelly, do Goldman Sachs.

Nesse cenário, a Xerox atingiu o ponto em que deve pressionar por mudanças organizacionais e fiar-se em um planejamento cuidadoso. Até o cauteloso Firestone admite: "Esse conjunto de mudanças é, de muitas maneiras, a nossa ação mais fundamental para mudar a natureza da Xerox".

Aventuras em Seis Sigma: como esse método ajudou a Xerox

Como muitas outras empresas norte-americanas, a Xerox conheceu o Seis Sigma por intermédio de suas interações com a General Electric. Esse conglomerado que reúne de serviços financeiros a biotecnologia adotou a técnica de melhoria de processo obcecada por métricas em meados da década de 1990. Graças a seu porte e influência, serviu como um missionário eficiente.

A conversão de Anne Mulcahy ocorreu quando ela negociava a terceirização da problemática operação de faturamento e cobrança para a GE Capital. "Eu me lembro de estar sentada lá e observar a disciplina com que [a equipe da GE] definia o problema, estabelecia seu escopo e o atacava sob a perspectiva do Seis Sigma. Lembro-me de sentir pela primeira vez que o problema seria resolvido."

A definição exata de qualidade do Seis Sigma é uma taxa de erro de 3,4 por milhão. Entretanto, mais importante do que o número exato é uma abordagem à resolução de um problema que enfatiza equipes pequenas, mensuração e retorno financeiro.

As técnicas de melhoria da qualidade não eram propriamente novas para a Xerox. Na década de 1980, ela foi uma das primeiras empresas norte-americanas a adotar a gestão da qualidade total (TQM) quando lutava para conter a onda de concorrência japonesa.

Como uma gerente promissora, Mulcahy experimentou a TQM em primeira mão. "A métrica financeira não era tão precisa na TQM", ela recorda. "O Seis Sigma é muito rígido e disciplinado em termos comparativos. Cada projeto é administrado com base em uma métrica econômica de lucro. Não há nada de maleável nele."

O aspecto 'maleável' era a ênfase da TQM na formação consensual, que, embora fizesse parte de um desejo fervoroso de reproduzir o melhor do gerenciamento japonês, nem sempre funcionava bem em empresas norte-americanas.

Mulcahy também encontra dificuldade em fazer com que a Xerox pratique o Lean Seis Sigma, uma variação 'enxuta' que demanda que os gerentes pensem não somente como os processos podem ser melhorados, mas também como o desperdício pode ser reduzido. "O pensamento enxuto é uma nuança importante. Esse processo tem início ao se livrar do desperdício, ao se detectar onde o valor é agregado e onde não. Para as grandes empresas, isso é muito importante."

Embora as empresas geralmente adotem o Seis Sigma para melhorar a eficiência, seus seguidores insistem que há outros benefícios. A introdução de uma metodologia voltada à gestão de projetos que se dissemina por toda a empresa é considerada capaz de romper barreiras interdepartamentais e facilitar o trabalho com fornecedores e clientes. Mulcahy afirma: "A realidade de nosso negócio é que, para competir, precisamos encontrar meios de realizar 8%, 9%, 10% de melhorias de produtividade a cada ano. Só se consegue atingir a meta por meio de uma abordagem sistemática".

Fonte: LONDON, Simon. "Xerox runs off a new blueprint". *The Financial Times*, 22 set. 2005.

Questões para discussão

1. Como a gestão estratégica de clientes se difere da venda? Como ela é estratégica?
2. A Xerox visa a "mostrar que somos capazes de gerar receita tanto quanto administrar o resultado financeiro". Como a gestão estratégica de clientes pode ajudar a empresa a atingir essa meta?
3. Como a Xerox pode implementar um programa de gestão estratégica de clientes? Quais desafios provavelmente enfrentará?

Capítulo 16

Alianças estratégicas e redes

As realidades competitivas de sobrevivência e prosperidade no ambiente de negócios complexo e em rápida mutação estimulam as parcerias entre as empresas. As relações estratégias cooperativas entre empresas independentes ganham importância.

David W. Cravens (1997)

INTRODUÇÃO

O ambiente em que os negócios devem comercializar mudou radicalmente na maioria dos setores. Analisaremos a natureza dessa revolução e suas profundas implicações mais adiante no Capítulo 19. Por enquanto, observamos que o novo ambiente de negócios se caracteriza cada vez mais por:

- **Recursos mais escassos**, literalmente, no ambiente físico e também no tocante à corporação redimensionada, mais enxuta e estrategicamente focada.
- **Maior concorrência**, geralmente de novas fontes, novos tipos de concorrência e novas tecnologias em âmbito nacional e internacional.
- **Expectativas mais altas** de serviços e qualidade por parte de clientes mais sofisticados e bem informados que exigem alto nível de experiência no atendimento ao mercado.
- **Pressões de distribuidores fortes**, como os varejistas no mercado de bens de consumo, para atingir economias ainda maiores nos custos da cadeia de suprimento.
- **Altos níveis de concentração de clientes** em muitos mercados corporativos, transferindo o poder do vendedor para o comprador.
- Avanço da **internacionalização de mercados e da concorrência**, impulsionado por forças tecnológicas como a Internet.
- **Aceleração da mudança em mercados e tecnologias**, exigindo níveis mais altos e ágeis de resposta das organizações.
- **Mercados mais turbulentos e imprevisíveis**, em que a mudança é grande em magnitude e muito difícil de prever com um grau elevado de certeza.

É importante observar que mudanças como essas no ambiente de negócios, e os novos modelos de negócios que elas demandam, têm sido associadas à evolução e ao crescimento de novas estruturas organizacionais. Com frequência essas novas formas de organização revertem as tendências históricas de agregação e integração em grandes estruturas convencionais, favorecendo a desagregação e o repasse de funções:

É provável que as organizações do futuro sejam verticalmente desagregadas: as funções comumente restritas a uma área única passarão a ser desempenhadas em áreas independentes. As funções de design e desenvolvimento de produto, fabricação e distribuição... serão reunidas e mantidas em alinhamento temporário por inúmeros mecanismos de mercado.

(Miles e Snow, 1984)

O realinhamento de recursos organizacionais com as demandas de um novo e mais desafiador ambiente de negócios — característico das décadas de 1990 e 2000 — presenciou a disseminação de estratégias de colaboração e parceria com outras organizações como o principal elemento do processo de comercialização. Embora não exista uma terminologia exata, essas novas estruturas organizacionais e sistemas em rede foram denominados de várias maneiras, como parcerias de marketing, alianças estratégicas e redes de marketing (Cravens e Piercy, 2006).

De maneira interessante, a tendência para a colaboração interorganizacional na trajetória para o mercado oferece a outra face do marketing de relacionamento. Embora persista a prioridade de administrar melhor as relações com os clientes, para um número crescente de empresas isso é acompanhado pela necessidade de esforços para gerenciar o relacionamento com organizações colaboradoras também. Essas novas organizações colaborativas e em rede distinguem-se das estruturas convencionais. Por exemplo:

caracterizam-se por flexibilidade, especialização e uma ênfase na gestão do relacionamento em vez de nas transações de mercado... para responder com agilidade e flexibilidade de modo a acelerar a mudança em tecnologia, concorrência e preferências de consumo.

(Webster, 1992)

É importante reconhecer que, em muitos setores, o surgimento de redes de organizações colaborativas, ligadas por várias formas de aliança, tornou-se uma plataforma dominante para o desenvolvimento estratégico. Por exemplo:

- Estimou-se que em 2001 as 500 maiores empresas globais tinham em média 60 alianças estratégicas cada uma.
- No final da década de 1990, relatou-se que o número de alianças de empresas norte-americanas havia crescido mais de 25% ao ano nos cinco anos anteriores.
- Em 1993, quando Lou Gerstner assumiu como CEO, somente 5% das vendas da IBM que não de computadores pessoais resultavam das alianças. Em 2001, a IBM administrava cerca de 100 mil alianças, correspondentes a mais de um terço de sua receita.
- Uma pesquisa da Vantage Partners com as mil maiores empresas norte-americanas em 2003 constatou que aproximadamente 20% de sua receita resultou de alianças, com previsão de que alcançaria 30% em 2004 e continuaria a crescer. A confiança nas alianças era ainda maior dentre as empresas europeias.
- Terceirização e sistemas em rede tornaram-se uma das principais estratégias de institutos de pesquisa de mercado, como a A.C. Nielsen (Cravens e Piercy, 2006).

À luz dessa evidência da crescente importância das alianças e das estruturas colaborativas organizacionais, quando pensarmos na implementação de nossas próprias estratégias, é fundamental, além de compreendermos as formas emergentes de competição que enfrentamos no mercado, levarmos em conta a aliança estratégica e o resultante crescimento das redes de organizações ligadas por várias formas de parceria. Entretanto, também é preciso enfatizar que algumas das questões estratégicas decorrentes de alianças e redes transcendem a simples cooperação interorganizacional, mas levam a novas maneiras de fazer negócio com os clientes.

Este capítulo examina as seguintes questões como as bases da competição por meio de alianças estratégicas e redes:

- As implicações de uma era de colaboração estratégica para nossas escolhas estratégicas.
- Os tipos de parceria, colaboração e aliança estratégica que estão surgindo no mercado como formas importantes de construir redes.
- As formas que as redes de organizações colaborativas estão assumindo, e o desenvolvimento de novas estruturas organizacionais para o marketing baseado em redes.
- A importância das alianças estratégicas como uma força competitiva em mercados globais.
- Os riscos envolvidos nas estratégias de colaboração e alianças.
- Uma agenda de gestão que detalhe as questões a serem abordadas na avaliação de estratégias baseadas em alianças como meio de lançar-se ao mercado.

16.1 A ERA DA COLABORAÇÃO ESTRATÉGICA

Cravens e Piercy (1994) argumentaram que fatores como mercados em acelerada mudança, uma gama complexa de tecnologias, escassez de habilidades e recursos relevantes e clientes mais exigentes apresentam às organizações um conjunto de desafios sem precedentes (*veja,* por exemplo, Tapscott e Castor, 1993; Gummesson, 1994). Um aspecto central da resposta à altura desses desafios é o reconhecimento da parte de muitos executivos de que a construção de relacionamentos com outras empresas é essencial para competir com sucesso na era pós-industrial turbulenta e em rápida mudança que enfrentam as economias desenvolvidas do mundo e para lidar com as crescentes e ágeis oportunidades nos mercados asiático e chinês. Com efeito, estamos passando pela importante transição de uma era de competição para uma era de colaboração estratégica.

Há uma variedade de relações interorganizacionais que devemos, cada vez mais, levar em consideração ao formularmos estratégias de marketing eficazes:

relacionamentos de canal vertical e colaborações fornecedor/fabricante, e relacionamentos horizontais sob a forma de alianças estratégicas e *joint-ventures* — tudo isso compartilha uma ênfase crescente em colaboração e parceria em vez de simples obrigações contratuais.

Esses novos relacionamentos colaborativos com clientes, fornecedores, distribuidores e até concorrentes estão resultando em uma série de novas estruturas organizacionais, que costumam ser agrupadas e classificadas como 'redes', em que os membros podem constituir 'corporações virtuais' (Achrol, 1991; Quinn, 1992; Ring e Van de Ven, 1992; Webster, 1992). Como veremos, muitos dos pioneiros pertencem ao setor de serviços, mas as redes que abarcam complexos de cadeias de suprimento vêm se tornando mais usuais. Na realidade, o paradigma das redes pode vir a ser a estrutura organizacional predominante do século XXI — a natureza revolucionária das mudanças que ocorrem nas tradicionais formas hierárquicas de organização e do ajuste de suas tradicionais relações antagônicas com fornecedores e concorrentes é salientada pelo comentário de John Sculley, então presidente da Apple Computer: "a *rede* é o paradigma, não a Igreja Católica nem o Exército" (Sculley, 1992).

A realidade que enfrentamos pode ser uma complexa combinação de estruturas organizacionais colaborativas com estruturas convencionais. Por exemplo, formada em 1969 pela fusão do Standard Bank of British South Africa com o Chartered Bank of India, Australia and China, o Standard Chartered é um dos bancos mais internacionalizados do mundo, com uma extensa rede global de mais de 1.400 filiais — muitas delas nos mercados em acelerado crescimento da Ásia, da África e do Oriente Médio (regiões essas que geram 90% dos lucros da empresa). O impressionante desempenho internacional do Standard Chartered baseia-se em uma complexa rede de subsidiárias, aquisições, alianças estratégicas, associações e *joint-ventures* que visam a um profundo conhecimento de mercado acompanhado por competências globais. Uma rota simples e única de canal para o mercado e uma estrutura organizacional convencional não poderiam sustentar esse nível de desempenho (*Al Bawaba*, 2006b).

Devemos examinar uma variedade de exemplos de organizações em rede a seguir, mas as características desse tipo de organização podem ser discutidas como segue. Uma característica determinante de uma rede é o desempenho de marketing e outras atividades do negócio por diferentes organizações e indivíduos independentes — o processo de 'desagregação vertical' (Cravens *et al.*, 1994). A rede é uma estrutura organizacional achatada, que envolve a interação entre parceiros de rede em vez de funções em múltiplos níveis da tradicional organização hierárquica.

Na verdade, mudanças radicais estão ocorrendo nas tradicionais estruturas hierárquicas de organização em decorrência das estratégias de aliança e rede. Embora até certo ponto semelhantes ao canal de redes de distribuição (como fornecedores/fabricantes, intermediários de marketing e usuários finais), as organizações em rede podem apresentar estruturas tanto horizontais quanto verticais (como colaborações entre fornecedores e vínculos na cadeia de suprimento). Além disso, as redes costumam ser complexas e suscetíveis a mudanças com mais frequência do que os tradicionais canais de distribuição. É interessante observar que os conceitos de rede foram recentemente reintroduzidos nas estruturas convencionais de canal sob a forma de 'parcerias de canal' colaborativas que vão além das relações convencionais de canal (Buzzell e Ortmeyer, 1994).

É comum as operações em rede serem guiadas por sofisticados sistemas de informação e decisão, geralmente globais em escopo, que executam muitas das funções de comando e controle da tradicional organização hierárquica (Tapscott e Castor, 1993). A rede resultante é flexível e adaptável à mudança, e os projetos mais bem-sucedidos de rede são orientados ao cliente — direcionados pelas necessidades e preferências dos compradores (Powell, 1990). Quinn (1992) caracteriza as redes como 'empreendimentos inteligentes' e esboça vários conceitos estruturais, como organizações 'infinitamente planas', 'teias de aranha', 'raios de sol' e 'invertidas'. Como veremos a seguir, as redes resultantes podem ser complexas e pouco familiares.

As ligações interorganizacionais em uma rede podem abarcar toda a organização, desde os fornecedores até os usuários finais e/ou concorrentes reais ou potenciais. A rede também pode incluir agências de serviços, como propaganda, pesquisa, consultoria e distribuição especializada. Os relacionamentos entre as empresas em rede podem abranger simples contratos transacionais do tipo convencional comprador—vendedor, acordos colaborativos fornecedor—fabricante, alianças ou parcerias estratégicas, consórcios, franquias e vínculos de distribuição, *joint-ventures* ou integração vertical (Doz, 1988; Achrol, 1991; Anderson e Narus, 1993; Bucklin e Sengupta, 1993; Cravens *et al.*, 1993). Examinaremos essas relações em profundidade a seguir.

A partir dessas considerações gerais sobre as redes, neste capítulo tentaremos construir um arcabouço para avaliar, formular e administrar organizações em rede como parte da implementação da estratégia de marketing e como uma mudança fundamental no cenário competitivo. Entretanto, vale reconhecer que nossa compreensão sobre o paradigma de rede ainda é relativamente limitado, embora certamente saibamos que é diferente: "Essas relações variam de modo significativo daquelas regidas por mercados ou hierarquias e levantam questões bastante diversas para pesquisadores e gerentes" (Ring e Van de Ven, 1992). Nossa falta de conhecimento mais desenvolvido e competência de gestão eficaz para administrar nessas novas formas de organização é ilustrada pela taxa de fracasso continuamente elevada das alianças estratégicas.

16.2 FATORES QUE IMPULSIONAM AS ESTRATÉGIAS DE COLABORAÇÃO

Um ponto de partida é identificar as potenciais forças impulsionadoras ou motivadoras que conduzem as organizações rumo à colaboração para levar suas estratégias ao mercado. Essas forças incluem os fatores descritos a seguir.

16.2.1 Complexidade e risco de mercado

Os mercados modernos costumam caracterizar-se por complexidade e altos níveis de risco. Uma forma de lidar com essa complexidade e reduzir (ou compartilhar) o risco é por meio da colaboração. Por exemplo, a Microsoft investiu cerca de US$ 150 milhões no desenvolvimento do Windows NT, mas foi feita uma pré-venda aos fabricantes de PCs antes de sua produção; somente quando os parceiros de PCs puderam garantir 5 milhões de vendas unitárias é que o produto começou a ser fabricado. Esse tipo de complexidade e risco pode ser demonstrado em diversas situações:

- **Dissolução das fronteiras de mercado** — As definições convencionais de mercado podem tornar-se ultrapassadas e expor uma empresa a novos tipos de demanda de consumo e de concorrência. O setor de informações constitui um bom exemplo quando vemos os setores de telecomunicações, bens de consumo eletrônicos, mídia de entretenimento, publicações e equipamentos de escritório convergirem. A convergência entre setores aumenta sobremaneira a complexidade de uma única empresa tentar competir diante de um leque em expansão de requisitos dos clientes e de tecnologias para satisfazer as necessidades deles. É provável que muitos dos produtos exigidos estejam além das competências de design, manufatura e comercialização de uma só empresa, consequentemente levando à junção de habilidades de várias delas. Essa combinação de competências pode ser muito eficaz — a Hewlett-Packard e a Matsushita uniram suas forças relativas nas tecnologias de impressoras a jato de tinta e aparelhos de fax para entrar no mercado de equipamentos multifuncionais mais rapidamente do que conseguiriam sozinhas. De modo análogo, a convergência tecnológica que transformou o telefone celular em câmera e tocador de música causou efeitos danosos aos tradicionais negócios de fotografia e música.
- **Crescente diversidade de consumidores** — Em muitos mercados, os compradores demandam cada vez mais valor, mas também exclusividade em suas compras: o marketing um-a-um, ou microssegmentação, torna-se realidade. Responder positivamente a essa demanda pode estar além do escopo de uma única empresa no que se refere a experiência e economia e pode requerer novas formas de fazer negócio. Por exemplo, a Calyx & Corolla (C&C) reinventou o mercado norte-americano de flores frescas desenvolvendo uma organização em rede (Figura 16.1). Tradicionalmente, as flores frescas que são compradas já fo-

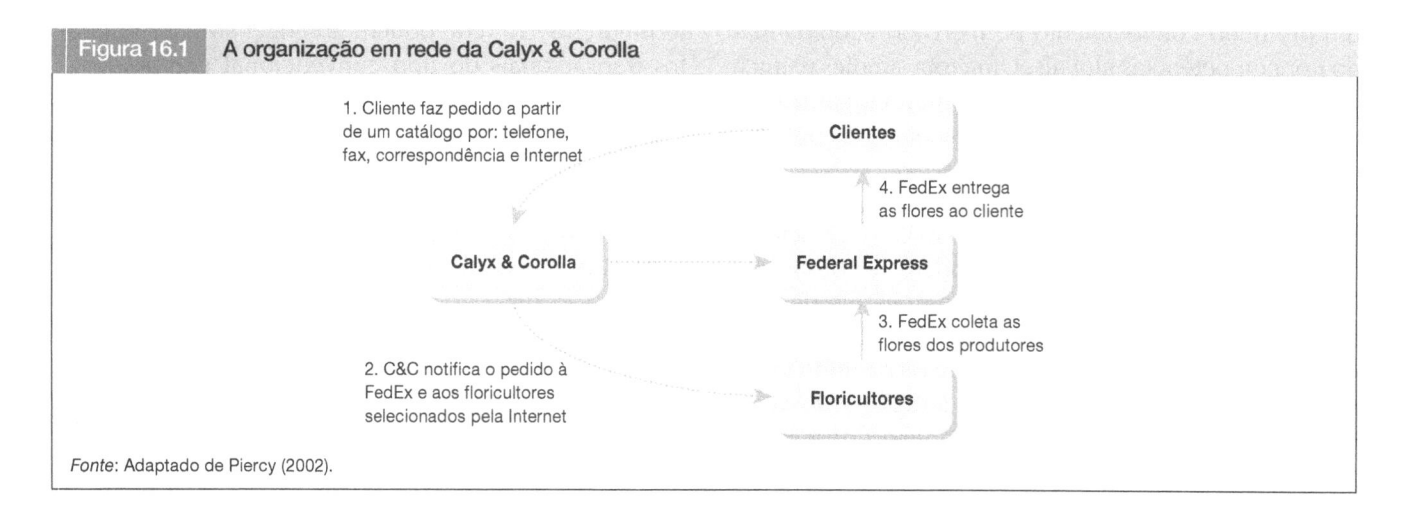

Figura 16.1 A organização em rede da Calyx & Corolla

1. Cliente faz pedido a partir de um catálogo por: telefone, fax, correspondência e Internet → Clientes
2. C&C notifica o pedido à FedEx e aos floricultores selecionados pela Internet → Floricultores
3. FedEx coleta as flores dos produtores
4. FedEx entrega as flores ao cliente

Calyx & Corolla — Federal Express

Fonte: Adaptado de Piercy (2002).

ram colhidas uma semana antes, e os buquês saem caros se montados sob encomenda em uma loja de rua caso o cliente não deseje um arranjo-padrão (isso se a loja tiver estoque suficiente). A rede C&C comercializa flores frescas por catálogo (impresso e eletrônico), oferecendo mais de 100 arranjos e adornos. Os pedidos são feitos por telefone, fax ou e-mail, e a informação é transmitida por computador a um dos floricultores da rede e para a Federal Express. Os produtores montam o buquê escolhido com a marca da C&C na embalagem e ele é a seguir coletado pela Federal Express e enviado ao cliente. O consumidor tem uma gama de opções bem maior, as flores recebidas são até nove dias mais frescas e evitam-se três intermediários. Trata-se de uma nova forma de comercialização que reflete a necessidade de 'customização em massa', ao mesmo tempo que oferece valor superior. Isso só foi possível graças à formação de uma organização em rede eficaz.

- **Um mundo sem fronteiras** — Ohmae (1990) escreveu sobre a economia interconectada em *Mundo sem fronteiras*. Cada vez mais as empresas são levadas a competir globalmente, e a colaboração proporciona uma alternativa interessante a competir sozinha em um novo ambiente. Por exemplo, a estratégia de globalização da British Airways é orientada por parcerias internacionais com outras companhias aéreas. Uma parceria com a USAir ofereceu acesso ao mercado interno norte-americano, mas, quando a relação fracassou, a British Airways firmou aliança com a American Airlines, mais forte, e passou a controlar mais de 60% do tráfego transatlântico. A importância competitiva desse alinhamento é evidenciada pela oposição veemente das demais linhas aéreas internacionais, liderada por Richard Branson, da Virgin, e a persistente hostilidade dos órgãos reguladores da concorrência europeia.

16.2.2 Lacunas de habilidades e recursos

Ocorre que existe uma pressão crescente para as empresas colaborarem entre si para competir com sucesso em mercados globalizados e baseados em tecnologia. Os custos de desenvolver internamente toda a gama de habilidades e competências necessárias a uma competição eficaz podem superar os recursos disponíveis de uma única empresa ou simplesmente podem estar acessíveis a um custo menor por meio de alianças com parceiros especializados — caso em que cada parceiro pode concentrar-se em aplicar suas próprias competências essenciais, isto é, aquilo que fazem melhor.

Isso pode ser de máxima importância para as contas estratégicas — os poderosos principais clientes dos quais uma empresa tem a maior dependência como fornecedor (Capítulo 15). De modo geral, os clientes estratégicos buscam pacotes 'orientados a soluções' que se relacionem com os problemas e as oportunidades inerentes a seus negócios e não aceitarão nada menos do que isso de seus fornecedores estratégicos. Somente vender produtos ou serviços não é mais aceitável. O problema é que elaborar a 'solução' adequada para o cliente estratégico pode envolver experiência e tecnologia que forçam o vendedor a firmar parceria com outros. A Johnson Controls, por exemplo, é um bem-sucedido fornecedor de assentos e circuitos elétricos para automóveis, mas teve de estabelecer parcerias para fornecer sistemas de garras *bolt-on*, assentos modulares e componentes eletrônicos, exigidos pelas modernas linhas de montagem.

Preencher lacunas de habilidades e recursos também pode envolver a criação de novas marcas e novos modelos de negócios em formas surpreendentes. Por exemplo, em 2006 a Honda Motor e a Hong Kong Disneyland formaram uma aliança estratégica. Como parte da parceria, a Honda patrocina a atração Autopia da Disneyland, que permite aos visitantes 'dirigir para o futuro' em carros elétricos e explorar o 'espaço', além de dar suporte aos aspectos de segurança do parque. A Honda detém direitos exclusivos de uso das imagens da Disneyland para promover seus automóveis, motocicletas e outros equipamentos motorizados em Hong Kong e na China. Esses parceiros estão buscando novas oportunidades de colaboração e parecem ter encontrado meios de conciliar os interesses dos setores automobilístico e de entretenimento (*Japan Corporate News Network*, 12 jul. 2006).

Há casos em que uma aliança pode facilitar o acesso a mercados e abrir novas formas de comercialização. Por exemplo, em 2006, a maior cadeia de fast-food do mundo, o McDonald's, anunciou uma aliança com a Sinopec, uma companhia estatal de petróleo da China que opera 30 mil postos de gasolina (e acrescenta cerca de 500 a cada ano). A aliança visa a dar sustentação à estratégia do McDonald's de expandir sua rede de restaurantes *drive-through* na China. Essa estratégia baseia-se na mudança de hábitos alimentares nas cidades chinesas densamente povoadas, que se ocidentalizam e apresentam índice crescente de automóveis próprios e jovens com estilos de vida baseados na mobilidade que preferem comprar sem sair de seus veículos. O McDonald's acredita que a Sinopec fornecerá uma plataforma para construir seu negócio de restaurantes *drive--through* na China (Yeh, 2006).

16.2.3 Gestão da cadeia de suprimentos

Uma amostra da pressão pela colaboração adveio da proposta de 'empresa enxuta' (Womack e Jones, 1996) e talvez mais claramente do programa correlato de resposta eficiente ao consumidor (ECR, sigla em inglês para *Efficient Consumer Response*) no setor supermercadista.

Um exemplo marcante de mentalidade enxuta é o ECR, que avança nos Estados Unidos e começa a causar impacto na Europa. Esse sistema baseia-se em 'parcerias cooperativas' entre varejistas e fabricantes que se comprometem a colaborar para a redução de custos na cadeia de suprimentos. Três anos após o lançamento nos Estados Unidos, 90% das empresas no setor supermercadista haviam adotado o ECR. Lançado em 1996 no Reino Unido, seus adotantes incluíam seis grandes varejistas e os principais fabricantes de produtos de consumo não duráveis. Os principais elementos do ECR são: gerenciamento por categoria em vez da tradicional abordagem de produto/marca e a eliminação de marcas fracas; promoção mais eficiente com ofertas especiais em substituição ao apreçamento baseado em valor; sistemas de reabastecimento contínuo e *cross-docking** para reduzir e possivelmente eliminar estoques no canal; intercâmbio eletrônico de dados para automatização de pedidos e fluxo de informações; e mudança organizacional — a Procter & Gamble nos Estados Unidos substituiu sua área de vendas por uma nova área de desenvolvimento de negócios com clientes. O ECR é uma arma poderosa que comprovadamente reduz custos na cadeia de suprimentos, mas tem sido criticada por reduzir o leque de opções dos consumidores e a concorrência e por restringir o desenvolvimento estratégico dos fabricantes (Piercy, 2002).

É arriscado ignorar tais desdobramentos, visto que impõem forte pressão para a colaboração entre empresas convencionalmente vistas como mantenedoras de uma única relação comprador–vendedor ou que eram tradicionais concorrentes. É importante que, ao avaliar nossos mercados e estratégias para o futuro, analisemos de modo atento e sistemático o surgimento de fatores como os que acabamos de listar e que podem levar as estratégias de nossos concorrentes e as nossas próprias a redes colaborativas.

As próximas questões a examinar são os tipos de rede que podem ser identificados e a natureza dos vínculos que os unem. À medida que as alianças estratégicas se tornam uma das formas organizacionais mais importantes no cenário contemporâneo de negócios, os gerentes veem-se constantemente obrigados a decidir sobre o tipo e a forma de aliança a adotar (Pansiri, 2005).

16.3 TIPOS DE REDE

Não há uma tipologia amplamente aceita de formas de redes organizacionais. Entretanto, duas abordagens são úteis para esclarecer nossas ideias sobre os tipos existentes e que podem surgir em nossos mercados.

Primeiro, Cravens et al. (1996) integraram as perspectivas apresentadas por Achrol (1991), Powell (1990), Quinn (1992) e Webster (1992) para propor o modelo de tipos de organização em rede mostrado na Figura 16.2. Eles argumentaram que as redes diferiam e podiam ser classificadas sob dois aspectos relevantes:

1. **O tipo de relacionamento de rede**, que pode variar do altamente colaborativo (envolvendo diversas formas de cooperação interorganizacional e parceria) ao principalmente transacional (como a transação tradicional comprador—vendedor).

2. **A volatilidade da mudança ambiental,** argumentando que, em ambientes altamente voláteis, os relacionamentos externos com outras organizações devem ser flexíveis o suficiente para permitir alterações — e até o término — em um curto período de tempo. Por outro lado, quando o ambiente é estável, as formas mais duradouras de colaboração são mais interessantes.

A aplicação dessas dimensões para classificar as redes produz o modelo apresentado na Figura 16.3, sugerindo que há pelo menos quatro protótipos de rede:

1. **A rede oca** — uma forma de organização baseada em transações, associada a ambientes altamente voláteis. O termo 'oco' ressalta que a organização central depende fortemente de outras para atender às necessidades dos clientes. Por exemplo, aquelas que competem dessa maneira costumam ser especialistas que coordenam uma extensa rede de fornecedores e compradores. Um exemplo desse tipo de rede é a Monster.com, uma empresa de recrutamento e gestão de carreira on-line. Ela conecta quem está procurando emprego com os empregadores,

---

* O *cross-docking* define-se como um sistema de distribuição no qual a mercadoria recebida em um armazém ou centro de distribuição não é estocada, como seria prática comum até há pouco tempo, mas sim imediatamente, ou pelo menos o mais rapidamente possível, preparada para o carregamento e para a distribuição ou expedição a fim de ser entregue ao cliente ou consumidor. (N. da T.)

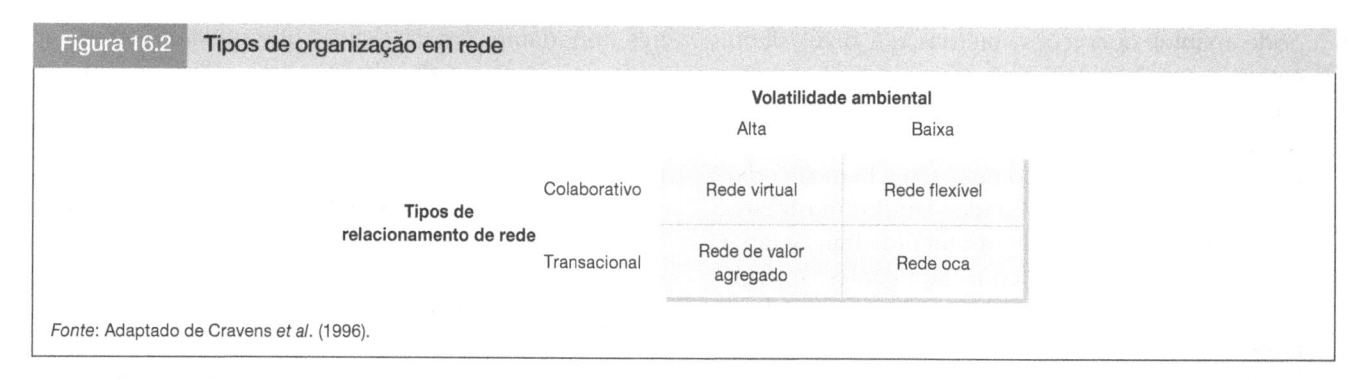

Figura 16.2 — Tipos de organização em rede

		Volatilidade ambiental	
		Alta	Baixa
Tipos de relacionamento de rede	Colaborativo	Rede virtual	Rede flexível
	Transacional	Rede de valor agregado	Rede oca

Fonte: Adaptado de Cravens *et al.* (1996).

Figura 16.3 — A empresa de trocas de marketing

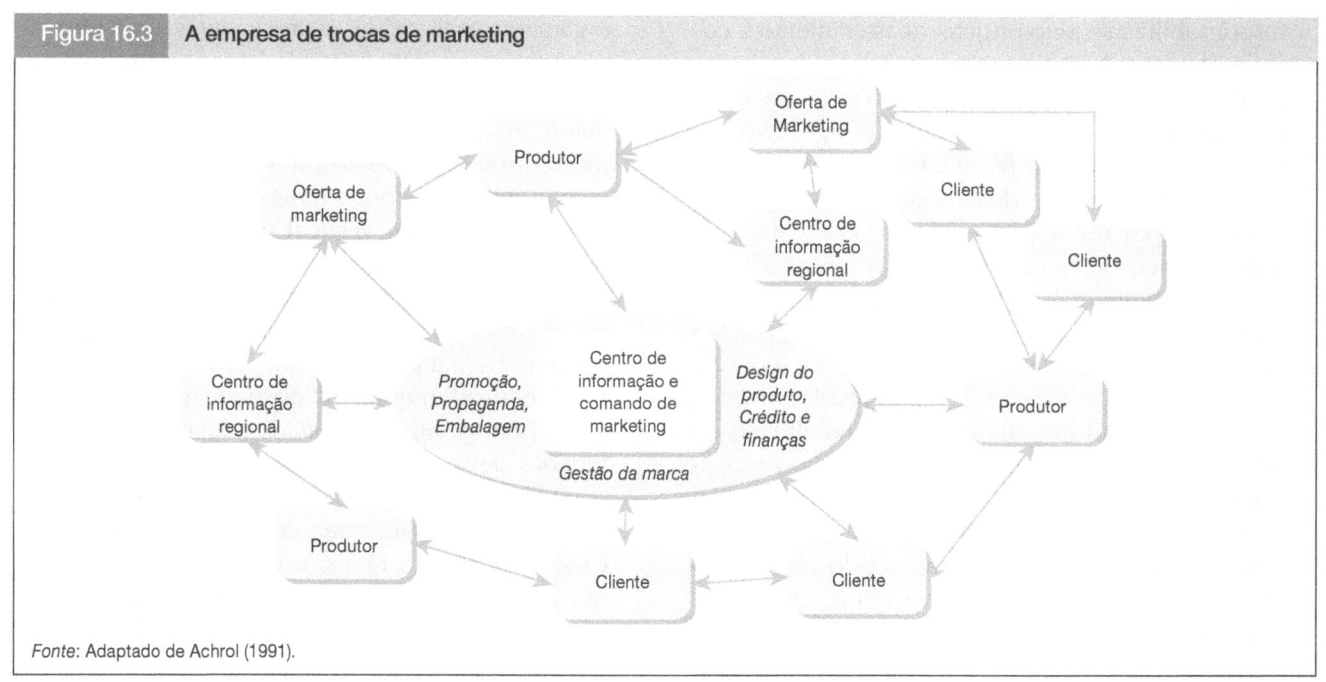

Fonte: Adaptado de Achrol (1991).

além de oferecer-lhes aconselhamento de carreira pela Internet. Cerca de 75 milhões de indivíduos têm conta personalizada com a Monster, que opera em 36 países com 4.200 funcionários. A organização oca oferece um escudo de proteção contra os riscos de um ambiente em constante mudança (Achrol, 1991).

2. **A rede flexível** — associada a condições de alta volatilidade, mas caracterizada por vínculos interorganizacionais que tendem a ser colaborativos e de longo prazo em duração, em que o coordenador da rede gerencia uma equipe interna que identifica as necessidades do cliente e estabelece fontes de suprimento para satisfazê-las. Por exemplo, muitas indústrias farmacêuticas multinacionais dependem de competências essenciais em química orgânica e inorgânica e buscam firmar alianças com empresas de biotecnologia. As empresas de maior porte têm investido muito na tecnologia corrente para mudar completamente para a biotecnologia, mas querem explorar parcerias para garantir uma fonte de produtos com base nela. O exemplo da Calyx and Corolla (C&C) já apresentado também provê um modelo de rede flexível, no qual a empresa atua como uma central que executa internamente as atividades de design do produto, design da embalagem, promoção e determinação de preço, mas usa parceiros externos para suprir as flores e entregá-las ao cliente. É notável, por exemplo, que a ICL, antigamente conhecida como a empresa de computadores 'British' (renomeada como Fujitsu Services em 2002 em decorrência da mudança de dono), não possuía mais instalações para fabricar computadores; ela se concentra em serviços e design e recorre a organizações parceiras para se abastecer de hardware.

3. **A rede de valor agregado** — associada a ambientes menos voláteis e baseada principalmente em relacionamentos transacionais entre os membros da rede. Por exemplo, o coordenador da rede pode usar uma rede global de fornecedores, porém

pode manter operações internas em nível significativo — a organização central pode subcontratar muitas funções de valor agregado como produção, mas reter a responsabilidade por inovação e design de produto. A Bombay Company, um bem-sucedido varejista de móveis nos Estados Unidos, ilustra essa forma de rede. Ela mantém vínculos transacionais (comprador–vendedor) com fabricantes especializados pelo mundo — a empresa compra de 27 países, com foco em fornecedores de China, Malásia, Vietnã, Taiwan, Índia e Indonésia. A Bombay responsabiliza-se pelo projeto, abastecimento e comercialização de produtos em mobília e decoração residencial. Os fornecedores suprem 90% das compras da Bombay de acordo com o design. Um fornecedor em particular pode fabricar somente uma quantidade contratada de tampos de mesa, que são montados por outra empresa com outros itens de outros fornecedores para fabricar as mesas. A relação transacional é apropriada porque o fornecedor está simplesmente atendendo a um contrato por um de seus produtos de linha. Os membros da rede são especialistas na execução de determinadas funções de valor agregado a baixo custo. A habilidade da Bombay Company de formatar e comercializar uma seleção única de produtos por meio de sua rede obtém grande sucesso no mercado norte-americano, e novas lojas licenciadas estão sendo abertas no Oriente Médio e na região do Caribe. Outros setores que se utilizam desse tipo de rede são o de vestuário, lentes de óculos e alguns serviços — a ligação é que a rede de valor agregado serve para situações que não exigem tecnologias complexas e ofertas customizadas de produto.

4. **A rede virtual** — associada a situações em que a volatilidade ambiental é relativamente baixa e em que a organização central busca estabelecer relacionamentos colaborativos com outras. Parece-se com o que se tem denominado 'corporação virtual' (*Business Week*, 1993), que visa à adaptabilidade para atender às necessidades de mercados segmentados por meio de parcerias de longo prazo em vez de investimento interno. Exemplos de empresas que formam redes virtuais são GE, Hewlett-Packard e Motorola. Nesses casos, o acesso ao mercado e à tecnologia são os principais elementos impulsionadores e, assim como ocorre com a rede flexível, as alianças estratégicas formais constituem o método mais comum de colaboração. A rede virtual oferece proteção contra os riscos de mercado e acesso a novas tecnologias.

Uma visão mais ampla e complexa de tipos de rede foi apresentada por Achrol (1997), que buscou refletir três importantes características que podem diferenciar cada um deles: se são de uma única empresa ou de várias; se são de um setor ou de vários; e se são estáveis ou temporários. Essa perspectiva identifica os seguintes tipos:

- **Redes de mercado interno** — Descrevem a reformatação de grandes empresas para se livrarem das restrições de tradicionais estruturas hierárquicas e multidivisionais por meio da organização em unidades internas que operam como centros de lucro independentes. Por exemplo, a General Motors reorganizou suas rígidas e ineficientes unidades de manufatura em oito unidades de mercado interno, cada qual especializada em uma área do sistema automotivo e capaz de vender seus produtos no mercado aberto não só para a GM, mas também para montadoras concorrentes.
- **Redes de mercado vertical ou redes de canal de marketing** — Refletem a visão tradicional de relações de canal vertical, mas vão além ao reconhecer a empresa focal que coordena os fornecedores (a parte da cadeia produtiva que antecede a distribuição) e os distribuidores (as atividades pós-produção). De modo geral, o integrador especializa-se nas funções de marketing e recorre a especialistas em manufatura e distribuição. Estruturas iniciais abrangiam a 'corporação oca', como Casio, Nike e Liz Claiborne. Nessas redes, o padrão mais comum é que o integrador seja a empresa detentora da marca e que se especializa na função de marketing, enquanto os parceiros da aliança são centros de recursos especializados que fornecem alguma parte do produto ou da tecnologia de produção. Outro exemplo é a IKEA, varejista sueca de móveis, que opera com sucesso uma rede global de suprimentos com 2.300 fornecedores em 67 países para colocar 10 mil produtos à venda a preços até 30% mais baratos do que os dos concorrentes tradicionais. Por outro lado, nos mercados de base tecnológica, o integrador pode muito bem ser um especialista em tecnologia — a Sun Microsystems subcontratou as funções de manufatura, distribuição e assistência técnica de chips para especializar-se no projeto de computadores avançados. Achrol sugere que isso está mais para uma aliança funcional do que para uma aliança estratégica.
- **Redes intermercados ou concêntricas** — São, em grande parte, a seara das economias japonesas e coreanas — os bem conhecidos 'grupos empresariais' *keiretsu* e *chaebol*, que representam alianças entre empresas atuantes em diversos negócios não correlatos. A rede intermercados envolve afiliações institucionaliza-

das dentre empresas que operam em diferentes setores e as empresas vinculadas por relações de troca com elas. Caracterizam-se pelas profundas interconexões em compartilhamento de recursos, tomada de decisões estratégicas, cultura e identidade. O ponto focal pode ser uma *trading company* — possivelmente atuando como o braço de marketing da rede — associada a fábricas afiliadas, que por sua vez possuem grandes conglomerados verticais de fornecedores, distribuidores e empresas satélites e com frequência estão envolvidas em alianças tecnológicas com concorrentes. Por exemplo, a Toshiba tem cerca de 200 empresas em relacionamento direto de troca e outras 600 'empresas netas' abaixo delas. Embora as redes japonesas e coreanas possam parecer impenetráveis, é interessante notar que recentes análises tentaram classificar a operação da Virgin como *keiretsu* para explicar o crescimento do negócio pelas áreas de música e entretenimento, transporte, serviços financeiros e bens de diversas marcas primordialmente vinculadas pela marca Virgin e principalmente financiadas pelas organizações parceiras.

- **Redes de oportunidade** — São representadas por um conjunto de empresas especializadas em vários produtos, tecnologias e serviços que formam alinhamentos temporários em torno de projetos ou problemas específicos. O mais comum é que o centro da rede seja uma empresa de marketing especializada em coleta e disseminação de informações de mercado, negociação, coordenação de projetos para clientes e fornecedores e regulamentação da rede. Achrol (1991) descreveu isso como 'empresa de intermediação de marketing', como já vimos (Figura 16.3). Um protótipo é a agência de marketing direto que usa mídia como a Internet para vender uma ampla variedade de bens de consumo e novidades.

Essa análise ilustra a diversidade e a potencial complexidade das estruturas de organização em rede à medida que surgem e que tentamos classificá-las e entendê-las. Entretanto, é verdade que nossa compreensão geral não está bem desenvolvida: "organizações em rede e virtuais existem há muito tempo, embora nossa capacidade de defini-las e comunicar seu verdadeiro teor ainda seja limitada" (Gummesson, 1994).

Poderemos melhorar essa compreensão se focarmos nossa atenção na natureza dos vínculos que unem as organizações nessas várias formas de colaboração.

16.4 ALIANÇAS E PARCERIAS

Achrol (1997) ressalta a importância de refletir sobre as redes sob a perspectiva do marketing de relacionamento, em que as relações entre os parceiros da rede transcendem aquelas que seriam definidas por contrato, acordo formal ou intercâmbio comprador—vendedor no canal de distribuição. Ele argumenta que "a mera presença de uma rede de ligações não constitui o aspecto distintivo da organização em rede", mas que "a qualidade das relações e os valores compartilhados que as regem diferenciam e definem as fronteiras da organização em rede" (Achrol, 1997).

Dito isso, um ponto de partida para compreender a dinâmica da organização em rede e sua atratividade ou, por outro lado, para desenvolver uma estratégia de marketing específica está na análise da parceria. É importante que não consideremos as alianças estratégicas e a formação de rede como fins em si mesmos, mas como meio para um fim — a implementação e regeneração de nossa estratégia de marketing e a melhoria de nosso processo de comercialização — a ser usado de modo seletivo e apropriado com base em nossos objetivos e aptidões para administrar a colaboração com outras empresas.

A Figura 16.4 mostra uma forma de categorizar os relacionamentos colaborativos. Esses relacionamentos formam um espectro que abrange desde uma relação amplamente tradicional e transacional até uma integração vertical plena. Os relacionamentos apresentados têm as características descritas a seguir.

16.4.1 Terceirização

Em um extremo está uma relação 'a distância', pela qual simplesmente compramos bens e serviços de uma fonte externa em vez de produzi-los internamente. Isso pode envolver a terceirização de serviços como propaganda, pesquisa de mercado, força de vendas e experiência de marketing direto. Também pode descrever a forma como compramos bens para revenda ou lidamos com nossos distribuidores. Contudo, cada vez mais, mesmo nessa ponta do espectro, podemos considerar os fornecedores e distribuidores como parceiros e utilizar termos como 'aliança estratégica' para descrever o que parece não passar de um relacionamento convencional, embora próximo, entre comprador e vendedor. Isso pode ser impreciso, mas ressalta o argumento de Achrol mencionado anteriormente de que as redes transcendem a natureza dos vínculos legais entre parceiros. As relações transacionais desse tipo também caracterizam o que Cravens *et al.* (1996) descreveram como redes de valor agregado e ocas (como já vimos). Também é verdade que em muitas situações os relacionamentos a distância estão remodelando os colaborativos, mais estreitos — por exemplo, no programa de Resposta Eficiente ao Consumidor (que também já discutimos) e na pressão do cliente no mercado corporativo para que seus fornecedores estreitem

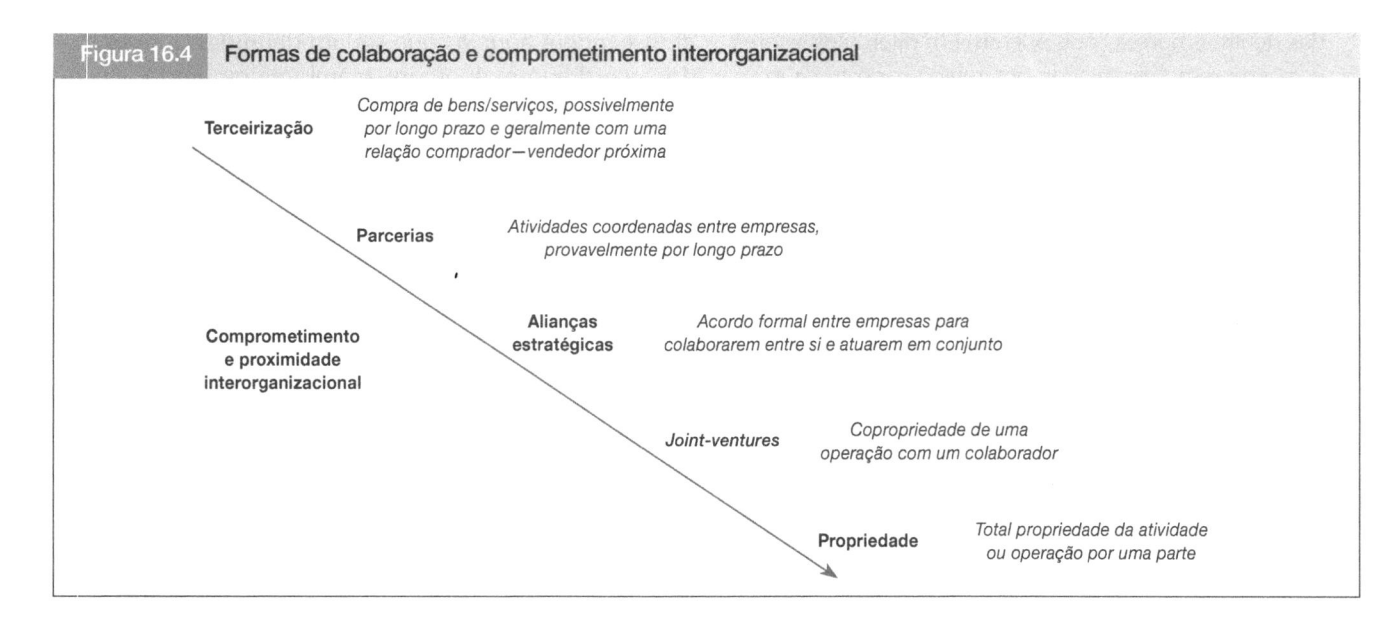

Figura 16.4 Formas de colaboração e comprometimento interorganizacional

Terceirização — Compra de bens/serviços, possivelmente por longo prazo e geralmente com uma relação comprador–vendedor próxima

Parcerias — Atividades coordenadas entre empresas, provavelmente por longo prazo

Alianças estratégicas — Acordo formal entre empresas para colaborarem entre si e atuarem em conjunto

Joint-ventures — Copropriedade de uma operação com um colaborador

Propriedade — Total propriedade da atividade ou operação por uma parte

(Eixo: Comprometimento e proximidade interorganizacional)

---

os relacionamentos entre todos os seus departamentos de recursos e os correspondentes nas organizações do cliente (Capítulo 15). Nesses casos, o que se inicia como uma terceirização pode adquirir muitas das características colaborativas de uma aliança estratégica formal.

Por exemplo, a British Airways está terceirizando áreas significativas de seu negócio como parte de uma gama de relações de franquia, aliança e parceria com outras empresas rumo ao conceito de 'companhia aérea virtual'.

Por outros motivos, em 2006, a Gap Inc. abriu suas primeiras lojas franqueadas. Enfrentando queda de vendas em suas lojas próprias na América do Norte e na Europa, ela firmou parceria com um varejista de Cingapura, o F.J. Benjamin Holdings, para abrir lojas franqueadas nesse país e na Malásia. Depois se seguiram as franquias da Banana Republic (marca de luxo da Gap). Para lidar com problemas em seus mercados estabelecidos, a Gap recorreu ao sistema de franquia para conquistar rápido acesso a novos mercados, em que sua marca fosse conhecida por consumidores que viajam para os Estados Unidos e a Europa e compram em suas lojas (Lim, 2006).

16.4.2 Parcerias

Trata-se de colaborações que envolvem uma relação mais estreita entre as empresas, mas que não chegam ao ponto de um acordo formal de aliança estratégica, copropriedade em uma *joint-venture* ou integração vertical. Lambert *et al.* (1996) sugerem que as parcerias variam no grau e no tipo de integração: (1) algumas focam o curto prazo e envolvem coordenação limitada; (2) outras têm foco de mais longo prazo e transcendem a coordenação para adotar a integração das atividades; e (3) as parcerias de natureza mais próxima são consideradas 'permanentes' e cada parte enxerga o outro como uma extensão de sua própria empresa.

Por exemplo, em uma aliança estratégica que se estenderá até 2011, a Dell Inc. e a EMC firmaram uma parceria no negócio de armazenagem de dados, oferecendo soluções em rede para empresas de todos os portes. Com isso, a Dell tornou-se o provedor de sistemas de armazenagem em disco de crescimento mais acelerado, enquanto a EMC passou a ser líder em receita na participação de mercado em servidores de médio porte. As competências combinadas dessas empresas causaram um significativo impacto no negócio de armazenagem de dados; elas alavancaram um modelo único de vendas, marketing, engenharia e colaboração em manufatura para explorar os pontos fortes de cada uma e prover serviço de valor superior aos clientes (*Al Bawaba*, 2006a).

Uma forma diferente de aliança de marketing é ilustrada pela Jigsaw Consortium formada por Cadbury Trebor Bassett, Unilever e Kimberly-Clark. O consórcio é administrado pela agência de marketing direto OgilvyOne e detém marcas como Persil, Flora, Lynx, Huggies, Cadbury Creme Egg e Flake. A aliança criou uma base de dados com 9 milhões de consumidores e não só com seu comportamento de compra, mas também com suas atitudes em relação a marcas. É importante observar que, enquanto varejistas como Tesco e Sainsbury obtêm a força dos dados de compra por escaneamento no ponto de venda, o cadastro do consórcio inclui dados atitudinais para maior compreensão e poder preditivo.

16.4.3 Alianças estratégicas

As alianças estratégicas são acordos mais formais, em alguns casos sob contrato, entre empresas que colaboram entre si e atuam em conjunto. As características que definem as alianças estratégicas são: (1) duas ou mais empresas que se unem para perseguir um conjunto de metas consensuais, mas permanecem independentes; (2) empresas integrantes que compartilham os benefícios da parceria e o controle das atividades designadas; e (3) empresas que contribuem em longo prazo com uma ou mais áreas estratégicas (como compartilhamento de tecnologia, desenvolvimento de produto ou marketing) (Taylor, 2005; Todeva e Knoke, 2005).

Por exemplo, a AT&T (líder nos Estados Unidos de serviços de voz e Internet em transmissão digital de alta velocidade) e a Yahoo (provedor global de Internet) formaram uma bem-sucedida aliança estratégica em 2001 para disponibilizar serviços de Internet de banda larga para uma ampla gama de consumidores e pequenos negócios. Juntas, ofereceram uma experiência plenamente integrada de *co-branding** que atendia a maioria dos 8 milhões de clientes de Internet de alta velocidade da AT&T (*FinancialWire*, 2006).

16.4.4 *Joint-ventures*

Trata-se de alianças nas quais a propriedade de um projeto ou operação é compartilhada entre as partes envolvidas. Por exemplo, a Mercedes, montadora de automóveis alemã, e a Swatch, fabricante suíça de relógios, formaram uma *joint-venture* de curta duração para fabricar o minicarro Smart. Para isso, contaram com o apoio de seus dez principais fornecedores, que firmaram uma parceria de suprimento e realocaram suas operações para uma 'vila inteligente' na França. Esse relacionamento concentrou-se em parceiros de diferentes setores que compartilharam habilidades inovadoras de design, experiência tecnológica e competências de marketing para inovar. O conceito era que os parceiros estavam colocando à venda a 'mobilidade' como um produto total, não apenas um carro — a oferta geral de mercado incluía a possibilidade de tomar emprestados carros maiores quando necessário para fins específicos de mobilidade. A *joint-venture* tornou-se uma subsidiária integral da Daimler-Chrysler (atualmente parte da Mercedes Car Group).

16.4.5 Integração vertical

Nesse caso, uma atividade em outra parte da cadeia de valor é de integral propriedade da organização central, embora o relacionamento possa continuar a ser considerado como uma aliança estratégica, apesar de estritamente uma empresa possuir a outra. A Apple Inc. ilustra o interessante caso de uma empresa verticalmente integrada que usa tanto a terceirização quanto a propriedade financeira direta. Ela se responsabiliza pelo design do hardware dos computadores, seus acessórios, sistema operacional e grande parte do software, mas não pela manufatura, que é terceirizada a especialistas como a Foxconn. Recentemente a Apple estabeleceu uma rede de pontos de venda de alta visibilidade e sofisticação para proteger sua posição no mercado de consumo, utilizando a integração vertical para frente para reter o controle sobre a apresentação de seus produtos no mercado.

É importante levarmos em conta os pontos fortes e fracos desses diferentes graus e tipos de parceria no desenvolvimento de estratégias apropriadas de aliança, além de reconhecermos que, na realidade, as redes podem abrigar uma combinação de diversos estilos de parceria. Também não se deve supor que as relações interorganizacionais sejam estáticas — as estruturas colaborativas podem mudar ou ser removidas no curso de um projeto, como no caso de um parceiro que esteja colhendo benefícios em detrimento dos demais. Por exemplo, a BMW e a Rolls-Royce administraram uma aliança sob a forma de *joint-venture* — a BMW Rolls-Royce GmbH — por cerca de uma década no setor aeroespacial com foco no desenvolvimento de motores avançados para aviões. Os parceiros tiveram êxito em fabricar uma família de produtos de sucesso comercial e a aliança fortaleceu a estratégia de produto da Rolls-Royce. Entretanto, após dez anos, a BMW retirou-se para concentrar-se na indústria automobilística, e o negócio tornou-se a subsidiária integral Rolls-Royce Deutschland (Smith, 2003).

16.5 ALIANÇAS ESTRATÉGICAS COMO FORÇA COMPETITIVA

Ao desenvolvermos uma estratégia de marketing, é importante reconhecermos que, em alguns mercados, cada vez mais a concorrência se baseia na relação entre as alianças e as redes que elas criam, não mais entre as empresas. Isso se aplica sobretudo aos negócios globais:

- Em 2007, a fabricante alemã de carros Volkswagen estabeleceu uma aliança estratégica — em que detinha 50% de propriedade, mas o controle gerencial — com a Proton da Malásia. Enquanto a Proton buscava um competidor global bem estabelecido que gerasse maior economia de escala a suas áreas de produção,

---

* Duas ou mais marcas conhecidas que se reúnem em uma mesma oferta, na qual cada um dos patrocinadores espera que o nome da outra empresa fortaleça a preferência pela marca ou tenha como resultado a obtenção de um novo nicho de mercado. (N. da T.)

compras e P&D, o interesse da VW consistia em conquistar maior acesso ao mercado de automóveis de passeio do Sudeste asiático e seu esperado crescimento. A aliança com a Proton permitia à VW não só preencher uma lacuna em sua abrangência nessa região, mas também complementar a capacidade de produção de suas fábricas na China e do modelo Skoda na Índia (Shameen, 2007). Cada vez mais, o negócio automobilístico global caracteriza-se por redes globais em substituição aos fabricantes independentes. Como parte de uma sólida estratégia de reestruturação e redimensionamento, a Ford Motor Co. não somente está disposta a cortar algumas de suas marcas, mas também procura alianças estratégicas com outras montadoras de veículos (rumores no setor sugerem que a Renault-Nissan pode ser um alvo) (*Business Week*, 2006).

- Na indústria aeroespacial, o ano de 2007 testemunhou uma aliança estratégica entre a Boeing e a Lockheed-Martin. Atuando em conjunto, elas poderiam alavancar sua experiência na gestão do tráfego aéreo e nas soluções adequadas para transformar o sistema de controle do tráfego aéreo. A Lockheed-Martin contribuiria com sua experiência na gestão de rotas aéreas enquanto a Boeing entrava com sua experiência em sistemas de aviação, aviônica e simulações e modelagem aeroespaciais (*Airline Industry Information*, 2007).
- O negócio internacional de aviação é dominado por alianças, cada qual ancorada por um pequeno número de companhias aéreas e baseada em relacionamentos com um conglomerado de empresas de menor porte que oferecem cobertura geográfica e vínculos complementares. As principais alianças e suas âncoras são: Star Alliance (Lufthansa e United); Oneworld (British Airways e American Airlines); SkyTeam (Air France/KLM, Delta). Movimentações voltadas a uma parceria mais ampla em torno de China e do Extremo Oriente estão em curso. O setor de aviação foi pioneiro no estabelecimento de alianças como marcas autônomas (He e Balmer, 2006).

Para dizer o mínimo, nossa análise das estruturas competitivas seria potencialmente equivocada se não levasse em consideração o potencial impacto das alianças estratégicas.

16.6 OS RISCOS DAS ALIANÇAS ESTRATÉGICAS

Já salientamos que as alianças estratégicas não são uma solução mágica. Podem constituir um importante meio para atingir alguns de nossos objetivos, mas há significativos riscos envolvidos também. Para começar, devemos ter consciência de que, por um motivo ou outro, em alguns casos as alianças estratégicas simplesmente não funcionam, podendo até fracassar de modo retumbante.

- Em uma parceria firmada na década de 1980, a Microsoft fornecia o sistema operacional DOS para os PCs da IBM. Entretanto, a IBM não detinha direitos exclusivos sobre o DOS, que foi adotado pela concorrência em clones de seu PC. A IBM perdeu muita participação de mercado e lucratividade, enquanto a Microsoft se beneficiou de vendas adicionais licenciando o DOS. Em 1985, ambas assinaram um acordo formal de desenvolvimento conjunto para criar a próxima geração do sistema operacional — OS/2 — em um processo que transcorreu lentamente. Enquanto isso, a Microsoft desenvolveu o Windows, que foi rapidamente adotado pelo mercado — o mesmo mercado a que a IBM visava para o OS/2. A aliança ruiu em uma ácida entrevista coletiva para a imprensa em Las Vegas, em 1989. Finalmente os parceiros se separaram em 1991. Sob a perspectiva de parceria, a aliança havia sido um fracasso total. Contudo, como em muitos 'divórcios', a divisão de custos e benefícios ficou longe de ser equilibrada: a Microsoft teve tempo e espaço para desenvolver o sucesso mundial do Windows, enquanto a IBM ficou com o impopular sistema OS/2 em um mercado que passou a ser dominado pela Microsoft. Não surpreende que ambas tenham se tornado rivais mortais.
- Um componente essencial da estratégia de globalização da British Airways (BA) foi sua parceria com a USAir para obter acesso ao crucial mercado interno norte-americano. Em 1996, ambas as empresas travavam uma batalha judicial porque a BA anunciara uma nova aliança com a American Air (AA), sobre a qual o presidente da USAir tomou conhecimento através de uma reportagem no *Wall Street Journal*. A aliança desmoronou de imediato. Todavia, concorrentes como a Virgin e uma nova aliança entre companhias aéreas norte-americanas também estão se empenhando em impedir a parceria BA/AA.
- A Rover e a Honda formaram uma parceria em P&D e marketing no mercado automobilístico do Reino Unido. Cerca de 15 anos depois, em negociações secretas, a Rover foi vendida para a BMW, montadora de veículos alemã. A Rover parecia crer que a parceria com a Honda fazia parte dessa transação. A aquisição apanhou de surpresa a

Honda que, examinando suas opções, se retirou da parceria para impedir que a BMW tivesse acesso a sua tecnologia.
- Já descrevemos como as alianças estratégicas podem tornar-se a forma competitiva dominante no negócio de transporte aéreo global. No entanto, elas se revelaram instáveis em alguns casos com mudanças e retiradas drásticas entre seus membros. Na realidade, alguns grupos de passageiros são cruciais no sistema de *code-sharing*, acordo de compartilhamento de voos que resulta em um passageiro que comprou uma passagem da Companhia A acabar embarcando em um avião da Companhia B (que, por definição, não foi sua opção de empresa). Além disso, havia crescente preocupação de que a força da marca da aliança pudesse minar as marcas das organizações parceiras (Kalligianis *et al.*, 2006).
- Um estudo realizado por Cravens *et al.* (1993) constatou que, entre 82 grandes multinacionais, menos da metade das empresas que mantinham alianças estratégicas estava satisfeita com a eficácia das parcerias.

Talvez não seja sábio superestimar a força e a durabilidade das alianças estratégicas. Como Quinn observou há algum tempo:

Como ocorreu com os antigos conceitos de descentralização e UEN (Unidades Estratégicas de Negócios), algumas dessas estruturas organizacionais mais recentes foram anunciadas como a cura para a maioria dos males gerenciais. Pois não o são. Cada uma é útil para determinadas situações, não para todas elas. Mais importante que isso, cada uma requer uma infraestrutura de sustentação cuidadosamente desenvolvida de cultura, indicadores de mensuração, estilo e compensações. Quando adequadamente implementadas, essas organizações desagregadas podem ser extraordinariamente eficazes na canalização de recursos intelectuais para fins específicos. Quando mal amparadas ou adaptadas, podem ser menos eficazes do que as ultrapassadas hierarquias (Quinn, 1992).

Na verdade, além do fracasso total de uma aliança e do desmoronamento da rede envolvida, há uma série de outras questões relevantes a considerar como potenciais limitações à aplicação de estratégias colaborativas.

Achrol (1997) argumenta que devemos levar em conta os fatores descritos a seguir como os principais componentes na formatação e operacionalização de organizações em rede (Figura 16.5).
- **Poder:** Devemos analisar com atenção as relações de dependência e poder no âmbito de uma rede, avaliando se a posição relativa que ocupamos é aceitável e se seremos capazes de lidar com a forma como o poder deverá ser exercido na rede e quão vulneráveis isso nos deixará.
- **Comprometimento e interdependência:** Resumidamente, os funcionários das empresas parceiras apoiam a aliança? E quais mecanismos são necessários, como diretorias interconectadas e intercâmbio de pessoal ou outros mecanismos de ligação? No *keiretsu*, os japoneses referem-se às condições necessárias para 'manter aquecida cada parte envolvida' (Gerlach, 1992). O exemplo deles sugere que não devemos subestimar a importância do comprometimento das pessoas, ou da falta dele, em uma organização em rede bem-sucedida.
- **Confiança:** Uma organização em rede requer que cada parceiro abra mão de alguma influência ou do controle sobre questões relevantes e se torne vulnerável a ações ineficientes ou hostis de outros membros da rede. Trata-se de um aspecto fundamental da gestão de relacionamentos em uma rede. Os casos de fracasso já citados ilustram a vulnerabilidade envolvida. Compare isso com o risco da

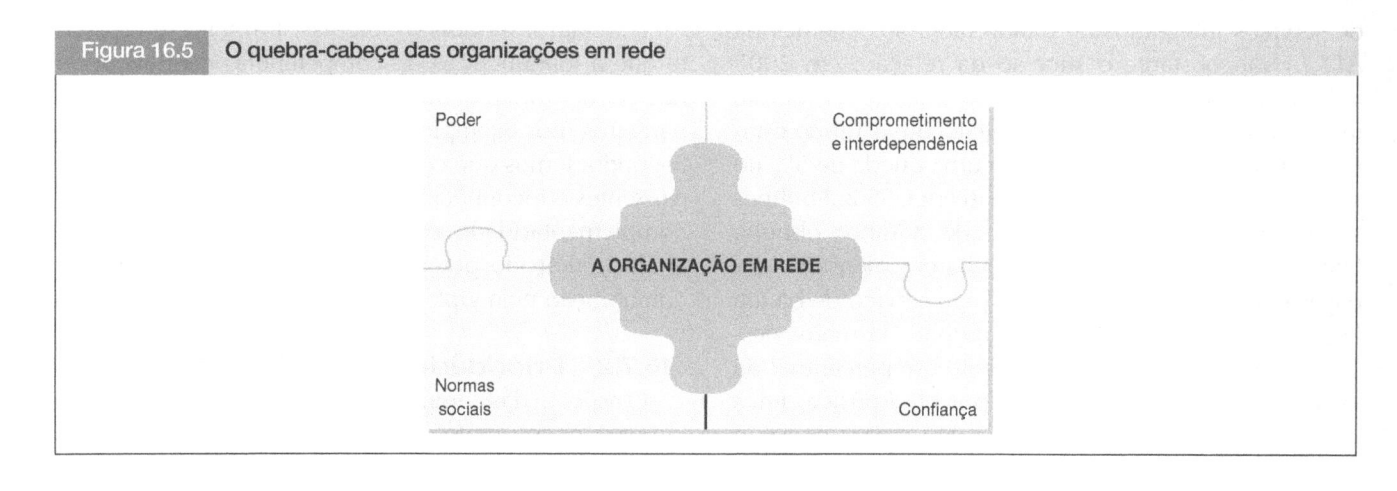

Figura 16.5 O quebra-cabeça das organizações em rede

Poder — Comprometimento e interdependência

A ORGANIZAÇÃO EM REDE

Normas sociais — Confiança

falta de comprometimento com uma colaboração por meio de uma injustificada falta de confiança na organização parceira, e a relevância da questão fica evidente. Esse ponto é ressaltado em Morgan e Hunt (1994).

- **Normas sociais:** Recomenda-se que as organizações em rede sejam analisadas no tocante a aspectos comportamentais como: (a) solidariedade — a unidade de ação entre os membros da rede, (b) mutualidade — parceiros da rede atuando no interesse do bem comum e recebendo uma compensação sob a forma de benefícios resultantes da colaboração, (c) flexibilidade — a disposição dos parceiros em mudar os acordos conjuntos à medida que mudam as condições, (d) integridade de papéis — clareza sobre o que cada organização parceira deve fazer, (e) resolução de conflitos — consenso sobre como os conflitos devem ser tratados na rede. O ponto importante a considerar é que, embora as organizações estejam familiarizadas com o modo de lidar com essas questões em estruturas convencionais, independentes e hierárquicas, ainda estamos aprendendo a melhor forma de gerenciá-las no bastante diverso cenário das redes colaborativas empresariais.

Devemos levar em consideração a atratividade de uma estratégia colaborativa ou baseada em uma aliança não só no que se refere às pressões de fatores como as lacunas de recursos e o acesso ao mercado, mas também à luz de nossa capacidade de projetar e implementar uma rede eficaz e de nossas habilidades e competências para administrar uma rede de relacionamentos com outras empresas.

Analisaremos esses pontos em detalhes na pauta gerencial da próxima seção. Questões como confiança, comprometimento e poder talvez sejam a chave para identificar os maiores riscos envolvidos em alianças estratégicas. Por exemplo, já discutimos sobre a parceria bem-sucedida entre AT&T e Yahoo no fornecimento de serviços integrados de banda larga aos clientes da AT&T. Não obstante o sucesso da relação, em 2007 a AT&T publicou uma matéria no *Wall Street Journal* indicando que sua parceria em DSL com a Yahoo estava em risco. A matéria provocou uma queda de 5% no valor das ações da Yahoo e reduziu em US$ 2,2 bilhões seu valor de mercado. Na realidade, a Yahoo obtinha US$ 250 milhões ao ano de receita das mensalidades pagas pelos assinantes da AT&T pelo serviço de banda larga. A AT&T desejava reter uma parcela maior dessa receita e pagar à Yahoo somente um percentual da venda dos produtos fornecidos por ela (música, fotos etc.). Um dos motivos por que a AT&T passou a não querer mais compartilhar sua receita de assinatura da banda larga foi o assédio de outras empresas de Internet dispostas a pagar para ter acesso a seus clientes desse serviço — há rumores de que a abordagem mais significativa tenha sido da Google (Arrington, 2007). À medida que as situações mudam, também deve mudar o comprometimento de um parceiro com a aliança. O risco de um comportamento oportunista da parte de um dos envolvidos é um importante fator a ser monitorado (Kale *et al.*, 2000).

16.7 COMPETINDO COM ALIANÇAS ESTRATÉGICAS

A discussão anterior e os exemplos examinados neste capítulo sugerem que as questões gerenciais a serem cuidadosa e sistematicamente analisadas na avaliação da estratégia de colaboração e aliança como rota de mercado são as descritas a seguir.

16.7.1 Competências centrais

Um dos principais atrativos da colaboração e da parceria entre empresas é que isso permite às partes envolvidas focar suas próprias competências centrais e beneficiar-se da especialização de outras organizações nas áreas em que elas são experientes (Achrol, 1991; Webster, 1992). Quinn (1992) observa: "Se uma empresa não é 'a melhor do mundo' em uma atividade crucial, ela estará sacrificando vantagem competitiva ao executá-la internamente ou com as técnicas disponíveis". Certamente, a pesquisa conduzida por Buffington e Frabelli (1991) no setor de telecomunicações sugere que, quando parceiros em colaboração não contribuem com suas competências centrais, a probabilidade de sucesso da aliança é substancialmente reduzida. Isso implica que a clareza na definição dessas competências pode ser crucial à negociação e sustentação de relações interorganizacionais efetivas desse tipo.

Entretanto, há dois problemas. Primeiro, é evidente que a identificação de competências centrais pode não ser tão direta dentro de uma organização ou entre parceiros (por exemplo, *veja* Piercy e Cravens, 1996). Segundo, temos que computar não só as competências existentes e reconhecidas, mas também os aspectos de complementaridade e 'ajuste entre os parceiros sob análise, além do potencial de sinergia decorrente da colaboração (Sengupta e Bucklin, 1994).

16.7.2 Prioridades estratégicas

O aspecto das competências centrais também levanta questões relevantes sobre a estratégia competitiva e as escolhas inerentes a quando, onde e como competir (Prahalad e Hamel, 1990). Embora o intercâmbio ofereça a uma empresa a oportunidade de focar suas competências centrais e explorá-las, isso raramente poderá criar tais competências para ela.

Todavia, esse foco e essa concentração podem produzir vulnerabilidades. Já vimos que a aliança da British Airways com a USAir ruiu antes de a nova aliança com a American Airlines ser aprovada. Isso deixou a BA potencialmente sem nenhum colaborador com base nos Estados Unidos e altamente exposta ao ataque competitivo de outras alianças. Apesar da grande corrente a favor do pensamento corporativo voltado ao foco e à concentração estratégica, usando as colaborações como veículo, devemos ter ciência dos riscos envolvidos nessa prioridade. A confiança de que os parceiros executarão atividades cruciais envolverá riscos se a parceria fracassar ou apresentar um mau desempenho, podendo deixar uma empresa sem a capacidade de desenvolver novas competências.

16.7.3 Gerenciando organizações em rede

Os casos já discutidos deixam claro que as organizações diferem acentuadamente quanto à habilidade em gerenciar as redes com eficácia. Formar e administrá-las exige um conjunto distinto de habilidades gerenciais e outras questões em comparação com o modelo de negócios convencional. A *Business Week* (1993) concluiu sobre os gerentes da 'corporação virtual':

"Eles terão que construir relacionamentos, negociar acordos 'ganha-ganha', encontrar os parceiros certos com metas e valores compatíveis e oferecer à organização temporária o devido equilíbrio entre liberdade e controle".

Pesquisas indicam que o fracasso de parcerias e alianças comerciais ocorre com frequência porque as empresas prestam pouca atenção ao planejamento. A falta de um planejamento cuidadoso desencadeia conflitos de estratégia, problemas de governança e oportunidades perdidas (Bamford *et al.*, 2004). Bamford *et al.* (2004) sugerem a formação de uma equipe dedicada a expor as tensões o quanto antes e a lidar com quatro desafios: (1) desenvolver e manter o alinhamento estratégico entre as empresas parceiras; (2) criar um sistema de governança compartilhada; (3) administrar as interdependências econômicas entre as organizações parceiras; e (4) construir uma estrutura coesa.

Realmente muitos dos problemas que surgiram na administração de organizações baseadas em alianças foram capturados nas diretrizes executivas de Bensimon (1999):

- Assimilar as competências do parceiro.
- Pensar no parceiro como o aliado de hoje e o concorrente de amanhã.
- Compartilhar poder e recursos, mas compartilhar informações com sabedoria.
- Estruturar a aliança com o devido cuidado.

Antes de nos comprometermos em aderir a uma aliança, devemos avaliar os seguintes fatores:

- **Elementos impulsionadores** — Quais dos elementos impulsionadores das estratégias de colaboração se aplicam neste caso? O que uma estratégia de colaboração oferece no tocante a: eficiência de ativo/custo; melhoria do serviço ao cliente; vantagem mercadológica frente à concorrência; estabilidade/crescimento dos lucros (Lambert *et al.*, 1996)?
- **Escolha dos parceiros** — Quais potenciais parceiros estão disponíveis e o que nos faz crer que poderíamos criar um ambiente de confiança, comprometimento e cooperação entre os membros da aliança (Cravens *et al.*, 1997)?
- **Facilitadores** — As circunstâncias e o ambiente são favoráveis a uma parceria? Lambert *et al.* (1996) sugerem que as parcerias terão mais chance de sucesso se as seguintes condições prevalecerem:
  - *Compatibilidade corporativa*: As culturas e os objetivos de negócios dos parceiros devem convergir.
  - *Filosofia e técnicas gerenciais*: As estruturas organizacionais dos parceiros, suas atitudes em relação aos funcionários e seus métodos de trabalho são compatíveis?.
  - *Mutualidade*: Há equivalência de benefícios a ambos os parceiros?.
  - *Simetria*: Os parceiros constituem tipos semelhantes de empresa que se compreendem?.
  - *Exclusividade*: As organizações parceiras estão dispostas a bloquear as demais que não fazem parte da rede?.
  - *Concorrentes compartilhados*: As parcerias funcionam melhor como uma aliança contra um inimigo em comum.
  - *Histórico*: A experiência em uma colaboração de sucesso é um ponto positivo.
  - *Usuário final compartilhado*: Quando os parceiros atendem o mesmo cliente, a colaboração tem mais chances de êxito.
- **Componentes** — São as atividades e os processos que a administração estabelece e controla durante a existência da parceria, e as parcerias eficazes assimilam isso desde o início (Lambert *et al.*, 1996).

Abrangem acordos de planejamento conjunto, controles de operação conjunta, comunicações entre parceiros, compartilhamento equivalente de risco/recompensa, facilitação da confiança e do comprometimento entre organizações parceiras, um contrato aceitável a ambos os lados, definição do escopo da parceria e clareza sobre os investimentos financeiros a serem feitos pelos parceiros.

- **Eficácia da rede** — Já vimos que Cravens et al. (1993) descobriram que muitas empresas em busca de estratégias baseadas em alianças estavam insatisfeitas com os resultados. Definir expectativas realistas desde o início e avaliar o progresso em relação a elas é fundamental. Pode ser o caso de adotar indicadores de mensuração diferentes da avaliação convencional de eficácia — estabilidade e sustentabilidade da rede, força do relacionamento, sinergia da rede e assim por diante. Se não for possível apresentar uma evidência convincente de que a rede oferece um meio superior de entrar em um mercado, é pouco provável que ela dure. Analisaremos o processo de avaliação em detalhes mais adiante.

- **Mudança organizacional** — É altamente provável que a formação de organizações em rede seja estimulada por estruturas e processos organizacionais internos das empresas em aliança e, portanto, leva a mais mudanças nelas. Os requisitos para a eficácia nesse caso podem ser complexos e não fazer parte da experiência de muitos altos executivos das organizações tradicionais (Cravens et al., 1996). A complexidade dessa questão é salientada por Gummesson (1994): "Organizar uma rede de negócios requer contínua criação, transformação e manutenção de processos e estruturas organizacionais extremamente adaptáveis".

- **Orientação de mercado e atendimento ao cliente** — Um ponto de atenção específico para o estrategista de marketing é o impacto das operações em rede sobre a orientação de mercado do tipo de organização resultante e sua capacidade de fornecer os níveis exigidos de atendimento e valor superior ao cliente. Quando a principal motivação para a colaboração é a eficiência tecnológica ou da cadeia de suprimentos, essa pode ser uma preocupação particularmente significativa. Por exemplo, já relatamos que algumas empresas no setor de transporte aéreo estão adotando o conceito de 'companhia virtual', que não possui nenhum avião ou instalações físicas e existe primordialmente como uma marca e um sistema de informações com uma pequena equipe. Alguns executivos sugerem que, embora a organização central seja altamente orientada ao mercado e comprometida com alta qualidade de serviço, em uma organização em rede lhes faltam os meios para compartilhar esses aspectos cruciais com seus parceiros. Sob uma perspectiva bem simples, podemos crer na qualidade de serviço da companhia central, mas será que ela é compartilhada pelo pessoal responsável pela operacionalização das experiências dos clientes no *check-in* (Piercy e Cravens, 1996)? Trata-se de um indício de que uma das principais questões a serem indagadas é sobre os mecanismos necessários para criar e alavancar metas como serviço e qualidade por meio de uma rede até o usuário final.

- **O papel do marketing nas organizações em rede** — Há certa falta de clareza sobre como o marketing é posicionado e operado em uma organização em rede. Em alguns modelos, como a 'empresa de trocas de marketing', o ponto focal é a área de marketing (Achrol, 1991). Outros sugerem que o papel crucial do marketing na rede baseada em aliança é aplicar habilidades de marketing de relacionamento à administração dos vínculos entre os parceiros da rede (*veja* o Capítulo 17 e nossa discussão sobre o endomarketing como uma abordagem de implementação em parcerias). Certamente, é contundente o argumento de que os conceitos e processos de marketing de relacionamento são centrais ao gerenciamento das redes. O marketing de relacionamento envolve a criação e a distribuição de valor por meio de cooperação mútua e interdependência (Sheth, 1994), e temos visto que esses aspectos são essenciais às redes. É cedo demais para tirar conclusões sobre que papel o marketing pode e vai assumir de modo geral nessas novas estruturas organizacionais, embora seja altamente provável que ocorra alguma redefinição desse papel que possa vir a ser radical.

16.7.4 Vigilância constante

À medida que cresce a experiência nas vantagens e armadilhas de lançar-se ao mercado ou operacionalizar processos centrais por meio de alianças estratégicas, parece que podem persistir tentações quanto às relações de aliança que vão muito além do que seria sensato. Os benefícios de alguns relacionamentos interorganizacionais podem ser transitórios, e a relação pode necessitar de reavaliação contínua. Na realidade, um dos atrativos das organizações em rede é que elas podem ser projetadas para serem temporárias e explorar uma dada oportunidade para depois serem dissolvidas. Entretanto, há evidências de que reconhecer o ponto em que a aliança deve cessar e administrar o processo de dissolução ou desligamento pode apresentar alguns problemas.

Por exemplo, há constatações de que os gerentes podem relutar em terminar as relações de aliança apesar da evidência de que ela está deixando de atender a seus propósitos e de que resta pouca chance de que a situação melhore. Isso parece ser mais provável no caso de grandes *joint-ventures* em que os custos de dar fim a um negócio e os *sunk costs* ou custos irrecuperáveis podem ser altos e nos casos em que a aliança tem alta visibilidade — terminar parcerias caras pode impactar carreiras e perspectivas gerenciais de modo negativo (Delios *et al.*, 2004).

Embora uma preocupação inicial sobre as alianças estratégicas foi a de que elas poderiam ser instáveis e pouco confiáveis devido à natureza das relações interorganizacionais que não envolvem propriedade, tem-se sugerido, por exemplo, que elas são estáveis demais. As empresas passaram a ser impelidas a rever e repensar de maneira rotineira seus acordos de aliança. Em vez de esperar que uma crise surja, uma empresa deve examinar suas principais alianças para verificar quais necessitam de reestruturação, de modo a compreender as raízes dos problemas do empreendimento e estimar quanto cada problema está custando à empresa (Ernst e Bamford, 2005).

Na verdade, podem surgir maiores riscos em algumas situações que são até mais ameaçadoras do que a inércia, permitindo que as alianças de fraco desempenho permaneçam em vigor. A área de terceirização ou subcontratação de manufatura provê um exemplo ilustrativo dos riscos a considerar. Esse tipo de contratação é atrativo a um fabricante de equipamento original (OEM, sigla em inglês para *original equipment manufacturer*), o tradicional detentor da marca, porque reduz os custos de mão de obra e libera capital para terceirizar a fabricação, deixando o OEM livre para focar em pesquisa, design e marketing de produto. Essa prática teve início no negócio de computação e espalhou-se para setores tão diversos quanto brinquedos, vestuário, cerveja e medicamentos. Até no setor automotivo, a finlandesa Valmet Automotive monta o Porsche Boxer, e a austríaca Magna Steyr monta carros para Mercedes, BMW e Saab. Todavia, pesquisas sugerem que a relação de terceirização pode tornar-se uma ameaça quando o fabricante subcontratado revela:

- **Promiscuidade** — O fabricante subcontratado busca negócios com os concorrentes do OEM.
- **Infidelidade** — O fabricante subcontratado torna-se um concorrente ao vender a varejistas e distribuidores do OEM.
- **Traição** — O fabricante subcontratado compartilha a propriedade intelectual do OEM com concorrentes ou a retém para sua própria exploração.

Enquanto isso, o OEM não pode encerrar a terceirização porque não há fontes alternativas de suprimento. É necessário um cuidado considerável na tomada de decisões sobre terceirizar e sobre quando terminar o acordo (Arruñada e Vázquez, 2006).

É provável que as alianças estratégicas continuem a crescer, mas, à medida que as situações mudam, as empresas necessitarão avaliar o que está envolvido no efetivo desligamento de uma aliança.

16.7.5 Avaliando o desempenho de alianças estratégicas

Talvez seja sintomática da relativa falta de maturidade do modelo organizacional de aliança estratégica a argumentação de que uma das principais razões para o alto índice de fracasso das alianças seja a de que relativamente poucas desenvolvem e implementam indicadores formais de desempenho (Cravens *et al.*, 2000). Mecanismos adequados de controle dependerão da razão de ser da aliança (isto é, do propósito estratégico dos parceiros), da forma e dos objetivos estratégicos do relacionamento. Esse contexto oferece a base de seleção dos critérios de avaliação e dos métodos de avaliação e implementação de um plano para avaliar a aliança. Por exemplo, os critérios de avaliação para uma aliança global de companhias aéreas, refletindo a abordagem de '*balanced scorecard*' (Kaplan e Norton, 1996), e os diversos estágios da atividade de controle gerencial são apresentados na Tabela 16.1.

Essa tabela fornece um gabarito genérico, que deve ser adaptado e refinado para uma aplicação específica. A meta de estabelecer e explicitar os critérios de desempenho de uma aliança e avaliar o desempenho com base nesses critérios é, contudo, um requisito geral.

16.7.6 Desligando-se de alianças e redes

A vigilância e uma avaliação mais direta devem identificar situações nas quais seja recomendável dar fim a uma relação de aliança. Pesquisas sugerem que as empresas enfrentam importantes desafios ao se retirarem ou desligarem de alianças que estão com mau desempenho ou que já cumpriram sua utilidade. Para começar, as empresas podem não reconhecer o ciclo de vida que embasa as alianças e tratá-las como se fossem acordos organizacionais permanentes (Taylor, 2005). O problema é complexo porque em geral os desligamentos não são combinados no início da aliança. É altamente recomendável negociar opções de

Tabela 16.1 Selecionando os critérios de avaliação para uma aliança global entre companhias aéreas

Atividades de controle gerencial	Dimensões do *balanced scorecard*			
	Financeiras	Foco no cliente	Processo interno do negócio	Aprendizagem e crescimento
Planejamento	Lucro por rota e cobertura de destinos	identificar grupos de clientes potenciais não atendidos pelas rotas existentes	Identificação das responsabilidades do parceiro	Novas ideias para ampliar a colaboração
Coordenação	Potencial de receita da rede	Uso das salas de espera de uma companhia pelos passageiros dos parceiros	Economias resultantes dos serviços compartilhados	Aumento da participação de mercado resultante das rotas colaborativas
Comunicação	Relatórios financeiros detalhados por segmento para os passageiros que usam a rede de aliança	Potencial aumento na taxa de ocupação pelos clientes dos parceiros	Melhorias de processo iniciadas pelos parceiros em relação à aliança	Satisfação dos funcionários em relação à aliança
Avaliação	Receita de assento por milha resultante da colaboração em relação ao potencial	Milhas voadas por clientes frequentes e novos, por tipo de cliente e rota	Oferta de serviço comparável para clientes de rotas colaborativas	Produtividade de pessoal por função e atividades de serviços gerais para rotas colaborativas
Decisão	Lucro operacional por assento por milha resultante da colaboração	Participação de mercado das rotas colaborativas	Desempenho em pontualidade das rotas colaborativas	Demanda de informações por segmento das rotas colaborativas
Implementação	Contribuição percentual da taxa de ocupação resultante da colaboração	Reclamações de clientes sobre rotas colaborativas	Melhoria de desempenho e redução de reclamações sobre rotas colaborativas	Rotatividade de funcionários em relação às rotas colaborativas

Fonte: Adaptado de Cravens *et al.*, 2000.

saída enquanto ainda se está na fase de formação da parceria, abordando com clareza os eventos ou contingências que desencadearão seu término.

Aparentemente parte do problema é que, sem um acordo explícito sobre como terminar uma relação de aliança, quando as tensões aumentam entre os parceiros, os gestores podem resistir em relatar os problemas, receando serem culpados pelo fracasso da parceria. Em vez disso, eles tendem a culpar os parceiros da aliança. O resultado mais comum provavelmente será uma aliança estratégica disfuncional, caracterizada por profunda animosidade entre seus gestores, tornando o fim da aliança altamente problemático. Pode ser mais eficaz lidar com o desligamento por meio de uma equipe de altos executivos, escolhidos em parte por não estarem envolvidos na aliança original. Um forte plano de comunicação também ajuda a evitar danos à reputação da empresa na fase de rompimento (Gulati *et al.*, 2007).

RESUMO

Neste capítulo, argumentamos que há muitos fatores que levam as organizações a colaborar e formar alianças com outras em vez de competir em bases independentes — podemos estar em uma era de colaboração em vez de competição. É impossível ignorar o paradigma de rede por dois motivos: pode ser como lançamos nossa estratégia no mercado e pode ser como nossos concorrentes constroem seu poder de mercado. Os fatores que impulsionam esse processo incluem a complexidade e o risco do mercado, lacunas de habilidades e recursos, aspectos fundamentais da gestão da cadeia de suprimentos e a prioridade estratégica de focar as competências centrais e a terceirização de outras atividades e recursos.

Tentamos identificar os tipos de rede que estão surgindo no mercado moderno. Uma abordagem analisa o tipo de relação na qual a aliança se baseia e a volatilidade de mercado para identificar a rede oca, a rede flexível, a rede de valor agregado e a rede virtual (Cravens *et al.*, 1996). Uma visão mais ampla sugere que há redes de mercado internas, redes de mercado vertical, redes intermercados ou concêntricas e redes de oportunidade (Achrol, 1997).

Questões correlatas dizem respeito aos tipos de vínculo de relacionamento entre os membros da rede, variando de terceirização e parceria até *joint-venture* e integração vertical.

A conclusão que atingimos nesse ponto foi a de que as alianças estratégicas representam uma força competitiva que, em alguns setores como o de transporte aéreo, computação e telecomunicações, está substituindo a concorrência convencional entre empresas. Entretanto, os casos e estudos disponíveis até o presente sugerem que, embora os ganhos potenciais possam ser grandes, as alianças estratégicas e as redes carregam maiores riscos.

Isso nos levou a uma pauta gerencial relevante a ser levada em conta na avaliação da importância de alianças e redes como parte da estratégia de marketing. Sugerimos que, ao avaliar uma estratégia de aliança, os gestores devem focar a questão das competências centrais trazidas por cada parceiro, os benefícios e as vulnerabilidades associadas ao foco e à terceirização e as aptidões de uma empresa para administrar sua estratégia em um ambiente organizacional muito diverso. Questões a levantar a respeito dessas aptidões gerenciais incluem: compreensão dos fatores subjacentes que favoreçam as estratégias de colaboração, a escolha dos parceiros, dos facilitadores e dos componentes significativos para uma colaboração eficaz, a capacidade de definir e avaliar a eficácia da rede no cumprimento das metas de marketing e a capacidade de uma rede para entregar o valor ao cliente sobre o qual nossa estratégia de marketing se baseia. A redefinição do papel do marketing também recai nessa área. Uma vigilância permanente sobre as circunstâncias em constante mudança e uma abordagem competente de avaliação são prioridades a administrar nas estratégias em rede. Gerenciar o desligamento ou a retirada de alianças ineficazes ou danosas pode ser uma consequência necessária de uma melhor avaliação e controle.

As alianças estratégicas e as redes não são uma solução mágica para problemas estratégicos. Trata-se de um importante desdobramento com muitos benefícios potenciais. Também carregam grandes riscos e vulnerabilidades estratégicas e demandam novas habilidades gerenciais. É uma questão que requer uma análise particularmente cuidadosa e detalhada.

Yahoo e eBay — Estudo de caso

Uma nova rede de alianças estratégicas entre gigantes da Internet nos Estados Unidos começou a tomar forma ontem quando a Yahoo, o maior portal on-line, e o eBay, a maior empresa de comércio eletrônico do mundo, anunciaram planos de compartilhar seus grandes públicos virtuais.

Por enquanto, aparentemente não há fusões em jogo. Porém, de acordo com analistas, à medida que essas empresas de Internet se esforçam para ligar seus serviços mais intimamente e aprender mais com as bases de usuários da outra, o ímpeto para conexões mais profundas pode ser acelerado.

Nos primórdios da Internet, as alianças entre grandes empresas virtuais assumiram a forma de negociações de tráfego com empresas de comércio eletrônico ou mídia eletrônica, geralmente pagando-se portais como a AOL pelo privilégio de anunciar suas marcas e permitir links a seus *sites*.

De modo geral, esses links revelaram-se ineficientes para gerar tráfego. A incapacidade da AOL de renovar parcerias foi a principal razão da queda em sua receita após o fracasso das 'pontocom'. Agora uma nova rede de relações comerciais mais coerentes começa a se formar, à medida que as empresas de Internet buscam lucrar com o compartilhamento de tráfego sem a turbulência e a potencial perda de impulso que grandes fusões podem acarretar.

A força impulsionadora mais fundamental tem sido o aumento dos anúncios por mecanismos de busca, uma forma de propaganda que deve gerar US$ 10 bilhões somente para o Google neste ano.

Como o maior fornecedor de publicidade gráfica ou 'de marca', a Yahoo também está buscando ampliar o alcance de sua rede de propaganda pela Web. Em conjunto com a Microsoft, que acabou de entrar no negócio, Google e Yahoo estão se apressando para conquistar os grandes públicos ainda inexplorados na Web enquanto estabelecem vínculos com novos usuários virtuais.

O público do eBay continua a ser uma das mais atrativas comunidades subutilizadas da Internet.

Para potencializar seus sites, que permitem aos compradores pesquisar itens para adquirir de milhões de vendedores, a empresa desenvolveu um mecanismo de busca comparável aos das maiores empresas de busca pela Internet, pelo menos em termos de escala.

De acordo com executivos do eBay, os 350 milhões de buscas por dia realizados em seus *sites* concorrem de perto com o número de buscas pelo Google.

Entretanto, para o eBay, 'monetizar' essas buscas colocando anúncios diante de seus compradores suscita algumas questões complicadas.

Os vendedores pagam uma taxa pelo privilégio de ter seus produtos expostos no eBay e incluídos em seus resultados internos de busca. Colocar anúncios nessas páginas poderia afugentar compradores, criando uma forma de competição que enfraqueceria o valor de estar listado no eBay.

Executivos tanto do eBay quanto da AOL deixaram claro ontem que caminhariam com cuidado. Embora a Yahoo vá suprir publicidade gráfica ou 'de marca' a todos os sites do eBay, os anúncios de busca serão limitados.

Enquanto isso, novos públicos surgem rapidamente on-line, como aqueles criados pelo MySpace e outros *sites* de rede social.

Não será fácil desenvolver um negócio de propaganda em torno desses novos públicos, que convergem para serviços de comunicação como e-mails e mensagens instantâneas, bem como conteúdo gerado por usuários, como blogs e álbuns pessoais.

Como Steve Ballmer, chefe executivo da Microsoft, observou neste mês, o MSN possui uma das maiores bases de usuários virtuais, em grande parte graças a seu papel como o maior serviço de mensagens instantâneas.

Entretanto, a Microsoft ainda precisa encontrar um meio de apresentar anúncios a esse público.

Além disso, muitos anunciantes podem hesitar em associar suas marcas ao florescente conteúdo gerado por usuários na Web — um ponto levantado pela Yahoo, que questiona quanto do tráfego em um *site* como o MySpace é suscetível à publicidade.

Embora o anúncio em mecanismos de busca tenha sido o fator mais significativo, outras possibilidades de faturar com o compartilhamento de públicos estão impulsionando as novas alianças on-line.

Como proprietária do sistema de pagamentos virtuais PayPal e do serviço de voz pela Internet Skype, o eBay possui duas das marcas mais conhecidas na Web. Sua associação com a Yahoo pode dar-lhe a chance de ampliar o alcance desses serviços a uma comunidade de usuários que atualmente atinge mais de 400 milhões de pessoas.

Wall Street lançou um olhar cético sobre as alegações do eBay quanto ao potencial mais amplo desses serviços, tornando a aliança com a Yahoo a primeira possível validação dessa estratégia.

Fonte: BROWN-HUMES, Christopher. "Behemoth maintains growth prospects while rivals begin to feel the chill". *Financial Times*, 5 jul. 2001, p. V.

Questões para discussão

1. Quais fatores estão impelindo a Yahoo e o eBay, que já são 'gigantes da Internet', a colaborar entre si e compartilhar seus públicos virtuais?
2. Quais são os riscos potenciais associados com tal aliança?
3. Que tipos de rede estão emergindo pela Web?

Capítulo 17

Implementação da estratégia e endomarketing

Devemos criar entre os funcionários uma aceitação a produtos, serviços e filosofia de nossa organização que seja igual àquela que desejaríamos entre os clientes.

Susan Drake et al. (2005)

Ou uma empresa é focada no cliente de cima para baixo, ou simplesmente não é focada no cliente... Para ser genuinamente focada no cliente, ela deve estar preparada para mudar sua cultura, processos, sistemas e organização.

George Cox, diretor executivo, Unisys Ltd (jun. 1995)

INTRODUÇÃO

Este capítulo continua a examinar a estratégia de marketing, avaliando a questão da implementação e, particularmente, o papel do endomarketing no aprimoramento e na sustentação da capacidade competitiva de uma empresa. Há diversos modelos de endomarketing que se sobrepõem até certo ponto e requerem esclarecimento (visto que, por consequência, há uma série de atribuições que essa área pode desempenhar no desenvolvimento estratégico de uma empresa em diferentes situações). Os vínculos entre o endomarketing e alguns outros aspectos já analisados incluem os itens a seguir.

- Boa parte das teorias e práticas do marketing estratégico refere-se à *gestão de relacionamentos*: com clientes (Capítulo 14) e com parceiros de alianças estratégicas (Capítulo 16). Entretanto, outro aspecto tanto dessa gestão quanto do marketing de relacionamento são as relações com funcionários e gerentes, cujas habilidades, comprometimento e desempenho inevitavelmente afetam o sucesso de uma estratégia de marketing. Trata-se do endomarketing. A justificativa adotada por um número crescente de empresas é a de que a construção de relacionamentos eficazes com clientes e parceiros de aliança dependerá em parte (e possivelmente em grande parte) dos pontos fortes e dos tipos de relações adotadas com o quadro funcional e gerencial dentro da organização. A meta pode ser todos os funcionários tornarem-se 'embaixadores da marca' — detentores de marcas como Unilever, SABMiller, Cadbury Schweppes e BT estão entre aqueles com programas de excelência de endomarketing estabelecidos para perseguir essa meta (*Brand Strategy*, 2006). Na Honda, por exemplo, todo novo membro da equipe recebe o '*Book of Everything*', que contém as informações usuais de um manual do funcionário, mas também uma detalhada explicação sobre a filosofia da marca Honda — "disseminando o 'espírito Honda' e transformando seu pessoal em embaixadores da marca" (Croft, 2007). Em algumas empresas, a ênfase migrou das comunicações internas para a gestão interna da marca, de modo a desenvolver a compreensão e a aceitação dos funcionários quanto aos valores da marca corporativa. A British Petroleum utiliza um plano de recompensa comportamental baseado em seu 'novo espírito de abertura radical' e o programa 'discutir, descobrir e definir', visando a mostrar aos funcionários como converter os valores da marca corporativa em ações que melhorem seu desempenho (Dowdy, 2005).
- Enfatizamos a importância da *diferenciação competitiva* na construção do posicionamento de mercado. No entanto, de modo geral, a verdadeira exploração

da competitividade potencial de uma empresa e suas competências reais está nas mãos do que Evert Gummesson (1990) denominou *profissionais de marketing de meio-período*, isto é, profissionais que atuam em outras funções e fornecem o verdadeiro escopo da diferenciação competitiva. Na realidade, em certas situações, os funcionários de uma empresa podem representar o recurso mais relevante a prover diferenciação. Uma pesquisa da Northwestern University constatou que o endomarketing constitui um dos três principais fatores determinantes do desempenho financeiro corporativo — empresas com melhor integração entre as atividades internas e externas de marketing reportam melhores resultados financeiros (Chang, 2005).
- De modo análogo, a crescente ênfase na competição por meio da *qualidade de serviço* baseia-se, em última instância, no comportamento e na eficácia das pessoas que executam o serviço, em vez daquelas que elaboram a estratégia. Quando a cadeia de hotéis Hampton Inn nos Estados Unidos estava pronta para lançar 122 mudanças em seus produtos e serviços, sua nova campanha de marketing '*Make It Hampton*' foi dirigida aos gerentes do hotel e suas equipes, não aos clientes. A geração de entusiasmo interno pela marca e motivação de pessoal envolveu a maquete gigantesca de um hotel (para exibir as melhorias e possibilitar que os funcionários as vivenciassem), telefonemas motivacionais, grupos de discussão, newsletters específicas e materiais de treinamento. Ao final da primeira fase da campanha, constatou-se um aumento de 5% na participação de mercado e um crescimento semelhante no índice de clientes altamente satisfeitos (Drake *et al.*, 2005).
- Realmente cada vez mais se reconhece que uma das maiores barreiras à eficácia do marketing estratégico não está na habilidade da empresa de conceber e desenvolver estratégias inovadoras de marketing ou elaborar complexos planos de marketing, mas em sua capacidade de realizar uma *implementação* eficaz e duradoura dessas estratégias. Um caminho para o planejamento e a operacionalização da implementação do marketing estratégico é o 'endomarketing estratégico' (Cespedes e Piercy, 1996).

Essas aplicações sugerem que, dependendo das circunstâncias específicas, o processo de endomarketing pode abranger os seguintes tipos de atividade e programa:
- Conquistar o *apoio* dos principais tomadores de decisão a seus planos — mas também a todas as implicações desses planos no tocante à contratação de pessoal e recursos financeiros, possivelmente conflitantes com as 'políticas' vigentes da empresa, bem como no que diz respeito à obtenção do que for necessário de outras áreas, como as operacionais e as financeiras, para implementar uma estratégia de marketing com sucesso.
- Mudar algumas *atitudes e comportamentos* de gerentes e suas equipes que estejam atuando nas principais interfaces com clientes e distribuidores, de modo a atenderem aos requisitos indispensáveis ao funcionamento adequado dos planos (sem deixar de reforçar atitudes e comportamentos efetivos).
- Obter *comprometimento* com o funcionamento do plano e com a 'responsabilidade' pela resolução de problemas por parte das unidades e pessoas na empresa cujo apoio seja fundamental.
- Por fim, administrar *mudanças culturais* incrementais, passando do 'modo como sempre fazemos as coisas' para o 'modo como *precisamos* fazer as coisas para obter êxito' e assegurar que a estratégia de marketing dê resultado.

A potencial relevância do endomarketing para estratégias de marketing de relacionamento, alianças estratégicas, diferenciação competitiva, prestação de serviços de superior qualidade e, acima de tudo, implementação eficaz de marketing é salientada pela crescente ênfase dedicada pelas empresas a essa questão. No entanto, estudos sugerem que muitas organizações revelam uma 'inadequada' condição de endomarketing — não conseguem executar as proposições de suas marcas, por exemplo, devido à falta de investimento em seu público interno (*Marketing Week*, 2003).

Sem dúvida, continua a ser verdade que o endomarketing tenha significado diferente para empresas diferentes em situações diferentes. Para avaliar a contribuição potencial do endomarketing à construção e implementação de nossa estratégia competitiva e atingir a posição pretendida no mercado, necessitamos levar em consideração aspectos como:
- As fontes de teoria do endomarketing.
- Os tipos de prática de endomarketing.
- A forma de planejamento do endomarketing como parte da estratégia competitiva de uma empresa.
- A implicação de outras relações relevantes como a potencial parceria entre o marketing e a gestão de recursos humanos dentro das organizações, de modo a promover a implementação eficaz das estratégias de marketing.

Contudo, primeiramente colocaremos o endomarketing no contexto da implementação da estratégia e do desafio que ela representa para os gerentes de marketing. Nossa visão do endomarketing fornece um modelo para facilitar a execução eficaz das estratégias de marketing de uma empresa.

17.1 O DESAFIO DA IMPLEMENTAÇÃO DA ESTRATÉGIA EM MARKETING

A implementação ou execução mais eficaz das estratégias de marketing permanece como uma alta prioridade para muitas organizações devido ao longo histórico de fracassos que elas possam ter sofrido nessa tarefa. Por exemplo, no contexto geral, Miller (2002) sugere que as empresas falham em implementar mais de 70% de seus novos projetos estratégicos.

Realmente há muitas armadilhas no processo de implementação de estratégias e planos e nas mudanças geralmente envolvidas para uma empresa, seus funcionários e parceiros. Uma lista dessas armadilhas que provavelmente trará aos gerentes lembranças de experiências passadas identifica as seguintes questões:

- **Inércia estratégica** — As coisas não começam nunca, porque os executivos resistem à mudança ou deixam de dar-lhe prioridade.
- **Falta de comprometimento das partes envolvidas** — Nem todos estão a bordo, sobretudo nos níveis gerenciais médios, onde o progresso pode ser bloqueado.
- **Desvio estratégico** — Falta de foco no ponto final da estratégia, impossibilitando que se chegue ao destino desejado.
- **'Diluição' estratégica** — Ausência de uma forte mobilização por trás da estratégia, que implica que os gerentes dão mais prioridade a decisões operacionais do que a metas estratégicas.
- **Falha em assimilar o progresso** — Falta de indicadores de mensuração adequados para acompanhar o progresso rumo às metas estratégicas.
- **Desgaste do projeto** — Número excessivo de projetos de 'alta prioridade', levando ao cinismo e à inadequada ênfase na estratégia.
- **Impaciência** — Expectativa de resultados rápidos demais e desistência quando a realidade se mostra mais lenta.
- **Não comemoração do sucesso** — Deixar de reconhecer e recompensar os marcos que levam à meta estratégica (Freedman, 2003).

Na verdade, é forte o argumento de que grande parte dos problemas de implementação se deva ao fato de que, em geral, os gerentes são treinados a planejar, não a executar, e costumam ser avaliados quanto a suas aptidões de gerenciar operações rotineiras em vez de projetos estratégicos. O problema deve piorar quando a execução é tida como uma responsabilidade de nível baixo na organização (Hrebiniak, 2006). A realidade é que estratégia e implementação são interdependentes — as escolhas estratégicas devem ser atreladas às competências de implementação, que devem ser desenvolvidas em linha com os fundamentos estratégicos. A dicotomia entre estratégia e implementação é falsa e improdutiva (Cespedes e Piercy, 1996). No entanto, a tendência de separar uma da outra persiste nas organizações e cria obstáculos e desafios à execução de projetos estratégicos.

Hrebniak (2006) recorre a um leque de estudos e discussões com gerentes para identificar os seguintes fatores como os maiores obstáculos à eficácia na execução de uma estratégia:

- **Incapacidade de administrar bem as mudanças e superar a resistência a elas** — Administrar bem as mudanças é vital à implementação eficaz de uma estratégia. No entanto, quando a mudança afeta a cultura corporativa, evoluir com demasiada rapidez pode ser arriscado.
- **Estratégia deficiente ou vaga** — Uma boa capacidade de implementação não compensará uma estratégia que seja frágil ou ambígua. A estratégia impulsiona a execução e, se ela for pouco clara ou fraca, a implementação será irrelevante.
- **Falta de diretrizes ou de um modelo que direcione os esforços de implementação da estratégia** — Os gerentes buscam um modelo lógico que oriente seus esforços de implementação, sobretudo para converter os fundamentos estratégicos em ações práticas.
- **Compartilhamento deficiente ou inadequado de informações entre indivíduos/unidades responsáveis pela execução da estratégia** — Uma deficiência no compartilhamento de informações ou na transferência de conhecimentos e a falta de clareza de responsabilidades e atribuições tornam improvável a implementação bem-sucedida de uma estratégia.
- **Tentativa de execução de uma estratégia que entre em conflito com a estrutura de poder vigente** — Trabalhar contra a estrutura de poder representa um grande obstáculo à eficácia da implementação e ressalta a importância da obtenção de apoio dos influenciadores nas organizações e na formação de alianças para compartilhar a responsabilidade pela implementação.
- **Falta de clareza na definição de responsabilidades ou nas atribuições referentes a decisões ou ações de implementação** — Não definir claramente a responsabilidade pela implementação e pela conquista de um progresso mensurável apresenta outro obstáculo ao sucesso na execução.

De modo análogo, foi sugerido que:

Uma das principais razões das falhas de implementação é que os executivos, gerentes e supervisores atuantes não possuem modelos práticos, embora teoricamente consistentes, que orientem suas ações nessa fase. Sem modelos adequados, eles tentam executar estratégias sem uma boa compreensão dos múltiplos fatores a serem abordados, em geral simultaneamente, para fazer a implementação funcionar.

(Alexander, 1991)

Embora não represente uma resposta cabal a todos esses obstáculos, o endomarketing oferece um conjunto de ferramentas para tratar algumas das principais barreiras enfrentadas na implementação eficaz de estratégias de marketing e administrar as mudanças organizacionais associadas a elas. O endomarketing fornece um modelo para estruturar e gerenciar o processo de implementação, definir responsabilidades, avaliar o progresso e administrar as relações multifuncionais que sejam relevantes à execução de uma estratégia.

17.2 O DESENVOLVIMENTO DO ENDOMARKETING

O processo convencional de treinamento e desenvolvimento dos executivos de marketing foca primordialmente, não sem razão, o ambiente *externo* de clientes, concorrentes e mercado e a compatibilização entre os recursos corporativos e as metas mercadológicas. O argumento que apresentamos agora é que, embora a análise de mercado e o desenvolvimento de estratégias para explorar o ambiente externo permaneçam como um foco central apropriado, com frequência isso não basta para que se tenha sucesso na implementação das estratégias de marketing. Para realizar a mudança organizacional necessária ao funcionamento dessas estratégias, além de desenvolver programas e estratégias de marketing voltadas ao mercado externo, é preciso conduzir essencialmente o mesmo processo para o *mercado interno* das empresas.

Esse mercado compõe-se das pessoas, culturas, sistemas, procedimentos, estruturas e desenvolvimentos da empresa cujas habilidades, recursos, participação, suporte e comprometimento são necessários para executar as estratégias de marketing. Na realidade, o mercado interno pode cada vez mais ser ampliado de modo a abranger seus parceiros de aliança e organizações em rede.

Parece que a realidade em muitas empresas é, com frequência, a premissa implícita dos executivos de que os planos e as estratégias de marketing 'se venderão' por si só ao público interno, cujo apoio e comprometimento são necessários. Quando explicitado dessa maneira, evidencia-se que isso é tão ingênuo quanto pressupostos semelhantes de que, se forem bons o bastante, os produtos 'se venderão' aos clientes externos. É surpreendente que esses mesmos executivos que foram treinados e desenvolvidos para lidar com problemas comportamentais — como atitudes 'irracionais' de consumidores e clientes, administração de poder e conflito no canal de distribuição, necessidade de comunicar-se com os compradores por meio de um conjunto de veículos e meios de comunicação ou, ainda, tentativa de prever a ação da concorrência — tenham demorado a chegar à conclusão de que essas mesmas questões devem ser tratadas *dentro* da empresa. O real comprometimento com o marketing estratégico deve envolver o papel gerencial de criar as condições necessárias para permitir que a mudança estratégica ocorra.

O que estamos chamando de endomarketing estratégico aqui se refere à meta de desenvolver um programa de marketing dirigido ao mercado interno das empresas *comparável* e *alinhado* com o programa de marketing dirigido ao mercado externo de clientes e concorrentes. Esse modelo advém da simples observação de que a implementação de estratégias de marketing externo implica mudanças de vários tipos dentro das organizações — na alocação de recursos, na cultura de 'como fazemos as coisas aqui' e até na estrutura organizacional necessária para executar estratégias de marketing aos segmentos de clientes. Em termos práticos, as mesmas técnicas de análise e comunicação usadas para o mercado externo podem ser adaptadas e usadas para vender planos e estratégias a importantes públicos dentro da empresa. Os objetivos do plano de endomarketing são tomados diretamente dos requisitos de implementação do plano de marketing externo e das metas a serem perseguidas.

Isso não é tão radical quanto pode parecer de início. Tradicionalmente, a literatura de marketing apresentou tentativas de associar o princípio de marketing ao 'conceito de recursos humanos' (por exemplo Cascino, 1969; Dawson, 1969) e tem dedicado atenção específica à interação entre o contexto humano e organizacional e a eficácia de marketing (Arndt, 1983). Outra evidência relacionada ao impacto do mercado interno na eficácia do marketing focou vários aspectos da intervenção das questões organizacionais como um fator determinante das estratégias de marketing, e não como uma decorrência delas: Leppard e MacDonald (1987) tentaram relacionar a eficácia e adequação do planejamento de marketing às diversas fases da evolução organizacional; John e Martin (1984) analisaram a credibilidade e o uso de planos de marketing no tocante às características da estrutura organizacional circundante; Cunningham e Clarke (1976) estudaram gerentes de produto como manipuladores interesseiros de públicos e de informações de mercado; Deshpandé (1982) e Deshpandé e Zaltman (1984) buscaram uma análise do contexto cultural da gestão de marketing e comentaram sobre a falta de uma teoria de marketing voltada para a cultura; enquanto Bonoma (1985) abordou os problemas de uma falta de 'cultura de marketing' no contexto específico dos obstáculos à implementação. De modo análogo, Ruekert e Walker (1987) estudaram a interação entre o marketing e outras unidades funcionais e o papel do marketing na execução de estratégias de negócios.

Enquanto esse foco na relevância de várias dimensões do contexto organizacional provê uma base, na literatura sobre a área de serviços é que encontramos uma atenção mais específica à atuação no ambiente organizacional por meio do endomarketing para atingir metas de marketing. Uma das primeiras conceituações do funcionário como 'cliente interno' foi apresentada por Berry (1981) no contexto do marketing bancário, e esse tema tem sido examinado por outros e está fortemente orientado à identificação das necessidades de treinamento e desenvolvimento dos funcionários para melhoria da qualidade de serviços. Da mesma forma, a interdependência entre os mercados interno e externo foi ressaltada por Flipo (1986), que enfatizou a necessidade de superar conflitos e desafios às estratégias de marketing advindos do mercado interno, implicitamente seguindo a conceituação de Arndt (1983) sobre mercados internos em um modelo de política econômica para o marketing.

Talvez as mais conhecidas conceituações de endomarketing venham da Nordic School of Services. Entre outras contribuições, Grönroos (1984, 1985) escreveu sobre a necessidade de um endomarketing estratégico e tático e Gummesson (1987) estudou o uso do endomarketing para realizar mudança cultural nas organizações. A aplicação prática desses conceitos reflete-se na literatura sobre 'atenção ao cliente' (por exemplo, Moores, 1986; Thomas, 1987; Lewis, 1989), que enfatiza as percepções de qualidade dos clientes e a importância de fomentá-las por meio de treinamento e desenvolvimento de pessoal no ponto de venda.

Existem padrões estabelecidos dos termos 'endomarketing' e 'cliente interno'. Consideramos esses desdobramentos importantes por dois motivos principais. Primeiro, o paradigma do endomarketing fornece um mecanismo de fácil acesso para que os executivos analisem as questões organizacionais que possa ser necessário abordar na implementação de estratégias de marketing. De modo bastante simples, os conceitos dos programas e públicos de marketing são familiares aos executivos da área, que se sentem 'confortáveis' com eles. O segundo ponto é que o modelo de endomarketing apresenta uma linguagem que efetivamente legitima a concentração do foco nos aspectos de poder, cultura e comportamento político que parecem, com muita frequência, ser descartados pelos executivos sob a alegação de serem de certa forma 'impróprios'.

17.3 O ESCOPO DO ENDOMARKETING

Por conta de o paradigma do endomarketing surgir a partir de diversas fontes conceituais, sua prática e sua potencial contribuição à estratégia de marketing também são variadas. É possível considerar os seguintes 'tipos' de endomarketing, embora provavelmente não sejam de igual importância:

- Endomarketing com foco no desenvolvimento e na execução de altos padrões de *qualidade de serviço* e satisfação do cliente.
- Endomarketing com preocupação primordial com o desenvolvimento de *programas de comunicação interna*, visando a prover informações aos funcionários e conquistar seu apoio.
- Endomarketing utilizado como uma abordagem sistemática para manter a *adoção de inovações* dentro de uma organização.
- Endomarketing referente à provisão de produtos e serviços a usuários *internos da organização*.
- Endomarketing como *estratégia de implementação* para os planos de marketing de uma empresa.

17.3.1 Endomarketing e qualidade de serviço

O uso original e mais extensivo do endomarketing tem-se concentrado nos esforços para melhorar a qualidade do serviço no ponto de venda em setores como o de bancos, entretenimento e varejo, dentre outros — nas situações também conhecidas pelos prestadores de serviços como o 'momento da verdade'. Alguns chamam isso de 'vender para a equipe', porque o 'produto' que está sendo promovido é o trabalho dessa pessoa como geradora de serviço e valor para o cliente. Isso tende a ser tratado em programas de treinamento de atenção ao cliente e outras atividades semelhantes. Esses tipos de programa de endomarketing são, na prática, essencialmente táticos e geralmente restritos ao nível operacional da organização.

A justificativa é a aparente evidência de que o sucesso em um mercado costuma depender amplamente dos funcionários que estão muito distantes do entusiasmo de criar estratégias de marketing — engenheiros, departamentos de atendimento ao cliente, pessoal que lidam com clientes nas áreas de produção e finanças, equipe de vendas e assim por diante. Como já vimos, são aqueles que Evert Gummesson (1990) chamou de '*part-time marketers*' — eles impactam de modo indireto e significativo nas relações com clientes, mas normalmente não fazem parte de nenhuma área formal de marketing, nem costumam estar sob o controle direto de um departamento de marketing.

Na verdade, uma pesquisa norte-americana sugere que devemos refletir com mais cuidado sobre o impacto das comunicações externas de uma organização sobre seus funcionários — como 'o público secundário da propaganda' (Gilly e Wolfinbarger, 1996). É possível que os funcionários sejam mais tocados e influenciados pelas campanhas publicitárias do que os clientes; por isso, recomenda-se usar essa conscientização de forma produtiva para transmitir-lhes mensagens.

É crescente o número de casos de empresas cuja excelência de serviços tenha sido impulsionada por uma atenção explícita ao endomarketing. A Southwest Airlines é a pioneira muito admirada do modelo de companhia aérea 'sem luxos' e obteve não só um desempenho financeiro notável em um setor difícil, como também ganhou regularmente prêmios por qualidade de serviço e baixos níveis de reclamações de clientes. Desde o início, sua declaração de missão afirmava que, "acima de tudo, os funcionários receberão o mesmo tratamento preocupado, respeitoso e atencioso dentro da organização que se espera que eles compartilhem externamente com cada cliente Southwest". A empresa usa o elevado moral da equipe e a qualidade de serviço para atingir excelente lucratividade. A tática inclui oferecer aos funcionários uma visão que dê propósito e sentido ao ambiente de trabalho, concorrer agressivamente pelo pessoal mais talentoso, prover habilidades e conhecimentos, mas também enfatizar o trabalho em equipe e o enfoque que impulsiona a qualidade de serviço. A Southwest mostra o impacto positivo do endomarketing sobre funcionários, clientes externos e desempenho. Seu sucesso baseia-se em grande parte nas atitudes positivas de seu pessoal, na alta produtividade e no foco no cliente (Czaplewski *et al.*, 2001).

Pode-se argumentar que não existe uma estratégia 'certa' para nenhuma situação de mercado de um produto, mas sim maneiras boas e ruins de *executar* essas estratégias, que determinam o sucesso ou o fracasso. A questão fundamental é a consistência entre estratégias, táticas e ações de implementação. Isso sugere que uma real mudança cultural faz parte central do processo de lançar-se com sucesso ao mercado. Do ponto de vista mais simples, um funcionário insatisfeito gera um cliente insatisfeito. Bonoma (1990) resume esse ponto de modo sucinto: "Trate seus funcionários como clientes, ou seus clientes serão tratados como funcionários".

No entanto, é evidente que nem sempre é direta a forma de explorar eficazmente a vinculação entre satisfação de funcionários e de clientes. Uma pesquisa sobre a forma como se mede e gerencia a satisfação de clientes nas empresas britânicas é reveladora (Piercy, 1995). Os estudos indicam que:

1. Há que deixar claras as políticas de qualidade de serviço ao cliente e as metas de satisfação do cliente para todos os funcionários. Não basta expressar esses ideais e esperar sucesso em atingi-los. O ponto de partida deve ser identificar o que é necessário obter em relação à satisfação do cliente para implementar estratégias de mercado específicas e posicionar a empresa contra a concorrência em um determinado mercado. É improvável que a obtenção dos requisitos necessários seja isenta de custo. Precisamos adotar uma visão realista do tempo requerido e dos reais custos de implementação de alinhar o mercado interno com o externo.

2. Os processos e as barreiras internas indicam a necessidade de analisar tanto o mercado interno quanto o externo enfrentado na implementação de sistemas de mensuração e gestão da satisfação de clientes. Ignorar o mercado interno é correr o risco de prejudicar a capacidade organizacional de atingir e melhorar a satisfação de clientes no mercado externo. Se, por exemplo, a gerência utiliza o feedback de clientes de modo negativo e coercitivo, isso poderá reduzir o entusiasmo dos funcionários pelo serviço ao cliente ou criar um comportamento de 'jogo' em que as pessoas competem por 'pontos a favor ou contra' no sistema, em detrimento tanto da empresa quanto do cliente. Diante disso, também temos de reconhecer não só a complementaridade entre os mercados interno e externo, mas também o potencial de conflito de interesses. Atingir níveis predeterminados de serviço ao cliente e sua satisfação pode requerer que gestores e suas equipes mudem a forma como fazem as coisas e sacrifiquem o que não gostariam. Isso pode demandar mais do que a simples defesa ou ameaça gerencial.

3. Relacionado com o argumento anterior, o reconhecimento do mercado interno sugere que pode haver necessidade de um programa de endomarketing estruturado e planejado para realizar uma implementação eficaz da mensuração e gestão da satisfação do cliente. Isso já foi descrito como 'fazer o marketing de nossos clientes para nossos funcionários' (Piercy, 1995) e pode ser inserido no processo de implementação para tratar as necessidades do cliente externo e confrontar os tipos de barreiras processuais internas encontrados.

4. Também relacionada com o reconhecimento do mercado interno está a necessidade de questionar a

relação entre a satisfação do cliente interno e a do cliente externo. Isso pode ser discutido utilizando-se a estrutura apresentada na Figura 17.1, que indica quatro possíveis cenários resultantes quando se compara a satisfação do cliente interno com a do externo:

(a) **Sinergia**, que corresponde a nossas expectativas quando os índices de satisfação do cliente interno e do externo são altos e podemos considerá-los sustentáveis e regenerativos. Como explicou um gerente de hotel: "Sei que estamos bem em serviço ao cliente quando minha equipe operacional reclama que estou atrapalhando o atendimento ao cliente e me pedem para me organizar!". Trata-se da situação 'clientes satisfeitos e funcionários satisfeitos', considerada por muitos como óbvia e facilmente atingível.

(b) **Coerção** refere-se a quando atingimos altos níveis de satisfação de cliente externo ao mudar o comportamento de funcionários por meio de sistemas de orientação e controle gerenciais. A curto prazo, essa pode ser a única opção, mas pode ser muito difícil e oneroso sustentar essa posição a longo prazo, e acabamos abandonando a flexibilidade em favor do controle.

(c) **Alienação** ocorre quando temos baixos níveis de satisfação interna e externa e é provável que a empresa esteja altamente vulnerável ao ataque da concorrência em qualidade de serviço e à instabilidade em suas competências competitivas gerada por baixo moral e alta rotatividade da equipe.

(d) **Euforia interna** retrata altos níveis de satisfação no mercado interno, mas isso não se traduz em satisfação do cliente externo — por exemplo, quando a socialização interna e a coesão do grupo acabam isolando o cliente pagante no mercado externo. Esses cenários são exagerados, mas proporcionam um modo útil de discutir essas questões com os executivos.

5. Um erro fatal consiste em ignorar os custos e desafios reais da sustentação de altos níveis de qualidade de serviço e a limitação que pode existir nas competências de uma empresa para melhorar esses índices. Embora sua defesa seja disseminada e seu apelo seja óbvio, atingir benefícios potenciais requer mais planejamento e atenção às realidades da execução do que sugere a literatura convencional disponível.

17.3.2 Endomarketing como comunicação interna

Além dos aspectos de treinamento em atenção ao cliente e foco em qualidade de serviço, o endomarketing também pode ser considerado uma ferramenta de comunicação interna. Na realidade, o maior crescimento nessa área tem sido o investimento das empresas em programas de comunicação interna mais amplos e de vários tipos — entendendo-se 'comunicação' como o fornecimento de informações aos funcionários e a transmissão de mensagens que deem sustentação à estratégia de negócios. Apesar da escassez de dados atualizados, um estudo de 2001 constatou que as 200 empresas 'mais admiradas' segundo a *Fortune* gastaram em média US$ 1,6 milhão cada uma em comunicação interna (*Marketing Weekly*, 2001). Geralmente o objetivo da comunicação interna é desenvolver compreensão e comprometimento. Com frequência, essas atividades tendem a ser responsabilidade do departamento de recursos humanos.

Um estudo setorial (Pounsford, 1994) sugeriu que os gestores viam o papel da comunicação interna nos termos e com as vantagens apresentadas na Tabela 17.1.

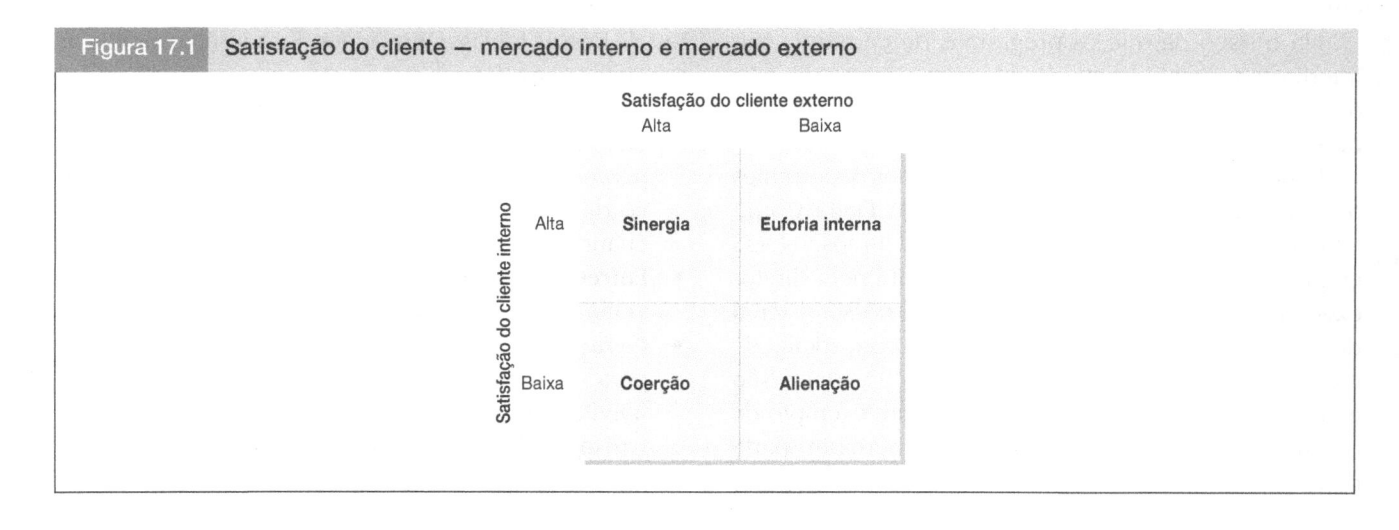

Figura 17.1 Satisfação do cliente — mercado interno e mercado externo

	Satisfação do cliente externo	
	Alta	Baixa
Satisfação do cliente interno — Alta	Sinergia	Euforia interna
Satisfação do cliente interno — Baixa	Coerção	Alienação

Tabela 17.1 O papel da comunicação interna

Papel percebido	Comentários ilustrativos
Formação de espírito de equipe	Educar os funcionários sobre a abrangência e a diversidade da organização.
	Auxiliar a cooperação entre divisões.
Controle de danos	Evitar que os gerentes entendam mal a comunicação.
	Suprimir as más notícias.
	Conter o pessimismo.
Fortalecimento da moral interna	Desenvolver confiança.
	Aumentar a motivação.
Envolvimento	Levar as opiniões dos funcionários a níveis superiores da hierarquia.
	Criar canal de compartilhamento de problemas/valores.
	Aumentar o reconhecimento ao pessoal.
Gestão de mudanças	Aumentar a compreensão da necessidade de mudança.
	Testar novas ideias.
	Auxiliar as pessoas a acompanharem o ambiente em rápida mudança.
Estabelecimento de metas	Ajudar a organização a tomar o rumo certo.
	Focar as metas corporativas.
	Gerar apoio às políticas.

As manifestações dessa forma de endomarketing incluem: newsletters corporativas, seminários e treinamento para funcionários, videoconferência, transmissões de TV por satélite, vídeo interativo, e-mail e assim por diante. Cada vez mais, criar diálogo dentro de uma organização e estimular o envolvimento dos funcionários pode abranger abordagens como, por exemplo, blogs na intranet (Hathi, 2007). Esses mecanismos de entrega são importantes, mas correm o risco de obscurecer outro ponto relevante. Instruir e informar as pessoas sobre os desdobramentos estratégicos não é a mesma coisa que conquistar seu real envolvimento e participação. A comunicação é um processo de mão dupla — ouvir e informar. Pode ser por isso que a comunicação interna parece ineficaz em algumas empresas.

Há o risco de que os programas de comunicação interna se tornem um ato de informar e persuadir, não de ouvir. Isso pode ser considerado *venda* interna, não *endomarketing*.

Uma ilustração interessante dos ganhos decorrentes da comunicação de mão dupla vem da Dana Corp., fabricante de autopeças dos Estados Unidos. Nessa empresa, a 'caixa de sugestões' é descrita pelo diretor executivo como 'uma parte central de nosso sistema de valor'. Os funcionários contribuem com ideias de melhoria de operações e serviços, e 70% delas são efetivamente usadas. A Dana constitui um exemplo de organização em que os funcionários assumiram parte da responsabilidade de manter a empresa competitiva. Isso ressalta a relevante diferença prática entre produzir newsletters corporativas e levar a comunicação interna a sério.

17.3.3 Endomarketing e gestão da inovação

Um pouco diferente é o uso do conceito de endomarketing para posicionar e fazer uso de inovações como computadores e comunicações eletrônicas no campo de TI. Essas aplicações usam ferramentas de análise de mercado e planejamento para lidar com a resistência e evitá-la e para gerenciar o processo de mudança. Isso pode ser particularmente importante quando a eficácia de uma estratégia de marketing se baseia na adoção de novas tecnologias e formas de trabalho. O argumento aqui é que as pessoas em uma organização são 'clientes' de nossas ideias e inovações. Essa visão estimula as seguintes considerações:

- **Análise das necessidades do cliente** — Mesmo nas empresas hierárquicas, as pessoas não são robôs esperando ordens sobre o que fazer, portanto o esforço de compreender suas necessidades aumenta as chances de eficácia da inovação.
- **Entrega dos bens** — As necessidades de clientes revelam o que mais importa a eles.
- **Geração de expectativas irreais** — É tão perigosa para os clientes internos quanto para os externos (Divita, 1996).

Um exemplo de empresa que adota essa abordagem é a OASIS, especializada em consultoria de TI, que possui um sistema bem desenvolvido de endomarketing para aplicações nessa área. O uso de notebooks por uma equipe de vendas geograficamente dispersa de uma empresa foi orientado pela análise do 'mercado interno' por meio do modelo clássico de difusão da inovação para identificar os líderes de opinião como os principais influenciadores no processo de adoção. De modo análogo, o problema da BT de fazer o marketing para seus clientes internos sobre seus sistemas de informação e serviços foi tratado com os mesmos princípios usados para vender soluções a clientes externos da organização: segmentação, definição de mercado-alvo e posicionamento das soluções de TI para a base de clientes internos (Morgan, 2004).

17.3.4 Mercados internos em vez de mercados externos para produtos e serviços

Os termos 'mercado interno' e 'endomarketing' têm sido aplicados para relações internas entre diferentes partes da mesma organização — tornando-as fornecedoras e clientes como meio de melhorar o foco em eficiência e valor. Isso é comum em programas de gestão da qualidade e em aplicações mais amplas como a reforma do National Health Service, o sistema de saúde pública do Reino Unido.*

Isso pode levar a reflexões muito interessantes. Por exemplo, o trabalho com a divisão de P&D de uma grande cervejaria sugeriu que as questões do cliente interno se referiam realmente ao tipo e grau de dependência entre o fornecedor interno (neste caso, o provedor de soluções de P&D para problemas de processo na cervejaria) e o cliente interno (neste caso, as unidades de produção e vendas da cervejaria), que por sua vez refletem a liberdade seja do fornecedor interno, seja do cliente interno para lidar com terceiros fora da empresa.

17.3.5 Endomarketing estratégico

Por fim, notamos o uso do endomarketing estratégico (SIM, sigla em inglês para *strategic internal marketing*) como um método de planejamento estruturado de implementação da estratégia de marketing e análise dos problemas de implementação inerentes à organização. Essa forma de endomarketing estabelece um paralelo direto com a convencional estratégia de marketing externo e programa de marketing e visa a obter o suporte, a cooperação e o comprometimento de que se necessita dentro da empresa para que as estratégias voltadas ao mercado externo deem resultado. Essa visão de endomarketing difere em alguma medida daquelas já discutidas, embora seja formada por outros tipos de endomarketing que têm uma história mais longa. A principal questão subjacente é a mudança organizacional e cultural necessária para fazer as estratégias de marketing acontecerem.

A estrutura de um programa de endomarketing é apresentada na Figura 17.2. A proposta fundamental é que a forma mais fácil de realizar progresso prático com esse tipo de marketing e de estabelecer o que se deve atingir é usar exatamente as mesmas estruturas utilizadas para o planejamento do marketing *externo*. Isso sugere que devemos pensar sobre a integração dos elementos necessários para um composto ou programa de endomarketing com base na análise das oportunidades e ameaças no mercado interno, representadas pela empresa com a qual se está trabalhando. Isso é retratado na Figura 17.2 como parte formal e legítima do processo de planejamento.

Na realidade, nesse modelo, tomamos o programa de endomarketing não somente como um *produto* do processo de planejamento e do programa de marketing externo, mas também como um *insumo*, isto é, as restrições e barreiras no mercado interno devem ser consideradas e analisadas como parte do planejamento tanto no nível estratégico quanto no tático. Para que as propostas façam sentido na prática, contamos com esse relacionamento iterativo.

O ponto de partida para essa abordagem é que a estratégia de marketing e o processo de planejamento podem definir um programa de marketing externo do modo convencional. Menos convencionalmente, as

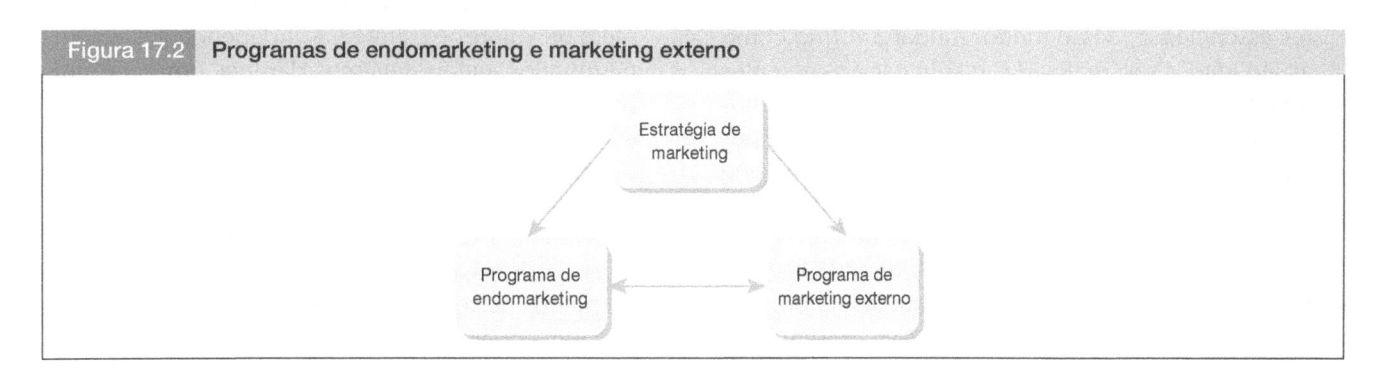

---

* Equivalente ao INSS no Brasil. (N. do R.T.)

Figura 17.2 Programas de endomarketing e marketing externo

Estratégia de marketing → Programa de endomarketing ↔ Programa de marketing externo barreiras internas sugerem que algumas estratégias externas não podem ser implementadas no devido cronograma e é preciso retroalimentar o processo de planejamento com a mensagem de que ajustes são necessários enquanto ainda há tempo para fazê-los.

No entanto, sob uma perspectiva mais positiva, é igualmente verdadeiro que a análise do mercado interno pode indicar novas oportunidades e recursos organizacionais negligenciados a serem explorados, que por sua vez impactam o plano de marketing externo e, portanto, o processo de planejamento. O que se deve explicitar aos executivos é a necessidade de equilibrar o impacto dos atributos tanto do mercado interno quanto do externo sobre as premissas estratégicas que eles fazem no planejamento.

A estrutura desse programa de endomarketing pode ser apresentada da seguinte maneira:

- **O produto**: No nível mais simples, o 'produto' compõe-se das estratégias de marketing e do plano de marketing. Contudo, está implícito que o produto a ser 'vendido' são os valores, atitudes e comportamentos necessários para fazer o plano de marketing funcionar com sucesso. Essas dimensões ocultas do produto podem variar de orçamentos aumentados e alocações diferentes de recursos a sistemas e critérios alterados de controle usados para avaliar o desempenho, até novas formas modificadas de lidar com clientes no ponto de venda. De um ponto de vista extremo, o produto representa o trabalho de uma pessoa — conforme redefinido e remodelado pela estratégia de mercado para tornar a vida das pessoas mais agradável. Podem também ocorrer fatos negativos — mudanças que não agradarão a todos, o que nos leva à questão do preço.
- **O preço**: O elemento do preço no composto de endomarketing não são *nossos* custos; refere-se àquilo que estamos pedindo que nossos clientes internos 'paguem' quando aceitam o produto e o plano de marketing. Isso pode abranger o sacrifício de outros projetos que competem por recursos com nosso plano de negócios, porém mais fundamental é o custo psicológico pessoal de adotar diferentes valores essenciais e, desse modo, mudar a forma como as atividades são realizadas e solicitar aos gerentes que deixem suas 'zonas de conforto' para adotar novos métodos de operação. O preço a ser pago por diferentes partes do mercado interno de forma que o plano de marketing seja bem executado não deve ser ignorado como uma grande fonte de barreiras e obstáculos com variados graus de dificuldade.
- **Comunicação**: Os aspectos mais tangíveis do programa de endomarketing são o meio de comunicação e as mensagens usadas para informar e persuadir e também para atuar sobre as atitudes do pessoal-chave no mercado interno. Isso inclui não somente comunicações escritas, tais como planos condensados e relatórios, mas também apresentações pessoais a indivíduos e grupos que sejam importantes para o sucesso do plano. Em termos amplos, devemos lembrar que supor que simplesmente 'contar' algo às pessoas fará com que fiquem de nosso lado pode ser tão ingênuo dentro da empresa quanto fora dela. Sugerimos que é importante levar em conta toda a gama de possibilidades de comunicação e metas associadas, assim como faríamos no caso de clientes externos, e não devemos nos esquecer de alocar tempo e custos financeiros que podem estar associados a essas atividades. No nível mais simples, o propósito da comunicação de endomarketing pode ser atendido por uma apresentação em vídeo explicando os fatos ou por uma série de eventos para levar a mensagem a outras regiões e aos distribuidores. Entretanto, a real comunicação tem mão dupla — ouvimos, adaptamos e damos atenção aos problemas e às necessidades do público-alvo.
- **Distribuição**: Os canais de distribuição do composto referem-se aos locais físicos e sociais ou técnicos em que temos de entregar o produto e suas comunicações: reuniões, comitês, sessões de treinamento para gerentes e suas equipes, seminários, *workshops*, relatórios escritos, comunicações informais, encontros sociais e assim por diante. No final das contas, porém, o verdadeiro canal de distribuição está na gestão dos recursos humanos e no alinhamento entre recrutamento, treinamento, avaliação e sistemas de remuneração que sustentam as estratégias de marketing, de modo que a cultura organizacional se torne o real canal de distribuição das estratégias de endomarketing. Na realidade, nos idos da década de 1990, Ulrich (1992) fez colocações radicais a esse respeito que valem a pena ser discutidas. Ele afirmou que, se realmente desejamos o comprometimento de nossos clientes externos por meio de valores e estratégias independentes e compartilhados, então devemos dar-lhes um papel importante em:
  - decisões de recrutamento e seleção de pessoal;
  - decisões de promoção e desenvolvimento de pessoal;
  - avaliação de pessoal, desde o estabelecimento de padrões até a mensuração do desempenho;
  - planos de remuneração de pessoal, tanto financeiros quanto não financeiros;

- estratégias de plano organizacional; e
- programas de comunicação interna.

Na prática, isso implica usar os sistemas de gestão de recursos humanos como o canal de endomarketing, desse modo levando a questão dos clientes internos e externos a sua conclusão lógica (*veja* Seção 17.5.2). Dentre as empresas que desenvolvem tais abordagens nos Estados Unidos estão General Electric, Marriott, Borg-Warner, DEC, Ford Motor Company, Hewlett-Packard e Honeywell.

Por exemplo, uma simples análise de endomarketing é ilustrada nas tabelas 17.2 e 17.3. Esses exemplos referem-se à estratégia de uma conta importante em uma organização de serviços financeiros e uma estratégia de marketing vertical em um fabricante de computadores. Em ambos os casos, podemos observar um nível 'formal' de endomarketing relacionado com o plano ou a estratégia de marketing, além de níveis de endomarketings associados à organização informal e aos processos de tomada de decisão e mudanças dentro da empresa. Na indústria de computadores, o marketing vertical não é uma estratégia simples, porque está ligado a alocação de recursos e responsabilidades departamentais em transformação e também a uma mudança de cultura gerencial. Na empresa de serviços financeiros, uma estratégia de grandes contas envolve não só uma nova direção de marketing, mas também uma modificação na liberdade da gerência de linha e nas formas de fazer negócios. Esses casos são indicativos dos tipos de problema de implementação e mudança que podem ser tratados pelo endomarketing.

Decorre que podemos usar as técnicas convencionais de pesquisa de mercado dentro da empresa para controlar quem deve mudar, como e quanto e quais são os padrões do mercado interno.

Por fim, assim como ocorre com o programa de marketing externo, não devemos negligenciar a importância de medir resultados sempre que possível. Pode ser por meio de critérios como as atitudes das pessoas em relação à estratégia de mercado e seu comprometimento para colocá-la em prática ou as percepções dos clientes sobre o sucesso da empresa em cumprir as promessas feitas — ou, talvez mais apropriadamente, a falta de sucesso sinalizada por queixas e assim por diante.

Tabela 17.2 **Endomarketing em uma indústria de computadores**

Alvos do mercado interno	(1) Gestão da unidade de negócios (2) Gestão de grupo de produtos (3) Força de vendas		
Programa de endomarketing	*Níveis de endomarketing*		
	Formal	*Informal*	*Processual*
Produto	Plano de marketing para atacar um pequeno setor como um mercado vertical especial, em vez de agrupá-lo com muitos outros setores como atualmente, com produtos e propaganda especializados	Separação dos recursos e controle desse mercado atual da unidade de negócios	Mudança de uma gestão orientada à tecnologia para o reconhecimento das diferentes necessidades dos clientes em diferentes setores — o conflito entre tecnologia e orientação ao cliente
Preço	Custos de desenvolver produtos especializados ou de marca para esse setor	Perda de controle sobre as unidades de negócios existentes	Receio de a 'fragmentação' de mercados levar a mudanças estruturais e de status internos
Comunicação	Plano por escrito Apresentação a grupos principais	Apoio ao plano pelos principais membros do conselho obtido por uma apresentação prévia de 'suavização' por responsáveis pelo planejamento	Formação da equipe de plano de ação, incluindo os responsáveis pelo planejamento original, e também os principais representantes da unidade de negócio e do grupo do produto — redescoberta da roda para conquistar a 'posse' Divulgação da nova estratégia na mídia de negócios lida por especialistas em tecnologia e gerentes de empresa
Distribuição	Reunião de diretoria da unidade Reunião de diretoria do grupo de produtos Reunião do conselho principal Convenção da força de vendas	Reuniões informais	Seminários conjuntos de aplicação de TI nesse setor, envolvendo gerentes de unidades de negócios e principais clientes Eventos conjuntos de cunho filantrópico para fundos de benemerência do setor

Tabela 17.3 **Endomarketing em uma organização de serviços financeiros**

Alvos do mercado interno	(1) Gerentes de filiais de bancos comerciais e escritórios de instituições financeiras (2) Principais executivos de divisão de bancos e instituições financeiras		
Programa de endomarketing	Níveis de endomarketing		
	Formal	Informal	Processual
Produto	Integração dos esforços de venda em torno dos principais clientes, como uma estratégia de marketing central	Planejamento e alocação de recursos com base na matriz, com maior controle central	Mudança no papel de cada gerente, de empreendedor independente a colaborador de um grupo
Preço	Lucro/comissionamento de filial proveniente de venda independente a clientes menores a serem sacrificados em favor de relações de longo prazo com grandes contas	Perda de liberdade/independência de ação no mercado Potencial perda de poder de comissionamento—ganhos	Tempo, esforço e 'dor' psicológica de colaborar com 'ex-concorrentes' de diferentes históricos étnicos/educacionais/profissionais — o 'banqueiro versus o vendedor de compras a crédito' Receio de que o outro lado prejudique relações existentes com clientes
Distribuição	Planos de marketing estratégico por escrito Convenções de vendas	Comunicações escritas Discussão informal sobre a 'atitude' do principal executivo Reformulação dos sistemas de comissionamento e incentivos em ambas as empresas	Equipes conjuntas de planejamento/solução de problemas para cada região — formadas em torno da definição central dos segmentos de mercado Junção/integração de sistemas de informações gerenciais e mudança de sua estrutura para refletir os novos segmentos
Comunicação	Apresentação formal do principal executivo em conferências Apoio por escrito do principal executivo Reformulação dos sistemas de informações de mercado para que sejam mais atualizados	Principal executivo como patrono — 'o trem está partindo da estação, ou vocês estão dentro ou...' (memorando por escrito enviado a todas as filiais)	Eventos sociais Cursos de treinamento conjunto Redefinição de mercados e segmentos-alvo

Novamente, em exato paralelo com o plano de marketing externo, nossos programas internos de marketing devem ser direcionados para alvos ou segmentos selecionados dentro do mercado. A escolha de alvos principais para o programa de endomarketing deve derivar diretamente das metas do programa de marketing externo e dos tipos de mudanças organizacionais e humanas necessárias à implementação das estratégias de marketing. O mercado interno pode ser segmentado no nível mais simples por atribuições funcionais desempenhadas por grupos de funcionários, como a alta gerência, outros departamentos e equipe de marketing e vendas.

Como alternativa, podemos olhar além das características de emprego e ver as principais fontes previsíveis de apoio e resistência ao plano de marketing externo com o objetivo de identificar alvos de reforço ou persuasão e negociação. Talvez no nível mais profundo, possamos escolher nossos alvos com base nas atitudes de cada indivíduo em relação ao mercado e aos clientes externos, bem como nos valores centrais que necessitamos comunicar aos clientes externos, acompanhados das metas de carreiras dos funcionários.

É possível verificar, portanto, que o endomarketing pode ser usado de diferentes maneiras e que seu papel pode ir desde desenvolver atenção ao cliente e programas de qualidade de serviço até melhorar e manter os padrões de atendimento e satisfação do cliente no ponto de venda por meio de programas de comunicação interna, oferecendo um método estruturado de planejamento da plena implementação da estratégia de marketing. Também notamos que o endomarketing pode ser de particular importância na organização em rede baseada em alianças.

17.4 PLANEJANDO PARA ENDOMARKETING

São inúmeras as situações em que o pensamento estratégico sobre a estratégia competitiva deve abordar o possível papel do endomarketing:
- Quando o desempenho em áreas cruciais de serviço ao cliente é insatisfatório e insuficiente para estabelecer uma forte posição competitiva.
- Quando a satisfação do cliente é consistentemente baixa e as reclamações indicam que as causas por trás disso são as atitudes e os comportamentos dos

funcionários, e não padrões deficientes de produto ou sistemas inadequados de suporte.
- Quando as condições de mercado e os requisitos de clientes mudaram de tal modo que os padrões e as práticas do passado não mais trarão sucesso.
- Quando novas estratégias de marketing requerem novas habilidades e modos de comportamento — uma estratégia de 'alongamento'.
- Quando preencher a lacuna entre planejamento e implementação foi problemático no passado.

Nessa situação, deve-se levar em consideração a estratégia de endomarketing com os seguintes componentes:
- **Orientação para o mercado interno**: Recentemente se tem dedicado atenção à orientação para o mercado interno como a base do sucesso, da mesma forma que a orientação para o mercado externo foi associada à implementação eficaz das estratégias de marketing externo. A justificativa é que a orientação ao mercado interno aumenta a capacidade de resposta de uma empresa orientada ao mercado para as condições do mercado externo por permitir que a gerência alinhe melhor os objetivos do mercado externo com as competências internas. Entretanto, essa simetria baseia-se na avaliação da orientação ao mercado interno como um precursor da ação (Gounaris, 2006). Lings e Greenley (2005) propõem que a avaliação da orientação para o mercado interno deve abranger medidas diretamente paralelas àquelas associadas com a orientação para o mercado externo. Dessa forma, a orientação para o mercado interno envolve a geração e a disseminação da inteligência pertinente aos desejos e às necessidades dos funcionários, bem como ao projeto e à implementação das respostas adequadas para atender a esses desejos e necessidades.
- **Estratégia para o mercado interno**: De um ponto de vista amplo, trata-se de definir o que se necessita para realizar a implementação bem-sucedida de uma estratégia de marketing externo. É aqui que necessitamos confrontar as reais implicações de nossa estratégia de mercado externo para o cliente interno — os tomadores de decisão, gerentes, pessoal operacional e outros, sem seu apoio, cooperação e comprometimento, a estratégia externa fracassará. Trata-se da questão mais crucial em todo o exercício de endomarketing. Pode ser recomendável consultar o pessoal diretamente envolvido — por meio de pesquisa de mercado interno. Certamente vale a pena incorporar alguma diversidade de opinião. Quanto mais aprendemos, podemos voltar atrás, redesenhar e repensar nossas conclusões. Nesse ponto devemos vislumbrar quanto provavelmente nos custará obter essas coisas e o prazo para atingi-las e implementar a estratégia de marketing externo em tempo.
- **Segmentação de mercado interno**: Refere-se a identificar os alvos no mercado interno em torno dos quais podemos desenvolver programas de endomarketing que sejam diferentes no tocante àquilo que temos de atingir e como faremos isso. Pode não ser direto, mas é o caminho para percepções reais do problema do mercado interno e da eficácia no modo como lidamos com esse problema. A forma mais óbvia de identificar segmentos internos pode ser por papel ou função ou ainda por localização, e isso pode bastar. Pode ser mais produtivo pensar em quem são os inovadores e líderes de opinião que influenciarão os demais. Podemos abordar isso de modo direto no tocante ao papel que as diferentes pessoas desempenharão na implementação da estratégia externa e aos problemas que poderão enfrentar, ou simplesmente por meio da descoberta de quantas pessoas diferentes terão que mudar para fazer com que a estratégia externa funcione.
- **Programas de endomarketing**: Especificam quais programas de endomarketing serão necessários em cada segmento de mercado interno para atingir os objetivos estabelecidos. Em cada área, necessitamos reunir nossos pensamentos sobre as questões racionais, mas também sobre as humanas e culturais. Para nós, o produto pode ser um novo plano de marketing sobre o qual necessitamos informar as pessoas (comunicação do endomarketing) por meio de apresentações formais (distribuição do endomarketing), ajustando sistemas de comissionamento e avaliação conforme necessário (preço do endomarketing). Para o cliente interno, o mesmo plano pode referir-se a ruptura e ameaça (produto), perda de projeto e status (preço), imposto sem consulta pela gerência (comunicação) e rigorosamente 'policiado' por meio de coerção (distribuição). Se o endomarketing busca algo, é confrontar e lidar com esse conflito. É esse confronto que nos fará deixar de pensar no endomarketing como simplesmente produzir manuais de atenção ao cliente e fazer belas apresentações de produto e que nos levará a pensar em como lidar com as realidades humanas e organizacionais em relação ao que a mudança estratégica envolve e quanto ela custa. Também é a fase de analisar as implicações de custo do que agora vemos como necessário em nosso endomarketing: o custo de endomarketing sinaliza que a estratégia de mercado externo não é mais atrativa? Temos de assumir o custo de endomarketing que está acima do esperado, embora suportável? Temos de mudar a

estratégia externa para reduzir o custo de endomarketing? Há formas mais econômicas de atingir as metas cruciais de endomarketing?
- **Avaliação de endomarketing**: É aquilo que podemos medir para verificar se estamos chegando lá de forma idealmente quantificável e objetiva: menores taxas de reclamação de clientes ou maiores índices de satisfação do cliente. Pode ser ambicioso e não devemos abandonar objetivos importantes por serem difíceis de avaliar — poderemos ter que nos contentar com uma avaliação subjetiva ou quantitativa, que é melhor que nada.

No entanto, os possíveis problemas a serem previstos na implementação eficaz de programas de estratégia de endomarketing não devem ser subestimados. Por exemplo, Don Schultz (2004) sugere que muitas, se não a maioria, das abordagens de endomarketing fracassam pelas seguintes razões:

- **Falta de indicadores financeiros de sucesso do endomarketing** — A meta deve ser atrelar mudanças comportamentais mensuráveis a retornos financeiros para o negócio.
- **Coesão gerencial deficiente** — A alocação organizacional da responsabilidade pelo endomarketing é confusa e os responsáveis não têm autoridade sobre as pessoas cujas condutas estão tentando mudar.
- **Falta de apoio da alta gerência** — O endomarketing não é percebido como uma questão da alta gerência, mas uma preocupação da média gerência, com todos os problemas inerentes a guerras de território e política organizacional.
- **Falta de conexão entre os envolvidos internos e os clientes externos** — Diz respeito à dificuldade dos funcionários que ocupam posições sem contato com os clientes em compreender como o endomarketing os afeta ou como eles afetam o cliente externo.
- **Falta de cálculo gerencial** — Não há ideias claras sobre o valor ou o retorno do endomarketing ou um sistema eficaz de planejamento de endomarketing.

Schultz sugere que devemos aplicar as lições da comunicação de marketing integrado tanto no endomarketing quanto no externo. Entretanto, a questão da integração possui outros aspectos práticos, como veremos na próxima seção deste capítulo.

17.5 PARCERIA MULTIFUNCIONAL COMO ENDOMARKETING

17.5.1 Justificativa para a parceria interfuncional

Talvez o maior desafio contemporâneo para o endomarketing seja a formação de parcerias interfuncionais eficazes exigidas para entregar valor superior ao cliente. Dois fatos são cada vez mais evidentes. Primeiro, gerar valor resulta de um complexo conjunto de processos e atividades dentro da organização e possivelmente também em uma rede de organizações em aliança estratégica (Capítulo 16). Muitos dos processos de definição, geração e entrega de valor a clientes não são 'possuídos' ou diretamente gerenciados pelo departamento de marketing ou de vendas. Segundo, os clientes exigentes não aceitarão nada menos do que uma entrega de valor impecável de acordo com suas condições — falhas na integração de processos na empresa do vendedor são problema do vendedor, não do comprador (Hulbert et al., 2003).

A integração de toda a organização em torno dos elementos impulsionadores do valor ao cliente tornou-se um imperativo — todas as atividades devem funcionar em conjunto, encaixar-se e parecer unidas ao cliente. No entanto, muitas organizações parecem ter dificuldades com isso. O modelo na Figura 17.3 oferece uma estrutura para analisar os desafios na identificação e na integração do complexo de especializações funcionais e dos centros de recursos internos e externos que impactam a operação dos processos que identificam, geram e entregam valor (como quer que esses processos sejam nomeados em uma dada empresa).

Analisaremos brevemente a natureza de cada interface entre o marketing e outros grupos funcionais, que podem prover alvos de endomarketing para a formação de uma aliança interna.

17.5.2 Marketing e gestão de recursos humanos

Faz algum tempo que Glassman e McAfee (1992) defenderam a integração plena dos departamentos de marketing e de gestão de recursos humanos. Sua justificativa era a de que ambas as funções focavam em 'questões relativas a pessoas' (uma nos clientes e a outra nos funcionários), entretanto pareciam incapazes de integrar suas atividades com eficácia. Todavia, em muitas organizações a gestão de RH passou a adotar uma abordagem de 'gestão estratégica de recursos humanos', preocupando-se primordialmente com o alinhamento de habilidades e competências de funcionários e gestores com os requisitos da estratégia de negócios. Os processos em geral administrados pelo departamento de RH são extremamente relevantes às metas da estratégia de marketing: recrutamento e seleção, sistemas de avaliação e remuneração, treinamento e desenvolvimento e outros impulsionadores de cultura corporativa. Há uma oportunidade de o marketing atuar com o RH na identificação dos principais elementos da

Figura 17.3 — Contribuição interfuncional aos processos de valor

Gestão de recursos humanos · Finanças/contabilidade · Vendas · Distribuidores

- Processos de definição de valor
  por exemplo, gestão do relacionamento com o cliente
- Processos de geração de valor
  por exemplo, desenvolvimento de novos produtos
- Processos de entrega de valor
  por exemplo, logística e serviços

Valor ao cliente

P&D · Operações · Cadeia de suprimentos · Parceiros externos

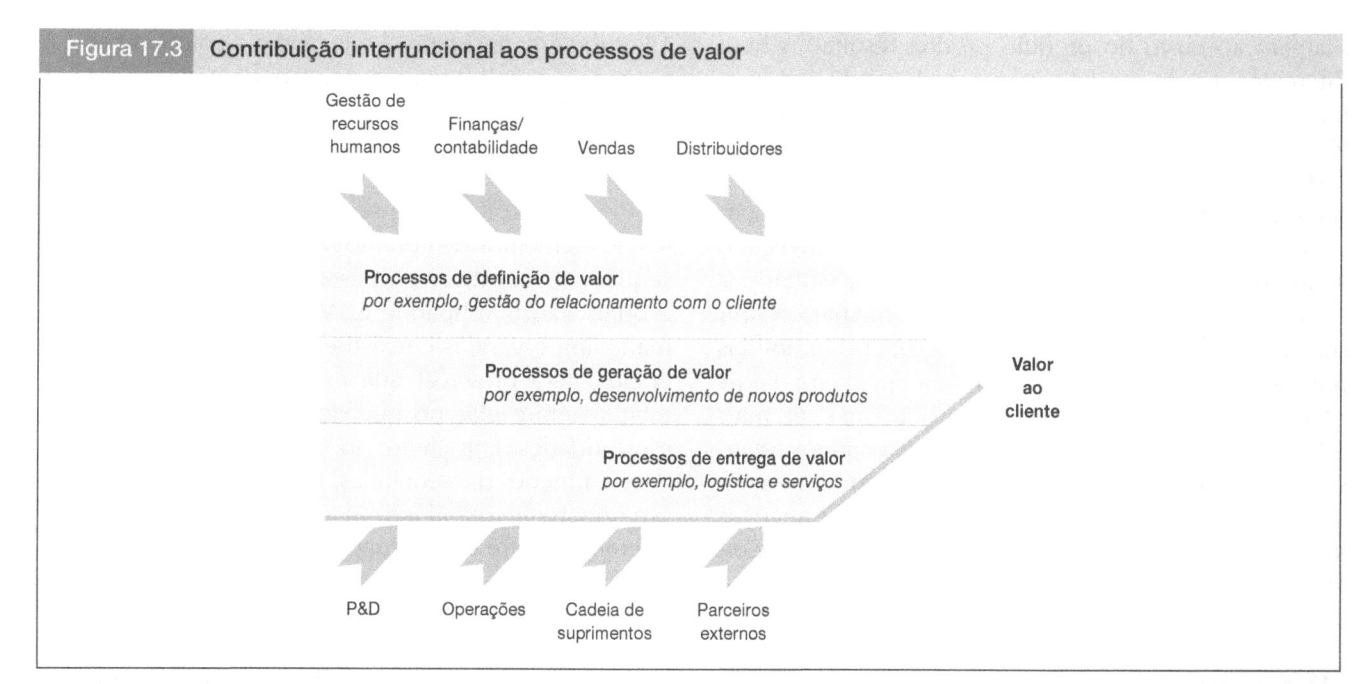

motivação de pessoal e na elaboração de programas de treinamento e desenvolvimento — mas particularmente na provisão de capacidade de pesquisa para avaliar o mercado interno, incluindo funcionários, parceiros de canal e prestadores de serviço ao cliente (Schultz, 2002).

Algumas empresas estão fazendo muito esforço para assegurar que o marketing e a gestão de RH atuem em conjunto para comunicar e entregar os valores da marca, tanto para o público interno quanto para o externo. A campanha '*Everything is Possible*' da HP Invest (antiga Hewlett-Packard) visa a inspirar tanto os funcionários quanto os clientes. Na Allied-Domecq, a 'marca de pessoas' é uma de suas nove marcas centrais. Algumas empresas, como Allied-Domecq e Sainsbury, nomearam gerentes da marca do empregador para preencher a lacuna entre RH e marketing. Outras criaram cargos como 'gerente do melhor lugar onde trabalhar' (na B&Q) ou 'chefe de uma grande empresa' (na Microsoft) (Simms, 2003).

A pauta de um endomarketing preocupado com a contribuição da gestão de RH para valorizar processos deve incluir os seguintes pontos:

- Alinhar melhor os processos de treinamento e desenvolvimento de gerentes e suas equipes com as prioridades dos clientes.
- Monitorar a satisfação do funcionário e compará-la com a satisfação do cliente para compreender a relação entre elas.
- Trabalhar os vínculos entre os aspectos de satisfação e retenção de clientes e os processos de treinamento, remuneração e avaliação de funcionários.
- Analisar a forma como as abordagens de comunicação interna sustentam as estratégias de mercado externo (Piercy, 2002).

A importância da ligação marketing/RH é tal que, em muitas situações, os grandes clientes estão cada vez mais desempenhando um papel direto na operação dos processos internos de gestão de RH de seus fornecedores, como o recrutamento de pessoal de vendas e atendimento.

Na realidade, as visões mais operacionais da interface entre as questões de marketing e RH focam o vínculo entre a gestão de RH e as estratégias de marketing de relacionamento (Perrien *et al.*, 1993; Perrien e Ricard, 1995) e a necessidade de direcionar as políticas de RH para que se concentrem no serviço e no valor ao cliente (Cripe, 1994; Gubman, 1995). Por outro lado, Sheth e Mittal (1996) examinaram o uso de habilidades de gestão de RH na administração das expectativas dos clientes. Não obstante, a pesquisa sugere que a relação marketing/RH é frequentemente associada a conflitos e relações interdepartamentais fracas, com impacto prejudicial na implementação da estratégia (Chimhanzi, 2004).

17.5.3 Marketing e finanças

O conflito entre marketing e finanças no passado refletia o objetivo contábil de cortar custos e aumentar o lucro a curto prazo, em comparação com o objetivo do marketing de obter investimento de longo prazo em marcas e participação de mercado. Os conflitos também repercutiam as visões divergentes de determinação de preço — o modelo contábil de adicionar uma margem ao custo do produto produz resultados bem diferentes de um modelo de preço de marketing com base no valor ao cliente. Entretanto, essas disputas têm-se tornado em grande medida obsoletas, devido a dois fatores relevantes. O primeiro deles é a pressão esmagadora que o marketing sofre em um número crescente de empresas para 'provar' seu valor agregado à empresa e seus acionistas (Ambler, 2003). Muitas das métricas de que o marketing mais necessita para definir sua criação de valor ao acionista só podem ser obtidas por meio de colaboração com a área financeira (Farris et al., 2006). O segundo fator é a visão cada vez mais estratégica de negócio adotada pelos executivos financeiros, que provavelmente reduzirá os conflitos com marketing e vendas. Movimentos a favor de alianças internas entre marketing e finanças devem ser importantes para atingir a velocidade de mudança e a resposta ao mercado exigidas pelos clientes da atualidade.

17.5.4 Integração de marketing e vendas

No Capítulo 15, examinamos o papel crescente da área de vendas na gestão do cliente estratégico e como um agente de mudança dentro da empresa. No entanto, para muitas empresas, a relação entre marketing e vendas continua a ser problemática. Foi observado que "a relação entre as funções de vendas e marketing persiste como uma das maiores fontes de conflito organizacional" (Webster, 1997) e que "a relação marketing—vendas, embora fortemente independente, não é considerada nem colaborativa nem harmoniosa" (Dewsnap e Jobber, 2000). Por esses motivos, a integração entre vendas e marketing permanece como uma alta prioridade na agenda gerencial (Rouzies et al., 2005). Essa questão merece uma análise mais detalhada, visto que parece ser com frequência um dos obstáculos mais cruciais à execução de uma estratégia de marketing.

Em geral, a literatura convencional pressupõe que os departamentos de marketing e as áreas de vendas formem uma unidade organizacional, mas é comum que sejam funções bastante distintas nas empresas. Por exemplo, em um estudo datado de 1998, Workman et al. sugerem que "é altamente significativo que, mais de 30 anos após o clamor por integrar as atividades de vendas e marketing sob um CME [chefe executivo de marketing], constatemos que nenhuma empresa seguiu essa recomendação". Na realidade, parte da razão disso é que essas áreas não devem ser as mesmas, visto que as atividades que executam são diferentes (Shapiro, 2002). Entretanto, as novas condições de mercado e funções estratégicas de vendas descritas no Capítulo 15 atribuem considerável relevância à colaboração e à cooperação multifuncionais, que podem não se alinhar adequadamente à tradicional necessidade de separação funcional baseada na especialização da tarefa a ser executada.

O que está longe de ser entendido é quais conflitos ou elementos de conflito realmente acarretam consequências negativas ao desempenho de um negócio e quais não (Deshpande e Webster, 1989). Enquanto marketing e vendas coexistirem como funções de negócios, será provável que existam diferenças fundamentais entre elas no que diz respeito a perspectiva e prioridades. Entretanto, ao examinar a coordenação dessas funções diferenciadas, Cespedes (1996) ressalta um importante paradoxo: "a solução *não* é eliminar as diferenças entre esses grupos", mas, "paradoxalmente, há virtude em *separar* e distinguir os papéis funcionais para melhorar a coordenação multifuncional necessária" (Cespedes, 1995). A recomendação é que as diferenças entre marketing e vendas possam efetivamente prover uma amplitude muito útil de perspectiva e riqueza de compreensão do mercado *devido* às diferenças entre as funções. À medida que a colaboração e a cooperação entre elas crescem em importância, esse paradoxo proporciona uma percepção significativa — o trabalho em equipe e em conjunto deve acomodar as divergências de visão e compreensão para focar a melhoria do desempenho do negócio e não apenas a regularidade da operação em equipe ou a harmonia dos inter-relacionamentos.

A INTERFACE DE MARKETING/VENDAS

Para as demais funções do negócio, as de marketing e vendas parecem iguais — ambas são focadas no cliente e no mercado —, mas alinhá-las tem-se mostrado difícil na prática e é provável que seja ainda mais difícil no futuro. Sua importância é que a cooperação deficiente entre elas levará a uma estratégia inconsistente e fraca, combinada com uma implementação falha e ineficiente (Shapiro, 2002).

Quando a base de clientes era homogênea, simples e dominada por contas de porte médio, o marketing operava como uma função estratégica concentrada em estratégia, segmentação e posicionamento competitivo de produtos, enquanto a área de vendas executava a estratégia no campo, vendendo para usuários finais e distribuidores. A facilidade de distinção entre ambas acabou nos mercados dominados por grandes contas com compradores exigentes e estratégias multicanais para atingir as contas médias e pequenas. No caso das grandes contas, marketing e vendas necessitam tomar decisões conjuntas para chegar a uma oferta integrada que atenda aos padrões exigidos pelos compradores que podem ditar muitas condições a seus fornecedores. Os executivos de marketing necessitam adquirir nova compreensão de cada cliente, das necessidades das contas principais e da tarefa de vendas — a realidade é que, "quando o poder passou do vendedor para o comprador, também mudou da sede para o campo" (Shapiro, 2002). Com o advento da multiplicidade de canais (com Internet, televendas, marketing direto e vendas pessoais atuando lado a lado), a eficácia e a lucratividade também requerem vendas e decisões de marketing compartilhadas sobre a estratégia de canais e sua execução (Shapiro, 2002).

Embora haja relativamente pouca constatação empírica disponível, opiniões e relatos de executivos sugerem que a relação entre marketing e vendas permanece problemática em muitas empresas, com conflitos cercando questões como divisão de responsabilidade e demarcação de territórios, propriedade das informações sobre os clientes, disputa por recursos, controle de preço e orientação de curto prazo de vendas *versus* orientação de longo prazo do marketing. Diferenças nos planos de remuneração (com base em volume para vendas e com base em margens para marketing), diferenças nas necessidades de informação (geográfica e baseada no cliente para vendas e orientada a produto/marca para o marketing) e diferenças nas competências evidenciam o potencial de conflito em vez da colaboração entre essas áreas (Cespedes, 1993, 1994; Montgomery e Webster, 1997; Dewsnap e Jobber, 2000).

Sustentando o potencial de conflito entre marketing e vendas está o que se tem descrito como a existência de diferentes 'mentalidades' nessas áreas — perspectivas distintas sobre questões e abordagens de resolução de problemas —, que foram descritas como:

- *Cliente* versus *produto* — O foco e as recompensas para vendas baseiam-se em clientes e territórios, enquanto o marketing defende produtos e marcas.
- *Relacionamentos pessoais* versus *análise* — A área de vendas pode ser mais 'orientada a pessoas' e focada em relacionamentos, enquanto o marketing enfatiza as agregações de dados e as abstrações.
- *Atividade diária contínua* versus *projetos esporádicos* — O departamento de vendas cumpre tarefas rotineiras, enquanto o de marketing se organiza em torno de projetos de mais longo prazo.
- *Campo* versus *escritório* — O pessoal de vendas está sob imediata pressão de clientes e verbas, enquanto o de marketing pode estar distanciado desse ambiente.
- *Resultados* versus *processo* — Os esforços de vendas vivem de resultados rápidos e diretos, enquanto as atividades de marketing são menos facilmente associadas a resultados de curto prazo, por conseguinte enfatizando processos e resultados intermediários.
- *Orientação de curto prazo* versus *orientação de longo prazo* — Os resultados de vendas enfatizam fechamentos mês a mês, enquanto o marketing se concentra em posicionamento competitivo de longo prazo (Rouzies *et al.*, 2005).

Essas diferenças de 'mentalidade' proporcionam o contexto em que a colaboração marketing—vendas deve ser atingida, mas podem acarretar significativas barreiras práticas.

OS SINAIS DE MÁ INTEGRAÇÃO DE MARKETING/VENDAS

Um estudo pioneiro de Strahle *et al.* (1996) constatou que frequentemente os gerentes de vendas não estabeleciam objetivos de vendas compatíveis com a estratégia desenvolvida pelos executivos de marketing para um produto, passando por má comunicação e incompatibilidade entre metas de ambas as áreas. Eles também notaram tentativas por parte dos executivos de marketing de enganar os gerentes de vendas sobre o desempenho dos produtos para manipular seu comportamento. É evidente que isso resultou em desconfiança e ressentimento em relação ao marketing da parte do pessoal de vendas. Outra pesquisa também sugere que mudanças na estratégia de marketing não levam a uma modificação consistente nas operações de vendas (Colletti e Chonko, 1997).

Uma lista de indícios de falta de alinhamento entre marketing e vendas é fornecida pelas declarações a seguir, que merecem ser avaliadas por executivos dessas áreas em suas próprias operações.

- Suas estratégias de marketing falham em impactar as operações de vendas, impedindo uma implementação eficaz.
- Novas estratégias de marketing ignoram as percepções de clientes e concorrentes desenvolvidas pela força de vendas.
- Os gerentes de outras áreas confundem o que o departamento de vendas pode e deve atingir.
- Conflitos entre gerentes de vendas e de marketing geralmente acabam em atitudes agressivas.
- Sua empresa está passando por sérios problemas de retenção de vendedores e crescentes custos de reposição.
- Há graves desencontros entre as tarefas que os vendedores devem executar para implementar a estratégia de marketing e as formas como elas são estruturadas, avaliadas e remuneradas.

- Os planos de carreira do pessoal de vendas afastam os melhores vendedores dos clientes para colocá-los em posições administrativas ou gerenciais.
- Sua equipe de vendas tem dificuldade em lidar com os papéis ambíguos que atualmente desempenham.
- Sua empresa oferece pouco suporte para que os vendedores façam a mudança da venda transacional para a baseada em relacionamento.
- Seu pessoal de vendas é hostil a outras rotas de acesso ao mercado, como a Internet.
- Suas relações com os clientes estão enfraquecendo em vez de se fortalecer (Hulbert *et al.*, 2003).

Uma cuidadosa avaliação dessas afirmações pode ser útil para identificar quando começam as fissuras entre marketing e vendas que podem permanecer ocultas até se tornarem sérias barreiras ao trabalho multifuncional eficaz.

O DESAFIO DO ENDOMARKETING

Shapiro (2002) observa que os pré-requisitos para relacionamentos marketing/vendas eficazes são um entendimento comum da necessidade de integração e que tanto uma área como a outra focam o compartilhamento produtivo de poder, informações e recursos, mas também adverte: "Há muitos métodos para aperfeiçoar a integração. Eles funcionam melhor quando também estão bem integrados (que surpresa!)... a pressão recai sobre 'misturar e combinar' cada elemento da coordenação para obter um programa robusto, eficiente". Essa necessidade de compreensão e alinhamento entre a estratégia de marketing e a estrutura de vendas define o desafio do endomarketing. O desafio atinge ambas, como sugerimos ao examinar as premissas de sustentação à organização estratégica de vendas. Na realidade, se as empresas não conseguem estreitar a parceria entre marketing e vendas, também não poderão prever bem a capacidade do marketing de criar alianças com outros grupos funcionais.

17.5.5 Marketing e funções operacionais: P&D, manufatura, gestão da cadeia de suprimentos

A relação entre marketing e P&D é mais usualmente associada à eficácia em áreas como o desenvolvimento de novos produtos. É evidente a sinergia obtida com a vinculação entre os gastos de P&D e o valor ao cliente. Entretanto, o papel de P&D pode ser significativo para o processo de definição e entrega de valor, bem como para a clássica função de geração de valor (novos produtos). Por exemplo, empresas como IBM e Xerox trazem consumidores formadores de opinião para seus laboratórios visando a atender o desafio de traduzir avanços técnicos em novas opções de negócios e produtos lucrativos. Por outro lado, em alguns setores de alta tecnologia, a área de P&D constitui um importante componente de marketing de relacionamento — trabalhar com fornecedores e clientes em inovação tecnológica é um componente fundamental das relações comprador—vendedor (Tzokas *et al.*, 1997). Na verdade, nos setores associados a uma acelerada taxa de inovação, a má integração entre marketing e P&D foi relacionada à redução da fidelidade do cliente e dos lucros de longo prazo — as inovações podem ser empurradas ao mercado sem adequada comercialização e prontidão tecnológica, por isso, embora os consumidores possam comprar a inovação na ausência de qualidade e serviço superiores, eles estarão prontos para aderir à próxima 'grande ideia' assim que ela for lançada por um concorrente (Donath, 1997). A construção de ligações mais firmes entre P&D e marketing representa um desafio maior do que simplesmente prover canais de desenvolvimento de novos produtos.

Nas demais funções 'técnicas', o pensamento contemporâneo é dominado pela estratégia de cadeia de suprimentos — em particular a promessa da cadeia 'enxuta' para 'banir o desperdício e criar riqueza' (Womack e Jones, 1996). O modelo de cadeia de suprimentos para identificar fluxos de valor para produtos e organizar-se em torno do fluxo e da demanda de atração de produtos foi enormemente influente devido ao potencial que oferece de reduzir ao mínimo os custos de armazenagem e desperdício. Entretanto, do ponto de vista do marketing, o ponto fraco dessa cadeia enxuta está em sua definição rígida de valor do cliente em termos estritamente técnicos, além do desejo de estreitar o leque de produtos para baixar os custos da cadeia de suprimentos. Apesar disso, a ligação estratégica entre cadeia de suprimentos e marketing está na relação entre as vantagens de cada uma. Aplicar esforços de endomarketing para melhorar a compreensão e a colaboração entre ambas as estratégias é a nova imposição aos executivos de marketing.

Sem dúvida, no nível operacional da cadeia de suprimentos, há evidência de que os esforços de endomarketing para estimular o impacto dos profissionais de linha de frente da logística sobre a geração de valor ao cliente podem levar a um índice mais elevado de satisfação no emprego e de desempenho dos funcionários nos centros de distribuição, além de maior orientação interdepartamental ao cliente (Keller *et al.*, 2006).

17.5.6 Marketing e parceiros externos

Com frequência, a implementação bem-sucedida da estratégia de marketing recorrerá aos esforços de organizações parceiras que atuem externamente — distribuidores nacionais e internacionais, terceirização de manufatura e atendimento ao cliente, entrega de um produto ou serviço ao fornecedor por membros de uma rede. Examinamos no Capítulo 16 o papel crescente das alianças e redes e a forma pela qual, em alguns setores como o de viagens aéreas internacionais, a concorrência acontece entre redes em vez de entre companhias individuais. O desafio de atingir as metas estratégicas por meio de organizações parceiras continua sendo considerável em muitas situações. As redes caracterizam-se pelas dependências. Essas situações cada vez mais comuns definem uma nova e possivelmente crucial função para o endomarketing: o posicionamento de imperativos estratégicos com organizações parceiras nas redes que foram formadas para chegar ao mercado.

17.5.7 Um papel processual para o endomarketing

A lógica por trás desta seção do capítulo baseia-se nas seguintes premissas: a de que cada vez mais a implementação eficaz das estratégias de marketing contará com a eficácia na gestão de relacionamentos multifuncionais e a de que a administração dos processos para criar colaboração e aliança nas empresas (e redes expandidas com base em alianças) amplia a pauta de marketing do simples planejamento da estratégia de implementação para o design do processo e para o papel gerencial. O modelo na Figura 17.3 fornece uma base para tratar a natureza dos processos de principal valor em uma organização e a seguir identificar as contribuições reais ou potenciais de diversas especializações funcionais à efetividade dos processos de valor. Uma vez identificadas, as necessidades de integração e colaboração multifuncional definem a atribuição do endomarketing.

RESUMO

O foco deste capítulo é a implementação da estratégia — a transição do planejamento para a execução. Esse processo enfrenta uma série de obstáculos e traz diversos desafios significativos aos executivos de marketing. Parte do desafio consiste em evitar a separação entre estratégia e implementação e reconhecer sua interdependência. Adotamos a visão cada vez mais disseminada de que uma parte da implementação de uma estratégia de marketing competitiva deve referir-se à administração do mercado interno (composto por funcionários, especialistas funcionais e gerentes, dentre outros), porque isso pode melhorar a capacidade da empresa de entregar suas estratégias aos clientes no mercado externo. Em parte, essa visão baseia-se no reconhecimento da importância da gestão do relacionamento com parceiros para atingir a diferenciação competitiva por meio das habilidades dos 'part-time marketers' na organização, além de também se basear no papel da gestão interna de marca em paralelo à gestão externa de marca.

Vimos que o endomarketing pode ser remetido às visões do passado sobre a sinergia entre o conceito de marketing e o de 'relações humanas' e se desenvolveu operacionalmente de inúmeras maneiras. O escopo do endomarketing foi abordado de modo a abranger a melhoria da qualidade de serviço, os programas de comunicação interna, a administração da adoção de inovações dentro de uma organização, o suprimento multifuncional e multidivisional de produtos e serviços e uma estrutura de implementação de marketing. Nosso interesse aqui reside primordialmente, embora não exclusivamente, no endomarketing estratégico como um arcabouço para a gestão da implementação.

A esse respeito, vimos que o endomarketing oferece uma estrutura para avaliar os custos da mudança e para administrar a mudança, que utiliza os mesmos conceitos, terminologia e técnicas que o planejamento do marketing externo. Isso proporciona um modelo pragmático de direcionamento das escolhas e ações de implementação.

A última parte do capítulo dedica atenção a uma visão do endomarketing mais baseada em processo, que foca a integração dos esforços organizacionais em torno da criação de valor ao cliente e os desafios de formar parcerias multifuncionais para levar a estratégia de marketing ao mercado. Examinamos os potenciais das ações de endomarketing para estreitar os vínculos e a colaboração entre marketing, gestão de RH, finanças, vendas, operações e parceiros externos. Sugerimos que possivelmente um dos mais importantes papéis do endomarketing transcende o alinhamento de valores e comportamentos dos funcionários com as estratégias e confronta a necessidade de atingir valor superior ao cliente por meio da execução impecável da estratégia. Esse papel instiga o endomarketing a desenvolver parcerias multifuncionais dentro da organização e cruzar as fronteiras organizacionais para alinhar os parceiros externos aos imperativos da estratégia de marketing.

British Airways

Estudo de caso

A British Airways (BA) calcula que o prejuízo financeiro da disputa com a Gate Gourmet* chega a pelo menos £ 30 milhões.

Até agora ninguém quantificou as perdas à reputação da marca da companhia aérea pelos cancelamentos e pelo caos aéreo que se seguiu à ação de greve neste mês. A conta final disso pode ser bem mais alta. Entretanto, especialistas sugerem que grande parte disso depende de como a BA lida com a situação. Se houver qualquer dano residual à imagem da BA, as consequências poderão ser significativas.

Neste mês, o grupo de pesquisa Mori relatou uma associação entre a reputação e os preços das ações das empresas listadas. Foi rastreada a classificação 'favorável' de cinco empresas e se constatou que alterações na satisfação dos clientes levavam a movimentações correspondentes no desempenho das ações, geralmente de 3 a 12 meses depois.

Alguns gestores de fundos começaram a contratar pesquisas sobre as percepções que os clientes têm das empresas. Waheed Aslam, diretor de desenvolvimento do Mori, declarou: "Os investidores creem nessa ligação e cada vez mais buscam dados privados que agreguem valor a suas decisões de investimento".

O transtorno enfrentado pelos passageiros na temporada de férias, as cenas de trabalhadores mal-remunerados protestando para ter seus empregos de volta e uma campanha sindical bem-orquestrada mantiveram a disputa no topo da pauta do noticiário. Tim Ambler, *senior fellow* da disciplina de marketing da London Business School, acredita que a marca da BA corre o risco de atingir os pontos mais baixos de seus dias como um setor nacionalizado.

"Já é o terceiro verão seguido que a BA comete o que parece, aos que estão de fora, um grave erro gerencial", ele observou.

A inquietação da equipe de atendimento de solo da BA no aeroporto de Heathrow demonstrou que alguns dos maiores problemas de imagem estão nas percepções internas da marca BA entre os próprios funcionários da empresa.

* Empresa inglesa de serviços de catering, ou refeições para companhias aéreas. (N. do R.T.)

"Colin Marshall [antigo presidente do conselho e chefe executivo da BA] assumiu o controle da marca interna da BA perante os funcionários. Isso se perdeu quando ele deixou a empresa, e eles jamais conseguiram recuperá-lo", afirmou Ambler.

O endomarketing não era apenas uma questão de levantar o moral da equipe, o que poderia ser obtido 'simplesmente' aumentando seus salários e lhes dando férias mais prolongadas, de acordo com Ambler. "Na realidade, trata-se de motivar a equipe a desejar aquilo que é melhor para a BA."

Jes Frampton, chefe executivo da Interbrand, consultoria em marcas, argumentou que a BA havia sido arrastada para um problema que não fora criado por ela. "Quando algo é tão importante assim, exerce um impacto expressivo [sobre a marca]."

No entanto, a BA havia conseguido restringir o dano agindo rapidamente e passando a percepção de honestidade perante a situação. "Considerando-se o fato de que tiveram limitado controle sobre isso [a ação de greve], eles se beneficiaram sendo muito abertos, francos e diretos."

As empresas que reagem de modo eficaz limitam o dano decorrente de situações difíceis, como no caso da reversão da decisão da Shell de afundar a plataforma de petróleo Brent Spar, lembrou Frampton.

"Os traços em comum que caracterizam as pessoas que fizeram isso bem são a velocidade da resposta e a honestidade."

Fonte: MOULES, Jonathan. "Damage limitation is vital to a brand under fire". *The Financial Times*, 24 ago. 2005.

Questões para discussão

1. Qual é a relação entre endomarketing e qualidade de serviço no setor de transporte aéreo?
2. Quais programas de endomarketing a British Airways poderia adotar para evitar mais inquietações internas? Até que ponto esses programas podem ser estendidos aos parceiros externos?
3. Quais desafios a BA pode enfrentar ao implementar um programa de endomarketing visando a agregar valor a seus clientes?

Capítulo 18

Responsabilidade social corporativa

Se... as empresas analisassem suas perspectivas de responsabilidade social usando a mesma estrutura que direciona as escolhas de seus negócios centrais, descobririam que a RSC pode representar mais que um custo, uma restrição ou uma ação filantrópica — pode ser uma fonte de oportunidade, inovações e vantagem competitiva.

Porter e Kramer (2006)

A liberalização dos mercados está forçando executivos e ativistas sociais a trabalharem em conjunto. Eles estão desenvolvendo novos modelos de negócios que transformarão as organizações e a vida dos mais pobres em toda a parte.

Brugmann e Prahalad (2007)

INTRODUÇÃO

Considerar a responsabilidade social corporativa (RSC) como um elemento ou um relevante fator influenciador da estratégia de marketing é uma inovação neste livro. Pode parecer um acréscimo surpreendente e reflete a crescente importância da RSC na maneira como as empresas administram seus principais processos. Entretanto, sua definição é um tanto problemática. Em um *Green Paper** apresentado pela Comissão Europeia em julho de 2001, a responsabilidade social corporativa é identificada como "um conceito pelo qual as empresas integram as preocupações sociais e ambientais a suas operações de negócios e a sua interação com *stakeholders*, de forma voluntária". Esse relatório identifica quatro fatores que sustentam a crescente atenção dedicada pelos executivos às questões de RSC:

- As novas preocupações e expectativas de consumidores, autoridades públicas e investidores no contexto da globalização e das mudanças no setor industrial.
- A influência cada vez maior dos critérios sociais sobre as decisões de investimento de indivíduos e instituições.
- A preocupação crescente com o dano causado pela atividade econômica e empresarial ao meio ambiente.
- A transparência das atividades empresariais possibilitada pela mídia e pelas novas tecnologias de informação e comunicação.

É cada vez mais evidente que as normas empresariais pelo mundo estão consolidando a RSC como uma tendência predominante na prática de negócios. Organizações não governamentais como World Resources Institute (WRI), AccountAbility, Global Reporting Initiative (GRI), International Standards Organization (ISO 14000) e as Nações Unidas conduzem projetos relevantes que visam à melhoria do envolvimento e do desempenho social da comunidade empresarial mundial (Godfrey e Hatch, 2007).

No entanto, embora a RSC possa ser um importante novo elemento nas relações entre empresas, governo e sociedade, permanece a questão a ser tratada de que ela está associada à estratégia de marketing em particular.

Na verdade, o século XXI está testemunhando a transformação das questões de responsabilidade social e moralidade e ética nas práticas empresariais no principal elemento da gestão de relacionamentos com

---

* Trata-se de um relatório que apresenta as propostas de uma política governamental a ser discutida no Parlamento britânico. (N. da T.)

clientes e na forma como as empresas são percebidas e entendidas por seus clientes. Uma pesquisa recente aponta que uma abordagem integrada à RSC em marketing está em falta tanto na teoria quanto na prática e um tanto defasada (Maignan et al., 2005). Sem dúvida, alguma atenção tem sido dedicada ao papel operacional do marketing na administração de projetos de responsabilidade social dentro das empresas pela expansão do foco, de modo a transcender os consumidores e incluir outros *stakeholders*, e pela integração das iniciativas de responsabilidade social (Maignan e Ferrell, 2004). Esses desdobramentos têm sido particularmente associados ao desenvolvimento do marketing social, referente à contribuição das atividades de marketing a comportamentos e objetivos socialmente desejáveis (Andreasen, 1994; Kotler e Levy, 1969), e do marketing 'em prol de uma causa' (Varadarajan e Menon, 1988). Entretanto, embora o impacto do marketing social sobre os deveres sociais atrelados à função de marketing tenha considerável relevância gerencial, nosso foco aqui é um pouco mais amplo e refere-se à repercussão da postura de responsabilidade social corporativa de uma empresa em sua estratégia de marketing e negócios.

18.1 ESTRATÉGIA DE MARKETING E RESPONSABILIDADE SOCIAL CORPORATIVA

Se no início foi sobretudo considerada uma questão de 'filantropia corporativa' (Porter e Kramer, 2002) ou exclusivamente uma questão de obrigação moral ou puro altruísmo, cada vez mais a responsabilidade social corporativa (RSC) tem sido reconhecida como uma potencial fonte de vantagem competitiva e, por conseguinte, um recurso organizacional, bem como parte importante da forma como as relações competitivas operam. Esse pensamento transcende a visão de que a boa cidadania corporativa é uma ferramenta de marketing que pode render benefícios em fidelidade do cliente, comprometimento do funcionário e desempenho nos negócios (Maignan et al., 1999) para examinar a RSC como um recurso estratégico. A força nesse recurso, como em qualquer outro, pode acarretar vantagens competitivas; a fraqueza nesse recurso, como em qualquer outro, pode trazer vulnerabilidade (Branco e Rodrigues, 2006). Considere, por exemplo, as situações a seguir.

Em março de 2007, a Microsoft descartou um de seus fornecedores no Reino Unido porque ele deixou de atender a seus padrões de diversidade de pessoal. A Microsoft faz parte de um grupo ainda pequeno, mas em crescimento, de empresas no Reino Unido que monitoram seus fornecedores para assegurar que eles empregam uma parcela representativa de mulheres e minorias étnicas. A decisão de corte resultou de uma auditoria de diversidade realizada pela Microsoft com seus 250 maiores fornecedores britânicos (Taylor, 2007). Nos Estados Unidos, muitas empresas de grande porte, incluindo a Microsoft, já insistem nas boas práticas de diversidade dos fornecedores e estão reduzindo ou cessando negócios com aqueles que não seguem os requisitos de diversificar sua força de trabalho. Na realidade, embora muitas multinacionais sediadas em território norte-americano tenham adotado projetos voluntários de responsabilidade corporativa para autorregulamentação de suas práticas sociais e ambientais no exterior, crescem as pressões para um envolvimento mais ativo do governo do país em tornar obrigatória essa regulamentação (Aaronson, 2005). Dentre as empresas sediadas no Reino Unido que adotam 'políticas de diversidade de fornecedores' estão o banco Morgan Stanley, a autoridade aeroportuária BAA e o grupo de locação de automóveis Avis Budget (Taylor, 2007). Os fornecedores que não podem ou não pretendem cumprir as responsabilidades sociais definidas pelos clientes mais importantes correm o considerável risco de perdê-los.

Também em 2007, o gigante do varejo norte-americano Walmart envolveu-se em uma amarga disputa judicial com a sra. Julie Roehm. Ela supervisionava uma conta publicitária de £ 300 milhões, antes de ser demitida sob acusações de manter um caso amoroso com um subordinado, ser demasiadamente paparicada por um cliente em potencial, pedir um emprego de modo inadequado e cometer o erro de aceitar uma garrafa de vodca de presente (Gapper, 2007). À parte as questões éticas do comportamento de um executivo, assunto que retomaremos, casos como esse são um exemplo contundente dos custos de uma atitude inadequada na gestão das relações comprador—vendedor. As acusações de corrupção e suborno lançadas contra executivos da Volkswagen e da Siemens na Alemanha — como o alegado 'caixa dois' da Siemens para pagar suborno com a finalidade de ganhar contratos internacionais — prejudicaram ambas as empresas (Woodhead, 2007). Convém observar que muitas práticas consideradas no passado como totalmente aceitáveis — como a 'hospitalidade corporativa' — podem agora ser suficientes para abalar ou destruir as relações comprador—vendedor, sem mencionar as carreiras dos executivos. O impacto é ampliado por crescente transparência e disponibilidade de informações, de modo que práticas dúbias são mais difíceis de ocultar. Um exame recente sobre as 'minas terrestres da integridade' enfrentadas pelas empresas concluiu que:

As mudanças em leis, regulamentações, expectativas das partes envolvidas e investigações da mídia que ocorreram na última década podem agora transformar um lapso de integridade em uma catástrofe. Multas, penalidades e acordos judiciais somam centenas de milhões (ou bilhões) de dólares... E o pior é que, em alguns casos (como Enron e Arthur Andersen demonstraram), uma empresa pode efetivamente implodir.
(Heineman, 2007)

A gestão das relações empresariais comprador – vendedor deve ser colocada nesse contexto mais exigente.

Além disso, no âmbito da marca, as questões de responsabilidade social e de ética e moralidade do comportamento corporativo são cada vez mais significativas, trazendo tanto riscos quanto oportunidades. Em 2007, a Starbucks, rede de lojas de café com mentalidade ética, envolveu-se em uma disputa danosa e incontrolável sobre a legitimidade do registro de marcas de café com o governo da Etiópia. Quando o governo etíope — de um dos países mais pobres do mundo — quis registrar a marca de seus mais famosos cafés, a Starbucks fez objeção ao registro por considerá-lo prejudicial a sua própria marca. A disputa foi exibida ao vivo pelo site de vídeos YouTube. Um comentarista sugeriu que a Starbucks estava 'jogando roleta russa' com sua marca (Rushe, 2007). É importante observar que deve haver um número crescente de concessões que as empresas precisam fazer entre a RSC e as metas comerciais.

As montadoras alemãs de automóveis foram atacadas por Renate Künast, membro do Partido Verde e ex-ministra do meio ambiente, que instigou os consumidores alemães a comprar o Toyota Prius em vez de carros BMW e Volkswagen — devido às emissões mais baixas de dióxido de carbono do modelo híbrido da montadora japonesa. O principal executivo da Porsche declarou que "a Toyota mal podia acreditar em sua sorte". Na realidade, Volkswagen e Mercedes-Benz fabricam veículos com emissões mais baixas do que o Prius, que, aliás, responde por somente 3,5% das vendas da Toyota. Apesar dos fatos, a percepção pública é de que a indústria automobilística da Alemanha se compunha de seguidores relutantes em vez de líderes na fabricação de carros menos poluentes. O receio é que, se as vendas acompanharem as percepções dos clientes, a Toyota vencerá a corrida para fornecer os veículos de baixa emissão que as pessoas no mundo dirigirão nas próximas décadas. Um fraco posicionamento defensivo sobre causas ambientais gerou uma deficiência estratégia significativa para as montadoras alemãs, que agora precisam superá-la (Reed e Milne, 2007).

Em 2007, no Reino Unido, houve outra 'corrida armamentista ambiental' entre varejistas, cada qual reivindicando ser mais verde do que os demais. O anúncio da Marks & Spencer de que pretendia neutralizar seu carbono até 2012 levou a Tesco a declarar que estamparia nos rótulos a quantidade de carbono emitida por todos os seus produtos e a J. Sainsbury a fazer promessas ecológicas semelhantes. Um analista apropriadamente observou: "A questão é se a M&S quer salvar a floresta tropical ou salvar a si mesma da Tesco". Embora os mais cínicos possam suspeitar que haja uma dose de presunção e ufanismo nessas ações ambientais, parece ser uma crença básica a de que, no mercado atual, os consumidores estão preferindo empresas capazes de demonstrar que tentam poluir menos o meio ambiente. O novo mantra do varejo parece ser: "O verde compensa. O verde atrai clientes" (Davey e Laurance, 2007). Em meados de 2007, os supermercados começaram a atacar suas próprias sacolas plásticas e tentaram persuadir os consumidores a abandonar sua conveniência em favor de outras embalagens — como as sacolas de algodão reutilizáveis e de grife com a inscrição "Eu não sou uma sacola de plástico" da Sainsbury, cupons de desconto para clientes que não usassem as sacolas na Asda e pontos no cartão de fidelidade para reutilização de sacolas plásticas na Tesco (Sherwood, 2007). É interessante observar que a competição do verde entre supermercados rapidamente se transformou em críticas públicas às políticas de excesso de embalagem dos produtos dos fornecedores e promessas de sanção àqueles que não reduzissem as embalagens (e assumissem os custos adicionais incorridos). Embora reagir às iniciativas de RSC dos concorrentes nem sempre seja a melhor abordagem, a importância estratégica da RSC ao posicionamento competitivo só aumenta.

Os resultados das manobras de uma empresa em relação a questões de responsabilidade corporativa podem ser surpreendentes. O envenenamento fatal de 17 gatos e cachorros nos Estados Unidos em 2007 por uma ração contaminada gerou diferentes reações das empresas afetadas. As maiores marcas e os supermercados adotaram a abordagem de anunciar o recall de produto e retirar das lojas o estoque afetado; em seguida, em sua maioria, não tocaram mais no assunto. A Petsmart e a Petco assumiram uma posição mais agressiva do que os concorrentes do varejo como Walmart, Krogers e Safeway, usando sua reação à crise para se diferenciarem da concorrência. Ambas continuaram a anunciar ativamente o problema aos consumidores, alertando-os, apesar do recall de produto. A ênfase contínua no problema minou a posição das marcas líderes. Petsmart e Petco podem ter sido motivados pelos interesses do consumidor e de seus animais de estimação ou por objetivos puramente comerciais; seja como for, aparentemente criaram uma vantagem competitiva por meio de suas ações nessa crise (Birchall, 2007).

Entretanto, as ações de RSC podem não ser eficazes para atingir seus objetivos sociais ou empresariais. Embora as políticas ambientais tenham desencadeado uma 'corrida ao ouro verde', com as empresas gastando grandes somas em 'crédito de carbono' ou projetos de neutralização de carbono, os sinais indicam que muitos desses projetos rendem pouco benefício ambiental, se é que chegam a render algum. Os principais beneficiários parecem ser aqueles que vendem os tais créditos, e não aqueles que os compram ou o ambiente (Harvey e Fidler, 2007).

Por outro lado, há indícios de que, embora os consumidores pareçam realmente diferenciar entre marcas e empresas nas questões de impacto social e padrões éticos, podem impressionar-se menos com a presunção corporativa do que algumas empresas possam crer. Uma pesquisa recente das 'marcas percebidas como mais éticas' resultou nas constatações apresentadas na Tabela 18.1 Esses resultados contêm algumas surpresas tanto sobre quais marcas são consideradas representativas do comportamento ético, quanto nas semelhanças e diferenças entre os países estudados.

A mudança nas atitudes de consumo pode ser difícil de rastrear — por exemplo, embora os consumidores declarem que pagariam um adicional de 5% a 10% por vários produtos éticos, na prática essas marcas geralmente detêm minúsculas participações de mercado (Grande, 2007a). Além disso, um estudo recente em cinco países conduzido pelo grupo de pesquisa de mercado GfK NOP sugere que os consumidores nas cinco maiores economias mundiais acreditam que a ética empresarial piorou nos últimos cinco anos e que eles estão recorrendo à 'defesa do consumo ético' para tornar as empresas mais responsáveis (Grande, 2007b). Os entrevistados supõem que as marcas com reivindicações 'éticas' — quanto a políticas ambientais ou tratamento a funcionários e fornecedores — tornariam as empresas mais responsáveis perante o público e que as empresas devem 'promover mais fortemente as credenciais éticas' (Grande, 2007a). Analistas de gestão de marcas sugerem que o consumo ético é uma das questões relativas a marca mais significativas nos mercados modernos e sustenta as mudanças nos setores automotivo, alimentício, varejista, tecnológico e de saúde e beleza. Sua influência está por trás do forte crescimento em vendas de carros híbridos e produtos de beleza 'livres de crueldade a animais', além do crescimento extraordinário dos alimentos orgânicos. A conclusão parece ser a de que as questões éticas e ambientais estão sendo defendidas por um número crescente de consumidores, mas eles nem sempre se impressionam muito com as reações das empresas. No entanto,

Tabela 18.1 As marcas percebidas como mais éticas em cinco países*

França	Alemanha	Espanha	Reino Unido	Estados Unidos
1 Danone	1 Adidas	1 Nestlé	1 Co-op (including Bank)	1 Coca-Cola
2= Adidas	2= Nike	2 Body Shop	2 Body Shop	2 Kraft
2= Nike	2= Puma	3 Coca-Cola	3 Marks & Spencer	3 Procter & Gamble
4 Nestlé	4 BMW	4 Danone	4 Traidcraft	4= Johnson & Johnson
5 Renault	5= Demeter	5 El Corte Inglés	5= Cafédirect	4= Kellogg's
6 Peugeot	5= gepa	6= Adidas	5= Ecover	4= Nike
7 Philips	7 VW	6= Nike	7= Green & Black	4= Sony
8= Carrefour	8= Sony	6= Sony	7= Tesco	8= Ford
8= Coca-Cola	8= Trigema	9 L'Oréal	9 Oxfam	8= Toyota
10 L'Oréal	10= Bio Produkte; Body Shop; Hipp; Mercedes; Wrangler	10 Mercedes	10 Sainsbury's	10= Levi's; Starbucks

Nota: * Baseado em uma pesquisa com 5 mil entrevistados voluntários.
Fonte: Adaptado de GRANDE, Carlos. "Ethical Consumption Makes Mark on Branding". *Financial Times*, 20 fev. 2007, p. 24.

o impacto da 'defesa do consumo ético' é grande e de progressiva importância.

A frequência cada vez maior de situações desse tipo indica que as questões relacionadas às ações de responsabilidade social corporativa e aos padrões éticos exibidos pelas empresas crescem em relevância no debate sobre estratégia de marketing e posicionamento em relação aos concorrentes porque:

- Tais ações representam um novo tipo de recurso corporativo que tem implicações à construção de um posicionamento competitivo sustentável e defensável.
- A medição e a demonstração da 'pontuação' de responsabilidade social corporativa (geralmente calculada com metodologias questionáveis) impõem novos requisitos de abertura e transparência no comportamento empresarial — das 250 maiores multinacionais do mundo, 64% publicaram seus próprios relatórios de responsabilidade social corporativa em 2005 (Chatterji e Levine, 2006).
- Seguir as normas de comportamento determinadas pelas organizações compradoras é cada vez mais compulsório na sustentação das relações comprador—vendedor nos mercados corporativos (e ganha complexidade onde essas relações são globais por natureza e abrangem diferentes culturas).
- A falha em conformar-se ou exceder aos padrões de comportamento definidos por um público influenciado pela mídia e versado na Internet pode minar os esforços convencionais de estabelecer as credenciais de uma marca e conquistar uma posição de mercado.
- Cada vez mais, funcionários e gestores esperam que suas empresas espelhem valores sociais emergentes, bem como padrões éticos superiores. Além disso, a retenção dos principais talentos de uma empresa pode estar intimamente relacionada com essas percepções e crenças.
- O mais significativo é que a responsabilidade social corporativa é cada vez menos tida como puramente altruísta, e mais como um elemento de vantagem competitiva (Porter e Kramer, 2006).

Este capítulo aborda a questão emergente do impacto da responsabilidade corporativa e dos padrões éticos sobre a estratégia de marketing e o posicionamento competitivo. A estrutura e a lógica da abordagem que adotamos é demonstrada na Figura 18.1. Primeiro, examinaremos o escopo da RSC e os direcionadores corporativos das estratégias de RSC. A isso se seguirá um exame da RSC como estratégia defensiva e como fonte de vantagem competitiva sustentável.

18.2 O ESCOPO DA RESPONSABILIDADE SOCIAL CORPORATIVA E DA CIDADANIA CORPORATIVA

A era moderna na qual as empresas devem atuar caracteriza-se crescentemente por uma gama de sentimentos negativos em relação ao mundo dos negócios e pelo ativismo. Exemplos disso são o movimento antiglobalização, o engajamento dos acionistas e as reformas de governança corporativa — na realidade, alguns sugerem que estamos vivendo um clima de 'oposição' aos negócios (Maignan e Ferrell, 2004). Sem dúvida, os escândalos empresariais globais, como os abusos contábeis revelados na Enron e na Andersen e as acusações de suborno na VW e na Siemens, pouco contribuíram para melhorar essas percepções.

Figura 18.1 Estratégia de marketing e responsabilidade social corporativa

Compreensão do escopo da responsabilidade social corporativa e da cidadania corporativa
↓
Identificação dos direcionadores da responsabilidade social corporativa
↓
Ações defensivas de responsabilidade social corporativa → Proteger a posição competitiva e a força da marca
↓
Ações estratégicas de responsabilidade social corporativa → Construir nova vantagem competitiva e novo posicionamento competitivo

Até em um nível mais trivial, empresas de vários tipos estão sob ataques orquestrados pela mídia contra seu jeito normal de fazer negócios. Exemplos recentes dessas pressões incluem: campanhas públicas para reclamar contra tarifas bancárias e exigir reembolso; protestos quase históricos contra os veículos utilitários 4×4, inspirados pelo mito do aquecimento global; as condições de cerco sob as quais as indústrias do tabaco e do álcool operam atualmente; demandas para que as companhias aéreas reduzam o número de voos e para que, assim como ocorre com os maços de cigarro, os pacotes de viagem devam anunciar 'alertas à saúde' sobre os riscos das emissões de carbono; a pressão de campanhas contra a obesidade sobre os revendedores de alimentos e a restrição à publicidade de comida de baixo valor nutritivo a crianças. É crescente a constatação de que a forma como os produtos são comercializados em muitos setores está mudando porque os grupos de consumidores acreditam que as práticas de negócios são irresponsáveis.

Da mesma forma, a crença de que os consumidores estão mais propensos a comprar de empresas que consideram socialmente responsáveis e de que trocariam de marca para favorecer produtos e lojas que demonstrem preocupação com a comunidade levou a uma pressão crescente para que as empresas se comportem como bons 'cidadãos corporativos' (Maignan et al., 1999). Contrariando a visão tradicional de que a única responsabilidade de uma empresa é gerar lucro (Friedman, 1970), as empresas têm sido incentivadas a realizar atividades que beneficiem vários grupos: políticas de apoio à relação trabalho–família, programas de compromisso ético, voluntariado corporativo e marketing verde. Nesse sentido, a 'cidadania corporativa' é um termo que descreve as atividades e os processos adotados pelas empresas para cumprir suas responsabilidades sociais (Maignan et al., 1999).

Um vínculo entre essas várias tendências e questões é o efeito de inibir a capacidade das empresas de desenvolver estratégias de marketing eficazes ou estabelecer e defender suas posições competitivas sem fazer concessão à dimensão social de suas ações. Talvez o aspecto mais significativo agora em ser um bom 'cidadão corporativo' não seja tanto a obrigação moral, e sim a adoção de ações que protejam e proporcionem novas oportunidades comerciais.

A maior atenção das empresas à RSC nem sempre foi voluntária; em vez disso, refletia a surpresa diante da reação pública a questões que antes não eram consideradas de sua responsabilidade. A Nike enfrentou boicotes dos consumidores após a mídia divulgar as práticas de trabalho abusivas nas fábricas de seus fornecedores na Indonésia; as empresas de fast-food e de comida embalada estão sendo responsabilizadas por problemas de obesidade e má nutrição; as indústrias farmacêuticas são cobradas por uma resposta à pandemia de Aids na África, embora isso esteja muito distante de suas principais linhas de produto e mercados (Porter e Kramer, 2006).

Sob uma perspectiva mais positiva, a RSC pode ser associada a benefícios importantes e mensuráveis às empresas. Por exemplo, projetos em prol de uma causa podem impactar diretamente a receita se as empresas que geram ganhos sociais realizam ganhos monetários por meio de mais vendas a clientes moralmente conscientes (ou se esses consumidores estão dispostos a pagar mais) ou reduzem custos. De modo mais amplo, a RSC pode exercer impacto sobre a construção a longo prazo de fidelidade dos clientes, legitimidade, confiança ou valor da marca (Godfrey e Hatch, 2007). Na realidade, algumas empresas empreenderam esforços de alta visibilidade para adquirir uma posição de socialmente responsáveis não só como parte de sua estratégia, que pode até certo ponto ser uma resposta a críticos externos, mas também como parte da visão subjacente sobre o que, afinal, significa fazer negócios.

- A British Petroleum tentou ressaltar seu comprometimento com o meio ambiente vendendo-se como 'Beyond Petroleum' (uma ação vista com algum ceticismo pelos ativistas ambientais).
- A Nike anuncia seu compromisso com a adoção de "práticas comerciais responsáveis que contribuam para o crescimento rentável e sustentável", após uma década ou mais de condenação verbal às práticas trabalhistas nas fábricas de seus fornecedores internacionais.
- A Body Shop foi posicionada desde o início como ativamente engajada em projetos de melhoria social pelo mundo e contrária a práticas como o teste de cosméticos em animais, o que se supõe que tenha sido um dos recursos organizacionais que tornou atrativa sua aquisição em 2006 pela tradicional L'Oréal.

Certamente é cada vez mais importante para os tomadores de decisões estratégicas compreenderem o escopo das ações de responsabilidade social corporativa, tanto no desenvolvimento de possíveis defesas contra ataques a seu posicionamento competitivo e sua capacidade de competir quanto como fontes potenciais de novos tipos de força estratégica.

Avaliar o escopo das possibilidades de RSC envolve inicialmente analisar suas dimensões específicas. Tem-se dedicado atenção a ações como o apoio a causas filantrópicas e o advento do 'marketing em prol de uma causa' (Barone et al., 2000), bem como a proteção do meio ambiente como um fator influenciador do comportamento de compra e da estratégia de marketing (Menon e Menon, 1997; Drumwright, 1989).

Ao desenvolver uma estrutura integrativa para examinar a RSC, Maignan e Ferrell (2004) oferecem um resumo útil de como ela tem sido compreendida e como essa compreensão está mudando. Eles fazem sua distinção como obrigação social, obrigação dos *stakeholders*, orientação à ética e um processo gerencial. As distinções servem para entender os argumentos a favor da RSC e prover uma estrutura gerencial para abordar suas implicações estratégicas.

RSC COMO OBRIGAÇÃO SOCIAL

Desde a década de 1950, tem havido uma forte ligação entre a RSC e o alinhamento das ações corporativas aos objetivos e valores da sociedade. Esse espírito ainda é encontrado nos estudos contemporâneos de marketing, sobretudo em relação ao potencial para reações tanto positivas quanto negativas dos consumidores às ações de RSC desse tipo (Sen e Bhattacharya, 2001). Sob uma perspectiva clássica, Carroll (1979) distingue as obrigações sociais como: *obrigações econômicas* — ser produtivo e economicamente viável; *obrigações legais e éticas* — seguir a lei e os valores e as normas aceitas; e *obrigações filosóficas* — ativamente ressarcir a sociedade.

RSC COMO OBRIGAÇÃO DOS STAKEHOLDERS

Na década de 1990, surgiram a visão de que a RSC como obrigação social era ampla demais para permitir sua gestão eficaz (Clarkson, 1995) e o argumento de que as empresas não são responsáveis perante a sociedade como um todo, mas apenas perante aqueles que direta ou indiretamente afetam as atividades empresariais ou que são afetados por elas — isto é, os *stakeholders* (Donaldson e Preston, 1995). Também os *stakeholders* podem ser agrupados em: *organizacionais* — funcionários, clientes, acionistas, fornecedores; *comunitários* — residentes locais, grupos de interesse especiais; *regulatórios* — autoridades locais, controles legais; e *da mídia* (Henriques e Sadorsky, 1999).

RSC COMO ORIENTAÇÃO À ÉTICA

Vislumbrar a RSC como uma obrigação social ou de *stakeholder* sugere que ela é motivada somente por interesses corporativos, conferindo legitimidade às empresas perante importantes partes externas. Tem-se argumentado que essas visões falham em justificar as ações empresariais que representam um compromisso positivo com os interesses da sociedade que descartam o egoísmo e são genuinamente altruístas (Swanson, 1995). Na realidade, se a RSC reflete somente obrigações, fica difícil avaliar se as práticas de negócios são ou não socialmente responsáveis, em oposição a simplesmente recíprocas (Jones, 1995). Uma visão orientada à ética refere-se ao conceito de certo ou errado aplicado a ações específicas, independentemente de qualquer obrigação social ou de *stakeholder*. Por exemplo, a ética baseada na justiça levaria uma empresa a sistematicamente tentar favorecer decisões que estimulem a igualdade e o tratamento justo a seus parceiros e associados.

RSC COMO PROCESSO GERENCIAL

As três perspectivas anteriores buscam identificar os fatores que convencem as empresas a adotar ações de RSC. Uma visão adicional refere-se a ela no tocante aos processos organizacionais (também conhecida como 'capacidade de resposta social corporativa') (Ackerman, 1975). Um aspecto defende que as 'questões gerenciais' e a 'avaliação ambiental' constituem processos gerenciais relevantes no sentido de atuar para uma posição proativa de responsabilidade (Wood, 1991). Outros sugerem o tipo de processo gerencial sequencial útil ao desenvolvimento sistemático dos projetos de RSC (Ackerman, 1975):

- Monitorar e avaliar as condições ambientais.
- Atender às demandas dos *stakeholders*.
- Elaborar planos e políticas que visem a intensificar os impactos das empresas.

Anteriormente Carroll (1979) descreveu o processo gerencial de receptividade à responsabilidade social como aquele que envolve planejamento e previsão social, organização para a resposta social, controle das atividades sociais e desenvolvimento de política social corporativa.

A importância da integração desses conceitos discrepantes de RSC, segundo Maignan e Ferrell, é que ela proporciona uma visão geral das questões que provavelmente serão levantadas pelas ações de RSC, além de sugerir a importância de desenvolver processos organizacionais adequados para gerenciá-las. Definir o escopo dos impactos atuais e futuros prováveis das diversas pressões por RSC representa um significativo desafio gerencial. Porter e Kramer (2006) recomendam que o foco da atenção da gerência se concentre em:

- **Identificar os pontos de intersecção entre a empresa e a sociedade,** incluindo a forma como a empresa impacta a sociedade no curso normal dos negócios (como as emissões dos transportes), mas também a maneira como as condições sociais impactam os negócios (como os padrões regulatórios). Isso en-

volve mapear tanto o impacto social da cadeia de valor quanto as influências sociais da competitividade empresarial.
- **Escolher quais questões sociais abordar,** selecionando questões que fazem interseção com o negócio e apresentam oportunidade de criar valor compartilhado em vez de tentar solucionar todos os problemas sociais.
- **Criar uma agenda social corporativa,** superando as expectativas externas para obter benefícios tanto sociais quanto econômicos.

Embora a forma de abordagem seja muito diferente dependendo da situação empresarial, a estrutura apresentada nesta seção oferece o enfoque inicial para explicitar as questões de RSC e integrá-las à elaboração da estratégia de marketing.

18.3 FATORES IMPULSIONADORES DAS AÇÕES DE RESPONSABILIDADE SOCIAL CORPORATIVA

Não obstante os vínculos que propomos entre a responsabilidade social corporativa e a estratégia de marketing, seria equivocado sugerir que a filantropia altruísta corporativa está desaparecendo ou perdendo importância. Na realidade, embora a filantropia tradicional tenha sido criticada por ser ineficaz, o nascimento do movimento de 'empresa social' representa um novo modelo para tratar as questões de justiça social com abordagens extraídas do mundo dos negócios. Por exemplo, a Google.org é o braço filantrópico da empresa de mecanismos de busca pela Internet estabelecida para financiar e apoiar grupos com ou sem fins lucrativos focados em energia, pobreza e meio ambiente. Atingir metas sociais por meios empresariais — a empresa social — constitui um novo tipo de modelo de negócios, incentivado por pessoas, como Bill Gates da Microsoft, que não querem apenas doar dinheiro para boas causas, mas trazer suas próprias filosofias e habilidades para administrar e obter retorno social. A empresa social visa a quebrar as barreiras tradicionais entre organizações, governo e instituições de caridade com empreendimentos que queiram combinar inovação, orientação para o mercado e o objetivo de gerar benefício público (Jack, 2007). Especula-se que possa até existir um movimento de afastamento do capitalismo dos acionistas em direção a um modelo empresarial radicalmente diferente, em que o fim social é colocado acima do lucro ou o lucro está a serviço do fim social (Smith e Ward, 2007).

Todavia, embora a empresa social seja uma significativa extensão dos tradicionais conceitos de filantropia corporativa e possa melhorar a reputação de organizações e líderes que dedicam recursos a esses empreendimentos, nosso interesse aqui recai sobre os fatores impulsionadores de mais ações convencionais de responsabilidade social corporativa e seus vínculos com os negócios e a estratégia de marketing nas empresas existentes, e não sobre os novos modelos híbridos de negócios.

Porter e Kramer (2006), em sua recente análise sobre RSC, apontam que, embora ela geralmente continue imbuída de um forte imperativo moral (como vimos na última seção do capítulo), os defensores modernos do movimento de RSC baseiam-se em quatro argumentos para justificar atenção e recursos para essas ações:

- **Obrigação moral** — O dever de uma empresa de ser um bom cidadão e fazer 'a coisa certa'. Entretanto, há muitos dilemas inerentes a essas questões — a entrada do Google no mercado chinês gerou conflito entre a aversão ocidental à censura e os requisitos legais impostos pelo governo chinês.
- **Sustentabilidade** — Ênfase no impacto do negócio ao meio ambiente e à comunidade. Até certo ponto, isso pode refletir-se em interesse próprio — alterações na embalagem do McDonald's reduziram 30% seus resíduos sólidos.
- **Licença para operar** — A permissão tácita ou explícita de que uma empresa necessita de governos, comunidades e outros *stakeholders* do negócio.
- **Reputação** — Ações de RSC que visam a melhorar a imagem de uma empresa, fortalecer sua marca, elevar o moral ou até aumentar preços. Algumas organizações ocupam posição de destaque baseada em um extraordinário compromisso de longo prazo com a responsabilidade social, como Ben & Jerry's e Body Shop.

Talvez se possa acrescentar a essa lista a necessidade de reagir ao posicionamento baseado em RSC dos concorrentes que estão buscando vantagem por meio de uma maior aproximação com os clientes e lidando com demandas explícitas referentes aos padrões que esperam, por exemplo, de seus fornecedores. A interessante visão de Porter e Kramer (2006) é a de que "essas quatro escolas de pensamento compartilham o mesmo ponto fraco: elas focam a tensão entre a empresa e a sociedade, em vez de sua interdependência".

Thomas Stewart (2006a) salienta esse ponto. Ele observa a contradição do argumento clássico de que a única responsabilidade de uma empresa em relação à sociedade é ganhar tanto dinheiro quanto puder de forma legal, em comparação com a realidade contemporânea de que uma empresa que marginaliza a sociedade pagará o preço de ser banida. O problema oposto para os executivos pode ser o conflito entre as ações sociais e as metas empresariais — será que há hipocrisia quando fabricantes de cerveja recomendam aos consumidores não beberem ou quando uma companhia de petróleo promove a economia de combustível? O argumento de Stewart é que essas visões compartilham uma falha lógica: elas pressupõem que as empresas e a sociedade têm interesses opostos. Daí decorre, a partir da premissa de que empresa e sociedade são interdependentes, que a RSC é identificada como uma oportunidade estratégica que possui muito maior importância do que apenas o dever moral.

Contudo, é amplo o reconhecimento de que as empresas têm escolhas a fazer em relação à responsabilidade social. Por exemplo, sua capacidade de resposta social pode refletir um dos seguintes modos ou filosofias, variando de 'não faz nada' a 'faz muito' (Carroll, 1979):

- **Reação** — As empresas rejeitam as responsabilidades sociais e fazem menos do que exigem os padrões sociais.
- **Defesa** — As empresas agem para cumprir suas responsabilidades sociais, somente para defender seus próprios interesses comerciais, mas só fazem o que é exigido.
- **Acomodação** — São as empresas que têm uma postura progressiva para melhorar sua agilidade de resposta social.
- **Proatividade** — São as empresas que preveem responsabilidades futuras e agem além dos requisitos mínimos, assegurando que atendam ou superem suas responsabilidades.

No entanto, somente ter a capacidade de resposta pode não ser a mesma coisa que apresentar boa cidadania. Por exemplo, uma organização reativa pode enfrentar as pressões sociais mudando-se para um ambiente menos exigente — consideremos a crescente ênfase da indústria do tabaco nos países em desenvolvimento relativamente desregulamentados, onde o consumo de cigarros permanece socialmente aceitável. O simples preceito de agilidade de resposta simplifica demais a complexidade das situações enfrentadas pelas empresas. A questão é como uma empresa reage e o que suas reações representam.

Na verdade, a indústria do tabaco proporciona uma ilustração interessante das limitações da RSC. Apesar das recentes críticas veementes dos grupos antitabagistas e de oponentes como a Organização Mundial de Saúde — que duvida de modo categórico da própria possibilidade de responsabilidade social nesse setor —, os fabricantes de cigarros começaram a se posicionar como bons cidadãos. Essas ações incluem a filantropia corporativa — por exemplo, doações a universidades para pesquisa e a grupos ambientais; demonstrativos de RSC — relatórios anuais e outras publicações; autorregulamentação — como BAT, Philip Morris e Japan Tobacco, que lançaram um código voluntário internacional de marketing. Entretanto, pesquisas apontam que essas ações provavelmente serão ineficientes ou até contraproducentes: alguns periódicos científicos recusam-se a publicar pesquisa patrocinada pela indústria do tabaco; muitos grupos de *stakeholders* não arriscarão suas próprias reputações envolvendo-se com esse setor; e as alegações de RSC são consideradas por muitos como 'maquiagem', na melhor das hipóteses. Apesar de poder defender sua posição demonstrando integridade na cadeia de suprimentos (por exemplo, melhorando as condições de trabalho nas plantações), essa indústria é incapaz de demonstrar uma contribuição ao bem-estar da sociedade (devido à natureza viciante e letal de seus produtos) (Palazzo e Richter, 2005). Embora a RSC defensiva possa trazer algumas vantagens aos fabricantes de cigarros, é pouco provável que uma postura proativa seja eficaz.

Sem dúvida, algumas empresas enfrentam um dilema: será que seu modelo de negócios vigente se baseia em recursos e competências que são questionáveis no tocante à responsabilidade e ao dever social? Uma das lojas de moda britânica de maior sucesso é a Primark. Seu modelo de negócios consiste em se abastecer de peças de vestuário em regiões de baixo custo de manufatura e transformar tendências de passarela em produtos no prazo de algumas semanas e a preços extremamente baixos, o que proporciona uma grande vantagem competitiva para conquista de consumidores. Todavia, o resultado é que a Primark compra de fornecedores cujos operários recebem remuneração ínfima por hora e trabalham 90 horas por semana em condições extremamente precárias. A 'ofensiva de charme' da empresa no campo da ética e da responsabilidade social abrange ações éticas a favor de camisetas de algodão orgânico com tudo para serem '*fashion*', redução de dano ambiental com menor uso de sacolas plásticas e adesão à Ethical Trading Initiative, que se compromete a melhorar as condições de trabalho. A Primark enfrentou protestos coordenados em suas lojas, organizados pelo People and Plant durante a Fairtrade Week em 2007, além de incitação a boicotes dos consumidores. Entretanto, o dilema é que o modelo de negócios de baixo preço e cadeia de suprimentos enxuta depende de fornecedores de baixo custo. Esse dilema é compartilhado com outras lojas de moda de preço acessível, como Tesco e Asda.

A análise racional que estamos desenvolvendo fornece a base para examinar os vínculos entre RSC, vantagem competitiva e posicionamento estratégico no mercado de um modo que não foi plenamente percebido em fases anteriores da reflexão sobre as ações de RSC como obrigações sociais com um possível benefício de 'relações públicas' para a reputação da empresa. Em particular, distinguimos entre RSC como uma *defesa* contra ataques capazes de minar o posicionamento competitivo e como uma *estratégia* capaz de proporcionar novas oportunidades de negócios.

18.4 AÇÕES DEFENSIVAS DE RESPONSABILIDADE SOCIAL CORPORATIVA

Se uma empresa é essencialmente defensiva ou acomodada em sua postura de resposta social, suas principais preocupações sobre a RSC serão a proteção dos relacionamentos (por exemplo, com consumidores, clientes corporativos, lobistas influentes e grupos de pressão, fornecedores, funcionários e gestores) e da sua posição em relação à concorrência. Atualmente, a evidência é que a maioria das empresas concentra suas comunicações de RSC em seus consumidores, funcionários e acionistas (Snider *et al*., 2003), demonstrando certa negligência em relação a concorrentes e parceiros de aliança (Robertson e Nicholson, 1996).

Um exemplo de ação defensiva nessa área é a nomeação em 2007 de um chefe executivo de ética pela corretora Cantor Fitzgerald. Os corretores intermediários são conhecidos pela rivalidade agressiva, mas, perante a crítica dos acionistas à governança da empresa e uma decisão judicial que apontou 'demonstrações financeiras enganosas', uma resposta defensiva era exigida. O chefe executivo de ética foi nomeado para reafirmar o "forte comprometimento com a ética e com a integridade nos negócios" da empresa (Mackensie e Beales, 2007).

Porter e Kramer (2006) identificaram uma importante advertência sobre as formas defensivas de RSC, sobretudo na resposta aos desafios de grupos de pressão. Eles advertem que as empresas que consideram a RSC somente como um meio de apaziguar grupos de pressão geralmente descobrem que essa abordagem se transforma em uma série de ações de curto prazo de relações públicas com benefício social mínimo e nenhum benefício estratégico. Eles sugerem que as respostas corporativas mais comuns à RSC não têm sido estratégicas e costumam ser pouco mais do que cosméticas. No entanto, são consideráveis os riscos de permanecer inativo quando as demandas sociais se agravam.

A mudança de políticas na Coca-Cola é ilustrativa. A empresa atraiu um bombardeio de publicidade negativa em anos recentes: os alegados maus-tratos a trabalhadores em Columbia; o uso de água em regiões que sofrem com a seca na Índia; a demora em assumir responsabilidade pela contaminação de um produto na Bélgica em 1999; a repressão violenta a acionistas ativistas; e seu papel de destaque no fomento à epidemia de obesidade infantil que assola o mundo desenvolvido. A Coca tem sido ativamente boicotada nos campi universitários por toda a América do Norte e partes da Europa. A empresa corria o risco de tomar o lugar de Nike e McDonald's como o principal vilão corporativo do movimento antiglobalização. O problema admitido pela gerência era o de que as percepções negativas da empresa corroíam progressivamente o valor da marca. Seu novo chefe executivo impôs uma atitude proativa frente às questões sociais com a meta de tornar a Coca um "reconhecido líder global em responsabilidade social corporativa". A empresa realizou uma auditoria das práticas de trabalho por toda sua cadeia de suprimentos, lançou diversos projetos de conservação da água, adotou diretrizes setoriais que restringiam a venda de bebidas adoçadas em escolas e apoiou iniciativas de estímulo à prática de exercícios físicos entre as crianças. Os críticos alegam que a empresa está perseguindo essas ações sob pressão, não por acreditar que são a coisa certa a fazer (Ward, 2006).

Com efeito, a meta gerencial em um modelo defensivo de RSC deve ser a de prever e desenvolver respostas apropriadas a demandas sociais provenientes de qualquer fonte que ameace minar o valor e a credibilidade de marcas, a atratividade da posição competitiva da qual dependa uma estratégia corporativa e a viabilidade da estratégia de marketing em si. Entretanto, é importante que as respostas de ação social a essas pressões sejam cuidadosamente avaliadas quanto a suas possíveis consequências, em vez de representarem uma reação 'instintiva' da gerência.

A gerência deve dedicar atenção a analisar as ligações entre a postura de RSC e seus impactos sobre consumidores, clientes corporativos, lobistas, fornecedores, funcionários e gestores, além de concorrentes. A meta deve ser a de avaliar cuidadosamente os possíveis impactos positivos e negativos dos esforços de RSC sobre cada um desses grupos.

Os consumidores e a RSC

A adesão a causas sociais pelas organizações costuma basear-se na premissa de que os consumidores recompensarão esse comportamento (Levy, 1999). Entretanto, há o risco de que é pouco provável que eles aceitem cegamente as ações sociais como sinceras e, portanto, podem ou não recompensar a empresa com atitudes positivas e compras (Becker-Olsen *et al.*, 2006). Na verdade, pesquisas sugerem que os consumidores 'punirão' as empresas que forem percebidas como insinceras ou manipuladoras em seu engajamento social (Becker-Olsen *et al.*, 2006). Não obstante, tem-se constatado também que existe uma conexão entre as ações sociais de uma empresa e as respostas positivas de consumidores em atitudes, crenças e comportamentos (Brown e Dacin, 1997; Creyer e Ross, 1997; Ellen *et al.*, 2000). Associações positivas foram encontradas entre projetos sociais e preço, percepção de qualidade, atitudes corporativas e intenções de compra (Becker-Olsen *et al.*, 2006).

Por outro lado, há um forte argumento de que, para serem eficazes, os projetos sociais devem ser compatíveis com os objetivos e valores vigentes de uma empresa (Levy, 1999). Na realidade, existem evidências de que, quando as ações sociais não estão alinhadas aos objetivos e valores corporativos, as iniciativas de RSC podem transformar-se em um passivo e prejudicar crenças anteriormente associadas à empresa. É prioritário que as ações e as respostas sociais sejam cuidadosamente selecionadas, de modo a refletirem os valores e o domínio corporativos e, dessa forma, serem percebidas pelos consumidores como proativas e socialmente motivadas (Becker-Olsen *et al.*, 2006).

OS CLIENTES CORPORATIVOS E A RSC

Já foi observado que têm crescido as demandas dos clientes corporativos para que seus fornecedores implementem políticas e ações de RSC que sejam aceitáveis à organização contratante.

Podemos citar o programa de 'conformidade do fornecedor' da Target Corporation, um bem-sucedido varejista norte-americano com mais de 1.500 lojas Target e quase 200 pontos de venda SuperTarget voltados ao público mais sofisticado. A Target orgulha-se de seus elevados padrões éticos e princípios empresariais, enfatizando a proteção aos direitos humanos, e estende esses princípios e padrões a seus fornecedores. Suas fontes de abastecimento são globais e administradas por sua subsidiária Associated Merchandising Corporation. Os responsáveis pelas compras devem manter os padrões de responsabilidade social da Target Corporation onde quer que comprem no mundo, mesmo quando eles superam os requisitos das leis locais — seus engenheiros não se limitam a inspecionar as fábricas dos fornecedores quanto a qualidade de produto, mas também verificam os direitos trabalhistas e as condições de trabalho. A Target opera uma 'estrutura de conformidade' formal para seu processo de compras, de modo a impor seus padrões e focar o treinamento e a inspeção, com os seguintes componentes:

- Implementação de um programa de auditoria de conformidade, em que uma equipe de auditores realiza visitas aleatórias às instalações fabris do fornecedor, após as quais as violações à conformidade podem causar suspensão administrativa ou rompimento da relação.
- Limitação de subcontratados usados pelos fornecedores àqueles aprovados pela Target.
- Avaliações regulares do fornecedor, bem como auditorias formais.

A Target não é exceção na atenção que dedica aos padrões éticos e de responsabilidade social que exige de seus fornecedores no mundo todo. A introdução de dimensões formais de responsabilidade social às relações com fornecedores está se tornando uma regra entre os grandes clientes. Esses imperativos de responsabilidade social impactam a seleção de novos fornecedores e a continuidade das relações com os existentes.

Os imperativos em evolução de responsabilidade social dos clientes corporativos requerem respostas efetivas. Certamente uma resposta pode ser a de que as demandas de responsabilidade social de um cliente reduzem sua atratividade ao vendedor, e o negócio deve ser prejudicado. No entanto, a disseminação das abordagens de avaliação de fornecedores que lhes impõem exigências de RSC requer uma avaliação contínua e sistemática como base para uma resposta adequada.

OS LOBISTAS E A RSC

Há também alguma evidência de que empresas com parcos registros de RSC podem sofrer graves consequências negativas, como boicotes em grande escala dos consumidores, enfraquecimento da imagem da marca ou redução nas vendas. Parte desse efeito pode ser atribuída ao crescimento de grupos de consumidores que promovem ativamente a conscientização daquilo que consideram como transgressões de uma empresa e incitam ativamente os boicotes (Snider *et al.*, 2003).

Sem dúvida, parece que as organizações ativistas se tornaram muito mais agressivas e eficazes em impor pressão pública às empresas. Elas podem focar as de maior visibilidade para atrair atenção, mesmo que a empresa em questão exerça pouco impacto sobre o problema. A Nestlé é o maior vendedor mundial de água engarrafada e tornou-se alvo preferencial no dilema global sobre o acesso a água potável. Na verdade, o impacto da Nestlé sobre o uso e a disponibilidade de água no mundo é insignificante — mas não deixa de ser um alvo conveniente (Porter e Kramer, 2006).

Um resultado do tratamento das questões de RSC da maneira como temos proposto aqui é identificar aquelas que mais provavelmente ganharão mais visibilidade frente a diferentes tipos de grupo de pressão. Isso ao menos proporciona alguma base para reagir de forma efetiva quando se tornam questões de destaque. Entretanto, as respostas a grupos de pressão externos devem ser criteriosamente avaliadas quanto a seu potencial de 'consequências imprevistas' (Fry e Polonsky, 2004).

Os lobistas ou grupos de pressão podem ou não representar motivo de preocupação generalizada e podem ou não ser legítimos em suas atividades. É pouco provável que respostas a pressões de grupos não devidamente qualificados e de postura duvidosa surtam efeitos positivos para uma empresa, além de poderem acarretar dilemas adicionais. Por exemplo, nos contínuos ataques à empresa de testes com animais Huntingdon Life Sciences, os defensores dos direitos dos animais miraram não somente a HLS como alvo de ameaças e protestos, mas também fornecedores como o banco da empresa. O dilema do banco era se devia aquiescer às exigências dos que protestavam e parar de atender à HLS ou enfrentar as ações violentas contra seus próprios funcionários e instalações. Entretanto, os primeiros sinais de concessão aos protestos geraram críticas dos acionistas e da mídia financeira, segundo os quais o banco não tinha por que ceder às exigências dos defensores dos direitos dos animais e a suas táticas questionáveis.

Reagir a pressões externas, sobretudo quando são veementes e bem organizadas, para defender a posição competitiva de uma empresa pode ser uma adequada ação gerencial. Ou não — pode ser impossível ou indesejável reagir às exigências de alguns grupos de pressão. De qualquer maneira, os efeitos de tais respostas necessitam ser atentamente analisados no contexto de toda a cadeia de valor, e deve-se tentar manter o controle sobre as 'consequências imprevistas' dessas ações.

Os fornecedores e a RSC

A questão da RSC e dos padrões éticos na base de suprimento de uma empresa é reflexo direto das questões já levantadas sobre as demandas relacionadas a isso da parte dos maiores clientes. Com efeito, os padrões éticos e sociais demonstrados pelos próprios fornecedores de um vendedor podem fazer parte da avaliação de RSC de um cliente — como no caso da limitação do uso de subcontratados no exemplo citado da Target. Cada vez mais, nossos principais clientes podem exigir que adotemos uma postura proativa de RSC para toda a cadeia de valor.

Embora a tendência geral seja clara, do ponto de vista estrito os gerentes têm de fazer escolhas. Se as demandas de RSC não podem ou não devem ser atendidas pelos fornecedores, a escolha fica entre manter ou não o relacionamento, assumindo-se que substitutos terão que ser identificados e contratados. Por outro lado, se os fornecedores estiverem preparados para aceitar novos padrões de comportamento, deverá haver implicações nos preços que cobram e, por conseguinte, na estrutura de custo da empresa e nos preços que ela cobra de seus clientes. Esse deve ser um cálculo complexo, e é preciso uma cuidadosa avaliação.

Funcionários, gestores e a RSC

A RSC também é tida como um fator de influência sobre as percepções que funcionários e gestores têm da empresa e, consequentemente, sobre sua motivação e comprometimento em relação a ela. É evidente que muitos dos indivíduos que iniciam a carreira profissional agora e que compõem o reservatório de talentos de onde emergirão os futuros líderes corporativos tenham importantes preocupações sobre as questões morais e éticas nos negócios. A dúvida é se as ações de RSC aplacarão essas preocupações e gerarão o nível superior de comprometimento de pessoal que deve estar associado a maiores níveis de desempenho no emprego.

Pesquisas apontam duas advertências à presunção de que a RSC impactará positivamente as crenças e as atitudes dos funcionários. Em primeiro lugar, o comportamento deles será modelado em parte pela cultura e pelo clima organizacional, e o impacto da RSC será influenciado, por um lado, pela forma como as ações são apresentadas no tocante a conformidade e valores e pela integração de tais políticas aos processos organizacionais ou, por outro lado, se são simplesmente vistas como 'maquiagem'. Segundo, o impacto da RSC sobre a motivação e o comprometimento será afetado pelo grau de alinhamento entre os valores pessoais dos indivíduos e os da organização, por suas percepções de probidade e justiça na organização, pela forma de remuneração do desempenho em RSC e pelas percepções sobre as atitudes da alta gerência em relação a RSC e desempenho (Collier e Esteban, 2007).

Entretanto, um estudo conduzido pela McKinsey sugere que até 70% dos gerentes de uma empresa acreditam que há margem para melhoria na maneira como as grandes empresas preveem a pressão social e reagem a ela. Eles veem riscos para seus negócios em alguns desafios sociais — como a mudança climática, a privacidade de dados e os cuidados com a saúde —, mas oportunidades em outros — como a crescente demanda por produtos mais éticos, saudáveis e seguros (Maitland, 2006). Outros indícios da importância das questões de responsabilidade social e ética são demonstrados em estudos sobre as percepções de negócios entre estudantes — que formarão as próximas gerações de gerentes. Os alunos de administração parecem crer que as empresas devem atuar para a melhoria da sociedade e buscam encontrar empregos socialmente responsáveis em suas carreiras (Knight, 2006).

Os concorrentes e a RSC

Já comentamos sobre a pressão para atender, equiparar ou superar as ações de RSC dos concorrentes. A 'corrida armamentista ambiental' entre os supermercados britânicos no período de 2006 a 2007, com cada empresa tentando superar as outras em suas estratégias de proteção ambiental, é ilustrativa. Sem dúvida, os projetos de RSC proporcionam um meio para uma empresa diferenciar-se da concorrência, mesmo que isso seja rapidamente combatido pelos rivais.

Contudo, parte de nossa análise sobre o posicionamento competitivo real e potencial deve levar em conta o impacto das questões sociais. Por exemplo, no setor automotivo, a Volvo tem na segurança o aspecto central de seu posicionamento competitivo, enquanto a Toyota está buscando construir vantagem competitiva a partir dos benefícios ambientais de sua tecnologia de motor híbrido. Elevadas preocupações públicas sobre as questões ambientais e outras sociais indicam que elas serão importantes para as escolhas de posicionamento competitivo em muitos setores.

Também se deve reconhecer que algumas questões sociais são compartilhadas por todos os membros de um setor, e ações conjuntas ou colaborativas de RSC podem beneficiá-los. Por exemplo, a Extractive Industries Transparency Initiative, inicialmente sediada em Londres, mas agora em Oslo, resulta de uma colaboração global que abrange quase 30 empresas de petróleo, gás e mineração que concordaram em trabalhar contra a corrupção por meio de total transparência pública e inspeção dos pagamentos de todas as empresas aos governos dos países onde operam. A ação coletiva de todas as maiores empresas torna difícil para um governo minar o benefício social do comércio livre de corrupção ao optar por não negociar com empresas que revelam pagar suborno.

É evidente que existem riscos para uma empresa ao adotar uma abordagem totalmente defensiva em relação a questões de RSC. O fracasso em determinar a abrangência dos imperativos de RSC que provavelmente serão enfrentados pode ser associado a reações ineficazes e de curto prazo às pressões sociais. Seja como for, em alguns casos uma postura defensiva pode ser tudo o que se tem a fazer em algumas questões sociais. Nesses casos, as ações devem ser criteriosamente avaliadas e executadas para evitar os riscos de piorar a situação, de ser percebido como insincero ou cínico ou de empreender ações com consequências mais amplas e indesejáveis para a empresa ou para a sociedade.

18.5 RESPONSABILIDADE SOCIAL CORPORATIVA E VANTAGEM COMPETITIVA

Importante sob a perspectiva da estratégia de marketing é o argumento emergente de que a responsabilidade social corporativa oferece uma base de vantagem competitiva que cresce em significância. Por exemplo, recentemente Porter e Kramer (2006) defenderam com veemência a posição de que os negócios não devem simplesmente levar a responsabilidade social corporativa a sério como um fim em si mesmo, mas devem incorporá-la a sua estratégia para ajudar a desenvolver vantagem competitiva. Eles alegam que as abordagens convencionais de RSC em geral resultam em um conjunto de ações e atividades filantrópicas descoordenadas que nem geram impacto social relevante, nem fortalecem a competitividade de longo prazo da empresa. (Já sugerimos o oposto disso: que as empresas que negligenciam as questões de responsabilidade social e padrões éticos ou morais podem se ver em posição de desvantagem em relação a concorrentes que se posicionam parcialmente com base nesses recursos.) Embora o modelo de Porter e Kramer seja relativamente novo e não testado, é provável que influencie sobremaneira o pensamento gerencial e proporcione a estrutura subjacente desta seção do capítulo. Acima de tudo, Porter e Kramer vinculam a RSC diretamente à criação de vantagem competitiva.

A lógica por trás da ligação entre responsabilidade corporativa e vantagem competitiva segue estas linhas. Porter e Kramer argumentam que muitas das abordagens predominantes à RSC são fragmentadas e desconectadas do negócio e da estratégia, enquanto na realidade o verdadeiro desafio para as empresas consiste em analisar suas perspectivas de responsabilidade social usando as mesmas estruturas que orientam suas escolhas no negócio central. A meta é estabelecer a RSC não meramente como um altruísmo corporativo, mas como uma fonte de oportunidade, inovação e vantagem competitiva.

Porter e Kramer pregam que as empresas devem fazer escolhas sobre quais questões sociais abordar, dentre:
- **Questões sociais genéricas** — Coisas que não são afetadas pelas operações de uma empresa, não impactam sua competitividade de longo prazo.
- **Impactos sociais da cadeia de valor** — Questões sociais que são afetadas pelas atividades da empresa no curso normal dos negócios.

- **Dimensões sociais do contexto competitivo** — As questões sociais no ambiente externo que afetam sobremaneira os elementos impulsionadores da competitividade corporativa.

Eles sugerem que uma empresa deve classificar as questões sociais nessas três categorias para cada unidade de negócios e localização, para então ordená-las de acordo com o potencial de impacto. A categoria em que uma dada questão recai dependerá do negócio e de sua localização. Por exemplo, a pandemia de Aids na África poderia ser uma questão social genérica para um varejista nos Estados Unidos ou na Europa, um impacto de cadeia de valor para uma indústria farmacêutica e uma dimensão de contexto competitivo para uma mineradora que dependa da mão de obra local para suas operações.

O propósito dessa classificação é criar uma pauta social corporativa explícita para uma empresa que "supere as expectativas da comunidade para gerar benefícios tanto sociais quanto econômicos. Ela vai de mitigar o dano a encontrar meios de reforçar a estratégia corporativa pela promoção das condições sociais" (Porter e Kramer, 2006). Os autores introduzem uma distinção crucialmente importante entre a RSC reativa e a estratégica, sugerindo que é por meio da RSC estratégica que uma empresa pode causar o maior impacto social, ao mesmo tempo que também obtém os maiores benefícios competitivos. A distinção entre os dois níveis de RSC ocorre da seguinte maneira:

- **RSC reativa** — Envolve atuar como um bom cidadão corporativo, refletindo as apreensões sociais dos *stakeholders* da empresa e também mitigando os efeitos adversos existentes ou previstos pelas atividades empresariais. O domínio é de impactos sociais genéricos e da cadeia de valor. A limitação de muitas ações de cidadania persiste de modo que, apesar dos efeitos sociais benéficos, tais programas tendem a permanecer circunstanciais para o negócio de uma empresa. A chave para minimizar os impactos sociais da cadeia de valor são as melhores práticas, embora a vantagem competitiva resultante de tais esforços tenda a ser temporária.
- **RSC estratégica** — Transcende a boa cidadania e os impactos da cadeia de valor com ações de efeitos abrangentes e distintivos. As metas são a transformação das atividades da cadeia de valor para beneficiar a sociedade ao mesmo tempo que se reforçam a estratégia corporativa e as ações estratégicas que alavancam as competências corporativas para melhorar áreas de contexto competitivo. A RSC estratégica pode envolver a introdução de novos produtos radicalmente diferentes — o carro híbrido Prius da Toyota responde às preocupações dos consumidores quanto à emissão veicular de gases poluentes e proporciona tanto vantagem competitiva para a empresa quanto benefícios ao meio ambiente. Entretanto, o objetivo mais amplo da RSC estratégica consiste em investir nos aspectos sociais do contexto da empresa para fortalecer sua competitividade. Isso se atinge, em parte, acrescentando uma dimensão social à proposição de valor e ao jeito de fazer negócios da empresa. Somente um pequeno número das questões sociais que poderiam ser abordadas tem esse potencial de fazer uma real diferença à sociedade e ainda construir vantagem competitiva.

Como uma estrutura para examinar essas distinções, a lógica de Porter e Kramer é resumida na Figura 18.2.

Além disso, usando o exemplo da Whole Foods Market nos Estados Unidos, Porter e Kramer ressaltam a

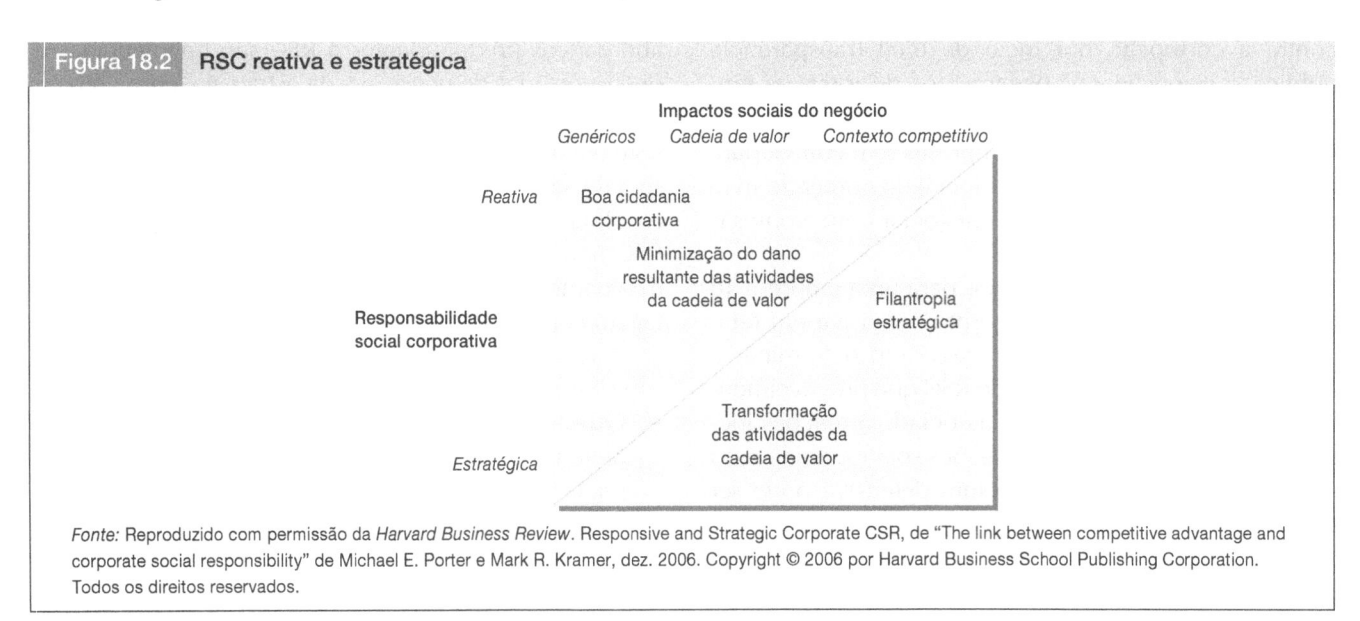

Figura 18.2 RSC reativa e estratégica

	Impactos sociais do negócio		
	Genéricos	Cadeia de valor	Contexto competitivo
Reativa	Boa cidadania corporativa	Minimização do dano resultante das atividades da cadeia de valor	Filantropia estratégica
Estratégica		Transformação das atividades da cadeia de valor	

Responsabilidade social corporativa

Fonte: Reproduzido com permissão da *Harvard Business Review*. Responsive and Strategic Corporate CSR, de "The link between competitive advantage and corporate social responsibility" de Michael E. Porter e Mark R. Kramer, dez. 2006. Copyright © 2006 por Harvard Business School Publishing Corporation. Todos os direitos reservados.

força competitiva resultante do acréscimo da dimensão social à proposição de valor. Segundo eles, o coração da estratégia é uma proposição de valor que repousa sobre o conjunto de necessidades de clientes selecionados que uma empresa pode atender com exclusividade. A RSC mais estratégica adiciona uma dimensão à proposição de valor tal que o impacto social é central à estratégia. A proposição de valor da Whole Foods Market é vender alimentos naturais, orgânicos e saudáveis a consumidores orientados à alimentação saudável e ao meio ambiente. A postura da empresa quanto às questões sociais é essencial àquilo que a torna única no comércio de alimentos e que lhe possibilita cobrar preços premium. Por exemplo, o abastecimento prioriza a compra em lojas de agricultores locais; os compradores descartam ingredientes considerados pouco saudáveis ou prejudiciais ao meio ambiente; a empresa compensa seu consumo de energia elétrica; os alimentos deteriorados vão para centros regionais de compostagem; veículos estão sendo convertidos para funcionar com biocombustível; produtos de limpeza nas lojas são ambientalmente amigáveis. O efeito é que cada aspecto da cadeia de valor da empresa reforça as dimensões sociais de sua proposição de valor e oferece forte diferenciação de seus concorrentes.

Porter e Kramer concluem que, embora nem toda empresa possa ser uma Whole Foods, acrescentar uma dimensão social à proposição de valor traz uma nova fronteira ao modo de pensar sobre o posicionamento competitivo. Eles também observam que o número de setores e empresas cuja vantagem competitiva pode abranger as proposições de valor social está em acelerado crescimento. Sua conclusão é importante para a forma como analisamos o perfil de recursos de uma organização e as maneiras como ela pode alavancar e fortalecer esse perfil:

As organizações que fazem as escolhas certas e desenvolvem ações sociais focadas, proativas e integradas em consonância com suas estratégias centrais cada vez mais se destacarão na multidão... Perceber a responsabilidade social como o desenvolvimento de valor compartilhado em vez do controle de danos ou de uma campanha de relações públicas exigirá uma mentalidade radicalmente diferente nos negócios. Estamos convencidos, porém, de que a RSC assumirá uma importância crescente para o sucesso competitivo.

Um ponto de vista semelhante é adotado por Andrew Savitz, que criou a prática ambiental na PwC e trabalhou com questões ambientais em algumas das maiores empresas norte-americanas. Savitz e Weber (2006) compartilham a visão de que é financeiramente compensador para as empresas prever as demandas emergentes da sociedade e reagir a elas — antecipando vantagens recíprocas no mais longo prazo, isto é, a empresa sustentável será mais lucrativa como resultado de sua capacidade de resposta. Para eles, a sustentabilidade refere-se à condução de um negócio de tal modo que beneficie funcionários, clientes, parceiros de negócios, comunidades e acionistas ao mesmo tempo — trata-se da "arte de fazer negócios em um mundo interdependente" (Savitz e Weber, 2006). Eles citam que as empresas mais bem administradas identificaram 'pontos ideais de sustentabilidade' — áreas em que os interesses de longo prazo dos acionistas se sobrepõem aos da sociedade. Eles indicam, por exemplo, o Projeto Shakti da Unilever na Índia, em que 13 mil mulheres foram empregadas e treinadas para distribuir produtos da empresa em comunidades rurais, provendo renda econômica em uma área desprovida, mas ao mesmo tempo conquistando acesso a um mercado de difícil penetração.

No entanto, ocasionalmente, pode haver questões mais relevantes acerca do equilíbrio entre benefícios empresariais e sociais em algumas ações de RSC desse tipo. Por exemplo, algumas empresas beneficiam-se comercialmente ao pedir que os consumidores 'verdes' paguem a elas para limparem sua própria poluição. A indústria química DuPont convida consumidores a pagar US$ 4 para eliminar uma tonelada de dióxido de carbono da fábrica em Kentucky onde produz um potente gás de efeito estufa chamado HFC-23. Na realidade, o equipamento requerido para reduzir tais gases tem um custo relativamente baixo. De modo análogo, a Blue Source, uma empresa norte-americana de compensação, convida os consumidores a neutralizar suas emissões de carbono investindo na recuperação de petróleo (bombeando o dióxido de carbono em poços de petróleo exauridos para trazer à tona o petróleo remanescente). Na verdade, a Blue Source admite que, devido ao alto preço do petróleo, esse processo é geralmente lucrativo por si só e o 'crédito de carbono' representa receita adicional (Harvey e Fidler, 2007). É provável que esses esquemas falhem em produzir mais do que benefícios financeiros de curto prazo em vez de sinergia entre benefícios corporativos e sociais.

Um exemplo das possibilidades de uma mudança competitiva em larga escala em torno de ações de benefício social é fornecido pela equipe do MIT que afirmou em 2004 que estava prestes a superar a cisão digital entre ricos e pobres por meio da fabricação de um laptop de US$ 100 para as crianças pobres do mundo — o projeto 'One Laptop Per Child' (OLPC, ou 'um laptop por criança'). Embora inicialmente descartado como um mero projeto filantrópico, a visão da equipe do MIT salientou para o setor de TI comercial o poder dos mais pobres — o fato de que a maioria da população mundial não tem um computador será um dos principais fatores impulsionadores do crescimento do setor. Os efeitos sobre as empresas de hardware e software têm sido drásticos.

- A Intel (inicialmente um dos mais ferozes críticos do OLPC) desenvolveu computadores de baixo custo destinados a estudantes de países em desenvolvimento.
- A concorrente da Intel, a AMD, prometeu colocar metade da população mundial on-line até 2015 com um dispositivo chamado Personal Internet Communicator.
- A Microsoft está apoiando o estabelecimento de quiosques de computador em vilarejos nos países em desenvolvimento para permitir acesso on-line compartilhado.
- A Quanta Computer, maior fabricante mundial de notebooks, começará a fabricar laptops para venda a US$ 200 e fez a primeira remessa de OLPC em 2007.

O projeto OLPC ressalta os benefícios sociais e as oportunidades comerciais em um laptop barato, que foi relativamente fácil de desenvolver aplicando-se as mais recentes tecnologias e software de código aberto, além da retirada de funções desnecessárias (Hille, 2007).

Relacionado a isso, nesse setor, um exemplo interessante da alavancagem por uma empresa de suas competências competitivas distintivas para promover ações com benefícios econômicos e sociais é fornecido pela Dell Inc., líder no fornecimento de computadores. A Dell está utilizando a força de seu modelo de venda direta para gerar esforços coletivos voltados à redução do consumo de energia e à proteção ao meio ambiente. O projeto concentra-se na melhoria da eficiência dos produtos de TI, reduzindo o uso de componentes prejudiciais e cooperando com clientes no descarte de produtos antigos. A estratégia ambiental de Michael Dell foca três áreas:

- Criação de formas fáceis e de baixo custo para que os negócios melhorem suas ações de proteção ao meio ambiente, fornecendo, por exemplo, reciclagem global e programas de recuperação de produtos para clientes, com uma participação que demanda pouco esforço de sua parte.
- Adoção de abordagens criativas para minimizar o impacto ambiental de produtos, desde a fase de design até o descarte, o que contribui para que os clientes tirem máximo proveito de tecnologias e processos novos e poupadores de energia, além da recomendação de atualizações de sistemas legados para reduzir o consumo de eletricidade.
- Busca de parceria com governos para promover a gestão ambiental. Por exemplo, o programa 'Plant a Tree for Me' da Dell oferece aos clientes uma chance de compensar a emissão resultante do consumo de eletricidade de seus computadores por meio da contribuição de comprar uma árvore ao comprarem um PC.

Como empresa, a Dell também está dedicando esforços para melhorar sua eficiência operacional e reduzir suas pegadas de carbono por meio do uso de energia renovável (Dell, 2007). É importante observar que a ação da Dell começa com suas forças diferenciadas (o modelo direto de negócio com clientes corporativos e a liderança de mercado) e aplica essas forças para tratar a questão ambiental (redução da poluição e do consumo de energia), mas ao mesmo tempo atinge metas corporativas (reforçando sua liderança, fortalecendo suas relações com clientes e adotando rapidamente produtos e tecnologias mais eficientes). É clara a conexão entre essa ação de RSC e o modelo de negócios e a proposição de valor da empresa.

De modo análogo, em 2007 a Microsoft estabeleceu uma parceria com países menos desenvolvidos para oferecer o Microsoft Windows e o pacote de software Office por US$ 3 a governos que subsidiassem a compra de computadores para crianças. O potencial de benefício comercial para a Microsoft é duplicar o número de usuários de PC pelo mundo e reforçar o crescimento de mercado da empresa. O benefício social é o maior investimento em tecnologia em alguns dos países mais pobres do mundo, com a meta de melhorar o padrão de vida e reduzir a desigualdade global (*Financial Times*, 2007).

Na frente ambiental, em 2005 a General Electric — a maior empresa do mundo — lançou o Ecoimagination. Esse projeto evoluiu de um investimento de longo prazo da GE em tecnologias mais limpas e colocou essas tecnologias sob uma única marca. Para qualificar a marca Ecoimagination, os produtos devem aprimorar de modo significativo e mensurável o desempenho ambiental e operacional. Entretanto, a visão do Ecoimagination é impulsionada pelo princípio de que suas ações verdes exercerão um impacto positivo sobre a posição competitiva e o desempenho financeiro da GE (Harvey, 2005; Hart, 2005).

A estratégia de RSC em empresas como Dell Inc., Microsoft e GE podem servir como um protótipo da ligação da RSC com a vantagem competitiva que influenciará o pensamento gerencial.

RESUMO

Este capítulo propõe-se a estabelecer o impacto da responsabilidade social corporativa sobre a estratégia de marketing. Trata-se de uma área que está evoluindo rapidamente e que passa a ser altamente significativa para a capacidade de uma empresa de manter a posição competitiva escolhida e competir com sucesso. No entanto, trata-se também de uma área em que definições exatas e metodologias analíticas ainda não existem. Nossa abordagem sugere que as empresas devem esforçar-se para compreender melhor as pressões sociais — que provavelmente afetarão sua habilidade de competir — por meio da definição do escopo ou da análise das questões. As respostas corporativas às questões sociais recaem em diversas categorias, variando da filantropia corporativa altruísta e do conceito de 'empresa social' até as ações defensivas para proteger o posicionamento competitivo e as ações estratégicas que visam a criar vantagem competitiva com ações de RSC. Nossa atenção concentra-se nas últimas áreas: RSC defensiva e criação de vantagem competitiva por meio da RSC.

Responsabilidade social: como as empresas brasileiras estão assumindo sua parte

Estudo de caso brasileiro

Responsabilidade social é um tema que tem sido muito discutido recentemente. Por um lado, existem muitas críticas e ceticismo sobre as ações das empresas, que seriam poucas e locais, sem grande impacto ou voltadas para a construção de uma imagem comunitária mais favorável em vez de serem motivadas por uma verdadeira consciência social.

Entretanto, o que observamos é que as empresas aos poucos estão tomando consciência de que não é possível ter sucesso se tiverem à sua volta uma sociedade com problemas sociais que impactam sobre a atuação, a competitividade e a produtividade da própria empresa. Se não atuarem para melhorar a sociedade onde operam, deverão compartilhar seus problemas no futuro.

As sociedades têm se tornado cada vez maiores e mais complexas, e o governo sozinho não consegue mais encontrar soluções para todos os problemas que surgem a cada momento. As empresas passaram a reconhecer que participar da solução desses problemas também é dever delas como membros da sociedade, especialmente porque, em parte, são também causadoras de tais problemas. Não bastam a contribuição social da geração de emprego e a ativação da economia, embora sejam fatores importantes. A qualidade de vida dos cidadãos e o meio ambiente também precisam ser preservados. Além disso, as empresas devem cobrar o governo para que ele desempenhe melhor seus deveres.

A preocupação com a responsabilidade tem seu início na década de 60, quando observamos o início de uma mudança cultural: as pessoas começaram a pensar mais em buscar a qualidade de vida pessoal e a perceber a importância de participar das atividades públicas de suas comunidades.

Na década de 70, Philip Kotler desenvolveu o conceito de marketing social, em que o planejamento é feito por meio das técnicas de marketing para a defesa de ideias sociais, como a adoção de práticas de saúde mais adequadas, de práticas sociais mais justas etc.

No Brasil, a participação social foi reprimida durante o período da Ditadura Militar, e só após o retorno das eleições diretas é que as pessoas voltam a ter liberdade de se organizar em suas comunidades e a participar ativamente da vida pública. Nos anos 90, as iniciativas das empresas começaram pelo setor cultural, por meio de patrocínio de eventos musicais, teatrais e populares, e foram aos poucos se ampliando para outras áreas ligadas a causas sociais e ambientais.

Hoje, segundo pesquisa do Instituto ADVB de Responsabilidade, cerca de 3 mil empresas já se preocupam com sua responsabilidade social, investindo em média R$ 100 mil por ano em projetos sociais. Os consumidores também já estão mais exigentes e consideram, em seu processo de decisão de consumo, se o fornecedor atua de forma socialmente responsável.

Diversos prêmios avaliam a atuação das empresas, apontando as melhores em termos de responsabilidade social. A Market Analysis realiza anualmente a pesquisa 'Monitor de Responsabilidade Social Corporativa' (<http://www.marketanalysis.com.br/mab/produtos/RSC2010.pdf>). São 810 pessoas entrevistadas em suas residências nas nove principais capitais brasileiras. Pede-se ao entrevistado para identificar empresas que ele entende que cumprem e que não cumprem suas responsabilidades sociais e ambientais melhor do que as outras. A pesquisa resulta no *ranking* das melhores e das piores empresas em responsabilidade social corporativa. A Petrobras tem se mantido líder das melhores empresas, seguida pelo Banco do Brasil e pela Coca-Cola.

A Petrobras, além de ser a maior empresa do Brasil, também é a que mais investe em responsabilidade social. É uma empresa de capital aberto, sendo que o governo brasileiro é majoritário. Foi criada em 1953 em meio à campanha "O Petróleo É Nosso" e manteve o monopólio das atividades da indústria petroleira até 1997. Suas ações de responsabilidade social são coordenadas pela área de comunicação institucional, responsável por investimentos anuais de cerca de R$ 300 milhões em mais de 1.500 projetos sociais e ambientais. A relação desses projetos é extensa, mas os principais estão citados a seguir.

Cidadania: Programa Petrobras Fome Zero, que busca o fortalecimento das políticas públicas de combate à miséria e à fome por meio de programas de apoio à educação e à formação profissional, à geração de emprego, à defesa dos direitos da criança e do adolescente, a empreendimentos sociais em geral e ao voluntariado.

Meio ambiente: Programa Petrobras Ambiental, com diversos projetos de patrocínio ambiental, como Agenda 21, para o desenvolvimento sustentado de comunidades; Projeto Mata Atlântica; Programa Água e Clima; Projeto Integrado de Conservação Marítima, englobando os programas Baleia Franca, Baleia Jubarte, Golfinho Rotador, Peixe-Boi e Tamar; Programa de Recuperação de Áreas Degradadas na Caatinga; Projeto Piava, de proteção de nascentes e matas ciliares; Projeto Pomar, relativo à maricultura (cultivo de moluscos); Projeto Água Quente, para recuperação ambiental em São Carlos, no Estado de São Paulo; Projeto Coral Vivo, de recuperação de recifes; Projeto Iguatu, sobre agricultura familiar e agroecologia; entre muitos outros.

Cultura: Projetos de apoio a grupos de artes cênicas, como Grupo Corpo, Grupo Galpão, Cia Deborah Colker, Teatro Oficina e Companhia TeatroDança Ivaldo Bertazzo; festivais de teatro, dança e circo; e prêmios em conjunto com a Funarte, como Myriam Muniz (teatro), Klauss Vianna (dança) e Carequinha (circo).

Projetos de apoio a artes visuais, como Memória das Artes do Programa Petrobras Cultural; patrocínio da Bienal de Arte de São Paulo e da Bienal do Mercosul; e inventário dos acervos de Guignard, Candido Portinari, Iberê Camargo e Mário Pedrosa.

Projetos de apoio ao cinema na produção de curtas e longas e de difusão, como Curta Petrobras às Seis, Cine BR em Movimento e Porta-Curtas Petrobras; apoio à Oficina de Audiovisual da CUFA – Central Única das Favelas e à Escola de Cinema Darcy Ribeiro; e patrocínio do Anima Mundi e dos festivais de cinema de Brasília, do Ceará, de Gramado, de Pernambuco, do Rio de Janeiro e de São Paulo.

Projetos de apoio à preservação de acervos de museus, como o Museu de Artes e Ofícios em Belo Horizonte; o Museu do Parque Nacional da Serra da Capivara, no Piauí; o Museu Arqueológico do Xingó, em Sergipe; e o Museu Afro Brasil, o Museu da Língua Portuguesa e a Biblioteca Mindlin, em São Paulo.

Projetos de gravação e preservação da música popular brasileira e da música erudita; recuperação do acervo de Tom Jobim, Francisco Mignone e Radamés Gnatalli; produção de CDs; patrocínio da Orquestra Petrobras Sinfônica e da Luteria de Rabeca de Felipe Camarão.

Projetos na Internet, como o site Canal Funarte, que documenta momentos marcantes da cultura brasileira; a revista eletrônica Overmundo, sobre cultura brasileira; o Porta-Curtas, que oferece acesso gratuito a curtas-metragens; e o Portal Literal, sobre literatura.

A Petrobras espera, com essa quantidade e diversidade de programas, contribuir para o desenvolvimento social do país e para a qualidade de vida de seus cidadãos.

Questões para discussão

1. Quais são os principais impactos da responsabilidade corporativa empresarial na estratégia de marketing?
2. Até que ponto essas ações realmente contribuem para melhorar a qualidade de vida dos cidadãos?
3. Até que ponto pode haver conflito entre as ações de cidadania da Petrobras e as políticas públicas do governo brasileiro?

Parte 6

Conclusões

O Capítulo 19 encerra o livro analisando as estratégias de marketing do século XXI. Mudanças ambientais significativas são destacadas, e sugere-se uma série de pilares para estruturar o desenvolvimento de estratégias adaptáveis a um mundo em transformação. Elas abrangem a necessidade de uma organização aprender, capturar, internalizar e utilizar o conhecimento; a necessidade de uma clara orientação para o mercado e de foco na criação de valor superior e níveis mais elevados de satisfação dos clientes; a necessidade de basear as estratégias de posicionamento com firmeza em ativos e competências de marketing; a necessidade de estabelecer relações mais próximas com os principais clientes; e, por fim, a necessidade de repensar o papel do marketing na empresa. São discutidas inúmeras dimensões que podem fornecer as chaves do posicionamento no futuro. Preço, qualidade, inovação, serviço, benefícios diferenciados e customização são comparados como dimensões e estratégias fundamentais de posicionamento, e as competências e os ativos requeridos por cada item são explorados.

O capítulo (e, na verdade, o livro) é concluído com a previsão de que o marketing do futuro será visto mais como um processo para atingir o melhor encaixe entre requisitos de mercado e competências/ativos organizacionais do que como um departamento funcional dentro de uma empresa. É a maneira como esse papel estratégico, e não operacional, é desempenhado no futuro que sustenta o entusiasmo pela disciplina do marketing.

Capítulo 19

O marketing do século XXI

Não é a mais forte das espécies que sobrevive, nem a mais inteligente, mas aquela que melhor se adapta às mudanças.

Charles Darwin, *A Origem das Espécies* (1853)

INTRODUÇÃO

A ênfase por todo o livro recai sobre o desenvolvimento de estratégias de marketing robustas que permitam às organizações sobreviver e prosperar nos mercados turbulentos, competitivos e frequentemente hostis que enfrentam. Desde o início, salientamos a necessidade crucial de desenvolver meios eficazes de lidar com a mudança tanto nos mercados de consumo quanto nas formas como as empresas se lançam no mercado. Entretanto, podemos ir mais adiante — e o novo século em que acabamos de entrar? Com mercados e marketing continuando a mudar, quais estratégias farão mais sentido no terceiro milênio? Este capítulo busca rever algumas das principais tendências que já se evidenciam e propor como novas estratégias competitivas podem ser desenvolvidas para explorar as oportunidades que emergirão. Como Drucker (1997) afirmou:

Nas questões humanas — políticas, sociais, econômicas ou empresariais — é inútil tentar prever o futuro... Mas é possível — e proveitoso — identificar acontecimentos relevantes que já ocorreram, de modo irrevogável, e que exercerão efeitos previsíveis nas próximas duas décadas. Em outras palavras, é possível identificar e preparar-se para o futuro que já começou.

19.1 A ARENA COMPETITIVA EM TRANSFORMAÇÃO

O Capítulo 3 examinou algumas das mudanças significativas que ocorrem nos mercados atuais. A seguir resumiremos essas mudanças.

19.1.1 Mudanças no ambiente de negócios

Afirmar que 'a única constante é a mudança' é trivial, mas verdadeiro no ambiente de negócios contemporâneo. A pesquisa da The Royal Society for the Encouragement of Arts, Manufactures & Commerce (RSA) sobre a Empresa do Amanhã (1994) identificou uma série de grandes mudanças que ocorre nos mercados empresariais:

- O ritmo das mudanças econômicas está acelerando. Durante a Revolução Industrial, a produtividade por pessoa levou 60 anos para dobrar. A China e a Coreia do Sul atingiram isso em dez anos.
- Há uma explosão nas inovações e na geração de novos conhecimentos que também ocorre em ritmo acelerado. A cada ano, gera-se tanto novo conhecimento por meio de pesquisa e desenvolvimento quanto o total de todo o conhecimento humano acumulado até a década de 60.

- As pressões competitivas intensificam-se. Por exemplo, os fabricantes de computadores necessitam reduzir custos e melhorar o desempenho dos produtos cerca de 30% ao ano para permanecerem competitivos.
- Hoje em dia, a manufatura pode ocorrer em praticamente qualquer lugar. As empresas estão em constante busca por opções de manufatura mais eficientes, e na maioria das vezes isso significa a fonte de suprimento mais economicamente viável. Os números de 1993 mostram que os custos de mão de obra industrial no Reino Unido representam a metade dos da Alemanha, mas o dobro da Coreia e de Taiwan, enquanto são ainda mais baixos em países como Polônia, Tailândia, China e Indonésia. No início de 2002, a fabricação dos aspiradores de pó Dyson foi transferida do Reino Unido para o Extremo Oriente apenas para beneficiar-se dessas vantagens de custo.
- Novas estruturas organizacionais surgem à medida que as empresas buscam maior competitividade. As empresas reorganizaram-se, reduziram custos indiretos, redimensionaram-se, fundiram-se e formaram alianças e parcerias na tentativa de criar vantagem no mercado.
- O comércio internacional está sendo liberalizado por meio da Organização Mundial do Comércio, mas ainda há blocos comerciais regionais sólidos, no âmbito dos quais grupos regionais, nacionais, étnicos e religiosos buscam reter a identidade individual.
- As ações empresariais tornam-se cada vez mais visíveis, sobretudo seus efeitos sobre o meio ambiente. Os consumidores exigem mais tanto econômica quanto ambientalmente.

Em um nível mais abrangente, essas mudanças podem ser agrupadas em questões econômicas, tecnológicas, sociais, legais e políticas. Da mesma forma que as empresas de abastecimento de água não podem mudar os padrões climáticos, a maioria dos fatores macroambientais escapa ao controle de cada empresa. Poucas têm a capacidade de afetar os processos políticos, econômicos, sociais e tecnológicos de modo significativo. A maioria necessita assegurar que compreende e prevê as mudanças que ocorrem. As empresas de abastecimento de água devem prever tanto os padrões do clima (fonte de água) quanto a demanda (utilização de água), de modo que possam definir estratégias que atendam às exigências.

Em uma palestra magna para a conferência anual da British Academy of Management (Aston University, 1996), David Cravens citou o exemplo de uma empresa conhecida que falhou em assimilar o significado da mudança tecnológica em seu mercado (veja Sammuels, 1994; Evans e Wurster, 1997). A Enciclopédia Britânica (EB) passou de um pico de lucratividade no mercado norte-americano em 1990 para sérias dificuldades em 1996 ao deixar de prever o impacto da tecnologia de computação, em especial o CD-ROM, sobre seu negócio. Nesse período, as vendas despencaram mais de 50%. O negócio havia sido desenvolvido por meio de uma equipe de vendas altamente motivada e bem-sucedida que vendia enciclopédias a famílias de classe média (com frequência compradas por pais para a educação dos filhos) a cerca de US$ 1.500 cada.

A seguir vieram os computadores domésticos, com tocadores de CD-ROM e enciclopédias como a Encarta ao custo de US$ 50. Os novos concorrentes podiam não ter a profundidade de cobertura da EB, mas vinham em um formato que as crianças preferiam usar, ofereciam oportunidades para exibições multimídias (clipes de vídeo e áudio, animações), podiam ser mais facilmente atualizados e, talvez o aspecto mais crucial, davam aos pais de classe média uma justificativa para comprar computadores domésticos geralmente caros, que em muitos casos eram mais usados para jogos!

Com o advento da 'supervia de informações', a World Wide Web e a Internet, a manutenção de grande quantidade de dados em PCs individuais pode tornar-se coisa do passado, acarretando problemas potenciais (e, é claro, oportunidades) aos vendedores de enciclopédias disponibilizadas em CD-ROM. Em particular, o advento de enciclopédias de livre acesso e alimentadas pelos próprios usuários, como a Wikipedia, impactou sobremaneira os produtos baseados em CD. Rapidamente atualizadas e contando com usuários para registrar, atualizar e expandir o conteúdo, são de uso essencialmente gratuito (a receita provém de anúncios publicitários), têm conteúdo rapidamente expansível e não tomam espaço de armazenagem local em disco rígido ou outros meios.

As experiências da EB constituem um exemplo indiscutível da importância crucial de sentir o mercado, de ouvir e aprender continuamente em vez de ser surpreendido e superado quando um concorrente 'reinventa' o negócio. Em 1997, a EB passou a comercializar uma versão em CD de sua enciclopédia, mas em um mercado já dominado pelo Encarta da Microsoft. Mais recentemente, a empresa disponibilizou sua enciclopédia on-line para assinantes, em <http://www.eb.com>, provavelmente reconhecendo que realizar atualizações pela Internet é fundamental e bem mais fácil do que por discos.

Da mesma forma, a Hoover e a Electrolux foram estrategicamente surpreendidas pelo sucesso do aspirador de pó sem saco da Dyson e perderam participação de mercado para a inovação (*veja* a seguir). E, no entanto, a Dyson havia oferecido o produto a ambas antes de decidir lançá-lo por conta própria. O problema não era que a Hoover e a Electrolux desconheciam a nova tecnologia da concorrente, mas sim que elas tinham um interesse velado na preservação do *status quo*.

É fácil subestimar as realidades práticas das acelerações na velocidade e no impacto perturbador da mudança. Por exemplo, consideremos o impacto que se desdobra a partir da telefonia via Internet. Enquanto o telefone levou 50 anos para conquistar ampla disseminação, a telefonia móvel levou menos de uma década para obter o mesmo resultado. Espera-se que essa tecnologia atinja significativa massa crítica em poucos anos. Da mesma forma, no mercado de fotografia, o impacto transformador e penetrante da tecnologia digital demandou uma rápida transformação nos modelos de negócios de concorrentes estabelecidos como a Kodak. Seu fracasso em compreender a velocidade da mudança e o rápido declínio da demanda por câmeras e filmes tradicionais acarretou grandes prejuízos financeiros, demissão em massa e fechamento de fábricas. Atualmente a Kodak é um dos maiores fabricantes de câmeras digitais (com margens muito pequenas em comparação com os modelos tradicionais), mas não está suficientemente bem posicionada para explorar a rápida transição do mercado de massa da fotografia para o telefone móvel e o tocador de música.

Por outro lado, é fácil superestimar quanto tempo uma vantagem competitiva durará em mercados convergentes. Embora a estratégia do iTunes/iPod da Apple tenha revolucionado o negócio de gravação de música, o ano de 2005 testemunhou o ataque da operadora de telefonia Sprint à posição da Apple com o lançamento do Sprint Music Stores, que permitia aos assinantes do serviço baixar música para seus celulares (e uma cópia para o PC). As novas gerações de telefone celular da Sprint serão capazes de baixar, além de música, filmes e programas de televisão e até oferecer serviços de apoio a compras (como comparações de preço on--line acionadas pelo usuário do telefone por meio da captura de um código de barras em uma loja).

Embora devam operar dentro de limites e condições do macroambiente, as empresas possuem uma (limitada) capacidade de influenciá-lo. Por exemplo, o Private Finance Initiative (PFI) do governo britânico, destinado a introduzir financiamento do setor privado em projetos públicos de investimento e infraestrutura, é administrado por um comitê de gestão que inclui representantes do setor de construção e outros. Da mesma forma, a maior parte dos gastos em pesquisa científica é aplicada na natureza e conduzida por empresas comerciais de tal modo que seus esforços afetarão diretamente o ambiente tecnológico em que elas, bem como outras empresas, operarão no futuro.

Jamais uma empresa poderá prever todos os aspectos do macroambiente em que opera, mas as organizações devem buscar atingir profundo conhecimento de seus mercados-alvo. Sempre haverá surpresas e choques à medida que novos avanços tecnológicos surgirem ou rupturas políticas ocorrerem. O que importa, contudo, é identificar e agir mais do que os concorrentes sobre as tendências e as mudanças. Os choques causam menor impacto nas empresas preparadas para pensar o 'impensável' e desafiar o *status quo* de suas estratégias. Por exemplo, os fabricantes de cerveja e cigarro no Reino Unido admitem abertamente que possuem planos de contingência para o caso de a maconha ser legalizada.

É importante observar que mudanças radicais têm o potencial de alterar de modo profundo a estrutura de um mercado, o que pode acarretar desvantagens aos concorrentes estabelecidos, mas oferecer oportunidades relevantes aos novos. Por exemplo, o domínio do mercado de computadores pessoais (PCs, do inglês '*personal computer*') pelas 'Três Grandes' — Microsoft, Intel e Dell — está mudando de um modo que essas empresas não podem mais controlar. A ênfase da Microsoft em atualizações de software, a da Intel em chips mais rápidos e a da Dell em eficiência da cadeia de suprimentos é cada vez mais considerada pelos usuários como resultantes em pacotes inchados de software com funções demais, chips mais rápidos, porém ineficientes e mau atendimento. Há anos a Microsoft esforça-se para lançar no mercado uma nova versão do Windows e tenta imitar a abordagem da Google ao desenvolvimento de software. A estratégia da Intel tem sido minada pelos chips mais bem projetados da AMD, que passaram a ser uma referência para a concorrente, e a Dell está procurando mais canais de distribuição convencionais para ter acesso aos consumidores. É notável que outros tenham encontrado meios de ganhar dinheiro com o PC — uma plataforma que Microsoft, Intel e Dell acreditavam estar seguramente sob seu controle (Waters, 2006). Há razões estratégicas sólidas para a IBM ter vendido seu negócio de PCs à Lenovo, líder desse mercado na China.

19.1.2 Mudanças de mercado

Uma série de tendências pode ser vista nos mercados modernos que provavelmente persistirá no futuro (Figura 19.1).

Figura 19.1 Pressões de marketing

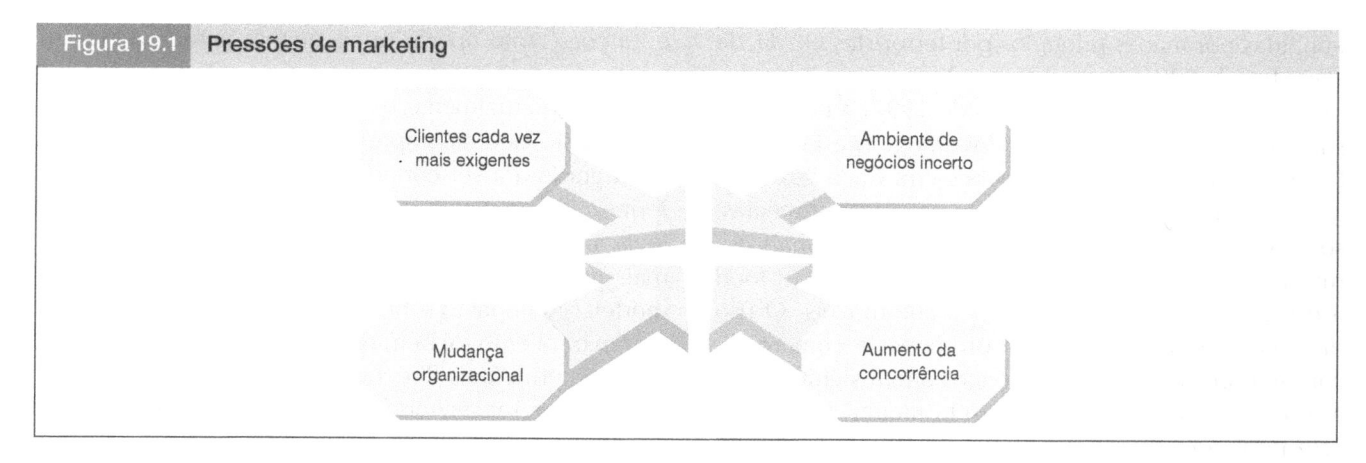

- Clientes cada vez mais exigentes
- Ambiente de negócios incerto
- Mudança organizacional
- Aumento da concorrência

Em primeiro lugar, os consumidores estão cada vez mais exigentes em relação aos produtos e serviços que adquirem. Eles demandam, e esperam, produtos confiáveis e duráveis, com serviço rápido e eficiente, a preços razoáveis. Também esperam produtos e serviços que atendam a suas necessidades. Cada consumidor tem suas preferências e necessidades, o que dá às empresas a oportunidade de selecionar segmentos em que suas ofertas se aproximem mais dessas necessidades e nas quais possam concentrar suas atividades de modo a criar vantagem competitiva. Além disso, há pouca estabilidade de longo prazo nas demandas dos clientes. Posições podem ser conquistadas por meio da oferta de um valor superior ao mercado e, no entanto, há evidência de que, sem melhoria contínua, ocorrerá uma 'migração de valor' — os compradores migrarão para uma oferta de valor alternativa (Slywotzky, 1996).

Por exemplo, um executivo de uma fábrica de computadores portáteis reclamou em 1997: "Primeiro eles queriam um *notebook* com tela colorida — nós lhes demos isso. Depois, no ano passado, ele tinha que ter um chip Pentium, e nós lhes demos isso. Agora dizem que continuam querendo tudo isso, mas aquilo que mais importa é que o computador seja leve como uma pena...".

Uma segunda grande tendência, que distingue particularmente o início da década de 2000, é que os consumidores estão menos propensos a pagar um ágio substancial por produtos ou serviços premium que não ofereçam valor maior comprovado. Embora seja inegável que marcas bem desenvolvidas e administradas possam cobrar preços mais elevados do que os produtos sem marca em muitos mercados, os diferenciais oferecidos são atualmente muito menores do que já foram, e os consumidores questionam cada vez mais o valor extra que obtêm em troca de um gasto extra. Os cigarros Marlboro ilustram esse ponto. Em 2 de abril de 1993 (que passou a ser conhecido como 'Marlboro Friday', ou 'a sexta-feira da Marlboro'), a Philip Morris anunciou uma redução de 20% no preço de sua marca líder de cigarros para defender participação de mercado contra concorrentes agressivos nos Estados Unidos. A marca havia perdido significativa participação de mercado para concorrentes de preço mais baixo. Simplesmente os consumidores não estavam convencidos de que o Marlboro valia o preço premium que cobrava. O novo pensamento estratégico tem que acomodar o fato de que os clientes estão mais bem informados e entendem mais de marketing. É pouco provável que um consumidor bem informado seja atraído por produtos baratos de baixa qualidade, entretanto, por outro lado, também não se deixará seduzir por uma propaganda baseada em belas imagens. As implicações são claras: a diferenciação deve basear-se no fornecimento de valor comprovadamente superior aos clientes (Figura 19.2).

Uma terceira tendência relevante refere-se tanto ao nível quanto à natureza da competição, que se torna mais intensa e global. À medida que o comércio internacional se torna mais liberalizado sob o amparo da Organização Mundial do Comércio (OMC), as empresas enfrentam uma concorrência internacional mais acirrada localmente e encontram mais oportunidades no exterior. O tempo e a distância encolhem rapidamente à medida que as comunicações passam a ser quase instantâneas. Milhões de pessoas ao redor do mundo assistiram estupefatas na televisão às torres gêmeas do World Trade Center em Nova York serem

Figura 19.2 Clientes cada vez mais exigentes

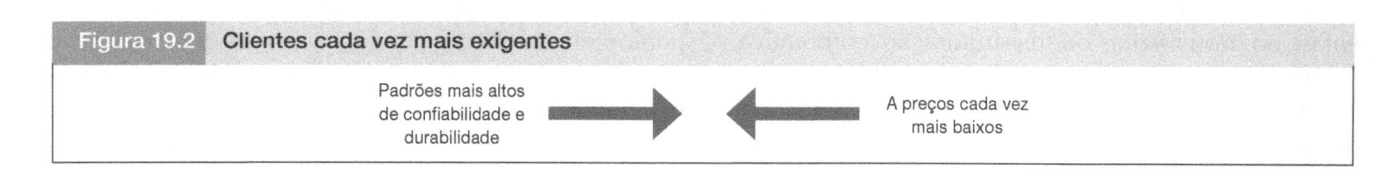

Padrões mais altos de confiabilidade e durabilidade → ← A preços cada vez mais baixos

atingidas por aviões pilotados por terroristas em 11 de setembro de 2001. Quando Deng Xiaoping, o líder chinês, faleceu em 18 de fevereiro de 1997, a notícia de sua morte chegou a Londres, Washington e Bonn antes que muitos em Pequim soubessem. Cada vez mais as empresas pensam globalmente em suas estratégias, sobretudo à medida que segmentos internacionais começam a emergir para produtos e serviços, de fast-food a brinquedos, de computadores a automóveis. O uso disseminado da Internet para promover e comercializar tanto produtos quanto serviços agora significa que as comunicações não conhecem fronteiras. O 'mundo sem fronteiras' de Ohmae (Ohmae, 1990) existe pelo menos no ciberespaço.

Não só os mercados estão se tornando mais competitivos com o surgimento de mais concorrentes. As empresas que sobrevivem e prosperam nessas condições mais competitivas são, por sua própria natureza, concorrentes mais fortes. Os mais fracos são excluídos dos mercados nos quais não tenham um posicionamento claro e cujas demandas não tenham capacidade de atender. As implicações de uma competição acirrada e mais agressiva, tanto nacional quanto internacional, são que as empresas necessitarão analisar mais atentamente o escopo de suas operações e de sua segmentação no futuro.

Além do mais, o executivo deve confrontar o paradoxo central em tudo isso. À medida que os mercados ficam mais rigorosos em suas avaliações e mais agressivos no nível de competitividade que enfrentam, as empresas são sujeitas a uma pressão crescente para colaborar e formar parcerias entre si. Cada vez mais a colaboração ocorre entre fornecedores, clientes e até concorrentes. As linhas de demarcação claras do passado já não existem mais, e os executivos têm de lidar com novos papéis altamente ambíguos. Como já vimos, as demandas de clientes por fornecedores que apresentem credenciais éticas e adotem ações de responsabilidade social surgiram ao mesmo tempo que as demandas desses mesmos clientes por preços mais baixos e qualidade superior. Dentre os desafios sem precedentes, embora estimulantes, está o não menos relevante de atingir eficiência econômica como uma organização socialmente responsável que cria vantagem competitiva a partir de sua integridade.

19.1.3 Mudança organizacional

Na década de 1990, muitas organizações deram ênfase ao 'downsizing' ou 'reestruturação' corporativa. Na tentativa de lidar com condições econômicas difíceis no início desse período nos mercados ocidentais desenvolvidos, os custos sofreram crescente pressão, e funções tanto operacionais quanto gerenciais foram removidas.

Embora atualmente o 'downsizing' seja menos popular, visto que as empresas perceberam que não há tanta gordura a ser cortada sem que se causem danos à musculatura e que um corte agressivo demais pode levar à *anorexia industrialis* (o desejo excessivo de ficar mais enxuto e ágil levando ao definhamento e até à morte), seu impacto sobre as estruturas organizacionais do novo milênio foi bem mais amplo. Isso se manifesta em duas principais direções: primeiro, o impacto dentro da empresa; segundo, o impacto nas relações entre as empresas.

Dentro das empresas, as fronteiras entre as diversas áreas funcionais estão se tornando indistintas. Se no passado as empresas se organizavam com divisões claramente definidas entre marketing, finanças e operações, atualmente se admite que os 'silos funcionais' podem resultar em operações míopes e estratégias deficientes. Nas empresas líderes, há muito tempo as fronteiras funcionais foram substituídas por equipes de processos que podem vislumbrar as operações da organização de um ponto de vista holístico e que não serão obstruídas por rivalidades triviais entre funções.

Ao mesmo tempo, o papel do marketing em si na organização tem sido desafiado (Brady e Davis, 1993; Doyle, 1995). Em 1994, a Lever Brothers aboliu o cargo de diretor de marketing e fundiu os departamentos de vendas e marketing em grupos de negócios com foco em pesquisa de consumo e desenvolvimento de produto. Eles também criaram 'equipes de desenvolvimento de clientes' responsáveis por construir relacionamentos com os principais clientes do varejo (*The Economist*, 9 abr. 1994). De modo semelhante, em 1997 a IBM anunciou uma nova abordagem a suas atividades de marketing global, sob a forma de um projeto de gestão de relacionamento com o cliente (CRM, do inglês '*customer relationship management*'), atuando por meio de processos centrais, como gestão de mercado, gestão de relacionamentos, gestão de oportunidades, gestão de informações e gestão de habilidades. Isso difere bastante das visões convencionais de como o marketing opera (Mitchell, 1997).

Os departamentos de marketing podem atrapalhar o atendimento aos clientes por duas principais razões. A primeira é territorial. Eles podem considerar as relações com os clientes como seu domínio e desejar reter o poder e a influência decorrentes disso. Em segundo lugar, porém, eles podem estimular outros na organização a transferir a responsabilidade de gerar clientes para o departamento de marketing. Isso cria a visão perigosa de que os outros não precisam se preocupar com os clientes; alguém mais cuidará disso. Na realidade, tem-se a visão de que os dias do marketing convencional acabaram há muito tempo, e o desafio atual é planejar e implementar melhores maneiras de gerenciar o processo de lançar-se ao mercado. Esse processo elimina as fronteiras funcionais tradicionais, bem como as fronteiras externas com parceiros.

Alguns autores aprofundam-se na crítica ao desempenho de marketing nas empresas. Webster (1997) conclui que o marketing tem-se mostrado eficaz na tática (programas de venda e promocionais), parcialmente eficaz na defesa do ponto de vista dos clientes, mas ineficaz no desenvolvimento de proposições de valor e posicionamento competitivo robustos. Doyle (1997) considera os departamentos de marketing como fonte de estratégias de expansão radicais, capazes de atingir crescimento espetacular em vendas e lucros, mas que, no final das contas, falham por não gerar valor ao cliente. Na visão de Doyle, estratégias de crescimento vigorosas decorrem da geração de valor superior aos clientes e de um processo contínuo de aprendizagem e inovação, baseado em investimentos de longo prazo na manutenção de relacionamentos. Um ponto instigante começa a despontar no sentido de que se repense de modo radical o papel do marketing como uma força estratégica nas empresas.

Entre as empresas, as fronteiras de onde uma termina e a próxima começa estão cada vez mais indistintas. As fronteiras com fornecedores, distribuidores e clientes mudam à medida que mais negócios compreendem a necessidade de gerenciar toda a cadeia de valor, desde as matérias-primas até os consumidores finais, e à medida que atuam em maior proximidade com empresas parceiras para obter valor agregado ao longo da cadeia. Atualmente uma série de autores refere-se à 'organização virtual' (Piercy e Cravens, 1995), com redes e alianças criando entidades supraorganizacionais.

Cada vez mais as estratégias de sucesso contam com alternativas para contornar a falta de receptividade e a movimentação lenta das tradicionais burocracias funcionais. Por exemplo, diante da missão de identificar áreas de mercado que fossem totalmente novas à IBM e capazes de gerar negócios lucrativos de mais de US$ 1 bilhão em cinco a sete anos, a empresa lançou o programa Emerging Business Opportunities (EBO ou 'oportunidades de negócios emergentes') (Baghai et al., 2000). O desafio consistia em romper com uma cultura em que as atribuições mais prestigiosas dos executivos eram gerenciar grandes negócios estabelecidos da IBM para adotar outra em que os executivos mais talentosos e experientes atuavam em novas oportunidades, não focadas em resultados de curto prazo nos mercados existentes. Com frequência, as EBOs passaram por cima da estrutura organizacional da IBM e desafiaram sua cultura. Nos primeiros cinco anos do programa, foram lançadas 25 EBOs. Duas foram fechadas após a fase-piloto, mas as 23 restantes geraram receita anual de US$ 15 bilhões e cresceram mais de 40% ao ano. A iniciativa da IBM reconhece a necessidade de libertar-se das estruturas vigentes para gerenciar múltiplos horizontes estratégicos — os negócios de EBO são especulativos e visionários e podem não se pagar por um período de cinco a dez anos ou mais.

Na verdade, as grandes tendências mencionadas e as mudanças que ocorrem tanto nos mercados quanto nas organizações levam à necessidade de reavaliar a estratégia de negócios em geral e a de marketing em particular. As estratégias que serão bem-sucedidas no futuro deverão ser receptivas e adaptáveis em vez de rígidas e fixas. A chave será criar um contexto organizacional em que a aprendizagem possa ocorrer, em que as mudanças de mercado possam ser identificadas e em que as competências possam ser moldadas para assegurar um ajuste estratégico entre o mercado e a empresa. Em suma, o desenvolvimento de competências dinâmicas se tornará mais crucial.

19.2 FUNDAMENTOS ESTRATÉGICOS DE UM MUNDO EM TRANSFORMAÇÃO

A Figura 19.3 mostra uma série de fatores que se tornam cada vez mais essenciais quando lidamos com circunstâncias complexas e em transformação.

19.2.1 A organização que aprende

Essencial ao desenvolvimento de uma vantagem competitiva sustentável em circunstâncias que mudam de modo acelerado, e com frequência imprevisível, é a capacidade dinâmica de aprender e adaptar-se (Fiol e Lyles, 1985; Huber, 1991; Sinkula, 1994; Kilmann, 1996; Evans e Wurster, 1997; Prokesch, 1997; Sinkula et al., 1997; Morgan et al., 1998). A dinâmica competitiva dos mercados com novos concorrentes, tecnologias substitutas e mudanças nas preferências dos consumidores pode rapidamente corroer vantagens estáticas baseadas em estratégias 'genéricas' de liderança de custo ou diferenciação de produto (McKee e Varadarajan, 1995). No entanto, a organização que aprende oferece o potencial tanto de reagir quanto de agir no tocante às oportunidades nos mercados em que a empresa atua. Com efeito,

Figura 19.3 Fundamentos estratégicos de um mundo em transformação

- Repense o papel do marketing na organização
- Tenha maior orientação para o mercado e foco na criação de satisfação superior do cliente
- Estabeleça relacionamentos mais próximos com os principais clientes e grupos
- Baseie o posicionamento na exploração de recursos, ativos e capacidades de marketing

Crie uma ORGANIZAÇÃO QUE APRENDE

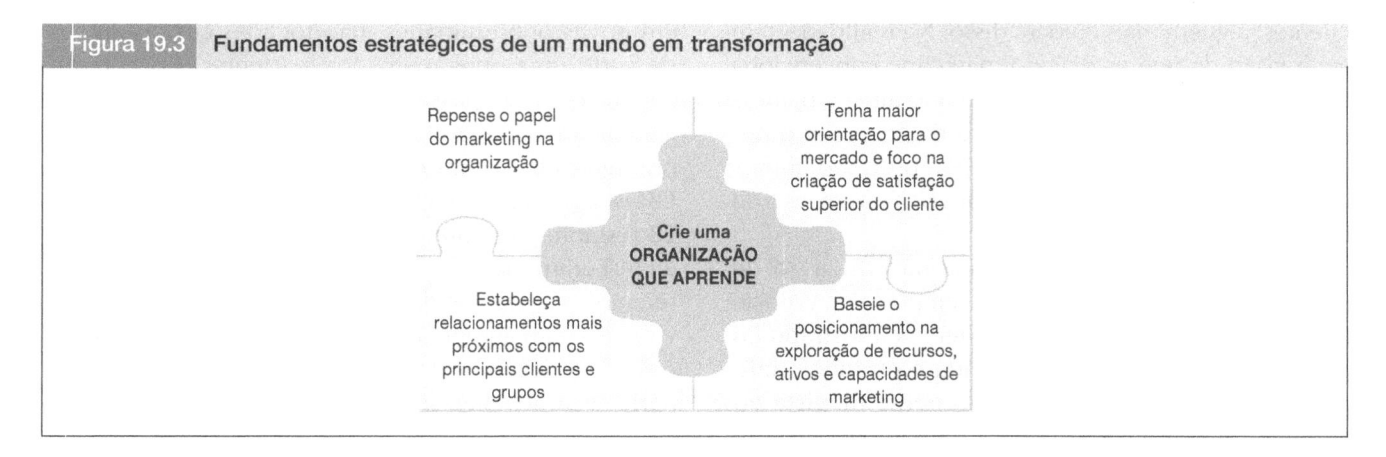

Dickson (1992) sugere que a capacidade de aprender mais rapidamente do que a concorrência pode ser a *única* fonte real de vantagem competitiva.

A aprendizagem manifesta-se no conhecimento, na experiência e nas informações mantidas em uma organização (Mahoney, 1995). Ela reside tanto nas pessoas quanto nos sistemas técnicos. Envolve aquisição, processamento, armazenagem e recuperação (disseminação) de conhecimento. Um dos maiores desafios de muitas organizações consiste em criar uma combinação de cultura e clima organizacional que maximize a aprendizagem (Slater e Narver, 1995). No aspecto humano, sistemas gerenciais necessitam ser estabelecidos para criar e controlar o conhecimento. No aspecto técnico, sistemas devem ser estabelecidos para facilitar a acumulação e a armazenagem de informações relevantes de modo a torná-las facilmente acessíveis àqueles que delas precisam.

Grande parte da base de conhecimento de uma organização costuma residir na mente de gerentes e suas equipes. Quando funcionários deixam uma empresa por aposentadoria, '*downsizing*' ou recrutamento pela concorrência, esse conhecimento pode ser perdido ou, pior que isso, dominado por um concorrente. É cada vez mais comum os contratos de emprego de pessoal em posição-chave incluírem 'algemas douradas' que os proíbem de levar seu conhecimento para a concorrência. As empresas também buscam cada vez mais novas formas de extrair o conhecimento desse pessoal e transmiti-lo a outros na organização, por meio de sistemas especializados e processos de treinamento, de modo que o conhecimento esteja mais seguro e incorporado à estrutura da organização.

De particular importância no contexto da estratégia de marketing é o desenvolvimento de conhecimentos e habilidades para criar valor superior ao cliente. Slater e Narver (1995) mostram que um foco primário da orientação de mercado consiste em gerar valor superior ao cliente, o que, por sua vez, necessita basear-se no conhecimento obtido da análise de clientes e concorrentes associado ao conhecimento extraído de fornecedores, negócios em outros setores, fontes governamentais, universidades, consultorias e outras fontes em potencial. Eles concluem que as organizações que aprendem adquirem, processam e disseminam de modo contínuo o conhecimento sobre mercados, produtos, tecnologias e processos organizacionais, com base em experiência, experimentação, informação de clientes, fornecedores, concorrentes e outras fontes. Essa aprendizagem as capacita a prever e agir sobre as oportunidades em mercados turbulentos e fragmentados.

No entanto, desenvolver competências de aprendizagem não precisa ser uma tarefa complexa e sofisticada. Os aperfeiçoamentos da Inuit ao software Quicken resultaram de uma forma organizada de 'espreita' em que os funcionários seguem os clientes até sua casa e observam cada movimento e reação deles ao produto. O desenvolvimento pela Kimberly-Clark da Huggies (calças para crianças que acabaram de deixar as fraldas) resultou do envio de funcionários às casas de clientes com crianças pequenas para observar e ouvir. Eles aprenderam essencialmente que o mercado é movido pelo sentimento de culpa dos pais quanto ao tempo em que uma criança usa fraldas, e não com os problemas de descarte de resíduos delas! Competências superiores de aprendizagem podem ter tanto a ver com a sensibilidade ao mercado e com o entendimento do mercado quanto com a utilização de tecnologia. Na verdade, pesquisas do Marketing Science Institute constataram que, de dez competências baseadas no mercado, a sensibilidade ao mercado era a que exibia o maior impacto sobre o desempenho dos negócios (Ramaswami *et al.*, 2004).

Embora um requisito fundamental para competir no futuro seja a aprendizagem, diversos outros pilares mais específicos podem ser sugeridos como ingredientes importantes na modelagem de uma estratégia competitiva.

19.2.2 Maior orientação para o mercado e foco na geração de valor superior ao cliente

Em mercados cada vez mais aglomerados e competitivos, não há substituto para a orientação para o mercado. Em termos simples, uma orientação para o mercado foca as atividades da empresa no atendimento das necessidades e requisitos dos consumidores com mais competência do que os concorrentes. Isso, por sua vez, requer descobrir o que entregará valor aos clientes e assegurar que as energias da empresa sejam canalizadas a oferecer isso. Identificar meios de prover valor superior ao cliente representa um dos principais desafios da administração no novo milênio.

A orientação para o mercado não implica uma operação de marketing demasiadamente complexa. Na realidade, argumenta-se que alguns departamentos de marketing podem eles próprios obstruir a provisão de valor superior ao cliente.

Como Simon (1996) revela, empresas alemãs de médio porte bem-sucedidas (às quais ele chama de 'campeões ocultos') demonstram um foco evidente em prover soluções a seus clientes. Essas empresas aprofundam em vez de ampliar o foco (especializam-se em nichos restritos de mercado), mas operam por mercados globais. Seu sucesso baseia-se na compreensão das necessidades de seus clientes e na alta receptividade à entrega de soluções aos problemas deles. Costumam ter participações de mercado dominantes nos nichos escolhidos em todo o mundo. Por exemplo, a Krones detinha 80% da participação de mercado mundial de máquinas rotuladoras de garrafas; a Hauni era líder de mercado mundial de máquinas de cigarros, com 90% de participação no segmento de máquinas de alta velocidade; a Brita tinha 85% do mercado mundial de filtros de água de uso doméstico; e a participação da Baader no mercado mundial de equipamento de processamento de peixes era de 90%. Todas mantinham um foco estreito, mas operavam em escala global (Simon, 1996).

A Winterhalter Gastronom fabrica lavadoras de louça para uso comercial. Há muitos mercados para esse produto, como hospitais, escolas, empresas, hotéis, instituições militares etc., cada qual com diferentes requisitos. Também existem muitos produtos no mercado, e a Winterhalter descobriu que, globalmente, detinha somente 2% do mercado. Isso levou a empresa a redirecionar sua estratégia. Primeiro, ela decidiu focar exclusivamente hotéis e restaurantes (a segunda parte do nome da empresa foi acrescentada após essa decisão ser tomada). O negócio foi redefinido como de fornecimento de copos e pratos limpos para hotéis e restaurantes. Além de projetar as lavadoras para atender aos requisitos específicos desse segmento de mercado, a empresa ampliou sua linha de produtos para incluir condicionadores de água, uma marca própria de detergente e atendimento 24 horas. Dessa forma, assumiam total responsabilidade pela provisão de copos e pratos limpos, especializando-se no segmento escolhido, em vez de meramente oferecer lavadoras de louça para todos os mercados e deixar o oferecimento de serviços e detergente para outros. Em meados da década de 1990, a empresa havia aumentado para 20% sua participação de mercado mundial no segmento escolhido (Simon, 1996).

Na busca por prover valor superior ao cliente, nenhuma empresa pode ficar parada. Aquilo que oferece melhor valor do que a concorrência hoje será padrão amanhã. A inovação, ou o aperfeiçoamento constante da oferta aos clientes, é essencial à vantagem competitiva sustentada. Novamente, os campeões ocultos de Simon demonstram isso claramente. Muitas dessas empresas criaram seus próprios mercados por meio de avanços tecnológicos, mas em seguida continuaram a inovar para permanecer à frente de novos concorrentes no setor. Costumavam deter um número relativamente alto de patentes e obter lucros desproporcionais a partir de novos produtos. No entanto, é crucial que atinjam um equilíbrio entre ser orientado à tecnologia e ser dirigido pelo mercado. Embora estejam determinadas a explorar suas vantagens tecnológicas, também se asseguram de estar alinhadas à evolução dos requisitos de mercado. Por exemplo, a W.L. Gore Inc., um 'campeão oculto' norte-americano que fabrica o tecido semipermeável Gore-Tex, explorou sua liderança tecnológica na fabricação de tecido para desenvolver produtos adequados a seus clientes nos setores de vestuário e calçados (Simon, 1996).

O foco das atividades de empresas verdadeiramente orientadas ao mercado e dispostas a gerar valor superior a seus clientes recai sobre a geração de solução aos problemas desses clientes. Em vez de focar a venda de seus próprios produtos, a empresa sai em busca de identificar problemas atuais e futuros dos clientes para então encontrar as soluções certas. Estas podem envolver a criação de novos produtos e serviços, a integração das ofertas de outros fornecedores (por meio de alianças) e até, em alguns casos, a aceitação de que os clientes não podem ser bem atendidos e a recomendação de fornecedores alternativos. Após esgotar todas as demais opções, uma empresa legitimamente orientada ao mercado pode conquistar mais boa vontade dos clientes (e, em última instância, mais negócios de longo prazo) ao admitir que não pode prover exatamente o que eles desejam, em vez de tentar persuadi-los a aceitar uma segunda opção ou até fingir que a solução oferecida é adequada.

19.2.3 Posicionamento construído com base na exploração de recursos, ativos e capacidades de marketing

Grande parte da ênfase na atual literatura sobre estratégia foca a 'teoria baseada em recursos' da empresa (Capítulo 6). Essa teoria enfatiza a necessidade de as estratégias se basearem nos recursos e nas competências da empresa, em vez de meramente perseguir clientes independentemente da capacidade da empresa de atendê-los. No entanto, os teóricos dessa estratégia correm o risco de perder de vista o fato de que os recursos são valiosos somente quando se traduzem em oferecer algo que os clientes desejam. Essa é a essência da abordagem de 'marketing baseado em recursos' tratada neste livro.

Os mercados mudam, e isso também deve ocorrer com recursos como ativos e competências, que necessitam ser constantemente aprimorados e desenvolvidos se a empresa visa a prosperar. Uma tarefa essencial da gerência de marketing consiste em identificar as competências e os ativos que serão necessários no futuro, bem como aqueles que são necessários no presente, de modo que possam ser desenvolvidos ou adquiridos antecipadamente.

Isso pode estar longe de ser uma tarefa fácil, e a margem de manobra pode ser limitada. Por exemplo, a competência central da IBM em computadores de grande porte, os *mainframes*, tornou-se irrelevante no mercado dominado pelos PCs na década de 1980, e o desempenho da empresa pelo mundo sofreu de modo drástico. Na década de 1990, contudo, a meta do novo presidente da empresa, Lou Gerstner, era dominar o mercado global de redes, em que a capacidade desses *mainframes* era crucial.

Como discutimos no Capítulo 6, os recursos de marketing são quaisquer propriedades ou processos que possam ser explorados no mercado para criar ou sustentar uma vantagem competitiva. Eles variam de marcas conhecidas e do uso exclusivo de canais de distribuição até os sistemas de informações e o controle de qualidade. Esses ativos representam as dotações de recursos que o negócio criou ou adquiriu ao longo do tempo e tem disponível para aplicação no mercado. As competências constituem as habilidades usadas para aplicar os ativos da forma mais eficaz no mercado.

Essas definições estão alinhadas com teóricos da estratégia baseada em recursos, como Barney (1991), segundo os quais a gerência é o recurso mais importante, porque ela faz uso dos ativos e de outros recursos disponíveis com base em conhecimento de mercado adquirido por sua aprendizagem prévia.

Como vimos no Capítulo 6, Day (1994) prossegue para identificar três tipos principais de competência: de fora para dentro, de dentro para fora e as competências que abrangem e integram os tipos anteriores. As de fora para dentro são habilidades e competências que permitem a um negócio compreender seus clientes e criar ligações mais próximas com eles. As de dentro para fora são as competências internas da empresa e de seus funcionários que podem ser aplicadas no mercado para prover melhores produtos e serviços aos clientes. As abrangentes e integradoras reúnem as duas outras para garantir a entrega de produtos e serviços apropriados aos clientes.

Mais recentemente, os teóricos da visão baseada em recursos enfatizaram a necessidade de competências dinâmicas (Menguac e Auh, 2006; Helfat et al., 2007). Uma competência dinâmica é "a capacidade de uma organização deliberadamente criar, ampliar ou modificar sua base de recursos" (Helfat et al., 2007). Menguac e Auh (2006) revelam como essas competências podem ser desenvolvidas por meio da capitalização da orientação para o mercado e da inovação. Eles demonstram de modo empírico como o efeito da orientação para o mercado sobre o desempenho empresarial é intensificado quando as empresas apresentam um alto grau de inovação.

Nem todos os ativos e competências podem estar presentes na empresa focal. Cada vez mais as empresas criam alianças e redes com outras que as capacitem a alavancar ativos e competências adicionais dos parceiros (Capítulo 16). As alianças podem oferecer quatro conjuntos principais de ativos e competências: acesso a novos mercados; acesso a competência gerencial; acesso a competência tecnológica; e benefícios econômicos. Por exemplo, já discutimos sobre os problemas enfrentados pela Kodak no mercado de câmeras e filmes tradicionais, superado pela tecnologia digital. Parte da reação da empresa para realinhar seu modelo profundamente arraigado de fotografia com filme inclui uma parceria com a Motorola para ampliar o uso de câmeras, outra com a Skype para criar 'narrativas digitais' combinando viva-voz com compartilhamento on-line de fotos e outras formas de colaboração em projetos de software de imagens médicas e de reconhecimento facial.

No entanto, há problemas em reconhecer as vantagens oferecidas pelas alianças e redes colaborativas. Muitas das alianças estabelecidas no início da década de 1990 fracassaram. A compreensão da dinâmica das alianças e das habilidades executivas essenciais exigidas por essas novas organizações é, infelizmente, limitada (Capítulo 16).

Juntos, os ativos e as competências formam a base sobre a qual qualquer posicionamento competitivo pode ser construído. Idealmente as empresas devem buscar construir seu posicionamento com base em ativos e competências que sejam superiores àqueles de seus concorrentes e difíceis de copiar. Elas também devem buscar criar ou adquirir ativos e competências que possam ser explorados em diversas outras situações (como expandir sua marca em novos mercados, explorar sua tecnologia em novos setores e usar suas redes de formas inusitadas). Uma questão crucial para o futuro é como combinar diferentes ativos e competências de modo a criar novos produtos e serviços (Hamel e Prahalad, 1994).

19.2.4 Estabelecendo relacionamentos mais próximos com os principais clientes e grupos

No Capítulo 15, discutimos como as empresas podem desenvolver relacionamentos mais próximos com seus clientes. As questões fundamentais abrangem com quais clientes estabelecer esses relacionamentos e como fazer isso.

O marketing de relacionamento (Payne e Frow, 2005) foi uma das mais significativas evoluções do pensamento de marketing nos últimos anos. Embora ele tenha sido reconhecido como importante em alguns mercados por algum tempo e sob diferentes rótulos (por exemplo, gerente pessoal de contas em serviços financeiros), atualmente é consenso que a retenção de clientes, por meio de serviço superior e relacionamento, se aplica a mercados bem mais amplos.

Nos mercados de consumo, os relacionamentos podem ser inicialmente construídos por meio da força da marca e da reputação. No passado, as relações nos mercados empresariais foram estereotipadas como aquelas entre indivíduos — o vendedor e o agente de compras. Entretanto, nos modernos mercados de negócios entre empresas, a pressão é pela venda baseada em equipes e pelo desenvolvimento de relacionamentos por todo o espectro de departamentos internos. O desafio está em tornar-se o 'fornecedor preferencial' por compreender o negócio do cliente e por agregar valor maior que o custo (Challey, 2007). Da mesma forma, Simon (1996) enfatiza que os relacionamentos que perduram nos mercados empresariais são aqueles fundamentados em sólidas bases econômicas e de negócios, em vez de em efêmeras bases pessoais/sociais. Relacionamentos e reputações podem ser bem mais difíceis de copiar por concorrentes do que características de produto, ofertas especiais ou negociações possivelmente transitórias.

Zielke e Pohl (1996) demonstram que os principais fatores de sucesso no setor de máquina-ferramenta mudaram desde o início da década de 1990. Nessa época, as chaves do sucesso eram as equipes multifuncionais, a fonte única de suprimento e o trabalho em grupo. Esses fatores eram tidos como diferenciadores entre as empresas de melhor desempenho e as mais fracas. Contudo, em 1996, essas características operacionais tornaram-se padrão no setor e não mais distinguiam os vencedores dos perdedores. O que passou a diferenciar as empresas mais bem-sucedidas foi seu relacionamento com clientes e fornecedores. Agora os líderes de mercado administram toda a cadeia de valor, com os fornecedores cada vez mais preocupados com o desenvolvimento de novos produtos e com a melhoria da qualidade. Também estão associando a remuneração e outras recompensas a metas de desempenho ligadas aos clientes. Enquanto o foco no início da década foi a eficiência, atualmente a ênfase mudou para a gestão do relacionamento com clientes e fornecedores.

No entanto, nem todos os clientes atribuem grande valor a relacionamentos mais próximos com seus fornecedores. Da mesma forma, os custos de criar relações mais próximas com alguns clientes (no que se refere a tempo, esforço e recurso financeiro) podem bem superar os benefícios comerciais de longo prazo. O que se tornará cada vez mais importante será as empresas decidirem sobre a intensidade ideal do relacionamento com cada cliente ou grupo deles e depois encontrar meios eficazes e eficientes de manter esse nível. É provável que qualquer empresa vá operar em uma série de modos de marketing diferentes, dependendo dos clientes atendidos. Para algumas contas principais, uma forte ênfase na construção de relacionamentos um a um para criar 'parceiros' pode ser aplicável, enquanto ao mesmo tempo outros grupos são menos impactados pelo marketing de maneira a criar 'defensores' em vez de parceiros. Para ainda outros clientes da mesma empresa, uma abordagem de marketing de massa pode ser aplicável para assegurar o negócio em primeiro lugar. É provável que o *marketing multimodal*, isto é, a adoção de diferentes abordagens de marketing para diferentes clientes ou grupos deles, tome o lugar de um marketing mais uniforme a todos os clientes.

19.2.5 Repensando o papel do marketing na organização

Tudo isso leva à inevitável conclusão de que o papel e a função do marketing dentro da organização (ou da 'rede virtual') necessitam ser redefinidos e reafirmados.

Essencial a esse repensar é escapar da noção de que o marketing é basicamente uma função do negócio, um departamento no organograma organizacional. Cada vez mais o marketing é tido como um processo dentro da cadeia de valor, um processo responsável por assegurar a criação de valor para os clientes tanto a curto quanto a longo prazo. Isso requer um foco nas habilidades de marketing em vez de nos cargos de marketing (Brown, 1995). É preciso criar estruturas que facilitem a resposta rápida e a flexibilidade em vez de obstruí-las. Na realidade, é interessante notar que algumas empresas de sucesso, como Virgin e The Body Shop, nem sequer têm um departamento de marketing, contudo poucos discordariam que elas estão próximas de seus clientes e receptivas a suas necessidades (Doyle, 1995).

Como Brown (1995) observa:

Existem dois tipos de empresa: aquelas com um departamento de marketing e aquelas com uma alma de marketing. Uma rápida olhada na mais recente lista da Fortune 500 revela que as do segundo tipo são as de melhor desempenho, enquanto as do primeiro tipo, imersas nas tradições empresariais do passado, estão desaparecendo rapidamente.

Simon (1996) também observa que muitas empresas em sua amostra de 'campeões ocultos' não possuem um departamento de marketing. Entretanto, elas compartilham duas características principais. Primeiro, estão extremamente próximas de seus clientes e asseguram que todos os funcionários reconheçam seu papel em atendê-los. Segundo, elas focam a solução dos problemas dos clientes por meio da inovação aplicada à melhoria de suas ofertas aos clientes, continuamente provendo valor adicional a eles. Esses dois traços constituem a essência de uma orientação para o mercado, mas são alcançados sem ter um departamento de marketing como adorno.

Ao definir o papel do marketing, é importante reconhecer que ele opera em dois níveis principais: estratégico e operacional. No nível operacional, os gerentes de marca e de marketing lidam com as tarefas rotineiras do marketing, tais como o contato com empresas de pesquisa de mercado, agências de propaganda e relações públicas e assim por diante. Nas empresas FMCG (sigla para 'fast moving consumer goods' ou 'bens de consumo não duráveis'), eles também dedicam grande parcela de seu tempo organizando promoções no ponto de venda e ao consumidor, ofertas especiais, concorrências etc.

No entanto, no nível estratégico o marketing refere-se mais a decisões sobre os mercados nos quais atuar e como competir com sucesso neles. Nesse nível, o marketing não é uma atividade funcional, mas requer o insumo de perspectivas e habilidades alternativas provenientes de toda a organização. Como já vimos, o desafio consiste em gerenciar o processo de lançar-se ao mercado para criar valor superior ao cliente por meio de um complexo de recursos, competências e relacionamentos que compõem a oferta.

O marketing necessita tornar-se e permanecer flexível e receptivo à mudança. Isso implica distinguir a filosofia daquilo que é acessório. No nível estratégico, todos na organização devem colocar os clientes em primeiro lugar porque, como o CEO da Xerox afirma na declaração de missão da empresa, em última instância é o cliente que decidirá se a empresa sobreviverá e se os funcionários e gerentes terão um emprego no futuro.

Handy (*veja* Abrahams, 1996) menciona o surgimento de 'organizações-trevo' no futuro. Elas consistirão de três folhas. A primeira será um núcleo de gerentes seniores com contratos 'permanentes' que administrarão o negócio e tomarão decisões estratégicas, tais como os mercados nos quais a empresa atuará e como criarão vantagem competitiva (as decisões de posicionamento discutidas neste livro). A segunda folha será a daqueles com contratos por tempo determinado que ofereçam serviços como relações públicas, gestão de banco de dados e propaganda. Esses gerentes serão especialistas nos aspectos operacionais e de implementação de marketing, mas serão orientados de perto sobre o direcionamento de seus esforços. A terceira folha será de fornecedores *ad hoc* que suprirão um conhecimento especializado, como as agências de propaganda, os institutos de pesquisa de mercado, as consultorias de projetos etc.

Nos mercados altamente competitivos vislumbrados para o futuro previsível, a capacidade de assimilar e agir sobre o conhecimento, criar estratégias baseadas em ativos e competências, estabelecer relacionamentos próximos e profundos com segmentos selecionados de mercado e, por fim, redefinir o escopo e o papel do marketing dentro da organização formará a base da geração de vantagem competitiva.

19.3 ESTRATÉGIAS DE POSICIONAMENTO COMPETITIVO

Como já foi discutido, o posicionamento competitivo refere-se a fazer escolhas que resultem em um ajuste perfeito entre os alvos de mercado escolhidos e as competências e ativos que a empresa pode acionar para atender a esses alvos com mais eficácia do que seus concorrentes. Embora, na realidade, exista um número infinito de modos diferentes de uma empresa se posicionar em seus mercados, eles podem ser resumidos com base na ênfase atribuída a seis dimensões principais de diferenciação.

A Figura 19.4 mostra essas seis dimensões. O posicionamento pode basear-se em: preço; qualidade ou nível técnico; serviço; customização; diferenciação de benefícios; ou inovação. Embora as empresas possam optar por posicionar-se em mais de uma dimensão ao mesmo tempo, com frequência constatam que elas são contraditórias. Por exemplo, oferecer um nível tecnológico mais alto de produto é geralmente incompatível com manter os custos e, portanto, manter os preços os mais baixos possíveis. Na realidade, cobrar preços baixos por um produto de alta qualidade pode confundir a mente dos consumidores. A chave para criar posicionamentos sustentáveis é garantir que eles sejam construídos com base em ativos e competências de marketing da empresa.

19.3.1 Posicionamento por preço

Os custos devem ser mantidos sob controle — ao menos tão baixos quanto os da concorrência, ou preferencialmente inferiores — para que um posicionamento de baixo preço seja sustentável. Se não houver vantagem de custo, as guerras de preço poderão colocar o instigador em desvantagem financeira e toda a estratégia de posicionamento poderá ser insustentável. Posicionar-se como um fornecedor de baixo preço requer fortes competências de dentro para fora e abrangentes. São necessários eficazes sistemas de controle de custos (por meio de custeio baseado em atividades, ou ABC) não só no âmbito das operações da própria empresa, mas também no das operações do fornecedor. A aquisição de matéria-prima e outros insumos é organizada em torno da manutenção dos custos em um nível mínimo. Também a logística de distribuição é administrada visando a custos mínimos (Figura 19.5).

Embora o posicionamento por preço baixo seja uma opção viável, para algumas empresas há uma necessidade constante de manter os custos reduzidos, sobretudo quando novos concorrentes entram no

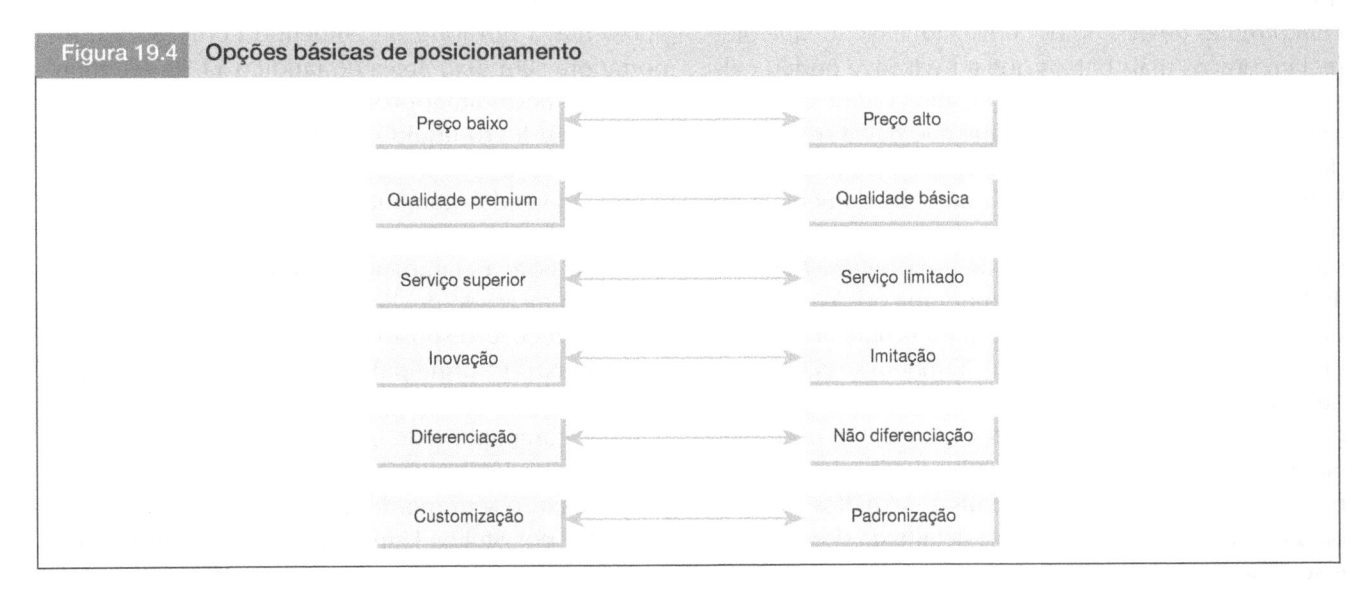

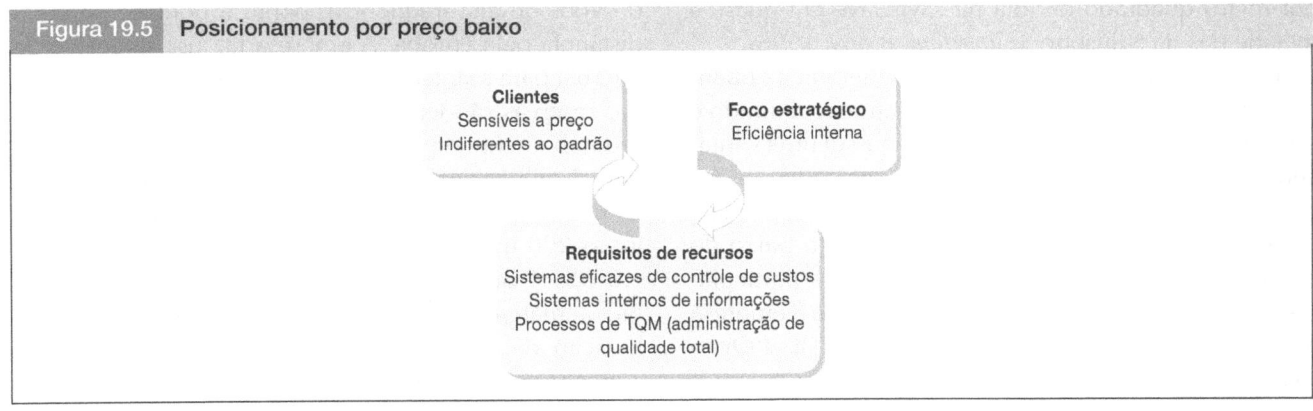

Figura 19.4 Opções básicas de posicionamento

- Preço baixo ↔ Preço alto
- Qualidade premium ↔ Qualidade básica
- Serviço superior ↔ Serviço limitado
- Inovação ↔ Imitação
- Diferenciação ↔ Não diferenciação
- Customização ↔ Padronização

Figura 19.5 Posicionamento por preço baixo

Clientes
Sensíveis a preço
Indiferentes ao padrão

Foco estratégico
Eficiência interna

Requisitos de recursos
Sistemas eficazes de controle de custos
Sistemas internos de informações
Processos de TQM (administração de qualidade total)

mercado com novos métodos operacionais ou ativos únicos que podem ser usados para minar os custos dos estabelecidos.

Para uma estratégia de posicionamento de preço ser bem-sucedida no mercado, a existência de um segmento de consumidores viável e sensível a preço também é exigida. Na maioria dos mercados, há aqueles que compram primordialmente por preço. Entretanto, na década de 1990 ficou claro que esses consumidores também esperavam um nível básico de serviço e qualidade de produto, de forma que somente um preço baixo não seria motivo suficiente para comprar.

Por exemplo, em novembro de 1996, o varejista de desconto KwikSave anunciou o fechamento de 107 de suas lojas no Reino Unido. Essa rede de supermercados oferecia uma opção sem luxo, de baixo preço e do tipo 'estoque alto/venda barata' a seus clientes. Entretanto, em meados da década de 1990, esse posicionamento havia sido corroído. A KwikSave se viu espremida entre redes líderes, como Tesco, Sainsbury e Safeway (posteriormente adquirida pela Morrisons), que ofereciam preço baixo associado a serviço superior e experiências de compra mais agradáveis, e novos concorrentes de descontos como Aldi e Netto, que ofereciam preços mais baixos que a KwikSave poderia alcançar por meio de operações de alto volume e serviço mínimo. A KwikSave admitiu que não havia se orientado suficientemente ao cliente, valera-se em demasia de barganhas, tentara expandir-se muito rapidamente, não oferecia bens 'modernos' como produtos frescos, itens saudáveis e de beleza e artigos para bebês. Mais de 40% da equipe das lojas era temporária ou de meio período, e havia pouco incentivo para propiciar um alto nível de atendimento ao cliente. Também se acreditava que a KwikSave estava cerca de três a quatro anos atrás de suas rivais na utilização de tecnologia. Por exemplo, ela aceitava um sistema de débito direto aos clientes, mas deixava de capturar e analisar os dados obtidos para ter uma compreensão mais detalhada dos clientes e seus padrões de compra. Estimava-se que as vendas por metro quadrado de loja na KwikSave era quase a metade das da Sainsbury (*Guardian*, 8 nov. 1996).

O posicionamento por preço pode ser eficaz quando há um segmento de mercado claramente definido e sensível a preço e quando a empresa possui uma vantagem de custos no atendimento a esse mercado.

Vendido a £ 5.999, o automóvel Skoda Felicia posicionava-se em 1995 na ponta de preço baixo do espectro para atrair compradores de carros particulares altamente sensíveis a preço. Na verdade, a empresa descreve seus consumidores-alvo como OPTIEs ('*Over--mortgaged, Post-Thatcherite Individuals*' ou 'pessoas endividadas da era pós-Thatcher') que carregavam patrimônio negativo e estavam preocupados com seus futuros financeiros. Esses consumidores consideram a propriedade, o dinheiro e o emprego muito menos importantes do que a família, a saúde e as relações pessoais. Para eles, causar boa impressão com seus carros é uma baixa prioridade, com 92% deles acreditando que os carros têm propaganda e preço exagerados e 66% crendo que, sem o emblema (a marca) de um carro, é difícil distinguir um modelo do outro. O Felicia é comercializado como 'sensivelmente estiloso com intenções honestas' e a propaganda mostra a logomarca da Volkswagen (VW) atrás do carro, tirando proveito das associações sólidas e de qualidade com a empresa-mãe. Ele também tira máximo proveito da produção de baixo custo na Europa Central (*Marketing Business*, jul./ago. 1995).

Na esteira dos ataques terroristas de setembro de 2001 em Nova York, as grandes companhias aéreas sofreram uma redução drástica de passageiros dispostos a viajar de avião. Entretanto, as operadoras de baixo preço, como a Ryanair, conseguiram manter e até fazer prosperar seu negócio. Na verdade, a Ryanair já apresentava um forte desempenho como uma transportadora sem luxo antes do fatídico 11 de setembro. Nos seis meses anteriores a 30 de setembro de 2001, ela viu seu lucro líquido crescer 39% em relação ao mesmo período do ano anterior, chegando a € 88 milhões. As vendas aumentaram 29%, atingindo € 344 milhões (*Fortune*, 31 dez. 2001). Isso revelou que o mercado estava claramente segmentado com um significativo mercado de viagem de lazer altamente sensível a preço e disposto a aceitar voos sem luxo, a preço baixo. O principal segmento do mercado a se retrair foi o de executivos de negócios, de quem as grandes companhias aéreas mais dependiam.

Dentre os líderes no mercado de viagens aéreas de preço baixo e sem mordomias está a easyJet, lançada em 1995 por Stelios Haji-Ioannou. Essa transportadora aérea posiciona-se como de preço baixo, operando voos de alta frequência, ponto a ponto e de curta distância pela Europa. A empresa faz uso intensivo da Internet para manter os custos reduzidos (cerca de 90% das reservas são feitas por seu site). Ela cresceu extraordinariamente de 1,7 milhão de passageiros em 1998 para 7 milhões em 2001. Lançada na Bolsa de Valores de Londres em novembro de 2000, atualmente está entre as 200 maiores empresas do índice FTSE, avaliada em US$ 1 bilhão. Recentemente Haji-Ioannou expandiu a marca para *cyber cafés* (easyEverything.com), locação de veículos (easyRentacar.com), serviços financeiros (easyMoney.com) e comércio eletrônico (easyValue.com). Todos esses negócios se posicionam como ofertas de preço baixo, fazendo uso efetivo da Internet para manter os custos reduzidos (*Marketing Business*, set. 2001).

No entanto, depender exclusivamente do posicionamento por preço baixo pode acarretar altos riscos também. Cada vez mais os executivos se conscientizam em relação ao efeito da ameaça do 'preço da China'. No caso extremo, enquanto um concorrente convencional dos países da Tríade (Estados Unidos, Japão e União Europeia) pode reduzir seu preço em 10% para ganhar um negócio, empresas em países como China e Índia estão mais propensas a oferecer um preço que representa 10% daquele do concorrente. Estima-se que em 2004 cerca de 50% dos navios mercantes que deixaram os portos chineses carregavam produtos do país para o Walmart nos Estados Unidos (na época o oitavo maior cliente mundial da China). É improvável que tentar competir em preço baixo contra esse tipo de concorrência seja eficaz na ausência de outras vantagens competitivas.

Na realidade, algumas empresas posicionam-se na outra ponta do espectro. Elas deliberadamente precificam seus produtos e serviços mais alto do que a concorrência para dar um caráter de exclusividade a suas ofertas. De modo geral, os posicionamentos por preço alto são acompanhados por uma qualidade superior, ofertas de marca que requerem reputações sólidas e imagens de superioridade inquestionável (por exemplo, os cosméticos e roupas de grife da loja de departamentos Harrods em Knightsbridge). As competências exigidas para que os posicionamentos por preço alto (premium) sejam eficazes estão centradas na capacidade de criar uma imagem superior, exclusiva, que gere nos consumidores a disposição de pagar um ágio para se associarem a ela. Os ativos de marca em particular necessitam ser construídos com o uso de campanhas promocionais criativas.

19.3.2 Posicionamento por qualidade

Posicionar-se como um fornecedor de alta qualidade técnica também requer sistemas de controle interno eficazes, sobretudo para avaliação e garantia de qualidade. Entretanto, além do controle, também se exige competência técnica, sobretudo em engenharia e manufatura quando da fabricação de produtos. Contudo, o mais significativo é que se requer uma clara visão daquilo que significa 'qualidade' aos olhos dos consumidores. Isso impõe competências de fora para dentro para a sensibilidade de mercado e o vínculo com clientes (Figura 19.6).

Também importante na entrega de produtos e serviços de alta qualidade é a gestão da cadeia de suprimentos, garantindo que os insumos sejam da qualidade exigida, não simplesmente os mais baratos disponíveis. A Marks & Spencer costumava ter uma reputação de construir relacionamentos de longo prazo e exigentes com seus fornecedores para assegurar que os produtos nos quais ela colocava sua marca eram de inquestionável qualidade. Atualmente a M&S recorre a fontes de abastecimento mais amplas, mas ainda mantém vigilância sobre a qualidade dos tecidos usados em seus produtos.

Há quatro lojas Betty's Tea Rooms em Yorkshire e uma Taylor's. Juntas elas vendem 2 milhões de xícaras de chá por ano. Não fazem propaganda, mas milhares de pessoas frequentam essas casas de chá dispostas a ficar na fila por uma mesa. O ambiente é elegante, sofisticado. Os garçons e as garçonetes vestem-se formalmente, ao estilo vitoriano. O chá é perfeito e os bolos, deliciosos. Os doces vão do exótico Amadeus Torte às tortinhas de limão de Yorkshire. A empresa foi inaugurada em Harrogate por um confeiteiro suíço, Frederick Belmont, em 1919. Seus padeiros e confeiteiros ainda são treinados em Lucerne. A empresa desenvolveu-se com base no ativo de sua marca, abrindo lojas de presentes no recinto e vendendo doces voltados aos turistas. Também vendem produtos por catálogo. Mais recentemente comercializaram o Yorkshire Tea, que se tornou uma grande marca no mercado de bebidas (Kotler *et al.*, 1996).

Costumam ser cruciais a um posicionamento por qualidade os ativos de marketing da imagem e

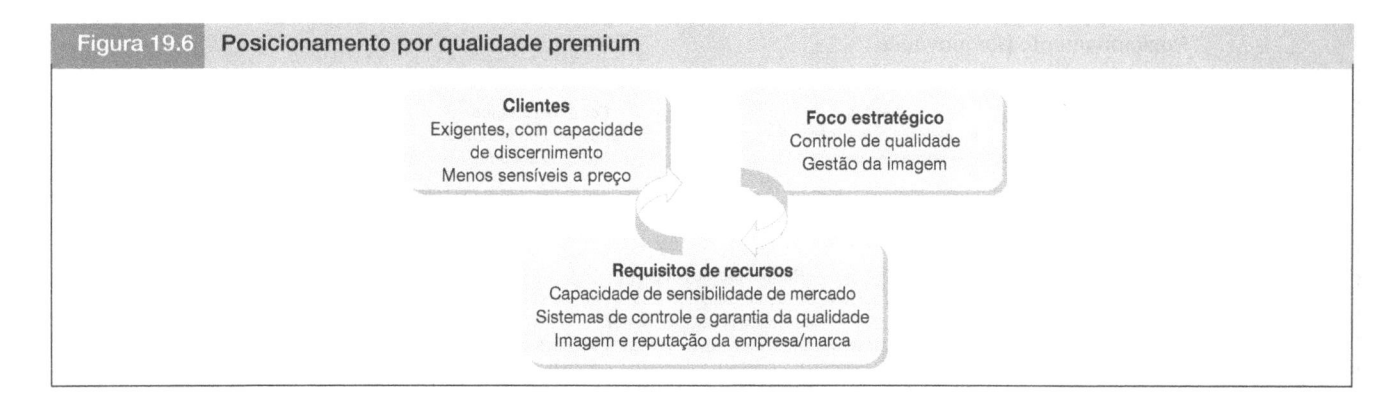

Figura 19.6 Posicionamento por qualidade premium

Clientes
Exigentes, com capacidade de discernimento
Menos sensíveis a preço

Foco estratégico
Controle de qualidade
Gestão da imagem

Requisitos de recursos
Capacidade de sensibilidade de mercado
Sistemas de controle e garantia da qualidade
Imagem e reputação da empresa/marca

reputação da marca (como vimos anteriormente). Imagem e reputação podem levar anos para serem criadas e, uma vez estabelecidas, precisam ser cultivadas e, quando necessário, defendidas com vigor.

Para os consumidores, a qualidade manifesta-se por meio de melhor confiabilidade, durabilidade e aparência estética. Para que os posicionamentos por qualidade sejam viáveis, os consumidores devem estar propensos a pagar por uma qualidade superior, visto que em geral, embora nem sempre, há custos mais altos associados à oferta de um produto de maior qualidade. No setor automobilístico, montadoras alemãs como Mercedes, BMW e Audi posicionaram com sucesso suas ofertas na ponta de alta qualidade do espectro com base na superioridade em design, habilidades técnicas de engenharia ('*Vorsprung durch Technik*' — liderando através da tecnologia) e atenção ao controle de qualidade ao longo do processo de manufatura.

Entretanto, devemos ter em mente que a qualidade e o valor são decididos pelos consumidores no mercado, não pelos engenheiros na fábrica ou pelos publicitários no departamento de marketing. No que pode ser um exemplo para outras organizações, executivos da Royal Mail (RM) são avaliados em parte pelos níveis de serviço percebidos pelos clientes, e não pelos níveis de serviços medidos internamente. A RM recebeu muitas queixas sobre filas nas agências de correio. Os tempos de espera foram reduzidos, mas os clientes continuaram a reclamar. Algumas agências foram redecoradas e constatou-se que nesses locais os clientes pararam de reclamar das filas, embora o tempo de espera fosse o mesmo de outros locais. A RM aprendeu que a qualidade e o valor variam de acordo com a percepção dos clientes.

19.3.3 Posicionamento por inovação

Nos mercados que mudam rapidamente, sobretudo em decorrência de avanços tecnológicos, pode haver oportunidades de posicionamento com base na capacidade de inovação ou na velocidade de colocação no mercado (Figura 19.7). No segmento de PCs, por exemplo, empresas líderes como Toshiba estão constantemente aprimorando seus produtos e desenvolvendo avanços tecnológicos para manter seus produtos à frente dos da concorrência. Hamel e Prahalad (1991) sugerem que as empresas devem estimular o 'fracasso rápido', isto é, estimular o lançamento de novos produtos (mesmo que em testes), reconhecendo que muitos podem fracassar, mas alguns podem vingar. Eles argumentam que o fracasso rápido é preferível a reprimir ideias recém-nascidas ou atrasar seu lançamento com sistemas excessivamente complexos de triagem.

De modo análogo, o impressionante sucesso da Samsung Electronics na década de 2000 baseou-se em parte na cultura deliberada de seu CEO de 'crise perpétua', revelada no poderoso Programa de Inovação de Valor e na visão estratégica de longo prazo de controlar as tecnologias essenciais em uma era de convergência digital. A meta da Samsung de liderança de mercado está sendo perseguida por meio de inovação em tecnologia e design.

Em seu estudo sobre os 'campeões ocultos' alemães, Simon (1996) enfatiza seus processos contínuos de melhoria de produto e serviço (*Kaizen*). Demonstra-se que a inovação constante é uma das características fundamentais desses líderes de mercado mundiais. Entretanto, em meados da década de 1990, o pensamento no Japão, terra do *Kaizen*, evoluiu. Atualmente se crê que o desafio de muitas empresas japonesas é uma mudança radical significativa em vez de uma melhoria incremental, para que se capacitem a competir no futuro.

As principais competências exigidas incluem excelentes habilidades de desenvolvimento de novos produtos em conjunto com habilidades técnicas e criativas. São combinações de competências de dentro para fora e abrangentes. Entretanto, uma vez que as ideias de novos produtos se cristalizam, é importante testá-las nos consumidores (por fracasso rápido ou outros meios mais convencionais) para evitar o lançamento de produtos altamente inovadores, porém indesejados, como o carro elétrico Sinclair C5.

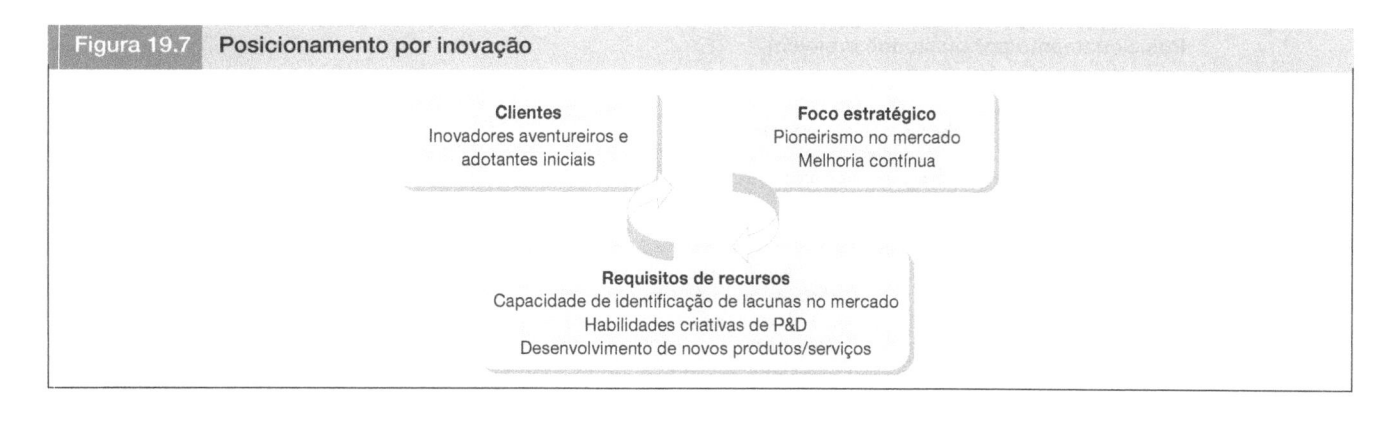

Figura 19.7 Posicionamento por inovação

Clientes
Inovadores aventureiros e adotantes iniciais

Foco estratégico
Pioneirismo no mercado
Melhoria contínua

Requisitos de recursos
Capacidade de identificação de lacunas no mercado
Habilidades criativas de P&D
Desenvolvimento de novos produtos/serviços

Em um estudo sobre empresas pioneiras, Tellis e Golder (1996) concluíram que uma estratégia mais eficaz para muitas empresas é ser um seguidor imediato. Sob esse enfoque, as empresas aprendem com os erros dos pioneiros e tiram proveito da fase de crescimento do mercado sem incorrer nos custos de estabelecê-lo em primeiro lugar. Moore (1991), em seu estudo de inovação em mercados de alta tecnologia, conclui que o aspecto crítico do sucesso de novos produtos é cobrir a 'brecha' existente entre os inovadores (aqueles que serão atraídos por uma inovação devido a seu ineditismo) e a maioria inicial que representa o começo do mercado de massa. Esse abismo, na opinião de Moore, é responsável pelo fracasso de muitos novos produtos.

James Dyson é um inventor que posicionou muito bem sua empresa como provedora de soluções inovadoras para problemas rotineiros. Em janeiro de 1997, ele ganhou o European Design Award por seu aspirador de pó inovador (que descrevemos a seguir). Dyson começou a inventar aos 28 anos, quando descobriu uma falha de projeto em carrinhos de mão convencionais. Quando cheio, o carrinho, que tinha uma única roda estreita na frente, tendia a tombar. Ele substituiu a roda por uma grande bola vermelha que resolveu o problema. Quando lançado no mercado, o 'carrinho de bola' foi um sucesso imediato e vendeu mais de 60 mil unidades por ano. Depois desse sucesso, ele projetou uma nova máquina niveladora de jardins que era leve e manobrável quando não em uso, porém pesada o suficiente para aplainar gramados. A inovação consistiu em usar um rolo plástico oco que podia ser enchido com água quando em uso, mas esvaziado quando não. Os aspiradores de pó sem saco foram a próxima invenção e, em 2002, ele lançou a máquina de lavar roupas Dyson. Atualmente ele está pensando em como modernizar outros aparelhos domésticos, como lavadoras de louças e geladeiras, além da comercialização de um exaustor que reduz emissões tóxicas. O sucesso da empresa com giro de £ 100 milhões baseou-se na inovação, no pioneirismo de mercado com designs revolucionários de produtos do cotidiano e na oferta de valor superior aos clientes.

No início da década de 1990, o novo aspirador de pó de Dyson foi lançado no mercado britânico. O Dyson Dual Cyclone funciona de um jeito diferente dos aspiradores convencionais por criar um ciclone (mais rápido que a velocidade do som) e dispensar o uso dos sacos convencionais de coleta de pó. Nos aparelhos tradicionais, os poros dos sacos gradualmente se entopem, de modo que o aparelho tem seu funcionamento comprometido quando cheio pela metade. O aspirador Dyson oferece o triplo de desempenho em comparação com os produtos concorrentes, mas, ao preço aproximado de £ 200, custa o dobro. Os fabricantes de aspiradores de pó convencionais não se impressionaram com o novo produto, visto que obtinham bons lucros com a venda dos sacos descartáveis (só esse mercado valia em torno de £ 100 milhões ao ano). Eles lutaram para manter o novo concorrente fora dos pontos de venda convencionais, mas Dyson acabou tendo a ideia de vender por catálogo (outra inovação no negócio de aspiradores de pó). Apesar da desvantagem de preço, o novo produto conquistou 25% da participação de mercado no Reino Unido após três anos de seu lançamento. Não contente com o mercado no Reino Unido, Dyson também obteve um sucesso praticamente inusitado para um fabricante de eletrodomésticos britânico ao obter uma substancial participação de mercado no Japão, em vez de perder para eles.

A inovação também pode advir sob a forma de novos processos ou enfoques de mercado. Por exemplo, a Dell vende PCs diretamente a empresas (e em menor grau a consumidores domésticos) em vez de usar o canal tradicional de lojas de varejo e revendedores. O marketing direto elimina intermediários e também acelera o tempo de colocação no mercado de computadores. Cerca de 80% do custo de um PC consiste de componentes (como chips de microprocessador), cujo preço cai cerca de 30% ao ano. Portanto, o excesso de estoque implica produtos de alto custo à espera de serem comercializados por altos preços. Da mesma forma, quando a tecnologia muda (por exemplo, de processadores 486 para Pentium), uma empresa pode ficar com grandes estoques de equipamentos obsoletos. Ao vender diretamente, a Dell gira seu estoque a cada 14 dias, em comparação com os 50 dias da Compaq, sua rival. Estima-se que isso dê à Dell uma vantagem de custo de 3%. Entretanto, tão importante quanto isso é a vantagem de mercado resultante da troca da revenda pelo marketing direto. A Dell cresce a uma taxa de 50% ao ano em um mercado que se expande a 20%, chegando a ser a quinta maior fabricante de computadores (*The Economist*, 5 out. 1996). No entanto, a drástica desaceleração do crescimento da empresa em 2005 e 2006 leva-nos a questionar se ela será superada por novos concorrentes com suas próprias inovações, sobretudo em mercados como a China, onde o modelo de negócios diretos não se adequa às preferências que os compradores têm pela venda pessoal e pelas recomendações face a face.

19.3.4 Posicionamento por serviço

Cada vez mais se usa o posicionamento com base na oferta de serviço superior, ou até o serviço claramente personalizado para atender às necessidades do mercado-alvo. Variações na natureza e no nível de serviço oferecido, associadas a diferenças em requisitos dentre os diversos grupos de clientes, significam que o posicionamento por serviço pode ser viável e atrativo para mais de uma empresa em um dado mercado. Para prestar serviços de alta qualidade, é essencial ter: habilidades de perceber o mercado e identificar qual nível/tipo de serviço é necessário; habilidades de estabelecer vínculos com clientes para desenvolver relacionamentos mais próximos com os principais deles; sistemas que auxiliem os provedores de serviço a atender seus clientes, bem como habilidades de monitoramento capazes de avaliar com regularidade o nível e o tipo de serviço oferecido. O ponto mais crítico em toda prestação de serviço de alto nível são as pessoas ou as equipes que efetivamente darão o atendimento. Seleção, treinamento, motivação e remuneração da equipe de atendimento constituem áreas que requerem alta prioridade nas empresas que buscam vantagem competitiva por meio da prestação de serviços (Figura 19.8).

As empresas que buscam criar uma vantagem por serviço para posicionar-se como provedores de serviço superior ao dos concorrentes necessitam primeiramente compreender como seus clientes avaliam serviços, quais dimensões eles julgam relevantes e como elas se manifestam. A seguir, as empresas devem colocar em prática estratégias e sistemas que garantam que sua equipe possa entregar serviço superior (Capítulo 15).

A Otis Elevator reconheceu a importância de prover excelência em serviço no segmento de elevadores. Os clientes preferiam lidar diretamente com a Otis em vez de recorrer a um intermediário, o que levou a empresa a estabelecer o Otisline, por meio do qual os clientes podem entrar em contato com uma central de atendimento 24 horas. O serviço foi usado para comercializar as ofertas da empresa e passar confiança aos clientes. Também formou a base para a empresa aprimorar seus sistemas de informação, incluindo o REM (sigla em inglês para 'monitoramento remoto de elevadores') para identificar problemas antes da ocorrência de panes nos elevadores. Esse sistema melhorou os tempos de resposta por meio de melhor gerenciamento de chamadas, capacidade aprimorada de diagnóstico e fortalecimento da equipe de serviços ao disponibilizar-lhes melhor comunicação. Como resultado, houve expressivo aumento nos níveis de satisfação do cliente (Armistead e Clark, 1992).

No verão de 1996, sob o comando do novo presidente Lou Gerstner, a IBM mudou a ênfase de seu posicionamento de produtos físicos para serviços oferecidos aos clientes. Chamado de 'IBM Global Service', o novo foco em serviço incluiu uma campanha publicitária mostrando a equipe IBM e os serviços que prestam a seus clientes (*Marketing Business*, nov. 2001).

19.3.5 Posicionamento por benefícios diferenciados

O posicionamento por benefícios diferenciados refere-se a identificar claramente segmentos de benefícios alternativos dentro dos mercados para então focar o oferecimento do que eles desejam (Yanklovich e Meer, 2006) (Figura 19.9). Como discutimos no Capítulo 10, segmentar mercados com base nos benefícios que os clientes desejam pode com frequência ajudar a identificar novas oportunidades de mercado e sugerir meios mais eficazes de definir o público-alvo.

Posicionar-se com base nisso requer competências de fora para dentro bem desenvolvidas para, em primeiro lugar, identificar os benefícios que os clientes estão buscando e depois segmentar o mercado de modo criativo em setores significativos, mas comercialmente viáveis. Também pode requerer habilidades eficazes de desenvolvimento de novos produtos/serviços para assegurar que os benefícios buscados sejam efetivamente entregues aos clientes por meio da incorporação de atributos relevantes.

No mercado norte-americano de enxaguatório bucal, a P&G obteve êxito em desafiar o líder de mercado Listerine com o Scope, sua marca de sabor agradável.

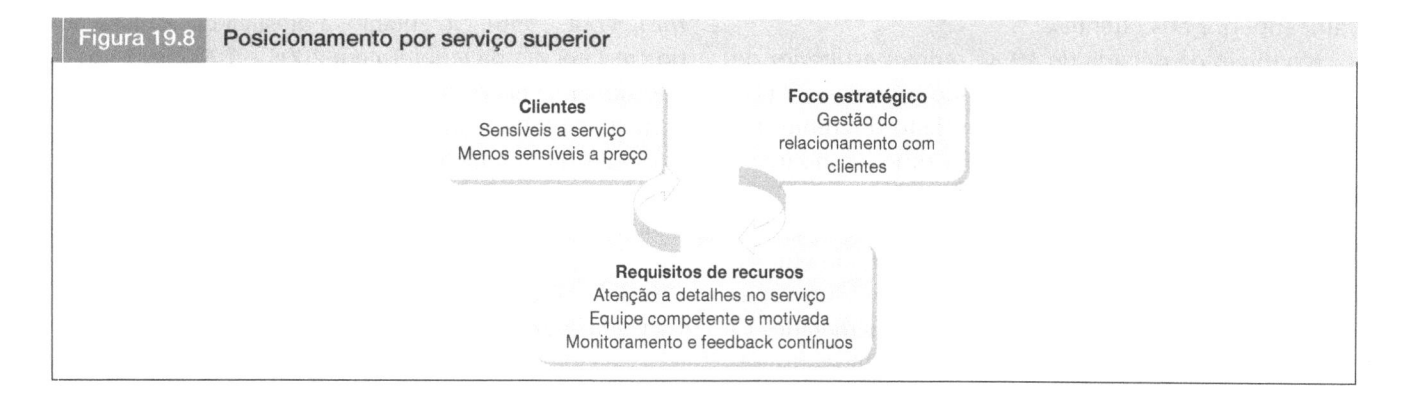

Figura 19.8 Posicionamento por serviço superior

Clientes
Sensíveis a serviço
Menos sensíveis a preço

Foco estratégico
Gestão do relacionamento com clientes

Requisitos de recursos
Atenção a detalhes no serviço
Equipe competente e motivada
Monitoramento e feedback contínuos

Figura 19.9 — Posicionamento por benefícios diferenciados

Clientes
Segmentos de benefícios selecionados

Foco estratégico
Liderança de segmento

Requisitos de recursos
Sensibilidade ao mercado
Criatividade na segmentação
Competências de desenvolvimento de produtos/serviços

Antes esses enxaguatórios tinham um sabor ruim (o Listerine era o "sabor que você detesta duas vezes ao dia") e os clientes achavam que isso era necessário para garantir a eficácia do produto. O Scope foi lançado oferecendo o benefício adicional de bom sabor ("um enxaguatório bucal não precisa ter sabor ruim para funcionar"). Em poucos anos, o Scope equiparava-se ao Listerine em participação de mercado (*Marketing Insights*, set. 2001).

O Fairy Liquid é um detergente líquido que foi consistentemente posicionado com base no benefício duplo que oferece aos usuários: lava louça, mas também amacia as mãos. O produto passou por um teste de lançamento em Birmingham, no Reino Unido, em 1959 quando o mercado começava a se formar: somente 17% de consumidores usavam detergente líquido, enquanto o restante utilizava sabão em pó ou em barra para lavar louça. O lançamento nacional em 1960 envolveu um extenso programa porta a porta, que entregou 15 milhões de amostras para 85% de domicílios no Reino Unido. A plataforma de lançamento reforçou que o produto era forte o suficiente para remover a sujeira e a gordura de pratos e utensílios, embora fosse suave para as mãos.

Em 1980, um bilhão de frascos de Fairy Liquid haviam sido vendidos. Melhorias no produto em 1982 permitiram anunciar um aumento de 20% no volume de pratos que podiam ser lavados com um frasco (uma economia de 20% do produto) e a marca alcançara 27% de participação de mercado. Mais aperfeiçoamentos contínuos resultaram no lançamento de uma versão com fragrância de limão entre 1984 e 1985, com a participação subindo para 32%. Houve um incremento adicional de economia do produto em 1988 (em 15%) e em 1992 (em mais 50%, sinalizado pela mudança de nome para Fairy Excel), o que fez com que a participação de mercado atingisse mais de 50% pela primeira vez. Em 1993, o Fairy Excel Plus substituiu o Fairy Excel, oferecendo mais 50% de economia, mas ainda conservando a maciez das mãos. Um gerente declarou que "a herança da marca está tão associada à suavidade que [colocar no mercado qualquer coisa menos suave] seria considerado traição pelo consumidor".

No abarrotado mercado de cerveja, a Boddingtons Draught Bitter foi bem posicionada com base no benefício de 'suavidade'. Em um mercado em que a maioria das cervejas enfatiza o aspecto social de beber cerveja ou as características pessoais (geralmente machistas) dos consumidores de cerveja, a propaganda da Boddington focava em divulgar o atributo do "creme de Manchester" por meio de cartazes e anúncios. De fato, a campanha publicitária ganhou em 1994 a medalha de ouro no IPA Advertising Awards.

Os fabricantes de automóveis têm sido particularmente eficazes em posicionar suas ofertas para divulgar benefícios específicos. As caminhonetes oferecem capacidade extra de carga, os esportivos oferecem benefícios de desempenho e os de tração nas quatro rodas oferecem potência fora de estrada (embora muitos compradores jamais testem isso na realidade!). Mais recentemente, os fabricantes vêm desenvolvendo carros pequenos para uso urbano em antecipação à legislação sobre níveis de poluição. O Ford Ka, o Renault Twingo, o Mercedes Smart e o Volkswagen Lupo são exemplos disso. Esses carros costumam ser compactos e econômicos (o Lupo afirma rodar 42 quilômetros por litro) para reduzir emissões nocivas nos centros urbanos. A BMW também se lançou no mercado de carros compactos com seu Mini, uma marca mantida após ficar sob breve período em propriedade da Rover. Na segunda metade de 2001, 25 mil unidades foram vendidas na Europa, e o modelo foi lançado nos Estados Unidos na primavera de 2002.

A Yamaha era líder mundial no mercado de pianos convencionais e de cauda. Globalmente a empresa detinha 40% do mercado, mas este declinava cerca de 10% ao ano. Uma pesquisa de mercado revelou que muitos pianos raramente eram tocados, juntavam pó e perdiam a afinação. Usando suas competências em tecnologia digital de música (a empresa havia sido pioneira em teclado eletrônico), a Yamaha passou a oferecer benefícios adicionais nos pianos que vendia. Eles desenvolveram o 'disklavier', que era um piano tradicional (fosse do modelo convencional ou de cauda) que podia ser tocado normalmente, mas que também tinha uma característica adicional: havia um dispositivo eletrônico acoplado ao piano que permitia ao dono tocar música pré-gravada em seu próprio instrumento. O dispositivo aceitava um disco de 3,5 polegadas, semelhante a um disquete de computador, que continha gravações de músicas e as tocava no piano. Em seu lançamento no Japão, o produto foi um sucesso imediato, alcançando 20% de participação de mercado em três anos. A empresa também trabalhou com a possibilidade de reformar pianos tradicionais com esse dispositivo para expandir ainda mais o potencial de mercado.

O catálogo de 1996 da Harrods trazia o anúncio de um piano digital de cauda:

Piano Digital Yamaha DC11— A escolha perfeita para verdadeiros amantes da música, o disklavier DC11 é um piano acústico de alta qualidade com um drive de disco adicional. Toque-o como um instrumento normal ou use o dispositivo do computador para tocar a música de sua preferência. Além disso, grave sua própria música diretamente no disco enquanto você toca. Preço normal £ 18.099, Preço Especial £ 15.299.

É interessante observar que o conceito não era totalmente novo. Nos Estados Unidos da década de 1930, as pianolas (pianos que podiam tocar rolos de papel perfurado quando pedalados) eram muitos populares!

O mercado de gorduras amarelas também foi extensivamente segmentado com base nos benefícios mais procurados, e os produtos posicionavam-se para apelar a segmentos de benefícios específicos (Capítulo 12). Na década de 1960, a manteiga dominava o mercado, e a margarina era vista como um substituto barato e popular. Na década de 1970, contudo, preocupações com uma alimentação saudável levaram ao lançamento da Flora pela Van den Bergh e da Vitalite pela Kraft, ambas posicionadas como alternativas mais saudáveis à manteiga. Suas características incluíam gordura poli-insaturada em vez da gordura saturada da manteiga (associada a colesterol e doença cardíaca). A Van den Bergh também lançou a Outline, visando ao segmento preocupado com o peso ao divulgar baixas calorias como seu principal benefício. A competição para oferecer margarinas ainda mais saudáveis levou a níveis de gordura mais baixos em versões 'extra *light*' e 'com menos sal'. Entretanto, na década de 1980, alguns consumidores começaram a desejar de novo o 'real sabor de manteiga', mas sem os efeitos nocivos à saúde da manteiga com teor normal de gordura. No início da década de 1980, a Van den Bergh lançou a Krona, e, em 1983, a Dairy Crest lançou a Clover. Em 1991, a Van den Bergh lançou uma nova substituta à manteiga, a 'I Can't Believe It's Not Butter' ('não consigo acreditar que não é manteiga'), um dos nomes de marca mais inovadores que já se viu. Apesar de inusitado, o nome era certamente memorável e transmitia com clareza o benefício que se propunha a oferecer — o sabor de manteiga. A St. Ivel seguiu o mesmo posicionamento em 1995 com o 'Utterly Butterly' ('totalmente manteiga').

O posicionamento baseado em benefícios desejados pelos clientes é convencionalmente associado aos mercados de consumo. Na verdade, isso também se aplica às estratégias de empresas bem-sucedidas em mercados corporativos. Em ambos os casos, os segmentos de benefícios propiciam uma base poderosa sobre a qual desenvolver posicionamento diretamente relacionado com os requisitos de clientes.

19.3.6 Posicionamento customizado (marketing um a um)

Provavelmente o máximo em segmentação e posicionamento seja a tentativa de oferecer produtos customizados aos requisitos de clientes individuais. Embora tenha sido praticado em muitos mercados corporativos por algum tempo, isso chegou a outros mercados, inclusive de consumo (Figura 19.10).

A feira de automóveis de Paris no ano de 1996 apresentou o lançamento pela Mercedes-Benz de seu 'Smart Car', um carro 'bolha' de dois lugares desenvolvido em conjunto com a MCC (Micro Compact Cars) e uma *joint venture* com a SMH, fabricante suíça dos relógios Swatch ('Smart' representa Swatch, Mercedes e Art). O Smart Car tinha um pequeno motor a gasolina (as versões futuras seriam movidas a bateria), acomodava apenas dois e visava a casais que viviam em cidades e desejavam um segundo carro. Para criar o carro, métodos de produção inovadores foram utilizados. Ele foi fabricado em Hambach, na França, onde conglomerados de fornecedores em torno da fábrica principal produziam componentes que eram depois 'encaixados', proporcionando substancial economia no tempo de produção (somente em torno de 4,5 horas por carro) e em custos, mas

Figura 19.10 Posicionamento customizado

Clientes
Clientes individuais

Foco estratégico
Personalização de acordo com requisitos individuais dos clientes

Requisitos de recursos
Capacidade de ouvir os requisitos dos clientes
Vínculo com clientes e construção de relacionamento

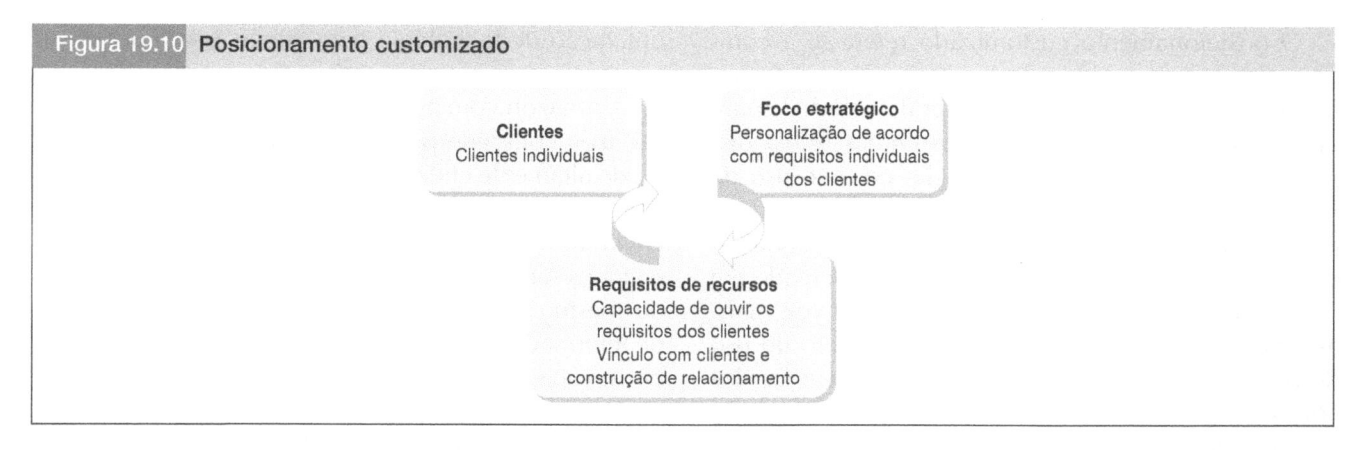

também tornando possível customizar os acessórios de acordo com os requisitos de cada cliente, mesmo após a entrega. O cliente podia simplesmente devolver o carro e ter componentes adicionais acrescidos (tais como ar-condicionado), modificar opções instaladas ou até mudar a cor com a troca de painéis. Além disso, a MCC oferecia aos clientes um acordo de *leasing* pelo qual eles podiam, por exemplo, alugar um carro maior por duas semanas para férias anuais (*The Economist*, 9 nov. 1996).

O carro foi colocado à venda em Paris em 1998, mas inicialmente precificado alto demais para seu mercado, em US$ 11 mil. Também não passou no 'teste do alce',* referente a estabilidade. As vendas no primeiro ano foram de decepcionantes 80 mil unidades (as estimativas originais giravam em torno de 200 mil). A aliança estratégica entre a MCC e a Mercedes durou pouco, e a Mercedes acabou adquirindo a MCC. Atualmente o Smart é comercializado como um veículo barato de um assento (ao preço de US$ 8 mil), mas os clientes podem comprar um conjunto extra de painéis coloridos de fácil encaixe por US$ 1.275. As vendas atingiram 100 mil unidades em 2000 e esperava-se que chegassem a 250 mil em 2005. A empresa também está planejando uma versão de quatro assentos (*Fortune*, 30 abr. 2001). O site do Smart no Reino Unido oferece aos clientes a oportunidade de customizar on-line escolhendo cores, interiores, opções e acessórios (<www.thesmart.co.uk> mar. 2002).

Na outra ponta do mercado automotivo, a montadora alemã Porsche fabrica cerca de 150 carros por dia em sua linha de montagem em Stuttgart. Cada carro é customizado, de modo que os clientes têm mais de 1 bilhão de combinações dentre as quais escolher. Eles podem selecionar interiores, assentos, painel de instrumentos, tipos de motor, estilos de carroçaria e cores. Na verdade, a Porsche pinta o carro de qualquer cor que o cliente deseje. Um texano pediu que seu carro fosse pintado da mesma cor que o batom favorito de sua esposa (*Fortune*, 11 mar. 2002).

As habilidades relevantes para o posicionamento customizado são uma combinação de competências de fora para dentro, que capacitem a empresa a identificar o que o consumidor deseja e estabelecer relacionamentos com os clientes, com competências de dentro para fora de capacidade de produção flexível. Avanços recentes na 'customização em massa' (Pine, 1993) tornam cada vez mais possível às empresas tirar proveito das vantagens de custo e eficiência da produção em massa ao mesmo tempo que personalizam suas ofertas de acordo com requisitos individuais de clientes. Por exemplo, a Dell fabrica produtos sob encomenda. Por telefone ou Internet, os consumidores selecionam o que preferem dentre centenas de componentes diferentes para configurar os computadores de sua escolha. Os compradores corporativos também podem assegurar que suas aquisições sejam compatíveis com os sistemas em vigor na empresa (Agarwal, Kumaresh e Mercer, 2001).

Em alguns mercados, a customização em massa existe há muitos anos, embora com outro nome. Por exemplo, os supermercados oferecem um leque tão amplo de produtos em exposição e 'incitam' os clientes a fazer sua própria seleção de tal modo que cada um deixa a loja com uma coleção única de itens adequados a suas necessidades individuais.

No entanto, os exemplos mais explícitos de posicionamento customizado são geralmente encontrados no setor de serviços, tanto em consumo quanto nos negócios, onde um serviço customizado pode ser adequado aos requisitos de cada cliente. Consultores financeiros oferecem análise customizada de necessidades de investimento, contadores oferecem contas personalizadas, cabeleireiros oferecem cortes customizados e arquitetos oferecem (aos que podem pagar) projetos residenciais exclusivos.

---

* Teste que verifica o comportamento do carro em situações que subitamente aparece um obstáculo a sua frente. (N. do R.T.)

O posicionamento customizado refere-se a compreender as necessidades individuais em vez daquelas do segmento de mercado, e a ter flexibilidade para prove-las a um preço que o consumidor esteja disposto a pagar. Embora a tecnologia, como o uso da Internet, possa desempenhar um papel importante em permitir uma customização economicamente viável, o processo necessita ser conduzido pelo mercado em vez de direcionado pela tecnologia. Cada vez mais, as empresas buscam criar sinergias por meio do uso de novas tecnologias para atender às demandas dos consumidores.

A Levi Strauss oferece calças jeans customizadas — adaptadas à modelagem exigida pelos consumidores — ao tirar na loja as medidas que serão enviadas eletronicamente à fábrica para confeccionar uma roupa única (e armazena os dados para novas compras). O mesmo tipo de oferta é feito por alguns fornecedores de calçados nos Estados Unidos, que atendem às preferências dos clientes por produtos exclusivos com a utilização de tecnologia para atingir isso a um custo razoável.

A Amazon.com possui cerca de 5 milhões de clientes, mas consegue praticar o marketing um a um de modo altamente eficaz. A empresa é muito competente em rastrear o que os clientes fazem e, com base nisso, envia-lhes e-mails com informações sobre novos livros e vídeos semelhantes àqueles que eles compraram, ou do mesmo autor, ou do mesmo gênero. Esse serviço de informação customizada ajudou a Amazon a atingir bons níveis de retenção de cliente.

Essas abordagens alternativas ao posicionamento não são necessariamente excludentes entre si. No entanto, constituem as principais opções básicas disponíveis às empresas. A aplicação criativa dessas opções oferece uma variedade quase infinita de maneiras como as empresas podem construir vantagem competitiva no novo milênio. A tarefa de marketing consiste em selecionar as alternativas, baseando a escolha firmemente nas competências e nas habilidades da empresa.

RESUMO

O mundo dos negócios está mudando e assim deve ser com o marketing. Estratégias de sucesso no futuro serão baseadas na criação de um ajuste entre os requisitos do mercado escolhido e os recursos da empresa, ou seja, em sua habilidade para atender a esses requisitos.

O marketing será visto mais como um processo para atingir esse tipo de combinação em vez de uma especialização ou departamento funcional. Focar o processo de lançar-se ao mercado em vez das estruturas convencionais de marketing oferece a chance de intensificar o papel do cliente como uma força propulsora para a empresa e finalmente atingir operacionalmente a meta de que "o futuro do marketing não é ser *uma* função do negócio, mas ser *a* função do negócio" (Haeckel, 1997). Os novos processos de marketing exigirão que aprendamos novas formas de fazer negócio em organizações desconhecidas.

Nem os recursos nem os mercados são fixos. Podemos estar muito bem acostumados à ideia de que os requisitos de mercado mudam com o tempo e é preciso monitorar essas mudanças. Estamos talvez menos cientes da necessidade, explícita e constante, de examinar e desenvolver nossos recursos e competências ao longo do tempo. Novas competências dinâmicas devem ser desenvolvidas ou então adquiridas (por exemplo, por meio de alianças, fusões ou aquisições) para capacitar a empresa a competir no futuro. Ao mesmo tempo, a empresa deve examinar como pode usar seu leque de competências e ativos em diferentes mercados ou combinar o que já existe de formas inovadoras para criar novas oportunidades (como a Yamaha fez com seus pianos digitais).

Fundamentalmente podemos esperar que as empresas sejam mais seletivas e restritivas na hora de escolher os mercados e os consumidores a serem atendidos, mas que concentrem seus esforços na criação de relacionamentos mais profundos com aqueles escolhidos, de modo a garantir a criação de valor no longo prazo por meio de relações duradouras. É claro que há um número infinito de maneiras como as empresas podem relacionar-se com seus clientes. Esse novo milênio é um período extraordinário para o marketing competitivo!

Consumo ecológico: uma tendência que veio para ficar

Estudo de caso brasileiro

O mundo, depois de muitos séculos de crescimento com a exploração de recursos naturais, está percebendo que atingiu um ponto de esgotamento. Os recursos não renováveis devem se esgotar em breve, e os renováveis estão sendo consumidos a um ritmo tão intenso que também correm o risco de desaparecer. Diversos temas ligados ao meio ambiente fazem parte do dia a dia dos noticiários e das conversas das pessoas: o buraco na camada de ozônio causado pelos gases CFC e que tem aumentado a incidência de câncer de pele; a poluição do ar, que causa doenças respiratórias; o aquecimento global, que está mudando as condições climáticas e gerando impactos na agricultura e na vida das pessoas; a devastação das florestas, que reduz a produção de oxigênio; o abuso de pesticidas e conservantes, que pode estar causando doenças de formas ainda desconhecidas; o consumo excessivo, que gera desperdício de matérias primas e acelera o seu esgotamento etc.

Dessas preocupações surge a consciência ecológica, e a preservação do meio ambiente passa a ser um fator no processo de decisão sobre o consumo de produtos e serviços. O consumidor desenvolve novos hábitos que as empresas precisam reconhecer e incorporar em sua estratégia de marketing. Ele lê o rótulo antes de comprar para saber os componentes e evita conservantes, gás CFC, tintas à base de óleo, inseticidas à base de querosene e embalagens e materiais não degradáveis, como isopor e plástico. O consumidor abandona as fraldas descartáveis em favor das tradicionais de tecido, que podem ser lavadas e reaproveitadas, utiliza sacolas reaproveitáveis e dá preferência a embalagens recicláveis, como vidro ou alumínio. Ele também prefere o refil ao produto completo, verifica o consumo de energia antes de comprar um eletrodoméstico, separa o lixo para reciclagem e utiliza sacos de lixo recicláveis. Preocupa-se com o uso e o consumo de seu carro, avalia a responsabilidade ambiental do fabricante antes de comprar seus produtos, contribui para ONGs ambientais e escreve para seus políticos e para os jornais protestando e pedindo mudanças na legislação que protejam o meio ambiente.

Por conta desses fatores, aumenta a pressão sobre as empresas para que elas incorporem a preocupação ambiental em suas estratégias. Elas devem procurar desenvolver tecnologias mais limpas, contribuir para o desenvolvimento sustentável e utilizar os três Rs ecológicos: Reduzir, Reutilizar e Reciclar. As empresas devem buscar minimizar o impacto de suas embalagens, desenvolver produtos mais concentrados para ocupar menos volume, desenvolver produtos de múltiplo propósito que reduzam o uso de matérias primas, reciclar seus resíduos e utilizar matéria prima reciclada, fazer produtos mais duráveis e reutilizáveis, reduzir o consumo de energia em seus processos etc.

Para isso, são necessárias mudanças estratégicas e culturais. A empresa deve passar a ver a postura ecológica como uma fonte de vantagem competitiva, criando diferenciais e atraindo mais clientes. Assim, torna-se necessário integrar sua gestão empresarial com a gestão ambiental e criar entre seus funcionários, fornecedores e outros *stakeholders* a consciência ecológica adequada. Ela pode buscar para si e seus fornecedores a certificação ISO 14001, selos ecológicos de entidades independentes e outros indicadores de ecoeficiência.

A empresa deve reconhecer que, do outro lado dos esforços e investimentos, ela vai encontrar uma série de benefícios, além dos ambientais, para seu próprio negócio. A preocupação ambiental pode levar a um aumento de produtividade e rentabilidade, já que ela irá utilizar menos recursos em seus processos. A empresa gastará menos energia e menos tempo, terá menores estoques, poderá aproveitar o valor econômico gerado pela reciclagem dos resíduos, contará com um melhor ambiente de trabalho e oferecerá um produto melhor e um atendimento superior à demanda do mercado.

Já são muitos os exemplos de ações voltadas para a melhoria do meio ambiente. Muitas redes de supermercados e lojas do varejo em geral estão adotando as *ecobags* (sacolas ecológicas feitas de algodão e tinta à base de água) ou incentivando seus clientes a usá-las no lugar das de plástico (só no Estado de São Paulo, é usado 1 bilhão por mês). Os hotéis e *resorts* construídos recentemente estão reservando áreas maiores de preservação da mata nativa e do *habitat* natural da fauna nativa, criando parques que funcionam como áreas de lazer para seus clientes. A água de chuva é recolhida e aproveitada para irrigar as plantas, o óleo de cozinha e o lixo são reciclados, os xampus são expostos embalagens de madeira e não de plástico, a água da piscina é conservada com sal ou ozônio e não com cloro e a água engarrafada é substituída pela água filtrada. Além disso, turbinas a gás natural são utilizadas para o aquecimento, os hóspedes e funcionários se deslocam em veículos movidos a biodiesel ou elétricos, os legumes e as hortaliças são produzidos em hortas orgânicas e o projeto arquitetônico é desenvolvido para aproveitar ao máximo a ventilação e a iluminação natural.

Questões para discussão

1. A preocupação ambiental é realmente uma tendência para o futuro ou apenas um modismo que mudará em breve?
2. Que outras tendências de futuro terão impacto sobre as empresas?
3. Analise o impacto da preocupação ambiental na demanda e no design de automóveis, casas, serviços de entrega em domicílio e serviços de entretenimento.

Referências

AAKER, D.A. "Positioning your product". *Business Horizons*, 25 (3), 1982, p. 56-62.

_____. *Managing brand equity*. Nova York: The Free Press, 1991.

_____. *Strategic market management*. 4ª ed. Nova York: Wiley, 1995.

AARONSON, S.A. "'Minding our business': what the United States government has done and can do to ensure that US multinationals act responsibly in foreign markets". *Journal of Business Ethics*, 59, 2005, p. 175-198.

ABELL, D.F. "Strategic windows". *Journal of Marketing*, 42 (3), 1978, p. 21-16.

_____; HAMMOND, J.S. *Strategic market planning: problems and analytical approaches*. Hemel Hempstead: Prentice Hall International, 1979.

ABRAHAMS, B. "Life after downsizing". *Marketing*, 30 maio 1996, p. 26-27.

ACHROL, R. "Evolution of the marketing organization: new forms for turbulent environments". *Journal of Marketing*, 55, out. 1991, p. 77-93.

_____. "Changes in the theory of interorganizational relations in marketing: Toward a network paradigm". *Journal of the Academy of Marketing Science*, 25 (1), 1997, p. 56-71.

ACKERMAN, R.W. *The social challenge in business*. Cambridge, MA: Harvard University Press, 1975.

ADAMS, J.L. *Conceptual blockbusting: a guide to better ideas*. Harmondsworth, Middlesex: Penguin Books, 1987.

AGARWAL, V.; ARJONA, L.D.; LEMMENS, R. "e-Performance: the path to rational exuberance". *McKinsey Quarterly*, (1), 2001, p. 31-43.

AGRAWAL, M.; KUMARESH, T.V.; MERCER, G.A. "The false promise of mass customization". *McKinsey Quarterly*, (3), 2001, p. 62-71.

AHUJA, G.; KATILA, R. "Where do resources come from? The role of idiosyncratic situations". *Strategic Management Journal*, 25, 2004, p. 887-907.

Airline Industry Information. "Boeing and Lockheed Martin form strategic alliance", 23 jan. 2007, p. 1.

Al Bawaba. "Dell/EMC extend multi-billion dollar strategic alliance until 2011", 18 set. 2006a, p. 1.

Al Bawaba. "Standard Chartered leading the way in Asia, Africa and Middle East", 21 ago. 2006b, p. 1.

ALEXANDER, L.D. "Strategy implementation: nature of the problem", em D. Hussey (eds.). *International Review of Strategic Management*, 2 (1), Chichester: Wiley, 1991, p. 74.

ALPERT, M.I. "Personality and the determinants of product choice". *Journal of Marketing Research*, 9 (1), 1972, p. 179-183.

ALSEM, K.J.; LEEFLANG, P.S.H.; REUYL, J.C. "The forecasting accuracy of market share models using predicted values of competitive marketing behavior". *International Journal of Research in Marketing*, 6 (3), 1989, p. 183-198.

AMBLER, T. *Marketing and the bottom line: the new metrics of corporate wealth*. Hemel Hempstead: Prentice Hall, 2000.

_____. "Are brands good for Britain?". *British Brands*, 13, 2001, p. 4-5.

_____. *Marketing and the bottom line*. 2ª ed. Hemel Hempstead: Prentice Hall, 2003.

American Salesman, "Shift to value-added selling is biggest challenge in sales", nov. 2002, p. 13.

AMIT, R.; SHOEMAKER, P.J.H. "Strategic assets and organizational rent". *Strategic Management Journal*, 14, 1993, p. 33-46.

ANDERSON, E.; TRINKLE, B. *Outsourcing the sales function: the real costs of field sales*. Mason OH: Thomson, 2005.

ANDERSON, E.W.; SULLIVAN, M.W. "The antecedents and consequences of customer satisfaction for firms". *Marketing Science*, 12 (2), 1993, p. 125-143.

ANDERSON, J.C.; HÅKANSSON, H.; JOHANSON, J. "Dyadic business relationships within a business network context". *Journal of Marketing*, 58, out. 1994, p. 1-15.

_____; NARUS, J.A. "A model of distributor firm and manufacturer firm working partnerships". *Journal of Marketing*, 57, jan. 1993, p. 42-58.

_____; _____. VAN ROSSUM, W. "Customer value propositions in business markets". *Harvard Business Review*, mar. 2006, p. 91-99.

ANDREASEN, A.R. "Social marketing: its definition and domain". *Journal of Public Policy and Marketing*, 13, 1994, p. 108-114.

ANFUSO, D. "Coca-Cola's staffing philosophy supports its global strategy". *Personnel Journal*, 73 (11), 1994, p. 116.

_____. "Colgate's global HR unites under one strategy". *Personnel Journal*, 74 (10), 1995, p. 44-48.

ANON. "Quality through customer care". *Industrial Relations Review and Report*, set. 1993, p. 2-5.

ANSOFF, H.I. *Implanting strategic management*. Londres: Prentice Hall, 1984.

ANTHONY, S.C.; EYRING, M.; GIBSON, L. "Mapping your innovation strategy". *Harvard Business Review*, 84 (5), 2006, p. 104-113.

ARMISTEAD, C.G.; CLARK, G. *Customer service and support*. Londres: Pitman Publishing, 1992.

ARMSTRONG, J.S. *Long-range forecasting: from crystal ball to computer*. Nova York: Wiley, 1985.

_____; COLLOPY, F. "Competitor orientation: effects of objectives and information on managerial decisions and profitability". *Journal of Marketing Research*, 33, maio. 1996, p. 188-199.

_____; HUTCHERSON, P. "Predicting the outcome of marketing negotiations: role playing versus unaided opinions". *International Journal of Research in Marketing*, 6 (3), 1989, p. 227-239.

ARNDT, J. "The political economy paradigm: Foundation for theory-building in marketing". *Journal of Marketing*, 47, 1983, p. 44-54.

ARRINGTON, M. "AT&T piles on Yahoo", disponível em: <www.TechCrunch.com>. Acesso em: 9 mar. 2007.

ARRUÑADA, B.; VÁZQUEZ, X.H. "When your contract manufacturer becomes your competitor". *Harvard Business Review*, set. 2006, p. 135-144.

ASHTON, J. "Marconi up for grabs". *Daily Mail*, 4 maio 2005, p. 64.

AUFREITER, N.A.; LAWLER, T.L.; LUN, C.D. "A new way to market". *The Mckinsey Quarterly*, (2), 2000, p. 52-61.

BAGHAI, M.; COLEY, S.; WHITE, D. *The alchemy of growth: practical insights for building the enduring enterprise*. Perseus Books, 2000.

BAKER, M.J. *Marketing strategy and management*. 2ª ed. Londres: Macmillan, 1992.

BALDAUF, A.; CRAVENS, D.W.; PIERCY, N. "Examining business strategy, sales management, and salesperson antecedents of sales organization effectiveness". *Journal of Personal Selling & Sales Management*, 21, 2001, p. 123-134.

_____; _____; _____; "Sales management control research — Synthesis and an agenda for future research". *Journal of Personal Selling & Sales Management*, 25 (1), 2005, p. 7-26.

_____; _____; _____; "Examining the consequences of sales management control strategies in European field sales organizations". *International Marketing Review*, 18, 2001, p. 474-508.

BAMFORD, J.; ERNST, D.; FUBINI, D.G. "Launching a world-class joint venture". *Harvard Business Review*, fev. 2004, p. 90-100.

BARNES, S.; HUNT, B. *e-Commerce and v-Business*. Oxford: Butterworth-Heinemann, 2001.

BARNES, S.J.; BAUER, H.H.; NEUMANN, M.M.; HUBER, F. "Segmenting cyberspace: A customer typology for the internet". *European Journal of Marketing*, 41 (1/2), 2007, p. 71-93.

BARNETT, F.W. "Four steps to forecast total market demand". *Harvard Business Review*, 66 (4), 1988, p. 28-34.

BARNEY, J.B. "Firm resources and sustained competitive advantage". *Journal of Management*, 17 (1), 1991, p. 99-120.

_____. "Looking inside for competitive advantage", em A. Campbell; K.S. Luchs (eds.). *Core competency-based strategy*. Londres: International Thomson Business Press, 1997.

BARONE, M.J.; MIYAZAKI, A.D.; TAYLOR, K.A. "The influence of cause-related marketing on consumer choice: does one good turn deserve another?". *Journal of the Academy of Marketing Science*, 28, (2), 2000, p. 248-262.

BARTLETT, C.A.; GHOSHAL, S. "Changing the role of top management: Beyond strategy to purpose". *Harvard Business Review*, 72 (6), 1994, p. 79-88.

BASS, F.M. "A new product forecasting model for consumer durables". *Marketing Science*, 15 (2), 1969, p. 215-227.

BAUMWOLL, J.P. "Segmentation research: the Baker vs the Cookie Monster", em *Proceedings, American Marketing Association Conference*, 1974, p. 3-20.

BBC News Service Global Fairtrade sales taking off. Cited on Wikipedia, 28 jun. 2006.

BEAMISH, P.W.; KILLING, J.P. (eds.). *Co-operative strategies: European perspectives*. San Francisco: The New Lexington Press, 1997.

BECKET, M. "Top brands to share research on consumers". *The Daily Telegraph*, 21 jul. 1997, p. 23.

BECKER-OLSEN, K.L.; CUDMORE, B.A.; HILL, R.P. "The impact of perceived Corporate Social Responsibility on consumer behavior". *Journal of Business Research*, 59, 2006, p. 46-53.

BELL, E. "'Bastards' are losing out to Mr. Clean". *Observer*, 30 jun. 1996.

BELL, S.J.; MENGUC, B.; STEFANI, S.L. "When customers disappoint: a model of relational internal marketing and customer complaints". *Journal of the Academy of Marketing Science*, 32 (2), 2004, p. 112-126.

BENSIMON, S. "Strategic alliances". *Executive Excellence*, 16 (10), 1999, p. 9.

BERGEN, M.; PETERAF, M.A. "Competitor identification and competitor analysis: a broad-based managerial approach". *Managerial and Decision Economics*, 23 (4-5), 2002, p. 157-169.

BERNHARDT, D. (eds.) *Perfectly legal competitor intelligence*. Londres: Pitman Publishing, 1993.

BERNOTH, A. "Companies show they care". *Sunday Times*, 8 dez. 1996.

BERRY, L.L. "The employee as customer". *Journal of Retail Banking*, 3 (1), 1981, p. 271-278.

_____; PARASURAMAN, A. *Marketing services: competing through quality*. Nova York: The Free Press, 1991.

_____; CONANT, J.S.; PARASURAMAN, A. "A framework for conducting a services marketing audit". *Journal of the Academy of Marketing Science*, 19 (3), 1991, p. 255-268.

BERSTELL, G.; NITTERHOUSE, D. "Letting the customer make the case". *Strategy and innovation*, Harvard Business School Publishing, mar./abr. 2005, p. 3-6.

BIRCHALL, J. "Makers of pet foods take bite out of crisis". *Financial Times*, 27 mar. 2007, p. 12.

BLACKWELL, D. "ICI set for bulk chemicals deal". *Financial Times*, 14 jul. 1997, p. 19.

BLATTBERG, R.C.; HOCH, S.J. "Database models and managerial intuition: 50% model + 50% manager". *Management Science*, 36 (6), 1992, p. 887-899.

BOGNER, W.C.; THOMAS, H.; McGEE, J. "Competence and competitive advantage: towards a dynamic model". *British Journal of Management*, 10, 1999, p. 275-290.

BONOMA, T.V. *The marketing edge: making strategies work*. Nova York: Free Press, 1985.

_____. "Employees can free the hostages". *Marketing News*, 19 mar. 1990.

BOOZ, Allen; HAMILTON. *New products management for the 1980s*. Nova York: Booz, Allen, and Hamilton Inc, 1982.

BORDEN, N. "The concept of the marketing mix". *Journal of Advertising Research*, 4 jun. 1964, p. 2-7.

BOSTON Consulting Group. *Specialization*. Boston: BCG, 1979.

BOWEN, D.E.; LAWLER, E.E. "The empowerment of service workers: what, why, how and when". *Sloan Management Review*, primavera 1992, p. 31-39.

BOWMAN, C.; AMBROSINI, V. "How the resource-based and dynamic capabilities views of the firm inform corporate-level strategy". *British Journal of Management*, 14, 2003, p. 289-303.

BRADLEY, U. *Applied marketing and social research*. 2ª ed. Chichester: John Wiley, 1987.

BRADY, J.; DAVIS, I. "Marketing's mid-life crisis". *The McKinsey Quarterly*, 2 (2), 1993, p. 17-28.

BRANCO, M.C.; RODRIGUES, L.L. "Corporate Social Responsibility and resource-based perspectives". *Journal of Business Ethics*, 69, 2006, p. 111-132.

Brand Strategy. "Marketing capability — blend for flexibility", 17 jul. 2006, p. 30.

BRIERLEY, S. "Shell pours oil on employee relations". *Marketing Week*, 29 nov. 1996.

BRITTAN, Sir L. "A compelling reality". *Speaking of Japan*, 10 (110), fev. 1990, p. 18-24.

BROADBENT, S. (eds.) *Advertising works 2*. Londres: Holt, Reinhart and Winston, 1983.

BRODIE, R.J.; de KLUYVER, C.A. "A comparison of the short-term accuracy of econometric and naive extrapolation models of market share". *International Journal of Forecasting*, 3 (3), 1987, p. 423-437.

BROWN, A. "The fall and rise of marketing". *Marketing Business*, fev. 1995, p. 25-28.

BROWN, S. *Postmodern marketing*. Londres: Routledge, 1995.

BROWN, T.J.; DACIN, P.A. "The company and the product: corporate associations and consumer product responses". *Journal of Marketing*, 61, jan. 1997, p. 68-85.

BROWNLIE, D. "Marketing audits and auditing: diagnosis through intervention". *Journal of Marketing Management*, 12 (1-3), 1996, p. 99-112.

BRUGMANN, J.; PRAHALAD, C.K. "Co-creating businesses' new social compact". *Harvard Business Review*, fev. 2007, p. 80-90.

BRUMMER, A. "Marconi crisis is a disaster for UK PLC". *Daily Mail*, 11 maio 2005, p. 67.

BUCKLIN, L.P.; SENGUPTA, S. "Organizing successful co-marketing alliances". *Journal of Marketing*, abr. 1993, p. 32-46.

BUFFINGTON, B.I.; FRABELLI, K.F. "Acquisitions and alliances in the communications industry", em H.E. Glass (eds.). *Handbook of business strategy*. 3ª ed. Nova York: Warren Gorman and Lamont, 1991.

BULTEZ, A.; PARSONS, L. (eds.). *Retail Efficiency*, edição especial de *International Journal of Research in Marketing*, 15 (5), 1998.

BURACK, E.H.; BURACK, M.D.; MILLER, D.M.; MORGAN, K. "New paradigm approaches in strategic human resource management". *Group and Organizational Management*, 19 (2), 1994, p. 141-159.

Business Week. "The virtual corporation", 8 fev. 1993, p. 98-102.

Business Week. "Fixing Ford is now job one", *Business Week*, 4 set. 2006, p. 30.

BUZZELL, R.D.; GALE, B.T. *The PIMS principles*. Nova York: The Free Press, 1987.

_____; ORTMEYER, G. *Channel Partnerships: a new approach to streamlining distribution*. Cambridge, MA: Marketing Science Institute, 1994.

_____; WIERSEMA, F.D. "Successful share building strategies". *Harvard Business Review*, 59 (1), 1981, p. 135-144.

CALDER, B.J. "Qualitative marketing research", em Richard P. Bagozzi (eds.). *Principles of marketing research*. Boston, MA: Blackwell, 1994.

CALFEE, D.I. "Get your mission statement working". *Management Review*, jan. 1993, p. 54-57.

CAPIZZI, M.T.; FERGUSON, R. "Loyalty trends for the twenty-first century". *Journal of Consumer Marketing*, 22 (2), 2005, p. 72-80.

CAPON, N. *Key account management and planning*. Nova York: The Free Press, 2001.

CAPPELLI, P.; CROCKER-HEFTER, A. "Distinctive human resources are firms' core competencies". *Organizational Dynamics*, 24 (3), 1996, p. 7-22.

CARDOZO, R.N. *Product policy*. Reading, MA: Addison-Wesley, 1979.

CAREY, T. "Strategy formulation in banks". *International Journal of Bank Marketing*, 7 (3), 1989, p. 4-44.

CARROLL, A.B. "A three-dimensional model of corporate performance". *Academy of Management Review*, 4 (4), 1979, p. 497-505.

CARROLL, D.J.; GREEN, P.E.; SCHAFFER, C.M. "Interpoint distance comparisons in correspondence analysis". *Journal of Marketing Research*, 23, 1986, p. 271-280.

_____; _____; _____. "Comparing interpoint distances in correspondence analysis: a clarification". *Journal of Marketing Research*, 24, 1987, p. 445-450.

CASCINO, A.E. "Organizational implications of the marketing concept", em E.J. Kelley; W. Lazar (eds.). *Managerial marketing: perspectives and viewpoints*. Homewood, IL: Irwin, 1969.

CASSINO, K.D. "Delphi method: a practical 'crystal ball' for researchers". *Marketing News*, 16 jan. 1984, p. 705-706.

CATTIN, P.; WITTINK, D.R. "Commercial use of conjoint analysis: a survey". *Journal of Marketing*, 46 (1), 1992, p. 44-53.

CAVE, F. "Surging costs put more pressure on manufacturers". *Financial Times*, 12 jul. 2005, p. 4.

CENTRAL Statistical Office. *Annual Abstract of Statistics*. Londres: HMSO, 1995.

CESPEDES, F.V. "Coordinating sales and marketing in consumer goods firms". *Journal of Consumer Marketing*, 10 (2), 1993, p. 37-55.

_____. "Industrial marketing: managing new requirements". *Sloan Management Review*, 1994, p. 45-60.

_____. *Concurrent marketing: integrating product, sales and service*. Cambridge, Mass: Harvard Business School Press, 1995.

_____. "Beyond teamwork: how the wise can synchronize". *Marketing management*, 5 (1), 1996, p. 25-37.

_____; PIERCY, N.F. "Implementing marketing strategy". *Journal of Marketing Management*, 12, 1996, p. 135-160.

CHALLY Group H.R. *The Customer Selected World Class Sales Excellence Report*. Ohio: H.R. Chally Group, 1996.

CHALLY, H.R. *The Chally World Class Sales Excellence Research Report*. Dayton, Ohio: H.R. Chally Group, 2006.

CHANG, J.J.; CARROLL, J.D. "How to use MDPREF: a computer program for multidimensional analysis of preference data". Artigo não publicado. Murray Hill, NJ: Bell Laboratories, 1969.

_____; _____. "How to use PREFMAP and PREFMAP 2 — Programs which relate preference data to multidimensional scaling solutions". Artigo não publicado. Murray Hill, NJ: Bell Laboratories, 1972.

CHANG, J. "From the inside out". *Sales & Marketing Management*, ago. 2005, p. 8.

CHATTERJI, A.; LEVINE, D. "Breaking down the wall of codes: evaluating non-financial performance measurement". *California Management Review*, 48 (2), 2006, p. 29-51.

CHATTOPADHYAY, A.; NEDUNGADI, P.; CHAKRAVARTI, D. "Marketing strategy and differential advantage — a comment". *Journal of Marketing*, 49 (2), 1985, p. 129-136.

CHESBROUGH, H.W.; TEECE, D.J. "When virtual is virtuous". *Harvard Business Review*, 74 (1), 1996, p. 65-73.

CHIMHANZI, J. "The impact of marketing/HR interactions on marketing strategy implementation". *European Journal of Marketing*, 38 (1-2), 2004, p. 73-98.

CHISNALL, P.M. *Strategic industrial marketing*. Hemel Hempstead: Prentice Hall International, 1985.

CHRISTENSEN, C.; BOWER, J. "Customer power, strategic investment and the failure of leading firms". *Strategic Management Journal*, 17 (3), 1996, p. 197-218.

CHRISTENSEN, C.M.; ANTHONY, S.D.; BERSTELL, G.; NITTERHOUSE, D. "Finding the right job for your product". *MIT Sloan Management Review*, 6 (38), 2007, p. 2-11.

CHRISTOPHER, M.; PAYNE, A.; BALLANTYNE, D. *Relationship marketing*. Oxford: Butterworth-Heinemann, 1991.

CHU, J. "What top-performing retailers know about satisfying customers: experience is key". *IBM Institute for Business Value*, 2002.

CLARK, M.; PAYNE, A. "Customer retention: does employee retention hold a key to success?", em A. Payne (eds.). *Advances in relationship marketing*. Londres: Kogan Page, 1995.

CLARK, P. "The marketing of margarine". *European Journal of Marketing*, 20 (5), 1986, p. 52-65.

CLARKSON, M.B.E. "A stakeholder framework for analysing and evaluating Corporate Social Responsibility". *Academy of Management Review*, 20 (1), 1995, p. 92-117.

CLAUSEWITZ, C. von. *On war*. Londres: Routledge & Kegan Paul, 1908.

CLAVELL, J. (eds.) *The art of war by Sun Tzu*. Londres: Hodder and Stoughton, 1981.

CLEMEN, R.T. "Combining forecasts: a review and annotated bibliography". *International Journal of Forecasting*, 5 (4), 1989, p. 559-583.

CLOVER, C. "The green shopper is alive and well". *Daily Telegraph*, 11 dez. 1996.

COAD, T. "Lifestyle analysis — opportunities for early entry into Europe with effective customer targeting". *Institute of International Research Conference on Customer Segmentation and Lifestyle Marketing*, Londres, 11-12, dez. 1989.

COLLETTI, J.A.; CHONKO, L.B. "Change management initiatives: moving sales organizations from obsolescence to high performance". *Journal of Personal Selling & Sales Management*, 17, 1997, p. 1-30.

COLLIER, J.; ESTEBAN, R. "Corporate Social Responsibility and employee commitment". *Business Ethics*, 16 (1), 2007, p. 19-29.

COLLIS, D.J.; MONTGOMERY, C.A. "Competing on resources: strategy for the 1990s". *Harvard Business Review*, 73 (4), 1995, p. 118-128.

_____; MONTGOMERY, C.A. *Corporate strategy: resources and the scope of the firm*. Chicago: McGraw-Hill, 1997.

COMMISSION of the European Communities. *Green Paper: Promoting a European Framework for Corporate Social Responsibility*, COM, jul. 2001, p. 6.

COOK, V.J. "Marketing strategy and differential advantage". *Journal of Marketing*, 47 (2), 1983, p. 68-75.

_____; MINDAK, W.A. "A search for constants: the heavy user revisited". *Journal of Consumer Research*, 1 (4), 1984, p. 80.

COOPER, R.; KLEINSCHMIDT, E. "New product success factors: a comparison of kills versus successes and failures". *R&D Management*, 17 (3), 1990, p. 47-63.

_____; _____. "New product success in the chemical industry". *Industrial Marketing Management*, 22 (1), 1993, p. 85-99.

_____; _____. "New product performance: keys to success, profitability and cycle time reduction". *Journal of Marketing Management*, 11, 1995, p. 315-337.

COYE, R.W. "Managing customer expectations in the service encounter". *International Journal of Service Industry Management*, 15 (4), 2004, p. 54-71.

COYLES, S.; GOKEY, T.C. "Customer retention is not enough". *Journal of Consumer Marketing*, 22 (2), 2005, p. 101-105.

CRAMP, B. "Neighbourhood watch". *Marketing Business*, maio 1996, p. 44-47.

CRAVENS, D.W. *Strategic marketing*. 3ª ed. Chicago: Irwin, 1991.

_____. "The changing role of the sales force". *Marketing Management*, 1995, p. 17-32.

_____; GREENLEY, G.; PIERCY, N.F.; SLATER, S. "Integrating contemporary strategic management philosophy". *Long Range Planning*, 30 (4), 1997, p. 493-506.

_____; PIERCY, N.F. "Relationship marketing and collaborative networks in service organizations". *International Journal of Service Industry Management*, 5 (5), 1994, p. 39-53.

_____; _____. *Strategic marketing*. 8ª ed. Nova York: McGraw-Hill/Irwin, 2006.

_____; _____; SHIPP, S.H. "New organizational forms for competing in highly dynamic environments: the network paradigm". *British Journal of Management*, 7, 1996, p. 203-218.

_____; SHIPP, S.H.; CRAVENS, K.S. "Analysis of co-operative interorganizational relationships, strategic alliance formation, and strategic alliance effectiveness". *Journal of Strategic Marketing*, mar. 1993, p. 55-70.

_____; _____; _____. "Reforming the traditional organization: The mandate for developing networks". *Business Horizons*, jul./ago. 1994, p. 19-28.

CRAVENS, K.; PIERCY, N.; CRAVENS, D.W. "Assessing the performance of strategic alliances: matching metrics to strategies". *European Management Journal*, 18 (5), 2000, p. 529-541.

CREYER, E.; ROSS, W.T. "The influence of firm behavior on purchase intention: do consumers really care about business ethics?". *Journal of Consumer Marketing*, 14 (6), 1997, p. 421-428.

CRIMP, M. *The marketing research process*. 3ª ed. Hemel Hempstead: Prentice Hall, 1990.

_____; WRIGHT, L.T. *The marketing research process*. 4ª ed. Hemel Hempstead: Prentice Hall, 1995.

CRIPE, E.J. "Upgrading the service level of HR". *Human Resources Professional*, 7 (3), 1994, p. 7-11.

CROFT, M. "Training and development: Brand ambassadors". *Marketing Week*, 8 mar. 2007, p. 39.

CROSBY, L.A.; EVANS, K.R.; COWLES, S. "Relationship quality in services selling: an interpersonal influence perspective". *Journal of Marketing*, 54, 1990, p. 68-81.

CROSS, J.; HARTLEY, S.W.; RUDELIUS, W.; VASSEY, M.J. "Sales force activities and marketing strategies in industrial firms: relationships and implications". *Journal of Personal Selling & Sales Management*, 21 (3), 2001, p. 199-206.

CROUCH, S.; HOUSDEN, M. *Marketing research for managers*. 2ª ed. Oxford: Butterworth--Heinemann, 1996.

CULLITON, J. *The management of marketing costs*. Boston: Graduate School of Business Administration, Research Division, Harvard University, 1948.

CUNNINGHAM, M.T.; CLARKE, D.C.J. "The product management function in marketing". *European Journal of Marketing*, 9 (2), 1976, p. 129-149.

CZAPLEWSKI, A.J.; FERGUSON, J.M.; MILLIMAN, J.F. "Southwest Airlines: how internal marketing pilots success". *Marketing Management*, set./out. 2001, p. 14-17.

Daily Telegraph. "Laura Ashley may defeat superman", 27 ago. 1997.

D'ASTOUS, A.; BOUJBEL, L. "Positioning countries on personality dimensions: Scale development and implications for country marketing". *Journal of Business Research,* 60, 2007, p. 231-239.

DANNEELS, E. "Market segmentation: Normative model versus business reality". *European Journal of Marketing,* 30 (6), 1996, p. 36-51.

Dartnell's 30th Sales Force Compensation Survey: 1998-1999. Chicago: Dartnell Corporation.

DAVEY, J.; LAURANCE, B. "Trading bright green ideas". *The Sunday Times,* 21 jan. 2007, 3.5.

DAVIDSON, H. "Putting assets first". *Marketing,* 17 nov. 1983.

_____. *Offensive marketing.* Londres: Penguin Books, 1987.

_____. *The committed enterprise.* Oxford: Butterworth-Heinemann, 2002.

DAWSON, L.M. "The human concept: new philosophy for business". *Business Horizons,* dez. 1969, p. 29-38.

DAY, G.S. "Diagnosing the product portfolio". *Journal of Marketing,* 41 (2), 1977, p. 29-38.

_____. "Marketing's contribution to the strategy dialogue". *Journal of the Academy of Marketing Science,* 20 (4), 1992, p. 37-52.

_____. "The capabilities of market-driven organizations". *Journal of Marketing,* 58 (3), 1994, p. 37-52.

_____. *Market driven strategy: processes for creating value.* Nova York: Free Press, 1994.

_____. "Aligning the organization to the market", em D.R. Lehmann; K.E. Jocz (eds.). *Reflections on the futures of marketing.* Cambridge, MA: Marketing Science Institute, 1997.

_____. "Misconceptions about market orientation". *Journal of Market Focused Management,* 4 (1), 1999, p. 5-16.

_____. SHOCKER, A.D.; SRIVASTAVA, R.K. "Customer-oriented approach to identifying product markets". *Journal of Marketing,* 43 (4), 1979, p. 8-19.

DE BOER, L.; LABRO, E.; MORLACCI, O. "A review of methods supporting supplier selection". *European Journal of Purchasing and Supply Management,* 7 (2), 2001, p. 75-89.

DE CHERNATONY, L.; MACDONALD, M.H.B. *Creating brands.* Oxford: Butterworth--Heinemann, 1992.

DEISE, M.V.; NOWOKOW, C.; KING, P.; WRIGHT, A. *Executive's guide to e-business.* Nova York: John Wiley & Sons, 2000.

DELIOS, A.; INKPEN, A.C.; ROSS, J. "Escalation in international strategic alliances". *Management International Review,* 44 (4), 2004, p. 457-479.

DELL, M. "Everyone has a choice". *Financial Times Digital Business — Special Report,* 18 abr. 2007, p. 1.

DELOITTE Touche. *Strategic sales compensation survey.* Nova York: Deloitte Touche Development LLC, 2005.

DE KARE-SILVER, M. (1998), 'Shopping on the Net is poised to change face of retailing', *Sunday Times,* nov. 8.

DESHPANDÉ, R. "The organizational context of marketing research use". *Journal of Marketing,* 46 (3), 1982, p. 91-101.

_____; ZALTMAN, G. "A comparison of factors affecting researcher and manager perceptions of market research use". *Journal of Marketing Research,* 21 fev. 1984, p. 32-38.

_____; WEBSTER, F.E. "Organizational culture and marketing: defining the research agenda". *Journal of Marketing,* 53, jan. 1989, p. 3-15.

_____; FARLEY, J.U.; WEBSTER, F.E. "Corporate culture, customer orientation and innovativeness in Japanese firms: a quadrad analysis". *Journal of Marketing,* 57, 1993, p. 23-27.

DEWAR, R.; SCHULTZ, D. "The product manager: an idea whose time has gone". *Marketing Communications,* maio 1989, p. 28-35.

DEWSNAP, B.; JOBBER, D. "The sales–marketing interface in consumer packaged-goods companies: a conceptual framework". *Journal of Personal Selling & Sales Management,* 20 (2), 2000, p. 109-119.

DIAMANTOPOULOS, A.; SCHLEGELMILCH, B.B. *Taking the fear out of data analysis.* Londres: The Dryden Press, 1997.

DIBB, S.; SIMKIN, L. "Implementation problems in industrial market segmentation". *Industrial Marketing Management,* 23, fev. 1994, p. 55-63.

DICKSON, P.R. "Towards a general theory of competitive rationality". *Journal of Marketing,* 56, jan. 1992, p. 69-83.

DIERICKX, I.; COOL, K. "Asset stock accumulation and sustainability of competitive advantage". *Management Science,* 35, 1989, p. 1504-1551.

DIVITA, S. "Colleagues are customers, market to them". *Marketing News,* 21 out. 1996.

DIXON, N.F. *On the psychology of military incompetence*. Londres: Futura, 1976.

DONALDSON, T.; PRESTON, L.E. "The stakeholder theory of the corporation: concepts, evidence and implications". *Academy of Management Review*, 29, jan. 1995, p. 65-91.

DONATH, R. "Marketers of technology make promises they can't keep". *Marketing News*, 13 out. 1997, p. 5.

DORSCH, M.J.; SCOTT, R.; SWANSON; KELLEY, S.W. "The role of relationship quality in the stratification of vendors as perceived by customers". *Journal of the Academy of Marketing Science*, 26 (2), 1998, p. 128-142.

DOWDY, C. "Internal branding". *Financial Times*, 6 nov. 2001, p. 4.

DOYLE, P. *Marketing management and strategy*. Hemel Hempstead: Prentice Hall International, 1994.

_____. "Marketing in the new millennium". *European Journal of Marketing*, 29 (13), 1995, p. 23-41.

_____. "Go for robust growth". *Marketing Business*, abr. 1997, p. 53.

_____. *Value based marketing*. Chichester: John Wiley & Sons, 2000.

_____. *Marketing management and strategy*. 3ª ed. Londres: Pearson Education Ltd, 2002.

_____; BRIDGEWATER, S. *Innovation in marketing*, Oxford: Butterworth-Heinemann, 1998.

_____; WONG, V. "Marketing and international competitiveness: an empirical study". *Proceedings of the 25th annual conference of the European Marketing Academy*, Budapest, Hungria, maio 1996, p. 351-370.

_____; SAUNDERS, J.A.; WONG, V. "A comparative study of Japanese and British marketing strategies in the UK market". *Journal of International Business Studies*, 17 (1), 1986, p. 27-46.

_____; STERN, P. *Marketing management and strategy*. 4ª ed. Harlow: Pearson Education, 2006.

DOZ, Y.L. "Technology partnerships between larger and smaller firms: some critical issues". *International Studies of Management and Organization*, 17 (4), 1988, p. 31-57.

DRAKE, S.M.; GALMAN, M.J.; ROBERTS, S.M. *Light their fire: using internal marketing to ignite employee performance and wow your customers*. Kaplan Business, 2005.

DRUCKER, P. *The practice of management*. Nova York: Harper & Row, 1954.

_____. *Management: tasks, responsibilities and practices*. Nova York: Harper & Row, 1973.

_____. "The future that has already happened". *Harvard Business Review*, 75 (5), 1997, p. 20-24.

DRUMWRIGHT, M.F. "Socially responsible organizational buying: environmental concerns as a noneconomic buying criterion". *Journal of Marketing*, 58, jul. 1989, p. 1-19.

DURMAN, P.; BOX, O. "Cut off". *Sunday Times*, 1º maio 2005, 3-5.

DWEK, R. "Losing the race". *Marketing Business*, mar. 1997.

Economist. "Death of the brand manager", 9 abr. 1994a, 79-80.

Economist. "Furnishing the world", 19 nov. 1994b, 101.

Economist. "Dr Gallup's finger on America's pulse", 17 set. 1997 133-4.

Economist. "Internet pioneers: we have lift off", 3 fev. 2001, 79-81.

EGAN, C. *Creating organizational advantage*. Oxford: Butterworth-Heinemann, 1995.

EISENSTAT, R.A. "Implementing strategy: developing a partnership for change". *Planning Review*, 21 (5), 1993, p. 33-6.

_____.; FOOTE, N.; GALBRAITH, J.; MILLER, D. Beyond the business unit. *McKinsey Quarterly*, (1), 2001, p. 54-63.

EISENHARDT, K.M.; Martin, J.A. "Dynamic capabilities: what are they?". *Strategic Management Journal*, 21, 2000, p. 1105-1121.

ELGIE, S.S. *Travel problems and opportunities — turning adversity to advantage in the 1990s*. Londres: Elgie Stewart Smith, 1990.

ELLEN, P.S.; MOHR, L.A.; WEB, D.J. "Charitable programs and the retailer: do they mix?". *Journal of Retailing*, 76 (3), 2000, p. 393-406.

ENGLISH, J. "Selecting and analyzing your customer/market through efficient profile modeling and prospecting". *Institute of International Research Conference on Customer Segmentation and Lifestyle Marketing*, Londres, 11-12, dez. 1989.

ERNST, D.; BAMFORD, J. "Your alliances are too stable". *Harvard Business Review*, jun. 2005, p. 133-141.

EVANS, F.B. "Psychological and objective factors in the prediction of brand choice". *Journal of Business*, 32, out. 1959, p. 340-369.

EVANS, P.B.; WURSTER, T.S. "Strategy and the new economics of information". *Harvard Business Review*, 75 (5), 1997, p. 71-82.

_____; WURSTER, T.S. *Blown to bits: how the new economics of information transforms strategy.* Cambridge, MA: Harvard Business School Press, 1999.

FAHY, J.; HOOLEY, G.J. "Sustainable competitive advantage in e-business: towards a contingency perspective on the resource based view". *Journal of Strategic Marketing*, 10 (4), 2002, p. 1-13.

FARLEY, J.U. "Looking ahead at the marketplace: it's global and it's changing", em D.R. Lehmann; K.R. Jocz (eds.). *Reflections on the futures of marketing.* Cambridge, MA: Marketing Science Institute, 1997.

FARRIS, P.W.; BENDLE, N.T.; PFEIFER, P.E.; REIBSTEIN, D.J. *Marketing metrics: 50+ metrics every executive should master.* Upper Saddle River, NJ: Wharton School Publishing, 2006.

FELTON, A.P. "Making the marketing concept work". *Harvard Business Review*, 37 (4), 1959, p. 55-65.

FERRELL, O.C.; LUCAS, G.H. "An evaluation of progress in the development of a definition of marketing". *Journal of the Academy of Marketing Science*, 15 (3), 1987, p. 12-23.

Financial Times, "Footing the bill: Gates offers $3 software to poor", Friday, 20 abr. 2007, p. 1.

Financialwire. "AT&T, Yahoo hit 5-year mark with broadband partnership", 22 nov. 2006, p. 1.

FINK, R.C.; EDELMAN, L.F.; HATTEN, K.J. "Supplier performance improvements in relational exchanges". *Journal of Business and Industrial Marketing*, 22 (1), 2007, p. 29-40.

FIOL, C.M.; LYLES, M.A. "Organisational learning". *Academy of Management Review*, 10, 1985, p. 803-813.

FISHBURN, D.; GREEN, S. (eds.). *The world in 2003.* Londres: Economist Newspapers Ltd, 2002.

FISHER, J.C.; PRY, R.M. "A simple substitution model of technological change". *Technological forecasting and social change*, 3 (1), 1978, p. 75-88.

FITZGERALD, L.; JOHNSTON, R.; BRIGNALL, S.; SILVESTRO, R.; VOSS, C. *Performance measurement in service businesses.* Londres: Chartered Institute of Management Accountants, 1991.

FITZHUGH, K.L.M.; PIERCY, N.F. "Integrating marketing intelligence sources: reconsidering the role of the salesforce". *International Journal of Market Research*, 48, 2006, p. 699-716.

FLETCHER, K. *Marketing management and information technology.* 2ª ed. Londres: Prentice-Hall International, 1996.

FLIPO, J.-P. "Service firms: interdependence of external and internal marketing strategies". *European Journal of Marketing*, 20 (8), 1986, p. 5-14.

FORBIS, J.L.; MEHTA, N.T. "Value-based strategies for industrial products". *Business Horizons*, 24 (3), 1981, p. 32-42.

FOSTER, R.N. *Innovation: the attacker's advantage.* Londres: Macmillan, 1986a.

_____. "Attacking through innovation". *The McKinsey Quarterly*, 1986b, p. 2-12.

FRANK, R.E.; MASSEY, W.F.; WIND, Y. *Market segmentation.* Englewood Cliffs, NJ: Prentice-Hall, 1972.

FRANKS, J.R.; BROYLES, J. *Modern managerial finance.* Chichester: Wiley, 1979.

FRIEDMAN, L.G. *Go to market strategy.* Woburn MA: Butterworth-Heinemann Business Books, 2002.

FRIEDMAN, M. "The social responsibility of business is to increase its profits". *New York Times Magazine*, 12 set. 1970, p. 122-126.

FREEDMAN, M. "The genius is in the implementation". *Journal of Business Strategy*, mar./abr. 2003, p. 26-31.

FROSCH, R. "The customer for R&D is always wrong!". *Research-Technology Management*, nov./dez. 1996, p. 22-37.

FRY, M-L.; POLONSKY, M.J. "Examining the unintended consequences of marketing". *Journal of Business Research*, 57, 2004, p. 1303-1306.

FULMER, W.E.; GOODWIN, J. "Differentiation: begin with the customer". *Business Horizons*, 31 (5), 1988, p. 55-63.

GALEA, C. "The rising tide does it again". *Sales and Marketing Management*, maio 2006, p. 30-35.

GAPPER, J. "The sober side of corporate hospitality". *Financial Times*, 26 mar. 2007, p. 17.

GARDNER, E.S. "Exponential smoothing: the state of the art". *Journal of Forecasting*, 4 (1), 1985, p. 1-28.

GARDNER, N. "Defining your class is as easy as ABC". *The Sunday Times*, 9 fev. 1997, p. 7.

GERLACH, M.L. *Alliance capitalism.* Berkeley: University of California Press, 1992.

GERSHMAN, M. *Getting it right the second time.* Londres: Mercury Books, 1991.

GILLY, M.C.; WOLFINBARGER, M. *Advertising's second audience: employee reactions to organizational communications*. Cambridge, MA: Marketing Science Institute, 1996.

GLASSMAN, M.; MCAFEE, B. "Integrating the personnel and marketing functions: the challenge of the 1990s". *Business Horizons*, 35 (3), 1992, p. 52-59.

GLUCK, F. "Strategic planning in a new key". *McKinsey Quarterly*, 1986, p. 173-183.

GODFREY, P.C.; HATCH, N.W. "Researching Corporate Responsibility: an agenda for the 21st century". *Journal of Business Ethics*, 70, 2007, p. 87-98.

GORDON, W.; LANGMAID, R. *Qualitative research: a practitioners' and buyers' guide*. Londres: Gower, 1988.

GOUNARIS, S.P. "Internal-market orientation and its measurement". *Journal of Business Research*, 59 (4), 2006, p. 432-448.

GRANDE, C. "Marconi's technology fails the price test". *Financial Times*, 4 maio 2005, p. 23.

_____. "Ethical consumption makes mark on branding". *Financial Times*, 20, fev. 2007a, p. 24.

_____. "Businesses behaving badly, say consumers". *Financial Times*, 20 fev. 2007b, p. 24.

GRANT, J. "Mr Daley's mission: to reach 6Bn shoppers and make money". *Financial Times*, 15 jul. 2005, p. 32.

GRANT, R. "Message from a bottle". *Financial Mail on Sunday*, 15 dez. 1996, p. 12.

GRANT, R.M. *Contemporary strategy analysis*. 2ª ed. Cambridge, MA: Basil Blackwell, 1995.

_____. *Contemporary strategy analysis*. 5ª ed. Blackwell, 2005.

GRATTON, L. "Implementing strategic intent: human resource processes as a force for change". *Business Strategy Review*, 5 (1), 1994, p. 47-66.

GREEN, P.E.; WIND, Y. "New way to measure consumers' judgments". *Harvard Business Review*, 53 (4), 1975, p. 107-117.

_____. CARROLL, J.; GOLDBERG, S. "A general approach to product design optimization via conjoint analysis". *Journal of Marketing*, 43, 1981, p. 17-35.

_____; CARMONE, F.J.; SMITH, S.M. *Multidimensional scaling: concepts and applications*. Boston, MA: Allyn and Bacon, 1989.

_____; TULL, D.S.; ALBAUM, G. *Research for marketing decisions*. 6ª ed. Englewood Cliffs, NJ: Prentice Hall International, 1993.

GREENLEY, G.E.; FOXALL, G.R. "Consumer and non-consumer stakeholder orientation in UK firms". *Journal of Business Research*, 35, 1996, p. 105-116.

_____; FOXALL, G.R. "Multiple stakeholder orientation in UK companies and the implications for company performance". *Journal of Management Studies*, 34, 1997, p. 259-284.

GREYSER, S.A. "Janus and marketing: the past, present and prospective future of marketing", em D.R. Lehmann; K.R. Jocz (eds.). *Reflections on the futures of marketing*. Cambridge, MA: Marketing Science Institute, 1997.

GRIBBEN, R. "BA has secret global deal, claims Branson". *The Daily Telegraph*, 20 ago. 1997, p. 6.

GRONHAUG, K.; GILLY, M.C. "A transaction cost approach to consumer dissatisfaction and complaint actions". *Journal of Economic Psychology*, 12, 1991, p. 165-183.

GRÖNROOS, C. *Strategic management and marketing in the service sector*. Londres: Chartwell-Bratt, 1984.

_____. "Internal marketing — theory and practice", em T.M. Bloch; G.D. Upah; V.A. Zeithaml (eds.). *Services marketing in a changing environment*. Chicago: American Marketing Association, 1985.

_____. "From marketing mix to relationship marketing: towards a paradigm shift in marketing". *Management Decision*, 32 (2), 1994, p. 4-32.

GROUPFMI. *Website Visitor Analysis — Statistics or Intelligence?*, disponível em: <www.groupfmi.com>. Acesso em: nov. 2001.

GUBMAN, E.L. "Aligning people strategies with customer value". *Compensation and Benefits Review*, 27 (1), 1995, p. 15-22.

GULATI, R.; SYTCH, M.; MEHOTRA, P. "Preparing for the exit: when forming a business alliance, don't ignore one of the most crucial ingredients: how to break up". *Wall Street Journal (Special Report)*, 3 mar. 2007, R1.

GUMMESSON, E. "The new marketing — developing long-term interactive relationships". *Long Range Planning*, 20 (4), 1987, p. 10-20.

_____. "Using internal marketing to develop a new culture — the case of Ericsson quality". *Journal of Business and Industrial Marketing*, 2 (3), 1987, p. 23-28.

_____. *The part-time marketer*. University of Karlstad, Research Report, 90:3, 1990.

_____. "Service management: an evaluation and the future". *International Journal of Service Industry Management*, 5 (1), 1994, p. 77-96.

_____. *Total relationship marketing*. Oxford: Butterworth-Heinemann, 1999.

GUPTA, A.K.; RAJ, S.P.; WILEMON, D. "A model for studying R&D/Marketing interface in the product innovation process". *Journal of Marketing*, 50, 1986, p. 7-17.

HAECKEL, S. "Preface", em D.R. Lehmann; K.R. Jocz (eds.). *Reflections on the futures of marketing*. Cambridge, MA: Marketing Science Institute, 1997.

HAIR, J.F.; ANDERSON, R.E.; TATHAM, R.L.; BLACK, W.C. *Multivariate data analysis*. 5ª ed. Londres: Prentice Hall International, 1998.

HALEY, R.I. "Benefit segmentation: a decision-oriented tool". *Journal of Marketing*, jul. 1968, p. 30-35.

_____. "Benefit segmentation — 20 years on". *Journal of Consumer Marketing*, 1984, p. 5-13.

HALL, R. "The strategic analysis of intangible resources". *Strategic Management Journal*, 13, 1992, p. 135-144.

_____. "A framework for linking intangible resources and capabilities to sustainable competitive advantage". *Strategic Management Journal*, 14, 1993, p. 607-618.

HALL, W. *Managing cultures: making strategic relationships work*. Chichester: John Wiley, 1995.

HALL, W.A.K. "Survival strategies in a hostile environment". *Harvard Business Review*, 58 (5), 1980, p. 75-85.

HAMEL, G. "Strategy as revolution". *Harvard Business Review*, 74 (4), 1996, p. 9-82.

_____; PRAHALAD, C.K. "Strategic intent". *Harvard Business Review*, 67 (3), 1989, p. 63-76.

_____; _____. "Corporate imagination and expeditionary marketing". *Harvard Business Review*, 69 (4), 1991, p. 81-92.

_____; _____. *Competing for the future*. Boston, MA: Harvard Business School Press, 1994.

HAMMERMESH, R.G.; ANDERSON, M.J.; HARRIS, J.E. "Strategies for low market share businesses". *Harvard Business Review*, 50 (3), 1978, p. 95-102.

HAN, J.K.; KIM, N.; SRIVASTAVA, R.K. "Market orientation and organizational performance: is innovation the missing link?". *Journal of Marketing*, 62, 1998, p. 30-45.

HARRIS, L.C. "Cultural obstacles to market orientation". *Journal of Marketing Practice: Applied Marketing Science*, 4 (2), 1996, p. 36-52.

_____. "Cultural domination: The key to a market oriented culture". *European Journal of Marketing*, 32 (3/4), 1998, p. 354-373.

HARRISON, J.S.; ST JOHN, C.H. *Strategic management of organizations and stakeholders*. St Paul: West, 1994.

HART, C.W.L.; HESKETT, J.L.; SASSER, W.E. "The profitable art of service recovery". *Harvard Business Review*, 68 (2), 1990, p. 148-156.

HART, S. *Capitalism at the crossroads: the unlimited business opportunities in solving the world's most difficult problems*. Wharton School Publishing, 2005.

HARVEY, F. "GE looks out for a cleaner profit". *Financial Times*, 1º jul. 2005, p. 13.

_____; FIDLER, S. "Industry caught in 'carbon credit' smokescreen". *Financial Times*, 26 abr. 2007, p. 1.

HASPESLAGH, P. "Portfolio planning: uses and limits". *Harvard Business Review*, 60 (1), 1982, p. 58-73.

HATHI, S. "Using blogs to involve". *Strategic Communication Management*, fev./mar. 2007, p. 8.

HAYES, R.; ABERNATHY, W. "Managing our way to economic decline". *Harvard Business Review*, 1º jul. 1980.

HE, H-W; BALMER, J.M.T. "Alliance brands: building corporate brands through strategic alliances?". *Journal of Brand Management*, 13 (4/5), 2006, p. 242-256.

HEDLEY, B. "Strategy and the business portfolio". *Long Range Planning*, 10 (1), 1979, p. 9-15.

HEINEMAN, R.W. Jnr. "Avoiding integrity land mines". *Harvard Business Review*, abr. 2007, p. 100-108.

HELFAT, C.E.; PETERAF, M.A. "The dynamic resource-based view: capability lifecycles". *Strategic Management Journal*, 24, 2003, p. 997-1010.

_____; FINKELSTEIN, S.; MITCHELL, W.; PETERAF, M.A.; SINGH, H.; TEECE, D.J.; WINTER, S.G. *Dynamic capabilities: understanding change in organisations*. Oxford: Blackwell Publishing, 2007.

HENDERSON, B. *The product portfolio*. Boston, MA: The Boston Consulting Group, 1970.

HENRIQUES, I.; SADORSKY, P. "The relationship between environmental commitment and managerial perceptions of stakeholder importance". *Academy of Management Journal*, 42 (1), 1999, p. 89-99.

HILL, R. "Weak signals from the unknown". *International Management*, 34 (10), 1979, p. 55-60.

HILLE, K. "The race for the $100 laptop". *Financial Times*, 9 abr. 2007, p. 8.

HINDLE, T.; THOMAS, M. *Pocket marketing*. 2ª ed. Harmondsworth: The Economist Books, 1994.

HOGARTH, R.M. "A note on aggregating opinions". *Organizational Behavior and Human Performance*, 21 (1), 1978, p. 40-6.

HOMBURG, C.; PFLESSER, C. "A multiple layer model of market-oriented organizational culture: measurement issues and performance outcomes". *Journal of Marketing Research*, 37, 2000, p. 449-462.

_____; WORKMAN, J.P.; JENSEN, O. "Fundamental changes in marketing organization: the movement toward a customer-focused organizational structure". *Journal of the Academy of Marketing Science*, 28 (4), 2000, p. 459-478.

_____; _____; _____. "A configurational perspective on key account management". *Journal of Marketing*, abr. 2002, p. 38-60.

HOOLEY, G.J. "Multidimensional scaling of consumer perceptions and preferences". *European Journal of Marketing*, 14 (7), 1980, p. 436-480.

_____. "Directing advertising creativity through benefit segmentation". *Journal of Advertising*, 1. 1982, p. 375-385.

_____. "The life cycle revisited — aid or albatross?". *Journal of Strategic Marketing*, 3 (1), 1994, p. 23-40.

_____; COX, A.J.; ADAMS, A. "Our five year mission — to boldly go where no man has gone before". *Journal of Marketing Management*, 8 (1), 1992, p. 35-48.

_____; GREENLEY, G.; CADOGAN, J.W.; FAHY J. "The performance impact of marketing resources". *Journal of Business Research*, 58 (1), 2005, p. 18-27.

_____; BERACS, J. "Marketing strategies for the 21st century: lessons from the top Hungarian companies". *Journal of Strategic Marketing*, 5 (3), 1997, p. 143-165.

_____; LYNCH, J.L.; SHEPARD, J. "The marketing concept: putting the theory into practice". *European Journal of Marketing*, 1990, p. 7-23.

_____; MÖLLER, K.; BRODERICK, A.J. "Competitive positioning and the resource based view of the firm". *Journal of Strategic Marketing*, 6 (2), 1998, p. 97-115.

_____; GREENLEY, G.E.; ATTIA, S.; FAHY, J. "Creating sustainable competitive positions in e-business: up the Amazon.com without a paddle?". *Proceedings European Marketing Academy Conference*, Bergen, Norway, 2001.

_____; COX, A.J.; SHIPLEY, D.; FAHY, J.; BERACS, J.; KOLOS, K. "Foreign direct investment in Hungary: resource acquisition and domestic competitive advantage". *Journal of International Business Studies*, 27 (4), 1996, p. 683-709.

_____; FAHY, J.; COX, A.J.; BERACS, J.; FONFARA, K.; SNOJ, B. "Market orientation in the transition economies of central Europe". *Journal of Business Research*, 50 (3), 2000, p. 273-285.

_____; HUSSEY, M.K. (eds.). *Quantitative methods in marketing*. 2ª ed. Londres: Thomson Press, 1999.

HREBINIAK, L.G. "Obstacles to effective strategy implementation". *Organizational Dynamics*, 35 (1), 2006, p. 12-31.

HUBER, G.P. "The nature and design of post-industrial organizations". *Administrative Science Quarterly*, ago. 1984, p. 928-951.

_____. "Organisational learning: the contributing processes and the literatures". *Organizational Science*, 2, 1991, p. 88-115.

HULBERT, J.M.; PITT, L. "Exit left centre stage". *European Management Journal*, 14 (1), 1996, p. 47-60.

_____; CAPON, N.; PIERCY, N.F. *Total integrated marketing: breaking the bounds of the function*. Nova York: The Free Press, 2003.

HUSSEY, M.K.; HOOLEY, G.J. "The diffusion of quantitative methods into marketing management". *Journal of Marketing Practice: Applied Marketing Science*, 1 (4), 1995, p. 13-31.

IBM. *The strategic agenda for customer management in the consumer products industry*. Nova York: IBM Institute for Business Value Executive Brief, 2005.

IMAI, M. *KAIZEN: the key to Japan's competitive success*. Maidenhead: McGraw-Hill, 1986.

IMPARATO, N.; HARARI, O. *Jumping the curve: innovation and strategic choice in an age of transition*. San Francisco: Jossey-Bass, 1994.

INGRAM, T.N.; LAFORGE, R.W.; LEIGH, T.W. "Selling in the new millennium: a joint agenda". *Industrial Marketing Management*, 31, 2002, p. 559-567.

IRS Employment Review. "HRM is not part of strategic decision making", set. 1996, 4.

JACK, A. "Beyond charity? A new generation enters the business of doing good". *Financial Times*, 5 abr. 2007, p. 13.

JACKSON, S. "Market share is not enough: why strategic market positioning works". *The Journal of Business Strategy*, 28 (1), 2007, p. 18-25.

JACKSON, T. "Dare to be different". *Financial Times*, 19 jun. 1997.

JAIN, S.C. *Marketing planning and strategy*. 2ª ed. Cincinatti, OH: South Western, 1985.

_____. *Marketing planning and strategy*. 3ª ed. Cincinatti, OH: South Western, 1990.

JAMES, B.J. *Business wargames*. Londres: Abacus, 1984.

JAMES, L.; HESKETT, J.L.; SASSER, W.E.; Jr; SCHLESINGER, L.L. *The value profit chain: treat employees like customers and customers like employees*. Nova York: The Free Press, 2007.

JANAL, D. *Dan Janal's guide to marketing on the Internet*. Nova York: Wiley, 2000.

JANDA, S.; SESHANDRI, S. "The influence of purchasing strategies on performance". *Journal of Business and Industrial Marketing*, 16 (4), 2001, p. 294-306.

Japan Corporate News Network. "Honda and Hong Kong Disneyland form strategic alliance", 12 jul. 2006, p. 1.

JAWORSKI, B.J.; KOHLI, A.K. "Market orientation: antecedents and consequences". *Journal of Marketing*, 57, jul. 1993, p. 53-70.

JOBBER, D. *Principles and practice of marketing*. 3ª ed. Londres: McGraw Hill, 2001.

_____; SAUNDERS, J.A.; HOOLEY, G.J.; GUILDING, B.; HATTON-SMOOKER, J. "Assessing the value of a quality assurance certificate for software: an exploratory investigation". *MIS Quarterly*, mar. 1989, p. 18-31.

JOHN, G.; MARTIN, J. "Effects of organizational structure of marketing planning on credibility and utilization of plan output". *Journal of Marketing Research*, 21 maio 1984, p. 170-183.

JOHNSON, G.; SCHOLES, K. *Exploring corporate strategy*. 2ª ed. Hemel Hempstead: Prentice Hall International, 1988.

JOHNSON, L.K. "Harnessing the power of the customer". *Harvard Management Update*, nov. 2006.

JONES, T.M. "Instrumental stakeholder theory: a synthesis of ethics and economics". *Academy of Management Review*, 20 (2), 1995, p. 404-437.

JONES, T.O.; SASSER, W.E. "Why satisfied customers defect". *Harvard Business Review*, 73 (6), 1995, p. 88-99.

JONES, E.; BROWN, S.P.; ZOLTNERS, A.A.; WEITZ, B.A. "The changing environment of selling and sales management". *Journal of Personal Selling & Sales Management*, 25 (2), 2005, p. 105-111.

KALE, P.; SINGH, H.; PERLMUTTER, H. "Learning and protection of proprietary assets in strategic alliances: building relational capital". *Strategic Management Journal*, 21, 2000, p. 217-237.

KALLIGIANIS, K.; IATROU, K.; MASON, K. "How do airlines perceive that strategic alliances affect their individual branding?". *Journal of Air Transportation*, 11 (2), 2006, p. 3-21.

KANNER, B. "In search of brand loyalty". *Sunday Business*, 30 jun. 1996, p. 11.

KAPELIANIS, D.; WALKER, B.A.; HUTT, M.D.; KUMAR, A. "Those winning ways: the role of competitive crafting in complex sales". Working Paper, Arizona State University, 2005.

KAPLAN, R.S.; NORTON, D.P. *Translating strategy into action: the balanced scorecard*. Boston MA: Harvard Business School Press, 1996.

KAY, J. *Foundations of corporate success*. Oxford: Oxford University Press, 1993.

KEEGAN, J. *A history of warfare*. Londres: Hutchinson, 1993.

KEITH, R.J. "The marketing revolution". *Journal of Marketing*, 24 (1), 1960, p. 35-8.

KELLER, S.B.; LYNCH, D.F.; ELLINGER, A.E.; OZMENT, J.; CALANTONE, R. "The impact of internal marketing efforts in distribution service operations". *Journal of Business Logistics*, 27 (1), 2006, p. 109-139.

KELLY, K. *New rules for the new economy: 10 radical strategies for the connected world*. Nova York: Viking Press, 1998.

KERRIGAN, R.; ROEGNER, E.V.; SWINFORD, D.D.; ZAWADA, C.C. "B2Basics". *McKinsey Quarterly*, (1), 2001, p. 45-53.

KHOO, P.C. *Sun Tzu and management*. Petaling Jaya, Malaysia: Pelanduk, 1992.

KHOSLA, V., citado em Taylor, R. "Shaping the future with nothing but ideas". *Financial Times*, jul. 1999, p. 19.

KILMANN, R.H. "Management learning organisations: enhancing business education for the 21st century". *Management Learning*, 27, 1996, p. 203-238.

KING, S. "Has marketing failed or was it never really tried?". *Journal of Marketing Management*, 1 (1), 1985, p. 1-19.

KINNEAR, T.C.; TAYLOR, J.R.; AHMED, S.A. "Ecologically concerned consumers: who are they?". *Journal of Marketing*, 38 (2), 1974, p. 20-24.

KNIGHT, R. "Business students portrayed as ethically minded in study". *Financial Times*, 25 out. 2006, p. 9.

KOERNER, LaVan. "Conducting an organizational assessment of your SAM programme". *Presentation at Strategic Account Management Association Conference*, Paris, 2005.

KOHLI, A.K.; JAWORSKI, B.J. "Market orientation: the construct, research propositions and managerial implications". *Journal of Marketing*, 54 (2), 1990, p. 1-18.

KOTHA, S. "Competing on the Internet: the case of Amazon.Com". *European Management Journal*, 16 (2), 1998, p. 212-222.

KOTLER, P.; LEVY, S. "Broadening the concept of marketing". *Journal of Marketing*, 33, jan. 1969, p. 10-15.

KOTLER, P.C. "Harvesting strategies for weak products". *Business Horizons*, 21 (4), 1978, p. 15-22.

_____. *Marketing management: analysis, planning, implementation and control*. 9ª ed. Hemel Hempstead: Prentice Hall International, 1997.

_____; SINGH, R. "Marketing warfare in the 1980s". *Journal of Business Strategy*, 1 (3), 1981, p. 30-41.

_____.; FAHEY, L.; JATUSRITPITAK, S. *The new competition*. Hemel Hempstead: Prentice Hall, 1985.

_____; GREGOR, W.; ROGERS, W. "The marketing audit comes of age". *Sloan Management Review*, 18 (2), 1989, p. 49-62.

_____; ARMSTRONG, G.; SAUNDERS, J.A.; WONG, V. *Principles of marketing: the European edition*. Hemel Hempstead: Prentice Hall, 1996.

_____; KELLER, K.L. *A framework for marketing management*. 3ª ed. Pearson/Prentice Hall, 2007.

KROHMER, H.; HOMBURG, C.; WORKMAN, J.P. "Should marketing be cross-functional? Conceptual development and international empirical evidence". *Journal of Business Research*, 35, 2002, p. 451-465.

KRUSKAL, J.B.; YOUNG, F.W.; SEERY, J.B. "How to use KYST: a very flexible program to do multidimensional scaling". *Multidimensional Scaling Program Package of Bell Laboratories*. Murray Hill, NJ: Bell Laboratories, 1973.

LAFFERTY, B.A.; HULT, G.T.M. "A synthesis of contemporary market orientation perspectives". *European Journal of Marketing*, 35 (1/2), 2001, p. 92-109.

LAING, H. *Brand advertising targeting system*. Londres: Laing Henry, 1991.

LAMBERT, D.M.; MARMORSTEIN, H.; SHARMA, A. "Industrial salespeople as a source of market information". *Industrial Marketing Management*, 17, maio 1990, p. 111-118.

_____; EMMELHAINZ, M.A.; GARDNER, J.T. "So you think you want to be a partner?". *Marketing Management*, 1996, p. 25-41.

LANGERAK, F. "Effects of market orientation on the behaviours of salespersons and purchasers, channel relationships and the performance of manufacturers". *International Journal of Research in Marketing*, 18, 2001, p. 221-234.

LATTICE, J. "Blue's legend". *Sunday Business*, 21 abr. 1996.

LAWRENCE, M.J.; EDMUNDSON, R.H.; O'CONNOR, M.J. "An examination of the accuracy of judgmental extrapolation of time series". *International Journal of Forecasting*, 1 (1), 1985, p. 23-35.

LEHMANN, D.R.; JOCZ, K.E. (eds.). *Reflections on the futures of marketing*. Cambridge, MA: Marketing Science Institute, 1997.

_____; WINER, R.S. *Analysis for marketing planning*. 2ª ed. Homewood, IL: Irwin, 1991.

LEIGH, T.W.; MARSHALL, G.W. "Research priorities in sales strategy and performance". *Journal of Personal Selling & Sales Management*, 21, 2001, p. 83-94.

LEONARD-BARTON, D. "Core capabilities and core rigidities: a paradox in managing new product development". *Strategic Management Journal*, 13, 1992, p. 111-125.

LEPPARD, J.; MCDONALD, M.H.B. "A reappraisal of the role of marketing planning". Proceedings: Marketing Education Group Conference, Warwick, jul. 1987.

LEVITT, T. "Marketing myopia". *Harvard Business Review*, jul./ago. 1960, p. 45-56.

_____. "Marketing myopia — Retrospective commentary". *Harvard Business Review*, 53 (5), 1975, p. 177-181.

_____. *The marketing imagination*. Nova York: The Free Press, 1986.

LEVY, R. *Give and take*. Cambridge, MA: Harvard Business School Press, 1999.

LEWIS, B. "Customer care in service organizations". *Marketing Intelligence and Planning*, 7 (5/6), 1989, p. 18-22.

LIDDELL HART, B.H. *History of the First World War*. Londres: Pan, 1972.

_____. *History of the Second World War*. Londres: Pan, 1973.

LILIEN, G.L.; KOTLER, P.C. *Marketing decision making: a model-building approach*. Londres: Harper & Row, 1983.

_____; _____; MOORTHY, K.S. *Marketing models*. Hemel Hempstead: Prentice Hall International, 1992.

LIM, K. "Gap to open first stores in Asia outside Japan by end of the year". *Wall Street Journal*, 2, ago. 2006.

LIN, Y.S.L. "Comparison of survey response among Asian, European and American consumers and their interpretations". *ESOMAR Conference Proceedings*, Venice, jun. 1990, p. 120-132.

LINGS, I.N.; GREENLEY, G.E. "Measuring internal market orientation". *Journal of Service Research*, 7 (3), 2005, p. 290-305.

LIPPMAN, S.; RUMELT, R.P. "Uncertain inimitability: an analysis of inter-firm differences in efficiency under competition". *Bell Journal of Economics*, 13, 1982, p. 418-453.

LITTLE, J.D.C. "Decision support systems for marketing management". *Journal of Marketing*, 43, (3), 1979, p. 9-26.

LOMBARDI, L.J. "Managing strategic customer relationships as assets". *LIMRA'S Market Facts Quarterly*, 24 (1), 2005, p. 23-25.

LUSCH, R.F.; VARGO, S.L.; MALTER, A.J. "Marketing as service exchange: taking a leadership role in global marketing management". *Organisational Dynamics*, 35 (3), 2006, p. 264-278.

MACDONALD, M. *Marketing plans*. Londres: Heinemann, 1984.

MACKINTOSH, J. "VW takes a hard line with parts suppliers". *Financial Times*, 24 jun. 2005, p. 30.

_____; SIMON, B. "Ford to focus on business from 'key suppliers'". *Financial Times*, 30 set. 2005, p. 32.

MACKENSIE, M.; BEALES, R. "Cantor Fitzgerald appoints ethics czar". *Financial Times*, 14/15, abr. 2007, p. 13.

MAGRETTA, J. *Managing in the new economy*. Cambridge MA: Harvard Business School Press, 1999.

MAHADEVAN, B. "Business models for internet-based e-commerce: an anatomy". *California Management Review*, 42 (4), 2000, p. 55-69.

MAHONEY, J.T. "The management of resources and the resource of management". *Journal of Business Research*, 33 (2), 1995, p. 91-101.

_____; PANDIAN, J.R. "The resource based view of the firm within the conversation of strategic management". *Strategic Management Journal*, 13, 1992, p. 363-380.

MAIER, J.; SAUNDERS, J.A. "The implementation of segmentation in sales management". *The Journal of Personal Selling and Sales Management*, 10 (1), 1990, p. 39-48.

MAIGNAN, I.; FERRELL, O.C.; HULT, G.T.M. "Corporate citizenship: cultural antecedents and business benefits". *Journal of the Academy of Marketing Science*, 27 (4), 1999, p. 455-469.

_____; _____. "Corporate Social Responsibility and marketing: an integrative framework". *Journal of the Academy of Marketing Science*, 32 (1), 2004, p. 3-19.

_____; _____; FERRELL, L. "A stakeholder model for implementing social responsibility in marketing". *European Journal of Marketing*, 39 (9/10), 2005, p. 956-977.

MAITLAND, A. "The frustrated will to act for public good". *Financial Times*, 25 jan. 2006, p. 15.

MAKRIDAKIS, S.; CHATFIELD, C.; HIBON, M.; LAWRENCE, M.; MILLS, T.; ORD, K.; SIMMONS, L. "The M2 competition: a real-time judgmentally based forecasting study". *International Journal of Forecasting*, 9 (1), 1993, p. 5-22.

MARKET Research Society. *Organisations Providing Marketing Research Services in the UK*, MRS. Anual.

Marketing Business, "Marketing prefers navel gazing to NPD", mar. 1997a, p. 6.

Marketing Business, "Marketplace", mar. 1997b.

Marketing Week, "Sorrell starts internal marketing acquisitions drive", 12 jul. 2001, p. 10.

Marketing Week, "Survey reveals "inadequate" state of internal marketing", 3 jul. 2003, p. 8.

MARKOWITZ, H. "Portfolio selection". *Journal of Finance*, 7 (2), 1952, p. 77-91.

MAUNDER, S.; HARRIS, A.; BAMFORD, J.; COOK, L.; COX, A. "O2: it only works if it works — how troubled BT Cellnet was transformed into thriving O2", em A. Hoad, (eds.). *Advertising works 13: proving the effectiveness of marketing communications*. Henley-on-Thames: World Advertising Research Centre, 2005.

MAZUR, L. "Brands". *Marketing Business*, nov. 1996, p. 16.

_____. "The changing face of sales". *Marketing Business*, maio 2000, p. 31.

MCDOWELL, C. "Aligning work force capabilities with business strategies". *Human Resource Professional*, 9 (5), 1996, p. 3-5.

MCKEE, D.; VARADARAJAN, P.R. "Introduction: special issue on sustainable competitive advantage". *Journal of Business Research*, 33 (2), 1995, p. 77-79.

MCKITTERICK, J.B. "What is the marketing management concept?". Proceedings: AMA Teachers' Conference, Philadelphia, 1957.

MCLEOD, J. "Marketing information systems: a review paper". *Quarterly Review of Marketing*, 10 (3), 1985.

MCNERNEY, D. "Competitive advantage: diverse customers and stakeholders". *HR Focus*, 71 (6), 1994, p. 9-10.

MENGUC, B.; AUH, S. "Creating firm-level dynamic capability through capitalising on market orientation and innovativeness". *Journal of the Academy of Marketing Science*, 34 (1), 2006, p. 63-73.

MENON, A.; MENON, A. "Enviropreneural marketing strategy: the emergence of corporate environmentalism as marketing strategy". *Journal of Marketing*, 61, jan. 1997, p. 51-67.

MICOLO, A.M. "Suggestions for achieving a strategic partnership". *HR Focus*, 70 (9), 1993, p. 22.

MILES, R.E.; SNOW, C.C. "Fit, failure, and the Hall of Fame". *California Management Review*, 1984, p. 10-28.

MILLER, A.I. *Insight of genius*. Nova York: Springer-Verlag, 1996.

MILLER, D. "Successful change leaders: what makes them? What do they do that is different?". *Journal of Change Management*, 2 (4), 2002, p. 359-368.

MILLMAN, T.; WILSON, K. "Processual issues in key account management: underpinning the customer-facing organization". *Journal of Business & Industrial Marketing*, 14 (4), 1989, p. 328-337.

MINGO, J. *How the Cadillac got its fins*. Nova York: HarperCollins, 1994.

MINTZBERG, H. "The fall and rise of strategic planning". *Harvard Business Review*, 72 (1), 1994, p. 107-114.

MITCHELL, A. "The people factor". *Marketing Business*, out. 1994a, p. 24-27.

_____. "The revolution within". *Marketing Business*, dez. 1994b, p. 22-25.

_____. "Changing channels". *Marketing Business*, fev. 1995, p. 10-13.

_____. "Speeding up the process". *Marketing Business*, mar. 1997a.

_____. "Stargazing". *Marketing Business*, jun. 1997b, p. 32-35.

MITCHELL, R.K.; AGLE, B.R.; WOOD, D.J. "Toward a theory of stakeholder identification and salience: defining the principle of who and what really counts". *Academy of Management Review*, 22, 1997, p. 853-886.

MÖLLER, K.; ANTTILA, M. "Marketing capability: a key success factor in small business?". *Journal of Marketing Management*, 3 (2), 1987, p. 185-203.

MONTGOMERY, D.B.; WEBSTER, F.E. "Marketing's interfunctional interfaces: the MSI workshop on management of corporate fault zones". *Journal of Market-Focused Management*, 2, 1997, p. 7-26.

MOON, Y. "Break free from the product life cycle". *Harvard Business Review*, maio 2005, p. 87-94.

MOORE, G.A. *Crossing the Chasm*. Nova York: HarperCollins, 1991.

_____. "Innovating within established enterprises". *Harvard Business Review*, jul./ago. 2004, p. 86-92.

_____. *Dealing with Darwin: how great companies innovate at every phase of their evolution*. Chichester: Capstone, 2006.

MOORES, B. *Are they being served?*. Oxford: Philip Alan, 1986.

MORGAN, R.E.; KATSIKEAS, C.S.; APPIAH-ADU, K. "Market orientation and organizational learning". *Journal of Marketing Management*, 14, 1998, p. 353-381.

MORGAN, R.E. "Business agility and internal marketing". *European Business Review*, 16 (5), 2004, p. 464-472.

MORGAN, R.M.; HUNT, S.D. "The commitment-trust theory of relationship marketing". *Journal of Marketing*, 58 (3), 1994, p. 20-38.

MORRISON, A.; WENSLEY, R. "Boxing up or boxed in?: a short history of the Boston Consulting Group Share-Growth Matrix". *Journal of Marketing Management*, 7 (2), 1991, p. 105-130.

MORRISON, S.; WATERS, R. "Time comes to 'think different'", *Financial Times*, 7 jun. 2005, p. 25.

MOUTINHO, L. *Problems in marketing*. Londres: Paul Chapman Publishing, 1991.

MURPHY, J. *Brand valuation*. 2ª ed. Londres: Business Books Ltd, 1991.

MURPHY, P.E.; STAPLES, W.A. "A modernized family life cycle". *Journal of Consumer Research*, jun. 1979, p. 12-22.

NARAYANDA, D. "Building loyalty in business markets". *Harvard Business Review*, set. 2005.

NARVER, J.C.; SLATER, S.F. "The effect of a market orientation on business profitability". *Journal of Marketing*, 54 (4), 1990, p. 20-35.

NORUSIS, M.J. *SPSS for Windows*. Release 5.0. Chicago: SPSS Inc, 1992.

O'BRIEN, N.; FORD, J. "Can we at last say goodbye to social class?". *Journal of Market Research Society*, 16 (2), 1988, p. 43-51.

O'SHAUGHNESSY, J. *Explaining buyer behavior*. Oxford: Oxford University Press, 1992.

_____. *Competitive marketing*. 3ª ed. Londres: Routledge, 1995.

OGBUCHI, A.O.; SHARMA, V.M. "Redefining industrial salesforce roles in a changing environment". *Journal of Marketing Theory and Practice*, 7 (1), 1999, p. 64-71.

OGDEN, S.; WATSON, R. "Corporate performance and stakeholder management: balancing shareholder and customer interests in the UK privatized water industry". *Academy of Management Journal*, 4, 1999, p. 526-538.

OHMAE, K. *The mind of the strategist*. Harmondsworth: Penguin Books, 1982.

_____. *The borderless world*. Nova York: Harper Business, 1990.

OLINS, R. "Wilting". *The Sunday Times*, 24 ago. 1997a, p. 3.

OLINS, R. "W.H. Smith stalls on the road to nowhere". *The Sunday Times*, 31 ago. 1997b, p. 5.

OLSON, E.M. "The marketing/manufacturing relationship within the new product development process". *Proceedings, American Marketing Association Educators' Conference*, Chicago, 4, 1993, p. 280-286.

_____; CRAVENS, D.W.; SLATER, S.F. "Competitiveness and sales management: a marriage of strategies". *Business Horizons*, mar./abr. 2001, p. 25-30.

OXX, C. "Psychographics and life style". *Admap*, out. 1972, p. 303-305.

OZRETIC-DOSEN, D.; SKARE, V.; KRUPKA, Z. "Assessments of country of origin and brand cues in evaluating a Croation, western and eastern European food product". *Journal of Business Research*, 60 (2), 2007, p. 130-136.

PALAZZO, G.; RICHTER, U. "CSR business as usual? The case of the tobacco industry". *Journal of Business Ethics*, 61, 2005, p. 387-401.

PANSIRI, J. "The influence of managers' characteristics and perceptions in strategic alliance practice". *Management Decision*, 43 (9), 2005, p. 1097-1113.

PARASURAMAN, A.; COLBY, C.L. *Techno-ready marketing: how and why your customers adopt technology*. Nova York: Free Press, 2001.

PARASURAMAN, A.; ZEITHAML, V.A.; BERRY, L.L. "A conceptual model of service quality and the implications for further research". *Journal of Marketing*, 1985, p. 41-50.

_____; _____; _____. "SERVQUAL: A multiple-item scale for measuring customer perceptions of service quality". *Journal of Retailing*, 64 (1), 1988, p. 12-40.

_____; _____; _____. "Reassessment of expectations as a comparison standard in measuring service quality: implications for further research". *Journal of Marketing*, 58 (1), 1994, p. 111-124.

PARDO, C. "Key account management in the business to business field: the key account's point of view". *Journal of Personal Selling & Sales Management*, 17 (4), 1997, p. 17-26.

PAYNE, A. *The essence of services marketing*. Londres: Prentice Hall, 1993.

_____. (eds.) *Advances in relationship marketing*. Londres: Kogan Page, 1995.

_____; CHRISTOPHER, M.; CLARK, M.; PECK, H. *Relationship marketing for competitive advantage*. Oxford: Butterworth-Heinemann, 1995.

_____; FROW, P. "A strategic framework for customer relationship management". *Journal of Marketing*, out. 2005, p. 167-176.

PEPPERS, D.; ROGERS, M. *The one-to-one future*. Londres: Piatkus, 1993.

PERRIEN, J.; RICARD, L. "The meaning of a marketing relationship". *Industrial Marketing Management*, 24 (1), 1995, p. 37-43.

_____; FILIATRAUT, P.; LINE, R. "The implementation of relationship marketing in commercial banking". *Industrial Marketing Management*, 22 (2), 1993, p. 141-148.

PETERS, T. *Thriving on chaos*. Londres: Macmillan, 1987.

_____; WATERMAN, R. *In search of excellence*. Nova York: Harper and Row, 1982.

PFEFFER, J. "Competitive advantage through people". *California Management Review*, 36 (2), 1994, p. 9-28.

PIERCY, N. "The strategic sales organization". *The Marketing Review*, 6, 2006, p. 3-28.

_____; LOW, G.S.; CRAVENS, D.W. "Consequences of sales management's behavior- and compensation-based control strategies in developing countries". *Journal of International Marketing*, 12, 2004a, p. 30-57.

_____; _____; _____. "Examining the effectiveness of sales management control practices in developing countries". *Journal of World Business*, 39, 2004b, p. 255-267.

PIERCY, N.F. "Customer satisfaction and the internal market: marketing our customers to our employees". *Journal of Marketing Practice: Applied Marketing Science*, 1 (1), 1995, p. 22-44.

_____. *Market-led strategic change: transforming the process of going to market*. 2ª ed. Oxford: Butterworth-Heinemann, 1997.

_____. *Market-led strategic change: a guide to transforming the process of going to market*. 3ª ed. Oxford: Butterworth-Heinemann, 2002.

_____; CRAVENS, D.W. "The network paradigm and the marketing organization". *European Journal of Marketing*, 29 (3), 1996, p. 7-34.

_____; _____; MORGAN, N.A. "Sources of effectiveness in the business-to-business sales organization". *Journal of Marketing Practice: Applied Marketing Science*, 3 (1), 1997, p. 43-69.

_____; HARRIS, L.C.; LANE, N. "Market orientation and retail operatives' expectations". *Journal of Business Research*, 55 (4), 2002, p. 261-273.

_____; LANE, N. "Marketing implementation: building and sustaining a real market understanding". *Journal of Marketing Practice: Applied Marketing Science*, 2 (3), 1996, p. 15-18.

_____; _____. "The underlying vulnerabilities in key account management strategies". *European Management Journal*, 24 (2-3), 2006a, p. 151-182.

_____; _____. "The hidden risks in strategic account management strategy". *Journal of Business Strategy*, 27 (1), 2006b, p. 18-26.

_____; _____. "Ethical and moral dilemmas associated with strategic relationships between business-to-business buyers and sellers". *Journal of Business Ethics*, 72, 2007, p. 87-102.

_____; MORGAN, N.A. "Internal marketing strategy: leverage for managing market-led strategic change". *Irish Marketing Review*, 4 (3), 1991, p. 11-28.

_____; _____. "Strategic and operational market segmentation: a managerial analysis". *Journal of Strategic Marketing*, 1, 1993, p. 123-140.

PINE, B.J. *Mass customization: the new frontier in business competition*. Boston, MA: Harvard Business School Press, 1993.

PITT, L.F. "Total e-clips: new strategic forces". *Journal of General Management*, 26 (4), 2001, p. 1-15.

_____; BERTHON, P.; WATSON, R.T.; EWING, M. "Pricing strategy on the Net". *Business Horizons*, 44 (2), 2001, p. 45-54.

PLANK, R.E. "A critical review of industrial market segmentation". *Industrial Marketing Management*, 14, 1985, p. 79-91.

PLEVEL, M.J.; MARTIN, J.; LANE, F.; NELLIS, S.; SCHULER, R.S. "AT&T global business communications systems: linking HR with business strategy". *Organizational Dynamics*, 22 (3), 1994, p. 59-72.

POLLOCK, R.B. "Linking marketing and human resources in the new employment contract". *Employment Relations Today*, 22 (1), 1995, p. 7-15.

PORTER, M.E. *Competitive strategy*. Nova York: The Free Press, 1980.

_____. *Competitive advantage*. Nova York: The Free Press, 1985.

_____. "From competitive advantage to corporate strategy". *Harvard Business Review*, 65 (3), 1987, p. 43-59.

_____. "What is strategy?". *Harvard Business Review*, 74 (6), 1996, p. 61-78.

_____. "Strategy and the Internet". *Harvard Business Review*, 79, 2001, p. 63-78.

_____; KRAMER, M.R. "The competitive advantage of corporate philanthropy". *Harvard Business Review*, dez. 2002, p. 57-68.

_____; _____. "Strategy and society: the link between competitive advantage and Corporate Social Responsibility". *Harvard Business Review*, dez. 2006, p. 78-92.

POUNSFORD, M. "Nothing to lose: is internal communications adding value in today's organizations?". *Internal Communication Focus*, set. 1994, p. 6-8.

POWELL, W.W. "Neither market nor hierarchy: network forms of organization". *Research in Organizational Behavior*, 12, 1990, p. 295-336.

PRAHALAD, C.K.; HAMEL, G. "The core competence of the corporation". *Harvard Business Review*, 68 (3), 1990, p. 79-91.

PROKESCH, S.E. "Competing on customer service". *Harvard Business Review*, 73 (6), 1995, p. 101-112.

_____. "Unleashing the power of learning: an interview with British Petroleum's John Browne". *Harvard Business Review*, 75 (5), 1997, p. 146-168.

PUNJ, G.; STEWART, D.W. "Cluster analysis in marketing research: review and suggestions for applications". *Journal of Marketing Research*, 20, maio 1983, p. 135-148.

QUINN, J. "Gillette deal to put P&G ahead by a close shave". *Daily Mail*, 29 jan. 2005, p. 105.

_____. "Suppliers turn the screw on Rover". *Daily Mail*, 8 abr. 2005, p. 89.

QUINN, J.B. "Managing innovation: Controlled chaos". *Harvard Business Review*, 63 (3), 1985, p. 73-84.

_____. *Intelligent enterprise*. Nova York: Free Press, 1992.

RACKHAM, N.; DEVINCENTIS, J. *Rethinking the sales force: redefining selling to create and capture customer value*. Nova York: McGraw-Hill, 1999.

RAMSDELL, G. "The real business of B2B". *McKinsey Quarterly*, (3), 2000, p. 174-184.

RAMASWAMI, S.; BHARGHAVA, M.; SRIVASTA, R. *Market-based assets and capabilities, business processes, and financial performance*. Cambridge MA: Report Nº. 04-102, Marketing Science Institute, 2004.

RANKINE, K. "Not a happy house". *The Daily Telegraph*, 5 out. 1996, B2.

REED, R.; DEFILLIPPI, R.J. "Causal ambiguity, barriers to imitation and sustainable competitive advantage". *Academy of Management Review*, 15, 1990, p. 88-102.

REED, J.; MILNE, R. "An embattled industry tries to engineer itself out of a hole". *Financial Times*, 27 abr. 2007, p. 11.

REGAN, G. *Military blunders*. Londres: Guinness, 1992.

REICHHELD, F. "Loyalty-based management". *Harvard Business Review*, 71 (2), 1993, p. 64-73.

_____; SASSER, W.E. "Zero defections: perfecting customer retention and recovery". *Harvard Business Review*, 68 (5), 1990, p. 105-111.

REICHELD; SCHEFTER. "e-Loyalty: your secret weapon on the Web". *Harvard Business Review*, jul./ago. 2000.

RIES, A.; TROUT, J. *Positioning: the battle for your mind*. Nova York: McGraw-Hill, 1982.

_____; _____. *Marketing warfare*. Nova York: McGraw-Hill, 1986.

RIFKIN, J. *The age of access: how the shift from ownership to access is transforming capitalism*. Londres: Allen Lane, 2000.

RIGBY, E.; WIGGINS, J. "Dixons closes shutters in film cameras". *Financial Times*, 9 ago. 2005, p. 5.

_____. "Shopping gets tougher for online supermarkets". *Financial Times*, 9 abr. 2007, p. 19.

RING, P.S.; VAN de VEN, A.H. "Structuring co--operative relationships between organizations". *Strategic Management Journal*, 13 (7), 1992, p. 483-498.

ROBERTSON, D.C.; NICHOLSON, N. "Expressions of Corporate Social Responsibility in UK firms". *Journal of Business Ethics*, 15 (10), 1996, p. 1095-1106.

ROBINSON, S.J.Q.; HICHENS, R.E.; WADE, D.P. "The directional policy matrix — tool for strategic planning". *Long Range Planning*, 11 (3), 1978, p. 8-15.

ROGERS, E. *Diffusion of innovations*. Nova York: The Free Press, 1962.

ROUZIES, D.; ANDERSON, E.; KOHLI, A.K.; MICHAELS, R.E.; WEITZ, B.A.; ZOLTNERS, A.A.

"Sales and marketing integration: a proposed framework". *Journal of Personal Selling & Sales Management*, 25 (2), 2005, p. 113-122.

ROWE, A.J.; MASON, R.D.; DICKEL, K.E.; SYNDER, N.H. *Strategic management: a methodological approach*. 3ª ed. Wokingham: Prentice Hall, 1989.

ROWLEY, T.J. "Moving beyond dyadic ties: a network theory of stakeholder influences". *Academy of Management Review*, 22, 1997, p. 887-910.

RSA. *Tomorrow's company: the role of business in a changing world*. Londres: RSA (Royal Society for the Encouragement of Arts, Manufactures and Commerce), 1994.

RUBEL, C. "Treating co-workers right is the key to Kinko's success". *Marketing News*, 29 jan. 1996.

RUEKERT, R.; WALKER, O. "Marketing's interaction with other functional units: a conceptual framework and empirical evidence". *Journal of Marketing*, 51, 1987, p. 1-19.

RUSHE, D. "Starbucks stirs up a storm in a coffee cup". *The Sunday Times*, 2 mar. 2007, p. 3-7.

RUST, R.T.; ZAHORIK, A.J. "Customer satisfaction, customer retention and market share". *Journal of Retailing*, 69 (2), 1993, p. 193-215.

SALMON, A.-M. "Transforming a brand with energy: Lucozade in sickness and in health". *British Brands*, 4, 1997, p. 3.

SAMMUELS, G. "CD Rom's first big victim". *Forbes*, 28 fev. 1994, p. 42-44.

SANDERS, N.R.; RITZMAN, L.P. "The need for contextual and technical knowledge in judgmental forecasting". *Journal of Behavioral Decision Making*, 1992, p. 39-52.

SAUNDERS, J.; STERN, P.; WENSLEY, R.; FORRESTER, R. "In search of the *lemmus, lummus*: an investigation into convergent competition". *British Journal of Management*, 11, 2000, S81-S94.

SAUNDERS, J.A. "Brands and valuations". *International Journal of Forecasting*, 8 (2), 1990, p. 95-110.

_____. "Cluster analysis", em G.J. Hooley; M.K. Hussey, (eds.). *Quantitative methods in marketing*. Londres: Academic Press, 1994.

_____. "Cluster analysis", em G.J. Hooley; M.K. Hussey. (eds.). *Quantitative methods in marketing*. 2ª ed. Londres: International Thomson Business Press, 1999.

_____; SAKER, J. "The changing consumer in the UK". *International Journal of Research in Marketing*, 11, 1994, p. 477-489.

_____; SHARP, J.; WITT, S. *Practical business forecasting*. Aldershot: Gower, 1987.

SAVITZ, A.; WEBER, K. *The triple bottom line: how today's best-run companies are achieving economic, social and environmental success and how you can too*. San Francisco, CA: Pfeiffer Wiley, 2006.

SCHULTZ, D.E. "Study internal marketing for better impact". *Marketing News*, 14 out. 2002, p. 8.

_____. "Building an internal marketing management calculus". *Interactive Marketing*, 6 (2), 2004, p. 111-129.

SCULLEY, J. Chairman of Apple Computer, citado em *Forbes ASAP*, Technical Supplement, 7 dez. 1992.

SEGNIT, S.; BROADBENT, S. "Life-style research: a case history in two parts". *European Research*, jan. 1973, p. 6-13, mar., p. 62-68.

SEIDENSCHWARTZ, W. "A model for customer enthusiasm: connecting the customer with internal processes". *Strategic Account Management Association Conference*, Paris, fev. 2005.

SELF, A. "Hello Johann, got a new motor?". *The Mail on Sunday*, 12 abr. 1997, p. 26.

SELNES, F.; JAWORSKI, B.J.; KOHLI, A.J. "Market orientation in the United States and Scandinavian companies: a cross-cultural view". *Scandinavian Journal of Management*, 12 (2), 1996, p. 139-157.

SEN, S.; BHATTACHARYA, C.B. "Does doing good always lead to doing better? Consumer reactions to Corporate Social Responsibility". *Journal of Marketing Research*, 38, maio 2001, p. 225-243.

SENGUPTA, S.; BUCKLIN, L.P. *To ally or not to ally*. Cambridge, MA: Marketing Science Institute, 1994.

SHAMEEN, A. "Volkswagen nears Proton deal". *Financial Times*, 19 mar. 2007, p. 27.

SHAPIRO, B.P. *Creating the customer-centric team: coordinating sales and marketing*. Cambridge, MA: Harvard Business School, 2002, Note 9-999-006.

_____; BONOMA, T.V. "How to segment industrial markets", em R.J. Dolan (eds.). *Strategic marketing management*. Cambridge, MA: Harvard Business School Press, 1990.

_____; SLYWOTSKY, A.J.; DOYLE, S.X. *Strategic sales management: a boardroom issue*.

Cambridge, MA: Harvard Business School, 1998, Note 9-595-018.

SHERMACH, K. "Portrait of the world". *Marketing News*, 28 ago. 1995, p. 20.

SHERWOOD, R. "Stores compete to prove their green credentials are in the bag". *Financial Times*, 26 abr. 2007.

SHETH, J.N. "Relationship marketing: a customer perspective". *Keynote address, Relationship Marketing Conference*, Emory University, 1994.

_____; MITTAL, B. "A framework for managing customer expectations". *Journal of Market-Focused Management*, 1, 1996, p. 137-158.

_____; ESHGHI, A.; KRISHNAN, B.C. *Internet marketing*. Fort Worth: Harcourt College Publishers, 2001.

American Salesman, "Shift to value-added selling is biggest challenge in sales". nov. 2002, p. 13.

SIGUAW, J.A.; BROWN, G.; WIDING, R.E. "The influence of the market orientation of the firm on sales force behavior and attitudes". *Journal of Marketing Research*, 31, 1994, p. 106-116.

SIMMS, J. "Mission control". *Marketing Business*, jul./ago. 1996, p. 18-21.

_____. "HR or marketing: who gets staff on side?". *Marketing*, 24 jul. 2003, p. 23.

SIMON, B. "Suppliers reorder priorities for survival". *Financial Times*, 10 jun. 2005, p. 28.

SIMON, H. "Lessons from Germany's midsize giants". *Harvard Business Review*, 70 (2), 1992, p. 115-123.

_____. *Hidden champions*. Boston, MA: Harvard Business School Press, 1996.

SINKULA, J.M. "Market information processing and organizational learning". *Journal of Marketing*, 58 (1), 1994, p. 35-45.

_____; BAKER, W.E.; NOOREWIER, T. "A framework for market-based organizational learning: linking values, knowledge and behaviour". *Journal of the Academy of Marketing Science*, 25, 1997, p. 305-318.

SLATER, S.F. "Developing a customer value-based theory of the firm". *Journal of the Academy of Marketing Science*, 25 (2), 1997, p. 162-167.

_____. "Customer-led and market-oriented: let's not confuse the two". *Strategic Management Journal*, 19, 1998, p. 1001-1006.

_____; NARVER, J.C. "Does competitive environment moderate the market orientation-performance relationship?". *Journal of Marketing*, 58 (1), 1994, p. 46-55.

_____; _____. "Market orientation and the learning organisation". *Journal of Marketing*, 59, jul. 1995, p. 63-74.

SLYWOTZKY, A. *Value migration*. Boston, MA: Harvard Business School Press, 1996.

SMITH, A. "Brand-builders perceive pattern". *Financial Times*, 23 jun. 1997, p. 14.

SMITH, D.J. "Strategic alliances and competitive strategies in the aerospace industry: the case of BMW and Rolls-Royce GmbH". *European Business Review*, 15 (4), 2003, p. 262-276.

SMITH, N.C.; WARD, H. "Corporate Social Responsibility at a crossroads?". *Business Strategy Review*, 18 (1), mar. 2007, p. 16-21.

SMITH, S.M. *PC MDS Version 5.1: Multidimensional scaling package*. Provo, UT: Brigham Young University, 1990.

SMITH, W.R. "Product differentiation and market segmentation as alternative marketing strategies". *Journal of Marketing*, jul. 1956, p. 3-8.

SNIDER, J.; HILL, R.P.; MARTIN, D. "Corporate Social Responsibility in the 21st century: a view from the world's most successful firms". *Journal of Business Ethics*, 48 (2), 2003, p. 175-187.

SNOW, C.C. "Twenty-first century organizations: implications for a new marketing paradigm". *Journal of the Academy of Marketing Science*, 25 (1), 1997, p. 72-74.

SNYDER, A.V.; EBELING, W.H. "Targeting a company's real core competencies", em A. Campbell; K.S. Luchs (eds.). *Core competency-based strategy*. Londres: International Thomson Business Press, 1997.

SORRELL, J. "Power tools". *Marketing*, 16 nov. 1989, p. 45.

SPACKMAN, A. "Smart housing for high-tech future", Survey (Residential Supplement), 19 maio 2001.

SPANOS, Y.E.; LIOUKAS, S. "An examination into the causal logic of rent generation: contrasting Porter's competitive strategy framework and the resource-based perspective". *Strategic Management Journal,* 22, 2001, p. 907-934.

SPARKS, D.L.; TUCKER, W.T. "Multivariate analysis of personality and product use". *Journal of Marketing Research*, 8 (1), 1971, p. 67-70.

SPETHMAN, B. "Category management multiples". *Advertising Age*, 11 maio 1992, p. 42.

STALK, G. "Time — the next source of competitive advantage". *Harvard Business Review*, 66 (4), 1988, p. 41-51.

STEFFENS, J. *Newgames: strategic competition in the PC revolution*. Oxford: Pergamon Press, 1994.

STEPHENS, H. CEO, The H.R. Chally Group, Presentation at the American Marketing Association summer Educators' Conference, ago. 2003.

STEWART, T.A. "Corporate Social Responsibility: getting the logic right". *Harvard Business Review*, dez. 2006a, p. 14.

_____. "The top line". *Harvard Business Review*, jul./ago. 2006b, p. 10.

STONICH, P.J. *Implementing strategy*. Cambridge, MA: Ballinger, 1982.

STORBACKA, K.; STRANDVIK, T.; GRÖNROOS, C. "Managing customer relationships for profit". *International Journal of Service Industry Management*, 5 (5), 1994, p. 21-28.

STORY, J. "HRM in action: the truth is out at last". *Personnel Management*, 24 (4), 1992, p. 28-31.

STRAHLE, W.M.; SPIRO, R.L.; ACITO, F. "Marketing and sales: strategic alignment and functional implementation". *Journal of Personal Selling & Sales Management*, 16 , 1996, p. 1-20.

STRAUB, D.; KLEIN, R. "e-Competitive transformations". *Business Horizons*, 44 (3), 2001, p. 3-12.

STRELSIN, S.C.; MLOT, S. "The art of strategic sales alignment". *Journal of Business Strategy*, 13 (6), 1992, p. 41-47.

SVENDSEN, A. "Building relationships with microcommunities". *Marketing News*, 9 jun. 1997, p. 13.

SWAIN, C.D. "Competitive benchmarking", em D. Bernhardt (eds.). *Perfectly legal competitor intelligence*. Londres: Pitman Publishing, 1993.

SWANSON, D.L. "Addressing a theoretical problem by reorienting the corporate social performance model". *Academy of Management Review*, 20 (1), 1995, p. 43-64.

SZULANSKI, G. "Intra-firm transfer of best practices", em A. Campbell; K.S. Luchs (eds.). *Core competency-based strategy*. Londres: International Thomson Business Press, 1997.

TALLMAN, S. "Dynamic capabilities", em D.O. Faulkner; A. Campbell, (eds.). *The Oxford handbook of strategy: Volume 1: A strategy overview and competitive advantage*. Oxford: Oxford University Press, 2003.

TALLURI, S.; NARASIMHAN, R. "A methodology for strategic sourcing". *European Journal of Operational Research*, 154 (1), 2004, p. 236-250.

TAPSCOTT, D.; CASTOR, A. *Paradigm shift: the new promise of information technology*. Nova York: McGraw-Hill, 1993.

TAYLOR, A. "An operations perspective on strategic alliance success factors". *International Journal of Operations & Production Management*, 25 (5), 2005, p. 469-490.

_____. "Microsoft drops supplier over diversity policy". *Financial Times*, 24/25, mar. 2007, p. 5.

TAYLOR, R. "Shaping the future with nothing but ideas". *Financial Times*, jul. 1999, p. 19.

TEECE, D.J.; PISANO, G.; SHUEN, A. *Dynamic capabilities and strategic management*. Working Paper, University of California, Berkeley, 1992.

_____; _____; _____. "Dynamic capabilities and strategic management". *Strategic Management Journal*, 18, 1997, p. 509-533.

TEINOWITZ, I. "Brand managers: 90s dinosaurs?". *Advertising Age*, 19, dez. 1988, p. 19.

TELLIS, G.; GOLDER, P. "First to market, first to fail: real causes of enduring market leadership". *Sloan Management Review*, 37 (2), 1996.

THE SALES Educators. *Strategic sales leadership: breakthrough thinking for breakthrough results*. Mason, OH: Thomson, 2006.

THOMAS, M.J. "Customer care: the ultimate marketing tool". *Proceedings*: Marketing Education Group Conference, Warwick, 1987.

TIGHE, C. "Lean sales machine". *Financial Times*, 25 jun. 1997, p. 26.

TIMMERS, P. *Electronic commerce*. Chichester: John Wiley & Sons, 1999.

TODEVA, E.; KNOKE, D. "Strategic alliances and models of collaboration". *Management Decision*, 43 (1), 2005, p. 123-148.

TOFFLER, A. *The third wave*. William Collins/Pan Books, 1981.

TOWNSEND, J.; FAVIER, J. *The creative manager's pocketbook*. Alresford, Hants: Management Pocketbooks, 1991.

TRAI, C.C. *Chinese military classic: the art of war*. Singapore: Asiapac Books, 1991.

TREACY, M.; WIERSEMA, F. "How market leaders keep their edge". *Fortune*, fev. 1995, p. 88-89.

_____; _____. *The discipline of market leaders.* Londres: HarperCollins, 1995.

TULL, D.S. "The relationship of actual and predicted sales and profit in new product introductions". *Journal of Business*, 40 (3), 1967, p. 233-250.

_____; HAWKINS, D.I. *Marketing Research: measurement and method.* 6ª ed. Englewood Cliffs, NJ: Prentice Hall, 1993.

TYEBJEE, T.T. "Behavioral biases in new product forecasting". *International Journal of Forecasting*, 3 (4), 1987, p. 393-404.

TZOKAS, N.; SAREN, M.; BROWNLIE, D. "Generating marketing resources by means of R&D activities in high technology firms". *Industrial Marketing Management*, 26, 1997, p. 331-340.

ULRICH, D. "Tie the corporate knot: gaining complete customer commitment". *Sloan Management Review*, 1989, p. 19-27.

_____. "Strategic and human resource planning: linking customers and employees". *Human Resource Planning*, 15 (2), 1992, p. 47-62.

VARADARAJAN, P.R. "Marketing's contribution to the strategy dialogue: the view from a different looking glass". *Journal of the Academy of Marketing Science*, 20 (4), 1992, p. 335-344.

_____; MENON, A. "Cause-related marketing: a coalignment of marketing strategy and corporate philanthropy". *Journal of Marketing*, 52, jul. 1988, p. 58-74.

VARGO, S.L.; LUSCH, R.F. "Evolving to a new dominant logic for marketing". *Journal of Marketing*, 68, jan. 2004, p. 1-17.

VARIANININ, V.; VATURI, D. "Marketing lessons from e-failures". *McKinsey Quarterly*, (4), 2000, p. 86-97.

WALKER, J.W. "Integrating the human resource function within the business". *Human Resource Planning*, 17 (2), 1994, p. 59-77.

WALL, M. "Boots to offer health cover". *The Sunday Times*, 1 jun. 1997, Seção 4, p. 1.

WALSH, J.; GODFREY, S. "The Internet: a new era in customer service". *European Management Journal*, 18 (1), 2000, p. 85-92.

WANG, C.L.; AHMED, P.K. "Dynamic capabilities: a review and research agenda". *International Journal of Management Reviews,* 9 (1), 2007, p. 31-51.

WARD, A. "Coke joins the battle for the brand corporate responsibility". *Financial Times*, 21 nov. 2006, p. 10.

WARD, J. "Hierarchical grouping to optimize an objective function". *Journal of the American Statistical Association*, 58, 1963, p. 236-244.

WARNER, W.L. *Social class in America.* Nova York: Harper and Row, 1960.

WATERS, R. "Computer pack top dogs lose their bite". *Financial Times*, 5 jun. 2006, p. 19.

WEBSTER, F.E. "The changing role of marketing in the corporation". *Journal of Marketing*, 56 (4), 1992, p. 1-17.

_____. *Market driven management.* Londres: Wiley, 1994.

_____. "The future role of marketing in the organization", em D.R. Lehmann; K.E. Jocz (eds.). *Reflections on the futures of marketing.* Cambridge, MA: Marketing Science Institute, 1997.

WELLS, K. "The road ahead". *Marketing Business*, dez./jan. 1994/1995, p. 18-20.

WELLS, W.D.; GUBAR, G. "Life cycle concepts in marketing research". *Journal of Marketing Research*, 3 (4). 1966, p. 355-363.

WENSLEY, R. "Strategic marketing: boxes, betas or basics". *Journal of Marketing*, 45 (3), 1981, p. 173-182.

WERNERFELT, B. "A resource-based view of the firm". *Strategic Management Journal*, 5 (2), 1984, p. 171-180.

_____ "The resource-based view of the firm: ten years after". *Strategic Management Journal*, 16, 1995, p. 171-180.

WEYER, M.V. "The shop that time forgot". *The Daily Telegraph*, 30 ago. 1997, p. 16.

WHEATCROFT, P. "Bright new look from Persil man". *Financial Mail on Sunday*, 9 fev. 1997, p. 9.

WILMOTT, M. "Whose lifestyle is it anyway?". *Institute of International Research Conference on Customer Segmentation and Lifestyle Marketing*, Londres, 11-12, dez. 1989.

WIND, Y. "Issues and advances in segmentation research". *Journal of Marketing Research*, 15 (3), 1978, p. 317-337.

_____; MAHAJAN, V. "Designing product and business portfolios". *Harvard Business Review*, 59 (1), 1981, p. 155-165.

WINTER, S.G. "Understanding dynamic capabilities". *Strategic Management Journal,* 24, 2003, p. 991-995.

WISSEMA, J.G.; VAN der Pol, H.W.; MESSER, H.M. "Strategic management archetypes". *Strategic Management Journal*, 1 (1), 1980, p. 37-47.

WITZEL, M. "An alliance that can supply a competitive edge". *Financial Times*, 13 jun. 2005, p. 14.

_____. "Big spenders are a boon — but don't forget the little guy". *Financial Times*, 8 ago. 2005, p. 14.

WOMACK, J.P.; JONES, D.T. *Lean thinking: banish waste and create wealth in your organization*. Nova York: Simon & Schuster, 1996.

WONG, V. "Ideas generation", em *Identifying and exploiting new market opportunities*. Londres: Department of Trade and Industry, 1993.

_____; SAUNDERS, J.A.; DOYLE, P. "Business orientations and corporate success". *Warwick Business School Research Papers*, 52, 1992.

WOOD, D.J. "Corporate social performance revisited". *Academy of Management Review*, 16 (4), 1991, p. 691-718.

WOODHEAD, M. "Dirty rotten business". *The Sunday Times*, 28 jan. 2007, 3.5.

WORKMAN, J.P.; HOMBURG, C.; GRUNER, K. "Marketing organization: an integrative framework of dimensions and determinants". *Journal of Marketing*, 62, jul. 1998, p. 21-41.

_____; _____; JENSEN, O. "Intraorganizational determinants of key account management effectiveness". *Journal of the Academy of Marketing Science*, 31 (1), 2003, p. 3-21.

WRIGHT, P.; KROLL, M.; PRAY, B.; LADO, A. "Strategic orientations, competitive advantage and business performance". *Journal of Business Research*, 33, 1990, p. 143-151.

YANKLOVICH, D.; MEER, D. "Rediscovering market segmentation". *Harvard Business Review*, 84 (2), 2006, p. 122-131.

YEH, A. "McDonald's seeks heavy traffic fast-food expansion". *Financial Times*, 21 jun. 2006, p. 12.

YOSHINO, M.Y.; RANGAN, U.S. *Strategic alliances: an entrepreneurial approach to globalization*. Boston, MA: Harvard Business School Press, 1995.

YOUNG, D. "The politics behind market segmentation". *Marketing News*, 21 out. 1996, p. 17.

YOUNG, S.; OFF, F.; FEGIN, B. "Some practical considerations in market segmentation". *Journal of Marketing Research*, 15, ago. 1978, p. 405-412.

ZANDER, I.; ZANDER, U. "The inside track: on the important (but neglected) role of customers in the resource-based view of strategy and firm growth". *Journal of Management Studies*, 42 (8), 2005, p. 1519-1548.

ZEITHAML, V.A.; PARASURAMAN, A.; BERRY, L.L. *Delivering service quality*. Nova York: The Free Press, 1990.

_____; _____; MALHOTRA, A. *A conceptual framework for understanding e-service quality: implications for future research and managerial practice*. Boston, MA: Marketing Science Institute, 2000, MSI Report 00-115.

ZIELKE, A.; POHL, M. "Virtual vertical integration: the key to success". *McKinsey Quarterly*, (3), 1996, p. 160-163.

ZOLLO, M.; WINTER, S.G. "Deliberate learning and the evolution of dynamic capabilities". *Organization Science*, 13 (3), 2002, p. 339-351.

ZOLTNERS, A.A.; SINHA, P.; LORIMER, S.E. *Sales force design for strategic advantage*. Nova York: Palgrave Macmillan, 2004.

Índice

A

Aaker, D.A., 15, 197
Abacaxi tecnológico, 266
Abell, D.F., 31, 218
Abordagem
    de equipes de risco à inovação, 275-276
    de força-tarefa à inovação, 275
    de risco de dentro para fora, 276
    de risco de dentro para fora à inovação, 276
    funcional à inovação, 275
Ação em modelo de comunicação, 252
Aceitabilidade social, 204-205
Achrol, R., 323, 326, 327, 328, 329, 333, 334, 336, 338
Acionistas
    como *stakeholders,* 12-13
Acomodados, 241
ACORN, 74, 153, 154, 156, 157, 158, 176, 177, 182
Adotantes iniciais, 240-241
AEM, 62
AGB, 74
Agentes duplos para a informação da concorrência, 101
Ahmed, P.K., 109, 110, 111, 120
Airbus, 272
Ajuste
    de curvas, 130-132, 143
    evolutivo, 110
    técnico, 110
Aldi, 90, 91
Alexander, L.D., 487, 344
Alianças e posicionamento, 390
Alianças estratégicas, 54, 329-331
    avaliação de desempenho, 337
    como competir por meio de, 334-338
    como força competitiva, 331-332
    desligamento de, 337-338
    facilitadores, 335
    prioridades, 334-336
    riscos em, 332-334
    terceirização, 329-330
    vigilância em, 336-337
Alienação no marketing interno, 347
Allied-Domecq, 355
Allison, K., 41, 119
Amazon.com, 55, 99, 206, 245-246, 257, 258, 402
Ambiente
    de negócios, mudanças no, 382-384
    econômico, 45-47
    político, 45-47
    tecnológico, 49-50
Ambiente
    cultural, 47-49
    e as organizações, 48-49
    social, 47-49
    e organizações, 48-49
Ambler, T., 40, 112, 356
AMD, 376
Amstrad, 62, 265, 266
Análise
    conjunta, 144
    da cadeia de valor, 92-93
    de conglomerado (*cluster*), 181
    de impacto cruzado, 142
    de lacuna de qualidade, 289-290
    de séries temporais, 129-130, 143
    de tendências tecnológicas, 134-136
    de tendências, 130-136, 143, 144
    do negócio para novos produtos, 272-273
    dos recursos, 26-29
    estatística da demanda, 136-137
    estatística multivariada, 136-137
    multivariada da demanda, 144
    PEST, 45
    SPACE, 64-66
    SWOT, 31
Análise da concorrência, 86-97
    alvos, 87
    análise da cadeia de valor, 92-93
    bons concorrentes, 97-99
    componentes, 87
    composto de marketing, 91
    departamento de marketing, 91
    estratégias atuais da concorrência, 89-93
    estratégias futuras, previsão, 95-97
    foco estratégico, 90-91
    mercados-alvo, 90
    objetivos da concorrência, 88-89
    perfis de recursos, 93-95
    recursos de competência, 94
    vulnerabilidade da concorrência, 95-96
Análise de posicionamento multidimensional, 188-192
    algoritmos alternativos, 193
    dimensões da percepção, 190-192
    posição do segmento, 192
    posicionamento de produtos, 189-190
Análise macroambiental, 45
    estratégias de mudança, 52-54
Anderson, E.W., 15
Anderson, J.C., 323
Andreessen, Mark, 99
Animação, 185

Apple Inc., 30, 206, 243, 264, 267, 315, 331, 384
   estudo de caso, 40-41
Apreçamento psicológico, 251
Aproximação exponencial simples, 143
Armazenamento de dados, 49-50, 117
Armstrong, J.S., 141, 143
Arthur D, Little e McKinsey, 28
ASDA, 33, 73, 124, 363
AT&T, 331, 334
Ataque
   de cerco, 228
   frontal, 227-228
   pelos flancos, 228
   ativos
      base de clientes, 117-118
      competência na produção, 118
      cultura corporativa, 118-119
      da organização, 109
      de apoio interno ao marketing, 117-119
      de marketing baseados em alianças, 119
      direitos autorais e patentes, 118
      franquias e licenças, 118
      habilidades tecnológicas, 118
      inteligência de mercado, 117
      parcerias, 118
      sistemas de informação, 117
      vantagens de custo, 117
Ativos de marketing baseados nos clientes, 112-115
   domínio de mercado, 115
   marcas, 112-114
   nome e reputação, 112
   país de origem, 114-115
   produtos e serviços superiores, 115
Ativos de marketing da cadeia de suprimentos, 115-117
   bolsões de valor, 116
   controle de distribuição, 116
   garantia de fornecimento, 116-117
   lead-time de entrega, 116-117
   rede de distribuição, 115-116
   rede de fornecedores, 117
   singularidade da distribuição, 116
Ativos e competências de marketing, 110, 111-120
   apoio interno, 117-119
   cadeia de suprimentos, 115-117
   capacidades dinâmicas, 120-122
   com base em alianças, 119
   com base em clientes, 112-115
   definição de preços e ofertas, 120
   distribuição, 120
   exploração, 207
   gestão de produtos e serviços, 119-120
   propaganda, promoção e venda, 120
Ativos, posicionamento sobre, 390-391
Atratividade de mercado, 209
Avestruz, novos produtos como, 264
Avis, 107

B

Baader, 389
Balanced scorecard, 54
Banner publicitário, 255
Barnardo's, 34
Barnes & Noble, 99
Barney, J.B., 105, 109, 119
Barratt Developments, 47, 48, 203
Barreiras à entrada/saída, 282
Barreiras à saída, 55, 202
Base de clientes como ativo de marketing, 117-118
Baumwoll, J.P., 173, 194
Behaviour Bank, 178
Benchmarking competitivo, 85-86
   aspectos de *benchmarking,* 85
   contra quem, 85
   dados relevantes, 85-86
Bens industriais, previsão, 140
Berry, L.L., 284, 285, 286, 287, 304, 345
Betty's Tea Rooms, 395
Bezos, J., 236, 240-241, 246
Black & Decker, 296
Bloqueios
   ambientais ao desenvolvimento de novos produtos, 274
   culturais no desenvolvimento de novos produtos, 274
   e falhas no desenvolvimento de novos produtos, 274-275
   emocionais ao desenvolvimento de novos produtos, 274-275
   expressivos no desenvolvimento de novos produtos, 274-275
   intelectuais no desenvolvimento de novos produtos, 275
   perceptuais no desenvolvimento de novos produtos, 274
Blue Source, 375
BMW, 59, 90, 112, 113, 331, 363, 399
Boddington's, 399
Body Shop, 204-205
Boeing, 332
   estudo de caso, 144-145
Bolsões de valor como ativo de marketing, 116
Bombay Company, 328
Bonoma, T.V., 163, 169, 345, 346
Bons concorrentes, escolha, 97-99
Bootstrapping, 141, 143
Boss, 48
Boston Consulting Group, 28, 66, 217
Bowen, D.E., 15, 284
BP 66 B&Q, 159
Brady, J., 3, 386
Branson, Richard, 25, 68, 96
Bridgewater, S., 264, 272
Brita, 389
British Airways, 86, 281-282, 283, 325, 332, 335
   estudo de caso, 360
British Gas, 86
British Leyland, 247
British Steel Corporation, 98
British Telecom, 316
Broadbent, S., 77, 159, 199-200
BT, 48, 349
Bupa, 260
Buracos negros, 123
Buscadores de relacionamento e segmentação de mercado, 162
Buzzell, R.D., 15, 37, 207, 218, 221, 323

C

Caçadores de preço, 162
Cadbury Schweppes, 98, 139, 154, 272
Cadbury Trebor Bassett, 330
Calcanhar de aquiles, 123
Calyx & Corolla, 324, 327
Campbell Soups, 38
Canal direto na carteira de clientes, 307-308
Canon, 30
Cantor Fitzgerald, 370
Capacidade(s)
   centrais, 111
   da empresa, 109
   de adaptação ao mercado, 122
   de absorção do mercado, 120-122
   de adaptação ao mercado, 122
   de aprendizagem, 121-122
   de definição de preços, 120
   de desenvolvimento de serviços, 122
   de gerenciamento de produtos, 119-120
   de gerenciamento de serviços, 119-120

de ofertas, 120
de percepção do mercado, 121
de posicionamento, 122
de promoção, 120
de venda, 120
dinâmicas de marketing, 120-122
dinâmicas, 109-111
Capon, N., 311, 313
Características
    demográficas e segmentação de mercado, 154-155
    mensuráveis, segmentação por, 152
    socioeconômicas e segmentação de mercado, 155-156
Caráter único, 216
Carroll, A.B., 367, 369
Carroll, J.D., 191, 193
Cartões de fidelidade, 50
Castor, A., 322, 323
Cespedes, 342, 343, 356
Chaebol, 328
Chang, J.J., 191, 193, 342
Christensen, C.M., 11, 78
Ciclo, 129
Ciclo de vida do produto, 28, 57-58
    gerenciamento, 241-245
Ciclo de vida e segmentação de mercado, 156-157
Cisco Systems, 260
Clarkson, M.B.E., 14, 367
Cliente decisor, 70
Clientes
    com baixo desempenho, 282
    compradores, 70
    corporativos e RSC, 371
    de transação a distância, 162
    influenciadores, 70
    iniciadores, 70
    principais, relacionamentos com, 391
    usuários, 70
Clientes dominantes em SCM, 306
    como lidar com, 308-318
Club, 18–30 175
ClubMed, 175
Coca-Cola, 370
Cockburn, Bill, 52
Coerção em marketing interno, 347
Colaboração estratégica, 322-324
    diversidade de consumidores, 324-325
    fatores que impulsionam, 324-326
        complexidade e risco de mercado, 324-325

gestão da cadeia de suprimentos, 326
lacunas de habilidades e recursos, 325-326
fronteiras de mercado, 325
Colgate-Palmolive, 38
Collis, D.J., 105, 214, 215
Colman's, 34
Comercialização, 49-50
    de novos produtos, 273
Comoditização, 297-298
Compaq, 30, 260, 397
Compartilhamento de dados para *benchmarking*, 85-86
Competência(s)
    abrangentes, 390
    centrais, 215, 334
    de dentro para fora, 390
    de distribuição, 120
    de fora para dentro, 390
    distintivas em estratégia de marketing, 25
    distintivas, 215
    na produção como ativo de marketing, 118
    posicionamento sobre, 390-391
    competências estratégicas de vendas, 296-298
    como modelar organizações de vendas, 300
    comoditização, 297-298
    e relacionamentos com clientes, 296-297
    evolução organizacional em, 299
    gastos corporativos, 298
    papel competitivo das, 298-300
    sofisticação dos clientes, 297
Complementos a novos produtos, 267
Componentes de alianças estratégicas, 335
Composto de marketing, 37
    ampliado, 257-259
    e segmentação de mercado, 161-162
    na análise da concorrência, 91
Composto de marketing ampliado, 257-259
    evidências físicas, 258-259
    pessoas, 257-258
    processos, 258
Compradores
    de *commodity* como clientes, 282
    leais, 162
    poder de barganha dos, 56-57
Compras industriais, 140

Comprometimento em organizações em rede, 333
Comunicação
    como endomarketing, 347-348, 350
    e segmentação de mercado, 161
    mudanças na, 385-386
Concorrência da indústria, Modelo das Cinco Forças, 54-57
    compradores, poder de barganha dos, 56-57
    direcionadores de competitividade, 57
    entrada no mercado, 56-57
    fornecedores, poder de barganha dos, 56-57
    rivalidade, 54-56
    substitutos como ameaça, 56
Concorrência, qualidade da, 203
Concorrentes e RSC, 373
Conexões, 218
Confiabilidade em marketing de relacionamento, 286
Confiança
    em marketing de relacionamento, 286
    em organizações em rede, 333-334
Conglomeração hierárquica, 181
Conhecimento sobre os concorrentes, 101
Conscientização sobre modelo de comunicação, 252
Consumidores
    como *stakeholders*, 13
    constante mudança, 18-19
    em organizações sem fins lucrativos, 13-14
    e RSC, 370-371
    informação sobre, 69
        atuais, 69-71
        futuros, 71-72
    mais valiosos, 282
    não compram produtos, 16-17
    poder de barganha dos, 202
    principais, relacionamentos com, 391
    proximidade com, 275
    requisitos, identificação, 19
Contas estratégicas na carteira de clientes, 308-310
Contraofensiva, 232
Cook, V.J., 161, 228
Cool, K., 105, 109
Coordenação interfuncional, 7, 8, 10
Cravens, D.A., 305, 334, 336, 387

Cravens, D.W.
  sobre alianças estratégicas, 322, 323, 326, 329, 333, 336, 338
  sobre ambientes mutáveis do mercado, 53, 57
  sobre marketing do século XX, 383
Cravens, K., 322, 323
Criação de valor, 106-107
Criatividade em novos produtos, 268-269
Crimp, M., 175, 177
Crouch, S., 73, 77, 157, 177
Cultura organizacional e marketing, 6, 7, 10
Cunard, 89
Curva e equação de Gompertz, 132
Curva S, 132-133
Custo de troca
  de compradores, 57
  de fornecedores, 56
Custo mais margem, 250
Customização em massa, 53
Custos de produção, 247

D

Daewoo, 150, 206
Daily Telegraph, 52
DaimlerChrysler, 331
Dairy Crest, 400
Dale-Pack, 132
Dana Corp, 348
Davis, I., 3, 386
Day, G.S.
  sobre alvos de mercado, 198, 199
  sobre ambientes de mercado, 52
  sobre gestão estratégica, 8, 11
  sobre marketing do século XX, 390
  sobre recursos organizacionais, 106, 109, 110, 122
  sobre segmentação, 148, 187
De Beers, 90
Defesa
  de posição, 230-231
  dos flancos, 231
  móvel, 232-233
DeFillippi, R.J., 105, 109
Definição de mercado, 25
  processo de, 197-199
Dell Computers, 30-31, 91, 116, 257, 260, 296, 309, 315, 330, 376
Demanda, sazonalidade da, 202
Demonstração de superioridade competitiva, 265-266
Departamento de marketing, papel do, 17
Descontos
  como ferramenta de marketing, 250-251
  em dinheiro, 250
Desejo em modelo de comunicação, 252
Desenvolvimento, 27
  de recursos, 123-124
Design For Manufacturing and Assembly (DFMA), 272
Desinvestimento, 235
Desk research, 73
Dewsnap, B., 356, 357
Dickson, P.R., 121-122, 387-388
Dierickx, I. 105, 109
Diferenciação, 36-37, 215
  baixa, 55
  como obter, 219-226
  grau de, 204
  por distribuição, 224
  por marca, 225
  por preço, 224
  por promoção, 224-225
  propósitos, de 198
  recursos de marketing e, 105-106
  ver também diferenciação de produto
Diferenciação de produto, 55, 219-224
  aumentando o produto, 220-221
  bases para, 223-224
  embalagem, 222
  marca, 222
  produto central e esperado, 220
  qualidade, 221-222
  serviço, 222
Difusão de inovações, 133
Digital Equipment, 164
Dinossauros, novos produtos como, 264
Direcionadores de competitividade em concorrência industrial, 57
Direct Line, 4, 86, 266
Direitos autorais como ativo de marketing, 118
Distribuição como ativo de marketing, 116
Distribuição em endomarketing, 350-351
Distribuidores como *stakeholders*, 13
Diversidade de consumidores, 324-325
Dixons, 315
Domínio de mercado como ativo de marketing, 115

Doyle, P., 386, 387, 392
  sobre composto de marketing, 247, 249
  sobre gestão de clientes, 298
  sobre gestão estratégica voltada para o mercado, 4, 12, 13, 15
  sobre inovação, 264-265, 272
  sobre marketing do século XX, 386, 387, 392
  sobre planejamento de marketing, 40
Drake, S., 341, 342
Drucker, P.F., 6, 27, 296, 382
Dulux, 255
Dunlop Tyres, 89, 313
DuPont Inc., 375
Dyson, James, 12, 91, 205-206, 383, 384, 397

E

Eagle Star, 206
EasyJet, 33-34, 394-395
eBay, 259
  estudo de caso, 339-340
Economias de escala, 53, 216-217
Economist, 99, 115, 116, 252, 255, 386, 397
Efeitos de aprendizagem, 217-218
Egg, 259
Elasticidade-preço da demanda, 248-249
Electrolux, 384
Elida Gibbs, 39
EMC, 330
Empatia em marketing de relacionamento, 286
Empresa integrada, 53
Empresa, visão baseada em recursos da, 108-111
Emuladores, 177
Enciclopédia Britânica, 383
Endomarketing, 344-359
  avaliação de, 354
  desenvolvimento de, 344-345
  e finanças e contabilidade, 355-356
  e funções operacionais, 358
  e gestão de RH, 354-355
  e integração de vendas, 356-358
    desafios, 358
    interface marketing/vendas, 356-357
    má integração, 357-358
  e parceiros externos, 359
  escopo do, 345-352
    comunicações, 347-348
    e mercados externos, 349

gestão da inovação, 348-349
    marketing estratégico, 349-352
    qualidade de serviço, 345-347
  estrutura do 350-351
  marketing multifuncional como, 354-359
  orientação ao mercado interno, 353
  papel do, 358
  planejamento para, 352-354
  programas, 353-354
Entrevistas diretas para *benchmarking*, 86
Entrevistas para *benchmarking*, 86
Equipes multifuncionais, 275
Escassez, 215
Escolha de políticas na liderança de custo, 218-219
Escolha do mercado-alvo
  capacidades de 122
  estratégias 210-211
Espectro de bens e serviços, 279-280
Espectro de serviços, 279-280
Estabilidade ambiental, 62-64
Estilo de vida
  e segmentação de mercado, 158-159
  mudanças, 48
Estratégia(s)
  de colheita, 234-235
  de compra do cliente, 312
  de desvio, 228
  de manutenção, 230-233
  de negócios, 53
  de nicho de mercado, 233-234
  de posicionamento furtivo, 245
  de posicionamento por ruptura, 245
  de posicionamento reverso, 245
  de posicionamento, 245
  e marketing, 6
  racional, 4
  robusta, 4
Estratégias centrais, estabelecimento, 26-34
  análise do mercado, 29-31
  análise dos recursos, 26-29
  análise SWOT, 31
  expansão do mercado, 33-34
  participação de mercado, 34
  planejamento do portfólio, 28-29
  portfólio de produtos, 27-28
  rentabilidade, aumento da, 34
Estratégias competitivas
  colheita, 234-235
  defensivas, 230-233

desinvestimento, 235
  nicho, 233-234
  ofensivas, 227-230
Estratégias de apreçamento, 247-251
  considerações, 247-248
  e Internet, 251
  métodos, 250
  preços promocionais, 250-251
Estratégias de comunicação, 251-256
  decisões, 252-253
  e Internet, 254-256
  ferramentas, 253-254
  modelo básico, 252
  multifuncional, 275
  processo, 251-252
Estratégias de construção, 227-230
  confronto, 227-230
  expansão de mercado, 227
  habilidades gerenciais, 235-236
  pioneiros e conquistadores de, 235-236
Estratégias de distribuição, 256-257
  canais, 256
  e a Internet, 256-257
Estratégias de marketing
  e mudança, 52-54
  e RSC, 362-365
  implementação de, 20
Estratégias defensivas, 230-233
  manutenção de mercado, 230
Estrutura matricial de equipe de projeto, 275
Estudos de caso
  Boeing, 144-145
  British Airways, 360
  Gillette, 277
  iPhone, 40-41
  Nokia, 236-237
  Revistas segmentadas de luxo, 194-195
  Virgin Megastores, 68
  Xerox, 318-320
  Yahoo e eBay, 339-340
Euforia interna, 347
Evans, P.B., 383, 387-388
Eventos irregulares, 129
Evolução da indústria, 60-62
Excelência operacional para criação de valor, 106
Ex-funcionários dos concorrentes como informação competitiva, 100
Exploradores de relacionamentos e segmentação de mercado, 162

F

F.J. Benjamin Holdings, 330
Farley, J.U., 46, 51
Fatores
  críticos para o sucesso, 31
  legais, exposição a, 204
  políticos, exposição a, 204
Feiras comerciais, 140
Ferrell, O.C., 365, 367
Fidelidade à marca, 160-161, 162
Fidler, S., 364, 375
Finanças em endomarketing, 355-356
Financial Times, 121
Financiamentos a juros baixos como promoções, 251
Firestone, 112
Fishburn, D., 46, 47, 50
Flamingos, novos produtos como, 264
Fletcher Challenge Ltd, 209
Flutuações econômicas, 204
Foco
  em lucro no longo prazo, 7, 9
  estratégico na análise da concorrência, 90-91
  no cliente, 8, 16
  no usuário final, 53
Fontes públicas para *benchmarking,* 86
Forbis, J.L., 223, 249
Força da empresa, 209
Ford Motor Company, 88, 112, 159, 310, 332, 351
Fornecedores
  como *stakeholders,* 13
  e RSC, 372
  poder de barganha dos, 56, 202-203
Fortune, 13
Foster, R.N., 50, 89
Frank, R.E., 152-153, 155, 211
Franquias como ativo de marketing, 118
Fronteiras de mercado, dissolução das, 324
Funcionários
  como *stakeholders,* 14
  e RSC, 372-373
  em organizações sem fins lucrativos, 14

G

Gale, B.T., 15, 37, 207, 218, 221
Ganha-pães, 27
Gap Inc., 330
Gates, Bill, 50, 86, 368
General Electric Corporation (GE), 27, 88, 141-142, 319

General Motors, 88, 328
Geração de ideias para novos produtos, 268-269
Gerenciamento estratégico, 19-20
Gerente de marca, 38, 39
Gerentes
　como *stakeholders,* 13
　de desenvolvimento de clientes, 39
　de vendas de marca, 38
　e RSC, 372
Gerstner, L., 322, 390, 398
Gestão
　da qualidade total (TQM), 53, 280
　de contas estratégicas (SAM), 310
　de marca, 37-39
　de produto, 37-39
　de recursos humanos, 354-355
　do relacionamento com o cliente (CRM), 296-297
　do relacionamento com o cliente, 122, 258
　de categoria, 17, 44
Gestão da cadeia de suprimentos, 326
　e marketing interno, 359
Gestão de conta estratégica (SAM), 310
　argumento a favor, 310-311, 316-318
　vulnerabilidades em, 311-316
　　dependência, risco de, 313
　　e intensidade competitiva, 313
　　e lealdade do cliente, 314-315
　　e principais clientes, 314
　　e taxa de mudança, 315-316
　　equilíbrio de poder, 311-312
　　fraquezas, 311
　　investimento em contas estratégicas, 313
　　regulamentação, 316
　　relacionamento comprador–vendedor, 312
　　requisitos, 313-314
Gestão estratégica de clientes (SCM)
　alinhamento de vendas, 306
　carteira de clientes, 307
　clientes dominantes, 307, 308-318
　perspectiva do cliente, 306-307
Gillette (estudo de caso), 277
Glaxo SmithKline, 265, 267, 276
Globalização, 46-47
　do mercados, 51-52
Godfrey, 361, 366
Golpe prevetivo, 231-232
Google.org, 368
Grades de Kelly, 191
Grande, C., 364

Grant, R.M., 28, 108, 109
Green, P.E., 81, 190, 193, 250
Green, S., 46, 47, 50
Greenpeace, 32-33, 49
Grönroos, C., 278, 284, 345
Grupo 'eu-sou-mais-eu', 177
Grupos estratégicos, 58-60
　análise da concorrência em, 86
Guardian, 15, 23, 73, 113, 255
Guinness, 34
Gummesson, E., 15, 284, 322, 329, 336, 342, 345

H
H.R. Challey Group, 282, 298, 300, 302, 391
Habilidades tecnológicas como ativo de marketing, 118
Haley, R.I., 159-160, 166, 170
Hamel, G., 391, 396
　sobre alianças estratégicas, 335
　sobre gestão estratégica, 8
　sobre marketing do século XX, 391, 396
　sobre planejamento estratégico, 24-25
　sobre recursos organizacionais, 107, 108, 122
Harvey, F., 364, 375, 376
Heinz Foods, 283
Helfat, C.E., 109, 110, 390
Hellmann's, 34
Hewlett-Packard, 30, 106, 118-119, 355
Homburg, C., 14, 299, 308, 310
Home Depot, 296
Honda, 265, 325, 332-333
Hong Kong Disneyland, 325
Hooley, G.J., 8, 12, 24, 82, 108, 109, 160, 169
Hoover, 205-206, 384
Housden, M., 73, 77, 157, 177
House of Fraser, 159, 279
Hrebniak, L.G., 343
Hulbert, J.M., 39, 303, 354, 358
Hunt, S.D., 278, 334
Huntingdon Life Sciences, 372
Hutcherson, P., 141, 143

I
IBM, 11, 302, 303, 390
　atendimento ao cliente on-line, 260
　e CRM, 386
　e marketing de relacionamento, 281
　e Microsoft, 332

　Global Service, 398
　na análise da concorrência, 87, 97
　no mercado de copiadoras, 232
　no mercado de *mainframes,* 30, 55, 93, 232, 390
　no mercado de PCs, 30, 87
Idealistas bem-sucedidos, 177
IMI, 310
Imitação, impossibilidade de, 215
Impasse, 66
Implementação da estratégia, 342-344
　armadilhas, 343
　e endomarketing, 344-359
　obstáculos para, 343
Indicadores de tendências, 136
Índices em cadeia em previsões, 128-129
Indústria automobilística
　alianças estratégicas na, 328, 331
　análise da concorrência na, 86-88, 90
　gestão de contas estratégicas, 310
　grupos estratégicos na, 58-60
　posicionamento, 393-395, 398-400
　pressão ambiental sobre a, 49
indústria de vídeo, 61
indústrias, natureza das, 44-45, 127
informações
　dos clientes, 80-82
　dos concorrentes, 85
　estatísticas publicadas para obter informações sobre a concorrência, 99
informações sobre a concorrência, 99-101
　fontes, 99
Innocent, 264-265
Inovação
　difusão da, 240-241
　e endomarketing, 349-349
　necessidades organizacionais para, 275
　planejada, 266-268
Inovadores, 160, 240
Inovadores de luxo, 162
Integração, 218
　vertical, 331
Integração de vendas no endomarketing, 356-358
　desafios, 358
　interface de marketing/vendas, 356-357
　má integração, 357-358
Integrados, 177

Integrados satisfeitos, 177
Intel, 267, 315, 376, 384
Inteligência para agregar valor, 302-303
Intenção estratégica, 24-25
Intensidade competitiva, 203, 205
Interdependência em organizações em rede, 333
Interesse em modelo de comunicação, 252
Intermediários para obter informações sobre a concorrência, 100
Internacionalização, 46-47
Internet, 50, 55
    e estratégias de comunicação, 254-256
    e estratégias de distribuição, 256-257
    e estratégias de preço, 251
    e oferta de mercado, 245-247
Intimidade com o cliente para criação de valor, 106-107
Iomega, 264
iPhone (estudo de caso), 40-41
Iverson, Ann, 51-52

J

J. Sainsbury plc, 33, 48-49, 86, 96, 139, 355, 363
Jackson, T., 107, 197
Jaguar Cars, 90
James, B.J., 227, 232
Jaworski, B.J., 6, 7
JCB, 267
Jobber, D., 356, 357
John Lewis Partnership, 13, 15
Johnson & Johnson, 4
Johnson Controls, 325
Johnson, G., 22, 55
Joias da coroa, 122-123
Joint-ventures, 331
Jones, D.T., 326, 358
Jones, E., 297, 300
Jones, T.M., 283-284, 367

K

Kaizen, 18, 71
Kay, J., 58, 87, 105
Keiretsu, 328-329
Keller, K.L., 6
Kellogs, 34, 111
Khoo, P.C., 227, 232
Kimberly-Clark, 330, 388
King, S., 17, 51
Kodak, 384, 390-391
Kohli, A.K., 6,7

Kotler, P.C.
    sobre alvos de mercado, 210
    sobre composto de marketing, 239
    sobre gestão estratégica, 5, 6, 16
    sobre marketing do século XX, 395
    sobre responsabilidade social corporativa, 362
    sobre segmentação, 149-151, 153
    sobre vantagem competitiva, 227, 228, 234-235
Kraft Foods, 38, 400
Kramer, M., 361, 362, 365, 366, 367, 368, 370, 371, 373, 374
Krones, 389
KwikSave, 394

L

L.L. Bean, 85
Laker, Freddie, 96
Lambert, D.M., 299, 330, 335
Land Rover, 34, 265, 283
Lane, N., 6, 308, 313-314
Laura Ashley, 51
Lawler, E.E., 15, 284
Lealdade do cliente, 314-315
Lego, 175, 178
Lehmann, D.R., 84-85, 87, 89, 94
Leilões Vickrey, 249
Levantamentos de personalidade, 176
Lever Brothers, 38, 386
Levi Strauss, 37
Levitt, T., 16, 23, 25, 71, 219, 220, 296
Licenças como ativo de marketing, 118
Liderança de custo, 36, 215
    como atingir, 216-219
    e vantagem diferencial, 36
Liderança de produto na criação de valor, 106
Lifestyle Selector, 177
Lilien, G.L., 81, 184
Linx, 264
Lloyds Bank, 64, 97
Lobistas e RSC, 371-372
Localização
    e segmentação de mercado, 154-155
    em liderança de custo, 219
Lockheed-Martin, 332
Logística de distribuição (externa) na análise da cadeia de valor, 92
Logística de suprimentos (interna) na análise da cadeia de valor, 92
Loss leaders, 250
Lucozade, 210, 211, 267

Lusch, R.F., 238, 278
Lutadores otimistas, 177

M

Mackintosh, J., 310, 312
MacLaurin, Ian, 96
Madame Tussaud, 92
Mahoney, J.T., 105, 108, 388
Maier, J., 175, 178-180, 183, 299
Maignan, I., 362, 365, 366, 367
Maioria
    inicial, 241
    tardia, 241
Mapeamento visual de produto, 186
Marca-chefe, 53
Marcas como ativo de marketing, 112-115
Marconi, 316
Marketing
    de pressão de produtos, 8-11
    de relacionamento, 52
    descontínuo, 63-64
    direto como ferramenta de comunicação, 251-256
    interno estratégico, 344
    multimodal, 391
    na análise da cadeia de valor, 92-93
    não diferenciado, 210
    um a um, 400-402
    viral, 255-256
    voltado para o consumidor cliente, 11
marketing de relacionamento com cliente, 280-284
    alicerces, 281
    avaliações, 286-287
    clientes encantados, 283-284
    comunicação, 286
    confiabilidade, 286
    construção de relacionamentos, 282-284
    e mudança organizacional, 547
    escada de relacionamento, 281
    expectativas, atender, 284-287
    fidelidade, benefícios de, 283
    satisfação do cliente, 285
    serviço superior, 284-287
Marketing estratégico
    composto de marketing, 37
    controle do, 39-40
    em endomarketing, 349-352
    estratégia central, 26-34
    formulação da missão, 24-25
    implementação, 37-40

liderança de custo, 36
mercados-alvo, 35
organização para, 37-39
posicionamento competitivo, criação de, 34-37
processo do, 25-26
propósito do negócio, definição, 23-25
vantagem diferencial, 36-37
Marketing interfuncional
como endomarketing, 354-359
e gestão de RH, 354-355
justificativa para, 354
Marks & Spencer, 13, 106, 112, 315, 363, 395
Mars Confectionary, 118
Marshall, G., 7, 299
Material de comunicação para obter informações sobre a concorrência, 100
Materialistas abastados, 177
Matriz de crescimento-participação, 28
Matriz de produto–cliente, 198-199
Matriz de vantagem, 66-67
Matthew Clark, 205
Maunder, S., 121, 253
McDonald's, 48, 267, 325-326
Medição do público de propaganda, 256
Mehta, N.T., 223, 249
Melhorias em produtos novos, 267
Mercado Comum Europeu, 46, 47, 51
Mercado(s)
de aparelhos de som, 71-72
de mini teste em previsão, 138-139
de volume, 66-67
definidos com base na concorrência, 198
definidos com base no cliente, 198
especializados, 67
externos e endomarketing, 349
fragmentados, 67
grisalho, 47
intermediário na carteira de clientes, 308
jovem, 48
Mercados e marketing
definições, 5-6
e indústrias, 197-198
e objetivos dos *stakeholders*, 14-15
em organizações em rede, 336
fundamentos de, 15-19
globalização de, 51-52
heterogeneidade de, 17-18
mudança constante, 18-19, 197

mudanças, 51-52, 384-386
natureza de, 45, 127
papel de, 52, 392
tamanho de, 205
taxa de crescimento, 205
ver também endomarketing
visões baseadas em recursos, 8-12
Mercado-teste pleno em previsão, 139-140, 144
Mercedes, 267, 272, 331, 399, 400
Método(s)
de Box-Jenkins, 143
de conglomeração (*clustering*), 182
de construção do mercado, 128
de Fisher-Pry, 134
de índice de fatores de mercado, 129
Delphi, 141, 143
econométricos de previsão, 144
subjetivos de previsão, 143
Michelin, 89
Microsoft, 30, 317, 332, 362, 376, 384
Midland Bank, 97
Migração por valor, 48
Missão
componentes, 24
formulação, 24-25
Mitchell, A., 12, 116, 386
Modelo das Cinco Forças na concorrência da indústria, 54-57
compradores, poder de barganha dos, 56-57
direcionadores de competitividade, 57
entrada no mercado, 56-57
fornecedores, poder de barganha dos, 56
rivalidade, 54-55
substitutos como ameaça, 56
Modelo logístico, 132-133
Monitoramento para obter informações sobre a concorrência, 101
Monster.com, 326-327
Mont Blanc, 151
Montgomery, C.A., 105, 214
Moore, G.A., 240, 241, 397
Morgan Cars, 234
Morgan, N.A., 152, 167, 169
Morgan, R.M., 278, 334
Morita, Akio, 121, 242
MOSAIC, 176, 177, 182
Motivação do comprador, 165
Motorola, 265
Mudança(s)

demográficas, 47
impacto da, 205-206
organizacional, 386-387
tecnológica, 53
Multietnicidade, 48

N

Nabisco, 38
Narus, J.A., 323
Narver, J.C., 6, 7, 15, 52, 388
Necessidades do cliente, 148
Negociadores, 162
Nestlé, 117, 255-256, 266, 371
Netto, 90, 91
Next, 48
Nike, 48, 225
Nintendo, 30
Níveis de preço da concorrência, 247-248
Nixon, Richard, 101
Nokia, 160, 264
estudo de caso, 236-237
Nome da empresa como ativo de marketing, 112
NOP, 72
Novos produtos
análise do negócio, 271-272
capacidade de desenvolvimento, 122
comercialização, 273
de sucesso, 264-266
fracasso, 265-266
idealização, 268-269
papel estratégico de, 268
previsão, 144
processo de desenvolvimento, 268-273
aceleração, 273-274
organização do, 274-276
processo de planejamento, 267-268
produtos industriais, 265
seleção, 269-271
teste de mercado, 272-273
Now, 48

O

O'Shaughnessy, J., 60, 61, 89
O$_2$, 121
OASIS, 348-349
Objetivos do *stakeholder*, 14-15
Obrigação moral, RSC como, 368
Ocasiões especiais como promoções, 250
Oferta de mercado, 238-247
critérios de produto/serviço, 239-240

diferenciação de produto/serviço, 240
inovação, difusão da, 240-241
Internet, impacto da, 245-247
principais conceitos, 239
Ohmae, K., 31, 32, 50, 209, 325, 386
Olins, R., 52
Olivetti, 109
Omnidata, 178
Operações na análise da cadeia de valor, 92
Opiniões de especialistas, 141, 144
Orange, 121
Organização
de gerência de mercado, 39
de marketing de risco, 39
funcional, 38
que aprende, 387-389
Organização estratégica de vendas, 300-306
infraestrutura para, 304-306
inteligência, 302-303
endomarketing, 304
mudança de foco, 303
tomada de decisão, 301-302
Organizações em rede
desligamento de, 337-338
eficácia, 336
gestão, 335-336
marketing em, 336
tipos de, 326-329
vigilância em, 336-337
Organizações sem fins lucrativos
metas das, 32-33
pesquisa por, 78
stakeholders, 14
Orientação
interdisciplinar, 8
ao cliente, 7, 9
ao concorrente, 7, 9
Orientação de mercado, 6-8
avaliação, 9-10
componentes, 7
definições, 5
e valor superior ao cliente, 389-390
Otis Elevator, 398
Oxfam, 78

P

P&D e marketing, 358
Padrões de vida, mudanças, 48
País de origem como ativo de marketing, 114-115

Parasuraman, A.
sobre composto de marketing, 240
sobre gestão de clientes, 304
sobre gestão estratégica, 20
sobre serviço superior, 284, 286, 287, 288
sobre vantagem competitiva, 221
Parceiros,
como clientes, 282
escolha de, 335
estratégicos, 308-310
externos e endomarketing, 359
Parceria para conta estratégica, 309-310
Parcerias, 330
como ativo de marketing, 118
Parker Pens, 23, 24
Participação de mercado
atual, 206-207
crescente, 34
Patentes como ativo de marketing, 118
Patrocínio como ferramenta de comunicação, 254
Payne, A., 15, 52, 278, 280-281, 283, 284, 391
Pay-per-click, 251
Percepções de risco do comprador, 165
Perfil por atributos, 187-188
Perfis de recursos
atuais, 207
na avaliação da concorrência, 93-95
Pérolas, novos produtos como, 264
Personalidade e segmentação de mercado, 158
Pesquisa
compartilhada, 74
primária, 74
qualitativa, 75-76
quantitativa, 76-78, 79
Pesquisa de mercado, 72-78
processo de, 78-80
pronta, 73-74
registros internos, 72-73
sob encomenda, 75-78
Pesquisa de segmentação, 173-175
segmentação de variáveis múltiplas, 176-178
segmentação de variável única, 175-178
abordagens *post-hoc* baseadas em *clusters*, 178-184
análise de dados, 181-182
coleta de dados, 180-181
estabelecimento de parâmetros, 178-180

implementação, 183-184
monitoramento, 184
validação de segmentos, 182-183
em endomarketing, 353-354
ver também segmentação de mercado de consumo *e* industriais
Pesquisa pronta, 73-74
pesquisa compartilhada, 74
pesquisa primária, 74
pesquisa secundária, 73-74
Pesquisa sob encomenda, 75-78
qualitativa, 75-76
quantitativa, 76-78
Pesquisas, 76
Peters, T., 218, 220, 222, 223-224, 226
Philip Morris, 385
Piercy, N.F.
sobre alianças estratégicas, 322, 326, 334, 336
sobre alvos de mercado, 197, 205
sobre ambientes de mercado, 49
sobre gestão de clientes, 298, 304, 308, 313-314
sobre gestão estratégica, 6, 15
sobre marketing do século XX, 387
sobre endomarketing, 342, 343, 346, 355
sobre segmentação, 152, 162, 167, 169
sobre serviço superior, 282
PIN, 177
Pioneiros da Internet, 404
Planejamento de portfólio, 28-29
equilíbrio, 28-29
Poder em organizações em rede, 333
Porsche, 401
Porter, M.
sobre ambientes de mercado, 54, 60
sobre análise de concorrente, 92, 93, 96, 97, 99
sobre composto de marketing, 260
sobre gestão estratégica, 8
sobre mercados-alvo, 197, 210
sobre Modelo das Cinco Forças na concorrência da indústria, 54-57
sobre planejamento estratégico, 35, 36
sobre recursos organizacionais, 107
sobre responsabilidade social corporativa, 361, 362, 365, 366, 367, 368, 370, 373, 374

sobre vantagem competitiva, 214, 215-216, 219
Portfólio de produtos, 27-28
Portfólios de recursos, 122-123
Posicionamento, 25, 225
   enfoques qualitativos, 184-186
   enfoques quantitativos, 186-193
      análise multidimensional, 188-192
      perfil por atributos, 187-188
      ver também posicionamento competitivo
   sobre ativos, habilidades e competências, 390-391
Posicionamento competitivo, 7-8, 108
   criação, 34-37
   decisões sobre, 19
   e precificação, 247-249
   estratégias, 392-402
      customizadas, 400-402
      por benefícios diferenciados, 398-400
      por inovação, 396-397
      por preço, 393-395
      por qualidade, 395-396
      por serviço, 397-398
   mercados-alvo, 35
   níveis, 150
   princípios, 149-151
Posicionamento
   confuso, 151
   customizado, 400-402
   duvidoso, 151
   global, 53
   por benefícios diferenciados, 398-400
   por inovação, 396-397
   por preço, 393-395
   por qualidade, 395-396
   por serviço, 397-398
Posições competitivas, 48
Postaid, 178
Powell, W.W., 323, 326
Pragmáticos da Internet, 259-260
Prahalad, C.K., 8, 24-25, 52, 108, 122, 335, 391, 396
Precificação de valor percebido, 250
Preço(s)
   corrente, 250
   em endomarketing, 350
   promocionais, 250-251
Pré-testes de mercado em previsões, 138, 144
Previsão, 60-62

análise de impacto cruzado, 142
bootstrapping, 141
de vendas, 128
e demanda atual, 128-129
   índices em cadeia 128-129
   método de construção do mercado, 128
   método de índice de fatores de mercado, 129
e demanda passada, 129-137
   análise de séries temporais, 129-130
   análise de tendências, 130-136
   análise estatística multivariada, 136-137
   indicadores de tendências, 136
mercados, 127
método Delphi, 141
métodos subjetivos, 143
multivariada de vendas, 137, 144
por experimentação, 137-140
   bens industriais, 140
   mercado de pré-teste, 138
   mercados de miniteste, 138-139
   mercado-teste pleno, 139-140
   testes de conceito, 137-138
por intenções, 140-142
   de compradores, 140-142
   opiniões da força de vendas, 140-141
   opiniões de concessionários, 141
   por opiniões de especialistas, 141
   redação de cenários, 141-142
sobre o ambiente, 127
tecnológica, 143
Previsão da demanda, 127
   a médio prazo, 143
Primark, 369
Processo(s)
   baseados nas melhores práticas, 53
   de definição de valor, 4
   de desenvolvimento de valor, 5
   de entrega de valor, 5
   de marketing, 4-5
Procter & Gamble, 11, 38, 88, 91, 232, 296, 309, 317, 326, 398
Produtos
   com base em bits, 245-246
   e serviços superiores como ativo de marketing, 115
   em mercados internos, 349
Profit Impact of Marketing Strategy (PIMS), 15

Promoção pré-lançamento, 256
Propaganda para obter informações sobre a concorrência, 100
Propostas seladas, 250
Proprietários de organizações sem fins lucrativos, 13
Publicidade
   capacidades de, 120
   como ferramenta de comunicação, 253-254

Q

Quadrinhos e histórias para completar, 185-186
Quadros conceituais, 185
Quanta Computer, 376
Quinn, J.B.
   sobre gestão de clientes, 313, 317
   sobre inovação, 276
   sobre alianças estratégicas, 323, 326, 373, 374

R

Rackham, N., 295, 302
Ralph Lauren, 52
Realizadores, 177
Recursos de exploração, 123-124
Redação de cenários, 141-142
Rede(s)
   concêntricas, 328-329
   de canal de marketing, 328
   de fornecedores como ativo de marketing, 117
   de mercado interno, 328
   de mercado vertical, 328
   de mercados de produtos, 53-54
   de oportunidade, 329
   de valor agregado, 327-328
   e posicionamento, 390-391
   flexível, 327
   intermercados, 328-329
   oca, 326-327
   virtual, 328
Reed, R., 105, 109
Registros internos, 72-73
Regra do 80/20, 165
Regulamentação, grau de, 204
Reichheld, F., 278, 283-284
Relacionamentos com clientes em competências estratégicas de vendas, 296-297
Relações públicas como ferramenta de comunicação, 253
Renault, 399

Rentabilidade, aumentar a, 34
Reposicionamentos, 267
Reputação
　como ativo de marketing, 112
　e RSC, 368
Responsabilidade social corporativa (RSC)
　ações defensivas, 370-373
　direcionadores de iniciativas, 368-370
　e estratégia de marketing, 362-365
　e vantagem competitiva, 364, 373-376
　escopo, 365-368
　　como obrigação dos *stakeholders,* 367
　　como obrigação social, 367
　　como orientação à ética, 367
　　como processo gerencial, 367-368
Responsividade em marketing de relacionamento, 286-287
Resposta eficiente ao consumidor (ECR), 326
Retardatários, 241
Retenção de clientes e fidelidade, 117-118
Retirada estratégica, 233
Richardson Sheffield Ltd, 286-287
Ries, A., 150, 225, 227
Rigby, E., 296, 315
Ring, P.S., 323, 324
Ritzman, L.P., 143
Rivalidade na competição industrial, 54-55
Robinson, S.J.Q., 35, 208
Rolls-Royce, 96, 331
Rose, Stuart, 106
Rosser, Brad, 205
Rouzies, D., 356, 357
Rover, 332-333, 399
Rover Group, 113
Rowe, A.J., 64, 65
Royal Dutch Shell, 141-142, 208
RSC como orientação à ética, 367
RSC estratégica, 374
RSC reativa, 374
RTZ, 62
Ryanair, 33, 36, 394

S
Saga Holidays, 175
Samsung Electronics, 396
Sanders, N.R., 243

Satisfação do cliente, 285
　análise de lacunas de qualidade, 289-290
　e endomarketing, 346
　mensuração, 287-290
Saunders, J.A.
　sobre análise da concorrência, 101
　sobre gestão de clientes, 299, 313
　sobre previsão, 128
　sobre segmentação, 175, 178-180, 181, 183
Sazonalidade, 129
Scholes, K., 22, 75
Sega, 30
Segmentação
　de marketing concentrado, 210-211
　de mercado e consumo, 160-161
　de mercado e faixa etária, 154
　de primeira ordem, 166
　de segunda ordem, 166
　estratégica, 167
　gerencial, 168
　isolada, 152
　operacional, 168
　por estilo de vida, 177
　por marketing diferenciado, 210
Segmentação de mercado, 148
　atratividade de segmentos, 201-206
　　ambiente de negócios, 204-205
　　critérios para, 205
　　fatores competitivos, 203-204
　　fatores de mercado, 201-202
　　fatores econômicos, 202-203
　　fatores tecnológicos, 202-203
　bases para, 153
　benefícios da, 167
　decisões estratégicas, 153
　em mercados de consumo *ver* segmentação de mercados industriais
　em mercados industriais *ver* segmentação de mercado
　escolhas, 208-209
　escopo e propósito, 167
　grandes questões, 152-153
　identificação e descrição, 166-167
　implementando a, 167-170
　　problemas da, 168-170
　metodologia, 152
　princípios, 151-152
　processo de, 199-200
　　mercados atendidos, 199-200
　　produtos/serviços oferecidos, 199

　　requisitos fundamentais, 152
　robustez da, 152-153
　ver também pesquisa de segmentação
Segmentação de mercados industriais, 162-166
　características atitudinais, 164-165
　características comportamentais, 165
　　pessoais, 165
　　status e volume de marca/produto, 165
　características gerais, 163-164
　　aplicação do produto, 164
　　capacidades dos clientes, 163-164
　　localização, 163
　　organização de compras, 164
　　porte da empresa, 163
　　tecnologia, 163
　　tipo de setor, 163
Segmentando de mercados de consumo, 153-162
　características atitudinais, 159-160
　características comportamentais, 160-162
　　buscadores de relacionamento, 162
　　comportamento de compra, 160-161
　　comportamento de comunicação, 161
　　comportamento de consumo, 161
　　e composto de marketing, 161-162
　características dos clientes, 153-159
　　ACORN, 157-158
　　ciclo de vida, 156-157
　　demográficas, 154-155
　　estilo de vida, 158-159
　　personalidade, 158
　　socioeconômicas, 155-156
Segmentos de mercado
　demanda, natureza da, 202
　e evolução setorial, 201-202
　e preços, 202
　poder de barganha dos clientes, 202
　porte dos, 201
　previsibilidade dos, 202
　taxa de crescimento, 201
Seiko, 36
Seleção
　de novos produtos, 269-271

sistemática de novos produtos, 269-270
Serviço na análise da cadeia de valor, 93
Sexo e segmentação de mercado, 154
Shapiro, B.P.
    sobre gestão de clientes, 297, 299, 301, 304-305
    sobre endomarketing, 356, 357, 358
    sobre segmentação, 163, 169
Sheila's Wheels, 25
Sheth, J.N., 336, 355
Show-rooms
    para distribuidores, 140
    para vendedores, 140
Siemens, 362
Similaridade entre comprador e vendedor, 165
Simon, H., 389, 391, 392, 396
Sinclair, 62, 266
Sinergia em marketing interno, 347
Singh, R., 227, 228, 230
Sinopec, 325-326
Sistema(s)
    de apoio à decisão orientados ao modelo, 81
    de apoio à decisão orientados aos dados, 81
    de informações de marketing (SIM), 80
    especialistas, 82
    formal de seleção de novos produtos, 269-271
Skandia, 13
Skoda, 90, 394
Slater, S.F., 6, 7, 11, 15, 52, 105, 388
Slywotzky, A., 48, 385
Snider, J., 370, 371
Sobreviventes descontentes, 177
Socialmente conscientes, 177
Sock Shop, 4
Sofisticação dos clientes, 297
Sony Corporation, 30, 242, 266
Southwest Airlines, 346
Spring Ram Corporation, 265
Sprint, 384
Stakeholders e RSC, 367
Stakeholders organizacionais, 12-15
    acionistas, 12-13
    consumidores, 13-14
    distribuidores, 13
    empregados, 13
    fornecedores, 13
    gerentes, 13

Standard Chartered Bank, 323
Starbucks, 39, 363
Stephens, H., 298, 302
Stern, P., 247, 249
Subcultura e segmentação de mercado, 155
Subposicionamento, 151
Substituição de tecnologia, 133-134
Substituição, ameaças de, 204
Substitutos como ameaça, 56, 87-88
Sullivan, M.W., 15
Sun Microsystems, 328
Sun Tzu, 102, 196, 227, 232
Sunday Times, 73
Superposicionamento, 151
SuperProfiles, 177
Sustentabilidade e RSC, 368
Swatch, 331, 400-401

T
Tangíveis em marketing de relacionamento, 286
Tapscott, D., 322, 323
Target Corporation, 371
Tática e marketing, 6
Táticas de guerrilha, 229-230
Taxa
    de imitação, 133
    de inovação, 133
Taylor, A., 331, 337-338
Técnicas
    de associação, 185
    de projeção, 185
Tecnologia e segmentos de mercado, 203
Tempo de entrega como ativo de marketing, 116-117
Tendência, 129
Terceirização, 329-330
Tesco Stores, 49, 86, 163, 259, 363
    registros empresariais, 73
Teste(s)
    de mercado de novos produtos, 272-273
    de conceito em previsões, 137-138, 144
    de uso do produto, 140
Texas Instruments, 272
The Sun, 112
Timing em liderança de custo, 218
T-Mobile, 121
Tolerantes, 177
Tomada de decisões em áreas de vendas, 301-302

Toshiba, 30, 329
Townsend, Robert, 107
Toyota, 60, 264-265, 363
Treacy, M., 106, 230
Trocas mutuamente benéficas, 6
Trout, J., 150, 225, 227
Truques sujos com a informação sobre a concorrência, 101
TSB, 64
Tull, D.S., 144, 185
Tunnel Cement, 233
Turbulência ambiental, 62-64

U
Unilever, 39, 91, 232, 330
USAir, 332, 335
Utilização da capacidade, 218

V
Valor
    do cliente, criação, 214-215
    econômico para o cliente, 247, 249-250
    superior ao cliente, 389-390
Valores da organização, 25
VALS, 176, 177
Van de Ven, A.H., 323, 324
Van den Bergh, 30, 51, 101, 199-200, 400
Vantagem competitiva, 16
    e RSC, 364, 373-376
    estratégias de mudança, 52
    ver também vantagem competitiva sustentável
Vantagem competitiva sustentável, 52, 105, 106, 226
    credibilidade, 226
    criação, 214-215
    marca, 226
    mercados-alvo, 226
    produtos únicos e valorizados, 226
    rotas para, 215-216
    vínculos com clientes, 226
Vantagem diferencial, 36-37
    e liderança de custo, 37
Varadarajan, P.R., 8, 362
Vazamentos para obter informações sobre a concorrência, 100
Vendas
    na análise da cadeia de valor, 92
    pessoais como ferramenta de comunicação, 252
Virgin Group, 27, 47, 86, 205, 267

Virgin Megastores (estudo de caso), 68
Visão baseada em recursos da empresa, 108-111
　posicionamento de mercado atual, 206-207
　capacidades dinâmicas, 109-111
　fundamentos, 108-109
Vodafone, 121, 260
Volkswagen, 161, 331-332, 362-363, 399
Volvo, 90, 222

W

W.H. Smith, 48, 52
W.L. Gore Inc., 389
Walmart, 44, 124, 255, 296, 363-364
Wang, C.L., 109, 110, 111, 120
Ward, J., 181, 193
Webster, F.E.
　sobre alianças estratégicas, 322, 323, 326, 334
　sobre ambientes de mercado, 52
　sobre gestão estratégica, 6, 7, 16
　sobre marketing do século XX, 387
　sobre marketing interno, 356
　sobre recursos organizacionais, 108
　sobre serviço superior, 278
Wellcome, 265
Wells, K., 15, 278
Wernerfelt, B., 8, 108, 109
Wiersema, F., 106, 230
Wilhelm Becker, 222
Wind, Y., 167, 169, 208
Winer, R.S., 84, 87, 89, 94
Winter, S.G., 109, 110, 122
Winterhalter Gastronom, 389
Wm Morrisons, 116
Womack, J.P., 326, 358
Wong, V., 267, 268, 269
Workman, J.P., 299, 310, 356
Wurster, T.S., 383, 387

X

Xerox, 85, 232
　estudo de caso, 318-320

Y

Yahoo, 331, 334
　estudo de caso, 339-340
Yamaha, 122, 399-400
Young, D., 168, 169

Z

Zeithami, V.A., 285, 289
Zollo, M., 110, 122